UN SIÈCLE

MOUVEMENT DU MONDE DE 1800 A 1900

ONZIÈME MILLE

*Publié par les soins d'un Comité
sous la présidence de Monseigneur Péchenard*

UN SIÈCLE

MOUVEMENT DU MONDE

De 1800 à 1900

LILLE
RENÉ GIARD
Libraire de l'Université Catholique
2, Rue Royale.

PARIS
PAUL LETHIELLEUX
ÉDITEUR
22, rue Cassette.

DIE 21 NOVEMBRIS 1899

REGI SÆCULORUM IMMORTALI

HONOR ET GLORIA

(I. Tim. i. 17.)

*Dédicace signée par Sa Sainteté Léon XIII
pour être placée en tête de ce livre.*

Le Comité du livre *Un Siècle* ayant fait hommage à Sa Sainteté Léon XIII d'un exemplaire de l'édition illustrée, Son Éminence le Cardinal Rampolla a adressé à Mgr Péchenard, président du Comité, comme témoignage de satisfaction et de gratitude, la lettre suivante :

ILL͞MO E R͞MO SIGNORE,

La forma, onde il Comitato francese del Solenne Omaggio al Redentore ha voluto dar gloria a Gesù Cristo, è sembrata al Santo Padre assai opportuna e meritevole di particolare encomio, Sua Santità perciò ha accolto con vivo gradimento l'esemplare del libro pubblicato dal suddetto Comitato per offrire ai lettori la sintesi delle grandi idee che hanno dominato nel secolo XIX, e nel commettermi di ringraziarne la S. V. Ill͞ma si è compiaciuta di impartire la benedizione apostolica a tutto il prelodato Comitato da Lei presieduto, non che angli egregi editori del Siècle.

Mentre godo di renderla di ciò intesa, La ringrazio dell'altra copia dell'encomiato libro a me cortesemente favorita, e colgo l'occasione per dichiararmi con sensi della più sincera stima

di Vostra Signoria Ill͞ma.

Roma, 16 Giugno 1900.

Affmo per servirla.
M. Card. RAMPOLLA.

Mgr Lodovico Péchenard,
Rettore dell' Università Cattolica
di Parigi.

Préambule

Nous allons ensevelir ce grand mort qui fut notre siècle. Quelques instants encore et il ne restera de lui, dans la nécropole de l'Histoire, qu'un tombeau pareil à ceux de ses aînés ; nous le verrons décroître sur l'horizon, se confondre parmi les autres, comme fait aux yeux du voyageur la pyramide où les Égyptiens scellaient un règne.

Piété filiale ou curiosité de l'esprit, tous nos sentiments s'accordent à vouloir connaître la figure véritable, les traits distinctifs et la signification historique du siècle d'où nous sortons. Le trop près fait ces recherches incertaines : bien impertinente serait la prétention de porter à cette heure, en quelques pages, le jugement réservé aux historiens qui assureront leur regard dans le lointain de la perspective. Leur préparer des matériaux, leur soumettre des dépositions où ils reviseront les erreurs d'une vue trop proche et d'un cœur trop engagé, c'est tout ce que nous pouvons aujourd'hui, tout ce qu'on veut essayer ici.

.*.

Écolier de l'an 2000, comment tes maîtres résumeront-ils pour toi l'essentiel du xixe siècle, son caractère spécifique et son grand titre d'honneur ? — Nous croyons qu'ils le verront dans l'avancement prodigieux des connaissances scientifiques, dans leur application à l'asservissement des forces naturelles, à l'unification du globe, aux transformations de la vie sociale. — D'autres seront plus frappés par des phénomènes plus sensibles : conflits des peuples en armes, révolutions politiques, déplacements de la puissance publique et changements profonds dans les mœurs, sous l'influence des principes philosophiques légués par le xviiie siècle. Nous craignons que ceux-là ne se méprennent sur l'ordre régulier des causes : en dernière analyse, les grands faits de notre temps et tous ceux qu'ils engendreront ont pris leur origine dans le cabinet du savant, dans le laboratoire du physicien, dans l'exploration du géographe.

C'est par là que le xixe siècle est l'héritier direct et le frère ressemblant du xvie siècle. Aujourd'hui comme alors, la plupart des conceptions de l'homme, et par suite de ses façons de vivre, ont été rectifiées ou radicalement modifiées par un progrès rapide dans la connaissance de l'univers et de ses lois. On voit bien comment les emplois divers de la vapeur et de l'électricité ont commandé des rapports nouveaux, pacifiques ou hostiles, entre des peuples qui s'ignoraient ; et comment ces mêmes emplois ont déterminé pour une grande part les besoins, les tendances, les travaux et les groupements, partant l'organisation de nos sociétés. On voit moins aisément en quoi les inventions de l'intelligence auraient dépendu de cette organisation. Si l'état démocratique, par exemple, aide puissamment à la diffusion des connaissances, c'est dans la mesure où un fils peut aider sa mère, qui demeure cause initiale.

Avant d'aller plus loin, nous prions le lecteur de ne pas chercher ici des rapports arbitraires entre la diffusion des connaissances et l'augmentation du bonheur ou de la moralité. C'est beaucoup demander à l'homme que d'exiger de lui cette réserve : dans sa soif de bonheur, dans son noble élan vers l'idéal moral, il incline toujours à croire que le pas qu'il vient de faire le rapproche de ces deux buts. Notre société, armée de son magnifique outillage scientifique et organisée sur un plan qu'il a déterminé, est-elle plus heureuse ou plus morale que ses devancières? La somme des besoins créés est-elle égalée par la somme des satisfactions qu'ils appellent? Questions oiseuses, insolubles. Il ne faut pas se lasser de répéter que nous n'en savons rien. Nous avons acquis des forces inconnues à nos aînés, incommensurables avec celles qu'ils possédaient. C'est tout. Légitime sujet de fierté, nous dit un instinct qui ne saurait nous tromper. Mais ces forces sont également actives pour le bien ou pour le mal, pour l'accroissement de notre félicité ou de notre misère. Elles sont amorales comme le pain que nous mangeons, et qui est indifféremment créateur d'énergie pour le travail utile ou pour le crime. — L'instruction est moralisatrice, dit-on ; grande piperie de notre temps, qui ne tient pas contre la lecture d'une page d'histoire, d'une feuille de statistique. On était plus instruit à la cour de Louis XV que dans un village de la Basse-Bretagne : y était-on plus moral? Chacun fera la réponse ; les tableaux comparatifs des criminalistes la font chaque jour pour nos populations. Aujourd'hui comme à toutes les époques, l'homme ne trouve contentement et perfectionnement moral qu'en lui-même et dans l'assistance d'une grâce supérieure. Les sciences et leurs applications ont fait de lui un roi habile, puissant, ce qui ne veut pas dire un heureux et un juste. Nul esprit impartial ne méconnaîtra l'extraordinaire grandeur de notre siècle ; nul esprit réfléchi n'en conclura qu'il fut meilleur ou moins endolori que ses aînés.

Cette confusion trop fréquente une fois dissipée, on est plus à l'aise pour glorifier l'esprit scientifique du XIXe siècle, pour admirer comment il a illuminé les intelligences, discipliné la matière, civilisé les fractions du genre humain qu'il rapprochait du foyer européen. Nos collaborateurs diront, dans les chapitres de ce livre, la progression et la fécondité des découvertes, la conquête de l'appropriation des nouveaux domaines, la métamorphose des anciens par ce génie inventif qui multipliait forces et richesses. Il nous a paru qu'on devait surtout s'attacher, dans ce préambule, à mettre en lumière la cause principale de tant d'effets divers et surprenants.

*
* *

Naguère encore, on rapportait la plupart de ces effets à la Révolution française du dernier siècle, aux doctrines qu'elle a répandues dans le monde, aux innovations durables qui attestent après cent ans l'importance de cet événement historique. — Une illusion bien excusable de l'amour-propre national ramenait tout le développement humain à l'idéal philosophique qui enthousiasma nos pères. — Cette vue particulière apparaît aujourd'hui trop étroite à qui veut jeter un coup d'œil d'ensemble sur le xixe siècle. Il va finir ; les idées dirigeantes et les faits où elles se réalisent donnent un démenti flagrant aux espérances que nous avions mises dans son berceau.

Les Français de 1789 avaient fait ce beau rêve : la fusion de tout le genre humain dans la liberté, la fraternité, la concorde ; une république universelle où les citoyens émancipés, gouvernés par la seule raison, ne connaîtraient plus ni maîtres ni frontières. — Amenés bientôt à prendre les armes pour propager ce nouvel *Islam*, accueillis avec transport par les peuples qu'ils libéraient, les apôtres conquérants semèrent leurs idées sur tous les champs de bataille de l'Europe : et voici que de cette semence des arbres vigoureux sortirent, ceux-là mêmes que les libérateurs pensaient avoir abattus. Ce fut comme un immense quiproquo. Nous avions crié aux peuples : Liberté ! Les peuples applaudissaient, ils répondaient : Oui, certes ; indépendance nationale ! — Les rêveurs humanitaires se réveillaient dans le siècle des nationalités. Écoutons l'historien qui a le plus clairement dégagé le sens et les conséquences de ce choc en retour :

« La Révolution française aboutit à simplifier singulièrement la carte de l'Europe ; au lieu d'y propager l'anarchie universelle et la révolte générale des peuples contre les rois, elle contribua, au contraire, à y rendre les États plus puissants et les nations plus attachées à leurs princes... Aucun de ces peuples, quand on lui parla des *Droits de l'homme* et de la souveraineté nationale, ne considéra l'homme abstrait, l'homme sans corps ni âme, la nation idéale, sans territoire et sans habitants ; nul ne se perdit à poursuivre dans les brouillards d'une humanité insaisissable le fantôme d'une liberté métaphysique... C'est ainsi qu'une révolution qui se réclamait de l'humanité et ne conviait à sa cité idéale que des citoyens du monde, substitua à l'Europe relativement cosmopolite du xviiie siècle, l'Europe si ardemment nationale, mais si profondément divisée, du xixe [1]. »

Cette réaction imprévue a produit tous ses effets dans la seconde moitié de notre siècle. Sur les décombres des petites tyrannies féodales ruinées par le canon révolutionnaire, de grands États se sont formés ; un mouvement irrésistible a réuni dans ces cadres les membres disjoints des grandes unités historiques, Italiens, Germains, Slaves, Anglo-Saxons. A côté de ces puissantes agglomérations, la même aspiration à une vie séparée ressuscitait des nations minuscules ; de la mer Égée aux sources du Danube et de la Moldau, les petites familles qui s'ignoraient elles-mêmes reprenaient conscience

---

[1]. A. Sorel, *l'Europe et la Révolution française*, tome I, pages 548 et suivantes.

de leur individualité ; elles se retrouvaient une histoire, une langue oubliée. L'usage de cette langue, symbole et lien visible de leur nationalité, telle est la plus opiniâtre revendication de ces tribus ombrageuses, avant même qu'elles songent aux libertés civiles. Partout les groupes ethniques se différencient, s'opposent ; partout le génie spécifique de la race l'emporte sur l'idée abstraite d'humanité.

Ne soyons pas injustes pour les missionnaires des demi-brigades. Si leur dessein principal se retourna contre eux, ils laissèrent du moins quelques bienfaits impérissables à cette Europe arrosée de leur sang. Codes adoucis, administrations réformées, plus de justice, plus de respect pour la personne humaine, c'est un assez beau legs ; tous les peuples en sont redevables à ces singuliers émancipateurs qui allaient libérer le monde sous les aigles d'un despote.

Le socialisme international poursuit de nos jours, avec les grandes forces d'avenir dont il dispose, l'idéal cosmopolite des premiers révolutionnaires. Beaucoup de démocrates et d'anciens libéraux n'y ont point renoncé. Il semble d'autre part que toutes les conditions de la vie moderne conspirent à la réalisation de cet idéal : facilité des communications, des échanges, développement du crédit, nécessités économiques, compénétration réciproque et instantanée des idées, des intérêts, unification progressive du globe par la même civilisation, les mêmes sciences, les mêmes industries, les mêmes mœurs, le même costume... Pourtant les barrières se dressent entre les nations, chaque jour plus hautes, défendues par plus de soldats, par des cœurs retranchés dans un patriotisme jaloux. Ces deux courants contraires caractérisent le siècle qu'ils se disputent. Lequel triomphera ? Le cosmopolitisme niveleur ou l'exclusivisme nationaliste ? C'est l'un des grands problèmes que le xixe siècle lègue à son successeur. D'après toutes les apparences, le moment n'est pas proche où il sera résolu selon le vœu des contemporains et des continuateurs d'Anacharsis Clootz, l'*Orateur du genre humain*.

**

Un revenant de 1792 serait surpris et déçu par la politique territoriale de notre Europe ; il le serait encore plus par notre état social. — Les hommes de la Révolution ne doutaient point qu'ils eussent aboli tous les privilèges et assuré le règne de l'égalité. Dans l'emportement de leur optimisme, ils ne faisaient pas réflexion sur une loi de l'histoire : chaque fois qu'une société se débarrasse des anciennes distinctions, des anciens pouvoirs spirituels et temporels, un maître y demeure, inexpugnable, celui-là ; le plus dur et le plus subtil des maîtres, l'Argent. Il s'insinue dans les hautes places vacantes, il ramasse toute l'autorité arrachée à ses rivaux, il rétablit à son profit, sous d'autres formes, distinctions et privilèges. Tous lui obéissent, car il dispense seul tout ce qui fait le prix de la vie.

Au cours de notre siècle, les progrès scientifiques ont merveilleusement servi la puissance de l'argent ; ils lui ont procuré mille emplois nouveaux ; les forces naturelles captées par la science ne pouvaient être utilisées qu'avec le secours des gros capitaux, et elles accroissaient la force propre de ces capitaux. Les développements simultanés de la grande industrie, du machinisme, du crédit, l'esprit d'association, autant d'instruments de règne pour l'argent. Il assujettissait les agglomérations ouvrières qui apportaient leurs bras aux entreprises de travaux, de mines, de transports, aux usines et aux fabriques. Certes, la création d'un prolétariat industriel n'est pas chose nouvelle, — rien n'est absolument nouveau ; mais les siècles antérieurs n'avaient connu qu'une faible ébauche du phénomène social que nous avons vu se généraliser de nos jours. L'égalité théorique introduite dans les lois, dans les droits civils et politiques, dans les rapports usuels, a rendu plus insupportable l'énorme inégalité des jouissances, les distinctions pratiques entre riches et pauvres, le privilège de ceux qui peuvent tout acheter ; car l'homme n'est pas tous les jours justiciable, électeur : mais tous les jours il cherche son pain, ses aises, son plaisir. D'autre part, la remise du pouvoir politique aux masses prolétariennes a fait naître et grandir chez elles la tentation d'appliquer ce pouvoir à une nouvelle répartition des richesses ; cela paraît facile aux esprits simplistes, et tout aussi légitime, en somme, que les dépossessions qui ont toujours suivi la conquête d'un pays par de nouveaux maîtres.

Ainsi, sur le sol nivelé il y a cent ans par la philosophie, les applications de la science ont recréé une féodalité financière ; une lutte inévitable, tantôt sourde, tantôt déclarée, a mis aux prises cette féodalité et les masses ouvrières. Celles-ci dépendent économiquement des dispensateurs de leur pain ; ils dépendent politiquement de ces vassaux qu'ils ont armés du suffrage universel.

Est-il besoin de prévenir le lecteur contre le sens haineux que les passions attachent d'habitude à ce mot de féodalité ? Un établissement féodal est toujours justifié à l'origine par les services que seul il peut rendre. Ce fut le cas de notre féodalité capitaliste : sans elle, rien n'eût été possible de ce qui a émerveillé notre siècle, exploitation des découvertes scientifiques, essor de l'industrie, transformation du globe pour la plus grande commodité de l'homme. La déchéance d'un droit féodal commence au jour où ses abus passent ses services ; et les contemporains ne sont jamais bons juges du moment où ce droit devient caduc. Refuser d'appliquer le mot propre à notre état économique, c'est fermer les yeux à l'évidence des rapprochements historiques, ou c'est se priver volontairement du terme qui résume avec le plus d'exactitude un ensemble de faits. Des personnes timides le repoussent pourtant, comme s'il impliquait une accusation ; qu'elles s'en prennent aux éducateurs qui ont faussé l'histoire et perverti l'esprit populaire en lui présentant sous un jour odieux, dans le passé, une forme de société qui ne fut ni plus inique, ni plus irrationnelle que tant d'autres.

Quels que soient les sentiments de chacun sur les avantages et les inconvénients d'une démocratie politique encadrée dans une féodalité financière, tous les observateurs s'accordent à reconnaître qu'il y a quelque chose d'instable et de dangereux dans le pouvoir naturel de l'argent, alors qu'il n'est plus contenu par le contrepoids des pouvoirs artificiels que d'anciennes traditions lui opposaient. La question sociale, comme on l'appelle, est un des problèmes primordiaux que notre siècle va léguer à l'avenir ; et ce problème en implique un autre : la grande industrie sans laquelle nous ne concevons plus notre civilisation, pourra-t-elle continuer et prospérer dans l'hypothèse d'une déchéance de la féodalité financière ?

* * *

Le revenant de la première révolution n'aurait pas de moindres sujets de surprise, s'il passait de l'observation des faits à celle des courants d'idées. L'esprit de son temps était pénétré d'un idéalisme souvent chimérique, mais séduisant et respectable. Des concepts métaphysiques présidaient à la destruction de l'ancien monde, à la création du nouveau ; la raison pure était souveraine, elle faisait bon marché des réalités et de l'expérience ; on démolissait, on rebâtissait dans une sorte d'ivresse lyrique. Ces sentiments changèrent d'objet, mais non de nature, quand ils s'enflammèrent pour la gloire militaire après la liberté, pour l'ambition des conquêtes après l'ambition des réformes. Lorsque la furie de l'action s'apaisa, la pensée demeura résolument idéaliste. La métaphysique continua de régner avec les spéculations écossaises, avec la philosophie kantienne et la hégélienne, avec l'amalgame de ces doctrines qu'on faisait en France. Le souffle révolutionnaire passa dans l'inspiration romantique : toutes les littératures de l'Europe furent emportées dans ce torrent de lyrisme. Défis de l'imagination aux réalités, contemplation sentimentale ou révolte passionnée de l'individu, ces ardeurs et ces langueurs du romantisme enchantèrent notre siècle jusqu'au milieu de sa course.

Comme il approchait de la seconde moitié, une réaction s'opéra dans les cerveaux refroidis ; l'idéalisme discrédité céda la place à un réalisme qui se fit bientôt reconnaître dans les nouvelles directions de la pensée et dans la conduite des affaires humaines. L'esprit scientifique, véritable initiateur de ce revirement, dérobait le gouvernement du monde à la métaphysique et au lyrisme imaginatif. Les sciences de l'histoire et de la nature avaient prodigieusement grandi : leurs œuvres magnifiques conféraient à leurs méthodes une autorité indiscutable. Les méthodes critiques du philologue, les méthodes expérimentales du physicien et du naturaliste firent loi pour toutes les applications de l'intelligence. Le philosophe et l'homme d'État, le littérateur et l'artiste, tous subirent à leur insu la contagion de ce réalisme, de ce positivisme qu'on respirait autour des laboratoires et des cliniques savantes. Les énergies les plus actives se tournèrent vers les affaires industrielles. Peu à peu, cette combinaison de l'esprit scientifique et de l'industrialisme inspira les opérations de la politique, de la guerre : elle subordonna à ses calculs l'éloquence de l'orateur, les passions du journaliste, l'héroïsme du soldat et de l'explorateur, les imaginations mêmes du romancier, du dramaturge, du peintre. Nos générations y perdirent en désintéressement, en générosité, en élégance chevaleresque ; elles y gagnèrent la sage habitude de peser toutes choses au juste poids de l'expérience et de la réalité.

Ces généralisations comportent toujours des exceptions nombreuses. Dans tous les camps, sous toutes les formes, l'idéalisme garde des champions intransigeants. Mais nul ne contestera que les grands courants portent ailleurs. En quelque lieu qu'on étudie le siècle finissant, dans le cabinet du penseur ou dans le conseil des gens d'affaires, dans le bureau de l'administrateur ou dans l'école d'état-major, au cœur de la vieille Europe ou sur les continents qu'elle envahit, partout un génie pratique et positif s'est substitué aux fantaisies individuelles de nos pères, qui violentaient le monde réel avec l'espoir de modeler le siècle au gré de leurs raisonnements ou de leurs rêves. — Rendons-nous à l'évidence : ce besoin d'exactitude est une garantie de réussite pour les entreprises humaines, dans l'ordre de l'action comme dans l'ordre de la pensée. Nous n'en voulons d'autres preuves, hélas ! que les récents mécomptes de notre pays dans la guerre et dans la paix : moins prompt que ses voisins à se plier aux enseignements de la réalité, plus enclin à leur opposer l'idée préconçue, il a payé chèrement sa résistance aux disciplines réalistes qui assuraient à d'autres le succès militaire, politique, économique.

*
* *

Le positivisme scientifique réservait à ses adversaires comme à ses adeptes des étonnements qui eussent peut-être consterné les encyclopédistes, si ces précurseurs avaient pu deviner l'aboutissement de la voie où ils engageaient l'esprit humain.

Lorsque les philosophes proclamaient la souveraineté de

la raison et son émancipation des anciennes tutelles, ils comptaient sur le progrès indéfini des connaissances pour achever de ruiner les vieilles notions théologiques, les traditions politiques et sociales qui leur déplaisaient. Libre et dédaigneuse de toute entrave, enivrée de sa force critique, cette raison voulut l'éprouver dans tous les domaines : nous avons dit comment elle délaissa les spéculations abstraites pour se tourner vers l'étude des sciences positives. Les succès qu'elle y rencontra parurent justifier d'abord son mépris pour des traditions surannées. La Raison, comme elle s'appelait à la fin du dernier siècle, la Science, comme elle préféra se nommer cinquante ans plus tard, en conçut un orgueil démesuré. Elle se promit, elle nous promit de satisfaire tous les besoins et d'apaiser toutes les angoisses de l'homme, de remplacer jusqu'aux religions qu'elle détruisait. Par une réaction inévitable, ceux qui lui déniaient ce pouvoir furent entraînés à discuter et parfois à méconnaître les acquisitions solides sur lesquelles elle se flattait de le fonder. Ceux-là purent être taxés de froideur et d'ingratitude envers la dispensatrice de tant d'incontestables bienfaits.

Ces malentendus ne devaient pas durer. Les gains innombrables des sciences allaient permettre à l'esprit scientifique d'ébaucher une philosophie générale, très prudente, très différente de celle qui avait grisé quelques fanfarons. A mesure que les résultats certains ou très probables se consolidaient et se dégageaient des alliages douteux, ils éclairaient des savants de bonne foi, les intelligences logiques dans leur criticisme ; celles-ci apercevaient la vanité, la témérité des systèmes hâtifs, édifiés sur des investigations sommaires ; elles retrouvaient de très anciennes connaissances dans les conclusions dernières de l'analyse expérimentale. O surprise ! Ces conclusions se rapprochaient des vérités traditionnelles, quand elles ne les confirmaient pas expressément. Le sociologue positiviste, le physiologiste, tous les observateurs désintéressés de la nature et de la vie, revenaient par un long détour sous les vieilles tentes désertées au début du voyage d'exploration. Ils conservaient leur terminologie professionnelle, à la vérité, et l'on pouvait se méprendre sur l'identité de tendances entre eux et les antiques dogmatistes qui se servaient d'autres mots; on eût dit deux peuples qui penseraient de même, sur les mêmes objets, et n'en auraient pas conscience parce qu'ils parlent deux langages différents.

Déterminisme, disent nos philosophes : et quand on les pousse au plus ardu de ce problème, ils en donnent des solutions où l'on reconnaît d'abord le vieux principe de causalité et les vieilles causes efficientes ; on croirait parfois entendre les casuistes du xvie siècle ou les jansénistes de Port-Royal, disputant sur la grâce et la prédestination. — Hérédité, sélection, lutte pour l'existence, répètent les naturalistes ; et ils rapportent à ces facteurs essentiels les phénomènes de la vie, la durée, la déchéance, l'amélioration des espèces et des individus. Un Darwin fonde au milieu de nos sociétés démocratiques une doctrine aristocratique et traditionaliste par excellence ; un Renan, un Taine, y arrivent par des routes différentes. Positivistes ou critiques, ces hommes et leurs disciples portent les plus rudes coups aux fictions égalitaires, aux « conquêtes de la Révolution » qui s'étaient mises naïvement sous la garde des savants et des libres penseurs. L'irréductible fond de barbarie ancestrale et même d'animalité qui joue un si grand rôle dans les théories de nos sociologues, n'est-ce pas le retour inconscient, par une simple transposition de vocabulaire, à une explication de nos misères où vous retrouvez la doctrine fondamentale du péché originel ? Les duperies de la nature, les pièges qu'elle nous tend pour la conservation de l'espèce, toutes ces ingénieuses hypothèses d'un Schopenhauer, cela s'appelait jadis les tentations de la matière. La volonté collective de l'univers, est-ce autre chose que le *mens agitat molem* du vieux Virgile? Et ceux qui cherchent des noms pour cette volonté obscure, aujourd'hui comme il y a dix-huit siècles, sont-ils bien loin du chrétien qui l'a baptisée : la Providence?

L'heure n'est pas encore venue, croyons-nous, de systématiser ces exemples ; il suffit de signaler quelques-uns des points où la similitude est frappante entre les enseignement traditionnels et les explications scientifiques : on en découvre de nouveaux à chaque mouvement des idées contemporaines sur la route où les guides indépendants les ont engagées.

Qui veut se rendre compte du chemin parcouru n'a qu'à relire aujourd'hui certains passages prophétiques de Joseph de Maistre, entre autres le fameux morceau : « Dans le vaste domaine de la nature vivante, il règne une violence manifeste, une espèce de rage prescrite qui arme tous les êtres *in mutua funera*..., etc.[1] » — Cette page, qui paraissait une gageure de l'obscurantisme et scandalisait, en 1820, les hommes de progrès, on la croirait écrite hier, par un disciple de Darwin et de Pasteur. — Vous nous ramenez au moyen âge ! s'écrient avec épouvante quelques retardataires, affligés par la renaissance scientifique d'anciens principes qu'une pseudo-science avait condamnés. — Ils n'ont pas entièrement tort ; examinez, dans ce qu'elles ont de plus plausible et de plus accrédité, les théories récentes sur le fonctionnement des lois naturelles ou des lois sociales ; c'est la traduction en langage moderne des conclusions auxquelles s'arrêtait déjà un profond philosophe, un sage et hardi défenseur de certaines thèses que les économistes

---

[1]. *Soirées de Saint-Pétersbourg* septième entretien.

d'aujourd'hui qualifieraient de révolutionnaires. Il avait nom saint Thomas d'Aquin. Il enseignait aux gens du XIIIe siècle des doctrines qui reparaissent et scandalisent les « esprits éclairés », les intérêts effrayés à la fin du XIXe.

Ainsi, l'expérimentation savante de notre siècle remet en honneur et sanctionne les vérités amassées par l'expérience pratique de tous les âges. — C'est là, dans l'ordre de la pensée, le phénomène considérable entre tous; et si le plus grand intérêt de l'homme est de rétablir la paix et l'harmonie dans son for intérieur, cet inestimable service de la science doit être compté à plus haut prix que les chemins de fer, le télégraphe et le téléphone.

*
* *

Ceci nous amène à dire un dernier mot de la question qui primera toujours les autres. — Quelle place a tenue dans notre temps le sentiment religieux? Est-il moins puissant que par le passé? L'historien du XIXe siècle devra-t-il restreindre la large part qu'on faisait jadis à l'Église, à ses hommes, à ses œuvres, dans le récit des événements temporels?

La meilleure réponse à ces interrogations est fournie par les conflits qui mettent les hommes aux prises dans la plupart des grands États de l'Europe. Regardez au fond de ces querelles : sous les apparences et les prétextes, vous démêlez presque toujours un duel doctrinal des passions religieuses qui tantôt se déclarent, tantôt se dissimulent, qui parfois s'ignorent elles-mêmes, mais qui font seules toute la gravité du débat. Ajoutons une remarque dont chacun peut vérifier l'exactitude. Quand on nous dit d'un homme public ou privé qu'il professe telle opinion politique, qu'il appartient à tel groupe, cette indication nous renseigne fort mal sur ses pensées et sur ses actes probables : son attitude trompera nos pronostics en cent occasions. Mais si l'on nous éclaire sur les origines religieuses de ce même homme, — origines dont il est souvent très éloigné, très oublieux, qu'il renie peut-être, qu'il dit et croit sans influence sur ses idées, — oh! alors, nous pouvons prédire à coup sûr, ou peu s'en faut, de quel côté il s'orientera dans chaque circonstance. A ceux qui mettraient en doute la valeur de ce *criterium*, nous demandons encore une fois d'en faire l'expérience quotidienne. Ils se convaincront ainsi que le ressort religieux n'a rien perdu de sa vigueur à notre époque et qu'il demeure le moteur secret de toutes les déterminations importantes. Le fleuve coulait jadis à ciel ouvert, il se perd aujourd'hui sous terre en maint endroit, à mainte reprise ; mais elle vient toujours du réservoir souterrain, la force qui actionne tous les rouages de nos machines à la surface du sol.

Notre siècle a traversé des crises menaçantes pour le christianisme ; il a connu des élans de renaissance religieuse, suivis de dépressions; on a pu croire à certains moments que le plus impérieux des besoins de l'âme était près de disparaître, au moins pour des fractions de la société considérables par l'intelligence ou par le nombre. Les idées qui paraissaient mener le monde avec le plus de bruit et d'éclat faisaient sur les choses religieuses un silence indifférent ou hostile. L'Église catholique était particulièrement éprouvée, à sa tête et dans ses membres, par les conditions nouvelles et difficiles que lui imposaient les bouleversements de l'Europe, l'abolition du pouvoir temporel, le triomphe des partis démocratiques généralement opposés à cette Église. On l'a vue se relever, pourtant, retrouver dans un État ce qui lui échappait dans un autre, regagner dans le Nouveau Monde ce qu'elle perdait dans l'ancien, préparer pour l'avenir une sorte de concordat moral et social avec les démocraties. Chacun sait avec quelle ampleur son chef actuel a manifesté sa puissance spirituelle, à défaut de la temporelle, et comment ce souverain dépossédé a bénéficié des forces d'opinion qui se substituent dans notre temps aux forces matérielles.

Pour qui met avant tout le souci de la vérité historique, le jugement des contemporains n'est guère recevable sur ces questions où frémissent les sentiments les plus délicats, les plus ardents, les plus respectables. Attendons l'historien qui embrassera l'ensemble du siècle et fera la balance sans parti pris. Il conclura vraisemblablement ainsi : l'Église militante a traversé les orages du XIXe siècle sans déchoir de la place où tant de siècles l'avaient élevée ; elle a maintenu ses positions contre de formidables assauts, elle a suivi l'évolution générale ; elle a continué de faire beaucoup de bien ; plus que jamais, elle occupe, inquiète ou rassure tout homme qui médite sur sa propre destinée ou agit sur celle des autres. Pour ses intérêts, son autorité, sa gloire, l'Eglise n'a pas à regretter la vie plus facile, moins énergique et moins pure, dont elle avait joui durant les siècles qui lui accordaient plus d'obéissance extérieure, moins d'action sur les esprits et sur les cœurs.

Et maintenant, adieu, pauvre siècle harassé. Va reposer, bon travailleur : ton œuvre est trouble, mais grande. Ta vieillesse a été dure pour notre patrie. Nous ne te conduisons plus. Mais qui te conduit ? L'invisible et toute-puissante volonté qui conduisait tes aînés. Plus que tout autre, tu peux t'appliquer la belle parole de saint Augustin : *Volens quo nollem perveneram*. Tu es arrivé où tu ne voulais pas aller ; et s'il y a quelque part de vérité dans les revirements dont nous venons de parler, tu es mieux arrivé que tu n'étais parti. Nul ne peut savoir si tu as fait plus de bonheur sur cette terre : mais tu as fait de la lumière. Tu as justifié mieux qu'aucun autre le décret primordial qui donnait à l'homme royauté sur l'univers. Puisque la vue hardie de tes fils a scruté les astres aussi bien que notre planète, il convient que tu expires en murmurant l'admirable prière du vieux Képler, celle que l'ordonnateur de l'espace écrivait en promenant un dernier regard sur ses cartes du ciel : « O toi qui par la lumière de la nature nous a fait soupirer après la lumière de ta grâce, afin de nous révéler la lumière de ta gloire, je te rends grâces, mon Créateur et mon Dieu, de ce que tu m'as permis d'admirer et d'aimer tes œuvres ! J'ai maintenant terminé le travail de ma vie avec la force d'intelligence que tu m'as accordée ; j'ai raconté aux hommes la gloire de tes œuvres, aussi bien que mon esprit en a pu comprendre l'infinie majesté... Que mon âme loue mon Créateur ! C'est par lui et en lui que tout existe, le monde matériel comme le monde spirituel, tout ce que nous savons et tout ce que nous ne savons pas encore, car il nous reste beaucoup à faire que nous laissons inachevé[1]. »

EUGÈNE-MELCHIOR DE VOGÜÉ,
De l'Académie Française.

1. KEPLER, *Harmonie du monde.*

PREMIÈRE PARTIE

MOUVEMENT

Politique et Economique.

I

L'Œuvre et l'Influence de Napoléon.

Malgré les innombrables travaux qui grossissent chaque jour, sur ce prestigieux sujet, le catalogue de la librairie française et de la librairie européenne, peut-être aussi à cause de ces travaux mêmes, qui ne laissent pas d'abord que d'obscurcir le jugement d'ensemble par l'énorme et disparate amas des études de détail, c'est une redoutable tâche que d'essayer de se faire et, à plus forte raison, de présenter en quelques pages une idée nette et suffisamment juste de Napoléon, de son œuvre et de son influence. Nous l'entreprenons ici, à nos risques et périls, avec plus de bonne volonté que d'espérance d'y réussir. Considérons d'abord, d'un coup d'œil rapide, la matière offerte par les antécédents et les circonstances historiques au génie de Napoléon : la nature et les caractères de ce génie même. Nous verrons ensuite quelle a été l'action présente et posthume de ce génie sur la France, puis de ce génie sur l'Europe, et nous nous efforcerons aussi d'exprimer en quelques mots, selon la mesure de nos forces, les conclusions générales résultant pour nous de l'une et de l'autre vue.

.˙.

Napoléon est issu de la Révolution française. Sans elle, à supposer que son génie eût pu se déployer à l'aise, son œuvre aurait été différente. Mais la Révolution, elle aussi, a été non pas déterminée fatalement, mais conditionnée par l'état des choses et des esprits, en France et en Europe, à la fin de l'ancien régime. Si nous ne nous trompons, la lutte engagée au cours du xviii° siècle, dans l'ordre spéculatif, sur le terrain des faits et des principes sociaux, l'a été entre la coutume traditionnelle et la raison raisonnante : celle-ci malheureusement faussée par la passion antireligieuse, confondant à plaisir la tradition vraiment divine et la coutume purement humaine, et s'infatuant jusqu'au délire d'une conception erronée de la nature de l'homme et des droits de la raison même ; tandis que celle-là, légitime dans son principe ou légitimée par sa durée, par l'assentiment commun et par son heureuse adaptation à ce qu'elle régissait, avait été, d'autre part, viciée par ses défauts originaires, par les altérations du temps, et par les abus qui, comme des branches parasites, s'étaient développés de son sein à travers les âges. Ni la coutume ne peut se dispenser indéfiniment d'être raisonnable ; ni la raison ne peut nulle part méconnaître impunément la valeur spontanée, rationnelle aussi, de la coutume, et la nécessité de la tradition. L'équilibre de ces deux éléments de la vie sociale avait été, en somme, parmi les excès et les défauts inséparables de toute œuvre faite ici-bas, remarquablement établi et maintenu, au moyen de corrections, d'améliorations, d'amputations et d'additions successives, avec une rare entente du caractère et des sentiments de la nation qu'elle dirigeait et avec laquelle elle s'était comme identifiée, par l'ancienne monarchie française, depuis Hugues Capet jusqu'à Louis XIV. Comment, sous des aspects si différents, les deux règnes suivants faillirent tous deux à cette tâche ; comment l'œuvre capétienne de réforme et de progrès, devenue plus que jamais nécessaire, fut abandonnée ou manquée successivement par l'esprit indolent et l'âme pervertie de Louis XV, par l'âme scrupuleuse et le total défaut d'énergie active du bon et infortuné Louis XVI, c'est ce qu'il serait trop long de rechercher et de dire ici. Il suffit de constater que l'équilibre fut rompu chez nous entre la coutume séculaire et la raison, ou prétendue telle ; que celle-ci, soudainement armée et transformée alors en folie furieuse, fit table rase, dans une catastrophe pleine de crimes sans nom, de tout le passé de la patrie, et concentra la vie présente et précaire de la France, asservie par elle, dans un horrible accès de fièvre, entre les baïonnettes qui défendaient héroïquement ses frontières, et les échafauds qui, sur les places publiques, ruisselaient de sang innocent.

L'état de choses auquel la raison française, viciée par l'extravagance de ses déductions sans frein et ensuite exaltée par la passion jusqu'à la démence, vint se heurter en Europe, était aussi fondé sur une coutume séculaire, incessamment modifiée, dans les rapports internationaux, par la violence et la ruse, mises au service du machiavélisme accepté et pratiqué par toutes les cours et cabinets européens sous le nom de raison d'État. La conception du « Saint-Empire » ou de la « république chrétienne », ce bel idéal du moyen âge, conçu par Charlemagne, aimé et pratiqué par saint Louis, mais qui, au moyen âge même, n'était que trop généralement demeuré à l'état idéal, avait définitivement expiré aux traités de Westphalie, consécration diplomatique de la triste rupture de l'unité religieuse entre les peuples chrétiens. La balance, singulièrement instable, de l'équilibre entre les puissances en avait décidément pris la place dans les traditions et les préoccupations internationales des souverains et de leurs ministres, attachés à maintenir cet équilibre avec le secret désir de le rompre chacun à son profit. Leur règle suprême et leur pensée dirigeante, au dehors comme au dedans, était l'intérêt, plus ou moins bien entendu, de leur couronne et de leur État. Ce n'est pas que les critiques vraies ou spécieuses, les théories philosophiques, économiques et sociales et les déclamations humanitaires du rationalisme français n'eussent eu chez eux aucun accès. Bien au contraire. Elles avaient non seulement défrayé de bons mots et de maximes sonores, dans leurs conversations et correspondances particulières, mais encore pourvu d'utiles suggestions et de beaux prétextes, dans leurs pensées et leurs actes politiques, ces deux sceptiques intelligents et impitoyables : Catherine II de Russie et Frédéric II de Prusse. Elles avaient inspiré, dans une très large mesure, pour leur gouvernement intérieur, le zèle réformateur, souvent à contresens, le despotisme dit « éclairé », mais souvent violent ou tracassier, du roi Charles III en Espagne, de l'empereur Joseph II en Autriche et aux Pays-Bas. Elles avaient eu en Europe un autre et dangereux effet. Leur propagation dans les esprits cultivés et dans les hautes sphères de la société européenne, engouées de ces idées comme d'une parure à la mode, avait considérablement diminué les forces de répression et de résistance de l'organisation traditionnelle, dont la défaillance se manifesta de façon très claire, quand l'égoïsme sans principes des cabinets en train de dévorer la Pologne se trouva, bien malgré lui, mis en demeure positive, à dater de 1792, de concentrer et de diriger ces forces contre la formidable poussée de la Révolution déchaînée à Paris.

Cette Révolution eut un succès complet dans son œuvre de destruction intérieure. Il ne subsista plus des institutions de l'ancienne France que des souvenirs altérés déjà et des espérances en grande partie chimériques. En revanche, la Révolution ne réussit pas à rien construire ; elle ne sut mettre à la place du régime évanoui, ni des institutions praticables, ni un gouvernement régulier. Ses institutions, en effet, depuis la constitution de 1791 jusques et y compris celle de l'an III, furent des essais fantastiques de codification de l'absurde et d'organisation de l'anarchie ; son gouvernement, dans les mains diverses qui se le transmirent ou se l'arrachèrent, une dictature appuyée sur la terreur et maintenue par les coups d'État. Sa législation, selon les cas, se rapportait à l'un ou à l'autre de ces termes extrêmes, et tendait ou à dissoudre les liens et rapports sociaux ou à les comprimer en les dénaturant de la façon la plus arbitraire. Pendant le Directoire les deux termes s'étaient rejoints et comme adaptés : l'arbitraire et l'anarchie régnaient de concert en France, où un dégoût universel de cette imbécillité tyrannique et une immense, mais inefficace aspiration vers ce que l'opinion désirait qui fût et entrevoyait qui pourrait être, ouvrait le plus libre et le plus beau champ à l'homme de bon sens et de bonne volonté qui saurait saisir et manier le gouvernail. Cet homme avait d'abord semblé devoir être le représentant de la tradition et de la dynastie anciennes s'appropriant aux besoins nouveaux. A plusieurs reprises les yeux, les cœurs s'étaient comme naturellement tournés vers le fils, puis vers le frère de Louis XVI. Pour des raisons diverses, dont l'examen n'est pas aujourd'hui de notre sujet, Louis XVIII et l'œuvre qui paraissait l'appeler se dérobèrent alors réciproquement l'un à l'autre. Mais un puissant et terrible ouvrier, doué d'audace et de génie, se présente pour l'accomplir.

Dans sa lutte contre l'Europe, grâce à l'héroïsme des armées françaises et à l'étonnante réserve de forces expansives qui s'étaient comme accumulées dans la nation pendant la dernière période de l'ancien régime, grâce aussi au peu d'énergie et d'accord de ses adversaires extérieurs, la Révolution fut victorieuse, mais d'une façon incomplète et provisoire, et en transigeant avec ses principes absolus. D'une part, en effet, malgré ses déclarations officielles et retentissantes, elle ne négligea nullement d'ajouter à ses moyens de défense énergique et offensive les négociations et intrigues secrètes avec les cours étrangères, et, d'autre part, elle superposa dès le premier jour à sa politique théorique de propagande révolutionnaire à main armée une politique pratique d'intérêt national et de raison d'État, assez analogue au fond à celle de l'ancienne monarchie française et des autres puissances traditionnelles d'Europe. La paix de Bâle avec la Prusse (5 avril 19 5) fut la manifestation éclatante et fructueuse de cette adhésion du Comité du salut public à la vieille méthode diplomatique et à l'équilibre européen. Le traité de Campo-Formio avec l'Autriche (17 octobre 1797) et le sacrifice de l'indépendance vénitienne, en compensation des Pays-Bas, qui y fut stipulé, engagea le Directoire, il est vrai un peu malgré lui, encore plus avant dans ce système tout positif d'échanges et de transactions réciproques. Le gouvernement faible et maniaque de l'an III, consolidé entre les mains des vainqueurs de Fructidor, compromit bientôt les avantages acquis à la France par. cette politique extérieure relativement sage et sensée. Il reprit et voulut mettre à effet le système de la propagande révolutionnaire par l'organisation multipliée de républiques vassales, au régime servilement calqué sur le nôtre, sous la protection menaçante de nos baïonnettes. De plus, l'élan et la cohésion de nos armées, mal soutenus par la capricieuse imbécillité d'un tel pouvoir, commençaient à fléchir, et la seconde coalition européenne faillit prendre sa revanche de l'échec éprouvé par la première. Le désaccord survenu derechef entre ses membres et les victoires de Brune et de Masséna, à Bergen et à Zurich, amoindrirent de beaucoup, s'ils ne la dissipèrent, la menace d'une invasion nouvelle; mais l'état intérieur du pays, de jour en jour plus lamentable, avait accru l'effet sur l'opinion des défaites réitérées auxquelles avaient enfin remédié ces heureux succès. Dans le jeune dictateur, déjà couvert de lauriers, qui lui offrit le coup d'État de Brumaire, la France était disposée à saluer le sauveur de son indépendance et de sa gloire en péril, comme le restaurateur depuis longtemps souhaité de l'ordre et de la prospérité perdue.

Le génie de Napoléon Bonaparte était extraordinaire et sa destinée ne le fut pas moins. Corse de naissance et d'abord peu Français de cœur, il vit surtout dans la nouvelle patrie qui venait de s'annexer de force son pays natal, et qui lui avait ouvert les portes de ses écoles militaires, un théâtre pour sa future carrière. En cultivant son intelligence, son éducation par les Minimes de Brienne maintint, sans l'éclairer et la fortifier assez, la foi catholique qu'il tenait de ses parents, surtout de sa mère, et qu'au fond du cœur il semble n'avoir jamais complètement perdue. A l'École militaire de Paris, puis dans ses garnisons successives, il fut, comme presque toute la jeunesse instruite d'alors, séduit et enveloppé par l'incrédulité du philosophisme en vogue. A partir de 1789 il se laissa d'autant plus aisément gagner aux idées et à la cause révolutionnaires qu'il pressentait de ce côté un beaucoup plus large essor pour son génie et son ambition que dans les cadres traditionnels de l'ancien régime. Ce génie et cette ambition fermentaient déjà en lui d'une façon violente et pratique. Il essaya même, à plusieurs reprises, de leur donner carrière en Corse, fût-ce au détriment de la France. Faute de mieux, il joua un certain rôle dans les clubs français de province et se fit une utile renommée de jacobin, non sans protester en lui-même, par l'instinct du commandement, contre les victoires de l'émeute sur l'autorité royale. Le même instinct, joint à un juste calcul des chances de succès, lui fit prendre parti, dans la mesure où il eut à manifester ses sentiments comme officier, pour la tyrannie des Montagnards contre la rhétorique des Girondins, pour le pouvoir central usurpé, sous le nom de la Convention, par la faction victorieuse et exercé par le Comité du salut public, contre l'insurrection dite fédéraliste des départements. C'est dans cette voie que l'occasion s'offrit à lui, au siège de Toulon, de manifester avec éclat son génie militaire, qui, sans la révolution de Thermidor, se serait exercé dès lors en Italie sous l'égide de Robespierre. Entraîné un moment dans la chute de celui-ci, Bonaparte sut se relever et, à travers de rudes angoisses, se faire une petite place dans le camp des vainqueurs et se concilier la faveur de quelques-uns des thermidoriens. Menacés, aux derniers jours de la Convention, par le soulèvement de Vendémiaire, ceux-ci, par l'intermédiaire de Barras, sollicitèrent son concours. Grâce à leur audacieux et énergique lieutenant, ils repoussèrent par la force les justes réclamations de la grande majorité des électeurs parisiens et des citoyens français et les espérances des hommes de cœur, et réussirent à perpétuer sous le Directoire, de concert avec les Jacobins, leur illégale et cynique domination. Mais aussi dans ce lieutenant ils avaient trouvé leur maître. Investi du commandement de l'armée d'Italie, Bonaparte put enfin déployer à son gré l'étonnante envergure de ses facultés de capitaine et d'homme d'État. Devenu bientôt hors de pair, sa gloire s'imposa et l'imposa, et dès lors, dans toute l'étendue et au delà de son autorité déléguée, pour la paix comme pour la guerre, il agit en souverain. Malgré l'insuccès final de l'expédition d'Égypte, échec non pleinement consommé d'ailleurs lors de son retour, Bonaparte conquit, dans cette brillante épopée orientale, un nouveau prestige. La nation, absolument dégoûtée du Directoire, fière de voir remise aux mains d'un jeune héros, quels que fussent ses origines et ses antécédents politiques, la conduite de sa destinée, accueillit avec joie l'avènement et attendit avec confiance les actes du Premier Consul.

Celui-ci avait reçu du Ciel une puissance tout à fait hors ligne d'intelligence et de volonté, mise constamment en exercice par une activité et une ardeur de travail dont tous ceux qui l'ont approché sont demeurés stupéfaits. Si son génie n'a certainement pas dépassé la capacité absolue de la nature humaine, il semble qu'il en ait du moins, par certaines de ses facultés, atteint le sommet[1]. Toutefois l'équilibre intellectuel, moral et physique de

---

1. Qu'il nous soit permis de renvoyer, pour une plus ample appréciation sur ce point et sur le caractère de Napoléon en général, à notre étude antérieure : *Napoléon, son caractère, son génie, son rôle historique*. Paris, Perrin, 1894, in-12.

cet homme extraordinaire était loin d'être parfait. N'insistons pas
sur son tempérament physique, où la prépondérance de l'appareil nerveux et sa vibration continuelle étaient, malgré son
admirable adaptation au service de l'intelligence, une force sujette
à de sensibles et parfois terribles inconvénients. Dans son caractère intellectuel la raison théorique et pratique, quoique d'une
netteté et d'une vigueur merveilleuses, risquait d'être dominée,
emportée, affolée par une imagination plus puissante encore et
d'un essor aisément démesuré. L'Alexandre et le César qui étaient
en lui, soutenus d'un Annibal, doublés d'un Archimède, étaient
pour ainsi dire, opprimés par un Pindare. L'artiste en conceptions de guerre et de politique, conçues et exécutées comme de
prestigieux poèmes, menaçait de se substituer, dans son génie et
dans son œuvre, au grand et utile capitaine, au grand et solide
homme d'État. Pour maintenir dans cette formidable tête l'empire de la raison, plus nécessaire en elle qu'en toute autre, il
aurait fallu que l'effrayante énergie de sa volonté fût elle-même
soumise à la loi morale, par conséquent à l'idée religieuse, dans
la détermination et dans la poursuite de son objet. Or, malheureusement, il n'en fut pas ainsi. Ses admirables facultés, si
promptes, quand elles étaient libres, à saisir le vrai, le bien et le
beau, et à remonter à Dieu, de qui elles émanaient, devaient s'asservir de jour en jour davantage aux extravagantes chimères
issues de la satisfaction et de la jouissance enivrantes d'elles-mêmes
par elles-mêmes et pour elles-mêmes, et aux transports de folie
d'un égoïsme sans frein. Là où le génie de Napoléon Bonaparte
s'est guidé sur la loi divine ou sur la nature des choses, qui en
est aussi une expression, il a, d'une façon absolue ou relative,
fait œuvre bonne et durable ; mais là où Napoléon a prétendu
substituer ce génie même et ses fantaisies aux règles éternelles
de l'ordre intellectuel, moral et social, et s'imposer, pour ainsi
dire, à Dieu comme au genre humain, ses rêves, selon qu'ils
étaient plus au moins délirants, ont été plus ou moins funestes au
présent, à l'avenir de la France et du monde ; ils lui ont été, par
un juste châtiment, funestes à lui-même, et dans le gigantesque
accès de somnambulisme épique auquel il finit par s'abandonner
les yeux ouverts, il a de sa propre main, de ses propres coups de
foudre, ouvert et creusé l'abîme où sa chute l'a précipité.

.·.

Quand il saisit le pouvoir souverain, le lendemain du 18 Brumaire, la conformité de son intérêt propre avec l'intérêt public et la conscience du bien qu'il allait accomplir éveillèrent dans son âme les meilleurs sentiments dont sa nature fût douée, et inclinèrent sa pensée aux meilleures inspirations, sa volonté aux meilleures tendances de son génie. La France à reconstruire, c'était un beau champ d'action pour un ingénieur et un architecte comme lui. Les dérèglements de son orgueil, les aberrations de son ambition désordonnée ne lui enlevèrent jamais son amour instinctif de l'ordre et de la règle. A plus forte raison exerça-t-il noblement ce puissant instinct, au grand profit de sa patrie adoptive, à l'époque où il se sentait encore obligé de se contenir, où il venait seulement d'être mis à même d'attacher définitivement la nation à sa personne par les chaînes indestructibles de la sécurité et de la prospérité publiques, restaurées et soutenues par sa main de fer, fixées par ses institutions d'airain.

Le plus fort et le plus sûr témoignage de la hauteur et de la vigueur de sa conception morale et sociale de la France, en cette belle période de sa carrière, c'est la netteté et la hardiesse du parti qu'il adopta sur la question religieuse. Le Concordat, ce traité avec le Saint-Siège dont il prit l'initiative, pour la restauration de l'Église catholique et de l'orthodoxie nationale, en foulant aux pieds les préjugés révolutionnaires de son entourage et en repoussant la tentation de se faire lui-même chef d'Église par un accord avec le schisme constitutionnel, le Concordat demeurera l'éternel honneur de sa mémoire. Sans doute, ce pacte entre l'Église et l'État est loin du règlement idéal des rapports qui résultent naturellement de la coexistence de la société religieuse et de la société civile et d'une indispensable communauté de sujets et de moyens dans la diversité de leurs buts respectifs. Sans doute aussi les préventions et préoccupations personnelles du Premier Consul, puis de l'Empereur, ont malheureusement ajouté à ce grand acte des restrictions et des interprétations aussi fâcheuses qu'arbitraires, qui en ont beaucoup diminué le bienfait et ont ouvert pour l'avenir la voie à de tristes conséquences et à de douloureuses usurpations. Mais enfin, à considérer cet acte dans son ensemble et ses principes essentiels, un siècle déjà de durée, à travers plusieurs révolutions et des régimes si divers, en des circonstances parfois bien difficiles et en une matière si délicate par elle-même, et que rendent plus délicate encore à notre époque l'ignorance et l'erreur dominant sur tant d'esprits, un siècle déjà de durée est une attestation bien forte en faveur de cette transaction, en faveur aussi du grand homme et du saint Pape qui l'ont négociée et qui l'ont conclue. Il y a eu mieux dans le passé, et l'avenir pourra mieux faire ; mais l'histoire doit constater que, pour la France du xix° siècle, Bonaparte et Pie VII, là où ils sont réellement tombés d'accord, avaient bien vu et ont bien fait. C'est à l'ombre du Concordat que s'est accomplie dans notre patrie, en dépit de si pénibles obstacles, cette renaissance religieuse, riche d'œuvres de foi, d'apostolat et de charité, consolation de nos douleurs, espoir de notre avenir, gage et ferment de vie parmi tant de symptômes et de germes de mort.

Bien que cette formule semble excessive, il y a pourtant beaucoup de vrai dans ce qui a été dit que la Révolution française fut avant tout une translation de propriété. Aux yeux de la grande majorité de la nation, c'est-à-dire des masses rurales, la question capitale et décisive, en 1789, c'était l'affranchissement complet du sol par la disparition des redevances et servitudes coutumières, connues sous le nom de droits féodaux. Si Louis XVI avait eu l'idée et le courage de la solution équitable de ce problème : le rachat de ces droits pour cause d'utilité publique, non seulement il aurait prévenu la crise qui lui coûta la couronne et la vie, mais l'autorité monarchique aurait pu monter plus haut sous son règne que ne l'avait portée le règne même de Louis XIV. A défaut de cette solution régulière, la solution révolutionnaire par la suppression des droits dont il s'agit fut une atteinte fâcheuse au principe de la propriété. Mais quelle violation plus criante encore de ce principe et quelle source de désordre moral et social que la constitution et la vente des biens dits *nationaux*, au moyen et en conséquence de la confiscation des domaines ecclésiastiques et des terres des émigrés ! Après la persécution religieuse, c'était peut-être la plaie la plus profonde de la société française, telle que la Révolution l'avait laissée au gouvernement du Premier Consul. Grâce à la condescendance toute maternelle de l'Église et à l'esprit vraiment évangélique dont Pie VII s'inspira dans la conclusion du Concordat, cette plaie fut en grande partie fermée par la déclaration du Pape « que ni lui, ni ses successeurs ne troubleront en aucune manière les acquéreurs des biens ecclésiastiques aliénés, et qu'en conséquence la propriété de ces mêmes biens, les droits et revenus y attachés, demeureront incommutables entre leurs mains ou celles de leurs ayants-cause ». Pour les biens des émigrés une telle renonciation était impossible à obtenir. Le Premier Consul eut le mérite d'entrer hardiment dans la voie de la transaction pacificatrice par la restitution à leurs anciens propriétaires d'une partie des biens non vendus. Sa politique trop personnelle l'empêcha, il est vrai, d'aller aussi avant qu'il l'aurait pu et dû dans cette noble voie, mais il a eu moins l'honneur d'inaugurer l'œuvre si importante d'apaisement et d'unification territoriale, achevée seulement sous la Restauration par la grande et sage mesure due au génie pratique de M. de Villèle. En considérant les effets économiques de cette loi d'*indemnité*, alors et depuis si violemment, si injustement reprochée à cet homme d'État, on trouve que ce n'est pas sans raison, malgré l'inexactitude ou l'excès de certaines de ses vues et de certains de ses actes, que le ministre de Louis XVIII et de Charles X a écrit sur lui-même cette appréciation, qui aurait été plus juste encore, pendant les belles années du Consulat, dans la bouche ou sous la plume de Bonaparte : « Je suis né pour la fin des révolutions. »

Malgré les traces qui y sont restées de la législation révolutionnaire, c'est bien, en un sens, dans l'ordre social, la fin de la Révolution que marqua la promulgation du Code civil. La collaboration directe du Premier Consul n'y fut pas toujours également heureuse ; mais c'est à son impulsion que fut dû l'achèvement, relativement si prompt, de cette œuvre capitale, dont il ne nous appartient pas d'étudier ici les qualités ou les défauts, la genèse et l'influence. Il suffira de noter, et c'est là un trait qui lui est commun avec d'autres institutions du régime consulaire ou impérial, la part considérable qu'elle renferme d'emprunt à la tradition législative et juridique de l'ancienne France. On peut même, à certains égards, la considérer, en dépit du bouleversement où il semble d'abord que tout le passé fut pour jamais englouti, comme la condensation finale et l'aboutissement régulier d'une élaboration séculaire. « Si nous envisageons, a dit un éminent historien [1], l'ensemble du droit civil moderne, et si nous le comparons au droit du xviii° siècle, c'est-à-dire au vieux droit français, lentement élaboré par le temps et les hommes, nous arrivons à cette conclusion : déduction faite de ce qui est purement féodal, l'ensemble du vieux droit français a persisté, avec quelques modifications, dans le Code civil actuel. » — « Les hommes politiques chargés de la grande œuvre de rédaction d'un Code civil, a écrit un jurisconsulte célèbre [2], n'ont fait, en général, que mettre en articles le droit courant, le droit bien connu par les jurisconsultes, formé par l'expérience et la logique des siècles et enraciné dans la conscience et dans les habitudes de la nation. » — Peut-être serait-il à souhaiter que, sur tel ou tel point, la conscience de la nation eût été alors ou fût à présent plus judicieuse et ses habitudes meilleures; mais au point de vue historique, on ne saurait méconnaître qu'en général et surtout à l'époque où il fut promulgué par Napoléon Bonaparte, le Code civil n'ait très bien correspondu, dans son ensemble, aux sentiments, aux mœurs, à l'opinion du pays.

Autant et plus que le Code civil, les autres grandes œuvres législatives du Consulat et de l'Empire, le Code de procédure civile, le Code de commerce, le Code pénal et le Code d'instruction criminelle, ont leurs origines et leurs sources réelles dans la législation de l'ancienne France, notamment dans les ordonnances de Louis XIV. Mais, quels que soient leurs lacunes ou leurs excès, elles ont été, dans leur ensemble, bien appropriées au nouvel état de choses créé par le bouleversement révolutionnaire et par la reconstruction qu'il nécessitait. On en doit dire autant de la magistrature chargée de les appliquer et où le principe essentiel de l'inamovibilité fut sagement remis en vigueur.

Le principal instrument, après Napoléon lui-même, de cette reconstitution générale; la pièce maîtresse et la cheville ouvrière de ses institutions et de son gouvernement a été, elle aussi, em-

---

1. M. Paul Viollet : *Histoire du droit civil français.*
2. M. Valette.

pruntée à l'ancienne monarchie française, mais avec des modifications qui en firent une création originale. Il s'agit du Conseil d'État, la seule assemblée sérieuse et vivante de la période consulaire et impériale, mais dont le rôle fut alors immense et salutaire. Napoléon y sut utiliser de main de maître des capacités de toute nature et de toute origine ; il eut l'art supérieur d'y tirer nombre de bons avis et de sages mesures de restauration sociale, de conservation monarchique, d'administration tutélaire et vigilante, de têtes hier encore tout embrasées, toutes perverties par les fureurs et les terreurs de la Révolution, à laquelle elles s'étaient livrées. « Le Conseil d'État, écrivait plus tard un jeune *auditeur* de 1810[1], était alors le siège du gouvernement, la seule parole de la France, le flambeau des lois et l'âme de l'Empereur... Ce reste d'orageux conventionnels, qui portaient encore la République au fond de leurs souvenirs, cédaient en grondant à l'attraction de l'Empereur. Napoléon les avait comme éblouis de ses victoires et comme absorbés dans sa force. Leurs esprits, las des tourments de la liberté, n'aspiraient plus qu'à se détendre au milieu d'un repos plein d'éclat et de grandeur. Le Conseil d'État reproduisait à leurs yeux les luttes animées de la tribune, dans ces graves séances où les débats n'étaient pas sans mouvement, ni la parole sans indépendance et sans empire. Les conseillers d'origine bourgeoise s'y distinguaient des conseillers d'origine noble ; c'étaient comme deux rivières qui couleraient dans le même lit sans mêler leurs eaux. Les uns affectaient la simplicité des conventionnels et semblaient mal à l'aise sous l'habit de cour, que les autres portaient avec une grâce négligente. Les uns étaient plus polis dans leurs manières et dans leur langage ; les autres plus rudes et, dans l'entretien familier, parfois cyniques... Non seulement Napoléon, assisté de ses conseillers, a fondé des monuments de législation impérissables, mais encore il a légué à ses successeurs une foule d'hommes d'État distingués, devenus ministres, les uns sous la Restauration, les autres sous la Révolution de Juillet. »
— Le corps lui-même, avec des remaniements successifs dans son organisation et dans ses attributions, a subsisté sous tous nos

---

[1]. M. de Cormenin, cité par M. Léon Aucoc : *Le Conseil d'État avant et depuis 1789.*

régimes. Si son action et son influence ont pu contribuer à l'excès de centralisation que nombre de bons esprits considèrent aujourd'hui comme une cause de dépérissement pour notre pays ; si elles ont prêté un appui fâcheux à certaines usurpations, elles ont, d'autre part, utilement travaillé à maintenir dans la législation et dans l'administration l'ordre et la règle, l'esprit de suite et la cohérence, perpétuellement menacés par les convulsions ou les soubresauts de la politique ; elles ont même, du moins selon l'opinion d'apologistes éminents, barré beaucoup plus souvent et plus courageusement qu'on ne le croirait d'abord, la route aux empiétements et aux caprices des dépositaires et des agents du pouvoir. Bien comprise, bien composée et bien mise en œuvre, il n'y a certainement pas d'institution plus conforme aux traditions de notre histoire, ni qui concorde mieux avec les caractères propres du tempérament politique français.

On peut, on doit également considérer comme un chef-d'œuvre, comme une conception à la fois vraie et originale, quoique imitée des *intendants* de l'ancien régime, l'institution des préfets. D'une façon générale, les cadres de l'administration du Consulat et de l'Empire, qui sont encore aujourd'hui les nôtres, réclament peut-être maintenant, en raison des récentes transformations économiques, un remaniement, un élargissement judicieux, mais ils étaient admirablement adaptés aux conditions et aux besoins de la nation au début du xixe siècle, et ils sont demeurés tels dans une grande partie de son cours. Un éloge spécial, toujours du même point de vue et dans les circonstances données, est dû à l'administration financière et au système des contributions directes et indirectes, dont Taine[1] a si bien fait ressortir le mérite pratique, la forte et ingénieuse combinaison des ressorts qui le constituent, les merveilleux et prompts résultats au sortir d'un parfait gâchis. « Dans toutes ses grandes lignes, par la pluralité, l'assiette, la répartition, le taux et le rendement des divers impôts directs ou indirects, la voie est bien tracée, droite et pourtant accommodée aux choses, à peu près conforme aux maximes nouvelles de la science économique, à peu près conforme aux maximes antiques de la justice distributive, orientée

---

1. *Le Régime moderne*, t. I, liv. III, chap. II.

soigneusement entre les deux grands intérêts qu'elle doit ménager, entre l'intérêt du contribuable qui paie, et l'intérêt de l'État qui reçoit. » Malgré les réformes et améliorations maintenant désirables, ce n'est certes pas un petit témoignage en faveur du système financier de Napoléon, que ce fait indéniable, à savoir que le contribuable français, aujourd'hui l'un des plus chargés, sinon le plus chargé de l'Europe, est pourtant celui ou l'un de ceux qui s'acquittent, à cette heure encore, avec le plus d'aisance, et de bonne grâce, de ce tribut excessif et toujours croissant.

Malgré son incomparable génie dans tout ce qui se rapporte à la guerre, comme administrateur aussi bien que comme général, l'action et l'influence de Napoléon dans l'organisation et dans l'application du service militaire ont été désastreuses pour notre pays et pour notre siècle. C'est qu'ici son intérêt particulier ou, pour mieux dire, son exigeante et bouillonnante fantaisie d'artiste et de virtuose ne s'accordait plus que dans une faible mesure avec l'intérêt public. Il lui fallait des soldats comme il faut des rimes au poète. L'impôt du sang, qui n'était rien ou presque rien sous l'ancien régime, devint cruel sous la Convention, et sous Napoléon tout à fait insupportable. Eu égard aux circonstances, les règles générales qu'il avait posées, moyennant certaines modifications, n'étaient pas mauvaises. Appliquées prudemment, avec les atténuations indispensables, elles ont donné les sages lois de 1818 et de 1832. Mais l'extravagant abus qu'il fit du principe du service obligatoire, outre les odieux effets qu'on en vit sortir sous sa main même, a, de conséquence en conséquence, par voie de réaction et par voie d'imitation, produit l'effrayant spectacle que la France et l'Europe, en pleine paix, se donnent à elles-mêmes, cent ans après la fameuse « Déclaration des Droits de l'homme » par l'Assemblée constituante. « Autrefois, dit Taine, en Europe, peu de soldats, quelques centaines de mille ; aujourd'hui, en Europe, 18 millions de soldats actuels ou éventuels, tous les adultes, même mariés, même pères de famille, appelés ou sujets à l'appel, pendant vingt ou vingt-cinq ans de leur vie, c'est-à-dire tant qu'ils sont valides ; autrefois, pour faire le gros du service en France, point de vies confisquées par décret, rien que des vies achetées par contrat, et des vies appropriées à cette besogne, oisives ou nuisibles ailleurs, environ 150,000 vies de qualité secondaire, de valeur médiocre, que l'État pouvait dépenser avec moins de regrets que les autres, et dont le sacrifice n'était pas un dommage grave pour la société ni pour la civilisation ; aujourd'hui, pour faire le même service en France, 4 millions de vies saisies par autorité, et, si elles se dérobent, saisies par force ; toutes ces vies, à partir de la vingtième année, appliquées au même métier manuel et meurtrier, y compris les plus impropres à cette besogne et les mieux adaptées aux autres emplois, y compris les plus inventives et les plus fécondes, les plus délicates et les plus cultivées, y compris celles que distingue un talent supérieur, dont la valeur sociale est presque infinie, et dont l'avortement forcé ou la fin précoce est une calamité pour l'espèce humaine. »

L'initiateur de ces hécatombes matérielles et morales s'attacha du moins, avec son étonnante fécondité d'invention à la fois poétique et pratique, à les parer de tout l'éclat de l'émulation et de la gloire, si cher à l'esprit français. Ce fut un trait merveilleux de son génie de grand capitaine que la création de la Légion d'honneur, et un trait, peut-être plus admirable encore, de son génie d'homme d'État, d'en avoir fait une récompense à la fois militaire et civile, de façon à marquer l'ordre civil lui-même d'un caractère quasi guerrier et à l'animer d'une sorte d'émulation chevaleresque. Ici encore l'ancien régime lui avait fourni l'idée de cette institution dans ses ordres de Saint-Louis et de Saint-Michel, qu'il fondit, pour ainsi dire, ensemble et appropria d'une façon tout à fait originale à une société devenue démocratique et à son propre système de gouvernement. Malgré les déviations qui, selon la pente humaine, en ont beaucoup altéré le type et diminué la valeur première, l'institution de la Légion d'honneur est une des créations de Napoléon dont la conformité avec le caractère national a maintenu et maintient encore, en dépit de tant d'abus, le prestige et l'influence parmi nous. Ce fut un sentiment tout pareil, joint au goût de l'ordre social, de la symétrie brillante et du classement hiérarchique, qui l'inspira dans son renouvellement ingénieux et solide de la noblesse héréditaire et de ses titres. La valeur aujourd'hui purement décorative, mais d'ailleurs si appréciée, si recherchée, si habilement et parfois naïvement usurpée, de ces honneurs et distinctions transmissibles, dans notre société soi-disant égalitaire, atteste qu'en ce point, comme en beaucoup d'autres, Napoléon a très bien connu le fort et le faible du cœur humain et en particulier de la nation généreuse et légère qui s'était confiée à son génie. Quel malheur que son aveugle égoïsme se soit si cruellement obstiné à ne jamais reconnaître et chérir en elle que l'héroïque instrument de sa sanglante épopée, de sa poursuite acharnée d'un but impossible !

Cette ambition sans mesure, cette furieuse passion d'artiste pour la guerre et le commandement domina et faussa son œuvre en fait d'instruction publique. Ses premières vues et ses premiers actes à cet égard avaient été sages. Il avait notamment compris, pour l'instruction primaire, l'incomparable utilité des congrégations religieuses, et, au premier rang, des Frères des Écoles chrétiennes. Il faillit même la comprendre en fait d'instruction secondaire et rendit de curieux hommages aux grands souvenirs laissés par la Compagnie de Jésus. Mais sa terrible monomanie de domination personnelle et exclusive l'emporta ici tout d'abord sur la lucidité de son bon sens, et s'empara finalement du système entier, vrai chef-d'œuvre de tyrannie intellectuelle et de despotisme d'État, qu'il conçut et décréta, en 1808, sous le nom d'Université de France. L'instruction publique y apparaît constituée comme un immense bureau de recrutement politique et militaire. Elle n'a pas pour objet la culture des jeunes générations considérée en elle-même, dans leur propre intérêt et, par suite, dans l'intérêt social, mais la préparation pour Napoléon de sujets fidèles et surtout de bons soldats et de bons officiers. L'institution universitaire a, sous les régimes qui suivirent, dévié d'une façon notable, en bien et en mal, de la conception napoléonienne, mais on n'ignore pas de quel poids le monopole intellectuel vraiment écrasant dont il a investi le pouvoir central, a pesé durant ce siècle et, même diminué comme il l'est maintenant par certaines libertés bien incomplètes et bien précaires, pèse encore aujourd'hui sur les consciences, sur les familles, sur l'éducation de l'enfance et de la jeunesse, sur le présent et sur l'avenir de la société française.

L'égoïsme effréné ou, pour user de ce terme technique de philosophie, le subjectivisme colossal et déréglé de Napoléon n'a pas seulement obscurci la pénétration lumineuse, si remarquablement objective, de son merveilleux génie, et altéré ainsi plusieurs de ses conceptions d'homme d'État; elle a fini par vicier, dans la pratique, le fonctionnement même de ses meilleures créations et par tourner à mal le bienfait de son administration éclairée et agissante. Un mémoire anonyme du mois d'avril 1814 dénonce en ces termes l'esprit même par lequel elle est inspirée : « Ce n'est point un esprit de gouvernement, mais de commandement... On demande aux agents d'obéir promptement, rigoureusement, de se faire obéir de même. Ils ne sont pas les organes de la province, les protecteurs de leurs administrés. L'un des chefs supérieurs de l'administration disait aux préfets : « Vous servez mal le gouvernement si vous ne vous faites pas haïr[1]. »

Le principal défaut du caractère personnel du Napoléon lui a naturellement fermé les yeux sur le défaut capital de son système : dans l'ordre social, la prohibition ou l'étouffement, si funeste à la longue, de l'initiative individuelle et collective, des groupements spontanés ou volontaires, des associations naturelles et libres; dans l'ordre politique, l'absence d'institutions de contrôle, de corps électifs et représentatifs vraiment autonomes et indépendants. Le gouvernement, tel qu'il l'a entendu et organisé, doit tout faire et pourvoir à tout; s'il consent à écouter, dans ses bons jours, les avis de sages conseillers, non seulement ses résolutions, mais ses pires usurpations, une fois décidées, ne souffrent, en dernière analyse, ni barrière, ni résistance. Napoléon a ainsi, en satisfaisant, mais en exploitant et en développant outre mesure l'une des tendances du tempérament français, singulièrement reculé, au profit du despotisme d'État et, par réaction, de l'anarchie, l'avènement de ce qu'on pourrait peut-être considérer comme le régime idéal indiqué à notre nation par ses qualités et par ses défauts, par son caractère et par son histoire, et définir en ces termes : un pouvoir fort, actif et tutélaire, mais contenu dans sa sphère propre et dans ses justes limites, et sérieusement contrôlé.

.*.

Le génie de l'homme d'État, évident chez Napoléon dans son action et son œuvre en France, apparaît aussi dans son action

---

1. Cette citation est empruntée à l'ouvrage de M. le vicomte de Broc : *la Vie en France sous le premier Empire*.

et son œuvre en Europe, mais à un moindre degré. Son habileté diplomatique, égale ou supérieure à celle de ses contemporains les plus éminents, s'est déployée avec une rare fécondité d'invention, de ressources et de ruses dans les négociations qui ont précédé et suivi les terribles coups frappés par son génie militaire, mais elle ne s'est pas dirigée, comme celle d'un Richelieu, par un plan fortement et lucidement conçu et tiré de l'étude exacte des choses, vers un but nettement défini et pratiquement réalisable. Le seul objet clairement perceptible pour nous de la politique européenne de Napoléon a quelque chose d'absurde et d'inconscient, puisque c'est l'extension indéfinie de sa puissance. Ici plus qu'ailleurs encore son intelligence a été victime de son imagination et surtout de son caractère. Une tendance naturelle, de jour en jour plus enracinée et poussée enfin jusqu'à la manie, lui a fait sans cesse exiger de tous, alliés comme adversaires, égaux comme inférieurs, une soumission prompte et entière, une obéissance de vaincus et d'esclaves aux commandements, aux caprices de sa volonté; imposer aux autres toutes les concessions et ne leur en jamais accorder, du moins définitivement, aucune. Cet égoïsme insolent qui se déclarait lui-même, avec une sorte de naïveté, au-dessus de toute loi, en rendant son empire politiquement insociable, a stérilisé pour la France et pour lui son épopée triomphante et l'a conduit, sans se contenter d'aucun succès ni fléchir sous aucun revers, de Marengo à Waterloo et de Waterloo à Sainte-Hélène.

La France demandait au Premier Consul et attendait de lui, avec l'ordre intérieur et un gouvernement stable, la paix extérieure, qu'elle voulait non à tout prix, mais honorable et digne de la gloire acquise par les armées de la République. Dans l'état où le Directoire lui avait laissé les choses, une campagne victorieuse n'était pas de trop pour la conquérir. Marengo et Hohenlinden conduisirent l'Autriche au traité de Lunéville. L'ascendant pris par Bonaparte en Europe, grâce à son génie et aux présomptions de sagesse que donnait alors sa conduite, amenèrent l'Angleterre elle-même au traité d'Amiens, d'où résultait la paix générale. Ce traité, par malheur, ne fut qu'une trêve où les deux contractants paraissent avoir apporté l'un et l'autre peu de bonne foi. Ni l'Angleterre n'était d'humeur à supporter la prépondérance demeurée à la France sur l'Europe occidentale, ni Bonaparte à ne pas l'appesantir, puis la transformer en une domination plus ou moins directe et même personnelle, avec le désir d'en étendre le champ de tous les côtés. Un signe certain de son intention, qui déjà commençait à dépasser de beaucoup le vrai sentiment de la France, ce fut au lieu du protectorat équitable et modéré, respectant autant que possible leur autonomie, qu'il pouvait si utilement exercer et affermir sur les États que leur voisinage et la fortune de nos armes attachaient étroitement à notre dépendance : Hollande, Suisse, Italie du nord et du centre, la mainmise à peine voilée qu'il opéra sur eux au double point de vue politique et militaire, et qui se traduisit même, dès 1802, pour le Piémont, quoique situé en dehors de nos frontières physiques, par une annexion formelle. Cela étant, la rupture de la paix d'Amiens, déterminée par le refus de l'Angleterre d'accomplir l'évacuation promise de Malte, était de toute manière inévitable. Elle fut plutôt agréable à Bonaparte, car elle ouvrait tout large à son génie et à son ambition le champ des chimères.

Devenu empereur des Français, il plaça ensuite immédiatement sur sa tête la couronne d'Italie, et dès lors se considéra comme le successeur, non plus seulement de Louis XIV, mais de Charlemagne. Cette assimilation était plus romanesque qu'historique. L'œuvre de Charlemagne, en qui le bon sens était égal au génie, avait été jusque dans ses conquêtes essentiellement défensive. C'était, sous les auspices et avec l'appui de l'Église, la concentration des forces de la chrétienté en train de se constituer sur les ruines de l'Empire romain, contre la perpétuité indéfinie de l'inondation barbare et païenne et la terrible menace de l'invasion musulmane. L'œuvre européenne de Napoléon, telle que nous en apparaît l'inspiration générale, tout en tenant compte des mauvaises dispositions des vieilles puissances contre ce parvenu de génie, fils de la Révolution qu'il avait vaincue, fut au contraire offensive. L'Autriche et la Russie se donnèrent pourtant le tort de l'agression matérielle en 1805. La foudroyante campagne d'Austerlitz le leur fit durement expier. Outre les pertes territoriales qu'elle eut à subir, l'Autriche dut, à Presbourg, consentir à s'exiler de l'Allemagne comme de l'Italie, et laisser glisser définitivement de ses mains le sceptre, devenu d'ailleurs à peu près vain, du Saint-Empire. L'organisation de la Confédération du Rhin destinée à former, sous le protectorat de la France, une Allemagne nouvelle et intermédiaire, ni autrichienne, ni prussienne, fut, ce semble, une des plus heureuses créations de Napoléon, conseillé par Talleyrand, mais il la gâta en déniant de plus en plus toute indépendance aux États groupés dans cette union, et en la considérant moins comme un boulevard de son empire, que comme un instrument de ses plans gigantesques et une source de recrutement pour ses armées. L'installation à Naples et en Hollande de dynasties napoléonniennes, dans des conditions à peu près équivalentes à une annexion, avait eu déjà le fâcheux effet d'afficher aux yeux de l'Europe le caractère personnel, dominateur, offensif de la politique du nouvel empereur d'Occident.

L'alliance avec la Prusse avait d'abord été considérée par Napoléon comme l'une des maîtresses pièces de son système européen, et cette puissance, demeurée en paix avec la France depuis 1795, était loin d'y répugner. La Russie et l'Autriche n'avaient pas réussi à l'entraîner dans leur coalition de 1805, et surtout après Austerlitz. Frédéric-Guillaume III, moyennant la cession définitive du Hanovre et la constitution effective d'une Confédération de l'Allemagne du Nord sous sa présidence, se serait sans doute, au moins temporairement, résigné au redoutable déploiement de l'hégémonie française, même sur le sol germanique. Mais, selon son caractère, si souvent nuisible à sa politique, Napoléon traita sans aucun ménagement cet allié qu'il voulait soumis. Le roi de Prusse apprit surtout avec indignation que, dans les négociations alors ouvertes avec l'Angleterre, l'Empereur avait offert au roi de la Grande-Bretagne la restitution de ce même électorat de Hanovre, patrimoine de la dynastie anglaise, pour la possession duquel le gouvernement de Frédéric-Guillaume avait déjà fait tant de sacrifices de territoire ou d'honneur. Le parti français, longtemps puissant à la cour de Berlin et vers lequel avait, jusqu'à ce jour, incliné l'humeur pacifique du roi, y fut alors vaincu par le parti contraire, qu'appuyaient la reine et le sentiment national. La Prusse se jeta dans les bras de la Russie, puis, sans attendre son secours, provoqua témérairement la lutte, où, en deux échecs terribles, à Iéna et à Auerstædt, sa force militaire fut brisée. L'armée russe en recueillit les débris et faillit à Eylau infliger un premier revers à l'audace napoléonienne. Le génie et la fortune de l'Empereur retrouvèrent à Friedland tout leur éclat. De là résulta Tilsitt, où la Prusse, sacrifiée par Alexandre, fut foulée aux pieds par Napoléon, qui s'engagea tout à coup, avec un singulier mélange d'illusions et d'arrière-pensées, dans un nouveau système, reposant sur l'alliance russe.

Cette alliance, aux yeux d'Alexandre, ne se justifiait qu'en lui donnant carte blanche du côté de Constantinople, c'est-à-dire en lui abandonnant l'Empire de l'Orient, moyennant quoi il se résignait, non sans regrets, à laisser à Napoléon, sauf quelques légers ménagements à conserver pour l'Autriche et pour la Prusse, pleine liberté pour l'affermissement de sa domination sur l'Europe occidentale et centrale. Napoléon s'empressa de disposer de sa part qui, par la création du grand-duché de Varsovie, placé sous le gouvernement du roi de Saxe, débordait déjà celle d'Alexandre. Le royaume de Westphalie, constitué pour Jérôme Bonaparte, l'extension de la Confédération du Rhin, l'occupation française du Hanovre et d'autres provinces et villes du littoral germanique, dessinèrent largement le plan de l'Allemagne napoléonienne. L'Italie fut entièrement subjuguée par l'incorporation vraiment monstrueuse, non pas même au royaume de ce nom, quoique Napoléon en fût titulaire, mais à la France proprement dite, de la Toscane et des États de l'Église, de telle sorte que Rome devint une ville française. Enfin, le terrible copartageant de Tilsitt mit le comble à sa léonine interprétation de son pacte formel ou tacite avec Alexandre, en expulsant la maison de Bragance du Portugal et en substituant, au moyen de la colossale et d'autant plus honteuse fourberie de Bayonne, les Bonapartes aux Bourbons sur le trône d'Espagne. C'était d'ailleurs chose bien résolue que Joseph à Madrid, comme Murat à Naples, où il reçut la succession de Joseph, comme Jérôme à Cassel et comme Louis à la Haye, ne devait agir et même penser qu'en royal préfet de l'Empereur. Quant à la part d'Alexandre, — sauf la Finlande que Napoléon, bien à contre-cœur et bien à tort, dut enfin lui laisser arracher à la Suède, et qui était précisément la proie à laquelle le czar tenait le moins, — Napoléon mit instinctivement et obstinément tout son effort et tout son art à ne la lui pas abandonner en réalité. Il n'entendait, au fond, en aucune manière, lui laisser prendre la place du sultan à Constantinople, et il ne voulait même pas, non sans raison, permettre l'extension de la frontière russe jusqu'au Danube par l'occupation définitive des provinces moldo-valaques. A l'entrevue d'Erfurt il fallut pourtant qu'il s'y résignât, mais il en témoigna beaucoup de mauvaise humeur. Il ne comprenait pas qu'Alexandre, jouissant déjà de l'amitié d'un grand homme et de ses flatteuses cajoleries, ne se tînt pas pour satisfait des songes prestigieux et des brillantes perspectives dont il s'attachait à le bercer pour l'avenir, où peut-être, en effet, le destinait-il, s'il était bien sage, à l'incomparable honneur d'être son principal auxiliaire dans la conquête future de l'Inde, et l'un de ses lieutenants au gouvernement de l'univers. Dans ces conditions le système de l'alliance russe ne pouvait être solide et ne le fut pas.

Un troisième système, celui de l'alliance autrichienne, naquit dans l'esprit de Napoléon à la suite du terrible coup qu'il frappa sur cette puissance en 1809, quand le soulèvement des Espagnols eut paru à l'Autriche une occasion favorable pour secouer le joug qui, depuis Austerlitz et Presbourg, pesait sur elle. Comme naguère à Eylau, la fortune de Napoléon faillit trouver à Essling son point d'arrêt. Mais Wagram reporta l'aigle jusqu'au zénith et la pesanteur du joug fut rudement accrue à Schœnbrunn sur les épaules de l'Autriche, plus humiliée que jamais. Le César toujours victorieux, toujours fidèle aussi à son instinct rapace, ne songea aucunement à se concilier la puissance vaincue par des conditions meilleures, quand, ayant acquis la conviction qu'il lui faudrait bientôt rompre avec Alexandre, il résolut de lier sérieusement partie avec la cour de Vienne, pour trouver un meilleur appui de sa domination européenne et un sérieux auxiliaire dans sa prochaine guerre contre la Russie. Il jugea que la maison impériale de Lorraine-Habsbourg, qui portait hier encore la couronne du Saint-Empire, serait amplement dédommagée de ses pertes et de ses douleurs et liée désormais de façon indissoluble à la dynastie du nouveau Charlemagne, du terrible Corse qui daignait l'attacher à son char triomphal, par l'honneur dont il la gratifiait de fournir une nouvelle impératrice à l'époux divorcé de Joséphine et des héritiers directs au maître du monde. Le titre de roi de Rome décerné par avance à l'aîné de ces héritiers, double défi

publiquement, insolemment adressé à l'indépendance de l'Église et
à celle de l'univers, acheva de caractériser, d'afficher l'irrésistible
appétit de Napoléon pour une domination sans limites. Traînant
après lui la longue chaîne des nations esclaves, toutes frémissantes d'indignation et de haine contre leur tyran et tournant
leurs regards et leurs vœux secrets vers l'indomptable résistance
du patriotisme espagnol, il alla chercher au delà du Niémen et
jusqu'à Moscou la clef définitive de sa destinée surhumaine. On
sait ce qu'il y trouva.

Il est juste toutefois de reconnaître, et ceci a été impartialement mis en lumière en Angleterre même[1], que les outrances, vouées au précipice, de la politique européenne de Napoléon, n'ont pas eu pour cause unique, ni surtout pour cause
immédiate, l'orgueil démesuré de son ambition sans cesse ascendante, mais qu'elles ont été en partie l'effet de l'exact fonctionnement, qu'il voulut imposer à l'Europe entière, du multiple
engrenage de la colossale machine de guerre que son génie avait
dressée, et dont il crut pouvoir obtenir la victoire dans sa lutte
gigantesque avec le léviathan britannique. Nous voulons parler
du blocus continental. Mais cette cause plus objective et plus
pratique de sa tyrannie internationale et de sa ruine, outre qu'elle
n'exclut pas l'autre, l'ambition interne et subjective, se ramène
avec elle au principal défaut du caractère et du génie de Napoléon : l'escalade obstinée de l'impossible. L'exacte application de
cette mise hors la loi sur le continent de la puissance maîtresse
des mers excédait les limites de l'efficacité, même la plus tendue,
de Napoléon, parce qu'elle devait se heurter nécessairement à la
nature même des choses. Obligé, et il ne s'en fit pas faute, de la
tempérer sous mains dans ses propres États, ses exigences à
l'égard des autres souverains et des autres nations n'en parurent
que plus insupportables. Aussi l'effet dernier fut-il directement
contraire à son dessein. Il avait voulu coaliser de force sous son
sceptre l'Europe contre l'Angleterre ; rois et peuples européens,
exaspérés par son despotisme à la fois insolent et tracassier,
oubliant leur grief contre la tyrannie maritime et le monopole

---

1. Nous faisons allusion ici à l'intéressant ouvrage de M. J.-H. Rose : *The Revolutionary and Napoleonic era*. Cambridge, 1894.

commercial de la Grande-Bretagne, finirent, dans un élan de révolte enthousiaste, par se coaliser de plein gré avec l'Angleterre contre lui. L'esprit de patriotique indépendance qui avait soulevé l'Espagne précipita sur Napoléon et sur la France, hélas! en 1813 et 1814, puis en 1815, le continent tout entier. Le trait dominant et fatal du héros corse continua de caractériser sa chute comme il avait marqué son triomphe. Jamais il ne prit sur lui de souscrire à temps aux concessions nécessaires et, tandis qu'il reculait, poussé de face, et descendait enfin, malgré une incomparable vigueur de cramponnement agressif, les derniers échelons de sa destinée, il regardait encore au delà du sommet. Napoléon ne s'est résigné à rien, sauf à la mort, même à Sainte-Hélène. Du moins y a-t-il écrit, en tête de son testament, cette déclaration qui nous le montre, au plus grand honneur de son génie, le front incliné devant le Dieu créateur et rédempteur, publiquement fidèle à son baptême et à l'inspiration du Concordat : « Je meurs dans la religion apostolique et romaine, dans le sein de laquelle je suis né il y a cinquante ans. »

Nous laissons à une autre et meilleure plume la tâche de tracer ici le tableau de l'Europe après la chute de Napoléon, de décrire et de caractériser les traités de 1815, d'en étudier les conséquences et les remaniements, de suivre et d'apprécier les modifications diverses apportées depuis lors à la carte et à l'équilibre du monde. Mais, après avoir essayé d'esquisser son œuvre au dehors, nous devons noter au moins d'un trait rapide l'influence de cet étonnant agitateur et organisateur d'hommes, d'idées et d'États sur l'ensemble et sur les principales parties du domaine de la politique et de la civilisation internationales. Il n'est pas douteux, en effet, que cette influence, plus ou moins saisissable selon les cas, n'ait été grande, par voie d'imitation ou par voie de réaction, sur les événements et sur les transformations dont non seulement son règne, mais tout notre siècle a été témoin. N'y a-t-il pas, par exemple, de sérieuses raisons d'admettre que quelques-uns des hommes dont l'action a été la plus puissante sur notre époque dans l'ordre des choses d'État, ont, en bien ou en mal, été vraiment ses disciples? Tel assurément chez nous son neveu Napoléon III. Tels aussi sans doute, à l'étranger, appropriant ses exemples et ses procédés politiques à leurs situations et à leurs facultés propres, un Cavour, un Bismarck, comme un Moltke composait, pour ainsi dire, sa science et son art stratégiques de l'étude approfondie, réduite en théorie et en système, des conceptions, des inventions incomparables du génie militaire de Napoléon.

La rencontre de Napoléon et de Pie VII est l'un des plus étonnants et plus instructifs spectacles de l'histoire du monde. Nous avons dit déjà que le plus pacifique et le plus religieux des actes du conquérant, le Concordat, est sa plus belle œuvre. Elle leur fut commune, mais Pie VII se plaisait encore, en 1817, à en reporter l'honneur principal, celui de l'initiative, au captif de Sainte-Hélène, pour lequel il conserva toujours, en dépit de tout, une tendresse, presque une faiblesse paternelle. La souveraine hauteur d'autorité spirituelle où, parmi tant de persécutions et de douleurs, s'est élevé le Saint-Siège en notre temps, sur l'inébranlable fondement des promesses évangéliques, est en partie le fruit de cette initiative et des actes nécessaires de juridiction qu'elle réclama du Pontificat suprême. Le sacre de Notre-Dame, si Napoléon, qui avait tant insisté pour l'obtenir, en avait bien compris le vrai caractère et la juste portée, pouvait être pour lui le point de départ d'une œuvre européenne, bien plus, universelle, autrement glorieuse et durable, sans usurpation sur la nécessaire indépendance des États et des nations, que l'échafaudage de chimères bientôt écroulé si effroyablement sous ses pieds. Il entrevit cette belle vocation de protecteur et de zélateur dans le monde des intérêts catholiques, qui sont essentiellement des intérêts français. Mais son intraitable égoïsme ne lui permit pas de s'y fixer, et il voulut, on sait comment, s'asservir la Papauté même. L'ombre jetée sur sa gloire par Savone et Fontainebleau n'est pas moins lourde, à qui l'entend bien, dans l'ordre politique que dans l'ordre moral. Pie VII, inséparable de Napoléon dans l'histoire, nous y apparaît doublement vainqueur du héros, par sa patience d'abord et ensuite par son pardon.

« La violente occupation des États pontificaux par le César corse, jeté hors de sa voie par son orgueil, avait été stigmatisée d'avance par son propre génie, quand il était encore en possession de lui-même. Comment a-t-il pu déroger à sa gloire jusqu'à démentir par sa conduite ces si belles et si justes paroles qu'il avait dites naguère : « Le Pape doit être à Rome, d'abord parce que je ne veux pas être le chef ecclésiastique de la nation ; elle s'est trop moquée de Robespierre et de La Revellière-Lépeaux ; et puis ensuite et surtout, parce que le Pape, le seul qui puisse m'aider dans mon œuvre de pacification au dedans, d'expansion au dehors, c'est celui qui réside au Vatican. Croit-on que, si le Pape était à Paris, les Viennois, les Espagnols suivraient ses décisions ? Et moi, les suivrais-je, s'il était à Vienne ou à Madrid ? » — Le déplorable exemple qu'il a donné, après l'avoir ainsi condamné lui-même par avance, est le plus triste legs qu'il ait fait à l'Europe du XIXe siè-siècle, et en particulier à l'Italie, sa patrie d'origine, sur laquelle l'influence présente et posthume de Napoléon a été si considérable en bien et en mal. Ce n'est certes pas sans raison qu'un historien anglais[1] rattache en ces termes à sa domination sur la péninsule, comme sur les autres régions de l'Europe occidentale et centrale, quelques-uns des traits, et non des moindres, de leur physionomie et de leur histoire contemporaines : « La campagne de Leipzig, dit-il, anéantit les résultats politiques de toutes les victoires remportées par les Français depuis la première apparition du général Bonaparte en Italie. Mais dans les sphères du développement intellectuel et social, la puissante impulsion donnée par la conquête française n'a pu disparaître. Son influence vit encore aujourd'hui dans les idées, les coutumes et les lois de la Hollande, de la Suisse, de l'Italie et de l'Allemagne ; et parmi les plus importants, quoique au premier abord les moins sensibles résultats des triomphes de Napoléon, on ne doit pas oublier l'ardente aspiration vers l'unité nationale excitée dans les cœurs des Allemands et des Italiens, et qui a finalement trouvé sa réalisation à Kœniggrætz et Sedan. »

Cette dernière constatation nous avertit, nous rappelle assez que la gloire et les bienfaits dont Napoléon a enrichi le patrimoine national, n'ont pas été sans de cruelles contre-parties.

Sa domination, son exemple ont enfanté de redoutables dangers pour la France, pour sa situation dans le monde comme pour sa vigueur, sa prospérité, sa liberté au dedans. Puissent les leçons qui résultent de la merveilleuse et formidable épopée impé-

---

1. M. Rose dans l'ouvrage déjà cité.

riale nous demeurer toujours présentes! C'est l'honneur de notre patrie, marquée au front du signe du Christ, lors du baptême de Clovis, que sa grandeur, pour durer, doive être avant tout une grandeur morale, et sa puissance une force au service du vrai, du beau et du bien, c'est-à-dire au service de Dieu. Fille aînée de l'Église, c'est dans cette voie où l'invite toujours sa mère, qu'elle doit chercher et qu'elle peut trouver le remède à ses maux et le retour au rang que lui indique son histoire.

MARIUS SEPET.

II

Les Nationalités.

Comme un vieillard qui voit sa fin venue et songe à survivre du moins par la mémoire de ses œuvres, le xixe siècle se demande quel nom sera le sien dans le souvenir des hommes.

Il s'appellera le siècle des sciences et des nationalités.

Ces deux formes de son activité ne sont pas sans un secret rapport.

L'ambition suprême de notre temps a été de soumettre à l'homme la nature. Par la science, les « quatre éléments » dont la puissance rebelle et meurtrière effrayait les anciens, se transforment en serviteurs, et notre espèce devient maîtresse de l'univers, son domaine. Par les nationalités, ce domaine se partage entre les ayants-droit.

Dans la nature l'ordre est l'harmonie de la diversité. L'univers n'est nulle part semblable à lui même, la différence des contrées féconde celle des produits, et pourvoit à celle des désirs que l'homme se crée et que nul pays ne suffirait à satisfaire. Pourtant, bien que l'auteur du monde ne recopie jamais d'une main servile une de ses œuvres, et qu'il n'y ait pas, fût-ce de la même branche, deux fruits identiques, certains caractères communs assemblent par espèces la multitude des corps, et par régions la variété de l'univers. Enfin cette fécondité variable selon les lieux est constante à travers le temps : les mêmes cieux demeurent fidèles aux mêmes contrées, tandis que les moissons naissent et meurent, que les fleuves, dans leur vieux lit, roulent des eaux toujours nouvelles, que les bois plongent leurs racines dans l'humus fait de forêts anciennes, et que sous leur ombre monte déjà la forêt future.

Ce qui est vrai de la nature est vrai de l'homme. Parmi les vivants, pas un n'est identique à un autre, et avec chacun des morts a passé une image que le monde ne connaissait pas encore et ne reverra plus. Cette variété infinie et infiniment renouvelée des aptitudes et des activités individuelles pourvoit à l'innombrable multitude des besoins qui s'agitent dans chaque être, l'apparente anarchie de ces mouvements maintient la vie sociale, et ce travail de fourmis amasse la richesse. Les personnes, il est vrai, sont trop peu de chose pour que leur action fût sensible si elles venaient isolées peser du poids d'une ombre sur l'immensité du genre humain. Mais l'originalité des individus est à la fois prolongée et disciplinée par les familles, et celle des familles par les races. Le sang, l'éducation, le foyer, la solidarité du patrimoine forment les traits collectifs qui, dans chaque famille, donnent aux divergences mêmes des natures un air de parenté. La communauté du sol, des intérêts, de la foi, des souvenirs, des épreuves et des espoirs assemble l'autonomie des familles dans l'union de la race. Par là une stabilité coexiste avec le mouvement. Les individus meurent, la famille dure ; les familles s'éteignent, la race continue ; les races s'épuisent, l'espèce qu'elles perpétuent en la renouvelant les contient, les mêle, les absorbe et leur survit. Les caractères communs que la famille emprunte de ses membres, et les caractères plus généraux que les familles transmettent à la race, font que chacune de celles-ci diffère de toutes les autres et l'emporte en quelque chose. Ces dons, ces instincts, ces énergies, qui sous la forme et au degré où elle les possède, n'étaient pas connus avant elle, ne demeurent pas son bien. Dès qu'elle s'en sert, elle les révèle, introduit dans les idées la morale, les institutions, les habitudes, des nouveautés qui, si elles sont utiles, le sont à tous. Elle verse son apport dans le fonds commun, et c'est grâce à ces petites sociétés que s'amasse dans la grande le trésor de la civilisation.

Religieux, intellectuel, politique, le progrès de l'antiquité eut pour inspirateurs trois peuples. Par la race juive, l'idolâtrie fit place à la foi en un Dieu unique. Par la race grecque et le travail de ses philosophes, fut cherchée, éprouvée, affinée la raison de l'esprit. Par la race romaine, la raison de l'État étendit et imposa son empire. Celles-là, il est vrai, étaient des races géniales, créatrices, et d'autant plus puissantes qu'elles agissaient sur l'enfance encore simple du monde. A mesure qu'il vieillit, la succession de nouveaux peuples mêle leur sang, combine leurs caractères, diminue leur originalité, réduit leur influence. Ils agissent par des énergies moins générales sur une civilisation plus complexe, et d'ordinaire n'accomplissent qu'à plusieurs la longue œuvre de moindres changements. Le commerce, par exemple, a trouvé ses premières routes et ses premières lois, grâce aux Phéniciens, Carthage le recueillit et l'accrut, Rome l'exploita sans le perfectionner ; quand l'Empire brisé laissa échapper ses dépouilles au profit de nations nouvelles, le génie mercantile devint la part des républiques italiennes, des cités flamandes, des villes hanséatiques, trop petites pour les grands bénéfices de la violence ; lorsque enfin la découverte du Cap, de l'Amérique, de l'Inde offrit matière à des entreprises plus puissantes, s'éleva la race anglo-saxonne, la race du gain. L'art naquit en Égypte, trouva sa perfection en Grèce, fut étendu par Rome qui, là encore, vulgarisa sans créer, et, après la nuit des invasions barbares, l'unité du beau pénétrant, comme l'unité de la lumière un prisme, le génie du moyen âge et de la Renaissance, partagea entre l'Italie, l'Allemagne, l'Espagne et la France les teintes multiples de sa splendeur. Si quelque chose est indépendant des races, c'est le devoir, que Dieu a fait semblable pour tous les hommes ; comment le christianisme, fondement de la vie morale, a-t-il transformé les institutions et les consciences ? Cette loi s'adresse aux hommes, et, dans l'Empire romain, les uns se croyaient au-dessous, les autres au-dessus de l'homme. Une société où les travailleurs étaient esclaves des riches, les riches esclaves des Césars, les Césars esclaves de leurs vices, repoussait, par toutes ses iniquités qu'elle adorait comme sagesse, la loi du Christ. Parmi les barbares qui renversèrent l'obstacle en détruisant l'Empire, la tribu la plus importante était celle des Germains. Les vicissitudes de destinées où, parmi de perpétuelles alertes, rien n'était conquis, gardé, sûr, sinon par les armes, avaient profondément enraciné en elle le sentiment de la solidarité militaire ; le culte qu'elle rendait au courage contenait en germe l'intelligence de la dignité personnelle ; enfin, sa dispersion par bandes, dans les forêts du Nord, lui avait donné le besoin et le goût de l'autonomie locale. De ces instincts naquit la féodalité. Elle s'imposa à tous les peuples du moyen âge par le prestige de la Germanie conquérante. La dignité et l'indépendance rendues à l'homme assurèrent au christianisme ses premières prises sur la société nouvelle. Mais cette société, hiérarchie de combattants, pacte de bandes, préparation permanente à la guerre, était rude comme un camp, et close comme une forteresse où la femme n'avait pas de rôle, le faible pas de place. Il manquait à cet ordre brutal, qui naissait à la justice de la conscience, la justice du cœur, qui se nomme la générosité. Elle fut donnée au monde par la race française. En France commencèrent la trêve de Dieu, qui suspendait du moins les excès de la force ; la chevalerie, qui mettait la force au service du droit désarmé ; le culte de « la dame », qui faisait la force captive de la douceur ; les croisades, qui, recrutant des soldats volontaires dans toutes les conditions, diminuèrent la séparation d'orgueil maintenue depuis la chute de Rome entre les envahis et les conquérants, et cacha quelque peu la différence des castes sous le blason égalitaire de la Croix. La féodalité laissa tant des siens en Orient, que pour fournir aux besoins du gouvernement, l'élite de la roture, la bourgeoisie, dut occuper les places vides et accéda peu à peu aux premières fonctions de l'État ; la noblesse qui revint était si ruinée que le morcellement de ses domaines commença à rendre la terre au paysan, serf d'hier, propriétaire de demain. Cet abaissement des barrières, ce passage devenu plus facile d'une classe à une autre, préparaient une grande égalité. C'est cette égalité qui, pénétrant les mœurs, et montant des faits aux idées, fut enseignée par la philosophie française du xviiie siècle, tentée par la Révolution française, et changea la féodalité en démocratie. Le signal de tous ces changements a été donné par notre race. Par tous elle a travaillé à détruire les différences, factices entre les hommes, à mettre en lumière les dignités communes de leur nature, et il y a toujours eu, dans ses sollicitudes, quelque chose d'universel. C'est pourquoi, s'étendant à la mesure de ses pensées, sa puissance a été universelle aussi ; les peuples les plus étrangers les uns aux autres, et en apparence les plus dissemblables, ont reçu par elle la révélation d'une solidarité, et, tout en continuant à s'occuper chacun de soi, ont senti la douceur et la force de leur lien avec la race qui travaille pour tous. Et plus se dévoile à eux, sous les vêtements divers des âges et des coutumes, l'unité de l'espèce, plus ils deviennent aptes à comprendre et à pratiquer la loi morale qui, sous la différence des races et des rangs, reconnaît l'homme et lui commande.

Telle est l'économie providentielle, telle est la fin dernière de cette diversité qui est la loi de l'univers. Si les hommes ont reçu des dons inégaux, distincts, opposés, si chacun possède quelque avantage refusé à son voisin, c'est afin que tous, à la fois créanciers et débiteurs les uns des autres, fassent l'échange de ces biens, et que le mérite d'une générosité volontaire, créant entre eux l'estime et la reconnaissance, leur soit la plus grande raison de s'aimer : car dans l'amour est la récompense de tous les sacrifices, la consolation de toutes les épreuves, la paix et la joie. Et de même, les races sont riches de faveurs différentes, pour se prêter l'une à l'autre ce que les unes possèdent et ce qui manque aux autres, et pour que la conscience de ce service, dominant les instincts égoïstes, fortifie peu à peu entre elles la fraternité.

Les peuples, à l'image des hommes, n'ont trop souvent le cœur plein que d'eux-mêmes. Loin que chacun veille sur le sort de chacun, comme sur une part de son propre bien, l'indifférence, la jalousie, la guerre gouvernent les rapports des êtres faits pour s'entr'aider. Certaines nations, par le droit d'un mérite qui s'impose ou d'une fortune qui le remplace, prétendent à la maîtrise sur leur temps. D'autres, closes dans des qualités solides et ternes comme les vêtements des petites gens, ne gardent que la chaleur obscure d'une autonomie sans rayons, on ne les entend pas vivre : incapables d'agir sur leurs contemporains, elles n'ont pas trop de toutes leurs forces pour résister, à l'attraction des races absorbantes. D'autres ne songent même pas à cette défense : races ancillaires, elles se tiennent de bonne grâce à la discrétion du maître et portent la queue d'idées qui ne leur appartiennent pas. D'autres enfin, éléments informes, ébauches rudimentaires, ou résidus stériles de sociétés, n'ont même pas conscience d'un passé, d'un avenir, de leur moi, et encombrent le monde comme les scories de l'histoire.

Le sort si divers de ces races a pour cause l'inégalité de leurs dons. Mais ces dons eux-mêmes, pour chaque race, dépendent non moins de l'âge que de la nature. Cette nature *est*, mais aussi *devient*, à mesure que les événements, c'est-à-dire l'influence des races les unes sur les autres, la transforment. D'ordinaire, la vie d'un homme est trop courte pour contempler des évolutions qui ont pour mesure les siècles. Et pourtant, l'on voit certains peuples grandir ou s'affaisser en aussi peu de temps qu'il en faut à un enfant pour devenir homme, et à l'homme pour devenir un vieillard. Qu'après avoir examiné l'inégalité des conditions parmi les races, dans la minute où il vit, l'homme interroge d'autres dates de l'histoire, le spectacle de diversité sera le même, mais ce ne seront pas les mêmes peuples qui occuperont les mêmes degrés de l'inégalité, et, parfois, les premiers et les derniers auront échangé leurs places. Qui, dans la Suède du xixe siècle, reconnaîtrait la Suède du xviie? Qui aurait deviné dans la Prusse du xviie la Prusse du xixe? Combien a-t-il fallu de temps pour que la Russie enlevât à la Pologne la primauté sur les races slaves? Combien, pour que l'Autriche, dominatrice de l'Allemagne, en fût évincée? Et qu'est-ce à dire, sinon que ces peuples, en cela encore semblables aux hommes, mêlent dans leur société l'enfance des uns à la jeunesse des autres, la virilité de ceux-ci et la décrépitude de ceux-là; que leurs traits changent avec leur âge; que leur importance est une relation entre l'intensité de leurs vies à une même heure? Leur fortune tourne comme la terre qui les porte, et chacun, tour à tour, connaît la nuit obscure, les caresses de l'aurore, la splendeur du midi et le déclin du couchant.

En chacune de ces conditions, les races continuent à accomplir leur office, les plus en vue ne sont pas seules à l'exercer. L'influence ne se mesure pas toujours à la primauté politique, c'est-à-dire à la force. Parfois, des peuples, croyant se donner des sujets, se sont donné des maîtres. Quand Rome prit la Grèce, l'une ne savait que combattre et administrer, l'autre n'avait plus de soldats ni de politiques, mais elle abondait en philosophes, en orateurs, en poètes, en instituteurs de toutes sciences et de tous arts. Séparées, l'une gardait sa brutalité, l'autre périssait dans l'anarchie : leurs destins s'unirent au moment où chacune apportait à l'autre ce dont l'autre manquait. Le génie hellénique fut défendu contre ses discordes par un vainqueur durable. La conquête avait mis le grammairien grec à la merci de l'écolier romain, mais elle n'avait donné au Romain, ni enlevé au Grec droit de cité dans les régions de l'esprit. Là, le maître ne pouvait être introduit que par la bonne volonté de l'esclave. Il n'en alla pas autrement lorsque les barbares s'emparèrent de Rome. De même encore lorsque le Turc succéda à l'empire d'Orient, quelque art de gouverner, quelque douceur de mœurs furent imposés à ces fils farouches de l'Asie par la race byzantine.

D'ordinaire, il est vrai, le peuple qui s'en subordonne d'autres a sur eux la prééminence de civilisation. Il les forme en les dominant, il leur assure, par discipline, des qualités et des biens que, libres, ils n'auraient ni choisis ni peut-être soupçonnés. Son autorité précède et éveille leurs aptitudes. Cette mission civilisatrice explique l'hégémonie de la race aryenne sur toutes les autres, la mainmise de l'Europe sur l'Asie, l'Afrique, l'Amérique et l'Océanie. Le mot « maître » a deux significations : il désigne à la fois celui qui commande et celui qui instruit. L'Europe a revendiqué les deux sens du terme, elle a prétendu être la souveraine parce qu'elle s'est dite éducatrice de l'Univers, et elle lui a, en effet, enseigné des sciences, des arts, des institutions, des vertus et des vices. Dans l'Europe, à son tour, les peuples les plus expérimentés ont guidé les plus novices : par exemple, l'enfance turbulente de la Hongrie et de la Bohême eût épuisé peut-être, dans une liberté prématurée, l'avenir de deux races ; elles ont grandi sous la férule de l'Autriche. Le mot « leçon » contient deux idées, toujours celle de connaissance, parfois celle de châtiment ; ce double caractère éclate dans la soumission de certaines races à d'autres. L'Italie du moyen âge avait toutes les supériorités de l'intelligence : c'est d'elle que les autres peuples venaient apprendre les lois, les gains et les raffinements de la vie. Mais les divers États en lesquels elle s'était morcelée y perpétuaient les discordes, elle employait ses forces à s'ouvrir les veines, et, par ces blessures, toutes ses énergies allaient se perdant. Le tyran étranger, que déjà certaines républiques avaient appelé elles-mêmes pour établir du moins un arbitre impartial de leurs factions intestines, devint nécessaire à l'Italie tout entière pour imposer la paix entre tous ses États. Tour à tour l'Allemagne, l'Espagne, la France l'envahirent, se la disputèrent ; en définitive elle ne demeura pas aux nations qui étaient les plus proches d'elle par la civilisation et par l'origine : la

France ne fit que passer; l'Espagne ne garda de la péninsule que l'extrémité la plus lointaine; les centres vitaux des idées, de la politique, du commerce, régions les plus déchirées par les haines locales, tombèrent sous le joug durable de l'Allemagne. Sujette du peuple le plus étranger à elle par la race et les mœurs, soumise à la nation dont elle méprisait le plus la lourdeur intellectuelle, l'Italie connut la forme la plus dure de la déchéance. Et cela fut pour que la plénitude de l'humiliation rendît aux États italiens conscience de leur ancienne faute, de leur avenir solidaire, de leur patrie commune. Dans la péninsule des Balkans, dès que Byzance pencha vers la ruine, des peuples nouveaux, Roumains, Bulgares et Serbes, avaient tenté de remplir le vide ouvert dans le monde par l'épuisement de la race dominante. Mais les uns et les autres rêvaient de recueillir seuls l'héritage, quand unis ils auraient suffi à peine à le partager. Pour imposer silence à leurs rivalités, étouffer en eux l'instinct de domination sous le désir d'alliance, il fallait une infortune également funeste à toutes ces races, également impitoyable à les frapper au plus sensible des croyances, de l'honneur et des intérêts. La servitude turque leur rendit ce terrible service. Haïr ensemble, c'est presque s'aimer. Et forgées durant des siècles par des coups incessants, les masses jadis inconsistantes et ennemies, ont resserré leurs atomes, sont devenues plus homogènes, denses, résistantes, et prêtes à se souder. Au centre de l'Europe, la Pologne riche, généreuse, héroïque, l'emportait sur ses voisins; mais sans frontières naturelles, elle ne comprit pas qu'il lui fallait en trouver de solides dans la force de son gouvernement. Elle voulut, sous prétexte de liberté, des institutions anarchiques, elle s'y obstina. Le crime public dont elle fut victime l'a partagée entre les trois gouvernements alors les plus absolus de l'Europe. Si la nation, dont les morceaux coupés depuis plus d'un siècle ne sont pas encore froids, est destinée à revivre, il n'y aura pas eu dans la cruauté de son sort que de la cruauté. Ses provinces unies à la destinée de trois grands pays, ses penseurs contraints à reconnaître les conditions et les avantages de l'autorité, ses hommes d'État associés dans les trois pays au gouvernement, amassent une triple expérience, et la tradition d'une sagesse venue par le dehors corrigera, le jour où la Pologne aurait à se donner des lois, les erreurs que le tempérament national, laissé à lui-même, eût peut-être perpétuées.

Plus on étudie, plus on se convainc que cette action des peuples les uns sur les autres n'est pas une action simple, où les uns donnent et où les autres reçoivent, mais une action complexe où, tous à la fois reçoivent et donnent, et qu'une lente endosmose fait passer quelque chose de chacun dans la vie de tous. Les races inachevées elles-mêmes, ces ébauches de nations qui disparaissent avant d'avoir eu une destinée, et semblent une erreur de l'histoire, ont leur rôle dans un monde où rien n'est inutile et où rien ne se perd. Ces essais mal venus et remis à la fonte retournent au creuset des mystérieux mélanges, où la perfection des coulées nouvelles s'élabore avec les rebuts des anciennes. Les dons évanouis dans la stérilité et l'avortement de certaines races sont parfois ceux dont ont besoin d'autres races destinées à vivre, et qu'elles ne trouvent pas dans leurs propres fonds ; les groupes non viables qui viennent s'absorber en elles les rendent héritières de ces mérites, et peut-être, de grands peuples doivent-ils le meilleur de leur gloire à des ancêtres qui n'ont pas laissé de traces sur la terre.

Mais, si l'influence des races s'exerce, quelle que soit la situation des unes envers les autres, cette situation favorise ou entrave singulièrement cette influence. Tout rapport de maître à esclave, de vainqueur à vaincu, de suzerain à vassal, accroît la personne de celui qui commande et diminue la personne de celui qui obéit. Rien n'est plus aisé à l'un que de répandre ses mœurs et ses idées, rien n'est plus difficile à l'autre que de contenir cette conquête, de rester lui-même, et surtout de pénétrer, à travers leur arrogance et leur élan, ses envahisseurs.

L'obstacle apporté par les races dominantes à l'action des races dominées est légitime, utile même quand celles-ci ne possèdent pas encore ou ont perdu leur personnalité. Les deux enfances qui se trouvent aux deux extrémités de la vie ont besoin de tutelle. Mais c'est le danger des tutelles que les tuteurs réussissent à les imposer avant la caducité venue, ou qu'ils les prétendent prolonger quand la minorité cesse, et, pour ne pas rendre de comptes, séquestrent les pupilles. Or, si les énergies, les vertus, les aptitudes nécessaires au genre humain se trouvent partagées entre les diverses familles de l'humanité, et si chacune d'elles doit au monde l'apport des dons qu'elle a reçus, elle s'acquittera d'autant mieux, elle versera avec d'autant plus de plénitude ses idées, son intelligence, son être dans le fonds commun qu'elle sera plus maîtresse d'elle-même. Pour peu qu'elle demeure soumise à d'autres, celles-ci travailleront à étouffer en elle les initiatives contraires à leur propre concept de la vie, de l'intérêt, du devoir, du vrai, du beau. Par suite, la société entière se trouvera appauvrie de tout ce que les races arrêtées dans leurs développements spontanés lui préparaient de moissons nouvelles, et plus demeureront nombreux les peuples sous le joug, et lourd le joug des peuples dominants, plus seront grandes les pertes de la civilisation.

D'où résulte que l'autonomie de chaque race adulte n'est pas seulement le droit de chacune et la condition normale de sa vie propre, mais l'intérêt de toutes les autres, et la forme la plus parfaite de l'ordre dans le genre humain.

Mais quel indice révèle avec certitude que dans ce genre humain tel groupe doit former une personne distincte, et qu'il est temps pour elle de servir par son indépendance la civilisation ? L'unité de sang, de langue, de foi, d'histoire, de pays, de mœurs, d'intérêts, est sans doute la force préparatrice des groupes nationaux ; où ces similitudes, du moins quelques-unes, n'assemblent pas les hommes, n'existe pas la matière première d'un peuple ; mais elles ne le constituent pas par une combinaison automatique, et elles ne suffisent pas à le former. Les forces d'attraction, destinées à assembler les masses humaines en peuples, sont efficaces ou vaines selon qu'elles paraissent telles à ceux qu'elles sollicitent. Le libre arbitre prend ainsi sa revanche sur les fatalités faites, semblerait-il, pour le détruire : par cela seul qu'il les juge, il les domine. Nul observateur étranger n'a donc compétence pour dire si, dans une multitude inerte, vivent les éléments constitutifs d'un peuple, cette multitude seule le sait, et l'instant où une nationalité est formée, est l'instant où elle prend conscience d'elle-même. C'est d'ordinaire le sujet d'un conflit entre cette force jusque-là méconnue, impatiente d'indépendance, et les forces anciennes, obstinées à l'hégémonie. Mais quand une nationalité s'est trouvée ou se cherche, quand ses aspirations ne sont pas seulement des souvenirs d'archivistes ou des violences de conspirateurs, quand elle devient un souci, un espoir, un deuil ou un orgueil communs aux hommes de toute condition, quand la révolte ouverte ou latente soulève le pays contre l'usurpateur étranger, quand surtout l'insuccès de ces tentatives et la rigueur des répressions ne détruisent pas la constance des vaincus, une famille nouvelle a droit à sa place parmi les peuples. La preuve la plus certaine de son droit est sa volonté, quand elle use le temps et survit aux persécutions. Et c'est le moment de son triomphe, parce que dans le monde où beaucoup méprisent la justice, tous ont besoin d'ordre. L'ordre est détruit où le gouvernement est toujours au lendemain et à la veille d'une révolte, et tous les peuples souffrent de l'anarchie qui trouble l'un d'eux.

.*.

L'on ne s'avisa guère de ces vérités qu'à la fin du siècle dernier. Tant que la volonté des peuples n'était pas reconnue pour la maîtresse de leurs destinées, il n'y avait à apprendre d'elles ni ce qu'ils pensaient de leurs chefs, ni ce qu'ils pensaient d'eux-mêmes. La force avait donné aux États leur étendue comme leur gouvernement, et gardait ses œuvres en silence.

Tout fut changé quand la Révolution française proclama que l'intérêt public avait pour juges les peuples. Si les hommes, devenus citoyens, acquéraient compétence pour choisir les lois et le gouvernement de leur nation, bien plus avaient-ils compétence pour dire l'étendue, l'entité de cette nation, et pour attester les attractions et les indifférences qui, dans la multitude humaine, assemblent et délimitent les groupes naturels. La conséquence était si certaine que, le jour où l'idée de liberté ébranla le vieux fondement de l'ordre, le droit des gouvernements et le droit des nationalités se trouvèrent à la fois en question. La guerre, qui bientôt mit aux prises la France et l'Europe, porta les doctrines nouvelles dans les faits. La lutte eut pour premiers théâtres les Pays-Bas et l'Italie, contrées qui, non seulement, n'avaient pas choisi leurs maîtres, mais qui subissaient l'hégémonie d'une autre race. Notre victoire les enleva à la domination de l'Autriche, et ce fut pour elles même chose qu'échapper au pouvoir absolu et au gouvernement étranger. En changeant de sort, il est vrai, elles changeaient de maux : républiques improvisées, elles subirent le régime de la Révolution française, grâce aux partis qui méritaient sa faveur en imitant ses excès. Mais de loin, les Jacobins ne paraissaient que des patriotes, au dehors ne rayonnait que l'éclat des principes libérateurs, et sur toutes les nationalités obscurément malheureuses, il répandit l'intelligence et l'attente d'un autre avenir. Tout cet espoir sembla condamné par l'avènement de Napoléon. Soit que, forcé d'étendre toujours plus loin les contreforts de son Empire, il s'annexât les nations, les donnât à ses lieutenants, ou accrût de contrées enlevées à ses ennemis la part de ses alliés, il ne consultait plus la volonté des peuples. Pourtant, par ses actes mêmes, et jusque par son mépris pour les droits des races, il répandit la conscience de ces droits. La mobile architecture des États descellait, dans toute l'Europe, les peuples, disposait en essais successifs ces pierres vivantes, et, avant que le mortier eût séché, les reprenait pour d'autres assemblages. Ne rien établir de définitif hors de ses frontières était moins encore dans la fatalité de Napoléon que dans le vœu de son génie : comme il prévoyait jusque dans l'allié d'aujourd'hui l'adversaire ou la victime de demain, il cultivait en chacun les germes de discorde comme des moyens d'influence, et encourageait les races victimes, assez pour réveiller leurs ambitions sans les satisfaire. C'est ainsi que, se donnant prise contre la Russie, la Prusse et l'Autriche, il amusa la Pologne par un mirage d'indépendance ; ainsi qu'il forma, en créant le royaume d'Illyrie, un centre d'attraction pour les Slaves de l'Autriche ; ainsi que, par ses encouragements aux Serbes, il se préparait des armes contre la Turquie. Ses guerres, ses traités, ses promesses, donnaient partout aux races mécontentes la preuve que de grands changements étaient faciles, l'espoir qu'ils arriveraient bientôt pour elles, la foi en la fragilité de leurs maîtres. Ses codes, son administration dans les pays occupés, ses armées sur le sol ennemi, continuaient par leur génie égalitaire à combattre, malgré la chute de la liberté, les vieux régimes de l'Europe. Ainsi l'Empire continua au dehors l'œuvre de la Révolution française, et de l'une et l'autre époque on a pu dire que « le clairon de la Révolution sonna le réveil des nationalités ».

Aussi la défaite de la France fut-elle leur défaite. Le congrès de Vienne, en restaurant comme toujours légitimes les souverains dépossédés, en partageant les peuples selon les convenances des princes, en affaiblissant la France perturbatrice du repos public, restaura le vieux droit. Ce droit livra la Belgique à la maison de Hollande, attribua les provinces rhénanes à la maison de Bavière, rendit les provinces illyriennes et l'Italie à la maison d'Autriche ou de Bourbon, et à plus forte raison laissa sous le joug les races qui, même durant l'ère des nouveautés, n'avaient pu s'affranchir. Pour assurer la durée de cet ordre, les princes, qui venaient de le rétablir, s'en constituèrent les défenseurs solidaires, et contre toute révolte de sujets qui, sous prétexte de libertés politiques ou d'autonomie nationale, oserait ramener l'une ou l'autre erreur de la Révolution, veilla la Sainte Alliance des couronnes. Sur les espérances des peuples était retombée la nuit, la nuit sans étoiles.

Mais le moment où les ténèbres couvrent une partie de la terre est le moment où le jour se lève sur d'autres contrées. Les doctrines proscrites d'Europe triomphaient en Amérique. Déjà, à la veille de la Révolution, les États-Unis s'y constituaient. Leurs colons étaient, pour la plupart, Anglais ; mais, quand ils se trouvèrent aux prises avec l'immensité d'un pays nouveau, et que leur sang se fut mêlé au sang de tous les émigrants européens et des peuplades indiennes, ils ne voulurent plus être gouvernés par l'île lointaine d'où ils tiraient leur origine. Conscients qu'une race transplantée sur un autre sol, obligée à une autre vie, mêlée d'autres populations, peut devenir assez différente d'elle-même pour ne plus se trouver d'accord avec les lois, les idées, le génie de la mère patrie, ces anciens Anglais avaient rompu avec l'Angleterre, et formé une nation nouvelle. Les mêmes causes amenèrent, après 1815, les mêmes conséquences dans l'Amérique du Sud. Là avaient débarqué les premiers Européens du nouveau monde, les navigateurs de l'Espagne et du Portugal. Leurs descendants, établis depuis la fin du xve siècle dans ces régions si différentes de la terre natale, et' eux-mêmes de moins en moins semblables à la race européenne, grâce au mélange de leur sang avec le sang indigène, avaient, durant trois siècles, supporté avec une colère croissante l'autocratie à distance et les exactions de leurs métropoles. Elles n'avaient plus sur eux d'autre empire que la force, quand Napoléon brisa cette force, en chassant de Portugal les

Bragance et d'Espagne les Bourbons. Les maîtres renversés, les colonies se déclarèrent libres, et voulurent rester telles, même quand ils remontèrent sur leur trône. Entre des monarchies vieillies, qui prétendaient garder une domination hors de portée, et des républiques jeunes qui défendaient sur leur sol leur autonomie, ni l'enjeu ni les forces n'étaient égaux, et en 1826, l'Espagne et le Portugal ne conservaient plus, dans l'immense continent, la place où planter leur drapeau. Et si le congrès, convoqué aussitôt à Panama, pour que les colonies émancipées se garantissent leur indépendance, n'aboutit pas à cet engagement, du moins la tentative fut faite, et dès lors opposa, comme une menace de l'avenir, la fédération des peuples à la Sainte Alliance des couronnes.

Celle-ci d'ailleurs, même en Europe, se montrait prématurément impuissante à maintenir en paix ces peuples qu'elle croyait sans droits. Les sujets soumis au maître le plus étranger à leur race, à leur culte, à leur civilisation, étaient ceux qui, sur les pentes des Balkans ou sur les bords du Danube, appartenaient au Turc. Pas plus au congrès de Vérone qu'à celui de Vienne, audience n'avait été donnée à leurs plaintes, mais leurs souffrances parlaient si haut que les cours seules n'entendaient pas. La Russie orthodoxe s'émut pour ces chrétiens : parmi eux étaient les Grecs, et, toute la magie de l'éducation classique, répandant sur eux les prestiges de l'antiquité, souleva en leur faveur l'opinion de l'Angleterre et de la France. A la bataille de Navarin, trois grandes puissances protégèrent les sujets contre le maître, une nationalité contre la conquête ; en 1829, l'Europe reconnaissait l'indépendance de la Grèce, et transformait le joug des Turcs sur les Roumains et les Serbes en une simple suzeraineté. L'ordre fondé en 1815 recevait les premières atteintes, alors que toutes les monarchies fondatrices de cet ordre étaient encore debout et se croyaient durables.

En renversant la plus ancienne parmi ces royautés de droit divin, 1830 rendit à toutes la conscience de leur fragilité. Le droit national qui venait de triompher à Paris souleva aussitôt les peuples contre les gouvernements étrangers : l'Italie contre les Autrichiens, la Pologne contre les Russes, et contre les Hollandais la Belgique. Celle-ci fut seule délivrée, mais son indépendance démantelait un des principaux ouvrages du système édifié en 1815, et enhardit les autres nations à espérer plus tard la même victoire. Aussi à peine la surprise de 1848 avait-elle, en France encore, fait triompher la cause populaire, partout, comme à un signal attendu, des révoltes ardentes et profondes témoignèrent les griefs du sentiment général contre la constitution de l'Europe. Pour la première fois, tous les États de l'Italie font cause commune contre la domination autrichienne ; pour la première fois, l'Autriche elle-même, sur son propre sol, est à la merci de ses races sujettes, et doit son salut à la rivalité armée qui met aux prises les Croates contre les Hongrois. Pour la première fois enfin, l'Allemagne, non contente de menacer par l'émeute, dans chacune de ses capitales, ses rois et ses princes, crée une représentation de sa pensée collective, et à la diète germanique, où se conservent et se combattent les influences des cours, oppose le parlement de Francfort, où s'essaie le sentiment public, où se cherche l'unité nationale. Un geste de la France eût suffi alors pour livrer l'Europe à une révolution générale. Mais, par une de ces conséquences qui sont les ironies de l'histoire, les chefs de la République française mirent tous leurs soins à éteindre le rayonnement de leur propre victoire, et les rois gardèrent leurs trônes et leurs États par la grâce de ces républicains. C'est à Napoléon III, soutenu par le parti conservateur de France et d'Europe, qu'était réservé d'agir en révolutionnaire, et d'opposer en Europe à la raison d'État le droit des races.

Non que lui-même, dans sa politique, ait échappé aux inconséquences. Sa volonté mit plus d'une fois à la cape, et se laissa même gagner par des contre-courants : cet ami des peuples n'a pas secouru le Danemarck, et ce souverain qui déniait, en 1870, aux Espagnols le droit de se donner un souverain allemand, avait imposé, quelques années avant, un prince autrichien au Mexique. Mais, malgré ces contradictions, il y eut, chez Napoléon III, un dessein général et une originalité incontestable : il ne travailla pas à conquérir, mais à délivrer. Après sa première guerre, il mettait à profit son influence en Orient pour obtenir une indépendance plus complète aux Roumains et aux Serbes, des réformes aux Maronites, aux Arméniens et aux Crétois. Et ce n'étaient pas là quelques aumônes de générosité faites avec la menue monnaie de la politique. Le souci de servir le droit des nations inspira les actes les plus importants de sa conduite extérieure, sa guerre pour délivrer l'Italie, ses efforts pour intéresser l'Europe au sort de la Pologne, sa collaboration active à la grandeur de l'Allemagne. La politique des nationalités, devenue principe, science et mode, atteignit son apogée à ce moment du siècle et par le concours de ce souverain. La France servit les droits des autres, non seulement jusqu'à le consacrer, mais jusqu'à se sacrifier à leur cause. Séduit par cette magnanimité même, Napoléon III s'éprit de ses idées, en amoureux flegmatique, et les épousa avant de les bien connaître. Malgré la longueur de méditations où il y avait autant de rêve que de pensée, chacun de ses projets l'entraîna à une action dont il n'avait ni mesuré toutes les difficultés, ni toutes les suites. Quand il voyait la complexité des difficultés soulevées par la moindre innovation, et son effort compromettre des intérêts qu'il n'entendait pas ébranler, il était déconcerté, s'efforçait de parer à ces périls imprévus, tout en persévérant dans le dessein qui les avait fait surgir, et s'embarrassait à concilier l'inconciliable. Avec le dévouement à des causes justes en soi, il eut la maladresse de ses bonnes intentions. C'est pourquoi ses entreprises commencées avec foi se continuèrent en incertitudes, et se finirent en insuccès. S'il eût été maître des événements, l'Italie, fermée à l'Autriche, « libre des Alpes à l'Adriatique », aurait formé une confédération : rien de plus conforme à l'histoire, aux droits, aux vœux de la Péninsule, à ses intérêts et aux nôtres. Mais en annonçant cet avenir, Napoléon avait oublié que l'Autriche faisait partie de la Confédération germanique, ou pensé que la Confédération germanique ne se mêlerait pas à la lutte : au milieu de la campagne, elle se déclara prête à secourir l'Autriche, la France ne se crut pas assez forte pour combattre à la fois en Lombardie et sur le Rhin, et préféra consolider, par la paix de Villafranca, son œuvre inachevée. Cette paix, qui laissait la Vénétie à l'Autriche, ne pouvait être acceptée par l'Italie que comme une préparation à une guerre nouvelle, où s'achèverait l'œuvre libératrice. Le régime fédératif n'est pas pour une race la formation de combat, le régime unitaire tend mieux les ressorts de la force agressive. Le patriotisme italien se résigna donc à l'unité. Elle était nécessaire au parti de la Révolution, avant tout irréligieux : la fédération laissait à la Papauté une place parmi les États italiens, l'unité avait besoin de Rome pour capitale, et expropriait le domaine temporel des Souverains Pontifes. Or, le parti de la Révolution était une force internationale qui unissait aux agitateurs du Piémont le protestantisme de l'Angleterre et la franc-maçonnerie de tous les pays. L'unité se fit donc, malgré les engagements de Victor-Emmanuel et la volonté de Napoléon III, qui ne s'en tint pas moins engagé à compléter l'œuvre. Comme il cherchait l'occasion, il jugea habile d'employer à la délivrance de l'Italie cette même Prusse qui, en 1859, avait failli prendre les armes pour défendre les conquêtes italiennes de l'Autriche. Refusant pour la France l'entente d'ambitions que lui offrait M. de Bismarck, il ménagea l'alliance entre les deux jeunes peuples qui étaient impatients de grandir. D'ailleurs, bien que l'Italie l'occupât surtout, il s'intéressait à l'Allemagne. Admirateur de l'intelligence, du caractère, de l'âme germaniques, il considérait que le génie de cette race était surtout intact, original et créateur dans les petits États ; que l'Autriche et la Prusse faisaient peser sur eux une autorité excessive, et que l'Allemagne perdait son individualité par cette sujétion aux deux États où le sang allemand était le moins pur ; que ce serait tout bénéfice pour elle et pour le monde si elle se dégageait de cette double tutelle et vivait de sa propre vie ; que l'émancipation commencerait avec l'affaiblissement de l'Autriche et de la Prusse ; que celles-ci, dans une guerre où les avantages seraient balancés et l'épuisement égal, travailleraient contre elles-mêmes, et pour cette future Allemagne. La guerre de 1866, au contraire, en chassant l'Autriche de la Confédération, livra l'Allemagne à l'influence, désormais sans contrepoids, de la Prusse. Il fallut que Napoléon employât sa volonté à combattre les conséquences des faits. Contraint de laisser l'Allemagne du Nord à la domination des Hohenzollern, il exigea que la ligne du Mein fût leur limite, et que l'Allemagne du Sud formât une confédération autonome. Il n'eut pas moins à contenir l'ambition des Italiens. Dès l'instant où elle avait obtenu Venise et atteint, avec l'Adriatique, ses frontières naturelles, l'Italie n'avait plus, pour achever son unité, à conquérir que sa capitale. Le parti révolutionnaire commença aussitôt cette dernière étape, et Napoléon dut reconnaître que les droits des Italiens entraient en conflit avec les droits du catholicisme. Chef d'une France historiquement unie à la Papauté et toujours chrétienne, il ne pouvait permettre qu'un seul pays, au nom d'un intérêt particulier, détruisît, en anéantissant la souveraineté temporelle des Papes, une institution établie, accrue, perpétuée, par l'initiative, le concours, l'assentiment solidaires des catholiques, et compromît l'indépendance nécessaire à l'exercice d'une religion répandue dans tout l'univers. Il avait toléré que la Papauté, dépouillée de tous ses États jusqu'aux faubourgs de Rome, perdît tout ce qui pouvait paraître le superflu de sa puissance : il entendait qu'au moins elle gardât avec Rome l'essentiel de son indépendance. Il exigea donc que le nouveau royaume choisît solennellement Florence pour capitale, et il crut avoir fixé l'avenir de l'Italie comme de l'Allemagne. Contradiction, après avoir poussé des peuples à l'autonomie, de régler leur développement par la loi d'une volonté étrangère ; imprudence de dire : « Jamais » aux deux espoirs qui poussaient, avec la force de la logique et de l'orgueil, l'Italie à prendre Rome, la Prusse à dominer l'Allemagne ; naïveté de se fier sur la continence volontaire et durable de ces ambitions qui trouvaient pour seules limites, en Allemagne, le cours d'un petit fleuve, en Italie le vote d'un parlement. Quatre années après, on vit que les Rubicons n'arrêtent jamais les prétendants sur les routes de l'empire, et le jour où la Prusse crut l'heure venue d'accomplir toute sa destinée en brisant la force de la France, l'Italie, liée à notre ennemie par les souvenirs de 1866, encouragée par la Prusse protestante à achever d'un dernier coup le pouvoir des Papes, détachée de notre cause par notre opposition à ses desseins sur Rome, ne nous donna pas son concours, et quand elle eut pris la Ville éternelle, se trouva intéressée à la durée de notre déchéance.

Les suites de la guerre rendirent manifeste que, si le droit des nationalités s'était établi dans les idées, grâce à nos doctrines, il avait, pour triompher dans les faits, besoin de notre force. On mesura combien avait été funeste notre prodigalité à nous donner à l'intérêt d'autrui, sans souci du nôtre, puisque affaiblir la France était désarmer le défenseur de tous les faibles. Dès que la France succomba, le principe des nationalités fut violé contre elle, et le rapt de l'Alsace-Lorraine par l'Allemagne ramena l'ère où la conquête fixait malgré eux le sort des peuples. Depuis ce jour, l'Europe, qui permit cette iniquité, a semblé perdre sa conscience. L'abus à la fois le plus caduc et le plus excessif que le passé eut légué à notre temps, était la domination du Turc sur des populations étrangères à lui par le sang, le culte, les mœurs et la volonté. Son arbitraire ruineux, ses cruautés chroniques, les encouragements donnés à toutes les races chrétiennes par l'émancipation déjà obtenue par quelques-unes, entretenaient dans la péninsule des Balkans plusieurs foyers d'incendie. Orthodoxes et Slaves pour la plupart, ces populations étaient deux fois clientes de la Russie ; pour conserver sur elles son influence, la Russie avait excité par sa propagande et soutenu par sa diplomatie leurs prétentions. Elle les défendit en 1877 par les armes, et par sa victoire elle voulut accommoder le droit des races avec l'intérêt de sa prépondérance. Sa pensée fut écrite dans le traité de San-Stefano. La race bulgare, émancipée la dernière, devenait la première dans la péninsule par le nombre des habitants et l'importance du territoire : la place était préparée pour la grandeur d'un peuple. Établi aux portes de Constantinople, étendu de la mer Égée au Danube, le nouvel État barrait aux Turcs les chemins vers les provinces plus lointaines, la Bosnie, l'Herzégovine, la Macédoine, l'Albanie, l'Épire, qu'on semblait leur laisser. On ne leur prenait pas davantage par crainte de provoquer chez eux une résistance de désespoir, surtout par embarras de partager sans une nouvelle lutte ces territoires sur lesquels les Grecs, les Monténégrins, les Serbes et les Bulgares avaient des prétentions rivales : ces provinces isolées de l'Islam céderaient bientôt à leur attraction vers l'une ou l'autre des races voisines, et, au sud de la Save et du Danube, les Slaves formeraient une suite ininterrompue de peuples groupés autour de leur principale nation, la Bulgarie, qui, elle-même, les tiendrait soumis à l'influence russe. Il était légitime qu'avant de reconnaître un tel traité l'Europe le revisât. L'œuvre équitable eût été de consacrer comme définitives toutes les renonciations consenties par la Porte à ses droits sur les races chrétiennes, et à placer l'autonomie de ces races sous une garantie européenne qui fît obstacle à la domination exclusive de la Russie. Cette politique eût triomphé au congrès de Berlin si la France avait pu parler comme au congrès de Paris. Mais la puissance dominante était, cette fois, l'Allemagne, et le génie allemand, resté le même à travers les âges, est d'envahir. En poussant l'Autriche hors de la Confédération germanique, la Prusse lui avait imprimé un élan vers le sud de l'Europe, et montré des compensations à prendre sur les territoires où le Turc n'était qu'un possesseur précaire. Il fallait ces compensations à l'Autriche pour elle-même et afin que le regret du passé ne la ramenât pas errer autour de son ancienne grandeur ; il les fallait à la Prusse qui, avec l'aigle d'Autriche, chassait au faucon, et se tenait sûre de le capuchonner quand il faudrait. Avoir mis hors de la patrie germanique cet État, où la race germanique demeurait prépondérante et rattachait à l'entente germanique toutes les races dominées par elle, était un chef-d'œuvre. L'Allemagne, sous le nom de l'Autriche, possédait une partie de l'Europe par personne interposée. Déjà il suffisait que Berlin et Vienne concertassent leurs desseins politiques, leurs forces militaires, leurs taxes de douanes, les tracés et les tarifs de leurs voies ferrées et fluviales, pour transformer leur immense territoire en un seul camp, en un seul marché, occuper en Europe le centre de la paix où de la guerre, opposer leur masse compacte au rapprochement de leurs rivaux, devenir, entre les peuples rejetés à l'est et à l'ouest, le passage ou l'obstacle, et ainsi faire sur le continent la loi aux relations et aux échanges. Cette prépondérance, destinée à s'accroître par tous les gains territoriaux de l'Autriche, devait toucher sa perfection le jour où l'Autriche atteindrait elle-même la mer Égée. Alors, en effet, s'évanouiraient à la fois les rêves d'une autonomie grecque, bulgare et serbe dans la péninsule des Balkans, et le danger qu'unies ou fédérées ces populations élevassent, dans le midi de l'Europe centrale, une frontière contre la pénétration allemande. Écartées les unes des autres par le coin qui s'enfoncerait au milieu d'elles, elles ne pourraient plus se rejoindre, et la « plus grande Allemagne » posséderait la voie la plus directe des communications et des échanges entre le nord et le sud, entre l'Europe, l'Égypte et les Indes. Pour assurer ces résultats, il fallait que le séquestre de la Bosnie et de l'Herzégovine par l'Autriche prévînt le travail déjà avancé d'union entre ces provinces, la Serbie, le Monténégro, et ouvrit à l'Allemagne la route de Salonique. Pour obtenir de la Porte l'abandon de territoires que les combats ne lui avaient pas enlevés, il fallait lui restituer par compensation la Roumélie et la Macédoine que le traité de San-Stefano avait délivrées : plus proches, ces dernières étaient plus précieuses au Sultan, et il n'avait pas un intérêt moindre à anéantir par ce troc les chances de résurrections nationales dans la Péninsule. Pour gagner à ce plan l'Angleterre, c'était presque assez qu'il fît échec à la Russie, mais le bon sens britannique eût hésité peut-être à ne contenir la Russie que pour le profit de l'Allemagne. Le scrupule fut apaisé par le don de Chypre, que le Sultan n'hésita pas à sacrifier, tant il jugeait la combinaison utile pour la Turquie. Dès lors, on put imposer, au nom de l'Europe, le marché qui est rédigé au congrès de Berlin. L'installation de l'autorité autrichienne en Bosnie et en Herzégovine, son prolongement en Macédoine par la concession de la ligne sur Salonique à une compagnie allemande, coupent en deux la Péninsule, barrent le chemin de l'hellénisme, qui, par le littoral, espérait s'étendre d'Athènes à Constantinople, séparent les deux foyers de la vie slave, la Serbie et le Monténégro. Entouré de toutes parts par les possessions autrichiennes, percé sur son propre sol par une route militaire qui livre aux Autrichiens l'accès de ses montagnes, restreint dans son indépendance sur mer, et soumis à la police de la flotte autrichienne, le Monténégro, que l'Allemagne désespérait de séduire, doit désespérer lui-même de s'étendre, et, adulte, étouffer dans son berceau. La Serbie se heurte à l'est contre la frontière de l'État bulgare ; au nord, à l'ouest et au sud, contre les établissements anciens, nouveaux ou futurs de l'Autriche ; elle aspirait à être une nation, elle n'avait plus qu'une enclave, réduite à la dépendance politique envers une voisine maîtresse des routes et des marchés. L'État bulgare enfin, diminué de la Roumélie et de la Macédoine, est constitué pour demeurer faible.

Le Turc aussitôt comprit combien, malgré sa défaite, sa domination sur les races chrétiennes venait de s'affermir. Il n'entendait plus cette clameur de haro qui, poussée par toute l'Europe, l'avait contraint, tantôt à rendre l'indépendance aux peuples victimes, tantôt à leur garantir des réformes. Les plus grandes puissances, aussi intéressées que lui à empêcher tout réveil de nationalité parmi les races balkaniques, deviendraient les complices de son gouvernement, les gardiennes de son repos, et sauraient, s'il s'élevait quelque désordre, imposer silence aux victimes. Sûr qu'il n'avait désormais rien à craindre de l'Europe chrétienne, le Sultan n'avait plus à ménager que le monde islamique, et là, le prestige du padischah se mesure à l'avilissement où les chrétiens sont maintenus pour la gloire et le profit des croyants. L'orgueil et la cupidité ne sont que le commencement et la modération du fanatisme, sa plénitude est la cruauté. Le Commandeur des croyants a entendu monter de la foule le même et sauvage désir que murmuraient autrefois les prêtres de Mexique aux oreilles de Montézuma, quand, pour obtenir du sang, ils disaient : « Les Dieux ont soif. » Cette soif n'a été que trop étanchée. Dès le lendemain du Congrès, les musulmans commençaient leur revanche de leurs ménagements anciens. L'Arménie et la Crète, où ils étaient obligés aux réformes par les promesses les plus solennelles, se trouvèrent les terres privilégiées de cette vengeance; la première rébellion contre un régime qui rendait la vie insupportable aux chrétiens fournit le prétexte attendu de supprimer la difficulté par leur mort. En Arménie comme en Crète, le massacre fut toléré, encouragé, ordonné par le Sultan. En Crète, les chrétiens étaient aguerris : ce fut une lutte. En Arménie, la population était sans armes : ce fut un des plus vastes égorgements qui aient déshonoré l'histoire. La flétrissure en reste sur l'Islam qui le voulut, sur le Sultan qui l'ordonna, sur l'Europe qui le permit. Celle-ci est la plus coupable. Son cri d'horreur, s'il eût été unanime, suffisait à arrêter les massacres, à doter l'Arménie de réformes, à délivrer la Crète. Elle ne fut unanime qu'à se taire : seule, la Grèce, contrainte par la solidarité de la race, arma pour restituer Candie à la Grèce. L'initiative de ce petit peuple pouvait être une étincelle dans une poudrière, si elle mettait le feu aux nationalités des Balkans : tandis que le cabinet de Vienne coupait l'incendie autour de Cettigné et de Belgrade, l'empereur Guillaume II affirmait, au plus fort des massacres, son alliance avec la Turquie, et par là, intimidant l'honnêteté des autres peuples, assurait à « son ami » une victoire facile sur la Grèce isolée. Les temps étaient loin où pour assurer aux Maronites la sécurité et l'indépendance, la France bravait les oppositions de son allié le

Turc et les jalousies de l'Europe, faisait l'expédition de Syrie et délivrait un peuple.

Notre fin de siècle s'envase et s'évapore comme une eau trouble et morte entre des courants contraires. Si mauvaise que l'heure soit aux faibles, et malgré que l'ambition des uns ait réappris à tout oser et la lâcheté des autres à tout souffrir, l'œuvre d'affranchissement en faveur des peuples continue comme par la force de la vitesse acquise. Même au congrès de Berlin, cette émancipation a été consacrée : la Bulgarie, la Roumanie, la Serbie, sujettes ou vassales de la Turquie, ont obtenu l'indépendance, et, en la personne de leurs princes, ce sont les peuples qui ont été couronnés. En 1885, la Roumélie, que l'Europe avait remise sous le joug, est, par une révolution spontanée, retournée à ses frères bulgares, et l'Europe ne les a plus séparés. En 1898, malgré la victoire de la Turquie sur les Hellènes, la Crète a été enlevée à l'Islam, et, grecque, a recouvré un gouvernement grec. Hors d'Europe la même force travaille : Cuba et les Philippines, à l'exemple des autres colonies qu'avait fondées l'Espagne, étaient devenues étrangères à la mère patrie : leur sécession, que depuis longtemps elles préparaient par leurs révoltes chroniques, a été obtenue, en 1899, grâce à l'aide des États-Unis. Mais, par contre, l'avènement des nationalités semble épuiser sa force à la fois contre des obstacles anciens et des obstacles nouveaux. L'équilibre des plus grands États, au centre de l'Europe, continue à reposer sur la négation du droit national. Comment rétablir la Pologne dont les dépouilles éparses font corps avec trois empires ? Comment rendre l'autonomie aux Slaves du sud, quand l'Autriche conserve, bien plus, étend sa domination sur eux et tient cette domination pour l'essentiel de son avenir ? Sans doute le droit des races a paru triompher dans l'Allemagne et dans l'Italie nouvelles. Mais il serait hardi de soutenir que la prise de Sleswig-Holstein, du Hanovre, des villes libres, de l'Alsace et de la Lorraine, malgré l'évidente volonté des populations, soit un triomphe pour l'autonomie des peuples ; ni que la liberté des États allemands ait gagné à subir, au lieu de l'hégémonie somnolente de l'Autriche, la discipline rigide de la Prusse. En Italie, la misère, les impôts, les charges militaires, les divisions politiques ont fait un sort funeste et contre nature à des populations destinées, par les ressources de leur sol, de leur climat, de leur caractère, à mener une vie facile et heureuse. La France, qui s'était mise au service des nationalités, a été frappée pour les avoir soutenues.

Ainsi l'autonomie des races semble avoir déçu tout le monde. Les uns souffrent parce qu'ils désespèrent de l'obtenir, les autres parce qu'ils l'ont obtenue. Les forts continuent à l'oublier parce qu'il leur faut garder ou accroître leur puissance. Le siècle s'achève par cette guerre symbolique où les aspirations nationales des Philippines et de Cuba semblent avoir servi de prétexte aux cupidités des États-Unis, où les libérateurs d'hier prétendent devenir les maîtres de demain, où l'esprit de conquête séduit même des républiques et des démocraties. Et un nouveau siècle naît, tandis que se consomme dans l'Afrique du Sud un acte plus scélérat encore de brigandage contre l'indépendance des nations. Quand l'Angleterre prit aux Pays-Bas le territoire du Cap, la plupart des colons hollandais avaient changé de pays pour ne pas changer de patrie. Abandonnant aux Anglais le littoral, ils s'étaient enfoncés dans l'intérieur où la vie était une lutte contre des peuples, des animaux et un sol également sauvages. Comme leurs ancêtres. qui, au xvie siècle, fiers de la pauvreté acceptée en échange de l'indépendance, s'étaient appelés les « gueux », les fils, au xixe siècle, s'étaient appelés « les paysans », les Boers. Ils avaient porté la fertilité et la civilisation dans le désert : constants. laborieux, modestes de désirs et sévères de mœurs, ils vivaient en paix avec les autres et avec eux-mêmes. Mais le sol dont ils cultivaient la surface contenait dans ses profondeurs l'or et le diamant. Dès que l'Angleterre a connu ces richesses, elle a voulu les prendre et, pour s'emparer des mines, elle n'hésite pas à détruire l'autonomie de deux États. A l'heure présente, non seulement la Grande-Bretagne, mais toutes les colonies de l'immense Empire prêtent main forte à l'assassinat du faible Transvaal. Et dans l'univers, témoin de cette lutte où tout le droit et tout l'honneur sont d'un côté, toute l'injustice et la lâcheté de l'autre, pas une armée, pas une médiation, pas un acte, pas un cri en faveur du petit peuple qui défend la cause de tous les peuples. Et l'intrépide et religieux combattant qui a placé son espérance plus haut peut lire dans la Bible même où il cherche le courage, le triste mot : « Væ soli. »

**

Les nationalités ne seraient-elles que le feu follet d'un siècle ? Illusions de rêveurs, hypocrisies d'ambitieux, n'auraient-elles jeté dans la mêlée des vieilles violences qu'un mot déjà désappris ?

Non. A certains ce qui est plus proche voile ce qui est plus vaste, l'accident dissimule la loi, et les faits cachent l'histoire, comme les vagues cachent la mer. Si haut qu'elles s'élèvent pourtant, leur désordre obéit à un ordre, elles comblent elles-mêmes les abîmes qu'elles creusent, leur écume n'éteint pas les étoiles, et au-dessus de leur mobilité brille dans les profondeurs du ciel une route de lumière qui ne trompe ni ne change. Il nous faut connaître et les vagues et les étoiles, ce qui nous porte et ce qui nous guide. Il suffit de suivre par le regard la leçon des âges pour voir que l'avènement des nationalités n'est pas un effet sans cause, mais une phase d'un progrès traditionnel et continu, que les réactions suscitées à son encontre n'annoncent pas sa fin, mais sa marche ; qu'elles s'épuisent à remonter le cours des ans et que la force des choses travaille pour lui. Et il n'est pas impossible même d'augurer quels compléments le prochain siècle apportera à cette évolution.

Le conflit entre le droit des races et le droit des conquêtes est vieux comme le genre humain. Dès l'origine des temps, en cette enfance où les premières idées arrivent par les sens, la diversité des races s'affirme par des signes qui ne peuvent échapper aux yeux : blanche, jaune, rouge, noire, elles sont réparties par grands continents où chacune vit seule sur son domaine. Le sentiment de cette diversité n'excite d'abord en elles qu'un désir de destruction réciproque. L'Asie, par les invasions des Perses, des Huns, des Arabes, se répand sur l'Europe et l'Afrique. L'Europe, par la conquête romaine, l'élan des croisades, les découvertes des navigateurs au xve siècle, et les explorations contemporaines, envahit l'Asie, l'Afrique, l'Amérique et l'Océanie. La race blanche l'emporte et domine l'univers. Mais, sauf aux États-Unis, les races subordonnées résistent à l'anéantissement ; elles gardent leurs caractères essentiels. Et leur rencontre avec la race supérieure semble destinée à préparer, par le mélange du sang et des idées, une réserve de combinaisons plus variées à l'espèce et d'éléments nouveaux à la société future.

L'Europe, domaine natal de la race la plus civilisée, est le seul champ d'expérience d'où l'on puisse tirer des leçons immédiates. Or, de même que dans l'univers l'espèce humaine comprenait plusieurs races, en Europe la race contenait plusieurs familles, moins visiblement distinctes les unes des autres, reconnaissables néanmoins à leur langue, à leur aspect physique, à leur individualité morale, à leur place sur le vieux continent. Et chacune d'elles aussi a cru que ces différences légitimaient les inimitiés : mais, comme si un obscur sentiment de sa parenté envers les autres tempérait la cruauté de son égoïsme, elle s'est proposé non de les détruire, mais de les dominer. Toutes s'y appliquèrent tour à tour et y réussirent pour un temps. Sur le petit territoire que l'aurore de la civilisation illumine d'abord, et qu'entourent les ténèbres de la barbarie, la Grèce atteint à la primauté sans effort par le développement naturel et harmonieux de ses dons ; puis Rome étend cet empire sur les peuples barbares par l'effort de sa discipline militaire et administrative ; puis ses peuples se libèrent, et la Germanie prolifique et batailleuse devient par le Saint-Empire la tête de la chrétienté. Au moment où il unit l'Allemagne et l'Espagne qui règnent des Flandres à l'Italie, la France, serrée dans l'étau de ce pouvoir, le brise et le remplace. Elle a à son tour la force, et mieux que la force : au xviie siècle, le charme noble et délicat de sa littérature et de ses mœurs, au xviiie siècle l'audace de ses aspirations émancipatrices franchissent ses frontières, et partout séduisent les hautes classes et la bourgeoisie, c'est-à-dire tout ce qui alors compte ; la Révolution française et Bonaparte portent jusqu'à l'invraisemblable l'énergie de notre puissance offensive, et, par le prestige des réformes et des mots de l'épopée, s'emparent de l'âme populaire jusque chez nos ennemis. Tout cède, et Napoléon a conduit ses victoires aux extrémités de l'Europe quand elles se heurtent à la Russie. A défaut d'hommes, c'est la nature qui résiste à la domination d'un seul. Et cette Russie enfin, dont la croissance, prédite par le voyant de Sainte-Hélène, préparerait au monde une autre servitude, se trouve contenue par la grandeur de l'Angleterre et de l'Allemagne. Ainsi, au cours du siècle, la primauté a été le but constant de la force, et aucune primauté n'a duré : les ressources de l'ambition sont devenues sans cesse plus vastes, et leur œuvre sans cesse plus précaire. Tandis que la puissance passe d'un conquérant à l'autre, la matière de la conquête, la masse humaine devient moins malléable, elle se divise en blocs sans cesse plus homogènes par leur substance, plus définis par leurs limites, et, de défaites en défaites, l'autonomie des races a été se fortifiant. Cela est et cela devait être. Car l'œuvre de domination se contredit et son effort artificiel s'arrête souvent par la lassitude des grands ambitieux ou par la défaveur des circonstances : l'aspiration des peuples à l'indépendance est un instinct continu, une puissance de nature qui agit sans fatigue et toujours travaille de même, comme la pesanteur. A cet ordre de superposition que chaque ambitieux combine, la résistance passive des peuples substitue un ordre de juxtaposition où chaque État trouve sa place et son indépendance. Cet ordre préparé dès l'origine par l'instinct général a reçu un nom au xviie siècle : le « système d'équilibre » est un compromis entre le droit de conquête et le droit des races. Il sanctionne encore les œuvres de violence, mais dans la mesure où elles se compensent et à condition qu'elles ne consacrent pas d'hégémonie menaçante pour la liberté des États. Et comme chacun de ces États, malgré les éléments étrangers dont il avait pu s'accroître, représentait un peuple, la politique d'équilibre était une première reconnaissance du droit national.

La Révolution française a apporté avec un progrès nouveau une formule nouvelle : les deux idées qui vivaient comme indivises dans la politique d'équilibre se sont dégagées l'une de l'autre, et c'est au droit historique de la force qu'a été opposé le « principe des nationalités ». Ce principe a rencontré, parmi les hommes d'État, deux sortes d'adversaires. Les premiers, avec Metternich, doctrinaires contre toute nouveauté, condamnaient dans les nationalités une des formes de la Révolution. Les seconds, attentifs surtout aux faits et à la fécondité fort inégale des diverses races, déclaraient que reconnaître la nationalité pour le principe générateur des peuples, c'était préparer des États trop dissemblables de puissance ; pour satisfaire à un concept d'ordre théorique, livrer l'autonomie des petits aux entreprises des grands ; et, au lieu d'accroître, détruire les garanties offertes à la liberté de tous par la politique d'équilibre. L'interprète le plus illustre de ces défiances fut M. Thiers. A l'en croire, le jour où les nationalités auraient constitué leurs groupes logiques, trois masses seraient formées en Europe : un État Latin, le plus petit; un État Allemand, plus puissant; un État Slave, démesuré; et, de ces nouveautés favorables aux Slaves seuls, les Latins seraient les dupes et les victimes. Ceux qui se faisaient ainsi peur de l'avenir auraient pu lire dans tout le passé la réfutation de leurs craintes. De ces trois grandes familles, aucune n'a jamais réussi à rassembler tous ses membres en un corps. Depuis Rome qui entoura le monde entier d'une seule chaîne, les Latins n'ont été unis qu'un instant par Napoléon, et lui-même avait-il pu donner à l'Italie, à l'Espagne, à la France un gouvernement unique et la même âme? N'y a-t-il pas d'ailleurs, au lieu d'observation rigoureuse, pur artifice à confondre sous un nom commun trois peuples séparés dès leur origine, et à appeler Latins ces Ibères et ces Celtes qui, sur les profondeurs de leur race autochtone, reçurent une superficie romaine de colons et de fonctionnaires, et ces Italiens même, qui, dans leurs veines presque vides de sang romain, gardent le sang de tous les envahisseurs? La famille germanique n'a-t-elle pas de même vécu toujours en plusieurs personnes, Autrichienne, Bavaroise, Saxonne, Rhénane, Prussienne, tantôt alliées, tantôt adverses, toujours distinctes? La famille Slave a-t-elle davantage confondu en une seule nation les Polonais, les Tchèques, les Serbes, les Monténégrins, les Croates, les Bulgares et les Russes, et les uns et les autres n'ont-ils pas manifesté la volonté de défendre, fût-ce contre leurs frères d'origine, leur autonomie? Toute l'histoire prouve que nulle des grandes familles ethniques n'a voulu étouffer en un seul État; chacune vit divisée en groupes qui sont précisément les nationalités : et ces groupes sont d'autant plus nombreux qu'elle est plus vaste. L'avènement de nationalités, au lieu d'accroître la disproportion entre les peuples, tend donc à établir une certaine égalité entre eux, et la nature même prépare cet équilibre que les artifices de la politique laissaient si instable. Le XIXe siècle a eu l'instinct qu'il n'y avait pas péril à respecter le vœu des peuples. S'il a perpétué, s'il a accru d'anciennes iniquités, il en a corrigé davantage : par lui la domination étrangère a cessé de peser sur la Grèce, sur la Belgique, sur l'Italie, sur la Roumanie, sur une partie de la Serbie et de la Bulgarie, et la nouveauté de notre époque est d'avoir mis consciemment la force au service du droit national.

Mais par cela même que ce droit se dégage d'intérêts hostiles, les États contemporains sont presque tous en travail. D'une part ils sentent de plus en plus que leur vitalité est dans le groupement volontaire de leurs populations; d'autre part, plusieurs d'entre eux possèdent, au milieu de leurs populations nationales, des populations étrangères et captives qu'ils n'entendent pas libérer, et quelques-uns gardent l'instinct de conquête sans autre raison que le désir d'accroître leurs domaines et leurs armées. Ils veulent à la fois assembler leur propre nationalité, et partager les autres. Engagés dans une œuvre de défense et d'attaque, ils ont pris d'instinct une formation de combat. Et comme pour le combat il faut concentrer ses forces sous un commandement, dans ces États le principal de la population la plus énergique ou la plus habile s'est établi, soit sur les éléments étrangers à elle et conquis, soit sur les éléments de même race et subordonnés. Ainsi, tandis que l'Autriche imposait l'hégémonie de Vienne à tous les peuples de la monarchie, que la Russie réduisait les libertés de la Finlande, de la Pologne, du Caucase de l'Arménie, que l'Angleterre tenait sous le joug l'Irlande, le triomphe de la nationalité italienne devenait la conquête de l'Italie par le Piémont, et le triomphe de la nationalité allemande la conquête de l'Allemagne par la Prusse.

Le XIXe siècle a été une époque de régimes unitaires et de vastes agglomérations. Il n'y a là qu'une phase d'une évolution. En soustrayant certains peuples à l'usurpation la plus scandaleuse des races les plus étrangères à eux, un premier effort a commencé le nouvel ordre de l'Europe. Mais l'œuvre libératrice doit se poursuivre dans chaque État, et partout où un seul État comprend encore plusieurs groupes d'origines diverses, chacun de ces groupes doit être mis en liberté de répandre la puissance particulière de pensée ou d'énergie qu'il représente. Toute discipline d'uniformité où il pourrait y avoir collaboration de génies indépendants est un dommage. Il n'est pas conforme à l'intérêt général que dans un État où, comme en Angleterre ou en Autriche, les races sont diverses, une seule étouffe les autres et gouverne. Et dans des États formés par des groupes de même race, il n'est par légitime qu'un de ces groupes, comme en Allemagne, impose sa volonté à tous, ou, comme en Italie, que des contrées, autrefois souveraines et si aptes à représenter des formes personnelles et multiples de civilisation, soient réduites à un droit de vote dans un Parlement unique. Au premier cas, une seule nationalité est libre ; au second cas, toutes sont sacrifiées dans un compromis où elles se neutralisent et où leur vie n'est plus faite que de leurs abdications.

Or, dans le dernier tiers de ce siècle, s'est produit un mouvement émancipateur des collectivités qui se trouvaient méconnues dans les organismes unitaires. L'exemple a été donné par l'État qui compte le plus de races : en 1867, l'Autriche accordait l'autonomie et un partage de souveraineté à la Hongrie. Du jour où l'Autriche a abandonné le régime centralisateur, c'est-à-dire le gouvernement par la race allemande, les Hongrois, délivrés les premiers, ne peuvent demeurer les seuls bénéficiaires du changement ; les Tchèques et les Slaves du Sud ont tout autant de droits à un régime autonome, ils deviennent impatients de l'obtenir et tout le monde sent que le dualisme n'est qu'une transition. L'Allemagne a accepté l'hégémonie prussienne, parce que durant des siècles elle avait connu l'humiliation et les dommages attachés à la faiblesse, parce que le prestige et les profits de la victoire lui tiennent en ce moment lieu de tout, enfin parce qu'elle redoute un retour offensif de la France. Mais si cette crainte ne gardait pas toute l'Allemagne serrée derrière son chef de guerre, le génie particulier de Saxe, du Wurtemberg, du Pays rhénan, de la Bavière supporterait malaisément la discipline pédante et brutale de la Prusse ; déjà à nombre d'indices la lassitude se révèle, et, chez les princes comme chez les peuples, la mémoire revient de l'ancienne indépendance. L'unité n'a doté l'Italie que d'ambitions démesurées, d'un déficit financier, d'un conflit religieux. Que l'établissement unitaire ait été un acte d'égoïsme accompli de concert par les princes piémontais et la Révolution, contre le passé, les intérêts, et les volontés véritables des peuples, les hommes d'État l'avaient pensé dès le premier jour, les multitudes s'en avisent maintenant. Politique, sociale, agraire, la révolte a déjà mis aux prises, tantôt ici, tantôt là, le gouvernement et les divers intérêts qu'il ne peut satisfaire ; entre les républicains et les catholiques une communauté imprévue d'aspirations s'est affirmée. Là aussi « l'esprit nouveau » se désabuse de la monarchie ; et en menaçant le trône il menace l'unité. Si la dynastie de Savoie, malgré la légende qui a fait d'elle la libératrice et le symbole de la patrie commune, ne réussit pas à retenir dans la fidélité ses peuples, comment resteraient-ils unis par un Parlement sans prestige où chaque contrée se sentirait en minorité, ou par un chef électif qui, appartenant à l'une de ces petites patries, exciterait la jalousie de toutes les autres ? Elles voudront échapper à ces volontés étrangères, dépendre d'elles-mêmes, d'où le retour aux États autonomes. Mais elles savent que demeurer isolées serait mettre en péril cette liberté même, elles songent à se la garantir les unes aux autres par une alliance permanente. C'est vers un régime fédératif que s'oriente leur désir, et le désir dans les têtes italiennes devient aussitôt combinaison. Aussi le jour où la royauté piémontaise achèverait dans un accident imprévu sa ruine probable, ce régime fédératif serait prêt à concilier la souveraineté des petites patries et la puissance de la grande. La même sollicitude anime les Slaves du Sud : pour assurer à la fois l'autonomie de leurs diverses familles et la solidarité de leur vie commune, ils aspirent d'une espérance que les difficultés ne rebutent pas à une confédération des Balkans. Et ce n'est pas là une fantaisie de jeunesse pour les peuples nouveaux : la plus traditionnelle et la plus pratique des nations, l'Angleterre, comprend elle-même les dangers d'une unité maintenue par contrainte : le droit de l'Irlande s'appelait hier encore la révolte des vaincus, il devient le remords des vainqueurs, et, par le *home rule*, la Grande-Bretagne aspire à mériter son nom de Royaume-Uni.

Au régime de vastes unités se substitue peu à peu dans les faits ou dans les idées un régime fédératif. Un mouvement si général et qui gagne des races si dissemblables n'est pas le caprice d'une heure, mais un retour à la plus ancienne, à la plus spontanée, à la plus permanente, à la plus émancipatrice des formes politiques. C'est par des fédérations que les tribus primitives ont échappé aux deux maux de leur enfance, la solitude et la guerre. La Grèce donna à ce régime l'éclat de ses conseils amphictyoniques, la Gaule obscure avait plus solidement encore uni ses peuples, si jaloux de leur indépendance. Quand l'unité romaine s'écroula comme un monument de gloire et de servitude, le régime fédératif sortit encore du sol avec les fiefs comme une moisson naturelle. Quand l'avidité de conquérir concentra les États en grandes monarchies, les rares peuples qui avaient pour unique ambition d'être libres continuèrent à vivre en de petites patries à la fois autonomes et solidaires. Tels les Cantons de la Suisse, telles les Provinces-Unies des Pays-Bas, telles les Villes hanséatiques. Et quand, à la fin du XVIIIe siècle, l'Amérique du Nord voulut devenir indépendante, comme elle n'avait pas de voisins à redouter ni à conquérir, et qu'elle songeait seulement à garantir à ses habitants la maîtrise absolue sur la conduite de leurs affaires privées et de leurs affaires publiques, elle adopta sans hésitation, avec le nom d'États-Unis, le régime fédératif.

Continuer cette tradition en étendant ce régime sera la tâche du XXe siècle. Et les principaux ouvriers de ce travail seront ces mêmes Slaves dont la vocation unitaire était dénoncée à l'épouvante du monde. Les Croates, les Serbes, les Bulgares, ici libres, là sujets de l'Autriche et de la Turquie, la Pologne partagée entre trois grands empires sont emmurés dans les énormes piliers qui supportent l'édifice de l'Europe. Si la seule forme d'indépendance pour une race était la fusion de tous ses éléments sous un gouvernement unique et unitaire, si l'on ne pouvait par suite émanciper la Pologne sans l'arracher à la fois à ses trois maîtres et sans lui rendre son royaume du XVIIIe siècle, la Bohême sans rompre tous ses liens avec l'Autriche, les Slaves du Sud sans en former une seule masse, il faudrait, pour délivrer les faibles, jeter bas toute la demeure des forts, et, pour établir un ordre meilleur dans le monde, livrer l'Europe à des guerres acharnées. Mais la souplesse de l'organisme fédératif pourra réparer les grandes iniquités de l'histoire, et même rétablir entre les groupes séparés de la même race une communauté de vie, sans les enlever violemment aux États qui ne consentiraient pas à s'en dessaisir.

Pour émanciper la nationalité tchèque, il suffit de concéder à la Bohême les droits accordés à la Hongrie; et comme la Bohême ne laissera plus la paix à l'Empire avant de les recevoir, il n'y a pas de doute qu'elle ne les obtienne. L'Empire cessera d'être l'aigle aux deux têtes, et ce n'est pas seulement une troisième qui se dressera souveraine vers une troisième couronne; les Slovènes, les Croates, les Serbes de la vieille monarchie, forts de l'indépendance reconnue aux autres races, recueilleront une indépendance égale. Car il ne s'agit plus que de savoir si les liens entre la maison d'Autriche et les peuples seront relâchés par elle ou rompus par eux. Si, comme elle est probable, sa sagesse sait une fois de plus céder pour ne pas perdre et s'accommode à temps d'une fédération, celle-ci introduira dans la politique générale une force féconde et le vieil État y retrouvera une nouvelle jeunesse. Ces Slaves d'Autriche, devenus autonomes, n'auront pas besoin de former avec leurs frères de race qui, échappés au joug de la Turquie, parsèment de nations nouvelles la péninsule des Balkans, un même État pour servir d'accord leurs communs intérêts. A l'heure présente, neuf millions d'Allemands et sept millions de Hongrois ont seuls le pouvoir en Autriche, et l'exercent d'accord contre vingt-quatre millions de Slaves. Le jour où les Slaves d'Autriche cesseront d'être la race sujette, ils seront la race principale. Et de même que dans le présent dualisme, les Allemands demeurés Autrichiens sont les plus utiles serviteurs de l'intérêt germanique, car ils mettent au service de cet intérêt toute la force de l'Autriche, de même dans la future confédération les Slaves, devenus les plus forts, mettront au service de l'intérêt slave non seulement la puissance de leur propre nombre, mais la masse de l'Empire tout entier. Qu'enfin dans cette reconstitution, la partie autrichienne de la Pologne recouvre son autonomie, la Russie et la Prusse seront mises en demeure d'accorder à leurs pays polonais une émancipation semblable, car la différence trop sensible du régime attirerait vers l'Autriche tous les espoirs de ce peuple dépecé, en qui palpite toujours une vie commune. La solidarité des trois puissances dans la spoliation les oblige à la solidarité dans les mesures réparatrices. Or, bien que rattachées par un lien fédéral à trois États différents, ces trois fractions de la Pologne, si elles deviennent, sauf ce lien, maîtresses d'elles-mêmes, vivront d'une seule vie, et elles se trouveront défendre, dans les conseils des trois puissances, les mêmes intérêts.

Quand, dans les divers États, les races aujourd'hui sujettes auront été ainsi élevées à une part de souveraineté, l'Europe verra l'aurore d'un ordre nouveau. Si le vieil instinct qui fait de l'homme un loup pour l'homme ne disparaît pas, du moins cessera-t-il d'être excité par une organisation où chaque puissance représente les appétits d'une seule nationalité, et nomme patriotisme la jalousie et la haine contre toutes les autres. Alors dans les grands États aura pénétré le régime qui fait aujourd'hui l'originalité de la Suisse. Elle est formée de trois races : que l'une d'elles, allemande, française ou italienne, eût prétendu dominer seule, c'eût été la tyrannie et la guerre. Au confluent des ambitions qui emportaient ses voisines, ce peuple ne s'est laissé entraîner par aucune : les rivalités qui ailleurs armaient ces trois races les unes contre les autres s'équilibraient et se neutralisaient en lui. Fermé aux guerres qui devaient tourner ses montagnes pour trouver leurs champs de bataille, il est resté ouvert à l'influence civilisatrice des trois nations, intelligent de leurs dons divers, et sympathique à leurs génies rivaux. Tout État que plusieurs races indépendantes et associées par un lien fédéral gouverneront ensemble participera des mêmes avantages. Les nationalités diverses qui seront représentées dans ses conseils par des groupes de leur sang, se trouveront entretenir auprès de lui autant d'ambassadeurs perpétuels et de garants efficaces : grâce à eux, la prévention intellectuelle qui dispose les peuples gouvernés par une race unique à méconnaître les mérites et les droits des peuples étrangers, cessera d'être le sentiment universel de l'Europe ; une sollicitude plus éclairée, une sympathie plus généreuse accoutumeront les nations à comprendre que peut-être y a-t-il, au lieu d'antagonisme, solidarité dans leurs progrès. Les groupes de même race qui appartiendront à divers États, seront comme des mains tendues les unes vers les autres par-dessus les frontières. Ainsi, les conquêtes violentes du passé, en disséminant parmi les peuples, comme un butin, les fragments des mêmes nationalités, auront préparé l'instrument le plus efficace de pacification. Et mieux que les théories abstraites, l'effort de ces frères séparés vers un ordre de choses qui les rapproche préparera la voie aux États-Unis d'Europe.

Que l'évolution des nationalités conduise à ce terme, la France n'aura rien à regretter. Elle a perdu à les servir sa primauté militaire : mais tout le mal qu'elles lui pouvaient faire est accompli, et il sera réparé quand elles auront achevé le cycle logique de leurs changements. La France, une par la race, la religion et l'histoire, demeurera une, tandis que les États plus populeux et plus vastes, mais formés de nationalités multiples, demanderont à leur régime politique une représentation de cette diversité. Si quelque chose est apte à compenser le croissant écart entre notre population et celle d'autres contrées, c'est la différence de qualité entre les énergies d'une race qui, dans ses souvenirs et ses espoirs, se sent indivisible, et les énergies de nations qui, dans leurs corps gigantesques, sentent vivre des âmes multiples et rivales. Cette supériorité nous aiderait à contenir même leurs violences, mais, comme le régime fédératif les éloignerait de la guerre, et qu'à travers la multiplicité des États les communautés de race feront circuler une vie commune, c'est dans cette Europe enfin parvenue à sa formation de paix que la puissance contagieuse de nos doctrines, l'élan de notre générosité, le caractère international du génie français nous rendront avec justice pour nous, avec profit pour tous, notre rang.

Car ce prestige nouveau et meilleur d'une France qui n'imposera plus son hégémonie par la force matérielle, mais qui aura gardé intacte son influence morale, marquera un progrès de la civilisation. Si l'esprit de violence s'apaise en Europe; si aux aveugles jalousies succède une intelligence plus fraternelle de l'intérêt général, c'est pour le monde tout entier que sera le bienfait. L'Europe est l'éducatrice de l'Univers, mais elle lui enseigne depuis des siècles ce qui le fait tributaire et dépendant, elle songe à elle seule quand elle s'occupe de lui, elle étend sur tous les continents les ambitions qui la divisent, et il n'y a plus sous le soleil une place que ses conflits n'aient disputée. Les races répandues sur ces contrées, la plus grande partie de l'espèce humaine, en sont réduites à croire que la civilisation consiste à connaître les lois de la matière et à violer les lois de la justice. Et les missionnaires venus d'Europe, qui seuls révèlent à ces multitudes les sublimités de l'ordre chrétien, rendent plus tragiquement ironique le contraste entre nos principes et nos actes. Les peuples encore barbares sont devant cette civilisation comme les fauves devant le dompteur : ils la craignent, ils ne peuvent l'aimer, et nul ne sait, quand ils rampent à ses pieds, si c'est pour s'y coucher ou pour bondir. Cette iniquité pleine d'incertitude ne saurait être le dernier mot de notre conscience et de notre habileté. Le jour où les États de l'Europe formeront une société, et comprendront enfin qu'ils n'ont pas trop de toutes leurs forces pour lutter contre tous les maux de ce monde et que les travaux de chacun servent à tous, sera le commencement de cette ère meilleure. Satisfaits de mettre en valeur par des efforts associés l'immense domaine, substituant à leurs cupidités partielles et exclusives sur telles ou telles contrées l'ambition plus vaste et plus intelligente de le cultiver tout entier, ils n'auront plus intérêt à exciter les populations indigènes les unes contre les autres, ni à les tenir dans l'abaissement qui dispose à la servitude. Ils seront amenés par l'intérêt autant que par le devoir à instruire, à former, à civiliser, au sens véritable du mot, ces auxiliaires d'une œuvre commune. Alors nous commencerons à mériter notre suprématie, et peut-être, en enseignant à ces peuples aujourd'hui inférieurs la solidarité de l'espèce humaine, épargnerons-nous à l'avenir les représailles menaçantes qu'ils nous feraient subir un jour s'ils avaient appris seulement de nous l'art de la force et l'égoïsme de la domination.

ÉTIENNE LAMY.

III

Les Gouvernements

Avec quel héritage, imposé, d'idées, de faits, de passions, de difficultés et de problèmes ont dû compter, bon gré mal gré, les gouvernements du xixe siècle ? La réponse est sur les lèvres de tous. Cet héritage avec lequel et sur lequel il a fallu agir, c'est la Révolution française.

Voulons-nous parler ici de la lutte religieuse entre les amis et les ennemis du Christ, qui se disputent les âmes, et des luttes sociales entre ceux qui se disputent les richesses de la terre ? Non, car ce n'est pas du siècle précédent, c'est de tous les siècles ; ce n'est pas d'une génération, c'est de l'humanité que notre époque a reçu ce dernier legs si persistant. Si nous nous souvenons d'ailleurs qu'ici c'est du point de vue politique que nous avons mission d'observer et de juger les grands événements, la Révolution française nous apparaît surtout comme ayant elle-même recueilli, agrandi, fortifié, répandu, les conséquences de deux institutions : le régime parlementaire de l'Angleterre, la démocratie républicaine de l'Amérique. On sait comment les idées anglaises et la théorie du gouvernement représentatif ont été vantées par les philosophes qui ont exercé sur nos aïeux l'action la plus décisive. On sait aussi comment les compagnons de La Fayette ont transformé en un instrument de propagande universelle une intervention qui avait pu tout d'abord ne ressembler qu'à une diversion militaire contre une puissance ennemie.

Parlementarisme et démocratie, voilà donc les deux premières portions politiques de l'héritage révolutionnaire. Il y en a une troisième, plus ancienne, contradictoire en apparence, on peut même dire contradictoire en raison, mais qui, en fait, ne s'est pas moins conservée, quelquefois même aggravée; c'est ce qu'on a appelé le vieux fonds de droit public, organisé par les légistes, développé par les pratiques des pouvoirs absolus de l'ancien régime; dans ces systèmes, le pouvoir temporel est le maître souverain des biens, des volontés et même, jusqu'à un certain point, des consciences; il centralise tout pour être plus sûr que rien ne lui échappe, et il maintient sous sa tutelle souvent ombrageuse les formes les plus élémentaires comme les plus augustes de la vie sociale : la famille, l'association, la religion, l'Église. Or, en prenant la place de l'ancien « prince », le nouveau « souverain » en a gardé précieusement tous les privilèges; les minorités et les individus ont pu croire que la même main continuait à peser sur eux.

Le xixe siècle n'a sans doute pas recueilli tout cet héritage sans se le voir vivement disputé. Les monarchies d'ancien régime ont essayé d'un retour offensif; mais par les résistances qu'elle a provoquées, la Sainte Alliance (dissoute d'ailleurs assez vite par les rivalités nationales) avait plus exaspéré le mouvement révolutionnaire qu'elle ne l'avait calmé et assagi. Puis dans ce va-et-vient qui transportait la souveraineté — ou l'exercice de la souveraineté tout au moins — d'un homme aux Assemblées, des Assemblées à un homme, d'une dynastie à une autre dynastie..., le droit public n'en subsistait pas moins, avec sa centralisation exagérée dans la plupart des États. Chacun des pouvoirs qui se sont succédé l'a vilipendé dans son rival; mais, au lendemain de la victoire, il le conservait pour lui et en usait à son bénéfice.

Si les rois ont essayé quelquefois de se coaliser pour réprimer la Révolution, les peuples ont voulu aussi, à plusieurs reprises, se soutenir les uns aux autres pour recouvrer soit leurs libertés politiques, soit l'intégrité de leur race et de leurs institutions respectives. On vient de le voir, le xixe siècle a été appelé le siècle des nationalités. La Révolution de 1789 n'avait sans doute pas posé la question exactement, ni même clairement; mais toute revendication de nationalité indépendante n'en a pas moins été un appel au droit contre le fait, appel qui — sagement ou non — s'est réclamé des principes de la Révolution et a été soutenu, quand on l'a pu, par force. Il est bien peu de gouvernements qui, soit au dedans, soit au-dehors de leurs propres frontières, n'aient eu à compter avec ces mouvements, tantôt pour les refouler, tantôt pour les exciter à leur profit. A la faveur de la confusion enveloppant le sens du mot liberté, on a pu faire accepter à des races puissantes un régime peu populaire, mais qui leur donnait ou leur promettait l'indépendance nationale. C'est pourquoi l'agitation en faveur des nationalités a modifié même la politique intérieure de plus d'un gouvernement de notre époque.

A travers toutes ces agitations se dessinait toutefois un mouvement d'idées qui tendait à restaurer certaines traditions bienfaisantes. A la fièvre de l'innovation, à l'illusion juvénile que toute nouveauté est nécessairement un progrès, la science a substitué une intelligence plus exacte du passé. Parmi les éléments de la nature humaine, elle s'est appliquée à démêler ceux qui ne peuvent pas plus se modifier que ne se modifient la constitution générale et les besoins essentiels du corps humain. Cet amour du passé n'a pas nui à la résurrection de certaines races vaincues ou opprimées. Filles du temps, ces nationalités pouvaient cependant ou se modifier ou se perdre avec lui. Mais comment comprendre le passé, ses traditions et la perpétuité nécessaire de vérités fondamentales, sans rencontrer la religion catholique, si souple dans la pratique, mais si inflexible dans ses dogmes, si peu amie de la révolte, mais ne laissant jamais entamer une parcelle de son patrimoine spirituel, toujours prête à seconder les pouvoirs publics en leurs essais bienfaisants, mais toujours prête aussi à les avertir et à les ramener ? Il a bien fallu que les gouvernements comptassent avec elle, comme ils comptaient avec l'opinion et avec la science ; s'ils ne trouvent actuellement plus rien de « temporel » dans le pouvoir de son chef, ils y trouvent un pouvoir spirituel plus un, plus sûr, plus universel que jamais.

***

Dans le siècle procédant de la Révolution française, le pouvoir absolu s'est-il maintenu quelque part ? Il subsiste en Orient, là où le christianisme n'avait humainement le pouvoir ni de le désarmer, ni même de l'adoucir beaucoup. Dans l'empire turc, livré périodiquement aux fantaisies d'un sultan fanatique ou ramolli (quelquefois l'un et l'autre) et où tout paraît corrompu, pour ne pas dire gangrené, une seule force est demeurée intacte, l'esprit militaire ; or la passion au service de laquelle il se met toujours volontiers, c'est la haine du chrétien. Le chrétien qui ne fait que résider en Turquie sous la protection d'une puissance occidentale, oh! assurément on le respecte; les communautés religieuses qui vivent à Constantinople ou à Beyrouth ou dans les Lieux saints, pourvu qu'elles ne cherchent jamais à convertir aucun musulman, ont toute liberté dans leurs cérémonies et dans leurs œuvres de charité. Quant aux chrétiens qui sont vraiment sujets ottomans, il n'en va pas de même, et la malheureuse Arménie en sait quelque chose. A-t-il paru aux vieux musulmans que toute institution et toute parole de liberté profiteraient aux races qu'ils asservissent encore? Se disent-ils que toute propagande venue d'Occident et s'offrant à régénérer leur empire travaille en réalité à le dissoudre? En tout cas, l'ingéniosité du gouvernement turc et de ses divers représentants s'applique toujours, avec un triste succès, à éluder les sommations que l'Europe lui adresse d'avoir à établir dans l'administration et la justice de l'empire un peu plus d'ordre et d'humanité. L'immense majorité des croyants se résigne de bon cœur à ces ajournements perpétuels, et la Turquie tout entière est aussi en dehors de l'Europe politique que si son territoire était borné à ses possessions asiatiques.

L'autocratie n'est pas le despotisme; et la différence apparaît éclatante quand de la Turquie appauvrie, toujours menacée de dissolution, déshonorée par des massacres épouvantables, on passe à son ennemi séculaire, la Russie.

A plusieurs reprises, il a été fait des efforts pour introduire dans le grand empire des tsars des institutions occidentales. Certains partis ont essayé de la conspiration et de la violence; la Couronne a eu quelquefois le désir d'accorder elle-même et d'organiser de son plein gré un nouveau régime. Jamais le tzar et ses sujets n'ont échangé entre eux sur ce problème aucune vue, aucun projet raisonné. Dans de telles conditions, les impatiences mal concertées des uns comme la résignation hésitante des autres devaient nécessairement aboutir au *statu quo*.

Les conspirateurs ont-ils toujours été des fanatiques ambitieux et des hommes de crime? Non. Dans la fameuse conspiration de décembre 1825, le tsar Nicolas demanda à l'un des conjurés quel avait été son but. « Une constitution, un gouvernement libre, des libertés politiques, » lui fut-il répondu. Puis, l'Empereur offrant à un autre chef de lui pardonner, sur la seule promesse de vivre désormais en sujet fidèle : « Eh ! Sire, répliqua la noble victime, c'est là précisément de quoi nous nous plaignons ; voilà pourquoi nous avons conspiré ! C'est un abus énorme que l'Empereur puisse tout ce qu'il veut. Laissez à la justice son libre cours ! » — « En somme, dit M. Alfred Rambaud, malgré leurs fautes, leurs imprudences, leurs étourderies, et quelques fous mis à part, les décembristes de 1825 formaient une élite par la naissance, par la noblesse des aspirations, par le courage individuel, par la haute culture. Leur exil fut un exode de vaillants hommes, de penseurs, de poètes ; leur retour valut à la Russie un rehaussement de niveau intellectuel et moral. Beaucoup se sont illustrés, depuis, dans les lettres, dans les sciences économiques, même au service de l'État, et furent pour Alexandre II, le tsar libérateur, de précieux auxiliaires. »

Depuis lors il est certain que les conspirations russes ne sont point parties d'aussi haut et qu'elles furent à la fois plus sanglantes et moins généreuses. Le nihilisme s'est généralement recruté chez les étudiants et chez des hommes de classes moyennes, enveloppant dans leur scepticisme la plupart des institutions, non seulement politiques, mais sociales, mais religieuses, et souffrant surtout de ne point trouver dans l'organisation de leur pays l'emploi honoré et rémunéré de leurs talents. Élevés pour la plupart dans des universités étrangères, ils avaient trop perdu contact avec les idées et les forces nationales, pour pouvoir espérer de s'appuyer sur aucune d'elles.

A mesure que la qualité des conspirateurs baissait, les tendances libérales du souverain se repliaient. Alexandre II fut plutôt une âme tendre et même faible. Il s'est grandement honoré en reconnaissant, en respectant avec une loyauté scrupuleuse les privilèges de la Finlande, et il a mis le sceau à sa gloire européenne par le grand acte de l'émancipation des serfs. Ce fut là une réforme, non pas improvisée, mais préparée, mais mûrie et conduite avec toute la prudence, finalement avec tout le succès que permet la complexité des choses humaines. Il n'eut pas la force ou les moyens de faire plus. Enclin aux concessions libérales et les ajournant, ne voulant pas la guerre et la faisant, sous la pression de l'opinion publique, la conduisant assez mal, ne conservant pas à la nation tout le prix qu'elle attendait d'une victoire si chèrement payée, affranchissant des races alliées et les mécontentant au point de les transformer en obstacles, il fut enfin frappé par une bombe la veille même du jour où il allait octroyer une constitution dont le texte était non seulement écrit, mais imprimé.

Son successeur, Alexandre III, plus calme, refuse, après quelques hésitations, de donner suite aux projets paternels; et cependant il règne en paix. Il donne satisfaction à son peuple par son esprit religieux, ami et protecteur convaincu de « l'orthodoxie » nationale, par son honnêteté privée, par ses vertus de famille, par la bonne méthode, par la suite, par le succès de ceux qui mènent en son nom les travaux publics et les finances; il lui donne satisfaction enfin par sa politique étrangère, car l'alliance française flatte tout à la fois et l'imagination poétique, généreuse, enthousiaste de la nation russe et sa vieille rancune contre l'Allemagne. Nicolas II continue cette politique à la fois très hardie et très prudente, d'autant plus sûre de sa force que nulle opposition intérieure ne la contrecarre. Dans ces mesures mêmes, que nous autres Français ne pouvons nous empêcher de regretter, contre les libertés de la Finlande, il est soutenu, il est poussé, comme son père l'était déjà, par la passion unitaire du reste de la Russie; on est tenté de dire que l'ensemble du pays aime mieux arracher au Grand-Duché ses privilèges spéciaux que d'en réclamer et d'en obtenir le partage.

Cette acceptation par le peuple russe du régime autocratique ne s'explique pas seulement par la puissance de l'empire et par la force de ses traditions. Il ne suffirait même pas d'ajouter que le discrédit dont le régime parlementaire semble frappé, ou tout au moins menacé, dans notre Occident, a pu enlever aux partisans des réformes un peu de leur entrain et de leur confiance. Il faut surtout tenir grand compte de trois faits qui sont : la décadence de la noblesse, le peu d'importance relative de la population des villes, d'où résulte un lent accroissement des classes moyennes, enfin l'organisation spéciale de la commune slave où, jusqu'ici, les paysans ont joui d'une égalité, d'une sécurité, d'une liberté de nature à les consoler de l'absence de vie politique.

Le Play, qui connaissait si bien la Russie où il avait longtemps séjourné, l'avait parfaitement observé : « En Russie, disait-il, où les gouvernements se sont appliqués à restreindre l'influence des propriétaires nobles, la loi soumet au partage forcé les biens patrimoniaux et les titres de noblesse. Le résultat de ce système devient chaque jour plus apparent : les paysans ne cessent de s'élever en se multipliant dans le régime patriarcal; les familles nobles, qui n'ont pas su se défendre par la stérilité, s'affaiblissent au contraire de plus en plus, et des noms illustres sont maintenant représentés par des tribus de pauvres indigents. » Ces lignes étaient écrites en 1864 ; trente-deux ans après, en 1896, un publiciste russe, expliquant les conséquences variées de l'émancipation des serfs, écrivait : « Bientôt les (anciens) propriétaires russes, après avoir dépensé tout leur argent, se trouvèrent obligés d'hypothéquer leurs terres, et la ruine sans pitié ni relâche commença à faire disparaître cette classe de la noblesse, si prospère auparavant, tombée maintenant dans la misère et dans l'oubli. »

La classe des paysans est-elle plus heureuse ? En tout cas elle se développe ; car depuis l'émancipation de 1861, la population de la Russie s'est accrue de cinquante millions d'habitants, et les difficultés actuelles de la vie rurale viennent précisément, nous dit-on, de ce que, dans la vieille Russie, les terres commencent à manquer. Elles risquent d'autant plus de faire défaut que ni l'emploi des capitaux, ni l'association de la science agronomique et du travail manuel ne sont encore à même de suppléer à l'étendue des terres par les bienfaits de la culture intensive. Où ira donc le trop-plein de cette population ? Trouvera-t-il en Sibérie et en Orient de nouvelles plaines à cultiver ? Ou est-ce l'industrie, chaque jour grandissante, et par suite le commerce, qui le fixeront dans des centres agglomérés ? Suivant que l'une ou l'autre de ces deux solutions l'emportera, l'empire verra se constituer plus ou moins vite — en dehors de la grande hiérarchie administrative — une classe moyenne indépendante, dont l'esprit de réforme et les chances de succès sont encore pour nous inconnus.

En attendant, la population rurale forme tout près de 87 pour 100 de la population totale. Dans ces conditions, il n'y a rien d'étonnant à ce que, malgré les rêveries contradictoires, souvent folles et toujours éphémères des sectes religieuses, le *mir* russe exerce encore une si puissante action conservatrice dans l'ordre familial, dans l'ordre social et dans l'ordre politique. En définitive, la Révolution française n'a guère influé sur la Russie que pour y provoquer le grand sentiment national de résistance et la croyance en la mission providentielle de la « sainte Russie » et de ses tsars.

.°.

Autant la monarchie absolue est traditionnelle en Russie, autant la monarchie constitutionnelle est traditionnelle en Angleterre. C'est que nulle part les institutions intermédiaires entre le pouvoir central et la masse de la population n'ont été aussi solidement organisées.

La Révolution française ne pouvait émouvoir gravement un pays qui avait fait — plus rapidement — sa révolution de 1688 et qui avait établi chez lui, sans secousse, ce régime parlementaire tant vanté par les écrivains du continent. Les luttes nationales contre les envahissements de la République et surtout de son héritier, le garantirent encore plus de notre propagande. Aussi ses institutions n'ont-elles cessé de tendre à cet état de fixité relative qui, sans constitution codifiée, a donné sa place et son champ d'action distinct à toutes les forces nationales : à l'initiative privée, — à l'association libre, — à la représentation des communes, — à la noblesse héréditaire, — au gouvernement proprement dit, — et enfin au roi ou à la reine. Il faut avoir vu dans les détails les plus familiers l'existence quotidienne de toutes les classes de l'Angleterre pour comprendre ce double caractère de leur gouvernement : l'antagonisme réduit à son minimum, par l'effet de la liberté dont chacun entend jouir pleinement dans son quant-à-soi ; et cependant la puissance collective portée à son maximum, parce que cet esprit d'indépendance ne dégénère pas en particularisme que toutes les libertés savent se grouper quand l'ennemi commun les menace ou simplement quand le rival étranger les inquiète.

De ces différentes forces, les unes sont restées cantonnées dans les limites à peu près immuables ; les autres ont élargi leur domaine, mais lentement et correctement. C'est pour son action extérieure contre les races désarmées ou contre les nations qui faiblissent, que l'Angleterre réserve ses coups de force et ses manques de parole, servis tour à tour par le cynisme ou par la ruse. Mais comme, à l'étranger même, elle ménage ceux qui sont forts et qui entendent user de leurs moyens pour la défense de leurs intérêts, ainsi, chez elle, chacune des énergies nationales qui fait ses preuves d'initiative et d'action utile est assurée du respect. Tout ce que la reine peut espérer de vénération et même d'amour, elle l'a. On a vu à Nice des Anglais s'agenouiller sur son passage. En revanche, elle ne pourrait même pas, — la démonstration en a été faite sous lord Palmerston, — conserver une femme de chambre qui se serait permis un conseil contraire aux droits des ministres. Le royauté moderne, a-t-il été dit, n'est qu'un clou auquel est accrochée la constitution. L'on sait à quel point ce clou est solide et doré de l'autre côté de la Manche.

Dans le jeu de cette constitution et dans les efforts des gouvernements qu'elle a soutenus, la noblesse a joué son rôle avec dignité et avec intelligence. Elle a toujours mesuré sagement les progrès inévitables, irrésistibles, des forces populaires ; elle leur a cédé peu à peu la place qu'elles réclamaient. Le droit de suffrage a été étendu degré par degré, jusqu'à arriver au suffrage universel, avec certaines garanties pour les minorités. Les prérogatives de la Chambre des lords subsistent, à la condition — toujours remplie — qu'il n'en soit fait aucun abus évident. D'autre part, nul ne cherche à imposer les réformes, par surprise ou par violence. L'initiative privée travaille comme elle l'entend à former des ligues, des sociétés, des manifestations, des pétitionnements, des agitations pacifiques, au cours desquels chacun prend le temps de compter de part et d'autre les opinions et les volontés. A la fin, la majorité vraie l'emporte toujours.

Elle l'emporte d'autant plus facilement que jusqu'ici les partis politiques ont été, en somme, réduits à deux : le parti conservateur et le parti libéral, tous les deux fortement disciplinés, tous les deux constamment munis d'un état-major prêt pour les responsabilités du pouvoir, tous les deux enfin assez ménagers de l'opinion et assez soucieux de la maturité de leurs actes pour que toute réforme introduite par un des deux partis soit généralement maintenue par le parti même qui le renverse et lui succède.

Le vainqueur vient sans doute réparer ce que le vaincu a paru commettre d'erreurs, aux yeux du pays, par son imprudence ou sa faiblesse ; mais il est rare que ce qui a été voté ne soit pas acquis comme point de départ des efforts à faire et que la législation nouvelle ne se borne pas à introduire des mesures qui, sans détruire ce qui a été fait, le tempèrent ou l'améliorent.

Cette simplification, qui a rendu si facile le long et brillant règne de Victoria, n'est-elle point menacée ? Chacun des deux grands partis n'a-t-il pas subi une scission par le fait que, de part et d'autre, il s'est formé des groupes ou favorables ou hostiles à l'émancipation de l'Irlande ? C'est là, en effet, un grand problème, né d'une grande injustice, et qui pèse sur la politique du Royaume-Uni. Mais il faut avouer qu'à l'heure actuelle les Anglais s'entendent à secouer le fardeau avec plus de décision que de scrupules. Le grand ministre libéral, que les collèges électoraux de l'Angleterre proprement dite avaient si souvent repoussé et qui ne gouverna longtemps qu'avec une majorité faite d'Irlandais et d'Écossais, Gladstone, n'existe plus. Il est même certain que la plupart de ceux qui l'avaient soutenu par discipline ou par habitude ont poussé un soupir de soulagement en voyant disparaître avec lui ce qu'il y avait de trop contagieux dans son esprit de désintéressement, dans son amour de la justice idéale, dans son respect du droit des autres. Le gouvernement de la Grande-Bretagne s'est vu ramené par les exigences de l'opinion à une politique plus complètement et plus résolument anglaise. A l'intérieur, il continue cette admirable série de réformes pratiques qui améliorent l'hygiène, qui diminuent le nombre des illettrés, le nombre des pauvres et, ce qui vaut encore mieux, des criminels ; or, ces efforts ne coûtent rien à la liberté, car ils sont accomplis et ils aboutissent sans extension du fonctionnarisme, grâce aux franchises de groupes élus ou de sociétés puissantes, grâce aussi à l'octroi de subventions aux maîtres de tous les cultes, sans excepter aujourd'hui le culte catholique. En revanche, il faut au pays le progrès ininterrompu de la prospérité matérielle, une extension du domaine colonial favorisant toujours davantage une émigration et des échanges également fructueux pour la mère patrie. De là les progrès de l'impérialisme ; de là ce contraste perpétuel d'un gouvernement qui, chez lui, se montre si soucieux de la probité et du respect de la loi, et qui, hors de chez lui, ne prend absolument conseil que de ses intérêts, fait des guerres pour imposer la vente de ses produits, fussent-ils malfaisants, viole, à l'égard des faibles, les droits les plus évidents, ne trouve dans leur résistance héroïque et légitime que des prétextes à méconnaître les lois les plus élémentaires du droit des gens et de l'humanité, enfin, est toujours prêt à traiter de caducs les engagements qui lui pèsent.

* *

A mesure que nous avançons dans cette revue rapide, ne voyons-nous pas de mieux en mieux comment les problèmes de constitution politique et de gouvernement sont liés, moins à des considérations abstraites et à des raisons théoriques, qu'aux diverses conditions de la structure sociale? Longtemps la Prusse a vécu dans cette conviction que le pouvoir des Chambres ne pouvait faire échec au pouvoir du roi. On sait comment Guillaume Ier a tiré parti de cette docilité, comment le prince de Bismarck s'est indigné de la voir lentement diminuer et s'est efforcé d'en prolonger la survivance, comment enfin Guillaume II fait ce qu'il peut pour disputer au Parlement et aux partis des prérogatives dont ceux-ci réclament au contraire pour eux une portion toujours croissante. C'est qu'avant 1870 l'Allemagne était divisée en petits États où les grosses questions politiques étaient d'autant moins agitées que la population rurale l'emportait de beaucoup sur la population urbaine, la petite industrie sur la grande, et que, dans de pareilles conditions, la noblesse territoriale, toute dévouée à son roi, conservait aisément tout son prestige.

Cet état de choses s'est grandement modifié. Sans doute, le peuple allemand reste attaché à ses dynasties, attaché surtout, même en dehors de la Prusse, à la dynastie impériale. Les motifs de satisfaction ont changé, puisqu'à la place de l'aisance simple, de la vie toute patriarcale où chaque famille s'appliquait à produire elle-même tout ce qui lui était nécessaire, on a vu grossir dans des proportions inattendues les courants du commerce et de l'industrie et qu'avec eux s'est répandue à grands flots la richesse mobilière. Cette richesse apporte avec elle une puissance, un éclat, un rayonnement indéfini d'influence dont la nation est justement fière ; mais elle provoque aussi des conflits, car elle fait sentir vivement des inégalités nées de déplacements considérables.

Depuis 1870, la population des villes s'est augmentée de 1/3 en Angleterre, en France et en Italie; elle a doublé dans l'Allemagne du Sud ; elle a plus que triplé dans l'Allemagne du Nord. Les populations restées dans la campagne et y vivant de culture y ont souffert, soit de leur propre diminution, soit de la nouvelle politique douanière qu'il a bien fallu adopter pour soutenir l'essor commercial. Elles accusent le gouvernement de trahir leurs intérêts. Quant aux ouvriers qui, partis du village, sont venus se presser dans les centres industriels et dans les villes, ils ont souffert de leur accumulation : elle a avivé leur esprit de mécontentement et d'opposition en les exposant à tous les inconvénients de la concurrence. Puis, cette accumulation même multipliait pour eux les points de contact avec tout ce qu'ont de raide, de tracassier et de despotique les vieux cadres de l'administration et de la police prussiennes. De là pour le gouvernement allemand un double danger : celui d'être moins bien défendu par les anciennes troupes des hobereaux et des agrariens, et celui d'être plus violemment attaqué par les masses urbaines et ouvrières des socialistes.

Il faut se garder, toutefois, d'une illusion qui tendrait à exagérer le péril couru par le gouvernement d'outre-Rhin ; car les moyens de salut ne lui manquent pas. Il a d'abord pour lui le prestige de ses victoires et l'incalculable portée des bienfaits d'ordre économique que la constitution unifiée de l'Empire et la rénovation complète de son outillage ont apportés aux populations prises dans leur ensemble. Il a pour lui le développement — à peine commencé — de ses entreprises coloniales préparées par une importante émigration. Il a pour lui enfin la tournure d'esprit des Allemands et de ceux mêmes qui ont embrassé le socialisme.

L'Allemand, dans quelque ordre d'idées qu'il travaille, est patient, il est méthodique et il sait grouper par association les résultats obtenus. Dans le domaine scientifique, il amasse lentement des faits, il réunit ceux qu'il a trouvés à ceux que son voisin et son émule ont découverts ; et quand la masse qu'il a devant lui l'élève jusqu'à un certain point de vue, il donne sa théorie, provisoirement ; puis il recommence jusqu'à ce que de nouveaux faits lui permettent de dire que le point de vue précédent est désormais « dépassé ». Ainsi fait-il en politique où, sans vouloir tout révolutionner d'un seul coup, il se préoccupe d'ajouter succès à succès. Il paraît d'abord aller bien lentement ; mais, après une période d'organisation et de tâtonnements, ses bataillons arrivent tout à coup à des effets de masse irrésistibles, dont les ennemis ou les rivaux sont étonnés.

On dira que cette tactique doit servir au premier jour le parti socialiste et « étonner » à son tour le gouvernement qui essaiera de lui résister. Mais ce qui préservera peut-être ici ce dernier le plus sûrement, c'est la puissance du centre catholique. Devant l'émiettement des partis d'autrefois et alors que le nouveau parti socialiste en était encore à préparer son déploiement, les catholiques, usant de la méthode nationale, se sont fortement concentrés : ils ont marché avec discipline, emportant les positions l'une après l'autre, et ne dédaignant jamais de faire payer ouvertement leur concours par quelque concession sérieuse et pratique. Plus d'une fois, dans ses préjugés et dans sa fierté, le gouvernement a souffert de ces alliances et de ces compromis. Il est évident que, somme toute, il y trouve une forte garantie. Nul ne met en doute ni le patriotisme germanique ni la loyauté dynastique du centre ; nul non plus ne méconnaît qu'imprégné, comme il l'est, des principes sociaux de Léon XIII, il est, par tout ce qu'il réclame et par tout ce qu'il refuse, le groupe le plus capable de prévenir les excès du socialisme.

.*.

C'est encore à des causes profondes que sont dues les oscillations du gouvernement de l'Allemagne du Sud et de la monarchie austro-hongroise. Deux races principales se partagent à peu près le territoire de l'Autriche proprement dite : la race allemande et la race slave ; celle-là ayant eu, pendant la première moitié du siècle, la prépondérance politique, et se voyant menacée, pour ne pas dire obligée de céder cette place à sa rivale. Or, il se fait que chacun des deux groupes de population est comme exaspéré dans ses ambitions par la fascination qu'exerce sur lui (même s'il en est jaloux) l'empire où se développe et prospère la majorité de ses frères de race. L'Allemand d'Autriche voudrait être digne de l'Allemand du Nord : le Slave de Bohême ou de Croatie se sent encouragé dans ses ambitions par l'extension colossale de la Russie. De là, dans les conflits qui surgissent, soit au centre, soit aux extrémités de la monarchie, une violence qui a discrédité et paralysé le régime parlementaire.

On est tenté de croire, à de certains moments, que ce sont ces excès mêmes qui font la force durable du gouvernement impérial et royal de Vienne. Ce qui, en effet, réalise actuellement l'unité de l'Autriche-Hongrie, c'est la personne du souverain, et elle seule. Jamais on n'a eu d'exemple si saisissant de *personnification*, et jamais on n'a mieux senti à quel point une famille sage, désintéressée, comprenant sa mission et son devoir, dévouée corps et âme au bien national, est capable de servir d'arbitre entre les partis en obtenant également la confiance de ceux qui sont le plus ennemis les uns des autres. Dans sa longue carrière, où ne lui a été épargnée aucune épreuve, François-Joseph aura été l'incarnation la plus respectable et heureusement la plus respectée de cette conception politique. Ajoutons que la coexistence d'autres races que les races slaves et allemandes et de sous-groupes de toute nature, si elle a contribué à augmenter l'imbroglio, a mis entre les mains du pouvoir central un moyen de rétablir sans cesse un équilibre sans cesse menacé. On a remarqué, par exemple, que dans la période qui dure encore, c'est le plus souvent avec le concours des Polonais (ennemis des Slaves et des Allemands) que le gouvernement de Vienne a pu défendre ou retrouver sa majorité si précaire.

Faut-il faire une place à part à la Hongrie? Oui, puisqu'un haut fonctionnaire de Vienne me disait, il y a un peu de temps : « La Hongrie, pour nous, c'est un gouvernement étranger ! » Très libéral dans ses manifestations extérieures, très tyrannique chez lui, très politique en tout cas, très calculateur et très habile, le gouvernement hongrois connaît aussi chez lui des conflits de races et des conflits de classes non moins vifs que ceux qui menacent de dissolution l'empire auquel il est encore uni par quelques liens. Mais ces genres de désordre il s'entend à merveille à les comprimer ou à les dissimuler. La corruption électorale — que tous les observateurs désintéressés ont jugée très sévèrement, — les abus de la grande propriété, la multiplication des prolétaires ruraux, sont-ils pour la Hongrie de demain des dangers sérieux ? Demain le dira. En attendant, deux ordres de faits donnent à ce gouvernement une fierté et une confiance dont il est à souhaiter pour lui-même qu'il n'abuse pas : en premier lieu son essor économique est indubitablement fort brillant; ensuite sa situation prépondérante sur les autres races, dans le dualisme actuel, lui permet d'accentuer ses exigences. Prêt à certains égards pour un séparatisme qui lui donnerait une existence complètement indépendante, il obtient, par cette seule menace, des concessions certainement contraires au droit strict (pour ce qui regarde, par exemple, sa contribution aux dépenses communes de la monarchie). Tantôt ami des Allemands, hors de chez lui, tout au moins, et tant que les luttes de Germains et de Slaves ne vont qu'à diminuer à son profit leur influence réciproque ; tantôt se tournant contre ces mêmes Allemands, s'il voit pour lui un avenir meilleur dans un régime fédéraliste exigeant que les Tchèques de Bohême aient raison des Allemands fixés sur leur sol, le gouvernement de Buda-Pesth ne contribue guère, dans l'ensemble austro-hongrois, ni au bon ordre, ni au bon renom du parlementarisme. On ne peut nier que jusqu'ici il n'ait conduit avec une habileté consommée le développement de ses ressources propres et la défense de ses intérêts particuliers.

.

En apparence, l'Italie est un pays où le régime représentatif et parlementaire fleurit, sans blesser par tant d'épines son gouvernement et son souverain. D'autres collaborateurs indiqueront les origines de l'unité italienne et le rôle qu'y ont joué les influences sectaires et l'internationalisme maçonnique ; à l'heure actuelle, qui seule nous occupe, la maison de Savoie persiste dans son alliance avec le parti révolutionnaire, qu'elle a domestiqué. Partout, dans les villes de la péninsule, se font amicalement face les noms et même les statues de Victor-Emmanuel et de Garibaldi. A Rome pourtant, on édifie et on renverse des ministères tout comme ailleurs ; les combinaisons qui s'y ébauchent font monter ou descendre successivement des hommes politiques soutenus par des groupes assez changeants plutôt que par des partis vraiment organisés. Les uns ont été plus prudents, les autres plus mégalomanes ; les uns ont voulu créer glorieusement des colonies ; les autres ont eu la sagesse de restreindre ces ambitions, d'ailleurs légitimes ; les uns ont compté davantage sur une alliance offensive avec l'Allemagne et ont essayé de précipiter les événements dans l'espoir de tirer, quoi qu'il arrivât, quelque profit de la querelle ; les autres, plus nombreux et restés les maîtres, visent de préférence l'amélioration des conditions de vie intérieure. En définitive, et malgré quelques soubresauts, la majorité du Parlement italien s'entend avec son roi pour naviguer le mieux possible entre les écueils, pour se rapprocher économiquement de la France sans rompre politiquement la Triple-Alliance et sans cesser de compter sur les sympathies éventuelles de l'Angleterre.

La puissance qu'elle avait le plus à redouter, soit directement, pour ses nouvelles conquêtes, soit indirectement, pour les encouragements à donner aux revendications de la papauté, c'était l'Autriche. N'est-ce pas à elle qu'elle avait porté les coups les plus rudes ? C'est pourquoi elle a voulu l'avoir désormais pour alliée, peu enthousiaste, mais forcée, avec une tierce puissance entre elles deux. En cela elle a été très habile. Elle a poussé l'habileté jusqu'à dissimuler le plus longtemps qu'elle a pu ses véritables motifs. Alors que le péril était à l'Est, elle a feint de le redouter à l'Ouest : de là ses déclarations souvent haineuses contre la France, qui ont servi à couvrir jusqu'ici la duplicité de sa politique.

Ce qui donne encore à cet appareil gouvernemental quelque chose de factice et d'incertain, c'est moins le particularisme des anciennes principautés que la situation spéciale du parti catholique. Obéissant au mot d'ordre du Pape, il ne prend pas part aux élections législatives : *nè elettori nè eletti*. Les efforts qui ont été faits, à l'occasion de l'assassinat du roi Humbert, pour modifier la situation, n'ont pas abouti. On a voulu trop obtenir et on s'est trop donné l'air d'avoir obtenu beaucoup du Saint-Siège : on a ainsi provoqué de la part de ce dernier des explications inévitables et qui ont pour résultat de maintenir le même état de choses. Qui pourrait reprocher au Saint-Siège et à ses fidèles d'Italie un mode de protestation si calme et si digne que l'abstention, alors que les catholiques de l'Allemagne, la grande alliée du royaume, ne manquent plus une seule occasion de dénoncer publiquement l'état actuel comme attentatoire à l'indépendance nécessaire du Souverain Pontife ? Le parti catholique italien ne cesse point pour cela de travailler au rétablissement de la prospérité de la péninsule. D'abord il prend part aux élections municipales; puis, malgré les obstacles violents dont se plaint encore l'encyclique du 5 août 1898, il a devant lui le beau programme que lui traçait cette même encyclique : « La religion et la société sont en danger; il est temps de déployer toute notre activité et d'opposer au mal qui nous envahit une digue solide par la parole, par les œuvres, par les associations et les comités, par la presse, par les congrès, par les institutions de charité et de prière, enfin par tous les moyens pacifiques et légaux qui soient propres à maintenir dans le peuple le sentiment religieux et à soulager sa misère, cette mauvaise conseillère, rendue si profonde et si générale par la fâcheuse situation économique de l'Italie. »

Moins intense est en Espagne la vie politique. Le parti carliste, autrefois si fort, si redoutable, et toujours prêt à déchaîner une telle fureur de guerre civile, semble aujourd'hui s'être effondré. Il avait toujours compté sur le concours du clergé ; mais le Pape a ordonné à celui-ci de respecter la dynastie régnante, et il ne pouvait qu'être obéi. Le chef du parti avait bien annoncé qu'il ne laisserait jamais consommer, sans intervenir, le démembrement de l'empire colonial de sa patrie. Ce démembrement, cette ruine même sont consommés, et les carlistes n'ont point bougé. Il y a toujours trois ou quatre élections troublées par le parti républicain; en somme, c'est l'abstention qui est bien près de dominer partout. Ce grand feu que l'Espagne a fait rayonner sur le monde s'est ramassé sur lui-même et assoupi. Est-il complètement éteint ? Couve-t-il sous la cendre ? La nation, cela est évident, subit la fatalité des conditions économiques de la civilisation moderne, et elle paraît s'y résigner. On dirait qu'après avoir connu l'ardeur belliqueuse de ces Maures contre lesquels elle a tant lutté, elle en a pris aussi quelque peu le fatalisme paresseux. En tout cas, sa vie politique se réduit de plus en plus et tend à son minimum. Elle a bien ces deux partis, l'un plus conservateur, l'autre plus libéral, dont l'antagonisme est inévitable partout ; car il y aura toujours des gens voulant garder le pouvoir et des gens désireux de le conquérir, et toujours les uns et les autres mettront en avant soit les nécessités de la tradition, soit les exigences du progrès. Mais que ce soient ceux-ci ou ceux-là qui la gouvernent, l'Espagne aura encore à lutter longtemps contre les difficultés financières et contre l'impuissance qui en résulte.

**

La France a eu jusqu'à présent des ressources qui ont permis à ses gouvernements de surmonter des difficultés et des épreuves inouïes.

Quand le danger qu'elle a trop souvent laissé croître avec imprudence est évidemment menaçant, elle ne fait point inutilement appel au patriotisme de ses enfants, qui ne veulent pas déchoir et qui se sentent si menacés par la puissance ascendante de leurs voisins. Ce sentiment national a une action décisive sur les gouvernements eux-mêmes ; car, si révolutionnaire qu'il soit, notre pays est encore plus avide de gloire que de liberté. Il reprochait à Louis XVIII d'avoir simplement *octroyé* la charte ; mais il lui reprochait encore plus — à tort ou à raison — de l'avoir apportée « dans les fourgons de l'étranger ». La « paix à tout prix » a fait au moins autant de mal à Louis-Philippe que le refus d'étendre le droit de suffrage... Il est inutile de continuer la démonstration.

Le régime politique proprement dit ne nous laisse pourtant pas indifférents, tant s'en faut ! Peu de peuples ont plus fabriqué, détruit, revisé de constitutions. Depuis 1789, c'est proprement notre mal national de croire à l'efficacité suprême des textes écrits. Si encore ces textes avaient provoqué, avaient permis la création de forces sociales autonomes pouvant s'appliquer spontanément à des fins choisies, persévéramment voulues ! Mais — c'est là notre second mal — la plupart de nos constitutions et particulièment celle qui nous régit à l'heure présente ont désarmé tout à la fois et le pouvoir et l'individu. On a désarmé le pouvoir parce qu'on a pris sans cesse des précautions nouvelles pour enlever toute initiative, toute responsabilité et même toute force de résistance à ceux qui l'exercent. On a désarmé l'individu parce qu'on l'a fait esclave d'une administration irresponsable, esclave des représentants qu'il se donne ou qu'il se laisse imposer tous les quatre ans, esclave enfin de cet esprit gouvernemental qui se dispute pied à pied le droit d'association. Jusqu'ici ce sont surtout les gens qui bataillent et qui détruisent, non ceux qui cherchent à fonder, qui ont le privilège de pouvoir se syndiquer le plus librement.

Nous vivons en paix depuis 1871, et nulle émeute grave n'a troublé l'ordre public. L'esprit révolutionnaire n'en a pas moins continué son œuvre de nivellement. Si la Constitution de 1875 a été modifiée, soit dans son texte, soit dans son application pratique et dans l'espèce de jurisprudence qui l'interprète, ce n'est pas la solidité des principales forces composantes qui y a gagné. Le Sénat a dû sacrifier l'élément d'indépendance et de permanence que lui avait donné l'institution des inamovibles. Quand il rejette une loi, on se passe de la loi et on la remplace par des décrets. Chaque année on lui dispute en fait l'exercice de ses droits les plus incontestables; on ne lui laisse pas le temps de discuter le budget. Le Président de la République oserait-il user des modestes prérogatives qui lui sont conférées? Il n'a même pas le pouvoir de durer, puisque de tous ceux que nous avons vus se succéder à l'Élysée, un seul est arrivé une fois jusqu'à l'expiration de son mandat et que, peu après le renouvellement de ses pouvoirs, il a dû céder à une sommation de la majorité des députés. La magistrature ne paraît-elle point assez docile; on l'épure, et s'il reste encore des tribunaux capables de juger selon le droit commun, l'on crée un tribunal de conflits qui enlève à la compétence ordinaire tout ce en quoi l'administration se juge intéressée. C'est en effet, dira-t-on, la Chambre qui est maîtresse et qui doit l'être. Mais qu'est-ce que la Chambre, sinon une juxtaposition, non plus même de partis, mais de groupes, où il est impossible de former une majorité douée d'esprit de suite et responsable devant le pays? Arrivons donc enfin au pays qui, selon l'expression consacrée, a le dernier mot. Ce « mot » est-il médité, est-il conçu, est-il même prononcé d'une manière intelligible? Les paroles passionnés trouvent aisément cours, elles suffisent pour entraîner les masses qui se défient de plus en plus de tout ce qui représente l'attention, la compétence, la stabilité, le respect; et, devant les difficultés de la vie collective, on ne trouve d'autre remède que d'aller de plus en plus vers ceux d'où partent les promesses de l'impossible.

Au lendemain de la Révolution qui avait brisé tant de cadres et qui surtout avait empêché la reconstitution de cadres nouveaux, un publiciste étranger disait : « Il est aussi impossible de refaire l'ancien régime que de bâtir Saint-Pierre de Rome avec la poussière du chemin. » Et on peut croire que plus d'un politicien, lisant cette parole prophétique, s'écriait avec satisfaction : « C'est précisément ce qu'on a voulu ! » Mais il ne s'agit pas, Dieu merci ! de reconstruire l'ancien régime ; il s'agit d'édifier solidement le régime nouveau. Or, si la poussière des chemins ne suffit pas à un régime d'autorité vraie, respectable et bienfaisante, elle ne suffit pas davantage — et elle suffit encore moins, peut-on dire — à un régime de liberté, raisonnable et salutaire. Veut-on rendre au gouvernement de la France la force et le droit au respect universel ? Il ne s'agit pas tant de reviser une fois de plus la Constitution que d'agglomérer, d'organiser, de vivifier la poussière à la fois inerte et mobile, autrement dit restaurer les forces dissoutes : la famille, en la délivrant de la plaie mortelle du divorce et en cessant de lui imposer, avec des lois de succession abusives, le morcellement indéfini et ruineux des patrimoines ; — la magistrature, en lui rendant l'indépendance et en lui commandant la dignité, dont la compétence dûment établie est la première condition, dont l'éloignement des sociétés secrètes et des sectes de politiciens est la seconde condition ; — l'administration, en l'affranchissant des injonctions des députés et en la rendant plus responsable devant le droit commun ; — l'esprit d'entreprise, en cessant de multiplier les monopoles ; — l'association enfin, en conférant à tous les honnêtes gens, quels qu'ils soient d'ailleurs, des droits au moins égaux à ceux dont les syndicats ouvriers sont gratifiés par la loi de 1884. Alors seulement on sera à même de savoir s'il y a encore en France des familles stables, des pouvoirs durables, des partis doués d'esprit de suite, finalement un pays se rendant le véritable maître de ses destinées par la réflexion et par l'entente pacifique.

*
* *

Un homme politique — je ne sais si ce n'est pas Thiers — dit un jour à la tribune que, puisqu'on n'avait pas voulu passer la Manche, on était obligé de passer l'Atlantique. — Il entendait par là qu'il avait fallu forcément opter entre la monarchie constitutionnelle et la république démocratique.

Nous avons donc passé l'Atlantique. En y regardant de près, il y avait là des choses excellentes et que nous eussions peut-être eu grand intérêt à imiter : des hiérarchies locales puissamment organisées ; — un pouvoir central aussi soutenu que contenu par les attributions des « États » ; — une magistrature véritablement indépendante ; — un Sénat muni d'attributions sérieuses ; — un président armé de droits modérateurs et laissé maître de les exercer ; — une liberté d'association dont la religion et ses œuvres de bienfaisance ne sont pas exclues ; — voilà ce qui, sans compter ni la richesse des pays neufs, ni la possibilité pour tout travailleur de trouver des terres disponibles, a fait pendant de longues années la force morale et l'attrait de la République des États-Unis.

De tout cela on ne s'est point empressé de prendre grand'chose. Il semble que, pour se rapprocher de sa sœur américaine, la République française ait attendu, que celle-ci ait multiplié chez elle les abus les plus évidents et les formes les plus dangereuses de la corruption. En tout cas cette corruption a fait du chemin de l'autre côté de l'Atlantique. Deux groupes d'hommes surtout l'ont accélérée : ce sont les politiciens et les manieurs d'argent.

Les politiciens purs, ceux qui ont vu dans la vie politique une carrière, un métier, un gagne-pain, ont fait tout converger vers la victoire électorale d'un parti. La chose, dira-t-on, n'est-elle pas permise, n'est-elle même point normale en un gouvernement démocratique ? Oui, à la condition que chaque parti et le chef qui le représente arrivent avec un programme clair de mesures tendant au bien général. Or, on sait quel est la devise adoptée par les politiciens belligérants des États-Unis : *Aux vainqueurs les dépouilles!* C'est-à-dire toute l'administration changée du jour au lendemain pour la satisfaction des convoitises et l'exécution des engagements dans lesquels on s'est partagé d'avance le gouvernement fructueux du pays. On devine ce que peut devenir un mandat ainsi conquis. C'est un citoyen de la grande République qui s'est chargé lui-même de mesurer la décadence en disant :

« Nous voici au moment où un honnête homme ne pourra plus se faire élire au Parlement sans se disqualifier. »

Quant aux manieurs d'argent, ils n'ont pas moins contribué à la corruption que les hommes politiques, leurs alliés du reste ou leurs complices. Pour servir les intérêts d'un groupe d'accapareurs, on demandera, on sera quelquefois à la veille d'obtenir un bouleversement complet du système métallique et par conséquent du régime économique. La politique extérieure ne connaît plus ni le droit des gens, ni les traditions nationales : elle est toute à la merci de ceux qui ont intérêt à voir éclater une guerre pour faire monter le tirage des journaux, pour spéculer sur les fournitures et sur l'achat des munitions de guerre, pour créer des entreprises d'exploitation, enfin pour combiner des coups avec la finance cosmopolite dont les gouvernements européens risquent tant de devenir les esclaves et les victimes.

Pendant une longue série d'années, l'*individu* américain, issu d'émigrants hardis et confiants dans leur courage, avait été un modèle d'initiative et en même temps de vertu sociale. L'amour de la famille, le respect de la religion lui avaient donné une force incomparable. La religion catholique est heureusement grandissante aux États-Unis. Grandira-t-elle assez, gagnera-t-elle assez d'adhérents pour restaurer les forces morales? La famille en a besoin ; car elle est minée par le divorce et par la stérilité, deux plaies qui s'élargissent et s'enveniment l'une l'autre.

.

Ainsi dans les gouvernements d'aujourd'hui, le problème est de sauvegarder tout à la fois l'autorité et la liberté par la prédominance des forces organisées, productives, conservatrices et en même temps réformatrices, sur les forces destructives et corruptrices, anarchistes et finalement oppressives, qui ne s'appuient que sur le nombre.

Dans ce règne du nombre un pays tout proche de nous a essayé d'introduire un tempérament. Tout en adoptant le suffrage universel, tout en donnant à chaque citoyen son droit de vote, la Belgique a institué le *vote plural*. Elle a heureusement profité de cette occasion — courte comme toutes les occasions — où des deux parties de la réforme proposée, suffrage universel et vote plural, chacune des deux servait à faire passer l'autre. Les radicaux acceptaient le vote plural pour avoir plus sûrement le suffrage universel ; les conservateurs acceptaient le suffrage universel, parce qu'il était accompagné du vote plural. Le père de famille, le propriétaire, l'homme qui a fait preuve de capacité par ses diplômes ou par ses fonctions peuvent ajouter une voix supplémentaire et même deux à celle qu'ils tiennent de leur seule qualité de citoyens. Le parti catholique, qui était au pouvoir, n'a rien perdu à cette réforme, malgré les progrès du socialisme, et quoiqu'une certaine fraction de la démocratie chrétienne réclame le suffrage universel pur et simple. Le gouvernement constitutionnel de la Belgique n'a pu qu'en être raffermi.

Rien, à vrai dire, n'avait ébranlé la solidité que lui avait donnée l'habile et sage politique des deux Léopold ; tous les deux, sans inertie, sans abdication du droit d'arbitrage, ont toujours conservé avec dignité une neutralité loyale, aussi bien entre les partis à l'intérieur qu'entre les puissances à l'étranger. Le parti dit libéral et le parti catholique ont été longtemps seuls en présence et avec des forces à peu près égales. Aujourd'hui le parti catholique a pour lui une possession déjà longue et une majorité renforcée ; en face du parti libéral amoindri et divisé, il apparaît comme la seule force capable d'arrêter l'envahissement du socialisme.

.˙.

Ce n'est pas seulement en Belgique, est-il besoin de le dire ? c'est dans l'Europe presque tout entière, c'est surtout chez nous, Français, que ces trois dénominations, libéraux, socialistes, catholiques, cachent des dissentiments profonds.

Le mot libéral a été, semble-t-il, bien détourné de sa signification primitive, et il est fâcheux qu'on laisse prescrire cette altération de son vrai sens. Le libéral devrait être celui qui aime la liberté sérieusement, qui la veut pour les autres comme pour lui, mais qui ne croit pas la sacrifier, loin de là, quand il l'arrête au moment où, se compromettant elle-même, elle empiète sur les droits les plus évidents. Il est donc étrange de voir parer du nom de libéraux des hommes qui disputent à la religion catholique la franchise de sa parole et de son culte, qui jalousent et disputent avarement au père de famille l'éducation de ses enfants, qui ont la prétention d'avoir affranchi l'individu quand ils l'ont obligé à agir seul, c'est-à-dire faible et désarmé, devant la concentration des forces administratives et gouvernementales, qui enfin semblent réserver les faveurs et les privilèges pour tous ceux qui substituent la négation à la croyance, l'égoïsme au désintéressement, l'esprit de secte et de parti à la charité universelle. Serait-il vrai que libéralisme fût équivalent à individualisme ? Si cela est exact en fait dans certaines régions politiques, et à la faveur de la déviation que des étrangers, libéraux de Belgique, nationaux-libéraux de Prusse, ont fait subir à un mot de langue française, ne sera-t-il pas permis, encore une fois, de demander qu'on ne laisse pas un pareil renversement passer du fait en droit? Ne sera-t-il pas permis de dire que pour l'élite des esprits français, la pierre de touche du vrai libéralisme, ennemi du jacobinisme, a été précisément le droit d'association, à interdire sans aucun doute aux malfaiteurs, mais à eux seuls ?

L'un des inconvénients actuels, et des plus graves, de cette corruption du sens du mot libéralisme a été de donner, par opposition, au mot socialisme une apparence de signification favorable et trompeuse. Le socialiste se donne en effet quelquefois comme celui qui entend simplement désarmer l'égoïsme individuel, réagir contre la doctrine du laisser-faire et du laisser-passer universel, assurer enfin à tous les travailleurs les moyens de participer équitablement aux bénéfices comme aux charges de l'ordre social. Ce dernier but est assurément la fin de tout gouvernement et de toute institution humaine. Mais pour faire cesser l'égoïsme, si aisément paresseux, pour assurer une répartition équitable, c'est-à-dire proportionnée aux efforts, à la prévoyance, à la bonne conduite, est-il expédient de supprimer tout ce qui excite l'initiative individuelle, tout ce qui consacre la responsabilité, tout ce qui ouvre un champ libre à l'association fondée sur la confiance que des individus qui s'éclairent peuvent avoir les uns dans les autres ? Pour rendre surtout cette répartition plus avantageuse en grossissant la somme de bien à répartir, est-il expédient d'accroître encore le nombre des surveillants, contrôleurs, inspecteurs, répartiteurs, dont l'action, soumise à l'influence des politiciens, est de nature à créer plus d'abus et de privilèges qu'elle n'est capable d'en prévenir ou d'en réformer ?

Les Encycliques des derniers Papes ont heureusement signalé le péril en rappelant comment le socialisme s'unissait inévitablement au communisme, erreur que dissimule à peine le nouveau mot de collectivisme.

Il est donc à penser que les catholiques renonceront de plus en plus, partout, à chercher dans une alliance avec le socialisme un remède contre les abus du faux libéralisme.

Le catholique, en effet, n'a qu'à s'inspirer des enseignements de l'Évangile et de la tradition de l'Église universelle pour occuper entre ces deux partis extrêmes une situation solide, suffisamment ouverte et capable de supporter toutes les nouveautés vraiment utiles. Le catholique fait de la liberté non pas un but, absolument bon en lui-même, bon quand même et méritant de se voir tout subordonner, mais un moyen, moyen précieux, moyen qu'il est nécessaire de ne pas compromettre. En ce qui touche à la politique et au gouvernement des États, les Encycliques de Léon XIII, spécialement l'Encyclique *Immortale Dei* ont clairement indiqué le prix de cette liberté :

« Toutes les institutions qui ont pour but soit de protéger les peuples contre les caprices tyranniques des princes (*contra licentiam principum*), soit d'empêcher le pouvoir central (*summam rempublicam*) d'intervenir d'une façon importune dans les affaires municipales ou domestiques, toutes celles qui relèvent la dignité de la personne humaine et qui sont de nature à garantir à chaque citoyen l'égalité des droits, l'Église catholique les a ou bien établies ou bien prises sous sa protection ou bien conservées...

« Les lois ne doivent pas s'avancer ni rien entreprendre au delà de ce qui est nécessaire pour réprimer les abus et écarter les dangers. Que l'État protège les sociétés fondées selon le droit... il ne lui appartient pas de leur dénier l'existence. Que toutefois il ne s'immisce pas dans leur gouvernement intérieur. »

Notre règle n'est-elle point là toute tracée ? N'est-ce point notre tâche, à nous Français, de clore enfin la Révolution, en faisant cesser mieux qu'elle le règne oppressif du vieux droit public, impérial et centralisateur, de fortifier l'individu en l'appelant à agir, non plus dans l'isolement, mais dans la vie de son groupe le plus naturel et dans la vie de ceux qu'il aura constitués librement « selon le droit » ? Par là sera restaurée la véritable autorité, désormais soutenue, mais limitée aussi par des forces stables.

Il sera possible d'imprimer à la démocratie une direction pratique, intelligente, en la poussant à la recherche de l'harmonie plutôt qu'à celle d'une chimérique et toujours fausse égalité. Il sera possible de donner au régime parlementaire une vie moins agitée et moins stérile, en lui fournissant des énergies déjà elles-mêmes organisées et qui n'auront plus qu'à être conduites vers une fin conforme à nos destinées séculaires. Il sera possible enfin de faire triompher à notre profit et pour l'intégrité de la patrie ce principe des nationalités ou de la volonté des populations auquel nous avons fait tant de sacrifices en faveur des autres !

HENRI JOLY.

IV

La Législation

§ I. — CODIFICATION DES LOIS ET UNIFICATION DU DROIT PRIVÉ.

DE *droit privé à la fin du* XVIII*e siècle*, — En matière de législation civile, le XIX*e* siècle a pour premier caractère, très accentué, d'avoir été avant tout un siècle de *codification* et d'*unification* du droit chez presque tous les peuples civilisés d'Europe et d'Amérique, les seuls dont nous ayons l'intention de nous occuper ici. Sans doute, chez ces peuples, les aspirations vers la codification des lois et l'unité de législation s'étaient déjà fait jour sous l'ancien régime. En France, elles s'étaient manifestées nettement dans les cahiers de 1789 et montrées fort exigeantes sous la Révolution. Mais malgré les efforts des Assemblées d'alors pour leur donner satisfaction, on n'était pas parvenu à un résultat complet. A la fin du siècle dernier, en France même, et à plus forte raison dans les autres pays, que son exemple devait entraîner plus tard, on vivait encore sous l'empire d'un droit privé presque entièrement coutumier. Ici, — notamment dans le centre et le nord de la France, les Pays-Bas, l'Angleterre, la Scandinavie, la Russie, — ce sont des coutumes d'origine barbare ou féodale qui s'appliquent. Là, — notamment dans le Sud de la France, l'Espagne, l'Italie, une partie de l'Allemagne, — le droit *écrit*, c'est à-dire le droit romain, forme le fond de la coutume. Sur divers points, il est vrai, d'importantes ordonnances royales ou impériales, formant de véritables petits codes applicables à l'ensemble du territoire, avaient préparé à la fois la codification et l'unification ; mais pour que ce travail encore fragmentaire pût se compléter, il a fallu que la secousse révolutionnaire vînt faire disparaître les principaux obstacles qui s'opposaient à son achèvement.

L'impulsion a été donnée par la France, où, par suite de changements politiques, une grande partie du droit ancien se trouvait supprimée de fait, comme incompatible avec le nouveau régime. Dès 1790, l'Assemblée constituante avait promis des « codes généraux ». En octobre 1791, l'Assemblée législative avait invité tous les citoyens « à lui communiquer leurs vues sur ce sujet. » En 1793, la Convention, avec sa décision habituelle, avait commencé par écrire dans la Constitution du 24 juin : « Le code des lois civiles et criminelles *est* uniforme pour toute la République ; » puis elle avait donné *un mois* à son comité de législation pour lui présenter un projet de Code civil. Le 7 août, aux applaudissements de l'Assemblée, Cambacérès annonça que le projet était rédigé. Trouvé trop long, il fut soumis à un travail de revision qui le réduisit à une simple table des matières, écrite en « style lapidaire », et qui, jugée cette fois trop courte, fut renvoyée de nouveau au comité de législation. En l'an IV, sous le Directoire, Cambacérès présenta un troisième projet, dont l'examen, longtemps retardé, n'était pas encore commencé lorsque survint le coup d'État du 18 brumaire an VIII. Un quatrième projet, préparé à la hâte par le représentant Jacqueminot, avant même l'acceptation de la Constitution du 22 frimaire, fut tenu pour non avenu. Ce n'est qu'en l'an XII que le premier consul Bonaparte tint enfin la promesse de l'Assemblée constituante et que l'ancien droit privé cessa dans son ensemble d'avoir force législative.

Il y eut toutefois, sous la Révolution française, d'importantes modifications qui, quoique partielles et n'établissant pas un abîme entre l'ancien régime et le nouveau, laissaient présager ce que devaient être les codes futurs. C'est d'abord l'organisation de la *société* qui est remaniée. Avec sa division en trois ordres, ses restes du servage, sa législation exceptionnelle sur les protestants et les juifs, ses règles encore rigoureuses à l'égard des étrangers, elle se liait d'une façon trop intime à l'organisation politique pour ne pas être transformée tout de suite par des assemblées dont le premier principe était l'égalité. Il faut ensuite signaler les lois de 1792 sur le *mariage civil* et le *divorce*, inspirées par une autre idée, l'idée de la sécularisation, comme on disait alors, ou de la laïcisation, comme on dit aujourd'hui. Si cette « réforme » devait porter des fruits amers, il n'en fut pas de même des lois relatives à la *propriété foncière*. En supprimant les droits seigneuriaux et en affranchissant la terre des nombreuses charges réelles qui la grevaient, la Révolution a gagné à sa cause la masse des petits propriétaires, fort nombreux en 1789, et sur lesquels pesait tout ce qui restait du régime féodal. La transformation du régime des *successions* en l'an II et la réorganisation du *régime hypothécaire* en l'an III et en l'an VII sont également à signaler.

Promulgation du Code Napoléon (1804). — Les choses en étaient là, lorsque le premier consul Bonaparte arriva aux affaires et s'occupa de réaliser le *code civil* si impatiemment attendu. Le 24 thermidor an VIII, un arrêté consulaire chargeait quatre commissaires : Tronchet, Bigot-Préameneu, Portalis, Malleville, de préparer un cinquième projet. Le travail devait être terminé « dans la dernière décade de Brumaire an IX, et présenté à cette époque aux consuls par le ministre de la justice ». Bonaparte fut obéi. Le projet, rédigé en quatre mois, fut soumis au tribunal de cassation et aux tribunaux d'appel, et remanié sur leurs observations. La discussion commença la même année devant les pouvoirs publics; on savait que le Premier Consul voulait aller vite. Conformément au mécanisme législatif, assez compliqué, admis par la Constitution de l'an VIII, c'est au Conseil d'État qu'appartenait la rédaction définitive du projet. L'examen auquel il se livra fut des plus approfondis. Les séances, qui commençaient à midi, ne se terminaient qu'à huit ou neuf heures quand Napoléon les présidait. On a souvent retracé le rôle joué par le Premier Consul dans ces discussions. Le plus jeune de tous, nullement préparé par ses études antérieures à l'intelligence des matières juridiques, il étonna tout le monde par la façon rapide et merveilleuse avec laquelle il se les assimilait. Planant au-dessus des systèmes, des habitudes des préjugés, il domina sans conteste, tout en laissant à chacun une grande liberté dans l'exposé de ses opinions. Il inspira nombre de décisions souvent heureuses. On peut lui reprocher toutefois de n'avoir pas toujours eu des vues désintéressées.

Une fois rédigé par le Conseil d'État, le projet devait être lu au Corps législatif, puis transmis au Tribunat qui le discutait à nouveau et émettait un *vœu* d'adoption ou de rejet, que trois de ses membres étaient ensuite chargés de soutenir devant le Corps législatif. Il se produisit alors un incident grave, qui faillit tout faire échouer. Le Tribunat, reprochant au premier titre du projet de n'être qu'une compilation sans originalité de droit romain et coutumier et de rétablir des institutions odieuses, comme la mort civile, en proposa le rejet, et le Corps législatif le vota (frimaire an X). Le second titre allait avoir le même sort, lorsque les consuls retirèrent le projet.

Mais Napoléon *voulait* son Code. Il ne se découragea pas. Le 18 germinal an X, il imagina, en dehors de la Constitution, la communication *officieuse* au Tribunat. Appelé désormais à donner son avis avant toute lecture du projet au Corps législatif, le Tribunat pouvait, en cas de divergence avec le Conseil d'État, organiser avec lui une commission *mixte* chargée d'apporter au texte préparé les amendements nécessaires. Une fois amendé, le projet était soumis à la procédure constitutionnelle, qui devenait ainsi une pure formalité. De cette façon, le Code aboutit. En un an, de mars 1803 à mars 1804, tous les titres, au nombre de trente-six, furent votés et promulgués au fur et à mesure. Le 30 ventôse an XII (21 mars 1804), une dernière loi classa définitivement tous ces titres sous une seule série de 2281 articles, et déclara abrogés « les lois romaines, les ordonnances, les coutumes générales ou locales, les statuts, les règlements, dans toutes les matières faisant l'objet du présent Code ».

Le Code civil est une œuvre considérable qui, malgré d'inévitables imperfections, fait honneur à ses auteurs. Parmi eux, il faut surtout nommer Tronchet, à qui Napoléon décerna officiellement le titre de *premier jurisconsulte de France*, Portalis, Cambacérès, Treilhard, et le Premier Consul lui-même. Le Code de 1804, toutefois, n'est pas une œuvre originale, mais plutôt de transaction, empruntant à la fois au droit romain, aux coutumes, aux ordonnances royales, à la jurisprudence des anciens parlements, à la doctrine des anciens auteurs (Domat, Pothier), aux lois révolutionnaires, et fondant le tout dans une synthèse claire, sinon méthodique. C'est à ce caractère éclectique que le Code Napoléon a dû sa durée, et aussi sa remarquable propagation, dont l'histoire mérite d'être retracée.

Le Code Napoléon à l'étranger. — Le Code Napoléon fut d'abord introduit dans les principales colonies françaises (Réunion, Guadeloupe, Martinique, Guyane) en 1806, puis dans les pays réunis à l'Empire : l'Italie en 1806, la Hollande et les départements hanséatiques en 1810, le grand-duché de Berg en 1811. D'autres pays, au centre de l'Europe, l'adoptèrent volontairement, notamment le royaume de Westphalie, les grands-duchés de Bade, de Nassau, de Francfort, plusieurs cantons suisses, la ville libre de Dantzig, le grand-duché de Varsovie, les provinces illyriennes.

Le Code Napoléon semblait devoir donner à l'Allemagne une législation civile uniforme, lorsque l'Empire tomba. Plusieurs États, avec une précipitation marquée, s'empressèrent alors de le rejeter. D'autres se contentèrent de le remanier. La Hollande entreprit tout de suite un travail de revision qui ne se termina qu'en 1838. La Belgique, qui avait reçu le Code à son apparition, comme le reste de la République, se borna à des réformes particulières. Dans le royaume de Naples, les Bourbons conservèrent le Code Napoléon avec quelques changements et l'étendirent à la Sicile (1819). Il en fut de même dans les provinces rhénanes, dans les grands-duchés de Berg, de Luxembourg, de Bade, dans les cantons de Genève de Berne (partie française), dans la Pologne russe.

Après l'Empire, le Code Napoléon fut étendu à de nouvelles colonies françaises : Établissements de l'Inde (1819), Sénégal (1830), Cochinchine (1864), Nouvelle-Calédonie (1866), Taïti (1868). — En même temps, il fut imité et parfois littéralement copié par de nombreux codes étrangers, entres autres ceux de plusieurs cantons suisses : Vaud (1818), le Tessin, le Valais, Fribourg, Neuchâtel (1855); le code des îles Ioniennes (1841), qui le reproduit souvent d'une façon textuelle; le code roumain (1864), qui n'en diffère que dans la matière du mariage, pour lequel il conserve la bénédiction religieuse ; le code italien de 1866 ; le code monégasque de 1885. — L'influence du Code Napoléon s'est fait sentir jusqu'en Amérique, dans la législation de la Louisiane (1825), de Haïti (1826), de Bolivie (1845), du Salvador (1880), sauf, en général, en ce qui concerne la célébration du mariage. Le Bas-Canada s'est donné, le 1er août 1865, un code où se mêlent des dispositions empruntées à la Coutume de Paris, au Code Napoléon, au lois anglaises. On peut donc dire, sans métaphore, que l'œuvre du Premier Consul a fait le tour du monde.

Les autres codes français et étrangers. — Le mouvement de

codification, si brillamment inauguré au début du siècle par le Code de 1804, ne devait pas se borner aux matières civiles. En France d'abord, l'Empereur fit publier successivement le Code de procédure civile (1806), le Code de commerce (1807), le Code d'instruction criminelle (1808), le Code pénal (1810). Le Code de procédure civile, discuté très vite, n'est qu'une simple édition améliorée de l'ordonnance de 1667, et demanderait aujourd'hui une refonte complète. Il en est de même du Code du commerce, qui s'inspire des ordonnances de 1673 et 1681 et qui a beaucoup vieilli. Dès 1817, il a fallu le remanier, et le remanier souvent. Il en a été de même dans les pays qui l'avaient adopté, comme la Grèce et l'Espagne, et dans ceux où il avait été imposé, comme l'Italie, la Hollande, la Belgique, le Luxembourg. Des deux Codes criminels, le premier est infiniment supérieur au second; il réalisait un progrès considérable sur la procédure antérieure, tandis que le Code pénal manifestait un retour malheureux à l'esprit de l'ordonnance de 1670. — La France avait ainsi terminé son grand travail de codification avant tous les autres pays; mais depuis, son activité législative s'est amoindrie, et elle a toujours reculé devant une réforme d'ensemble, même limitée à un seul de ses codes. Il en résulte qu'après avoir été l'initiatrice du mouvement, elle est maintenant en retard sur la plupart des autres grands États.

Le mouvement de codification et d'unification du droit s'est, en effet continué pendant tout le xixe siècle dans les divers pays étrangers, favorisé chez les uns par l'unification politique, chez les autres par la centralisation. L'empire d'Allemagne a reçu, en 1879, trois codes de procédure civile, de procédure criminelle et d'organisation judiciaire; un code civil et un nouveau code de commerce, promulgués l'un en 1896, l'autre en 1897, sont entrés tous les deux en vigueur au début de 1900. En Suisse, un code fédéral sur les obligations a été publié en 1883 et complété en 1889. En Autriche, on a revisé récemment les codes de procédure civile et de procédure criminelle; en Hongrie, en Roumanie, en Belgique, en Portugal, les codes de commerce. L'Italie a refondu en 1882 son code de commerce de 1865, et remplacé en 1889 par un code pénal unique les codes divers qui régissaient les anciens États de la Péninsule. L'Espagne s'est donné coup sur coup un nouveau code de procédure civile en 1881, un nouveau code de commerce en 1885, un code civil en 1889. La Russie possède, depuis 1835, un code général en quinze volumes sous le nom de *Svod zakonov'*. Seule, la Grande-Bretagne demeure réfractaire à la codification ; elle conserve toujours son droit coutumier (*common law*) et des lois écrites dispersées (*statute law*) ; mais il est à remarquer que ce dernier élément augmente chaque jour, et déjà plusieurs lois dites « de consolidation » semblent préparer les futurs codes anglais.

Il ne saurait être question d'analyser ici cette masse énorme de textes pour savoir ce qu'ils contiennent. Nous nous bornerons à leur demander dans quelle direction les législateurs du siècle ont orienté les principales institutions du droit privé, et quel est le principe des tendances que nous aurons constatées chez eux. Tel est l'objet des pages qui suivent.

§ II. — LE DROIT PRIVÉ CONTEMPORAIN

Égalité des citoyens devant la loi. — Dans l'organisation générale de la société, le principe qui domine à l'heure actuelle est l'égalité de tous les citoyens devant la loi, égalité qui se traduit, sauf de regrettables exceptions, par la jouissance des mêmes droits pour tous, sans distinction de fortune ou de naissance. C'est là, pour employer le langage de Mgr Bougaud, « une nouveauté magnifique », réalisation tardive de la belle parole de Jésus-Christ : « Vous êtes tous frères » (Matt., XXIII, 8). Après l'Évangile, qui avait posé le principe, l'Église avait donné le premier exemple d'égalité en acceptant le plus humble des fidèles à tous les degrés de sa hiérarchie ; un esclave même pouvait devenir pape. Mais que d'efforts il a fallu à l'Église pour faire triompher dans les lois civiles ce principe chrétien ! Au début du siècle, le résultat complet était encore loin d'être atteint.

L'esclavage antique, que l'influence de l'Église, jointe à une transformation économique des sociétés, avait fait disparaître en Europe au commencement des temps féodaux, avait reparu dans les colonies après la découverte de l'Amérique ; et pendant trois siècles la traite des Indiens et des noirs avait fait la honte des peuples civilisés. Les censures prononcées, dès le XVe siècle, par les papes Pie II, Paul III, Urbain VIII, Benoît XIV, Pie VII, contre les marchands d'esclaves, s'étaient heurtées impuissantes aux législations civiles, qui toléraient la traite et réglementaient l'esclavage. La philosophie sentimentale du xviii° siècle, représentée en France par Diderot, Mably, Bernardin de Saint-Pierre, en Angleterre par Wilberforce (1787), n'avait pas été plus heureuse. Un instant supprimé dans les colonies françaises par la Convention (1793), l'esclavage avait été rétabli en 1802 par le premier consul Bonaparte. De 1815 date la première tentative sérieuse. L'Angleterre, dont l'intérêt s'est trouvé ici d'accord avec l'humanité, fit insérer dans le second traité de Paris un article par lequel les puissances s'engageaient de concert à supprimer la traite. En 1834, sur la proposition de lord Melbourne, le Parlement anglais vota l'abolition de l'esclavage dans les colonies anglaises. La France suivit de près : en avril 1848, le gouvernement provisoire, inspiré par Lamartine, déclara libres tous les esclaves des colonies françaises. Dans l'Amérique du Nord il fallut, pour arriver au même résultat, la terrible guerre de Sécession, au cours de laquelle le président Abraham Lincoln proclama l'émancipation complète des esclaves des États-Unis (sept. 1862). Au Brésil, l'empereur don Pedro prit la même mesure en 1888 : ce fut son dernier acte avant d'être détrôné. A l'heure actuelle, la traite et l'esclavage sont confinés dans l'intérieur du *continent noir*, où les musulmans les maintiennent encore, malgré les efforts de la Société antiesclavagiste fondée par le cardinal Lavigerie et présidée aujourd'hui par le cardinal Perraud.

Le servage du moyen âge, qui avait remplacé sur le continent européen l'esclavage des temps anciens, avait reçu déjà, à la fin du siècle dernier, beaucoup d'atténuations et d'adoucissements, en France sous Louis XVI, en Autriche sous Joseph II. En Danemarck, il fut aboli par le ministre Bernstorff en 1787-1788; en France, il disparut dans la célèbre nuit du 4 août 1789; en Prusse, il fut supprimé par Stein, sous Frédéric-Guillaume III (1807); en Russie, par le tsar Alexandre II (mai 1861). — Quant à la distinction entre la noblesse et la roture, elle a suivi dans son cours la décadence de la féodalité, dont elle était issue. Dans la plupart des pays chrétiens, elle n'est plus aujourd'hui qu'un souvenir historique, sauf en Angleterre, en Prusse, en

Hongrie, en Russie, où la noblesse jouit encore de privilèges héréditaires importants.

Amélioration de la condition des étrangers. — La tendance égalitaire a même fait disparaître, ce qui était plus difficile, les différences sociales tenant à la différence de nationalité ou de religion. — Sans doute, on refuse toujours aux étrangers la jouissance des droits *politiques* qui ne peuvent évidemment appartenir qu'aux nationaux ; mais, presque partout, ils étaient soumis jadis à l'égard des droits *civils* à des restrictions plus ou moins importantes. C'est ainsi qu'il leur était ordinairement défendu d'acquérir des immeubles et qu'ils ne pouvaient ni transmettre ni recueillir par succession (droit d'*aubaine*). Aujourd'hui, il n'en est plus ainsi : même dans les législations qui se montrent réfractaires au mouvement, la condition de l'étranger a subi au cours du siècle des adoucissements, qui font prévoir dans un avenir peu éloigné la parité *civile* avec le régnicole.

Cette parité est un fait acquis dans les pays latins du sud (Italie, Espagne, Portugal), en Roumanie depuis la publication du code civil de 1865, dans les Pays-Bas depuis 1869, et enfin en Russie, où toutefois un retour en arrière se manifeste depuis 1887 ; en 1889 notamment, le tsar a interdit aux étrangers l'acquisition d'immeubles dans plus de vingt gouvernements, situés en Pologne ou sur les frontières de l'Empire.

En Serbie, en Autriche, en Allemagne (d'après le droit commun, qui est devenu universel en 1900), en Suède, on admet aujourd'hui que les étrangers jouissent de tous les droits que les législations dont ils relèvent accordent aux ressortissants des pays qu'ils habitent : c'est le système de la réciprocité *législative*. — La France, où l'Assemblée constituante avait d'abord admis la parité complète en 1789, la Belgique, le grand-duché de Luxembourg et quelques cantons suisses exigent encore la réciprocité *diplomatique*. Mais il faut ajouter que cette exigence a été singulièrement atténuée en France et en Belgique par les lois qui permettent aux étrangers de succéder sans condition de réciprocité ; si donc la parité n'existe pas en droit, elle est bien près d'être acquise en fait.

Le droit anglo-saxon lui-même, qui est resté le plus longtemps hostile, se laisse entamer, en dépit des idées féodales dont il n'a pas encore su s'affranchir d'une façon complète. Sous l'empire de la *common law*, en vigueur en Angleterre et aux États-Unis, un étranger ne pouvait ni être propriétaire ou locataire d'une maison, ni transmettre ou recueillir par succession, parce qu'il n'avait pas, disaient les juristes anglais, le « sang héritable » (*inheritable blood*). Mais le développement des relations commerciales a contraint le droit anglo-saxon à s'humaniser. Aujourd'hui, en Angleterre, les étrangers jouissent de la plupart des droits familiaux ou patrimoniaux reconnus aux citoyens. Depuis 1870, ils peuvent louer ou acheter des immeubles, succéder ou transmettre sans restriction : il ont maintenant le « sang héritable ». Aux États-Unis, l'autonomie législative des États particuliers a rendu les progrès plus lents. L'abrogation de la *common law* sur la condition des étrangers n'est complète que dans dix-sept États. Dans les autres, la législation maintient des incapacités diverses, et reste ainsi en retard sur les législations européennes.

Parité politique des confessions religieuses. — Par un constraste singulier, les États-Unis n'ont jamais établi d'incapacités tenant à la différence de religion. Depuis qu'elle existe, en effet, la Confédération, qui n'avait ni traditions historiques, ni unité religieuse à sauvegarder, a toujours refusé d'admettre une religion d'État et toujours admis la parité des confessions : tous les cultes y sont libres, et leurs adhérents placés sur un pied d'égalité. En France, depuis la Révolution, le même principe est appliqué, avec cette réserve qu'on fait une distinction entre les cultes *reconnus* et les cultes *libres*. Les premiers, aux nombre de quatre, reçoivent des pouvoirs publics une protection plus efficace, compensée par une tutelle plus étroite. Les autres cultes sont simplement tolérés, à la condition de ne pas offenser l'ordre public et de se conformer aux lois sur les associations; mais leurs sectateurs ne subissent de ce chef aucune déchéance civile et possèdent les droits qui appartiennent à tout français. La parité politique des confessions religieuses est donc complète, au moins *en droit*.

Le même principe s'est fait recevoir peu à peu dans les diverses législations d'Europe qui ne l'avaient pas encore adopté. Dans les pays catholiques, ces mœurs nouvelles ont tourné à l'avantage des dissidents, qui obtenaient, comme en France les cultes protestants et israélite, une organisation ecclésiastique : par exemple, en 1860, les protestants hongrois ; en 1866, les protestants germano-slaves d'Autriche. Dans les pays protestants, elles ont tourné à l'avantage des catholiques, qui obtenaient la liberté religieuse et l'émancipation politique : elles leur ont été accordées en Allemagne par le Congrès de Vienne, en Angleterre en 1829, en Hollande en 1848, en Danemark en 1849, en Suède et Norvége en 1873 seulement.

Quant aux Juifs, on peut dire que leur émancipation à la fois politique et religieuse a commencé avec le xixe siècle et qu'elle s'est achevée avant lui. Conquise aux États-Unis dès 1787 et en France dès 1791, l'assimilation légale des Juifs aux nationaux est admise aujourd'hui en Angleterre, en Hollande, en Belgique, en Allemagne, en Autriche, en Italie, en Espagne, en Portugal, en Grèce et dans les pays Scandinaves. Il n'y a plus guère que la Russie et l'Empire ottoman qui résistent à ce mouvement égalitaire, auquel, en moins de quatre-vingts ans, a cédé le reste de l'Europe.

Mariage civil et divorce. — Si de la Société nous passons à la famille, le spectacle offert par les législations contemporaines est peu consolant. Ici rien ne rappelle, de près ou de loin, l'esprit de l'Évangile, et l'on observe, au contraire, l'une des plus néfastes tendances du siècle, la tendance à la laïcisation, c'est-à-dire à l'élimination de tout élément religieux dans les institutions. C'est au mariage, sacrement de la Loi nouvelle, fondement des familles chrétiennes, que se sont attaqués les « réformateurs » modernes. Sous l'ancien régime, le mariage était, suivant la définition simple des canonistes, « un sacrement produisant à la fois des effets spirituels et des effets civils ». Les légistes des derniers siècles avaient commencé à altérer cette notion du mariage, en distinguant dans ce tour indivisible deux éléments ; le sacrement, dont dépendaient les effets spirituels, et le contrat, auquel ils prétendaient rattacher les effets civils. Cette distinction subtile avait pour but de donner au roi, sous prétexte de réglementation du *contrat*, une influence indirecte sur le mariage ; elle ne produisit, en fait de résultats, que des conflits pénibles entre l'autorité religieuse et l'autorité royale. La conciliation était cependant bien facile à établir ; et dans une lettre écrite en 1852 à Victor-Emmanuel, Pie IX l'a indiquée d'une façon lumineuse : « Il n'y a pas d'autre moyen de conciliation que de laisser à César ce qui est à César, et à l'Église ce qui est à l'Église. Que le pouvoir civil dispose des effets civils qui dérivent du mariage, mais qu'il laisse à l'Église le droit d'en régler la validité entre chrétiens. Que la loi civile prenne pour point de départ la validité ou la non-validité du mariage, telle que l'aura déterminée l'Église, et, partant de ce fait, qu'il est en dehors de sa sphère de constituer, qu'elle dispose alors des effets civils. »

Le droit de l'Église ainsi formulé n'est malheureusement plus accepté dans un grand nombre d'États. L'exemple a été donné en Autriche par Joseph II, qui, poussant à l'extrême les conséquences logiques du système gallican, déclara que le mariage n'était qu'un contrat civil relevant uniquement du pouvoir temporel. Il fut suivi en France par l'Assemblée législative, qui, le jour même de sa séparation (20 septembre 1792), organisa un « mariage *civil* » obligatoire pour tout le monde et refusa tout effet au mariage religieux. Le Code Napoléon a adopté les mêmes errements, et depuis plus d'un siècle les catholiques de France sont soumis à cette législation antichrétienne qui donne lieu parfois dans la pratique à des situations douloureuses et inextricables.

L'exemple de la France et l'influence des sectes maçonniques, toujours favorables aux institutions opposées au catholicisme, ont contribué à introduire le même système dans un certain nombre d'autres pays, en Europe et en Amérique. C'est ainsi que la Hollande, qui le pratiquait d'ailleurs avant la Révolution, la Belgique, qui n'a pas su corriger sur ce point le Code Napoléon l'Italie depuis 1865, la Suisse et l'Empire allemand, presque à la même date (1874 et 1875), plus récemment le Brésil (1890) et la Hongrie (1894), ont rendu le « mariage civil » obligatoire pour tous les citoyens, sans tenir aucun compte de leur religion.

Il y a heureusement des législations plus libérales. Sans compter les États-Unis, où le mariage est purement consensuel et où par conséquent règne la pleine liberté, rappelons qu'en Angleterre, depuis 1836, les parties ont le choix entre le mariage que leur religion consacre et le mariage civil devant le *registrar*. Un système d'option analogue fonctionne en Danemark depuis 1851, en Suède depuis 1873, en Russie depuis 1874. — Un système intermédiaire est pratiqué en Autriche (lois de 1868 et 1870), en Portugal (1868) en Espagne (1888). Dans ces trois pays, le mariage religieux est imposé aux catholiques et le mariage civil aux dissidents. La Norvège impose de même le mariage au temple aux luthériens et le mariage par-devant notaire aux dissidents.

Le système idéal, en l'état des choses, est évidemment celui qui donne la force légale à tout mariage célébré d'après les rites d'une religion reconnue, et ne maintient le mariage civil que pour ceux qui voudront en user. De cette façon au moins, on n'aboutirait pas à cette conséquence bizarre d'obliger la plupart des citoyens à se soumettre à deux mariages, dont les conditions de validité et les causes de dissolution peuvent être divergentes !

Dans les pays où sévit le mariage civil, il est généralement accompagné d'une autre institution, qui, au point de vue de la moralité publique, a des effets encore plus déplorables : le *divorce*. Organisé en France, d'*urgence* et d'une façon très large, le même jour que le mariage civil (2ᵉ loi du 20 sept. 1792), il n'avait pas tardé à donner sa mesure. A Paris, en deux ans, près de 6,000 divorces furent prononcés ; en l'an VI, leur nombre dépassa celui des mariages ! Les progrès de la corruption arrachèrent aux orateurs des Assemblées révolutionnaires d'éloquentes réclamations, justifiant d'avance la loi de 1816, qui fit enfin « cesser ce marché de chair humaine que les abus du divorce avaient introduit dans la société » (Delleville). Malgré les leçons du passé, le législateur de 1884 a cru devoir rétablir le divorce en France ; et, bien qu'il l'ai fait avec une prudence relative, ses effets dissolvants se font déjà sentir.

Il en est de même, avec une intensité variable, dans tous les pays où le divorce est pratiqué : et ces pays sont malheureusement nombreux. Les uns, comme la Suisse, l'Empire allemand, les pays Scandinaves, la Russie, la Roumanie, la Serbie, n'admettent même que le divorce, ce qui place les époux catholiques auxquels la vie commune serait devenue insupportable dans une situation morale des plus douloureuses. Les autres, comme l'Angleterre, la Hollande, la Belgique, la France, l'Allemagne, et depuis 1894 la Hongrie, admettent à la fois le divorce et la séparation de corps. Les pays catholiques du sud, Italie, Espagne, Portugal, auxquels il faut joindre le Brésil, n'admettent que la séparation de corps. L'Autriche fait une distinction, très conforme à la liberté de conscience, moins conforme à l'intérêt social : elle refuse le divorce aux mariages catholiques, contractés sous la foi de la perpétuité, et l'admet pour les autres, qui restent ainsi à la merci des caprices individuels.

Libération de la propriété foncière. — Les lois modernes ont profondément remanié l'organisation de la propriété foncière. Encore placée au siècle dernier sous l'influence de la féodalité, la condition des terres était extrêmement variée ; les tenures étaient multiples et compliquées ; le « cisaillement de la dominité » avait amené partout un enchevêtrement de droits réels, infiniment plus favorable au développement des procès qu'aux progrès de l'agriculture. L'abolition du régime féodal, proclamée en principe en France dans la nuit du 4 août, réalisée par diverses lois postérieures, et consacrée définitivement par le Code civil, avait ramené dans ce chaos la simplicité romaine et libéré le sol des mille charges qui le grevaient. L'exemple de la France ne devait pas être perdu. Il fut d'abord suivi dans les pays où le Code Napoléon avait été importé, comme l'Italie, la Belgique, la Hollande, les provinces rhénanes ; puis en Espagne, où la loi du 6 août 1811, complétée en 1820 et 1836, supprima les *señorias* à juridiction et transforma les autres en domaines privés. La féodalité a persisté intacte, jusqu'au milieu du siècle, en Hongrie, où Marmont a pu l'observer en 1834 ; mais la Constitution de 1848, puis la loi du 21 décembre 1867, qui abolit la corvée, la dîme et les droits seigneuriaux, avaient commencé l'œuvre de la libération du sol : elle a été achevée par une loi de 1873, qui a régularisé la condition des colons.

Aujourd'hui le régime féodal ne se rencontre guère qu'en Russie, qui d'ailleurs est plutôt un pays de servage que de féodalité, en Allemagne (sauf les provinces rhénanes), et en Angleterre. En Allemagne, il y a encore des biens nobles et des biens roturiers, les premiers soumis à un régime de succession particulier, les seconds à des droits considérables, dont quelques-uns ont été supprimés après 1848, les uns et les autres à une foule de retraits. En Angleterre, le souverain est considéré comme propriétaire éminent du sol, et les particuliers comme de simples possesseurs. Les domaines s'y divisent en *freeholds*, tenus directement et librement de la couronne, et en *copyholds*, tenures inférieures, grevées de redevances et de corvées, qui varient suivant les lieux, mais qui sont toujours assez lourdes pour qu'on ait pu, en 1851, estimer le revenu d'un *freehold* à deux fois et demie celui d'un *copyhold*. En présence de ce résultat économique, un parti puissant réclame en Angleterre l'affranchissement du *copyhold* : deux lois ont été rendues en ce sens en 1841 et 1852.

L'abolition de la féodalité, même là où elle a été complète, n'a pas en général entraîné la disparition des anciennes tenures à long terme purement *civiles*, c'est-à-dire ne se rattachant ni au servage, ni au régime féodal. Ainsi en France, l'emphytéose, limitée à quatre-vingt-dix-neuf ans, est encore pratiquée ; les provinces de l'Ouest ont gardé le bail à complant, et la Basse-Bretagne son domaine congéable. Il en a été de même ailleurs. Le bail à vie est toujours de droit commun en Suède et en Norvège ; il est très répandu également en Danemarck, où l'on commence à lui préférer le bail héréditaire. La Hollande pratique l'emphytéose et le contrat de superficie sans durée limitée ; la Belgique limite la première de ces tenures à quatre-vingt-dix-neuf ans, comme en France, et la seconde à cinquante ans. L'Espagne a conservé l'emphytéose, et, dans certaines provinces, le bail à vie ou même héréditaire. En Italie, le bail emphytéotique est très recherché des habitants de la campagne romaine ; le bail héréditaire est usité dans la Valteline, concurremment avec le *livello*, qu'on retrouve en Toscane et en Lombardie. Il y a toutefois en Italie un mouvement de réaction contre les tenures à long terme ; en 1865, lors de la confection du code civil, l'emphytéose faillit être supprimée et n'a été maintenue que pour les terres incultes. Dans les pays féodaux, au contraire, l'opinion publique est favorable aux baux à longues années. En Allemagne, les baux héréditaires (*erbleihe*), toujours préférés par les agriculteurs, se rencontrent sous deux formes principales : l'*erbpacht*, et l'*erbzinsgut*, dont la réglementation varie d'un État à l'autre. En Angleterre, les baux *for years*, qui vont de vingt et un à quatre-vingts ans, constituent une sorte d'emphytéose ; mais les *landlords* préfèrent les baux *at will*, qui ont le défaut de ne pas donner de sécurité aux preneurs.

L'usage des baux perpétuels ou à long terme n'exclut pas les baux à temps, de durée plus courte. En France, en Belgique, en

Hollande, en Allemagne, en Italie, ils sont pratiqués avec des chiffres variables, très souvent pour neuf ou douze ans. En Russie, où jusqu'à ces derniers temps les baux à ferme de biens ruraux étaient rares. ils deviennent plus fréquents depuis l'abolition du servage ; mais ils sont le plus souvent annuels, sauf en Finlande et en Livonie, où la loi interdit de les faire pour moins de six ans et pour plus de cinquante.

Transformation du régime des successions. — Les Assemblées de la Révolution en France ne se sont pas contentées de libérer le sol ; elles ont aussi cherché à le morceler, à le répartir entre un nombre plus grand de propriétaires. Il y avait là, au point de vue économique et politique, une bonne mesure ; car l'homme qui possède quelque chose est plus enclin à l'épargne que celui qui ne possède rien, et plus intéressé aussi à la stabilité des institutions. — De là, certaines lois, destinées à faciliter la circulation des biens et à assurer, par un régime de *transcription* bien organisé, la sécurité des transmissions entre vifs ; ces lois, avec des modifications diverses, ont passé aujourd'hui dans presque tous les codes européens (France, Belgique, Italie, Espagne, Allemagne, Russie, etc.). — De là aussi le régime successoral de la loi de nivôse an II, qui supprimait la distinction des propres et des acquêts, destinée à maintenir certains biens dans les familles, prohibait les substitutions fidéicommissaires, qui tendaient au même but, et multipliait outre mesure le nombre des héritiers, en admettant la représentation à l'infini. même en ligne collatérale. Cette loi s'inspirait en outre du principe d'égalité, mais poussé jusqu'à l'exagération. Si elle avait raison, en effet, de maintenir l'abolition des injustes privilèges de primogéniture et de masculinité, elle avait tort de restreindre dans des limites trop étroites la faculté de tester et d'interdire au testateur de donner la quotité disponible à l'un de ses héritiers : elle avait voulu, comme on l'a dit. l'égalité « quand même » ; elle aboutissait à l'égalité aveugle.

Aujourd'hui le Code Napoléon dispose : « Art 732. La loi ne considère ni la nature ni l'origine des biens pour en régler la succession. » Il n'y a donc en France qu'une seule espèce de succession ; mais la représentation n'est plus admise à l'infini entre collatéraux ; la quotité disponible est élargie ; il est permis au testateur de la léguer par préciput à l'un de ses héritiers, et les substitutions, toujours prohibées en principe, sont permises par exception, dans certaines conditions favorables. Dans cette législation modérée et toute transactionnelle, il n'y a guère qu'un article à critiquer, c'est celui qui exige que, dans le partage, chaque lot comprenne, autant que possible, « la même quantité de meubles, d'immeubles, de droits ou de créances *de même nature et valeur* »; ce qui amène dans certains cas un morcellement excessif du sol. Encore faut-il ajouter que c'est la jurisprudence qui a donné à cet article un caractère impératif que son texte ne comporte pas, et qu'une pratique plus large du partage d'ascendants pourrait remédier aux inconvénients qui en résultent. Mais nous ne saurions aller jusqu'à réclamer, avec certains auteurs, l'extension indéfinie de la faculté de tester, que l'organisation despotique de la *patria potestas* expliquait à Rome, mais qu'a toujours répudiée le droit coutumier, le vrai droit français : ce remède serait pire que le mal.

La loi espagnole consacre une réserve encore plus forte qu'en France et permet les substitutions fidéicommissaires, radicalement prohibées au contraire par la loi italienne, qui est presque identique à la loi française en matière de dévolution. En Allemagne et en Angleterre, le régime des successions reste plus compliqué. Quelques codes allemands ont adopté la dévolution héréditaire du droit romain; d'autres ont conservé le système des *parentèles* du droit germanique. La plupart admettent une réserve au profit de certains héritiers dits nécessaires et consacrent la pratique des substitutions. Les biens nobles suivent une législation particulière qui les maintient dans les familles. De même, dans certaines régions, où l'ancienne copropriété familiale du droit germanique a laissé des traces plus vivaces, notamment en Saxe, l'indivisibilité des biens ruraux a été sanctionnée à nouveau, au milieu du siècle, par diverses lois tendant à assurer la conservation des *Bauerngüter* dans leur état primitif. Mais des lois plus récentes dessinent une réaction et se rapprochent sur ce point du système français. En Angleterre, où la législation s'éloigne souvent des tendances qui prévalent sur le continent, la liberté de tester est entière; il n'y a pas de réserve; les substitutions sont licites, et ce n'est qu'à défaut de testament qu'on admet la succession légitime, avec cette remarquable particularité que, lorsqu'il s'agit d'un immeuble propre, on recherche quel en a été le premier acquéreur, le *purchaser* ; on remonte à la souche, comme jadis dans certaines coutumes françaises ; et le propre est alors dévolu, non pas aux plus proches parents du défunt, mais aux parents du *purchaser*, appelés dans un ordre d'ailleurs trop complexe pour être exposé ici.

§ III. — CONCLUSION

L'esprit des lois modernes. — Si maintenant nous jetons un coup d'œil général sur les pages qui précèdent, pour tâcher de dégager les tendances maîtresses des législateurs modernes, il sera facile de constater, en négligeant les exceptions, que dans la réglementation des droits des particuliers, ces législateurs se sont inspirés d'abord et surtout du principe d'*égalité* et qu'ils ont été animés aussi d'un certain esprit de *liberté*, — du moins lorsque les prérogatives ou les prétentions de l'État ne sont pas en jeu. Il n'en est plus de même si, par malheur, ils croient l'État intéressé ; et comme aujourd'hui ils se font du rôle et des droits de l'État une conception singulièrement exagérée, les infidélités aux principes d'égalité et de liberté ne sont pas rares. Elles sont fréquentes surtout, quand à la conception théorique du rôle de l'État vient se mêler la passion irréligieuse et sectaire, à laquelle trop d'hommes politiques ne savent plus se soustraire. Nous en avons déjà trouvé une déplorable application dans la matière du mariage. Que serait-ce, si le défaut d'espace et les limites naturelles de notre sujet nous permettaient d'interroger le droit public et de constater la façon dont les lois positives mutilent, sous prétexte de les réglementer, la plupart des libertés primordiales du citoyen ? L'État moderne s'efforce de mettre la main sur l'homme tout entier. Il considère, comme jadis le César romain, que son domaine s'étend à toutes les manifestations de la vie publique et privée des individus, que sa souveraineté n'a pas de limites, que « tout ce qui plaît au prince doit avoir force de loi ».

Combien y a-t-il de lois aujourd'hui, en France et ailleurs, qui ne respectent plus la liberté de *conscience*, sinon des incrédules, au moins celle, infiniment plus respectable, des croyants ? Combien qui ne respectent plus la liberté des *cultes*, et principalement de celui qui peut seul se réclamer d'une origine divine : le culte catholique? L'histoire de *Kulturkampf* allemand, suisse, français, russe, est féconde en douloureux épisodes ! Il n'est pas jusqu'au service militaire, cette nécessité patriotique, qu'on n'ait transformé, en certains pays, en arme de guerre contre l'Église. Il y aurait fort à dire aussi sur la liberté d'*association*, objet d'entraves multipliées et que bien des peuples civilisés n'ont pas encore obtenue ; — sur la liberté d'*enseignement*, péniblement conquise et toujours menacée par cette despotique théorie du monopole de l'État, qui a trop longtemps porté atteinte aux droits des citoyens et à l'autorité des pères, comme si les enfants appartenaient aux républiques avant d'appartenir à leurs parents ; — sur la liberté même de la *charité*, sacrée entre toutes, et dont on s'efforce de faire une matière administrative et l'objet d'un nouveau monopole.

En parcourant ces branches importantes du droit public, on sent trop que ce n'est plus l'esprit libéral de l'Évangile, voire même des principes de 1789, qui domine. Les prescriptions les plus simples et parfois les plus impérieuses du droit naturel sont méconnues. L'esprit jacobin ou césarien qui a inspiré certaines lois de la Révolution, qu'on retrouve au fond du droit public napoléonien, et qu'entretient soigneusement la secte maçonnique, n'est pas mort ; il est le grand danger de l'avenir.

ÉMILE CHÉNON

V

Le Partage du monde

Jamais le progrès matériel de l'humanité n'a été aussi rapide que dans le siècle qui va s'éteindre, et il semble qu'on n'en puisse comparer la marche impétueuse qu'à ces express où à ces paquebots qui ont si prodigieusement rapproché les uns des autres les coins les plus reculés de notre domaine terrestre. L'activité des races humaines les mieux douées a été stimulée et grandie dans la mesure où elles ont disposé de moyens plus perfectionnés. La vie civilisée, concentrée en Europe avant ce siècle, va s'étendre, au siècle prochain, à toutes les terres habitables. L'humanité a touché les bornes de son empire; les races européennes sont devenues, au sens propre du mot, cosmopolites, et la vie universelle, la vie morale et sociale comme la vie matérielle, en a été profondément transformée. — Il ne nous est pas permis, dans ces quelques pages, d'analyser les causes et les caractères de ce fait capital, ni d'en mesurer toute la portée; il nous suffira d'esquisser les mobiles et les procédés de l'expansion des nations européennes ou « européanisées », de dire la part de chacune dans la prise de possession du monde et d'indiquer quelques-unes des grandes conséquences de cette œuvre maîtresse du xix° siècle.

Depuis l'antiquité, les étapes de la civilisation se mesurent au progrès, lent parfois mais toujours continué, des nations chrétiennes de l'Europe. Elles peuplent aujourd'hui toute l'Amérique et l'Océanie; elles viennent de partager l'Afrique et elles se disputent l'Asie. Cette expansion prodigieuse, si elle a été longuement préparée par l'effort de tous les siècles, a été réalisée par la poussée irrésistible de quelques-uns. Le temps des Colomb, des Gama et des Cortez a été l'une de ces époques de rayonnement lointain ; notre âge en a été une autre, dont l'œuvre apparaît comme plus complète et plus définitive.

Quelques-uns des « découvreurs » de jadis, dont Colomb reste le type le plus accompli, obéissaient à deux nobles sentiments dont la Renaissance avait renouvelé l'ardeur : l'enthousiasme religieux et le besoin ardent de savoir. Mais, très vite, après eux, le désir du lucre domina : ce fut l'âge des *conquistadores*. Par delà les mers, ils cherchaient l'or, les épices et les aventures. Ils organisèrent l'exploitation des pays nouveaux. — Il était naturel que les premiers peuples conquérants, les Espagnols et les Portugais, voulussent tirer des terres récemment découvertes un profit immédiat et leur demandassent l'or, qui se faisait rare en Europe, et les épices, que les Vénitiens achetaient fort cher aux Musulmans. On ne pouvait pas alors concevoir les colonies comme des débouchés pour les produits industriels ou comme des pays de peuplement pour les rameaux détachés de la mère patrie.

Au xviie siècle, dans le système économique de Colbert, les colonies sont surtout destinées à fournir à la métropole ce qu'elle ne peut produire elle-même. — Les premiers colons de l'Amérique du Nord sont des réfugiés religieux ou politiques ; et peut-être faut-il remonter jusqu'à l'arrivée des Français au Canada et dans les îles de l'océan Indien pour trouver un exemple de colonisation agricole.

C'est au milieu du xviiie siècle que, dans la politique des États européens, les questions coloniales commencent à devenir prépondérantes : et parce que nos rois ne savent pas comprendre cette transformation, la France perd son empire d'outre-mer. Par la guerre et par la spoliation, le Canada et l'Inde passent à l'Angleterre. C'est l'origine de sa prodigieuse fortune coloniale.

Au moment où va s'ouvrir la période de grande expansion contemporaine, vers le début de ce siècle, les Européens sont loin encore d'avoir parcouru tout le domaine de l'humanité : l'histoire des explorations précède celle de la colonisation. Avec les Cook et les Bougainville commencent les grands voyages de découvertes : on en peut suivre, à travers tout notre siècle, la glorieuse continuation. Tous ces illustres voyageurs, depuis La Pérouse ou Dumont d'Urville jusqu'à Nordenskiold ou Andrée, tous les missionnaires chrétiens qui ont si souvent pénétré les premiers dans les contrées les plus lointaines, ne sont ni des conquérants, ni des chercheurs d'or; un plus noble souci les anime : ils sont les pionniers de la foi, de la science et de la civilisation. C'est leur œuvre désintéressée, internationale ou plutôt supranationale, qui a rendu possible la grande expansion coloniale d'aujourd'hui. Leurs voyages ont été le prologue scientifique de ce partage du monde auquel les peuples européens se livrent sous nos yeux.

Les hommes de notre siècle ont été entraînés dans la voie des conquêtes coloniales par les nécessités de leur vie économique. Cette prodigieuse expansion n'est pas, dans l'ensemble des événements de ce temps, un fait isolé ; elle se lie étroitement à tout l'effort des générations européennes depuis cent ans. La conquête du monde n'a pas été le résultat de cette fièvre d'annexions qui saisit parfois les nations jeunes ou nouvellement unifiées ; elles n'a pas tenu à telle ou telle forme du gouvernement, et l'on a vu des États républicains ou constitutionnels démentir l'aphorisme de Montesquieu que « l'esprit des monarchies est la guerre et l'agrandissement »; elle a été facilitée, mais non déterminée, par les découvertes géographiques et par la facilité nouvelle des moyens de transports ; l'admirable ambition de civiliser ou de christianiser les peuples encore barbares a pu animer l'âme d'un Livingstone, d'un Lavigerie, elle n'a pas été le mobile qui a poussé à la conquête les nations mercantiles de l'Europe d'aujourd'hui : le zèle apostolique a pu lancer sur le monde des légions toujours nouvelles de missionnaires, mais la sublime passion d'amener au bercail du Christ des brebis nouvelles ne suffit plus à déterminer l'action des gouvernements; notre âge est plus positif et plus immédiatement pratique : c'est pour des profits économiques, très nettement aperçus et escomptés pour le présent et pour l'avenir, que les États européens se disputent si âprement la possession des dernières terres libres et la tutelle des derniers peuples indépendants. L'expansion coloniale est étroitement liée à la forme moderne de la vie économique; le secret du partage du monde est dans ces immenses usines où s'est concentrée la grande industrie.

La houille et le fer ont été en ce siècle les deux facteurs essentiels de la production et de la richesse. Le charbon, instrument nécessaire de l'industrie, a attiré à lui, comme un immense foyer d'appel, et la masse inerte des choses qu'il a métamorphosées à sa chaleur et la multitude vivante des hommes qu'il a asservis. La concentration industrielle a été le résultat de la forme moderne, scientifique et « houillère » de l'industrie. Dans les pays qui possédaient la houille, la production industrielle s'est accrue dans des proportions jusqu'alors inouïes ; elle a dépassé de beaucoup la consommation : d'où la nécessité absolue, vitale, de l'exportation. Les grands pays industriels, comme l'Angleterre, ont dû, de toute nécessité, chercher hors de chez eux des débouchés à une industrie fatalement grandissante. D'autre part, la consommation des matières premières nécessaires aux fabriques a nécessité des importations, elles aussi toujours grandissantes. De cette double nécessité de l'exportation, et de l'importation, il est résulté que les nations productrices sont aussi devenues les nations commerciales, maritimes et colonisatrices. — L'exemple de la Grande-Bretagne suffit à le prouver.

La pléthore des produits fabriqués a donc été l'un des principaux mobiles de la colonisation moderne ; l'émigration en a été un autre d'ailleurs intimement lié au premier. Les phénomènes démographiques sont parmi les plus délicats à analyser : l'augmentation rapide de la population, et partant l'émigration, tient à de multiples causes économiques, physiologiques et psychologiques. D'une manière générale, on peut dire que l'extrême prospérité et l'extrême misère sont les causes ordinaires de l'émigration. Les pays où l'essor prodigieux de l'industrie a amené très rapidement un accroissement énorme de richesses ont fourni à l'émigration des éléments nombreux et surtout très sains, riches et bien armés pour la lutte : c'est ainsi que les Anglo-Saxons se sont répandus sur le monde ; ils ont porté jusqu'aux antipodes leur activité créatrice, l'énergie et la morgue de leur race et les procédés de leur civilisation. — L'émigration allemande a surtout grandi après les triomphes de la guerre de 1870. Elle est due à deux causes presque contradictoires en apparence : la confiance, l'énergie, la force d'expansion que donnent à une race les succès militaires et l'achèvement de l'unité nationale, et d'autre part la misère produite par la crise agricole et l'impossibilité de faire vivre sur une terre maigre une population très prolifique. L'émigration semble avoir atteint son maximum vers 1880. L'atténuation de la crise économique, le développement de l'industrie et du commerce ont amené une décroissance du chiffre des Allemands qui, chaque année, abandonnent les landes sablonneuses de la Poméranie ou de la Prusse. — Depuis 1870 plusieurs millions d'Allemands, bons et robustes travailleurs, mais pauvres et sans capitaux, ont quitté le sol national. Les colonies allemandes, récemment acquises, presque toutes infertiles ou inhabitables (excepté les plateaux de l'Est africain), n'ont attiré qu'une très infime partie des émigrants. L'immense majorité s'est dirigée par Brême, Hambourg ou Anvers vers les deux Amériques ; ils ont contribué pour une bonne part à l'essor des États-Unis ; ils s'y constituent maintenant en groupes nationaux qui conservent leur langue, leurs journaux, leurs habitudes et qui ne se fondent plus dans la masse yankee. Chicago est une ville presque allemande. Si la terre allemande n'occupe pas, sur la surface du globe, une très grande étendue carrée, du moins la langue et les habitudes germaniques, partout répandues avec les émigrants allemands, autrichiens, suisses, sont implantées aujourd'hui sur presque tous les rivages du monde habitable.

Comme la prospérité, l'extrême misère est une conseillère d'émigration. Le prolétaire n'a jamais cessé de justifier son nom : ainsi, par le fait de la mystérieuse solidarité des générations, la force et l'avenir des races appartiennent aux faibles et aux déshérités de l'heure présente. — Notre siècle a vu les misérables tenanciers irlandais, las de peiner toute leur vie sur la terre d'autrui, chassés par l'usure et par la faim de leurs tristes cabanes, émigrer en masse vers l'Amérique. Ils sont aujourd'hui plus de cinq millions aux États-Unis, près d'un million en Australie ; ils affirment aux yeux du monde la vitalité du vieux peuple celte qui, malgré les siècles et malgré les hommes, veut rester fidèle à sa foi religieuse et nationale et occuper dans le monde la place que son énergie et ses souffrances lui ont méritée. C'est un spectacle admirable que cette reviviscence d'une race antique et qui semblait épuisée, au contact d'une terre vierge et au souffle de la liberté : et il est étrange de constater que, si des essaims d'émigrants anglo-saxons sont sortis de la grande ruche industrielle en pleine prospérité, toute une population aussi est issue du grand crime historique de l'Angleterre et s'est faite, parmi les nations nouvelles, la propagatrice du catholicisme.

C'est la misère encore qui chasse de ses montagnes ou de ses plaines fiévreuses le paysan des Pouilles, de la Calabre ou de la Sicile. L'Italie méridionale est une victime de l'unité. La politique mégalomane et gallophobe l'a ruinée. Les paysans du royaume de Naples, écrasés d'impôts, déracinés par le service militaire, ne pouvant plus (jusqu'à ces derniers mois du moins) vendre leurs vins à la France, chassés de leurs maigres terres par leurs créanciers et par le fisc, s'acheminent en lamentables troupeaux vers les ports d'embarquement. Embauchés par d'abominables agences d'émigration, ils s'acheminent par Gênes, par Livourne, par le Pizzo, par le Havre, par Anvers ; ils gagnent les contrées lointaines, — en général l'Amérique latine, — où ils espèrent trouver une terre plus fertile et un gouvernement moins avide. L'émigration italienne, considérable par le nombre, est inférieure par la qualité. Partis sans ressources, les émigrants se sont longtemps fondus dans la population prolétarienne, mais aujourd'hui, à la Plata, à Buenos-Ayres, ils sont devenus si nombreux qu'ils conservent leur langue, leurs habitudes et leur physionomie nationale. Mais l'Italie n'est pas une grande puissance exportatrice : elle ne saurait tirer un sérieux avantage de ces clients naturels qu'elle a essaimés par le monde.

Notre France n'a connu dans ce siècle ni l'extrême prospérité, comme l'Angleterre, ni l'infortune extrême. Sa population, surtout agricole, est parvenue à force de patience, d'économie et de labeur, à vivre et à épargner dans un temps où sévissaient les crises les plus redoutables. Elle a reconstitué son vignoble, sauvé sa petite propriété, mais cet effort continu et interne ne lui a pas permis de tourner ses énergies du côté de l'expansion extérieure. Le nombre des Français n'a augmenté que dans des proportions très faibles: et, ce qui est grave, le sang étranger s'est mêlé au nôtre : la France a été, pour les Italiens et les Belges surtout, un pays de colonisation ou du moins une terre d'émigration. Il serait injuste, d'ailleurs, de ne pas rappeler que la France a fourni plus du tiers de la population européenne de l'Algérie-Tunisie. L'accroissement a été lent parce que la population française est composée surtout d'agriculteurs. Sans doute cette question est infiniment plus complexe que nous ne pouvons l'indiquer ici ; mais le mode de vie économique de la France au xixe siècle est, selon nous, la raison principale du faible accroissement de sa population. Quelques-unes de nos vieilles provinces montagnardes et granitiques, la Bretagne, le pays Basque, les Hautes et Basses-Alpes, ont fourni à l'émigration le plus fort contingent. C'est une loi générale de notre temps que les pays de montagnes se sont surtout dépeuplés. Les Auvergnats, les Bretons ont colonisé Paris et nos grandes villes ; mais les Basques et les « Barcelonnette » se dirigent tous vers « les Amériques », surtout vers l'Amérique australe et le Mexique. Lorsqu'ils émigrent, les Français, et en général les Latins, ont tous — au contraire des Anglo-Saxons, — le désir de revenir au pays, pour achever de vivre et pour mourir dans cette maisonnette blanche entourée d'un jardinet, qui, sur la terre lointaine, ne cesse de hanter leurs rêves et de soutenir leur espérance. Cet attachement à la terre natale, s'il est à certains égards une faiblesse, est aussi une force. On entend dire souvent que les Français sont incapables de coloniser ; l'exemple des Canadiens suffirait à lui seul à prouver le contraire ; mais il faut bien constater que notre race, comparée à ses rivales, n'occupe plus la place relative qu'elle tenait jadis dans le monde, alors que l'Europe occidentale et quelques parties de l'Amérique étaient seules entrées dans le courant de la civilisation chrétienne.

L'émigrant russe, pour conquérir des terres nouvelles, n'a point à s'embarquer sur des paquebots ; de la Volga à la mer du Japon, il ne sort pas de la Sainte Russie ; il n'en est pas moins vrai que l'émigration lente, silencieuse, et, si l'on peut dire, organique, du paysan tenace et énergique de la Moscovie vers les steppes sibériens et les prairies de l'Amour, où il rencontre un climat et des conditions de vie analogues à celles auxquelles il est accoutumé, a déjà prodigieusement transformé l'Asie septentrionale. Près de cinq millions de Russes et plus d'un million d'Asiatiques russifiés auront bientôt achevé de faire de la Sibérie, de la Transcaucasie et du Turkestan une terre moscovite et chrétienne. Surtout depuis l'ouverture des premiers tronçons du Transsibérien, l'émigration, facilitée par les grandes voies ferrées, a atteint des chiffres énormes. Presque tous les colons sont de ces robustes paysans de la Grande Russie qui, après avoir conquis sur le steppe, sur l'hiver et sur les Mongols, le sol national, dirigent maintenant leur patient et continuel effort vers l'Asie. De la Caspienne jusqu'aux portes de Pékin, un merveilleux travail de « russification » s'accomplit.

Il sera parlé ailleurs des peuples nouveaux qui deviennent à leur tour des centres d'où rayonne la civilisation européenne. Mais il nous faut ici esquisser une distinction intéressante : parmi les peuples dont l'expansion change sous nos yeux la face du monde, les uns assimilent les populations indigènes, se mêlent à elles pour former des nations nouvelles ; les autres conservent intactes la pureté de leur sang et l'orgueil de leur race. Parmi les premiers, il faut ranger tous les Latins (Espagnols, Portugais, Français) et les Russes ; parmi les seconds les Anglo-Saxons. Toute l'Amérique latine, les Antilles espagnoles, les Philippines, sont peuplées de races créoles de sang mêlé ou d'indigènes civilisés ou à demi civilisés. Ce sont les Cubains et les Tagals des Philippines, bien plus que les forces des États-Unis, qui ont chassé les Espagnols de leurs vieilles colonies. Les Français du Canada se sont mêlés aux Peaux-Rouges et il en est sorti ces « Bois-Brûlés » qui ont été les pionniers de la civilisation dans le Far-West canadien ; les Français d'Algérie se mêlent, sinon aux Musulmans, du moins aux Espagnols, aux Italiens : une race levantine de civilisation française s'élabore dans nos possessions d'Afrique. Les Russes, à demi Asiatiques, assimilent très vite les tribus sibériennes : ce mélange produit ces races, moitié indo-européennes, moitié finnoises, qui sont déjà le meilleur instrument de la conquête russe en Extrême-Orient. — Au contraire, partout où s'installent les Anglais et où le climat leur permet de se multiplier, ils détruisent les populations indigènes (races noires de l'Australie, Maoris de la Nouvelle-Zélande, Peaux-Rouges de l'Amérique du Nord) ; ou, au moins, ils évitent tout mélange et tout contact avec elles. Aux Indes, par exemple, la distinction des vaincus et des vainqueurs subsiste absolument. Ainsi, dans le cas des races latines, il y a métissage et parfois « européanisation » des indigènes ;

et dans le cas de la race anglaise, il y a superposition et souvent destruction. L'avenir dira quelle part de la dominatton du monde est réservée à ces races métissées ou « européanisées » ; il était nécessaire du moins d'indiquer ces deux modes naturels très différents de l'expansion européenne.

Dans l'histoire de la diffusion des races européennes à travers le monde, l'or a eu la fonction d'un prodigieux aimant; du jour au lendemain, la « fièvre de l'or » a attiré des flots de population dans des régions naguère stériles et désertes. En notre siècle d'âpres luttes économiques, il était naturel que l'appât de trésors, ramassés d'un coup et sans peine, poussât la foule des déclassés et des vaincus de la vie vers les régions où le hasard faisait découvrir des masses inexploitées du précieux métal. Ces marées humaines que la passion de l'or a jetées avec une irrésistible puissance sur des terres vierges, les ont, comme par magie, animées et fécondées. Des « cités champignons » ont surgi au milieu des solitudes ; des chemins de fer y ont amené la foule des émigrants ; toute la civilisation moderne, avec son confort et ses procédés scientifiques, a été transplantée, d'un coup, dans les contrées lointaines. Ce fut d'abord vers 1848 que les « chercheurs d'or » se ruèrent sur les placers de la Californie et que la fièvre de l'agio s'empara du public européen. De 1850 à 1860 la population de la Californie passa de 90.000 habitants à 380,000. En 1851, la découverte de l'or dans les montagnes Bleues d'Australie produit un nouveau « rush » : Ballarat, Bendigo, Melbourne deviennent de grandes villes. La population de l'Australie, de 1851 à 1861, passe de 430,000 à 1,253,000. Plus récemment, l'émigration s'est portée vers les mines de diamant de Kimberley et vers les champs d'or du Witwatersrand. Des villes sont nées jusque dans les solitudes glacées de l'Alaska et du Klondyke, et dans les déserts de l'Australie occidentale. Ainsi l'or, qui attira jadis vers les rivages du Nouveau Monde les navires des *conquistadores*, a été de nos jours encore l'appât fascinateur qui a amené vers les terres inconnues la foule bigarrée des émigrants. La poésie a chanté les Cortez, les Pizarre et leurs compagnons,

> Ivres d'un rêve héroïque et brutal.

Mais qui dira les luttes obscures, les âpres jalousies, tous les crimes de l'envie, de la cupidité et de la misère, toutes les dépravations, toutes les folies qu'engendrent la richesse inespérée ou la subite détresse ? Rien n'est triste comme l'histoire de ces exodes vers le pays de l'or ; mais peut-être ces horreurs sont-elles la rançon du progrès humain : l'ordre et la civilisation ont déjà succédé à l'orgie incohérente des instincts surexcités et des passions déchaînées.

.*.

Il existe des analogies évidentes entre les procédés de la colonisation chez les divers peuples modernes, mais les méthodes et le succès ont varié suivant les besoins des pays colonisateurs et la nature géographique des pays colonisés : caractères généraux, variations particulières, nous examinerons rapidement les uns et les autres pour arriver à une vue d'ensemble du mouvement colonial, mais sans oublier jamais que des tableaux synthétiques sont forcément inexacts, et qu'à vouloir trop simplifier, on risque de fausser.

Un seul mot projette sur les méthodes de la colonisation moderne une lumière très vive : elle a été « capitaliste », c'est-à-dire qu'elle a emprunté les outils de la vie économique actuelle ; le plus souvent, la colonisation a été une « affaire » ; les capitalistes ont cherché au delà des mers un emploi rémunérateur de leur argent, et si les gouvernements se sont chargés presque toujours de la conquête et de l'administration, l'exploitation, la mise en valeur ont été l'œuvre des capitaux associés. Les « Compagnies à chartes », auxquelles l'État anglais surtout a concédé d'immenses territoires, ont été fondées et sont dirigées comme une grande maison de commerce. L'exemple de cette gigantesque « affaire » que les Belges ont entreprise au Congo est encore plus topique. Les procédés de la réclame commerciale sont passés dans les pratiques de la politique coloniale : les Anglais excellent à « lancer » une colonie, comme on « lance » une marque de chocolat. Stanley, au retour de ses voyages, a donné l'exemple du *bluff* pour mettre à la mode l'Afrique équatoriale. L'Australie, l'Afrique du sud surtout, doivent une bonne part de leur prospérité, et, en retour, les maux d'une guerre impie, à la spéculation effrénée sur les mines d'or. L'exploitation d'un pays nouveau commence par l'émission d'un emprunt. Plus encore que par les armes, on colonise aujourd'hui par les banques et par les chemins de fer : c'est qu'en général il s'agit moins de coloniser que de tirer le plus vite possible d'un pays toutes les richesses qu'il peut donner. La banque facilite la création d'entreprises industrielles qui fourniront du fret aux navires, et de maisons de commerce qui importeront les produits nationaux. Le chemin de fer est l'outil par excellence de la conquête. Les grandes voies ferrées de pénétration, les grands « trans » ne portent pas seulement le colon vers les terres neuves et les marchandises métropolitaines vers les clients les plus lointains, ils changent les conditions de la vie économique du monde et les voies du trafic universel. Ils accompagnent, ils précèdent même la civilisation. Le Transcontinental américain a fait naître la vie dans les régions lointaines du Far-West. Des centres nouveaux de population se sont groupés le long du Transcanadien. Le Transsibérien va bientôt vivifier l'Asie russe et opérer une révolution dans les échanges entre l'Extrême-Orient et l'Europe. En Chine, les Russes ont d'abord fondé la banque russo-chinoise ; puis chacune des puissances qui se disputent les profits de la mise en valeur du Céleste-Empire a réclamé des chemins de fer de pénétration. En Afrique, les Anglais poursuivent par tous les moyens la construction de la ligne du Cap au Caire et, chez nous, la question du Transsaharien est à l'ordre du jour. La locomotive est devenue l'instrument par excellence de l'expansion européenne, l'outil essentiel de l'exploitation du monde et le véhicule de la civilisation.

Ainsi les procédés de l'expansion coloniale européenne ont présenté un certain caractère de fixité, mais chacune des grandes puissances a dû en modifier l'application selon les conditions géographiques et économiques de son développement. Il faut donc, quand on étudie la colonisation moderne, se défier de tout dogmatisme, se garder d'ériger des règles fixes, applicables à tous les peuples et à tous les climats ; il est préférable de chercher à connaître les raisons naturelles, les origines empiriques de la politique coloniale des divers pays.

L'une des leçons de ce siècle a été que les peuples qui avaient les premiers, montré le chemin des mondes nouveaux en ont été peu à peu évincés. Déjà commencée au xviii⁰ siècle, la décadence de la puissance des Espagnols et des Portugais au delà des mers s'achève sous nos yeux : la guerre de Cuba est le triste épilogue de cette tragique histoire. Ruinée par les guerres de l'Empire, épuisée par une mauvaise administration et viciée, dans tous les ressorts de la vie nationale, par un parlementarisme de comédie, l'Espagne n'avait plus la force ni de transformer ses méthodes de colonisation, ni de retenir sous sa loi les terres peuplées et fécondées par elle. Elle persista dans les vieux errements et n'accorda à ses colonies ni autonomie politique, ni liberté commerciale. Il est d'ailleurs essentiel de remarquer, d'une part, que ce système des monopoles n'est point absurde en lui-même et que toutes les puissances coloniales l'ont tour à tour appliqué avec succès et profit, mais qu'il n'était plus praticable avec un gouvernement faible et dans les conditions actuelles de la vie économique ; d'autre part, la nature même du sol de l'Espagne et de ses ressources ne lui permettait pas de se transformer en un grand pays industriel et commercial. Vers 1825, toute l'Amérique latine, s'émancipa ; et la dernière guerre vient d'enlever aux Espagnols Cuba, Porto-Rico et les Philippines : de cet empire de Charles-Quint « où le soleil ne se couchait jamais », il ne reste plus que des fragments épars. — Le Portugal, dont les marins se sont, à la fin du xvᵉ siècle, si hardiment lancés à travers les océans, a jadis occupé sur presque tous les rivages du monde, depuis la Chine jusqu'au Brésil, des comptoirs pour son commerce et des ports pour ses vaisseaux ; mais en notre temps de concurrence économique, il n'avait plus ni assez de capitaux, ni assez de colons, ni assez de soldats et de cuirassés pour rester un grand État colonial. C'est la force matérielle et la richesse, et non le cœur, qui ont manqué à la patrie de Serpa Pinto. En même temps que les colonies espagnoles, le Brésil, s'est séparé de la mère patrie, selon la formule de Turgot, « comme un fruit mûr se détache de l'arbre » ; et si, en ces dernières années, le Portugal n'a pas réussi à joindre ses deux morceaux de colonies africaines pour en faire un empire, il ne faut pas oublier qu'il n'en a été empêché que par un abus scandaleux du droit de la force. Comme puissances coloniales, l'Espagne et le Portugal ne comptent plus guère; mais, dans l'histoire du partage du monde, il faut réserver à ces ouvrières de la première heure une page glorieuse. Tout un continent peuplé mis en valeur; des nations sauvages civilisées et partiellement assimilées; plus de dix grands États sortis d'elles, qui sans doute n'ont pas encore trouvé leur équilibre politique ni leur entier développement économique, mais pour qui l'avenir est plein de promesses, attestent la force et la fécondité des rudes populations de la péninsule ibérique.

En opposition avec les procédés de la colonisation espagnole, il est de mode de vanter les pratiques « libérales » de l'Angleterre : elle apparaît aux yeux de quelques théoriciens comme le type permanent et immuable de l'État colonisateur. Et, en vérité, des succès sans précédent ont, en ce siècle, fait de la Grande-Bretagne la reine des mers et la dominatrice des mondes nouveaux. Est-ce à l'emploi des méthodes particulièrement excellentes qu'est due cette royauté économique dont l'expansion coloniale de l'Angleterre n'a été, en somme, qu'un résultat et en même temps un facteur? Il faut bien, d'abord, que l'on redise que les plus belles des colonies anglaises d'aujourd'hui ont été enlevées « par le droit des conquérants », non pas à des nègres ou à des sauvages, mais à la France, à la Hollande, à l'Espagne. C'est après son duel avec Napoléon que l'Angleterre l'a emporté définitivement sur les mers et dans les colonies. La force militaire et navale n'a pas cessé d'être, durant tout ce siècle, le meilleur instrument de l'accroissement du domaine britannique : c'est en vertu du même droit de la force que les Portugais ont été spoliés dans l'Afrique équatoriale, que nous avons été chassés des bords du Nil et que les paisibles républiques boers sont envahies. — La continuité d'une politique étrangère, prévoyante, réaliste, uniquement préoccupée de l'expansion nationale parce que cette expansion était la condition même de la vie nationale, a été l'un des facteurs essentiels des succès de la Grande-Bretagne. Les passions révolutionnaires elle-mêmes, étouffées chez elle ou calmées par des réformes opportunes, mais attisées et exploitées sur le continent, sont devenues entre les mains d'un Pitt et d'un Palmerston (pour ne parler que des morts) une merveilleuse machine à troubler le monde pour le plus grand profit

de l'Angleterre. Les hommes d'État britanniques ont en cette habileté suprême de tendre toutes les énergies vers le même but : le commerce et « l'empire », et de détourner en même temps l'attention des puissances continentales vers des guerres ou des querelles intestines qui usaient leurs forces et dévoyaient leur politique. Avec un esprit de suite et une prévoyance admirables, tous les points qui commandent les grandes routes océaniques ont été occupés, les mers sont devenues véritablement « territoire d'Albion », et sur tous les rivages du monde le drapeau britannique est apparu. Une même politique, perpétuée à travers tout un siècle, servie par des hommes de premier ordre, une prééminence navale incontestée, la possession dans toutes les mers du globe des grands carrefours du commerce international, et aussi, il faut le dire, l'absence totale de tout scrupule de probité internationale, voilà les causes du succès de l'expansion anglaise.
— Mais il faut bien voir que cette politique d'expansion était et est encore imposée à la Grande-Bretagne comme une nécessité par la nature de sa vie économique. L'exportation des produits manufacturés, et, partant la possession de nombreux débouchés, est la condition même de l'existence de l'Angleterre industrielle. C'est également à la situation économique des Iles Britaniques qu'il faut rattacher les phénomènes de surpopulation et d'émigration dont nous avons déjà indiqué l'importance et, par suite, la naissance si rapide de ces nations nouvelles qui s'appellent l'Australie, le Canada, etc. L'on entend souvent répéter que les Anglais vont volontiers dans leurs possessions lointaines et les peuplent, tandis que nous n'allons pas dans les nôtres ; mais on remarque beaucoup moins que les grandes colonies anglaises de peuplement (Australie, Nouvelle Zélande, Canada, Cap) sont des pays de climat tempéré où les Anglo-Saxons ont trouvé des conditions favorables à leur vie et à leur multiplication ; nous, au contraire, nous avons perdu, on sait comment, nos colonies habitables, à la fin du xviiie siècle ; il nous a donc fallu faire de nouvelles conquêtes et souvent nous contenter des régions tropicales inhabitables pour les Européens. Il n'y a pas dans notre race une incapacité organique de coloniser : la réussite de notre œuvre en Algérie-Tunisie et la rapidité de nos progrès en Émyrne suffisent à le prouver. — La nature des territoires occupés, voilà

donc encore un des éléments du succès des Anglo-Saxons. Lorsqu'ils se sont trouvés en présence des régions tropicales, où l'Européen a peine à vivre et ne peut pas travailler, comme l'Inde, les Anglais se sont contentés d'y commercer ; mais l'intensité de la vie économique de la métropole a vite rendu fructueuse cette exploitation. C'est surtout dans les pays de cette nature que les Anglais se sont volontiers servi du système des grandes « compagnies a chartes ». On sait que la vieille compagnie des Indes n'a disparu qu'en 1858 et que d'autres compagnies, celle de l'Afrique du Sud (la fameuse *Chartered* de M. Cecil Rhodes), la Royal Niger Compagny, la Compagnie anglaise de Bornéo, ont été créées pour l'exploitation des régions tropicales nouvellement explorées. — Le régime politique établi par les Anglais dans leurs colonies a varié, lui aussi, selon la nature des pays : ils n'ont pas conçu et appliqué partout un même système « libéral » auquel leurs colonies auraient dû leur essor. Aux pays peuplés en très grande majorité d'Anglais ou d'Européens, comme les diverses colonies australiennes, la Nouvelle-Zélande, le Cap et les colonies voisines, le Canada, l'île Maurice, le gouvernement britannique a accordé la liberté politique et le *self-government* presque complet ; il faut dire que l'exemple de la sécession des États-Unis était là pour avertir des dangers d'une politique inverse ; bien plus qu'une doctrine « libérale, », c'est une sage prudence qui a fait accorder des constitutions autonomes à ces colonies. On a rendu le lien politique aussi léger que possible, on a toléré que les colonies défendissent leur production industrielle par des tarifs de douanes applicables même aux produits britanniques, pour que l'idée ne vînt pas aux colons de rompre le fil et de réclamer une émancipation complète. Beaucoup de colonies, les pays d'exploitation surtout, sont ou régies directement par des fonctionnaires de la couronne, comme l'Inde, ou concédées à des compagnies à chartes ; ailleurs encore l'Angleterre a laissé subsister les princes indigènes et exerce un simple protectorat (Népaul, Birmanie, etc.). Ainsi une analyse des faits montre qu'il n'y a pas une « méthode anglaise de colonisation » hors de laquelle il ne saurait exister des colonies prospères. Il était nécessaire de faire cette réserve avant de reconnaître quelle part revient au tempérament et à l'énergie des Anglo-Saxons dans l'œuvre de l'expansion britannique. Les habitudes de la vie sociale et familiale, l'éducation, surtout les conditions de la vie économique nationale, ont fait des Anglais les citoyens du monde et les ont jetés par milliers sur les terres nouvelles. Les grandes qualités d'énergie patiente, de ténacité froide et d'audace réfléchie qui caractérisent la race ont trouvé leur emploi dans la vie d'outre-mer. Les Anglais y ont apporté aussi les pratiques d'un gouvernement économe, soucieux de ne pas multiplier les fonctionnaires inutiles et de ne pas envoyer aux colonies les ratés de la métropole ou les invalides de la politique. L'administration des colonies anglaises est excellente ; les fonctionnaires sont créés pour les colonies et non les colonies pour les fonctionnaires ; autant de raisons qui contribuent à la réussite des Anglo-Saxons. Mais, ici encore, il faut se garder de rien exagérer et de croire, par exemple, que toute l'expansion de la Grande-Bretagne est le produit naturel de l'énergie individuelle et de la « formation particulariste ». L'initiative individuelle a été l'un des éléments du succès, mais elle ne saurait suffire à l'expliquer : ce sont les circonstances et les nécessités et, comme on l'a très bien dit, une série « d'accidents heureux » qui, autant au moins que les hommes, ont fait de l'Angleterre la première puissance du xixe siècle.

Les pratiques de l'expansion russe s'opposent, presque point par point, à celles de la colonisation britannique ; mais, pas plus que les Anglais, les Russes n'ont agi d'après une théorie préconçue et immuable ; les circonstances historiques, la situation géographique et les conditions naturelles des terres à coloniser leur imposaient les méthodes qu'ils ont employées. Et d'abord, il faut s'entendre sur le mot « coloniser » : la Sibérie, non plus que le Turkestan ou la Transcaucasie, n'est pas une colonie, c'est un prolongement de la Russie. C'est le gouvernement du tsar, symbole visible de l'unité russe, qui a dirigé et parfois ordonné l'œuvre de colonisation ; il a envoyé en Sibérie des condamnés, des exilés politiques et des dissidents religieux ; comme les puritains aux États-Unis, nombre de *raskolniks* ont été parmi les pionniers de l'expansion slave en Asie. Puis sont venus les colons libres : c'est l'administration qui, parfois, provoque le départ des émigrants, c'est elle, en tout cas, qui décide où ils devront s'installer, elle qui les oblige à faire partie d'un *mir*. Il s'agit ici d'une colonisation agricole : ce n'est point une population d'ouvriers salariés dont le trop-plein s'expatrie, ce n'est point un exode de paysans que la misère chasse de leur foyer ; mais, dans l'immensité uniforme du steppe, le moujik a l'habitude historique de se déplacer facilement ; il a dans ses veines du sang de nomade ; il part avec sa famille, ses outils et ses icônes : qu'il s'installe sur les bords du Don ou de la Volga ou sur les rives lointaines de l'Oussouri, sa vie est toujours la même et il reste sous la loi du tsar. — Ainsi grandit chaque jour et s'achève cette formidable puissance qui sera l'une des dominatrices du xxe siècle.

Il n'y a donc pas de dogmes coloniaux : l'exemple des Anglais et des Russes et la diversité de leurs procédés le prouvent assez. Chaque peuple peut et doit avoir sa méthode ou plutôt ses méthodes, car elles varient, dans l'espace, avec les terres à coloniser, et, dans le temps, avec les conditions de la vie économique de la mère patrie. C'est en modelant ainsi leurs efforts sur la nature de leurs possessions que les Hollandais ont su si bien administrer et faire fructifier leur magnifique domaine tropical de la Malaisie. La colonisation américaine ou canadienne dans le Far-West s'est, elle aussi, pliée aux conditions particulières de l'œuvre à accomplir. Et quand Bismarck a engagé l'Allemagne dans la voie de l'expansion coloniale, il ne s'est point embarrassé de théories, mais il a voulu fournir à l'industrie allemande des débouchés outre-mer et acquérir des territoires où le trop-plein de la population de l'empire pût s'écouler.

Nous, en France, nous avons admirablement su conquérir de nouvelles et riches colonies ; mais quand il s'est agi de les mettre en valeur et d'en tirer profit, nous avons trop souvent perdu notre temps à des discussions théoriques, au lieu d'étudier soigneusement chacune de nos possessions, en elle-même d'abord, et dans ses rapports avec la métropole ensuite. Nous avons trop le goût de l'uniformité et de l'administration. Parce que le régime du protectorat nous a réussi à Tunis, on l'a, un moment, implanté à Madagascar où il était funeste. Nous ne sommes pas, en général, des colonisateurs assez pratiques ; la gloire des belles conquêtes nous séduit plus que la réalité palpable des gros bénéfices ; les conquêtes ont été nécessaires ; il est temps de passer à la mise en valeur. Mais pour réussir à créer un empire colonial prospère, il faut — l'exemple de l'Angleterre et de la Russie le prouverait si le simple bon sens ne l'indiquait assez — une politique étrangère suivie, raisonnée et vraiment nationale, des finances bien gérées, un parlement où les lois puissent aboutir; il faut préserver nos possessions du fléau des politiciens qui menacent de ruiner nos belles Antilles; il faut avoir des fonctionnaires peu nombreux, accoutumés au climat, à la langue, aux mœurs du pays où ils vont, mais surveillés de près et qui soient toujours les auxiliaires intelligents des colons et des commerçants. Il est nécessaire enfin, par tous les moyens, d'inspirer confiance aux capitaux français qui n'osent se risquer dans nos entreprises lointaines; leur timidité est la vraie cause de la lenteur de nos progrès; sans leur concours, toute tentative de mise en valeur de notre empire colonial restera vaine ou n'aboutira qu'à grever le budget de l'État. Il faut voir les défauts de notre organisation, mais il faut nous défendre de tout pessimisme : notre œuvre coloniale n'a pas échoué, loin de là : en Algérie, en Tunisie surtout, en Indo-Chine, à Madagascar, nos succès font l'admiration des étrangers ; gardons-nous d'ailleurs des comparaisons trompeuses ; n'oublions pas que la France est restée, avant tout, un pays d'agriculteurs, et que coloniser ce n'est pas seulement ouvrir des débouchés au commerce. Les colonies agricoles ne se développent pas comme les champignons, il faut, pour y réussir, une lente initiation. Nous avons entrepris une œuvre de longue haleine qu'il faut laisser au temps le soin d'achever, et la fièvre actuelle d'expansion et d'exploitation ne doit point nous étourdir ni nous empêcher d'apprécier les résultats que nous avons obtenus ; nous avons fait beaucoup et nous aurions accompli des merveilles si l'effort de nos nationaux n'était pas, à chaque instant, paralysé par l'insécurité de notre politique intérieure et l'instabilité de notre politique étrangère. Si notre œuvre est incomplète, si nos méthodes ont été par certains côtés défectueuses, c'est au détraquement général de notre vie nationale, en ce siècle, qu'il le faut attribuer.

* * *

Lorsque s'ouvrit le xixe siècle, les deux Amériques étaient déjà occupées, au moins sur leurs côtes, par des colonies européennes;

soit libres, soit encore rattachées à une métropole. Si l'on excepte les Guyanes et quelques Antilles, toutes sont devenues indépendantes. Le *Dominion of Canada* est, en fait, un pays autonome qui ne garde avec la Grande-Bretagne que des liens si légers qu'ils ne sauraient être gênants. Il s'est produit, en Amérique, une œuvre de colonisation interne ; chaque État, renforcé par des immigrés européens, explorant et peu à peu exploitant et peuplant les terres inconnues renfermées dans ses limites. Ainsi les Américains du Nord et les Canadiens s'avancent jusqu'au Pacifique ; les Brésiliens sont en marche vers le centre de leur immense domaine, etc. L'œuvre s'achève : les peuples qui l'ont déjà menée à bien, comme les États-Unis, tournent maintenant vers le dehors le surplus de leur énergie, ils professent que l'Amérique n'est plus un pays de colonisation européenne ; et, par un étrange retour, ils deviennent colonisateurs eux-mêmes, ils font la guerre à l'Espagne et lui enlèvent Cuba, Porto-Rico et les Philippines. — En Amérique, le partage, sinon le peuplement du monde, est accompli.

On en peut dire autant de l'Océanie. Les colonies australiennes et néo-zélandaises poursuivent en paix leur développement organique. Le conflit des Carolines, en 1885, et, tout récemment, celui de Samoa, sont, en somme, des querelles de peu d'importance, qui montrent surtout quel prix les grands États attachent aujourd'hui à la possession des plus minces territoires. Les grandes questions — s'il y en a jamais eu — sont réglées, et les races européennes, excepté dans les colonies tropicales des Hollandais, l'ont emporté.

C'est vers l'Asie et l'Afrique que l'attention du monde est attirée. Vers l'an 1800, les Anglais, successeurs et spoliateurs des Français, achevaient de soumettre le Dekkan, et les Russes commençaient, vers l'océan Pacifique, cette longue marche qui a fini par les mener aux portes de Pékin. Mais tout l'Ouest était le domaine inviolé de l'Islam et tout l'Est appartenait aux races jaunes. D'abord lentement, puis, en ces derniers temps, avec une impatience fébrile, les Européens ont entamé l'Asie. — Le lent recul de l'Islam devant les armes européennes et l'affranchissement successif des peuples autrefois sujets des Turcs sont intimement liés à l'histoire du partage du monde entre les nations de civilisation chrétienne. Les rivalités des grandes puissances ont maintenu la fiction de l'intégrité de l'Empire ottoman ; mais la France et la Russie, l'une en Afrique, l'autre en Asie, ont conduit la lutte contre la domination musulmane : vers le milieu du siècle, elles ont dompté les deux héros de l'islamisne, Abd-el-Kader et Schamyl ; elles ont conquis d'immenses territoires où des millions d'hommes suivent la loi du Prophète. — L'œuvre de la Russie en Asie, longuement préparée, couronnée tout à coup par des succès éclatants, est l'un des plus étonnants exemples de conquête et d'assimilation que l'histoire connaisse. Sans arrêt, avec un esprit de suite admirable, les tsars ont poursuivi cette « marche vers l'Est », ce « drang nach osten », qui semble devenir le mot d'ordre successif des grandes races chrétiennes. Tantôt sur le Caucase, tantôt dans les steppes du Turkestan ou dans les neiges du Pamir, tantôt sur les rives du fleuve Amour ou sur les confins de la Chine, la politique et les armes russes n'ont jamais cessé de marcher de l'avant. Arrêtés vers Constantinople par les complications de la question d'Orient, les Russes ont cherché vers le golfe Persique et vers la Chine cette « mer libre » que la nature et les hommes leur ont toujours refusée en Occident : les colons ont suivi les soldats ; ils ont fécondé le sol, russifié les habitants, enrôlé les tribus du steppe sous la bannière du grand Tsar Blanc. Le Transcaspien et le Transsibérien, véhicules de la conquête, sont aussi des instruments incomparables de prospérité économique. La voie ferrée qu'Annenkoff a poussée au pied des montagnes de l'Iran et jusqu'en Ferghanâ a été d'abord une route stratégique, mais elle est devenue très vite un moyen de colonisation, et sa double importance économique et politique grandira encore le jour où elle franchira les rebords du plateau de Perse pour conduire jusque sur les rivages du golfe Persique les locomotives russes. Quant à la grande ligne qui va s'achever malgré la résistance chinoise et qui mettra Pékin à quinze jours de l'Europe, elle va opérer une double révolution ; d'abord, elle transformera la Sibérie en une immense région de culture des céréales et d'élevage ; ensuite et surtout, prolongée par les voies ferrées chinoises, elle plongera jusqu'au cœur même des pays producteurs de thé, de coton, de soie et elle offrira au stock immense des richesses de l'Empire du Milieu une route de sortie nouvelle et beaucoup plus courte. L'achèvement du Transsibérien marquera une grande date dans l'histoire économique du monde. — Cet éternel glissement du « glacier russe » vers les mers plus chaudes a quelque chose de fatal et d'inconscient, comparable aux évolutions majestueuses des forces de la nature. Du haut des crêtes de l'Hindou-Kouch et du Pamir, il menace de son effroyable avalanche l'empire britannique des Indes. En Afghanistan, en Perse, en Chine, la lutte est engagée entre les deux colosses. La marche vers l'océan Indien, ralentie depuis que l'Extrême-Orient absorbe toute l'attention du tsar, sera reprise et ce jour-là, peut-être, le monde verra-t-il enfin ce fameux « duel de l'éléphant et de la baleine » que, depuis si longtemps, prédisent les prophètes de la politique.

Par le sud, en effet, les Anglais s'avancent à la rencontre des Russes. Ils ont achevé, en notre siècle, de soumettre les Indes ; ils en ont atteint les « frontières scientifiques », c'est-à-dire l'Himalaya, le Pamir et les monts Soliman ; ils les ont même dépassées, ils ont occupé le Béloutchistan, mis la main sur la côte de Mékran ; ils protègent l'iman de Mascate ; ils intriguent en Perse et ils ont fait la guerre en Afghanistan pour barrer la route aux Slaves. Vers l'est aussi, ils ont franchi les limites de la péninsule. Ils ont annexé la Birmanie, occupé toute la partie occidentale de l'Indo-Chine ; ils sont nos voisins sur le Haut-Mékong, nos rivaux à Siam, nos concurrents au Yunnan. Ainsi tout le pourtour immense de l'océan Indien est anglais, jusqu'à l'arête dorsale du continent asiatique. L'Angleterre a apporté à l'Inde, avec l'ordre matériel, la prospérité économique, mais elle n'a pas fait — et le climat ne lui permettait pas de faire — œuvre de peuplement et d'assimilation. Tandis que les Russes sont chez eux et s'étendent, comme une tache d'huile, sur des pays de même nature que le leur, les Anglais, aux Indes, sont et resteront toujours des étrangers ; ils sont à la merci d'une révolte des cent cinquante millions d'Indous, auxquels ils n'ont que superposé quelques milliers de soldats et de fonctionnaires.

L'expansion française en Indo-Chine est une œuvre trop récente pour qu'on la puisse bien juger. L'organisation et la mise en valeur ne sont pas achevées, mais nous avons atteint les bornes de nos conquêtes. La Cochinchine, le Cambodge, l'Annam, le

Tonkin, le Laos, forment un magnifique empire que borne le Mékong (convention du 4 mai 1894), et dont les chemins de fer en construction vont modifier heureusement la vie économique et l'activité commerciale : il peut, par lui-même, devenir assez prospère pour nous indemniser des dépenses en hommes et en argent que nous y avons faites ; mais, de plus, il nous ouvre l'une des portes du Céleste-Empire.

Les possessions russes du nord de l'Asie et les pays occupés, au sud, par les Anglais et les Français, forment un immense cercle qui enserre la masse compacte de l'Empire chinois. Entre les deux branches de cette gigantesque pince, s'agite la « question d'Extrême-Orient ». L'ouverture de la Chine au commerce, la concession aux Européens de territoires, de ports, de chemins de fer et de mines, voilà le plus grand fait économique de ces dernières années. La guerre de 1895 et les succès inattendus du Japon ont révélé au monde et signalé aux convoitises des puissances la décrépitude irrémédiable de l'Empire du Milieu. Brusquement, tous les peuples commerçants se ruèrent vers cet immense marché, jusqu'alors à peine entr'ouvert, où trois cents millions d'hommes pouvaient devenir des producteurs de matières premières et de consommateurs d'objets fabriqués. Aussitôt la mise en valeur de la Chine par les Européens, les Américains et les Japonais, commença. — Puis, deux ans après, le coup de force des Allemands à Kiao-Tchéou ouvrit une phase nouvelle de la question d'Extrême-Orient ; l'on parla désormais de partager la Chine, d'y tracer tout au moins des « sphères d'influence » ou « d'exploitation ». La terrible crise qui a brusquement éclaté retardera mais n'empêchera pas l'accomplissement de l'œuvre qui transforme le monde chinois. Après comme avant les événements tragiques de l'année 1900, c'est la Russie qui exercera en Extrême-Orient l'influence prépondérante. Déjà les Russes sont les maîtres de toute la Mandchourie, leur influence fait équilibre, en Corée, à celle du Japon ; ils ont occupé et ils fortifient l'extrémité du Liao-Toung, qui est la clef stratégique du golfe du Petchilli ; leur chemin de fer transsibérien va aboutir à Port-Arthur et à Pékin. Comme les Russes, mais avec moins d'avantages, les Anglais et les Français ont une base d'opérations territoriale pour la conquête économique de l'Empire du Milieu, les Anglais cherchent à pénétrer au Yun-Nan par la Birmanie, mais il leur faut franchir d'énormes montagnes, pour n'aboutir que dans une région médiocrement riche ; aussi ont-ils choisi d'autres points d'attaque : de Hong-Kong ils peuvent remonter le Si-Kiang ; à Chang-Haï ils tiennent, pas l'embouchure du Yang-Tsé, l'issue naturelle du centre le plus actif de la production chinoise ; à Weï-Haï-Weï, enfin, ils occupent en face de Port-Arthur et près de Pékin une position stratégique un peu « en l'air », mais néanmoins très forte. Leur but avoué est de faire de la magnifique vallée du Fleuve, une « sphère d'influence anglaise ». — La France occupe, au Tonkin, l'une des issues de la Chine méridionale ; elle peut de là pénétrer dans Yun-Nan et dans le Kouang-Si, et elle y a obtenu des concessions de chemins de fer ; mais notre effort économique ne deviendra vraiment fécond que si ces voies ferrées, qui viennent d'être commencées, parviennent à drainer le commerce de ces régions pour l'attirer vers le Tonkin, et aboutissent un jour sur la grande artère du Yang-Tsé, où arrivera par le nord, la ligne de Pékin à Han-Kéou, concédée à un syndicat franco-belge. Notre avenir, en Extrême-Orient, peut et doit être très brillant si nous savons comprendre les nécessités actuelles de la politique et prendre, tandis qu'il en est temps, notre part. — D'autres nations encore sont accourues vers la vieille Chine. L'Allemagne s'est accrochée à la péninsule du Chantung, cette Bretagne chinoise ; elle occupe la belle rade de Kiao-Tchéou et elle entend pousser vers l'intérieur ses chemins de fer ; l'Italie, elle-même, se mêle à l'avide concert des grandes puissances. Les Américains viennent de se faire céder les Philippines, en face des côtes chinoises ; les Japonais ont déjà absorbé Formose et ils préludent, par une politique prudente et habile, au grand rôle que l'avenir leur réserve en Extrême-Orient. Mais, malgré ces apparences, l'heure du partage de la Chine n'a pas sonné. Pour l'avoir imprudemment cru, les Anglais et les Allemands viennent de provoquer la crise dont le monde est encore troublé. On ne découpe pas à volonté un empire de trois cents millions d'hommes. En s'installant sur le sol de l'une des dix-huit provinces, les Allemands, malheureusement imités par les autres puissances européennes, ont compromis les résultats d'efforts depuis longtemps renouvelés pour ouvrir la Chine au commerce, aux voies ferrées et à la civilisation chrétienne. Sans préjuger d'un avenir encore en suspens, il est du moins permis de penser que la mise en exploitation et en circulation des richesses naturelles de l'Empire du Milieu, bien que retardée par les événements actuels, se produira fatalement et amènera dans le monde une véritable révolution économique. La Chine deviendra un immense marché, — le dernier grand marché international, — ouvert aux produits manufacturés de l'industrie européenne, jusqu'à ce qu'un jour, avec cet esprit d'imitation qui est inné chez les Célestes, la Chine travaille sur place ses matières premières et fabrique elle-même tout ce qu'exigent ses besoins. Là est le vrai « péril jaune » de l'avenir. Quoi qu'il en soit, l'entrée de la Chine dans l'orbite politique et économique des peuples européens, la naissance de la « question d'Extrême-Orient, » est le fait capital des cinq dernières années.

De tous les continents, c'est l'Afrique, massive et peu favorisée par la nature, qui, le plus longtemps, resta impénétrée, c'est elle aussi qui fut, en ces dernières années, le plus âprement disputée et le plus vite partagée. L'Angleterre, la France, l'Allemagne, le Portugal, l'Italie, la Belgique même, donnèrent, surtout depuis la Conférence de Berlin (1884), le spectacle d'une véritable course vers les contrées mystérieuses du centre africain. L'œuvre d'exploration et de conquête ébauchée, depuis des siècles, a été achevée en moins de vingt ans; il reste encore en Afrique quelques « questions » qui peuvent diviser les puissances et provoquer des conflits, mais presque partout des conventions diplomatiques ont fixé les frontières et limité les ambitions.

Dans l'histoire de la conquête de l'Afrique, il faut faire une place à part à l'œuvre de la France en Algérie et en Tunisie; la vie des pays barbaresques a toujours été liée à celle des peuples méditerranéens, tandis que le Sahara les sépare de l'Afrique centrale. Commencée en 1830, la conquête de l'Algérie fut à peu près achevée en 1871 et complétée en 1881, par la proclamation de notre protectorat sur la régence de Tunis. Notre colonie n'a pas connu ces afflux subits de population que les mines d'or ont attirés dans certains pays anglo-saxons; mais, malgré de grosses erreurs, malgré le manque d'initiative de nos nationaux et les maladresses de notre administration, malgré le décret Crémieux, l'Algérie-Tunisie n'a jamais cessé de se développer : pays de culture, notre colonie ne pouvait grandir que lentement, par la constitution, sous la protection des soldats, d'une population de paysans, « ense et aratro », comme disait le héros légendaire des guerres d'Afrique. La population française s'accroît aujourd'hui par l'excédent des naissances, ce qu'elle ne sait plus faire dans la mère patrie ; le nombre des indigènes, surtout chez les agriculteurs kabyles, a beaucoup augmenté depuis la conquête. Dans le Sud, l'expansion se poursuit vers les oasis du Sahara dont l'occupation est nécessaire pour assurer, avec la paix du désert, la sécurité du commerce par cavaranes. Nous avons accompli en Algérie-Tunisie — quelques critiques justifiées que l'on puisse d'ailleurs formuler — une œuvre grande et féconde qui fait honneur à notre race et à son génie colonisateur, qui fait honneur aussi aux gouvernements qui ont su faire passer avant tout l'œuvre patriotique de l'expansion française.

Si l'on néglige le pays du Maghreb, on peut dire que jusque vers 1875, les Européens ne se sont établis qu'au bord de l'Afrique, sur les côtes. Ce fut presque subitement, sous la pression des besoins économiques modernes, que les nations productrices et commerçantes cherchèrent à pénétrer dans l'intérieur du continent noir. Après les premiers voyages de Stanley et grâce à la prodigieuse réclame organisée autour de son nom, l'Afrique devint tout à coup à la mode. Le partage commença, et à mesure que les jalousies s'exaspérèrent, la soif de concourir devint plus ardente. Plus âprement encore que les terres, on se disputa les voies de pénétration, les fleuves, le Niger, le Congo, le Zambèze, le Nil ; car, dans les pays tropicaux surtout, c'est moins de conquête que d'exploitation qu'il s'agit et moins de peuplement que de commerce. Aussi ce qui importe, est-ce moins l'étendue des territoires annexés que leur situation et leur valeur économique. — Dès que se déclara la fièvre des conquêtes, les puissances européennes tentèrent de s'accorder pour imposer des règles à leurs convoitises réciproques et un but humanitaire à leurs efforts. La Conférence antiesclavagiste de Bruxelles, de 1876, fonda l'*Association internationale* qui se proposait de travailler à la suppression de l'esclavage ; mais bientôt l'association disparut pour faire place au Comité d'études du Haut-Congo, et, très vite, les préoccupations libératrices disparurent devant les intérêts mercantiles. L'État libre du Congo fut fondé; entre les mains des Belges, et sous la direction du roi Léopold II, l'État international qui devait extirper de l'Afrique central le chancre de l'esclavage, devint un centre d'exploitation commerciale et une entreprise financière; les « stations hospitalières » se transformèrent en postes militaires et l'administration chercha surtout à drainer tout le commerce du bassin du Congo et à étendre le nouvel État jusqu'aux Grands-Lacs et au Nil. Les Belges, hardis et entreprenants, sont arrivés rapidement à faire « rendre » beaucoup à leur nouvelle entreprise; ils ont construit un chemin de fer de Loango au Stanley-Pool. On a quelque peu oublié la répression de l'esclavage, mais le Congo est devenu « une bonne affaire ».

En 1884, la Conférence de Berlin fixa les formalités juridiques à remplir pour qu'un territoire fût considéré comme valablement annexé ou protégé; elle proclama la liberté de la navigation des fleuves africains et définit la théorie des arrière-pays (Hinterland) : l'occupation d'une portion des côtes d'Afrique devint un droit à la domination des contrées qui en sont comme le prolongement dans l'intérieur. Ces règlements étaient sages, mais ils restèrent souvent lettre morte, quand ils allaient à l'encontre des intérêts des forts : en fait, la « Compagnie anglaise du Niger » a fermé le fleuve à nos officiers (Mizon en 1891); en fait encore, la théorie des arrière-pays a été brutalement violée par l'Angleterre vis-à-vis du Portugal. Une grande loi, en somme, a surtout dirigé ce partage hâtif de l'Afrique, elle a primé tous les droits et souverainement disposé de tous les territoires : c'est la force.

Sur une carte d'Afrique, ce qui frappe tout d'abord, c'est que les couleurs indicatrices des possessions anglaises et françaises couvrent la plus grande partie du territoire; les Français dominent de beaucoup dans l'Ouest et le Nord, les Anglais, au contraire, dans le Sud et dans l'Est. Çà et là de grandes taches indiquent l'État du Congo et des lots échus aux Allemands ou sauvés par les Portugais. — La France possédait depuis longtemps l'embouchure du Sénégal, l'îlot de Gorée, les ports des Rivières du Sud, des factoreries à Grand-Bassam, à Assinie et sur la côte du Dahomey. — De tous ces points, échelonnés sur un vaste demi-cercle le long de la côte de l'Atlantique, si l'on s'enfonce dans l'intérieur, selon la théorie des arrière-pays, on arrive forcément à la vallée du Niger ; atteindre la grande artère de l'Afrique occidendale devait être l'objectif de nos expéditions. Le premier, Faidherbe, gouverneur du Sénégal, de 1852 à 1865, entreprit d'agrandir et d'organiser la colonie : il assura notre domination sur tout le bassin du Sénégal ; il commença contre les potentats musulmans, qui opprimaient le pays, cette longue et glorieuse série de guerres que la capture de Samory et la mort de Rabah viennent de terminer si brillamment. En 1883, le colonel Borgnis-Desbordes atteignit Bamakou, sur le Niger ; dix ans après, nos soldats entraient à Tombouctou ; l'expédition de 1892 mettait fin à l'existence du Dahomey. Une série de conventions avec les Anglais et les Allemands ont séparé nos possessions des colonies de Sierra-Leone, de la Côte-d'Or, des territoires de la *Royal Niger Company* et du Togoland. Tous ces traités ont assuré — au moins sur le papier — la jonction de nos différentes possessions en arrière des colonies étrangères. — La marche vers l'Est, en partant de l'Atlantique, a été le mot d'ordre de notre expansion en Afrique. La possession du Congo, que M. de Brazza et ses successeurs nous ont donnée, livrait aux pionniers de notre influence, pour pénétrer jusqu'à la région des Grands-Lacs et du Haut-Nil, la voie directe de l'Oubangui. Ils s'y sont élancés avec ardeur ; les uns (Maistre, Gentil et d'autres) ont atteint le Tchad et rejoint nos possessions du Niger ; d'autres ont cherché un résultat infiniment plus important que l'annexion de quelques steppes ou de quelques déserts entourant un marais : remonter l'Oubangui et le M'Bomou jusqu'à ses sources, redescendre vers le Nil par le Bahr-el-Ghazal, et là, au cœur du Soudan, donner la main aux expéditions parties de notre colonie de Djibouti et rejoindre les États du négus d'Éthiopie, Ménélik, tel était le plan ; les esprits hardis qui le conçurent avaient compris que là, sur le Haut-Nil, se déciderait l'avenir de l'Afrique. On put croire, un moment, que du golfe de Guinée au golfe d'Obock, la France unirait ses possessions et lancerait ses locomotives, que les projets grandioses de l'Angleterre allaient être traversés et devancés par nos officiers. S'il n'avait fallu pour obtenir ces grands résultats que l'héroïsme uni à la patience et à la sagesse, M. Liotard, le commandant Marchand et ses compagnons y auraient réussi. Mais ainsi ne l'a pas voulu la triste politique... La convention du 21 mars 1899 a donné à l'Angleterre, avec la maîtrise absolue du Nil, l'empire de l'Afrique du Cap au Caire. Quelque jugement que l'on porte d'ailleurs sur la manière dont a été conduite notre politique coloniale et dont les traités ont été conclus, il n'en est pas moins évident qu'aujourd'hui l'œuvre de la conquête est achevée. D'Alger à l'embouchure du Congo et de Saint-Louis aux frontières du Darfour, notre empire africain ne forme qu'un seul bloc — du moins théoriquement. — De l'autre côté de l'Afrique, de très anciens droits et notre expédition de 1895 nous ont assuré la souveraineté de Madagascar ; la sage et féconde administration du général Gallieni a pacifié la grande île et l'a préparée à devenir un centre d'activité agricole et commerciale. Ainsi, partout, l'heure est venue de faire fructifier les diverses portions, très inégalement fertiles, de notre immense domaine. La première œuvre qui s'impose à nos efforts, c'est l'ouverture de voies de communication. La route la plus pratique de pénétration, celle du Bas-Niger, est aux mains des Anglais ; il nous faut donc soit nous servir du Sénégal pour gagner le Haut-Niger et achever le chemin de fer de Kayes à Bamakou : soit remonter la Volta, soit exécuter à travers le Sahara, au prix de difficultés peut-être insurmontables, ce fameux Transsaharien dont les bénéfices restent singulièrement problématiques. Si nous savons tirer parti des territoires que l'héroïsme de nos soldats, blancs et noirs, a su conquérir, l'avenir de nos colonies d'Afrique peut être très brillant ; mais, il ne faut pas nous contenter d'annexer, il faut étudier la valeur réelle de chacune des parties de notre domaine, rechercher les avantages pratiques et nous consacrer résolument, méthodiquement, avec une prudence éclairée, à la tâche nouvelle, plus difficile encore que la conquête, de la mise en valeur et du développement économique de l'Afrique française.

Par le sud, par le nord, par l'est, les Anglais ont entamé le continent noir : ils ont poursuivi l'achèvement de ces Indes africaines dont le commerce britannique a besoin pour assurer un débouché à son exportation. Au Sud, ils avaient un solide point d'appui, la colonie du Cap et ses voisines, de climat tempéré, riches et habitées par de nombreux Européens. Un premier obstacle s'opposait à la marche vers le Nord ; les Républiques des Boers, peuplées de descendants des colons hollandais chassés jadis du Cap par la

Grande-Bretagne et refoulés dans la vallée de l'Orange. Les Anglais essayèrent à plusieurs reprises soit d'écraser la fière petite nation, soit de l'assimiler ; chaque fois ils se heurtèrent à l'invincible résistance de cette race énergique et, ne pouvant briser l'obstacle, ils le tournèrent ; ils arrachèrent aux Boers leurs provinces occidentales, ils coupèrent leurs communications avec la mer, et, sous l'énergique impulsion de M. Cecil Rhodes, la marche vers les Grands-Lacs continua. Avec le Portugal, dont les possessions tendaient à se relier d'une mer à l'autre, il n'était pas nécessaire de prendre de grandes précautions : un brutal ultimatum, suivi d'une convention imposée, sépara en deux l'empire portugais et porta le territoire de la Zambézie jusqu'au Tanganyika, — Au nord du continent, les fautes de notre gouvernement permettaient à l'Angleterre d'occuper militairement l'Égypte ; et, sous prétexte de rétablir l'ordre dans le Soudan, les troupes anglaises remontant le Nil, détruisant l'armée des derviches, obligeant, par la voie diplomatique, la petite colonne de Marchand à évacuer Fachoda, atteignaient, cette année même, la province équatoriale : toute la vallée du Nil était anglaise. — Déjà d'autres expéditions étaient parvenues aux Grands-Lacs. En 1887, Stanley expulsait poliment des bords du lac Victoria l'Allemand Émin-Pacha qui, avec une obstination gênante, se maintenait dans sa province ; on laissait périr Gordon sans lui porter secours ; ne fallait-il pas que tout le Soudan fût aux derviches pour qu'il devînt ensuite anglais « par le droit des conquérants » ? En 1891, le capitaine Lugard massacrait les nègres catholiques de d'Ouganda, qui se réclamaient de la France, et annexait les riches provinces des Grands-Lacs aux territoires britanniques. Dès lors, les possessions anglaises du Soudan et celles du Zambèze n'étaient plus séparées que par la longueur du lac Tanganyika et par les pays où, entre la pointe nord de ce lac et l'Albert-Édouard, la frontière allemande joint celle de l'État du Congo : mince obstacle, qu'une entente avec l'Allemagne ou avec l'État libre suffirait à faire disparaître et qui ne saurait empêcher l'achèvement de la fameuse ligne du Cap au Caire, qui s'avance déjà par le nord jusqu'à Khartoum, et qui, par le sud, atteint Buluwayo. — Ainsi l'Angleterre serait la dominatrice incontestée de toute l'Afrique orientale, depuis Alexandrie jusqu'au Cap, si les Allemands

n'avaient fondé dans l'arrière-pays de Zanzibar la colonie de
« l'Afrique orientale » et surtout si deux États indépendants, le
Transvaal et l'Abyssinie, ne se dressaient encore sur la route du Cap
au Caire comme deux écueils que le flot peut contourner, mais qui
gênent sa montée impétueuse. Par une étrange destinée, l'Angleterre rencontre sur son chemin les deux seules nations chrétiennes indigènes, ou depuis longtemps immigrées, que renferme
l'Afrique, l'Éthiopie et les États Boers, avec leurs glorieux
chefs, Ménélik et le président Krüger. La ruine de l'un et de
l'autre semble dès aujourd'hui résolue ; l'heure en est marquée
à la montre impatiente de M. Chamberlain ; on sait comment
l'œuvre de spoliation est aujourd'hui commencée et comment la
plus injuste des guerres a déjà fait couler des flots de sang
chrétien.

C'est aujourd'hui une question qui trouble le monde de savoir
si le Transvaal restera indépendant ou s'il sera absorbé par les
Anglais ; demain, sans doute, c'en sera une autre de savoir si
Ménélik sera battu par les forces combinées des Anglais et des Italiens, ou si l'Abyssinie restera indépendante et deviendra, avec
l'appui de la Russie et de la France, le seul grand État africain indigène. Il y a aussi une question du Maroc qui peut d'un moment à
l'autre devenir aiguë. Enfin, le dernier mot n'est pas dit en Égypte :
le Nil, le canal de Suez sont des routes internationales comme le
détroit de Gibraltar ; il importe à toutes les grandes puissances
que ces voies soient ouvertes, même en cas de guerre, au commerce universel. Quoi qu'il arrive d'ailleurs, les Européens ont
pénétré maintenant dans toutes les parties de l'Afrique ; plus
leurs querelles sont vives, plus s'accomplit rapidement la transformation du pays. De l'exploitation peu scrupuleuse, parfois
même barbare d'aujourd'ui, finira par sortir pour le monde
africain un progrès vers la civilisation. L'Afrique est entrée
dans le cycle de la vie civilisée, dans le domaine du Christianisme. Désormais sa vie et ses destinées sont liées à celles des
peuples européens.

En terminant cette rapide esquisse de l'extension du domaine
de l'activité des races européennes en ce siècle et de la prise de
possession du globe par les Européens, nous voudrions donner

l'impression que nous sommes en présence d'un fait immense, dont les conséquences incalculables laisseront loin derrière elles la révolution qui a suivi, au xvi⁰ siècle, la découverte des mondes inconnus. L'aurore de temps nouveaux s'est levée.

Le partage du monde et l'expansion des races européennes bouleversent toutes les conditions de la vie universelle : la vie économique, la vie politique, la vie sociale, la vie religieuse, la vie intellectuelle du monde se transforment, s'élargissent à mesure que s'étend la zone de rayonnement de la civilisation chrétienne. Il est impossible d'indiquer autrement que d'un mot la révolution économique qui s'accomplit par suite de la mise en valeur de tant de contrées vierges et de la mobilisation de tant de richesses jusqu'alors endormies. C'est d'abord, grâce aux procédés scientifiques, la production des richesses dans le monde prodigieusement accrue et grandissant plus vite que la consommation ; et, par une suite naturelle, c'est, vers le milieu de ce siècle, la prééminence économique assurée à la Grande-Bretagne : la première, elle adapte sa vie économique aux besoins nouveaux du monde, elle néglige l'agriculture pour se faire la pourvoyeuse des pays neufs ; elle attire à elle toutes leurs matières premières, elle les inonde de ses produits fabriqués. Seule outillée à ce moment pour la lutte économique, elle proclame le libre échange et Cobden est son oracle. Puis, un courant nouveau se dessine qui rend chaque jour plus imminentes de nouvelles crises ; la concurrence augmente ; tous les grands États et les pays jeunes surtout cherchent à produire eux-mêmes et à fabriquer tout ce qui est nécessaire à leur vie, à utiliser chez eux les matières premières qu'ils produisent ; pour développer en toute indépendance leurs ressources naturelles, ils défendent leurs frontières par des tarifs de douanes, ils rajeunissent, pour la protection de leurs intérêts économiques, ce « Colbertisme » naguère tant raillé. Ainsi tend à s'établir dans le monde une sorte de niveau, chaque pays cherchant à vivre de sa propre substance, à produire le plus possible et à acheter le moins possible aux autres ; une décentralisation générale de l'industrie et du commerce s'accomplit, préparant une répartition nouvelle de la richesse et menaçant la fortune exorbitante de la Grande-Bretagne.

A l'extension universelle de l'activité économique des peuples européens et à la prise de possession de toutes les terres habitables, devait correspondre une transformation de la politique générale des grandes puissances. Celles-là occuperont, au xx⁰ siècle, le premier rang sur la scène du monde, qui auront su accommoder leur action politique aux conditions nouvelles de la vie internationnale et qui, les premières, auront été à même de pratiquer la *weltpolitik*, la « politique mondiale » ; l'horizon des peuples s'est élargi, il faut que partout où s'exerce leur activité s'étende aussi la vigilance de leurs hommes d'État. Les événements survenus aux extrémités du monde ont une répercussion immédiate et fatale sur les relations réciproques des grands États ; on a vu la guerre sur le point d'éclater entre la France et l'Angleterre pour Nikki ou pour Fachoda ; entre l'Angleterre et la Russie pour un tronçon de chemin de fer en Chine ou une vallée solitaire des Pamirs. C'est que derrière ces intérêts d'apparence minime, c'est l'empire du monde qui est en jeu, c'est l'avenir de chaque nation. Question de Chine, de Perse, d'Égypte ou de Niger, c'est un même débat qui se poursuit d'un bout du monde à l'autre, c'est la lutte pour la domination économique et politique de la terre. — Cette concurrence sans frein ni loi entre les peuples pour la domination matérielle et pour l'hégémonie commerciale, en même temps qu'elle détermine les nécessités nouvelles de la politique internationale, explique aussi ses allures brutales et ses procédés parfois atroces. Il est triste de dire que très souvent cette conquête du monde par les nations « civilisées » a été barbare ; faut-il rappeler les pratiques d'un Stanley et le massacre des nègres catholiques de l'Ouganda par Lugard et la tuerie d'Omdurman ? La guerre de Cuba et des Philippines, celle du Transvaal sont fertiles en tristes épisodes. Les conflits armés sont devenus moins fréquents qu'autrefois ; lorsqu'ils éclatent, c'est qu'un intérêt économique capital est en jeu ; mais les luttes internationales prennent de plus en plus le caractère d'un combat pour la vie, aussi sont-elles inexpiables et ne connaissent-elles point de lois.

La « civilisation », comme la barbarie, a son vandalisme : la guerre est un de ses outils ; elle détruit des races entières d'hommes ou bien elle les abrutit par l'alcool, elle les écrase de travaux pires que l'esclavage ; elle ravage les forêts séculaires, elle extermine les libres animaux, elle ruine le charme poétique des pays sauvages en leur imposant les chemins de fer, les usines, le trafic fiévreux. Mais, malgré quelques apparences, le progrès et le bien s'accomplissent ; et c'est ici qu'il faudrait montrer l'étrange contradiction de cette fin de siècle où les nations, formidablement armées pour les luttes de demain, discutent dans un congrès solennel l'établissement d'un arbitrage permanent et l'utopie de la paix perpétuelle ; c'est ici surtout qu'il faudrait retracer cette conquête pacifique que les missionnaires chrétiens — catholiques et français surtout, car les missionnaires anglais ont été trop souvent des instruments de politique ou des agents commerciaux — accomplissent avec une pieuse énergie ; il faudrait compter les martyrs et dénombrer la moisson des âmes ; les missionnaires font, eux aussi, la conquête du monde pour le triomphe pacifique de la croix : les peuples sauvages disparaissent ou se transforment ; la lutte pour la domination des âmes se circonscrit entre quelques grandes religions ; on peut entrevoir déjà l'heure où, ainsi qu'il a été dit, toutes les nations de la terre auront, sinon accepté, du moins entendu la Bonne Nouvelle.

Les conséquences du partage du monde au point de vue social et notamment au point de vue de l'organisation du travail, de la condition des ouvriers et du taux des salaires, pourraient être le sujet de tout un livre. Le travail « jaune » mis au service des capitaux européens et américains et l'avilissement des salaires qui peut en résulter, est un des problèmes de l'heure présente. La concurrence universelle pour la production économique nous paraît conduire à une sorte de nivellement relatif des conditions du travail, à une égalisation du salaire des ouvriers ; une norme universelle tend à s'établir pour la production comme pour la répartition des richesses. Et de plus en plus il apparaît qu'aucune loi pour la protection ou l'organisation du travail ne saurait être efficace si elle n'est internationale. Tout se tient aujourd'hui dans le domaine de la vie économique, et de même que le labeur de l'Indou ou du Chinois menace le tisseur du Lancashire, la récolte du blé des plaines du Missouri, du Gange ou du Dnieper a une répercussion jusqu'au foyer de nos paysans.

Ainsi, une immense transformation s'accomplit dans le monde ;

elle a une influence sur toutes les branches de l'activité humaine. Élaborée par le siècle qui finit, elle prépare pour le siècle qui s'ouvre des conditions nouvelles de vie. En face d'une pareille révolution, il n'était pas permis à une grande nation soucieuse du lendemain et jalouse de sa position dans le monde, de rester inactive, fût-elle occupée à d'autres besognes et absorbée par d'autres soucis. Il était indispensable que dans ce partage du monde qui s'achève sous nos yeux, la France prît sa part et se ménageât, hors du cercle étroit de ses intérêts continentaux, des lendemains d'expansion et de richesse. La politique coloniale était une nécessité de l'heure présente. Malgré bien des fautes et des défaillances, malgré un regrettable manque de suite dans notre action extérieure, la France possède un empire colonial assez grand, trop grand même peut-être, pour son activité ; le temps est maintenant venu de le faire fructifier. Mais avant tout il fallait prendre notre part dans cette curée sans lendemain, dans ce partage de toutes les terres du globe, de crainte de manquer, comme le fit Venise au xve siècle, le coche des temps nouveaux.

RENÉ PINON

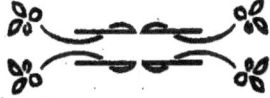

VI

Les Peuples nouveaux

Découverte par l'Europe au xve siècle, l'Amérique a reçu, à partir de cette époque, des colonies européennes. Vers la fin du siècle dernier, ou dans le cours du siècle présent, la plupart de ces colonies se sont rendues indépendantes de leur métropole : les principales colonies anglaises, en 1776, quand elles se sont senties assez fortes pour se défendre et se gouverner elles-mêmes ; les colonies espagnoles et portugaises, de 1809 à 1825, après que les guerres de la Révolution française et du premier Empire, ayant coupé leur communication avec l'Espagne et le Portugal, les eurent habituées à la séparation. Dès lors, du Mexique au Pérou, du Pérou au Brésil, elles sont devenues des États ; elles ont formé ou elles aspirent à former des nations. Désormais, aux races européennes, une destinée nouvelle est ouverte, avec d'autres patries, au delà de l'Atlantique.

C'étaient les Espagnols qui jadis avaient reçu de Dieu, les premiers, par la main de Christophe Colomb, le don du Nouveau Monde ; récompense magnifique de leur vaillance et de leur constance à reconquérir sur l'ennemi de la foi chrétienne un coin du monde ancien. Mais ayant abusé de ce présent, ils achèvent maintenant de le perdre. Dans les domaines qui leur étaient échus, ils n'ont cherché que l'or ; pour le saisir ils ont tourmenté, sans charité ni justice, les indigènes qu'ils avaient le devoir de civiliser en les rendant chrétiens et, par un étonnant et juste châtiment, l'or ainsi acquis est devenu pour eux, les économistes l'ont constaté, une cause de ruine.

Toutefois, en opprimant cruellement les peuples qu'ils subjuguaient intrépidement, les Espagnols et leurs cousins les Portugais ne les ont pas détruits. Soit qu'à la différence des tribus indiennes du nord de l'Amérique, ces habitants primitifs des grands Empires des Astèques et des Incas fussent trop nombreux et trop bien organisés pour disparaître et que les races latines n'aient pas suffi à couvrir les territoires qu'elle s'appropriaient; soit aussi que les apôtres qui pénétraient à côté des conquérants, animés d'un tout autre esprit, aient apporté quelque obstacle à leurs excès et abrité les vaincus en leur prêchant l'Évangile, des peuples se sont formés, chez qui le sang espagnol se mêle au sang indien. Par malheur, à ces peuples nouveaux la vieille Europe a inoculé ses vices plutôt que ses vertus : des vices qui les corrompent avant qu'ils aient mûri, à savoir le dérèglement des mœurs et l'esprit révolutionnaire. En s'affranchissant, il ne se sont pas régénérés, et la vraie religion, encore qu'établie parmi eux à l'exclusion de tout autre culte, a paru inefficace. Importées au delà des mers par des gouvernements qui, sans se ranger du côté de l'hérésie, tenaient Rome à l'écart, leurs Églises, filles de l'Église romaine mais ne gardant plus guère de liens vivants avec leur mère, rameaux desséchés loin du tronc, leurs Églises n'ont pas suffi à les préserver de la corruption. Elles ne s'en sont pas préservées elles-mêmes. Aujourd'hui que les distances s'effacent, Rome se tourne vers elles et elles se tournent vers Rome. Léon XIII les a conviées à s'examiner et à se régler, ainsi que jadis à Trente, à la suite des désordres qui avaient livré passage au protestantisme, les Églises de notre Europe occidentale, se sont examinées et réglées. Il laissait d'ailleurs à leurs évêques le choix du lieu où il leur conviendrait de délibérer et, qui n'admirerait ici le résultat providentiel des routes ouvertes par la vapeur à travers les Océans et les Continents, ces prélats, séparés de Rome par l'Atlantique et la moitié de l'Europe, ont reconnu néanmoins que Rome était le centre le plus propre à les rassembler. Le siècle présent, touchant à son terme, a donc vu treize archevêques et quarante évêques partir du Mexique, du Brésil, du Chili, de la Colombie, de la Confédération argentine, de l'Équateur, du Pérou, de l'Uruguay, du Venezuela, du Guatémala et de Haïti pour se réunir et délibérer ensemble au Vatican. Pour la première fois, d'un bout à l'autre de l'Amérique latine, une entente a paru s'établir, et cette entente s'est formée pour le progrès de la foi catholique, sous l'aile de la Papauté. De là peut sortir pour ces Églises d'outre-mer une réforme analogue à celle qui a fait refleurir, il y a trois siècles, les Églises de notre Occident. Les différents États de race et de langue latine, en Amérique, sont deux fois aussi étendus que la grande République anglo-saxonne, et, malgré qu'ils soient beaucoup moins peuplés, ils comptent pourtant plus de cinquante-trois millions d'habitants. Peut-être le Dieu « qui a fait les nations guérissables », leur ménage-t-il en effet une guérison. Peut-être est-il réservé aux États-Unis du centre et du sud de l'Amérique de balancer quelque jour la fortune et de contenir la puissance des États-Unis du Nord.

Il ne nous appartient pas de pénétrer les secrets du siècle prochain. Le plus grand événement du siècle présent, hors d'Europe, a été l'épanouissement d'une nation et d'une civilisation anglo-saxonnes dans le Nouveau Monde. C'est cet événement que nous devons considérer.

.*.

En l'année 1800, les États-Unis venaient de s'affranchir. Après une lutte victorieuse, soutenue avec l'appui de la France contre leur mère patrie l'Angleterre, leur indépendance était reconnue depuis dix-sept ans ; leur constitution, établie depuis treize ans. Déjà quatre États s'étaient ajoutés aux treize colonies qui avaient formés les États primitifs. Ces divers États bordaient tous l'Atlantique ; du pied des monts Alléghanys à la mer, ils occupaient une bande de terre de deux millions de kilomètres carrés et comptaient six millions deux cent mille habitants[1].

Au terme du siècle, les États-Unis se composent de quarante-cinq États et de trois territoires ; ils s'étendent de l'Atlantique au

---

1. Les divers chiffres cités dans les premiers paragraphes de ce travail sont tirés de la *Geographie universelle* d'Elisée Reclus, T. XVI, XVII et XVIII, du *Statesman's Year-Book*, paru à Londres en 1899, et du dernier recensement opéré aux Etats-Unis en 1890. Plus loin, en ce qui concerne les différents cultes professés aux Etats-Unis, je me suis référé à l'ouvrage du commissaire H. K. Caroll, chargé du recensement des Eglises, *The Religious forces of the United States*, ouvrage statistique que son auteur a poussé jusqu'en 1896, et enfin pour l'Eglise catholique en particulier, j'ai consulté la collection de son Annuaire officiel : *Hoffmans Catholic Directory*, jusque et y compris l'année 1899.

Pacifique, des lacs Huron et Michigan, cette Méditerranée du Nouveau Monde, au golfe du Mexique, sur neuf milions de kilomètres carrés, et comptent soixante-deux millions d'habitants. Jamais le monde n'avait vu parmi les nations pareille croissance.

Les États se sont multipliés : soit en partageant le territoire attribué aux plus anciens, à mesure qu'il se peuplait ; soit en achetant et en acquérant par traité des domaines cédés par quelque autre puissance ; soit en annexant des pays indépendants qui s'offraient à eux ; soit enfin en occupant et défrichant les terres incultes et sauvages et refoulant les tribus qui s'y rencontraient errantes. Deux États seulement ont été conquis sur une autre puissance : le Nouveau Mexique et la Californie ; ils mesurent à peine un cinquième de l'étendue totale de l'Union. L'agrandissement territorial de cette nation, le plus rapide que l'histoire ait enregistré, est aussi celui auquel a le moins contribué la guerre.

Ainsi composé, ce territoire a été peuplé par l'Europe. Les tribus indigènes, rencontrées par les Européens, survivent à peine à l'envahissement continu d'une race supérieure qui les a repoussées, resserrées à l'écart et comme étouffées, au lieu de leur tendre la main pour les élever et les rapprocher d'elle : coupable abus de la civilisation et de ces ressources, dont les États-Unis commencent à se repentir aujourd'hui et qu'ils cherchent à réparer, mais trop tard. Tandis que dans l'Amérique espagnole la race indienne se perpétue en se mélangeant, il n'y a pas eu place pour cette race dans l'Amérique anglo-saxonne.

J'appelle anglo-saxonne, du nom de la race qui maintenant y domine, cette portion du Nouveau Monde. Mais, à vrai dire, elle s'est ouverte à toutes les races européennes, attirant de préférence, par un climat semblable, celles du centre et du nord. Les Hollandais, les Suédois, les Flamands l'ont abordée et çà et là colonisée. Les Français l'ont explorée et, s'avançant sur la rive du grand fleuve par eux découvert, le Mississipi, pénétrant depuis le Canada « la Nouvelle France » jusqu'au golfe du Mexique, à travers la région qu'ils avaient appelée du nom de leurs rois la « Louisiane », ils ont, en ces parages, balancé la fortune de l'Angleterre. Mais l'époque où les deux peuples se disputaient une part du Nouveau Monde était celle où l'Angleterre, sortie de sa révolution, grandissait, tandis que la France, s'acheminant vers la sienne, dépérissait. Les contrées où nous avions paru les premiers nous devinrent étrangères. Il y resta pourtant, éparses, et clairsemées, des familles françaises, que d'autres vinrent rejoindre et desquelles sont issus, en plus grand nombre, les hommes ayant marqué dans l'histoire de la nation nouvelle. Plus tard, quand la paix générale, succédant aux guerres de la Révolution et de l'Empire, eut rouvert la mer à l'Europe et que sur certains points de cette Europe pacifiée, la population s'accrut plus rapidement que les subsistances, vers 1820, il se forma entre les deux continents un courant ininterrompu d'émigration. Ce courant grossit à partir de 1840, après que la vapeur eut raccourci les distances, élargi les moyens de transport. Il se composa d'abord presque uniquement d'Irlandais, ensuite d'Irlandais et d'Allemands, et maintenant on évalue à plus de vingt millions le nombre d'émigrants presque tous étrangers à la race anglo-saxonne, versés par l'Europe sur le rivage des États-Unis depuis leur affranchissement. A quoi il faut ajouter que ces émigrants se sont multipliés plus rapidement que ne se multiplie désormais la prospérité des premiers colons. La « Nouvelle Angleterre » a vieilli ; la postérité des anciens « pèlerins » et des anciens planteurs n'est plus féconde, comme le sont encore les races plus récemment transplantées. Ainsi ce n'est pas de l'Angleterre que le plus grand nombre des habitants des États-Unis tirent aujourd'hui leur origine ; mais c'est l'Angleterre qui a donné à cette nation nouvelle la première génération de citoyens et, avec eux et par eux, ses institutions et ses coutumes, ses lois et ses mœurs. L'Angleterre a fourni comme le moule, où les races les plus diverses sont venues se mêler et se fondre pour composer un peuple cosmopolite. Même en se séparant de la mère patrie, les État-Unis s'inspiraient de son esprit ; leur « Déclaration d'indépendance » est conforme à sa « Déclaration des Droits » et leur libérateur Washington peut être considéré comme le plus lointain et le plus illustre successeur des barons qui ont juré et fait jurer la « Grande Charte ».

Il y a pourtant entre la société anglaise et la société américaine une différence capitale. Les colons venus en Amérique avaient débarqué tous comme à la fois, à une époque récente et dans les conditions pareilles. Ni les siècles, ni les événements ne les avaient superposés et subordonnés les uns aux autres. Pour devenir libres, ils n'ont pas eu besoin, comme les Anglais de s'adosser à une aristocratie puissante. Pour devenir égaux, ils n'ont pas eu lieu, comme les Français, d'abattre une hiérarchie héréditaire. L'égalité civile et politique leur a été naturelle. Un grand publiciste, Tocqueville, a pu considérer chez eux un phénomène qu'il ne lui était pas donné d'observer en Europe : l'avènement de la démocratie sans révolution ; il a présenté la démocratie américaine comme le type de l'état vers lequel s'acheminent désormais toutes les sociétés humaines. Après lui, d'autres publicistes, pareillement étrangers à la nation qu'il observaient, Adolphe de Chambrun et James Bryce, ont envisagé cette nation sous un autre aspect : ils ont saisi et signalé les caractères distinctifs qu'elle tire de son origine propre, ses traits de ressemblance avec la mère patrie.

Les uns et les autres ont raison : la société la plus aristocratique qui se soit perpétuée en Europe a enfanté au delà de l'Océan et marqué de son empreinte la démocratie la plus achevée, la plus libre et la plus forte tout ensemble, qu'ait encore connu le monde.

* *

Cependant l'Europe n'a pas seule envoyé à travers la mer des habitants aux États-Unis. Pour travailler et peiner à leur place, les Européens ont tiré les nègres de l'Afrique et les ont introduits par force sur le sol qu'ils arrachaient aux Indiens. Une race d'esclaves a été formée et entretenue au sein d'un peuple libre. L'esclavage, extirpé depuis des siècles du monde chrétien, a reparu dans ces chrétientés nouvelles, plus inique et plus dégradant à certains égards ; car il avait désormais pour origine un attentat contre l'humanité, que les nations civilisées ont tardé jusqu'à notre siècle à réprimer, mais que l'Église romaine a toujours réprouvé : la traite, la chasse à l'homme traqué comme un gibier, transporté d'un hémisphère à l'autre comme une marchandise, sans autre dessein que d'en tirer profit et, le trafic des troupeaux humains une fois consommé, la couleur de la peau mettant à jamais entre le maître et l'esclave une différence indélébile.

Une telle prévarication devait être tôt ou tard expiée. Elle a été expiée et répudiée en notre siècle. Quand les États-Unis se séparèrent de l'Angleterre, ils possédaient environ sept cent mille esclaves, dont l'émancipation fut différée, et chaque délai la rendit plus malaisée. Soit au moyen de la traite, qui ne fut interdite qu'en 1808, ne commença à être réprimée, au même titre que la piraterie, qu'en 1820 et se continua clandestinement aussi longtemps que dura l'esclavage même ; soit grâce à la fécondité de la race asservie, la population noire ne cessa de croître ; vers le milieu du siècle, elle s'élevait à plus de trois millions d'âmes. Cantonnée dans les États du Sud, elle en était estimée la principale richesse, et ces États, comme par l'inquiet et sourd instinct d'une mauvaise conscience, s'ingéniaient à défendre une telle propriété, même avant qu'elle fût contestée. Ils auraient voulu étendre à l'Union entière ce qui, par un étrange euphémisme, était nommé dans les textes légaux leur « institution particulière ». Tout au moins s'attachaient-ils à introduire cette institution dans les États nouveaux qui agrandissaient l'Union, et dans les États mêmes qui n'admettaient pas chez eux l'esclavage, ils exigeaient que main-forte leur fût prêtée pour recouvrer et ramener leurs esclaves fugitifs. Ils l'obtinrent quelque temps, et prétendirent aller plus loin encore : ils revendiquèrent pour leurs citoyens le droit de s'établir avec cette sorte de propriété jusque dans les États qui, par leurs propres lois et pour leurs propres citoyens, ne l'admettaient pas, et quand l'élection d'un président contraire à cette prétention, Abraham Lincoln, leur eut indiqué que la plus grande portion du peuple la repoussait, ils rompirent l'Union, ils brisèrent le lien fédéral avec les États sans esclaves, pour former entre États esclavagistes une confédération nouvelle.

En avaient-ils le droit ? Le pacte fédéral était-il indissoluble et les États-Unis ne composaient-ils ensemble qu'une seule nation ? ou bien chaque État était-il, dans ses limites, indépendant et souverain, libre de s'associer à d'autres États ou de s'en séparer ? Pour un citoyen des États-Unis jusqu'où s'étendait en définitive la patrie ? Quelle était-elle : l'Union ou son État ? Question qui mit aux prises deux patriotismes contradictoires, suscita dans les deux camps la vaillance et le dévouement et ne put être tranchée que par la guerre.

Une fois posée sur les champs de bataille, cette question parut d'abord, plus même que l'esclavage, l'objet du débat. Car si les États du Sud avaient pris les armes pour maintenir l'esclavage, les États du Nord, au début de la lutte, ne se proposaient pas, là où il était établi, de l'abolir ; il leur suffisait qu'il ne s'étendît pas au delà. Mais cette lutte en se prolongeant s'agrandit ; elle arriva au terme où sans doute il plaisait à Dieu de l'amener.

Le jour vint où, tandis que se balançait incertaine la fortune des deux partis, dans le dessein d'accroître ses forces, de briser celles de l'adversaire, Lincoln, légiférant pour les contrées qu'il traitait de rebelles et qu'il travaillait à reconquérir, proclama l'émancipation des esclaves qui les habitaient. Dès lors la guerre changea de but et de caractère, les esclaves appelés à la liberté s'armèrent, formèrent des régiments noirs, et comme néanmoins la lutte se prolongeait toujours, comme après avoir coûté environ trois milliards de dollars (15 milliards de francs) et plus d'un demi-million de vies humaines, elle menaçait d'épuiser des deux côtés les belligérants, Lincoln, invariablement résolu à ne pas fléchir, adressa au peuple qui l'avait porté et le maintenait à sa tête ces paroles : « ..... Avec amour nous espérons, avec ardeur nous demandons que cesse bientôt ce formidable fléau de la guerre. Pourtant, s'il plaît à Dieu qu'il dure jusqu'à ce que toute la richesse, acquise au moyen du travail servile continué pendant deux cent cinquante ans sans rémunération, soit perdue ; jusqu'à ce que chaque goutte de sang arrachée par le fouet soit payée d'une goutte de sang arrachée par le sabre ; alors il faudra dire encore comme il a été dit il y a trois mille ans : « Vrais et justes sont les jugements du Seigneur. » Ainsi acceptée, l'épreuve touchait à son terme, le sang généreux du libérateur des esclaves allait être le dernier versé pour consommer l'expiation. Dans le moment où Lincoln célébrait le triomphe de sa cause, un fanatique sans complices l'assassina.

Il y a présentement trente-sept ans que les noirs des États-Unis ont été affranchis : ils l'ont été sans préparation. Pour les garder sous le joug, leurs propriétaires s'étaient attachés à les rendre incapables de la liberté. Des lois sévères avaient interdit, par exemple, de leur apprendre même à lire et, dans ce pays où tous les cultes s'exercent sans contrainte, aucun ministre d'aucun culte n'était admis à les évangéliser, si ce n'est avec l'autorisation et sous le contrôle du maître. Il y avait lieu d'appréhender qu'une fois affranchis, ils ne se pliassent plus à travailler et qu'ainsi, faute de ressources et faute de règle, leur race vînt à dépérir et s'éteindre, laissant inculte et stérile le sol que le labeur servile avait fertilisé. Les premières années qui suivirent l'affranchissement semblèrent confirmer ces craintes. Aujourd'hui elles sont en partie dissipées

La population noire s'est multipliée plus rapidement depuis l'émancipation qu'auparavant. Durant les trois dernières décades, où elle avait été recensée sous le régime de l'esclavage (on sait que le recensement des États-Unis s'opère tous les dix ans), de 1830 à 1860, elle s'était augmentée de 2,113,188 âmes. Pendant les trois décades au début desquelles s'est accomplie l'émancipation, de 1860 à 1890, la même race, que ne recrute plus la traite, s'est accrue de 3,028,210 âmes. En même temps elle a commencé à s'instruire. Dans ces États, où quiconque apprenait à lire aux esclaves était passible, non seulement de l'amende, mais du fouet, vingt mille écoles environ ont été fondées à leur intention ; elles l'ont été, pour la plupart, par la libre initiative des citoyens des États du Nord, achevant ainsi de justifier et d'honorer leur victoire, et maintenant on estime qu'il n'est guère plus de la moitié de la population noire qui soit encore illettrée.

Enfin depuis la paix, les libres industries du Nord ont envahi les contrées que leur avait fermées jusqu'alors le travail servile, et, si les familles des propriétaires d'esclaves ne se sont pas relevées de la ruine, si la richesse s'est déplacée et s'acquiert désormais par d'autres procédés, du moins elle ne fait plus défaut aux États du Sud ; les ressources de leur territoire sont devenues plus variées et plus abondantes qu'avant la guerre.

Il est pourtant un fléau auquel ils n'ont pas échappé : les mauvais gouvernements. En affranchissant tardivement et brusquement les nègres, il avait paru bon de les déclarer égaux aux blancs et, pour les garantir contre un retour oppressif de leurs anciens maîtres, de leur conférer les droits politiques en même temps que les droits civils. Dans les contrées où ils se pressaient de beaucoup les plus nombreux, c'était leur livrer tout à coup le pouvoir. Or ce pouvoir, ils étaient misérablement impropres à l'exercer. Aussi, soit que les blancs l'aient retenu par violence ou par fraude, soit que les nègres aient tenté d'en jouir, les institutions électives et démocratiques ont été viciées dans les anciens États à esclaves, et ce vice n'est pas encore corrigé.

Il ne faut pas non plus le méconnaître : au défaut d'éducation politique s'est ajouté, pour les noirs, le défaut d'éducation religieuse. Entre les diverses communions protestantes, les Méthodistes et les Baptistes, presque seuls, se sont occupés d'eux depuis l'émancipation ; ils les ont en grand nombre enrôlés dans leurs rangs ; ils ont recruté parmi eux des ministres de leur couleur ; mais ils ne les ont guère modifiés, ils ne leur ont apporté ni un esprit nouveau ni de nouvelles mœurs. La religion, telle qu'elle a été présentée par les Méthodistes et les Baptistes, s'est abaissée jusqu'à cette race inférieure plutôt qu'elle ne l'a relevée.

Quant à l'Église catholique, ce n'est point parmi les noirs qu'aux États-Unis elle s'est jusqu'à présent étendue. Au terme du siècle, elle n'en compte environ que cent quarante mille qui lui appartiennent (144, 180 en 1898). Son clergé, ayant peine à suffire à l'émigration irlandaise et à l'émigration allemande, ne s'est guère tourné vers eux. Deux congrégations étrangères, l'une récemment fondée à Londres par le cardinal Vaughan, et l'autre qu'a instituée en France, à notre époque, un Alsacien, Libermann, et qui, sans se détacher de sa tige primitive, a poussé un rameau en Irlande, la congrégation de Saint-Joseph et la congrégation du Saint-Esprit, leur destinent et leur préparent maintenant des missionnaires et même des prêtres de leur sang.

Quand nous en viendrons à considérer les dispositions des États-Unis en matière de religion, nous aurons à signaler les grandes espérances que les catholiques y conçoivent sur le progrès de leur foi dans leur patrie. Pour que ces espérances méritent de n'être point trompées, il importe que la race la plus dénuée, à tous égards, ne soit pas délaissée par eux ; il convient que les pauvres noirs soient évangélisés par leur Église.

*
* *

Ainsi, depuis son avènement à l'indépendance, cette nation des États-Unis a traversé et surmonté une crise formidable, survécu à la plus vaste guerre civile en se délivrant d'une plaie mortelle : l'esclavage. Par d'autres procédés que la conquête, son territoire et sa population se sont accrus avec une rapidité sans exemple : elle s'est agrandie au delà de toute prévision, sans se décomposer. Enfin, son affranchissement une fois accompli, elle n'a plus connu de révolution ; elle ne s'est jamais livrée à aucun maître, elle est demeurée libre sous des lois égales. A quelles causes doit être attribuée cette fortune ?

Les publicistes ont vanté la constitution des États-Unis, la plus ancienne des constitutions écrites encore en vigueur aujourd'hui et, si l'on en juge par l'expérience, la plus propre à préserver une démocratie tout ensemble du despotisme et de l'anarchie. En effet, s'appliquant à une nation composée à l'origine de colonies diverses, cette constitution a conservé à chaque membre du corps fédéral une vie propre et néanmoins a introduit à travers le corps entier une vie commune. Dans chaque État elle a maintenu un gouvernement particulier et, afin de pourvoir aux intérêts généraux, elle a établi partout des organes du gouvernement central. D'autre part, ayant à tirer d'une source unique, l'élection, toutes les sortes de pouvoirs : pouvoir législatif, pouvoir judiciaire et pouvoir exécutif, elle les a nettement séparés, assignant à chacun un domaine distinct où il se meut sans entraves et prenant soin entre eux de conjurer ou d'amortir les chocs, de prévenir la confusion. Mais que peuvent et que valent les lois sans les mœurs ? La plupart des peuples du continent américain, du Mexique au Pérou et jusqu'au Brésil, en se rendant indépendants, en se déclarant en république, ont copié assez exactement la constitution des États-Unis, et aucun n'a eu le même sort ; aucun n'a échappé à la corruption et au désordre révolutionnaires. Le mérite et le succès d'une constitution dépendent avant tout du caractère de la nation qui l'adopte et qui l'applique.

Les historiens ont observé les événements qui ont décidé de la destinée de la grande République et ils ont glorifié les chefs qui l'ont conduite à travers ces événements : un Washington, un Lincoln. Dans les rares et redoutables conjonctures, en effet, où sa vie même était en jeu, le peuple des États-Unis a eu la fortune de rencontrer, le mérite de discerner les hommes publics les mieux appropriés à leur tâche. Mais dans le cours habituel de son existence il en va tout autrement. Quand le temps est calme et que le péril s'éloigne, les citoyens les plus respectés ne sont pas ceux qui briguent et qui obtiennent le suffrage populaire ; la carrière politique n'est ni la plus estimée ni la mieux remplie ; ceux qui l'embrassent suivent l'opinion publique et ne la dirigent pas. Aussi le peuple des États-Unis est-il, à juste titre, réputé meilleur que ceux qui d'ordinaire le gouvernent.

C'est donc dans les qualités et dans les vertus de ce peuple même qu'il convient de chercher le secret de sa fortune. Or si l'on remonte à son origine, on reconnaît que ces qualités et ces vertus procèdent de deux sources : le travail et la religion. Du travail il a tiré sa subsistance d'abord, sa richesse ensuite. La religion a formé et gardé ses mœurs.

Les premiers colons venus d'Europe au nord de l'Amérique n'étaient pas des aventuriers ; ils n'y cherchaient pas, à travers les plus rapides et les plus terribles hasards, de l'or à saisir, mais, au moyen d'un labeur assidu, une terre à féconder. La lutte pour la vie, telle qu'ils l'ont inaugurée et que n'a plus cessé de la poursuivre un flot croissant d'émigrants, a consisté à défricher, labourer, semer et planter cette terre vierge et sauvage. En 1890, l'étendue des champs attribués à des propriétaires dépassait 600 millions d'acres, soit environ 250 millions d'hectares, sur lesquels plus de 350 millions d'acres, soit environ 142 millions d'hectares, étaient dès lors aménagés et appropriés à la culture. Cinq ans plus tard, en 1895, au delà de ces limites, avaient été arpentés pour être livrés à de nouveaux occupants, plus d'un milliard d'acres (soit plus de 400 millions d'hectares). La surface présentement cultivée aux États-Unis est à peu près quatre fois aussi grande que la surface cultivée en France, et elle nourrit une population à peu près double de la nôtre ; la surface destinée à la culture et qui nourrira des générations encore à naître, égale celle de la Russie.

Ainsi le pionnier et le cultivateur américain ont devant eux un espace immense à conquérir. La tâche qui leur reste est beaucoup plus vaste que la tâche aujourd'hui remplie, et pourtant cette tâche a été, dans leur nouvelle patrie, la première embrassée et la plus constamment poursuivie, le travail agricole est le plus ancien et, jusqu'à ce jour, le plus fécond auquel se soit voué le peuple américain. Fécond en hommes autant qu'en subsistances. C'est dans la prairie ou la forêt longtemps désertes et comme sans limite, que s'est multipliée comme sans mesure une race nouvelle de travailleurs ; c'est aux prises avec la nature inculte et rebelle que s'est formée et fortifiée cette race, que Tocqueville a vue à l'œuvre et qu'il a dépeinte « inquiète, raisonnante et aventurière, qui fait froidement ce que l'ardeur seule des passions explique, se soumet pour un temps à la vie sauvage pour mieux vaincre et civiliser le désert ».

Ce désert n'était encore ni défriché ni peuplé, que les chemins de fer commençaient à le sillonner. A la différence de l'Europe, les chemins de fer des États-Unis ont été construits, non pour desservir en les développant des populations déjà établies, des cultures, des industries déjà entreprises, mais pour attirer ces populations, pour faire naître ces industries ou ces cultures. La première voie ferrée a été construite en 1827. Vingt ans plus tard, en 1847, les voies ferrées des États-Unis s'étendaient sur 14,000 kilomètres ; elles en comptent 282,000 aujourd'hui. Sur cette portion du continent américain, l'industrie des transports au moyen de la vapeur s'est donc déployée avant toute autre et tout d'abord au service du travail agricole. Plus tard est survenu le travail des mines et le travail des manufactures. La terre, fouillée jusqu'aux approches des glaces du pôle, a fourni en abondance au commerce l'or et l'argent qui jadis se tiraient presque uniquement de la région de l'Équateur ; à l'industrie, le pétrole qui éclaire ses ouvriers, le fer qu'emploient ses machines et le charbon qui les alimente. Jusque vers la fin du siècle, les États-Unis ont été tributaires des manufactures européennes ; désormais l'Europe devient tributaire des manufactures américaines ; chez ce peuple grandissant, l'exportation des produits manufacturés dépasse de plus en plus l'importation, et dès à présent il possède, il met en mouvement 7,492,900 chevaux-vapeur, environ un demi-million de plus que les Iles Britanniques, trois millions de plus que l'Allemagne, quatre millions de plus que la France.

Ce progrès soudain de l'industrie américaine a changé l'aspect de la contrée et l'assiette de la population. Les premières bandes d'émigrants s'étaient dispersées à grande distance à travers la campagne et avaient construit des fermes. D'autres bandes, venues plus tard, se sont rassemblées autour des mines et des usines et ont bâti des villes. Aujourd'hui il y a aux États-Unis une ville, New-York, dont la population dépasse deux millions d'habitants; deux autres, Chicago et Philadelphie, qui dépassent un million; vingt-quatre qui dépassent cent mille âmes; parmi ces villes, sept seulement ont été fondées avant notre siècle, toutes les autres ont moins de cent ans, la plupart moins de cinquante, et la naissance ou la croissance de chacune d'elles a été déterminée par la naissance ou la croissance de quelque industrie.

A mesure que la population s'est multipliée et que son territoire s'est étendu, elle a donc embrassé de nouveaux métiers, et de plus en plus rapidement s'est augmentée sa richesse. Dans un pays où la fortune seule établit une différence entre des hommes d'ailleurs pareils, la poursuite du gain, âpre, hardie, effrénée, ne s'est pas arrêtée : poursuite qui trop souvent a oblitéré le sens moral, mais a du moins entretenu et développé la vigueur du corps et de l'âme. Voulant toujours s'enrichir et ne pouvant s'enrichir que par le travail, le peuple américain s'est enrichi sans s'amollir.

Jusqu'à présent aussi, il a peu souffert d'un autre mal qui sévit dans la vieille Europe : les mécontents aussi bien que les oisifs sont rares aux États-Unis; chacun y travaille, confiant en soi-même et augurant bien de l'avenir. L'inégalité des fortunes a pu y devenir plus grande que chez la plupart des nations civilisées, sans aboutir, comme parmi elles, à l'antagonisme des classes, et cela pour plusieurs causes : d'abord cette inégalité n'est pas stable. Dans la course hâtive de tous vers la fortune, nul ne garde longtemps la même place; chaque individu, chaque famille changent aisément et fréquemment de position et de profession, et comme dès lors il ne se forme pas de classes distinctes et séparées, il n'y a pas de classes constamment opposées les unes aux autres.

En outre, cette richesse inégale et mobile ne cesse de croître, au profit de tous, et de la sorte, chacun occupé et satisfait du progrès de son propre gain, est moins disposé à envier le gain d'autrui. S'il n'est pas de pays où les « rois de l'or », comme on les appelle (*money Kings*), accumulent autant de capitaux, il n'en est pas non plus où les ouvriers reçoivent un salaire aussi élevé, où se rencontrent aussi peu d'indigents.

Enfin cette richesse, fréquemment recherchée avec une avidité sans scrupule, est, dans une assez large mesure, dépensée pour le bien public. Artisans de leur propre fortune et témoins de l'instabilité de toutes les fortunes, les « rois de l'or » ne prétendent guère se perpétuer dans leur postérité et dotent d'autant plus volontiers leur ville ou leur État d'établissements qui portent leur nom et sauvegardent leur mémoire. Ils fondent des hôpitaux et des asiles, des écoles et des universités, des bibliothèques et des musées. Peu soucieux de briguer les fonctions publiques, ils ne méconnaissent pas néanmoins le devoir social de la richesse et, par de telles œuvres, ils le remplissent.

Mais ce ne sont pas ces œuvres qui apaiseront les passions populaires, quand elles se soulèveront contre cette richesse. Le moment arrivera tôt ou tard où la société américaine, à force de grandir, approchera de la limite de ses ressources et vieillira, où les fortunes acquises deviendront plus fixes, où l'élévation des salaires se ralentira et s'arrêtera. Alors entre le capital et le travail manuel se disputant les bénéfices des manufactures, entre patrons et ouvriers ou, comme ils disent, « employeurs et employés », risquera de s'élever une querelle, plus terrible peut-être que nulle part ailleurs; car, pour la soutenir, les deux partis trouveront dans la liberté et dans l'habitude des associations une incalculable force. Déjà ces associations se sont formées. Déjà, d'un côté, les chefs de plusieurs industries ont organisé entre eux des monopoles qui les préservent de la concurrence intérieure, tandis que d'exorbitants tarifs de douane les garantissent de la concurrence étrangère et, par ce double procédé, ils prétendent régler à leur gré le prix de leurs marchandises. Déjà, de leur côté, les ouvriers des divers métiers s'affilient entre eux d'un bout à l'autre de l'Union pour régler à leur tour les conditions et le prix de la main-d'œuvre, s'efforçant aussi de fermer l'entrée du pays aux travailleurs étrangers, et, à l'intérieur, interdisant le travail à quiconque ne s'enrôle pas dans leurs rangs. Jusqu'ici ces deux éléments de l'industrie américaine se sont plus souvent accordés pour augmenter le profit commun que tournés l'un contre l'autre : les associations ouvrières, les *trade's unions* se vantent d'avoir conjuré beaucoup plus de grèves qu'elles n'en ont soutenu. Il en a pourtant éclaté d'effrayantes. Récemment le conflit soulevé à la porte de Chicago, dans les ateliers de Pullman où se fabriquent les voitures de chemins de fer, et celui qui s'est engagé dans les forges de Pittsburg, ont retenti jusqu'en Europe : indice de la violence et de l'énergie des luttes futures. Pour compliquer et pour aggraver encore ces luttes intestines dans les usines, il commence, dès à présent, à s'y joindre les griefs et les revendications de l'agriculture. Constamment exposés à souffrir des monopoles industriels et des tarifs douaniers, n'étant guère appelés à en profiter, les fermiers de l'Ouest se liguent et s'agitent contre les manufacturiers et leur prépondérance.

Il faut donc le prévoir : la société américaine ne restera point à l'abri des convoitises opposées les unes aux autres; en face du développement excessif et comme de l'enflure de la richesse, les doctrines subversives n'en seront pas non plus toujours écartées. Si l'humeur indépendante et le sens pratique de la race anglo-saxonne se prêtent mal au socialisme, la race allemande l'introduit avec elle et, à mesure qu'elle se répand davantage, elle menace d'en étendre la contagion. Pour prévenir ou pour arrêter entre les prétentions et les intérêts discords, les chocs où périrait l'industrie même, un arbitrage deviendra de plus en plus nécessaire. Qui l'exercera?

Dès aujourd'hui des bureaux d'arbitrage sont institués en divers États. Ils contrôlent les opérations de chaque industrie; quand des conflits s'élèvent, quand des grèves surviennent, ils apprécient la valeur des griefs allégués, ils déterminent les conditions d'un arrangement équitable et, quoique l'avis qu'ils donnent ne soit guère muni de sanction, l'opinion publique, qui se fie à la compétence et à l'impartialité de ces bureaux, l'accepte, et dès lors, dans un pays où l'opinion est souveraine, d'ordinaire il prévaut. En ce qui concerne les chemins de fer, le gouvernement fédéral a même établi, pour régler le commerce entre les divers États, une commission munie des pouvoirs d'un véritable tribunal, et qui prononce sur les questions de tarif.

Pour terminer les différends qui s'élèveront, suffira-t-il cependant d'un arbitrage administratif ou judiciaire? N'y faudra-t-il pas une autorité morale qui apaise les âmes, tandis qu'on désarmera les bras? Cette autorité morale, l'Église catholique aux États-Unis se croit appelée à l'exercer, étant, parmi les diverses communions chrétiennes, celle à qui appartiennent en plus grand nombre les ouvriers. Restant à l'écart des débats politiques, elle se tient prête à intervenir dans les questions sociales, et d'avance elle prend soin de ne pas s'aliéner l'un des partis en présence ; elle s'applique à garder crédit sur les associations ouvrières. Il y a douze ans, l'une de ces associations, la plus puissante à cette époque, celle des « Chevaliers du travail », avait été dénoncée au Saint-Siège comme société secrète. Sa condamnation était réclamée, au même titre que celle des francs-maçons, et semblait imminente à Rome, quand les archevêques des États-Unis se concertèrent pour la détourner, et ils l'ont détournée. Dans le mémoire présenté en leur nom, le premier d'entre eux, le cardinal Gibbons, a d'abord indiqué les caractères qui distinguent une association née dans un pays de publicité et de liberté, des sociétés secrètes d'Europe et qui doivent la mettre à l'abri des censures encourues par celles-ci ; adressant ensuite au Pape une prière destinée à être entendue, il l'a adjuré de ne pas décourager les efforts des ouvriers pour améliorer leur sort, et il a conclu en signalant en ces termes les espérances que son Église fonde sur eux dans sa patrie : « Aux yeux de la démocratie américaine tout entière, sans distinction de croyance, le plus beau titre de l'Église catholique au respect, sa plus forte garantie contre la persécution, le gage le plus sûr de son droit de cité aux États-Unis, c'est d'être réputée l'amie du peuple. »

.*.

Cette Église, qui se glorifie maintenant d'être réputée « l'amie du peuple », n'est pourtant pas celle qui a présidé à la naissance de la nation. Sans doute sur le territoire qui devait devenir celui des États-Unis, comme dans tout le reste du Nouveau Monde, elle avait paru la première. Pour évangéliser les tribus indiennes, les Dominicains, les Capucins et les Carmes espagnols étaient remontés de la Floride vers le Nord, avaient atteint les Montagnes Rocheuses et la Californie ; les Jésuites et les Récollets français étaient descendus de la Nouvelle France vers le Mississipi, avant que les « Pèlerins » d'Angleterre eussent colonisé le Massachusetts, et déjà des chrétientés indiennes s'étaient formées autour des missions espagnoles et françaises. Mais quand la France et l'Espagne se retirèrent devant l'Angleterre, les missions qu'elles avaient fondées dépérirent, le culte qu'elles avaient inauguré s'éteignit, la race indienne elle-même commençant à être refoulée et comme étouffée par l'invasion anglo-saxonne.

Cette invasion avait été déterminée à l'origine par les divisions et les proscriptions religieuses. Des protestants bannis par d'autres protestants avaient passé l'Atlantique pour pratiquer leur culte, et de la fin du xvie à la fin du xviie siècle, l'Amérique du Nord était devenue la patrie des chrétiens exilés pour cause de religion. Chaque communion proscrite s'y faisait un asile qu'elle n'ouvrait pas d'abord aux autres communions. Dans ces colonies dont une foi commune était le lien, nul n'avait droit de cité, s'il n'appartenait à l'Église établie; les plus pieux fidèles, se recrutant entre eux parmi toute la congrégation, les « Saints », comme ils s'appelaient eux-mêmes, gouvernaient à la fois l'Église et l'État; la loi tirée de l'Écriture devenait la loi civile, et toutes ses prescriptions, qu'elle fussent d'ordre temporel ou d'ordre spirituel, étaient pareillement munies d'une sanction pénale. Survenait-il donc quelque doctrine ou quelque discipline différente: pasteurs et fidèles se cherchaient quelque autre plage inhabitée où planter leur tente, un nouvel essaim de bannis formait une colonie nouvelle, préparait un nouvel État. Ainsi était inaugurée au delà de l'Atlantique, non pas encore la liberté, mais la diversité des croyances.

Cependant parmi les chrétiens qui avaient cherché un refuge d'Angleterre en Amérique, une poignée de catholiques s'était rencontrée. Ils avaient nommé le coin de terre qui leur avait été livré du nom de leur protectrice, une fille de notre Henri IV, la reine Henriette-Marie : Maryland; le port où ils avaient abordé, du nom du Seigneur leur coreligionnaire qui avait préparé leur exode : Baltimore et, comme avec eux ils avaient amené des protestants, comme des contrées voisines ils en laissaient entrer sur un territoire qu'ils ne suffisaient pas à occuper et à cultiver seuls, ils n'interdisaient pas non plus dans leur domaine, à côté du culte catholique, le culte protestant; les protestants divisés entre eux, épiscopaux et puritains, y trouvaient un abri contre leur intolérance réciproque. Les catholiques ont ainsi inauguré dans le Maryland, en 1634, la liberté des cultes chrétiens et, après l'avoir pratiquée, ils l'ont proclamée; en 1649 il l'ont inscrite en termes formels dans les lois de la colonie. Le moment vint bientôt cependant où, dans le Maryland même, ils cessèrent d'être les plus nombreux et les plus forts, et tout aussitôt les protestants, qui prévalaient, refusèrent aux catholiques la liberté que les catholiques leur avaient précédemment accordée; la messe cessa d'être célébrée, si ce n'est à l'intérieur des habitations; tout emploi public fut interdit, tout droit civique fut enlevé à quiconque conservait l'antique foi, et pour pratiquer ouvertement cette foi, surtout pour la transmettre à ses enfants, plus d'un héritier des anciens colons dut chercher un autre asile que celui attribué jadis à ses ancêtres. Cet asile il le trouva, il est vrai, tout auprès, dans une colonie, la Pensylvanie, dont le fondateur William Penn, ne professant guère d'autres dogmes que la charité fraternelle, avait, en 1681, appelé à titre égal les chrétiens de tous les cultes. Plus loin, au cœur même de la Nouvelle-Angleterre, un autre échappé du protestantisme, Roger Williams, dès 1638, avait aussi ouvert non plus seulement à tous les chrétiens, mais à tous les hommes, sans distinction de croyance, une ville qu'il avait appelée *Providence*. Mais c'étaient là, sur quelques points isolés du vaste territoire, des exemples qui ne paraissaient aucunement contagieux. Pour que la liberté de conscience et de culte soit devenue le droit commun des États-Unis, il a fallu : d'abord la constitution fédérale qui a suivi leur affranchissement; ensuite, dans la législation particulière de chaque État, un changement, qui a commencé à la fin du siècle dernier et s'est achevé dans le nôtre. La constitution fédérale déclara, en 1788, « qu'aucune profession de foi ne serait jamais requise pour être admis à aucun emploi public relevant des États-Unis », et bientôt après que « le Congrès ne pourrait faire aucune loi établissant une religion ou tendant à en empêcher l'exercice ». C'était proclamer l'incompétence du Congrès fédéral, mais en abandonnant à chaque État en particulier la faculté de légiférer en matière religieuse et, avant que chaque État se déclarât à son tour en cette matière incompétent comme le Congrès, avant qu'à l'intérieur de tous les États successivement fussent abolies les incapacités et les inégalités infligées en raison des croyances, il s'est écoulé soixante années. La Virginie, la première, avait renoncé à l'intolérance en 1784 et le New-Jersey ne s'en est départi qu'en 1844. La liberté religieuse dans cette portion du Nouveau Monde est donc un événement du siècle présent, et c'est pourquoi nous avons dû en marquer ici l'origine et le progrès.

Reste à en déterminer le caractère et les résultats.

La liberté religieuse aux État-Unis a procédé, non de l'indifférence, mais de la foi. Il est vrai que parmi les politiques qui proposèrent cette nouveauté au terme du XVIII siècle, plus d'un s'était rendu le disciple des incrédules d'Europe ; mais pour la faire accepter par le peuple d'Amérique, il lui fut allégué que « le Très-Haut ayant créé les âmes libres, prétendre peser sur elles par la crainte des châtiments temporels ou la privation des droits civils, c'est les pousser à l'hypocrisie et les habituer à la bassesse, c'est corrompre la religion même qu'on prétend favoriser ». En effet, la nation nouvelle avait pour citoyens les héritiers d'hommes qui avaient abandonné leur première patrie pour garder leur foi, et comme la foi des uns différait de celle des autres, il devenait nécessaire, pour les faire vivre ensemble dans une patrie commune, de placer la foi au delà de l'atteinte des lois humaines. Dans leur déclaration d'indépendance, les fondateurs de cette patrie avaient d'ailleurs « pris à témoin de la droiture de leurs intentions le Juge suprême de l'Univers », et depuis cette époque jusqu'à nos jours, les constitutions particulières à chaque État ne manquent pas de proclamer en termes formels l'hommage dû par les sociétés humaines au Créateur ; mais pour remplir les devoirs sociaux, ce peuple ne compte pas uniquement sur la hiérarchie élective de ses pouvoirs publics ; il confie de préférence à des associations volontaires l'accomplissement de plus d'un devoir de cet ordre et avant tout autre du devoir religieux. C'est pourquoi l'obligation de l'État en matière de religion consiste à ses yeux, d'une part, à respecter et faire respecter l'autonomie des Églises, d'autre part, à conformer la loi civile aux principes de morale qu'admettent tous les cultes chrétiens, et s'il est vrai qu'entre tant de confessions différentes ces principes sont difficiles à déterminer avec quelque précision, il faut reconnaître aussi que ce qui s'en écarte trop sensiblement est réputé contraire à l'ordre public : par exemple la polygamie des Mormons n'a jamais pu obtenir droit de cité aux États-Unis, et le repos du dimanche y demeure partout rigoureusement imposé.

On le voit, les héritiers des premiers pèlerins, en renonçant à l'intolérance de leurs ancêtres, n'en ont pas répudié l'esprit religieux. D'autres émigrants leur ont succédé en notre âge, professant d'autres croyances, mais gardant à leurs croyances une fidélité pareille. Sans doute ce n'est pas pour pratiquer leur culte que les Irlandais ont été réduits depuis 1820 à quitter leur pays natal; c'est pour gagner leur vie. Mais opprimés et dépouillés durant de longs siècles par la protestante Angleterre, ils devaient attribuer leur misère à leur foi : à eux aussi la religion coûtait la patrie. Plus nombreux, plus dénués à tous égards et moins cultivés que les puritains, ils rapportaient, sur cette terre d'asile des persécutés, l'antique croyance, traitée longtemps en étrangère et désormais admise en vertu de la loi commune au droit de cité. Heureuse fortune pour la nation nouvelle, que le premier flot de prolétaires, débordant de l'Europe sur son rivage, y soit arrivé muni d'une foi ardente et fidèle, d'une foi fortifiée par l'épreuve ! Ni les fondateurs de cette nation, quelles qu'aient été leurs erreurs, ni les derniers venus parmi ses citoyens, quelle que soit encore leur ignorance, ne lui ont inoculé l'incrédulité.

La liberté religieuse aux État-Unis est donc résultée de la diversité de croyances également fermes à l'origine et, une fois en vigueur, cette liberté n'a pas manqué d'accroître cette diversité. Il n'est guère de race humaine qui n'ait introduit son culte chez ce peuple cosmopolite, et plusieurs cultes y sont nés qu'on ne voit nulle part ailleurs. On compte aujourd'hui chez lui plus de cent quarante communions, ou, pour parler son langage, « dénominations » religieuses. La difficulté de choisir entre tant de religions ne l'exposait-elle donc pas à mettre de côté toute religion et ne devait-il pas ainsi rencontrer sur sa route, à mesure qu'il se développait, le péril qu'à son point de départ il n'avait pas connu : l'incrédulité ? A ce péril les esprits cultivés des États-Unis n'ont pas échappé toujours. Leur plus habile écrivain, Emerson, ayant entrepris d'initier ses compatriotes au rationalisme et au panthéisme allemands, professait que toutes les contradictions humaines se résolvent dans une harmonie transcendante, et que tous les cultes sont en même temps faux et vrais : faux, parce qu'ils prétendent enchaîner la pensée ; vrais, parce qu'ils répondent à un instinct de l'âme qui les enfante. Leur plus éloquent et plus généreux prédicateur, Channing, a prétendu demeurer chrétien en devenant le ministre d'une congrégation qui niait la divinité de Jésus-Christ. Mais jusqu'à ce jour l'incroyance de quelques penseurs n'a pas gagné le peuple même.

Il ne faut pas s'y tromper d'ailleurs, parmi ce grand nombre de « dénominations » indépendantes les unes des autres, beaucoup ne diffèrent entre elles ni par la doctrine, ni par les institutions ou les rites, mais seulement par la race ou la contrée qui les adopte, quelquefois par le parti qu'elles ont embrassé durant la guerre civile où l'esclavage a trouvé son terme. Il y a de la sorte douze Églises presbytériennes, treize Églises baptistes, dix-sept Églises méthodistes, et les Églises méthodistes se rattachent elles-mêmes à l'Église épiscopale, comme les Églises baptistes à l'Église presbytérienne. Au fond, sans reconnaître d'autorité commune, le protestantisme américain tend de plus en plus à l'uniformité et désormais n'est plus séparé qu'en deux branches qui ne se confondent pas : les Églises évangéliques qui croient à la divinité de Jésus-Christ et les Églises non évangéliques qui ont cessé d'y croire, ainsi que nous l'avons déjà dit au sujet de Channing. Les premières ont, avec la foi en l'Écriture sainte, hérité plus ou moins directement des étroites et sombres doctrines de Calvin ; les secondes, de beaucoup les moins nombreuses, ne sont plus que des écoles de morale, étrangères à tout dogme révélé, et néanmoins gardent des ministres, des temples, des prêches et affectent encore les formes extérieures d'une religion.

Dans ces conditions, si l'on se réfère au dernier recensement des États-Unis, il faut reconnaître que le nombre des fidèles parvenus à l'âge de raison et professant les divers cultes protestants (*communicants*) s'accroît d'année en année, plus rapidement que la population même. En 1880, il était d'environ neuf millions ; en 1890, il s'est élevé à treize ou quatorze millions ; en dix ans il a augmenté de plus de 42 pour 100, tandis que, durant la même période, le chiffre total de la population a passé de 50 à 62 millions, s'est élevé de 24 à 25 pour 100 seulement. Ce qui a diminué c'est le nombre des « infidèles », ainsi qu'on appelle en ce pays les hommes qui rejettent toute religion. Plusieurs signes irrécusables semblent confirmer ce progrès de la foi. On sait, par exemple, qu'aux États-Unis les ressources des différents cultes proviennent des contributions volontaires de leurs adeptes et, soit à cause de la multiplicité de ces cultes, soit à cause de l'attachement qu'ils inspirent, il n'est pas de pays où les édifices religieux s'élèvent aussi nombreux, il n'est pas de ville, notamment où se rencontrent autant de temples ou d'églises qu'à New-York. Dans toute l'étendue des États-Unis, on en compte 142,000, pouvant contenir à la fois plus de 43,000,000 d'assistants, et qui sont estimés valoir présentement environ 670 millions de dollars (3,350,000,000 de francs). En cinq années, de 1890 à 1895, les principales communions protestantes ont bâti :

Les Épiscopaux, 877 temples, les Presbytériens, 1,054 ; les Baptistes, 3,842 ; les Méthodistes, 6,412 ; en tout plus de douze mille.

Cependant, en face du protestantisme, et bien plus encore, grandit le catholicisme. Déjà, il y a plus de soixante ans, Tocqueville observait, non sans surprise, que « l'Amérique, la contrée la plus démocratique de la terre, est en même temps le pays où, suivant des rapports dignes de foi, le catholicisme fait le plus de progrès ». Depuis Tocqueville, ce progrès ne s'est plus arrêté. A la fin du siècle dernier, au lendemain de l'émancipation, en 1784, sur trois ou quatre millions d'habitants, les États-Unis comptaient environ trente ou quarante mille catholiques, un sur cent ; à la fin du siècle présent, en 1890, sur soixante-deux millions d'habitants, ils en compte de huit à neuf millions, un sur sept ou huit. Moins nombreux que toutes les communions protestantes ensemble, ils le sont plus qu'aucune d'elles en particulier. Il n'est pas d'État où ils n'aient introduit leur culte, et dans trente-trois États ils dépassent le reste de la population, notamment dans ceux de la Nouvelle-Angleterre. Leurs églises, moins multipliées mais plus vastes que les temples protestants, sont estimées valoir cent dix-huit millions de dollars (590,000,000 de francs), avoir coûté plus que les édifices d'aucune autre communion ; malgré qu'elles aient été bâties par les plus pauvres des émigrants et les plus récemment installés. D'année en année, ils ne cessent d'ailleurs d'en élever de nouvelles ; de 1890 à 1895, ils en ont ouvert 4,655. Plus rapide encore est l'accroissement de leur hiérarchie et de leur clergé. Quand le siècle a commencé, ils avaient un évêque et une trentaine de prêtres, la plupart étrangers au peuple qu'ils devaient évangéliser. Quand le siècle s'achève, ils ont douze archevêques, 80 évêques, plus de 11,000 prêtres, presque tous Américains. Enfin, tous les ordres religieux que l'Église romaine, depuis sa jeunesse jusqu'à nos jours, a enfantés dans le vieux monde, y sont naturalisés, et plusieurs congrégations, d'origine américaine, y viennent de naître.

Après avoir constaté ce progrès du catholicisme aux États-Unis, lorsqu'on en recherche la cause, on reconnaît tout d'abord que l'accroissement de la population catholique provient soit de l'annexion de contrées, soit de l'émigration de races déjà catholiques, et parmi ces races, celle qui tient la première et la plus large place dans ce nouveau troupeau de l'Église romaine, c'est la race irlandaise ; vient ensuite au second rang, partagée qu'elle est entre les deux croyances, la race allemande. On a même soutenu que la postérité issue de parents catholiques dépassait notablement le nombre actuel des catholiques aux États-Unis, et que, par conséquent, en dépit de sa croissance apparente, l'Église romaine, en ce pays, avait perdu beaucoup de fidèles qui, par droit de naissance, auraient dû lui appartenir. Sans prétendre ici mesurer ces pertes, il faut reconnaître qu'au début de l'émigration, parmi la multitude des déshérités venus de contrées catholiques, plusieurs, s'ils n'avaient pas déjà délaissé leur foi héréditaire avant de partir, l'ont abandonnée et surtout ne l'ont pas transmise à leurs enfants sur un rivage où d'abord ils ne trouvaient pas moyen de la pratiquer. Mais il ne faut pas méconnaître non plus que ces défections, plus ou moins inconscientes, se sont arrêtées à mesure que les prêtres catholiques, en se multipliant, ont partout institué leur culte, et maintenant, les conversions qui s'opèrent de jour en jour commencent à combler les anciens vides. Dans le seul diocèse de Baltimore, le cardinal Gibbons en compte de sept à huit cents et, dans l'Union entière, les évalue à trente mille par année.

Quoi qu'il en soit, ce qu'il convient d'admirer davantage dans cette jeune Église, ce n'est pas le nombre, c'est la vie ; les catholiques de naissance ou d'origine qui ont cessé de croire, l'ont quittée ; ceux qui lui restent lui appartiennent en esprit et en vérité, et si maintenant on examine par qui et comment lui a été transmise cette vie chrétienne, la France, parmi tous les peuples de l'Europe, a le droit de revendiquer sa part, la première, dans cette œuvre féconde. Telle paraît, en effet, jusqu'ici la destinée de notre patrie : au reste du monde elle ne fournit guère de colons, mais elle envoie des missionnaires ; les missions, voilà ses vraies colonies. Il y a plus d'un siècle aujourd'hui, quand sombra à travers la révolution l'antique Église de France, quelques épaves furent jetées sur le rivage américain, comme des germes pour l'Église nouvelle. Un prêtre, réduit à s'éloigner de France, Cheverus, rejoignit l'évêque Carroll, Américain de race et de cœur, qui, dans la nation récemment affranchie, inaugurait à Baltimore la hiérarchie romaine, et cet exilé devenait bientôt lui-même le premier évêque de Boston ; à sa suite d'autres Français occupaient, à mesure qu'ils se fondaient, la plupart des nouveaux sièges ; l'Épiscopat américain les a eus pour ancêtres. Dans le même temps et cherchant un refuge contre la même proscription, les Sulpiciens français ouvraient le grand séminaire de Baltimore : le clergé américain, dès son début, les a eus et, depuis lors, à Baltimore, à Boston, à New-York, à San-Franscisco, n'a plus cessé de les avoir pour instituteurs. Enfin, puisqu'un concile américain a déclaré « que le dévouement des religieuses en ce pays a contribué plus que toute autre chose à disposer favorablement les hommes étrangers à notre foi », il convient de rappeler que la plupart des congrégations de femmes, aux États-Unis, tirent leur origine de France, et, encore bien que les religieuses qui les composent soit maintenant Américaines, elles portent une robe, suivent une règle, reconnaissent une supérieure françaises.

Au surplus, si le peuple des États-Unis se tourne aujourd'hui vers une Église de laquelle l'éloignaient jadis les plus aveugles et violents préjugés et que la France lui a fait connaître, il faut admettre que ce peuple a gardé en lui-même un besoin de croire que les autres cultes ne suffisent plus à satisfaire. D'une part, l'émiettement indéfini des croyances porte à souhaiter, puis à chercher, enfin à reconnaître un tribunal suprême qui les juge et qui les fixe. D'autre part, entre les dogmes religieux qu'ont légués à ce peuple ses premiers fondateurs et les principes politiques et sociaux qu'ils l'ont préparé à adopter, il y a contradiction : la doctrine puritaine refuse la liberté à l'homme et la démocratie américaine la garantit au citoyen ; la doctrine puritaine déprime la nature humaine et la tient en perpétuelle défiance ; la démocratie américaine l'honore et l'exalte, et se fie pleinement à elle. Entre les deux, la doctrine catholique intervient, qui règle et corrige la liberté, mais sans la contester ; qui élève la nature au-dessus d'elle-même, mais sans méconnaître ses qualités natives. En dépit de malentendus séculaires, il apparaît donc que la doctrine catholique est celle qui convient à un peuple libre et fort.

De ces deux ordres d'arguments, le premier est principalement présenté avec une simplicité et une autorité persuasives dans les discours et les écrits de l'organe le plus éminent et le plus accrédité de l'Église romaine aux États-Unis, le cardinal Gibbons ; le second a été mis en lumière par deux hommes, un laïque et un prêtre, qui avaient traversé toutes les doctrines avant de parvenir à la vérité catholique et de s'y fixer : Brownson et Hecker, que leurs compatriotes et coreligionnaires vénèrent comme des modèles de vertu chrétienne, que les étrangers considèrent comme des types remarquables du caractère américain.

Les Américains, et parmi eux les catholiques, sont portés à l'espérance. Le plus écouté de leurs orateurs, l'archevêque Ireland, célébrant à Baltimore, en 1889, le centenaire de leur hiérarchie ecclésiastique, concluait son discours en ces termes : « Il reste à notre Église plus de chemin à parcourir qu'elle n'en a présentement parcouru. La tâche du XIXe siècle a consisté à l'implanter aux États-Unis ; la tâche du XXe sera de rendre catholique tout le peuple américain. » De même dans son dernier écrit : *l'Ambassadeur du Christ*, qu'un traducteur habile a mis récemment entre les mains du clergé français, le cardinal Gibbons, sans anticiper peut-être un triomphe aussi complet et rapide, donne pour devise apostolique à ses prêtres le cri national et populaire : « En avant ! » (*Go ahead.*)

Puisse, en effet, cette Église des États-Unis n'être jamais arrêtée dans sa marche et la continuer à travers le siècle prochain ! Son progrès importe dans le monde entier à tous ceux qui ne consentent à désespérer ni de leur temps ni de la cause chrétienne ici-bas, qui demandent à la liberté des ressources pour la religion et qui cherchent dans la religion et la liberté une sauvegarde pour la démocratie.

*
* *

Mais ce progrès importe avant tout à la société américaine elle-même et à cette société tout entière. Elle en a besoin pour sa vie domestique et pour sa vie publique.

Dans sa vie domestique, à côté des qualités incontestables que nous avons signalées, il est une plaie qui grandit et ne doit pas être dissimulée : la facilité du divorce relâche et rompt les liens de famille ; trop souvent parents et enfants se montrent indifférents et comme étrangers les uns aux autres. A l'Église qui seule a maintenu l'indissolubilité du mariage et qui demeure aujourd'hui, selon l'aveu d'un protestant illustre, Guizot, la plus grande école de respect, il appartiendra de resserrer l'union des époux, de rétablir entre parents et enfants l'échange de la sollicitude et de la déférence.

Au delà de la famille, nous avons observé déjà que la même Église, sans avoir jamais pris parti dans les débats purement politiques, se prépare à s'interposer dans les querelles sociales, à conjurer le conflit du capital et du travail. Souhaitons qu'elle y parvienne ! Elle épargnerait ainsi à ce monde jeune et nouveau les déchirements qui menacent aujourd'hui l'ancien !

Et puisqu'au terme de cette rapide étude, un ami sincère des État-Unis consigne ses vœux pour leur avenir, il en est un qu'à l'heure présente il ne saurait omettre. En décrivant au début de ces pages la croissance de cette nation, nous constations qu'il n'en est aucune autre dans le monde et dans l'histoire qui se soit aussi promptement et largement agrandie et à l'agrandissement de laquelle ait si peu contribué la force des armes. C'était l'originalité dont elle se faisait gloire. Soit pour s'affranchir, soit pour trancher le débat qu'avait en son sein suscité l'esclavage, elle avait su combattre. Mais après avoir rassemblé de grande armées, elle avait su aussi les dissoudre et s'était gardée de consumer dans les dépenses et les entreprises militaires ses ressources et ses forces. Il semblait que ce fût sa condition propre de vie et de prospérité, et voilà qu'aujourd'hui la tentation des conquêtes la saisit; elle se plie aux charges et aux iniquités qu'elles entraînent. N'ayant ni les obligations ni les traditions des vieux peuples d'Europe, elle se réduit à imiter leurs sanglantes convoitises. Funeste égarement qui expose son propre gouvernement à se pervertir, à se corrompre, appliqué qu'il est à une besogne pour laquelle il n'est pas fait! Qu'elle y renonce donc! Qu'elle s'arrête dans une voie funeste! Qu'elle recule s'il le faut! C'est le souhait que forment chez elle ses plus éclairés citoyens, celui auquel s'associent au dehors les admirateurs désintéressés de sa jeune histoire.

VICOMTE DE MEAUX.

VII

La Guerre

CARACTÈRE SPÉCIAL DE LA GUERRE AU XIXᵉ SIECLE

Le xviiiᵉ siècle n'a connu qu'à la fin des armées nombreuses ; jusqu'en 1789. on se servait uniquement de mercenaires en nombre limité ; c'est ainsi qu'à Fontenoy, qui est la dernière grande bataille de la monarchie, la France n'a pas en ligne plus de quarante mille hommes. On ne s'occupait guère alors en France et ailleurs de l'influeuce de la natalité sur la composition de l'armée : Frédéric II seul avait annoncé cette préoccupation, dans une boutade célèbre. Aujourd'hui, quand la guerre éclate, la nation tout entière est debout. Et, en prévision de ce jour où il lui faudra se lever en armes, elle s'exerce durant les années de paix. C'est le régime du militarisme.

Les troupes, jadis, établissaient le siège devant une ville, puis, l'hiver venu, se mettaient au repos, pour reprendre au printemps les opérations. Ces lenteurs ne sont plus de notre âge. La science a transformé, comme l'outillage de l'industrie, l'outillage des sièges et des batailles ; les engins nouveaux ont accéléré le mouvement de la destruction, comme ailleurs le mouvement de la vie ; la lutte une fois commencée ne cesse que lorsque l'un des adversaires est anéanti, et c'est au plus l'œuvre de quelques mois.

Les nombreuses armées et le maniement des nouvelles armes demandent une préparation savante et une habile direction. Dans tous les ordres, le xixᵉ siècle a grandi le rôle de l'intelligence ; dans l'art de la guerre, il a grandi le rôle de l'état-major. L'incontestable mérite du maréchal de Moltke fut d'avoir doté l'Allemagne d'un état-major merveilleux ; d'avoir longuement à l'avance étudié la frontière, découvert les meilleurs points de concentration, dressé le tableau des marches, et exercé chacun au rôle qu'il devait jouer. La France de 1870 fut prise au dépouvu : ses troupes de premier ordre, dont l'esprit militaire s'était trempé en Afrique, en Crimée, en Italie, au Mexique, manquèrent d'organisation et de direction. La dure expérience nous a montré quelles études sont néeessaire pour assurer le succès ; nous les avons faites depuis trente ans

Ainsi, troupes nombreuses et nationales, armement renouvelé par la science, prédominance de plus en plus grande de l'esprit sur la force matérielle : voilà trois caractères de la guerre moderne. Suivre l'histoire des dernières campagnes, c'est les voir se dessiner de plus en plus nettement.

GUERRE DE CRIMÉE

L'empereur Nicolas, suivant la politique de ses ancêtres, voulait s'établir à Constantinople, régner ainsi dans la mer Noire et devenir prépondérant dans la Méditerranée. Il voulait avoir le droit de protection sur tous les sujets de l'empire turc appartenant à la religion grecque. Or, la majorité des sujets du Sultan dans la Turquie d'Europe appartient à la communion grecque, c'était donc en réalité mainmise sur la Turquie d'Europe. L'Europe n'approuvait pas cette politique que le tsar poursuivait avec une énergie qui n'admettait aucun conseil. L'Angleterre et la France, directement intéressées à soutenir la Turquie, font alliance, et leurs flottes entrent dans les Dardanelles. La flotte turque n'existait plus. Réfugiée à Sinope, mal armée, elle avait été détruite par les cent canons de la flotte russe. L'armée alliée débarque à Eupatoria, et se porte contre les Russes établis sur les hauteurs de l'Alma, sous le commandement de Menschikoff. Une audacieuse manœuvre de Bosquet décide le sort de la journée, et Saint-Arnaud peut télégraphier à l'empereur : « Le canon de Votre Majesté a parlé, la victoire est à nous, les zouaves sont les premières troupes du monde. » Le siège de Sébastopol où se trouve l'arsenal russe est décidé ; les flottes font le blocus du port. Le choléra fait son apparition, Saint-Arnaud en meurt, Canrobert le remplace. Des engagements ont lieu à Balaklava, où la cavalerie anglaise se sacrifie avec sa bravoure légendaire, à Inkermann, où les Anglais surpris sont entourés. Bosquet accourt avec ses zouaves et les dégage.

Les Italiens viennent nous rejoindre, sous le commandement de La Marmora. La tranchée est ouverte contre la ville, un hiver très dur vient s'ajouter aux fatigues et aux maladies ; Canrobert est partout, soutenant le moral de ses soldats ; les assiégés, sous la direction de Todtleben, se défendent énergiquement, élevant ouvrages sur ouvrages. Le camp français est rempli de malades, la mortalité atteint un chiffre élevé, un parti décisif s'impose. Le général Pélissier remplace Canrobert, qui reprend simplement, avec son bel esprit militaire, le commandement d'une division. L'attaque de la tour Malakoff, la position dominante de la place, est décidée ; un premier assaut reste sans résultat et nous cause des pertes sensibles ; enfin, le 5 septembre, les divisions Mac-Mahon, Dulac, La Motte-Rouge, se lancent de nouveau sur la tour. Mac-Mahon y plante son fanion, et envoie à Pélissier ce compte rendu devenu historique : « J'y suis, j'y reste. » Le traité de Paris termina cette guerre qui avait duré deux ans. La mer Noire est neutralisée, la Russie perd la frontière de la Bessarabie, et la Turquie est mise sous la protection des puissances. Cette guerre a surtout mis en valeur les qualités d'endurance et d'élan de nos soldats. Le côté stratégique présente peu d'intérêt, la cavalerie n'était pas assez nombreuse pour qu'on pût tenter une attaque en rase campagne. Le brillant combat que livra le général d'Allonville avec sa cavalerie à celle des Russes, n'amena pas de résultat important. La bataille de Traktir ne fut, en résumé, qu'une immense sortie, très bien combinée par les Russes, mais repoussée avec beaucoup de vigueur par les Français et les Sardes.

GUERRE D'ITALIE

La Lombardie supportait impatiemment le joug autrichien, il suffisait d'entendre, dans une bouche italienne, le mot de *tedeschi* pour juger à l'intonation les sentiments de haine de toute cette population pour ses maîtres. Les Piémontais s'étaient battus avec nous en Crimée, leur roi Victor-Emmanuel était allé plaider sa cause en France, sa belle allure de soldat, sa figure pleine de franchise et d'énergie nous l'avaient rendu très sympathique. L'antagonisme de la Prusse et de l'Autriche donnaient la garantie que nous n'aurions qu'un seul adversaire en prenant parti pour le Piémont. La guerre fut décidée : en réponse à un ultimatum de désarmement fait au Piémont par Giulay, l'armée française entre en Italie par le Pas-de-Suze et Gênes. Giulay menace Turin, puis, en présence de la rapidité de notre marche, se décide à prendre une position défensive, sur un terrain qu'il connaît de longue date. Il prend son quartier général à Alexandrie ; un combat s'engage à Voghera, entre un corps de 25,000 hommes qui le couvre et le général Forey à la tête de 7,000 hommes ; les Autrichiens sont battus dans cette première rencontre, puis successivement à Palestro et à Magenta, où Mac-Mahon gagne son bâton de maréchal. La garde impériale du deuxième Empire se montre ce jour-là digne de son aînée. Battus à Melegnano, les Autrichiens passent l'Adda, le Mincio, puis repassant cette rivière, viennent s'établir sur un terrain très étudié dans leurs manœuvres annuelles et qui leur donne pleine confiance. L'armée française n'apprend que le matin, par les premiers coups de canon, la volte-face de l'ennemi, mais marchant toujours concentrée, elle prend rapidement ses positions, qui occupent une ligne de cinq lieues. La bataille s'engage par un combat violent d'artillerie. A six heures du soir, les hauteurs de Solférino sont prises d'assaut, un gros orage détermine la retraite des Autrichiens. La paix est signée à Villafranca, et le traité définitif de Zurich nous donne Nice et la Savoie.

Il convient de rappeler ici, et c'est le maréchal de Moltke qui a pris la peine de nous le dire dans ses Mémoires, que l'Autriche a refusé l'alliance de la Prusse, qu'elle a mieux aimé sacrifier la Lombardie que de voir la Prusse à la tête de l'Allemagne ; elle ne voulait, en effet, les Prussiens que comme vassaux, sans les payer de retour pour leur alliance, ne s'engageant pas à continuer la guerre, le jour où la Prusse trouverait bon d'entrer en campagne. La France n'avait même pas placé un corps d'observation sur le Rhin, et l'Angleterre avait déclaré à la Prusse qu'elle serait son alliée dès qu'elle agirait. L'ordre de mobilisation est donné pour six corps d'armée et préparé pour les autres ; les troupes sont dirigées sur les points d'embarquement. Le matériel roulant du pays est réuni sur trois lignes. Quiconque connaît l'organisation de la landwehr et de l'armée prussienne sait que la concentration doit aboutir sur-le-champ à l'action. Ni Solférino, ni l'armistice n'avaient arrêté leurs mouvements de mobilisation. 400.000 hommes allaient donc tenter d'obliger l'empereur Napoléon à ramener en France une partie de l'armée d'Italie : l'Autriche savait très bien qu'elle pouvait espérer reconquérir ainsi la Lombardie, mais elle savait aussi que, le 4 juillet, le plénipotentiaire prussien avait demandé à la Diète que, dans la guerre imminente, le roi de Prusse commandât les corps d'armée fédéraux.

GUERRE DE 1866

Les Allemands ont eu de tout temps l'esprit particulariste. Tacite l'a constaté. Les petits États ne se souciaient nullement de se grouper sous l'autorité de la Prusse, l'Autriche était favorable au maintien de la Confédération, et la majorité des plénipotentiaires de la Diète prenait son mot d'ordre auprès d'elle. La Prusse estimait que l'organisation de la Confédération était une entrave en paix et un danger en guerre ; elle retenait le mot de Frédéric II : « Qu'une résolution audacieuse entraînant la victoire n'est jamais prise que par un homme seul. » Elle concluait que l'un des deux États devait disparaître de la Confédération. Pendant cinquante ans cette marche à l'unité s'était faite par des voies et moyens pacifiques, le Jugement de Dieu devait intervenir. L'Autriche arme comme elle ne l'avait jamais fait, la Prusse met tout son monde en ligne avec la confiance de la victoire. Elle déclare la Confédération dissoute, envahit successivement le Hanovre et la Bohême. Benedek, le généralissime autrichien, se concentre à Sadowa, dans une position formidable, et, après une résistance opiniâtre, bat en retraite ; les Prussiens marchent sur Vienne. Les Autrichiens demandent alors la médiation de Napoléon, la paix est signée à Nikolsbourg. Les alliés de la Prusse, les Italiens, avaient éprouvé un double échec, sur terre à Custozza, et sur mer à Lissa. C'est donc à la France que le jeune empereur d'Autriche cède la Vénétie, qui est attribuée à l'Italie.

L'Autriche est définitivement exclue de la Confédération germanique.

GUERRE DE 1870

L'Allemagne voulait la guerre, qu'elle regardait comme l'occasion unique, offerte, disait-elle, tous les quatre ou cinq siècles, de compléter cette unité que les Allemands réclamaient à grands cris, dans leurs réunions, leurs toasts, chacun la comprenant d'ailleurs à sa manière. La force seule pouvait l'imposer, mais elle avait pour principe que le fait de paraître la subir valait une armée. Elle eut donc l'adresse de nous transformer en provocateurs.

En 1851, M. de Moltke avait déjà mobilisé avec un plein succès l'armée prussienne. « Ces troupes, disait-il, sont plus belles que celles dont Frédéric II était si fier, il m'en coûte bien de les démobiliser sans les avoir utilisées. » La mobilisation était entre ses mains un outil incomparable. Le maréchal Niel, bien renseigné disait : « Les Allemands feront sur nous le bond de la panthère, » et demandait des renforts à la Chambre. « Voulez-vous faire de la France une caserne? répondit Jules Favre. — Oui, répondit le ministre, pour ne pas en faire un cimetière. » La préparation manquée nous donna, en fin de guerre : 139,000 morts et 137,000 blessés. Les Allemands n'eurent que 34,000 morts.

Ils mobilisent 1,180,000 hommes le 16 juillet; dix-sept jours après, leur concentration s'effectuait en trois masses, faisant face à notre ligne de huit corps, dispersés sur près de cinquante lieues, qu'on a qualifiée de lignes de douaniers.

Le général Douai reçoit le premier choc à Wissembourg ; il est battu et tué, après une résistance héroïque. Le 5 août, à Wœrth, Mac-Mahon est écrasé par des forces supérieures ; une division protège la retraite, aidée par la cavalerie, qui est décimée. Il se replie sur le camp de Châlons. Pendant ce temps, Werder assiège Strasbourg, qui capitule après quarante-trois jours de siège. Le 2ᵉ corps est battu à Spickeren, le mouvement de retraite commence sur Metz, l'armée de Bazaine se dirige sur Verdun, la retraite interrompue par la bataille indécise de Borny, est reprise, puis de nouveau arrêtée à Rezonville, où nous gardons nos positions. Le lendemain a lieu la bataille de Saint-Privat, la garde prussienne est décimée, mais les Allemands couchent sur le champ de bataille. Bazaine se retire sous Metz, qui est investie, et après quelques sorties infructueuses capitule.

Les Allemands visaient surtout la prise de la capitale, ils se dirigent sur Paris ; puis, apprenant par une indiscrétion de journal la marche de Mac-Mahon sur Metz, ils font un à droite et se lancent à sa poursuite. Après les combats de Buzancy et de Beaumont, l'armée se réunit sous Sedan. Elle finit par y être enveloppée par un cercle de batteries en position sur les crêtes. La cavalerie se sacrifie, comme à Wœrth, pour faire une trouée ; elle est écrasée par l'artillerie. L'Empereur rend son épée au roi de Prusse.

Le 4 septembre, la République est proclamée, la nation se lève dans un furieux mouvement de patriotisme produit par Gambetta. La France n'admet pas qu'elle puisse être vaincue ; bien qu'elle n'ait plus d'armée pour tenir la campagne, elle n'écoute pas ceux qui affirment qu'une masse d'hommes portant des fusils n'est pas une armée, que cette masse sera impuissante vis-à-vis d'une troupe bien entraînée, et que c'est une barbarie inutile que de la mener à la bataille. Les Allemands constatent bientôt avec stupeur qu'après avoir conduit en Allemagne 3oo,ooo prisonniers, ils ont en face d'eux plus d'hommes en armes qu'au début de la guerre. La Belgique, l'Angleterre, l'Amérique, fournissent des armes en abondance, et s'il arrivait un million de fusils, on aurait un million de Français de plus en ligne, car tous les hommes valides sont convoqués, jusqu'à quarante-six ans. Une armée s'est formée sur la Loire, qui bat les Allemands à Coulmiers ; mais Frédéric-Charles, rendu libre par la capitulation de Metz, coupe en deux cette armée ; Chanzy lutte pied à pied, défendant Beaugency, la forêt de Marchenoir, le Loir, la forêt du Mans, enfin se retire derrière la Mayenne, où l'armistice le trouve encore en état de lutter.

Cependant Werder, après avoir pris Strasbourg, se dirige sur Belfort et s'empare de Dijon, de Nuits, malgré les efforts de Garibaldi et de Cremer. Bourbaki, après avoir évacué Orléans, cherche à s'opposer à Werder qu'il aborde à Villersexel et à Héricourt, sans parvenir à l'entamer. Manteuffel entreprend de couper la retraite sur Lyon de Bourbaki, qui, arrivé à Besançon, et ne pouvant accepter, lui, le glorieux soldat, cette série de retraites, tente de se suicider. Le général Clinchant le remplace ; l'armée de l'Est, acculée à la Suisse, par suite d'une erreur dans la rédaction de l'armistice, est obligée d'y entrer et y est accueillie de la façon la plus généreuse.

Dans l'Ouest, une nouvelle armée se forme. Gambetta met à sa tête le général Faidherbe, cet indomptable lutteur, qui nous a conquis le Sénégal ; Manteuffel s'est emparé de Rouen, Faidherbe prend vigoureusement l'offensive, s'empare de Ham ; attaqué à Pont-Noyelle, il garde ses positions et bat l'ennemi à Bapaume ; une bataille acharnée s'engage à Saint-Quentin et reste indécise. Faidherbe réorganise son armée, et, le jour de l'armistice, est de nouveau prêt à la lutte.

La supériorité numérique des Allemands leur avait permis d'investir, en même temps, Metz et Strasbourg, sans arrêter leur marche sur Paris. « Les Français ne savent pas, disait de Moltke, ce que peut une Allemagne unifiée. » La capitale se défend avec acharnement, toutes les voies ferrées qui l'entourent sont détruites par les francs-tireurs, les routes sont coupées, interceptées par des abatis, les viaducs et les ponts détruits, toute la campagne est dévastée. La place tire jour et nuit, la nation est soulevée en masse, les deux peuples sont lancés l'un contre l'autre. Bientôt Paris, complètement investi, n'est plus qu'une prison, gardée par l'ennemi, les vivres se font rares ; la famine avait bien réussi à Metz, on saura l'utiliser contre Paris ; de nombreuses sorties ont lieu, les Allemands rendent justice à la ténacité et à la persévérance des Français, et conviennent que les ressources de leur pays sont inépuisables. Le bombardement vient s'ajouter à la famine. Paris capitule. Les Allemands y entrent, mais n'y restent que qurante-huit heures : le roi passe à Longchamp une revue de son armée. Le siège avait duré cinq mois.

La paix est signée à Francfort ; nous perdons l'Alsace, une partie de la Lorraine, Metz, Strasbourg, mais nous gardons Belfort ; l'honneur étant sauf, la perte d'argent se chiffrait ainsi : indemnité, 5 milliards ; intérêt et frais (car le paiement ne fut terminé qu'en 1873), 567 millions ; pertes diverses, 5 milliards ; remise en état du matériel, reconstruction des forteresses et organisation de la nouvelle frontière, 10 milliards. Plaie d'argent n'est pas mortelle.

dit le proverbe; surtout en France. Concluons donc avec le général Niox : « La guerre peut éclater comme un coup de foudre : huit jours après, les Allemands auront 800,000 hommes sur nos frontières, il nous en faut autant devant eux; il nous faut être comme eux, c'est-à-dire instruits, entraînés, pleins du sentiment du devoir, avec la *furia francese* en plus. Agissons, parlons peu, que devant le drapeau déployé, nous fassions le serment de le suivre jusqu'à la mort. »

LES GRANDES MASSES D'HOMMES. — LES ARMEMENTS NOUVEAUX. — PRUSSE ET FRANCE. — FORTIFICATIONS NOUVELLES

La France en armes aurait 4 millions 800,000 hommes, soit le dixième environ de sa population totale, et le cinquième de sa population mâle. L'armée active comprend, d'après le budget de 1899, 561,000 hommes, celle des Allemands, 581,000 hommes : différence 20,000 hommes. Le Parlement allemand va voter une augmentation de 28,000 hommes, ce qui portera l'écart à près de 50,000 hommes ; enfin l'Allemagne a 4,000 officiers de plus que nous; elle va compter en face de nos 20 corps d'armée 23 unités pareilles ; sa cavalerie organise 13 nouveaux escadrons, l'artillerie 500 batteries, soit un appoint de 3,500 pièces ; les bataillons de chemin de fer sont portés au chiffre de 7. Si l'on considère l'importance du rôle actuel des chemins de fer pendant la guerre, c'est une formidable enjambée; nous laissant fort en arrière. Or, nous ne pouvons plus rien demander au recrutement ; on a été obligé, pour arriver au chiffre fixé, de prendre des malingres, qu'il a fallu réformer. La dépopulation de la France augmente chaque année ; en 1700, nous avions environ 20 millions d'habitants, l'Allemagne n'en comptait que 19 ; en 1896, nous avions 38 millions, et l'Allemagne, 52 millions ; notre natalité est de 22 pour 1.000 habitants ; celle des populations de le Triplice est de 38 pour 1.000. Aujourd'hui le chiffre de conscrits de l'Allemagne dépasse déjà d'une moitié celui de la France. Depuis 1891, elle a deux fois plus de naissances que nous ; dans quatorze ans, elle aura deux fois plus de conscrits.

Convient-il de se préoccuper outre mesure de ces inégalités de population, au point de vue de la guerre ? La réponse est qu'il en est des troupes comme d'un orchestre : quand on dépasse un certain nombre d'instruments, le son n'augmente plus. La grande rencontre des deux armées aura lieu sur un terrain limité entre le Luxembourg et la Suisse ; les effectifs actuels le satureront de combattants ; les excédents ne pourront donc être utilisés que comme réserve, et le sort des armes aura été décidé avant qu'on ait eu à les faire entrer en ligne. Il faut donc à tout prix la qualité. Or, nous avons le meilleur fusil, le meilleur canon, puis ce facteur moral, qui est une excellente discipline de guerre. Nos officiers sont beaucoup plus près du cœur du soldat que ceux des armées étrangères ; leur bienveillance, leur esprit de justice, leur activité pour tous ses intérêts, créent, au jour du feu, un lien puissant, très supérieur à celui de la crainte des punitions. Enfin notre armée, en possession de ses historiques régimentaires qui lui ont fait connaître la gloire de son passé, sait quelle est sa tâche, quel est le relèvement auquel ceux qui la conduisent aspirent justement. On peut donc affirmer qu'elle est très pénétrée de la grandeur de sa mission, et, par suite, en possession d'un moral de premier ordre.

Les Allemands, visant l'offensive, ont créé, après la guerre de 1870, sur les fleuves nationaux, une série d'ouvrages leur permettant d'être sur l'une et l'autre rive ; ces vastes camps retranchés doivent servir à faire déboucher de grandes masses sur de vastes fronts. Ils ont utilisé trois lignes d'obstacles naturels, la forêt Noire, le Rhin et les Vosges. « En Alsace-Lorraine, dit le lieutenant-colonel Hennebert, ils ont organisé le *triangle lorrain*, avec Metz, Thionville et Sarrelouis ; » toutes leurs forces peuvent camper à l'intérieur de ce triangle, dont Metz fait le sommet, comme un coin prêt à nous fendre, avec ses forts agrandis ; Huningue et plusieurs autres places fortes, telles que Thionville, Neuf-Brisach, ont été très améliorées. Strasbourg est devenu un grand camp retranché, qu'on a réuni à Kehl. La nouvelle enceinte est triple de la première et d'environ un millier d'hectares. Elle est entourée de forts détachés. Tout, dans cette organisation, rentre dans l'idée dominante d'offensive ; seize larges voies ferrées sont établies perpendiculairement à notre frontière ; ces dépenses ont dépassé 500 millions.

L'organisation de notre frontière se ressent de la défaite, elle est toute défensive, et nous sommes très inférieurs aux Allemands en voies ferrées conduisant à la frontière. Notre but a été d'arrêter à tout prix l'effet de surprise produit par l'offensive soudaine que préparent nos adversaires ; le système se compose de groupes de places se prêtant un mutuel appui, et formant un sérieux barrage qu'on a surnommé, en Allemagne, « la muraille de Chine » ; telle qu'elle est, cette muraille est une bonne protection pour le début et permet d'opérer avec calme la concentration. L'artillerie se flatte de détruire rapidement ces forts au moyen de nouveaux projectiles à charge de fulmicoton donnant le maximum de force brisante ; mais nous avons, contre les assaillants, nos obus à la mélinite qui soutiendront la lutte avec avantage.

LA GUERRE MARITIME. — TRANSFORMATION DE LA MARINE DE GUERRE. — CUIRASSÉS. — TORPILLEURS.

Deux récentes guerres maritimes viennent d'indiquer la transformation qui est imposée à la marine de guerre ; c'est une démonstration très précise des nouveaux principes, permettant de tirer des conclusions fermes. Le vice-amiral Fournier, dans son livre *la Flotte nécessaire*, expose, de la façon la plus claire et la plus convaincante, les nouvelles conditions de notre flotte. On possède maintenant des torpilles automobiles au fulmicoton qui ont prouvé qu'elles pouvaient couler ou annihiler les plus puissants navires. Les projectiles des canons sont chargés d'une matière explosible à laquelle rien ne peut résister. La vitesse des bâtiments de guerre est doublée ; on a vu, dans la guerre sino-japonaise, l'influence de cette vitesse ; l'exemple du combat d'Yalu a été décisif. La manœuvre aux signaux a été mise en échec, la ligne de file a triomphé de la ligne pleine. Il faut donc aujourd'hui un type unique qui soit à la fois bâtiment de haute mer et de combat individuel ou général, du type *Dupuy-de-Lôme* ; mais au lieu de n'être protégé que jusqu'à la ligne de flottaison, il le faut blindé de bout en bout et en hauteur par une plaque de 150 millimètres. Un navire ainsi outillé peut résister aux nouveaux obus à grande capacité d'explosif, mais à la condition de manœuvrer de façon à ne se présenter que par la hanche ou par la joue, comme en escrime. Il faut que l'artillerie à tir rapide soit protégée contre les incendies provenant des projectiles de l'ennemi, que le personnel soit à l'abri ; on le vit bien à Yalu où des vaisseaux continuèrent à flotter, mais sans canons et sans canonniers. Pour réussir dans une mission de découverte, il ne faut pas qu'un bateau soit en infériorité devant la mer et devant l'ennemi. La flotte nouvelle doit donc se composer d'éléments de première force, très rapides, à grands rayons d'action, c'est-à-dire approvisionnés de charbon pour un long parcours ; il faut un déplacement de 8,300 tonnes et 117 unités de ce type. Notre tactique navale, vis-à-vis de l'Angleterre, est de la tenir par sa fortune publique et son empire colonial, et de nous préparer à soutenir une guerre opiniâtre et prolongée. Les marines japonaise, américaine, chinoise viennent de prouver qu'il faut compter avec elles. L'union des forces japonaises et chinoises créerait une force redoutable. L'Angleterre peut donc trouver des rivales ; nous devons en profiter, puisqu'elle nous a nettement fait la menace d'une guerre maritime. Dans cette éventualité, ses bateaux chercheraient à bloquer les nôtres dans les ports, pour les empêcher de nuire à leurs colonies, et rester, elle, maîtresse de la mer, avec sa flotte de deuxième ligne ; notre plan serait donc de nous dérober au plus vite à cette attaque de la flotte de première ligne, et de gagner les points faibles de notre adversaire : la ligne d'Égypte et la route des Indes.

C'est ici que l'utilité du canal des deux mers devient de premier ordre. Gibraltar pouvant être tourné, nos forces du nord et du midi pourraient se réunir, les Anglais seraient tenus d'immobiliser une force imposante à l'entrée du canal, sur la Manche. De gros cuirassés ne pourraient ainsi se dérober aux Anglais dès le début, ils pourraient être coupés de leurs centres de ravitaillement, après avoir usé charbon et projectiles ; leur rayon d'action est insuffisant pour aller jusqu'en Égypte.

En résumé, il nous faut remplacer nos bateaux actuels par le type homogène, porteur de canons à tir rapide, ayant de la vitesse, un grand champ d'action. A Yalu, l'avalanche d'obus à tir rapide des Japonais, ne présentant que la hanche de leurs bateaux aux forts projectiles de rupture des Chinois, a été cause de leur succès, leur vitesse supérieure facilitait cette posture de combat.

Il est indispensable de joindre, à ces navires de type homogène, une flotte de 300 torpilleurs ; pendant l'investissement de Weï-haï-Weï, par mer, la flotte japonaise a pu couler plusieurs bâtiments chinois par des attaques nocturnes répétées et vaillamment conduites.

L'attaque à l'éperon est fort redoutable, mais elle peut faire couler les deux adversaires. A Lissa, les Autrichiens, inférieurs en artillerie, ont fait une attaque brusquée à l'éperon, qui a réussi. La flotte aura aussi, dans la guerre moderne, qui enlève tous les bras à l'agriculture et à l'industrie, à protéger le ravitaillement. La lutte s'engagera donc immédiatement sur les points stratégiques. La Sardaigne menace directement la Tunisie par l'arsenal de la Maddalena; la Spezzia, dans le golfe de Gênes, est également à surveiller ; si Bizerte devient le grand port dont la nature a fait les premiers frais, nous y trouverons un point stratégique de premier ordre.

EXEMPLES A TIRER DE LA GUERRE HISPANO-AMÉRICAINE

La marine américaine était supérieure à la marine espagnole en artillerie, en vitesse et en personnel; elle avait de plus l'avantage d'être de la race anglo-saxonne. Le docteur Raikes signale, en effet, dans son livre sur cette guerre, les facilités données, à Hong-Kong, à l'amiral Dewey, facilités sans lesquelles il n'eût pu aller à Manille.

On a reconnu l'importance de la neutralité pour une flotte qui n'a pas de nombreux points d'appui ; il a suffi aux Américains de bloquer San-Juan de Porto-Rico et la Havane pour supprimer les ravitaillements des Espagnols; privés de charbon, de la possibilité des réparations, leur pénétration dans les Antilles s'est trouvée compromise. Il faut remarquer aussi les avantages consentis en faveur des États-Unis par la non-réglementation des câbles sous-marins.

A la bataille de Cavite, l'amiral Dewey ne rencontre aucun obstacle à son entrée dans la passe, les forts étaient en mauvais état, les torpilles n'existaient pas. Il canonne donc à son aise, avec une artillerie supérieure, de mauvais bateaux, en brûle trois, dont le vaisseau-amiral, deux autres sautent, les équipages restés à leurs pièces. Le bombardement dure deux heures, de 5 à 7 heures du matin, puis l'amiral Dewey prend le large pour faire déjeuner ses hommes en toute sécurité, et revient continuer l'attaque dans la passe, à 10 heures. Il termine par un tir rapide l'écrasement des 13 bateaux espagnols, coulés ou détruits. L'honneur de l'Espagne était sauf, jamais on ne vit plus vaillants équipages. L'amiral Dewey a beaucoup osé, et, comme le fait remarquer le commandant Bujac, cette désinvolture provenait en grande partie de ce qu'il savait n'avoir rien à craindre, l'imprévoyance de la défense étant complète.

COMBAT DE SANTIAGO DE CUBA

L'amiral Cervera n'étant plus utile à la défense de l'armée de terre, rembarque ses équipages, puis, à 9 heures du matin, donne l'ordre de départ pour gagner la haute mer et tâcher d'échapper à l'escadre américaine; sa flotte est en ligne de file et se dirige à toute vitesse vers l'ouest. La poursuite commence. Le vaisseau-amiral est attaqué par quatre navires américains; très avarié, puis incendié, il s'échoue. Le navire *Amiral-Oquendo* est brûlé, son capitaine se tue, les autres navires ont le même sort. En quatre heures, l'escadre espagnole est anéantie; l'amiral Cervera est recueilli par le navire *le Glocester*, au moment où il allait tomber aux mains des Cubains.

Les Espagnols ont 700 tués ou disparus, 1,350 prisonniers dont 200 blessés, 150 naufragés rentrés à Santiago; les Américains ont 1 homme tué et 1 homme blessé. L'amiral Sampson télégraphie à Washington : « Ma flotte offre comme présent à la nation, pour la fête du 4 juillet, l'escadre tout entière de l'Espagne. »

De ces combats on peut tirer, avec le commandant Bujac, très documenté par des correspondances espagnoles et américaines : 1° Qu'il ne faut pas de bois dans la superstructure des navires de guerre, la fumée de l'incendie gêne plus les servants que les obus ennemis. 2° Que les tubes lance-torpille doivent être à l'abri des projectiles, sous peine de faire couler leur propre bateau. 3° Qu'il est prouvé que les projectiles frappent rarement au-dessous de la ligne de flottaison, que c'est donc là qu'il faut mettre les appareils mécaniques. 4° Que le tir rapide est celui qui produit le plus d'effet. 5° Et qu'enfin les postes de secours et ambulances doivent être blindés.

En résumé, le rôle de la marine, dans la guerre de demain, est de rendre la mer libre, pour assurer les ravitaillements, de conduire des renforts, de protéger les colonies et les ports et d'inquiéter l'ennemi sur ses points faibles, en utilisant les navires à grande vitesse, à grand rayon d'action, pourvus de canons à tir rapide.

LES ARMÉES COLONIALES

Les armées coloniales, qui doivent assurer la défense des colonies et ne sont employées que par exception sur le continent, présentent, suivant les pays, l'organisation la plus variée.

En Allemagne, l'armée coloniale est formée : 1° d'officiers de l'armée active ou d'ingénieurs assimilés, de sous-officiers de l'armée ou de la marine ; tous sur leur demande ; 2° d'indigènes enrôlés. En tout 1,638 hommes.

En ce qui concerne l'Angleterre, un remarquable travail de M. le capitaine Hart nous permet de conclure qu'elle n'a pas d'armée coloniale proprement dite ; la défense est assurée : 1° par des corps ou fractions de corps détachés pour une longue période ; douze ans dans l'Inde. Près de la moitié de l'armée anglaise est détachée aux colonies, en Égypte, aux Indes, etc., tout régiment y détache deux bataillons, dont un aux Indes. La cavalerie y envoie neuf régiments, ayant leurs dépôts à Cantorbéry. Aucun soldat au-dessous de vingt ans ne peut être employé aux Indes, les congés pour la troupe ne sont accordés que pour maladies très graves, les officiers ne sont pas compris dans cette exclusion ; 2° l'armée indigène des Indes, les cipayes ; 3° le colonial corps.

L'armée active aux colonies est de 105,000 hommes. L'armée indigène est de 255,000 hommes, tous enrôlés volontaires. Les officiers sont mi-partie Anglais, mi-partie indigènes. Tous les officiers supérieurs sont Anglais.

En résumé, l'empire anglo-indien, qui a sept fois l'étendue de la France, est gardé par une force mixte inférieure à 200 mille hommes. On donne aux Européens le plus large confort. Les corvées malsaines sont faites par les indigènes ; la solde, la retraite, les pensions aux veuves et aux enfants sont très avantageuses. Le soldat anglais n'a que le rôle de combattant, on lui épargne les garnisons malsaines. Par contre les indigènes sont très peu payés, la vie étant pour rien dans le pays. L'armée anglaise est très fortement constituée, les officiers supérieurs s'engagent à servir aux Indes jusqu'à la fin de leur carrière. Ils doivent connaître parfaitement les langues orientales.

Que si nous passons au Congo belge, nous trouvons que la défense en est ainsi constituée : 1° réguliers, 5,000 hommes par appel et volontaires; 2° milices indigènes, très nombreuses; 3° troupes auxiliaires, fonctionnaires et employés de l'État; 4° corps auxiliaire du chemin de fer, personnel des entrepreneurs; 5° corps francs levés par la société antiesclavagiste de Bruxelles pour la police de la zone voisine de Zanzibar.

Ce qui reste à l'Espagne d'armée coloniale est composé de corps détachés de l'armée et d'unités en permanence, à savoir : 3 régiments d'infanterie d'Afrique, 1 bataillon de disciplinaires; 2 bataillons de chasseurs régionaux des Canaries; 1 escadron et 1 section de chasseurs à cheval de Ceuta et de Melissa, gardes provinciaux aux Canaries, 1 bataillon d'artillerie de forteresse, aux présides d'Afrique; les autres troupes affectées à Cuba sont licenciées.

La Hollande n'a que des volontaires dans son armée coloniale; elle comprend deux fractions : 1° Indes orientales; 2° Indes occidentales.

Indes orientales : 32.787 hommes, mi-partie Européens et indigènes, servant de quatre à six ans, ayant droit à la retraite à douze ans de service. Un corps de cavalerie de 800 hommes où les indigènes sont en minorité.

Indes occidentales : 2 bataillons d'infanterie et 1 détachement d'artillerie hollandais et étrangers, une garde communale et une garde nationale.

Les troupes coloniales d'Italie, au contraire, sont tirées de l'armée royale elle-même; elles contiennent, par surcroît, une forte proportion d'indigènes. Les engagements sont : pour les Italiens, 1, 2 ou 3 ans; pour les indigènes, 1 an, puis des milices, bandes musulmanes et chrétiennes. La troupe régulière comprends 9,435 hommes.

Le Portugal entretient : 1° un régiment d'outre-mer; 2° les chasseurs coloniaux, formés par des engagés volontaires et des hommes coupables de certains délits. Les bataillons de chasseurs coloniaux font un total de 8,000 hommes, ils comprennent des indigènes ; 3° de nombreuses troupes indigènes à effectif indéterminé. Les militaires provenant d'Europe doivent quatre ou cinq ans de service.

Enfin les forces coloniales de la France se composent de 13 régiments d'infanterie de marine, 3 d'artillerie de marine, 1 détachement du génie, 2 régiments étrangers, fournissant 4 bataillons au Tonkin, 1 escadron de spahis soudanais, 1 escadron de spahis sénégalais, 1 escadron de spahis sahariens à Gardaia, 1 escadron de cipayes de l'Inde ; 4 compagnies de gendarmerie et 4 détachements, 4 régiments de tirailleurs tonkinois, 1 régiment de tirailleurs annamites ; à Madagascar, 2 régiments de tirailleurs malgaches. (Les indigènes ont un médiocre tempérament militaire, peu d'élan. A la suite d'engagements malheureux avec les Sakalaves, le général Gallieni a jugé le deuxième régiment inutile, il se propose d'en recruter un nouveau, au Sénégal, au Soudan, au Dahomey, parmi les peuplades guerrières de ces contrées.) 1 régiment colonial, 1 compagnie de disciplinaires des colonies, 1 bataillon de tirailleurs. Au Dahomey, 1 compagnie de marche de tirailleurs sénégalais ; à la Côte d'Ivoire et à la Guinée française, 1 compagnie de marche de tirailleurs sénégalais. Au Soudan, 1 régiment de tirailleurs soudanais, 2 compagnies de conducteurs soudanais.

La formation définitive de notre armée coloniale ne peut tarder, les derniers événements ont fait voir qu'il la fallait distincte de l'armée de terre ; nos colonies dans les guerres futures seront sérieusement menacées. Il ne faut pas oublier que l'Angleterre vient de dépenser 45 millions à Malte, où dernièrement sa flotte portant 30,000 hommes se tenait prête à l'attaque de Bizerte, qu'elle a aussi dépensé 80 millions à Gibraltar et 65 millions pour la campagne du Sirdar.

LA GUERRE ET LES DROITS DE L'HUMANITÉ. — CONVENTION DE GENÈVE. — LA CROIX ROUGE.

C'est un grand chirurgien italien, Palasciano, membre correspondant de notre Institut à l'Académie des sciences, qui, le premier, rédigea un mémoire sur la neutralité des blessés en temps de guerre : c'était l'acte de naissance de la Convention de Genève. L'abandon des blessés à Solférino, la panique de Castiglione, dont le docteur avait été témoin, lui en donnèrent l'idée. On put constater sur cet immense champ de bataille que certains blessés restèrent jusqu'à huit jours à la place où ils étaient tombés, entourés de morceaux de pain et de cruches d'eau, qu'ils devaient à la charité des passants.

Un écrivain de valeur, M. Dunant, rédigea ses impressions, au lendemain de la lutte, dans un livre émouvant, qui attira l'attention de la Société genevoise ; elle s'empara de l'idée et posa l'axiome : en guerre comme en paix, tout ce qui dépasse l'indispensable est criminel. Le général Dufour étudie le fonctionnement de la Croix-Rouge américaine, qui pendant la guerre de Sécession avait recueilli 144 millions et précédait toujours les médecins de la guerre dans l'enlèvement des blessés. La Conférence s'ouvre à Genève en 1863 ; l'Autriche, la France, l'Angleterre, les Pays-Bas, la Prusse et six autres États allemands, la Suède, la Norvège, y figurent. La Belgique, le Danemark, l'Italie envoient des adresses de félicitations. Le 22 août 1864, la Convention est signée. Elle comprend dix articles : les ambulances et les hôpitaux sont neutralisés avec tout leur personnel ; les habitants soignant les blessés sont protégés et n'ont pas d'autres garnisaires ; les blessés sont remis aux avant-postes ou rapatriés. Aujourd'hui cette Convention est acceptée dans l'ancien et le nouveau monde. Les Japonais, entre autres, ont une Croix-Rouge depuis 1877 ; elle a fonctionné pendant la guerre de Corée. Son revenu est de 2 millions. Elle a organisé des secours sur mer et des équipes de désinfection pour les pays conquis. Nous sommes donc loin maintenant de ces ambulances de la bataille de Traktir, où il y avait 80 médecins pour 10,520 blessés, de celles de Montebello, où le linge manquant était remplacé par de la mousse.

PETITES ARMÉES DE VOLONTAIRES. — LA QUESTION DU DÉSARMEMENT.

Les parlements se sont occupés, à différentes reprises, de la questions des petites armées de volontaires, remplaçant les armées permanentes ; c'est d'ailleurs la thèse du socialisme international, qui veut créer des milices pour empêcher le militarisme de tuer la République. Le milicien a le droit de vote, le soldat actuel ne l'a pas, il est aux ordres du gouvernement, de la classe possédante, bien qu'on ait dit qu'il n'y a pas de pouvoir militaire, mais des institutions militaires ; si on change le soldat en milicien, on évite tout danger de son action contre le pays. Dans cet ordre d'idées, la caserne est supprimée. On s'exerce, là où on habite, chaque samedi, dans le canton ou dans la commune. On donne comme exemple la Suisse, regardée comme le gouvernement le plus populaire que puisse donner le régime capitalisme. Elle a pu, avec un budget de 25 millions, mettre sous les armes 250,000 hommes, avec landwehr et landsturm. Sa population n'étant que de 2,900,000 habitants, c'est le pays qui a le mieux fait disparaître le militarisme. L'objection est que cette puissance est neutre et très défendue par ses montagnes. On fait valoir encore, en faveur de la milice, que les armées permanentes ont, en moins d'un siècle, laissé envahir trois fois le pays et renverser deux fois la République. On peut répondre qu'il resterait à prouver que le pays n'eût pas été envahi plus souvent, si une nombreuse armée permanente n'avait été en quelque sorte une prime d'assurance contre les invasions.

Le conflit imprévu de Fachoda a prouvé que nous pouvions être subitement à la merci d'un puissant ennemi : « Soyez forts », nous disent nos alliés, les Russes ; or, nous ne le serions pas avec des milices, car on n'improvise pas une armée solide, et les milices ne représenteront jamais qu'une armée improvisée, destinée à lutter contre un ennemi parfaitement organisé, vigoureusement entraîné. Une bataille perdue serait la mort de la France.

CONGRÈS EUROPÉENS

Une conférence vient de se réunir à la Haye, sous l'inspiration de l'empereur de Russie, ce jeune souverain qui règne sur plus de 120 millions de sujets. Son but est de discuter les moyens de supprimer la guerre, qui sont : le désarmement et l'arbitrage. Ce dernier moyen a fait ses preuves depuis trente ans ; on peut en citer de nombreux cas. Le plus important a été celui des Carolines, entre l'Espagne et l'Allemagne. Ces îles avaient été découvertes au xve siècle, par les Espagnols, qui sont devenus les véritables bienfaiteurs de leurs nouveaux sujets, sans qu'aucune puissance soit venue les aider dans cette voie charitable. Les prétentions de l'Allemagne à la domination de ces insulaires étaient donc excessives, et l'Espagne refusa de s'y soumettre. En septembre 1885, le prince de Bismark prend le pape pour arbitre. L'ambassadeur espagnol, le marquis de Molins, transmet de son côté au Saint-Père une demande de l'Espagne pour une médiation au lieu d'un arbitrage. Au milieu de décembre 1885, après examen de la question, le pape évite la guerre en décidant la souveraineté pure et simple de l'Espagne sur les Carolines et les Palaos, et refuse, d'autre part avec une haute discrétion, de voir figurer son nom dans la Convention de détail accordant des avantages commerciaux aux Allemands, en échange de la souveraineté qu'ils avaient réclamée. L'Espagne avait, en effet, accordé aux Allemands la liberté de commerce, le droit de navigation, de pêche, l'établissement d'une station navale, d'un dépôt de charbon, de plantations et d'établissements agricoles.

Dans sa correspondance avec le pape, à l'occasion de cet arbitrage, Bismark le qualifia de Sire (13 janvier 1886), lui disant « que rien ne répond mieux à l'esprit et à la nature du pontificat romain que la pratique des armes de paix, qu'aussi, pour cette raison, il lui a demandé le noble emploi d'arbitre du différend entre l'Allemagne et l'Espagne, confiant que l'élévation des vues du pape assurait la plus juste impartialité de son verdict ». Cette déclaration de Bismarck, hommage à la haute souveraineté du Vicaire du Christ, était d'ailleurs en concordance avec la règle des États qui ont des diplomates accrédités près du Saint-Père, et qui considèrent le nonce comme le doyen du corps diplomatique, quels que soient son âge et la date de son entrée dans la diplomatie. Enfin, à la fin de 1898, le souvenir de l'arbitrage des Carolines et du rôle pacificateur souvent joué par la Papauté détermina le tsar à communiquer au Saint-Siège, en même temps qu'aux autres gouvernements, l'annonce de la Conférence de la Haye ; et le veto de la monarchie italienne, qui fit obstacle à ce que le pape fût représenté à la Conférence, a produit sur les amis de la paix et sur tous les politiques impartiaux la plus fâcheuse impression.

A cette conférence elle-même, la question du désarmement ne pouvait pas aboutir, l'Allemagne protestant contre la situation défavorable qui lui serait faite. Sa natalité, qui est en progression constante, lui permit d'arriver à des effectifs très supérieurs à ceux des autres puissances. La France, sans doute, n'avait pas les mêmes raisons à faire valoir, puisqu'elle est arrivée au maximum de son effort pour le recrutement, par suite de la diminution de sa natalité, mais elle faisait des réserves contre les défenses d'employer des torpilleurs sous-marins, ces bateaux constituant une de ses meilleures chances dans la lutte contre les flottes anglaises ; la Russie, que la question argent arrête pour l'augmention de son effectif, voyait l'avenir sous un autre angle. Chaque État, en un mot, apportait dans ses délibérations spéculatives des préoccupations d'ordre personnel.

On comprend que l'exemple de l'Angleterre et de l'Amérique qui, grâce à l'absence du militarisme, développent toutes leurs ressources, fasse désirer par certains esprits la réduction des armements. Les Américains regardent l'entretien d'une puissante marine et d'une armée permanente comme préjudiciable à leur prospérité et à la liberté civile. En regardant des effectifs énormes des armées européennes, ils nous montrent une force permanente du chiffre modeste de 25,687 hommes, tous volontaires pour cinq ans ; l'esprit de conquête qui semble les dominer à l'heure actuelle leur permettra-t-il de limiter indéfiniment leurs effectifs ? La lutte des Philippines en ferait douter. L'Angleterre, dans le même esprit de conquête, engage des dépenses énormes pour ses flottes, la fortification de ses points d'appui, les expéditions en Afrique ; mais c'est, en somme, de la spéculation à main armée qu'elle entreprend, c'est l'extansion de son commerce à coups de canon. Il était donc assez naturel que convoitant encore d'autres débouchés commerciaux, elle s'opposât au désarmement. De la Conférence de la Haye sont sorties néanmoins certaines décisions relatives à l'arbitrage, qui pourront, à la longue, laisser une trace sérieuse dans le droit public européen ; et sur le déclin d'un siècle où le principe des nationalités coûta de nombreuses effusions de sang, cette Conférence pacifique internationale a été un instructif symptôme.

G^a de D^{on} Cte de la GIRENNERIE.

VIII

L'Industrie et le Commerce depuis un siècle

L'industrie est fille de la science; torturée depuis quatre-vingts ans par la science, qui lui dérobait ses secrets un à un, la nature, lentement, s'est laissé approcher et se résigne enfin aux assauts qu'on lui livre. Nous avons forcé ses éléments à s'accoupler à notre guise, domestiqué le feu et l'eau, le sol et l'air, et mis quelque peu la foudre en bouteille. Toute nouvelle invention, avant de passer de la théorie à la pratique, a végété dans une enfance ingrate, obscure, jusqu'à ce qu'elle atteignît enfin ce qu'on pourrait nommer sa puberté, le moment où elle entrait en pleine possession de ses organes, où les savants qui l'avaient enfantée, qui l'avaient fait vivre, la voyaient assez forte pour l'abandonner à l'industrie qui en vivrait.

La capacité de production de l'homme était étroitement limitée encore il y cent ans; limitée par l'énergie infime de son bras, par le faible rendement de la terre, par la superficie mesquine du pays où il demeurait enclos comme en un petit monde. L'industrie est intervenue; elle a dérangé, à l'avantage de ce siècle, le vieil équilibre entre le travail, la population et la terre, sous lequel nos pères vivaient courbés; elle a multiplié la productivité de de l'homme et celle du sol; elle a élargi la sphère d'action de chaque individu, elle l'a étendue jusqu'à la totalité du globe. *Économiquement parlant*, malgré les barrières douanières, la créature du XIXe sièle n'a plus de patrie.

Puisqu'il ne paraît pas jusqu'ici possible à l'humanité de vivre sans rien faire, l'idéal consistait, pour obtenir un degré plus haut de bien-être matériel, à augmenter les salaires tout en diminuant le coût des marchandises; de telle sorte que la journée de labeur représentât un nombre sans cesse accru de mètres de drap ou de toile, de kilos de blé ou de chandelle, de jouissances et de divertissements. Ce problème, en apparence insoluble, de payer la main-d'œuvre plus cher, tout en abaissant le prix des objets manufacturés, importés du dehors ou tirés du sol national, le progrès moderne l'a résolu au plus grand profit des travailleurs de tout ordre, qui forment la grande masse de la nation. La différence a été trouvée, soit sur la réduction de valeur et de transport des matières premières, soit sur le perfectionnement des procédés de fabrication, grâce auquel un ouvrier payé plus cher revient encore à meilleur marché qu'autrefois, parce que la quantité de marchandises qu'il produit a augmenté plus que son salaire.

Ces marchandises une fois créées par l'industrie, il appartenait au commerce de les faire parvenir à leur adresse, de les « écouler », comme on dit vulgairement, détaillées en petites parcelles, selon les besoins minimes mais variés de chaque consommateur. Il importait que le commerce ne fît pas renchérir exagérément les objets, qu'il ne cherchât pas à obtenir un courtage excessif pour son rôle de distributeur. Autrement, l'économie réalisée par les *ateliers* serait mangée par les *boutiques* et perdue pour le public. La transformation du commerce, dans l'acception la plus vaste de ce mot, — non seulement du commerce des marchandises en général, mais aussi du commerce de l'argent, que l'on nomme la Banque, — se liait donc à la transformation de l'industrie, pour tirer la quintessence des ressources qu'offre cette planète aux plus civilisés de ses hôtes, pour arriver à la plus grande somme de satisfactions en échange du moindre effort.

Nous ne pouvons que passer ici rapidement en revue les origines, les procédés et les résultats de l'industrie moderne : les personnes qui seraient tentées de croire que la liberté absolue du travail, proclamée par la Révolution et existant aujourd'hui dans notre pays, a eu pour conséquence de supprimer les rapports immédiats entre artisans et consommateurs, en tuant le petit patron et en créant la grande usine, se méprennent étrangement. Ce qui a suscité la grande industrie, ce n'est pas la liberté, c'est le machinisme. Dès l'ancien régime, à mesure que le machinisme s'introduisait dans une profession, elle prenait la nouvelle forme industrielle, témoin les textiles qui, en 1789, étaient déjà organisés en manufactures.

Lorsque le manufacturier, au lieu de réunir son personnel sous un même toit, fournissait aux ouvriers la matière première et recevait d'eux l'étoffe, terminée suivant l'usage en vigueur naguère à Tours et à Lyon, — usage qui, dans cette dernière ville, persistait encore tout récemment, — l'opération était identique au point de vue du bénéfice prélevé par l'intermédiaire-capitaliste. A cette nuance près que l'intermédiaire d'alors, ayant de moindres débours, courait de moindres risques que nos contemporains propriétaires d'usines. Le contact direct du bourgeois avec l'ouvrier-marchand subsiste encore là où nul moteur coûteux n'est devenu le collaborateur indispensable du façonnier; il subsiste pour une partie de ce qu'on nomme la « petite industrie », laquelle occupe beaucoup plus d'ouvriers que la « grande », — six millions dans l'une contre quatre millions dans l'autre. — Ce contact, d'autre part, tendait à disparaître du vivant même des corporations; le patron déjà avait secoué le joug des trois unités classiques de marchandises, de boutique et d'ouvrier, à mesure que le progrès de la mécanique inaugurait un outillage plus perfectionné et que la marche générale de la civilisation ouvrait des horizons plus vastes.

Produire et discipliner cette force nouvelle, la vapeur, au moyen d'appareils spéciaux ; découvrir assez de combustible pour alimenter, sans trop de frais, ces appareils de jour en jour améliorés ; recueillir la force ainsi créée en inventant des rouages nouveaux, aux articulations délicates ou puissantes, qui transformaient la besogne tantôt d'une industrie tout entière, tantôt d'une des branches spéciales de telle ou telle industrie, telle a été l'œuvre des générations précédentes.

La machine de Watt, bien qu'en possession, il y a un siècle, de ses principes essentiels, ne constituait qu'une préface. Le résultat des travaux du célèbre ingénieur anglais s'efface devant l'extension ultérieure de l'outillage, devant l'infinie variété de ses applications. Le moteur lui-même a été graduellement modifié par l'augmentation des pressions et des détentes de la vapeur : les appareils construits en 1800 ne dépassaient guère la pression atmosphérique ; ceux d'aujourd'hui supportent une pression d'au moins sept kilos par centimètre carré, de douze kilos souvent, et les locomotives excèdent encore ce chiffre, ce qui permet de réduire le poids et l'encombrement des chaudières.

Pour les vitesses de marche, cent à deux cents tours par minute n'ont plus rien d'exceptionnel; on arrive à six ou sept cents tours. La commande des dynamos électriques et celle des outils d'ateliers ont contribué à cette accélération. La détente de la vapeur est aussi mieux utilisée, par une « double » et « triple expansion », suivant un principe adopté par nombre de grands établissements du continent et par toutes les marines du monde. On sait que la vapeur, au sortir soit de la chaudière où elle est produite, soit des récipients où elle est emmagasinée, se rend dans un cylindre pour y communiquer un mouvement de va-et-vient au piston qui actionne à son tour les rouages. Avec l'ancien système, la vapeur, une fois son effort opéré, gagnait la cheminée pour aller se perdre en l'air.

Avec la machine « à triple expansion », cette vapeur, en quittant le premier cylindre, est envoyée dans un second, où elle pousse et repousse un second piston; à son issue du second cylindre, elle est recueillie dans un troisième, où elle remplit le même office. C'est le procédé du vigneron qui tire de son raisin d'abord un vin généreux, puis, après trempage, un jus moins alcoolique, et enfin une piquette de famille. Et comme cette *piquette de vapeur*, qui a dû travailler trois fois au lieu d'une, va s'affaiblissant, c'est-à-dire se refroidissant à chacun de ses passages successifs, on a soin de faire les trois cylindres de plus en plus larges, afin d'égaliser leur puissance, les plus gros suppléant par la quantité à la qualité qui leur manque. On construit même des machines à quadruple expansion; mais la vapeur se lasse, elle retourne en partie à l'état liquide. L'eau qui s'accumule alors dans le cylindre s'oppose au jeu régulier du piston et arrive à le briser.

A l'autre extrémité de l'échelle, les petites locomobiles, ou machines nomades, qui fournissent la force motrice aux exploitations agricoles ainsi qu'aux entrepreneurs de travaux publics ou privés, se sont largement répandues grâce aux chaudières tubulaires. Cette disposition, consistant à faire circuler l'eau chaude le long d'un grand nombre de tubes, léchés de tous côtés par la flamme et baignant en quelque sorte dans le feu, fournit des types de faibles poids, faciles à monter, rapidement mis en pression et offrant, avec peu de dangers, une résistance considérable.

La statistique officielle de 1840 ne relevait en France que 60,000 *chevaux-vapeur*; celle de 1875 montait à 1,500,000; celle de 1897 porte ce chiffre à 6,300,000, non compris ceux des vaisseaux de guerre. Cette force globale est répartie entre 88,000 appareils dont les uns, comme les 10,000 locomotives des grandes lignes de chemins de fer, ont une puissance moyenne de 400 chevaux; tandis que d'autres, tels que les 7,000 machines employées dans l'industrie des tissus et vêtements, ne développent qu'une énergie moyenne de 34 chevaux et que les 18,000 machines dont se sert l'agriculture n'équivalent, l'une dans l'autre, qu'à 6 chevaux.

Le cheval-vapeur étant considéré comme égal à 3 chevaux de trait ou 20 hommes de peine, les 6,300,000 unités dynamiques que nous possédons en ce genre représenteraient 126 millions d'ouvriers en chair et en os. La nourriture de cet ouvrier de fer ou d'acier, le « cheval-vapeur », exigeait, il y a cent ans, 15 kilos de charbon par heure. Les perfectionnements apportés ont peu à peu réduit cette consommation à 3 kilos, puis à un kilo et demi, et enfin à 700 grammes seulement pour les vastes chaudières. Avec les anciens moteurs à balancier, les paquebots actuels n'auraient jamais pu loger dans leurs flancs — lors même qu'ils eussent renoncé à transporter rien autre chose — la provision de charbon nécessaire à leur voyage.

Quoique la dépense *relative* de chaque machine soit ainsi réduite dans une proportion énorme, l'augmentation de leur nombre et de leur force a exigé un stock sans cesse grossissant de cette houille, pain de l'industrie, comme on l'a nommée, qui est elle-même une industrie puissante et toute moderne. Ce déchet inutile d'un monde sans date et ignoré a été précisément en ce siècle l'agent indispensable de tout un monde nouveau. La quantité de charbon de terre employée en France n'était, en 1815, que d'un million de tonnes par an; les besoins se sont élevés à 5 millions en 1843, à 14 millions en 1860; ils sont maintenant de 40 millions de tonnes. Les peuples civilisés, tous ensemble, remontent chaque douze mois des entrailles du sol à la lumière une pyramide noire quatre cents fois plus haute et plus large que la plus haute des pyramides d'Égypte : 5oo millions de tonnes. Ce géant de charbon donne, en se consumant, la force et la chaleur ; tous les ans il surgit à nouveau pour recommencer son œuvre et s'évanouir, en dessinant autour de lui, dans l'atmosphère bleue, l'auréole grisâtre de sa fumée.

La moitié environ de la houille brûlée en France sert au chauffage domestique ou à la cuisson des aliments ; l'autre moitié est consacrée aux usages industriels, soit qu'elle actionne les appareils fixes ou mobiles des usines ou des chemins de fer, soit qu'on la transforme en gaz d'éclairage, soit qu'elle serve à fabriquer de la fonte ou de l'acier, car la métallurgie est la plus grosse cliente de ce que nos pères appelaient le « charbon de pierre » ; elle en absorbe 6 millions de tonnes par an.

Malgré les progrès réalisés dans sa construction et les économies obtenues dans la qualité de houille nécessaire pour l'alimenter, on reproche encore à la machine à vapeur de travailler trop peu pour ce qu'elle mange ; et il est vrai qu'elle gaspille les neuf dixièmes de l'énergie mécanique enfermée dans le combustible. Elle en utilise seulement un dixième, par suite de la multiplicité des transformations que doit subir le calorique avant de ressortir en force.

La force, nous sommes prêts — et le siècle prochain verra cette évolution, sans doute — à la demander à des producteurs moins exigeants : l'électricité, la turbine hydraulique. En pays de montagnes, la neige fondue, la « houille blanche », entretient les gaves malfaisants et colères que des manufacturiers habiles ont su embrigader. Parfois ce ne sont plus de simples torrents, mais des chutes d'eau grandioses que l'industrie oblige à lui payer tribut. Celle du Niagara entre autres, aux États-Unis, a été mise en actions. Les appareils à pression d'eau sont appliqués tantôt directement à des manœuvres pénibles dans les ports, les gares, les grands ateliers, au fonctionnement des pompes, des grues ou des ascenseurs ; tantôt les roues font tourner à une vitesse considérable la dynamo-électrique, cette merveille de rusticité, de rendement et de précision, dont la puissance a décuplé depuis son invention, en 1869, sans que son principe ait varié.

C'est un spectacle assurément émouvant que celui de ces rouleaux énigmatiques et silencieux créant, par leur mouvement giratoire, le courant électrique, lequel s'offre au public sous les aspects multiples de force, de lumière ou de chaleur, sert à transporter des signaux ou des paroles, à décomposer des métaux ou à voir l'intérieur du corps humain. L'électricité se transmet à distance de deux façons. Les câbles qu'elle parcourt peuvent être comparés, les uns à des tuyaux vastes où l'eau s'écoulerait assez doucement, les autres à des tuyaux étroits où le liquide serait chassé avec une vigueur inouïe. Les uns et les autres ont leurs avantages, suivant la longueur du parcours : les courants faibles sont « continus », leur pression ou « tension » est toujours la même ; les courants violents sont « alternatifs » ; la pression cesse 42 fois par seconde, mais comme elle serait trop forte pour être introduite sans danger dans une manufacture ou une habitation, elle est réduite, diluée si l'on peut dire, au moment de son emploi, de 3,000 volts à 110.

Grâce à la vapeur, à l'électricité, et, dans certains cas, à l'air comprimé, dont l'usage, pour le percement des souterrains et la traction mécanique, s'est largement répandu, les hommes de ce temps disposent d'une force première inconnue à leurs ancêtres. Quelle en est l'importance ? Il serait impossible de la chiffrer mathématiquement, parce que les 6,300,000 chevaux-vapeur représentent bien le pouvoir brutal de 126 millions d'ouvriers, mais ils ne font pas du tout un travail équivalent. Il faut déduire les doubles emplois : les hommes employés à manufacturer le fer avec lequel ces machines sont construites, à extraire le charbon qui les alimente, les hommes aussi qui dirigent ou réparent ces machines.

Il est des cas où l'évaluation des chevaux-vapeur, exactement traduite en énergie humaine, donnerait des conclusions purement bouffonnes : 8,000 manœuvres s'attèleraient en vain à un train express sans pouvoir l'emporter à travers l'espace avec la vélocité d'une locomotive de 400 chevaux ; mais ils fourniraient, dans vingt autres industries que celle des transports — dans l'agriculture, par exemple — une somme de production utile bien supérieure à celle de la locomotive en question. Au contraire, et pour divers genres de besogne, l'ingéniosité des mécaniques, avec lesquelles on a su recueillir la vitesse initiale d'un moteur artificiel, a permis, en multipliant la *vigueur* de celui-ci par l'*adresse* de celles-là, d'obtenir du cheval-vapeur des services beaucoup plus efficaces que ceux de vingt artisans du passé : dans la bonneterie pour tricots, l'ouvrière la plus expéditive faisait autrefois 150 à 200 mailles par minute ; aujourd'hui le métier self-facting, à double fonture, fait par minute 500,000 mailles. Avec cet outillage nouveau, un seul ouvrier accomplit maintenant la tâche de 2 ou 3,000 ouvriers du temps jadis.

C'est là, si l'on veut, une proportion tout à fait exceptionnelle ; mais les cas ne sont pas rares où des appareils très communs et d'un usage général ont, avec très peu de force, parfois même sans le secours d'aucune force étrangère à celle de la personne humaine, transformé radicalement les conditions de la main-d'œuvre. La batteuse à blé fixe fait avec un cheval et deux hommes l'ouvrage de quarante batteurs au fléau ; les machines à coudre du dernier modèle, à navette circulaire sur crochet rotatif, dont la France consomme environ 150,000 par an, représentent, pour la piqûre de la toile fine, le travail de 65 à 70 ouvrières.

Aux derniers siècles, par suite de l'accroissement de la population, il se consommait lentement une révolution désastreuse pour l'ouvrier, à qui l'on achetait son temps de plus en plus bas, et à qui l'on vendait de plus en plus haut les marchandises dont il avait besoin. Cela tenait à ce que la matière première de beaucoup d'objets manufacturés — cuir, laine, bois, suif, etc. — augmentait beaucoup plus de valeur que la main-d'œuvre ne baissait. Une révolution inverse se poursuit de nos jours : la matière première, en fait de tissus, par exemple, est moins chère qu'il y a cent ans, les frais de fabrication ont diminué et parfois l'objet fabriqué est aussi coûteux dans le commerce, parce que l'ouvrier a pris pour lui toute la différence par la hausse de son salaire.

Aussi la consommation de certains articles s'est-elle accrue dans des proportions formidables ; l'usage du linge en est une preuve : outre le contingent fourni par nos propres agriculteurs, nos commerçants font venir annuellement du dehors près de 23 millions de kilos de chanvre ; de plus, au lieu d'exporter *comme jadis* du lin brut, il entre de ce textile, à l'intérieur de nos frontières, 55 millions de kilos. Si l'on ajoute à ces deux sources, prodigieusement grossies de la lingerie d'autrefois, deux sources nouvelles inconnues de nos pères : le coton et le jute, et si l'on suppute combien, avec les 140 millions de kilos de coton qui demeurent en France, et avec les 65 millions de kilos de jute, tramés seuls ou mélangés à d'autres filés, il est tissé de mètres d'étoffes, dont une bonne part se transforme ensuite en chemises, serviettes, mouchoirs, draps de lit et bonneterie variée, on ne s'étonnera pas de l'abondance et du bon marché actuel de ces marchandises. Et comme il semble que, malgré cette abondance, nous ne soyons nullement encombrés par ces divers articles, on concevra à quel point nos ancêtres devaient être sevrés de cette jouissance, puisqu'ils avaient à peine, pour la satisfaire, le quart peut-être des richesses que nous possédons en ce genre.

Les tissus sont, du reste, avec les transports, l'un des domaines où les transformations de l'outillage aient opéré le plus de merveilles. Depuis la laine brute dont les mille kilos sont aujourd'hui véhiculés pour 20 francs et parfois pour 15, d'Australie à Liverpool, tandis que, de Bilbao à Nantes, la même quantité de laine espagnole payait 440 francs de notre monnaie au temps de Colbert, jusqu'à la manufacture d'où cette matière sort sous forme de drap, et même jusqu'aux grandes maisons de confection qui offrent au public le costume fini, prêt à être endossé, tout le progrès moderne semble s'être concentré sur le vêtement pour le diminuer de prix, sans lui rien faire perdre en solidité ni en élégance.

Il profite de toutes les inventions, depuis celle des énormes vaisseaux qui sillonnent les mers en quête de cargaisons jusqu'à celle des gigantesques magasins de nouveautés qui permettent de réduire et les frais généraux et le bénéfice du commerce. Les découvertes tinctoriales de la chimie lui ont été utiles, ainsi que la scie à doublures et la machine à confectionner les boutonnières. On en pourrait dire autant de toutes les branches de l'habillement, dans lesquelles le travail mécanique s'est infiltré. Il occupe en maître les ateliers de chapeaux et de gants ; dans les fabriques de chaussures, il accapare maintenant toutes les opérations, depuis le découpage du cuir jusqu'au finissage.

L'introduction de *machines-outils* dans la généralité des usines a permis de créer des pièces de tailles jadis inusitées, d'y apporter une précision mathématique. Elle a relevé la condition de l'ouvrier en le dispensant d'un labeur ingrat, et en lui laissant néanmoins la partie de sa tâche qui exige de l'intelligence. Les outils mécaniques ont beau accomplir leur œuvre avec conscience, ils ne sauraient se passer de la direction soutenue d'ouvriers très experts. C'est le cas des machines à forer, à raboter, aléser, cintrer, dont la métallurgie nous offre tant de modèles. Le découpage des tôles se fait à tout petits coups successifs ; le *fraisage* obtient, avec un mouvement rotatif, une usure artificielle et imperceptible. Il ne faut pas moins de quinze jours pour percer, au Creusot, un arbre de marine de 9 à 10 mètres. Les grandeurs, dans cette tournerie, sont mesurées au centième de millimètre avec la « roue Palmer », instrument qui sert à apprécier les dimensions microscopiques.

Pour établir et manœuvrer des objets de dimension et de poids tels que des canons de 15 mètres de long, pesant 120,000 kilos, on devine quel matériel est nécessaire. Un marteau-pilon de 100,000 kilos, tombant d'une hauteur de 5 mètres, c'est-à-dire ayant une force de choc de 600,000 kilos, n'a plus semblé suffisant et, pour améliorer les conditions de forgeage, notre principal établissement français a porté cet outil à 125 tonnes.

Ce marteau est lui-même peu de chose devant les presses hydrauliques de 4,000 tonnes — 4 millions de kilos — chargées de l'étirage et du cintrage des cuirasses dont se couvrent les vaisseaux de guerre ou des coupoles d'acier dont se coiffent les forteresses. Ces boucliers contemporains donnent à la confection de nombreux déboires. Avant de se laisser modeler au gré de l'homme, les écailles d'acier de 50 centimètres d'épaisseur doivent être réchauffées dans un four à gaz, durant 40 heures de suite, à une température de 1,800 degrés.

Lorsqu'on les croit finis, une simple fente les rend parfois inutilisables ; ils sont mis au rebut comme « bocage », bons à casser et à refondre pour des emplois grossiers.

Quand les anciens classaient l' « âge de fer » au dernier rang de leur catalogue, comme celui dont l'humanité devait attendre la moindre somme de bonheur, ils ne se doutaient guère que le fer marcherait pour ainsi dire pas à pas avec la civilisation, dont il est la condition indispensable. Et, en effet, avec le papier, le fer est la marchandise dont l'usage en notre siècle a le plus augmenté. Les hauts fourneaux d'il y a cent ans rendaient de 1,000 à 1,500 kilos de fonte par jour ; ceux d'aujourd'hui, avec leurs 24 mètres d'élévation donnent quotidiennement 125,000 kilos de fonte : — ceux des États-Unis fournissent le double. Malgré la demande qui n'a cessé d'augmenter, les prix sont tombés au sixième de ce qu'ils étaient en 1840, tandis que la production de la fonte passait, dans le même intervalle, de 350,000 tonnes à plus de 2 millions en 1898.

L'acier, que l'on fabrique aujourd'hui en si grande quantité et à si peu de frais qu'il a évincé le fer de tous les emplois où ce dernier n'est pas indispensable, était jadis une préparation en quelque sorte pharmaceutique, dont le kilo coûtait 2 à 3 francs de notre monnaie au XVIIe siècle et 50 centimes encore il y a cinquante ans. Il vaut maintenant 12 centimes sous forme de rails, et chacun sait qu'il n'existe plus de « chemin de fer », mais seulement des *chemins d'acier*. Du reste, les distinctions traditionnelles, représentées par ces mots : fer et acier, sont en train de disparaître comme celles qui séparaient le verre du cristal. Le fer et l'acier ne sont plus que des composés diversement carburés, produits, le premier par agglutination, comme une boule de neige comprimée, le second par fusion, comme une boule de glace.

Grâce à Bessmer — qui découvrit en 1853 un système d'affinage pneumatique, consistant à faire passer, à travers le bain de fonte un courant d'oxygène qui brûle les éléments étrangers du fer — une tonne de fonte représente 3 fr.75 de main-d'œuvre dans nos usines de l'Est, pour être transformée en acier, tandis qu'elle coûterait 12 à 15 francs pour être transformée en fer. Comme il arrive toujours en cas pareil, la théorie scientifique du procédé ne fut faite qu'après que la pratique en eût été trouvée à la suite de longs tâtonnements. A première vue, il devait sembler éminemment paradoxal que de l'air froid, pénétrant dans la fonte en fusion, pût élever encore davantage la température.

La transmutation de la fonte en acier se fait dans des « convertisseurs », espèce d'obus gigantesques, dont la base semble une écumoire percée d'une masse de petits trous par lesquels entrera le vent avec une force de 1,700 chevaux-vapeur, qui aurait tôt fait de balayer un escadron en plaine. La puissance de la soufflerie est assez grande pour que ce vase, dont le fond est ainsi troué, ne perde pas une goutte des 12,000 kilos de fonte liquide qu'il contient. Le *convertisseur*, pour recevoir son chargement, avait pris une position horizontale ; un coup de sifflet se fait entendre ; il se redresse, on donne le vent.

Tous les mouvements de ce mastodonte lui sont imprimés par un mécanicien, immobile devant un clavier de robinets, de leviers et de ressorts, qu'il pousse alternativement du bout du doigt. Le métal entre aussitôt en ébullition, sous l'action de l'oxygène de l'air et, pendant trois minutes, un bruit terrible, tonitruant, se fait entendre : c'est la combustion du silicium. A ce bruit se joint, durant les huit minutes suivantes, une flamme qui, par la gueule de l'appareil, s'échappe rugissante et tellement vive que, même en plein midi, les objets environnants projettent des ombres noires sur les murs. C'est la combustion du carbone. Puis la flamme s'éteint, le tapage cesse ; on ne voit plus sortir qu'une fumée rougeâtre, intense ; c'est le phosphore qui brûle. Enfin l'appareil s'incline majestueusement et, à ce moment, il en sort un bouquet de feu d'artifice, un éventail formidable d'étincelles. L'opération est terminée, l'acier est aussitôt versé dans les lingotières.

Le bon marché de l'acier a aidé au développement des chemins de fer, comme le développement des chemins de fer faisait progresser, les usines métallurgiques. Lors de la construction des premières locomotives, en 1804, l'instrument de transport qui devait bouleverser la face du monde était encore bien imparfait et n'annonçait pas ses brillantes destinées. Pour trouver l'œuvre définitive, il faut aller jusqu'au célèbre concours institué en 1829 par la Compagnie de Liverpool à Manchester : *La Pensée* des deux Stephenson en sortit victorieuse ; elle pesait 4,300 kilos et remorquait sur terrain plat — en « palier » — 13 tonnes à la vitesse de 22 kilomètres.

Nos machines monstres d'aujourd'hui, pesant 90,000 kilos sans le tender, doivent la regarder avec un profond dédain, elles qui traînent d'énormes charges sur des profils vertigineux, accrochées à des pics escarpés, ou impriment aux trains de voyageurs des vitesses de 120 kilomètres. Au fur et à mesure qu'augmentaient et l'allure et le trafic, la sécurité de la voie devait fixer davantage la sollicitude des ingénieurs. Le premier progrès fut l'établissement de disques manœuvrés à distance; puis vinrent les cloches électriques, le block-system, enfin l'enclenchement des aiguilles et des signaux et la concentration des leviers. Aujourd'hui de modestes agents peuvent, sans hésitation et sans danger, guider au milieu de l'enchevêtrement des rails, les locomotives qui ont à pénétrer dans une gare ou à en sortir.

Il n'existait pas 200 kilomètres de chemins de fer sur la surface du globe, à la fin de 1830. Il y en a 750,000 kilomètres actuellement, dont 41,000 pour la France. Les capitaux engagés dans ces entreprises atteignent 200 milliards; dans notre pays seul ils représentent 17 milliards. Ces chiffres montrent bien leur essor, mais non la révolution matérielle et morale qu'ils ont accomplie. Grâce à eux et aux 47,000 navires, jaugeant 25 millions de mètres cubes, qui s'agitent sur les flots de l'univers et forment comme une sixième partie du monde, une « Océanie » active d'îlots intelligents en bois et en fer, forgés par la main des hommes pour relier les grands continents immobiles; grâce à cette multiplication des moyens de transports, à leur rapidité, à leur fréquence; grâce à l'invention du télégraphe auquel on vient d'apprendre à fonctionner sans fils, à celle du téléphone qui permet à deux interlocuteurs de s'entretenir familièrement à travers l'Europe, il s'établit une nouvelle « confusion des langues », ordonnée, méthodique.

Contraire à l'ancienne, qui fut l'origine de la dispersion des peuples, celle-ci est le résultat du rapprochement des nations, dont les idiomes, sans se pénétrer, se mêlent ou du moins se rassemblent comme les rayons d'un astre unique. Grâce à la locomotion, les humains d'aujourd'hui, qui ne sauraient allonger leur vie, peuvent l'élargir; la mécanique des communications les y aidera désormais. Elle facilite l'expansion mutuelle des créatures. Que l'homme transporte sa personne ou ses marchandises, il s'établit forcément une intimité extra-continentale, où l'on met en commun des idées et des gains, des matériaux pour s'habiller et pour réfléchir, de quoi adoucir à la fois et ennoblir la vie.

Les prix des choses désormais s'équilibrent d'une mer à l'autre, comme les flots, au moyen de puissantes compagnies de navigation et de libres cargo-boats, qui vont, deci, delà, en quête de frets, comme les fiacres en quête de clients, dans les rues d'une ville; c'est ainsi que les famines ont disparu dans notre pays.

Il est très vrai qu'on se blase sur les jouissances comme sur les privations ; mais si l'habitude de mourir de faim peut devenir à la longue une seconde nature, le genre humain n'a nul goût pour cette extrémité, à en juger par le développement spontané de la consommation depuis un demi-siècle : de 1840 à nos jours, la quantité de vin et de pommes de terre annuellement absorbée par chacun de nos concitoyens, a augmenté de moitié, celle de la viande, de la bière et du cidre a doublé, celle du café et du sucre a quadruplé : — le monde entier dévore 7 milliards de kilos de sucre par an.

Quant au froment, si sa consommation a passé de 2 à 3 hectolitres par tête, c'est qu'il ne se fait plus de pain d'avoine, d'orge, ni de sarrasin. Nul maintenant ne doit craindre, en « mangeant son pain blanc le premier », d'être réduit plus tard au « pain noir de l'adversité ». Quelle que soit l'adversité qui frappe un Français de 1900, il lui serait impossible de trouver du pain noir dans sa patrie. Nos indigents mangent le pur froment des princes de jadis.

Le progrès de l'industrie a porté bien davantage, il faut l'avouer, sur la manufacture et le transport que sur la production des objet d'alimentation ou l'extraction des matières premières. Cependant nombre de denrées secondaires, tout aussi hygiéniques que leurs modèles, — l'huile de coton ou l'alcool de betterave, par exemple, — imitant l'huile d'olive ou le cognac que l'on ne pouvait multiplier à l'infini dans les laboratoires, sont venus figurer utilement dans les tables modestes. Dans quelques domaines, comme celui de l'éclairage, telles inventions, au cours des cent dernières années, ont surgi, lutté, grandi, ont été proclamées éternelles et sont mortes ou vont mourir, dédaignées, vaincues par des inventions nouvelles : de ce nombre furent les lampes Carcel, l'huile tirée du colza et la bougie tirée de la stéarine ; appareils ou produits qui, de 1790 à 1840, avaient eux-mêmes remplacé la cire, la chandelle et les premiers quinquets. Le gaz n'a que 55 ans d'existence, le pétrole 35 ans, l'électricité 20 ans et l'acétylène 5 ans. En fait de chauffage où les matériaux ont moins varié sans doute, la manière de les utiliser — cheminées perfectionnées et calorifères de toutes sortes, à air, à eau ou à vapeur — permet d'obtenir, d'un combustible donné, sept, huit ou neuf fois plus de chaleur que jadis.

La classe populaire a largement profité de cet ensemble d'améliorations : les salaires, pris en bloc, ont triplé depuis cent ans, tandis que les dépenses ordinaires de la vie ont à peine doublé. « L'odieux capital » n'attend pas que ses adversaires lui fassent un mauvais parti : de lui-même il doit réduire ses prétentions, pressé, d'un côté par la masse des consommateurs, c'est-à-dire par l'abaissement des prix de vente, de l'autre par le personnel ouvrier, c'est-à-dire par l'augmentation des prix de revient. Aussi partout les profits ont-ils été en diminuant par rapport au chiffre des affaires ; partout le même aspect s'offre aux yeux : petites manufactures qui s'effacent, organismes plus puissants qui surnagent, mais à la condition de multiplier leurs risques en multipliant leur puissance. La marge des gains, comparée au total des ventes, demeure si mince que l'erreur d'un instant suffit à les faire évanouir ; l'aléa devient si grand, la tension d'esprit devient si forte que les fondateurs de machines pareilles, ou du moins leurs héritiers, sont incités à passer la main par prudence à une collectivité.

Ainsi les entreprises grandissent par la force des choses et, par la force des choses, se morcèlent et se transforment en administrations impersonnelles ; heureuses si elles peuvent servir aux actionnaires la portion congrue qu'ils ambitionnent.

VICOMTE G. DAVENEL

IX

L'Homme et la Terre cultivée

Les végétaux, comme les animaux et comme les hommes, se disputent entre eux la surface du globe ; les espèces les plus résistantes, c'est-à-dire les mieux adaptées au climat et au sol des diverses régions, s'étendent au détriment des plus faibles. Mais l'homme intervient pour bouleverser à son profit les résultats et parfois même les conditions de cette lutte ; il développe et protège les espèces utiles ; puis il recherche et « élève » les variétés le mieux appropriées à ses besoins : *choix des espèces* et *sélection des variétés*, deux moments successifs d'une même tactique qui s'appelle la *culture*. Cultiver, c'est modifier le tapis végétal naturel. — En propageant et accélérant une telle modification, nul siècle, autant que celui qui finit, n'a contribué à établir sur la terre l'empire de l'homme.

Si l'on dressait deux cartes des cultures du monde en 1800 et en 1900, on serait frappé des changements survenus, surtout dans les régions habitées par les peuples civilisés ; si, bornant notre examen à la France et nous appuyant sur le magnifique dossier agricole laissé par le voyageur Arthur Young, qui parcourut ce pays peu de temps avant la Révolution, nous dressions une carte géographique indiquant la distribution des principales plantes cultivées à la fin du xviiie siècle, et si nous la comparions à une carte récente des cultures en France, nous constaterions déjà avec évidence quelques faits généraux : apparition de cultures nouvelles telles que la betterave, développement énorme de la culture maraîchère autour des grandes villes, disparition croissante de céréales peu rémunératrices, telles que le seigle, etc. Les espaces improductifs se réduisent ; les genêts et les bruyères des landes infertiles font place à de riches plantes cultivées.

Cultures abandonnées, cultures développées et cultures inaugurées : ce que nous voyons sur le sol français est une indication et un témoignage de la transformation générale qui s'opère partout en Europe : les plantes utiles et rémunératrices tendent à atteindre leur maximum d'extension, et les zones des plantes cultivées tendent à représenter de plus en plus des zones naturelles de climat et de sol. Si nous supposons les cultures indiquées par des teintes, ce qui nous frappe tout d'abord, c'est une moindre dispersion des taches : à la fin du XVIIIe siècle, la vigne, par exemple, s'étendait beaucoup plus au nord, et la limite de cette culture allait à travers la Prusse jusqu'aux provinces baltiques ; on buvait alors un vin dont on ne voudrait plus aujourd'hui ! Et dans la zone plus naturellement favorable à la vigne, la vigne s'est pour ainsi dire plus largement établie. Les teintes en une même région tendent à être moins nombreuses, moins bigarrées ; les cultures ou les associations normales de cultures qui constituent les assolements coutumiers, correspondent de plus en plus à de grandes zones étendues et simplifiées. Ce fait est plus saillant encore dans les pays nouvellement exploités : Amérique et Australie. Or, c'est l'inverse qui caractérise les pays d'Extrême-Orient. En Chine, notamment, chaque cultivateur entretient autour de sa maison, dans son minuscule jardin parsemé de canaux et de mares, tout ce dont il a besoin pour se nourrir et pour se vêtir : du riz, de la ramie ou du coton, quelques mûriers et des vers à soie, des bambous, des poissons et des canards, quelques porcs ; et chaque culture répète la voisine. Entre ces deux types, le type de culture de la très vieille civilisation et le type de l'exploitation tout à fait moderne, nos pays de l'Europe occidentale représentent pour l'instant un type de transition : ils n'ont jamais pu réaliser, au même degré que les pays tropicaux et les pays de moussons, cette exploitation qui fournit à chacun tout ce dont il a besoin, et, d'autre part, les complications géologiques et la diversité géographique des multiples compartiments de nos territoires ne nous permettront jamais sans doute d'aboutir à ces exploitations unifiées et simplifiées auxquelles se prêtent les larges et simples divisions naturelles de l'Amérique du Nord. Il est certain que ce sont surtout ces pays — les nôtres — qui doivent retenir notre attention ; or, dans notre vieille Europe, il ne s'agit pas seulement de rendre plus de terres productives, il importe de faire produire davantage aux anciennes terres productrices.

L'homme est parvenu à ce double résultat en utilisant les découvertes des sciences de la terre et des sciences de la vie. — L'agriculture, au XIX⁰ siècle, s'est enrichie de *cultures nouvelles* et d'*idées nouvelles*. Puis, les faits et les idées ont entraîné une *meilleure économie des forces et des richesses naturelles*. Sans vouloir empiéter sur le domaine d'aucun de nos collaborateurs, nous résumerons ici tout ce qui a trait directement aux rapports entre l'homme et la terre cultivée.

I. — CULTURES NOUVELLES

La pomme de terre est, avec le maïs, au nombre des plantes très répandues aujourd'hui dont l'Ancien Continent est redevable au Nouveau Monde. Apportée sur nos vieilles terres de civilisation et de culture asiatiques après la découverte de l'Amérique, d'abord par les Espagnols, puis par Walter Raleigh et ses compagnons, transportée de l'Allemagne en France et préconisée par Parmentier avec un zèle et une persévérance infatigables, elle était encore très peu cultivée en Europe à la fin du XVIII⁰ siècle; elle n'y était cultivée qu'à regret, par les cultivateurs les plus pauvres et sur les terres les plus pauvres. Elle couvre aujourd'hui de sa délicate fleur mauve et blanche quinze cent mille hectares du sol français. Nourriture économique pour les paysans, nourriture de plus en plus indispensable pour les habitants des villes, elle devient même aliment de première utilité pour le bétail, et l'on ne saurait prévoir quelle extension géographique elle atteindra.

La pomme de terre se contente de terres maigres et légères, quoiqu'elle puisse et doive profiter de mieux en mieux d'une culture intelligente et soignée en bonne terre. Elle redoute les gelées, et une température de — 4° cause un préjudice très grave même aux parties souterraines de la plante; mais elle est plantée une fois l'hiver passé, et si elle demande une humidité assez considérable, c'est d'avril à juin qu'elle est exigeante, c'est-à-dire au moment où, dans nos pays de l'Europe occidentale, les pluies de printemps et les eaux de ruissellement sont presque partout abondantes. Dans les zones abritées et humides, comme l'île de Jersey et la côte bretonne de la Ceinture dorée, ainsi que dans les pays où l'hiver est doux sans qu'il y ait à craindre disette d'eau, en Provence, en Algérie-Tunisie, dans le Sud-Algérien ou dans le delta du Nil, elle a des variétés qui sont cultivées comme pommes de terre de primeur à destinations des grandes agglomérations humaines, et arrivant ainsi prématurément sur les marchés urbains, elle décuple de valeur et peut atteindre le prix plus que rémunérateur de quarante ou cinquante francs les cent kilos.

Ainsi, cette dernière venue, véritable conquête du xixe siècle, a, parmi les plantes alimentaires, un avenir exceptionnel. Elle est celle qui fournit la plus grande quantité de matière nutritive sur un espace donné, et la précieuse fécule que renferment ses tubercules trouve des débouchés industriels faciles dans les féculeries et les distilleries. — Riche et prodigieusement variée, la pomme de terre peut jouer à la fois le rôle de culture peu coûteuse et sans grand aléa, ressource des plus modestes exploitations rurales, — et de plante de grande culture permettant les plus riches rendements et de très belles affaires commerciales.

La betterave, qui couvre aujourd'hui de si grands espaces dans nos départements du Nord, et qui est un des types les meilleurs de la culture industrielle, est aussi l'une des plantes tard venues, une de celles qui ont récemment ajouté à des étendues considérables du sol européen une caractéristique géographique qui n'existait pas autrefois. Cette culture a un acte de naissance précis : la betterave a dû, sinon son origine, du moins sa destinée culturale, au blocus continental. Cette plante, qui est à la fois plante alimentaire, plante fourragère et plante industrielle, a joué un rôle spécial dans l'histoire de la culture moderne. Elle a eu, si nous osons dire, une influence psychologique capitale. Elle est une des cultures qui récompensent le plus vite et le plus manifestement le cultivateur des sacrifices d'amendements et d'engrais faits pour elle. Aussi a-t-elle, en bien des cas, amené les agriculteurs à comprendre et à pratiquer les nouvelles méthodes. Rendant en proportion de ce qu'on lui a donné, la betterave a été une initiatrice. Mais à cela ne se borne pas son importance. Elle a aussi contribué à établir un lien aisé entre l'exploitation uniquement agricole et l'exploitation industrielle : dans certains pays, en France, en Allemagne, elle a réalisé, la première, cette association de la culture et de l'industrie, qui, par la réduction au minimum des frais de transport et par la suppression des intermédiaires, représente l'idéal vers lequel doit tendre toute culture industrielle. Enfin, même lorsque les riches racines de la betterave vont à l'usine, cette culture n'est pas complètement perdue pour la ferme; soit par les feuilles, soit par les résidus de la fabrication du sucre ou de l'alcool, elle fournit une nourriture excellente pour le bétail ou un engrais riche pour le sol; elle rentre ainsi dans le cycle d'activité d'une terre sagement exploitée et ne constitue pas au profit de l'industrie une déperdition sans retour et sans restriction, comme sa rivale des pays chauds et humides, la canne à sucre.

*
* *

Comment parler des cultures nouvelles sans parler aussi des cultures renouvelées? Une très vieille culture, d'une importance exceptionnelle pour la France, frappée presque à mort plusieurs fois, atteinte par des fléaux qui paraissaient invincibles, a pourtant été sauvée. Successivement, un champignon, l'oïdium, un insecte, le phylloxera, deux autres champignons, le mildew, puis le black-rot, ont failli détruire la vigne pour toujours ; mais l'acharnement des savants et l'acharnement des cultivateurs se sont coalisés pour triompher de ces maux répétés. Par malheur, ces efforts admirables n'ont pas pu annihiler les mauvais effets des ruines successives de notre vignoble, et le plus néfaste de ces conséquences a subsisté et s'aggrave chaque jour : la production et la multiplication des alcools de grains, et aussi des alcools de betteraves et de pommes de terre; on a commencé à les fabriquer au moment même où la vigne, affaiblie et épuisée, ne donnait plus que des produits insuffisants.

La vigne n'en reste pas moins un admirable témoin des guérisons, des résurrections qu'a opérées l'agronomie.

D'autres cultures ont été si bien précisées et propagées depuis cinquante ou soixante ans qu'elles ont pris une vie nouvelle; elles ont conquis une importance et une extension inattendues ; l'histoire du coton est, en ce genre, tout à fait significative. C'est une histoire qui nous touche directement. Si le coton est produit loin de nous, c'est dans l'Europe occidentale qu'il était presque exclusivement travaillé jusqu'en ce dernier quart de siècle. Aujourd'hui, le premier centre cotonnier du monde, Liverpool-Manchester, tend à perdre lui-même son hégémonie souveraine : c'est un fait qu'expliquent seuls l'extension progressive et le perfectionnement continu de la culture dans l'Inde et aux États-Unis. — Le cotonnier a besoin de chaleur et d'humidité ; il appartient, par droit de naissance, aux pays chauds et humides, aux pays de moussons; il s'accommode également des pays chauds et secs, où l'irrigation, habilement organisée, supplée à l'insuffisance ou à la disette des pluies : ainsi a-t-il été introduit en Égypte par Méhémet-Ali, et il y a prospéré. Cependant, le cotonnier, arbuste vivace, redoutait, ici comme là, les hivers trop rigoureux ; voilà qu'à la suite d'expériences et d'observations, il fut reconnu que le coton produit par le cotonnier, dès la première année était supérieur à tout autre, et l'on résolut de détruire l'arbuste et de le replanter tous les ans ; le cotonnier put être ainsi traité comme une plante annuelle. Qu'importent maintenant les températures de l'hiver, pourvu que le printemps et l'été soient assez chauds et assez humides ? Le cotonnier affronte des zones qui lui auraient été jadis interdites, et se propage, par exemple, dans les États-Unis, beaucoup plus loin vers le nord qu'on ne l'aurait pu penser en 1800. Or, les États-Unis sont devenus, parmi tous les pays de la terre, le plus fécond producteur de coton ! — De telles améliorations, de tels rajeunissements des cultures, appelés à jouer un rôle capital dans les luttes économiques futures, ont droit aussi à une place de choix parmi les nouveautés culturales[1].

---

[1]. Dans cette revision trop succincte et trop rapide, nous n'avons indiqué que les exemples les plus typiques. On pourrait encore noter le développement presque concomitant, sinon identique, de trois arbustes : l'arbre à thé, le caféier et le cacaoyer. Ces trois produits, si précieux à des titres divers, le thé, le café et le chocolat, ont pénétré à peu près à la même époque, au XVIIe siècle, dans la vie ordinaire des Français et des peuples de l'Europe occidentale ; et ils s'y sont, durant le XIXe siècle, créé une clientèle si considérable et si rapidement croissante, que cette consommation récente et prodi-

**

En reportant nos yeux sur l'Europe et la France, nous serons également frappés de l'extension nouvelle prise par certaines cultures qui sont pourtant plus vieilles que notre siècle : telles sont, par exemple, les cultures fourragères, principalement les cultures fourragères artificielles. C'est au xviiie siècle que la révolution s'est opérée de l'introduction des légumineuses dans l'assolement, mais sans qu'on connût encore la raison profonde de cette « vertu » exceptionnelle des légumineuses, dont nous parlerons plus loin. Ces cultures ont pris, depuis cent ans, un développement qui modifie jusqu'au paysage de certaines régions ; le trèfle est d'ailleurs presque une nouveauté culturale de notre siècle ; or, le trèfle est aujourd'hui la plante la plus répandue des prairies artificielles ; associons le trèfle à la luzerne et au sainfoin : ces trois plantes ont étendu, depuis cinquante ans, la superficie de leur domaine en France de plus d'un million d'hectares. Il faudrait encore parler des plantes fourragères dites plantes sarclées : fèves, vesces, etc., et des progrès réalisés dans l'entretien des prairies naturelles, où les fourrages sont plus variés, où des plantes diverses vivent côte à côte (prairies *polyphytes*) ; mais il est plus simple de rappeler que tous ces développements correspondent à une évolution nécessaire, liée à l'accroissement de la population, et notamment de la population urbaine : les habitants des villes exigent une nourriture plus fortifiante que l'ancienne population des campagnes, ils consomment plus de viande et plus de lait, et les paysans, devant élever, puis apporter ou expédier sur les marchés beaucoup plus de bétail, doivent multiplier leurs fourrages et les améliorer.

Les marchés urbains doivent être aussi fournis, en beaucoup plus grandes quantités que jadis, de légumes et de fruits. Les cultures maraîchères qui, par les soins multipliés, par les arrosages répétés, et par les engrais, arrivent à faire produire à une même terre toute une série de récoltes successives, se massent

---

gieuse a déterminé un accroissement et un perfectionnement proportionnels de ces cultures dans les régions tropicales qui leur sont favorables. Il est assez curieux de noter le parallélisme d'histoire et la communauté de destinée de ces trois produits.

tout naturellement à proximité des marchés où les produits doivent s'écouler. Ces cultures modèles arrivent à constituer comme une banlieue de culture intensive sur toute la périphérie de nos énormes villes modernes : autour de Londres, de Paris, de Bruxelles, nous devrions marquer d'une teinte spéciale des espaces plus ou moins étendus et qui correspondraient à ces cultures directement destinées aux approvisionnements de l'agglomération centrale; dans le paysage, ces cultures de jardins apparaissent avec une physionomie bien connue : longues lignes rigoureusement tracées et soignées, cloches de verre, serres multipliées, tous caractères qui témoignent d'une épargne prudente et minutieuse de tous les facteurs de la culture, aussi bien de l'espace que de la chaleur.

La géographie culturale est dans un rapport d'étroite solidarité, — on ne saurait trop le répéter, — avec le grand fait dominant de la géographie humaine au xixe siècle : la prodigieuse croissance et la multiplication des villes. En 1801, la plus énorme ville du monde, Londres, ne comptait pas encore un million d'habitants. On n'avait pas encore vu une seule fois ce phénomène, aujourd'hui si fortement dépassé et plus de vingt fois reproduit, d'une accumulation d'un million de vies humaines en un seul point du globe, en une seule cité. La population totale du monde — autant qu'on peut la dénombrer avec une approximation très problématique — est passée d'un milliard environ en 1800 à plus d'un milliard et demi en 1900. C'est pourquoi les problèmes agricoles ne consistent pas seulement à découvrir des aliments mieux appropriés et plus assimilables, mais à mieux connaître le mécanisme secret de la germination, de la croissance des végétaux et de l'élaboration des matières végétales.

II. — DÉCOUVERTES SCIENTIFIQUES

« Quand on écrira l'histoire de nos travaux, disait Boussingault en 1884, il faudra se rappeler où l'on en était quand j'ai commencé. On ignorait que le foin renfermât de l'azote[1]. » Il faut

---

[1]. Paroles rapportées par M. P.-P. Dehérain, *l'Enseignement agricole à propos d'un décret récent. Revue des Deux Mondes*, 15 sept. 1898; p. 845.

surtout se rappeler où l'on en était au siècle dernier avant les travaux de Lavoisier. De toutes les expériences entreprises depuis lors et de toutes les recherches poursuivies sur la combustion d'abord, puis sur les fonctions de respiration et d'assimilation chez les animaux et les végétaux, s'est dégagée une conception du monde de la vie dont on lira l'exposé si lucide dans le chapitre des *Sciences de la vie* ; en somme, les êtres vivants peuvent être divisés en deux groupes : ceux qui empruntent l'énergie dont ils ont besoin aux combustions dont ils sont le siège, — et ceux qui l'empruntent aussi au soleil dont ils fixent l'énergie lumineuse sous forme d'énergie chimique, grâce à la *chlorophylle* de leurs tissus : ces derniers décomposent l'acide carbonique de l'atmosphère, retiennent le carbone et dégagent l'oxygène. De très nombreux végétaux sont des êtres à chlorophylle, et le plus grand nombre des êtres à chlorophylle sont des végétaux [1]. En tout cas, la très grande majorité des plantes cultivées rentrent dans ce groupe d'être vivants; ainsi l'homme, par la culture, affermit ou développe des organismes qui, aux dépens de l'acide carbonique de l'air, lui fournissent cet oxygène indispensable à sa propre vie et à la vie des animaux.

Nous venons de dire que les êtres à chlorophylle, sous l'influence des rayons solaires, réduisent l'acide carbonique de l'air. Il convient d'ajouter que les plantes ont besoin d'eau pour produire cette assimilation du carbone, et que l'acide carbonique et l'hydrogène de l'eau entrent en combinaison pour former des hydrates de carbone. — Donnez de l'eau aux plantes et assurez-leur une insolation suffisante: les plantes acquièrent le carbone qui leur est nécessaire.

Les plantes assimilent encore l'azote; mais le problème de l'assimilation de l'azote est bien plus complexe que celui de l'assimilation du carbone, et il a donné lieu à de longues et violentes discussions. Il fut reconnu que « presque tous les végétaux contiennent des azotates au moins pendant une certaine période de leur végétation : aussi bien les Dicotylédones que les

---

[1]. Il convient de ne pas oublier ici ni que les champignons, plantes *thallophytes*, si nombreuses, n'ont pas de chlorophylle, ni que certains animaux, comme l'ont prouvé les beaux travaux de M. Giard, possèdent, par contre, de la chlorophylle.

Monocotylédones et les plantes des autres classes (Mousses, Fougères, Équisétacées, etc.); aussi bien les plantes *terrestres* que les plantes *aquatiques*, aussi bien les plantes *annuelles* que les plantes *vivaces* et les arbres mêmes : Pin, Prunier, Poirier »[1]. L'on savait d'autre part que ces substances mélangées et combinées, qui constituent ce que nous appelons d'un terme peu précis, mais courant, l'*humus* des terres arables, contenaient aussi de l'azote ; bref on fut amené à conclure que les plantes tiraient du sol l'azote nécessaire et qu'il était bon d'approvisionner le sol de matières capables d'y introduire de l'azote.

En fait, on s'était déjà efforcé de donner à la terre des engrais azotés, sulfate d'ammoniaque, nitrate de soude, dont le succès avait été manifeste. Mais c'étaient des engrais chers et rares, et l'on pouvait toujours craindre d'avoir bientôt épuisé quelques-uns des stocks disponibles ; jusques à quand, par exemple, pourrait-on approvisionner les terres de France de cette réserve précieuse de nitrate de soude que les cultivateurs de l'Ancien Monde devaient envoyer chercher sur les côtes occidentales ou sur le haut plateau bolivien de l'Amérique du Sud ?

Depuis une quinzaine d'années, le problème de l'azote s'est trouvé admirablement éclairé et élucidé : les observations et expériences successives de MM. Berthelot, Hellriegel et Wilfarth, Schlœsing et Müntz, Winogradsky, Schlœsing fils et Laurent, ont révélé comment et pourquoi certaines familles du monde végétal ont la merveilleuse propriété de puiser l'azote dans le grand réservoir d'azote, inépuisable et gratuit, que constitue l'air atmosphérique.

Depuis plusieurs siècles, en quelques pays, on avait observé que certaines cultures, succédant à des cultures de céréales, étaient des cultures améliorantes ; c'est pourquoi, dans le delta du Nil, par exemple, on avait la coutume de semer, après la récolte du blé ou de l'orge, cette variété de trèfle qui se nomme le *bersim*. Et c'était en vertu de cette même observation qu'au XVIIIe siècle, dans toute l'Europe occidentale, on s'était mis à cultiver la luzerne et le sainfoin après le blé ou l'avoine, et même à enfouir la récolte dans le sol sous forme d'engrais vert. L'introduction de

---

1. BERTHELOT et ANDRÉ. *Sur l'existense et la formation des azotes dans le règne végétal*, Ann. de Chimie et de Physique, 6e série, t. VIII, 1886, p. 31.

ces cultures de légumineuses, fournissant de très beaux fourrages et rendant à la terre une partie de la force perdue, fut une innovation décisive, empiriquement découverte. Elle a été l'un des principaux facteurs du progrès agricole avant même qu'on ne se doutât de la fonction mystérieuse et féconde dont ces plantes sont l'occasion et la condition.

En 1886, un Allemand, Hermann Hellriegel, s'inspirant des découvertes pastoriennes, expliqua l'action bienfaisante et améliorante de la culture des légumineuses. Ces plantes, sainfoin, luzerne, lupin, etc., n'agissent pas directement ; elles n'opèrent pas elles-mêmes l'œuvre salutaire, mais c'est sur ces plantes que se développent les agents utiles : sur leurs racines, des nodosités se forment, qui sont produites par des infiniment petits, des micro-organismes, des bactéries, et ces bactéries exécutent le travail compensateur de fixer l'azote de l'air et de l'emmagasiner à nouveau dans la terre. Dans la réalité, comme l'ont montré des recherches plus récentes, le phénomène est encore bien plus délicat, car le travail se trouve divisé entre trois sortes de ferments figurés qui correspondent chacun à une phase spéciale, tout en se trouvant collaborer à une même œuvre finale[1].

De plus, il semble que chacune des légumineuses ait ses bactéries attitrées qui travaillent pour elle et avec elle ; si vous semez du lupin après du trèfle, il se peut que les lupins ne se développent point parce qu'ils ont trouvé dans la terre les bactéries du trèfle et non les leurs. Que faudra-t-il faire pour rendre le lupin florissant et agissant ? Il suffira de traiter la terre comme on traite un animal sur lequel on veut faire la culture d'un microbe : on l'inoculera, c'est-à-dire qu'on l'arrosera avec de l'eau dans laquelle aura séjourné de la terre chargée des bactéries du lupin, ou, plus simplement encore, on répandra à la volée, sur le terrain à ensemencer, de la terre prise dans un beau champ de lupin, et l'infiniment petit ainsi semé se multipliera, se développera, prendra à l'air l'azote nécessaire et le rendra assimilable à la plante.

---

1. 1° Un ferment ammoniacal agissant sur la matière organique pour en dégager de l'ammoniaque ; 2° un ferment nitreux brûlant l'ammoniaque et l'amenant à l'état d'acide nitreux ou de nitrite quand il agit en présence de bases salifiables ; 3° un ferment nitrique complétant l'action oxydante du précédent et transformant les nitrites en nitrates. (P.-P. DEHÉRAIN, *Traité de Chimie agricole*, p. 404.)

Le jour est prochain où l'on vendra ces microbes en tubes fermés comme on vend aujourd'hui de la levure de bière, de la présure, des sérums ou des vaccins ; si les essais tentés jusqu'ici avec la *nitragine* n'ont pas été aussi satisfaisants qu'on l'espérait, il n'y a pas à douter que la voie ouverte et déjà suivie n'aboutisse à d'heureux résultats.

Par ailleurs, pour que la nitrification se produise, il importe de toute nécessité que la terre soit librement ouverte à la circulation de l'air et de l'eau, et que cette terre soit pourvue des matières que les ferments doivent transformer. Une fois ces conditions remplies, l'enrichissement de la terre en azote, puis l'assimilation de l'azote par les végétaux se produisent avec cette précision admirable et compliquée de l'économie naturelle que rien n'a mieux révélé que l'étude des infiniment petits. Et l'animal qui se nourrit de la plante et qui, tout en étant inapte à prendre à l'air l'azote indispensable, exige des aliments azotés, va, en somme, par ce détour si ingénieux, puiser dans l'air même, qui est la seule source indéfinie d'azote et qui est déjà pour lui le grand réservoir d'oxygène, les provisions d'azote dont son organisme a besoin.

Tous les microbes fixateurs d'azote ne vivent dans le sol qu'aux dépens des matières carbonées ; et celles-ci résultent de l'action des cellules de chlorophylle. Ainsi une étroite solidarité s'établit entre les fixateurs d'azote et les fixateurs de carbone. Entre le carbone et l'azote, empruntés tous deux à l'air atmosphérique, l'un par les végétaux, l'autre par les bactéries, il existe une étroite communauté d'origine et de destinée. Ils forment les éléments constitutifs de tout *humus*.

Le problème de l'azote et la question des azotates nous amènent à reconnaître un fait capital : les végétaux ont la faculté de se nourrir d'éléments minéraux ; ils s'assimilent les sels de la terre : tel est le grand principe qui a été définitivement mis en lumière durant notre siècle et qui est devenu l'un des fondements de toute la science agronomique moderne. Quelques esprits étonnamment sagaces avaient prévu et prédit l'énoncé de cette vérité, mais c'est à Liebig qu'on doit de l'avoir formulée et démontrée[1]. A

---

[1]. Lavoisier, on le sait, avait eu l'intuition de ce fait. Bien avant lui, Bernard Palissy avait écrit, sur l'assimilation du « sel de la terre » par les plantes,

coup sûr Liebig, généralisant et exagérant ses idées, a erré sur quelques points importants : il a cru que la composition de la plante (et non du sol) devait indiquer à elle seule les éléments à restituer au sol ; trouvant d'autre part, dans les terres arables, un stock quasi indéfini d'azote combiné, il a prescrit les engrais azotés ; il s'est opposé à Lawes et à Boussingault, méconnaissant le rôle des cultures améliorantes ; il a enfin constitué cette théorie de la restitution, aujourd'hui reconnue trop absolue. Mais Liébig n'en reste pas moins un des grands maîtres de l'agronomie moderne ; il est bien vrai que les végétaux possèdent ces deux pérogatives connexes d'avoir besoin, pour leur alimentation, de matières minérales et de transformer ces matières minérales en matières organiques

Quelles sont ces matières minérales qui sont indispensables à la vie des végétaux ? Outre les éléments dont nous avons déjà parlé, il faut que la plante trouve à sa disposition dans la terre des phosphates, des sels de potasse, des sels de chaux et quelques autres sels, par exemple des sels de magnésie.

Le phosphore est un des aliments de toutes nos plantes cultivées, et les terres trop pauvres en acides phosphorique sont des terres infertiles; telles sont notamment les terres qui recouvrent les zones de roches granitiques et gneissiques, les terres de la Bretagne et du Limousin. A ces terres ajoutez des phosphates, et les terres si maigres, couvertes de genêts et de bruyères, donneront des rendements supérieurs aux terres arables moyennes. A la différence de l'azote, qui est en perpétuelle transformation et en perpétuel renouvellement dans la terre, produit par l'action bienfaisante des micro-organismes, mais aisément emporté par les eaux ruisselantes et filtrantes, le phosphore reste fidèlement enchâssé dans le sol, et c'est le végétal seul qui, en se développant, en mûrissant et en devenant lui-même la nourriture des animaux, l'enlève à la terre et l'emporte. Voilà comment certaines terres, — la fameuse *terre noire (tchernoziom)* de la Russie, les terres du Vésuve ou de l'Etna et généralement les terres vol-

---

des lignes surprenantes d'exactitude : on les trouvera publiées dans la *Revue des questions scientifiques*, n° de juillet 1878, par A. PROOST, *Histoire de la doctrine de la Restitution*, p. 12 et 13 ; on peut lire aussi à ce sujet le chapitre curieux : *Un Précurseur de Lavoisier et de Liebig*, dans L. GRANDEAU, *Etudes agronomiques*, sixième série (1890-91). Paris, Hachette, 1092, p. 1-10.

-caniques, — par leur nature originelle riche en phosphore, peuvent, durant des années, fournir des récoltes florissantes, sans qu'aucune restitution d'acide phosphorique leur soit jamais faite. Au reste, cette quantité inhérente aux terres favorisées doit toujours avoir une limite, et un jour viendra, s'il n'est déjà venu, où l'appauvrissement progressif devra être réparé. Avec le phosphore, le cultivateur peut savoir à quoi s'en tenir, et la terre étant par ailleurs suffisamment pourvue des autres éléments et aliments, en particulier d'azote, il peut traiter le sol à coup sûr, sachant la proportion originelle d'acide phosphorique, la proportion qu'en emporte la récolte, et par suite la dose qu'il doit ajouter et qui sera compensatrice des récoltes faites.

La compensation s'opère au moyen des phosphates. Ce fut au début même de ce siècle qu'on devina et expérimenta la valeur agricole des os et de la poudre d'os ; puis on utilisa le noir animal des raffineries et l'on répandit aussi sur les terres du phosphate de chaux sous la forme d'os calcinés ; mais les réserves d'os s'épuisaient rapidement, et l'on pouvait craindre que bientôt l'agriculture n'eût plus de phosphates à utiliser, lorsqu'on découvrit les phosphates minéraux.

Les gisements naturels de phosphates fossiles ou de phosphorite aujourd'hui reconnus sont si abondants et si nombreux, et les traitements des phosphates et superphosphates sont si bien étudiés et si variés, que le cultivateur peut être rassuré sur la question du phosphore. En ce qui concerne les phosphates, le territoire français, ainsi que celui de l'Algérie, sont favorisés entre tous.

L'histoire agricole du phosphore et des phosphates coïncide exactement avec le XIXe siècle ; l'histoire agricole de la potasse et des sels de potasse remonte un peu plus haut, et cependant les problèmes en semblent à l'heure actuelle moins définitivement élucidés. Voici du moins les données qui sont aujourd'hui à peu près certaines. Les cendres des végétaux contiennent toutes de la potasse. Les terres dépourvues de potasse sont infertiles ; mais presque toutes les terres végétales sont riches en potasse, et comme, à l'exemple de l'acide phosphorique et à la différence de l'azote, la potasse n'est guère emportée par les eaux, il est souvent inutile d'ajouter à la terre des sels potassiques. L'emploi de ces sels est par ailleurs très précieux en des terrains pauvres comme ceux des plateaux crayeux de la Champagne. En outre, certaines cultures, comme celle du blé ou des légumineuses, bénéficient beaucoup plus que d'autres des sels de potasse. Enfin les engrais potassiques peuvent être fournis avec une abondance suffisante par les résidus des distilleries, par les eaux mères des marais salants ou par les cendres de varechs.

Les terres arables ont besoin d'autres matières, telles que la chaux : mais nous n'avons pas à insister ici sur les marnages et les chaulages, car ce sont des usages agricoles qui étaient pratiqués bien avant notre siècle. La chaux, sous forme de marne, de tangue, etc., a été donnée au sol cultivé de très ancienne date. La chaux sert d'abord, pour une part, à l'alimentation de la plante, et surtout de la plante jeune ; mais la plus grande partie de la chaux est surtout utile par ses effets multiples : elle améliore les conditions physiques de la terre en même temps qu'elle active certaines réactions chimiques. La chaux est encore plus un amendement qu'un engrais. Elle nous permet d'établir nettement la différence entre ces deux termes. On appelle amendement toute substance qui est destinée à améliorer la culture ou les conditions de la terre, tel le plâtre pour les cultures de légumineuses. On réserve le nom d'engrais à toute matière complémentaire, qui manque au sol, et qui est destinée à être plus ou moins directement assimilée par la plante.

.˙.

Ainsi les terrains naturels sont de très inégale valeur et très inégalement prédisposés à telle ou telle culture. Il ne s'agit pas seulement de leur restituer les corps emportés par les récoltes ; il faut encore les compléter et les améliorer. Il ne s'agit pas non plus d'attendre du hasard, c'est-à-dire du repos de la terre, une amélioration lente et confuse ; il faut travailler nous mêmes à cette amélioration. La *jachère* a eu sa raison d'être ; dans l'ignorance où l'on était des phénomènes complexes et parfois contradictoires dont la terre était le théâtre, il était bon qu'on laissât à cette terre le soin et par conséquent le temps de donner libre jeu à ces phénomènes naturels : la jachère pouvait, par exemple, grandement seconder le recouvrement de l'azote perdu ; aujourd'hui nous avons en notre puissance le secret de rendre à la terre tout l'azote qui lui est nécessaire ; nous n'avons plus besoin de la jachère ; au contraire, nous devons éviter que la terre ne reste jamais nue et découverte, surtout dans nos climats et surtout en automne ; lorsque, par exemple, nos récoltes de céréales sont emportées, on devra tâcher, par des cultures dérobées de légumineuses, de préserver contre le ruissellement et les infiltrations qui pourraient, à cause de la solubilité des azotates, entraîner de si précieuses quantité d'azote.

De la doctrine de la restitution de Liebig, il reste des principes vrais. Quand on connaît les éléments qui sont nécessaires à la formation et au développement de certaines plantes, comme le blé, il est exact qu'on peut les élever dans un bocal d'eau claire, sans qu'elles aient jamais touché le sol, à condition de mettre dans ce bocal les minéraux qui leur permettront de vivre. Mais ce procédé ne peut-être généralisé, car il n'est certes pas le plus pratique. La doctrine de Liebig, fondée sur de très belles expériences de laboratoire, ne peut plus, sous sa forme rigoureuse, expliquer et dominer la réalité. La terre, cette créatrice mystérieuse et infatigable, agit autrement : l'intervention des micro-organismes est un auxiliaire incomparable sur lequel ne comptaient point les partisans de la théorie absolue et brutale de la restitution !

Il importe de le constater et de le rappeler ici : tous les progrès de l'agriculture n'ont été rendus possibles que par l'usage de la *balance* et la pratique de *l'analyse*. — C'est Lavoisier qui a établi par la balance le principe de la conservation de la matière, et qui a fait de la balance l'outil indispensable à tout laboratoire de chimie ; la balance de précision est devenue la condition même de toute analyse. Et l'analyse, l'analyse des matières organiques, cette méthode imaginée dans notre siècle, solidement établie par les travaux de Dumas, a permis de décomposer les corps les plus complexes en éléments simples, et de pouvoir, dès lors, les alimenter, les compléter, les développer ou même les reconstituer de toutes pièces au moyen de ces éléments simples volontairement mis en présence et combinés : l'analyse a été la préface indispensable de la synthèse organique. C'est encore par l'analyse qu'on reconnaît les aliments qui manquent à la terre pour telle ou telle culture ; c'est par l'analyse des terres qu'on est parvenu à organiser vraiment la culture scientifique et intensive.

Au reste, l'analyse, méthode de laboratoire, doit être complétée et pour ainsi dire vérifiée par l'épreuve expérimentale, directement appropriée aux faits de la culture, *le champ d'expériences*. On tente expérimentalement dans des carrés de terres variées ou analogues, des essais dosés et réguliers, et l'on corrige ainsi les enseignements théoriques et les conclusions toujours un peu hypothétiques d'une analyse par les données réelles que fournit la consultation de la terre elle-même.

Au terme de tous les grands travaux accomplis depuis cent ans, nous devons considérer les plantes comme de véritables appareils qui nous servent à fabriquer ces produits complexes et essentiels que nous appelons : fécule, amidon, huile, sucre. etc., ou des produits moins essentiels mais précieux aussi : morphine. quinine, etc. Ces appareils de synthèse fonctionnent depuis longtemps à la surface de notre globe ; mais nous ignorions les véritables lois de leur fonctionnement ; nous sommes devenus aujourd'hui des mécaniciens experts, capables de seconder la marche normale de ces machines vivantes, de réparer les malheurs produits par des accidents ou des maladies, et même de développer, en dehors des conditions traditionnelles, celles de ces plantes dont les produits nous paraissent répondre à nos besoins primordiaux.

III. — MEILLEURE ÉCONOMIE DES RICHESSES ET DES FORCES NATURELLES

Le laboratoire a révélé les richesses et les énergies cachées de la terre, mais la terre n'est pas le laboratoire, et l'esprit critique qui se développe dans le laboratoire doit aboutir à une meilleure intelligence des conditions générales qu'impose la terre.

A un certain moment, durant notre siècle, on peut concéder que l'agronomie s'est faite trop abstraite et paraissait s'éloigner un peu trop de l'agriculture courante; mais grâce aux découvertes les plus récentes, grâce aussi aux efforts des savants qui se sont faits les vulgarisateurs acharnés des idées simples et des principes généraux, grâce enfin à l'organisation et à la diffusion de l'enseignement agricole, il s'est opéré un rapprochement plus grand et plus étroit entre l'homme de science qui fait des essais, et le cultivateur qui, trop souvent, n'a ni le loisir, ni les moyens de tenter des innovations de pure curiosité.

Notre siècle finissant, il semble que l'homme comprenne mieux que le vrai progrès consiste en une interprétation habile et méthodique, mais docile aussi, des forces que la nature lui fournit gratuitement et souvent à discrétion.

User des agents naturels et rétablir entre eux la connexion la plus profitable, tel est l'idéal qui doit présider aujourd'hui à l'exploitation de la terre. Des forces bien diverses, mais, chacune à leur tour, trop négligées, reconquièrent, auprès des savants comme auprès des praticiens, toute leur valeur propre, et l'on s'efforce, par des méthodes plus précises, d'assurer à chacune de ces forces le maximum d'utilité et de faire rendre à chacune le maximum d'effet.

L'eau est une richesse incomparable : elle est la condition de toute culture et de toute vie; là où il n'y a pas d'eau, il n'y a pas de végétaux et l'homme ne peut vivre. Les végétaux *consomment* un volume d'eau qu'on a de la peine à imaginer : l'évaporation qui se produit sur les parties aériennes de la plante a été mesurée : on estime à plus d'un million de kilogrammes l'eau ainsi rejetée durant leur croissance entière par les blés ou les orges qui couvrent un hectare, à plus de deux millions de kilogrammes l'eau rejetée par un hectare d'avoine. Toute terre végétale doit donc être arrosée et doit permettre aisément la circulation de l'eau.

Par un mécanisme admirable, l'eau qui est en perpétuelle circulation dans les mers et sur les terres, est changée en vapeur, sous l'influence de la chaleur solaire. L'eau liquide est sans cesse ramenée par la pesanteur dans les cavités superficielles de l'écorce terrestres, où elle forme les grandes nappes marines ; mais l'eau, sous forme de vapeur, est, en partie du moins, sans cesse rejetée à nouveau sur les parties saillantes de la surface de la terre. Si la terre est vivante et si elle porte des êtres vivants, c'est grâce à ce va-et-vient indéfini de l'eau et de la vapeur d'eau, à cette lutte ininterrompue entre la chaleur solaire et l'attraction terrestre.

Sur l'ensemble du globe les grandes zones de culture, qui sont aussi les grandes zones de civilisation, correspondent à des zones climatiques; ce sont les zones des pluies : pluies tempérées et température modérée dont bénéficie notamment notre Europe occidentale et centrale; pluies saisonnières, pluies de moussons dont bénéficient celles des régions tropicales qui sont de grands foyers de population. Les terres à céréales, — les terres à blé et plus encore les terres à riz, — ont d'abord à compter avec l'eau.

Mais il ne suffit pas que l'eau soit donnée aux habitants et aux cultivateurs d'un pays; il ne suffit pas que les pluies, les sources et les fleuves leur apportent la première cause de fertilité. C'est à eux de savoir tirer de cette eau le parti le meilleur, c'est à eux de l'aménager. Or, il s'est souvent rencontré que l'homme apprécie cette richesse souveraine là surtout où elle lui est le plus parcimonieusement accordée : dans les régions pauvres en eau, dans les zones arides et surtout dans les déserts, l'eau est l'objet de soins exceptionnels, et dès qu'elle apparaît, qu'elle tombe ou qu'elle jaillit, elle est recueillie et distribuée avec autant de méthode que de joie. Il faut avoir visité un oasis, ou contemplé du haut des falaises libyque ou arabique cette grande oasis allongée qui s'appelle l'Égypte et qui doit toute sa vie aux eaux du Nil, pour comprendre la valeur et la puissance de l'eau.

Partout, sur la terre, on cherche aujourd'hui à faire ce qu'ont su faire les premiers peuples historiques qui vivaient sur les confins et sur la bordure des vastes territoires désertiques de l'ancien monde. La population du globe s'accroissant tous les jours, en même temps que les ambitions et les appétits des peuples, il faut gagner des terres cultivables sur les régions naturellement arides : le moyen de conquête est l'irrigation : Et sur tous les points du globe, toutes les grandes œuvres actuelles de colonisation se trouvent liées à de vastes entreprises d'irrigations : dans le Far-West américain comme dans le Sud algérien et tunisien, en Égypte comme en Australie, dans l'Inde anglaise comme dans l'Asie centrale russe.

Par une coïncidence qui n'est pas sans raison, le rôle de l'eau est aussi de mieux en mieux compris dans nos pays à nous. L'aménagement rationnel des eaux de pluie, des eaux jaillissantes et des eaux courantes est de plus en plus l'objet des préoccupations et des soins de nos cultivateurs : on les recueille et on les met en réserve; puis on dispose le sol à les recevoir; enfin, on les distribue selon la mesure et aux époques convenables. Certaines provinces de France, comme le Limousin, ont donné depuis longtemps l'exemple, et l'exemple est aujourd'hui suivi en plus d'une région. L'eau ne coule plus à l'aventure dans les herbages ou dans les champs : elle est recueillie et « conduite ». Ou bien elle sert d'engrais, comme dans le Nord, en recouvrant la terre durant de longues semaines d'une couche perpétuellement renouvelée; ou bien elle est destinée à l'irrigation proprement dite, comme dans le centre et dans le midi de la France; ou bien elle est employée par la submersion des terres à des traitements de guérison ou de sauvegarde. L'eau commence à obtenir dans l'ordre des intérêts agricoles la place prépondérante à laquelle elle a droit. Mais c'est encore un simple commencement. Les irrigations doivent être partout propagées et organisées. C'est une œuvre générale qui s'impose, une œuvre d'éminente nécessité. L'eau est le premier des biens agricoles. Au moment où l'industrie utilise l'énergie des chutes d'eau, l'agriculture doit se soucier plus que jamais de ne perdre aucune goutte de cette force vivifiante.

Une autre force naturelle semble rentrer en grâce : le vent. Le vent a été un précieux auxiliaire de l'homme au temps où l'homme était moins gâté qu'aujourd'hui et avait à sa disposition de bien plus faibles quantités d'énergies. Dans toute notre Europe occidentale, en Hollande comme en Espagne, les grandes ailes des moulins à vent se dessinent encore partout sur l'horizon : c'est au vent, en effet, que nos pères demandaient le plus souvent la force nécessaire pour moudre les grains, et c'est au vent seul que l'homme avait recours pour s'aider à naviguer. Le siècle de la vapeur et de l'électricité a fait négliger et presque oublier cette force du vent; c'est, il est vrai, une force capricieuse et irrégulière, mais c'est une force gratuite et inépuisable. De nos jours, on revient au vent. On associe, par exemple, à une machine à vapeur destinée à élever l'eau en vue de l'irrigation un moteur à vent ; ce moteur économiserait-il pendant quatre-vingts jours seulement la houille que doit brûler la machine à vapeur, c'est un bénéfice net pour l'exploitation ; et les moteurs à vent, qui couvrent les grandes plaines du Dakota, dans le centre des États-Unis, se multiplient chez nous, en particulier dans quelques départements du sud-est de la France. De même la marine à voiles, loin de disparaître, se développe ; les voiliers perfectionnés s'assurent par la présence d'une machine à vapeur contre les caprices exagérés des courants atmosphériques. Mais sur la mer comme sur la terre, l'homme s'avise de reprendre à son profit cette force momentanément dédaignée : un nouvel âge du vent va commencer.

Les végétaux ne fournissent pas seulement à l'homme la nourriture et le vêtement. L'homme peut en faire des forces auxiliaires, qui réalisent ses desseins à lui en vertu de leur énergie propre. — Les forêts inextricables des régions équatoriales, « Silve » du Congo, ou « Selva » de l'Amazonie, aussi bien que le « Scrub » buissonneux des steppes australiens sont, on doit le reconnaître, un des obstacles les plus invincibles que l'homme puisse rencontrer à la surface du globe ; et la grande forêt de l'Europe centrale, qui couvre encore une si vaste surface dans la Russie, a dû être défrichée dès que la civilisation s'est installée sur cette terre ; mais il n'en est pas moins vrai que, si l'homme sait discipliner la puissance de germination et de croissance des végétaux, il arrive à disposer d'une force irrésistible. L'homme recourt de plus en plus à cette force naturelle.

Le défrichement nécessaire a trop souvent abouti au déboisement déraisonnable. Sur les versants montagneux, dépossédés de toute végétation, les eaux fluviales et torrentielles ont multiplié leurs ravages, emportant la terre végétale et détruisant tout sur leur passage. Causes de ruine pour la montagne, les eaux violentes apportent aussi la ruine dans les plaines. Partout où l'on s'efforce de reconquérir les versants par les gazonnements et les plantations, on arrive d'un seul coup à améliorer la montagne et à protéger les vallées, à rendre plus de sol cultivable et à diminuer le nombre et l'intensité des inondations. Double office que le végétal peut remplir, et qu'il est le seul à remplir. C'est à l'homme de s'adresser à lui ! Dans nos Alpes françaises comme dans les Alpes suisses on voit, par la patience de l'homme, les arbres gravir de nouveau les pentes et en reprendre possession.

L'homme, par les végétaux, reconquiert aussi les lieux malsains et inhabitables ; il purifie l'air empesté, et certains arbres, — entre tous l'eucalyptus, ce don de l'Australie aux vieilles terres, — se chargent de protéger la vie humaine dans les régions où la fièvre des marais rendait toute vie impossible : c'est un bois d'eucalyptus qui abrite cette oasis-type de la fiévreuse campagne romaine, la trappe de Tre Fontane, au delà de Saint-Paul-hors-les Murs.

Si le desséchement est impossible ou impraticable, ou inopportun, on peut, après avoir assaini la région et concentré les eaux, tirer parti de l'eau des étangs, non seulement pour la pisciculture, mais même pour la culture des végétaux : M. Henri Coupin a proposé de cultiver toute une série de plantes aquatiques nourrissantes, l'*aponogeton*, dont les tubercules pourraient rivaliser avec ceux de la pomme de terre, le *lotus du Nil*, qui se consomme en grande quantité au Japon et dans l'Indo-Chine, etc., etc. C'est encore là une heureuse méthode de tirer parti par la végétation de conditions qui semblent, *a priori*, défavorables à l'homme.

Dans les contrées arides où les vents soulèvent et emportent les sables, et les amassent en dunes mobiles, comment l'homme peut-il parvenir à se protéger contre cette force envahissante ? L'effort de l'homme n'est rien contre cette marche continue. Les lignes de défense les plus solides sont aussi éphémères que les petites haies de roseaux liés ! Elles sont même plus dangereuses, car le vent se sert de l'obstacle qui brise son effort pour accumuler son effet et le multiplier là où l'homme a prétendu l'arrêter. Mais l'arbre ou l'arbuste, forces vivantes, pourront faire ce que ne peuvent faire les murs de défense. — C'est à la fin du xviiie siècle que Brémontier a tenté les premiers essais de plantations défensives dans les Landes. Ses plans, suivis et appliqués par Chambrelent, ont abouti à un plein succès ; notre siècle a fait la preuve de cette idée et justifié cette tactique : les dunes du Boulonnais sont aujourd'hui plantées et fixées comme celles des landes de nos littoraux méridionaux. — Les végétaux servent pareillement à arrêter les dunes dans le Sud algérien. — Le long du canal de Suez, qui court en plein désert, le problème est particulièrement grave : il faut se protéger contre l'envahissement des sables qui viennent de l'Ouest et qui comblent le canal. On a longtemps essayé d'empêcher l'effet du vent à l'aide de roseaux liés ; mais ces haies devraient être renouvelées tous les trois ans : les dunes les ensevelissaient et leur survivraient. Des essais de plantations ont été faits depuis cinq ans et donnent les meilleurs résultats. La plante est la force vivante qui grandit et peut tenir tête à l'effet grandissant d'une force incessante. Certaines plantes même sont sûres de pouvoir résister toujours : un tamaris envahi par les sables a des branches qui poussent des racines au contact du sol : à mesure que les sables de la dune couvrent le tronc primitif, de nouveaux tamaris naissent au ras du sable, qui maintiennent toujours l'arbre plus haut que la dune.

Ici encore il faut tenir compte de la terre, si on veut lui demander le secours de sa puissance créatrice, et ce ne sont pas les mêmes essences ni les mêmes variétés qui pourront lutter contre les sables de nos landes ou contre ceux des déserts africains et australiens. L'activité de l'homme doit intervenir, ingénieuse et docile, pour choisir les végétaux qui sont susceptibles de la plus heureuse adaptation.

Les produits spontanés du sol créent une richesse que l'homme peut non seulement exploiter directement, mais qu'il peut employer en vue de la culture même. L'activité microbienne que déterminent les légumineuses devient l'équivalent des plus riches engrais azotés ; les cultures dérobées, cultures vertes destinées à être enfouies dans le sol, sont également un engrais précieux ; les plantes spontanées et notamment les plantes marines, varechs ou goémons, servent d'engrais dans toutes les terres qui sont voisines de la mer, comme en Bretagne et dans l'île de Jersey, incomparables au point de vue agricole.

Combien encore de produits divers que la nature nous fournit gratuitement et que nous devons travailler à faire entrer de plus en plus à titre de facteurs rationnels dans l'exploitation de la terre ! Au reste, toute la culture ne repose-t-elle pas sur les propriétés de ce complexe, inégal mais toujours si précieux, qu'on appelle l'*humus* ? L'humus apporte un témoignage souverain en faveur du rôle joué par les forces confuses et mêlées qui agissent en dehors de l'action humaine. Il résulte d'altérations, de décompositions et de désagrégations, multiples et successives, poursuivies et renouvelées durant des siècles! Et, sans parler encore un coup de l'action microbienne, les vers de terre, par exemple, travaillent eux aussi à la formation de cet humus plus habilement et utilement que l'homme ne le saurait faire : leur précieuse activité est bien connue depuis qu'elle a été observée et décrite par le naturaliste Darwin. Ce sont là des collaborations naturelles dont l'homme doit apprécier de plus en plus l'efficacité.

Un autre produit, complexe et varié, le fumier de ferme, après avoir été durant de longs siècles le seul engrais universellement employé, a été très attaqué et méprisé, lors des premières grandes découvertes agronomiques du milieu de ce siècle ; quelques savants en conseillaient même l'abandon radical. Il est aujourd'hui réhabilité. A lui seul il ne peut pas suffire à rendre fertiles des terres pauvres ou appauvries, et, d'autre part, avec des engrais heureusement combinés il est possible de s'en passer ; mais il n'en est pas moins incontestable que, riche en débris organiques et riche en sels, il est l'une des plus heureuses et des plus utiles nourritures de la terre : il représente en tout cas un bon engrais azoté ; et il devient le véhicule naturel de certains engrais ou amendements difficilement solubles dans la terre et assimilables par la plante ; il est reconnu aujourd'hui que l'un des meilleurs moyens de donner à la terre les superphosphates, par exemple, est de les mélanger quotidiennement à la litière des bêtes et de les répandre ainsi sur le sol unis au fumier. En outre, le fumier est, par sa constitution même, un énergique promoteur de l'activité des bactéries, et il contribue à améliorer le milieu dans lequel elles doivent se développer. C'est pourquoi toute grande exploitation, sagement dirigée, doit tendre, lorsqu'elle le peut, à avoir son bétail vivant de ses propres fourrages, puisque ces fourrages fournissent l'occasion de rendre à la terre l'azote emporté par les autres cultures ; le bétail élevé ainsi avec les produits de la terre même fournit un fumier qui doit en bien des cas être complété, mais qui toujours remplace certains engrais coûteux. Ainsi l'exploitation repose sur un ensemble d'opérations qui forment un cycle fermé, et la terre s'assure son renouvellement d'énergie avec le minimum d'effort et le maximum d'économie.

Les boues et les détritus des grandes villes renferment des principes très utiles pour la culture, et ces matières, regardées jadis comme embarrassantes, sont de plus en plus recherchées par l'agriculture. De même on tend à économiser et à utiliser de plus en plus cette grande masse d'azote combiné qui est le résidu de l'alimentation dans les agglomérations urbaines.

La nature et la terre produisent plus économiquement que l'homme lorsque l'homme sait intelligemment profiter de leur concours ou le provoquer. Un grand chapitre qui appartient surtout aux sciences de la vie, mais qui rentre dans cette interprétation des lois et des forces naturelles, c'est la zootechnie. L'homme applique les lois de la sélection, et sans avoir en lui-même le pouvoir de créer des animaux, il arrive cependant à intervenir de telle sorte dans la génération des animaux qu'il parle fréquemment, et non sans quelque raison, de création de types ou de création de races. Le cheval anglais est un cheval créé par sélection et qui arrive à pouvoir s'adapter mieux que tout autre à des pays et à des climats très différents, comme l'Inde, l'Amérique septentrionale ou l'Australie.

Avant de conclure, ne nous permettra-t-on pas de parler aussi d'une force qu'a fait trop souvent déprécier la multiplication des énergies mises à la disposition de l'homme par les découvertes industrielles ? Sans méconnaître, certes, l'importance des découvertes scientifiques, il convient de ne pas oublier l'énergie physique du corps humain, le travail de l'homme. Car c'est un des plus réconfortants résultats des recherches des savants que cette explication théorique de l'unité et de la nécessité de beaucoup d'usages agricoles anciens, que cette confirmation parfaite de l'effort donné par l'homme à la terre : les expériences de M. Dehérain sur la nitrification ont montré que le meilleur moyen de l'activer était de retourner la terre par des labours sérieux dès l'automne ; le binage correspond à un engrais azoté. Ameublissement répété de la terre, disposition régulière et méthodique des cultures, choix des semences, en un mot, soins minutieux et continus donnés à la terre productrice, voilà le vieux secret de la richesse des pays prospères d'ancienne culture, voilà aussi la condition de toute culture rémunératrice, du moins dans nos pays où le terrain est toujours très limité et doit produire le maximum sur un petit espace : la science a expliqué les procédés empiriques bien connus ; elle a démontré comment et pourquoi c'est la première et non la moindre des habiletés pour le cultivateur que d'être un laborieux et de travailler la terre avec amour et avec constance.

Cette force patiente et souple des muscles humains, que nous appelons la main-d'œuvre, donne aux pays agricoles de population très dense, comme la Chine, l'Inde, le delta du Nil, un avantage considérable sur nos pays à nous ; dans nos régions où la population agricole n'est jamais aussi forte, où les grandes villes sont des centres d'attraction de plus en plus actifs, où l'industrie a besoin de bras, nous ne pourrions lutter si, précisément, à l'époque où l'amélioration et la multiplication des moyens de transport nous forçaient à compter avec les plus lointains pays de production, les instruments agricoles perfectionnés n'étaient venus aider l'homme, simplifier son travail en exigeant moins de bras. A coup sûr une révolution comme celle de l'introduction des machines a eu des conséquences graves dans telle ou telle contrée ; mais il ne faut pas oublier combien dans l'ensemble les bras manquent pour les travaux des champs, combien de mouvements d'émigration temporaire sont devenus nécessaires pour fournir aux besoins d'hommes les régions où l'agriculture est active ; et l'on jugera avec plus d'équité sociale les progrès réalisés par les machines. Au moment où les chemins de fer ont été répandus, de nombreux services de diligences ont été supprimés, et un grand nombre d'hommes occupés par les maîtres de postes sont restés sans travail ! Qui pourra nier cependant que le nombre des ouvriers occupés aujourd'hui par les industries du transport n'ait prodigieusement grandi ! De même les instruments agricoles, en donnant à notre agriculture un moyen plus efficace de lutter contre les pays où la main-d'œuvre abonde, ont relevé la main-d'œuvre et contribué à maintenir la richesse agricole de nos contrées. L'effort humain est une force exceptionnellement utile et vigoureuse, et dans cette utilisation de toutes les forces en vue de l'exploitation de la terre, il convient qu'on attribue à cette force le plus important coefficient de valeur.

Ainsi se dégage de tous les faits contemporains une plus habile et plus sage interprétation des forces naturelles. La discipline scientifique a conduit à une plus exacte connaissance et à une économie plus rationnelle des énergies actives à la surface de notre globe.

Tandis que l'industrie a trop souvent épuisé des richesses qui ne se renouvelleront plus, on peut dire que l'agriculture, en assurant aux énergies de la terre une action plus féconde, a développé la force créatrice de la terre. Tandis que l'industrie peut se demander avec quelque anxiété si les provisions de houille ou de cuivre ne s'épuiseront pas trop tôt, l'agriculture est mère de son avenir, puisqu'elle s'appuie sur des forces qui, loin de se détruire par l'usage, acquièrent plus de vigueur à mesure que leur rôle est précisé. L'homme à la fin de notre siècle, est devenu à un plus haut degré un bon ménager de la terre; il vérifie mieux le précepte sacré de la Genèse : « L'Éternel Dieu prit l'homme et le plaça dans le jardin d'Éden en lui donnant la mission de le cultiver et de le garder.

*
* *

Comment expliquer pourtant que l'agriculture, en dépit de cette évolution et de tous ces progrès, soit tombé en mésestime, aux yeux d'un si grand nombre de nos contemporains ? Comment expliquer que dans notre pays, qui est avant tout un pays d'agriculteurs, la terre soit trop souvent délaissée ? Comment expliquer enfin que l'opinion publique, qui a l'intuition, le sentiment et quelque connaissance du prodigieux développement industriel du xixe siècle, soit restée si longtemps, en ce qui regarde les progrès également prodigieux de l'agriculture, si ignorante et si indolente ?

Les raisons se groupent autour de deux ordres de faits : l'agriculture a traversé une crise économique très grave dont elle a été la victime sans en être la cause; et le progrès agricole s'est réalisé au milieu de conditions juridiques et sociales qui étaient défavorables à sa diffusion.

Par le perfectionnement et l'accélération des moyens de transport, et par la multiplication des échanges, le marché du monde en s'étendant et en devenant universel a déterminé des crises ; les pays tendaient autrefois à produire le plus de choses nécessaires ; il faut qu'ils tendent aujourd'hui à cultiver les produits les mieux adaptés. Et dans cette mise en contact de régions naturelles si diversement douées et si disparates, certaines terres de vieilles productions se sont trouvées comme déconcertées par les conditions nouvelles, de la lutte économique. Les bords de la Méditerranée, qui cerclent de partout la mer de hauteurs ou de montagnes excepté au sud-est, ont été de tout temps le théâtre par excellence de la culture en terrasses, de cette laborieuse culture qui donne à l'homme l'habitude de l'effort persévérant et âpre ; mais que deviennent les conditions de cette culture si le producteur méditerranéen, qui a tous les ans à refaire ses murs et à rapporter la terre emportée par les pluies, doit lutter contre le grand entrepreneur qui sème à toute volée et sans compter sur de vastes étendues planes ? Et voilà que sur ces côtes où se sont développées les plus admirables énergies des temps historiques, où se sont accumulées jadis les richesses, l'évolution économique a jeté le désarroi et apporté la misère. Le salut doit être dans la culture des produits bien spécialisés, comme l'olivier en Tunisie. Mais en attendant cette transformation, la misère a été trop grande pour que le goût de l'effort survécût ; et les riches profitant un peu partout, aussi bien en Espagne que dans l'Italie méridionale, de la crise de misère pour accroître le malheur du pauvre en étendant démesurément leurs propres biens, la crise agricole est accompagnée d'une crise sociale qui devrait bien être prise en considération par ceux qui parlent de la décadence des races latines. Ce sont là des faits quasi inéluctables, et l'histoire de l'agriculture au xixe siècle se trouve avoir ainsi ses grandes tristesses en même temps que ses grandeurs indiscutées. — De même certains produits de la terre ont été subitement remplacés et supplantés par certains produits industriels : la culture de la garance a été ruinée par la synthèse de l'alizarine ; des parfums et des essences de fleurs sont déjà obtenus dans les laboratoires et dans les grandes usines. En se développant en même temps que l'agriculture, l'industrie a causé parfois de très importants préjudices à l'agriculture. —

Mais, encore une fois, ce n'est pas l'agriculture scientifique qui a été la cause de ces crises, ce sont les progrès simultanés du commerce et de l'industrie. L'agriculture scientifique cherche et donne au contraire le remède à la situation défaillante de la culture : il est du moins nécessaire que durant la période de transition la culture puisse compter sur une protection efficace qui permette le renouvellement des méthodes et des idées.

Le développement excessif de la fortune mobilière, conséquence de l'essor rapide du commerce et de l'industrie, a déterminé entre cette richesse et la richesse foncière une sorte de déséquilibre, au détriment de celle-ci. Les capitaux mobiliers ont donné l'habitude psychologique et pratique de revenus parfois si extraordinaires, et les affaires, sans parler même du jeu de la spéculation proprement dite, ont permis d'espérer de tels coups de fortune que la terre a été délaissée comme ne rapportant plus assez et qu'elle a été regardée elle-même comme une « mauvaise affaire ». — Il faudrait penser tout au contraire que c'est la vertu sociale de la terre, vertu propre et incomparable, de n'assurer jamais qu'un gain en proportion du travail accompli.

D'autre part, — en quelques pays et tout d'abord dans le nôtre, — l'homme s'est trouvé trop isolé sur la terre et vis-à-vis de la terre. Il faut un minimum d'étendue et de production totale pour que le cultivateur aboutisse à une mise en valeur vraiment productive. Ce qu'il ne peut pas faire tout seul, il doit le faire en s'associant avec ses pareils : une entente entre plusieurs permet une exploitation plus heureuse, et l'exiguïté des petits champs individuels se trouve ainsi corrigée. Qu'il s'agisse d'eau à distribuer et de travaux à exécuter pour assurer la distribution de cette eau, qu'il s'agisse d'engrais à acheter à bon compte et de vérifications scientifiques à faire de leurs propriétés, ou qu'il s'agisse d'utiliser certains produits, comme le lait, qui demande à être traité en grande quantité et sans attendre, les petits cultivateurs obtiennent tous les avantages des grandes exploitations rurales par un seul moyen, qui est toujours le même : l'association. Encore faut-il que la loi permette aux hommes de s'associer. Nous constatons et dénonçons ici la déplorable influence de cette loi monstrueuse et draconienne qui est due à la Constituante et qui a privé la France pendant un siècle, du droit d'association. Si les nouveaux principes de la culture ont mis tant de temps et coûté tant d'efforts pour pénétrer dans nos campagnes ; si nos cultivateurs se sont si souvent découragés des premiers essais qu'ils ont tentés, la cause en doit être cherchée dans l'isolement où chacun se trouvait, isolement qui assurait avec une régularité encore plus rigoureuse l'exécution de la loi souveraine du libéralisme économique, loi de la concurrence, c'est-à-dire loi de l'oppression tyrannique du plus faible par le plus fort. — Depuis que la loi salutaire et juste de 1884 a reconstitué les associations et les syndicats, l'agriculture se relève. Les syndicats agricoles qui sont aujourd'hui si florissants sont devenus le gage et demeurent la condition du progrès agricole.

Ce n'est pas tout. Aujourd'hui encore la propriété foncière est inéquitablement frappée par les impôts. Elle est plus fortement taxée que la propriété mobilière, qui n'a jamais les mêmes caractères de permanence, et qui ne présente jamais, au point de vue social et national, les mêmes et solides garanties. — Les rentes sur l'État sont insaisissables, mais la maison du cultivateur n'a pas encore le même privilège !

Cette coalition de toutes les défaveurs à l'endroit de la terre cultivée et des cultivateurs est d'autant plus regrettable que la tradition du véritable esprit agricole est une de celles qui sont le plus précieuses pour un pays et le plus difficiles à établir. Sait-on tout ce que représente l'éducation parfaite donnée par le travail de la terre ?

La terre est le laboratoire qui demande le plus de patience. Toute recherche et toute expérience exigent, de l'esprit, une curiosité active, toujours en éveil, et pourtant maîtrisée ; la patience vaut autant que la curiosité ; encore dans un laboratoire la durée d'une expérience peut-elle être plus ou moins réduite selon la volonté de l'observateur ; et le nombre des expériences concomitantes qu'on peut instituer est quasi illimité. Avec la terre, il faut savoir dominer toute curiosité hâtive ; toute expérience doit subsister durant un temps normal, et six mois d'attente, qui paraîtraient si longs à un physicien ou à un chimiste, sont le plus souvent le minimum qui s'impose pour le moindre essai agricole. Il faut à l'agriculteur deux sortes de qualités qui paraissent opposées : le désir de toujours tenter du nouveau, et le courage de ne pas tenter à la fois ni trop vite ; l'esprit critique que donne une formation scientifique et qui permet de débrouiller et d'interpréter la réalité confuse des faits, et l'esprit pratique et empirique qui sait se contenter de moyens moins parfaits, moins perfectionnés, mais moins coûteux, et qui sait tirer parti de conditions locales défectueuses, au lieu de vouloir, du premier coup, réaliser l'expérience sous la forme abstraite et théorique la plus parfaite ; mélange de force et d'initiative inspirées par les principes, de souplesse et de subordination aux faits que procure le contact incessant avec la réalité. C'est là un idéal difficile à atteindre et auquel ne prédispose pas davantage notre enseignement secondaire classique que l'enseignement primaire encyclopédique, formel, abstrait, et point du tout professionnel[1]. Il semble, en vérité, que sur le territoire de la France essentiellement agricole, on se soit bien plus préoccupé de recruter des instituteurs ou des professeurs, des officiers ou des avocats que de former de bons agriculteurs. Voilà sans doute pourquoi tant d'hommes se plaignent de la terre ! Il est si rare qu'ils puissent allier en une mesure juste deux ordres de qualités si longues à acquérir : ils traitent la terre comme des expérimentateurs abstraits, ou comme des praticiens routiniers : la terre veut une sollicitude, dans un cas plus soumise, et dans l'autre plus active.

Faut-il finalement s'étonner que tant de propriétaires, inhabiles ou découragés, ignorants des découvertes ou incapables de travail méthodique, aient abandonné leurs terres ? En résumant l'histoire brillante des sciences agricoles au xixe siècle, on ne saurait pourtant oublier ce fait social lamentable. Désertions coupables de la part de ceux qui auraient dû continuer à mener une vie plus simple, fuir les entraînements croissants du luxe dans les grandes agglomérations urbaines, et se faire les initiateurs et promoteurs des idées nouvelles auprès des propriétaires moins fortunés et des paysans trop souvent trompés par des spéculateurs. Ils ont eu plus de confiance dans un intendant dur et exigeant, qui recouvrait leurs fermages en les dispensant de tout

---

1. Il convient de mentionner avec d'autant plus d'éloges les établissements professionnels agricoles fondés durant ce siècle par les Frères des Ecoles chrétiennes et par les Frères de Ploërmel.

contact avec leurs cultivateurs, que dans un ingénieur agricole qui serait devenu leur auxiliaire et qu'ils auraient fait travailler à côté d'eux, sous leur directe surveillance. Ils sont responsables de *la Terre qui meurt*.

Mais la terre ne doit pas mourir; aujourd'hui la certitude du progrès doit réveiller les dévouements. L'exemple trop rare des hommes de devoir qui sont restés fidèlement attachés à la terre familiale doit être plus que jamais suivi. La culture est devenue la plus intelligente et la plus variée des industries : l'homme, par la sagesse, la persévérance et la méthode, parvient à multiplier la force créatrice de la terre cultivée. Les savants ont établi les principes ; les faits essentiels sont découverts et expliqués. — Le xixe siècle a été pour l'agriculture un siècle révélateur : que le xxe siècle soit par la vertu des propriétaires, petits et grands, un vrai siècle de progrès et de transformation.

JEAN BRUNHES.

X

La question sociale au XIXe siècle

L'HISTOIRE de la question sociale au xixe siècle ne saurait être condensée en quelques pages : le seul exposé de ses développements dans notre pays exigerait un livre tout entier.

Il a semblé plus opportun, pour répondre à la pensée maîtresse du grand ouvrage dont ces lignes formeront un chapitre, d'indiquer à larges traits les caractères distinctifs du mouvement social qui a troublé notre siècle, particulièrement en France, de quelles sources il est sorti, à la fois si vaste et si impétueux, quels désordres il a engendrés et quelles difficultés il a fait surgir devant les esprits réfléchis.

Toutes les époques de l'histoire ont connu les agitations sociales : elles ont éclaté dans l'antiquité comme dans le moyen âge et dans les temps modernes, souvent avec les formes les plus violentes. Cependant ces diverses manifestations du conflit perpétuel entre la richesse et la pauvreté, entre la force et la faiblesse, n'ont été, dans les siècles passés, que des accidents, plus ou moins durables, de la vie des peuples. Seul, le xixe siècle les a vues devenir le fond même de son histoire, et la question qu'elles soulèvent est apparue, de nos jours, au-dessus de toutes les questions politiques, comme celle d'où dépend l'avenir même des nations.

Sans doute les transformations du mécanisme industriel ont, ainsi que l'avènement des classes populaires à la puissance politique, une part considérable dans l'explication d'un aussi important phénomène. Elles ne suffisent pas, cependant, à en donner la raison, ni surtout à faire comprendre comment, pendant toute la durée du siècle, les efforts des hommes sont, presque entièrement, demeurés impuissants, en face des grands problèmes posés par la nouvelle organisation du travail.

Il faut chercher au mal une cause plus profonde et, comme en toutes les grandes questions de notre temps, c'est à la Révolution française qu'on doit remonter pour essayer de la découvrir. Sans vouloir ici examiner, dans leur détail, les principes qu'elle a proclamés, on peut dire qu'ils se résument dans une double erreur : la sécularisation, ou, pour parler le langage moderne, la laïcisation de la société, c'est-à-dire la séparation radicale établie dans ses institutions entre la loi divine et la loi humaine; et l'individualisme, c'est-à-dire la rupture des liens sociaux et la destruction des corps organisés. De là, d'une manière générale, un ordre de choses nouveau fondé sur l'indépendance de l'homme dans ses rapports avec Dieu, sur la prédominance absolue de l'intérêt individuel et sur la liberté presque illimitée dans ses rapports avec ses semblables.

Ce triple caractère se remarque, en effet, dans les divers objets qu'embrasse la question sociale : le travail, la propriété et l'échange, tous trois intimement liés entre eux, puisque le travail a pour but de conquérir la propriété, de la conserver, de l'accroître, ou de l'échanger.

L'individualisme, encouragé par le mépris de la loi divine, devenant la règle des relations humaines, le travail n'est plus envisagé qu'en lui-même, indépendamment de celui qui le produit, par conséquent au seul point de vue de sa valeur marchande : c'est une marchandise semblable à toutes les autres, et, dès lors, il ne connaît pas d'autre loi que la concurrence et les besoins de la production : la liberté absolue préside donc à l'usage qui peut en être fait, liberté dans l'emploi des hommes, des femmes et des enfants, dans la détermination de leur salaire, dans le soin de leur condition morale et matérielle, liberté dans la fabrication, liberté dans la lutte des patrons entre eux, des ouvriers contre leurs maîtres, des ouvriers les uns contre les autres : aucune organisation sociale ne reliant les maîtres et les ouvriers en vue de concilier leurs intérêts souvent opposés, chacun, pour les défendre, reste livré à ses propres forces; et il arrive naturellement que ceux entre les mains de qui se concentre le capital, aliment nécessaire du travail, étant les mieux armés, leur puissance peut s'exercer, dans un tel régime, sans autre frein que la résistance des salariés.

Il en est de même de la propriété : dans la conception individualiste, elle cesse d'apparaître avec le caractère d'une charge sociale, dévolue par le droit naturel, tirant son origine de la loi divine et coordonnée au bien commun ; satisfaction suprême de l'intérêt personnel, garantie par des conventions purement humaines, elle est regardée, la plupart du temps, comme un simple placement de capitaux, plus ou moins avantageux. La liberté absolue en devient donc aussi la règle, et elle perd avec la limite que son usage trouvait dans les devoirs sociaux, l'un de ses principaux titres au respect des hommes.

En même temps, la séparation grandissante que la transformation de l'outillage établit entre le capital et le travail, amène comme conséquence l'emploi du crédit qui met l'un à la disposition de l'autre, moyennant un bénéfice pour le détenteur du capital. Le rôle de l'argent devient ainsi prépondérant dans toutes les opérations industrielles ou commerciales ; instrument des échanges, en même temps que mesure légale de la valeur, il est, à son tour, par une suite naturelle de l'individualisme, livré à la liberté illimitée qui en détermine l'emploi au gré des intérêts, des désirs et des passions ; et, ouvrant par lui-même une source de profits abondants, il offre aux convoitises de l'égoïsme un appât d'autant plus séduisant qu'il représente la richesse mobile, indispensable condition des jouissances faciles.

La brusque et entière suppression des corporations d'artisans qui procuraient à leurs membres, avec la protection de leurs intérêts communs, la stabilité et la sécurité, a été, dans le régime du travail, le premier effet de ces nouveaux principes, et la révolution économique, survenant alors dans cet état désorganisé moralement et socialement, a entraîné immédiatement les conséquences les plus désastreuses : l'abus de plus en plus criant des forces de l'homme, de la femme et de l'enfant, le travail de nuit et le mépris du repos dominical rendus inévitables par les nécessités de la concurrence ; la destruction de la vie familiale et par suite la corruption des mœurs ; l'incertitude de la subsistance soumise aux fluctuations de la production ; l'inégalité de plus en plus choquante entre la condition des capitalistes et celle des travailleurs ; et enfin, pour ceux-ci, l'invasion d'un mal nouveau qui n'est pas la pauvreté, mais le paupérisme, c'est-à-dire l'état précaire d'une multitude d'ouvriers réduits, du jour au lendemain, à la misère par les fréquentes modifications du marché industriel.

Des désordres non moins graves atteignaient, du même coup et par les mêmes causes, la propriété foncière, la plus essentielle de toutes à la prospérité publique. Tandis que les doctrines individualistes préparaient le relâchement ou la rupture des liens qui attachaient au sol et unissaient entre eux les hommes vivant de sa culture et de ses produits, l'État mettait la main, au nom de la sécularisation de la société, sur les domaines ecclésiastiques, et bientôt, à la faveur des discordes intérieures, sur ceux de la noblesse, créant ainsi, par une translation arbitraire, de nouveaux titres de propriété fondés sur la spoliation : ainsi disparaissaient les biens collectifs si profitables aux pauvres, et les coutumes qui, malgré des abus nombreux, limitaient encore dans l'ancienne organisation sociale l'exercice du droit de propriété ; c'est ce qu'on a appelé affranchissement de la terre, bientôt par là même livrée à la spéculation. Celle-ci n'a pas tardé à la déprécier, en abandonnant sans défense suffisante les produits agricoles à la concurrence étrangère, en même temps que la loi du partage égal des héritages ruinait les patrimoines par un fractionnement indéfini : de là, la mobilité et, souvent, la destruction des foyers, l'instabilité des familles rurales, la disparition de centres de population autrefois florissants, enfin la création, dans les campagnes, d'une sorte de prolétariat, analogue à celui des milieux industriels, qu'une constante émigration précipite vers les villes.

Dans le régime du crédit le mal n'a pas été moins profond ; les antiques prescriptions de l'Église touchant le prêt à intérêt et le commerce de l'argent étant tombées dans l'oubli, l'usure a pu, sans frein, envahir les mœurs : le travail, au lieu de trouver dans la force de l'association et le crédit mutuel les ressources nécessaires, a été contraint de les demander aux détenteurs de la richesse qui l'ont exploité par des profits excessifs : l'étendue des entreprises industrielles nécessitant des capitaux considérables, on a eu recours, pour les renouveler, à des sociétés financières qui, favorisées par l'appât des bénéfices faciles, ont, à la fois, détruit la responsabilité patronale et développé un accroissement anormal de la production, presque toujours suivi, par l'inévitable contre-coup de ses propres excès, d'un brusque ralentissement, et, pour les ouvriers, du chômage forcé. Enfin la liberté presque absolue de la spéculation, ouvrant la porte à tous les abus, et permettant de transformer la négociation des valeurs mobilières en un véritable jeu, le commerce, l'industrie, l'agriculture, en un mot le travail et l'échange, sous toutes leurs formes, sont devenus tributaires de l'argent, puissance universelle et dominatrice. Celle-ci tend naturellement à se concentrer de plus en plus en quelques mains plus heureuses, plus habiles ou moins scrupuleuses que les autres, et, maîtresse ainsi du marché économique, elle le gouverne à son gré, écrasant ceux qui tentent de lui résister, offrant à la masse des perspectives de fortune inespérée, trop souvent anéanties par d'irrémédiables catastrophes, et soumettant les travailleurs à toutes les alternatives de richesse et de misère que déterminent ses entreprises.

L'État lui-même, par le système des emprunts et les constantes émissions de titres de rente, a donné l'exemple du mal, et la dette publique est venue fournir un élément nouveau à l'agiotage des spéculateurs, qui accaparent la fortune nationale et la compromettent gravement.

Telle est la situation générale, créée par les faux principes de la Révolution.

Une si profonde transformation n'a pas pu cependant s'opérer en un jour. Elle se préparait, peu à peu, dans la nation française, à mesure que, par l'influence des légistes et les doctrines de la Réforme, s'altéraient et disparaissaient la notion et la forme de la société chrétienne, pour faire place à l'omnipotence de l'État, de plus en plus sécularisé, absorbant en lui toutes les forces dont l'action et l'autorité de l'Église avaient, dans les siècles antérieurs, favorisé l'organisation.

Elle avait donc graduellement pénétré les mœurs des classes élevées, toutes prêtes ainsi, à la fin xviiie siècle, à recevoir avec enthousiasme les idées des philosophes et des économistes qui, choqués des vices de l'ancien régime, s'imaginèrent y remédier en détruisant les institutions au lieu de les corriger, en proclamant des principes nouveaux au lieu de retourner à ceux du christianisme, sans s'apercevoir qu'ils formulaient en maximes les pratiques mêmes d'où sortaient les abus qu'ils voulaient combattre.

La Révolution, faite au nom de ces principes, leur donna, par l'impétuosité de son essor, un développement très rapide et d'autant plus considérable que les modifications introduites, grâce aux découvertes modernes dans l'industrie, le commerce et les échanges, ouvrirent à l'ambition des hommes un champ plus vaste et de plus larges perspectives. C'est ainsi que, par l'effet d'une éducation déjà ancienne, les classes élevées sont encore, en France, à l'époque actuelle, presque entièrement imbues des erreurs dont la manifestation doctrinale se rattache à la Révolution de 1789. Elles ont d'ailleurs trouvé dans ce régime de liberté et d'individualisme absolus, des facilités et des satisfactions qui les ont sans peine convaincues de sa légitimité. Acceptant comme un progrès la séparation de la société civile et de la société religieuse, elles se sont laissées aller aux séductions des nouveaux principes, oubliant trop souvent les devoirs et les charges inhérents à leur condition ou n'en reconnaissant une partie que par une libre concession de leur bonne volonté, profitant de la tolérance de l'Église pour rassurer pleinement leur conscience sur les abus du trafic de l'argent, se regardant comme affranchies vis-à-vis des travailleurs de toute obligation de justice autre que le paiement du salaire, et déniant à la législation le droit qu'elles ont cessé de reconnaître à l'Église, d'intervenir dans l'exercice de la propriété, dans l'organisation du travail ou dans le commerce des valeurs. Il est naturel qu'en un tel état de mœurs et d'esprit, les conservateurs soient éloignés de toute pensée de réforme sociale basée sur les enseignements de l'Église et tendant à subordonner l'intérêt individuel au bien général ou à imposer des limites à la liberté des contrats; il ne l'est pas moins que, se jugeant investis, en tant que propriétaires ou capitalistes, d'un droit absolu, ils n'acceptent, de la part des travailleurs, aucune prétention à des droits qui pourraient limiter les leurs, et repoussent *a priori*, comme de redoutables chimères ou de détestables théories, toute idée de réforme économique ou sociale : les coupables excès dont les revendications populaires sont souvent accompagnées, les injustifiables violences commises en leur nom, ne leur donnent d'ailleurs que trop de prétextes pour s'y opposer de parti pris et pour les condamner sans examen, comme suspectes de socialisme.

Il faut constater cependant que, malgré ces répugnances, une évolution profonde s'est faite, depuis une quinzaine d'années, dans un grand nombre d'esprits, éclairés par les événements, effrayés par les menaces du péril social ou frappés par les funestes effets qu'engendre le régime actuel.

Déjà les savants travaux de M. Le Play, basés sur la méthode d'observation, avaient porté un coup redoutable à ce qu'il appelait lui-même les faux dogmes de 1789. A sa suite, toute une école, formée par ses leçons, a continué, en multipliant les enquêtes et les relevés de faits sociaux, à vulgariser les doctrines du maître. A côté de ces laborieux écrivains, des hommes indifférents, quelques-uns même hostiles à la vérité religieuse, sans parti pris dans les questions politiques et sociales, ont détruit scientifiquement la légende formée par les historiens sur l'époque révolutionnaire. M. Taine est le plus illustre d'entre eux : ses livres sur la Révolution ont montré le néant des prétendues réformes de 1789. Des philosophes, des économistes, des professeurs ont rompu, quelques-uns ouvertement, avec les doctrines de l'Encyclopédie et les principes traditionnels de l'École dite orthodoxe sur la liberté du travail, du commerce et de la propriété.

Les catholiques, de leur côté, emportés par un sentiment de dévouement envers les classes populaires, émus à la fois de leur misère et des dangers de l'ordre social, se sont jetés avec beaucoup d'ardeur dans ce mouvement, y apportant, avec la fécondité des œuvres inspirées par la foi, la hardiesse que leur donne une confiance absolue dans l'efficacité des principes et des lois de l'Église.

Mais, entre eux-mêmes, une difficulté s'est bientôt élevée. Les uns pensent que l'initiative privée suffit pleinement à accomplir les réformes nécessaires, que la charité seule doit les inspirer et les diriger, et, saisis d'effroi à la vue des empiétements de l'État révolutionnaire sur le domaine de la conscience et de la famille poussent leur éloignement pour son intervention jusqu'à la déclarer dangereuse et funeste dans les questions sociales, spécialement dans le régime du travail et de la propriété. Les autres, au contraire, sont convaincus que, dans aucun cas, le pouvoir public ne saurait se désintéresser des relations des hommes entre eux, mais qu'il doit, dans une certaine mesure, les ordonner en vue du bien commun, qu'il facilite à chacun la poursuite de sa fin providentielle : ils observent, d'ailleurs, que, dans un état social désagrégé et corrompu, il est impossible de compter, d'une manière générale, sur les vertus individuelles pour réformer les mœurs, et ils en concluent que la charité ne suffit pas à ce grand objet, que les devoirs sociaux, compris dans l'ordre juridique, doivent être déterminées par la justice légale, et qu'ainsi l'État a un droit d'intervention positif partout où l'action de l'individu, de la famille ou des associations est insuffisante.

De là, entre les catholiques, une divergence d'idées souvent assez accentuée.

Toutefois, la nécessité de réorganiser des corps sociaux et d'associer entre eux, pour réagir contre les maux de l'individualisme, ceux que l'intérêt commun de la profession rapproche naturellement, a rallié, après quelques hésitations, le plus grand nombre des catholiques occupés de ces questions : et c'est ainsi que s'est produite, dans ces dernières années, toute une floraison d'associations, de confréries et de corporations de métiers librement formées, dont le nombre va sans cesse grandissant.

Le mouvement est d'ailleurs général et, sous l'empire de la nécessité, il emporte tous les esprits : c'est un des faits les plus saillants de cette fin du XIXe siècle.

Les travailleurs ont, depuis longtemps, donné l'exemple en créant, malgré l'obstacle de la législation, des syndicats professionnels, malheureusement formés trop souvent entre les ouvriers seuls et dans une pensée de guerre contre les patrons, mais dont le rapide développement a exercé une pression assez forte pour contraindre le Parlement à abroger, en 1884, en donnant la liberté aux associations nouvelles, la loi fondamentale édictée en 1791 contre le droit de réunion professionnelle. Aucun désaveu plus grave ne pouvait être infligé à l'œuvre sociale de la Révolution.

Les catholiques ont largement profité de ces dispositions pour abriter, sous le couvert de la légalité, leurs corporations naissantes ; et de même, en dehors de toute pensée confessionnelle, les conservateurs, pressés par le mauvais état des affaires, la langueur du commerce et la détresse de l'agriculture, ont cherché dans les associations qu'autorise la loi nouvelle, un remède à leurs maux ; en sorte qu'aujourd'hui, pendant que les corporations chrétiennes commencent à naître, un mouvement analogue, mais d'un caractère moins chrétien, couvre le pays de syndicats agricoles, représentant déjà une immense population de cultivateurs, et pousse les industriels et les commerçants à demander également à l'association syndicale une protection pour leurs intérêts.

C'est donc dans toute la nation française, en dépit des principes individualistes, un retour général et très marqué vers l'organisation corporative. Moins d'un siècle a suffi pour le rendre inévitable ; et sa portée est d'autant plus significative qu'il est venu de l'initiative des révolutionnaires eux-mêmes.

Mais, ici encore, une difficulté se présente : que doit être cette organisation, dans sa forme, dans ses effets, dans ses origines? Doit-elle être l'expression pratique d'un véritable régime social fondé sur la communauté des droits, des devoirs et des intérêts, et embrassant, par conséquent, tous les éléments de la vie sociale? La corporation, en conséquence, doit-elle être une institution publique, reconnue comme telle par l'État, jouissant, non seulement de la personnalité civile, mais d'une existence propre, du droit de propriété, de la juridiction sur la profession et de la représentation officielle dans les corps politiques? ou bien, comme d'autres le soutiennent, l'organisation corporative ne doit-elle être qu'un procédé pour rapprocher les intérêts communs, et la corporation ne doit-elle consister qu'en une association librement formée, ne jouissant de la propriété que dans la mesure admise pour toutes les associations dans un régime de liberté, et ne prétendant en aucune façon à une existence publique, encore moins politique? Au-dessous de cette question de principe viennent immédiatement les questions d'application. Par exemple, l'État ou, pour mieux parler, le pouvoir public se désintéressera-t-il de la formation des corporations, se contentant de leur donner la liberté et de les abandonner à l'initiative privée? ou, au contraire, en raison de la désagrégation sociale, fruit d'un si long régime d'individualisme, en imposera-t-il la création par décret, en obligeant à y appartenir tous les membres de la profession? ou enfin, n'est-il pas plus opportun qu'il se borne à en promouvoir et en faciliter l'éclosion, par l'état général de la législation, à les fortifier, dès leur naissance, par la reconnaissance publique, non seulement de leur existence, mais du privilège qui distingue tout corps constitué, de posséder, de se gouverner, de se recruter et d'être représenté dans la nation, enfin, sans contraindre personne à y entrer, à leur donner cependant, par la juridiction, une autorité qui ne peut appartenir qu'à un corps organisé? Dès maintenant, et comme acheminement au régime corporatif, dans l'industrie, et en général dans le monde du travail, le pouvoir public, au nom des intérêts généraux de la société, fera-t-il sagement de promouvoir la formation corporative de caisses de secours contre les accidents, les maladies, les conséquences de la vieillesse, en décrétant l'obligation, pour les industriels, de les constituer, et pour les ouvriers, de contracter des assurances qui les préservent, eux et leurs familles, d'un état de misère dans lequel ils tomberaient à la charge de la société? Quelle que soit, d'ailleurs, l'importance de ces controverses, au point de vue de l'organisation corporative, le débat se ramène toujours à la question principale qui est au fond de chacune d'elles, savoir le droit d'intervention des pouvoirs publics dans les relations que créent entre les hommes les diverses fonctions de la vie sociale, et c'est encore elle qui s'agite dans toutes les discussions sur le contrat de travail, le juste salaire, l'exercice du droit de propriété et la répression de l'usure.

La gravité du problème justifie assurément l'hésitation qui subsiste encore sur sa solution. Toutefois le seul fait que l'urgence croissante des nécessités économiques en impose l'examen avec une irrésistible puissance, et qu'il soit, dans les milieux les plus divers, tranché, la plupart du temps, à l'encontre des doctrines libérales, ce seul fait témoigne du chemin parcouru par les idées et de l'universelle réaction qui s'opère dans les esprits contre les principes de la Révolution, admis, presque sans contestation, pendant les deux premiers tiers du XIXe siècle. Dès maintenant et dans tous les pays civilisés, l'opinion générale s'accorde à réclamer un retour au régime de l'association, imposé par la loi ou conquis par la liberté, et une législation sociale plus ou moins étendue : c'est la contre-révolution qui commence.

Les menaces du socialisme ont largement contribué à déterminer cette réaction.

Il a accompli, en effet, pendant les trente dernières années, des progrès de géant : sorti de la période des déclamations sentimentales et des vagues utopies, il s'est pénétré de la doctrine scientifique dont Karl Marx a formulé les principes; et, aujourd'hui, les diverses écoles, souvent représentées par des penseurs et des écrivains de grande valeur, offrent à l'attention populaire un ensemble de revendications plus ou moins radicales, prêtes à être exprimées dans les lois et qui, toutes, tendent à une répartition nouvelle de la richesse industrielle et agricole par l'appropriation collective du sol et des instruments du travail. Sans doute ces écoles sont divisées entre elles, les unes proposant d'attribuer la propriété à l'État chargé lui-même de la distribution du travail et des produits, les autres la revendiquant pour la collectivité représentée par la commune ou la corporation. Sans doute aussi il y a encore dans ces divers programmes, lorsqu'on les serre de près au point de vue de l'application, beaucoup de points obscurs et de plans chimériques. Mais peu à peu les idées générales se dégagent, se classent et servent de terrain d'union. Le peuple les recueille comme des perspectives prochaines et en fait son Évangile : la conception matérialiste de la société future a remplacé l'idéal de justice qui hantait autrefois les cerveaux révolutionnaires.

D'ailleurs, en dehors des transformations profondes de l'organisation sociale, ces programmes contiennent un certain nombre de réformes qui, peu à peu, prennent possession des esprits, soit que les abus du système économique en fassent apparaître la justice et la nécessité, comme lorsqu'il s'agit de la réglementation du travail, soit que la marche du temps, la modification des situations et des circonstances en rendent l'étude inévitable, comme il arrive pour la réforme de l'impôt.

Enfin, l'absorption progressive par le Trésor des ressources et de l'épargne du pays, l'accroissement continuel du nombre des services publics, centralisés par l'État au prix d'un développement effrayant du fonctionnarisme, la concentration de plus en plus grande de tous les éléments de l'activité nationale entre les mains des sociétés de capitaux, auxquelles l'État peut se substituer par un décret, par une loi, ou même par l'effet naturel des avances de crédit, en un mot, cette lente mais constante évolution vers la nationalisation des forces industrielles achève de frayer les voies au socialisme, sous les yeux des conservateurs, qui lui prêtent inconsciemment leur concours, en se jetant eux-mêmes de plus en plus dans la voie du capitalisme.

Ainsi, pendant que la révolution socialiste s'élabore dans les idées, elle s'accomplit insensiblement dans les faits, par la conséquence naturelle du régime d'individualisme et de liberté absolue qui, depuis plus d'un siècle, gouverne la société.

Un de ses chefs faisant, il y a dix ans déjà, un exposé des divers programmes du parti, pouvait terminer son travail par ces mots dont il est bien difficile de ne pas reconnaître la justesse, aujourd'hui plus éclatante encore :

« Si ceux qui nous lisent doutaient qu'il y eût urgence à se faire une opinion sur ces matières, nous les prions de songer à ceci : il n'est pas sûr qu'en l'an 1788 les cahiers de la Révolution, alors imminente, fussent aussi bien préparés que le sont en 1888 ceux de la Révolution sociale. »

A ces revendications précises, menaçantes et déjà sûres d'elles-mêmes, ce n'est pas assez de répondre par des négations. Il faut leur opposer un programme positif, dont l'exposé même du mal suffit à fixer les principes, résumés en deux points principaux : l'organisation du régime corporatif qui rapproche, par des groupements naturels, les éléments concourant à la même fonction sociale et rend à ces corps constitués permanents la puissance, aujourd'hui presque tout entière aux mains de l'État ; et une législation imposant au contrat du travail, à l'usage de la propriété, à l'emploi du capital, des règles conformes à la loi divine, à la sauvegarde des familles et, par suite, à la prospérité publique. De telles réformes paraissent désormais l'unique moyen de réparer les maux engendrés par l'individualisme, et d'épargner à la société, en l'arrachant à l'anarchie où elle est plongée, aussi bien qu'au socialisme d'État qui l'envahit, les maux qui semblent la menacer.

Mais l'Église catholique seule peut les inspirer et les diriger, en restituant aux peuples la notion du droit social chrétien anéantie par la Révolution, et en restaurant dans les esprits la philosophie de l'Évangile, à la place du rationalisme transmis par la Réforme aux Constituants de 1789, de la fausse conception de l'homme et de la société enseignée à nos pères par les livres de

Rousseau, et des doctrines importées d'Allemagne chez nos contemporains par l'influence de Kant et de Hegel.

Elle seule aussi peut résoudre, par son autorité morale, la principale objection qu'on élève contre tout les projets de réforme légale, et qui naît de la concurrence internationale. Dans tous les pays, principalement dans ceux, comme la France, qu'éprouve plus gravement la crise industrielle, les fabricants sont conduits, pour soutenir la lutte contre leurs rivaux, à faire appel à toutes les forces que peut leur offrir le régime actuel du crédit et du travail : aucun d'eux, dans la crainte de se voir vaincu par ses concurrents, ne veut, ni ne peut pratiquement amoindrir ses moyens d'action, en acceptant une législation qui tendrait à réglementer l'emploi des travailleurs, à limiter la production et à restreindre le commerce de l'argent, ou une organisation professionnelle qui reconnaîtrait aux ouvriers des droits gênants pour la liberté de l'entreprise. Ceux mêmes que le sentiment chrétien et la juste appréciation de la situation sociale inclineraient à approuver en principe de pareilles réformes, les déclarent inapplicables, tant que leurs concurrents en demeureront affranchis. L'agriculture, comme l'industrie, en France et dans une bonne partie de l'Europe, écrasée par les produits de l'Amérique et de l'Inde, est forcément obligée de chercher son salut dans les droits protecteurs, qui ont pour effet de taxer d'un véritable impôt les denrées de première nécessité, et ses représentants, tout entiers à la légitime préoccupation de conserver la rente foncière ou d'en empêcher l'affaissement, perdent de vue trop souvent les réformes sociales, bien plus importantes et efficaces, qui rendraient à la propriété rurale son véritable caractère.

Ainsi, indépendamment des raisons de principe, la rivalité des nations constitue une objection de fait à la réforme sociale, dont la grande valeur ne saurait être méconnue.

Elles sont, les unes vis-à-vis des autres, en état de guerre, et contraintes à chercher dans l'accumulation des capitaux, dans la liberté absolue de la production, dans l'abus des forces de l'homme, dans les barrières douanières de plus en plus élevées, les conditions de la victoire. Les choses en sont venues sur le terrain économique au même point que sur le terrain militaire.

Des deux côtés on s'applique à réunir, au prix de sacrifices qui épuisent les peuples, les moyens d'action les plus considérables : et nul ne veut s'engager à désarmer le premier. Le socialisme trouve dans cette situation, par les souffrances qu'elle entraîne et l'exaspération qui en résulte, un de ses facteurs les plus puissants.

Il est donc naturel que beaucoup d'esprits aient conçu la pensée d'un accord conclu entre les gouvernements, en vue de poser, moyennant certaines garanties de contrôle et certains avantages corrélatifs, des règles protectrices des travailleurs et répressives de l'usure, communes à toutes les nations contractantes. En un temps où le progrès de la civilisation fait naître un si grand nombre de conventions internationales, cette conception ne semble pas chimérique, et de même que, par l'effet de l'adoucissement des mœurs, des arrangements de ce genre sont intervenus dans les lois de la guerre, pour assurer la sauvegarde des blessés et des malades, de même il paraîtrait naturel que, dans la guerre du travail, des règles, acceptées par tous, vinssent protéger les combattants contre les excès de la lutte. Mais qui pourra, en Europe et dans le monde, jouir d'un ascendant moral assez grand, d'une autorité assez désintéressée pour prendre efficacement, près des gouvernements, l'initiative de ce concert pacifique ? Qui, si ce n'est l'Église, mère et tutrice des peuples, et en son nom le Vicaire du Dieu de justice et de charité, arbitre naturel des nations ? La conférence tenue à Berlin, sur l'invitation de l'empereur d'Allemagne, a marqué dans cette voie une première étape, timidement accomplie, mais qui ouvre la route pour l'avenir. Sans amoindrir la haute portée de cet acte international, non plus que le mérite du souverain qui l'a provoqué, on ne doit, d'ailleurs, oublier ni l'initiative première qu'en avait prise la Confédération helvétique, ni surtout le public encouragement donné par le Saint-Père à l'idée de cette conférence lorsque, pour la première fois, elle fut préconisée en France et en Suisse par un certain nombre de catholiques. Il est permis de penser qu'en un tel sujet, la solennelle intervention du Pape, si elle eût pu se produire avec toute liberté, eût été accueillie par les chefs d'État avec moins de réserve que celle d'une des nations concurrentes et non la moins redoutée des rivales. L'expérience récemment faite à la Haye, dans une autre conférence, a témoigné suffisamment que l'exclusion du Saint-Siège ne contribue pas à rendre les délibérations plus fécondes et plus faciles. La grande place qu'en dépit des résistances et des situations politiques, la Papauté a prise dans le monde depuis un quart de siècle, par le seul ascendant de son autorité morale, ne peut-elle légitimer la confiance des catholiques, et les confirmer dans l'espérance qu'un jour viendra où les travailleurs de toutes les nations se tourneront vers le Père commun, pour faire appel à sa médiation ?

Ainsi, de toutes les manières et de quelque côté qu'on envisage le problème social, la solution n'en apparaît que dans les préceptes et l'action de l'Église.

Cette conclusion s'impose avec une force et une évidence toujours croissantes, et l'Église, d'ailleurs, ne s'y est pas dérobée, quelle que fût la difficulté de son intervention dans l'état présent des sociétés.

Sur la plupart des questions posées au cours de ce travail touchant le rôle de l'État dans les rapports du capital et du travail, les relations des maîtres et des ouvriers, la formation et la fonction des associations corporatives, l'encyclique *Rerum Novarum* a formulé des principes, donné des directions et indiqué des solutions qui, pour les catholiques, devraient être des réponses décisives.

L'interprétation de ce grave document demeure pourtant, même entre eux, un sujet de désaccord ; et, à plus forte raison, parmi les conservateurs, moins attentifs et moins dociles à la parole du Pontife romain, n'a-t-il point suffi à éteindre les discussions.

Là est leur plus grande faiblesse. Ce n'est pas trop de l'union de tous les chrétiens pour lutter contre le péril qui menace l'ordre social. Tant qu'ils ne se seront pas accordés sur ces points fondamentaux, tant qu'ils n'auront pas reconnu, dans l'encyclique, les fondements d'une économie sociale chrétienne, et accepté, sur cette base, un programme commun, avec la résolution de le mettre en pratique, leur résistance au progrès du socialisme sera frappée d'impuissance.

La force, la compression pourront, un moment encore, retarder sa marche : elles ne l'arrêteront pas.

Le socialisme, lui, a formé sa doctrine. S'il y a, entre les diverses écoles, des divergences d'application, de point de vue et de circonstance, toutes sont d'accord sur le principe philosophique, qui est la répudiation de toute autorité religieuse, sociale ou politique, supérieure à l'homme ou à l'État et sur le but final, qui est la transformation progressive ou brutale, pacifique ou violente, du capital privé en capital collectif. Toutes aussi proposent au peuple l'idéal chimérique, mais séduisant pour la masse des déshérités, d'une réorganisation sociale où disparaîtront les inégalités créées par la richesse et la pauvreté. Toutes enfin, supprimant, au delà de la vie, les perspectives surnaturelles, s'efforcent d'entraîner la foule par la promesse des biens terrestres et des jouissances matérielles.

La société menacée ne peut se défendre qu'en s'appuyant sur le christianisme, non pas en se bornant à l'invoquer comme le gardien de la richesse et le protecteur de ses privilèges, non pas en lui demandant seulement, avec les espérances de la vie future, les arguments les plus propres à faire supporter, de ceux qu'elle frappe, la souffrance imméritée, et, par l'exercice de la charité, les moyens de la soulager, mais en acceptant sa doctrine intégrale et en appliquant dans les mœurs, dans les institutions et dans les lois les principes de justice qu'il a apportés sur la terre. Hors de là tout est vain.

Le libéralisme est condamné dans l'ordre social et politique, comme le rationalisme dans l'ordre métaphysique. Ces deux doctrines, longtemps souveraines, ont abouti, l'une, par les abus qu'elle a fait naître, à la toute-puissante expansion du socialisme, l'autre, par le scepticisme qu'elle a engendré, à la destruction des croyances religieuses.

La Révolution française, qui fut leur mise en œuvre, a ainsi porté tous ses fruits. Quoi qu'en veuillent dire encore quelques libéraux, le socialisme est sorti, par une conséquence logique, de ses principes essentiels, sur la sécularisation de la société, sur l'absolutisme de l'État, sur la nationalisation des propriétés ecclésiastiques ou féodales.

Dès la première heure, il s'est manifesté, au milieu des convulsions violentes qui marquèrent le début de l'ère révolutionnaire. Aussitôt réprimé par le puissant génie de Napoléon, puis contenu par les gouvernements conservateurs, sans jamais être étouffé, et reparaissant à la surface chaque fois que le pouvoir échappait à leurs mains, nous le voyons aujourd'hui, fort de son organisation, patiemment achevée, et de sa doctrine scientifique, progressivement formée, s'épanouir dans l'état démocratique, comme un fleuve toujours grossi d'affluents nouveaux, rompt ses digues après un long effort.

Tel est le fait capital qui résume l'histoire de la question sociale au XIXe siècle.

En face du socialisme dressé sur les ruines du système libéral, le catholicisme seul reste debout et de taille à lui résister.

La question qui se pose, à la fin de ce siècle, avec une redoutable précision, est de savoir si les chrétiens auront assez de foi, de résolution et de dévouement, pour se grouper sur le terrain que l'Église leur indique et tirer de ses enseignements un programme commun d'action et de gouvernement.

Le XXe siècle y répondra.

A. DE MUN,
De l'Académie Française.

XI

L'Église romaine
et les courants politiques du siècle

LIBERTÉ, souveraineté populaire, solidarité : telles sont les trois idées auxquelles le xixe siècle a prodigué ses hommages. Elles sont à l'origine des mouvements qui transformèrent la carte politique de l'Europe; elles sont responsables des soubresauts qui, dans certains pays, renversèrent les uns sur les autres es régimes gouvernementaux les plus divers; elles précipitent, à cette heure même, l'évolution sociale qui modifiera les rapports économiques des hommes. Et comme ces idées, cherchant leur acte de naissance, affectaient de le découvrir en dehors du sanctuaire — et même fort loin du sanctuaire, — il est advenu que, tout le long du siècle, elles ont passé à côté de l'Église avec des attitudes d'ennemies, et volontairement perpétué, entre elles et l'Église, de durables malentendus.

L'Église, elle, au xixe siècle plus qu'à nulle autre époque, a su pratiquer, tout ensemble, son droit d'hégémonie et ses hautes vertus de condescendance, dresser au-dessus des peuples l'altière lueur de ses enseignements, que rien ne peut faire vaciller, et s'adapter avec miséricorde au génie et au tempérament politique des nations infiniment variées dont elle unifiait les esprits et les âmes. Elle a été, tout à la fois, fière et souple, et ni sa fierté ne raidissait sa souplesse, ni sa souplesse ne coûtait à sa fierté; et l'on a vu, tour à tour, les pensées indociles déplorer une fierté qui les forçait de se courber, et les partis politiques regretter une souplesse qui soustrayait à leur joug humain l'Église divine. L'Église a continué sa marche, avec cette robuste sécurité que procure la possession du vrai : dans le domaine des idées, elle a refusé de transiger ; dans le domaine des faits, elle a refusé d'attribuer à un provisoire, politique ou social, la valeur d'un absolu, et de reconnaître à des institutions que le courant des âges modifie ou renverse, la vertu et la portée d'un dogme. Aussi n'est-elle, à l'heure présente, ni diminuée ni compromise ; et forte de ce double refus, elle aborde le xxe siècle. Le siècle finissant a eu ses illusions, suivies de déceptions ; l'Église qui ne s'est point associée aux premières, n'a point à répondre des secondes. Prêtant l'oreille aux impartiales et pénétrantes critiques de la sociologie contemporaine et de la philosophie positive, le siècle a décidément mis en doute — un doute subversif — le bon aloi et la solidité architecturale de ces principes de 1789 sur lesquels il se flattait d'avoir à jamais assis la société ; l'Église, qui n'eut jamais pour ces principes, au moment de leur apogée, le sourire de la complaisance, est assez généreuse, aujourd'hui, pour leur épargner le sourire de l'ironie. Ils passent, comme le siècle lui-même, et l'Église reste.

*
* *

Le xixe siècle a passionnément aimé la *Liberté*, d'une passion violente, confuse, désordonnée comme un caprice ; mais le caprice dura cent ans, il dure encore. Et le siècle, en son exubérance d'enthousiasme, crut avoir créé l'objet de son caprice. Toutes les grandes frénésies ont cette illusion : elle ne veulent rien devoir à Dieu ; ce qu'elles aiment leur apparaît comme leur œuvre. La *Liberté* passa pour la fille du xixe siècle. On oubliait trois mots des Livres saints : *Veritas liberabit vos*, trois mots dont il résulte que la liberté est fille de la vérité, — et la vérité est éternelle.

L'Église, tout au long du siècle, a rappelé la genèse et la vraie définition de la notion de liberté. On a dénoncé Rome comme l'ennemie de la liberté : on s'est trompé. On a dit qu'après l'avoir combattue elle a fait effort pour la baptiser : on s'est encore trompé. L'Église n'avait ni à combattre ni à baptiser la liberté. Elle ne voyait point, dans la liberté, une sorte d'enfant trouvée, survenue comme par hasard en un détour du xixe siècle : elle la traitait avec plus d'honneur, ressaisissait ses titres de noblesse et l'habillait d'un vêtement plus correct et plus imposant. Deux documents définissent et résument l'attitude de l'Église à l'endroit

de l'idée de liberté et des applications dont cette idée fut l'objet :
l'un est de Pie IX, l'autre de Léon XIII ; le premier s'appelle le
Syllabus, le second l'encyclique *Rerum Novarum* ; et la juxtaposition de ces deux actes met en relief la philosophie politique et
sociale de l'Église romaine.

Isoler l'individu ; le soustraire à tout ce qui l'entoure, soit dans
le temps, soit dans l'espace ; l'affranchir du passé et l'ériger au-dessus du présent, le considérer comme une sorte d'abstraction,
à l'écart de toute tradition, à l'écart de toute société, ce qui revient
à dire, à l'écart de toute réalité : telle fut en notre pays, la tactique de l'esprit classique, devenu, trois cent ans après la Renaissance, l'esprit révolutionnaire. Un tête-à-tête personnel avec
Dieu, — avec un Dieu bientôt inconnu : c'est à quoi la Réforme
réduisait la religion. Un ambitieux « vis-à-vis » du cerveau, transformé en table rase, avec la vérité toute nue : c'est à quoi le cartésianisme ramenait la philosophie. Des millions de contacts
entre des millions d'individus, sans nulle loi qui réglât ces contacts, sans aucune organisation qui encadrât ces individus, et la
bousculade érigée en règle au nom du « libre jeu des libertés individuelles » : c'est à quoi la Déclaration des droits de l'homme
ramenait la vie sociale.

Dans les trois domaines, religieux, philosophique, politique,
l'Église se plut à opposer, à une fausse conception de la liberté
individuelle, l'idée du lien social et du bien social. Dans le domaine
philosophique, l'Église — nous en pouvons attester la lettre *Singulari quidem* de Pie IX — ne « désapprouve pas les efforts
d'une droite et saine raison » ; mais elle condamne ceux qui,
« abusant de la raison », c'est-à-dire de leur raison individuelle,
de ce que Bossuet eût appelé leur sens propre, « ne rougissent ni
ne redoutent de l'opposer et de la préférer à l'autorité de Dieu
lui-même ». Dans le domaine religieux, l'Église, écrit Léon XIII
dans l'encyclique *Libertas*, « est loin de condamner les chefs
d'État qui, en vue d'un bien à atteindre ou du mal à éviter,
tolèrent dans la pratique que les divers cultes aient chacun leur
place dans l'État » ; mais « d'un autre côté, si on affirmait que
nulle religion ne doit être préférée aux autres, que la communauté
civile n'a aucun devoir envers Dieu, ou bien qu'en en ayant elle
peut impunément s'en affranchir, cela serait manifestement faux.

La société, œuvre de la volonté de Dieu, doit reconnaître Dieu comme son Principe et comme son Auteur, et, par conséquent, rendre à sa puissance et à son autorité l'hommage de son culte. » Ainsi, c'est en invoquant l'existence même de la société et les conséquences légitimes de la notion de société que l'Église considère comme un idéal, non point l'émiettement religieux des âmes, mais tout au contraire l'union de tous dans une seule et même foi et dans la pratique publique de cette foi.

Dans le domaine social, enfin, Léon XIII. par l'encyclique *Rerum Novarum*, donne un démenti à l'optimisme présomptueux de l'économie politique dite « libérale », qui supposait que, dans le régime du travail, la « liberté » des contractants était créatrice de la justice et que tout contrat de travail dûment signé par les deux parties en présence était, si l'on peut ainsi dire, supérieur à la morale. Suffit-il du consentement échangé entre le fort et le faible, pour que le contrat issu de ce consentement, quelques stipulations oppressives que parfois il renferme, doive être considéré comme juste ? Les « libertés » associées de ces deux hommes, — dont l'une, s'appuyant sur un capital, est réelle, et dont l'autre, se heurtant à la menace de la misère, est toute fictive, — ces deux libertés suffisent-elles à créer la justice ? Léon XIII le nie. Non plus que la libre raison ne crée la vérité, — mais au contraire la cherche et s'y soumet, — la libre volonté ne saurait créer la justice. Justice et vérité sont antérieures et supérieures à l'usage de la liberté humaine, à l'existence même de cette liberté ; elles ne sont pas immanentes, mais transcendantes ; elles ne sont pas subjectives, mais objectives. L'encyclique *Immortale Dei*, de Léon XIII, le proclame en termes formels : « La liberté, dit-elle, en tant qu'elle est un élément aidant l'homme à se perfectionner, doit s'appliquer uniquement à ce qui est vrai et à ce qui est bon ; car, nous l'avons vu, l'essence du bien et de la vérité est immuable, comme la nature même des choses ; elle ne peut donc varier selon le caprice du premier venu. » C'est au nom des mêmes principes, remarquons-le, que l'Église se refuse à saluer, comme un idéal insurpassable, l'absolue liberté de penser et d'écrire — liberté qui, en fait, sépare et entre-choque les âmes — et que, dans la lutte économique, elle protège le faible contre les abus de la force. « Les écarts d'un esprit licencieux qui pour la multitude ignorante, deviennent facilement une véritable oppression, doivent être justement punis par l'autorité des lois non moins que les attentats de la violence, commis contre les faibles. » Ainsi parle Léon XIII dans l'encyclique *Libertas*. La liberté intellectuelle et la liberté économique doivent reconnaître et respecter, au-dessus d'elles, quelque chose qui les dépasse et qui les limite : c'est l'intérêt social, et c'est le droit primordial que possède la justice — qui n'est autre que la vérité transportée dans l'ordre pratique — à exercer une hégémonie sociale.

L'Église fut seule, durant une grande partie du siècle, à s'obstiner dans l'antagonisme contre les doctrines qui prônaient l'anarchie des consciences et l'effrénée concurrence des intérêts ; elle fut seule à maintenir qu'entre un pays où les consciences sont morcelées par la variété des *credo* religieux et un pays où les esprits se soumettraient librement à la même vérité transcendante, la supériorité appartient, non point au premier, mais au second ; elle fut seule à répéter que, pour une nation, l'état le plus souhaitable, en « thèse », n'est pas celui d'un brutal *struggle for life* entre les idées, mais, bien au contraire, celui d'une harmonie intellectuelle spontanément consentie et réalisée entre les citoyens ; elle fut seule à dire, enfin, qu'un état social dans lequel les bras luttent entre eux et dans lequel les bouches luttent entre elles pour obtenir le droit de vivre n'est point et ne sera jamais le dernier terme du progrès, puisqu'il provoque d'inhumaines bagarres et engendre, en même temps que des misères imméritées, le scandale d'enrichissements immérités. Et lorsque l'Église, toute seule, s'insurgeait ainsi contre la superbe, bientôt fatiguée, de la philosophie et contre la superbe plus tenace de l'industrie, son isolement ne l'effrayait point ; elle comptait sur les faits pour la justifier, et elle avait raison.

..*

Le XIXe siècle, en même temps qu'il aimait la liberté et qu'il maintenait son droit de l'aimer telle qu'il la comprenait, a professé une sorte de culte pour l'autonomie des citoyens : il a fait la théorie de ce culte ; et c'est au nom de cette théorie qu'un certain nombre d'États conformèrent leur politique extérieure à ce qu'ils appelaient le principe des nationalités et s'inspirèrent, dans leur politique intérieure, de la doctrine dite de la souveraineté populaire. Des déceptions survinrent, et ces deux principes, parfois, servirent de masques pour cacher des attentats contre la véritable indépendance civique ; c'est à l'abri du principe des nationalités que se prépara l'unité allemande, qui méconnut à l'Alsace-Lorraine le droit de demeurer terre française ; et c'est à l'abri de la doctrine de la souveraineté populaire qu'ont fonctionné, dans plusieurs pays, des régimes de suffrage qui, sous des apparences faussement démocratiques, emprisonnent cette prétendue souveraineté populaire et la laissent confisquer par une oligarchie.

Mais en dépit des surprises, en dépit même des désillusions, le XIX° siècle demeura profondément attaché à cet ordre de maximes, et dans l'affection jalouse que toujours il leur conserva, l'on sentit, bien souvent, la joie d'une conquête et la violence d'une revanche. Il y avait là, en effet, une conquête et une revanche : elles avaient lieu, l'une et l'autre, aux dépens d'une vieille doctrine d'ancien régime, que l'on appelait la doctrine du droit divin des rois, et à laquelle plusieurs générations de légistes avaient ajouté d'inacceptables corollaires, non moins injurieux pour la dignité des peuples que pour la liberté de l'Église. Le monarque, en vertu de ces théories mi-religieuses, mi-politiques, n'avait aucune responsabilité devant les sujets ; sa désignation par Dieu avait un caractère d'absolue nécessité ; et quoi qu'il fît, de quelque faute ou de quelques excès qu'il se rendît coupable, la résistance était considérée comme « impie ». Ainsi parlaient les théologiens gallicans, les légistes du Parlement, les députés du tiers état, les souverains eux-mêmes, comme le roi d'Angleterre Jacques 1er ; et deux siècles durant ce système de principes eut la valeur d'une loi et la vertu d'une foi. La Révolution française éclata : elle travaillait par blocs ; et dans son besoin de réaction contre les excès des théories dites du droit divin, c'est-à-dire contre l'abus qu'on avait fait du nom de Dieu, elle prétendit expulser de la vie sociale Dieu lui-même ; la « souveraineté populaire », héritière de la souveraineté royale, apparut comme l'antithèse de la souveraineté divine.

On vit s'accumuler, dès lors, confusions sur confusions. La théologie gallicane et les doctrines politiques des Parlements s'étaient élaborées à l'encontre de l' « ultramontanisme », et volontiers elles avaient pris l'allure d'une provocation à l'adresse du Saint-Siège, d'un défi à la Compagnie de Jésus ; Rome les avait condamnées, et les Parlements, à leur tour, avaient condamné les bulles de Rome. Et lorsque la voix du peuple, tardif écho de la voix du Pape, se fut élevée contre les maximes politiques sur lesquelles reposaient les royautés absolues, une erreur inouïe commença de s'accréditer : l'Église romaine fut rendue responsable de deux siècles d'absolutisme dont elle avait toujours désapprouvé le principe fondamental et parfois subi les attentats ; et la victoire sur l'ancien régime fut présentée comme une défaite de la vérité catholique. La notion de la souveraineté populaire prit tout de suite ue caractère antireligieux ; et tandis que l'absolutisme des rois, sans ignorer Dieu, lui avait défendu d'être gênant, l'absolutisme des peuples inclinait à méconnaître et à écarter Dieu. Le premier de ces absolutismes avait souvent voulu traiter en serviteur le Pape, vicaire autorisé de Dieu ; et, sous le règne du second, Dieu lui-même était menacé de congé.

L'Église romaine traita ce nouvel absolutisme comme elle avait traité son prédécesseur ; et pour parler aux peuples, fiers d'être devenus comme les dépositaires de l'arbitraire, elle n'eut qu'à reprendre le langage que Suarès et Bellarmin parlaient jadis aux rois. Elle ne sacrifia point aux vains intérêts de la popularité les distinctions nécessaires. Si l'on persistait à entendre, sous le nom de souveraineté populaire, un régime issu d'un contrat entre les hommes, faisant dériver de la seule existence de ce contrat les droits et les devoirs du pouvoir public, investissant les citoyens de cette prérogative de créer, à eux tous seuls, d'une façon irrévocable et imprescriptible, la justice et l'équité, un régime, en un mot, où les notions suprêmes de la morale ne conservassent aucune suprématie, et où, sans nul recours, la volonté du peuple ferait le droit, l'Église, par la voix de Grégoire XVI et de Pie IX, condamnait impitoyablement cette conception. Feuilletons un moment le *Syllabus* ; sous la rubrique trente-neuvième, nous y trouvons cette proposition : « L'État, comme origine et source de tous les droits, possède un droit que ne contiennent aucunes limites » ; sous la rubrique cinquante-sixième, nous lisons : « Les lois qui règlent les mœurs n'ont pas besoin de la sanction divine, et il n'est pas nécessaire que les lois humaines se conforment au droit naturel ou qu'elles empruntent à Dieu leur force obligatoire »; et sous les rubriques cinquante-neuvième et soixantième, enfin : « Le droit réside dans le fait matériel. L'autorité n'est rien autre chose qu'un total, une somme des forces matérielles. » Toutes ces propositions succombent sous les anathèmes de Pie IX. Anathèmes vraiment tutélaires ; car de même qu'autrefois ils avaient protégé les sujets, c'est-à-dire les faibles contre les abus de pouvoir des souverains, de même au xixe siècle ils protègent, en fait, les minorités, c'est-à-dire les faibles de notre époque, contre les abus de pouvoir des majorités. A l'encontre du nombre — lorsque c'est le nombre qui gouverne — comme à l'encontre d'un seul — lorsque c'est un seul qui gouverne — l'Église dresse des barrières. Tout pouvoir humain, quel qu'il soit, doit renoncer à l'omnipotence; la collectivité, non plus qu'un individu, ne peut exploiter capricieusement le droit de gouverner, dont Dieu reste l'origine en même temps qu'il en maintient les limites.

Mais si l'on entendait par souveraineté populaire un régime dans lequel tous les citoyens fussent associés le plus étroitement possible à la gérance de la vie nationale, l'Église, ici, n'objectait plus aucun grief; bien plutôt, elle n'avait qu'à tourner les pages du même Suarès ou du même Bellarmin, pour y saisir, comme par anticipation, l'apologie d'un pareil régime. Suarès va jusqu'à dire que, si l'on appelle démocratie « une institution quasi naturelle », la démocratie est, pour ainsi parler, le droit divin, car « la raison naturelle proclame que la puissance politique suprême résulte, naturellement, de la constitution de la société humaine, et que, par la force de cette même raison, elle appartient à la société tout entière ». Se doutait-il, l'impartial et courageux Jésuite, qu'en écrivant pour la réfutation d'un roi, il travaillait à l'édification et à l'orientation des démocraties futures ?

Origine divine du pouvoir ; contrainte qu'imposent au libre exercice du pouvoir les droits de la morale et de la volonté suprême de Dieu ; résidence de ce pouvoir, enfin, dans la nation tout entière, seule juge des moyens de l'exercer ou de le déléguer : telle est, en ses grandes lignes, la théorie de Suarès et d'une nombreuse école théologique sur la souveraineté populaire. Après avoir exposé l'Église aux suspicions des philosophes révolutionnaires, cette théorie, éminemment respectueuse de la volonté des peuples, a suscité contre l'Église, en notre âge de vicissitudes politiques, le mécontentement des différents partis. L'absolutisme de Dieu gênait les philosophes ; la liberté de transmettre ou de déléguer le pouvoir, — liberté dont les membres de la nation jouissaient comme d'un don divin sans que l'Église enseignante élevât aucune objection, — gênait quelquefois les plus respectables d'entre les partis. Sentant quelle force est l'Église, ils épient les attitudes qu'elle dessine et les mouvements qu'elle ébauche ; ils lui demandent, les uns — les vainqueurs — de s'incliner devant leur puissance, qu'ils ont la fatuité de croire immortelle, les autres — les vaincus — de remorquer leur débile lenteur. Mais l'Église, comme l'écrivait il y a peu d'années Léon XIII au cardinal Rampolla, sait que « les choses humaines changent, et ne refuse pas de s'accommoder, dans la mesure du possible, aux besoins raisonnables du temps ». Elle tient compte des faits, des réalités, des besoins sociaux ; il advient qu'elle sanctionne, à la longue, par des considérations d'utilité sociale, le résultat acquis des soubresauts politiques qui de prime abord l'ont surprise. On l'accuse d'être versatile... Versatile comme l'histoire elle-même ; et cette prétendue versatilité n'est, en définitive, qu'un hommage à l'idée de l'autonomie populaire, au droit qu'ont les peuples, sous l'inviolable hégémonie de la morale, de s'essayer eux-mêmes à gérer l'État ou d'en désigner les gérants.

*
* *

Que si l'on pénètre au fond des deux erreurs sur la liberté et sur la souveraineté populaire, qui mirent l'Église en conflit avec le siècle, on constate qu'elles se ramènent toute deux à une insurrection de l'orgueil humain, perpétuel ennemi de l'Église. D'une part, c'est l'orgueil de la race individuelle ou de la richesse individuelle ; d'autre part, c'est l'orgueil d'une majorité ; des deux côtés, c'est le risque de l'oppression, à moins que ce ne soit déjà l'oppression elle-même, et c'est une menace perpétuelle pour la vie de la société. Or le siècle déclinant, jaloux de réparer les misères sociales qu'accumulait, logiquement, la mise en pratique de l'individualisme révolutionnaire, demanda le remède au christianisme :

il évoqua l'idée de fraternité, mais en lui faisant subir, si l'on ose ainsi dire, une sorte d e désaffectation : la vieille fraternité évangélique fut présentée au monde laïque sous un nom nouveau, celui de solidarité. Tout l'effort d'une certaine philosophie, dans ces dernières années, a consisté à transplanter du ciel sur la terre les racines de l'idée de fraternité. Au lieu de demeurer un corollaire de cet enseignement révélé, que Dieu est le créateur, le père et le rédempteur de tous les hommes, la fraternité, habillée en solidarité, apparut comme une conséquence empirique de la juxtaposition des hommes en société, des besoins qu'ils ont les uns des autres, de la répercussion réciproque qu'exercent leurs actes respectifs. Déduire une pareille conséquence, c'est constater un fait ; mais un fait ne crée point une obligation morale ; la loi de respect et la loi d'amour, qui doivent régler les rapports des hommes entre eux, sont rattachées par un lien factice au fait de la solidarité humaine ; mais on n'aurait pas eu, sans le christianisme, l'idée d'un pareil rattachement, et quoi qu'on fasse le lien demeure factice. Aussi lorsque, au nom de la solidarité, on s'évertue à réparer les dégâts commis dans le domaine social par un certain « libéralisme », on rend involontairement un double hommage à l'Église, puisque d'une part on reconnaît un mal qu'elle-même avait depuis longtemps proclamé, et puisque d'autre part les affirmations par lesquelles on essaie de le corriger ne sont qu'un démarquage des antiques affirmations de l'Église.

Par surcroît, à mesure que le siècle s'avançait, une doctrine se développait à côté du christianisme, doctrine étayée sur les faits, et qu'on ne pouvait point à coup sûr suspecter de complaisance à l'endroit de l'Église, puisqu'elle affectait une attitude hostile ; on l'appelait le positivisme ; et c'est du positivisme qu'un renfort survint à l'Église. Il attaqua, sans ménagements, les conséquences sociales des principes révolutionnaires ; il ébaucha, en face de l'émiettement incurable auquel conduisait l'application des principes de 1789, des plans de construction sociale ; il réhabilita, dans les cerveaux qui s'enchantaient de la *Déclaration des Droits*, l'idée d'un ordre social ; Comte et Pie IX s'entr'aidèrent sans le savoir ; le siècle qui se flattait d'incarner les principes de la Révolution dut subir, en son enfance, les ricanements de Joseph de Maistre, et s'incliner, en sa vieillesse, devant les constatations d'Hippolyte Taine; et l'âpreté de l'historien positiviste ratifiait et justifiait l'âpreté du prophète ultramontain. Lorsque, en 1889, les admirations routinières, encore qu'opprimées du poids de leurs désillusions, essayèrent de se redresser pour fêter le centenaire du régime moderne, un certain nombre de publications survinrent, œuvres de philosophes, de sociologues, d'historiens, et le centenaire de la Révolution fut marqué par une explosion de critiques scientifiques. Ceux-là mêmes qui, par accoutumance, prétendaient gouverner en s'appuyant sur ces « principes immortels », incompatibles avec l'idée même de gouvernement, furent amenés, par la force même des choses, à commettre une infraction à ces principes : lorsque, en 1892, M. Loubet faisait voter une loi contre la liberté de penser et d'écrire de tout un groupe de Français, dénommés « anarchistes », ce vote était une application, non point, certes, de la Déclaration des Droits, mais bien plutôt du *Syllabus*, qui subordonne aux exigences du bien social et au droit de la vérité l'exercice de certaines libertés. Le socialisme, enfin, fut une réaction systématique, et nettement affirmée, contre le déchaînement effréné de la liberté économique, auquel la suppression des corporations par l'Assemblée constituante avait donné le branle. Et c'est ainsi que dans sa campagne contre la fausse idée de liberté, l'Église rencontrait des auxiliaires, souvent inconscients et surtout involontaires, — mais pourtant des auxiliaires.

Ce n'est pas tout ; et tout cela d'ailleurs n'aurait point suffi à l'Église. Elle est par excellence une constructrice, et les œuvres positives sont l'unique domaine où son activité se satisfasse pleinement. Or, en même temps qu'elle se pouvait flatter d'avoir, longtemps à l'avance, dénoncé les désastreuses conséquences des fausses idées de liberté et de souveraineté, elle s'efforçait de préparer les fondements de la société future. Par cet effort même et par la façon dont elle le conduisait, elle dissipa les suspicions auxquelles avait pu donner lieu sa lutte acharnée contre certaines idoles du siècle. L'encyclique *Rerum Novarum* couronna l'œuvre. Le « libéralisme » du XIXe siècle avait mis plus de soixante ans à reconnaître aux travailleurs le droit de coalition, et les champions de la conception erronée de la souveraineté populaire n'imaginaient point ou n'admettaient point que dans le domaine économique le travailleur fût investi — je ne dis point d'une certaine souveraineté (le mot est vague, il dit trop ou trop peu), — mais d'un ensemble de garanties légales lui permettant de faire triompher ses légitimes revendications. « Parle : et si tu as le nombre tu auras la force. » Tous les quatre ans on tenait ce propos au « peuple souverain », mais il semblait qu'on en voulût accentuer l'ironie en disant aux nombreux membres souffrants de cette collectivité qualifiée de souveraine, lorsque la timidité de leur indigence protestait contre les justices économiques : « Taisez-vous, car la force est ailleurs. » D'une part, une omnipotence plus théorique qu'effective ; d'autre part, une impuissance absolue, cruellement réelle, avec le devoir de s'y résigner.

Et voici que des voix s'élevèrent, réclamant pour le travailleur des moyens légaux et un droit légal de converser avec le capital, d'élaborer par cette commune conversation, les statuts du métier, et de substituer ainsi à l'anarchie économique un régime d'harmonie et d'organisation professionnelle. Les voix qui parlaient ainsi étaient des voix catholiques ; elles trouvèrent dans l'encyclique *Rerum Novarum* un somptueux et inoubliable écho. Et ce que demandaient ces voix, ce que demandait l'Église, c'était une immense extension de l'autonomie humaine, extension que le libéralisme n'avait jamais prévue et qu'il allait faire effort pour conjurer. L'Église, cette antagoniste classique de la « souveraineté populaire », ouvrait des terrains nouveaux à l'influence effective des humbles ; elle aménageait, pour leurs souhaits ou pour leurs plaintes, des tribunes nouvelles.

Longtemps à travers le siècle on lui avait prêté l'allure d'une promeneuse lente et fatiguée, marchant parce que Dieu l'ordonnait, mais incapable de suivre les courants dont elle était éclaboussée, et plus impuissante encore à les gouverner. Et l'on avait rêvé d'un large et calme fleuve qui, sortant tôt ou tard de ces courants unifiés, emporterait à travers les âges, en une infaillible odyssée, et toujours plus loin du Sinaï, du Calvaire et du Vatican, l'arche grandiose de l'humanité nouvelle. Mais l'on vit, peu à peu, les courants hésiter : soit qu'ils fissent retour sur eux-mêmes, soit qu'autour d'eux ils multipliassent les ravages, ils s'attardaient en un tourbillonnement stérile. Et les imaginations optimistes cessèrent d'entrevoir le fleuve; et sous l'incoercible poussée de la masse des humbles, déconcertés et dolents, il sembla que les parois de l'arche allaient craquer. Alors, au delà de ce chaos, très en avant, tellement en avant que le » libéralisme » du siècle se demanda s'il y pourrait jamais atteindre, on vit reparaître l'antique promeneuse : n'ayant jamais couru après les faveurs du siècle, elle se trouvait l'avoir devancé. Et, grâce à elle, malgré les catastrophes d'hier, malgré celles peut-être de demain, la croyance au progrès est demeurée sauve. Nous nous flattions de cette croyance comme d'une nouveauté : l'Eglise, depuis longtemps, l'avait consacrée ; elle en avait, sous le nom d'espérance, fait une vertu, et, de cette vertu, elle fera toujours un devoir.

GEORGES GOYAU.

DEUXIÈME PARTIE

~~~~~~~~

Mouvement Intellectuel

XII

La Presse

Pour la presse française, les premiers jours du siècle furent les plus sombres. Le 17 janvier 1800, un arrêté frappa la plupart des feuilles qui avaient échappé aux mesures décrétées depuis le 18 fructidor an V, alors que le Directoire prononçait en bloc les suppressions et condamnait à la déportation par troupes (70 en une fois), écrivains, imprimeurs, simples propriétaires.

Trouvant la presse décimée à ce point, le Consulat jugea qu'elle gardait encore trop de puissance et décida de ne tolérer que treize journaux politiques : le *Moniteur universel*, le *Journal des Débats*, le *Journal de Paris*, le *Bien-Informé*, le *publiciste*, l'*Ami des Lois*, la *Clef du Cabinet des Souverains*, le *Citoyen français*, la *Gazette de France*, le *Journal des hommes libres*, le *Journal du Soir*, le *Journal des Défenseurs de la Patrie*, la *Décade philosophique*. Le prétexte des nouvelles rigueurs était d'assurer le secret des opérations militaires ; mais on aurait pu en indiquer n'importe quel autre sans irriter et sans étonner la France, fatiguée par tant d'excès, y compris naturellement les longs et furieux excès de la plume.

Donc, tout d'abord, une sorte de silence qui va durer jusqu'à la fin de l'Empire et en augmentant, puisque, le 17 septembre 1811, un décret (demeuré inédit, mais rigoureusement appliqué) réduit à quatre le nombre des journaux quotidiens s'occupant des nouvelles « politiques ». On parle de plus en plus à voix basse. Les écrivains doivent s'en tenir aux considérations générales et les traiter avec prudence, sous la crainte continuelle d'un blâme qui tourne vite en menace et qui précède de fort peu l'exécution. Bonaparte éprouve une extrême défiance vis-à-vis des journaux, et cependant il s'efforce de les utiliser. Il a même un journal pour lui seul, rédigé par un homme bien au courant des affaires intérieures et des affaires étrangères, Fiévée, ancien collaborateur littéraire du *Mercure*. Pendant onze années, Fiévée adresse au Maître des articles étendus ou brefs, finement et spirituellement tournés, et qui contiennent des observations judicieuses présentées avec une entière indépendance et beaucoup de dignité. Bonaparte tient à être renseigné, mais il n'admet ce besoin que pour lui. Aussi, quand les correspondances de Fiévée arrivent au public par l'intermédiaire d'une feuille appelée *Bulletin*, ont-elles subi des coupures et des corrections qui leur ont enlevé leur intérêt principal. Telles qu'elles sont écrites pour leur illustre et unique lecteur, elles ont beaucoup de prix; et l'on en peut juger plus tard lorsqu'elles paraissent en volume. Fiévée analyse avec pénétration la société « lasse et épuisée ». Il critique malicieusement le système des journaux officieux qui, suivant lui n'ont aucune utilité.

Le gouvernement organisé et pourvu de tous ses rouages, Bonaparte n'est pas mieux disposé qu'auparavant en faveur de la presse. Elle lui paraît toujours ne mériter et même ne comporter d'autre régime que l'arbitraire.

Parmi les feuilles qui vivent dans un asile si dangereux, figure le *Publiciste*, fondé par Suard, et qui comptait Guizot parmi ses rédacteurs. C'est là que le futur professeur, ministre et historien, rencontra Mlle Pauline de Meulan et lui donna, dans des circonstances fort originales, aujourd'hui bien connues, la collaboration anonyme qui fut suivie d'un mariage. Notons que Suard, invité à faire l'apologie du meurtre du duc d'Enghien, s'y refusa nettement.

Le *Journal des Débats* était pendant cette période, et fut encore après, l'organe le plus influent avec le *Mercure de France* (laquelle feuille, n'étant pas quotidienne, avait plus facilement échappé au décret de suppression). Les principaux écrivains qui, sous la direction des frères Bertin, donnaient leur concours aux *Débats*, s'appelaient Geoffroy, Dussault, Feletz, Delalot, Saint-Victor, l'abbé de Boulogne, le géographe Malte-Brun, l'helléniste Boissonnade, Royer-Collard. De la rédaction du *Mercure*, très uni au *Journal des Débats*, faisaient partie La Harpe, l'abbé de Vauxcelles, Fiévée, Michaud, Gueneau de Mussy, Fontanes, Bonald, Chateaubriand. Dans le *Mercure* furent publiés les premiers chapitres inédits du *Génie du Christianisme*, insertion qui assura l'immense retentissement de l'ouvrage.

Avant le Consulat, le *Journal des Débats* avait réalisé une innovation qui, très modeste en soi, allait prendre bientôt de grands développements et devenir un des caractères essentiels de la presse : le *feuilleton* littéraire, c'est-à-dire la critique du théâtre et des livres. Confié à Geoffroy, ce département se transforma, suivant un mot célèbre et juste, en royaume. « La littérature ancienne et moderne, l'histoire, la philosophie, la morale, la politique, tout rentre dans le feuilleton, a écrit M. Nettement. Les plus hautes questions politiques s'y agitaient, en dépit même du souverain, sous la forme d'*éphémérides politiques et littéraires*, ou sous prétexte d'une nouvelle tragédie. » Avec Geoffroy, la critique eut l'allure d'une revanche hardie et brillante contre le philosophisme et les idées révolutionnaires. Pour la première fois depuis longtemps, le public vit attaquer, d'une manière directe, le prestige que Voltaire avait exercé au détriment des croyances traditionnelles.

Si une telle attitude s'accordait avec l'œuvre restauratrice accomplie par le premier consul dans l'ordre religieux, elle ne pouvait manquer de le froisser et de l'inquiéter à un autre point de vue. Il ne voulait pas que la foi reprît l'ascendant principal, et il redoutait que l'hommage fréquent rendu à l'ancienne monarchie ne fît trop ressortir les défauts et surtout l'instabilité de la nouvelle.

En vain, le *Journal des Débats* s'était changé en *Journal de l'Empire* ; en vain, il subissait la surveillance d'un censeur qui portait le titre de rédacteur en chef ; en vain, il avait supporté les ingérences continuelles de la police : on jugeait son rôle incompatible avec les droits de l'autorité absolue. Des mesures plus rigoureuses furent appliquées : « Le ministre de la police mit la main sur tous les journaux existant alors ; il en évinça les propriétaires sans indemnité, s'empara à la fois de la caisse, des registres d'abonnements, du titre, des bureaux, des agents de l'exploitation du journal et des produits qui devaient en résulter. Les propriétaires reçurent une somme à laquelle on liquida, sans eux, leur part dans les *profits échus*. La direction fut confiée à ceux que le ministre jugea à propos d'y appeler[1]. » C'était, en fait comme en principe, l'arbitraire complet.

Sous la Restauration, le régime des journaux devient et demeure une des affaires essentielles, maintes fois remises à l'ordre du jour. L'énumération des projets et des lois que présentent tous les ministères fait juger de l'importance acquise par la presse dans la politique générale. En 1814, nous voyons Louis XVIII, à peine rentré en France, promettre la liberté « de publier et de faire imprimer » les « opinions ». Ainsi s'exprime l'article 8 de la Charte. Mais six jours après, une ordonnance maintient provisoirement les lois et décrets de la période précédente. Un mois plus tard, la loi promise est déposée, mais elle rétablit la censure. Pendant les Cent-Jours, la censure est abolie, puis le gouvernement réclame des mesures restrictives. La seconde Restauration proclame la liberté, puis la comprime. La loi de 1816 décide que les journaux devront être autorisés par le roi et pourront encourir la suspension et la suppression. A la fin de 1817, nouveau projet qui n'aboutit pas. Pour échapper à la censure, qui n'atteint que les publications périodiques, des écrivains imaginent tout un système de petites feuilles qui paraissent à des époques indéterminées. Le gouvernement recourt aux poursuites judiciaires et les procès se multiplient. En 1819, M. de Serre élabore le système qui, en appliquant le cautionnement, la responsabilité de l'éditeur, des pénalités sévères, fait cependant rentrer la presse dans le droit commun, reconnaît la propriété des journaux, leur donne des lois et des juges. Comme le dit l'historien de la presse, M. Hatin, c'était une conquête immense. Mais la création rapide de feuilles nouvelles et l'ardeur des polémiques engagées sur les matières les plus passionnantes provoquèrent des craintes que sembla justifier, presque pour tout le monde, l'assassinat du duc de Berry. De nouveau l'on revient au régime d'exception, la censure est remise en vigueur et une série de journaux disparaît. M. de Villèle remplace la censure par la loi qui réprime *les tendances* des écrits périodiques. C'est encore une crise où la presse lutte pour elle-même, non seulement devant les tribunaux, mais

---

[1]. Eugène Hatin, *Histoire politique et littéraire de la France*, t. VII, p. 545.

parfois devant les Chambres investies de la faculté de punir les offenses faites à la Représentation nationale. Les procès abondent. On rétablit la censure. Charles X la supprime ; puis ses ministres, débordés par les attaques et par les défis, essaient de moyens désespérés et veulent que les exemplaires des journaux soient déposés à la direction de la librairie cinq jours avant la mise en vente. Le projet échoue, mais on cherche à le remplacer par des mesures fiscales. Bientôt, l'interminable question porte à l'extrême l'antagonisme entre le gouvernement et la Chambre. Celle-ci est dissoute. C'est la presse qui l'emporte ; et le ministère Martignac (1828), en abolissant la censure et le monopole, reprend l'œuvre de législation régulière si souvent interrompue. Les ordonnances de 1830, qui amenèrent la chute de la royauté légitime, étaient surtout dirigées contre la presse.

En somme, pendant quinze ans, les journaux français ont combattu pour conquérir leur place sur le terrain du droit commun. Cette lutte, qui a influencé profondément la politique générale, s'est poursuivie très souvent au préjudice des intérêts les plus précieux. Maintes fois la passion antireligieuse a été employée comme l'arme préférée; et même après avoir conquis droit de cité, même après la victoire, sous Louis-Philippe, sous Napoléon III, sous la République actuelle, c'est en attaquant les croyances que la presse a repris son élan et développé sa force.

Ce caractère originel a longtemps empêché beaucoup de catholiques de la considérer comme un mode d'action utile, capable d'être amélioré ou même simplement légitime.

Cependant, au début du siècle, on avait vu se fonder successivement, à côté de la *Gazette de France* (le plus ancien journal) et de la *Quotidienne* (où écrivait Laurentie, qui devait fournir une longue et noble carrière), le *Mémorial religieux*, l'*Ami de la religion*, le *Défenseur*, le *Catholique*, le *Correspondant*, le *Mémorial*, qui combattaient le voltairianisme universitaire ; le *Drapeau blanc* et le *Conservateur*. Cette dernière feuille (elle avait parmi ses rédacteurs Chateaubriand, Bonald, Lamennais, le cardinal de la Luzerne) possédait prestige et influence. C'est alors que la presse fut baptisée du nom de « Quatrième pouvoir dans l'État ».

On ne saurait imaginer aujourd'hui, disait vingt ans plus tard Alfred Nettement, avec quelle impatience un numéro du *Conservateur* était attendu. La *Minerve*, quoique bien inférieure au point de vue de l'élévation des idées et du talent littéraire, n'était guère moins accréditée chez les lecteurs appartenant aux opinions de gauche. Il y eut plus tard, sous une législation plus favorable à la liberté de la presse périodique, tel article du *Journal des Débats* qui devint un événement. On peut dire que les trois écoles qu'on retrouve dans la littérature politique, comme dans toutes les sphères où se développe l'esprit humain, arrivèrent à leur plus haute expression, la première dans le *Conservateur* et dans le *Journal des Débats*, la seconde dans le *Globe*, la troisième, à la fin de la Restauration, dans le *National* [1].

Deux causes diminuèrent beaucoup l'action des publicistes chrétiens : leur désaccord en fait de théories politiques et sociales ; leur solidarité avec les partis politiques que la masse abandonnait de plus en plus. Bonald niait l'autorité et la valeur de la Charte, que Chateaubriand affirmait comme un principe fondamental. Les deux écoles se divisèrent. Quand elles se réunirent, ce fut pour s'installer, au nom même de la liberté de la presse, sur le terrain de l'opposition et pour combattre les ministères choisis par le pouvoir royal. Elles affaiblissaient l'institution qu'elles voulaient défendre et dont elles devaient suivre le sort.

Une direction toute différente, mais non moins exagérée, fut donnée au mouvement religieux, en 1830, par l'*Avenir*, que venaient de fonder Lammennais, Lacordaire, Montalembert, Rohrbacher, Gerbet, le comte de Coux, etc. Jusqu'alors, les dogmes et les pratiques semblaient inséparables de la doctrine et du parti monarchiques. Brusquement le mouvement catholique est dirigé en sens contraire. Le voici inspiré par l'ardent désir de rompre avec les vieilles traditions : affranchissement complet de culte, séparation de l'Église et de l'État. Comme les révolutionnaires, l'*Avenir* s'en prend aux souvenirs de la royauté ; il ne veut plus s'appuyer que sur le peuple, qu'il exalte en invoquant des théories aventurées ou fausses. Brillamment rédigé, plein d'audace, le nouveau journal transforme en principes absolus les concessions rendues nécessaires par l'état des esprits.

Rome arrête l'entreprise, qui menaçait de produire une confu-

---

1. *Histoire de la Littérature française sous la Restauration*, t. I, p. 379.

sion générale. Pendant douze années environ, la presse catholique, malgré le courage et le mérite de ses représentants, reste à un rang effacé. Il faut entendre que l'*Univers*, fondé par l'abbé Migne, puis réuni à la *Tribune catholique* de M. Bailly et conduit par Louis Veuillot, fasse de la liberté de l'enseignement l'objectif de la lutte, la préoccupation constante. Ce journal donne un grand retentissement aux réclamations des évêques, aux discours de Montalembert, à la prédication de Lacordaire. Une longue et ardente polémique s'engage, durant laquelle les chrétiens pratiquants, que l'on affectait de traiter en citoyens déchus, s'habituent à réclamer leurs droits et prennent de plus en plus conscience de leur force. Malgré les journaux voltairiens étonnés de ce réveil et devenus furieux, malgré l'irritation de nombreux littérateurs et de professeurs distingués qui déclament contre l'Église avec emportement et même avec grossièreté, une impulsion durable est donnée au monde croyant. Il y a un progrès certain, une conquête étendue : la liberté de l'enseignement secondaire.

Sous l'Empire, la question religieuse se présente avec un aspect plus large. Après vingt ans de combats, les catholiques ont gagné la possession d'un terrain où ils construisent un abri, où ils organisent leurs œuvres qui deviennent des institutions. Mais le mouvement de la politique internationale amène au premier plan, parmi les préoccupations, le pouvoir temporel du Pape, c'est-à-dire l'autorité civile du Souverain Pontife. Déjà un public qui ne pouvait admettre que l'idée du surnaturel eût conservé quelque valeur, avait dû se résigner à entendre exposer les grandeurs de la foi ; et devant des philosophes et des littérateurs exaspérés, l'*Univers* soutenait l'efficacité de la prière et la réalité du miracle. A propos du pouvoir temporel, c'étaient l'autorité même du Pape et la nature de cette autorité qui faisaient l'objet des polémiques ; de même que certains dogmes dont les voltairiens parlaient avec stupeur, comme si un passé enseveli fût soudain ressuscité. Il y eut des passes d'armes retentissantes. Des historiens, des penseurs tels que Rohrbacher, dom Guéranger, dom Pitra, Gerbet, Salinis, Donoso Cortès apportaient leur concours à l'*Univers*, forçant l'attention et parfois le respect de l'ennemi.

Une autre école, qui avait pour chefs Montalembert, M. de

Falloux, Mgr Dupanloup, M. de Broglie, s'était formée antour du *Correspondant*, restauré et rajeuni depuis 1848. Outre la revue, destinée à prendre et à garder une grande situation, l'école s'appuyait sur plusieurs journaux. Par des brochures multipliées, écrites d'un style net et vif, Mgr Dupanloup stimulait le zèle en dénonçant les principales erreurs dans l'ordre des doctrines et dans l'ordre des faits.

Aux approches du Concile, qui devait émouvoir l'incrédulité comme le monde croyant, on vit les catholiques se servir, avec la plus large activité, des ressources que leur offrait la presse, ressources autrefois ignorées du plus grand nombre des fidèles. En cette circonstance solennelle, l'effort ne fut pas porté seulement contre l'ennemi commun. De même que vers la fin de la mémorable campagne dont la liberté d'enseignement devait être le prix, ils s'étaient divisés, les uns voulant obtenir enfin l'affranchissement complet, les autres ne jugeant pas ce résultat possible ; de même, en 1869 et en 1870, le désaccord éclata dans leurs rangs. C'était bien plus que la divergence des aspirations ou des méthodes, c'était la guerre intestine. Mais comme l'amour de la vérité dominait tant d'ardeurs contraires, il se trouva qu'une si longue lutte avait développé les courages, loin de les épuiser, et que l'union intérieure rétablie par l'arrêt suprême régnait sur une armée plus forte qu'auparavant et prête à de nouveaux combats pour le profit général de l'Église.

Les catholiques avaient de la sorte étendu continuellement leur puissance. Quelle différence avec les premiers jours, où les survivants de la Révolution cherchaient leur voie au milieu des débris ! Quelle différence avec la monarchie de Juillet, sous laquelle l'affirmation de la foi religieuse dans la rue passait pour un acte de folie et, dans un salon, pour un trait de mauvais goût ! Il y avait dès lors, il y a de plus en plus un peuple attaché aux croyances. Il veut employer de mieux en mieux les moyens d'action dont il laissa trop longtemps l'usage à ses adversaires. Il sait par expérience que la presse, d'ordinaire si nuisible, peut favoriser le bien, et il prend les leçons des hommes qui furent les plus habiles à se servir du redoutable et précieux instrument.

On a discuté pour savoir quel est le meilleur directeur d'un ournal. Est-ce l'homme qui a le talent de composer des articles graves, spirituels ou savants ? Est-ce celui qui possède l'instinct de l'organisation et de l'administration ? le personnage politique dont le nom vaut une enseigne ? l'entrepreneur ingénieux et hardi qui a le flair des idées et le sens du commerce ? Girardin disait volontiers : « Il n'y a qu'une façon d'avoir un journal bien fait, c'est celle de Bertin : ne pas écrire, mais diriger et revoir. » Pourtant « le grand agitateur et le grand agité du journalisme », selon le mot de M. John Lemoine et selon l'opinion universelle, aimait à se charger de tout, et il dépensait une étonnante variété d'aptitudes. Beaucoup de journaux ont réusi par le prestige de leur rédacteur principal, chef de parti, chef d'école, écrivain. Beaucoup ont dû le succès à un directeur qui écrivait rarement et qui s'occupait surtout de recruter et d'entretenir des collaborations utiles.

Dans ce genre, les Bertin ont appliqué une méthode qui fut longtemps un modèle. Au journal des *Débats*, qui devait, sous la Restauration, fournir une carrière si brillante, la direction formait deux services. Bertin l'aîné, « agent actif des princes, » représentait une opinion politique ; l'autre Bertin de Veaux, ancien banquier, « un intérêt de propriété. » Bertin l'aîné, c'était « la pensée royaliste » du journal ; Bertin de Veaux c'était « le pavillon neutre qui couvrit la marchandise » [1]. Ils avaient acheté vingt mille francs environ la feuille à laquelle ils allaient faire reproduire des bénéfices énormes. De bonne heure ils avaient compris une vérité bien simple, quoique généralement encore assez peu observée :

> Un journal s'adressant aux intelligences ne peut vivre que par l'intelligence ; aussi le *Journal des Débats* a-t-il toujours fait les plus grands efforts pour attirer à lui les plumes éloquentes ou spirituelles ou fines. Le personnel de sa rédaction a été le plus souvent un catalogue de célébrités [2].

Un des fondateurs, Bertin de Veaux, appartenait à la Chambre des pairs ; quatre de ses rédacteurs, Saint-Marc Girardin, Chasles, Bertin de Veaux fils et Salvandy, à la Chambre des députés. L'un occupait des fonctions près du duc d'Orléans, l'autre aux Tuileries, plusieurs au Conseil d'État. C'était vraiment une puissance.

---

1. Alfred Nettement, « *Histoire du Journal des Débats* ».
2. Id.

Par elle régnaient les Bertin et parfois ils gouvernaient. On a noté la parole de l'un d'eux disant à Villèle : « Souvenez-vous que les *Débats* ont déjà renversé les ministères Decazes-Richelieu ; ils sauront aussi bien renverser le ministère Villèle. » La menace fut exécutée.

Outre le soin infatigable de s'attacher les hommes en vue, Bertin l'aîné et son frère Bertin de Veaux s'imposaient le devoir de surveiller, jusque dans les moindres détails, la rédaction quotidienne. Ils modifiaient tout ce qui paraissait compromettre l'unité de programme ou d'attitude. Ni Salvandy ni Chateaubriand n'échappaient aux corrections. Ce dernier ne relisait pas ses articles dont la revision était faite, avec un droit absolu, par Bertin de Veaux. D'après Sainte-Beuve, le contrôle du directeur aurait été pour beaucoup dans la « perfection », dans « l'irréprochabilité classique » qui distinguait les articles de Chateaubriand.

Dans le livre composé à propos du centenaire du *journal des Débats*, M. Léon Say a fait le tableau de cette besogne politique et littéraire. « Un homme d'État, disait-on, ne pouvait dormir tranquille sans avoir été rue Louis-le-Grand coucher le maître de la maison. »

En parlant d'Armand Bertin, fils du fondateur des *Débats* et frère aîné d'Édouard Bertin, qui devait, de 1843 à 1871, maintenir inséparables le nom de la famille et le titre de la feuille, M. John Lemoine a comparé la presse d'autrefois avec la presse d'aujourd'hui. Armand Bertin débuta dans la politique comme secrétaire de Chateaubriand, qui était ambassadeur à Londres en 1823 ; et déjà le futur directeur pouvait observer la différence entre le public français et le public anglais au point de vue des journaux. Chateaubriand montrait le *Times* voué à représenter l'opinion populaire de chaque jour ; il ajoutait : « Chose bizarre, la France, plus mobile, exige cependant plus de consistance dans les publicistes qui occupent l'avant-scène de la politique. » M. John Lemoine a résumé ainsi ces contrastes :

Le journal français peut être un instrument inférieur de publicité : il est un organe supérieur de l'opinion. Dans un journal anglais, vous verrez des correspondances de tous les pays absolument contraires à l'opinion de la feuille qui les publie ; ce sont des informations, et à ce titre elles sont accueillies. Nous sommes plus doctrinaires, plus philosophiques, plus logiciens. Nos journaux forment un corps de doctrine... Nous agissons plus par la prédication que par l'information.

Nous n'avons pas changé nos préférences ; et pourtant chez nous, vers 1845, par exemple, la presse différait beaucoup de ce qu'elle est à présent. Nous avons peine à nous représenter les vingt-six feuilles quotidiennes de format plus restreint que celui du *Petit Journal* actuel, le *Siècle*, la *Presse*, le *Constitutionnel*, les *Débats*, l'*Époque*, l'*Univers*, le *National*, l'*Esprit public*, l'*Estafette*, la *Patrie*, la *Quotidienne*, le *Commerce*, la *Gazette de France*, le *Charivari*, l'*Entr'acte*, la *Gazette des Tribunaux*, le *Droit*, la *Démocratie pacifique*, le *Courrier français*, l'*Écho français*, la *Réforme*, le *Moniteur parisien*, le *Corsaire Satan*, le *Messager*, le *Journal de Paris*, qui constituaient un chiffre de 200,000 abonnés pour toute la France ; et c'était une augmentation considérable sur le développement de la presse tel qu'il existait dix ans plutôt.

Alors, en 1836, une véritable révolution avait été faite dans ce domaine par le journaliste qui incarnait l'activité audacieuse et fougueuse et qui, maintes fois, jusqu'en pleine veillesse, devait remuer le public avec la spontanéité et la vigueur d'un manieur d'hommes, Girardin. La liste de ses entreprises, romans, brochures, prospectus, collections d'articles, est d'une longueur invraisemblable. Dès 1832, Girardin proposait l'unité de taxe pour l'affranchissement des lettres, à la place des onze tarifs qu'on appliquait. L'idée fut repoussée comme chimérique. Beaucoup de ses publications eurent un succès immense, surtout le *Voleur* (composé d'emprunts faits à toutes les sources), la *Mode*, le *Journal des connaissances utiles*, le *Journal des Instituteurs primaires*, le *Musée des Familles*, l'*Almanach de France*. En créant la *Presse*, il accomplissait le profond changement noté plus haut, c'est-à-dire qu'il mettait le journalisme en communication avec une masse qui jusqu'alors avait généralement échappé aux grands organes politiques : il avait diminué de moitié le prix de l'abonnement. La combinaison reposait sur un nouveau système d'annonces. M. Hatin a indiqué en quelques lignes les conditions et les conséquences de la réforme si bruyante, presque oubliée aujourd'hui, tellement on s'est habitué aux résultats qu'elle a donnés. La presse à bon marché ne pouvant vivre que par les annonces, dit M. Hatin, les annonces devinrent sa grande et presque son unique préoccupation. L'accroissement des annonces exigeait l'accroissement du nombre des abonnés. Par quel moyen recruter ceux-ci, les attirer, les attacher ? En réduisant la partie politique et en donnant une place étendue aux choses simplement littéraires ou qualifiées telles, car la politique n'intéresse et ne passionne qu'une petite quantité d'individus. On allait bientôt ouvrir la voie au roman-feuilleton, qui s'étalerait sans mesure.

Divers écrivains avaient, à l'origine, prévu les conséquences d'un mouvement que soutenaient des opérations financières et commerciales, et encore d'autres moyens inférieurs à ceux-là. Ironie suprême : il se dessinait soudain lorsque la monarchie de Juillet, combattue à outrance par la presse, forgeait coup sur coup des lois pour la dominer. Armand Carrel accusa Girardin de sacrifier étourdiment et cyniquement la dignité de la presse et d'abaisser les intelligences. Une polémique s'engagea, terminée deux jours plus tard par la rencontre où Carrel fut frappé à mort.

La lutte de ces deux hommes et le résultat qui la suivit symbolisent le changement qui s'accomplissait dans la presse. Tous deux, par leur caractère et par leurs allures, différaient autant l'un de l'autre que les deux espèces de journaux en conflit. Carrel personnifiait l'école où s'étaient fondues les vieilles idées révolutionnaires et les prétentions gouvernementales. Il avait l'amour de la liberté; son tempérament hardi et loyal, son goût pour le commandement, une ombrageuse et implacable fierté faisaient de lui un autoritaire et un doctrinaire. Très porté à l'action, trop entier pour la bien diriger, il s'est plusieurs fois, par un extrême souci de la logique qu'il avait adoptée comme règle, jeté en pleine inconséquence. Cet écrivain, d'un talent froid mais vigoureux, ce soldat qui employait une langue châtiée, ce penseur en quête d'idées, disait parfois gaiement que si le lendemain de la Révolution de Juillet, au lieu d'une préfecture (il dédaigna ce poste), on lui eût offert un régiment, il se serait trouvé embarrassé. Son style prenait vite le ton du défi. Carrel n'entendait rien aux combinaisons financières ni à la réclame. Il vit avec indignation le programme nouveau et se jeta dans le débat que Girardin avait engagé avec un journal appelé le *Bon Sens*. Cette feuille, toute démocratique, condamnait l'impulsion que Girardin voulait donner à la démocratie. Un accès d'humeur, une susceptibilité inflexible sur un point presque insignifiant amenèrent le duel mortel.

Avec sa bruyante feuille à prix réduit, la *Presse*, Girardin connut les enchantements du succès, bientôt gâté, comme on pouvait le prévoir, mais intense. Selon le mot de M. Hatin, la plupart des journaux, qui avaient agrandi leur format pour étendre le champ des annonces, s'arrachèrent à prix d'or les romanciers en vogue[1]. L'*Époque*, de proportions démesurées, donnait l'élan. Jusque-là, Girardin ne s'était pas senti en possession de l'influence politique. Elle le grisa. On le vit prodiguer ses ressources, qui devaient si longtemps paraître inépuisables et en rapport avec l'étourdissante formule que lui seul, sans doute, était capable de concevoir et d'adopter : « une idée par jour » ! Tant d'activité ne s'accordait guère avec la logique ; aussi la carrière du célèbre publiciste s'est-elle déroulée au milieu de continuels changements d'attitude : il a combattu et soutenu la monarchie de Juillet, le gouvernement Cavaignac. Le troisième Empire, qu'il avait beaucoup contribué à fonder, dut le poursuivre et, au moment de sombrer, le nommait sénateur. Combien de fois Girardin abandonna et reprit la direction des feuilles qui se développaient, en quelque sorte instantanément, sous sa main : la *Presse*, la *Liberté*, le *Petit Journal*, la *France* ! A soixante-dix ans, il remuait le pays et jouait un rôle décisif contre le ministère du Seize-Mai. Plusieurs fois député, ne voulant plus l'être, le redevenant vers la fin pour essayer de combiner le régime légal du journalisme avec la théorie de la liberté absolue, il a touché à tout. Il a même été auteur dramatique. Sainte-Beuve l'a appelé un « personnage intrépide et inachevé », un « écrivain dont il ne reste que peu d'ouvrages et un souvenir si supérieur à ce qu'on lit de lui ».

L'éminent critique a résumé la conception maîtresse de Girardin, à la fois instinctive et réfléchie :

L'essentiel, en tout début, est de *mordre sur le public ;* si vous y atteignez, le plus fort est fait... Il y a des mots pour cela, des étiquettes de pensée, des têtes d'articles ; il y a des formules saisissantes, pénétrantes,

---

[1]. *Histoire de la Presse*, tome VII, p. 578.

qui réveillent le monstre en sursaut. On regimbe, mais on a été secoué. C'est beaucoup, savez-vous, quand on est journaliste, publiciste, d'avoir le génie et le démon de la publicité.

Un autre aspect du personnage, l'aspect moral, a été souligné par Louis Veuillot, dans une polémique qu'avait provoquée Girardin, alors socialiste et antichrétien, comme s'il venait de découvrir la vérité dans les romans impies qu'il offrait à ses lecteurs :

M. de Girardin a pour lui son énergie et son malheur. Il est un des hommes les plus malheureux qui soient au monde, sa destinée a l'intérêt d'une légende. C'est l'enfant d'Agar, condamné à dresser sa tente contre la maison de ses frères et qui garde envers eux une perpétuelle hostilité, sans pouvoir les vaincre ni être vaincu... Ce persévérant mécompte devait, à la fin, ulcérer un républicain fort mal disposé, par nature et par éducation, à féliciter Sparte d'avoir tant de citoyens meilleurs que lui... Il était déplacé dans le parti de l'ordre et il allait en sortir quand la révolution l'y retint. Un an plus tard, il se serait trouvé républicain de la veille. Le 24 février 1848, il n'était pas prêt. Le dépit de voir monté au pinacle cette cohue d'écrivassiers, d'émeutiers et de maltôtiers que le mouvement populaire jeta sur la scène, le précipita lui-même dans la réaction. Ce fut sa plus belle époque, non seulement honorable mais glorieuse, et qu'il ne retrouva pas...

Girardin, nous l'avons dit, professait l'incompatibilité des dons de l'écrivain avec la fonction du journaliste. On a cité son aphorisme qui exaspérait Théophile Gautier : « Le style gâterait le journal. » Il est certain que l'extension du métier s'est faite au préjudice de l'art. Cependant, sous la Restauration et sous Louis-Philippe, comme nous l'avons noté, et même sous le troisième Empire, plusieurs organes eurent des rédacteurs ou des collaborateurs doués d'un grand talent littéraire ou qui respectaient assez la pensée pour prendre soin de la revêtir d'une noble ou tout au moins d'une élégante expression.

Si Louis Veuillot n'avait possédé que son esprit agile et mordant, sa verve puissante, sa foi intrépide, son ardeur et son enthousiasme, sa haute conception du rôle de l'Église dans les affaires humaines, politiques et sociales, — et c'étaient là des dons très remarquables qui se sont bien rarement trouvés réunis chez le même homme ; — s'il n'avait pas reçu en naissant et cultivé avec amour le génie du style, n'aurait-il pas manqué de l'instrument qui lui a permis de mettre en œuvre tant de ressources ? Il fallait la supériorité d'un grand écrivain pour faire supporter et pour faire prévaloir finalement une idée qui heurtait les plus vives passions. Et quelle résistance impitoyable s'est dressée contre lui durant trente années !

On en juge facilement en parcourant les *Mélanges*, cette unique et imposante collection de dix-huit gros volumes remplis d'articles inspirés par les incidents de la politique courante, par les divers éléments du problème religieux, par les productions de la littérature et aussi et souvent par l'œuvre spéciale de la presse. Le règne de Louis-Philippe fut dur aux organes catholiques. Une hostilité nouvelle s'était éveillée non pas seulement parmi les héritiers du Jacobinisme et de la Montagne, mais dans le monde distingué. C'était le moment où les romans-feuilletons d'Eugène Suë envahissaient le *Constitutionnel* et aussi les *Débats* ! Il est vrai que ceux-ci permettaient à leur critique dramatique, Jules Janin, d'abîmer en même temps le romancier. Mais la protestation n'était faite qu'au nom et au profit de la littérature.

Beaucoup d'éclat et de prestige entouraient alors la tribune parlementaire. Comme plusieurs journalistes considérables, Louis Veuillot s'était fait *courriériste*. Il rendait sensible au dehors l'émotion produite par l'éloquente parole de Montalembert. Avec une vigueur qui déconcertait le parti pris et la haine, il mettait en relief les erreurs, les inconséquences, les travers des orateurs aveuglés par les préjugés. Grâce à lui, il reste de cette époque une série de portraits vivants et des tableaux où s'est conservée l'animation des premières luttes pour la liberté de l'enseignement. Sainte-Beuve admirait ces croquis parlementaires. Il a dit aussi des articles suggérés par les incidents et par les personnages de la guerre de Crimée : « Je ne sais pas, en vérité, de plus noble prose ni dont la presse doive être plus fière. Ce sont des pages d'histoire [1]. »

Écrivain, Louis Veuillot l'était de nature ; et c'est à ce mérite, peu répandu dans la presse, qu'il dut d'être un journaliste de premier ordre. Comment il entendait son métier, il l'a indiqué lui-même en quelques lignes expressives, où il se peint sans y

---

[1]. *Nouveaux lundis*, tome I.

songer et dans lesquelles cependant il ne se rend qu'une très insuffisante justice :

> Le talent du journaliste, c'est la promptitude, le trait, avant tout la clarté. Il n'a qu'une feuille de papier et qu'une heure pour exposer le litige, battre l'adversaire et donner son avis ; s'il dit un mot qui n'aille au but, s'il prononce un phrase que le lecteur ne comprenne pas tout d'abord; il n'entend point le métier. Qu'il se hâte, qu'il soit net, qu'il soit simple. La plume du journaliste a tous les privilèges d'une conversation hardie ; il doit en user. Mais point d'apparat, et qu'il craigne surtout de chercher l'éloquence. Tout au plus peut-il l'étreindre un instant quand il la rencontre.

Un de ses adversaires obstinés et qui d'ailleurs ne l'a jamais compris, Edmond Schérer, a dit de lui : « M. Veuillot est un écrivain. Il n'est que ça. » Reproche singulier, capable d'exciter l'envie de bien des journalistes!

Cette éloquence dont Louis Veuillot interdisait la recherche et qu'il permettait seulement d'étreindre vite quand on la rencontre, il l'a trouvée maintes fois et il lui a fait rendre des vibrations dont subsiste l'écho même en plusieurs endroits du *Journal des Goncourt* : « Je ralis Veuillot : c'est le grand pamphlétaire de ce siècle... C'est sublime comme dédain du nombre, comme révolte d'un seul contre toute une société et tout un temps. On a voulu ne voir en lui que le don de l'image, de la verve et de l'imprécation, mais les vrais juges l'ont autrement apprécié. Dans une étude qui est un modèle d'impartialité, de finesse et d'élévation, M. Jules Lemaître a tracé la physionomie morale et intellectuelle du polémiste catholique :

> Entre les écrivains qui comptent, Veuillot me paraît celui qui est le mieux dans la tradition de la langue, tout en restant un des plus libres, des plus personnels... Au reste, une souplesse incroyable, une extrême diversité de ton et d'accents, depuis la manière concise, à petites phrases courtes et savoureuses, et depuis la façon liée, serrée, pressante du style démonstratif, jusqu'au style périodique de l'éloquence épandue, et jusqu'à la grâce inventée et non analysable de l'expression proprement poétique... Bref, il me semble avoir toute la gamme et la force ensemble, et toujours le mouvement, et toujours aussi la belle transparence, la clarté lumineuse et sereine.
>
> ... Avant de reprocher à Veuillot la violence de sa polémique, il faudrait voir comment il a été traité lui-même pendant quarante ans.

Et vous ne me ferez pas croire que c'est toujours lui qui a commencé...
Il lui a été excellent d'être un vaincu et, dans quelques circonstances, un persécuté : cela lui a donné beaucoup d'idées et de fort belles.

Dans la polémique, Louis Veuillot a fait œuvre incomparable, soutenant contre Rigaud, Alloury, Guéroult, Prévost-Paradol, About et cent plaisantins souvent furieux, une lutte ininterrompue et qui, suivant l'événement, portait sur la politique, sur l'histoire, sur la philosophie, sur la foi. Nous ne connaissons plus que par les *Mélanges* ces discussions qui duraient une semaine pour reprendre le mois d'après, pour recommencer plus tard sous la même forme ou à propos d'une circonstance nouvelle.

Maintenant la polémique ne se présente plus que d'une façon passagère et fortuite. Elle se limite à un point de fait, à une brève contestation entre deux personnes. Un article, une riposte, et le débat est clos. Les doctrines ne se confondent plus dans le combat direct et personnel. Chaque feuille expose ses théories comme s'il n'y avait d'autres lecteurs que ceux auxquels elle s'adresse. La faculté d'attention manque-t-elle aux journalistes ou bien au public? Des causes diverses, en tout cas, ont modifié les habitudes, qui ne comportent plus les belles passes d'armes où s'illustra Louis Veuillot.

Il semble que le journal soit de plus en plus modelé sur l'ensemble et sur les détails d'une société organisée, et doive présenter, pour chaque catégorie, un abrégé de la vie quotidienne. Villemessant eut, à sa manière, la conception de ce système. Dans ses *Mémoires*, il a indiqué le plan tracé par lui pour le *Figaro* et que beaucoup de feuilles ont imité. Comparant le journal à une grande maison de commerce, il observait que le lecteur a d'abord besoin de savoir où trouver la Causerie, les Échos de Paris, ceux de la Chambre, les articles Variétés, les Tribunaux, le « rayon » des Faits-Divers, celui des Théâtres. A cet ordre matériel correspond un autre cadre où sont classées les différentes espèces de lecteurs. Villemessant disait :

J'accorde la plus grande confiance aux avis : 1° d'un de mes amis de province, homme fort instruit, grand amateur de revues, de bons livres, gourmet littéraire ; — 2° d'un ex-viveur de Paris, toujours à l'affût d'un cancan, d'un petit scandale, d'une nouvelle à la main ; — 3° d'une brave petite fermière de mon pays, à qui j'adresse mon journal gratis ; — 4° d'un curé [1].

La réalisation de ce caractère *complet* est aujourd'hui, pour les hommes qui dirigent un journal, un souci de première importance, mais il est envisagé d'après l'idée et le genre que le journal doit manifester. Le *Soleil*, le *Gaulois*, le *Journal des Débats*, le *Temps*, ont ainsi une physionomie qui est bien particulière à chacun. Ils ne diffèrent pas seulement l'un de l'autre par le programme politique ou par l'aspect typographique : ils ont un ton spécial, des manières qui les distinguent, un *habitus* extérieur et intérieur. Ils portent l'empreinte de l'homme qui les a conçus et formés et qui les anime. Tantôt, pour la *Libre Parole*, par exemple, c'est une personnalité qui rayonne au dehors par l'ardeur et par le style : M. Édouard Drumont; par l'audace et la fantaisie : M. Henri Rochefort. Tantôt, c'est une personnalité qui n'apparait pas ou qui n'apparait guère au premier plan et qui a pour mission propre de développer la vie et l'action de l'organe par le recrutement de collaborateurs dont les aptitudes variées sont dirigées d'une façon presque insensible vers le but commun.

Nefftzer, fondateur du *Temps*, a poursuivi cette double tâche avec une méthode qui est devenue tradition. Il avait commencé par des études philosophiques et théologiques. Sa direction s'en ressentit toujours profondément. Attaché aux théories allemandes (il a écrit sur Hegel et il a traduit Strauss), il attira autour de lui un bon nombre de protestants alsaciens, qui avaient peu à peu glissé de la foi surnaturelle vers le système rationaliste. Son journal, créé en avril 1861, d'après le programme qu'on appelait alors le libéralisme, constitua bientôt un groupe politique qui allait devenir un parti puissant et fournir le personnel principal du gouvernement nouveau. Jules Ferry, Henri Brisson, Charles Floquet, Challemel-Lacour, Spuller, Schérer, Claude (des Vosges), Ch. Dollfus, Kaempfen, Hector Pessard, Isambert, conduits par Nefftzer, combattaient le régime auquel ils allaient succéder, et préparaient la République qui devait, à des titres divers, se trouver entre leurs mains. Les tendances républicaines dominaient

---

1. *Souvenirs d'un journaliste.*

le groupe, mais non d'une manière exclusive, puisque Édouard Hervé et Clément Duvernois y figuraient à côté d'André Cochut. La partie étrangère était organisée avec un grand soin : on se souvient des lettres envoyées de Rome, par Erdan, durant dix-huit années. Louis-Blanc écrivait d'Angleterre ; M. Clémenceau, radical déjà sans doute, envoyait des correspondances d'Amérique. La critique philosophique et la littérature occupaient une place importante.

Avant la chute de l'Empire, M. Adrien Hébrard faisait partie de la rédaction. Après les événements de 1870-71, il succédait à Nefftzer et faisait progresser le journal, dont le format prit (en 1874) une dimension jusque-là inconnue dans la presse française. L'influence exercée en politique par le *Temps* se confond avec la ligne qu'ont suivie les ministères républicains et les majorités républicaines. C'est même une sorte de tradition qu'il ait toujours au moins un de ses collaborateurs pourvu d'un portefeuille. Souvent les Assemblées parlementaires ont entendu des discours dont le fond était emprunté à ses articles. Il enferme la vie quotidienne dans un cadre complet. Les divisions en sont rationnelles, l'ensemble est homogène et a la puissance de la force organisée qui agit régulièrement[1].

Nous avons le journal d'un homme et le journal d'un parti ; nous avons encore celui qui sert d'organe à des idées très opposées. Tels sont notamment l'*Éclair* et le *Matin*. Là, le rédacteur en chef ou bien le directeur politique ne dispose que d'un petit compartiment où se traite la question du jour et où l'idée qui inspire le journal est distribuée à dose concentrée.

L'*éditorial*, emprunté aux feuilles anglaises, a été introduit chez nous par Francis Magnard dont le nom lui est resté. On dit le *Ma-*

[1]. Voici les noms des écrivains qui, pour la période la plus rapprochée de nous, ont collaboré ou collaborent au *Temps* : Taine, Renan, Charles Blanc, Yriarte, Erckmann-Chatrian, Sarcey : MM. Lavisse, Mézières, Leveillé, Paul Bourde, Brunetière, Larroumet, Legouvé, Grandeau, Paul Mantz, Camille Bellaigue, Lemaître, Anatole France, Marcel Prévost, Marc Monnier.
La rédaction ordinaire est ainsi composée : MM. Jacques Hébrard, Sabatier, Henry Michel, Eugène Lautier, Paul Souday, pour la *Politique*; MM. de Pressensé, Lindenlaud, Laurent Lapp, pour la *politique étrangère*; MM. Larroumet, Claretie, Gaston Deschamps, Adolphe Aderer, pour la *littérature* et le *théâtre*; MM. de Varigny et Nansouty, pour la *science*; MM. Hément et Aderer, pour les *choses parlementaires*. Secrétaire de rédaction, M. Armand Schiller; directeur du service d'*informations*, M. Charles Mayet. L'administration est confiée à M. Pauzet.

gnard pour désigner le morceau qui est absorbé en deux minutes et qui doit, pendant vingt-quatre heures, servir de nourriture au public. Cinquante lignes ne sont pas faciles à écrire quand elles doivent avoir de l'élégance et du relief. Magnard leur donnait un tour qui a fait leur succès. En dehors des cinquante lignes destinées à rappeler le programme et l'esprit du journal, se succèdent des articles qui se contredisent d'un jour à l'autre. Une pareille méthode aurait vivement choqué le public et la presse d'autrefois. Elle s'accorde aujourd'hui avec l'état variable et flottant des esprits. On a demandé jadis, assez ironiquement, si les lecteurs ont l'opinion de leur journal ou le journal de leur opinion. La question pouvait alors admettre deux réponses : mais maintenant, dans bien des cas, elle n'aurait plus lieu d'être posée.

Le goût des nouvelles a pris tant d'extension qu'il a fait naître des procédés nouveaux, lesquels ont engendré des professions inconnues de l'ancien journalisme. Deux catégories d'informateurs sont apparues, bien tranchées : ceux qui pratiquent l'*interview* et ceux qui courent la ville en quête de renseignements quelconques. Chaque feuille a des collaborateurs dont la spécialité consiste à se mettre en rapport avec les personnalités politiques ou littéraires et à les interroger sur leurs travaux, sur leurs actes, sur l'incident qui surgit. Le spirituel auteur d'un livre intéressant, M. Dubief, a tracé un joli portrait de l'*interviewer*[1].

Si l'Angleterre est le pays classique du reportage, l'*interview* a poussé en terre américaine, dit M. Dubief. Oui, mais le rejeton implanté sur la terre de France y a enfoncé de fortes racines et s'est accru comme dans son milieu naturel. Saisir quelqu'un au passage ou à domicile, lui arracher un entretien, qui est rédigé en hâte et d'ailleurs correctement, puis imprimé tout chaud, cette fonction compte chez nous de vrais artistes. Ils sont moins audacieux ou moins ingénieux que les Américains. Pourtant ils font de beaux tours de force et ils sont en progrès.

D'autres reporters guettent les incendies, les explosions, les rencontres de voitures, les écrasements, les effondrements, les

---

1. *Le Journalisme*, par Eugène Dubief, ancien secrétaire général de la direction de la presse au ministère de l'intérieur.

assassinats. Ils chassent le fait-divers comme on chasse la perdrix et le sanglier ; et toute saison leur est bonne. Ce n'est pas un métier que le premier venu puisse exercer aisément et utilement. Il faut une initiation et des habitudes. Où chercher les nouvelles ? Pour Paris, à la préfecture de police et dans les commissariats sans doute, mais ce n'est pas le tout de savoir où prendre communication de procès-verbaux ; la besogne bien faite impose d'autres moyens d'information. Il est nécessaire d'avoir accès près des chefs et des sous-chefs, près d'humbles secrétaires qui détiennent les renseignements convoités, qui n'ont ni la charge ni le droit de les transmettre et qui les transmettent tout de même. Les gens qui circulent pour leurs affaires ou pour leurs agréments croient discerner le spectacle de la rue : le reporter leur dirait qu'ils ne savent pas regarder. Lui, le regard tendu et mobile, saisit tel détail qui ce soir ou demain intéressera la foule, qu'elle a aperçu et qu'elle n'a pas compris. Certains semblent avoir un flair particulier pour se trouver là où quelque chose de curieux vient de se produire, s'accomplit, se prépare. Leur intérêt est de se concerter tout en se faisant concurrence. Il y a entre eux échange de menues récoltes. A Paris, dit M. Dubief, l'opération a lieu chez un marchand de vins du boulevard du Palais, près de la préfecture. Cet endroit a reçu le nom de *Halle aux faits-divers*.

Pour les 2,000 journaux qui existent à Paris, on calcule que le nombre des rédacteurs, des informateurs, des reporters, des employés d'administration, des typographes, des fondeurs de caractères, des plieuses, des porteurs, des vendeurs, etc., représente 125,000 personnes.

Autrefois, on devait avoir lu tout le numéro pour en connaître le contenu. A présent nous sommes trop impatients et le temps fait défaut. Abrégeons : des titres et des sous-titres sont combinés de manière que d'un coup d'œil nous distinguons le sujet et même le sens de l'article, la signification et l'importance de l'événement raconté. Certains sous-titres valent un résumé, comme les *headings* des feuilles américaines. Des discours et des documents se présentent ainsi par morceaux judicieusement découpés et précédés d'une ligne imprimée en caractères saillants qui fournit d'avance l'analyse, parfois le commentaire et même la réfutation ! Pour la rapidité de la lecture encore, le classement des matières est méthodique. La règle formulée par Villemessant a prévalu.

L'article politique, l'article sur les affaires étrangères, le bulletin de la politique intérieure, la question économique, le compte rendu des Chambres, les nouvelles mondaines, les *échos*, les informations, le feuilleton, la bibliographie, les nouvelles diverses, la Bourse, les annonces, aucun journal ne se passe de ces éléments. La chronique non plus ne saurait manquer, mais elle a plusieurs fois changé de forme. Sous le troisième Empire instituée par Villemot, elle se composait de faits et de détails variés, que des transitions plus ou moins artificielles rattachaient les uns aux autres : c'était la série des impressions recueillies dans un jour, ou plutôt en une heure. Ensuite elle a tourné à l'article sur un sujet fourni par les circonstances ; souvent elle a pris le caractère d'une thèse littéraire ou morale, ce qui n'est pas toujours synonyme de thèse édifiante ; enfin elle s'est transformée en *nouvelle*, c'est-à-dire en une sorte de roman qui remplit environ deux colonnes, exercice littéraire ou philosophique, celui-là étant d'ordinaire traité avec plus de succès que l'autre. Il y a de vrais écrivains qui pratiquent ainsi le conte ou la narration et dont le talent original sait s'assujettir aux limites restreintes de la chronique. Elle fut une ressource précieuse lorsque les lois sur la presse faisaient de la politique une sorte de privilège pour les journaux qui pouvaient verser un cautionnement considérable ; elle donnait le moyen de faire comprendre par allusions ou par insinuations ce qu'il n'était pas permis de dire. Maintenant elle a repris la vogue pour une raison contraire. L'extrême violence, fruit de l'extrême liberté, a fatigué le public. Il retrouve du charme aux choses dites avec délicatesse ; délicatesse de style, car souvent la peinture des sentiments se confond avec celle des sensations et ne connaît plus la pudeur.

On est embarrassé pour définir la presse populaire, puisque certains journaux qui donnent une place importante au style se vendent un *sou*, comme ceux qui s'occupent d'agir sur la masse. La différence est dans le ton et dans les arguments. Voici vingt ans que le *Petit Journal*, fondé par Millaud en 1863, puis, en 1873, conduit par la main fébrile de Girardin, puis perfectionné encore par Marinoni (le célèbre inventeur des machines à imprimer), est tiré à plus d'un million d'exemplaires. M. Ernest Judet en dirige le service politique. Les informations et les expéditions sont organisées avec une ingéniosité toujours en éveil. Ce n'est pas assez pour lui de tirer tout le parti possible de la mécanique, du téléphone et du télégraphe : les horaires de chemin de fer sont étudiés de près afin que l'édition de la province, tirée le soir, soit distribuée dès le matin dans un rayon de cent lieues et au delà. Le *Petit Parisien* déploie une égale activité. La *Croix*, fondée par les Pères de l'Assomption, a réalisé un développement inconnu aux entreprises catholiques en fait de procédés modernes ; elle emploie de nombreux moyens de diffusion ; elle a des publications annexes et des suppléments illustrés.

Les prodigieux progrès de la correspondance rapide ont produit dans la presse française un résultat imprévu, bien que très logique : une importante décentralisation. La province a vu se fonder en beaucoup d'endroits des journaux à fort tirage. M. Gounouilhou fut le premier qui s'offrit le luxe, très productif, d'un fil télégraphique spécial. La *Gironde* et la *Petite Gironde* payent 72,000 francs l'innovation qui leur valut, comme le dit M. Dubief, un redoublement d'influence. Ce procédé hardi est devenu, pour la grande presse provinciale, la base de l'organisation. Le *Petit Marseillais*, le *Lyon républicain*, le *Phare de la Loire*, bien d'autres disposent d'un fil particulier. Des journaux catholiques ont adopté le système nouveau : ainsi le *Nouvelliste de Lyon*, la *Dépêche de Lille*, le *Journal de Roubaix*, le *Nouvelliste de Bordeaux*, le *Nouvelliste de l'Ouest*. Tous les dimanches, la *Dépêche de Lille* et le *Journal de Roubaix* donnent pour un sou huit feuilles d'impression compacte.

A L'ÉTRANGER

Chez nous les progrès de la presse semblent bien étonnants pour les octogénaires qui se rappellent Louis-Philippe. A l'étranger elle a pris un essor qui nous déconcerte, nous qui sommes cependant familiarisés avec le mécanisme de l'information rapide et de la grande extension. Dès le commencement du siècle, l'Angleterre était en avance sur notre pays. C'est John Walter, le deuxième de la dynastie des Walter, qui eut l'idée, en 1814, d'appliquer la vapeur à l'imprimerie. Déjà le grand journal était fondé depuis vingt-six ans, engendré par le *Daily universal Registrar*. Le premier Walter jugea que le titre en était trop long et, pour les motifs qu'il expliqua au public, en employant d'ailleurs les jeux de mots, il adopta la désignation de *Times*. Celui-ci devint très vite une puissance, d'autant plus que son fondateur veillait à le rendre indépendant des pouvoirs politiques et administratifs. Stimulé par la nécessité et l'avantage de donner des nouvelles de la guerre européenne, le *Times* posséda tout de suite ses courriers, ses malles-postes, ses navires. Il eut des rédacteurs choisis entre de nombreux écrivains, souvent cherchés parmi des anonymes dont une lettre avait révélé l'originalité et le talent. Stoddart, Barnes, Sterling sont demeurés célèbres. Avec M. Delane, qui l'a dirigé depuis 1841 jusqu'à 1879[1], le *Times* a réalisé des perfectionnements qui ont triplé son expansion. Celle-ci dépend de la méthode autant que de l'esprit d'initiative. L'organisation du grand journal anglais est réglée comme celle d'un gouvernement et elle constitue d'ailleurs un gouvernement véritable. L'*éditeur* et les *sous-éditeurs* disposent d'un personnel nombreux et varié dans lequel sont répartis tous les genres de travaux et d'informations. On sait que la signature n'existe pas dans la presse anglaise; il y a même une sorte de mystère qui entoure les rédacteurs principaux. Leur nom est inconnu du public et en général de leurs collaborateurs. Il ne viennent pas faire leur besogne au bureau. Le caractère impersonnel est une des différences bien accusées qui existent entre le journal anglais et le journal français. Ici une part considérable est accordée au style, au raisonnement, à l'art de la démonstration; là, les faits priment tout. Les faits sont recherchés avec une activité infatigable et souvent géniale. Les seize grandes pages du *Times*, admirablement imprimées sur un très beau papier, enferment une énorme quantité de matières. Le reportage s'exerce par les procédés les plus expéditifs, sans nul souci de la dépense. M. Cucheval-Clarigny notait, en 1857, que la Malle de l'Inde, une des plus lourdes charges des journaux anglais, leur coûtait 250,000 fr. par an. Bien d'autres frais leur incombent depuis.

---

1. De tout temps, M. Delane surveilla chaque jour en entier la correction des quarante-huit colonnes du *Times*.

Dans l'intéressant volume que Max Leclerc a écrit sous le titre : *L'Education en Angleterre*, nous trouvons des chiffres qui indiquent le progrès croissant de la télégraphie à l'usage de la presse. Pendant la crise économique, financière et politique qui agita Buenos-Ayres, le correspondant du *Times*, qui envoyait de longues dépêches cinq ou six fois par jour, dépensa ainsi 37,500 francs en quarante-huit heures. L'ensemble des transmissions représentait, en 1871, 21 millions de mots ; en 1891, 600 millions. Le *Times* a imaginé d'établir des correspondants à poste fixe dans les grandes villes du monde : à Paris, à Berlin, à Vienne, à Rome, à Naples, à Madrid, à Hambourg, à Constantinople, à New-York, à Bombay, à Hong-Kong, à Singapore, etc. Ils emploient le télégraphe presque tous les jours. En 1870, Archibald Forbes télégraphiait heure par heure les incidents de la guerre. La principale ressource vient des annonces. Elles encadrent les pages et les articles et sont distribuées en catégories afin d'être trouvées rapidement par les nombreux lecteurs, dont aucun n'a le temps de tout lire. Elles rapportent au *Times* 10 à 15 millions. Les abonnés sont relativement peu nombreux : c'est par la vente au numéro (30 centimes) que se fait la diffusion. Le *Daily News* qui, en 1846, engagea par l'abaissement du prix une lutte épique contre le *Times*, le *Daily News*, qui donne pour 10 centimes quatre pages et de volumineux suppléments, tire à 300,000 exemplaires. Le *Daily Telegraph*, le *Standard*, le *Morning Post*, l'*Evening News*, l'*Observer* et une dizaine d'autres sont maîtres de la place. Remarquons ce chiffre restreint en comparaison de ce qui se voit à Paris où foisonnent les journaux politiques quotidiens. Il existe là une œuvre dirigée par M. Diamond, intitulée *The Catholic Press Company of Great Britain and Ireland*, et qui est le centre de plus de vingt journaux catholiques édités dans les villes principales d'Angleterre.

En Amérique, la presse s'est multipliée à mesure que se formait la nation et que se fondaient les nouveaux États. Selon le mot de M. Cucheval-Clarigny, le journal était jadis le seul lien qui rattachât au monde le colon isolé. Dans les cités construites au milieu d'immenses étendues désertes, il devint tout de suite l'organe des intérêts communs, politique, commerce, enseignement. En 1800, on comptait déjà aux États-Unis 200 journaux, dont 17 quotidiens. Cette presse, d'abord rude et emportée, fut civilisée par Robert Walsh. En dirigeant la *Gazette nationale*, il créa le type d'une feuille qui avait souci de littérature et de science non moins que d'affaires. Il fut imité par Charles King, James Hamilton, Verplank (le *New York American*), par Bryant (l'*Evening Post*). Depuis, le progrès ne s'est pas ralenti; et les résultats obtenus depuis dix ou quinze années ont, pour les Européens, un aspect fantastique. Dans *Jonathan et son continent*, l'auteur, M. Max O'Rell, estime que parmi les choses extraordinaires dont est remplie l'Amérique du Nord, la plus étonnante c'est le journalisme. Tous les français qui ont noté leurs impressions sur les États-Unis ont parlé avec stupeur de ces journaux gigantesques qui ont seize, vingt-quatre, quarante, soixante pages grand format. M. Bourget définit ainsi les efforts qui ont réalisé l'œuvre étonnante : « Ampleur énorme de la conception, emploi constant, minutieux, sans cesse éveillé, des moyens nouveaux. »

Là le journal est un monde où l'on trouve groupés l'usine et le restaurant. Les machines employées pour le tirage sont capables d'exécuter des besognes qui autrefois eussent voulu des équipes de plusieurs centaines d'hommes, dit M. Bourget. En maint endroit on a, le dimanche, pour *quinze centimes*, un numéro qui contient au moins trente pages (et souvent le double) remplies de dépêches, articles, essais, nouvelles politiques, dramatiques, artistiques et littéraires, causeries, anecdotes, entrevues, histoires pour les enfants, morceaux de poésies, biographies, articles scientifiques, articles de mode ; elles sont illustrées de cinquante à cent portraits, croquis de lieux intéressants mentionnés dans le texte, caricatures, etc. En dressant cette liste, M. May O'Rell constate les procédés hardis, grâce auxquels on jette dans la circulation une pareille masse imprimée : le *New York Herald* et le *New York World* ont des trains spéciaux. La vente est énorme, mais le profit principal vient des annonces, qui occupent trente ou quarante colonnes. Résumons les indications récemment fournies par un distingué confrère de Philadelphie, M. Oberholtzer : en 1890, on comptait aux États-Unis 1,731 journaux quotidiens; 12,721 hebdomadaires, 2,247 mensuels; d'autres encore publiés à des intervalles plus étendus. Sur 17,616 organes, l'immense majorité (16,457) est imprimée en anglais. Vient ensuite l'allemand.

Parmi les journaux de premier ordre, tels que le *New York Herald*, la *Tribune*, le *Sun*, le *New York Times*, celui où prévaut davantage la partie littéraire est sans doute l'*Evening Post*, de New-York aussi, et qui a certaines analogies avec le *Journal des Débats*. Lesquels citer ensuite? A Philadelphie, le *Public Ledger*, la *Press*, l'*Evening Telegraph*, le *Times*, le *Record*; à Boston, le *Transcript Advertiser*, le *Herald*, le *Globe* ; à Chicago, le *Times Herald*, la *Tribune*, le *Record* ; à Washington, le *Star* et la *Post* ; à la Nouvelle-Orléans, le *Times Democrat* ; à Saint-Louis, le *Globe Democrat* ; à San-Francisco, la *Chronicle*, la *Call* ; à Baltimore, le *Sun* et l'*Américan*, etc., etc. Mentionnons encore le *Républicain* de Springfield (Massachusets), qui exerce en littérature et en politique une influence considérable. Au Canada, 700 journaux, dont les trois quarts rédigés en français. Dans l'Amérique du Sud, notamment au Brésil et au Chili, deux ou trois cents.

Pour l'Allemagne, nous emprunterons des renseignements précis à M. Reichenbach[1]. En 1897, la presse de l'Empire se composait de 3,405 publications, quotidiennes ou périodiques. Observons qu'elle offre le caractère d'une force politique décentralisée, puisque ses organes principaux ne sont pas à Berlin. Ajoutons qu'elle réalise un programme de bon marché que nul pays d'Europe n'a pu imiter. La *Gazette de Cologne*, dont le prix d'abonnement est de 8 fr. 75 pour la ville et 11 fr. 25 pour toute l'Allemagne, a trois éditions par jour. On connaît l'importance de ses informations, utilisées dans le monde des journaux comme parmi les diplomates. On sait sa participation à toutes les entreprises dirigées contre la liberté des catholiques. Ceux-ci, à leur tour, ont fondé une feuille qui possède une organisation complète, et par suite, une influence puissante. La *Gazette populaire de Cologne* a chaque jour deux éditions alimentées par des nouvelles variées et par des correspondances faites avec soin et avec autorité. Elle pratique en de larges proportions le système des suppléments hebdomadaires, si répandus parmi les Allemands. Ramifiée à une foule de sociétés professionnelles[2], la *Gazette populaire de*

---

1. *La Presse périodique, spécialement la Presse catholique en langue allemande*, par Cornelius Reichenbach, Paris, Société bibliographique.
2. Dans son remarquable ouvrage *l'Allemagne religieuse* (Paris Perrin), M. Georges Goyau, en parlant de tant de *Vereine* qui ont contribué au mouvement social, politique et religieux, signale l'important échange de services qui existe entre ces associations et la presse.

Cologne a efficacement combattu l'arbitraire gouvernemental et la passion socialiste. La *Germania*, de Berlin, le *Vaterland*, de Munich, le *Messager de Fribourg* (en Brisgau), la *Feuille* populaire allemande, de Stuttgart, sont au premier rang de la publicité catholique. Un journal hebdomadaire, l'*Allegemeine Zeitung*, tire à 3oo,ooo exemplaires ; chiffre énorme étant donné que la plus répandue des feuilles quotidiennes, le *Berliner Tagblatt*, ne dépasse pas 7oo,ooo exemplaires, dit M. Dubief [1]. L'influence de la *Gazette de Francfort* s'étend au delà du public allemand. Le *Vorwaerts* est l'organe socialiste le plus important d'Europe ; et d'autres journaux du même genre ont grandi, malgré la lutte engagée contre eux par le gouvernement, ou plutôt à cause même de cette lutte [2].

En Autriche, quatorze langues, y compris le français, le grec et l'hébreu, sont employées par la presse. On cite surtout : le *Fremdenblatt*, organe des chancelleries, avec deux éditions ; la *Neue Freie Press* et le *Neues Wiener Tagblatt* (id.) ; le *Vaterland*, le *Pesther Lloyd*, allemands ; le *Maggar Allam*, le *Budapesti Hirlap*, hongrois ; le *Czas*, polonais ; le *Katolicki List* et l'*Obsor*, croates ; les *Narodin Listy* (deux éditions), tchèque ; la *Gazetta Poporului*, roumaine.

La presse suisse, divisée en trois catégories (allemande, française, italienne), représente d'une façon précise les mœurs et les intérêts de chacune. Les diversités s'harmonisent dans le caractère démocratique ; et chaque journal utilise vraiment toutes les ressources de son parti.

En Italie, les doctrines et les libertés religieuses sont, outre l'*Osservatore Romano*, l'organe du Saint-Siège, défendues par l'*Osservatore cattolico*, de Milan ; l'*Unità cattolica*, de Florence ; la *Voce della Verità*, de Rome ; le *Corriere Nazionale*, de Turin ; la *Libertà cattolica*, de Naples, etc. Dans des camps différents se trouvent le *Secolo*, de Milan ; le *Popolo romano* et la *Tribuna*, de Rome ; la *Stampa* de Milan, etc.

Pour l'Espagne, le *Diario espanol*, la *Epoca*, la *Fé*, le *Siglo fu-*

---

1. *Le Journalisme*, Paris, Hachette.
2. Un opuscule de M. Oberholtzer a exposé les rapports entre l'Etat et le journalisme en Allemagne. (*Die Beziehungen zwischen dem Staat und der Zeitungpress im Deutschen Reich*. Berlin. Mayer et Müller).

turo, la *Union catolica*, le *Correo español*, constituent une grande force conservatrice ou catholique.

La Belgique possède une presse catholique importante rédigée en français ou en flamand : le *Patriote de Bruxelles*, le *Bien public de Gand*, le *Courrier* et le *Journal de Bruxelles*, le *XXe Siècle;* le *Vooruit* est la puissance socialiste.

Des journaux hollandais tels que le *Nieuwe Rotterdamsche Courant* et le *Algemeinen Handelsblad* ont deux éditions par jour. Les principaux journaux catholiques sont : *De Tijd* (Amsterdam), *De Maasbode* (Rotterdam), *Het Centrum* (Utrecht), *Het Huisgezin* (Bois-le-Duc), *Residentiebode* (la Haye).

La presse danoise est solidement organisée.

La presse suédoise et norwégienne possède des organes qui ont une double édition quotidienne : le *Stokolms Dagblad* et l'*Aftenposten*.

En Russie, les journaux sont soumis à un régime sévère. Un oukase de 1865, salué comme l'inauguration d'une ère d'affranchissement, avait donné aux tribunaux le soin de décider si les saisies opérées par les agents administratifs devaient ou non être maintenues. Mais la loi de 1872 revint sur cette concession ; et depuis, c'est toujours le système des avertissements qui reste le principal moyen de contrainte. Après le troisième, le journal subit la suspension. Il y a d'autres mesures moins rigoureuses, mais dont l'effet est redoutable : ainsi on interdit la vente au numéro ou l'on défend de publier des annonces qui là, comme dans les autres pays, représentent une recette essentielle. Malgré ces difficultés, la presse russe a continuellement étendu son influence, qui est profonde. La politique générale et la littérature fournissent aux journaux beaucoup de ressources pour agir sur l'opinion et même sur le gouvernement. Ils doivent s'interdire toute critique à l'égard des personnes de la famille impériale, mais ils se dédommagent en attaquant l'administration. Leur dépendance les rend ingénieux et accroît leur finesse. Ils sont très habiles à faire deviner ce qu'ils ne peuvent écrire. Le poète Chevtchenko ne répéterait plus ce qu'il disait sous Nicolas Ier : que « de l'Oural au Pruth on se taisait dans toutes les langues ». Il y a près de sept cents journaux, la plupart rédigés en russe, les autres en allemand, en français, en esthonien, en arménien, en hébreu. Le *Novoïe Vremia*, très moderne, très vivant, s'inspire de la mobilité du *Times*. Les *Peterbourgskia Viedomosti* consacrent beaucoup de place et de soin aux questions économiques, sociales et littéraires. Un journaliste, mort depuis quinze ans, Aksakov, a été longtemps en possession d'une très grande autorité morale. Dans son journal, la *Rouss*, il a écrit des pages inoubliables sur l'état d'engourdissement où demeure « l'Église orthodoxe ». Le *Messager russe* représente l'opinion gouvernementale. Suivant leur titre, les *Novosti* donnent surtout des nouvelles.

On trouve une presse au Cap, aux Indes, en Chine. Le Japon a de nombreux journaux; et plusieurs, quotidiens, emploient des machines perfectionnées. Les Esquimaux ont le leur, rédigé, composé et illustré par un naturel du Groenland, Lars Moëller, qui n'a jamais quitté son pays de neige, et qui, dans la hutte, manie les caractères typographiques, l'encre, la presse et le papier fournis gratuitement par une société littéraire du Danemark.

LES REVUES

Quel est, dans notre pays, le nombre des revues ? Il y a douze ans, un rédacteur du *Sun*, de New-York, M. Théodore Child, étudiant de près le fonctionnement de notre *Petit Journal*, faisait la remarque suivante : « Comparée à celle des nouvelles feuilles, la circulation des périodiques, hebdomadaires, bi-mensuels et mensuels est très petite. La France n'est pas un pays très porté à la lecture. » Cependant la *Revue des Deux-Mondes* a un développement proportionné à son titre. Organisée et, durant quarante-six ans, dirigée par François Buloz avec une logique et une fermeté inflexibles, elle offre un type qui a souvent été pris pour modèle. Quoique, suivant un mot répété plus tard, Buloz fût d'avis qu' « en fait de revue, il n'y a que les cinquante premières années qui coûtent », la *Revue des Deux-Mondes* a occupé assez vite un rang à part. Devenue le centre des écrivains en renom, elle les a servis beaucoup et de leur collaboration a fait une bonne partie de son prestige propre. D'abord assez favorable aux idées religieuses, puis l'organe des romanciers, des savants et des philosophes libres penseurs, elle a suivi ainsi les tendances mauvaises qu'elle pouvait redresser. Elle le pouvait, en effet ; et M. Brunetière qui la dirige, après y avoir collaboré et tout en collaborant encore, montre de quoi est capable, dans une telle situation, un écrivain original, courageux, éminent, épris de savoir et de vérité. Arrivée à sa troisième phase, la *Revue des Deux-Mondes* a réveillé, parmi les esprits cultivés, le sens des hautes doctrines et le goût de l'idéal.

Dès 1829, le *Correspondant* déclarait que le catholicisme, qui a tant fait pour nos pères, « renferme encore, dans son sein fécond, de quoi satisfaire à tous les besoins, à tous les vœux, à tous les soupirs de l'humanité. » Le recueil catholique a fidèlement et brillamment appliqué ce programme. Les premiers rédacteurs du *Correspondant* : de Vogüé, de Meaux, de Carné, de Cazalès, de Champagny, de Melun, Montalembert, Falloux, ont frayé la voie où se sont rencontrés MM. de Broglie, Cochin, Lenormant, le vicomte de Meaux (gendre de Montalembert), Ozanam, Lacordaire, Dupanloup, Gratry, Foisset, Mgr d'Hulst, le cardinal Perraud, de Lacombe, Lefebure, Thureau-Dangin, de Lapparent, Chesnelong, Keller, Lamy, de Nadaillac, etc.

Les *Études religieuses, historiques et littéraires*, revue des Pères de la Compagnie de Jésus, furent fondées en 1856 par les Pères Charles Daniel et Jean Gagarin. Elles parurent d'abord en volumes, sous le titre d'*Études de théologie, de philosophie et d'histoire*, destinées à faciliter le retour de la Russie vers l'Église catholique. Avec les années et le succès, elles sont devenues finalement une revue bi-mensuelle. Parmi les collaborateurs de la première heure figuraient encore les PP. Tailhan et Martinov, deux érudits distingués auxquels s'adjoignirent bientôt les PP. Arthur Martin et Charles Cahier, si connus par leurs grands travaux archéologiques, l'abbé Le Hir, les PP. Cahour, Victor de Buck, Le Gall, Chauveau, Sommervogel, Gazeau, tous savants de marque ou écrivains de mérite. Suspendues à la suite des décrets de 1880, qui frappèrent les congrégations, les *Études* revirent le jour à Paris, en 1888. Les nouveaux rédacteurs ont pour but, comme les anciens, de défendre la religion, de combattre les erreurs modernes et de soutenir les doctrines et les actes du Saint-Siège. Elles s'adressent aux laïques comme aux prêtres.

Un recueil qui date de cinq ans, la *Quinzaine*, a pris, sous la direction de M. Fonsegrive, une extension rapide dont profitent la littérature et la philosophie religieuses, le mouvement social, la science et la haute pédagogie. La *Revue biblique*, fondée par le R. P. Lagrange, directeur de l'École des études bibliques établie à Jérusalem, publie en fait d'exégèse, de linguistique et d'archéologie, des travaux de premier ordre dus, en général, à l'éminent religieux et à d'autres dominicains. La *Revue du Clergé français*, l'*Ami du Clergé*, la *Revue thomiste*, la *Revue théologique*, le *Bulletin critique*, la *Revue générale d'histoire et de littérature*, le *Polybiblion*, la *Revue des Questions historiques*, la *Science catholique*, la *Revue du Monde catholique*, le *Cosmos* et le *Mois*, dirigés ou édités par les PP. de l'Assomption, la *Revue Mame*, l'*Association catholique*, ancien organe de l'Œuvre des cercles, le *XXe Siècle*, etc., représentent une somme d'activité, de savoir et de talent qui honore les catholiques français. — Chaque pays d'Europe a sa revue importante et généralement ses revues. On cite surtout, en Italie, la *Civiltà cattolica* (on connaît le rôle important et spécial de cette revue dans les grandes controverses religieuses, ainsi que ses relations avec le Vatican ; on se souvient notamment du zèle et du savoir qu'elle a dépensés, sous Pie IX, pour préparer les esprits à la définition de l'infaillibilité) ; le *Bessarione*, consacré à la réunion des Églises orientales schismatiques et de l'Église Romaine ; la *Nuova Antologia*, la *Rasseyna Nazionale* ; en Allemagne, la *Deutsche Revue* et la *Deutsche Rundschau* ; les *Historische-Politische Blaetter*, fondés par Goerres ; le *Katholik*, fondé par Heinrich et l'école de Mayence ; les *Stimmen aus Maria Laach*, où collaborent les Jésuites et que même ils dirigent ; la *Litterarische Rundschau*, le *Litterarischer Anweiser* (bibliographies) ; le *Pastor bonus*, de Trèves, revue d'action intellectuelle et sociale pour le clergé, dirigée par M. l'abbé Dasbach ; en Russie, le *Viestnik Evropy*, la *Nedielia*. La variété des publications périodiques est immense. Outre celles qui s'occupent de littérature, d'histoire ou de sciences générales, une multitude est consacrée à tous les genres d'industrie comme aux professions libérales. Ingénieurs, architectes, médecins, professeurs, avocats, commerçants, employés, ouvriers, domestiques ont leur journal hebdomadaire ou mensuel. De même les enfants. De même les vélocipédistes et les gens de plaisir. Là encore, l'Amérique a le dessus au point de vue de l'originalité (comme aussi au point de vue de la variété et du nombre), puisqu'elle possède le *Summary* (le *Sommaire*), rédigé par des filous, à Elmira, dans une prison. Ce n'est qu'une singularité de plus, car en fait de publications littéraires, critiques, économiques, qui sont presque innombrables, les États-Unis offrent des organes rédigés avec autant d'autorité que d'habileté, tels : *The Nation, Critic* et *Outlook*, de New-York ; *Dial*, de Chicago ; *Argonaut*, de San-Francisco ; la *North American Review*, le *Forum*, le *Monthlies*, l'*Atlantic Monthly*, *Century Magazine, Harper's Magazine, Scribner's, Review of Reviews*. Le genre humoristique brille en *Life, Puck* et *Judge*, plus ou moins imités du *Punch* qui, depuis plus de soixante ans, réjouit l'Angleterre. Celle-ci a des périodiques qui sont lus dans le monde entier : la *Quarterly Review*, l'*Edinburg Review* [1], la *Fortnightly Review*, le *Nineteenth Century*, le *Reynold's Newspaper* le *Lloyd's*, l'*Athenæum, Saturday Review, Truth*, le *Field*, le *Speaker* ; les revues religieuses ne manquent pas ; le *Month* catholique, le *Guardian* et le *Pilot*, ritualistes, publient des travaux très savants. Le *Weekly* et le *Tablet* sont catholiques. Quant aux *Magazines*, ils représentent tout un monde. Voici plus de trente ans que Taine, rédigeant ses *Notes sur l'Angleterre*, signalait le caractère sérieux et élevé des recueils destinés aux femmes et souvent rédigés par des femmes. Il dépeignait avec respect ces *authoresses* dont beaucoup, ayant vécu à la campagne, dans un petit cercle et occupées à des soins domestiques, puis s'étant trouvées obligées d'écrire des nouvelles pour gagner du pain, montrent qu'elles connaissent le cœur humain « mieux qu'un psychologue de profession ».

La participation de la femme à l'œuvre du journalisme n'est pas, sans doute, le moindre changement amené dans nos mœurs par la presse. Longtemps ce rôle n'est pas sorti du domaine de la revue. Maintenant il s'est étendu à la besogne quotidienne ; et l'Amérique est pourvue d'une armée de femmes qui pratiquent le *reportage* et l'*interview* avec une activité ingénieuse, intrépide et

---

[1]. Elle eut parmi ses premiers rédacteurs Walter Scott, qui rompit avec elle après une active collaboration et suscita la concurrence de la *Quaterly Review*.

méthodique. En France, un journal s'est fondé récemment dont la rédaction, l'administration et même la composition sont réservées à des mains féminines. Il est plus que libre en religion et en morale. Un autre exemple, heureusement, a été donné ; et le *Pain*, que dirige Mme Paule Vigneron, écrivain de talent, soutient les intérêts économiques et sociaux en s'inspirant d'idées justes et de sentiments chrétiens.

Comment devient-on journaliste? se disait certain jour, dans une brochure humoristique, M. Edmond Texier. Il répondait en énumérant les diverses catégories de ratés qui demandent à ce métier le succès et le profit vainement cherchés ailleurs. Pourtant l'Amérique ne doute pas que la rédaction d'articles, de comptes rendus et de nouvelles ne constitue une profession et un art. Il y a aux États-Unis une école de journalistes. M. de Blowitz a tracé aussi dans la *New Review* le plan d'exercices propres à développer le savoir-faire des gens qui vivent la plume à la main.

La première en France, l'Université catholique de Lille a réservé dans son enseignement une place à l'histoire et à la pratique du journalisme. Ensuite, le *Collège libre des sciences sociales* a organisé un ensemble de cours sur cette matière.

Si d'anciennes industries se sont rattachées au journalisme, d'autres en sont nées. Par exemple, la presse illustrée provoque et stimule continuellement l'activité des inventeurs. Depuis trente ans, depuis l'origine du *Magasin pittoresque*, les procédés de la gravure se sont multipliés en exploitant les ressources de la photographie et de l'imprimerie. Il existe maintenant, dit M. Dubief, des presses chromolithographiques, zincographiques, phototypiques, des presses à taille-douce, etc. Des feuilles quotidiennes paraissent ornées de plans, de portraits d'*instantanés*. On compose à la machine ; le télégraphe fonctionne à côté de la salle de rédaction, la machine qui imprime les feuilles, « les coupe, les entasse, les compte », parfois elle les plie, les met sous bande et colle les bandes [1].

---

1. *Le Journalisme*, Dubief.

Quand on demande si les avantages matériels et moraux engendrés par un tel développement compensent les inconvénients de même genre, qui se sont accrus eux aussi et dans de graves proportions, la pensée s'arrête sur certains défauts qui s'accusent en France plus qu'ailleurs sans doute. Ici, la liberté péniblement conquise, victorieuse de la censure, du cautionnement, du timbre, de l'impôt sur le papier, est devenue effrénée. Des hommes politiques, des jurisconsultes, des moralistes avouent ne pas savoir quel système légal pourrait être appliqué au milieu des mœurs actuelles.

En 1871, quelques mois après la terrible période de la Commune, Louis Veuillot écrivait à propos de la presse : « Je l'ai pratiquée toute ma vie et je ne l'aime pas ; je pourrais dire que je la hais : mais elle appartient à l'ordre respectable des maux nécessaires. Les journaux sont devenus un tel péril qu'il est nécessaire d'en créer beaucoup. La presse ne peut être combattue que par elle-même et neutralisée que par sa multitude. Ajoutons des torrents aux torrents et qu'ils se noient les uns les autres en ne formant plus qu'un marais ou, si l'on veut, une mer. Le marais a ses lagunes et la mer ses sommets de sommeil. Nous verrons si là dedans il sera possible de bâtir quelque Venise.... » Si l'on se pénétrait de cette idée : que le journalisme doit servir à organiser comme il a servi à détruire, on utiliserait pour le bien la plupart des ressources retournées ou gaspillées par les trafiquants de publicité, par les sectaires, par les corrupteurs, par les politiciens. Le journal, c'est l'expression de la société : or, malgré les égarements où elle s'agite, la société a foi dans la vérité, dans le progrès, dans la morale. Plus le journalisme lui expliquera ces mots dont elle s'étourdit, que souvent elle dénature et qu'elle aime pourtant, plus il sera sûr de sa puissance et plus il aura de grandeur.

EUGÈNE TAVERNIER.

XIII

L'Éducation

La plus noble mission que l'homme ait reçue de Dieu, après celle de transmettre la vie, est, sans contredit, celle de donner l'éducation à ses enfants. Car la vie, sans l'éducation qui la complète, ne serait qu'ébauchée. Aussi un ancien philosophe allait-il jusqu'à dire qu'il avait plus d'obligation à son maître qu'à son père, parce que, s'il devait à celui-ci de vivre, à celui-là il devait de bien vivre.

C'est aux parents, avant tout autre, qu'incombe cette mission éducatrice. Elle est pour eux tout à la fois un droit naturel inaliénable et un rigoureux devoir; ils la reçoivent de Dieu même, avec leur autorité paternelle, et nulle puissance humaine ne les en peut déposséder.

Seule l'Église, divinement établie pour conduire les hommes à leurs fins dernières, entre avec eux en partage de cette sublime fonction, pour laquelle elle a reçu, comme eux, une investiture de Dieu; mais elle ne les dépouille point de leur droit et ne les dispense point de leur devoir : elle les soutient seulement dans l'accomplissement de cette tâche, qui est essentiellement une œuvre d'autorité.

L'éducation est la culture qui donne à l'être humain tout son épanouissement et lui fait porter, comme à un fertile bouton, des fleurs et des fruits. C'est à elle qu'il appartient de développer toutes les facultés physiques, intellectuelles et morales de l'enfant, pour le mettre en état de faire de la vie présente un bon et fructueux usage et d'atteindre sa destinée dans la vie future.

Indispensable à l'individu, qui ne peut, sans elle, mettre en valeur tout le fonds de sa nature, elle n'est pas de moindre importance pour les sociétés humaines, car elle contient en germe tout leur avenir, leur bonheur ou leur malheur, leur grandeur ou leur décadence. Aussi, disait avec raison Leibnitz, celui-là est maître de l'avenir, qui est maître de l'éducation.

Parmi les systèmes d'éducation, il s'en trouve de forts différents, et qui aboutissent à des résultats tout opposés. A quel *criterium* peut-on faire appel pour en apprécier la valeur respective ? Il suffit de considérer la nature du but que poursuit chaque système, et la convenance qui existe entre ce but et la culture qu'il donne aux facultés naturelles. Il faut donc, tout d'abord, qu'un éducateur ait une vue nette du terme où il veut aboutir et de la valeur des moyens qu'il veut mettre en œuvre. Toute erreur sur le point de départ ou sur le point d'arrivée serait fatale et irréparable.

Selon que l'homme, en effet, est envisagé comme un individu isolé ou comme un être social, selon que sa destinée finit avec la vie présente où s'achève dans un monde futur, l'objectif à proposer à ses aspirations et à ses efforts sera tout différent ; l'action de son maître se portera ou sur son développement physique ou sur la formation de ses qualités intellectuelles et morales.

Plus différents encore seront les moyens éducatifs à employer. L'éducateur religieux ne manquera pas d'appeler à son aide l'autorité divine, la conscience, le sens moral, les sentiments du cœur, la perspective des destinées futures, et il exigera l'effort de la volonté et la lutte contre soi-même ; l'éducateur rationaliste s'en tiendra aux théories fondées sur la raison naturelle, la liberté, l'instruction, les sciences, l'art ou le sport.

Or, le fait saillant qui se dégage des divers systèmes d'éducation employés au XIXe siècle, fait qui domine toute la question, c'est précisément l'opposition radicale des points de vue où se placent les éducateurs modernes, et, comme conséquence, la différence profonde des procédés qu'ils préconisent et qu'ils emploient. L'école est devenue le champ clos où deux forces contraires, la religion et la libre pensée, se livrent une bataille sans trêve, bataille dont l'enfance et la jeunesse constituent l'enjeu.

Jamais les siècles chrétiens n'avaient eu l'idée de séparer, en matière d'éducation, la poursuite du beau et du bien dans la vie présente de la préparation de l'homme à ses immortelles destinées. Le XVIIIe siècle rompit ouvertement avec cet idéal. Ses philosophes et ses pédagogues, anglais, allemands et français, formulèrent, à côté d'idées généreuses et de principes féconds, des théories antichrétiennes et purement naturalistes. Ces théories, le xix⁰ siècle les a recueillies comme un funeste héritage, et il semble avoir pris à tâche de les mettre en pratique.

Il n'y a que trop réussi dans les écoles officielles. Pourtant il n'a pu jusqu'ici supplanter ni déraciner de la conscience des peuples les anciens principes, ni les anciennes méthodes, qui continuent à former des générations chrétiennes.

C'est cette double action contradictoire de la religion et de la libre pensée sur l'éducation publique que nous avons à mettre en lumière. Nous la constaterons successivement dans les trois ordres d'enseignement communément adoptés, et nous en ferons ressortir la marche, les procédés et les fortunes diverses.

Nous verrons comment la libre pensée a surtout cherché ses succès dans l'amoindrissement ou l'oppression des droits de la famille, et comment la religion, au contraire, a revendiqué partout le droit naturel des parents d'élever leurs enfants suivant leurs principes et a réussi à faire triompher en plusieurs pays la cause de la liberté de l'enseignement et de l'éducation.

.

Une des caractéristiques du xix⁰ siècle sera le prodigieux effort accompli dans la plupart des nations du monde pour faire l'éducation du peuple au moyen de l'enseignement primaire. Un de nos contemporains a proposé de lui donner le nom significatif de « Siècle de l'instruction primaire ». Il va même jusqu'à appeler cette instruction « une manière de rédemption de l'humanité[1] ». Combien il faut rabattre de ces dithyrambes, les statistiques sur la moralité publique le disent assez.

Mais le fait qui reste acquis, c'est que l'éducation populaire a été l'un des plus grands soucis publics de notre âge et que, dès aujourd'hui, l'œuvre accomplie est immense.

Depuis le Concile de Trente, l'Église avait fait de nobles et fructueux efforts pour répandre partout l'instruction élémentaire; témoin saint Pierre Fourier, saint Jean-Baptiste de la Salle,

---

1. M. Levasseur, *l'Instruction primaire au* xx⁰ *siècle.* Revue pédagogique, mai 1895.

la bienheureuse de Lestonnac et tant d'autres maîtres célèbres. Mais en notre siècle, dans presque tous les pays du monde, grâce au souffle fécond de la liberté et à la sollicitude des pouvoirs publics, l'école de l'enfant du peuple, quelque nom qu'on lui donne, primaire, nationale ou populaire, s'est multipliée, et le nombre des élèves s'est considérablement accru. Pour ne citer qu'un exemple, celui de la Belgique, de 1842 à 1879, ce nombre s'est presque doublé par le simple exercice de la liberté.

L'Europe a pris la tête du mouvement. Les Amériques s'y sont associées; celle du Nord, plus ardente, l'a parfois devancé, cherchant à faire de l'école publique le creuset où elle fusionnerait les races diverses qui se heurtent dans son sein. Elle y a même fait participer les nègres et les restes des tribus indiennes. On comptait déjà, en 1893, dans les États-Unis, 168 écoles normales créées depuis 1839[1]. Dans la seule année 1872-73, l'État de Californie dépensait plus de 11 millions de francs pour les écoles communales. L'Amérique du Sud, quoique plus apathique et moins unie, a elle-même suivi résolument cette impulsion, et l'Exposition scolaire de Chicago, en 1889, a permis de constater la grandeur des efforts tentés et des résultats obtenus.

L'école populaire est devenue, en Égypte et dans le Levant, l'un des agents les plus efficaces de l'influence politique étrangère. Depuis 1850 ou environ, Français, Anglais, Russes, Allemands, Américains, Italiens ont lutté à l'envi sur ce terrain. C'est encore par l'école que les missions religieuses ont fortifié leur action et assuré leur avenir. Les indigènes, de leur côté, ont répondu aux avances qui leur étaient faites, souvent même au détriment de leurs croyances.

Les vastes pays de l'Inde, avec leurs chiffres énormes de population, sont entrés, surtout après l'acte d'organisation de Charles Vood, en 1854, dans la transformation intellectuelle et morale qui travaille l'humanité tout entière. Enfin le Japon et les grandes îles de l'Océanie ne sont pas restés en dehors de ce mouvement universel.

La pédagogie, trop dédaignée aux siècles précédents, est devenue, dans le nôtre la grande préoccupation des maîtres de

---

1. Vicomte de Meaux, *l'Église catholique et la Liberté aux États-Unis*, p. 182.

l'enfance et de la jeunesse. L'annonce d'une leçon de pédagogie non seulement n'est plus capable, comme on le disait jadis, de disperser un rassemblement, mais elle exerce une réelle attraction. Les livres écrits sur ce sujet, formeraient une bibliothèque. Partout on a créé des revues et institué des cours pédagogiques. Chaque jour il se publie dans différentes langues de savants articles nourris des plus fines et des plus minutieuses observations ; on y émet des théories, que l'on essaie d'abord et que l'on abandonne souvent ensuite pour en expérimenter d'autres.

La toute première éducation, depuis l'allaitement maternel, le maillot, la crèche et les soins corporels jusqu'à l'asile ou l'école enfantine, est devenue l'objet d'une science aussi précise que délicate, qui conserve à la vie des millions d'êtres humains, dont elle commence à entr'ouvrir l'intelligence et à cultiver le cœur.

Partout les locaux scolaires ont été installés dans de meilleures conditions hygiéniques, parfois même avec un luxe exagéré et hors de propos ; le mobilier s'est amélioré, les murs se sont couverts de tableaux noirs, de dessins, d'objets d'histoire naturelle, de cartes géographiques qui parlent aux yeux et facilitent les leçons de choses ; enfin les méthodes d'enseignement se sont perfectionnées.

Les résultats de cette immense poussée sont dès aujourd'hui considérables. D'une manière générale, le niveau de l'instruction s'est élevé dans les masses populaires, et le nombre des illettrés a partout sensiblement diminué. Mais combien ce niveau est encore variable, et quelles profondes différences continuent à subsister entre les diverses races du globe! Tandis que les races teutoniques occupent résolument le plus haut degré de l'échelle, les races slaves et mongoliques semblent toujours s'en tenir au plus bas.

Un pareil effort vers l'instruction élémentaire, digne en tout temps de l'humanité, devait surtout se produire à une époque que caractérisent ses tendances démocratiques. Car dans une démocratie, suivant la remarque de Montesquieu, l'affaire principale, le grand souci public sera toujours l'éducation du peuple. Aussi les peuples modernes, de plus en plus maîtres de leurs destinées par le droit de suffrage, sentent le besoin, pour se suffire à eux-mêmes, d'être plus éclairés, et ils se portent naturellement vers la culture intellectuelle. Heureux ces peuples, si la culture des volontés marchait de pair avec celle des intelligences !

Il s'est opéré en ce siècle, un grave et regrettable déplacement d'autorité dans la surveillance des écoles populaires publiques. Pendant longtemps elles avaient été soumises à une triple influence, celle des pères de famille, représentée par l'autorité communale, celle de l'Église et, dans un moindre degré, celle de l'État. L'influence de la famille, qui est le droit naturel, et celle de l'Église, qui découle de son mandat divin, étaient restées prépondérantes dans la plupart des nations chrétiennes; mais à notre époque, à mesure que s'est développée l'idée de la centralisation administrative, elles ont perdu graduellement du terrain au profit de l'influence de l'État.

Aussi aujourd'hui, le régime le plus répandu est celui qui soumet l'école à la surveillance d'un ministre de l'instruction publique, assisté par des conseils et des inspecteurs. Il est en vigueur dans la Suède et la Norvège, le Danemark, la Prusse, la Hollande, la Belgique, la France, l'Espagne et le Portugal, l'Italie, l'Autriche-Hongrie, la Russie, les Indes, le Japon, l'Amérique anglaise et les Républiques de l'Amérique du Sud.

Dans certains pays, comme la France, l'autorité des pères de famille, celle de la commune et celle de l'Église sont complètement annihilées. En Suisse, au contraire, dans les États-Unis et en Angleterre, ce service est encore loin d'une aussi rigoureuse centralisation; mais il est visible que l'intervention croissante de l'État tend à faire prévaloir de jour en jour, à son profit, un système de direction générale.

Au droit du père de famille de surveiller l'école correspond l'obligation de donner l'éducation à ses enfants, obligation d'ordre moral, aussi étroite que celle de leur assurer le pain et le vêtement. Mais trop souvent cette obligation, aux prises avec les nécessités matérielles de la vie, ne produit pas tous ses effets; il appartient alors aux autorités religieuse et civile de la rappeler aux parents et de leur en faciliter l'accomplissement. Il est juste de reconnaître que, durant ce siècle, le sentiment de cette obligation naturelle s'est beaucoup développé dans la conscience générale. Les pouvoirs publics auraient donc pu, en le favorisant en lui prêtant appui, lui faire atteindre son but ; mais toujours entraînés par le désir d'étendre leur action, la plupart ont franchi les limites d'une simple influence morale, et ont décrété l'obligation de l'école primaire, avec un arsenal de sanctions plus ou moins rigoureuses. De ce nombre citons la France, la Suisse, l'Angleterre, l'Italie, la Prusse, le Portugal, l'Espagne, le Danemark, la Suède et la Norvège, la Turquie, une partie de la Russie et des États-Unis, le Japon, l'Australie, le Mexique et la République Argentine. Mais, en fait, qu'arrive-t-il ? C'est que, partout, la fréquentation de l'école dépend des habitudes reçues beaucoup plus que de la loi. Aussi les gouvernements se voient-ils obligés de laisser sommeiller les prescriptions législatives, pour s'en tenir, comme en Hollande, en Belgique et en Angleterre, à des encouragements moraux. Dès lors, n'a-t-on pas le droit de leur demander s'ils ne feraient pas mieux de supprimer l'obligation légale ?

L'obligation de l'école en entraînait comme corollaire la gratuité. Notre siècle ne l'a pas inventée, car l'Église l'avait toujours largement mise en pratique ; mais il l'a beaucoup étendue, l'appliquant même à ceux qui n'en ont pas besoin. Parmi les États, le plus grand nombre, surtout en Amérique, ont proclamé la gratuité absolue, sans distinction de fortune. D'autres, l'Angleterre, la Belgique, la Bavière, l'Espagne et la Hollande, ont maintenu la rétribution pour les familles aisées. Mais le principe de la gratuité absolue en faveur des indigents est aujourd'hui mis en pratique universellement, dans les écoles libres comme dans les écoles officielles. Quant au principe d'une subvention sur les fonds d'État à toutes les écoles, quelles qu'elles soient, au prorata du nombre de leurs élèves, déjà appliqué au Canada, en Angleterre, en Hollande et en Belgique et vivement réclamé aux États-Unis, il gagne chaque jour du terrain devant l'opinion publique, et paraît devoir être le régime de l'avenir. Il est, en effet, le seul régime équitable, à moins de soutenir qu'une partie des citoyens peut être obligée de porter double charge, celle des écoles officielles et celles des écoles qu'ils créent librement pour sauvegarder la conscience de leurs enfants.

Ici, nous touchons au côté ruineux du système moderne d'éducation populaire. Il était réservé à notre siècle de connaître, pour la première fois depuis que le monde existe, un système d'éducation de l'enfance et de la jeunesse qui n'eût point la religion pour base.

L'éducation avait toujours été considérée comme inséparable de l'instruction. La famille et l'école, qui en est le prolongement, ne se bornait pas à instruire l'enfant, elles l'élevaient en formant en lui le cœur, la volonté et le caractère en même temps que l'intelligence. L'éducateur partait de ce principe chrétien que la nature humaine, si elle est bonne en soi, est d'abord imparfaite, puisqu'elle est bornée ; qu'ensuite elle est viciée dans son fonds par suite de la déchéance originelle, et qu'elle est fortement inclinée au mal. Il concluait à la nécessité d'une lutte vigoureuse contre l'appétit sensible, afin d'assurer le triomphe de l'esprit sur la chair et de conduire l'âme à son éternelle destinée ; et il puisait dans la doctrine, les exemples et les mérites de Jésus, rédempteur du monde, les secours nécessaires au succès de son œuvre.

Vint le philosophisme du xviiie siècle, qui inocula à l'humanité des doctrines nouvelles, toutes contraires à celles du christianisme. Il enseigna, avec Rousseau, que l'homme naît bon, que sa nature n'a point subi de déchéance, qu'elle n'a aucun besoin de rédemption, que la religion n'a rien à voir dans son éducation et qu'il suffit, pour le former, de faire appel à ses bons instincts.

C'était le naturalisme païen ressuscité, se dressant en face du surnaturalisme chrétien, et n'aspirant à rien moins qu'à le supplanter dans l'âme des peuples. Il fit peu à peu son chemin, inclinant, par sa pente logique, vers les excès du matérialisme et de l'athéisme ; puis, ayant trouvé son point d'appui dans les sectes occultes, il escalada le pouvoir et, maître des hauteurs, il voulut faire la guerre à son profit. La lutte des principes engagée entre lui et la religion révélée éclata vive et ardente sur le terrain de l'école. La religion élevait l'enfant pour le ciel ; le naturalisme prétendit l'élever uniquement pour la terre et ne fit plus appel qu'à la raison humaine. Peut-être ne se rendait-il pas compte qu'en sapant l'ordre surnaturel il détruisait, du même coup, l'ordre moral lui-même ; ébranlait l'ordre social et ruinait l'idéal jusque dans sa source.

A mesure que les pouvoirs publics s'approprièrent ces théories et qu'ils portèrent la main sur l'éducation de l'enfance sous prétexte de la nationaliser, celle-ci se fit en dehors de la religion, et l'on en vint à mettre à peu près en pratique la formule de Condorcet : que l'éducation publique doit se borner à l'instruction. C'était le complet renversement du but jusqu'alors poursuivi et des moyens jusque-là employés dans l'éducation.

Dans la seconde moitié de ce siècle, à l'instigation des sectes maçonniques, ce système d'éducation sans religion fit le tour du monde civilisé. La *Ligue de l'Enseignement*, fondée en 1866, mit à le répandre une prodigieuse activité. L'auteur de cette ligue, Jean Macé, avait essayé de bâtir tout un système de morale scolaire sur cette formule : L'obéissance à la loi du devoir sans acceptation de son origine divine et surnaturelle. C'était, en réalité, un essai de religion laïque de l'idéal moral, sans dogmes, sans miracles et sans prêtres. Presque partout, les pouvoirs publics revisèrent la législation dans ce sens impie ; ils restreignirent à dessein les droits du père de famille, étendirent ceux de l'État, et appliquèrent les théories naturalistes sous la fallacieuse dénomination de neutralité scolaire. Cette neutralité fut proclamée par les Pays-Bas dès 1806 et renouvelée en 1857 et 1878 ; par la Bavière en 1866, par l'Autriche en 1869, par la Prusse en 1872, par la Saxe en 1873, par l'Italie en 1877, par la Belgique en 1878, par la France en 1886, et, dans le même temps, par diverses républiques de l'Amérique du Sud. A peine quelques États, l'Espagne, la Russie, la Grèce, le Canada maintinrent la religion à la base de l'école publique. Chez les autres, l'enseignement religieux y fut supprimé, l'autorité du clergé en fut exclue, et chez quelques-uns, le nom même de Dieu en fut banni.

Si cette neutralité de l'école fut une œuvre de haine dans certains pays, comme en France, en Belgique et dans l'Amérique du Sud, il faut cependant reconnaître que, dans d'autres, tels que la Hollande, l'Angleterre et les États-Unis, elle ne fut que le résultat d'un compromis entre les adhérents de différents cultes, sans impliquer d'hostilité contre le principe religieux. Les catholiques eux-mêmes, notamment ceux des États-Unis, s'en déclarèrent parfois les partisans, parce qu'ils y trouvaient un moyen de mettre leurs enfants à couvert d'un enseignement hétérodoxe. Mais l'expérience ne tarda pas à démontrer que ce système, même pratiqué dans des dispositions de tolérance mutuelle, tourne toujours au profit de l'irréligion, ou au moins de l'indifférence religieuse, et qu'il est aussi fatal aux mœurs qu'aux croyances.

Les statistiques officielles révélèrent bientôt, en effet, une étroite corrélation entre la mise en pratique de la neutralité scolaire et le développement de la criminalité, surtout chez les jeunes gens et même chez les enfants. Privée des salutaires leçons de la foi, seules capables d'agir efficacement sur la conscience, la jeune génération se hâta de briser tout frein moral et de se précipiter dans les excès. Les vols, les attentats à la pudeur, les assassinats, les suicides, les menaces contre l'ordre social, éclairèrent d'une sinistre lueur le vice radical de l'éducation sans Dieu et arrachèrent à ses partisans des aveux intimes, qu'ils n'ont pas encore le courage de faire en public. « Vous avez voulu que l'instruction fût laïque, s'écriait Jaurès, poussé par une impitoyable logique, vous avez interrompu la vieille chanson qui berçait le misère humaine, et la misère s'est réveillée contre vous, et la misère s'est dressée devant vous! C'est vous qui avez élevé la température révolutionnaire du prolétariat, et si vous vous épouvantez aujourd'hui, c'est devant votre œuvre[1]! »

D'autre part l'Église, toujours vigilante, n'a cessé d'élever la voix pour signaler ce péril moderne aux peuples chrétiens. Non seulement les évêques de tous pays, dans une multitude de lettres adressées aux fidèles, mais les pontifes suprêmes, Pie IX et Léon XIII, dans plus de dix actes solennels, ont formellement condamné le régime des écoles neutres, comme portant atteinte à la foi, comme impuissant à former les consciences et compromettant la pureté des mœurs, et ils ont vivement pressé les familles d'assurer à leurs enfants le bienfait d'une éducation franchement religieuse[2].

Une aussi funeste expérience et tant d'avertissements tombés de si haut feront-ils ouvrir les yeux aux chrétiens trop longtemps abusés? Il semble permis de l'espérer, car dès avant la fin de ce siècle, on peut constater un réel changement de front dans leur attitude générale.

[1]. *Discours à la Chambre des Députés. Journal Officiel,* décembre 1893.
[2]. Consulter en particulier : Pie IX, Encyclique *Quanta Cura* et le *Syllabus.* Lettre à l'Evêque de Fribourg en Brisgau, 1864 ; l'Instruction du Saint-Office aux Evêques des Etats-Unis, 1875 ; les Actes du Congrès de Baltimore de 1884 ; Léon XIII, Encycliques *Immortale Dei,* 1885, *Sapientiæ christianæ,* 1890.

D'une part, la presque totalité des États ont commencé à reconnaître leur erreur. Quelques-uns, comme la Belgique, en 1884, le Luxembourg, en 1897, ont replacé la religion à la base de l'école publique ; et beaucoup d'autres, la Hollande, l'Angleterre, les États-Unis, sans renoncer à la neutralité pour leurs écoles officielles, ont pris des mesures pour faciliter l'enseignement de la religion et favoriser la création d'écoles libres confessionnelles. La Belgique, l'Angleterre, la Hollande les ont même admises au bénéfice des subventions sur les fonds d'État.

D'autre part, la puissante réaction qui s'est produite universellement contre le courant irréligieux imposé à l'instruction populaire par les sectes maçonniques a fait suspecter les écoles officielles et suscité, au nom de la liberté, une multitude d'écoles confessionnelles, primaires et normales, qui, sans le céder aux autres pour l'enseignement, les dépassent de toute la valeur de l'éducation. Actuellement la religion est donc, dans presque tous les pays civilisés, replacée, à des degrés divers, à la base de l'éducation populaire. Pourquoi faut-il que la France, l'initiatrice de toutes les généreuses idées, s'obstine seule dans son hostilité, et obéisse aveuglément à une secte damnable ?

Mais quoi que fasse l'école primaire, l'éducation qu'elle donne ne peut-être qu'une ébauche et elle a besoin d'un complément. Au sortir de l'école, plusieurs années s'écoulent pendant lesquelles l'adolescent, fille ou garçon, succombera fatalement à de dangereuses séductions, s'il est abandonné à lui-même et s'il n'est entouré de soins assidus, intellectuels et moraux. Notre siècle a pourvu à ce besoin plus qu'aucun des âges précédents, et le zèle des particuliers a enfanté des merveilles par la multiplication des œuvres post-scolaires. Lectures publiques, usitées surtout en Angleterre, conférences populaires, bibliothèques, associations d'anciens élèves, écoles et classes ménagères pour les filles, dont la Belgique offre les plus beaux types, écoles agricoles, industrielles, artistiques et commerciales pour les garçons, rien n'a été épargné pour répondre à ce grand besoin social.

Parmi ces œuvres de persévérance, il en est une qui l'emporte encore sur toutes les autres par son efficacité ; c'est l'œuvre des patronages. Elle est due surtout à l'initiative et au zèle éclairé des maîtres catholiques, et les pouvoirs publics cherchent à l'imiter avec un zèle louable. Cette institution, qui s'adresse également aux jeunes garçons et aux jeunes filles, les réunit respectivement chaque semaine une ou plusieurs fois, sous la sage direction d'un maître ou d'une maîtresse, et leur offre de saines distractions et d'utiles enseignements. Elle s'applique non seulement à les préserver des contacts du vice, mais encore à les former à toutes les exigences de la vie intellectuelle, religieuse, civique et professionnelle. Les fruits admirables qu'elle produit tous les jours au sein de nos grandes villes lui assignent une place d'honneur parmi les plus belles et les plus fécondes œuvres du XIXe siècle en matière d'éducation.

*
* *

Avec l'enseignement primaire, dont nous venons de parler, l'universalité du peuple, dans les nations civilisées, reçoit les principes d'éducation les plus indispensables. A un petit nombre d'hommes seulement il est donné de suivre un enseignement moyen ou secondaire et de recevoir une formation intellectuelle et morale plus complète. Ce second degré de formation a ses caractères propres, qu'il importe de mettre en lumière. Mais il faut reconnaître qu'ils sont plus difficiles à saisir et à grouper que ceux de l'ordre primaire, parce que, d'une nation à l'autre, l'objet de cet enseignement moyen est plus disparate, ses méthodes plus variées et son rôle éducatif moins défini.

Ainsi, tandis qu'en France et en Belgique l'enseignement secondaire occupe une place nettement déterminée entre l'ordre primaire et l'ordre supérieur, qu'il vise à donner à la jeunesse l'éducation générale et qu'il offre deux types uniformes : le classique et le moderne ; en Angleterre, il n'existe réellement pas d'enseignement secondaire, les humanités étant reportées à l'enseignement supérieur ; et, dans les pays de langue allemande, on trouve de grande variétés de types, chaque établissement ayant un caractère d'originalité propre. Tandis que les élèves des collèges français cherchent dans un travail opiniâtre le moyen de s'ouvrir une carrière, les collèges anglais offrent à la jeunesse une halte de repos intellectuel et donnent la préférence au développement des forces physiques. Au Canada et surtout aux États-Unis, la ligne de démarcation est encore plus indécise. Aux États-

Unis, l'étude des langues anciennes, caractéristique de nos études classiques, a toujours été moins accusée, et les belles-lettres et les études spéculatives peu cultivées. Après l'école primaire, l'école publique supérieure, qui est une création propre à ce pays, et « l'académie », que fréquentent la plupart des enfants nés dans l'aisance, donnent surtout des connaissances positives et pratiques, capables d'assurer à l'homme l'empire de la matière et de le mettre en commerce avec ses semblables.

Enfin, tandis qu'en France l'éducation générale se termine avec le collège, au sortir duquel l'étudiant doit se spécialiser, en Angleterre, au contraire, et en Allemagne, elle dure plus longtemps et se continue dans les universités.

Le XVIIe siècle avait consacré un type d'éducation secondaire, que pratiquaient tout ensemble et l'Université et ses émules, les Jésuites, ces maîtres éminents de la jeunesse. Ce type, qui était alors universellement accepté, l'âge actuel est en train de le transformer complètement. L'étude des langues anciennes, surtout du latin, en était la base et le corps, la rhétorique et la philosophie en posaient le faîte, les belles manières en formaient le vêtement, et la religion en était l'âme. Mais la langue maternelle, l'histoire, la géographie, les sciences mathématiques et naturelles n'y avaient encore que très peu de place.

Port-Royal pourtant et l'Oratoire avaient commencé à faire brèche dans ce système en y introduisant à petites doses l'étude du français, de l'histoire, de la géographie et de quelques éléments de sciences. Rollin était entré dans la même voie, cherchant à concilier le respect du passé avec les besoins des temps nouveaux, sans cesser de mettre au premier rang la formation chrétienne de l'âme.

L'Allemagne du XVIIIe siècle porta sur ce système d'enseignement une main beaucoup plus hardie et inaugura de toutes pièces un genre d'éducation fondée sur de nouveaux principes de pédagogie. Les célèbres pédagogues Basedow, Bahrdt et Salzmann en Allemagne, Pestalozzi et Frœbel en Suisse, créèrent pour la classe moyenne les écoles bourgeoises, où ils enseignèrent les « réalités », c'est-à-dire les langues vivante, les sciences, la géographie et toutes les connaissances immédiatement pratiques. Leur exemple fut bientôt imité jusqu'en Russie. Dans le même temps, les disciples de saint J.B-. de la Salle popularisaient partout les mêmes principes, et ils inauguraient, dans leurs nombreux pensionnats, un ordre d'enseignement, supérieur à l'enseignement primaire, distinct de l'enseignement classique, et d'un caractère plus moderne.

Les sciences recevant chaque jour de nouveaux accroissements, ce fut bientôt une opinion générale, même en France, qu'on les devait mettre, dans l'enseignement de la jeunesse, sur le pied d'égalité avec les lettres.

Les sciences prirent donc place dans les études classiques, dès la création de l'Université napoléonienne, ainsi que les langues modernes, l'histoire, la géographie et le dessin. Mais peu à peu le développement illimité des connaissances scientifiques épuisa le zèle des professeurs, écrasa le cerveau des élèves sans profit pour leur intelligence, et le temps lui-même ne put suffire aux exigences toujours croissantes des programmes. En outre la propension générale poussant aux études pratiques et utilitaires plus qu'aux études spéculatives et désintéressées, il fallut songer à créer de nouveaux cadres.

Partout la lutte s'engagea entre le passé et le présent, et partout la division se fit en deux grandes branches, l'une classique, plus spéculative et plus aristocratique, caractérisée par l'étude des langues anciennes ; l'autre moderne, plus utilitaire et plus démocratique, fondée sur l'étude des langues et des sciences de la nature ; la première, destinée à préparer aux plus hautes fonctions sociales ; la seconde, visant à former des hommes compétents pour l'agriculture, l'industrie et le commerce.

L'unité absolue n'étant plus possible, l'enseignement appelé moderne s'est peu à peu installé dans tous les pays. Le problème à résoudre actuellement consiste à fixer les termes d'un compromis qui fasse à chacun sa part, et qui concilie les traditions respectables du passé avec les besoins du présent et les aspirations de la société vers l'avenir. Déjà on peut prévoir, sans être prophète, que non seulement les études utilitaires réclameront leur juste place, mais qu'elles tendront, en Europe et surtout en Amérique, à supplanter les études spéculatives.

Cette diversité dans l'objet des études de l'enseignement secondaire se retrouve dans ses procédés d'éducation.

Tout d'abord au point de vue physique. L'écolier des races latines est communément astreint à la sédentarité. Le plus souvent enfermé dans un collège, il consacre presque toutes les heures du jour à l'étude ou à la classe, et n'a d'autre objectif que l'examen et surtout la conquête d'un diplôme, sans lequel il ne peut se créer aucune position. S'il appartient à un établissement religieux, le jeu lui est imposé par la règle ; mais s'il vit dans un établissement officiel, il ne prend, généralement, aucun exercice corporel.

Chez les Anglos-Saxons, au contraire, le sport est le fondement de l'éducation. Au premier rang, les jeux et les exercices physiques, capables de faire une race forte : la paume, le cricket, la course, le ballon, le canotage. Les livres viennent après ; les devoirs écrits sont assez clairsemés, l'enseignement est surtout oral ; les classes et les études sont courtes et entrecoupées d'exercices physiques. Aussi les résultats intellectuels sont-ils médiocres. Il en est de même aux États-Unis : « A aucun prix l'Américain ne souffre que ses enfants s'étiolent pour s'instruire[1]. »

L'internat, régime si longtemps préféré des Français, est souvent remplacé en Angleterre par le régime tutorial, en Allemagne par l'hospitalité familiale ; il est inconnu dans les écoles publiques de l'Amérique. Battu en brèche de tous côtés, il perd du terrain et tend à diminuer au profit de la vie de famille.

Au point de vue moral, les adolescents élevés dans les collèges ont souffert, plus encore que les enfants, de l'influence délétère des théories rationalistes appliquées à l'éducation. Sans doute ceux d'entre eux qui ont continué à être confiés à des maîtres religieux ont reçu, avec la préparation aux devoirs de la vie présente, une ferme orientation vers leur fin suprême. Mais ceux qui n'ont puisé qu'aux sources de l'enseignement officiel ont été victimes des plus dangereux systèmes. Or, ces systèmes on pullulé.

Saint-Simon préconisa une méthode positiviste et matérialiste qui livrait l'homme à des instincts irrésistibles.

Fourrier se déclara pour l'absolue liberté, et, sous prétexte d'initiative personnelle, il contribua à affaiblir le principe d'autorité, sans lequel il n'est pas d'éducation possible, et à ruiner toute discipline.

---

1. Vicomte de Meaux, *l'Eglise catholique et la liberté aux Etats-Unis*, p. 179.

Les philosophes universitaires français qui ont écrit sur l'éducation, et ils sont nombreux, ont surtout cherché leur point d'appui dans la culture de l'intelligence. Partant de données rationalistes, sans croyances religieuses, sans principes fixes de morale, sans unité de direction, ils n'ont pu ni s'adresser à la conscience du jeune homme, ni exercer aucune action sérieuse sur sa volonté, ses mœurs ou son caractère. « Le développement intellectuel, disait avec raison Guizot, quand il est uni au développement moral et religieux, est excellent ; il devient un principe d'ordre, de règle, et il est en même temps une source de prospérité et de grandeur pour la société ; mais tout seul, il devient un principe d'orgueil, d'insubordination, d'égoïsme, et par conséquent, de danger pour la société[1]. »

L'éducation par la science n'a pas manqué non plus de partisans. A mesure que le vrai pénètre dans l'intelligence, disent-ils, la volonté s'affermit dans le bien, et la société se moralise ; la science emporte la civilisation.

On a encore essayé, surtout en Angleterre et en Allemagne, de fonder certains systèmes d'éducation sur les lois de la physiologie, de l'atavisme, du déterminisme et de la sociologie. Mais il a bien fallu reconnaître que tout en fournissant d'utiles indications pour diriger la jeunesse, ces théories scientifiques n'aboutissent jamais à créer le moindre effet moral, ni le moindre acte de vertu, parce qu'elles n'agissent ni sur la raison, ni sur la conscience. L'expérience de chaque jour démontre qu'il n'y a pas de corrélation nécessaire entre le savoir et la vertu. Aussi les esprits les plus prévenus sont-ils forcés d'avouer que le principal objet de l'éducation doit être le développement des facultés morales, parce que seules elles sont capables de conduire l'homme au terme suprême qui est le bien.

C'est vers ce noble but que ne cesse de tendre l'éducation fondée sur la religion. Prenant son point d'appui en Dieu, elle peut parler avec autorité, parce qu'elle parle en son nom ; elle s'adresse à la conscience de l'adolescent, elle meut sa volonté, elle le provoque à l'effort, elle lui inspire l'amour et l'habitude du sacrifice et elle fait de toutes ses actions, même les plus communes, des occasions de se vaincre et d'aspirer à la vertu.

1. *Journal Officiel*, Chambre des députés du 2 mai 1833.

∗ ∗ ∗

Nous ne saurions, sans être incomplet, passer sous silence le vaste effort tenté à notre époque pour élever le niveau intellectuel de la femme. En tant qu'il a pour but d'accroître la dignité de la femme, d'assurer son influence au sein de la famille et d'améliorer sa condition sociale, ce mouvement peut être revendiqué comme découlant de l'esprit même du christianisme. Il n'est, en effet, qu'une conséquence naturelle de la doctrine évangélique, conséquence qui sort de ce « bon trésor » lentement, mais à son heure. Depuis longtemps saint Pierre Fourier, Fleury, Fénelon avaient écrit d'admirables pages sur l'éducation des filles, et, de nos jours, Mgr Dupanloup a développé les mêmes idées avec une rare sagesse. L'Église, dans les siècles précédents, et surtout dans le nôtre, n'a cessé de favoriser la fondation de pieuses congrégations de femmes, qui se vouaient spécialement à l'instruction et à l'éducation des jeunes filles. Qui ne connaît les Ursulines, la Congrégation de Notre-Dame, les Visitandines, les Filles de la Charité, les Filles de la Sagesse, les Dominicaines, les Sœurs de Sainte-Chrétienne, les Religieuses du Sacré-Cœur, de Nazareth, de l'Assomption, et de tant d'autres vaillantes phalanges religieuses ?

Le zèle, le talent, la piété, la sagesse, l'expérience consommée qu'elle apportent dans leurs délicates fonctions pour former à la science et à la vertu des multitudes de jeunes filles, ont d'avance réfuté l'injuste reproche fait de nos jours à l'Église par les sectaires d'avoir tenu la femme dans l'ignorance.

Mais il est incontestable que le souffle démocratique qui agite les foules, le désir d'émancipation et d'égalité qui est entré profondément dans les mœurs, et les appels réitérés des écrivains et des publicistes de toute école et de tout pays, ont soulevé, comme un ferment, l'opinion générale et déterminé vers l'instruction des filles un puissant mouvement populaire. Plusieurs n'y ont vu qu'un engouement passager ; ne faut-il pas plutôt y voir une évolution durable que rien ne paraît devoir arrêter ?

Dès la première moitié de ce siècle, l'Europe et l'Amérique étaient arrivés à multiplier les écoles primaires de filles à peu près à l'égal de celles des garçons et les avaient soumises aux mêmes règles. Un peu plus tard, elles entreprirent de faire l'éducation de la femme jusque dans l'Orient. La tâche était ardue. Il fallait vaincre les préjugés enracinés dans l'esprit des musulmans, qui interdisaient à la jeune fille la fréquentation de l'école. La barrière fut brisée et une ère nouvelle commença pour ces pays. Ce fut seulement dans la seconde partie de ce siècle que l'Égypte et la Turquie consentirent à ouvrir des écoles de filles ; la première fut inaugurée au Caire, en 1875 ; beaucoup d'autres ont suivi depuis. Les Indous, après avoir opposé les mêmes répugnances, cédèrent aussi sous la pression des Occidentaux et ouvrirent leurs gynécées. De cet effort doit sortir avec le temps la transformation intellectuelle et morale de la femme, qui jouera nécessairement un très grand rôle dans l'œuvre de régénération de ces peuples courbés sous le joug du mahométisme, du bouddhisme et du brahmanisme.

Ce premier pas ne suffit pas longtemps aux peuples occidentaux. Le goût de l'instruction féminine une fois excité s'étendit vite à l'enseignement secondaire et même à l'enseignement supérieur, d'autant plus que des esprits avancés caressaient dans cette culture intellectuelle de la femme un moyen de la conduire à l'émancipation de toute foi religieuse et de toute loi morale.

Dès 1855, le gouvernement de la Russie organisait des lycées de filles ; en 1869, l'Angleterre autorisait les femmes à subir devant l'Université de Londres des examens de deux degrés ; en 1872, une école de médecine s'ouvrait pour les femmes à Bareilly, dans les Indes ; et, deux ans plus tard, une autre était fondée à Londres. Les Universités russes, à la même époque, recevaient près de deux cents étudiantes en médecine. L'Allemagne multipliait, sous l'action combinée des familles et des communes, des écoles publique supérieures de jeunes filles : l'Italie, la Belgique, la Suisse, l'Angleterre, entrées à grands pas dans cette voie, assuraient l'avenir de ces écoles, libres ou officielles, par la fondation de nombreuses écoles normales destinées au recrutement des maîtresses. La France suivit en 1880. Les État-Unis, qui avaient été des premiers à ouvrir la marche, avaient surtout organisé ces écoles en vue de l'étude des sciences. En matière de morale, on y retrouve le même esprit d'indépendance que chez les garçons. La plupart des jeunes filles sont externes ; parmi les internes beaucoup ont des chambres meublées, et leurs maîtresses essayeraient vainement de les plier à notre discipline européenne [1].

Sans condamner le principe de développement de l'instruction des femmes, les moralistes ont cru cependant devoir flageller déjà l'engouement du public et signaler bien des dangers et des inconvénients qui en découlent.

Ainsi, la culture excessive des arts d'agrément a produit une multitude de femmes frivoles, incapables de comprendre et de remplir leurs devoirs d'épouses et de mères. L'extension démesurée des programmes a faussé leur éducation intellectuelle elle-même, et rompu l'équilibre de leurs facultés. L'accroissement de leur culture scientifique a fait surgir, sous le nom de *Féminisme*, des revendications sociales insensées. Cessant d'être femmes, beaucoup veulent être hommes et en jouer le rôle. De là l'envahissement par elles des carrières jusque-là réservées aux hommes. En 1890, elles occupaient déjà deux cent mille places aux États-Unis. Répercussion économique très inattendue, qui porte au foyer domestique un coup dangereux!

Mais le caractère le plus inquiétant de ce mouvement, qui a dévié de son but, c'est la tendance de la femme à l'irréligion. Si les lycées ou écoles de filles en Russie, en Allemagne et ailleurs, continuent à conserver la religion pour base, il est d'autres pays, en particulier la France, où ils ont pour but avoué de donner une orientation nouvelle à l'éducation de la femme, et de l'entraîner peu à peu dans l'incrédulité. Une grande lutte est donc engagée sur ce terrain entre la foi et la libre pensée. Pour en sortir victorieuse, l'Église devra non seulement conserver toute sa supériorité pour l'éducation religieuse et morale, mais encore tenir tête à son adversaire par un enseignement littéraire et scientifique de plus en plus perfectionné.

***

L'étudiant doit pouvoir emporter de son école secondaire, qu'elle soit classique, moderne, réelle ou supérieure publique, une éducation générale, tout à la fois intellectuelle et morale, qui lui permette de faire face aux besoins ordinaires de la vie. Aussi le plus grand nombre de jeunes gens se contentent-ils de ce degré

[1]. Vicomte de Meaux, ouvrage cité, p. 234.

de formation. Ceux qui aspirent à monter plus haut doivent aller demander aux universités le complément de leur culture.

Une université leur offre, en effet, le groupement de toutes les hautes spécialités, théologie, philosophie, lettres, droit, sciences et médecine, qui sont étudiées dans leurs principes et leurs dernières conséquences, sans autres limites que celles de l'esprit humain. Chacun de ces enseignements étant surtout spécial et professionnel, ils pourraient avoir des tendances séparatistes; mais la conséquence naturelle de leur groupement est, au contraire, de les rapprocher et de favoriser la synthèse de toutes les sciences et l'unité du savoir humain.

La France du moyen âge avait été l'initiatrice et comme la mère des universités. Après le bouleversement de la fin du xviiie siècle, ces universités furent conservées partout, excepté en France même. Elles se relevèrent rapidement dans les pays qu'elle avait révolutionnés, et, aujourd'hui, elles y sont plus vivantes que jamais. Si quelques nations d'Europe en ont un peu réduit le nombre, comme l'Espagne et l'Italie, d'autres les ont fidèlement maintenues. Il est même peu de pays qui n'en aient ouvert de nouvelles, officielles ou libres. Les Amériques, l'Australie, les Indes, le Japon, la Turquie ont tenu à honneur d'en élever à grands frais.

Par une surprenante anomalie, tandis que l'idée du groupement des diverses sciences triomphait partout ailleurs, l'idée de leur éparpillement prévalait en France. L'État créait, en vue de la préparation aux carrières, des Écoles *spéciales*, polytechnique, Saint-Cyr, normale, l'École des mines, et combien d'autres, établies avec le cours du temps ! Au lieu de rapprocher chaque nouvel ordre d'études de ses aînés, on l'en sépara, en lui créant un centre spécial, sans lien, sans esprit commun, tendant à la division plus qu'à la synthèse.

Ce fut seulement après un siècle d'expérience que le gouvernement français, stimulé par la création de cinq universités libres, se décida à relever des universités provinciales. La loi du 16 juillet 1896 créa seize universités d'État, devant avoir chacune son autonomie et sa vie propre. Quel sera le résultat de ce retour en arrière ? Il paraît bien douteux. L'autonomie de ces universités n'étant que fictive, puisqu'elles ne sont que l'État enseignant, les anciennes provinces ayant été détruites, et la vraie clientèle de ces corps universitaires restant absorbée par les écoles spéciales, le réveil de la vie scientifique provinciale reste très problématique.

Le personnel enseignant des universités se compose communément de trois sortes de professeurs : les ordinaires ou titulaires ; les adjoints, suppléants ou extraordinaires ; et les professeurs privés, *privat-docenten* ou chargés de cours libres. Ainsi en est-il dans les pays allemands ou scandinaves, en Belgique, en Suisse, en France et en Russie. En Angleterre, le professeur adjoint est remplacé par le *tutor*.

Leur mode de recrutement est très variable. On les prend, ici, dans les écoles normales, là, parmi les *fellows* ou agrégés, ailleurs, parmi les maîtres de l'enseignement secondaire.

Quant à leur investiture, ils la reçoivent tantôt de leurs pairs, tantôt des autorités universitaires, tantôt de l'État, suivant la constitution respective de ces corps scientifiques.

Les étudiants ne sont en général reçus dans les universités qu'après avoir justifié d'études secondaires régulièrement faites, soit par le baccalauréat, le graduat ou le certificat d'études ; soit par un examen d'immatriculation. Autant l'étudiant allemand, belge ou français s'y prépare sérieusement, autant est insignifiante la préparation de l'étudiant anglais. Comme son éducation générale, encore très insuffisante, doit se poursuivre à l'université, et qu'il y était même reçu jusqu'ici sans examen d'immatriculation, il apporte avec lui une des principales causes de la faiblesse des universités anglaises.

Combien est différente d'ailleurs l'idée que l'on se fait de l'enseignement supérieur en Angleterre et sur le continent ! Sur le continent, l'étudiant met son idéal dans la culture intellectuelle ; une fois spécialisé, il se passionne pour la science de son choix ; Français, Belge, Italien, il s'attache à son centre jusqu'à ce qu'il ait obtenu par son labeur les plus hauts grades ; Allemand, il circule facilement d'une université à l'autre, selon qu'il est attiré par le renom de tel professeur. Dans la Grande-Bretagne, l'étude n'est qu'un but secondaire, et les grades, une affaire de stage et de finances. Le vrai but que l'on vise est la formation de l'être intelligent et moral. Ce que le jeune Anglais va demander aux universités, surtout aux anciennes, à Oxford et à Cambridge, c'est l'apprentissage de la vie sociale, l'énergie du caractère, la force des muscles, la loyauté, le décorum du parfait gentleman. Il vit dans quelqu'un des nombreux collèges groupés autour de l'université, dont la riche dotation profite aux *fellows* ou agrégés et aux *scholars* ou boursiers. Il reçoit les leçons d'un *tutor*, homme de savoir et d'expérience, qui s'entoure d'un petit groupe de jeunes gens, dont il dirige la vie et les études. Il travaille donc peu, à moins qu'il n'aspire aux « honneurs » réservés au petit nombre, et il consacre aux exercices du sport la meilleure partie de son temps.

La révolution accomplie en notre siècle dans les sciences de la nature a exercé une grande influence sur la direction des études supérieures dans les universités du monde entier. A côté de l'enseignement traditionnel de la théologie, du droit, de la philosophie, de la littérature et de la médecine, l'enseignement scientifique a pris, dans toute l'Europe, une réelle prépondérance. Dans l'Amérique du Nord, il tend même à supplanter les vieilles humanités. L'activité des étudiants américains se porte de plus en plus vers l'enseignement technique, qui les prépare à l'agriculture, à l'industrie et au commerce. Après avoir longtemps résisté à ce mouvement et maintenu leurs traditions, les vieilles universités anglaises d'Oxford et de Cambridge ont cédé, elles aussi, vaincues par l'opinion publique. La moderne université de Londres, fondée en 1835, s'est imposé la tâche de travailler au développement des sciences expérimentales ; et, depuis, elle a servi de type à celles que les Anglais ont créées dans l'Inde.

Si ces nombreux foyers d'activité scientifique, répandus dans le monde entier, donnent aux jeunes gens amis du travail une très haute culture intellectuelle, il faut avouer qu'ils sont loin d'apporter les mêmes soins à la culture morale. L'éducation y est le plus souvent manquée, même dans les universités anglaises, qui ne font guère exception. Où chercher les causes de cette grave insuffisance ? Dans l'indifférence religieuse et dans l'absence de discipline qui caractérisent cet ordre d'éducation.

Sans doute, les associations d'étudiants, qui existent partout, obligatoires ou non, leur sont d'un grand secours quand elles sont sérieuses, et continuent à les maintenir dans le devoir ; elles sont même souvent la source de grandes idées nationales. Mais, trop souvent aussi, elles ne leur offrent que des plaisirs, des dangers, ou même des duels. L'étudiant, abandonné sans guide aux hasards d'une grande ville, garde difficilement la dignité morale, le respect de soi-même et de l'autorité. Une seule force serait capable de le maintenir, la religion, qui a droit de parler à sa conscience au nom de Dieu. Mais, chose triste à dire, la science officielle est presque partout en rupture avec l'idée de Dieu, et un grand nombre d'universités contemporaines sont fondées sur le principe de la neutralité et même de l'hostilité en matière religieuse.

*
* *

Les dangereuses tendances que nous avons constatées dans l'éducation officielle à tous ses degrés, le retour offensif des doctrines naturalistes ou païennes contre l'enseignement chrétien, la pression exercée par les sectes occultes, l'action exagérée des pouvoirs publics, la restriction graduelle apportée aux droits des pères de famille, et surtout l'exclusion systématique de la religion et de ses ministres des écoles publiques, ne pouvaient manquer, après une période de tristes succès, de provoquer une salutaire réaction dans les esprits et dans les faits.

Et cette réaction, en effet, s'est produite presque partout et va grandissant tous les jours. En face de continuelles mesures d'oppression, les consciences se sont senties atteintes dans leurs droits les plus sacrés et ont manifesté leurs alarmes ; bientôt, à cette violation des droits, l'expérience est venue ajouter le spectacle de l'amoindrissement général de la foi et de l'accroissement de la criminalité dans les jeunes générations. Contre de tels maux un seul parti restait à prendre : faire rentrer la religion dans l'éducation à tous ses degrés. Devant le refus ou l'incurie des États, il n'y avait plus d'autre ressource que de fonder des écoles privées. La liberté d'enseignement s'imposait. Cette liberté sans doute devait contrarier les théories des philosophes, qui avaient poussé les gouvernements à nationaliser l'éducation pour s'en emparer ; mais elle s'harmonisait avec le courant des principes modernes ; elle devait donc aboutir.

Et de fait, partout où les catholiques ont voulu conserver ou reconquérir, en ce siècle, leur juste part d'influence, ils se sont appliqués, avec l'appui des esprits vraiment libéraux, à réclamer la liberté de l'enseignement, et, nulle part, leurs efforts ne sont restés infructueux. Il nous suffira de citer la Belgique, qui a passé, de 1830 à 1890, par trois périodes législatives, dont chacune a marqué un pas en avant vers la liberté largement et sainement comprise; la France, qui a su conquérir, en trois étapes successives, par les lois de 1833, de 1850 et de 1875, la liberté, au moins élémentaire, dans les trois ordres d'enseignement; l'Angleterre, qui a détruit, avec l'émancipation des catholiques, le monopole créé au profit du protestantisme; le Canada et les États-Unis, qui ont fait passer l'enseignement scolaire de l'état d'hostilité à la neutralité, et de la neutralité à la liberté; et ainsi de plusieurs autres nations civilisées où le principe de la liberté a fini par triompher et où il continue à pénétrer dans les mœurs publiques plus avant encore que dans les lois.

Toutefois, cette liberté ne sera vraiment complète et ne portera tous ses fruits que le jour où les écoles libres et confessionnelles seront subventionnées sur les fonds d'État au prorata du nombre et de la valeur de leurs élèves. Elles le sont déjà en Belgique, en Hollande, en Angleterre et au Canada et elles aspirent à l'être aux États-Unis. C'est une mesure de simple justice, que le progrès de l'idée de liberté ne peut manquer d'imposer avec le temps aux pouvoirs publics.

Parmi les symptômes rassurants pour l'éducation de la jeunesse dans l'avenir, il faut placer au premier rang la création, si fortement encouragée par les Pontifes romains, de nouvelles universités libres et catholiques. On les a vues surgir en notre siècle dans toutes les parties du monde : témoin celles de Louvain, Dublin, Agram, Paris, Lille, Angers, Lyon, Toulouse, Québec, Ottawa, Kingston, Washington, Fribourg et Beyrouth.

Ces grands corps forment, en effet, des organismes vivants, dans lesquels la religion est l'âme de toutes les facultés et le moyen de coordination de tous les mouvements. La science moderne, absorbée par l'étude du monde visible et des forces qui l'animent, ayant creusé un abîme entre la matière et l'esprit, entre le monde créé et son Créateur, entre la science naturelle et la vérité révélée, c'est à ces corps savants et complets qu'il appartiendra de ressaisir les générations nouvelles et de leur apprendre à renouer ces relations interrompues, à remonter des effets à la cause première, à établir la synthèse totale du savoir et de la vérité, et à prouver par les faits aussi bien que par les raisonnements la possibilité et la réalité de l'accord entre la science et la foi.

Ce développement de la liberté d'enseignement et ce mouvement de retour à un système d'éducation plus religieuse ne peuvent que croître désormais, parce qu'ils trouvent un solide point d'appui dans l'opinion publique. Une triste expérience l'a désabusée de beaucoup d'erreurs en cette fin de siècle. Les âmes, désolées par la négation et le blasphème, sont prises de dégoût et cherchent le moyen d'échapper aux abaissements auxquels a conduit le neutralisme dans la philosophie, les lettres et les arts. Poussées par « l'appétit des choses éternelles », elles se retournent instinctivement vers le christianisme comme vers un grenier d'abondance. Le thème tant prôné de l'antagonisme entre la science et la foi est épuisé; une évolution manifeste s'opère dans les intelligences, on entend le bruit d'une nouvelle germination d'idées, et si la renaissance religieuse n'est pas encore accomplie, elle se prépare visiblement. Chaque jour d'illustres penseurs vengent la vérité des injustes reproches dont elle a été si longtemps l'objet, et mettent en pleine lumière le caractère divin et la mission sociale du christianisme. « Une rumeur court, écrivait naguère Ollé-Laprune, la pensée moderne retourne au Christ et le Christ va reprendre l'empire ! » C'est donc aux pieds du Christ qu'on ramènera les jeunes générations plus heureuses que leurs devancières, et c'est de sa bouche divine qu'elles entendront les paroles de vie que seul il possède et qui contiennent les principes de la grandeur et du bonheur de l'homme et de la société.

P. L. PÉCHENARD.

XIV

La Critique

Si l'homme juste, au témoignage de l'Écriture, pèche sept fois le jour, le savant au témoignage de l'expérience, se trompe non moins souvent. Sur cette échelle on peut calculer combien de fois pèchent ou se trompent, en un seul jour, ceux qui ne sont ni justes ni savants.

Le mortel ingénieux qui, ayant fait le compte de ses mésaventures intellectuelles, imagina le premier d'établir un contrôle méthodique à l'entrée de chacune de ses facultés et de n'y laisser pénétrer aucune information sans l'avoir examinée sous toutes ses faces, sans l'avoir interrogée consciencieusement sur son origine, son passé, ses moyens d'existence et le reste, celui-là, quel qu'il soit, doit être tenu pour l'inventeur avéré de ce que nous appelons aujourd'hui la critique.

C'est assez dire que l'invention ne date pas d'hier, ni même de ce siècle, encore qu'il ne faille pas la reporter trop près du berceau de l'humanité. Car il en est de l'humanité comme de chacun de nous. Jeunes, nous sommes tout entiers à l'enchantement de nos facultés qui s'ouvrent et se remplissent. Comment se remplissent-elles, de quoi est faite cette lueur qui nous ravit l'esprit, et de quoi cette beauté qui nous prend le cœur ? Nous ne songeons guère alors à nous en enquérir, ou nous n'y songeons que pour nous rasséréner davantage. Nous avons foi dans notre pensée, comme nous avons foi dans notre amour, parce que nous sentons, à l'ébranlement joyeux qui est en nous, que nous sommes faits pour savoir et pour aimer. Douter c'est vieillir.

La preuve en est dans ce XIXᵉ siècle, dont on ne peut pas dire assurément qu'il ait été, dans la vie de l'humanité, une étape de jeunesse, mais qui fut certainement, de l'aveu de tous, une période de critique. Jamais le mot ne retentit plus souvent, avec plus de fanfares et dans des lieux plus divers. Jamais la chose ne tenta plus d'efforts, n'encouragea plus d'espérances. Sans parler de la critique littéraire et de la critique d'art, qui, occupées plus spécialement à la surveillance de ce qui est beau, n'ont qu'un rapport d'analogie avec l'autre, avec la surveillance de ce qui est vrai, on citerait difficilement une section un peu importante des connaissances humaines qui n'ait mis sa gloire à introduire la critique chez elle, qui ne l'ait en quelque sorte installée à son foyer, sur l'autel domestique, comme un dieu tutélaire chargé de veiller à la sécurité de la famille par la conjuration des dieux ennemis. La philosophie eut sa critique comme l'histoire, comme la philologie, comme toutes les sciences d'expérience et d'observation. On la vit jusque dans les milieux qui semblaient le moins la réclamer, dans ce domaine des sciences mathématiques, où le contrôle se fait pour ainsi dire de lui-même, tant la lumière y jaillit de près, tant le raisonnement y subit la rigueur de lois immuables. Je ne suis même pas bien sûr qu'elle n'ait pas rôdé à certaines heures autour de la vénérable théologie.

Gardons-nous cependant d'appeler le xixe siècle le siècle de la critique. Ce serait du pédantisme. On l'a déjà appelé bourgeoisement le siècle des lumières : ne remplaçons pas les épices par la férule, M. Prudhomme par M. Petdeloup. A quoi bon, du reste, contrister pour si peu une foule de braves gens que la critique épouvante, sans qu'on ait tout à fait le droit de les blâmer? Je ne parle pas, bien entendu, de ces traînards de l'intelligence uniquement effrayés de la critique, parce que leur routine en perd ses aises ou leur dogmatisme son crédit. A contrarier cette espèce, plus d'un, parmi mes lecteurs, éprouverait sans doute moins de scrupule que de tentation, le désespoir des sots étant la joie du sage.

On voit bien aussi à l'autre bout de la longue théorie humaine quelques épuisés qui se rabattent languissamment, s'accusant d'avoir trop adoré l'idole nouvelle et confessant qu'ils ont pris le lamentable chancellement de tout leur être dans les débauches prolongées de la critique. Ceux-là non plus ne méritent pas d'être écoutés sans réserves, car il n'est pas clair que le vin dont ils sont ivres leur ait été versé par la critique, et l'on peut craindre qu'en fait d'idoles ils n'aient jamais adoré qu'eux-mêmes.

Mais à part ces courts d'esprit et ces déliquescents, qui n'a connu autour de soi des âmes fortes et saines en qui les entreprises de la critique moderne avaient jeté de sincères alarmes. Je ne voudrais pas faire le diable plus noir qu'il n'est ; il faut avouer cependant que les indiscrétions de cette police de la pensée n'ont pas toujours été aussi heureuses que hardies ; qu'elle a plus engagé de procès qu'elle n'en a conclu, et que dans certaines matières en particulier, dans ce qui touche à l'âme immortelle et à Dieu, les dénégations ou les suspicions dont elle a frappé les anciennes doctrines ne sont pas précisément de nature à réjouir ceux qui ont mis dans ces doctrines aimées toute la source de leur vie morale, la plus chère aux gens de bien, et la seule, à vrai dire, qui vaille la peine d'être vécue. A l'égard de ceux-là les ménagements ne sont pas seulement de convenance, mais de droit. Il y aurait injustice à les fatiguer d'un nom qui leur est odieux, à encenser devant eux une idée presque impie, sans l'avoir amendée préalablement par un bout d'exorcisme.

Malheureusement le métier d'exorciste est un métier dangereux, autant que difficile. N'arrive point qui veut à distinguer l'esprit malin d'avec l'autre, parce qu'il n'y a pas que le diable qui ait des cornes; ou si l'on y réussit, si l'on déloge le mauvais hôte, c'est en encourant sa vengeance et ses vertes répliques. Tel, qui s'employait tranquillement à la cérémonie, ne se doutant guère qu'il hébergeait en sa propre personne le même démon qu'il chassait dans les autres, s'est vu par lui drapé de la bonne manière, au point d'en laisser tomber le rituel. On conte à ce propos de fortes histoires qui, pour n'avoir pas passé par la critique, n'en sont que plus terrifiantes. Malheur à l'imprudent exorciste qui, avant de se mettre à l'œuvre, n'a pas scruté son cœur et ses reins !

Voilà pourquoi nous voudrions procéder tout d'abord à un sérieux examen de conscience. Et quand je dis « nous », ce n'est pas une façon figurée de dire « je », un moyen ingénieux d'échapper à ce « moi » qui exaspère toujours, lorsqu'il est prononcé par les autres. Il s'agit bien réellement de nous, de ceux sans exception, qui, dans les travaux où ils s'occupent, ont l'habitude courageuse de faire un peu de critique, y compris même ceux qui ont l'habitude moins fatigante de n'en pas faire. Le besoin de s'examiner est commun à tous, quoique tous n'aient pas également besoin de se repentir.

Déjà, dans ces derniers temps, un grand effort a été dépensé pour amener la critique à confesse, en compagnie de la science, son élève et sa complice. Mais soit que la tête du confesseur ne lui plût pas, soit qu'on tentât vraiment de lui arracher des aveux qui blessaient sa pudeur, la fière pécheresse s'est montrée récalcitrante. Ici on ne répond pas de la figure, mais confesseur et confessé ne faisant qu'un, l'on peut être sûr qu'il n'y aura pas excès dans l'accusation et que la pénitence sera douce.

*
* *

Pour commencer cependant, ne ménageons pas les aveux et convenons de bonne grâce qu'après plus de cent ans d'exercice la critique n'est pas encore parvenue à rédiger un formulaire précis, un code officiel qui permette à qui le consulte et le suit de ne jamais offenser la vérité. Quand on a dit à quelqu'un : ayez du bon sens, une grande liberté d'esprit, beaucoup de probité et travaillez de votre mieux, on lui a livré presque tout le secret du métier. Les quelques règles, d'ailleurs excellentes, qui se pratiquent en certains cas particuliers, ne sont elles-mêmes que des indications générales, qui dirigent heureusement vers le vrai, sans préserver infailliblement de l'erreur. Témoin les invraisemblables dénouements, où sont arrivés quelquefois, tout en croyant les suivre, des hommes sages entre les sages et jusqu'à ceux-là mêmes qui les avaient inventées.

Il ne faut pas se payer de mots. S'imaginer, comme cela se voit trop souvent, qu'il suffit de dire « critique, critique », pour être sauvé ; qu'il y a là un talisman qui éloigne toutes les mésaventures, une clef magique qui ouvre toutes les portes, un onguent merveilleux qui guérit toutes les plaies ; le croire et le chanter à tout vent, en enflant la voix, en regardant de haut la foule des petites gens qui écoutent la bouche bée, c'est peut-être de la bonne parade, ce n'est pas de la science. On pense en imposer aux autres, parce qu'on s'en impose à soi-même, et l'on n'aboutit, en réalité, qu'à faire la joie du charlatan d'en face qui, lui, tient magasin d'anticritique.

A parler exactement, la critique vaut surtout par celui qui l'exerce, de même qu'elle ne saurait prétendre à plus de certitude que n'en comporte l'ordre spécial de connaissances auquel elle s'applique. Vouloir tirer de chaque chose, en nature et en intensité, le même produit d'évidence, c'est se condamner à douter de tout, excepté peut-être de ce qui ne sert à rien. Je laisse de côté, pour le moment, les sciences religieuses, dont on dit beaucoup, dans le monde qui n'en use guère, que c'est une affaire de cœur où l'intelligence et partant la critique n'ont point de part; je ne songe qu'au nombre incalculable d'objets sur lesquels la raison et l'observation n'ont pas de prises immédiates, où il faut déduire, induire, conjecturer, mettre des fondement sur un sol qui ne tremble pas sensiblement, mais dont on ne touche pas le roc, et raisonner d'après des lois soigneusement vérifiées sans doute, mais dans la mesure d'un possible qui ne trouve jamais sa fin.

La situation de l'esprit humain est à ce point terrible que beaucoup, dans ce siècle, en ont perdu le sang-froid et se sont, comme on dit, jetés à l'eau par peur d'être mouillés. Aux uns, il a semblé qu'en fait de réalités existantes, une seule, celle du « moi », échappait à toute contestation parce qu'elle échappait seule à tout intermédiaire entre l'observateur et l'observé, entre le sujet et l'objet, et que, pour le reste, on n'était certain que de l'enchaînement logique des concepts et de la régularité apparente des phénomènes. Cela s'appelait faire la critique de la raison pure.

D'autres, moins universellement effrayés en se croyant du reste à l'abri sur le terrain des sciences dites positives, se sont contentés d'imaginer, à côté, une région de l'inconnaissable et d'y reléguer, comme rebelles aux atteintes de l'intelligence humaine, toutes les conceptions propres à l'ancienne philosophie spiritualiste, tout ce qui ne peut pas se résoudre en formule mathématique ou se matérialiser dans une expérience.

On pense bien que nous n'allons pas entrer en discussion avec ces théories radicales, quoiqu'elles se réclament du nom et marchent sous les enseignes de la critique. Soit infirmité originelle, soit qu'un vieux reste de philosophie démodée agisse en nous, la nécessité de s'enfermer dans le monisme kantien ne nous apparaît pas clairement, et nous croyons par ailleurs qu'il y a dans les éliminations préventives du positivisme quelque chose qui sent le système et réduit arbitrairement le champ de l'activité intellectuelle. Si ardues que soient les recherches proscrites, si éloignées qu'elles semblent de la portée de notre intellect, habitué à tout commencer par des sensations, et ne passant de la matière à l'esprit, de l'imparfait au parfait que par un défilé obscur et dangereux, il n'appartient à personne d'en déclarer l'accès impossible, et ceux-là ont sûrement commis une usurpation de propriété qui ont écrit à la porte du domaine spiritualiste : La science n'entre pas ici.

Une seule chose reste vraie, c'est que nulle part ailleurs la critique n'est chargée d'une surveillance plus compliquée, d'une opération plus délicate.

Son premier souci est de se trouver en présence d'opinions existantes, sans qu'on lui dise toujours au juste comment elles existent. Demandez au savant qui s'occupe de physique ou de chimie pourquoi il est admis que tel corps a telle composition, que tel genre de phénomène obéit à telle loi ; il n'aura, pour vous tranquiliser, qu'à répéter sous vos yeux la série d'expériences qui ont amené la découverte et répondent de la doctrine dont vous lui parlez. Le critique qui veut s'assurer de ce qu'on lui dit du monde immatériel, reçoit parfois des réponses moins décisives. Sans doute, lorsqu'on lui expose qu'il y dans l'homme un principe incorruptible et immortel, et qu'au-dessus de l'homme, comme au-dessus de tout, il y a un être infini, parfait, vivant, de qui nous venons et vers qui nous allons ; lorsqu'on ajoute que de ces deux faits jaillit la lumière qui dirige nos devoirs en éclairant nos destinées, son esprit ne plonge pas si avant dans les sens qu'il ne puisse s'élever à la perception de ce qu'il entend, et même en admettre la rigoureuse possibilité. Mais la difficulté n'est pas là, ou elle y est moindre. Le grand intérêt, comme le grand embarras du critique, c'est de savoir comment ces conceptions intelligibles se sont changées en convictions fermes, par quels moyens leur réalité objective a réussi à s'imposer à tant d'âmes et à de si diverses, les une d'élite et de savoir profond, les autres simples et sans culture.

Je sais bien que beaucoup de gens rassis ne voient pas là

tant de mystère. Ces idées, croient-ils, ont fait leur chemin, tout simplement parce qu'elles s'appuyaient sur de bonnes preuves. Les trouvant munies de sérieuses références, en possessions d'arguments persuasifs, l'intelligence humaine les a reçues comme elle reçoit tout ce qui se présente à elle dans les mêmes conditions, et il n'y a pas en cela plus d'énigme que dans l'acceptation d'un théorème sur les angles ou d'une théorie sur les gaz. S'imaginer le contraire, c'est créer le sphinx pour avoir l'honneur de le deviner.

Et pourtant le sphinx existe, et ce n'est pas de notre cerveau qu'il est né. Ces preuves, ces démonstrations qui auraient conquis de haute lutte l'assentiment de l'humanité, la critique a beau les examiner d'un œil attentif et impartial, les tourner, les retourner, prendre une à une et sous la loupe chacune des parties qui les composent, chacune des fibres qui les relient, il ne réussit pas toujours à se convaincre que les hommes soient uniquement arrivés à la persuasion par ces moyens, que ce soient des engins de ce genre qui aient enlevé toutes les hésitations et renversé tous les doutes. Sans aller jusqu'à prétendre que les preuves courantes ne possèdent aucune force démonstrative, tout en croyant même fermement le contraire, il lui semble manifeste que le meilleur de cette force n'est pas utilisable au commun des mortels, qu'il y a là trop de choses abstruses, trop d'arguments cherchés à ces profondeurs métaphysiques qui donnent le vertige et d'où l'on peut, du reste, à la faveur des ténèbres, ramener aussi facilement une sottise qu'une vérité, un axiome creux qu'un principe fécond. Au surplus, et si bonne mesure qu'il accorde à la puissance utilisable des démonstrations en usage, il croit s'apercevoir qu'elle ne répond pas toujours exactement à la puissance de conviction qui réside dans beaucoup d'esprits. Ceux-ci lui paraissent contenir plus de certitude que les arguments n'en peuvent verser, et c'est ce trop-plein qui l'intrigue, dont il aurait besoin de connaître la source, avant d'accueillir ou d'écarter les résultats d'une opération visiblement complexe.

Quand le critique est un chrétien, et tout spécialement un chrétien catholique, son envie est grande de sortir immédiatement d'embarras. La porte est à sa main. Persuadé, avec l'Église, que les principales vérités de cet ordre, l'existence de Dieu, par exemple, l'immortalité de l'âme, ont de fait pénétré dans l'humanité par voie de révélation divine, il explique avec aisance comment la conviction issue d'une pareille origine est restée sans rapport rigoureux avec des démonstrations étrangères dont elle ne sortait pas, comment, à l'aide d'une grâce surnaturelle, elle est même arrivée dans les âmes chrétiennes à cette fermeté absolue, à cette sérénité imperturbable qui défie les plus redoutables objections.

Tous les critiques, malheureusement, n'ont pas la foi robuste, quand ils en ont. Aussi bien, en raisonnant comme je viens de dire, ne fait-on que changer la question de place. On ne s'en délivre pas à perpétuité, et tôt ou tard sonnera le mauvais quart d'heure. S'abandonner entièrement à la parole divine est évidemment raisonnable, pour ne pas dire obligatoire ; mais encore faut-il être sûr que Dieu a parlé ; et comme ce n'est pas au critique qu'il s'est adressé, comme il y a des intermédiaires humains entre la parole divine et celui-ci, le voilà contraint d'examiner ces intermédiaires, d'apprécier leurs témoignages et de ne se livrer finalement à eux que dans la mesure qu'ils méritent. Or, c'est une rude tâche que celle-là, dans la complexité actuelle de l'érudition, et pour un critique qui, entendant son métier, prétend l'exercer avec sérieux et liberté. Lorque après mille efforts, après avoir triomphé de contradictions sans nombre, affronté des sciences de toutes sortes et terriblement armées, épluché des textes, rétabli des faits, rectifié des raisonnements, il se croira en droit de conclure sa laborieuse enquête, sa plus haute ambition sera satisfaite s'il a conquis cette certitude morale dont parlent les théologiens, qui suffit aux gens sages, mais ne triomphe de leurs dernières hésitations qu'avec un peu de bonne volonté de leur part.

En définitive, et quelque détour qu'il ait pris, ce que le critique retrouve devant lui, formidable et angoissant, c'est le problème de l'intervention de la volonté dans les jugements humains. Intervention légitime, je le reconnais, lorsque l'intelligence a préalablement achevé son œuvre et ne laisse à la volonté que le soin d'écarter des doutes sans importance, mais, en beaucoup de cas aussi, intervention singulièrement dangereuse.

Notre intention, est-il besoin de le dire, ne saurait être d'explorer en ce moment tout le champ de la philosophie spiritualiste ou celui des préliminaires de la foi chrétienne, afin de bien établir que dans chacune des convictions où elle est intervenue, la volonté n'a marché qu'à la suite et en conséquence d'une opération intellectuelle parfaitement satisfaisante. Les quelques pages dont nous disposons ici suffiraient à peine à engager la poursuite ; et c'est d'ailleurs l'affaire des philosophes de carrière ou des apologistes de profession.

Le plus pressé pour le critique est de se rendre un compte exact des dangers qu'il court en pareille occasion, et de se composer un état d'esprit qui le fasse moins exposé à leurs atteintes.

Si l'on n'avait, dans ce genre de critique, qu'à surveiller la qualité éclairante des démonstrations, à ne doser pour ainsi dire que la quantité d'évidence qui arrive à l'esprit par les preuves qu'on lui sert, la tâche, quoique pénible, n'aurait rien d'excessif pour qui jouirait d'une perception lucide et droite, d'une vue exempte de strabisme originel ou acquis. Assuré, dans ce cas, que la volonté qui attend n'entrerait en contact qu'avec une lumière incorruptible, on ne craindrait plus pour elle un faux départ ou un recul obstiné. Mais il y a des énoncés de doctrine qui envoient à l'âme humaine autre chose encore que de la lumière, qui, par la nature de leur objet, émeuvent, attirent ou repoussent, se logent en quelque façon dans la volonté, après un passage plus ou moins long dans l'intelligence. Il se fait alors en nous comme un double travail, où chaque faculté a son objet et ses intérêts, qui compromet la subordination obligatoire de l'une à l'autre et par suite rend très difficile à contrôler la rectitude de leur accord final.

Ainsi en est-il dans un grand nombre de nos prétendues connaissances intellectuelles. Il est si rare qu'une opinion, qu'une doctrine nous laisse complètement indifférent ! On dirait plutôt, à voir ce qui se passe autour de nous, qu'il se dépense dans les jugements humains plus de volonté que d'intelligence. Rien, en tout cas, ne saurait nous laisser moins indifférents que ces grands problèmes de l'ordre spirituel et moral, qui, suivant qu'on les résout dans un sens ou dans l'autre, peuvent changer toute l'orientation d'une vie, déranger toute la hiérarchie de nos appréciations, nous enlever ou nous imposer les plus lourds fardeaux, allumer ou bien éteindre devant nous les plus nécessaires espérances.

Entendons-nous, cependant. Je suis à cent lieues de prétendre que, pour donner de la sécurité à notre opération intellectuelle, il faille indistinctement écarter toute émotion qui viendrait s'y joindre, la traiter en ennemie irréconciliable, et si d'aventure son objet resplendit et échauffe, fermer les yeux à sa beauté souveraine et lutter contre les battements de notre cœur. Je suis persuadé au contraire que la vérité n'a pas de meilleure auxiliaire que cette émotion, parce que très souvent cette émotion est révélatrice de la présence du bien, et qu'en certaines matières, le bien c'est le vrai. L'humanité, croyons-nous, lui doit la conservation de ses meilleures convictions, comme aussi, hélas ! la conservation de ses pires erreurs. Car il n'y a pas que les grandes pensées qui viennent du cœur, et s'il est vrai, comme l'a dit Pascal, que le cœur ait des raisons que la raison ne comprend pas, il en a aussi que la raison ne comprend que trop.

C'est qu'en effet, pas plus que l'intelligence, la volonté n'aborde toujours son objet avec sa droiture native et dans la plénitude de sa santé naturelle. De même qu'autour de notre faculté intellectuelle, la ternissant en quelque sorte et la rongeant, se sont déposés des préjugés de toute sorte et venus de toute source, de la naissance, de l'éducation, de la fonction, de la nationalité, de la religion et du reste, de même il est arrivé à la volonté de se plonger dans tant d'eaux malsaines, de s'alimenter à tant de passions empoisonnées, qu'elle en a perdu en partie la saveur du bien véritable.

Qui les guérira l'une et l'autre ? Qui opérera sur elles un grattage assez profond pour que, sous les couches accumulées, reparaisse la pureté de leur origine ? Je ne connais, quant à moi, aucune recette qui s'applique à toutes les âmes, aucun instrument qui vaille dans toutes les mains. C'est à chacun à s'examiner, à s'ausculter, à fouiller hardiment et douloureusement dans les endroits les plus suspects, en s'animant de cette pensée que le mal connu est à moitié guéri. Pour ramasser ma pensée en deux mots, la critique de soi-même doit précéder et dominer toutes les autres.

On parle souvent d'hypercritique, entendant par là un certain excès dans l'emploi de cet art savant. Prise dans ce sens, l'expression, selon nous, ne répond à rien. La critique n'étant, au fond, que le jugement en exercice, on peut en manquer, on ne saurait en avoir trop. Il n'y a pas plus d'hypercritique qu'il n'y a d'hyperbonsens. Pratiquement, ce n'est là qu'un mot malveillant dont se servent, pour désigner la critique, les malheureux qui n'en ont pas. Mais si l'on y tient, mieux vaudrait le réserver à cette critique de soi, qui est en effet la plus haute, comme la plus difficile de toutes.

De celle-là, du moins, on ne peut pas dire que notre siècle l'ait cultivée avec excès, ni même qu'il lui ait fait porter autant de fruits qu'elle aurait pu. On doute de tout aujourd'hui et l'on ne songe pas à douter de soi. L'expérience que nous acquérons des défaillances d'autrui ne nous sert qu'à augmenter notre présomption, et la confiance en notre propre infaillibilité s'accroît de tout ce que nous retirons à celle des autres.

Le critique, lorsqu'il est sur son terrain, ne doit, il est vrai, s'en rapporter qu'à soi, à ce qu'il perçoit clairement, et quoi qu'on dise ou qu'on fasse autour de lui, se prononcer hardiment, sous la seule garantie de l'évidence personnelle. La science n'est qu'à cette condition. Seulement, il ne faut pas l'oublier, l'évidence vient vite à qui s'estime trop.

Et puis, si nécessaire qu'il soit, en beaucoup de sujets, de tout recommencer pour être sûr de quelque chose, lorsque pourtant les questions sont de celles qui intéressent les besoins généraux et permanents de l'humanité, qui la prennent pour ainsi dire aux entrailles, sera-t-il défendu de croire que des solutions heureuses ont été depuis longtemps trouvées et mises en réserve, qu'il y aurait profit par conséquent à se référer parfois à ce bon vieux sens commun, que l'on traite aujourd'hui en ancêtre radoteur, mais qui pourrait cependant, en l'entendant bien, donner encore de sages conseils ? Ce n'est pas toujours en soufflant les lumières voisines qu'on voit plus clair avec la sienne. Il faut le faire quelquefois, mais après avoir dûment constaté qu'elles faussent le jour plutôt qu'elles ne l'apportent.

En résumé, un peu de modestie ne gâte rien, et, pourvu qu'elle n'aille pas jusqu'à le paralyser, le critique avec elle ne s'en porte que mieux. Il s'agit ici, en effet, de descendre au plus intime de la conscience, de cette conscience qui, étant le point d'appui de toutes nos certitudes, demande à être explorée par la critique d'un œil plus lucide et d'une volonté plus impartiale. Or, la vue se trouble lorsque du fond de l'amour-propre monte une fumée d'encens qui pique les yeux, et bien des méfaits sont dissimulés, quand la tendresse du juge couvre un prévenu qui n'est autre que lui-même. Il y faut d'ailleurs rester longtemps à cette enquête intérieure, si l'on désire qu'elle aboutisse ; la retraite, pour être fructueuse, doit être prolongée. Or, les découvertes qui se font là ne sont pas toujours agréables à la vanité, et quand on en a beaucoup, on n'est pas long à se retirer d'un miroir qui ne revoie rien de bon, à sortir d'un sanctuaire où le culte s'évanouit dès que le dieu y est vu de près. Si paradoxal que cela paraisse, il y a des gens qui ne peuvent être aimés qu'à la condition de ne pas être trop connus, et notre moi est de ces gens-là.

Est-ce à dire qu'après cette opération sur lui-même, après cette remise en état des instruments qui lui servent, le critique n'aura plus qu'à entrer en action, certain de ne rencontrer désormais que la vérité au terme de ses efforts ? La réalité n'est pas aussi heureuse. Même dégagée de ses préjugés et de ses passions, l'âme humaine reste avec sa faiblesse, et cette faiblesse est d'autant plus sensible en la circonstance que le but est plus haut et les objets moins saisissables. Je ne crois pas faire une simple métaphore en disant que nos facultés spirituelles, alourdies par les sens, auraient ici besoin d'un ressort puissant qui les arrache en quelque sorte à leur propre poids et les élève jusqu'au niveau de leur objet. Des philosophes, qui certainement n'étaient pas tous allés le demander à Rome, ont pensé que ce ressort se trouvait dans la prière ; et l'on peut se ranger à leur avis, pourvu toutefois qu'on s'explique bien.

Il ne saurait être question de suppléer par la prière à l'insuffisance de la perception intellectuelle, de vaincre la volonté par un procédé oblique et de l'amener à composition sans l'avoir fait passer par le chemin éclairé, mais raide, des démonstrations. Il ne s'agit pas, en un mot, de créer la conviction en l'exerçant. D'autres, sans doute, pourraient dire si c'est là un moyen légitime pour arriver à croire ; il me paraît évident que ce n'en est pas un pour arriver à savoir. Or la critique, comme telle, cherche la science, non la foi. Lors donc que le chercheur est encore à se demander si l'idée qu'il a d'un Dieu, principe de tout être, de toute beauté et de toute bonté, répond effectivement à une réalité existante, la seule prière qui ne le mette pas en contradiction avec lui-même, c'est de s'élever par l'esprit à la contemplation sereine de cette réalité intelligible dont l'existence le préoccupe, d'aspirer doucement par le cœur à ce que la vérité, quelle qu'elle soit, descende enfin en lui, tandis que par ailleurs, plus bas, pour ainsi dire, il continue son travail acharné de raisonnements et de recherches personnelles, bien décidé à ne rien conclure que si la lumière lui arrive abondante et par des voies qu'il ait éprouvées. Ainsi entendue et étendue suivant les cas, suivant l'état plus ou moins avancé de nos connaissances, la prière n'apporte à la critique que des avantages. Sans rien lui ôter de sa clairvoyance et de sa liberté, elle l'établit dans cette paix tranquille et douce qui tempère les ardeurs et mûrit les jugements.

Il est à croire qu'en s'inspirant de ces principes, la critique du XIXe siècle serait arrivée, dans le domaine philosophique, à des résultats moins navrants, qu'elle n'aurait pas ébranlé des doctrines où la vie humaine trouve à la fois son charme et son frein, mis par terre des colonnes d'un temple respecté et arraché jusqu'à ses fondements. On la voit bien en ce moment occupée à fouiller fiévreusement dans ces débris, cherchant de ses yeux clairs et secs la place où élever l'édifice nouveau, qu'elle rêve moins débile et qu'elle appellera la Solidarité, à moins que ce ne soit d'un autre nom. Mais il semble qu'après tant de secousses, l'infatigable démolisseuse aurait mieux à faire que de continuer à s'agiter, qu'il lui serait plus profitable de s'asseoir un instant sur ces ruines attristées dont elle est l'ouvrière, d'en contempler douloureusement la désolation, et, après avoir tant usé ses yeux à regarder, de s'en servir un peu pour pleurer.

N'exagérons rien pourtant, et ne prenons pas les choses au tragique, si sérieuses qu'elles paraissent. Tout ce que la critique ébranle ne tombe pas. Il reste encore, malgré elle, beaucoup de vieilles idées qui ne sont pas toutes logées dans de vieux cœurs. Il y a encore des gens qui ne peuvent se décider à prendre ici bas toute la part de bonheur qui leur revient, ou qui répugnent, pour augmenter la leur, à prendre la part d'autrui. Dieu non plus n'est pas mort. Je crois même qu'à moins d'accident imprévu il nous enterrera tous.

**

Désireux d'en finir avec le côté pénible des aveux que nous avons promis de tirer de la critique, racontons brièvement comment cette surveillante trop rigoureuse à certains travaux de l'esprit s'est montrée pour d'autres trop indulgente, comment, après avoir péché par excès, elle a péché par défaut.

On le conçoit de reste. Ce qui arrivait à son contrôle avait l'air, cette fois, d'être si bien en règle, les déclarations relataient des produits d'une légalité si manifeste, que l'idée ne lui vint pas de faire ouvrir. Il n'était question là que de méthode scientifique, de rigueur scientifique, de donner enfin une base scientifique à des connaissances qui en avaient manqué jusqu'alors, à la psychologie, à la sociologie, à l'histoire, et même aux études d'art et de littérature. Dans les vapeurs capiteuses que lui envoyaient ces grands mots, la critique perdait un peu le sens : on grisait la douane pour la mieux tromper.

Tout cela, sans doute, pouvait sortir d'une source excellente, de ce besoin de précision et de logique, que la culture des sciences exactes a particulièrement développé à notre époque, et qui s'impose de plus en plus aux esprits. Ne voulant nuire à personne, je me garderai bien d'ajouter que cette origine de condition intellectuelle pourrait encore, chez quelques-uns du moins, s'être accrue d'une passion trop vive pour les nouveautés, d'une envie impatiente d'éblouir les contemporains et la postérité par quelque invention merveilleuse. Il y a ainsi, par le monde, beaucoup de ces Christophe Colomb, qui sont nés le lendemain de la découverte de l'Amérique, et qui ne peuvent s'en consoler.

Mais si l'on souhaite d'aller tout au fond des choses, d'atteindre le mouvement à son plus lointain point de départ, il faut se mettre en présence de la situation faite à certains esprits par leur renoncement aux doctrines qui jusque-là avaient eu la charge d'expliquer les destinées de l'homme ; il faut se représenter l'ambition toute naturelle chez eux de combler le vide laissé par l'absente, et à l'ancienne maîtresse des intelligences qui rêvait trop et disparaissait à chaque instant dans l'azur, de donner une remplaçante aux allures méthodiques et à la parole infaillible. Pour n'employer aucun mot qui blesse l'oreille, je dirai donc que nous assistons à une entreprise de substitution, tentée au détriment de la théorie spiritualiste par une théorie qui ne l'est pas.

On remarquera, en effet, que ces efforts divers convergent tous au même point, se concentrent en quelque sorte pour une opération unique : expliquer l'homme dans ce qu'il est et dans ce qu'il fait, rendre compte de l'humanité, de son évolution, de son histoire, sans y adjoindre comme autrefois, au-dessus, une puissance transcendante qui la domine et la gouverne d'après un plan impénétrable, au dedans, un principe exempt de détermination forcée, échappant par conséquent à toute prévision et à tout calcul rigoureux.

Le plus curieux de l'entreprise, c'est d'y avoir associé ce qui en paraissait le plus distant, je veux dire les productions de la littérature et de l'art, c'est de n'avoir plus considéré dans les chefs-d'œuvre radieux de l'imagination qu'un moyen de connaître l'homme et son milieu, l'auteur et son époque, et d'ajouter, en les rattachant l'un à l'autre par des causalités immanquables, un anneau de plus à la chaîne inflexible des destinées humaines. Triste labeur, en somme, et dont le plus sûr résultat est d'avoir arraché la critique littéraire et artistique à son occupation naturelle et charmante entre toutes, qui est la contemplation de la beauté intellectuelle. On l'a réduite ainsi à n'être plus que la contrôleuse du déterminisme, à s'habiller de formules rébarbatives, et de la plus jolie fille du monde on a fait un insupportable bas-bleu.

Ce n'est pas à dire que tout soit à dédaigner dans ces essais infructueux, et qu'un critique avisé, qui saurait couper aux bons endroits, ne garderait pas entre ses mains quelques morceaux de vérité. A regarder de près dans ces systèmes nouveaux, on en trouve peu qui n'aient pour amorce quelqu'une de ces maximes de sens commun, où la sagesse et l'observation de tous se sont donné rendez-vous, mais qui ne sont vraies qu'à la condition de rester un peu flottantes, et dont la vertu s'échappe quand on les presse. Dût-on blesser bien des amours-propres, il est parfaitement exact de dire que le meilleur dans ces systèmes n'est pas nouveau, et que leur côté vraiment original, c'est d'avoir réussi à chasser la justesse des idées en y mettant la rigueur, et à fabriquer des erreurs précises avec des commencements de vérité.

Il y a longtemps, par exemple, que l'imagination commune avait trouvé le mot juste pour désigner l'ensemble des hommes réunis en société : elle l'appelait le corps social. Mais de ce qui n'était pour elle qu'une expression figurée, une métaphore fondée sur une analogie, des chercheurs de science ont cru pouvoir se servir comme d'un terme propre, et traiter en conséquence l'objet caché sous le mot. Ils avaient l'air ainsi de travailler sur une matière organique, palpable. Ils faisaient de la biologie sociale, et de leurs travaux se dégageait comme un fumet de laboratoire, bien propre à rassurer sur leurs résultats pratiques. En réalité, ils opéraient dans le vide. Si intime que l'on suppose le rapport d'une société organisée avec un organisme unique et vivant, de si près que l'on amène le rapprochement entre les deux, jamais on n'arrivera à rendre le contact immédiat, à prononcer leur identité. Toutes les notions par conséquent que vous transportez de l'un à l'autre, perdront quelque chose de leur faculté d'application. Il restera une lacune, une fissure, par où s'écoulera toute la rigueur de vos conclusions. Vous n'aboutirez qu'à l'à-peu-près, ce qui est précisément le contraire de la science que vous ambitionnez. Vous croyez manier le scalpel, et vous essayez tout bonnement de prendre de l'eau avec une écumoire.

De même, ce n'est pas d'hier qu'on a dit que l'écrivain, l'artiste de la plume ou du pinceau, se peint dans ses ouvrages. A l'œuvre on connaît l'artisan, aimaient à répéter nos pères, et quelqu'un d'un peu plus hardi, mais qui n'entendait pas être pris à la lettre, est allé jusqu'à formuler cette maxime : que le style, c'est l'homme. Ce fut un mot malheureux. Partant de là, des gens logiques autant qu'audacieux se sont convaincus qu'en disséquant le style, on disséquerait l'homme, et qu'en démontant les phrases, on démonterait du même coup l'appareil cérébral d'où elles étaient sorties, avec l'avantage, en plus, de se garder les mains nettes. De fait, après un long travail de ce genre sur les œuvres de Victor-Hugo, sujet du reste excellent pour une telle opération, après un rangement méthodique et une classification étiquetée de toutes les pièces démontables, l'un des plus intelligents promoteurs du système parvenait à saisir au vif, dans l'organisme cérébral du grand poète, « la prédominance probable des éléments figurés du langage et de la troisième circonvolution frontale ». On n'est pas mieux payé de sa peine, et il y avait profit vraiment à rompre avec les errements de la critique antérieure, avec celle de Sainte-Beuve, par exemple, qui, tout entière au plaisir et à l'intelligence de l'œuvre, ne s'occupait de l'auteur que pour la mieux connaître et la mieux apprécier.

Malheureusement, on ne pense jamais à tout, même en cherchant la science. Ici, deux choses de conséquence furent oubliées. La première, c'est qu'en réalité, s'il arrive souvent à l'écrivain de se peindre dans ses œuvres, il lui arrive aussi souvent de s'y grimer, et qu'au lieu de rencontrer un homme derrière un style, on a des chances de n'y trouver qu'un masque. La seconde méritait encore plus de considération. Elle est dans ce fait observable que l'homme vrai, l'homme dans les qualités essentielles qui le font ce qu'il est et ce qu'il vaut, demeure impénétrable en dépit de toutes les manifestations esthétiques de sa pensée, et cela, tout simplement, parce qu'il ne s'y met pas, parce qu'il ne met là que son émotion, non pas l'émotion qui lui vient des choses mêmes, ce qui serait un précieux renseignement, mais celle qu'il se donne au contact de ses propres images et alimente de ses propres fictions. Voilà pourquoi on a vu des assassins faire des vers tendres, des impies faire des vers pieux, et des peintres, qui ne croyaient ni à Dieu ni à diable dont les madones et les christs sont à tomber à genoux. Tournez tant que vous voudrez autour d'un ouvrage littéraire, mettez tous vos yeux à bien scruter l'édifice du dehors, vous n'apercevrez pas autre chose de celui qui se tient dedans : il n'y a que son imagination qui paraisse à la fenêtre. Si vous jugez que c'est assez, livrez-vous sur elle à toutes vos analyses et à toutes vos dissections, mais persuadez-vous bien que ce que vous prendrez là finalement dans vos synthèses n'est pas de la science, mais une simple approximation de la réalité.

C'est ici, en effet, que je voudrais faire toucher du doigt la vanité d'un système qui aspire à devenir scientifique, et qui se trouve par nature dans l'impossibilité absolue de réaliser les conditions essentielles à toute science proprement dite.

Qu'il soit bien entendu cependant que ces considérations n'atteignent pas ceux qui étudient, sur l'individu, les manifestations diverses de la vie, ni ceux qui tentent, par la même voie, de pénétrer le mystère qu'on appelait autrefois l'union de l'âme et du corps, et qu'on décore aujourd'hui du nom de psycho-physiologie. Du moment que leur ambition se borne à atteindre les causes immédiates des phénomènes, et que leurs conclusions ne sortent pas des limites de leurs observations, la critique n'a rien à mordre. Ce sont de bonnes et utiles connaissances qui gagnent honnêtement leur vie, sans mettre d'orviétans à leur étalage.

Encore moins songeons-nous à ceux qui, par une tendance opposée ne s'occupent de l'homme et de ses actes que pour dégager ce qu'il y a d'universel en eux, qui éliminent de leurs concepts tout ce qui est déterminatif de l'individu ou même d'une catégorie d'idividus, dont les notions, par conséquent, quand on les applique en particulier, ne sauraient manquer leurs prises, puisqu'elles ne contiennent rien qui ne soit dans tous. Ainsi travaillait l'ancienne psychologie. Grâce à elle, on possédait un instrument à conclure qui ne poussait pas loin, mais poussait bien. Ce n'était pas de la science absolue, puisqu'à faillir une fois, elle n'aurait pas renversé les bases de la raison; mais c'était de la science sûre, parcequ'elle ne peut manquer jamais, sans que s'évanouisse en même temps l'idée de toute espèce.

De ce que nous étions hommes, on nous permettait de déduire que nous avions le droit de raisonner et le pouvoir d'aimer ; on ne nous apprenait pas encore pourquoi, étant Français du XIXe siècle, nous ne pouvions raisonner comme un Anglais du même temps, ni aimer comme un Romain d'il y a vingt siècles. La psychologie des races et des nationalités n'était pas encore faite.

Elle s'est faite depuis; et déjà s'est greffée sur elle une sociologie générale, qui, venue plus tôt, aurait épargné aux historiens beaucoup de recherches et de casse-tête. C'est un jeu d'enfant maintenant d'expliquer l'histoire des peuples et ce que nos pères, faute de connaître le docte mot d'évolution, appelaient vulgairement les révolutions des empires.

La race au dire de certains, rendrait compte de tout ; et, d'autre part, rien ne serait moins malaisé que de définir la race. Regardez les cheveux, les yeux au besoin, et mesurez le crâne, et l'affaire est au clair. Êtes-vous dolichocéphale blond ? Vous voilà par le fait homme d'initiative et d'énergie, tous les triomphes vous attendent, surtout si, par bonheur, vous avez de plus les yeux bleus. La nature, au contraire, a-t-elle fait de vous un brachycéphale brun ? Vous aurez de la sobriété, du bon sens même, mais il vous manquera le ressort nécessaire aux luttes pour la vie : vous serez mangé.

A la lumière de ce premier principe, tout marche à souhait. Voyez, par exemple, les Romains. Pourquoi leur fortune, longtemps si brillante, a-t-elle fini par décliner et disparaître, sinon parce que les dolichocéphales blonds, longtemps prédominants chez eux, ont été absorbés à la fin par les brachycéphales bruns, race inférieure, mais qui se venge en se propageant ? De même pour les Grecs. Quant aux Anglais, qui ont commencé assez petitement, mais dont la puissance grandit toujours, il n'y a qu'à renverser le système.

L'agréable dans ces découvertes, c'est qu'on n'a pas besoin d'y aller voir ; c'est qu'il est inutile de poursuivre tant de crânes et tant de cheveux, à travers tant de siècles et tant de pays. Ces choses-là se devinent d'elles-mêmes. Il faut bien songer du reste que la science pure a précisément pour effet d'abréger les longueurs de l'observation.

Moins simple, mais aussi moins fragile, est la théorie qui essaie de fonder la psychologie d'un peuple non seulement sur la race, mais encore sur le milieu, sur tout ce qui est censé concourir du dehors à développer ou à modifier les qualités physiques, intellectuelles et morales de l'homme. Des esprits puissants, comme Taine, se sont employés à cette tâche ; mais s'ils ont réussi à produire de grands effets de composition et de style, ils n'ont point, à l'égard du but essentiel, mieux abouti que les modestes inventeurs de l'autre système. Si fort qu'on soit, on ne terrasse pas l'impossible.

Or, l'impossible ici est de deux sortes. Il vient d'abord de ce qu'en pareille matière nul ne saurait élaborer des concepts qui soient un élément infaillible de déduction. Il vient ensuite de ce que dans la recherche des causes où l'on s'y livre, personne ne peut se flatter d'avoir épuisé toutes les possibilités et vérifié toutes les hypothèses ; c'est-à-dire que sur les deux chemins par où la science arrive d'ordinaire, nos nouveaux sociologues n'ont point d'accès. Entrons, pour chacun de ces points dans quelques explications.

Il suffit que vous ayez introduit dans un concept une façon spéciale de penser ou de vivre, un mode déterminé d'action ou de passion, pour en rendre l'application chanceuse aux individus, même à ceux du groupe qui vous a servi à le former. Si parfaites que soient les similitudes observées, il reste encore à compter avec la collaboration de la personnalité, avec les risques de l'individualisme, qui sont toujours grands, lorsqu'il s'agit d'un être vivant et spontané, pour ne pas dire d'un être libre.

J'entends bien affirmer par quelques-uns qu'il y a des cas où l'intervention de la personnalité n'est pas à craindre, où le principe individuel qui est en chacun se retire en quelque sorte de l'action et se tient coi, pour ne laisser agir en lui que les aptitudes générales, communes à d'autres, et que ce sont ces cas précisément qui sont matière à science et à concepts scientifiques. Ce serait à merveille, s'il y avait là autre chose qu'une abstraction de l'esprit.

L'homme n'est pas un maître Jacques qui, pour passer de cuisinier à valet de chambre, n'a qu'à changer de tablier et à troquer la casserole contre le balai. C'est un être inséparablement concret, un agent indissolublement uni à tout ce qu'il fait, qui sans doute n'opère pas avec toutes ses facultés à la fois, mais demeure dans toutes ses opérations, les dirigeant, les surveillant, et alors même qu'il semble agir comme tout le monde, communique cependant à son action, à sa pensée et à son sentiment un caractère qui lui est propre, une vertu sortie de lui seul et qui fait éclater tous les concepts où l'on essaie de l'enfermer.

De là l'imprécision de tant d'idées générales, formées à ces écoles de sociologie ou de psychologie spéciale. De là tant de jugements précipités, tant d'erreurs de détails causées par des vues d'ensemble trop bornées. Grâce à ces recherches aussi superficielles qu'ingénieuses, le monde est plein aujourd'hui de ces augures, qui n'ont besoin, pour vous connaître, que de savoir où vous êtes né et ce que vous faites, si vos pères ont taillé la vigne ou cultivé le ver à soie, habité la montagne ou la plaine, tourné le rouet ou monté un bateau, qui ont leur casier prêt pour tout jugement, leur formule assurée pour toute condition et tout personnage, et qui sont très surpris, lorsqu'ils rencontrent par hasard un professeur qui s'habille bien, un jésuite qui parle avec franchise, ou un Auvergnat qui ne vend pas de marrons. Heureux encore quand ces concepts mal faits ne servent pas de repaire à la haine, ou d'instrument à s'égorger ; quand par exemple, les mots de race et de nationalité ne prennent pas un tel sens qu'ils seraient mieux à leur place dans le vocabulaire des Cœurs-d'Alène ou des Nez-Percés !

L'impuissance à former des concepts vraiment scientifiques pour des faits déterminés de l'activité humaine, n'a d'égale que l'impuissance à trouver aux mêmes faits des causes générales et des lois fixes. La base manque. Il n'est pas un seul événement un peu important dont on soit en droit d'affirmer qu'on en saisit toute la causalité, où il ne soit toujours possible, à côté des causes réelles que l'on connaît, d'en supposer d'autres que l'on ne connaît pas et dont l'influence a pu tout aussi réellement s'exercer. Serait-on sûr d'ailleurs de tenir en mains toutes les efficacités qui ont agi sur un événement, qu'il resterait à trouver la mesure exacte suivant laquelle chacune s'y est employée, la part précise de collaboration qui lui revient, si, par exemple, c'est au génie d'un homme ou à la force d'une institution, à des circonstances de temps et de position géographique, ou à l'état des esprits et des mœurs, que les choses ont dû principalement de prendre telle tournure plutôt que telle autre. Or, sans ce travail préliminaire de distribution, il est impossible de tirer d'un fait la formule précise qui, en se répétant pour d'autres, arriverait à constituer une de ces lois générales et indéfectibles qui sont la condition essentielle et le couronnement glorieux de la science.

On s'est beaucoup égayé, dans ces derniers temps, de Bossuet et du plan divin si brillamment développé par lui dans le *Discours sur l'histoire universelle*. Son génie avait du moins pour excuse de s'être inspiré des données d'une révélation qui ne pouvait faire doute à ses yeux. L'excuse ici n'apparaît guère. Tout ce qu'on doit concéder, c'est que la banqueroute, puisque banqueroute il y a, n'est pas imputable à la science, car ce n'est pas la science qui tenait la banque.

Voilà ce que la critique, pour remplir son devoir, aurait dû dire plus souvent aux sociologues et aux philosophes en quête de la pierre scientifique. Elle a préféré se courber à de moindres labeurs. Dédaignant les sommets trop hauts pour sa vue qui aime à regarder de près, elle s'est enfermée dans la compagnie d'hommes à prétentions plus mesurées, chez ceux qui croient avoir assez fait pour l'instruction de leurs semblables, s'ils parviennent à rendre aux événements du passé leur exactitude rigoureuse et leurs responsabilités immédiates.

La critique en d'autres termes, a préféré à l'histoire des sociologues et des philosophes ce que je me permettrai d'appeler l'histoire des historiens, et aux bénéfices imaginaires d'une science problématique, les clairs profits de connaissances souvent certaines, et toujours instructives.

*
* *

Elle était là si bien chez elle! L'occupation que lui donnaient les gens de la maison répondait si parfaitement à ses goûts et à ses aptitudes!

N'ayant jamais tiré le canon de ma vie, ni encore moins inventé la poudre, il m'est difficile de décider si le flair de l'artilleur, dont on parle tant, est plus subtil que celui de la critique. Ce que je puis certifier, c'est la joie profonde du critique de tempérament à se trouver sur une piste, non pas de ces pistes marquées d'avance et qu'un fil rigide conduirait, mais de celles qui font l'honneur de celui qui les lève, dont les battues sont libres, qui ont çà et là leurs buissons creux, et d'où l'on rapporte souvent plus de fatigue que de gibier, mais qui ont aussi parfois leurs dénouements glorieux et leurs inscriptions triomphantes. Or, l'histoire est un champ ouvert à tous les exercices de cette nature. Son domaine immense et varié livre des pistes à toutes les spécialités du flair humain. La matière qu'elle exploite ayant disparu dans sa réalité objective, les hommes et les choses du passé n'existant plus, toute sa ressource pour en retrouver l'image est dans les traces qu'ils ont laissées derrière eux, dans les vestiges non effacés qui en restent. Ce sont ces vestiges de toute sorte que l'historien désigne à la sagacité de la critique, avec prière de lui dire ce qu'ils rappellent et où ils mènent.

Tantôt il lui met des textes sous les yeux, l'invitant à en constater le bon état, à en rechercher la provenance, à flairer la fraude quand elle s'y cache, voulant savoir d'elle tout ce qui concerne leur histoire, par quels manuscrits ils ont passé, les transformations qu'ils y sont subies, de quel plus vieux parchemin on les a tirés, ou sur quel plus ancien monument on les a pris. Tantôt il cherche à la hausser des textes aux personnes, soit qu'il ait besoin de connaître à fond les hommes, pour mieux juger de leurs témoignages, soit qu'ayant à les manier comme acteurs dans son drame, il soit nécessaire de ne rien ignorer de leur vie et de leur âme. Tantôt enfin il la jette à travers les fils rompus d'une intrigue compliquée, et la force à une dépense infinie d'intelligence et de patience, pour arriver à tout démêler, à tout rattacher, et sur la trame rétablie à faire sortir un dessin clair.

Tâches ingénieuses, comme on voit, mais d'un succès difficile où la critique, pour réussir partout, aurait besoin de tout savoir, d'être de tous les métiers et de toutes les compétences, experte en art autant qu'en écriture, en psychologie comme en archéologie et en politique, capable de se débrouiller dans un cœur d'homme aussi aisément que dans un vieux grimoire, et dont le travail n'aboutit souvent, comme ailleurs, qu'en se partageant.

Il faut rendre cette justice au XIXe siècle que jamais, avant lui, on n'avait vu l'histoire faire aussi souvent appel à la critique, ni la critique répondre à l'appel de l'histoire avec autant d'empressement et de bonheur.

Les gens qui se plaisent aux vastes conceptions et n'admirent que les grandes envolées, se plaignent bien un peu de la minutie des sujets que la critique et l'histoire couvent parfois de leur sollicitude attendrie. Ils voudraient que sortissent moins souvent de cette collaboration touchante de ces infiniment petits à peine saisissables à l'œil nu, et que sont seuls à connaître ceux qui les ont faits.

Mais la plainte, sauf exceptions, paraît excessive. Je ne lui opposerai pas la métaphore un peu fatiguée, suivant laquelle ces travaux minuscules seraient autant de pierres destinées à entrer un jour dans le grand édifice en projet. On me répondrait peut-être qu'une pierre n'est pas un caillou, encore moins un grain de sable. Je me permettrai simplement d'insinuer qu'avec le sable se fait le mortier, ce qui est bien quelque chose, en bâtisse comme en histoire. Pour peu qu'on soit du métier, on n'ignore pas combien ces humbles labeurs ont été utiles à de plus illustres, comment certains orgueils ne vivent que de la modestie des autres.

Aussi, est-ce plutôt un mérite et un honneur pour l'histoire d'avoir su attacher un groupe si choisi et si bien préparé de travailleurs à celle de ses tâches qui, pour être la plus obscure, n'en est pas moins la plus indispensable, je veux dire à la critique des textes. Sans nous perdre dans des énumérations qui seraient infinies, il suffit de comparer le *Liber pontificatis* d'un Duchesne ou d'un Mommsen avec celui d'un Bianchini ou d'un Vignoli, les éditions d'un Bouquet ou même d'un Mabillon avec celles que présentent certains volumes des *Monumenta Germaniæ historica*, pour mesurer le progrès réalisé, sur ce terrain, par la critique du xixe siècle. Nous n'en sommes plus au temps où l'on croyait avoir rempli tout son devoir en donnant pour fondement à son texte un ou deux manuscrits, pris un peu au hasard, et dont le plus vieux était toujours censé le meilleur. On n'en a jamais assez aujourd'hui, et à défaut de l'original qu'on n'est plus là pour recueillir tout frais des mains de son auteur, on s'ingénie à distinguer, dans les rejetons qui survivent, les moindres signes qui en rappelleraient la figure ; on note les différences et les ressemblances, et ainsi sont constituées des familles et des classes, d'où l'on s'avance le plus près possible de l'ancêtre commun.

Il est seulement à regretter, à notre point de vue national, que dans ce progrès incessant de la critique textuelle, la France n'ait pas marché du même pas, ni déployé la même ardeur que sa voisine d'outre-Rhin. La terre féconde qui avait enfanté jadis les Étienne, les Du Cange, les Sirmond, les Mabillon, les Montfaucon et tant d'autres, qui avait donné au monde le spectacle d'une érudition aussi étendue que précise, aussi profonde que discrète, s'est à la fin lassée de produire, et, volontairement, a stérilisé ses entrailles. S'il lui arrive encore parfois de donner en ce genre de l'excellent et même de l'exquis, parce que bon sang ne saurait mentir, le nombre manque et l'entrain général n'y est plus. Que l'on compare, pour s'en convaincre, le peu que nous avons tenté, dans ce siècle, sur les Actes de nos plus anciens rois, avec ce qu'ont accompli, en Allemagne, les Boretius, les Sickel, les Mühlbacher, à ne citer que quelques noms. Nous préférons nous occuper ailleurs, à des travaux plus éclatants ou plus immédiatement profitables.

Personne, assurément, n'est obligé d'admirer sans réserve tout ce que la critique allemande a élaboré depuis cent ans. Il y a là, comme partout, des qualités et des défauts, du bon et du mauvais, et c'est manquer soi-même de critique que d'accepter une opinion, parce qu'elle vient d'Allemangne, ou de la rejeter parce qu'elle n'en vient pas. Mais peut-être vaudrait-il mieux ne relever les défauts des Allemands qu'après avoir imité leurs labeurs, et ne censurer leurs ouvrages qu'après les avoir lus.

Tout le monde, je le sais, ne goûte pas également ces entreprises de correction et de restitution qui portent le trouble jusque dans des livres chéris, sur lesquels tant de braves gens ont fait de si beaux rêves, ou du moins dormi de si bons sommes. Il y a, de plus, les combatifs, ceux qui, à cheval sur des textes qui ne bronchaient jamais, avaient remporté mainte victoire en cet équipage, et qui brusquement se trouvent démontés. Volontiers ils dévoueraient aux dieux infernaux ces inspecteurs importuns, qui prennent sur eux d'envoyer toute cette belle cavalerie en réforme. Mais ce ne sont là que des accidents du genre gai, et l'on peut se contenter d'en sourire, quand les livres soumis à cette manipulation de la critique textuelle sont tenus par tous pour des œuvres humaines, et partant discutables.

Il en est d'autres..., mais ici ma main hésite, et mon cœur s'interroge, tant la lutte est chaude et les coups redoutables! Se tiendrait-on prudemment loin du champ de bataille et à distance respectueuse de la foudre, qu'il faudrait craindre encore les chocs en retour et les balles perdues. Il ne sera pas dit, cependant, qu'ayant à parler de la critique totale par devoir, j'ai omis de parler de la critique biblique par faiblesse.

De quoi s'agit-il, après tout, sinon d'appliquer aux livres de l'Ancien et du Nouveau Testament les mêmes règles et les mêmes méthodes que le critique emploie dans l'étude des autres ouvrages? Il est clair que si l'on prend d'avance pour thèse établie l'authenticité complète et la véracité absolue des Livres saints, la critique n'a qu'à se retirer d'un travail sans objet, à fuir une recherche dont on touche le but avant même d'être parti. Mais comme il est admis en apologétique que la foi chrétienne a des motifs de crédibilité qui se fondent sur la raison, et comme par ailleurs il est manifeste que l'authenticité et la véracité des Livres saints constituent l'un de ces motifs fondamentaux, force est bien de reconnaître à ceux qui s'en occupent le droit et même le devoir de s'établir, en leur présence, dans un état d'esprit strictement et loyalement scientifique. De là aussi, pour eux, le droit d'être jugés dans le même esprit que celui qui les guide, d'échapper par conséquent à des appréciations qui ne sont pas à leur place, lorsqu'elles ne portent pas d'abord sur la valeur intrinsèque des démonstrations, et n'atteignent les conséquences qu'en se dispensant d'examiner les prémisses.

J'ose croire que, dans cet exposé de méthode rationnelle, personne n'apercevra une ridicule prétention d'enlever à l'Église la faculté de se prononcer, en pareille matière et par ses organes autorisés, sur le caractère des conclusions que ses savants lui présentent au nom de la critique. Il ne faut prêter à qui que ce soit plus de folie qu'il n'en a, et quoique d'ordinaire on ne prête qu'aux riches.

Ce que je souhaiterais simplement de mettre en évidence, c'est la nécessité où l'on est, si l'on tient à se former une opinion équitable sur les hommes et leurs œuvres, de se porter à leur point de vue, reconnu d'ailleurs légitime, de ne pas se contenter d'examiner le produit à sa sortie, mais de regarder à l'intérieur de la machine, d'en étudier les rouages, l'alimentation, le fonctionnement. C'est plus difficile, je l'avoue. On ne se tire pas d'affaire sans être du métier, et le métier est ici compliqué, nourri de sciences diverses, dont quelques-unes abstruses et de long apprentissage. Mais c'est aussi plus profitable, plus instructif pour tout le monde

La science, à vrai dire, ne se trompe pas plus que la foi. Néanmoins, il est arrivé de temps en temps que ce que l'on prenait pour de la science n'en était pas; il est arrivé même que la science, quoique sans organe officiel, a pris l'initiative de déclarer qu'on l'avait inutilement compromise, en plantant son drapeau sur un terrain qu'elle n'avait point conquis. Grâce à ce recul volontaire, la guerre, qui se perpétuait à cet endroit entre elle et la révélation chrétienne, s'est trouvée du coup terminée, sans qu'on puisse dire pour cela que la paix ait été faite au détriment de la science.

La même chose s'est rencontrée du côté de la foi. Ceux qui

jadis condamnèrent Galilée ne doutait guère que sa théorie ne fût en opposition manifeste avec la Bible. On est convaincu du contraire aujourd'hui. La rotation de la terre ne trouble plus les admirateurs de Josué, et nul d'entre eux cependant ne songe à attribuer la pacification dont il jouit à un recul de sa foi. On se borne à distinguer avec plus de précaution ce qui doit rester parole divine, d'avec ce qui pourrait n'être qu'une interprétation variable des hommes.

Il y a donc profit pour les hommes de foi à regarder ce qui se passe dans la science, comme il y aurait profit pour les hommes de science à ne pas ignorer ce que pense la foi, ne fût-ce que pour éviter un divorce sans motifs. Je sais bien qu'il y a des divorces qui ont lieu parce qu'on se connaît trop ; mais il y en a d'autres qui ne se produiraient pas si l'on se connaissait mieux. Sommes-nous ici en présence du premier ou du second cas ? Ceux-là du moins ne peuvent hésiter qui ont sans cesse à la bouche et dans la conviction aussi, je pense, l'axiome célèbre, qu'entre la science et la foi chrétienne, il ne saurait exister d'opposition irréductible.

Pour tout dire cependant, l'excuse ne manque pas à ceux qui répugnent encore à franchir le seuil de la maison savante, où travaillent autour de la Bible des critiques de toute provenance et de toute religion. A regarder du dehors et à n'écouter que de loin, il semble que tout soit désordre et discorde à l'intérieur. Ce qui arrive à l'oreille du passant n'a rien d'un concert d'harmonie, et dans la rumeur confuse qui tombe des fenêtres, la seule chose qu'il perçoive est la stridence des répliques et l'éclat des soufflets. Aussi voit-on certains croyants se rassurer à ce spectacle, déclarer qu'il n'y a rien à craindre de ce côté, et de toute erreur de leurs ennemis se faire un oreiller pour leur propre paresse. Défions-nous plutôt des apparences et redoutons les mauvais réveils.

Le monde de la science n'est pas le monde où l'on s'embrasse. Quiconque y fréquente en sait quelque chose, et des festins qu'on vous fait là on rapporte plus de blessures à la vanité que de chatteries dans les poches. Mais en dehors des discordes partielles et à côté des défaillances de détail, que chacun du reste grossit à plaisir pour grossir l'honneur de les avoir combattues, il y a dans toute science, il y a même dans la science biblique des terrains d'entente, des résultats acquis pour tous, et qui ne sont pas tous rassurants pour la foi chrétienne, ou plus exactement pour certaines manières de la défendre. Si devant le public et dans la salle commune on se soufflette beaucoup, dans les coins on se traite mieux. Surveillons donc les coins, ou ne soyons pas trop durs à ceux qui les surveillent, quand ils le font sans indiscrétion et sans témérité. Ils n'ont guère besoin, du reste, qu'on abatte leur courage par le dehors. Certaines de leurs tâches y suffiraient, l'une d'elles surtout, qui leur est commune avec les autres critiqueurs de textes, mais a pour eux, comme je vais essayer de le faire voir, des difficultés plus grandes et une issue plus chanceuse. Elle s'appelle la recherche des sources.

Les historiens à qui la nature n'a pas ménagé la finesse et la patience, ne sauraient trop bénir certains auteurs anciens de n'avoir pas tiré de leur fonds tout ce qu'ils ont écrit, de s'être approvisionnés, sans le dire, d'idées et de récits pris à des sources diverses, et qui, si bien fusionnés qu'ils soient, n'en gardent pas moins, pour des yeux et des palais exercés, quelque chose de la saveur et de la couleur de leurs origines. Peut-être la vérité a-t-elle plus de peine à sortir de ce mélange que d'une eau claire, mais la critique y gagne en mérite et en honneur. Ce qu'elle rapporte alors de ses recherches laborieuses offre souvent un caractère d'imprévu qui charme l'esprit, et imprime à l'âme une secousse agréable, bien connue des chercheurs heureux ou qui croient l'être.

Ceux, par contre, qui n'ont pas toujours à se féliciter, ce sont les auteurs soumis à ce genre d'investigations, parce qu'en laissant voir leurs sources, ils perdent quelquefois tout leur crédit. Tel hagiographe, par exemple, qui se donnait des airs de contemporain et narrait des merveilles à la façon d'un homme qui les a vues de ses yeux ou entendues de ses oreilles, s'est trouvé pris en flagrant délit de plagiat, attribuant à son saint des miracles qu'il avait empruntés à un autre, fond et forme, portant encore sur lui la dépouille reconnaissable, d'un hagiographe plus vieux de trois siècles, et ne s'étant même pas donné la peine de démarquer le linge, de dissimuler l'étoffe, ni de changer la façon.

Simple coïncidence! pieux larcin! s'écrie-t-on, suivant qu'on désire garder les textes pour s'en édifier ou pour les exploiter. Plus positive et plus désintéressée, la critique répond aux uns que la piété d'un larcin n'en change pas l'espèce, et elle souhaite aux autres que jamais la main d'un voleur ne coïncide avec leur bourse. Inutile d'ajouter que je n'entends pas dire par là que tout emprunt soit une fraude, qu'il y ait malhonnêteté, quand on n'a pas été témoin des faits, à prendre à autrui ses témoignages et à les rattacher de son mieux. Coudre n'est pas voler. On ne fait même de bonne histoire qu'avec des sources bien disposées, l'autre n'étant que fantaisie. Ce qui, dans l'espèce, ruine uniquement l'autorité d'un ouvrage, c'est le transfert frauduleux du passé au présent, l'attribution par l'auteur à son propre héros de faits et gestes qu'il sait pertinemment n'avoir été accomplis que par d'autres.

Tout n'est pas un succès cependant dans cette exploration des sources. Lorsque l'exploiteur et l'exploité, le dérivé et son origine existent encore, lorsqu'il est possible par un rapprochement matériel des textes conservés d'en rendre palpable la filiation, c'est assez, pour aboutir, d'une érudition étendue et variée, avec, dans la mémoire, l'aptitude plus grande à réveiller un souvenir par l'autre, à faire écho à toute voix qui appelle. Mais des cas se présentent où il ne reste des documents originaux que ce qu'on a l'espoir d'en découvrir dans leurs dérivations.

Or, il faut une main bien experte et des instruments bien délicats pour réussir à dégager dans une composition, parfois très serrée, des éléments qu'on ne connaît pas encore, qu'on pressent plutôt qu'on ne les aperçoit. Il y a là un travail de chimie intellectuelle qui n'est pas sans danger, s'il n'est pas sans profit. Surprendre dans l'unité apparente d'un même récit ou d'un même discours, des divergences de vues, de style, de vocabulaire; mettre une fin en contradiction avec un commencement ou un milieu, ce sont certainement des procédés réguliers pour arriver à la distinction des personnes et des sources. Mais on ne parvient pas facilement à réunir des oppositions en masses concluantes, surtout si l'on tient compte de ce fait trop réel que l'homme n'est pas constamment d'accord avec lui-même, que sa pensée est mobile comme ses émotions, et qu'avec son état d'esprit change aussi son langage. C'est plutôt une affaire de tact que de calcul, et serait-on sûr d'être en bonne voie qu'il resterait à communiquer aux autres, pour les convaincre, la même subtilité de jugement. La difficulté devient presque impossibilité, lorsque, au lieu d'une distinction un peu vague, on tente d'opérer une division nette entre les éléments qu'on entrevoit, lorsqu'on s'emploie à les tirer à part, et à remettre, pour ainsi dire, chaque courant dans son lit. L'entreprise toutefois, pour être chanceuse, ne saurait être déclarée chimérique. On l'a vue réussir, et la découverte ultérieure de documents qu'on croyait perdus apporter aux divinations de la critique une éclatante confirmation.

L'embarras où se trouve la critique biblique, dans sa recherche des sources, est précisément de cette dernière sorte. Comme la hardiesse ne m'est jamais venue de lancer ma pauvre critique sur les textes du Pentateuque, je ne me sens pas de force à juger les tentatives qui se font, depuis un siècle, pour reconstituer les documents de date plus ancienne qui seraient entrés dans la composition de ces livres saints. Je ne croirai pas cependant être sorti de ma compétence si j'affirme, pour les bien connaître, qu'il y a des hommes appliqués à ce genre de recherches qui joignent à un grand savoir le culte respectueux de cette Bible qu'on les accuse parfois de mépriser, des savants dont l'âme est chrétienne à faire envie, et qui ne dédaignent certaines attaques trop cruelles, que par la persuasion où ils s'entretiennent, que les morsures de la conscience sont les seules dangereuses. S'il est des chrétiens assez inconscients pour s'employer, suivant l'heureuse métaphore de Sa Sainteté Léon XIII, à détruire de leurs propres mains les remparts qu'ils ont à défendre, il en est d'autres, plus clairvoyants et plus dévoués, qui demandent simplement qu'on ne s'établisse pas sur des positions mal choisies et trop faciles à emporter, qu'on ne s'attarde pas dans les réduits croulants, dans les ouvrages en l'air, dont l'enlèvement certain par l'ennemi ne peut que compromettre l'issue de la campagne, entraîner des déroutes sans ordre, ou des capitulations sans gloire.

Sur un terrain moins brûlant, quoique non moins disputé, la critique du xixe siècle s'est livrée à de fréquentes incursions et s'est attiré de nombreux ennemis. On l'accuse d'avoir porté une main sacrilège sur de braves légendes locales qui ne faisaient de mal à personne, tout en faisant du bien à plusieurs. Pour être entièrement juste, il faudrait ajouter que la profanation ne s'est pas compliquée, là du crime de nouveauté. Dès le xviie siècle, une troupe aguerrie donnait l'assaut au temple, et tirait sur les clochers. Sirmond, le grand Sirmond, fut même un jour blessé à la bataille. J'ai la balle dans mon tiroir. On doit surtout craindre, au train dont vont les choses, que la lutte s'éternise et que la trompette du jugement dernier surprenne les combattants sous les armes.

Rien qu'à entendre les appellations d'école critique et d'école traditionnelle qu'on se renvoie d'un camp à l'autre, on juge qu'il règne dans les esprits une certaine confusion, bien propre à prolonger sans profit la mêlée : comme si la tradition, pour avoir conscience d'elle-même, pouvait se passer du concours de la critique, et comme si la critique était en droit de négliger la tradition, quand réellement elle existe ! Existe-t-elle au cas présent, et ceux qui s'en réclament ont-ils raison ou tort ? La question, comme on voit, n'est pas longue, ni non plus, comme on le verra la réponse.

Dans l'endroit même où l'on parle le plus de tradition, c'est la tradition qui manque le plus ; j'entends celle à qui appartient le droit exclusif de porter ce beau nom, celle que l'on peut remonter, sans lacune grave, jusqu'au contact des faits et des temps d'où elle prétend venir. Pour les moins disgraciés de ces récits qui se donnent comme arrivant en droite ligne de l'époque apostolique, on parvient bien à les suivre à la trace jusqu'à l'entrée du viiie siècle ; mais une fois là, c'est le vide, c'est l'abîme, un vide de sept siècles, un abîme de sept cents ans ! Il n'y a pas d'oreille assez fine pour entendre, à pareille distance, les bruits de la rive opposée ; il n'y a pas d'ingénieur assez habile pour jeter, sans arches, un pont de cette longueur. Quelques-uns ont beau s'y employer de leur mieux, chercher à établir un passage à l'aide de raisonnements plus ou moins solides, ce qui passe par là est tout ce qu'on veut, sauf de la tradition. Encore moins sortirait-on d'embarras, en se rabattant sur ce qu'on appelle assez bizarrement la « possession ».

C'est bien quelque chose sans doute pour une opinion de s'être emparée d'un certain nombre d'esprits durant plusieurs siècles, et il ne m'appartient pas de blâmer ceux qui se contentent de penser comme on avait pensé avant eux et dans le même milieu.

Je parle ici en critique soucieux de n'indiquer, pour atteindre à la certitude, aucun moyen qui puisse défaillir. Or, avant de se faire un argument de la persistance d'une opinion, il faudrait être sûr qu'une opinion fausse ne peut pas persister aussi longtemps. N'est-ce pas le contraire qui est certain, et l'expérience du passé ne nous apprend-elle pas par cent exemples que l'erreur a la vie aussi dure que la vérité? Pour un peu, on irait jusqu'à se convaincre que la vérité a la complexion plus délicate, et se trouve en but à plus d'attaques mortelles. Ce n'est pas en histoire que possession vaut titre. Autrement, nous en serions encore aux contes du paganisme, et nous n'aurions pas ainsi le plaisir de nous demander aujourd'hui pourquoi les Limousins et les Manceaux s'enorgueillissent d'une conversion dix-neuf fois centenaire, et de quel droit on se vante du même honneur à Marseille et à Tarascon.

Jamais, par conséquent, une critique incorruptible ne permettra à des traditions de cette sorte de pénétrer dans le domaine des vérités acquises. Jamais elle ne leur donnera la garantie exigée pour circuler dans le monde savant, et, si l'on tient à pousser la comparaison jusqu'à ses extrémités, de telles valeurs n'auront jamais à la bourse officielle de la science, ni cote, ni cours. Ce sont de simples effets de famille.

Est-ce à dire qu'on récolte beaucoup de gloire à les déprécier, surtout quand on est un peu soi-même de la maison? Pour ma part, je ne me chargerais pas de conduire indistinctement au Capitole tous ceux qui ont en mains quelque dépouille arrachée sans peine à des légendes usées. Il me paraît qu'il y a là parfois des lauriers trop faciles à cueillir et qu'on s'y fait la réputation d'un esprit libre à trop bon compte, la plupart de ces opinions contestées n'étant pas de celles qui intéressent la foi commune et qui lancent la foudre à ceux qui les attaquent. On n'a même pas, pour stimulant, l'espoir de recueillir contre elles quelque chose de plus que ce que l'on a, c'est-à-dire en somme du négatif, un négatif puissant, c'est vrai, et qui suffit aux gens dont le siège n'est pas fait d'avance, mais qui ne convaincra jamais les autres.

Je fais exception, bien entendu, pour ceux que le cours de leurs travaux amène forcément en présence de quelqu'une de ces narrations suspectes, et qui, ayant à les juger, ne doivent pas craindre de les condamner. Il ne faut pas fuir le loup, quand on le rencontre et qu'on est brave. Je fais exception, en particulier, pour ces institutions d'utilité générale qui ont à leur charge d'établir le bilan de la famille légendaire, et d'apprendre au public ce qui, dans l'amas confus des pièces qu'on lui offre, mérite ou non sa créance.

J'en connais une, au moins, qui ne ménage à cette fonction ni sa peine, ni son jugement. La maison est de vieille noblesse scientifique. Depuis trois siècles, sauf l'interruption imposée par une catastrophe de famille, on s'y occupe sans relâche comme sans peur de séparer le vrai du faux dans les annales de la sainteté, de retrouver la physionomie réelle des saints sous les peintures maladroites dont trop souvent on les couvre. A voir les murs enfumés qui abritent ce savoir laborieux, à pénétrer dans ces salles boiteuses où siègent les artisans de cette trame séculaire qui ne finira peut-être jamais, ou qui ne finira que pour recommencer, dans l'encadrement poudreux des livres énormes où sommeillent tant de légendes gracieuses ou terribles, et lorsque à tout moment on s'attend à voir surgir devant soi l'ombre rajeunie de l'ancêtre Bollandus, l'âme est prise d'une émotion virile et douce en présence de ce contraste saisissant d'idées très jeunes et de formes très vieilles, et l'on envie cette forte race en qui la fixité de la foi n'arrête pas le perfectionnement de la pensée.

Le miracle, dans cette sage école, n'est rejeté que quand il n'est pas prouvé. N'ayant pas encore découvert le principe qui l'exclurait *a priori*, on se borne à surveiller de près la naïveté humaine et parfois son contraire, à ouvrir d'autant plus les yeux que le récit contient plus de merveilles. Mais ce n'est pas dans un tel milieu, je le sais, qu'on se persuadera jamais que la critique ne saurait errer du moment qu'elle est destructive, et qu'on témoigne de plus de coup d'œil en voyant des falsifications là où il n'y en a pas, qu'en n'en voyant pas là où il y en a. Rien de moins blâmable assurément que d'écarter tout ce qui paraît impossible, mais à la condition de ne pas tirer des impossibilités de toutes les lacunes de sa propre science. Pour nier beaucoup, il faut beaucoup savoir et des choses de toute sorte. Il faut en outre savoir ce que l'on vaut, et ne pas se croire tout parce qu'on est quelque chose. Tel qui ne manque aucune lettre dans un manuscrit brouillé lirait mal dans les astres, et quand on est taupe, on ne doit pas faire l'aigle. Cela s'est vu pourtant dans notre siècle mais ce n'est pas à Bruxelles.

Si les limites imposées à cette étude lui permettaient d'être complète, il y aurait maintenant à considérer la critique concourant avec l'histoire à la mise en œuvre des documents, l'aidant à recomposer le passé dans des travaux d'ensemble et sous une forme à la fois précise et vivante. Mais ce serait prendre la part de celui qui doit, dans cet ouvrage, narrer la fortune de l'histoire au xix° siècle.

Tout le monde sait du reste à quel point on se pique aujourd'hui de ne travailler que sur des documents copieusement réunis et minutieusement étudiés, quelle est la fierté de l'historien actuel lorsqu'il parvient à se hisser, dans le haut de ses pages, sur un piédestal de textes et de références plus grandiose souvent que la statue. Les délicats se plaignent bien un peu de cette architecture qui n'a rien de flatteur à l'œil; mais les autres se réjouissent de tous ces textes, pourvu que leur compilateur les ait lus et qu'ils servent à quelque chose. Il arrive, en effet, qu'à force d'amonceler des documents, le temps manque pour les examiner, pour les presser et en tirer tout le suc. Je connais des érudits modestes qui ont ainsi ramassé de ces oranges qui avaient passé par beaucoup de mains, et qui s'en sont rafraîchis à leur soif ; car à petite soif, petite bouteille suffit.

Non moins fâcheux est le sort de l'historien qui, ayant les pièces sous les yeux, lit en quelque sorte à côté, dans sa passion ou son imagination. Ce fut le défaut de Michelet dans ses mauvais jours, et ce sera éternellement le défaut de ceux qui ne se défient pas de leur sensibilité. Au rebours de ce qui se passe dans la photographie, plus l'imagination est vive et sensible, plus il est nécessaire de la tenir longtemps et fermement devant l'objet. A cette condition l'histoire, même animée et brillante, peut continuer d'être objective.

Volontiers certains critiques défendraient à l'historien d'être en même temps un artiste, et transformant en défauts les qualités qu'ils n'ont pas, émettraient cet axiome, qu'on ne peut être ému sans cesser d'être exact. On a vu cependant des grands peintres qui réussissaient des portraits ressemblants, et des rapins sans imagination qui ne parvenaient pas. Quand on se surveille bien, on ne dénature pas plus une vérité à l'embrasser de toutes ses facultés qu'on n'altère un objet à le regarder de tous ses yeux. Personne n'a jamais été mangé des yeux que par métaphore. Laissons donc ceux qui en ont mettre un peu de leur âme dans ce qu'ils racontent; c'est quelquefois ce qu'il y a de plus vrai dans leur histoire.

En commençant cet examen, nous avions promis d'être indulgent, et il se pourrait qu'on nous accusât d'avoir été trop sévère. Nous sommes convaincu néanmoins que la critique, lorsqu'elle s'est conformée à sa propre définition, lorsqu'elle est restée dans sa sphère et avec ses moyens, a fait dans ce siècle de la bonne et utile besogne, et qu'au lieu de s'opposer à ses conquête légitimes, on rendrait plus de services à s'intruire de ses méthodes et à les appliquer. S'il fallait regretter quelque chose, c'est que trop d'esprits restent encore inaccessibles à ses atteintes, et que la crédulité générale se soit plutôt déplacée qu'amoindrie. On doit aussi regretter que la critique n'ait pas tâché de s'introduire à l'endroit qui en a le plus besoin et qui s'en passe le plus, dans le journal, qui est pour le grand nombre la source de toute science et la garantie de toute opinion. Mais pouvait-elle espérer d'être accueillie parmi des gens forcés d'écrire vite et soucieux de frapper fort, elle qui vit d'informations lentes et de sereine impartialité ?

Formons-en le vœu, malgré tout, pour finir; puisque aussi bien, comme on le dit communément, quoique un peu diversement, c'est la dernière goutte qui porte bonheur.

A. LAPOTRE.

XV

La Philosophie

La philosophie est l'œuvre la plus haute de la raison humaine. Elle est très supérieure à toutes les autres manifestations de la puissance intellectuelle dont nous sommes naturellement doués. C'est l'aînée de toutes les sciences ; c'est la plus semblable à leur commune mère, à la faculté de raisonner, de savoir. Raison et philosophie sont presque synonymes. Quand il s'agit des principes fondamentaux de la connaissance, — sujet et objet, évidence, certitude, vérité, — la philosophie est indispensable à la raison qui sans elle, et recourût-elle d'ailleurs aux sciences physiologiques et anthropologiques les plus développées, ne parviendrait jamais à s'expliquer à elle-même ni ce qu'elle connaît, ni dans quelles conditions, ni avec quelles garanties.

Par une saine et solide philosophie, la raison approche, aussi près que sa nature le lui permet, de l'intelligence divine, de la sagesse infinie. Par une vraie philosophie, elle peut remplir le rôle de *pédagogie* ou d'introduction providentielle à la foi surnaturelle, comme le disaient si volontiers les premiers Docteurs de l'Église grecque : car elle peut établir avec sûreté, avec clarté, les préliminaires théoriques, historiques et moraux de la croyance à l'Évangile. Elle peut ensuite contribuer largement à l'exposition scientifique des mystères révélés ; et les Docteurs de l'Église latine, à leur tour proclament très ouvertement que la philosophie est l'indispensable auxiliaire de la théologie.

Mais quand elle est vacillante ou faussée, elle devient fatalement la pire ennemie de la foi et de la raison même. Il n'y a pas de plus dangereuse corruption que la sienne dans le monde intellectuel et scientifique ; et le bon sens a infiniment plus à redouter de la sophistique, de la *pseudognose*, que des erreurs de la physique ou de la chimie, de la mécanique ou de la biologie. La fausseté philosophique tend nécessairement à devenir le vice pratique ; une métaphysique mensongère se tranforme bientôt en immoralité, en irréligion, en révolution sociale. L'histoire des idées d'un peuple ou d'une époque s'identifie avec l'histoire de leurs bonnes ou mauvaises mœurs.

Le xviiie siècle s'était targué d'être plus *philosophique*, plus raisonnable, que tous les siècles précédents, que tous les siècles chrétiens surtout. La doctrine enseignée et pratiquée par l'Église lui semblait le principal sinon l'unique obstacle au complet épanouissement de l'humanité. Bacon et Descartes n'avaient pas eu de plus grand mérite, à son dire, que d'avoir secoué le joug de l'autorité, — non seulement de l'autorité d'Aristote devenue une façon d'épouvantail ridicule dont on triomphait avec une joie enfantine, — mais de toute autorité biblique et théologique, soit catholique, soit protestante. Le succès de cette rébellion dépassa de beaucoup les ambitions et les espérances des *philosophes* et des *encyclopédistes*, des *incrédules*, et des *libertins*, — nous disons maintenant des *libres penseurs*. Sous leurs assauts croulèrent les antiques écoles épiscopales, monastiques, universitaires, qui avaient scientifiquement et politiquement construit l'Europe. Leur ruine entraîna celle des législations et des institutions les plus fameuses, les plus solides en apparence. *Le siècle de la raison et de la philosophie* finit par l'adoration, en maints sanctuaires profanés, d'une très humaine et très matérielle *déesse Raison*. Les commotions et les bouleversements de la France se communiquèrent au reste du monde par ses armées, de même qu'autrefois son scepticisme et son impiété par ses livres et ses pamphlets.

Le xixe siècle se présentait donc comme l'héritier fortuné d'un immense trésor de liberté intellectuelle, d'indépendance philosophique, d'autonomie politique et morale. Il serait évidemment dans l'impossibilité d'épuiser jamais tant de ressources ; et il les augmenterait bien plutôt par son heureuse et constante occupation de penser, de vouloir et d'agir en toute plénitude de raison. Cet horoscope glorieux s'est-il vérifié ? Le siècle préparé à de si grandes destinées par Helvétius et d'Holbach, par Diderot et d'Alembert, a-t-il fait régner sur les hommes une bienfaisante et pure raison, une sagesse inconnue aux âges précédents et révélatrice d'une foi, d'une paix, d'une joie, que l'Église leur avait en vain annoncées et promises? Au milieu des agitations et des querelles philosophiques dont il a été rempli, a-t-il du moins senti le souffle de Dieu passer au-dessus de ses chaires et de ses académies? A-t-il du moins vu l'aurore de l'éternelle vérité percer les ténèbres qui ont si longuement et si douloureusement assombri son horizon et son ciel; Et tout à l'heure en s'évanouissant dans l'abîme du passé, laissera-t il au xxe siècle plus de sagesse qu'il n'en avait reçu du xviiie?

***

1800-1814

Le matérialisme des *encyclopédistes* et des *médecins*, le sensualisme des politiques, des lettrés et des artistes, l'utilitarisme des économistes, inspiraient à peu près complètement ce qu'il y avait encore de philosophie en France, au premier jour du xixe siècle. Le stoïcisme superficiel et factice des Girondins, le douteux et froid théisme de Robespierre, l'étrange théophilanthropie de Larevellière-Lépeaux, n'avaient pu tenir contre l'épicuréisme du Directoire. Quelques rares acclésiastiques, par exemple M. Émery, avaient gardé assez de sérénité pour étudier encore Descartes et Leibniz, au milieu des dangers et des persécutions. Ceux qui s'étaient réfugiés en Angleterre, ou bien s'y retrouvaient en plein cartésianisme, ou bien commençaient à s'y familiariser avec la philosophie descriptive de l'école écossaise, ou peut-être aussi avec la morale du sentiment, de la sympathie, prônée par Adam Smith. Au delà du Rhin, nos émigrés rencontraient le mysticisme de Jacobi, le piétisme des Frères Moraves, le gnosticisme superstitieux des francs-maçons, des mesméristes, de Cagliostro: et c'était pour quelque-uns de ces esprits légers qui ne voulaient être ni matérialistes, ni cartésiens, ni catholiques, une sagesse d'autant plus agréable qu'elle était peu gênante pour leur conscience habituée à beaucoup de facilités. D'autres faisaient connaissance avec la nouvelle doctrine de Kant, et devaient lui servir d'introducteurs et de propagateurs zélés lorsqu'ils rentreraient en France. Au delà des Alpes, l'intuitionisme de Malebranche, adouci par le docte cardinal Gerdil, obtenait alors quelque faveur. En Espagne, en

Autriche, en Belgique, dans l'Italie méridionale, les facultés de théologie, les séminaires épiscopaux, les scolasticats religieux, s'il en était encore que la révolution et la guerre n'eussent pas fermés, conservaient les doctrines scolastiques du moyen âge, celles de saint Thomas d'Aquin ou de Scot, de Gilles de Rome ou de saint Anselme, mais généralement affaiblies par un excès de subtilité, mélangées souvent d'éléments cartésiens, et surtout dépourvues de connaissances suffisamment exactes en matière de sciences physiques et naturelles. Aussi l'apologétique elle-même se montrait incertaine et sans vigueur, ne sachant ou n'osant plus emprunter à la méthode traditionnelle les vrais moyens de conduire à la foi et de la défendre.

Et pourtant la raison était lasse du joug honteux et accablant de la fausse philosophie. Une réaction se produisit d'abord contre l'*idéologie* sensualiste de Destutt de Tracy ; contre la physiologie matérialiste de Cabanis, de Pinel, de Bichat ; contre la phrénologie naturaliste de Gall, de Spurzheim, de Broussais ; contre le transformisme audacieux de Lamarck ; contre le fatalisme et le fanatisme impie de Maréchal, de Naigeon ; enfin contre la célèbre *Décade philosophique* de Ginguené. Une protestation timide à ses débuts, mais persistante et de jour en jour plus forte, plus autorisée, s'éleva en faveur du spiritualisme et de la morale honnête dans l'école de Laromiguière, de Maine de Biran, d'André-Marie Ampère, de Gérando et de Royer-Collard. Avec eux, l'intelligence reprend conscience de sa spontanéité, de son effort, de sa résistance au monde matériel et aux passions. Elle se sait capable d'action interne et de motion externe ; capable de contre-balancer et de vaincre, sinon toutes les impressions du dehors, du moins celles qui tenteraient de forcer le sanctuaire de la libre volonté. C'est assez que le corps, que la sensation, subissent passivement les mouvements physiques du milieu ambiant : l'âme et l'intellection échappent finalement, si elles le veulent, à cette influence matérielle et fatale. Elles appartiennent à une tout autre sphère d'attraction, à celle de l'esprit infini et divin dont elles retrouvent la notion scientifique par un procédé surtout psychologique, réductible cependant à l'antique démonstration de l'existence de Dieu par le mouvement, soit matériel, soit principalement spirituel et moral.

Parallèlement à ce retour théorique vers la saine doctrine spiritualiste, il s'en produisait un autre plus remarqué, plus universellement efficace, et cependant moins important en soi parce qu'il était surtout d'ordre esthétique et sentimental, conduisant à l'éternelle beauté plutôt qu'à l'absolue vérité et bonté. C'était le réveil de la poésie chrétienne dans les œuvres de la Harpe, de Fontanes, de Chateaubriand ; la renaissance de la délicatesse et de la douceur d'âme dans les *Pensées* de Joubert. Il faut bien le reconnaître, malgré quelques affinités avec la rêverie maladive de Rousseau et de Young, avec le mysticisme de Jacobi et le genre maniéré des lakistes, le *Génie du christianisme* fut une sorte de coup de théâtre, des plus émouvants et des plus retentissants. L'horreur de la révolution, les tristesses de l'exil, la nostalgie du mystère et du surnaturel, y trouvaient une expression vive et très poignante. Les « raisons du cœur » dont parle Pascal, et que « la raison ne connaît pas », y abondaient et y prenaient une intensité qu'elles eurent bien rarement ailleurs. Le siècle naissant, qui devait être une époque de raison et rationalisme, s'en éprit soudain par un de ces contrastes qu'on remarque souvent dans l'humanité, et qui servent d'instruments à la grâce divine pour ses œuvres de miséricordieuse régénération au lendemain des siècles corrompus. N'étaient-ce pas déjà la beauté métaphysique de Dieu et de sa révélation, la beauté morale du Christ et de son Église, qui avaient ému la civilisation gréco-romaine perdue de richesses et de plaisirs, et qui avaient préparé sa merveilleuse conversion au christianisme ? N'étaient-ce pas elles qui, plus tard, avaient séduit l'âme neuve des tribus germaniques et slaves, et transformé leur indomptable rudesse en un chevaleresque amour de tout ce qui est faible et sacré sur terre ? Chateaubriand fit précisément revivre les souvenirs et les sentiments de cette chevalerie, et par là même, dans une multitude d'esprits, ces dispositions morales et affectives qui sont à leur rang des préliminaires de la foi. Ordinairement on ne raisonne pas juste sur les choses de Dieu et de l'âme, quand on n'a pas le cœur pur ; et quand on ne raisonne pas juste pour ce motif, on est presque toujours fort éloigné de consentir à croire ce que Dieu révèle et ce que l'Église enseigne. A ce point de vue, le *Génie du christianisme* n'est pas un hors-d'œuvre dans la philosophie du xixe siècle ; et le nom de

Chateaubriand peut être logiquement rapproché de celui de Biran, « notre maître à tous », comme disait Victor Cousin.

L'abbé Frayssinous commençait, dès 1803, à faire pénétrer l'esprit rénovateur dans l'apologétique elle-même, par ses conférences de Saint-Sulpice pour la défense du christianisme. S'il a été de beaucoup dépassé par les conférenciers de Notre-Dame, il a du moins eu le mérite de seconder, dans la mesure alors possible, le mouvement philosophique et le mouvement esthétique providentiellement dirigés vers une métaphysique franchement chrétienne, dont il ne pouvait encore être question au milieu des agitations et des colères tragiques de l'Empire. On aimerait à pouvoir dire que Napoléon et son entourage accordaient quelque faveur à ces hommes savants et bons qui s'efforçaient de reconstruire la société française sur les bases d'une raison et d'une morale honnêtes. Mais la cour, le maître surtout, ne supportaient pas les *idéologues*, les membres de la *réunion d'Auteuil*, récemment transférée à Paris. Si le poète Fontanes et le jurisconsulte Portalis échappaient à cette malveillance, c'est que leurs services politiques faisaient oublier leur spiritualisme d'ailleurs peu militant. L'empereur redoutait la philosophie pour son trône, pour ses lois, pour son organisation politique de l'Europe ; mais il ne savait pas où était son véritable ennemi, et on l'eût bien étonné en le lui montrant, non pas à Auteuil ou à Paris, non pas en Suisse ou à Rome, mais bien plus loin, à l'extrême nord de l'Allemagne, dans cette contrée où Friedland, Eylau, Tilsitt, témoignaient si haut de sa gloire. Là se trouvait le foyer de libre pensée, d'idéologie, qu'il aurait dû craindre par-dessus tout autre, car on y préparait pour la France napoléonienne, et pour l'esprit humain lui-même, un incendie mille fois plus terrible que celui de Moscou.

Un vieillard, cantonné depuis soixante ans dans la bonne ville et dans son université de Kœnigsberg, achevait, en 1803, par son *Traité de pédagogie*, une œuvre de réforme philosophique entreprise dès 1770 et conduite avec une persévérance et une habileté singulières. Emmanuel Kant ne voulait pas être ouvertement panthéiste ni matérialiste : il prétendait n'être pas formellement athée ; il exigeait une morale et une religion pour la vie sociale. Mais il ne supportait aucune loi, aucune autorité, fût-ce simplement celle d'une vérité objective, extérieure, abstraite. Songeait-il à flatter la passion effrénée de ses contemporains pour l'indépendance et la liberté en tout ? On le croirait aisément. Ce qui est sûr, c'est que jamais personne n'a imaginé un système d'affranchissement intellectuel aussi radical que le kantisme. Il se garde bien de vouer hautement l'humanité au panthéisme, au pancosmisme, au monisme : elle y perdrait son autonomie. L'évidence et la certitude ne viendront pas s'imposer à elle du dehors : la science qu'elle acquerra sera bien à elle, ne procédera que d'elle. Serons-nous donc sceptiques et livrés aux souffrances du doute? Non pas. Kant nous procure un dogmatisme parfaitement autonome, où le *moi* humain joue le rôle de centre et sert de support aux principes théoriques et pratiques, aux déductions et inductions sans fin, voire à Dieu s'il existe. La garantie des connaissances relatives à ces innombrables objets, c'est encore et toujours la raison. Elle est peut-être leur vraie source objective, s'ils sont réels. Rien ne doit être affirmé quand elle le nie ; rien ne doit être nié quand elle l'affirme. Elle est la règle et la mesure de la vérité. Elle est esprit, capable de science et de moralité parce qu'elle le pense et le veut. Dieu lui paraissant indispensable pour compléter le système et le cycle de ses concepts, pour donner vie et force à ses aspirations, elle décrète qu'il est, en proportion du besoin qu'elle a de lui. Le bien et le beau, le droit et le devoir, sont pareillement le résultat de ses affirmations. Son but suprême est sa propre perfection. Son unique obligation est d'obéir à l'impératif catégorique résidant et se manifestant en elle. La politique et le gouvernement, la famille et l'État, la religion et l'Église, sont entièrement dans sa dépendance. Finalement, les notions en apparence si distinctes de corps et d'esprit, d'espace et de simplicité, de temps et d'éternité, de sensation et d'intellection, de connaissance et d'action, de personnalité et d'impersonnalité, d'être et de non-être, procèdent de ce *moi* unique, première et dernière raison de tout ce qu'il sait et de tout ce qu'il veut, mais qui ne peut ni penser ni vouloir en dehors de certaines *catégories* dans lesquelles il est pour ainsi dire coulé, tel qu'une statue d'airain dans un moule. Le *moi* est-il cependant ce qu'il croit être, ce qu'il est nécessité à se croire ? Est-il, oui ou non, identique au monde, à la matière, au mouvement physique ? Ses formes aprioristiques, dont personne encore ne s'était avisé, sont-elles quelque chose ou rien ? Il n'est pas en état de répondre sérieusement à ces questions ; et en dépit de maintes théories très affirmatives, Kant, son ingénieux inventeur, est radicalement incapable de le soutenir contre les attaques du scepticisme spéculatif ou pratique.

Le criticisme était donc pour plaire à la foule des esprits impatients de toute loi intérieure ou extérieure, de toute conviction et de toute conscience, de toute morale et de toute religion. Ceux qui en voulaient garder au moins les apparences et les formules avaient la ressource de reconstruire *a priori*, avec des éléments purement subjectifs, l'édifice dont ils avaient répudié la construction antérieure et objective : ainsi des théologiens refaisaient au dedans d'eux-mêmes le christianisme qu'ils avaient rejeté comme fait historique, comme vérité venue du dehors. Ceux qui préféraient ne rien conserver des traditions soit divines, soit humaines, pouvaient colorer leur apostasie de savantes et spécieuses critiques, comme celles « de la raison pure, de la raison pratique, du jugement esthétique et téléologique ». Une foi si épurée, une philosophie si profonde, n'excusaient-elles pas une rupture discrète avec l'ancienne foi, avec la vieille philosophie du moyen âge ? Tandis que le cartésianisme, au moins à ses débuts, se déclarait nettement respectueux de l'Église catholique ; tandis que l'intuitionisme de Malebranche et le dynamisme de Leibniz ou de Boscovich semblaient offrir des facilités nouvelles à l'exposition et à la démonstration des dogmes théologiques; tandis que le mysticisme de Jacobi et de ses adeptes donnait quelque satisfaction aux besoins affectifs, esthétiques, religieux, que le christianisme avait si longtemps développés et alimentés dans les âmes ; tandis qu'enfin le matérialisme et le sensualisme, l'épicuréisme et l'athéisme contribuaient plutôt à ramener aux croyances et aux pratiques d'autrefois les esprits honnêtes, les cœurs délicats, qu'ils froissaient par l'impardonnable brutalité de leurs doctrines, le kantisme fut, dès son apparition, le plus grand danger de la foi et des vertus surnaturelles parmi les peuples encore catholiques. Les enseignements et les commandements de la révélation sont des faits historiques, certifiés par le témoignage de Dieu et de l'Église. Le subjectivisme, en déniant finalement toute valeur objective à l'histoire, supprime les plus importants préliminaires de l'acte de foi ; et en ôtant à celui-ci son motif tiré de l'affirmation divine, pour le remplacer par des considérations philosophiques plus ou moins spécieuses, il lui enlève nécessairement toute surnaturalité. La foi n'est plus la foi ; elle ne croit pas *comme il faut ;* elle n'est plus la racine de la justification et du salut. Un kantiste sincère ne peut être affectivement un sincère catholique ; ses dispositions subjectives, si loyales qu'elles soient, ne sauraient aucunement suppléer à ce qui lui manque objectivement pour entrer ou demeurer dans l'ordre de la grâce.

Bien qu'il prétendît rattacher l'existence de Dieu à sa morale, comme une induction sublime à de faibles prémisses, ou comme un fruit d'or à un lierre fragile, Kant ne parvenait pas à dissimuler son peu d'estime pour la théologie chrétienne, et même pour la simple théodicée rationnelle. Sa promesse à Frédéric-Guillaume II, d'éviter toute critique capable d'aggraver le scandale qu'il avait déjà donné à ses concitoyens, ne dura guère après la mort du prince ; et s'il fut prompt à témoigner de grandes sympathies à Fichte, dont il pouvait cependant soupçonner l'esprit inquiet et novateur, c'est fort probablement à cause de certain *Essai critique* contre toute révélation, que le jeune philosophe avait adroitement soumis à son jugement. L'eût-il voulu, d'ailleurs, comment Emmanuel Kant eût-il désavoué ce logicien qui l'interprétait avec une grande audace, mais pourtant avec fidélité ? Si Fichte voulait le proclamer son maître en athéisme, n'avait-il pas autorisé ce coup d'éclat en déposant tant de germes panthéistes et matérialistes au fond même de son subjectivisme ? Il s'était arrêté sans doute devant le *noumène,* devant l'*objet en soi,* devant le terme dernier de la raison et de la volonté ; il affectait une respectueuse et prudente timidité à l'endroit de ce redoutable inconnu. Mais pourquoi ses disciples et ses successeurs garderaient-ils la même réserve, les mêmes ménagements ? De fait, ils ne les gardèrent pas du tout.

Fichte *pose* ou affirme d'abord le *moi* encore énigmatique de Kant, et il le débarrasse de toute relation et condition. Il en fait un moi absolu ; et s'il le voit néanmoins se heurter de tous côtés à des apparences sinon à des réalités de *non-moi,* il s'empresse d'y remédier en annexant et en identifiant ce non-moi avec le moi. Il ne voit entre eux qu'une différence logique ; et quand on l'accuse d'athéisme et d'idéalisme, il répond, avec une sérénité sophistique vraiment superbe, qu'il affirme aussi catégoriquement Dieu que le monde, puisque tous deux sont identiques au moi absolu dont la réalité n'est pas contestable. Du subjectivisme de Kant, le voilà donc tombé en plein panthéisme de Spinoza ; et il y prend ce génie de religiosité vague, de résignation pseudo-mystique, de moralité transcendante, qui facilitera grandement la propagation de son système dans les régions sentimentalistes, néo-gnostiques, spiritistes et occultistes.

Schelling eut peu à faire pour conduire la doctrine de Kant et de Fichte jusqu'au monisme intransigeant où elle tendait fatalement de tout son poids. Au lieu de ramener le monde à l'homme et l'objet au sujet, ce qui laissait subsister trop de difficultés à les croire une seule et même chose, il pose et affirme uniquement l'objet, le monde, le grand tout. Cette absolue et universelle essence, cette entière et primitive identité, se détermine peu à peu, se crée distincte et se dédouble, s'oppose elle-même comme sujet à elle-même comme objet, prend de soi une conscience de plus en plus nette, et se reconnaissant parfaitement identique sous la forme du moi et sous celle du non-moi, elle clôt le cycle de ses évolutions par la science sublime de cette identité qu'elle était à l'origine déjà, mais sans le savoir. L'annexion et l'absorption du non-moi par le moi, comme Fichte l'entendait, avait tout l'air d'une légende bouddhique : le développement et la scission de l'identité primitive, comme Schelling la propose, rappelle les phénomènes embryonnaires et peut flatter les naturalistes. Il ne le nie pas, la substance évolutive a parfois d'accidentelles défaillances ; elle retombe en arrière, et recule du moi conscient vers le non-moi inconscient : elle s'éteint comme esprit et redevient matière ; mais elle conserve pourtant, dans son infinie potentialité, de quoi la rendre éternellement féconde en sensations et intellections, en volitions et actions, en philosophies et sciences de toute nature et de toute orientation. L'évolutionisme, actuellement fort en faveur dans beaucoup de nos laboratoires, est déjà dans les livres de Schelling, avec une certaine majesté d'allures indiennes, mais surtout avec un incroyable dédain du bon sens chrétien. Schelling n'a aucune peur ni aucune honte de ce tout qui se fait moi, de ce moi qui se fait Dieu, de cette matière qui se fait vie, de cette vie qui se fait plante, animal et homme, de cet homme enfin pour qui rien n'est fixe et durable, en logique ni en métaphysique, en morale ni en religion.

Le succès de Kant, de Fichte, de Schelling, fut rapide et considérable. L'émigré lorrain Ch. de Villers, la genevoise baronne de Staël, le provençal abbé Sieyès, ouvrirent les portes de la France au subjectivisme primitif, en y mêlant quelque peu de sentimentalisme ; et déjà Maine de Biran, déjà A.-M. Ampère, semblent refléter certaines idées du penseur de Kœnigsberg. Les Allemands Jacob Buhle, Beck, Schad, les importèrent largement en Russie, le Suédois Boëthius les acclimata bientôt à Upsal ; les Hollandais Kinker et Van Hemert les firent connaître aux compatriotes de Spinoza. L'Angleterre ne paraît point les avoir beaucoup partagées en ce temps-là ; l'Italie et l'Espagne n'en subirent pas non plus alors la contagion. Mais la Prusse, la Bavière, l'Autriche, furent l'ardent foyer où le criticisme et le panthéisme atteignirent, tantôt par leur opposition et tantôt par leur fusion, ce qu'on pourrait appeler le paroxysme du délire métaphysique.

1815-1848

Au dire de Th. Jouffroy, la philosophie française de 1814 était dans un « trou sans air ». Elle y « étouffait » loin du christianisme, qui est lumière et vie. Le groupe de Biran et de Royer-Collard remontait lentement la pente de ce gouffre qui rappelle les cercles infernaux de Dante. Mais il y restait une foule de captifs ; et leur nombre augmentait chaque jour par l'imprudence ou la témérité des émules de Jouffroy. Ils n'étaient plus formellement sensualistes, ni matérialistes, ni athées. Ils ne voulaient pourtant pas suivre le mouvement libérateur, et i!s cherchaient à innover au sein de leur étroite et obscure idéologie. Benjamin Constant leur offrit, au lieu de la vraie liberté de penser, un libéralisme fait de subjectivisme germanique, de protestantisme suisse, de rationalisme et de dilettantisme français. Il réduisait la philosophie chrétienne et le christianisme lui-même au rôle d'une doctrine bourgeoise et d'un système commode, se préoccupant de bon style et de bon ton beaucoup plus que de vérité. Cela ne suffisant pas à tous, et les esprits sérieux réclamant quelque autre chose, Victor Cousin créa l'éclectisme à leur usage, avec des éléments fort semblables à ceux du libéralisme, sauf la substitution d'une certaine dose de jansénisme au calvinisme élégant du précédent mélange.

D'abord spiritualiste sincère mais timide comme ceux d'Auteuil, adepte ensuite de Thomas Reid et de la philosophie écossaise, Cousin tourna au panthéisme et au mysticisme rêveurs, après ses voyages de 1817 et 1824 en Allemagne. N'étant pas bien sûr que le vrai fût quelque part ou qu'il ne fût point partout, il dogmatisait relativement peu et racontait abondamment. L'histoire de la philosophie, de cette grande dame énigmatique dont il aimait à faire le portrait en s'aidant surtout des Allemands, le conduisit tout doucement à n'être plus guère que le peintre officiel des belles et jansénistes mondaines du xviie siècle. Écrivain et orateur de premier mérite, il s'était peut-être persuadé, à l'école de Kant, que le « jugement esthétique » l'emporte tout à fait sur le « jugement téléologique » ; et peut-être aussi se réfugiait-il dans le culte des jolies choses, par désespoir d'atteindre réellement le vrai et le bien : les jouissances du présent consolent maintes personnes des incertitudes de l'avenir, et les moyens leur paraissent bien plus agréables que la fin. Les héroïnes de V. Cousin étaient sensiblement de cet avis. Elles étaient chrétiennes pourtant, à l'exemple de Descartes et de Malebranche qu'elles fréquentaient à leurs loisirs et sur le tard. Leur historien fit presque comme elles ; il se rapprocha du catholicisme avec une certaine lenteur et une certaine circonspection solennelles. L'éclectisme, dont il demeurait le modérateur suprême, bénéficia de ses démarches, et souvent les poussa bien plus loin, jusqu'à donner une complète adhésion aux dogmes et aux préceptes de l'Église.

Le premier disciple sinon l'égal de Cousin, Théodore Jouffroy avait connu le bonheur de cette religieuse obéissance ; il le perdit avec douleur, le regretta avec amertume, le rechercha avec mélancolie, et ne le retrouva point. Il fut le modèle des éclectiques graves, attristés, portés vers l'étude de la psychologie, de la conscience, de la liberté, du droit, plutôt que vers l'histoire et la

biographie. Si leur métaphysique eût été plus ferme et plus
élevée, leurs travaux auraient eu certainement une fécondité qui
leur a manqué. Ce sont les imitateurs et successeurs directs de
Cousin qui ont rendu les meilleurs services à la vérité, en faisant
revivre de nobles figures de sages oubliés et peut-être méprisés par
les encyclopédistes ; en reconnaissant et en admirant la haute
valeur de ces docteurs chrétiens qui furent des saints non moins
que des penseurs sublimes ; en constatant que la raison naturelle
bien conduite n'a vraiment rien à reprocher à la dogmatique et
à la morale officielles de l'Église ; en créant ainsi une opinion
nouvelle, fort éloignée des plaisanteries, des blasphèmes et des
ignorances du siècle précédent. S'ils ne peuvent compter parmi les
grands philosophes, si beaucoup d'entre eux sont « ondoyants et
divers », n'affirmant pas assez nettement la distinction du fini et
de l'infini, la nécessaire coordination de l'homme à Dieu, la spi-
ritualité et la liberté de l'âme immortelle, l'inviolabilité absolue du
droit divin et humain, — d'autres défendent ces points essentiels
avec une éloquence et une méthode supérieures. — L'éclectisme
est donc un mélange d'hommes aussi bien qu'un mélange de doctrines. Ce qui lui fait surtout défaut, c'est l'unité, la constance,
l'autorité. Il parle le plus beau langage qu'on ait entendu depuis
Platon, Cicéron et saint Augustin dans l'antiquité, depuis Bossuet,
Fénelon et Malebranche dans les temps modernes ; et sans attacher
une importance exagérée à cette perfection de forme, nous pensons
que la véritable philosophie ne devrait plus désormais en perdre
la tradition, soit en latin, soit en français et en n'importe quelle
langue vivante. La délicatesse et la beauté ne sont pas dénuées de
toute valeur objective : qui écrit élégamment donne au savoir
humain une ressemblance plus achevée de l'omniscience divine.

A l'éclectisme dont il ne pouvait méconnaître le côté dangereux
et l'inspiration fréquemment rationaliste, le clergé catholique
s'efforça d'opposer l'ancien cartésianisme additionné de philosophie
écossaise. Ses manuels d'enseignement reproduisaient donc sans
améliorations réelles les théories spiritualistes honnêtes, mais
vagues et faibles, d'avant la Révolution française. La théologie
elle-même en souffrait, car elle vit de métaphysique naturelle en
même temps que de croyances surnaturelles ; et tout en répri-
mant des écarts de raison manifestement contraires à la foi, elle ne

suffisait pas à maintenir dans les limites du bon sens les esprits généreux mais aventureux qui voulaient créer à l'apologétique chrétienne des voies nouvelles et faciles à transformer en voies triomphales. Convenons-en avec eux, les dissertations du cardinal de La Luzerne, les conférences de l'évêque Frayssinous, les aimables et fines pensées de Joubert, les douces rêveries de Ballanche, les études assombries de Blanc de Saint-Bonnet, ne pouvaient tenir tête à l'éclectisme quand il se faisait antireligieux, ni surtout au panthéisme dont il était habituellement comme la préface académique et quelquefois comme l'introduction systématique. Il fallait évidemment autre chose que la philosophie des séminaires; mais que trouverait-on? Trois grands écrivains, Joseph de Maistre, Victor de Bonald, Félicité de Lamennais, cherchèrent sincèrement une méthode essentiellement chrétienne, ne pouvant jamais fournir ni aide ni prétexte à l'incrédulité, à la révolution; et ils arrivèrent tous trois à un résultat sensiblement identique, dont l'utilité fut loin, hélas ! d'égaler la bruyante renommée et l'intention excellente.

Montrer l'importance capitale de la Papauté dans le monde moral et politique; mettre en vive lumière l'action de la Providence divine dans les événements et les péripéties de l'histoire universelle ; combattre la manie révolutionnaire qui crée de toutes pièces des constitutions et législations nullement préparées d'abord par les coutumes nationales et les milieux populaires ; rappeler au XIXe siècle que la souveraineté du prince ou du peuple n'a de légitimité qu'en dérivant de l'autorité de Dieu même ; réprimer enfin le sensualisme de Locke et les prétentions parfois étranges de Bacon, — et par tous ces moyens rappeler au catholicisme une génération déjà touchée par le génie poétique de Chateaubriand, c'était une noble tâche. Le comte de Maistre la fit sienne, et y réussit partiellement. Par malheur, son esprit volontiers paradoxal, ses exagérations de langage, son allure hautaine de diplomate, diminuèrent son influence effective et bienfaisante. On put le soupçonner de confondre l'ordre de la nature avec celui de la grâce ; de placer dans la même catégorie, quoique à des degrés inégaux, le gouvernement spirituel de l'Église et le gouvernement temporel des peuples; de regarder le miracle comme un instrument quasi ordinaire du règne de Dieu ici-bas ; de beaucoup trop restreindre la part légitime d'initiative qui revient aux citoyens dans l'organisation et le développement des formes politiques; de faire des idées innées la condition essentielle du spiritualisme ; d'exagérer enfin le rôle que l'ancienne philosophie a pu remplir dans le prodigieux essor de la science moderne. Le génie de Joseph de Maistre a jeté de puissants éclairs : mais il est demeuré impuissant à faire la complète lumière et à déterminer le mouvement absolument catholique dont il avait eu le si ardent et si loyal désir.

Le vicomte de Bonald fut moins utile encore à la cause qu'il voulait défendre. Gallican à la façon du XVIIIe siècle, il tenait également du jansénisme d'alors une doctrine foncièrement pessimiste sur la valeur de la raison humaine depuis la chute originelle. Kant, au point de vue simplement philosophique, indépendamment de toute théorie et de tout fait théologiques, ne croit à la capacité ni de la raison pure ni de la raison pratique pour connaître avec certitude les réalités objectives et suprasensibles. Les jansénistes, au nom du faux dogme de l'essentielle corruption de la nature par la faute d'Adam, déclarent la raison indigne de confiance dans le domaine des vérités religieuses et morales. A leur avis, la pure philosophie est une illusion, sinon un péché. Ils ont reçu ce système des mains de Baïus, qui le tient lui-même de Calvin et de Luther. Chose inimaginable, le catholique Bonald va plus loin et plus avant : pour lui, la nature humaine n'a jamais été capable de penser, si jamais elle est restée seule en face du monde sensible extérieur ou intérieur. Il en propose cette démonstration fameuse, qui n'est pas même spécieuse ni vraisemblable : penser nous est impossible si nous ne parlons notre pensée au dedans de nous-même ; mais pour la parler ainsi en nous, il faut être en possession du langage qui n'est certainement pas l'effet d'une évolution et d'une génération spontanées, ni d'une impossible recherche antérieure, mais de l'enseignement familial ou social exercé à notre égard ; Adam, n'ayant pu en jouir, a nécessairement eu un maître infiniment supérieur à l'humanité, un maître pensant par soi-même et capable de faire parler et penser l'homme primitif et initial. Dieu donc existe, et il a parlé au genre humain qui dépend de lui pour toutes ses pensées, comme chaque individu dépend de l'humanité pour les siennes ; en définitive, l'enseignement divin humanisé dans l'enseignement social est pour nous la source de toute vérité, la garantie de toute certitude, la règle de toute moralité. Cette manière d'argumenter supposait, de la part de V. de Bonald, d'étranges illusions touchant le rôle respectif des pensées et des mots, les rapports de la parole avec l'enseignement, la distinction fondamentale entre la révélation et la création. Si la philosophie et la théologie eussent été mieux cultivées de son temps, personne ne se fût laissé prendre à ses paralogismes; et l'on n'eût pas toléré un système ramenant toute science à un acte de foi primordial sans motifs de crédibilité préalables, sans aucune valeur par conséquent, et sans la moindre légitimité logique. On n'eût pas essayé de rétablir sur de si faibles bases la double autorité de l'Église et de la monarchie. On n'eût pas continué de nier, avec les jansénistes et les kantistes, l'existence historiquement évidente d'une raison et d'une philosophie purement naturelles, imparfaites sans doute, mais cependant réelles et solides en bien des points. Enfin l'on n'eût pas entrepris de prouver, contre la tradition catholique elle-même, que le christianisme est l'unique autorité sociale, l'unique élément possible d'ordre et de progrès. Les services rendus par le vicomte de Bonald à la cause de l'Église, en divers autres points, ne sauraient justifier de telles inexactitudes, ni diminuer le danger qu'elles feraient inévitablement courir à une apologétique trop confiante dans leurs séduisantes apparences de foi et d'intrépidité chevaleresques.

Plus que personne, l'abbé F. de Lamennais subit et propagea cette fascination. Selon lui, le consentement ou l'accord du genre humain sur une doctrine religieuse ou morale est l'unique garantie que nous ayons contre l'erreur. La certitude ne nous est fournie que moyennant un acte d'adhésion à cet unanime assentiment. L'humanité ne saurait être convaincue ni obligée par des témoignages ou commandements particuliers. La liberté sous toutes ses formes modernes, — liberté de conscience, liberté de parole, liberté de presse, liberté de pensée et d'action, — est un droit essentiel que la seule universalité peut efficacement et juridiquement lier ou restreindre. Tant que Lamennais resta fidèle à l'Église, il vit en elle l'incarnation concrète, absolue, de la croyance générale des hommes au dogme et à la morale divinement révélés. Mais, dès qu'il se révolta contre Rome, cette même Église lui apparut en contradiction avec les universelles et perpétuelles convictions du genre humain. La république, sinon l'anarchie, devint pour lui la seule organisation politique acceptable. La fusion ou plutôt la confusion du fini avec l'infini lui sembla l'unique conception philosophique capable de résoudre les problèmes et antinomies de la raison. Ainsi le traditionalisme ultramontain de Joseph de Maistre, le fidéisme gallican de Victor de Bonald, aboutissaient, grâce au malheureux prêtre breton, à ce même gouffre panthéiste où les héritiers de Kant étaient conduits en vertu de leur subjectivisme.

Cette tragique aventure de La Chesnaie détermina la première entrée en scène, dans l'histoire philosophique du XIXe siècle, de l'autorité pontificale qui d'abord avait fondé de très amples espérances sur l'abbé de Lamennais. Grégoire XVI, en son encyclique *Mirari vos* (de 1832, signala et réprouva les suites plutôt que les principes de la nouvelle théorie. Il condamna les audacieux qui parlaient de refaire la constitution de l'Église, d'en modifier la hiérarchie, d'accorder partout et pour toujours une liberté illimitée de conscience, de favoriser l'indépendance totale de la presse, de fomenter l'insubordination envers les princes temporels par un libéralisme effréné, de séparer l'Église de l'État, d'affranchir la raison et la philosophie du joug sacré de la révélation surnaturelle. Le Pape enseignait donc équivalemment, — à l'encontre du kantisme, du sentimentalisme et du traditionalisme, — la nécessité d'une juste soumission de l'esprit humain, soit individuel, soit collectif, aux vérités de raison et de foi dont la réalité objective s'impose manifestement à la connaissance subjective. Il rappelait la philosophie aux principes de prudence, de modération, de réserve, qui seuls l'empêchent de déraisonner et de nuire. La résistance de Lamennais à un acte de si haute et si paternelle sagesse ne s'explique vraiment que par un orgueil incommensurable. Ses amis et disciples, notamment Lacordaire, Ch. de Montalembert, **Combalot**, Rohrbacher, Gerbet, de Salinis et de Scorbiac, reçurent avec la plus noble obéissance les paroles du Souverain Pontife; ils s'établirent désormais sur le terrain du bon sens, tout autrement solide que celui du sens commun lamennaisien. Quelques-uns pourtant, non moins sincères chrétiens que ceux-là, mais beaucoup moins clairvoyants philosophes, restèrent en défiance relativement à la raison, et s'imaginèrent suivre ainsi la véritable direction pontificale, tandis qu'ils obéissaient tout simplement aux préjugés de l'école janséniste et bonaldiste. Mgr Maret dans ses premiers écrits, le P. Ventura de Raulica dans ses ouvrages enflammés, Auguste Nicolas dans ses beaux livres apologétiques, conservèrent cette illusion fâcheuse, et ne purent à cause d'elle entamer efficacement les remparts de la citadelle rationaliste : leurs conquêtes furent plutôt individuelles que générales. A son tour, l'abbé Bautain, initié à l'éclectisme par les leçons de Cousin, au criticisme par ses années de professorat laïque à Strasbourg, à un certain mysticisme tout ensemble chrétien et germanique par la pieuse Mlle Humann, ne vit de certitude et de sécurité pour la raison que dans la croyance fondamentale et naturelle à la parole divine, unique principe de toute science et de toute philosophie même profanes. C'était de nouveau la confusion de la nature avec la grâce, la sentimentalité substituée aux préliminaires de la foi, celle-ci dépourvue de prudence et de valeur objective, la religion réduite à n'être que l'évolution d'une adhésion obscure et instinctive où le kantisme n'aurait pas eu de peine à se reconnaître lui-même. L'évêque et le coadjuteur de Strasbourg, formellement approuvés en ceci par le pape Grégoire XVI, vengeaient donc les droits du bon sens et de la saine philosophie lorsqu'ils faisaient signer par M. Bautain, en 1835 et en 1840, six propositions affirmant le légitime usage de la raison pour constater la réalité historique de la révélation, pour en garder sûrement le dépôt traditionnel sous la direction de la divine Providence, pour conduire ainsi les hommes à la foi catholique moyennant le concours de la grâce surnaturelle.

Cependant, le kantisme se développait en Allemagne suivant l'inexorable logique qui déjà l'avait entraîné au panthéisme de Fichte et de Schelling. La minime importance accordée par son fondateur à l'objet du savoir, à la chose et à la fin *en soi*, permettait à ses successeurs de refaire le monde à leur guise et d'y chercher, non pas précisément une réalité concrète et bien déterminée, mais plutôt un prétexte à des constructions imaginaires pouvant étonner le public et ravir son admiration. Fichte avait enseigné que le moi s'annexe et s'identifie le non-moi ; Schelling avait dit que le non-moi se fait moi ; et tous deux avaient attribué à ce moi qui est non-moi, ou à ce non-moi qui est moi, une objectivité que l'Aristote de Kœnigsberg avait refusée à son noumène. Hegel crut bon de se rapprocher quelque peu de ce point de départ idéaliste, tout en maintenant comme une acquisition des plus précieuses le monisme de Fichte et de Schelling. Il inventa le triple moment de la thèse, de l'antithèse et de la synthèse : de la thèse qui affirme et pose l'idée-tout de manière qu'elle soit l'idée-moi ; de l'antithèse par laquelle l'idée-moi s'oppose à elle-même et constitue ainsi l'idée-monde ; de la synthèse qui conclut à l'identité de l'idée-moi et de l'idée-monde, et conséquemment à la reconstitution de l'idée-tout. L'idée est donc tout et rien à l'origine : rien, parce qu'elle ne pense pas et n'est pas pensée ; tout, parce que virtuellement elle deviendra tout ce qui pense et tout ce qui sera pensé. Nulle réalité en dehors d'elle : l'être est l'idée, et il n'est qu'elle. Le néant, lui aussi, est l'idée sous sa première forme ; et quand elle cesse de penser ou d'être pensée en quelque point déterminé de son actualisation, elle redevient le néant. De même pour le oui et le non, pour le bien et le mal, pour les contraires et les contradictoires : c'est toujours et partout l'idée unique, l'idée essentiellement et nécessairement identique. Ses modifications et spécifications ne sont qu'apparences et nuances. L'éternité et le temps, l'immuable et le transitoire, l'infini et le fini, Dieu et l'homme, le vrai et le faux, sont des instants et des points de vue dans l'histoire de l'idée, — pas autre chose. Son perpétuel devenir est un kaléidoscope à l'usage des philosophes et des savants assez naïfs pour prendre plaisir à cette succession de formes et de couleurs. Le véritable sage, le véritable docte, estiment uniquement l'idée ; ils savent fort bien qu'à l'état de thèse, d'antithèse ou de synthèse, c'est toujours l'idée et rien que l'idée.

Faut-il tenir pour une œuvre sérieusement et sincèrement faite une si étrange fantasmagorie ? On s'est demandé si Leibniz n'avait pas voulu plaisanter en écrivant sa Monadologie : l'idée et le devenir de Hegel sont bien autrement énigmatiques. Cet homme a-t-il pu nier effectivement le principe de contradiction et celui de causalité, la distinction du positif et du négatif, le fait du mouvement succédant à l'inertie ou à la simple puissance ? S'il n'a pas entendu se moquer de ses élèves, de ses lecteurs et aussi de ses devanciers en subjectivisme et en monisme, on ne peut pas hésiter à reconnaître que son génie avait des moments de délire. A parler net, c'est une honte pour le xix° siècle de ne point avoir rejeté aussitôt avec indignation une telle philosophie. Mais non seulement il ne l'a pas rejetée, il en a subi très largement l'influence détestable, dans l'ordre scientifique, politique, et même religieux. De là principalement devaient bientôt sortir l'évolutionisme des naturalistes, le rationalisme transcendant des pseudo-théologiens de Tubingue, le socialisme des insurgés de 1848, des communards de 1871, des collectivistes et des anarchistes d'aujourd'hui.

Que des pasteurs et professeurs de l'Allemagne protestante aient cru bon d'allier la doctrine de Hegel et de Schelling, de Fichte et de Kant, avec les dogmes et les lois du christianisme ; que Baur et Strauss aient attribué un sens mythique sinon une intention mensongère à de nombreux passages de la Bible, on peut à la rigueur le concevoir en se rappelant que le mouvement luthérien aboutissait logiquement au rationalisme, dès le xviii° siècle. Mais que des prêtres catholiques comme Hermès, Baader, Günther, aient osé les imiter, ne fût-ce que de loin et avec une certaine modération, c'est chose vraiment difficile à comprendre. Et pourtant le Saint-Siège se vit obligé, en 1835 et 1836, de sévir contre l'hermésianisme ; contre sa prétention de fixer, dans un doute positif et universel, le point de départ obligé de toute recherche théologique ; contre sa méthode qui employait la seule raison pour règle suprême et principal moyen dans la découverte ou l'explication des vérités surnaturelles ; enfin contre ses erreurs touchant la révélation, l'Écriture sainte, la tradition divine, le magistère de l'Église, les motifs de crédibilité, la foi, et divers autres objets d'ordre surnaturel.

La philosophie aurait eu grand profit à tenir elle-même compte de ces actes pontificaux, et à s'arrêter sur la pente où elle glissait de plus en plus rapidement. Jaloux de l'impiété de Strauss, on le croirait du moins, Fuerbach, Max Stirner, Ruge, se déclaraient incapables de concilier Hegel avec le Christ, le monisme nouveau avec l'antique spiritualisme ; ils sacrifiaient ouvertement le spiritualisme et le Christ ; la seule religion admissible, à leur avis, c'était le culte de l'homme matériel. Schopenhauer voulut encore renchérir sur ces énormités et ces blasphèmes. Il reprit le noumène si redouté de Kant, si audacieusement identifié ensuite avec le moi, avec le monde, avec l'idée; et il en fit une volition, un désir, un amour, sans objet ni fin pour l'exciter, sans bonté d'aucune sorte pour l'attirer. Primitivement inconsciente comme monde, cette volition devient consciente comme moi. Essentiellement aveugle, elle est intrinsèquement nécessitée à chercher l'inconnu, à se mouvoir et à se manifester pour arriver elle ne sait où. Elle nous a créés de cette manière, sans le savoir ni le vouloir librement; une fois créés, elle nous entraîne malgré nous à travers d'inextricables aventures jusqu'à la mort. De l'être au néant, elle nous torture cruellement et dans l'âme et dans le corps. Nos supplications et nos larmes n'y font rien : elle ne s'arrête qu'au moment fatal où elle nous rejette brutalement dans le non-vouloir inconscient, d'où elle nous avait brutalement tirés pour souffrir. Elle est bien la pire de toutes les choses imaginables, cette inconsciente volonté; et son œuvre mérite uniquement le nom de pessimisme. La vraie sagesse, la philosophie parfaite, consisterait donc à faire le possible et l'impossible pour soustraire le genre humain à toute existence, à toute action, et par conséquent à toute souffrance. Hélas! la pensée qu'on n'y saurait parvenir redouble l'horreur de cette vie terrestre s'imposant à nous malgré nous. Triompherons-nous jamais de cette abominable volonté perpétuellement obstinée à produire, à mouvoir, à détruire, pour recommencer et prolonger indéfiniment la cruelle tragédie de l'histoire ?

Il semble que l'absurdité croissante des systèmes sortis du kantisme ait provoqué chez l'Allemand Krause, chez son disciple espagnol Sanz del Rio, chez ses commentateurs belges Ahrens et Tiberghien, une réaction contre le philosophe de Kœnigsberg. Malheureusement, ce ne fut et ce ne pouvait être, de leur part, qu'une reprise de l'ancien spinozisme, additionné de sentimentalisme et de spiritisme. Schleiermacher leur offrait bien son mysticisme probablement emprunté aux Frères Moraves. Mais que pouvait-il donc, avec son habituelle défiance de l'esprit théorique et de la réalité historique, pour empêcher le mouvement krausiste de retomber dans le monisme en essayant d'échapper au subjecivisme? Il aurait fallu joindre la méthode intellectuelle à la méthode sentimentale, reconnaître la valeur objective de la révélation et de la foi chrétiennes, établir au moins la morale et la religion naturelles sur les bases de la raison et de la réalité. Mais non, Schleiermacher n'y était pas apte ; et sa bonne volonté demeura tout à fait stérile, en face du monisme délirant et démoralisant.

Herbart et Lotze résistèrent plus utilement à cette folie kantienne. Par Wolf, ils avaient reçu l'empreinte de la doctrine dynamique et de la méthode mathématique de Leibniz. S'ils n'avaient accordé trop de crédit à la monadologie, et par suite mal compris l'essentielle distinction qui sépare l'esprit et la matière, l'intellection et la sensation, le libre arbitre et le déterminisme, ils auraient presque entièrement satisfait aux exigences d'une saine philosophie qui ne veut pas se perdre dans les nuages et qui veut, au contraire, progresser avec les sciences physiques et physiologiques. Ils entendaient qu'elle fût réaliste, expérimentale, rationnelle, toujours respectueuse de la religion positive et surnaturelle. On doit leur en savoir très spécialement gré, et enregistrer leur essai de réaction parmi les meilleures tentatives faites au XIXe siècle pour enfin revenir au bon sens. L'aristotélicien Trendelenburg les seconda puissamment sur le terrain de la logique et de la métaphysique, tout en répudiant leurs regrettables mais peut-être involontaires et seulement apparentes concessions au sensualisme et au matéralisme de l'école encyclopédiste.

L'Italie ne voyait pas encore suffisamment le danger du kantisme et la nécessité d'y obvier sans retard. Elle en était toujours aux théories de Condillac, avec Gioja et Romagnosi ; ou bien elle faisait de l'éclectisme spiritualiste et catholique, avec Galluppi et Tedeschi. Ses novateurs n'étaient pas heureux, quoique fort imaginatifs et fort brillants. Au moyen de l'idée d'être, qu'il proclamait le principe immédiat de notre puissance et de notre intellection immatérielles, Rosmini constituait une sorte de malebranchisme, d'intuitionisme, qui n'est pas sans péril de monisme panthéistique. Plus hardi, Gioberti prétendait voir l'être absolu créant les existences et leur donnant vie et mouvement comme si l'esprit humain pouvait naturellement contempler ici-bas ce que les élus ne connaissent pas dans le ciel et surnaturellement. Mamiani aggravait cette erreur en substituant la vue de l'être à toute révélation divine, à tout magistère ecclésiastique, à toute tradition catholique : la déduction était régulière et montrait l'essentielle fausseté du principe.

Après quelques faiblesses envers la philosophie moderne, l'Espagne réagit contre elle par les écrits de Jacques Balmès, penseur éminent s'il en fut en notre siècle, et par les discours de Donoso Cortès, parfois trop favorable pourtant aux vues de J. de Maistre et de V. de Bonald qu'il égalait facilement sur le terrain de la politique chrétienne. En, Angleterre et en Écosse, on sommeillait toujours dans la nébuleuse et lourde atmosphère créée par Locke, Hume, Reid, Dugald-Stewart et Bentham. La psychologie y tournait lentement au genre descriptif ; la métaphysique au scepticisme, la morale à l'utilitarisme, et l'esprit public se préparait ainsi au matérialisme scientifique, dont il allait bientôt subir la tyrannie plus humiliante encore.

Malgré les efforts de Maine de Biran, de V. Cousin et de leurs disciples, pour en affranchir à tout jamais la France, ce fut chez elle, précisément, qu'elle éclata dans toute sa laideur. Dès 1803 et 1807, mais surtout à partir de 1814, un grand seigneur déclassé, le comte H.-C. de Saint-Simon, entreprenait de bannir toute métaphysique et d'y substituer la science unique et positive de l'univers et de l'homme. Il réduisait la religion au culte de l'humanité ; il remplaçait la morale de la conscience par celle de la passion ; il transformait la politique conservatrice en socialisme révolutionnaire ; il confondait l'infini et le fini dans le grand tout sensible et matériel. Il avait donc plus d'une affinité avec Kant ; mais il était nettement opposé aux rêveries du subjectivisme et de l'idéalisme ; et sa ferme volonté de philosopher *positivement*, *objectivement*, constituait somme toute une amélioration légère mais réelle sur le kantisme. L'intelligence qui s'applique loyalement à voir le monde et l'homme tels qu'ils sont, faits de moteurs et de mouvements, d'énergies et de résultats, de principes et d'effets, possède un fil conducteur qui lui permettra quelque jour de retrouver la double notion de l'âme et de Dieu. De hardis jeunes gens se groupèrent autour de Saint-Simon, et prirent à son contact une liberté d'allures et une décision de caractère dont la plupart tirèrent bientôt fort bon parti dans le monde des affaires. Pierre Leroux et Jean Reynaud évoluèrent dans le sens d'une métempsycose, d'un théosophisme, d'un mysticisme, tout à fait rationalistes et quelque peu druidiques. Le vrai continuateur du saint-simonisme fut A. Comte, esprit maladif mais puissant à qui le positivisme doit le perfectionnement de sa méthode, de ses règles, de son programme. Nous ne saurions atteindre les causes, avait dit Hume ; ni les noumènes, avait ajouté Kant : Auguste Comte en conclut que les seuls objets connaissables sont les phénomènes du monde physique, leur succession, leur détermination immédiate et mécanique, leurs lois enfin, à condition de ne mettre dans cette dernière expression aucune intention métaphysique, aucune idée de cause soit efficiente, soit finale. Car notre seul moyen de connaître est l'expérience ou l'expérimentation par les sens ; et le résultat en est exclusivement positif sans inductions ni déductions vers l'au delà, sans vues conjecturales sur le fond des choses, sans préoccupation de l'être en soi, et par-dessus tout sans croyances surnaturelles. Le savoir, la science, le savant, sont aussi animalisés que possible : défense de jamais franchir les bornes du sensible. Et pourtant Comte fait malgré lui de la critique rationnelle, de la science intellectuelle, de la psychologie et de la morale, de la métaphysique même et de la théologie : il philosophe au rebours de la logique et contre toute évidence le plus souvent ; mais il n'en philosophe pas moins, très particulièrement quand il essaie de prouver l'impossibilité de philosopher. Ses exemples et ses actes infligent donc un continuel démenti à ses théories ; et lorsqu'il pense avoir amplement contribué à l'avènement définitif de l'âge *positif* succédant a l'âge *métaphysique* substitué lui-même à l'âge *théologique* et initial, il retombe lourdement dans les erreurs de cette métaphysique mensongère et de cette fausse théologie qui n'ont jamais cessé et jamais ne cesseront de combattre la vraie science, la vraie foi.

Dans le saint-simonisme et le positivisme, les variations n'ont pas manqué plus qu'ailleurs ; et leur histoire mérite d'être racontée avec quelque détail : car si elle montre, hélas ! jusqu'où peut descendre l'esprit humain quand il oublie Dieu et s'oublie soi-même, elle montre aussi qu'il n'est jamais irrémédiablement voué à l'erreur, à la négation, à la désespérance, — mais qu'il garde pour la vérité philosophique un invincible attrait, et pour la foi chrétienne, pour la vérité théologique, une aptitude miséricordieusement entretenue en lui par la grâce surnaturelle.

*
* *

1849-1870

Les successeurs immédiats de Comte ne voulaient connaître que « le milieu des choses », comme dit Pascal ; ils se vantaient d'en ignorer la source et le but final, pour en mieux savoir l'apparition et la durée. S'ils avaient pu être effectivement fidèles à ce programme, on devrait leur accorder le peu enviable mérite d'avoir supprimé la philosophie complètement, et la raison à moitié. Mais ils n'y réussirent pas mieux que leur maître ; et les études philologiques de Littré, les analyses historiques de Taine, les observations anatomiques de Broca, les expériences psycho-physiologiques de Charcot, ont souvent et considérablement enrichi le trésor des sciences rationnelles et philosophiques. Quoique dès la première heure cette école ait nettement professé le matérialisme ou le monisme, elle ne fut pourtant pas d'abord transformiste. Comte et Littré ne croient pas à la possibilité du passage d'une espèce organique à une autre ; ils enferment chacune d'elles en des limites physiquement déterminées et infranchissables. Comte, en dépit de ses principes, admet encore la liberté de l'âme : Taine et Littré la rejettent. Comte n'est pas favorable au panthéisme germanique : Taine parle en hégélien déclaré, quand il soumet le monde à l'empire de « l'axiome éternel qui se prononce », et qui renferme en soi toutes les lois cosmiques, toutes les théories scientifiques, toutes les doctrines philosophiques. Si cet axiome était substantiel, spirituel, infini, on pourrait le tenir pour Dieu et adorer en lui toute vérité, toute bonté, toute beauté ; mais il est purement phénoménique, matériel, sujet au perpétuel devenir ; au fond, il n'est que la substance mystique de Spinoza, ou que l'idée théorique de Hegel, ou que le sombre et fatal vouloir de Schopenhauer. L'homme lui-même n'en est qu'une manifestation contingente, « un axiome qui marche » ; la race, le milieu, le moment, exercent sur lui une pression aveugle et tout à fait inéluctable. Aussi n'est-il guère plus intéressant à étudier qu'un animal quelconque ; et si Taine prenait au sérieux ce qu'il en dit, il ne poursuivrait pas un instant de plus cette critique où il est maître incomparable. En réalité, ce grand esprit, et beaucoup d'autres moins grands que lui, étouffent dans le « trou sans air » qui s'appelait idéologie au temps de Jouffroy, et qui s'appelle actuellement positivisme. Renan, que ses relations et ses amitiés auraient dû y enfermer, eut le bon goût et l'habileté d'y échapper en se réclamant de Spinoza et de Voltaire, de Jean-Jacques et de Kant, de Hegel et de Strauss. C'est un moniste mais aussi un dilettante qui voit partout des nuances et rien de plus. Le positivisme en est une à ses yeux ; le transformisme de même ; et il y reconnaît d'intimes analogies avec son propre système, car bon gré mal gré il en eut un, à la gloire de ce sensualisme oriental, athénien, artistique, dont les honnêtes gens devraient être uniquement soucieux, à son avis et à son exemple.

Éclos sur la terre de France, le positivisme n'y aurait probablement pas vécu longtemps, s'il n'eût été soutenu et alimenté du dehors. L'Angleterre fut sa vraie mère nourrice. Fatigué du scepticisme banal, de l'idéalisme fade, de l'expérimentalisme rampant de ses anciens auteurs, elle avait assez goûté le criticisme de Kant importé chez elle par Hamilton et par Brown. Elle tenait d'eux que la métaphysique est inabordable, que la morale est à peu près une chimère comme la volonté et la liberté, et conséquemment que la logique est la seule philosophie méritant confiance ou attention. Mais la logique, même celle de Hamilton, est bien creuse pour un peuple essentiellement pratique. John Stuart-Mill, s'en étant convaincu, lui offrit le positivisme de ses amis de France, en le mitigeant et l'édulcorant tant soit peu d'abord. Il ne veut pas douter de la réalité d'une certaine chose en soi, et il ne veut pas l'ignorer totalement comme Emmanuel Kant ignorait son noumène. Il admet donc l'objectivité du monde, du moi, d'une substance universelle qui est peut-être Dieu ; et il sait que tout cela, ce dessous des phénomènes, est purement une possibilité des sensations qui passe en acte dans les innombrables sensations effectives de la vie animale. A un certain degré d'affinement, la sensation zoologique devient anthropologique ; l'animal sentant se transforme de plus en plus en homme ; le sentir initial devient, par une intégration continuelle, le savoir des grands esprits, le vouloir des grands génies. C'est à peu près le monisme évolutif de Fichte et de Schelling. Le noumène et le phénomène, identiques et inconscients à l'origine, se posent et s'opposent dans la sensation primitive pour se recomposer et se confondre dans la sensation perfectionnée, dans la sensation des doctes positivistes. L'unique réalité, c'est le sensible, le sentant, la sensation, trois termes ne différant que logiquement l'un de l'autre.

Peut-être à cause du caractère par trop sensualiste de cette doctrine; ou peut-être dans le désir d'une fidélité plus exacte au principe kantiste et positiviste touchant le noumène, la chose en soi, le *substratum*, dont il faut absolument se garder de poser même le problème; ou peut-être afin de réveiller l'intérêt languissant de ses compatriotes, Herbert Spencer remplace la possibilité de la sensation par l'inconnaissable qui est l'objet de foi, tandis que le phénomène connaissable est l'objet de sensation. L'intelligence demeure bannie; mais le nom de la foi reparait, et aussi le vague souvenir de quelque chose de mystérieux, être ou non-être, utile pour consoler plus ou moins solidement les âmes qui ont la nostalgie de Dieu. Spencer en sait plus long qu'on ne le supposerait d'abord sur son inconnaissable : car un jour, d'après lui, cet x apparut comme matière; puis le phénomène-matière devint force : la force impliquait le mouvement, et le mouvement se traduisit nécessairement par la sensation. En tant que force et que mouvement, l'inconnaissable se transforme indéfiniment en espèces plus ou moins stables et en individualités fugitives. En tant que sensation, il se transforme progressivement en sciences élémentaires et imparfaites, en sciences métaphysiques et psychologiques plus parfaites; et finalement en sciences positives qui représentent de mieux en mieux le connaissable, sans prendre désormais nul souci de l'inconnaissable. L'agnosticisme et le transformisme sont définitivement nés du subjectivisme et du positivisme; Herbert Spencer en est l'accoucheur officiel; mais il en recevrait peu de gloire auprès des hommes de bon sens si, aidé de Lewes et de Bain, il n'avait du moins approfondi avec sagacité la théorie des états nerveux et des états de conscience, la doctrine des rapports physiologiques entre l'élément organique et l'élément psychique dans l'homme.

Quant à démontrer, comme il le prétendait faire, que ces deux catégories soient entièrement identiques, n'ayant entre elles que la seule différence du convexe et du concave dans un ballon, ou de l'endroit ou de l'envers dans une étoffe, il n'y a pas le moins du monde réussi.

Sans prendre garde à l'évidente fausseté de la thèse affirmant que le *rien* et le *moins* sont capables par eux-mêmes d'évoluer jusqu'à l'*être* et jusqu'au *plus*, Ch. Darwin s'impose la tâche de déterminer la façon dont l'inconnaissable évolue et se transforme dans les espèces organiques. Il ne déclare pas la guerre à Dieu, à la création : peut-être les admettrait-il à l'origine des choses, mais un positiviste ne saurait s'en enquérir. L'influence du milieu, l'adaptation des organes, la lutte pour l'existence, sont les seuls objets qu'il convienne d'étudier de près : car ce sont les raisons principales, ou du moins les conditions immédiates de l'évolution vitale. La puissance et l'intérêt des travaux du grand naturaliste ont fait le meilleur appoint du positivisme, qui pour beaucoup de nos contemporains n'a plus été que le darwinisme. Huxley lui donna une direction franchement antireligieuse en alliant le matérialisme et l'athéisme à l'agnosticisme : on doit nier tout principe spirituel en nous, ou le juger incapable, s'il existait, de jamais acquérir une science certaine de l'absolu et du divin. Mais, si du mouvement fini l'on ne peut remonter sûrement au moteur infini, de quel droit Huxley passe-t-il de ce même mouvement à la loi de sa production, de son action et de sa réaction ? Cette loi n'est sans doute pas une cause efficiente, car les positivistes n'en reconnaissent point ; elle est cependant un au-delà quelconque relativement aux purs phénomènes ; et la raison capable de la découvrir peut incontestablement user du même procédé pour s'avancer plus loin dans la science du noumène. L'agnosticisme se trahit donc lui-même en admettant des connaissances générales et abstraites, comme celles des lois physiques ; et s'il refusait de les admettre, il renoncerait formellement à toute science même positive ; la seule sensation lui resterait, et l'on sait qu'elle n'a jamais eu de résultats scientifique chez les animaux, si parfaits sensitifs qu'ils soient dans plusieurs espèces.

De France et d'Angleterre, le positivisme s'introduisit bientôt en Allemagne où il fut peut-être moins sceptique, moins subjectiviste, moins kantiste ; mais où en revanche il affecta de se montrer violemment matérialiste et moniste. Pour Büchner, la matière et le mouvement matériel sont seuls connus. La matière est essentiellement en mouvement ; elle est infinie, éternelle, unique. Elle vit, elle sent, elle pense, elle veut, fatalement et sans nul mérite ni démérite. Pour Hæckel, cela rend un compte parfait du passage de la molécule brute à le monère spontanée, de celle-ci aux protistes et par eux aux végétaux, aux animaux, à l'homme qui est aujourd'hui le meilleur animal, mais qui ne le sera peut-être pas toujours. Karl Vogt, Duboys-Reymond, Moleschott, insistent sur la production mécanique de toutes nos pensées et volitions, eussent-elles l'apparence d'une entière liberté. Mais de tels défis jetés à la conscience provoquent du mécontentement jusque dans le camp positiviste, et Virchow, par exemple, entend n'être pas responsable des excès de ses amis. On peut regretter qu'il n'ait pas été assez catégoriquement imité par les savants fondateurs de la psychologie physiologique, notamment par Fechner et Wundt. Leurs remarquables études n'ont rien de bon à recevoir du matérialisme. Même associées aux opérations spirituelles de connaissance et de volonté, les sensations restent l'objet d'expériences et d'expérimentations qu'une saine métaphysique ne contrariera jamais en rien. Aristote et saint Thomas d'Aquin en ont entrevu la haute utilité ; l'anthropologie catholique, avec son dogme de l'unité du composé humain, ne saurait manquer de les autoriser et de les éclairer.

Les audaces du positivisme appelaient une résistance et une réaction formelles. L'on put croire un instant que ce serait l'œuvre du kantisme désireux de rompre avec les déplorables conséquences qu'on lui attribuait non sans motifs, et de prouver son aptitude à relever la dignité de l'esprit humain dont il avait autrefois paru faire un Dieu. Mais il ne pouvait réaliser ces espérances ; et Hartmann, sous prétexte d'innover, reprit vers 1865 une situation fort analogue à celle de Schopenhauer et de Spencer. Son noumène est l'*inconscient* absolu qui est pourtant, chose extraordinaire, le *supraconscient* pareillement absolu, et qui devient par degrés idée et volonté, principe de bien en tant qu'idée et principe de mal en tant que volonté, luttant comme idée contre soi-même comme la volonté, jusqu'au temps où il redeviendra l'inconscient-supraconscient qu'il était à l'origine. Spinozistes et bouddhistes ne parlent guère autrement. Pas plus que Hartmann, les néocriticistes, les néokantistes, les nihilistes surtout, ne devraient se vanter de rétablir la vraie philosophie compromise au fond, disent-ils d'ailleurs justement, par le positivisme. Idéalistes incurables, ils sont pires que lui sous ce rapport ; et s'ils renoncent à l'idéalisme, ils n'ont que le choix de rentrer dans le courant de la théorie catholique ou d'être emportés par le torrent de Comte et de Huxley.

L'éclectisme s'efforça, non sans de vrais succès parfois, d'endiguer ce torrent funeste. Les héritiers immédiats de Cousin et de Jouffroy, Garnier, Saisset, Jules Simon, de Rémusat, B. Saint-Hilaire, Hauréau, A. Franck, malgré leur opposition à des points considérables de la foi chrétienne, étaient des spiritualistes convaincus sinon de grands métaphysiciens, pour qui Saint-Simon et Auguste Comte représentaient une des pires doctrines et des plus déraisonnables. Malheureusement Barni, Charma, Bersot, rétrogradaient dans le sens de Voltaire et de Kant ; Vacherot flottait incertain entre le spinozisme et l'hégélianisme, sans vouloir saisir la main secourable que lui offrait l'abbé Gratry dans ce naufrage où sombraient avec lui tant de jeunes hommes distingués ; Beaussire se prononçait pour une morale indépendante de Dieu, uniquement guidée par le souci de la perfection humaine, exclusivement promulguée comme celle de Kœnigsberg par la conscience subjective ; Ch. Lévêque, Ravaisson, Paul Janet, semblaient incliner vers l'idéalisme et le monisme de Schelling, en modérant toutefois son vieux panthéisme par la formule nouvelle de *panenthéisme* qui rappelle si l'on veut Malebranche, Gioberti et même Platon. La philosophie d'Aristote, complètement spiritualisée et christianisée par la scolastique française du moyen âge, exerçait à son tour une excellente attration sur des penseurs très fermes et sagement réalistes tels que Bouillier, Magy, Em. Charles, Caro, Th.-H. Martin : s'ils conservaient la méthode et le goût de bien écrire traditionnels dans l'école électique, ils se rapprochaient certainement beaucoup de l'ancienne métaphysique, de l'ancienne morale, identifiées pendant de longs siècles avec la théologie catholique.

Le clergé, avant 1870, ne faisait généralement guère plus ni guère mieux que ces hommes éminents; peut-être même tardait-il à les suivre dans leur retour aux vrais principes sur les rapports de la raison et de la foi, de l'âme et du corps, de l'expérience et de la spéculation philosophique. On regretta de voir certains ecclésiastiques français ou allemands applaudir encore au traditionalisme de Bonnetty, à l'ontologisme de Mgr Baudry et de Mgr Hugonin, au rationalisme théologique de Günther et de Frohschammer. En Italie, Romano, d'Aquisto, di Giovanni, Mancino, mélangeaient le giobertisme ou le cartésianisme à la doctrine thomistique. En Belgique, le chanoine Ubaghs et plusieurs autres professeurs de Louvain se passionnaient obstinément pour un éclectisme rappelant tous ensemble Baïus, Malebranche, Kant, Schelling et de Bonald. Le mal était donc considérable jusque dans l'Église; et Pie IX d'abord, puis le concile du Vatican, avaient bien les plus graves raisons d'intervenir dans cette confusion d'idées et de systèmes. L'ordre intimé à Bonnetty, en 1855, de signer quatre thèses contraires au traditionalisme; les brefs pontificaux de 1857 et de 1860 condamnant les erreurs de Günther; la censure faite par le Saint-Office, en 1861, de sept propositions ontologistes ou panthéistes; la lettre apostolique de 1862 réprouvant la doctrine de Frohschammer; celle de 1863 blâmant quelques maladresses du Congrès de Munich; les paragraphes I et II du Syllabus de 1864, résumant divers documents antérieurs de Pie IX relativement au panthéisme, au naturalisme, au rationalisme absolu et modéré; le paragraphe VII touchant la morale naturelle et morale chrétienne d'après les mêmes documents; toutes les autres parties de ce *Syllabus*, très peu connu dans son véritable texte et pourtant fort digne de l'être; les diverses mesures adoptées par le Saint-Siège contre l'enseignement ontologiste; les rétractations exigées de plusieurs personnages; la mise à l'*Index* d'un certain nombre d'ouvrages suspects ou formellement erronés — telle fut, de 1848 à 1870, l'énergique réponse de la Papauté aux tendances et aux publications de la fausse philosophie contemporaine. En 1869 et 1870, l'Église entière, solennellement assemblée au Vatican, éleva, dans la constitution dogmatique *sur la Foi Catholique*, un admirable monument de substantiel bon sens et de haute sagesse contre le rationalisme et le traditionalisme, contre l'intuitionisme et le panthéisme, contre le matérialisme et le subjectivisme, contre le kantisme et le positivisme, contre le naturalisme et l'athéisme. Ce phare majestueux éclaire toutes les voies de l'esprit moderne, toutes les avenues de la foi divine. Les mutuels rapports de la nature et de la grâce, les différences et les harmonies du croire et du savoir, la double réalité de l'esprit et de la matière, la capacité de la raison et l'autorité de la révélation, sont splendidement exposés par le concile; et si les seuls croyants sont touchés de l'infaillible valeur de ses décrets, les philosophes les plus étrangers à la foi catholique n'en sauraient méconnaître l'extrême importance rationnelle, la merveilleuse solidité philosophique.

1871-1900

Les controverses excitées en France, en Allemagne, en Italie, par le traditionalisme et l'ontologisme, par le günthérianisme et le rationalisme, avaient déjà fait sentir à Rome l'urgente nécessité d'en revenir à la philosophie chrétienne du moyen âge, principalement à celle de saint Thomas d'Aquin. On ne trouve pas ailleurs, au même degré, l'union de la profondeur avec la clarté, de la simplicité avec la grandeur, de l'expérience avec le raisonnement, de la hardiesse avec la prudence, quand il s'agit d'expliquer le monde intérieur ou extérieur d'après leurs causes les plus intimes et leurs principes les plus essentiels. Vers 1850, ce retour commença en Italie par l'initiative des jésuites Liberatore et Taparelli d'Azeglio, des chanoines napolitains Sanseverino et Signoriello. Il se dessina en France, quinze ans plus tard, grâce à Mgr Rosset, à MM. Sauvé, Grandclaude, Bourquard. Il apparut vers la même époque en Espagne avec le futur cardinal Gonzalez, en Allemagne avec le docte jésuite Kleutgen et l'érudit chanoine Stœckl. La préparation et la discussion conciliaires de la constitution *sur la Foi Catholique* lui donnèrent une impulsion nouvelle et très puissante; dès lors on put prévoir l'heure prochaine où l'autorité apostolique prescrirait formellement aux écoles catholiques de s'y rallier sans nulle hésitation.

Depuis longtemps deux hommes du plus haut mérite, les frères Joachim et Joseph Pecci, s'étaient enthousiasmés pour la *Somme Théologique* et pour la *Somme contre les Gentils*. Ils y trouvaient la solution de toutes les difficultés philosophiques, la réponse à toutes les objections kantistes et positivistes, la base solide de tout progrès spéculatif et moral, la nécessaire et sûre condition du travail théologique, la plus belle et la plus forte de toutes les sciences naturelles et surnaturelles. Ils étaient ravis de la clarté vraiment angélique avec laquelle l'auteur des deux *Sommes* établit l'objectivité du monde et du moi, l'unité substantielle du composé humain, la collaboration des sens à l'intellection et à la volition spirituelles, l'entière légitimité de notre recherche et de notre découverte des principes ou des causes par les faits, des essences par les accidents, des puissances par leurs actes, de l'âme par la vie corporelle, de Dieu par le mouvement des choses, de la révélation par le préternaturel, des mystères ou de la grâce surnaturelle par l'acte de foi. Joachim Pecci, dans son palais archiépiscopal et son séminaire de Pérouse, — Joseph, dans sa chaire de haute métaphysique à l'université romaine de la Sapience, formaient des hommes et des prêtres par cette doctrine incomparable ; et ils préparaient l'avenir dont Joachim allait bientôt avoir la direction dans l'Église entière. Quand il devint pape, et Joseph cardinal, on put dire que saint Thomas rentrait avec eux en ce palais apostolique dont il avait été le plus illustre maître aux siècles passés. En 1879, l'encyclique *Æterni Patris* inaugura une série de leçons vraiment pontificales et de mesures souverainement opportunes, pour le complet rétablissement de la tradition thomistique adaptée à l'état présent des idées, des sciences, des mœurs.

La France vit éclore, en dehors d'utiles revues, les beaux et savants traités de MM. Domet de Vorges et Gardair, Farges et Vallet, Elie Blanc et A. Gouin ; des PP. Monsabré, Berthier, Coconnier, dominicains ; des PP. de Bonniot et de Régnon, jésuites ; des PP. Bulliot et Peillaube, maristes. Avec des vues et des procédés moins rigoureusement scolastiques, Mgr d'Hulst, l'abbé de Broglie, MM. Ch. Charaux, A. de Margerie, H. Joly, D. Cochin, Ollé-Laprune, Fonsegrive, Piat, ont brillamment servi la cause de saint Thomas et de Léon XIII ; des médecins tels que MM. Travaglini, Frédault, Chauffard, Ferrand, Surbled, leur ont prêté le concours d'une science autrefois séparée du vrai spiritualisme et pourtant destinée à vivre en pleine harmonie avec lui. En Belgique, Mgr Van Weddingen, MM. Dupont et Lefebvre, préparaient le succès fort remarquable de l'*Institut supérieur de philosophie* créé par l'inspiration et la munificence de Léon XIII, et confié à l'intelligente direction de Mgr Mercier. On y joint des recherches expérimentales de physiologie et de psycho-physique aux études spéculatives de l'ancienne scolastique ; on en montre le complet accord ; on les fait progresser les unes par les autres, on tient à justifier ainsi la définition de la philosophie comme science fondamentale, universelle, suprême, résumant en soi tous les principes d'ordre naturel, et les mettant à la disposition des sciences humaines particulières en même temps qu'au service de la théologie surnaturelle et divine. Le collège des jésuites de Louvain, dans un cadre plus strictement théorique, s'illustre par les écrits de ses professeurs Van der Aa, Lahousse, de San, Castelein. En Hollande, le dominicain de Groot ; en Suisse, la faculté de théologie de Fribourg ; en Angleterre et en Amérique, plusieurs revues catholiques ; en Allemagne de bonnes revues également et surtout les professeurs Gutberlet, Schneider, Commer, et les jésuites T. Pesch, Meyer, Costa-Rosetti, Cathrein, Lehmkuhl ; en Espagne, MM. Hernandez y Fajarnez, Orti y Lara, le P. Mendive, ont déjà très amplement satisfait au programme si opportunément tracé par Léon XIII. Il en va de même en Italie, grâce à mainte revue et à mainte académie ; grâce principalement aux cardinaux Zigliara et Mazzella, à don Barberis et au P. Cornoldi, tous prématurément disparus de ce monde, mais admirablement remplacés par le cardinal Satolli, Mgr Lorenzelli, Mgr Talamo, le P. Lepidi, dominicain, les jésuites Urraburu, de Maria, de Mandato, Schiffini. La condamnation de quarante propositions rosminiennes, en 1887, a définitivement dissipé les nuages qui assombrissaient la Haute-Italie ; et du sommet des Alpes à la triple pointe de Sicile, le Soleil Angélique répand les plus purs et les plus salutaires rayons de lumière sur les esprits fidèles aux glorieuses traditions catholiques de la Grande Grèce.

La philosophie morale doit aux catholiques de nombreux et remarquables ouvrages, qui l'ont singulièrement honorée depuis trente ans. L'œuvre de Taparelli d'Azeglio et de Tarquini a été continuée par le P. Liberatore et M. Charles Périn, le marquis de Vareilles-Sommières et le professeur T. Rothe, le P. Weiss et le P. Antoine, MM. Toniolo et G. Goyau, dans l'ordre des sciences économiques et sociales. Mgr d'Hulst a magnifiquement exposé, de la chaire de Notre-Dame, les bases et les lois essentielles de la moralité humaine. Léon XIII est en ces graves matières un maître et un écrivain sans rival ; le siècle qui finit et celui qui commence lui devront une admiration et une reconnaissance sans réserve.

Il y a sans doute encore, de toutes parts, des spiritualistes fort distingués qui ont écrit avant de l'avoir pu entendre, ou qui croient difficile, sinon impossible, de se rallier complètement à ses vues philosophiques. Préjugés d'éducation, traditions de corps, malentendus de langage, défiance peut-être à l'endroit du catholicisme, ces causes et quelques autres maintiennent une division qui va toutefois s'amoindrissant par l'étude objective des faits et des textes. Du reste, le cartésianisme n'étant plus guère tenable, le spiritualisme doit se replier sur le socratisme chrétien s'il ne veut tomber dans les abîmes du subjectivisme et du positivisme. En réalité, des philosophes de la valeur de Ferraz Nourisson, Desdouits, E. Neuville, A. Desjardins ; des savants comme Cl. Bernard, J.-B. Dumas, Fiourens, Pasteur, côtoient sans cesse la doctrine scolastique et l'adoptent même sur des points fondamentaux d'anthropologie et de méthode, de psychologie et de théodicée, de morale et de religion. On pourrait presque en dire autant de plusieurs écrivains rationalistes, par exemple de MM. Rabier et Picavet, attachés à un spiritualisme fort différent de celui de Descartes et soutenu par d'exactes connaissances scientifiques.

Un homme dont nous avons déjà cité le nom avec respect, le regretté Ollé-Laprune, a ouvert aux esprits fatigués des fades et routinières doctrines de l'éclectisme une voie qui peut directement et sûrement les conduire à la possession complète de la vérité chrétienne. Ses études très originales et très puissantes sur la certitude morale, sur les conditions nécessaires pour bien penser et philosopher dans le temps présent, sur le véritable prix de la vie, sur de hautes et célèbres tendances de la philosophie ancienne ou moderne, ont déjà éclairé et fortifié tout un groupe d'ardentes et viriles intelligences ; et le catholicisme est en droit d'espérer d'elles de belles œuvres métaphysiques ou morales.

Actuellement, le positivisme ne semble ni progresser ni conserver la grande faveur du public. Orthodoxes avec P. Lafitte, successeur officiel de comte, ou dissidents et réfractaires de plusieurs catégories; enthéistes avec Carus, ou panthéistes avec Ferrière ; anthropologistes avec Th. Ribot, Broca, de Mortillet, ou hypnotistes et occultistes avec Delbœuf et Encausse ; pédagogues avec Pérez ou criminalistes avec Tarde et Lombroso ; psychiâtres avec Charcot et Luys, ou hypnotistes avec Liébeault et Bernheim ; agressifs envers la religion comme Draper et Guyau, ou indifférents à son égard comme Holyoake, — les adhérents et les alliés plus ou moins sympathiques de l'école agnostique ne peuvent se flatter d'avoir vaincu l'école métaphysique, ni de lui avoir opposé une doctrine méritant le nom et la position de rivale. Ils ne sont pas plus avancés que Comte sous ce rapport ; et l'on est même autorisé à penser qu'ils n'ont pas maintenu ses lignes stratégiques. Ils ont fait d'excellentes recherches et obtenu de fort précieux résultats dans le domaine des sciences physiques, naturelles, mathématiques, soit théoriques, soit appliquées ; mais loin d'en souffrir la vraie philosophie en profite certainement chaque jour. Qu'ils le veuillent ou non, elle se refera et se reconstituera sans eux, au besoin contre eux. Le simple bon sens seconde ce mouvement ; et dans la positive Angleterre même, à peine Huxley avait-il audacieusement revêtu le transformisme d'une impiété déclarée, qu'il se voyait obligé de reconnaître la force morale et l'indépendance de l'homme en lutte avec l'évolution fatale des forces cosmiques ; à peine Romanes achevait-il sa tentative de supprimer toute différence essentielle entre l'humanité et l'animalité, qu'il se rapprochait respectueusement de la vieille croyance en Dieu et en l'Évangile ; naguère encore Georges Eliot à Londres, comme Constant de Rebecque en Hollande, s'éprenait d'une admiration sincère pour l'*Imitation de Jésus-Christ*; Morison parlait avec tendresse de saint Bernard et de Cîteaux ; et si Tyndall, Congrève, Harrison, Bradlaugh, s'obstinaient dans leur matérialisme ou leur sécularisme athées, le spiritualisme chrétien pouvait leur opposer avec fierté, non seulement des catholiques tels que Saint-Georges Mivart ou les cardinaux Newman, Manning et Vaughan, mais aussi des anglicans tels que Gladstone, Salisbury, Mallock, Balfour. Le seul philosophe dont le positivisme pourrait aujourd'hui se réclamer avec quelque droit, c'est Alfred Fouillée : mais un déterminisme résolu, un implacable scepticisme, un criticisme inexorable, un système d'idées-forces très voisines de l'idée de Hegel et de la volition de Schopenhauer, une sorte de coquetterie qui accueille et dédaigne tour à tour l'évolutionisme, suffisent-ils à constituer un positivisme d'ancien ou de nouveau genre ? N'y a-t-il pas là du néo-kantisme habile, du spinozisme mécontent de n'être pas plus rationnel et plus moral ? N'est-ce pas un état de conscience intermédiaire entre le scepticisme stoïcien et le spiritualisme chrétien ? Quoi qu'il en soit, les héritiers de Comte semblent réduits à tourner leurs regards et leurs espérances vers des hommes politiques très modernes, vers la franc-maçonnerie elle-même, dont ils peuvent en effet attendre un appui que les vrais penseurs n'accorderont jamais volontiers aux négateurs de la pensée.

*
* *

L'ennemi redoutable pour la philosophie catholique du xxe siècle sera donc toujours, comme au xixe, le kantisme. Celui de Kœnigsberg et des origines, le vieux criticisme de 1781 à 1803, est encore très vivant et très séduisant. Presque personne à présent ne tient pour Fichte et Schelling. L'hégélianisme de Véra et de Spaventa, de Fiorentino et de Gatti, de Caird et de Bradley, n'est qu'un accès de fièvre italo-anglaise. Schopenhauer et Hartmann n'émeuvent plus que de rares *dilettanti*. Mais le subjectivisme de Ferrari, d'Ausonio Franchi et de Mazarella au delà des Alpes; de Lange, d'Erdman et de Schultze au delà du Rhin ; de Rabier et de Séailles sur notre terre de France, — ou bien nous mène droit à la *Critique de la raison pure* ou bien en procède formellement. Soit pour flatter notre amour du bruit et de l'étrange, soit pour conquérir les faveurs du positivisme, il affecte çà et là des allures violentes et outrancières, qui probablement ne lui serviront pas beaucoup. Le paradoxe insinuant de Kant est plus efficace que le fracas du Russe Roberty, de l'Allemand Nietzsche, des Français Remacle et Weber. Modéré de forme et souvent même de fond, le néo-criticisme de Lachelier et Boutroux, de Renouvier et Pillon, de Secrétan, Liard, Dauriac, Bergson, a certainement plus de chances de succès et de durée. Sa nouvelle distribution des *catégories*, la prédominance qu'il attribue à la liberté, au sentiment, au caprice, dans la conception du vrai et dans la réalisation du bien ; ses prétentions à l'immanence totale par la concentration de toute science philosophique dans l'étude du seul *moi*, dans le *solipsisme*, comme on dit en style très moderne, peuvent exciter de vives sympathies au début du nouveau siècle. C'est chose si douce, si flatteuse et si commode que de se croire, tant soit peu sincèrement, indépendant de n'importe qui et de n'importe quoi ; de se proclamer tout et rien, Dieu et néant, capable de tout progrès et irresponsable de toute décadence intellectuelle ou morale ; de répudier les inélégantes exagérations du pyrrhonisme, du spinozisme, de l'idéalisme et du positivisme, en bénéficiant discrètement de leur moelle la plus intime ; de répondre à toutes les objections et difficultés par les grandioses formules de contingent, de relatif, de perpétuel devenir, d'éternel mouvement d'idées, de noumène inconnaissable et de phénomènes fugitifs ; de se persuader enfin, autant que possible, que la fatalité et la liberté sont identiques en cette prodigieuse *évolution* dont les états successifs se manifestent dans nos états de conscience ! Moyennant de pareilles théories, l'on garde une aisance et une sérénité d'allures qui en imposent souvent à la multitude : et l'on peut même espérer de laisser ici-bas un nom que l'avenir ne répétera pas sans admiration. Mais on se trompe en ceci ; car nécessairement l'avenir reviendra au bon sens et à la vraie philosophie.

Nous n'oserions dire que ce retour inévitable réjouira l'aube du xxe siècle. Le socialisme, le nihilisme, l'anarchie, les guerres civiles ou étrangères, lui permettront-ils de penser et de raisonner en paix ? En tout cas, ses désastres mêmes l'éclaireront tôt ou tard, après l'avoir peut-être exaspéré d'abord. Et alors ses philosophes s'affranchiront du joug écrasant que le kantisme a fait peser sur nous. Si nous avons été des rationalistes et des raisonneurs, nos successeurs seront gens de raison, aptes à tenir pour vrais les principes et les faits dont l'antique sagesse a vécu, depuis Socrate et Aristote jusqu'à saint Thomas et Bossuet. Loin de mépriser les sciences positives, ils feront de leur étude l'une des conditions les plus essentielles de la métaphysique. Ils ne renouvelleront pas l'erreur de la scolastique, presque uniquement attentive aux catégories et aux arguments aprioristiques, depuis le XIV° jusqu'au XVIII° siècle. Ils sauront qu'on ne sépare pas sans danger le sujet et l'objet ; qu'à force de disserter sur le moi seul, on travaille à vide ou sur le néant ; que le kantisme s'essaya longtemps sous la forme du nominalisme et de l'idéalisme, avant de se constituer définitivement sous celle du criticisme ; et que s'il n'y a point de véritable théologie sans philosophie, il n'y a pas non plus de véritable théologie sans connaissance des données générales de l'histoire, de la physique, de la chimie, de la biologie et de la physiologie, des mathématiques pures et appliquées. Comme au temps des pythagoriciens il faut être *géomètre*, et plus encore, pour être logicien, métaphysicien, moraliste. L'œuvre divine, absolument unie et harmonieuse dans tous ses éléments, n'est pas seulement spirituelle et transcendante : elle est matérielle aussi, et d'ordre *géométrique,* comme on disait également chez Pythagore. S'il ne peut y avoir de réels conflits entre la raison et la foi, il ne doit pas y en avoir davantage entre la philosophie et les sciences. Les phénomènes physiques d'exosmose et d'endosmose ont leurs équivalents dans le monde intellectuel : la vérité surnaturelle et la vérité naturelle, le savoir philosophique et le savoir scientifique, sont soumis à une loi providentielle d'échange dont le triple résultat se nomme théologie chrétienne, philosophie chrétienne, science chrétienne. Dans ses dernières années, le XIX° siècle a au moins entrevu cette loi ; et s'il ne l'a pas solennellement adoptée comme règle de son suprême effort, il lui a donné, dans l'enseignement supérieur affranchi et réorganisé, un très puissant instrument dont le siècle de demain saura, pourquoi ne pas l'espérer ? faire le plus utile et le plus glorieux emploi.

CHANOINE JULES DIDIOT.

Lille.

XVI

Les Sciences Mathématiques

La plus ancienne question de pure analyse est la résolution des équations algébriques, et l'on peut dire que les analystes antérieurs au xviie siècle n'en connaissent pas d'autre. Avec Newton et Leibniz, la face de la science est changée, et le calcul infinitésimal pose un deuxième problème plus vaste et plus important que le premier, l'intégration des équations différentielles, comprenant, comme cas particulier, la quadrature des différentielles algébriques.

C'est dans le champ de ces deux problèmes que s'est développé presque tout l'effort mathématique du xviiie et du xixe siècle ; ce sont ces deux questions, transformées et étendues, qui dominent encore l'analyse, et, avec elle, toutes les sciences qui gravitent à sa lumière, Mécanique, Astronomie, Physique mathématique, Géométrie même.

Longtemps les analystes entendirent, dans un sens restreint, les mots de résolution et d'intégration : pour eux, résoudre une équation algébrique, intégrer une équation différentielle, ce fut exprimer les racines ou les solutions à l'aide de fonctions simples, radicaux, fonctions trigonométriques ou logarithmiques, signes de quadrature. Ainsi compris, le sujet fut vite épuisé : les types d'équations différentielles intégrales, dans ce sens étroit, sont en nombre extrêmement limité, et la sagacité des géomètres du xviiie siècle les eut rapidement découverts; quant aux équations algébriques générales, on ne peut résoudre par radicaux celles dont le degré atteint ou dépasse cinq. Pour aller plus loin, il était donc nécessaire de poser autrement, d'élargir, les deux problèmes fondamentaux : au lieu d'essayer de ramener à des fonctions plus simples les solutions des équations algébriques ou différentielles, il fallait étudier ces solutions en elles-mêmes, et c'est dans ce sens nouveau qu'a été orientée l'œuvre du xix⁰ siècle.

Elle repose presque tout entière sur une doctrine nouvelle, qui a transformé l'analyse, celle des fonctions d'une variable imaginaire : sa partie la plus achevée est une théorie des fonctions algébriques d'une seule variable, de leurs intégrales et des fonctions transcendantes auxquelles celles-ci donnent naissance, les fonctions elliptiques d'Abel et de Jacobi, les fonctions abéliennes de Riemann, les fonctions fuchsiennes de M. Poincaré. C'est à cette théorie que se bornera notre exposé : il serait impossible, dans un petit nombre de pages et à moins de se restreindre à une sèche nomenclature, de rendre compte des progrès de la Science des équations différentielles, de l'Arithmétique, de la Mécanique, de la Géométrie ; le sujet pris comme centre est d'ailleurs assez vaste, les théories des courbes algébriques, celles des formes et des équations s'y rattachent naturellement. Notre cadre enfin n'aura rien d'inflexible, et nous aurons souvent à en sortir, car un des caractères originaux de la mathématique, une de ses marques d'éternelle beauté, est précisément la fusion perpétuelle et harmonieuse de ses éléments les plus divers.

Fonctions elliptiques. — Historiquement, c'est la théorie des fonctions elliptiques qui ouvre la voie nouvelle, en brisant le cercle trop étroit où s'enfermait la science du xviii⁰ siècle ; son intérêt propre a été et demeure considérable, elle a surtout orienté les recherches des géomètres vers des questions plus générales qu'elle a posées et dont elle a laissé entrevoir la solution possible : rayon dardé dans la profondeur, elle y a éveillé la lueur du trésor caché.

On nomme *intégrale elliptique* de première espèce, l'intégrale

$$\int_0^x \frac{dx}{\sqrt{(1-x^2)(1-K^2 x^2)}}$$

où K^2 est une constante, dite *module* : les analystes reconnurent vite qu'elle ne peut s'exprimer à l'aide des fonctions élémentaires ; c'est donc une transcendante nouvelle, généralisation de l'*arc sinus* qui correspond à $K = o$, et à laquelle on peut ramener les intégrales analogues, où la quantité sous le radical est un polynôme quelconque du quatrième ou du troisième degré en x. Euler fit connaître, au sujet de cette intégrale, un théorème important, tout à fait semblable au théorème d'addition des arcs sinus ; d'autres géomètres, comme Landen et Lagrange, y ajoutèrent quelques résultats ; mais c'est Legendre qui eut le mérite de deviner, dans ces premiers éléments, « le germe d'une branche importante de l'analyse ». Pendant quarante ans, il poursuit ses recherches sur l'intégrale de première espèce et sur celles, un peu différentes, de deuxième et troisième espèces ; il arrive ainsi à un grand nombre de propriétés nouvelles, généralement fragmentaires et d'une forme assez compliquée. Ces défauts tenaient à la voie suivie : qu'on suppose en effet $K = o$; l'intégrale devient arc sin. x, et l'étudier uniquement sous cette forme, c'est refaire la trigonométrie élémentaire en prenant comme fonction fondamentale l'arc sinus au lieu du sinus ; c'est dès lors compliquer inutilement les formules, c'est surtout substituer une fonction mal déterminée à une fonction parfaitement définie, c'est enfin masquer la propriété capitale, qui est la périodicité des lignes trigonométriques.

Pour échapper à des conséquences pareilles dans la théorie de l'intégrale elliptique, il fallait considérer la fonction *inverse*, qui est à l'intégrale ce que le sinus est à l'arc sinus ; il suffisait pour cela de poser

$$u = \int_o^x \frac{dx}{\sqrt{(1-x^2)(1-K^2 x^2)}},$$

et d'étudier non plus u comme fonction de x, mais x comme fonction de u.

C'est en 1826 qu'un jeune géomètre norvégien, Abel, mort trois ans plus tard, eut cette idée si simple de l'*inversion* de l'intégrale elliptique ; en même temps, dans l'étude de la nouvelle transcendante, désignée depuis par le symbole snu, il introduisit les valeurs imaginaires de la variable u. Grâce au théorème d'addition d'Euler, il découvrit cette propriété capitale que snu est une fonction *doublement périodique* de u, c'est-à-dire ne change pas quand on augmente u de l'une ou l'autre de deux quantités fixes, dites périodes, et dont l'une au moins est imaginaire : de même $sinu$ est une fonction simplement périodique de u, la période étant 2π. La propriété de double périodicité appartient aussi à deux autres fonctions *elliptiques*, $cn\,u = \sqrt{1 - sn^2 u}$, $dn\,u = \sqrt{1 - K^2 sn^2 u}$, dont l'étude se lie à celle de $sn\,u$, comme l'étude du cosinus est liée à celle du sinus.

Peu après, Jacobi obtint l'expression des trois fonctions elliptiques sous forme de quotients de séries ou de produits infinis, découverte déjà nettement indiquée dans le premier mémoire d'Abel ; il créa, à cette occasion, la théorie des *fonctions thêta*, qui sont des séries d'exponentielles : l'une d'elles est la série

$$\sum_{m=-\infty}^{m=+\infty} e^{m^2 i \pi \frac{\omega'}{\omega} + 2 m i \pi \frac{\omega}{u}}$$

où ω et ω' désignent des constantes, et u la variable indépendante. Les autres fonctions thêta se déduisent de celle-là par l'addition à u de constantes convenables. Ces fonctions ne sont pas doublement périodiques ; la série précédente, par exemple, admet la période ω, et se reproduit multipliée par une exponentielle simple quand on augmente u de ω' ; mais on conçoit dès lors que le quotient de deux pareilles fonctions puisse être doublement périodique, et Jacobi a montré que $sn\,u$, $cn\,u$, $dn\,u$, s'expriment, en effet, par de tels quotients. Toutefois, pour la convergence des séries, il est nécessaire que le rapport $\omega'':\omega$ soit imaginaire, c'est-à-dire que, pour une fonction elliptique, le rapport des périodes ne peut être réel, proposition importante, dont Jacobi donna d'ailleurs une démonstration directe.

C'est aussi Jacobi qui exprima les intégrales elliptiques de seconde et de troisième espèces à l'aide des fonctions thêta et de leurs dérivées ; il intégra ainsi, par les transcendantes nouvelles, les différentielles elliptiques les plus générales, conquête non moins précieuse pour la théorie que pour l'application.

D'autres surprises étaient réservées aux mathématiciens par les relations curieuses qu'établit Jacobi entre les séries thêta et l'arithmétique, et qui lui donnèrent, par exemple, d'intéressantes propositions sur la décomposition des nombres entiers en sommes de quatre carrés ; ces recherches, étendues plus tard par d'autres géomètres, M. Hermite et Kronecker en particulier, ont révélé un lien étroit et bien inattendu entre les fonctions elliptiques et les formes arithmétiques, dans leurs plus profondes propriétés.

Aux fonctions d'Abel et de Jacobi, Weierstrass a proposé de substituer d'autres éléments qui, sans rien apporter d'essentiel, simplifient les formules et les applications : ainsi, il remplace la fonction $sn\ u$ par la fonction doublement périodique $p\ u$, inverse de l'intégrale elliptique

$$\int_\infty^x \frac{dx}{\sqrt{4\,x^3 - g_2\,x - g_3}};$$

il lui adjoint les deux autres fonctions $\zeta\ u$ et $\sigma\ u$. dont la première a pour dérivée $- p\ u$, et dont la deuxième qui a pour dérivée logarithmique $\zeta\ u$, correspond aux fonctions thêta de Jacobi ; quand au module, K^2, il est remplacé par l'*invariant* $g_3^2 : g_2^3$.

On appelle aujourd'hui *fonctions elliptiques*, les fonctions à deux périodes d'une seule variable ; leur théorie est aussi achevée que celle des lignes trigonométriques, leurs applications ne sont guère moins nombreuses : la Mécanique en fournit de multiples exemples ; en Analyse, à côté de la théorie des courbes, celle des équations différentielles emploie les fonctions elliptiques pour intégrer toute une classe d'équations découvertes par M. Picard et dont la plus simple, intégrée par M. Hermite, est une équation célèbre que Lamé avait rencontrée dans des recherches de Physique mathématique. On sait donner d'une fonction elliptique plusieurs expressions à l'aide des éléments p, ζ et σ : l'une, due à M. Hermite, permet l'intégration.

Après ces propriétés fondamentales, la question la plus vaste et la plus riche en conséquences du domaine elliptique est celle de la *transformation* : étant donnée une fonction $p\ u$, d'invariant I, il s'agit de déterminer les multiplicateurs, ε, et les invariants I' tels que la fonction p, d'argument $\varepsilon\ u$ et d'invariant I', s'exprime rationnellement à l'aide de la fonction $p\ u$ initiale. Au point de vue différentiel, la question revient à l'étude des solutions y, rationnelles en x de l'équation :

$$\frac{dy}{\varepsilon\sqrt{4\,y^3 - g'_2\,y - g'_3}} = \frac{dx}{\sqrt{4\,x^3 - g_2\,x - g_3}}$$

Les deux invariants, I et I', sont liés par une équation algébrique dite *équation modulaire*, qui a donné lieu, depuis Abel et Jacobi, à de nombreux travaux.

Au problème de la transformation se rattache celui de la division des périodes, où l'on cherche les relations entre deux fonctions $p\,u$, ayant une période commune et dont les secondes périodes ont un rapport entier ; enfin des questions analogues se posent pour la transformation des fonctions thêta, où l'on introduit les périodes au lieu des invariants.

La *multiplication complexe*, dont l'idée remonte à Abel, est un cas particulier de la transformation : on s'y propose de trouver les invariants et les multiplicateurs ε non entiers, tels que $p\,(\varepsilon\,u)$ soit rationnel en $p\,u$, l'invariant des deux fonctions étant cette fois le même ; le rapport des deux périodes de $p\,u$ doit être alors racine d'une équation du second degré à coefficients entiers, et de cette liaison entre les fonctions elliptiques et les formes quadratiques arithmétiques, approfondie surtout par Kronecker, résultent d'importantes conséquences pour la théorie des nombres.

La transformation enfin fait apparaître les *fonctions modulaires*, étudiées principalement par MM. Hermite, Dedekind, Klein et Hurwitz : l'invariant I, de $p\,u$, ne dépend que du rapport, ρ, des périodes, et ne change pas quand on remplace ces périodes par un système de périodes équivalent, c'est-à-dire par deux périodes dont l'existence implique celle des premières, et réciproquement. Il en résulte que I, considéré comme fonction de ρ, garde la même valeur lorsqu'on y change ρ en $(a\,\rho + b):(c\,\rho + d)$, a, b, c, d étant des nombres entiers quelconques, liés seulement par la condition $ad - bc = 1$. Ce changement s'appelle une substitution, et toutes les substitutions ainsi définies forment le *groupe modulaire*, dont les propriétés ont été très étudiées ; les fonctions qui demeurent invariables par les substitutions de ce groupe ou par celles d'un de ses sous-groupes, sont les *fonctions modulaires* ; leur rôle est important en arithmétique et même en géométrie, elles sont enfin le premier exemple des fonctions fuchsiennes, dont le rôle, plus tard, devait être si éclatant.

Signalons, pour terminer, quelques recherches sur les intégrales elliptiques. Liouville, parmi d'autres propositions de même nature, établit qu'elles ne peuvent, en *général*, se ramener aux transcendantes anciennes; Abel pose le difficile problème de reconnaître si une intégrale elliptique est exprimable par un logarithme, et jette les premiers fondements de la théorie, non encore achevée, des intrégales *pseudo-elliptiques;* Tchebycheff et Zolotareff résolvent le problème d'Abel pour l'intégrale de troisième espèce ; d'autres géomètres le rattachent au développement, en fraction continue, du radical elliptique.

Fonctions hyperelliptiques. — La théorie des fonctions elliptiques n'était pas plutôt fondée, que les analystes cherchaient à la généraliser : l'idée la plus simple était d'étudier les fonctions inverses des intégrales *hyperelliptiques*, analogues aux elliptiques, où le polynôme sous le radical est d'ordre supérieur à quatre ; mais cette idée était condamnée à la stérilité, car la fonction inverse d'une intégrale hyperelliptique n'est pas, comme *snu* et *pu*, une fonction bien déterminée ou *uniforme* de la variable.

Jacobi fit faire un pas à la question par l'invention des fonctions thêta de plusieurs variables. Dans le cas de deux variables indépendantes, par exemple, les nouvelles fonctions se déduisent très simplement de la série double

$$\sum_{m, n = -\infty}^{m, n = +\infty} e^{mu + nv + \frac{1}{2}(am^2 + 2bmn + cn^2)} \ ;$$

le quotient de deux d'entre elles, convenablement choisies, est une fonction à *quatre paires de périodes*, c'est-à-dire qu'elle ne change pas quand on augmente *simultanément* u et v de quatre systèmes différents de constantes, systèmes qui sont de la forme $2\pi i, o; 2\pi i; 2a, 2b; 2b, 2c$. On a ainsi une généralisation, dans le domaine de deux variables, des fonctions doublement périodiques ; c'est même la seule possible, car il n'existe pas, Jacobi le démontre, de fonction uniforme d'une seule variable, ayant plus de deux périodes.

Mais comment se rattachent aux intégrales hyperelliptiques ces fonctions quadruplement périodiques ? Jacobi le soupçonna, et donna au problème de l'inversion la forme suivante : désignant par $f(x)$ un polynôme du cinquième ou du sixième ordre, il proposa de considérer les relations différentielles

$$\frac{dx}{\sqrt{fx}} + \frac{dy}{\sqrt{fy}} = du,$$
$$\frac{xdx}{\sqrt{fx}} + \frac{ydy}{\sqrt{fy}} = dv,$$

comme définissant x et y en fonction de u et de v. Le succès couronna cette idée. Vers 1848, Gopel et Rosenhain montrèrent que toute fonction symétrique de x et de y est une fonction de u, v à quatre paires de périodes, exprimable à l'aide de fonctions thêta de deux variables. L'analogie avec le cas elliptique était cette fois complète ; M. Hermite l'accentua encore en créant, pour les nouvelles fonctions, qui reçurent le nom d'*hyperelliptiques*, la théorie de la *transformation* : étant donné pour u et v, un système de périodes de la forme indiquée plus haut, il détermine les systèmes de forme analogue tels qu'une fonction hyperelliptique quelconque F (U, V), formée avec les nouvelles périodes, s'exprime rationnellement à l'aide des fonctions hyperelliptiques en u, v du système primitif : U et V sont nécessairement linéaires en u, v. Ce problème peut recevoir, comme dans le cas elliptique, une forme algébrique, par l'introduction des différentielles hyperelliptiques et des modules ; on y voit apparaître de curieux systèmes de nombres entiers, à l'aide desquels se définit l'ordre d'une transformation ; toute transformation se ramène à des transformations particulières du même ordre, précédées et suivies de transformations du premier ordre.

A ce point de la théorie générale, il restait à faire un pas de plus, en remplaçant les intégrales hyperelliptiques de Gopel et de Rosenhain par des intégrales plus compliquées, et en transformant convenablement le problème de l'inversion : malheureusement les méthodes suivies par les deux géomètres ne comportaient guère de généralisation, car elles consistaient dans la formation *a priori*, par les séries thêta, de fonctions qui, substituées dans les équations différentielles de Jacobi, se trouvaient les vérifier ; pour les cas plus généraux, on se serait heurté ainsi à des difficultés insurmontables. L'unique ressource était d'attaquer de front le redoutable problème ; mais il y fallait une arme nouvelle et puissante : cette arme existait, Cauchy l'avait forgée dès 1826 ; et c'était la théorie des fonctions d'une variable imaginaire.

Fonctions analytiques. — Avant Cauchy, les imaginaires avaient été employées en analyse, souvent avec succès, jamais sans appréhension ; « Allez toujours, la foi vous viendra ensuite, » disait d'Alembert à ce sujet, et rien ne peint mieux l'incertitude des anciens géomètres.

Cauchy, c'est déjà une véritable découverte, commence par définir une fonction de la variable imaginaire $z = x + yi$: l'expression $P + Qi$, où P et Q dépendant de x et y, sera dite fonction de z si elle admet une dérivée par rapport à z, ce qui entraîne les identités

$$\frac{dP}{dx} = \frac{dQ}{dy}, \frac{dP}{dy} = -\frac{dQ}{dx}$$

Les deux fonctions P et Q vérifient dès lors l'*équation de Laplace*

$$\frac{d^2u}{dx^2} + \frac{d^2u}{dy^2} = 0 ;$$

elles ont reçu plus tard le nom de *fonctions harmoniques* : très effacées dans la théorie de Cauchy, on les verra passer au premier plan dans celle de Riemann.

L'intégrale d'une fonction de z se définit immédiatement, quand on se donne, non seulement les valeurs initiales et finales de x et y, mais encore la série des valeurs par lesquelles passent ces variables pour aller d'une limite à l'autre. Géométriquement, si l'on représente sur un plan la variable z par le point de coordonnées x et y, et si a et b sont les points qui répondent aux limites, l'intégrale doit dépendre de la ligne d'*intégration* que suit le point z entre a et b : le théorème fondamental de Cauchy est qu'en général elle n'en dépend pas. D'une manière plus précise, deux chemins allant de a à b donnent la même valeur de l'intégrale s'ils ne comprennent entre eux aucun *point critique* de la fonction. Par points critiques, on entend les points où la fonction est infinie ou indéterminée, et aussi, dans le cas d'une fonction à valeurs multiples, comme un radical, les points où quelques-unes de ces valeurs deviennent égales : cette distinction n'a été nettement faite que par Puiseux.

De là Cauchy, dans une suite de Mémoires, qui s'étendent de 1825 à 1851, et que complètent sur plusieurs points importants les travaux de Puiseux (1850 1851), déduit une série de propositions qui forment la base de la science mathématique actuelle; voici les deux plus utiles :

Si l'on nomme *fonction analytique* une fonction de $x + yi$, dans le sens de Cauchy, toute fonction analytique de z est développable en une série, ordonnée suivant les puissances croissantes de $z - a$, et qui converge lorsque z reste dans un cercle ayant pour centre le point a, supposé non critique, et pour rayon la distance de ce point au point critique le plus voisin : c'est l'extension au domaine imaginaire de la série classique de Taylor.

L'intégrale, entre deux points donnés, d'une fonction analytique à points critiques prend, selon la ligne d'intégration, des valeurs qui diffèrent entre elles de quantités constantes, dites *périodes* de l'intégrale, et indépendantes de la position des deux points primitifs : la fonction inverse de l'intégrale est donc une fonction *périodique*. Cette vue profonde rend compte *a priori* des périodes des fonctions circulaires ou elliptiques; elle joue un rôle semblable et fondamental dans la théorie des fonctions abéliennes.

Au point de vue spécial des fonctions algébriques, la propriété caractéristique est la suivante : une fonction *algébrique* u, de z, c'est-à-dire définie par la relation $f(u, z) = 0$, où f est un polynôme entier en u et z, est une fonction analytique à valeurs multiples; certaines de ces valeurs s'échangent les unes dans les autres, selon des lois déterminées, lorsque le point z tourne autour d'un des points critiques a, de la fonction; elles sont développables, autour de a, en séries convergentes, ordonnées suivant certaines puissances fractionnaires de $z - a$.

Parmi les conséquences innombrables de ces principes, signalons, au moins d'un mot, le calcul des résidus; la détermination du nombre des racines à l'intérieur d'un contour, étendue au cas de plusieurs variables par MM. Kronecker et Picard; la recherche de la valeur d'intégrales définies; et tant d'autres applications aux questions les plus diverses, comme une théorie *a priori* des fonctions elliptiques, aujourd'hui classique, exposée par Liouville dans son cours du Collège de France, vers 1848.

Les successeurs de Cauchy ont notablement élargi la théorie des fonctions analytiques. La plus forte impulsion dans ce sens vient de Weierstrass, qui étudie une fonction uniforme en partant de son développement en série de Taylor, et introduit la notion nouvelle du *prolongement analytique*, par une succession de séries de Taylor, au delà du cercle primitif de convergence. Il distingue ainsi, parmi les fonctions uniformes, celles qui existent dans tout le plan et celles qu'on ne peut prolonger au delà d'un certain domaine, ou *fonctions à espaces lacunaires*, dont il donne les premiers exemples. Dans la première classe se rangent les *fonctions entières*, qui n'ont ni *pôles* ni *points essentiels*, c'est-à-dire qui ne deviennent ni infinies, ni indéterminées ; les *fonctions méromorphes*, qui n'ont que des pôles ; les fonctions enfin qui admettent des points essentiels, et qu'on doit répartir en plusieurs catégories, selon que les points singuliers sont isolés, forment une ligne continue, ou constituent un de ces *ensembles* introduits dans la science par M. Cantor : nous ne laisserons pas passer le nom de ce géomètre sans mentionner son admirable théorie des ensembles, dont les vues profondes intéressent le philosophe autant que l'analyste.

Pour les fonctions entières, Weierstrass donne une décomposition en produit infini de *facteurs primaires*, de la forme $(1-ax)e^{f(x)}$, où $f(x)$ est un polynôme entier : de ce résultat dérive la notion féconde de *genre*, la fonction étant de genre n si tous ses polynômes $f(x)$ sont d'ordre égal ou inférieur à n. Weierstrass en déduit aussi la représentation de toute fonction méromorphe par un quotient de fonctions entières, propriété établie par M. Poincaré pour les fonctions de deux variables.

Ces courtes indications permettent de mesurer l'étendue du domaine nouveau ouvert aux géomètres ; des travaux de la plus haute importance s'y sont poursuivis. MM. Runge et Mittag-Leffler effectuent la représentation des fonctions uniformes par des séries d'éléments simples ; M. Picard montre qu'une fonction entière peut prendre toutes les valeurs finies, sauf une peut-être, et établit que deux fonctions analytiques, liées par une relation algébrique de genre supérieur à *un*, ne sauraient avoir de point essentiel isolé ; M. Poincaré fait voir que si y est une fonction analytique *non uniforme* de x, on peut toujours exprimer x et y en fonction uniforme d'une variable z, ce qui ramène l'étude des fonctions non uniformes à celle des uniformes ; MM. Appell et Goursat étudient les fonctions à espaces lacunaires ; M. Painlevé, les lignes singulières des fonctions analytiques ; MM. Borel et Hadamard donnent d'importantes propriétés des séries de puissances, et le dernier établit une remarquable proposition sur le genre de la dérivée d'une fonction entière.

Il convient d'indiquer ici une autre découverte qui porte bien la marque de l'inflexible logique de Weierstrass : le premier, il crée un exemple de fonction continue sans dérivée, ou, sous une forme plus frappante, de courbe continue n'admettant pas de tangente : nous ne pouvons malheureusement que signaler les admirables recherches qui portent sur ces premiers principes de l'analyse ; on peut y rattacher le théorème de Lejeune-Dirichlet sur la convergence des séries de Fourier, le Mémoire de Riemann sur les séries trigonométriques, certains travaux de MM. Weierstrass, du Bois-Reymond, Lipsichtz, Dini et Darboux.

Intégrales abéliennes. — Revenons maintenant au problème fondamental de la théorie des fonctions algébriques, celui de l'inversion dans son sens étendu.

Le premier progrès à faire était de définir, d'une manière générale, les intégrales ou les différentielles algébriques qui devaient remplacer, dans les équations d'inversion, les différentielles elliptiques ou hyperelliptiques considérées jusque-là : ici encore, nous rencontrons cet Abel, dont l'intuition de génie paraît avoir tout soupçonné. Dans un Mémoire présenté en 1826 à l'Académie des sciences de Paris, égaré longtemps dans les papiers du rapporteur, publié enfin en 1841, Abel introduit le premier les différentielles algébriques les plus générales, auxquelles Jacobi, par un juste hommage, a donné le nom d'abéliennes, et il en fait connaître une propriété capitale.

Empruntons, pour plus de brièveté, le langage géométrique : les intégrales abéliennes appartenant à une courbe plane, $f(x, y) = 0$, sont celles du type

$$\int \psi(x,y)\, dx,$$

où ψ désigne une fonction rationnelle de x, y et où y est liée à x par l'équation même de la courbe.

Soient maintenant a, b, c,.... les points d'intersection de la courbe primitive avec une courbe arbitraire, faisons varier les coefficients de celle-ci, les points a, b, c,... viennent en A, B, C,... Prenons une intégrale abélienne quelconque, et donnons-lui successivement pour limites les coordonnées de points a et A, b et B, etc... ; la somme des intégrales ainsi définies est une fonction rationnelle et logarithmique des valeurs initiales et finales des coefficients de la courbe mobile. Tel est le célèbre *théorème d'Abel*, si admiré dès son apparition, et qui généralise directement la proposition d'Euler sur l'intégrale elliptique.

Pour certaines intégrales abéliennes, la somme considérée est toujours constante, quelle que soit la courbe mobile : ces intégrales sont dites aujourd'hui de *première espèce*; leur caractéristique est, d'après Riemann, de ne jamais devenir infinies, et leur nombre, comme Abel le remarque déjà, ne dépend que de certaines propriétés de la courbe fixe : ainsi apparaît pour la première fois la notion si importante et si cachée de *genre*, et, peu après, Abel retrouve encore ce même nombre en cherchant combien des points a, b, c,.... sont en général déterminés par les autres.

Tout était prêt dès lors pour la solution du problème de l'inversion ; Cauchy, Abel, Jacobi avaient préparé la voie, Riemann pouvait paraître.

Fonctions abéliennes ; solution du problème de l'inversion ; surfaces de Riemann. — Fondant à la flamme de son génie le trésor amassé par ses devanciers, Riemann, d'un seul jet et dans un immortel métal, coula l'œuvre attendue. Il n'est guère possible d'exposer en quelques lignes l'idée originale qui servit de base à ses recherches, celle des célèbres surfaces qui portent son nom; disons seulement qu'il représente, comme Cauchy, la variable imaginaire sur le plan, mais sur un plan composé d'autant de feuillets que la fonction algébrique à étudier a de valeurs distinctes : ces feuillets sont soudés ensemble le long de certaines *sections*, déterminées d'après les points critiques de la fonction, et on passe d'un feuillet à l'autre, selon des lois bien définies, quand on traverse une section. Sur une telle surface, la fonction algébrique devient uniforme, et avec elle les intégrales abéliennes qui en dépendent.

Parmi ces intégrales, Riemann détermine celles de *première espèce*, qui restent partout finies ; il classe et décompose les autres en intégrales de *seconde et de troisième espèce*. Les premières ont pour expression, en désignant par $f(x, y) = 0$ l'équation de la courbe algébrique d'ordre n considérée

$$\int \frac{\varphi(x,y)}{f'_y} dx,$$

et $\varphi(x, y)$ est le premier membre de l'équation d'une courbe d'ordre $n - 3$ *adjointe* à la proposée : si celle-ci, par exemple, n'a pas d'autres singularités que des points doubles, les courbes adjointes ne sont assujetties qu'à la condition de passer par ces points.

Le *genre*, p, de la courbe proposée est le nombre des intégrales abéliennes de première espèce, ou celui des fonctions φ, linéairement distinctes ; c'est aussi, en employant un terme de la géométrie de situation, l'ordre de connexion de la surface de Riemann correspondante ; c'est également la moitié du nombre des périodes d'une intégrale de première espèce, le mot période étant pris dans le sens de Cauchy ; c'est enfin si la courbe $f(x, y) = 0$ n'a comme singularités que des points doubles, en nombre d, la quantité $\frac{1}{2}(n-1)(n-2) - d$.

Riemann montre que le genre p se conserve dans les transformations birationnelles des courbes, c'est-à-dire que deux courbes qui se correspondent point par point ont même genre ; elles appartiennent de plus à une même classe de courbes, caractérisée par $3p - 3$ quantités, que Riemann nomme *modules*.

Les périodes des intégrales de première espèce ne sont pas indépendantes ; Riemann trouve certaines relations qui les lient et fait voir qu'on peut choisir p intégrales *normales*, dont les $2p$ périodes simultanées soient les nombres du tableau :

$$\begin{array}{cccccccc}
2\pi i & 0 & 0 & \ldots & 0 & a_{11} & a_{12} & \ldots a_{1p} \\
0 & 2\pi i & 0 & \ldots & 0 & a_{21} & a_{22} & \ldots a_{2p} \\
\ldots & \ldots & \ldots & \ldots & \ldots & \ldots & \ldots & \ldots \\
0 & 0 & 0 & & 2\pi i & a_{p1} & a_{p2} & \ldots a_{pp}
\end{array}$$

avec la condition générale $a_{mn} = a_{nm}$.

Si maintenant $\psi(m_1, m_2, \ldots m_p)$ désigne la forme quadratique

$$a_{11}m_1^2 + 2a_{12}m_1m_2 + a_{22}m_2^2 + \ldots\ldots + a_{pp}m_p^2,$$

Riemann considère la fonction thêta des variables $u_1, u_2, \ldots u_p$:

$$\sum_e m_1 u_1 + m_2 u_2 + \ldots + m_p u_p + \frac{1}{2} \psi(m_1, m_2, \ldots m_p)$$

où la somme porte sur les valeurs entières de $m_1, m_2, \ldots m_p$, entre $-\infty$ et $+\infty$; il montre que cette série converge, ainsi que d'autres séries de même nature, et il en déduit la solution du problème de l'inversion, qu'il pose ainsi :

Soient $g_1(x,y)\,dx, g_2(x,y)\,dx, \ldots g_p(x,y)\,dx$ les p différentielles normales de première espèce ; les relations différentielles

$$g_1(x_1,y_1)dx_1 + g_1(x_2,y_2)dx_2 + \ldots + g_1(x_p,y_p)dx_p = du_1$$
$$g_2(x_1,y_1)dx_1 + g_2(x_2,y_2)dx_2 + \ldots + g_2(x_p,y_p)dx_p = du_2$$
$$\cdots\cdots\cdots\cdots\cdots\cdots\cdots\cdots\cdots\cdots\cdots$$
$$g_p(x_1,y_1)dx_1 + \ldots\ldots\ldots + g_p(x_p,y_p)dx_p = du_p$$

définissent $x_1, x_2, \ldots x_p$ comme fonctions de $u_1, u_2, \ldots u_p$; bien entendu x et y_i sont toujours liées par l'équation de la courbe primitive. Riemann établit qu'en dehors d'un cas d'exception caractérisé par certaines valeurs initiales des inconnues, toute fonction symétrique des couples x_1, y_1 ; x_2, y_2 ; …. x_p, y_p est une fonction uniforme de $u_1, u_2, \ldots u_p$. Cette fonction de p variables se nomme *fonction abélienne* ; elle admet 2p systèmes de périodes simultanées, et s'exprime par le quotient de deux fonctions thêta.

Enfin, l'étude des séries thêta, où les p variables sont remplacées par les p intégrales normales de première espèce ayant pour limites supérieures un même point de la courbe initiale, et la détermination des points où elles s'annulent, conduisent Riemann à une représentation, par des quotients de ces nouvelles transcendantes, des fonctions algébriques attachées à la courbe.

Nous n'insisterons pas sur l'importance évidente de cet ensemble de propositions où les fonctions elliptiques trouvent une si éclatante généralisation et qui font pénétrer si avant dans la nature des fonctions algébriques ; on ne doit pas oublier cependant que Weierstrass, de 1853 à 1856, a précédé Riemann dans la solution du problème de l'inversion par les intégrales hyperelliptiques les plus générales, mais avec de tout autres méthodes.

Riemann, nous l'avons déjà indiqué, introduit, de préférence à la fonction analytique, les fonctions harmoniques qui la constituent ; il fait ainsi reposer sa théorie sur ce qu'il nomme le *principe de Dirichlet*, c'est-à-dire l'existence, à l'intérieur d'un contour, d'une fonction harmonique continue, prenant en chaque point de ce contour une valeur donnée. La démonstration de ce principe par Riemann prête à une objection grave ; ce n'est que bien des années après que la difficulté a été levée, dans des cas de plus en plus généraux, par MM. Neumann, Schwarz et Poincaré, auxquels on doit joindre Harnack.

Lüroth et Clebsch ont simplifié la formation des surfaces de Riemann ; Clifford en a donné une représentation frappante en montrant que l'ensemble des feuillets de Riemann, regardé comme une surface flexible et extensible, peut être transformé, sans déchirure ni duplicature, en une surface à trous : les trous proviennent des *sections* de raccordement des feuillets, leur nombre est égal au genre de la courbe initiale.

Cette vue ingénieuse fait comprendre l'intervention de la *Géométrie de situation*, l'*Analysis situs*, comme disait Riemann ; elle s'impose, par exemple, dans l'étude des divers circuits, non déformables par continuité les uns dans les autres, qu'on peut tracer sur la surface à trous : des travaux remarquables dans cette branche de la science sont dus à MM. Jordan, Klein, W. Dyck et Poincaré ; M. Picard fonde, sur des considérations, de même nature, sa théorie des fonctions algébriques de deux variables.

Notre analyse de l'œuvre de Riemann serait incomplète si nous n'indiquions pas la réciproque de sa conception fondamentale, c'est-à-dire le problème de l'existence d'une fonction algébrique correspondant à une surface à feuillets, donnée avec ses points singuliers et ses sections : ici encore, la démonstration de Riemann est trop rapide, et la question n'a été rigoureusement traitée que par M. Neumann et M. Schwarz ; il résulte de ces études qu'il existe toujours une classe de courbes, transformées birationnelles les unes des autres, auxquelles correspond la surface proposée.

Aux idées riemanniennes sur les fonctions analytiques se lie directement la *représentation conforme* de deux aires l'une sur l'autre : le problème est de trouver une fonction analytique uniforme, $Z = f(z)$, tel qu'à un point du plan de la variable z, situé dans une aire donnée, corresponde un point du plan Z, situé aussi dans une aire donnée — et inversement. Ce problème, abordé par Riemann, a été résolu par M. Schwarz pour des aires limitées par un seul contour, par M. Schottky dans le cas de plusieurs contours.

A côté de ces applications, pour ainsi dire immédiates, des principes de Riemann, on doit rattacher à son œuvre deux grandes théories ; l'une complètement, celle des fonctions abéliennes, l'autre partiellement, celle des courbes algébriques.

La théorie des *fonctions abéliennes*, encore en voie de construction, est loin de la perfection de la théorie elliptique ; bornons-nous à dire que la théorie principale y est encore celle de la *transformation* qui se pose comme dans le cas hyperelliptique, et à citer les travaux de Neumann, de M. Klein, avec ses *formes premières*, ceux de MM. Pick, Burckhardt et Ritter, de M. Nother, de MM. Prym et Krazer, de MM. Weber, Frobenius, Schottky, en particulier sur les fonctions de genre trois : les résultats de MM. Weierstrass, Picard et Poincaré sur la réduction du nombre des périodes.

La théorie des fonctions thêta, liée à la précédente, est cependant plus générale, puisqu'une fonction thêta à p variables dépend des $\frac{1}{2} p(p+1)$ coefficients de la forme quadratique désignée plus haut par ψ, tandis que les fonctions thêta dérivant d'une courbe ne contiennent que $3p-3$ modules de celle-ci : ce point de vue n'a pas été négligé par les géomètres. Une belle question s'y rattache : toute fonction uniforme de p variables, à $2p$ systèmes de périodes, est-elle exprimable par un quotient de séries thêta ou encore, les périodes vérifient-elles les relations découvertes par Riemann dans le cas algébrique ? MM. Poincaré et Picard, dans un travail commun, ont répondu affirmativement. M. Appell a traité la même question pour les fonctions de deux variables.

Quant à la théorie des *courbes algébriques*, nous devons, pour l'exposer dans son ensemble, remonter plus haut que Riemann en parlant de la Géométrie projective et de la théorie des formes.

Géométrie projective ; théorie des formes. — Descartes, dont il serait injuste de ne pas prononcer le nom quand il s'agit de Géométrie, a, par son admirable invention, fondu la Géométrie et l'Analyse, en sorte que les progrès de l'une sont inséparables des progrès de l'autre : de cette réciprocité deux exemples éclatants ont été donnés au xix⁰ siècle, à la suite des travaux de Poncelet et de ceux d'Abel et de Riemann.

Poncelet, en 1822, publia son *Traité des propriétés projectives des figures*, d'où ressortent deux grands principes, celui de la *dualité* et celui de l'*homographie*.

La dualité fait correspondre à une courbe sa polaire réciproque par rapport à une conique, c'est-à-dire le lieu des pôles de ses tangentes ou l'enveloppe des droites polaires de ses points. De là dérive la notion de la *classe* d'une courbe, égale au degré de sa réciproque ou au nombre des tangentes qu'on peut lui mener d'un point ; à toute propriété d'une courbe correspond une propriété plus ou moins simple, plus ou moins facile à énoncer, de sa réciproque, de sorte que la géométrie, selon le point de vue, se trouve ainsi dédoublée ou doublée. Les coordonnées tangentielles, introduites par Plücker, ont donné à la dualité sa forme analytique définitive ; des formules du même auteur lient les singularités les plus simples d'une courbe, points et tangentes doubles, points d'inflexion et de rebroussement, aux singularités analogues de la réciproque.

L'homographie joue un rôle plus important encore. Au point de vue géométrique, deux courbes planes sont homographiques lorsque l'une peut être regardée comme la perspective de l'autre ; au point de vue analytique, elles se déduisent l'une de l'autre par une transformation rationnelle du premier ordre effectuée sur les coordonnées, et qu'on nomme *transformation homographique* du plan en lui-même. Poncelet, à l'aide de la seule géométrie et grâce à la considération des éléments imaginaires des figures, étudie les propriétés les plus simples que conserve l'homographie ; comme application, il tire, avec une simplicité lumineuse, la théorie des coniques de celle des cercles, regardés comme des coniques passants par deux mêmes points, les point *cycliques* ou les *ombilics* du plan. Il fait aussi disparaître le mystère qui s'attachait aux points à l'infini en montrant que ces points peuvent être considérés comme placés sur une droite, projection sur un des deux plans en perspective, d'une droite ordinaire de l'autre plan.

Ces recherches si neuves, poursuivies et complétées, au premier rang par Chasles, par Mobius, Steiner, von Staudt et tant d'autres, fondent la *Géométrie projective*, aujourd'hui classique et dont l'objet est l'étude des propriétés des figures qui demeurent invariables dans une transformation homographique du plan ou de l'espace : l'ancienne Géométrie s'y rattache, toute propriété métrique pouvant se traduire par un énoncé projectif, comme Laguerre l'établit en particulier pour les relations angulaires ; un autre chapitre est formé par la *Géométrie de Cayley*, qui substitue au cercle imaginaire à l'infini, pour la définition des angles ou des longueurs, une surface quelconque du second ordre.

La *Théorie des formes* est la transposition, dans le cadre analytique, de la géométrie projective à un nombre arbitraire de dimensions : pour simplifier l'écriture on introduit, au lieu de polynômes quelconques, des *formes*, polynômes homogènes par rapport aux variables, et qui, dans le cas de trois ou quatre variables, correspondent aux coordonnées trilinéaires ou tétraédriques classiques. Le problème est d'étudier les propriétés des formes qui demeurent inaltérées quand on effectue sur les variables une substitution linéaire.

Cette algèbre nouvelle, fille de Géométrie projective, naît par les travaux de Boole et surtout de Cayley, qui, avec Salmon et Sylvester en Angleterre, Aronhold en Allemagne, Hermite en France, Brioschi en Italie, en sont les principaux initiateurs. On y voit apparaître la belle notion des *invariants absolus*, fonctions des coefficients d'une forme qui, si l'on soumet celle-ci à une transformation linéaire, sont identiques aux fonctions semblables de la forme nouvelle, et celle des *invariants relatifs*, qui se reproduisent à une puissance près du déterminant de la substitution. On définit d'une manière analogue les *covariants*, qui contiennent non seulement les coefficients de la forme, mais des variables auxquelles on applique la même substitution qu'à la forme ; les *contrevariants*, qui renferment des variables auxquelles on applique la substitution inverse : tous ces éléments présentent des significations géométriques extrêmement intéressantes dans le champ ternaire et quaternaire. Une relation, par exemple, entre des invariants de courbe exprime une propriété projective de cette courbe ; les covariants représentent des courbes ayant avec la première des liaisons projectives, les contrevariants enfin sont liés aux questions de dualité.

Le grand problème de la théorie des formes et des systèmes de formes est naturellement la formation et l'étude des invariants, covariants et autres expressions semblables; de nombreuses méthodes ont été proposées dans ce but; l'une, due à Cayley, perfectionnée par Aronhold et Clebsch, constitue un système symbolique de calcul important; Clebsch, en particulier, exprime tout invariant au moyen de certains produits symboliques.

Les invariants et les covariants s'étudient commodément sur les *formes canoniques*, c'est-à-dire sur les formes ramenées, par des substitutions linéaires, aux types les plus simples possibles; la Géométrie profite aussi de cette simplification; la réduction, par exemple, de la forme cubique quaternaire à une somme de cinq cubes a révélé à Sylvester de belles propriétés de la surface du troisième ordre.

Enfin une autre question fondamentale, intimement mêlée aux précédentes, est celle de l'*équivalence*, au point de vue homographique, de deux formes ou de deux systèmes de formes.

Dans la théorie générale, nous citerons surtout MM. Gordan et Hilbert, qui établissent que les invariants s'expriment en fonction rationnelle d'un certain nombre d'entre eux; une proposition analogue est vraie pour les covariants. Quant aux travaux sur des formes particulières, ils sont si nombreux qu'on ne peut songer à mentionner les principaux; les formes bilinéaires et quadratiques, dont l'importance est grande dans toutes les branches de l'Analyse, ont été étudiées à fond par Kronecker, Weierstrass et MM. Jordan, Darboux, Frobenius.

Toutes ces notions d'invariants et de covariants interviennent dans les recherches que nous avons citées plus haut sur les fonctions abéliennes; M. Klein, en particulier, a fait usage des invariants et covariants irrationnels, dont la théorie, encore inachevée, a été enrichie par M. Hilbert d'importantes propositions.

Applications de la Géométrie projective et de la théorie des formes. — Les applications de la Géométrie projective et de la théorie des formes à l'étude des courbes et surfaces algébriques ont été nombreuses; voici quelques-unes des plus simples.

La première, la plus étudiée, est une théorie très vaste des courbes et des surfaces du second ordre, aujourd'hui si connue qu'il semble inutile d'y insister. Nous n'y signalerons que le fameux théorème de Poncelet sur les polygones inscrits à une conique et circonscrits à un autre, que Jacobi a rattaché à l'addition dans les fonctions elliptiques, mémorable exemple de l'intervention de ces fonctions dans une question de pure géométrie. Pour l'espace, M. Darboux a donné un théorème de même nature et M. Staude en a montré la liaison avec l'addition dans les fonctions hyperelliptiques de deux variables.

La théorie des systèmes de coniques a eu, sur un point particulier, un rôle historique intéressant : à la suite des travaux de MM. de Jonquières et Chasles sur la *Géométrie énumérative*, sorte de traduction géométrique de l'élimination algébrique, on avait été amené à penser que les propriétés d'un système simplement infini de coniques, s'expriment toutes à l'aide de deux nombres, μ et ν, appelés les *caractéristiques* du système, et même par des fonctions linéaires et homogènes de ces nombres : ainsi le nombre des coniques du système touchant une courbe d'ordre m et de classe n, serait $n\mu + m\nu$. D'illustres géomètres, dans tous les pays, crurent avoir trouvé des démonstrations de ce théorème : l'un d'eux, Halphen, reconnut le premier l'erreur commune et montra que dans certains cas, qu'il définit nettement, la proposition est en défaut.

Les courbes et les surfaces du troisième ordre n'ont pas livré moins de secrets que celles du second ; à ces études sont attachés les noms de Cayley, Salmon, Sylvester, Hesse, Steiner, Cremona, R. Sturm et de bien d'autres. Au sujet de la courbe plane, que nous retrouverons plus loin avec Clebsch, disons seulement qu'elle possède un invariant absolu, le rapport anharmonique des quatre tangentes qu'on peut lui mener par un de ses points. Pour les surfaces du troisième ordre, les propositions principales se groupent autour de la théorie des *vingt-sept droites* que possède chacune d'elles, dans le cas le plus général, et qui forment une configuration célèbre ; il faut aussi citer les propriétés qui dérivent de la *hessienne*, et qui, analytiquement, se rattachent à la décomposition de la forme cubique quaternaire en une somme de cinq cubes.

On ne sait que bien peu de chose sur les surfaces générales du quatrième ordre ; les courbes planes de cet ordre, au contraire, ont été très étudiées, principalement au point de vue des courbes de contact, et, en particulier, des systèmes de coniques dont chacune touche la quartique en quatre points. De là ont suivi de nombreuses propositions sur le groupement des *vingt-huit tangentes doubles*, leurs points de concours deux à deux, les coniques qu'elles touchent six à six, relations approfondies surtout par Aronhold, Hesse et Steiner, et qu'on a retrouvées ou complétées par l'étude des fonctions abéliennes de genre trois.

C'est dans la classe d'études qui nous occupe maintenant qu'on peut faire rentrer la théorie des systèmes linéaires de courbes planes de genre donné : en particulier, la détermination de tous les réseaux de courbes de genre zéro qui se coupent deux à deux en un seul point mobile, revient à la recherche de toutes les transformations birationnelles du plan en lui-même ; ce sont les *transformations* dites *Cremona*, du nom de leur inventeur, et dont les premiers exemples appartiennent à M. de Jonquières. De telles transformations, comme on l'a ensuite établi de plusieurs manières, se ramènent à des combinaisons de transformations plus simples, homographiques de transformations par rayons vecteurs réciproques.

Géométrie sur une courbe. — La Géométrie sur une courbe a son origine dans les travaux d'Abel et de Riemann ; Clebsch, au point de vue transcendant, MM. Nöther et Brill, au point de vue purement algébrique, en sont les fondateurs.

Le problème fondamental est l'étude des systèmes de points communs à une courbe algébrique plane et à ses courbes adjointes : il s'était posé à Clebsch sous une forme simple et féconde dans la théorie des courbes du troisième ordre.

Clebsch, en effet, établit ce théorème important que, pour toute cubique plane et, en général, pour toute courbe de genre *un*, les coordonnées d'un point s'expriment en fonction elliptique d'un paramètre, de même que, pour les courbes de genre *zéro* ou unicursales, la même représentation peut se faire par des fonctions rationnelles. Il en déduit que, sur une cubique, la somme des arguments elliptiques de trois points en ligne droite, ou de 3 m points situés sur une courbe d'ordre m, a une valeur constante ; *réciproquement*, si la somme a cette valeur, les 3 m points forment l'intersection de la cubique avec une courbe d'ordre m. Cette proposition, qui n'est autre que le théorème d'Abel, suivi d'une réciproque, donne aussitôt à Clebsch une démonstration intuitive de tous les résultats obtenus avant lui sur les courbes du troisième ordre : les points d'inflexion, les coniques tritangentes ou biosculatrices, les propriétés sur les points de contact des tangentes issues d'un point de la courbe etc.... Quant à l'invariant de la cubique, c'est une fonction du module des fonctions elliptiques introduites, de même que deux cubiques du même invariant se correspondent point par point.

Clebsch étend toutes ces propriétés aux courbes de genre *un*, en introduisant les courbes adjointes; par exemple, la courbe proposée étant d'ordre n, les mn points où elle est coupée par une de ses adjointes d'ordre $m + n - 3$ ont des arguments dont la somme est constante, et réciproquement.

Dans un mémoire fameux, et dans son traité des fonctions abéliennes, écrit en collaboration avec M. Gordan, Clebsch généralise ces résultats pour une courbe de genre quelconque : au lieu de la somme des arguments elliptiques, il suffit, si la courbe est de genre p, d'introduire p sommes, qui sont celles des valeurs que chacune des intégrales abéliennes de première espèce prend aux points considérés : les p relations obtenues expriment les conditions nécessaires et suffisantes pour que $mn + 2(p - 1)$ points de la proposée soient sur une adjointe d'ordre $m + n - 3$.

Clebsch applique ces résultats à des problèmes géométriques tels que celui des *courbes de contact adjointes*, lié aussi à la théorie des fonctions thêta; il étudie en particulier l'intersection de la courbe donnée, toujours supposée d'ordre n, avec ses adjointes d'ordre $n - 3$: dans ce cas particulier, $p - 1$ des points d'intersection sont déterminés par les autres, au lieu de p, comme dans le cas général.

Ces recherches se rapportent à un important théorème de Riemann, dont nous n'avons pas encore parlé : étant donnés μ points arbitraires sur une courbe, $f(x, y) = 0$, d'ordre n et de genre p, les fonctions rationnelles de x et y qui deviennent simplement infinies en ces points, renferment *en général* $\mu - p + 1$ coefficients sous forme linéaire et homogène. Roch a complété ce théorème en établissant que le nombre précédent est $\mu - p$,

$+ 1 + \sigma$, lorsque par les μ points on peut faire passer un système linéaire σ fois infini de courbes adjointes d'ordre $n - 3$.

MM. Brill et Nöther ont mis en évidence l'importance du théorème de Riemann-Roch dans leur théorie des groupes de points sur une courbe. Les courbes adjointes d'un ordre donné qui passent par un certain nombre de points fixes sur la courbe proposée, coupent celle-ci en μ points mobiles : tous les groupes de μ points ainsi obtenus forment un système de groupes. Grâce à leur *théorème du Reste*, MM. Brill et Nöther montrent que cette définition est indépendante des points fixes et de l'ordre des courbes adjointes considérées; en général p points d'un groupe sont déterminés par les autres, de sorte que la *multiplicité* d'un système de groupes de μ points est $\mu - p$, mais pour les *systèmes spéciaux*, elle est $\mu - p + \sigma$, σ ayant la même signification que plus haut. Une loi de réciprocité intéressante lie deux à deux les systèmes spéciaux. Toutes ces propriétés sont invariantes dans une transformation birationnelle de la courbe proposée d'ordre n en une autre d'ordre m; les points communs à la première et à une adjointe d'ordre $n - 3$ ont pour transformés des points communs à la seconde et à une adjointe d'ordre $m - 3$. De là l'avantage, pour étudier les questions de ce domaine, d'obtenir la courbe de degré minimum parmi celles d'une classe de courbes se correspondant point par point : Cayley avait introduit ces *courbes normales*; Clebsch avait tenté de les obtenir ; MM. Brill et Nöther lient leur recherche à celle des systèmes spéciaux de multiplicité égale à deux et donnent le moyen de déterminer leur degré dans le cas général.

La méthode, exclusivement algébrique, de MM. Brill et Nöther a pour base un *théorème fondamental* qui permet, étant donnés deux polynômes f et φ, en x, y, de reconnaître si un troisième polynôme peut se mettre sous la forme $Af + B\varphi$, A et B étant aussi des polynômes.

Parmi les nombreux travaux qui se rapportent à la géométrie sur une courbe, nous devons mentionner ceux de Zeuthen sur les correspondances algébriques entre deux courbes et la relation qui lie les genres; ceux de MM. Cayley, Brill, Nother, Schwarz, Weierstrass, Picard, Hurwitz, Castelnuovo, relatifs aux correspondances sur une même courbe, en particulier à la correspondance point par point. Dans ces recherches intervient la généralisation du célèbre *principe de correspondance* de Chasles, établi par ce géomètre pour les courbes de genre zéro, et qui s'énonce ainsi : si à un point M d'une courbe unicursale correspondent α points M' de la même courbe, et à un point M' β points M, il y aura $\alpha + \beta$ *coïncidences*, c'est-à-dire que $\alpha + \beta$ fois un point M coïncidera avec un des points M' correspondants. Sur une courbe de genre p, le nombre des coïncidences est $\alpha + \beta + 2 p \gamma$, γ étant un troisième entier, caractéristique de la correspondance.

Le caractère d'invariance, dans les transformations birationnelles, des fonctions que M. Nöther désigne par φ, et qui, égalées à zéro, donnent les courbes adjointes d'ordres $n - 3$, a provoqué une série de travaux, principalement de MM. Nöther, Christoffel et Klein, qui rattache à cette idée la formation de ses *surfaces canoniques de Riemann*.

Une autre question importante de la géométrie sur une courbe est celle des *points singuliers*, qui se pose dans nombre de recherches et présente les plus sérieuses difficultés. A la suite des travaux de Kronecker, de Weierstrass, d'Halphen et surtout de M. Nöther, il a été établi que, par une transformation *Cremona*, on peut ramener une courbe douée de singularités quelconques à une courbe n'ayant que des points multiples à tangentes distinctes, ou même n'ayant que des points doubles ordinaires Quant à l'étude directe des singularités, des *nombres caractéristiques* qui les déterminent, du nombre des points d'intersection de deux d'entre elles, de l'abaissement correspondant de la classe ou du genre, elle a été faite principalement par Weierstrass, Cayley, Halphen, Stephen Smith et par MM. Brill, Nöther, Zeuthen ; les résultats en sont trop compliqués pour comporter une analyse, même sommaire.

Courbes gauches. — Une courbe algébrique gauche correspond point par point à une infinité de courbes planes, à sa projection, par exemple, sur un plan arbitraire ; la théorie de Riemann lui est donc applicable au même titre qu'à la courbe plane. Il suffit seulement de définir les surfaces adjointes, qui correspondent aux courbes adjointes dans le plan, ou, ce qui revient au même, de trouver la forme des intégrales de première espèce appartenant à la courbe gauche. M. Nöther a résolu cette question, en considérant la courbe gauche comme l'intersection de deux surfaces d'ordres m et n : ces deux surfaces se coupent, en dehors de la proposée, suivant une autre courbe algébrique, C', et ce sont les surfaces d'ordre $m + n - 4$ passant par C' qui jouent le rôle des courbes d'ordre $q - 3$ adjointes à une courbe plane d'ordre q. De même les surfaces d'ordre $m + n + h - 4$ passant par C' correspondent aux courbes adjointes d'ordre $q + h - 3$, et ainsi tous les théorèmes de la géométrie sur une courbe plane s'étendent immédiatement aux courbes gauches.

Un tout autre problème, sans analogue dans le plan, se pose pour les courbes gauches, c'est la classification des courbes d'un degré donné : il a été résolu complétement par Halphen, à l'aide d'une méthode très originale, qui comporterait sans doute d'autres applications; au point de vue de la géométrie sur une courbe, la question revient à la recherche des systèmes de groupes, spéciaux ou non, d'un nombre de points donné et de multiplicité égale à trois.

Parmi les courbes gauches particulières, signalons la *biquadratique*, intersection complète de deux surfaces du second ordre ; elle est de genre *un*, et sa représentation par les fonctions elliptiques donne immédiatement ses principales propriétés.

Fonctions fuchsiennes. — Les fonctions abéliennes de Riemann généralisaient parfaitement les fonctions elliptiques, mais dans le champ de plusieurs variables ; ne pouvait-on espérer une extension analogue pour les fonctions d'une seule variable ? De même que les coordonnées d'un point d'une courbe algébrique de genre *zéro* ou *un* s'expriment par des fonctions rationnelles ou elliptiques d'un paramètre, existe-t-il des fonctions uniformes d'une variable permettant de représenter une courbe algébrique de genre quelconque ? La découverte de pareilles fonctions, dont le rôle est capital dans toutes les directions de l'analyse, est un des titres de gloire de M. Poincaré, qui a donné ainsi, à l'œuvre prinpale du xix° siècle, un magnifique couronnement. C'est une généralisation des fonctions modulaires qui lui fournit la solution du problème.

Rappelons quelques propriétés des équations différentielles

linéaires et homogènes du second ordre à coefficients uniformes. Les points critiques de l'intégrale générale sont fixes et se déterminent sur l'équation ; lorsque la variable x tourne autour de l'un d'eux, deux intégrales quelconques, y_1 et y_2, se changent l'une et l'autre en fonctions de la forme $\alpha_1 y_1 + \alpha_2 y_2$, α_1 et α_2 étant des constantes, de sorte qu'à tout point critique correspond une *substitution* linéaire et homogène effectuée sur y_1 et y_2. Toutes les substitutions ainsi obtenues forment un *groupe*, dans le sens de Galois, qu'on nomme le groupe de l'équation différentielle proposée. Prenons maintenant pour variable nouvelle le rapport $\frac{y^1}{y^2} = z$, et supposons que l'ancienne variable, x, soit fonction *uniforme* de z : cette fonction, d'après ce qui précède, ne changera pas lorsqu'on fera sur z certaines substitutions du type $(\alpha z + \beta) : (\gamma z + \delta)$; $\alpha, \beta, \gamma, \delta$ étant constants. Ces substitutions forment un groupe *discontinu*, c'est-à-dire ne contenant pas de substitution infinitésimale.

Les fonctions de z définies ainsi généralisent, dans le champ d'une variable, les fonctions elliptiques, qui demeurent inaltérées quand on augmente la variable de multiples des périodes ; le premier exemple de ce genre fut donné par les fonctions modulaires. Les périodes d'une fonction elliptique, quand on prend le module ou l'invariant pour variable indépendante, satisfont à une équation différentielle linéaire du second ordre, du type hypergéométrique de Gauss, et le module est bien une fonction uniforme du rapport des périodes. M. Schwarz fit connaître un second exemple, en opérant encore l'inversion du quotient de deux intégrales de l'équation hypergéométrique dans d'autres cas particuliers : ces recherches conduisirent M. Schwarz et M. Klein à la détermination des groupes de substitutions d'ordre fini contenus dans le groupe linéaire et homogène à deux variables, découverte qui a donné à M. Klein d'importantes conséquences.

M. Poincaré, abordant plus directement le problème, se proposa de trouver tous les groupes discontinus de subsitutions du type $(\alpha z + \beta) : (\gamma z + \delta)$. Supposant d'abord $\alpha, \beta, \gamma, \delta$ réels, il observe que si $z = x + y\,i$ représente un point du plan, ces substitutions n'altèrent pas un certain cercle dit *fondamental*, et changent les cercles en cercles. La question se ramène alors à la recherche d'un polygone curviligne *générateur*, dont les côtés sont des arcs de cercle normaux au cercle fondamental, et dont on déduit, suivant une loi déterminée, d'autres polygones de même nature en nombre infini : il faut que ces polygones recouvrent, une fois et une seule fois, sans mélange entre eux, l'aire du cercle fondamental.

La solution de ce problème, et du problème plus général où l'on suppose α, β, γ, δ imaginaires, donna à M. Poincaré tous les groupes qu'il cherchait ; il les nomma groupes *fuchsiens*, du nom de M. Fuchs, dont les travaux sur les équations différentielles du second ordre avaient été son point de départ.

Il forma ensuite les fonctions uniformes, dites *fuchsiennes* ou *automorphes*, qui restent invariables par les substitutions d'un groupe : il passa pour cela par l'intermédiaire des fonctions *thêtafuchsiennes*, qui sont entières dans le cercle fondamental, et qui se reproduisent multipliées par le facteur $(\gamma z + \delta)^{2m}$ quand on opère sur la variable z la substitution $(\alpha z + \beta) : (\gamma z + \delta)$. Le quotient de deux pareilles fonctions, définies par des séries, donne toutes les fonctions fuchsiennes.

Deux fonctions fuchsiennes de même groupe sont liées par une relation algébrique, dont le genre ne dépend que du groupe considéré ; réciproquement, et c'est là le théorème fondamental que nous avons annoncé, toute relation algébrique peut s'obtenir de cette manière, c'est-à-dire que l'on peut exprimer les coordonnées d'un point d'une courbe algébrique par des fonctions fuchsiennes d'un paramètre.

Ainsi s'ouvre un nouveau champ de recherches géométriques, déjà partiellement entamé : les théories de la Géométrie sur une courbe s'interprètent, en effet, très élégamment par les fonctions thêtafuchsiennes, l'emploi de celles-ci conduit inversement à des propriétés de la courbe.

Enfin les fonctions fuchsiennes se rattachent très simplement aux équations différentielles linéaires du second ordre, car on peut obtenir chacune d'elles par l'inversion du quotient de deux intégrales d'une pareille équation ; M. Poincaré détermine toutes les équations de ce type, et les intègre dès lors à l'aide de ses fonctions.

Nous ne quitterons pas les fonctions algébriques d'une variable sans dire que Weierstrass en a fait, après Riemann et sur de tout autres principes, une théorie complète : le point de départ est l'étude d'une fonction rationnelle de x, y devenant infinie d'ordre μ en un point d'une courbe donnée. Weierstrass établit que μ a un minimum, qu'il nomme le *rang* de la courbe ; le rang, diminué d'une unité, coïncide avec le genre p. De là se déduit une forme canonique de l'équation de la courbe algébrique, avec $3p - 3$ modules, puis une théorie profonde des intégrales abéliennes, de leur décomposition en trois espèces, de leurs formes normales, doctrine qui, sur certains points, va plus loin que celle de Riemann.

Théorie des équations. — Cette théorie, dont le but est d'étudier les propriétés des racines d'une équation algébrique à une inconnue, a fait au xixe siècle des progrès décisifs.

Mentionnons d'abord un théorème célèbre, dû à Sturm, qui permet de déterminer, avec une admirable simplicité, le nombre des racines réelles d'une équation comprise entre deux quantités données ; le problème analogue pour les racines imaginaires a été traité par Cauchy et par Laguerre.

Gauss a étudié les équations *primitives* et *non primitives* : ces dernières sont celles qui, étant de degré mn, se décomposent en m facteurs de degré n, au moyen de la résolution d'une seule équation de degré m. Les travaux de Gauss ont porté aussi sur les équations binômes, dont il a donné une théorie achevée.

Mais la découverte vraiment profonde, celle qui a pénétré au cœur même de la question, est l'œuvre d'un jeune homme, presque un enfant, tué en duel à moins de vingt et un ans, et qu'un des grands mathématiciens du siècle, Sophus Lie, nomme « l'immortel Galois ». Galois, le premier, met en évidence l'importance du *groupe de l'équation* qu'il définit ainsi. Il appelle *rationnelle* toute quantité qui s'exprime en fonction rationnelle de coefficients de l'équation et d'un certain nombre de quantités *adjointes* à l'équation, et convenues arbitrairement ; soient alors $a, b, c,\ldots$ les racines : il y a toujours un groupe de permutations des lettres $a, b, c,\ldots$, tel que toute fonction des racines, invariable numériquement par les substitutions de ce groupe, soit rationnellement connue, et, réciproquement, que toute fonction des racines, déterminable rationnellement, soit invariable par les substitutions.

Une autre notion très importante est celle de certains sous-groupes, qu'on appelle aujourd'hui sous-groupes invariants, contenus dans le groupe primitif : un groupe est composé ou simple, selon qu'il renferme ou non un sous-groupe invariant. Galois, appliquant ces principes aux équations de degré premier, montre que si une telle équation est résoluble par radicaux, les racines sont fonctions rationnelles de deux d'entre elles, et réciproquement ; pour les équations résolubles de degré quelconque, il indique la forme caractéristique du groupe correspondant. Relativement à l'équation du cinquième degré, et aux équations *générales* de degré supérieur, il établit qu'on ne peut les résoudre par radicaux, résultat obtenu avant lui par Abel.

Depuis Galois, la théorie des équations a donné une riche floraison, grâce aux recherches de Betti, de Kronecker, de Serret, et, avant tous les autres, de M. Jordan.

M. Jordan a obtenu, dans la théorie générale des substitutions, un grand nombre de résultats importants, en particulier sur les groupe composés et leur composition, sur les groupes transitifs, les groupes primitifs ; dans la théorie des équations, à côté d'autres propositions fondamentales, il montre que les équations à groupes composé peuvent se résoudre à l'aide d'équations auxiliaires dont les degrés dépendent de la structure du groupe, que l'équation générale, de degré supérieur à quatre, ne peut être résolue au moyen d'équations d'ordre inférieur. Il a enfin abordé un grand problème, posé par Abel, celui de rechercher les équations d'un degré donné résolubles par radicaux et de reconnaître si une équation rentre ou non dans cette classe. Abel, d'après les énoncés qui subsistent d'un travail inachevé et sans démonstrations, avait résolu la question pour les équations de degré premier ; Galois, nous l'avons dit, avait trouvé la propriété caractéristique des groupes des équations résolubles : il s'agissait dès lors de construire tous ces groupes ; c'est là ce qu'à fait M. Jordan, donnant ainsi du problème d'Abel une complète solution.

La notion de groupe de substitutions ou de transformations, dont Galois a révélé le premier la fécondité, est aujourd'hui fondamentale dans bien des parties de l'Analyse : comme l'ont montré la géométrie projective, les fonctions modulaires et fuchsiennes, et même les fonctions elliptiques ou abéliennes, d'importantes théories mathématiques ont au fond pour objet l'étude d'un groupe particulier et celle des fonctions qui demeurent invariables par les substitutions de ce groupe ; la Géométrie métrique elle-même n'est qu'une traduction des propriétés du groupe orthogonal, dont les substitutions sont celles du changement de variables en coordonnées rectangulaires.

Les groupes ne sont pas intervenus moins heureusement dans l'étude des équations différentielles et dans la théorie des nombres ; leur emploi restera même une des caractéristiques des procédés mathématiques actuels : Sophus Lie, dont le nom a été prononcé plus haut, a édifié une vaste doctrine des groupes de transformations ; les résultats remarquables qu'on en a déjà tirés semblent la réserver à un brillant avenir.

Nous terminerons ici cette esquisse sommaire. Limitée à une seule région d'une science immense, laissant complètement de côté les vastes domaines des Equations différentielles et de l'Arithmétique, elle ne prétend pas à donner une idée d'ensemble du mouvement mathématique depuis cent ans : d'illustres géomètres comme Gauss, comme Dirichlet ou Lie, n'y apparaissent qu'incidemment ; les noms d'Ampère, de Lobatscheffsky, de Kummer et de tant d'autres n'ont même pas été prononcés ; les auteurs enfin dont il a été question ont souvent poussé leurs recherches, parfois les principales, dans d'autres directions. Il semble néanmoins que le joyau mathématique du XIXe siècle, la création qui porte au plus haut degré le sceau de la beauté et de l'harmonie, soit cette théorie des fonctions algébriques d'une variable dont on vient d'essayer le tableau ; mais la plus puissante, celle que le siècle finissant transmettra au siècle suivant comme l'épée des conquêtes futures, est certainement la théorie générale des fonctions analytiques, et il faut remonter jusqu'au legs du XVIIe siècle, à la notion de dérivée et d'intégrale, pour trouver l'exemple d'un plus précieux héritage.

G. HUMBERT.

XVII

Les Sciences physiques et chimiques

La première moitié du xixe siècle restera, dans l'histoire des sciences de la nature inanimée, une période incomparable. Quand le siècle s'ouvre, Lavoisier vient de créer la chimie. En 1800, Volta invente la pile. Une fièvre de curiosité féconde secoue les grands esprits de tous les pays : partout, mais surtout en France, les problèmes que soulèvent les diverses branches des sciences physiques sont agités avec passion ; quelques-uns de ces grands problèmes seront, avant 1850, définitivement résolus.

Ici les dates sont éloquentes. De 1801 à 1808 se poursuit une des discussions les plus mémorables qu'ait retenues l'histoire des sciences. Dalton emprunte, pour la rajeunir, à l'antiquité grecque, l'hypothèse des atomes : il l'oppose victorieusement à Berthollet qui contestait la loi des proportions définies et faisait dépendre la composition d'un corps composé des masses des corps simples qui ont réagi pour le former. Berthollet se trompait, mais ne se trompait qu'à demi : et de son erreur féconde devait sortir la chimie physique. En ces mêmes années, le courant électrique, instrument nouveau, décomposait les substances les plus stables, et donnait à Davy les métaux alcalins.

En 1801, Herschel découvre les rayons calorifiques du spectre solaire, les premiers en date de ces rayons invisibles qui marchent comme des rayons lumineux, et n'en diffèrent qu'en ce que notre œil ne les perçoit pas. En 1802, Thomas Young, rompant avec la théorie newtonienne de l'émission, apportait à la doctrine qui voit dans la lumière un mouvement ondulatoire propagé à travers l'espace, un argument capital : avec de la lumière ajoutée à de la lumière, il faisait de l'obscurité ; c'est le phénomène des interférences, que Fresnel devait retrouver, en 1816, dans sa célèbre expérience des miroirs. En 1808, Malus découvre les propriétés de la lumière polarisée. Arago trouve la polarisation rotatoire en 1811. De 1816 à 1822, Fresnel entreprendra l'explication de tous ces faits, il les assemblera dans une magnifique synthèse, et assiéra sur des bases solides la théorie des ondulations lumineuses. Fizeau et Foucault mesureront directement, en 1849, la vitesse de la lumière dans l'air et dans l'eau : et cette comparaison décisive portera le dernier coup à la doctrine de l'émission.

Cependant Œrstedt reconnaît, en 1819, que le courant électrique agit sur l'aiguille aimantée. Ampère apprend cette expérience à Genève : il en devine du premier coup les conséquences les plus lointaines ; en quelques semaines il a fondé toute une science, l'électrodynamique. Avec Arago, il crée l'outil essentiel de toute communication électrique à distance, qu'il s'agisse de transport de la force ou de transport de la pensée : l'électro-aimant. Après avoir trouvé les mouvements que produisent les courants, il reste, pour fonder l'électricité moderne, à trouver la production des courants par le mouvement : ce sera l'œuvre de Faraday, qui observe en 1832 les phénomènes d'induction.

Au cours des années 1842 et 1843, Robert Mayer, Joule et Colding arrivent séparément à reconnaître l'équivalance de la chaleur et du travail. Helmholtz généralise leurs conclusions et proclame, dans son écrit de 1847, le principe de la conservation de l'énergie. Deux ans après, Clausius et lord Kelvin, chacun de leur côté, éclairent à la lumière de ce principe nouveau les « Réflexions sur la puissance motrice du feu » qu'avait publiées, en 1824, Sadi Carnot; et ils en tirent le second des grands principes qui régissent les transformations de l'énergie, le principe de la dégradation de l'énergie ou principe de Carnot.

De ces découvertes, la seconde moitié du xixe siècle a surtout développé les conséquences : elle a moins profondément renouvelé et bouleversé les idées. Elle a vu pourtant s'accomplir les grandes synthèses des substances organiques, une œuvre où les travaux de Berthelot tiennent la première place ; elle a vu la découverte de la dissociation par Sainte-Claire Deville renverser la barrière entre la chimie et la physique ; elle a vu enfin Maxwell annoncer, Hertz réaliser des rayons de force électrique qui se propagent dans l'air avec la vitesse des rayons lumineux, et leur sont tellement semblables en toutes leurs propriétés qu'on a pu regarder la lumière même comme un phénomène électrique d'un genre spécial. A cette gamme déjà si riche de rayons électriques, calorifiques, lumineux, devaient s'adjoindre, à la fin du siècle, les mystérieux rayons de Rœntgen de Becquerel.

On peut dire que les conquêtes de la *physique*, — au sens le plus général de ce mot, — se sont faites dans deux domaines, le domaine de la matière et le domaine de l'éther. La physique moléculaire, la chimie proprement dite, la physico-chimie ou chimie physique, nous ont apporté sur la matière et sur les divers genres de matières, des données précieuses. L'électricité, l'optique, la chaleur rayonnante nous ont amenés à concevoir un *milieu* qui existe jusque dans le vide, et dont l'élasticité, qu'elle qu'en puisse être la structure intime, en fait l'agent de transmission de la lumière et de la chaleur, l'agent de radiation de l'énergie : c'est ce milieu qu'on nomme l'éther. Sur la nature de l'éther nous ne sommes pas plus avancés que sur la nature de la matière. Mais sur la liaison entre les phénomènes dont l'éther est le siège, nous avons acquis, au cours du xix⁹ siècle, des notions importantes et qui paraissent définitives. Les relations entre la matière et l'éther sont, pardessus tout ce qui reste, « le grand mystère » ; les découvertes récentes qui ont redonné au siècle finissant quelque chose de l'activité créatrice du siècle commençant ont peut-être soulevé un coin du voile, mais le mystère n'est pas encore éclairci.

Indépendamment des applications qui ont transformé la vie et les relations des hommes, la physique du xix⁹ siècle laisse, comme le lot le plus précieux de son héritage, quelques principes d'une haute portée philosophique, et qui, de plus en plus, feront partie intégrante de l'esprit humain, lois très générales dans l'énoncé desquelles n'entre rien de spécifique, et qui font apercevoir entre les phénomènes déjà connus et les phénomènes plus nombreux que notre siècle a découverts, des liaisons inattendues : électricité et optique, chimie et mécanique, physique de l'éther et physique de la matière, tout est soumis à ces lois qui régissent les transformations de l'énergie: ce sont les principes de la thermodynamique, ou encore de la science, de l'énergie, de l'*énergétique*. Sans être *explicatifs*, au sens métaphysique du mot, ces principes éclairent l'histoire du monde matériel, en réduisant dans une proportion énorme le nombre des faits contingents. Certains faits réels seront toujours conçus par l'esprit humain comme ayant pu être autres qu'ils ne sont. Quelle que soit la théorie admise pour la formation de la terre, il eût pu y avoir une terre détachée de la nébuleuse primitive et pour laquelle les contours du continent américain eussent été différents des contours de notre Amérique. Pourquoi cette forme et non une autre! Il ne semble pas possible de rattacher ce fait contingent à d'autres faits antérieurs dont le groupement ne présente pas déjà quelque chose de contingent. Mais la forme du golfe du Mexique une fois donnée, l'existence du Gulf-Stream et la nature du climat de l'Europe en résultent comme des conséquences inévitables. Le rôle de la science est justement de révéler ces rapports nécessaires entre des faits contingents.

A cet égard, aucun progrès antérieur des sciences physiques ne saurait être comparé à la découverte des deux principes de la thermodynamique. On peut aller plus loin, et, sans être taxé de présomption, prédire qu'à l'avenir on ne trouvera pas de nouveaux principes qui leur soient comparables en portée et en généralité. Sans doute nous ignorons beaucoup, et bien plus que nous ne savons : il nous reste bien plus à connaître que nous ne connaissons déjà sur la nature des corps simples, sur les rapports de l'éther et de la matière. Mais il n'y a certainement pas, dominant le monde, un nombre indéfini de grandes lois comparables aux principes de la science de l'énergie : une fois ces lois reconnues, quelque chose d'acquis existe qui n'est pas susceptible de progrès ultérieur. Si nous n'avons pas scruté tous les mystères, notre vue générale du monde physique s'est éclairée, les grandes avenues de la physique future sont esquissées.

Après avoir passé en revue les principales acquisitions de la physique de l'éther et celles de la physique de la matière, dans notre siècle, nous nous proposons de montrer en quelques mots la portée de ces principes directeurs.

*
* *

LA PHYSIQUE DE L'ÉTHER : L'ÉLECTRICITÉ ET LA LUMIÈRE.

Dans tous les phénomènes que présente la nature inanimée, nous sommes habitués aujourd'hui à ne voir que des transformations d'énergie. La machine à vapeur nous montre l'énergie chimique contenue en réserve dans le charbon passant à l'état d'énergie calorifique, pour fournir en fin de compte de l'énergie mécanique. Toutes ces formes d'énergie étaient connues avant notre siècle. Sans doute, après nous, l'on en découvrira d'autres qui sont entièrement insoupçonnées à l'heure présente. Mais il est une de ces formes d'énergie que notre siècle a presque vu naître, est qui est la plus souple, la plus aisée à transporter et à transformer, la plus commode et la plus pratique qui soit : c'est l'énergie électrique. Le siècle qui s'ouvre sur l'invention de la pile et qui se ferme sur l'étude passionnée des rayons cathodiques et des rayons de Rœntgen, n'est-il pas le siècle de l'électricité?

« Je désire donner en encouragement une somme de soixante mille francs à celui qui, par ses expériences et ses découvertes fera faire à l'électricité et au galvanisme un pas comparable à celui qu'ont fait faire à ces sciences Franklin et Volta, mon but spécial étant d'encourager et de fixer l'attention des physiciens sur cette partie de la physique, qui est, à mon sens, le chemin des grandes découvertes. »

Tel est l'avis que faisait insérer dans le *Moniteur*, Bonaparte, premier consul et membre de l'Institut. André Ampère, professeur au lycée de Bourg, se promettait bien de gagner le prix « quand il en aurait le temps ». Mais « les lois d'Ampère » sur l'électrodynamique ne sont venues qu'en 1820 ; le prix était depuis longtemps attribué à Humphrey Davy pour la décomposition de la potasse et de la soude par le courant.

« Le courant électrique », c'est Ampère, en 1820, qui a créé l'expression. En 1819, Œrstedt parle encore de *conflit électrique*. Mais quel que puisse être le nom, la chose existe depuis Volta. Avant 1800, avant Volta, l'on avait simplement des corps électrisés. L'électricité statique est bien la science du xviiie siècle, la science de Franklin qui établit que la foudre n'est qu'une étincelle :

Eripuit cœlo fulmen, sceptrumque tyrannis;

la science de Coulomb, qui montre que les corps électrisés s'attirent et se repoussent suivant la même loi qu'avait trouvée Newton pour les corps célestes. En réunissant par un fil métallique continu les deux pôles de sa pile, Volta fil quelque chose de profondément nouveau. Que l'on coupe ce fil et qu'on en plonge les deux bouts dans un vase plein d'eau acidulée, l'eau se décompose : l'expérience est faite en Angleterre par Carlisle et Nicholson, l'année même de l'invention de la pile. Qu'on lance le courant dans un fil fin, il s'échauffera, il fondra même : pour avoir un fil conducteur qui puisse rougir à blanc sans être fondu, plus tard on aura l'idée de prendre des filaments de charbon, et de les maintenir dans le vide : ce sera la lampe à incandescence. En écartant deux crayons de charbon qui conduisent un courant intense, Davy voit éclater entre eux l'arc voltaïque. On peut ainsi, au moyen d'un fil, aller porter l'action chimique, la chaleur ou la lumière en un point précis, aussi loin qu'on le veut de l'appareil producteur d'électricité.

L'expérience d'OErstedt donne le moyen d'aller produire au loin et au point voulu quelque chose d'autre : un mouvement. Aussi, dès qu'Ampère la connaît il en saisit du premier coup l'immense portée ; il en déduit l'action réciproque des aimants sur les courants, l'action de la terre sur les courants, l'action des courants sur les courants : il imagine le solénoïde, — idée d'une admirable simplicité sous un nom assez barbare, — c'est-à-dire tout simplement la bobine de fil conducteur parcourue par un courant ; il montre qu'entre une pareille bobine et un aimant, la ressemblance est frappante ; il n'aura, avec Arago, qu'à glisser dans sa bobine une aiguille de fer doux, pour avoir l'électroaimant ; il donne de la manière la plus explicite le principe du télégraphe : en quelques semaines, il a entièrement fondé, — théorie et expériences, — une science nouvelle, *l'électrodynamique* dont on a pu dire qu'il fut à la fois, par un privilège unique, le Képler et le Newton.

Avec un courant, Ampère et Arago faisaient des aimants : ils songèrent, inversement, à produire des courants au moyen d'aimants sans pile d'aucune espèce. Ils n'y réussirent pas parce qu'ils maintenaient leurs aimants au repos. On n'a de courant dans une bobine qui n'est pas reliée à aucune pile qu'à la condition de déplacer les aimants au voisinage de la bobine ou de déplacer la bobine devant les aimants. Il faut que le champ magnétique où la bobine se trouve ne reste pas immobile et invariable : s'il y a variation, et seulement dans ces cas, il y aura courant *induit*. C'est la grande découverte de Faraday.

L'électricité au repos, l'électricité statique de Franklin et de Coulomb, n'avait jamais donné d'effet magnétique régulier. Pour trouver une relation entre ces deux ordres de phénomènes, électricité et magnétisme, il fallut qu'Œrstedt songeât à faire intervenir l'électricité en mouvement. Au lieu du courant, circulant dans un conducteur immobile, on pourrait d'ailleurs faire agir un corps électrisé animé d'un mouvement rapide. Rowland a montré, depuis, que le déplacement d'un conducteur chargé d'électricité dévie, comme un courant, l'aiguille aimantée. De même, pour tirer d'un champ magnétique un effet électrique, il faudra donner à ce champ magnétique un mouvement.

Faraday, admirable personnification de l'esprit scientifique anglais, est une intelligence avant tout imaginative. Nul plus que lui n'a insisté sur cette idée que les corps n'agissent les uns sur les autres que par l'intermédiaire du milieu qui les sépare : au lieu d'actions attractives ou répulsives exercées instantanément et directement à distance, il ne conçoit que des effets transmis de proche en proche, d'un point au point qui le touche. L'École française du début du siècle, Laplace, Ampère, Poisson, avait vécu de l'idée newtonienne d'attraction directe à distance : elle avait peut-être même exagéré la pensée de Newton. Si de nos jours l'idée d'action médiate s'est de plus en plus imposée à notre langage et à notre esprit, c'est surtout à Faraday qu'est dû le changement : l'avenir dira si c'est un progrès.

Faraday voit le champ magnétique sillonné de lignes de forces : ces lignes idéales, que vient dessiner la limaille de fer dans l'expérience du spectre magnétique, il en parle comme de cordons élastiques et souples, ayant une existence objective, tirant les aimants et les conducteurs mobiles. Si un fil conducteur vient à les couper, ce fil devient le siège de courants induits. Il importe peu d'ailleurs que le fil se déplace et coupe des lignes de force immobile, comme font les spires de l'anneau de Gramme qui tournent entre les pôles d'un électro-aimant, nous fournissant ainsi la source la plus usuelle de courant qui soit employée aujourd'hui, la machine dynamo, — ou bien que ce soient les lignes de force qui viennent se présenter au fil immobile, comme lignes que déplacent les vibrations de la plaque de fer doux dans la bobine du téléphone de Graham Bell.

En électrostatique aussi, Faraday est novateur. L'isolant n'était, pour ses prédécesseurs, qu'un espace vide empêchant le contact des corps conducteurs. Il devient pour lui le *milieu* à travers lequel s'exercent les forces électriques, il devient le *diélectrique*. Et ce milieu ne reste pas neutre et indifférent. Faraday montre qu'un condensateur électrique n'a pas la même capacité si son isolant est de l'air ou si c'est de la benzine.

Dans la même voie, Maxwell devait aller plus loin encore. Le conducteur qui traverse le courant devient pour lui l'accessoire ; il porte toute son attention sur le *courant de déplacement* que constitue la variation d'état électrique de l'isolant ; frappé de la symétrie que présente la production de magnétisme par le courant électrique et la production d'électricité par une variation magnétique, il s'attache à poursuivre les conséquences de cette réciprocité. Qu'on suppose en un point d'un milieu isolant, l'air ou le vide, un champ magnétique qui change de sens un grand nombre de fois par seconde, comme entre les pôles d'un électro-aimant qu'excite un courant alternatif de grande fréquence. Cette variation périodique interrompue de l'état magnétique ne va pas sans une variation concomitante de l'état électrique, et la réciproque est vraie. En chaque point de ce milieu va donc se produire un mouvement à la fois électrique et magnétique : une *perturbation électromagnétique* périodique. Cette perturbation ne peut se localiser : elle s'étendra nécessairement et se transmettra de proche en proche avec une vitesse que nos connaissances en électricité et en magnétisme nous permettent d'avance de calculer. Maxwell, le premier, fait ce calcul et, vers 1860, il annonce à la Société Royale de Londres que ces perturbations électromagnétiques périodiques, si jamais l'on parvient à les réaliser, se propageront dans le vide avec une vitesse de 300,000 kilomètres par seconde : c'est la vitesse même de la lumière.

Le milieu qui remplit le vide, et dont l'élasticité spéciale produit les phénomènes de charge et de décharge électrique, qu'est-ce donc autre chose que l'éther lumineux ? La lumière, on le sait depuis Fresnel, est un ébranlement périodique de l'éther : qu'est-ce donc autre chose qu'une perturbation électromagnétique exceptionnellement rapide, entretenue par un procédé dont nous ignorons le mécanisme, à raison de 500 ou 600 trillions par seconde ?

Il faut aller jusqu'en 1888 pour trouver une vérification expérimentale de ces audacieuses prévisions. Le physicien allemand Heinrich Hertz trouve le moyen de produire dans l'air des vibrations électriques, sinon à raison de centaines de trillions, comme celles qui constituent la lumière, du moins à raison de quelques millions par seconde. Ces vibrations, il les compte, les suit dans l'espace, mesure leur vitesse qu'il trouve bien égale à la vitesse des vibrations lumineuses. Les rayons de force électrique se réfléchissent, se réfractent, se polarisent: ils ne présentent avec les rayons lumineux qu'une différence de fréquence, une différence de *hauteur*. S'ils n'impressionnent pas la rétine humaine, ils peuvent agir sur des récepteurs appropriés, comme le tube radioconducteur de Branly, et permettre ainsi la télégraphie sans fil.

La lumière, c'est aussi de l'énergie rayonnée, transmise de proche en proche avec une vitesse prodigieuse, mais finie. Rœmer et Bradley avaient mesuré cette vitesse par des méthodes astronomiques. En 1848 et 1849, Fizeau et Foucault la mesurèrent séparément, par des procédés purement physiques. Ils trouvèrent le moyen de compter le temps si court que met la lumière, — qui marche dans l'air à raison de 300,000 kilomètres par seconde, — pour aller de Montmartre à Suresnes, ou même pour parcourir la distance de deux miroirs dans une chambre. Foucault mesura le temps qu'elle met pour traverser un tube plein d'eau, et trouva dans l'eau un temps plus long que dans l'air.

La théorie des ondes avait annoncé que la lumière marche moins vite dans l'eau que dans l'air; la théorie de l'émission, que Biot et Poisson avaient renouvelée de Newton, conduisait au résultat contraire: celle-ci se trouvait désormais en désaccord avec les faits.

Si l'expérience de Foucault fut, par excellence, entre les deux doctrines l'*experimentum crucis*, l'expérience décisive, on n'avait pas attendu jusqu'à lui pour admettre dans son ensemble la théorie des ondes, celle qui veut que la lumière soit, non une projection de corpuscules très subtils émis par les sources lumineuses, mais un ébranlement d'un milieu élastique spécial qui remplit le vide et les corps transparents. Ébauchée au xvii⁰ siècle par le puissant esprit d'Huygens, elle devait être définitivement établie par les travaux d'Augustin Fresnel. La possibilité de faire interférer deux rayons révèle à Fresnel le caractère périodique ou vibratoire de la lumière : l'étude de la lumière polarisée le conduit à l'idée des vibrations transversales, c'est-à-dire des vibrations qui se font à angle droit du rayon lumineux, — idée tellement étrange et nouvelle alors, qu'Arago lui-même, qui a collaboré aux expériences qui l'ont suggérée, hésite à l'admettre. Diffraction, double réfraction, pouvoir rotatoire du quartz découvert par Arago, pouvoir rotatoire des solutions actives découvert par Biot, Fresnel explique tout, en même temps qu'il prévoit et découvre en optique cristalline de nouvelles propriétés merveilleuses. Il jette, en passant, les bases de la théorie de l'élasticité des corps solides et de la théorie de la résistance des matériaux. Si de l'édifice qu'il a bâti, quelques échafaudages ont dû disparaître, l'édifice, des fondations au couronnement, est encore tel qu'il est sorti de ses mains. En essayant de reproduire avec les ondes lumineuses les effets des ondes sonores dans les tuyaux d'orgue, Lippmann réalisera la photographie des couleurs.

L'optique de Fresnel serait la même pour un aveugle : un aveugle eût pu la fonder. C'est la preuve que notre science arrive bien à saisir quelque chose de la réalité, si elle ne saisit pas tout, puisque les manifestations du monde extérieur qui sont spéciales à notre sens de la vue se révèlent être d'une nature indépendante des données de la vue. Il existe, en effet, d'autres rayons que les rayons lumineux visibles, et tous obéissent aux mêmes lois. Newton avait séparé les unes des autres les radiations visibles de diverses couleurs : Fresnel a montré que ces couleurs diverses sont des notes ne différant que par leur nombre de vibrations, c'est-à-dire par leur hauteur : du rouge au violet, il y a l'intervalle d'une quinte. C'est tout ce que notre œil aperçoit : tandis que notre oreille est sensible à des notes échelonnées sur sept ou huit octaves, notre œil ne perçoit pas une octave entière de vibrations de l'éther. Mais il ne s'ensuit pas qu'il n'y ait que ces notes visibles dans le clavier infiniment riche des vibrations que nous envoient le soleil ou les sources de lumière. La découverte de ce clavier est bien l'œuvre du xix° siècle. William Herschel aperçoit, en 1801, les rayons calorifiques infrarouges ; ce sont les notes trop graves pour notre rétine ; l'année suivante, en 1802, Wollatron trouve les notes aiguës, les radiations ultra-violettes capables d'agir sur certains composés chimiques : il inaugure par là un chapitre nouveau d'optique, la photochimie, d'où Niepce et Daguerre feront sortir la photographie.

L'éther lumineux peut donc transmettre autre chose que de la lumière : il transmet de l'énergie vibratoire par rayonnement. S'il y a plus de 500 trillions et moins de 800 trillions de vibrations à la seconde, cette énergie exerce une action toute spéciale sur notre rétine : nous la voyons. Mais trop de lenteur ou trop de vitesse dans la vibration « empêche la vue », comme eût dit Pascal. Plus lente, elle échauffe le thermomètre ; plus rapide, elle décompose les sels d'argent. Dans les notes graves, l'Américain Langley et ses élèves ont ajouté deux ou trois octaves ; il ne reste plus qu'un vide de deux ou trois octaves inexplorées pour rejoindre les vibrations électromagnétiques de Hertz. Dans les notes aiguës, l'on connaît aussi une ou deux octaves de vibrations ultra-violettes ; et par delà un intervalle inconnu encore, l'on trouve les notes suraiguës, infiniment plus rapides que les radiations visibles, apportées par ces rayons auxquels la prudence et la modestie de Rœntgen ont donné le nom de rayons X.

Comment mettre l'éther en vibration ? Hertz, inspiré des beaux travaux de Thomsom (lord Kelvin) sur les oscillations électriques, nous a enseigné à produire les vibrations électromagnétiques. A l'autre bout du clavier, nous voyons les rayons X naître dans les tubes à gaz raréfiés traversés par le courant de la bobine d'induction. L'électrode négative, — exemple caractéristique de la différence des actions qu'exercent sur la matière les deux espèces d'électricité, — appelle à soi les particules gazeuses restées dans le tube, et les repousse en ligne droite après leur avoir communiqué sa charge négative : à ce flux matériel, qui a fait l'objet de travaux importants et de vives controverses, on a donné le nom, assez mal choisi, de *rayons cathodiques* ; l'Anglais Crookes y voyait avec raison une émission de matière, tandis que la plupart des physiciens allemands y voulaient voir une ondulation de l'éther ; mais ici c'est la doctrine de l'émission et l'école anglaise qui a triomphé. En venant heurter le premier obstacle qu'ils rencontrent, les projectiles cathodiques impriment à l'éther un ébranlement qui donne des rayons de Rœntgen.

Mais lorsqu'il s'agit des vibrations de hauteur moyenne, des vibrations lumineuses, les plus intéressantes pour nous en somme, notre embarras est bien plus grand. Nous ne savons guère mettre l'éther en branle pour les produire, qu'en chauffant des corps matériels, procédé barbare en vérité et qui ne donne en énergie utilement rayonnée qu'un rendement ridicule, que les progrès de l'éclairage n'ont pas encore amélioré notablement. Du moins avons-nous acquis des données précieuses sur le rapport qui existe entre la lumière émise et la matière qu'on a chauffée. Les lumières des solides et des liquides portés à l'incandescence se ressemblent toutes, plus blanches si le corps est plus chaud, plus rouges s'il est moins chaud. Un gaz ou une vapeur incandescents se reconnaissent au contraire à la nature des rayons qu'ils nous envoient. Une lampe à alcool salé donne une lumière jaune : il en est ainsi de toute flamme qui contient du sodium en vapeur. Et la lumière qu'un corps a pu émettre, le même corps est capable de l'absorber : la même flamme salée, mise sur le trajet du faisceau éblouissant, qui vient de l'arc électrique, arrête dans ce faisceau blanc, les rayons jaunes ; et le spectre de l'arc présente une raie noire là où l'alcool salé avait donné une raie jaune brillante. Par cette expérience du renversement des raies, Kirchhoff et Bunsen, en 1860, expliquèrent les raies noires qu'avait aperçues Wollaston et qu'avait décrites Frauenhofer dans le spectre solaire. Ces raies prouvent qu'il y a dans le soleil du sodium, du fer et de l'hydrogène, comme sur la terre. Les mêmes corps simples, peu nombreux, ont suffi à former tous les astres de l'univers. Entre les mains des deux savants de Heidelberg, le spectroscope devint un réactif merveilleusement sensible pour déceler la présence de traces de corps connus, et pour découvrir des corps simples inconnus.

Du spectroscope, Fizeau se servit encore pour mesurer la vitesse des étoiles, — de ces étoiles dont Kirchhoff et Bunsen faisaient, sans sortir de leur laboratoire, l'analyse chimique : les notes lumineuses qui nous arrivent des astres varient un peu de hauteur, suivant que ces astres s'éloignent ou se rapprochent, comme le sifflet d'une locomotive est un peu plus aigu quand elle vient vers nous que quand elle s'en va. C'est là le *principe de Fizeau*, qui s'est montré si fécond en astronomie. Il a permis de distinguer, dans le spectre solaire, les raies solaires des *raies telluriques*, dues à l'absorption par l'atmosphère terrestre. Il n'est pourtant que l'observation d'une apparence : le mouvement d'une source de lumière ne fait pas varier la hauteur réelle de ses vibrations. C'est au contraire une variation de la période vibratoire, un changement réel de ton, qu'a observé Zeeman en mettant la flamme lumineuse dans un champ magnétique intense, — comme si les molécules incandescentes, à la façon des particules qui forment les rayons cathodiques, étaient bien des corps chargés d'électricité dont le magnétisme dérangerait le mouvement pour l'accélérer ou le ralentir. En s'attachant aux phénomènes si curieux de phosphorescence et de fluorescense, dans son beau livre de *la Lumière*, Edmond Becquerel avait pressenti quel jour pourrait jeter sur les relations entre l'éther et la matière l'étude de la genèse des radiations lumineuses ou invisibles. Cette étude est loin d'être achevée, et les rayons de l'uranium, découverts par Henri Becquerel, paraissent avoir, de toutes les radiations, l'origine la plus mystérieuse.

L'éther remplit le vide. Il est répandu dans les interstices moléculaires de tous corps, opaques ou transparents. Il n'a pas de poids, au sens ordinaire du mot. N'est-il pas entraîné par le mouvement de la terre ? Dans un courant d'eau rapide, la lumière ne va pas tout à fait aussi vite, un peu plus ou un peu moins vite, suivant le sens du courant, que dans l'eau tranquille : l'expérience est due à Fizeau. Dans quelle mesure y a-t-il de même entraînement de l'éther par la matière des astres ? C'est un sujet sur lequel le dernier mot n'est pas dit. Ce milieu, partiellement entraîné, ne semble pourtant pas provoquer des frottements qui ralentiraient à la longue le mouvement des planètes. Ne serait-ce pas lui encore qui transmettrait d'un corps céleste à un autre l'attraction universelle ? Les tendances de la physique contemporaine inclineraient à l'admettre, mais on n'a pour s'arrêter à cette idée que des raisons de sentiment. Tout ce qu'on peut affirmer, c'est que, si l'attraction mettait comme la lumière ou la chaleur un temps fini pour se propager, sa vitesse devrait être incomparablement plus grande que la vitesse de la lumière.

Il serait aisé de rendre plus longue, en ce qui concerne la nature de l'éther, cette « revue de notre ignorance », suivant la pittoresque expression qu'employait un jour lord Salisbury. Si nous essayons de nous figurer ce que peut être l'élasticité d'un pareil milieu, nous tombons de contradictions en contradictions. Mais cela ne doit pas nous empêcher de regarder comme démontrée par la physique du xixe siècle l'étroite liaison des phénomènes de l'éther, — électriques, magnétiques et lumineux, — et la parenté des radiations de toute sorte, — invisibles ou visibles — qui sillonnent l'espace en tous sens.

∗ ∗

LA PHYSIQUE DE LA MATIÈRE : PHYSIQUE MOLÉCULAIRE ET CHIMIE.

L'étude des propriétés de la matière est devenue, dans notre siècle incomparablement plus minutieuse et plus précise. Elle a conduit souvent à des résultats qu'on ne peut réduire en formules simples : elle a montré que certaines lois, admises comme absolues, ne sont qu'approchées ; ses conclusions ont pu surprendre et scandaliser quelques physiciens, trop enclins à se faire une étroite idée de la « simplicité des lois de la nature », oublieux que la nature, suivant le mot de Fresnel, recherche la simplicité des moyens, mais ignore les difficultés d'analyse. C'est ainsi que les longs et patients travaux de Regnault ont montré que les gaz compressibles obéissent à une loi plus compliquée que la loi de Mariotte : à ceux qui seraient portés à le regretter, on n'a qu'à dire que les nombres mêmes de Regnault sont la base solide sur laquelle se sont appuyées les premières preuves précises des conséquences de la thermodynamique. Une œuvre qui apparut à quelques-uns comme destructive a donc fourni des matériaux pour construire.

La matière existe sous trois états : solide, liquide, gazeux. Au début du siècle, nombreux étaient les corps solides qu'on n'avait pu fondre et volatiliser, nombreux les gaz qu'on n'avait pas liquéfiés et solidifiés. Il n'y a plus aujourd'hui ni solide réfractaire, ni gaz permanent. Sainte-Claire Deville a fondu en grandes masses le platine et l'iridium ; Moissan a pu fondre le charbon sous pression et reproduire le diamant. Faraday appliqua sa méthode de liquéfaction des gaz au chlore et à l'hydrogène sulfuré. En 1878, Cailletet en France et Raoul Pictet à Genève, suivis bientôt par deux physiciens de Cracovie, Wroblewski et Olszewski, liquéfient l'air, l'azote, l'hydrogène ; en 1898, la machine de Linde a fait de la liquéfaction de l'air, à 192° au-dessous de zéro, une opération industrielle.

Dans l'explication des phénomènes que présentent les corps matériels, solides, liquides ou gaz, on est conduit invinciblement à la notion des molécules, c'est-à-dire de particules au-dessous desquelles on ne peut pousser la division sans que le corps perde ses propriétés. « Se demander si l'on peut diviser un morceau de verre en fragments d'un diamètre inférieur à $\frac{1}{100\,000}$ de centimètre et continuer la division indéfiniment, sans le détruire et lui faire perdre les propriétés du verre, de même qu'une brique n'a pas les propriétés d'un mur de briques, c'est se poser une question très pratique. » Et lord Kelvin, cherchant à répondre à cette question, recommande de ne point la confondre avec la question de la divisibilité de l'espace à l'infini.

Encore, dans la recherche des dimensions des molécules, faut-il soigneusement définir ce que l'on entend par ce mot. Si la distinction, indiquée par Ampère, entre *molécule* et *atome* d'un corps simple a été si féconde pour la chimie, il faut distinguer aussi entre différentes molécules physiques : suivant les phénomènes étudiés, la plus petite brique qui garde les propriétés de l'édifice de brique a des grandeurs différentes. Les dimensions de ces particules élémentaires dans un corps ordinaire ne sont pas d'une petitesse infinie : dans les liquides ou les solides, elles varient de 1 cent-millionième à 1 ou 2 millionièmes de millimètre. « Agrandissons, dit lord Kelvin, une sphère d'eau ou de gaz de la grandeur d'un *ballon de barette* (d'à peu près 15 centimètres de diamètre), jusqu'à lui donner la dimension de la terre, chaque molécule étant amplifiée dans la même proportion. La sphère ainsi amplifiée aurait une structure intermédiaire entre celle d'un amas de grains de plomb et celle d'un amas de ballons de barette. »

Quelles propriétés faut-il attribuer à ces molécules ? Les découvertes du début du siècle ont eu pour point de départ la conception newtonienne. C'est en supposant aux molécules liquides des attractions réciproques de même nature que les attractions des astres, que Laplace donna la première théorie des phénomènes capillaires. Et la capillarité reste l'un des plus jolis exemples de l'emploi de la méthode déductive dans les sciences expérimentales. Gauss a fondé tout un chapitre de la géométrie des surfaces, dont chaque théorème se trouve illustré par l'une des élégantes expériences du physicien belge Plateau. — C'est encore avec des attractions entre molécules solides que Poisson et Navier créèrent la théorie de l'élasticité.

L'étude des gaz, dont les dernières particules ne sont jamais au repos, a ramené les esprits aux doctrines purement cinétiques, à celles qui expliquent tout par matière, choc et mouvement. L'agitation plus ou moins grande des molécules, c'est ce qui constitue leur température dans la théorie mécanique de la chaleur; leur équilibre n'est jamais qu'un équilibre dynamique, pareil à celui de la toupie tournant très vite ou de la bicyclette bien lancée; leur attraction apparente est une simple conséquence de leur mouvement, non une « qualité occulte » de la matière. Et pour mieux marquer ce retour à Descartes, au profit de qui Newton se trouve délaissé, lord Kelvin développe une hypothèse dont le nom seul est un hommage à la métaphysique cartésienne, l'hypothèse des *atomes-tourbillons*. La théorie cinétique des gaz, et, pour être plus général, la théorie cinétique de la matière, après une grande vogue, suivie d'une période de défaveur, semble avoir repris de nos jours un regain de vie.

Une molécule solide d'un genre spécial est la « particule intégrante » des minéralogistes. La science de la structure des cristaux, inaugurée à la fin du siècle dernier et au début du nôtre, par Valentin Haüy, nous révèle la tendance de la matière inorganique à la symétrie. Un jour Haüy laisse tomber un beau cristal de spath d'Islande; la régularité de la cassure lui révèle la régularité de l'édifice cristallin : le cristal est un empilement régulier de particules à formes géométrique, tels des cubes ou des prismes; l'empilement des mêmes pierres peut revêtir des formes variées, mais derrière ces formes extérieures diverses qu'affectent des cristaux du même corps, le physicien saura reconnaître l'unité de forme de la particule intégrante, caractéristique de la substance chimique. Si l'on tente de construire, *a priori*, par un effort purement rationnel, des corps solides géométriques ayant tous les genres et tous les degrés de symétrie qu'il soit possible d'imaginer, on se trouve avoir épuisé toutes les formes que réalisent les cristaux naturels ou artificiels. Mallard devait montrer que des cristaux ayant un degré inférieur de symétrie s'associent parfois entre eux pour former un assemblage plus complexe donnant l'illusion d'une symétrie supérieure.

En découvrant l'*isomorphisme*, — c'est-à dire la propriété, pour des corps chimiquement analogues, de cristalliser dans les mêmes formes et de pouvoir donner des cristaux mixtes où ils sont associés en toute proportion, — Mitscherlich montrait qu'il y a une liaison entre la forme de l'édifice cristallin, ou plutôt de la pierre de taille qui a servi à construire cet édifice, et la structure de la molécule chimique elle-même. Cette liaison est bien souvent cachée : il est arrivé à Mitscherlich lui-même de ne pas toujours l'apercevoir. L'histoire de la première découverte de Pasteur en peut faire foi.

Le quartz a la propriété de faire tourner le plan de polarisation de la lumière qui le traverse; mais tandis que certains échantillons de quartz font tourner la lumière à droite, d'autres échantillons la dévient à gauche. Les propriétés optiques des quartz droits et des quartz gauches ne sont pas identiques : elles sont symétriques. En examinant avec soin les cristaux de quartz, Mitscherlich reconnut l'existence de facettes spéciales, disposées d'une façon différente sur les échantillons de quartz droit et de quartz gauche; un cristal droit ne peut pas être superposé à un cristal gauche, mais il est son image dans un miroir : ils ont entre eux la ressemblance de la main droite et de la main gauche. La dissymétrie particulière qui se révèle dans l'action exercée sur la lumière polarisée a laissé ici sa trace dans l'édifice cristallin.

Biot reconnut à certains liquides la propriété découverte par Arago sur le quartz solide. L'essence de térébenthine, l'eau sucrée agissent aussi sur la lumière polarisée : ce sont des corps *actifs*. Il en est de même de l'acide tartrique et de ses sels, quand ils sont en dissolution dans l'eau. C'est bien ici la molécule chimique, et non pas seulement la particule intégrante du cristal, qui possède la dissymétrie caractéristique de l'activité. On doit néanmoins retrouver dans les cristaux la trace de la dissymétrie.

Mitscherlich n'avait pas vu de différence entre les cristaux de tartrates provenant de l'acide tartrique ordinaire, qui dévie à droite, et d'un acide chimiquement identique, l'acide racémique, qui ne diffère de l'autre qu'en ce que ses sels sont inactifs à la lumière polarisée. Pasteur prépare des sels de l'acide racémique, examine les cristaux avec soin, et réussit à leur trouver, comme aux cristaux de quartz, des facettes dissymétriques ; le sel inactif est formé de cristaux droits et de cristaux gauches. Pasteur en fait le triage, les dissout séparément, et obtient deux solutions à rotations inverses, l'une droite, pareille à la solution de tartrate droit ordinaire, l'autre gauche, d'où il tire un acide tartrique gauche. L'acide racémique n'était inactif que par compensation. Quand nous préparons, dans nos laboratoires, en partant de produits sans action sur la lumière polarisée, des composés actifs, nous obtenons toujours en égale proportion le composé droit et le gauche : il faut, jusqu'ici, l'intervention d'une volonté intelligente pour opérer le départ des cristaux droits et des cristaux gauches, à moins qu'on ne laisse agir ces êtres vivants microscopiques, animaux ou plantes, qui produisent les fermentations et qui manifestent toujours pour l'un ou pour l'autre des deux corps actifs une préférence inattendue. Pasteur fit agir sur ces racémates un ferment qui détruisait le tartrate droit plus vite que le gauche. Et ce moyen qui avait été, dans sa pensée, un simple artifice destiné à résoudre un problème difficile de physique moléculaire, fut pour lui la première révélation du rôle des infiniment petits dans les phénomènes physico-chimiques.

S'il est une science qui ait popularisé, plus que toute autre, la notion d'une limite au delà de laquelle ne saurait être poussée la division de la matière, c'est, à coup sûr, la chimie. En 1800, la chimie était fondée. La conservation de la masse dans les combinaisons, la composition de l'air et de l'eau, le caractère des combustibles, étaient établis. Le début de notre siècle a vu renaître des travaux de Richter, de Proust et surtout de Dalton, la conception des *atomes*. Ce n'est pas que la science actuelle ait repris à son compte les hypothèses cosmologiques de Démocrite et d'Épicure; la théorie atomique n'est pas une théorie métaphysique, et ne saurait nous renseigner sur la constitution des dernières particules matérielles; elle est seulement la synthèse de faits capitaux dont toute métaphysique de la matière doit tenir compte.

Les corps simples se combinent toujours en proportions définies : quand deux corps forment plusieurs composés, c'est par multiples d'un même poids que l'un d'eux intervient toujours, pour un poids constant de l'autre : les poids de deux corps qui se combinent ensemble se montrent *équivalents* vis-à-vis d'autres éléments. C'est que, dit Dalton, les actions chimiques s'exercent entre des particules insécables, d'oxygène, de soufre : ce sont ces *atomes*, de poids différents, qui s'unissent entre eux, ou bien à un, deux ou trois atomes d'un autre corps pour donner une molécule composée. L'atome d'hydrogène est le plus léger de tous ; nous ignorons son poids absolu, mais nous savons que l'atome de charbon pèse 12 fois plus, celui d'argent 108 fois plus. L'analyse des composés nous permet ainsi d'obtenir, pour chaque corps simple, son poids atomique relatif. En 1811, le chimiste italien Avogadro, et en 1814, le physicien français Ampère, concluaient séparément à la nécessité de distinguer, dans les corps simples eux-mêmes, entre la *molécule*, — qui est le plus petit poids qui puisse exister libre en gardant les propriétés du corps, — et l'*atome*, la plus petite portion qui puisse être détachée de la molécule pour être engagée dans une autre combinaison. Il se trouve que la molécule de la plupart des corps simples est formée de deux atomes ; mais la molécule de certains corps simples peut compter trois ou quatre atomes ; certaines sont formées d'un atome unique. Cette distinction entre atome et molécule est restée malheureusement trop oubliée, surtout en France : à cet oubli est due la longue résistance qu'a rencontrée dans notre pays une doctrine dont les véritables créateurs sont des Français.

Des lois de Gay-Lussac sur les combinaisons gazeuses, Avogadro et Ampère déduisent cette conséquence capitale : qu'à l'état gazeux, les molécules de tous corps, simples ou composés, occupent le même volume. La loi, sans doute, n'a pas un caractère de rigueur extrême ; elle participe au caractère de lois approchées qui est celui de la loi de compressibilité de Mariotte et de la loi de dilatation de Gay-Lussac elle n'en a pas moins une grande portée ; si elle se trouve moins nette que notre esprit ne l'eût désiré pour en saisir aisément le sens, il est bien difficile de se résigner à croire qu'elle n'a aucune signification. On peut en dire autant de la loi de Dulong et Petit sur les chaleurs spécifiques, loi qui nous apprend que les atomes de tous les corps simples, si différents les uns des autres par leur poids, ont tous à peu près la même capacité calorifique, c'est-à-dire ont besoin, pour être échauffés de 1 degré, de la même dépense combustible.

Si ces lois, en dépit de ce qu'il reste d'indécis dans leur énoncé, méritent de fixer l'attention de quiconque essaie de pénétrer l'architecture de la matière, combien plus importante fut la grande loi découverte par Faraday, empreinte, celle-là, d'une rigueur absolue : l'action chimique d'un courant électrique est la même sur une molécule d'un sel quelconque : il faut faire passer le même courant pendant le même temps pour mettre en liberté un atome d'hydrogène ou pour mettre en liberté un atome d'argent. Tous les atomes qui sont chimiquement équivalents se montrent dans les solutions traversées par le courant, porteurs de la même charge électrique.

Comment l'on a été progressivement conduit à donner les *formules de constitution* des composés innombrables, quoique formés en tout de trois ou quatre corps simples, qui constituent la matière des corps vivants, végétaux ou animaux, et comment l'on est arrivé à les reproduire de toutes pièces, c'est ce dont l'histoire ne saurait trouver place ici. Qu'il suffise de marquer deux ou trois étapes de la pensée scientifique qui aboutit à la chimie organique moderne : la découverte du cyanogène, ce gaz formé de carbone et d'azote, qui est uni à l'hydrogène dans l'acide prussique, permet à Guy-Lussac d'établir que certains radicaux complexes peuvent avoir des propriétés pareilles à celles des éléments simples. Jean-Baptiste Dumas, en préparant les dérivés de substitution, montre qu'on peut, dans certains corps, remplacer l'hydrogène par du chlore, atome par atome, sans en altérer les propriétés essentielles. L'étude des corps isomères, qui ont des propriétés différentes avec la même composition centésimale, achève de prouver combien importe l'arrangement des atomes et la forme de la molécule, plus encore que la nature des matériaux qu'elle contient. Avec ces deux notions des radicaux et des substitutions, l'on a pu construire la théorie des fonctions chimiques qui a permis de classer en groupes distincts : — alcools, phénols, acides, — les composés innombrables de la chimie organique. L'histoire de toutes les sciences de la nature n'offre peut-être pas d'exemple d'un aussi admirable accord entre une classification logique et une classification réelle, d'une aussi parfaite adaptation du langage aux choses, et des choses au langage. Laurent et Gerhardt, puis Würtz en France, Kékulé en Allemagne, Williamson en Angleterre, s'attachèrent à faire triompher la notation qui symbolise ces groupements d'atomes dans les molécules, et à populariser ces formules dont le seul aspect rappelle toutes les propriétés essentielles d'un corps et fait deviner la façon dont il faudra s'y prendre pour le reproduire artificiellement.

Pendant longtemps, la plupart des chimistes avaient considéré l'alcool, les sucres, les graisses, comme des substances formées sous la seule action de la vie, et que les procédés de laboratoire seraient toujours impuissants à fabriquer de toutes pièces. Par une exagération inverse, d'autres savants et philosophes croyaient à la reproduction artificielle des cellules et des tissus, et des êtres vivants eux-mêmes. L'expérience, trompant l'attente des uns et des autres, a prouvé d'une part que les substances chimiques qu'élaborent les êtres vivants se peuvent reproduire sans la vie ; d'autre part, qu'on a été jusqu'ici radicalement impuissant à faire sortir de substances inorganisées la matière organisée ou la vie. C'est entre l'inorganisé et l'organisé qu'il faut placer la barrière, non entre la chimie organique et la chimie inorganique.

Nul n'a plus contribué à ce rapprochement entre la chimie minérale et la chimie organique que M. Berthelot. Peut-être, au début de son active carrière, était-il de ceux que hantait le rêve de faire sortir de ses cornues la vie elle-même ; et peut-être même ce rêve ne l'a-t-il pas complètement abandonné. Il ne l'a point vu réalisé, mais en revanche il a réussi à préparer, en partant d'éléments minéraux, les composés fondamentaux de la chimie organique. En faisant éclater l'arc voltaïque dans de l'hydrogène, il obtient l'acétylène ; ce gaz, combiné encore à l'hydrogène, puis traité par le feu ou par les acides, lui donne l'alcool, d'où dérivent les corps de la série grasse, et la benzine, d'où dérivent les corps de la série aromatique. La chimie synthétique a pris, depuis lors, un essor inespéré. Les goudrons de houille, que laisse comme résidu la fabrication du gaz d'éclairage, se sont trouvés une des mines les plus riches qu'on ait jamais découvertes : on en tire les brillantes couleurs d'aniline qui de plus en plus remplacent les couleurs végétales, et les essences parfumées qui tendent à supplanter les parfums naturels.

La chimie inorganique ou minérale, la seule qui ait occupé les esprits au début du siècle, s'est vue depuis lors délaissée au profit de la chimie organique. Elle a, dans les dernières années du siècle, reconquis une part de l'attention publique avec la découverte de l'argon et des nouveaux gaz de l'atmosphère. Les expériences de Gay-Lussac et Thénard, établissant, d'accord avec Davy, que l'acide muriatique oxygéné était un corps simple, le chlore ; — la découverte des métaux alcalins par Davy et des métaux des terres rares par Berzélius ; — les travaux de Sainte-Claire Deville qui, avec Debray, dans son laboratoire de l'École normale, préparait à l'état de pureté l'aluminium, puis le platine, l'iridium et les métaux analogues ; — l'invention de l'analyse spectrale qui décela l'existence de métaux nouveaux, — tout cela n'a peut-être pas provoqué un étonnement comparable à celui qui saisit le monde savant quand, en 1894, lord Rayleigh et Ramsay annoncèrent la présence dans l'air d'un corps simple nouveau, s'y trouvant dans la proportion de près d'un centième, et qui avait échappé à Lavoisier et à Dumas. Depuis lors, la liste des gaz simples nouveaux existant dans l'air va s'allongeant tous les jours.

Nous avons maintenant à peu près soixante-dix corps simples, quelques-uns répandus partout, d'autres qui semblent n'être là qu'à titre d'objet de curiosité. Les classer est chose moins aisée que de classer des composés organiques. Dans ceux-ci, la présence d'un groupement d'atomes caractéristique fait l'unité de la série ; c'est ainsi que les corps aromatiques ont tous comme squelette un noyau de benzine formé de six atomes de charbon : quelle que puisse être la fragilité des édifices imaginés pour figurer les liaisons de ces atomes, on ne peut se refuser à voir entre les composés aromatiques une analogie manifeste de structure. Mais quel rapprochement établir entre des atomes simples irréductibles ? Et pourtant, quelques corps simples se ressemblent entre eux, se ressemblent dans leurs combinaisons. Aussi Dumas les avait déjà groupés en familles : famille du chlore, famille de l'oxygène, etc. D'autres chimistes allèrent plus loin : rangeant tous les corps simples connus par ordre de poids atomique croissant, ils observèrent qu'ainsi l'on rencontrait successivement un corps de chaque famille, pour retomber, au bout de sept ou de huit, sur la famille d'où l'on était parti : de même qu'en montant un clavier l'on rencontre au bout d'une octave la même note, avec toutefois une différence, de même en partant du chlore et prenant des atomes de plus en plus lourds, on trouve, au bout d'une octave d'éléments, le brome, qui est presque du chlore. Le chimiste russe Mendeléeff publiait, en 1869, une classification fondée sur ce principe et affirmait l'existence de corps simples encore inconnus destinés à remplir quelques places restées vides dans son tableau ; en 1875, Lecoq de Boisbaudran trouvait dans la blende des Pyrénées un métal nouveau, le gallium, doué des propriétés physiques et chimiques que la *loi périodique* lui avait assignées d'avance. Ce succès ne resta pas isolé : quel que puisse être l'avenir réservé à cette classification, elle demeure l'une des tentatives les plus intéressantes pour mettre un peu d'ordre dans cette foule confuse de soixante-dix corps simples.

Ces corps simples sont-ils bien réellement irréductibles ? Ne seraient-ils pas formés, tous, d'une matière primordiale unique dont ils représenteraient des complications croissantes ? Si c'est là une conception que nous ne parvenons pas à chasser de notre esprit, on peut dire que notre siècle n'a rien fait pour l'établir. L'hypothèse de Proust, qui faisait de l'hydrogène la matière primordiale et voulait voir dans tous les autres atomes des agrégats formés d'un nombre exact d'atomes d'hydrogène, n'a pas résisté, malgré l'appui que lui prêta un moment l'autorité de Dumas, à la précision des analyses de Stas. La genèse des éléments simples est une de ces questions sur lesquelles la science n'a pas fait un pas, non seulement dans notre siècle, mais depuis des siècles, et, comme l'a dit fort justement lord Salisbury : « Si le rêve de la transmutation des éléments, qui soutenait les alchimistes dans leurs longs et pénibles travaux, n'a pas été confirmé, il n'a pas non plus été dissipé. »

Bien des discussions scientifiques qui ont passionné les chimistes au cours du xix⁰ siècle seraient aujourd'hui impuissantes à nous intéresser. Nous ne connaissons plus les luttes de Berzélius pour la théorie dualistique, encore moins les résistances qui ont si longtemps maintenu en France l'incohérente notation des équivalents. Plus actuelle que jamais nous apparaît, au contraire, la grande discussion qui dura de 1801 à 1808 entre Berthollet et Dalton. Il y a trente ans, l'on n'en parlait que pour conclure à la confusion de Berthollet : aujourd'hui l'on n'a rien changé à la loi de Dalton, mais on a cessé de plaisanter sur l'idée, chère à Berthollet, de « l'action de masse ».

Pour le chimiste français, l'affinité chimique existe plus ou moins entre tous les corps, mais elle subit l'influence des actions physiques, élasticité, cohésion, qui la peuvent contre-balancer. Deux sels dissous sont-ils en présence, il se produit une double décomposition, un échange mutuel des acides et des bases, mais c'est une réaction en général incomplète : les nouveaux sels produits restent mélangés avec une fraction des sels primitifs. La décomposition n'est achevée que si l'un des nouveaux sels, se trouvant insoluble ou volatil, se dérobe à l'affinité ; ce sont alors des forces physiques qui provoquent la formation des composés à proportions définies. Berthollet admet ainsi la loi des proportions définies, non comme la règle, mais comme l'exception. Le chimiste angevin Proust, partisan des idées de Dalton, fit prévaloir contre Berthollet, par ses analyses exactes, le caractère universel de la loi.

Mais l'idée féconde qui avait fixé l'esprit de Berthollet était l'idée de la combinaison incomplète, l'idée de l'équilibre chimique ; et il eut la préoccupation de l'influence exercée sur cet équilibre par les divers agents physiques et aussi par la proportion des masses en présence. Cette étude des équilibres chimiques et des influences qui les règlent devait créer une science nouvelle, en plein développement aujourd'hui.

La *chimie physique* a été vraiment fondée par Henri Sainte-Claire Deville.

Ce n'est pas seulement au sein d'une solution qu'on peut produire une réaction chimique limitée ; c'est encore par la chaleur. A 1200° ou 1500°, la vapeur d'eau se décompose partiellement en oxygène et hydrogène : et ce qui caractérise cette décomposition spéciale que Deville appelle *dissociation*, c'est que, vient-on à chauffer un peu plus, on met en liberté une proportion plus forte des gaz composants ; vient-on à refroidir légèrement, il y a recombinaison de ces gaz et formation de vapeur d'eau : la composition du mélange gazeux suit exactement dans un sens ou dans l'autre les oscillations de la température. C'est là un fait que ne présentaient point les réactions chimiques ordinaires : quand on fait cuire des ingrédients de cuisine, il ne suffit pas de les laisser refroidir pour qu'ils redeviennent crus. La dissociation de l'eau est au contraire un phénomène réversible, comparable aux changements d'état physiques, tels que la fusion et la vaporisation.

En créant la chimie des hautes températures, Deville et ses élèves, Debray, Troost et Hautefeuille, renversaient la barrière entre la physique et la chimie.

Si, aux basses températures, les réactions paraissent complètes, si une allumette suffit à provoquer, avec détonation, la combinaison intégrale d'un mélange d'oxygène et d'hydrogène, c'est qu'à ces températures ordinaires, l'eau, seule, est en état d'équilibre stable : l'oxygène et l'hydrogène ne peuvent exister séparés qu'à l'état de faux équilibre. Le faux équilibre chimique est comparable à l'équilibre d'un corps rugueux retenu par frottement sur un plan en pente ; une impulsion, une secousse, le font tomber, et s'il tombe, il ne remonte pas ; l'équilibre chimique véritable rappelle l'équilibre d'un fléau de balance bien réglée. Le froid introduit, entre les atomes, comme un frottement : en chauffant au rouge blanc et refroidissant aussitôt, brusquement, l'on pourra saisir les corps et les étudier à loisir en l'état où les avait portés la haute température : c'est ce que réalise l'étincelle électrique dont l'activité chimique était depuis longtemps connue ; et c'est pour imiter les effets de l'étincelle que Deville imagina la célèbre expérience du tube chaud et froid.

La distinction entre faux équilibre et véritable équilibre chimique commence à nous devenir familière ; longtemps elle n'a pas été comprise. Dans les cas où un faux équilibre cesse par une cause accidentelle, il y a en général dégagement de chaleur ; les réactions chimiques spontanées sont presque toujours exothermiques : règle empirique souvent commode, à laquelle on a eu le tort d'attribuer trop d'importance et de généralité ; les tentatives obstinées pour ériger cette règle en principe et pour en faire le principe fondamental de la dynamique chimique, n'ont réussi qu'à retarder l'intelligence des relations générales qui dominent la chimie aussi bien que la physique.

Tandis qu'en France, où la chimie physique était née, une thermo-chimie incorrecte absorbait toute l'attention, la science nouvelle se développait aux États-Unis, en Allemagne, en Hollande. Gibbs donnait la théorie générale de la dissociation au sein des mélanges gazeux. Dans sa *Thermodynamique des phénomènes chimiques*, Helmholtz indiquait les principes exacts à substituer aux faux principes de l'ancienne thermo-chimie. Van t'Hoff, abordant l'étude des dissolutions très diluées, habituait les physiciens à se représenter les corps dissous comme formés de molécules très indépendantes, rappelant, par leur liberté, les molécules gazeuses. Grâce aux travaux qu'a fait naître cette conception nouvelle des dissolutions, le problème même qui avait préoccupé Berthollet, celui de la double décomposition des sels, a pu de nos jours être traité et résolu ; et dans un accord que ni l'un ni l'autre des adversaires de 1801 ne songeait à prévoir, — dans un accord dont on pourrait dire qu'il est l'accord de la chimie de la qualité et de la chimie de la quantité, — l'on a pu prouver la réalité de l'action de masse dans les réactions incomplètes, sans compromettre pour cela la loi des proportions définies.

* * *

LES TRANSFORMATIONS DE L'ÉNERGIE.

De même que l'optique est devenue, en notre siècle, la science du rayonnement de l'énergie, l'étude de la chaleur est devenue, généralisée, la science des transformations de l'énergie, ou l'énergétique.

Au début du siècle, on se servait de machines à vapeur, mais on croyait encore à la matérialité du fluide calorique. Lavoisier et

Laplace avaient appris à manier le calorimètre ; ils avaient mesuré la chaleur qu'il faut pour fondre la glace, celle que donnent, en brûlant, certains combustibles. Laplace allait faire mesurer par Clément et Desormes la différence de chaleur nécessaire pour échauffer l'air, suivant qu'on le laisse se dilater librement ou qu'on lui maintient un volume invariable. L'un et l'autre, malgré quelques doutes, croient encore que la quantité de chaleur, comme la quantité de matière, ne se perd pas, qu'elle passe d'un corps à l'autre, mais ne saurait disparaître. L'idée, émise par Bernouilli, que la chaleur pourrait bien être un mouvement vibratoire des molécules et non un fluide spécial, n'est qu'incidemment indiquée par Lavoisier comme une hypothèse possible ; reprise par Rumford qui, dans la célèbre expérience de la fonderie de Munich, prouve que dans le forage des canons le frottement crée vraiment du calorique ; puis par Davy et par l'ingénieur français Seguin, le neveu des Montgolfier, — elle va peu à peu faire son chemin dans les esprits, jusqu'au jour où, l'Europe savante étant comme préparée à la découverte, le principe de l'équivalence de la chaleur et du travail va surgir spontanément en trois points à la fois. Un médecin de Heilbronn, Robert Mayer, un ingénieur de la ville de Copenhague, Colding, et un physicien de Manchester, Prescott Joule, arrivèrent, en 1842 et 1843, par des raisonnements et des expériences tout à fait indépendants, à la conclusion que, lorsque du travail mécanique est détruit, il se produit une quantité de chaleur équivalente ; une calorie, c'est-à-dire la chaleur qu'il faut dépenser pour échauffer d'un degré centigrade un litre d'eau, correspondant à la destruction de 425 kilogrammètres, c'est-à-dire du travail mécanique nécessaire pour élever à un mètre de haut un poids de 425 kilogrammes.

Le frottement, le choc, détruisent de l'énergie mécanique sensible et font apparaître de la chaleur. Inversement, les machines à feu dépensent de la chaleur pour produire du travail. A la vérité, dans la machine à vapeur, toute la chaleur de la chaudière n'a pas disparu sans laisser de trace ; on en retrouve une part, et même la grosse part, dans le condenseur, mais une fraction disparaît bien réellement, comme le montra le physicien Hirn, de Colmar ; et c'est cette chaleur détruite qui s'est transformée en travail.

Le principe de Mayer, de Colding et de Joule était le principe de l'équivalence de la chaleur et du travail. Helmholtz, rassemblant dans une majestueuse synthèse les connaissances acquises dans la première moitié du siècle, proclama, en 1847, dans un discours d'une trentaine de pages, la *Conservation de la force*, « die Erhaltung der Kraft. » Nous disons aujourd'hui : la conservation de l'énergie.

De même que la quantité de matière demeure invariable dans un groupe de corps séparé du reste du monde, de même la quantité d'énergie qu'il renferme ne saurait ni augmenter ni diminuer; l'énergie ne peut que changer de forme. Elle se trouve dans le monde sous la forme d'énergie cinétique ou de mouvement que possèdent les corps célestes animés de vitesses vertigineuses, d'énergie chimique contenue en réserve dans les gisements de charbon des planètes comme la nôtre, d'énergie calorifique et lumineuse que rayonnent dans l'espace de puissants foyers tels que le soleil. Un astre errant vient-il à heurter une étoile, il y a transformation en énergie calorifique de l'énergie de mouvement qui existait avant le choc. Inversement, la chaleur que verse le soleil sur notre globe y devient la source presque unique de l'énergie dont nous disposons : elle est la cause de la circulation des vents et des eaux, qui, amenant aux montagnes la neige et la pluie, produisent les rivières et les chutes d'eau qui font tourner nos moulins et nos turbines. L'énergie électrique produite par une dépense d'énergie chimique dans les piles ou d'énergie mécanique dans les dynamos, peut à son tour, avec une merveilleuse souplesse, se transformer en énergie mécanique dans les moteurs, en énergie chimique dans les creusets d'électro-métallurgie, en énergie calorifique et lumineuse dans les lampes à incandescence et dans l'arc voltaïque. Appliquant à l'univers physique tout entier cette grande loi de la conservation, on a pu dire de l'énergie comme on l'avait dit de la matière que : rien ne se crée, rien ne se perd.

Quelque chose pourtant se perd. Dans un petit monde complètement isolé et abandonné à lui-même, les mouvements se ralentissent par frottements et par chocs, et se transforment en chaleur ; la chaleur passe des corps chauds aux corps froids : l'équilibre de température par la diffusion d'une chaleur uniforme et par l'arrêt de tout mouvement visible, tel est l'avenir de tout système fermé, tel est l'avenir de notre univers si on lui suppose les principes applicables. Cette fin, c'est la mort. La mort d'un monde peut arriver, — ce qu'on paraît oublier souvent, — sans que son énergie totale soit altérée. Ce n'est donc pas cette énergie totale qui importe le plus, c'est la forme sous laquelle se trouve l'énergie dont on dispose, c'est l'énergie utilisable. Il y a une énergie qui est de qualité supérieure, et une autre de qualité inférieure : les transformations de l'une à l'autre ne se font pas indifféremment ; et le monde marche dans un sens.

C'est ce qu'avait su voir, avant même qu'on eût montré l'équivalence de la chaleur et du travail, alors que l'on croyait encore à la matérialité du calorique, l'esprit divinateur de Sadi Carnot. Ses *Réflexions sur la puissance motrice du feu*, publiées en 1824, venaient trop tôt pour qu'il pût être compris des contemporains, trop tôt pour que l'auteur lui-même ne risquât pas d'associer à sa grande idée quelque chose des erreurs courantes. Aussi le principe que contenait en germe cet immortel opuscule, s'il a justement reçu le nom de Principe de Carnot, a beaucoup moins été vulgarisé que le principe de l'équivalence, et a moins profondément pénétré l'esprit public.

D'une machine à vapeur on ne tire jamais qu'une petite portion du travail équivalent à la chaleur de la chaudière. Est-ce un défaut de la machine ? peut-on espérer construire une machine à feu qui transforme en travail toute la chaleur dépensée ? c'est à quoi Carnot répond : Non. Le rendement d'une machine à feu parfaite, où tous les défauts seraient évités, serait indépendant et de la forme et des organes de la machine, et de l'engin, vapeur, gaz ou pétrole, employé pour l'actionner. Il dépendrait exclusivement de la température de la chaudière et de celle du condenseur, et resterait toujours faible tant que l'écart de ces deux températures ne serait pas très élevé. De là l'idée, développée par lord Kelvin, d'une échelle de température qui serait absolue, qui ne dépendrait plus d'aucun corps thermométrique particulier, air, alcool ou mercure, qui serait simplement définie par le rendement d'une machine idéale fonctionnant suivant un cycle de Carnot. Le zéro de cette échelle n'est plus un zéro arbitraire comme celui de notre thermomètre centigrade ; c'est le zéro absolu, au-dessous duquel il n'y a rien, c'est le point où tout mouvement moléculaire s'arrête, et ce point correspond, dans notre échelle centigrade, à 273 degrés au-dessous de la glace fondante.

Tirer de la chaleur d'une provision d'énergie mécanique est chose toujours facile : les sauvages savent allumer du feu par frottement. Tirer du travail mécanique d'une source de chaleur est au contraire un problème que ni l'antiquité, ni le moyen âge n'ont su résoudre. Cette seconde transformation est artificielle ; artificielle aussi la transformation qui consiste, comme dans les machines frigorifiques, à faire passer de la chaleur d'un corps froid sur un corps chaud : c'est l'inverse qui est naturel, comme l'a justement observé Clausius. Les transformations artificielles que l'on peut, accidentellement, réaliser, ne parviennent jamais à compenser les transformations naturelles, et si l'énergie se conserve dans le monde, elle y devient de plus en plus inutilisable ; elle s'y *dégrade*.

Développés et propagés au même titre en Angleterre, les deux principes de la conservation et de la dégradation de l'énergie ont eu sur le continent, et en France même, une fortune très différente. La dégradation de l'énergie reste, pour beaucoup, un fait ignoré et non avenu. Comme si l'on trouvait plus rassurant d'attacher son esprit à la pensée exclusive de la conservation, comme si l'on voulait écarter l'idée d'usure et de décadence de notre univers, quelques écrivains, même fort sérieux, traitent dans leurs livres de hautes questions de cosmologie, invoquant sans cesse la loi de conservation et ne semblant pas soupçonner la loi de dégradation. Que l'on conteste comme illégitime l'application des deux principes de la théorie de la chaleur à l'ensemble de notre monde, c'est ce qui se peut très bien comprendre : ce qui n'est pas d'un esprit philosophique, c'est d'appliquer l'un des principes en ignorant l'autre.

On a surtout, peut-être, méconnu le second principe, parce que l'on commençait par poser en axiome indiscutable la possibilité de réduire au mouvement tous les phénomènes physiques. Et si les doctrines mécanistes s'harmonisent admirablement avec la loi de la conservation de l'énergie, elles en sont encore à chercher à se concilier avec la loi de la dégradation, qu'elles n'ont pas su prévoir. Y a-t-il donc entre le principe de Carnot et l'hypothèse mécaniste une contradiction impossible à lever? Des savants de grande autorité se sont prononcés en sens différents, et dans les dernières années du XIXe siècle, on a vu, pour la première fois depuis Descartes, des physiciens et des chimistes venir contester que les théories mécaniques, — mécanisme cartésien ou dynamisme newtonien, — pussent jamais suffire à nous livrer le mot de l'énigme que nous cache le monde physique. De cette crise peut-être, le mécanisme sortira plus vivant et plus incontesté; mais ce qui, dès à présent, demeure condamné par la science de l'énergie, c'est ce mécanisme, — le seul intéressant pour certains vulgarisateurs — qui implique la perpétuelle jeunesse du monde et qui exclut toute idée de dégradation.

Aussi la tendance s'est-elle affirmée de plus en plus d'exposer les principes de la *thermodynamique*; — on disait, il y a trente ans, de la *théorie mécanique de la chaleur*; sous une forme qui soit indépendante de toute hypothèse mécaniste, de les prendre comme des faits d'expérience généralisés et de les établir ainsi à une hauteur d'où ils domineraient la science physique tout entière, hors de portée des contestations et des systèmes. C'est à l'ingénieur anglais Rankine que l'on doit surtout cette direction donnée à l'énergétique. L'application des deux principes a mis de l'ordre dans une foule de phénomènes jusque-là épars; elle s'est montrée d'une merveilleuse fécondité dans le domaine de la chimie physique. De ce que la glace diminue de volume en fondant, l'énergétique déduit que la glace sous pression doit fondre au-dessous de zéro : c'est le phénomène du regel, par lequel Tyndall a expliqué les mouvements des glaciers.

Aussi ces principes généraux, dont les principes fondamentaux de la mécanique se trouvent être des cas particuliers, restent-ils, quoi qu'il puisse advenir des hypothèses atomistes, et du mécanisme même, l'une des plus solides conquêtes qu'ait jamais faites l'esprit humain; et le siècle qui les a découverts peut se glorifier, non sans doute d'avoir pénétré la nature de la matière, mais du moins d'avoir entrevu quelques-unes des grandes lois qui régissent la marche du monde.

BERNARD BRUNHES.

XVIII

Les Sciences de la Vie

Les êtres qui vivent à la surface du globe ou dans la profondeur des eaux ont été de tout temps l'objet d'études nombreuses et variées. On s'est attaché tout d'abord à décrire leurs formes extérieures, leurs habitudes, leurs mœurs et leurs besoins. On s'est efforcé de les utiliser comme instruments de travail, comme aliments, comme médicaments. Plus tard, on a voulu connaître leur organisation ; on a décrit la forme, les relations de leurs organes, on a déduit de ces formes et de ces relations les fonctions de leurs appareils ; enfin, lorsque le microscope a permis de pousser plus loin les investigations, on a appris à connaître les détails intimes de leur structure. La zoologie et la botanique descriptives sont vieilles comme le monde, l'anatomie est vieille de plusieurs siècles, l'histologie est vieille de deux siècles. Ce sont là des sciences d'observation : le biologiste, on devrait dire le naturaliste, était, avant ce siècle, uniquement un observateur. Une révolution considérable s'accomplit à la fin du xviiie siècle : Lavoisier inaugure la biologie expérimentale : une méthode nouvelle est trouvée, les savants vont l'employer avec un merveilleux succès, et c'est grâce à elle que les sciences biologiques vont atteindre pendant le xixe siècle le splendide développement que nous leur voyons aujourd'hui. Sans doute les observateurs continueront l'œuvre de leurs devanciers des siècles passés ; ils compléteront le répertoire zoologique et botanique, mais c'est la physiologie expérimentale, avec ses dérivés : microbiologie, chimie biologique, médecine expérimentale, qui donneront à la biologie du xixe siècle son caractère dominant.

Les zoologistes du xixe siècle appartiennent à deux écoles qu'on pourrait appeler l'École positive et l'École philosophique. Les uns, et ce sont les continuateurs directs des anciens zoologistes, se sont attachés à décrire avec un soin minutieux les détails de l'organisation des animaux, et ont ainsi contribué à déterminer la place qu'ils doivent occuper dans la série zoologique. La création des laboratoires maritimes a permis d'étudier dans des conditions favorables les animaux marins si variés de formes, si nombreux et de les observer d'une façon continue et méthodique. Les explorations des grandes profondeurs ont permis d'amener au jour des animaux inconnus jusqu'ici et de compléter chaque jour le catalogue si vaste déjà des êtres animés. D'autres zoologistes, d'un esprit d'observation et de généralisation plus étendu, ont réuni tous ces détails d'organisation, les ont rapprochés les uns des autres, les ont groupés, en ont établi l'importance relative et ont cherché à dresser un tableau d'ensemble du monde organisé vivant. En même temps qu'ils faisaient de l'anatomie comparée, ils traitaient des questions plus élevées, d'un caractère plus philosophique. Ils cherchaient à élucider les questions d'espèce, d'évolution, d'adaptation, d'hérédité, de lutte pour l'existence, etc.

Sans doute ces questions ne sont pas à l'heure présente définitivement résolues ; sans doute bien des obscurités subsistent, bien des contradictions apparaissent, bien des objections surgissent, mais au moins ces questions ont-elles été nettement posées et quelques solutions partielles ont-elles été présentées.

L'espèce est-elle fixe et définitivement fixe, comme on l'a soutenu autrefois ? Les caractères que possède une espèce sont-ils comme un cadre rigide que rien ne saurait modifier ? Les observations des zoologistes, multipliées et complétées par les données de la paléontologie, démontrent avec la dernière évidence la plasticité merveilleuse des espèces. C'est dans la suite des couches géologiques, la modification lente, continue, des restes osseux qui témoignent des modifications lentes et continues de certaines espèces animales. Ce sont, dans le temps présent, les formes si variées d'êtres appartenant incontestablement à une même espèce. Ce sont les modifications que l'homme peut, quand il le veut, imprimer aux espèces qui vivent sous sa dépendance. La variation des espèces résulte d'une adaptation progressive aux conditions générales du milieu ambiant, aux nécessités de la vie, aux exigences de la lutte pour l'existence. Les phénomènes d'adaptation s'observent dans l'individu comme ils s'observent dans l'espèce. Il semble que l'espèce puisse être considérée comme un être qui ne meurt point, et qui, dans le temps, peut s'adapter aux conditions variées qui lui sont offertes : l'individu n'est qu'un fragment de l'espèce, et, ce qu'on observe dans ce fragment, on l'observe aussi dans le tout.

L'hérédité, c'est-à-dire la transmission aux descendants de caractères acquis par les générateurs, est pour l'espèce ce qu'est, pour l'individu, la conservation de modifications acquises à une époque déterminée de son existence.

Toutefois la plasticité de l'espèce ne semble pas infinie ; le cadre qui enserre l'espèce est élastique, il se laisse distendre et déformer, mais lorsque la force qui le modifiait cesse d'agir, il a tendance à reprendre sa forme première, et cela d'autant plus qu'il a été plus déformé. Si l'espèce peut, sous l'influence des conditions extérieures, subir des modifications plus ou moins grandes, l'observation prouve que ces modifications ne dépassent pas certaines limites, et que, si les conditions viennent à changer, les individus de l'espèce tendent à reprendre la forme et les propriétés ancestrales : c'est là ce qu'on appelle l'atavisme. Il y a ainsi un antagonisme entre ces deux propriétés de l'espèce, plasticité et rigidité, et, grâce à elles, on n'assiste point à cette immuabilité qui pourrait compromettre dans certains cas la conservation de l'espèce, on n'assiste point à cette mutabilité insensée qui ferait qu'il n'y aurait plus d'espèces, mais seulement des individus.

Des hommes d'une imagination puissante, frappés de ces variations des espèces, frappés des analogies d'organisation d'espèces différentes, ont proposé une théorie de l'origine des différentes espèces. Ils ont pensé qu'on peut admettre que toutes les espèces vivant actuellement proviennent d'une souche commune, dont elles dériveraient par modifications successives, sous l'influence des conditions du milieu ambiant.

Si l'on prétend que cette théorie a une valeur objective, comme certains l'ont dit, on dépasse les faits ; on ne tient pas compte surtout de ces phénomènes d'atavisme dont nous avons parlé. Il faudrait pour que la théorie fût admissible qu'on nous montrât un plus grand nombre de formes de passages entre les espèces vivant aujourd'hui, il faudrait répondre à bien des objections sérieuses et qu'on n'a point contredites.

Mais si la théorie des espèces a seulement la valeur d'une hypothèse, une valeur provisoire, nous devons la considérer comme un admirable instrument de recherche et de progrès.

L'observation, en effet, nous a fait connaître un certain nombre de faits isolés, sans rapport apparent les uns avec les autres. Allons-nous les laisser ainsi dissociés ? Soit, mais nous serons comme le voyageur perdu dans la forêt, sans indice pour retrouver sa route. Ne vaut-il pas mieux les relier entre deux par un lien, artificiel sans doute, faux peut-être, mais qui aura au moins l'avantage de nous permettre de chercher méthodiquement la voie ? Quand un magistrat chargé d'instruire un crime a connaissance de deux ou trois faits précis, ne cherche-t-il pas à les réunir en imaginant les intermédiaires ? Sans doute il peut se tromper, mais il saura au moins comment il doit procéder pour tâcher de découvrir des faits nouveaux de la cause.

Il en est de même du naturaliste : guidé par la théorie des espèces, il cherche à établir des relations entre les diverses espèces, il cherche à trouver des intermédiaires ; il rend compte des détails d'organisation et de développement et il en découvre de nouveaux. La théorie de l'origine des espèces est une hypothèse incertaine, attaquable sans doute, mais c'est une hypothèse utile et féconde, et provisoirement elle doit être conservée comme instrument précieux d'étude, de travail et de recherche.

Le zoologiste et le botaniste décrivent des formes infiniment variées dans la série biologique ; l'histologiste démontre l'identité de structure dissimulée derrière l'infinie multiplicité des apparences. Tous les êtres vivants sont constitués par des cellules, différentes de formes et de propriétés, mais ayant entre elles une ressemblance profonde, et provenant d'une origine commune. La cellule est l'unité de matière vivante, comme la molécule est l'unité de matière chimique ; il n'y a point de matière vivante et douée des propriétés essentielles de la vie, qui ne soit constituée par une cellule au moins. Considérée d'abord comme une petite loge limitée par une paroi et contenant le protoplasma vivant, la cellule est actuellement considérée comme constituée d'une tout autre façon.

Une cellule est essentiellement formée de deux parties, une masse généralement granuleuse, le protoplasma, dans laquelle se trouve englobé un petit corps plus réfringent que le protoplasma, le noyau. Quant à la membrane d'enveloppe, elle est accessoire, elle existe d'ordinaire chez les végétaux, elle manque le plus souvent chez les animaux.

L'existence dans la cellule de deux organites différents et nettement distincts, nous prouve que la matière vivante n'est pas un simple composé chimique doué de propriétés spéciales, mais que partout où il y a vie, il y a organisation. La chimie physiologique démontre de son côté que la matière vivante n'a pas une composition déterminée, fixe, immuable, que le protoplasma n'est pas un corps chimiquement définissable, dont la formule pourrait être établie, mais bien un mélange de différentes substances, dont la nature et les proportions varient pour les différentes espèces, pour les différents individus d'une même espèce, pour les différentes cellules d'un même individu et pour une même cellule, selon les conditions générales d'alimentation et de nutrition. Ce qui caractérise la matière vivante, ce à quoi elle doit les propriétés spéciales dont elle jouit, c'est son organisation intime. Nous avons indiqué le protoplasma et le noyau ; les histologistes ont établi que ni le protoplasma ni le noyau ne sont des substances homogènes, mais présentent eux-mêmes une structure dont la complication apparaît de mieux en mieux, à mesure qu'on emploie des appareils plus parfaits d'observation et des réactifs plus précis d'analyse.

Tout être vivant naît d'un œuf, c'est-à-dire d'une cellule qui ne diffère point par son apparence des autres cellules de l'organisme, mais qui en diffère par les remarquables propriétés évolutives dont elle est douée. Placée dans des conditions convenables de température et de milieu, cette cellule s'accroît et se divise en deux cellules, chacune de celles-ci se divise à son tour en deux autres cellules et ainsi de suite. Semblables entre elles à l'origine, ces cellules se modifient au fur et à mesure qu'elles se divisent et qu'elles s'organisent en tissus : on assiste à la fois à l'accroissement du nombre des cellules, à leur différenciation, à leur adaptation à une fonction déterminée, à leur organisation en tissus. Parmi ces cellules les unes conservent leur forme caractéristique cellulaire avec leurs parties essentielles, protoplasma et noyau ; les autres se modifient profondément dans leur apparence, perdent leur noyau, modifient leur protoplasma, se transforment en fibres, de sorte que l'examen direct ne permet plus d'y reconnaître la cellule. Il n'est pas moins vrai que ces éléments si grandement différenciés ont été eux-mêmes à une époque de leur évolution de véritables cellules, et qu'ils ont actuellement la signification d'une cellule dégénérée.

Pourquoi l'œuf possède-t-il ces propriétés évolutives que nous lui connaissons ? Pourquoi les cellules se divisent-elles, se différencient-elles, s'organisent-elles ? Ce sont là des questions qui n'ont point été élucidées ; le xxe siècle les résoudra peut-être.

Jusqu'aux dernières années du xviiie siècle, la physiologie n'existait pas comme science distincte. On décrivait les organes et on en déduisait les fonctions par le simple raisonnement : une glande déversait-elle son produit de sécrétion dans le tube digestif, on disait que cette glande était annexée au tube digestif et que sa sécrétion jouait un rôle dans la transformation des aliments. C'est Lavoisier, nous l'avons déjà dit, qui le premier introduisit la méthode expérimentale dans les sciences de la vie, et plus particulièrement en physiologie. D'un phénomène observé, déduire les conséquences nécessaires qu'il comporte, les vérifier expérimentalement, les grouper, les expliquer par une hypothèse que l'expérimentation justifiera ou condamnera, et progresser ainsi d'expériences en hypothèses et d'hypothèses en expériences, telle est la méthode qu'ont suivie avec un brillant succès les physiologistes du xixe siècle.

Non contents d'employer une méthode nouvelle de recherches, les physiologistes se sont attachés à perfectionner les procédés d'observation précédemment employés. C'est ainsi qu'ils ont imaginé la méthode graphique, grâce à laquelle on peut substituer au physiologiste observateur un appareil observateur. On a ainsi réalisé un double progrès : on a pu construire des appareils dont la sensibilité est infiniment plus grande que celle de nos sens, et qui par conséquent nous permettent de connaître des phénomènes que sans eux nous n'aurions pu percevoir ; on a pu éviter les erreurs de distraction et d'inattention si fréquentes quand on s'en rapporte aux sens seuls, et on a pu enregistrer simultanément plusieurs phénomènes, tandis qu'avec nos sens nous n'en pouvons guère percevoir deux à la fois, surtout s'ils sont d'essence différente.

C'est grâce à la méthode graphique qu'on a pu, par exemple, connaître les particularités de la contraction du cœur, de la respiration, des contractions musculaires, en étudier les détails, en apprécier la durée. La méthode graphique fournit des tracés qu'il convient ensuite d'analyser et d'interpréter; la chrono-photographie, en fixant sur la feuille sensible l'image des objets tels qu'ils sont au moment où l'on en prend la photographie instantanée, nous fait connaître la forme des organes, sans qu'il soit besoin d'aucune interprétation.

Un grand nom domine la physiologie du xixe siècle : c'est celui de Claude Bernard. Sans doute la physiologie a fait d'immenses progrès après lui et sans lui ; sans doute beaucoup d'autres noms mériteraient de retenir l'attention, mais nul n'a su comme Claude Bernard être à la fois un observateur attentif, un expérimentateur habile et ingénieux, un théoricien plein d'enthousiasme, tout en étant plein de prudence. Nul n'a su mieux que lui présenter la critique d'une expérience et d'une théorie ; nul n'a su comme lui écrire ces admirables pages d'une philosophie si profonde dont on ne sait ce qu'il faut le plus admirer de l'ingéniosité des hypothèses ou de la rigueur des vérifications expérimentales.

Le physiologiste étudie les phénomènes de la vie. Que sont ces phénomènes? Diffèrent-ils essentiellement des phénomènes qu'on peut observer dans le monde inanimé ? Y a-t-il des phénomènes essentiellement vitaux ? Il résulte de l'ensemble des travaux de ce siècle que tous les phénomènes qui s'accomplissent dans le corps des êtres vivants ne diffèrent point des phénomènes que peuvent présenter les corps non organisés : ce sont des phénomènes mécaniques, physiques, chimiques, obéissant aux lois générales de la mécanique, de la physique et de la chimie. Mais dans le vivant ces phénomènes présentent un certain arrangement et une certaine évolution, grâce auxquels se trouvent assurés la conservation et le développement du sujet. Laissant aux philosophes les recherches sur la nature même de la vie, les physiologistes en étudient les manifestations extérieures; le but vers lequels ils tendent est de rattacher les phénomènes de l'organisme à des phénomènes mécaniques, physiques ou chimiques connus en dehors de l'organisme. Lorsque ce rattachement est fait, le rôle du physiologiste est fini, la question est physiologiquement résolue. L'oxygène absorbé par le sang dans les poumons et transporté par ce véhicule dans l'intimité des tissus s'y combine avec certaine des matières organiques qui en constituent la trame, comme l'oxygène se combine au charbon dans nos foyers : la respiration intime est une combustion. La combustion respiratoire est une source de chaleur, comme la combustion industrielle est une source de chaleur ; la chaleur animale est de même nature que la chaleur de nos fourneaux. Le cœur, par ses contractions rythmiques, chasse le sang dans les gros vaisseaux qui forment l'origine des systèmes artériels : le mouvement du sang dans ces canaux est soumis aux lois générales de l'écoulement des liquides dans les tubes à parois élastiques, etc.

Les êtres vivants ont été divisés par les naturalistes observateurs en deux grands groupes : les végétaux et les animaux. Cette distinction commode dans la pratique, légitime lorsqu'il s'agit de la plupart des types observés, n'est pas aussi tranchée qu'on l'avait supposé. Entre les végétaux et les animaux, il existe des termes de passage qui participent des propriétés des uns et des autres. Les végétaux sont dépourvus de motilité, les animaux peuvent se mouvoir. Cela est vrai en général, mais cependant certains organes de certaines plantes sont doués de mouvements. Les végétaux sont dépourvus de sensibilité, les animaux sentent et réagissent lorsqu'ils sont excités. C'est vrai en général, mais pourtant les feuilles de la sensitive se meuvent lorsqu'on les touche. Les végétaux font des synthèses chimiques ; les animaux ne peuvent que décomposer des combinaisons complexes. Cela est vrai en général, mais chez les animaux on peut constater, dans des conditions convenables, des synthèses, et chez les végétaux des décompositions sont faciles à manifester.

A cette division en végétaux et en animaux les physiologistes en ont substitué une autre, sensiblement superposable, mais non sujette aux objections qu'on a pu élever contre la première. Ils distinguent les êtres vivants qui peuvent fixer en leurs tissus, sous forme d'énergie chimique, l'énergie solaire, et les êtres vivants qui ne peuvent faire cette fixation. Les premiers sont tous les êtres qui renferment dans leurs tissus ce pigment vert, qui donne sa couleur à la feuille de nos arbres et à l'herbe de nos prés, la chlorophylle. Les seconds sont tous les êtres qui sont dépourvus de cette matière colorante. C'est dire que pratiquement le groupement est facile à faire. On sait que les parties vertes des végétaux possèdent la remarquable propriété, lorsqu'elles sont exposées à la lumière, de fixer le charbon de l'acide carbonique de l'air, sous forme de combinaisons complexes, dans leurs tissus. Ces combinaisons complexes se forment avec fixation d'énergie ; elles correspondent à une quantité d'énergie plus grande que celle contenue dans l'acide carbonique et l'eau qui sont leurs générateurs. La plante verte a donc pu fixer dans ses tissus sous forme d'énergie chimique l'énergie physique qui lui vient du soleil. Les êtres dépourvus de chlorophylle ne peuvent faire cette fixation : ils doivent pour se procurer l'énergie nécessaire à l'accomplissement du travail mécanique, à la formation de combinaisons diverses, l'emprunter à des combinaisons chimiques complexes qu'ils transforment ainsi en composés plus simples. La plante verte exposée à la lumière forme de l'amidon et du sucre, au moyen de l'acide carbonique de l'air et de l'eau de ses tissus ; l'animal, qui est sans chlorophylle, emprunte à la plante cet amidon et ce sucre et les transforme en acide carbonique et en eau. Ainsi s'établit un cycle remarquable de la matière : l'animal défaisant ce qu'a fait la plante, et la plante reconstituant ce qu'a défait l'animal. Dans cette division physiologique, les champignons se rangent avec les animaux : non pas qu'on prétende qu'ils ont la constitution des animaux et que, par leur structure, ils diffèrent essentiellement des plantes vertes; mais ils ressemblent aux animaux par le mécanisme intime de leur nutrition, et, comme eux, ils ne peuvent en utiliser l'énergie solaire. Les plantes à chlorophylle sont en quelque sorte les producteurs dans la société des êtres vivants ; les êtres sans chlorophylle sont les consommateurs.

Les plantes à chlorophylle utilisent les sels ammoniacaux pour fabriquer ces molécules extrêmement complexes que sont les substances protéiques ou azotées de l'organisme ; les êtres sans chlorophylle reçoivent des végétaux verts ces combinaisons toutes formées ; ils les dissocient et les détruisent en les ramenant à la forme des combinaisons azotées simples, dont la plus connue est l'urée. Mais voici que des êtres infiniment petits, des microbes, vont transformer l'urée, la ramener à l'état de carbonate d'ammoniaque et de sels ammoniacaux divers, utilisables par les végétaux verts. C'est un nouvel exemple de ce cycle évolutif de la matière dans lequel interviennent tant d'êtres si différents par leur structure, par leurs propriétés, par leur situation sociale dans la série des êtres vivants. Ainsi apparaît à nos yeux ce lien merveilleux qui réunit, dans une grande harmonie, tous les êtres vivants ; ainsi se manifeste d'une façon plus frappante que dans l'étude des formes la grande unité de la nature.

Les êtres vivants sont formés d'une ou de plusieurs cellules, comme nous l'ont démontré les histologistes. Que sont les propriétés physiologiques de ces cellules ? Si nous les étudions chez les êtres unicellulaires, ce sont les propriétés mêmes de la vie pour ces êtres inférieurs ; chez les êtres pluricellulaires, les phénomènes de la vie peuvent être, et sont, effectivement, plus complexes : aux propriétés élémentaires des cellules qui les constituent s'ajoutent des propriétés résultant des réactions réciproques des diverses cellules qui entrent dans leur organisation. Il y a lieu, dès lors, de distinguer des phénomènes de vie élémentaire : ce sont les phénomènes qui ont pour siège la cellule et des phénomènes de vie d'ensemble : ce sont les phénomènes qui résultent du jeu simultané de plusieurs cellules.

La cellule se nourit, c'est-à-dire emprunte au monde extérieur certains éléments, les modifie par les sucs sécrétés, les ajoute à sa propre substance et finalement les transforme en substance vivante ou, comme on dit généralement, les assimile.

La cellule s'accroît et se divise : lorsqu'elle a atteint un certain développement, des phénomènes complexes d'organisation s'accomplissent dans son noyau et dans son protoplasma, et deux cellules semblables à la cellule génératrice apparaissent, qui se séparent ou restent unies, suivant l'espèce soumise à l'observation.

La cellule est excitable, c'est-à-dire capable de réagir d'une certaine façon à l'action exercée sur elle par certains agents extérieurs. Les amibes, par exemple, petits êtres unicellulaires, présentent des mouvements actifs lorsqu'ils sont mis en contact avec certaines solutions salines ; ils se mettent en boule et restent immobiles dans l'eau chloroformée ; ils sécrètent un liquide doué de propriétés digestives dont ils remplissent les vacuoles creusées dans leur protoplasma par les matières alimentaires qu'il ont ingérées. Nutrition, division, irritabilité, ce sont là les trois propriétés fondamentales de la vie de la cellule, de la vie élémentaire. Tous les êtres unicellulaires ne possèdent pas également ces trois propriétés ; il en est par exemple qui, arrivés au terme de leur évolution, ont perdu la propriété de se diviser ; ils ont perdu l'une des propriétés caractéristiques de la vie élémentaire ; on ne peut pas dire qu'ils soient morts, car ils se nourrissent et ils sont irritables : ils possèdent une vie élémentaire réduite. D'ailleurs, lorsque disparaissent les propriétés de nutrition et d'irritabilité, elles disparaissent lentement, de sorte qu'il n'y a point de mort brusque, mais une série d'états intermédiaires entre la vie pleine et la mort totale.

A ces phénomènes de vie élémentaire s'ajoutent chez les êtres pluricellulaires les phénomènes de la vie d'ensemble, résultant du fonctionnement simultané et coordonné des différentes cellules d'un même organisme. Ce sont ces phénomènes de la vie d'ensemble qu'on étudie d'ordinaire sous le nom de phénomènes de la vie ; c'est la rupture de cette harmonie de fonctionnement de l'ensemble qu'on appelle la mort. Les explications que nous avons fournies établissent qu'après la mort de l'organisme total, il se produit une nouvelle mort, celle des parties qui les constituent.

Dans le domaine de la physiologie spéciale de l'homme et des animaux supérieurs, les résultats obtenus pendant ce siècle ont été innombrables. Nous ne pouvons indiquer ici que les principaux, en insistant particulièrement sur ceux qui ont un intérêt philosophique.

Les animaux se meuvent, exécutent un travail mécanique, fabriquent des combinaisons nouvelles, produisent de la chaleur, tous phénomènes qui ne peuvent s'accomplir que grâce à un emprunt d'énergie. Nous avons vu que les animaux ne peuvent pas emprunter cette énergie directement au monde extérieur, et qu'ils doivent la chercher dans les composés chimiques accumulés dans leurs tissus. Ce sont les décompositions chimiques et surtout les oxydations qui fournissent cette énergie nécessaire. Donc un être qui vit se décompose et s'oxyde, et par conséquent se détruit. Il doit, pour rester en équilibre, réparer ses pertes, emprunter au monde extérieur des substances neuves, les préparer pour les rendre utilisables, les absorber, les assimiler. Toutes ces fonctions constituent la fonction générale de nutrition.

L'animal fait subir aux substances alimentaires une préparation qu'on appelle la préparation digestive. A cet effet, certaines glandes annexées au tube digestif sécrètent des liqueurs douées de propriétés chimiques énergiques et capables de réaliser les transformations nécessaires. Ces sucs doivent ces propriétés digestives à des agents dont nous connaissons mal les propriétés, dont nous ignorons absolument la composition, la constitution et la nature, les ferments solubles ou enzymes. Ces ferments, et c'est là un fait important, se retrouvent semblables à eux-mêmes, doués des mêmes propriétés chimiques, dans toute la série biologique : c'est la même diastase qu'on retrouve dans la salive de l'homme, dans le suc de l'orge en germination, et dans les milieux de culture des micro-organismes. C'est la même invertine qu'on retrouve dans le suc intestinal des mammifères, dans les cellules de la betterave, dans le protoplasma de la levure de bière. Ces faits sont l'une des preuves les plus frappantes de l'unité de la nature organisée et vivante.

Si l'on connaît la nature et la quantité des substances ingérées dans un temps donné, la nature et la quantité des substances excrétées pendant le même temps, on peut savoir sans peine la quantité d'énergie chimique retenue par l'organisme, et utilisée par lui. Si l'on admet que dans une expérience l'animal soit semblable au commencement et à la fin, cette énergie a été uniquement employée aux dépenses énergétiques de l'économie. Si l'on suppose que dans deux expériences successives on ait déterminé cette dépense, que dans la première l'animal ait été au repos et que dans la seconde il ait exécuté un travail déterminé, on saura quelle dépense correspond à ce travail exécuté ; on pourra connaître le rendement de la machine animale. On aura ainsi ramené une question de nutrition à une question de mécanique.

Pour subvenir aux nécessités des oxydations intra-organiques, l'être vivant a besoin d'oxygène : il l'emprunte à l'air, ou à l'eau dans laquelle ce gaz se trouve dissous. Au niveau du poumon et de la branchie un échange de gaz se fait entre le milieu ambiant et le sang, suivant les lois de la diffusion des gaz à travers les membranes minces. Le sang, chez les vertébrés tout au moins, contient une matière colorante rouge, l'hémoglobine, qui peut se combiner à l'oxygène dans certaines conditions, réalisées au poumon, et céder cet oxygène dans certaines conditions, réalisées dans la profondeur des tissus. Grâce à cette matière colorante, la quantité d'oxygène entraînée par le sang est centuplée, et l'activité des oxydations organiques, et par suite des phénomèmes vitaux, est elle-même centuplée : c'est là un merveilleux condensateur d'oxygène, c'est aussi un merveilleux régulateur. La quantité d'oxygène combinée à ce pigment dans le sang peut, en effet, varier dans d'énormes proportions, sans que soit modifiée la tension du gaz cédé aux tissus ; la tension de l'oxygène dans l'air peut, d'autre part, varier entre des limites éloignées sans que soit, grâce au pigment sanguin, modifiée la tension des gaz qui imprègnent les tissus.

C'est ainsi que l'homme peut également vivre dans les plaines basses situées au voisinage de la mer, et sur les hauts plateaux et les montagnes, à quelques milliers de mètres au-dessus du niveau des océans. Toutefois, il y a une limite qu'on ne saurait dépasser. Sur les hauts plateaux de l'Asie centrale, dans les régions élevées des Andes de l'Amérique du Sud, l'homme est sujet à des accidents graves qui peuvent entraîner la mort. C'est qu'à ces hauteurs la pression de l'oxygène dans l'air est considérablement réduite, et que la combinaison de cet oxygène et du pigment sanguin ne se réalise plus ; le mécanisme régulateur de la respiration et des oxydations est détruit ; la vie n'est plus possible. Pour que l'homme vive il lui faut de l'oxygène sous une certaine pression ; mais, d'autre part, il ne faut pas que la pression de cet oxygène soit trop considérable : si l'on soumet un mammifère à l'action d'une atmosphère d'oxygène pur et comprimé à quelques atmosphères, on observe des accidents convulsifs analogues à ceux que provoque la strychnine, et la mort ne tarde pas à survenir. Ce sont là des faits intéressants ; car ils établissent deux grandes propositions. Ils nous montrent qu'il y a une merveilleuse harmonie entre l'être vivant et le milieu dans lequel il vit. Ils nous montrent aussi qu'une même substance, suivant les proportions et suivant sont état physique, peut être, pour le même être, un aliment indispensable, ou un poison rapidement mortel.

L'étude du système nerveux a été faite de deux manières absolument distinctes : les uns ont cherché à connaître des faits physiologiques permettant d'établir le diagnostic d'affections nerveuses; les autres se sont attachés à connaître le mécanisme de cet appareil indépendamment de toute considération pratique.

Le système nerveux constitue entre les diverses parties de l'organisme un immense réseau de communication, leur permettant d'agir harmoniquement à chaque instant; mais ce réseau diffère sous bien des rapports de nos réseaux de communications économiques. Il existe dans ce réseau nerveux une organisation d'une complexité infinie, grâce à laquelle une excitation portée en un point déterminé de l'organisme provoque une réaction compliquée et adaptée à un but. Lorsque la masse alimentaire mastiquée et insalivée vient s'appuyer contre le fond de la bouche, un mécanisme nerveux entre en jeu et provoque la contraction coordonnée des innombrables muscles des organes de la déglutition. Lorsque nous marchons automatiquement, c'est qu'un mécanisme nerveux préside aux nombreux mouvements particuliers que nécessite la marche, en les harmonisant et en les réglant. C'est encore un mécanisme nerveux qui veille à l'accomplissement des mouvements réguliers et rythmiques de la respiration pulmonaire et de la contraction du cœur.

Dans chaque organe, au contact de chaque cellule on retrouve des filets nerveux qui sont là pour en déterminer au moment voulu l'activité, dont ils mesurent la grandeur suivant les besoins de l'heure présente. Une étude approfondie des mécanismes nerveux a montré aux physiologistes que bien des organes, sinon tous, reçoivent des fibres nerveuses antagonistes, c'est-à-dire des fibres de deux ordres, dont les unes provoquent l'activité de l'organe, dont les autres agissent sur les premières pour suspendre ou diminuer leur action. Les vaisseaux artériels reçoivent des filets nerveux vaso-constricteurs qui provoquent leur rétrécissement; d'autres filets nerveux vaso-dilatateurs agissent sur les vaso-constricteurs pour en supprimer ou diminuer l'action sur les vaisseaux dont ils déterminent par là même la dilatation. Le cœur a ses nerfs accélérateurs et ses nerfs modérateurs : les premiers destinés à accélérer les contractions de ce viscère, les seconds ayant pour fonction de réduire et quelquefois de suspendre cette action. Il semble que pour les appareils les plus délicats de l'organisme la nature ait placé le frein à côté du moteur pour amortir les chocs et régulariser les mouvements.

Le système nerveux ne ressemble pas à un instrument inerte qui répond toujours à la même excitation par une réaction identique. Sa sensibilité varie à chaque instant ; tantôt une excitation faible détermine une réaction intense, et l'on dit que le système nerveux est dynamogénié; tantôt une excitation forte ne détermine qu'une réaction faible ou ne détermine aucune réaction, et l'on dit que le système nerveux est inhibé. Si, par exemple, on soumet l'animal à l'action de la strychnine, le moindre attouchement provoque des réactions convulsives généralisées; si on le soumet à l'action de la morphine ou du chloral, il faut agir énergiquement pour provoquer une réaction imparfaite et limitée.

Des variations de sensibilité de même nature peuvent s'observer dans des régions limitées du système nerveux, et simultanément même des modifications en sens inverses peuvent s'observer dans diverses régions. Une blessure du système nerveux en un point déterminé, la simple mise en activité de certaines régions de cet appareil suffisent bien souvent pour modifier la sensibilité de ses autres parties. De sorte que le système nerveux des animaux supérieurs nous apparaît comme un mécanisme éminemment changeant et qu'ainsi peuvent s'expliquer la diversité et la multiplicité si étonnantes et si déconcertantes de ses manifestations.

Le système nerveux règle les fonctions automatiques de l'économie; mais il est en même temps l'organe des sensations et l'instrument de la volonté. Au système nerveux proprement dit constitué par les nerfs périphériques et par l'axe ancéphalo-médullaire viennent s'ajouter deux organes qu'il convient d'en séparer nettement, les hémisphères cérébraux. Lorsqu'une impression périphérique donne lieu à une sensation, l'excitation qui en résulte se propage de proche en proche jusqu'aux éléments cellulaires de la couche superficielle des hémisphères cérébraux, et là s'accomplit le dernier acte physiologique qui précède la sensation proprement dite. Lorsque, sous l'influence de notre volonté, un mouvement est exécuté, le premier acte physiologique se produit dans les éléments de la couche grise hémisphérique. De telle sorte qu'on est conduit à énoncer cette proposition : les hémisphères cérébraux sont les organes de la sensibilité et les instruments de la volonté.

On a même pu établir que certaines régions des hémisphères étaient affectées à telle ou telle fonction : telle région préside aux mouvement du bras, telle autre aux mouvements de la face ou des yeux, telle autre aux mouvements du langage articulé, telle autre à la sensibilité visuelle. On a ainsi acquis la notion si importante des localisations cérébrales.

L'homme et les animaux supérieurs ont une organisation d'une complexité infinie : ce que nous venons de dire du système nerveux n'en donne qu'une idée vague et imparfaite. A l'autre extrémité de la chaîne biologique, nous découvrons des êtres d'une simplicité d'organisation très grande, et c'est une des surprises les plus merveilleuses qu'éprouve le physiologiste, de voir ces êtres jouer dans la nature un rôle tout aussi important que l'homme, et manifester leur vie par des phénomènes d'une variété infinie.

Ces infiniment simples, ces infiniment petits sont les microbes. A leur histoire se rattache un nom plus grand que tous les autres, celui de Louis Pasteur. Établir l'origine des microbes, faire connaître les conditions de leur existence, leurs besoins, les modifications qu'ils font subir à la matière organique, découvrir le rôle qu'ils jouent dans les maladies qui frappent l'homme et les animaux, poser les principes qui permettront à ses élèves et successeurs de trouver les moyens de lutter avec avantage contre ces infiniment petits, infiniment puissants, telle est l'œuvre de Pasteur. Il apporta à ces études un tel esprit d'ordre et de méthode, une telle rigueur expérimentale, en même temps qu'une telle grandeur dans les conceptions, et une telle clarté dans l'exposition de ses découvertes, que ses travaux sont et resteront immuables à travers les siècles.

Les microbes peuvent-ils naître spontanément dans les liqueurs organiques ou dans les tissus abandonnés à la décomposition ; ou bien ceux qu'on y voit apparaître proviennent-ils de germes fournis par des êtres semblables à eux ? Pasteur établit que si l'on se place dans des conditions telles qu'aucun germe ne puisse souiller le milieu organique, celui-ci reste indéfiniment stérile ; les micro-organismes ne s'y développent que si on introduit des germes vivants. Il fait la critique expérimentale de toutes les objections soulevées par ses adversaires, souligne leurs fautes de raisonnement, met en lumière leurs erreurs d'expérience, et renverse définitivement la théorie des générations spontanées. Cette conclusion des recherches de Pasteur a une grande importance philosophique. Elle nous conduit à admettre qu'au moment de l'apparition des êtres vivants à la surface du globe, une condition était réalisée qui ne l'est plus aujourd'hui. Quelle était cette condition ? Il n'appartient pas aux ouvriers de la science expérimentale de dire si la matière possédait alors des propriétés autres que celles dont elle est douée actuellement, ou si une intervention divine se manifesta. La question est d'ordre philosophique.

Les phénomènes de fermentation sur la nature desquels planait la plus profonde obscurité vont être mis en pleine lumière. Ils sont corrélatifs de la vie de micro-organismes : la levure de bière qui provoque la fermentation alcoolique n'est point une matière organique en décomposition, c'est un être vivant qui se développe et se multiplie, en détruisant la matière organique contenue dans le milieu ambiant. Lorsque cette levure de bière est ensemencée sur un milieu sucré largement aéré et que l'oxygène lui est fourni en abondance, elle brûle ce sucre et en fait de l'acide carbonique et de l'eau, comme le peuvent faire l'homme et les animaux supérieurs ; et l'énergie mise en liberté dans cette oxydation sert à la levure à construire les molécules complexes de son protoplasma. Mais si l'oxygène vient à manquer, la levure fait subir au sucre une décomposition en alcool et acide carbonique. Cette décomposition met en liberté de l'énergie, mais en quantité infiniment moindre que l'oxydation dont nous parlions à l'instant, et par conséquent pour retrouver l'énergie dont elle a besoin, la levure doit décomposer une quantité de sucre infiniment plus grande. La levure vit alors en ferment. Dans l'antiquité et au moyen âge, on avait à maintes reprises comparé les fermentations et certaines maladies de l'homme ; mais ces rapprochements ne reposaient sur aucun fait précis. Pasteur établit pour la première fois scientifiquement cette ressemblance en montrant que les maladies dont il s'agit étaient produites par le développement dans l'organisme animal de microbes d'espèces déterminées.

Enfin, pour couronner cette carrière scientifique si merveilleuse, Pasteur montre que ces microbes, générateurs de maladies graves ou même mortelles, peuvent être modifiés par un traitement convenable, et transformés en vaccins, agents de guérison et surtout de préservation.

Parti d'une question purement théorique en apparence, Pasteur avait traité avec une maîtrise incomparable les plus hautes questions de la chimie industrielle, de la pathologie, de la thérapeutique et de l'hygiène, lui qui n'était ni industriel, ni pathologiste, ni thérapeute, ni hygiéniste.

La voie était largement ouverte, les découvertes se sont multipliées depuis lors ; qu'il nous suffise de citer la découverte des toxines, des antitoxines et celle si brillante des sérums thérapeutiques et préventifs.

L'éclat des découvertes bactériologiques a nui à l'éclat des recherches et des progrès de la médecine. Et pourtant, ici encore, que de travaux, que de découvertes, que de succès ! C'est d'abord une analyse plus complète et plus parfaite des symptômes morbides permettant d'établir plus sûrement un diagnostic ; c'est l'emploi des procédés de la physique et de la chimie appliqués à la médecine ; c'est enfin l'introduction de la méthode expérimentale, grâce à laquelle on a pu reproduire de toutes pièces et dans tous leurs détails chez les animaux les maladies de l'homme.

Nulle part peut-être l'analyse des symptômes et l'étude de leurs causes n'ont été poussées plus loin que dans la neuropathologie : la méthode anatomo-pathologique a fourni les plus brillants résultats. C'est, pour n'en citer que quelques-uns, la découverte des lésions systématiques de l'axe nerveux, la découverte des lésions de l'aphasie (contribution à l'étude de la psychologie expérimentale), la contribution pour l'homme des résultats expérimentaux obtenus par les physiologistes chez les animaux.

Pendant ce XIXe siècle la médecine s'est enrichie de deux outils nouveaux : l'antisepsie et l'anesthésie. Puisque nombre de maladies de l'homme, et des plus redoutables, sont d'origine microbienne, et puisque les microbes ne se développent point spontanément, il suffirait pour éviter ces maladies d'empêcher l'accès des germes infectieux. C'était là une conséquence immédiate des études pastoriennes sur les générations spontanées et sur les maladies microbiennes. Chacun sait que les procédés antiseptiques, dérivés de ces études, ont permis de lutter avec succès contre les épidémies, d'en arrêter le développement et d'en supprimer le renouvellement, de préserver les opérés de ces affections le plus souvent mortelles, la septicémie, la pourriture d'hôpital, etc., qu'on ne connaît plus aujourd'hui, et enfin de réaliser ces redoutables opérations, qui se terminent, à l'heure présente, par la guérison complète et rapide, alors qu'il n'y a pas un demi-siècle, les chirurgiens n'auraient pas songé à les tenter.

Supprimer la douleur était au commencement du siècle un rêve, une chimère ; c'est aujourd'hui une réalité : grâce à l'éther et au chloroforme on peut supprimer d'une façon complète toute sensibilité ; on peut livrer au chirurgien un cadavre sur lequel il pourra faire les opérations les plus délicates avec la même sûreté, avec la même précision qu'il aurait fait une préparation anatomique, un cadavre, mais un cadavre vivant, qui, aussitôt l'opération finie, recouvrera la sensibilité, et sortira de son anesthésie comme on sort d'un sommeil profond, sans rêves, sans souvenirs.

Cette trop brève esquisse ne rend compte que bien imparfaitement de la somme considérable de travaux et de découvertes qu'aura produits dans les sciences de la vie ce XIXe siècle. Elle suffit à montrer que dans les sciences biologiques, comme dans les autres domaines, le XIXe siècle a été le siècle du travail.

MAURICE ARTHUS

XIX

La Science de la Terre

S'IL est une branches des connaissances humaines que le XIXe siècle ait le droit de réclamer comme sa création propre, c'est assurément ce qu'on peut appeler la *Science de la terre*. Par là nous entendons l'étude raisonnée de toutes les formes terrestres, étude qui implique la notion de l'origine de ces formes et, partant, celle de l'histoire ancienne de notre planète.

Une telle définition suffit à justifier le développement tardif de cet ordre de connaissances. Pour qu'il pût se constituer, il fallait, d'une part, que la surface terrestre eût été explorée dans toute son étendue, afin qu'aucun élément du problème ne se trouvât négligé. D'ailleurs, le but ne pouvait pas être atteint par des observations individuelles et locales, demeurant entre elles sans lien direct. Il était nécessaire qu'un même regard pût embrasser, sinon la totalité du globe, du moins ses parties principales, pour y trouver la matière de ces rapprochements féconds d'où jaillissent les idées générales. D'autre part, il importait que le progrès des sciences naturelles eût déjà permis la définition précise de tous les matériaux qui entrent dans la composition de notre terre, seule base rigoureuse sur laquelle on ait le droit de fonder des inductions scientifiques, relativement au mode de formation du globe.

La première condition ne fut réalisée que le jour où les moyens de communication devinrent assez perfectionnés pour rendre faciles les grandes campagnes d'exploration, ce qui n'a eu lieu qu'au début du XIXe siècle. Or c'est justement à cette époque que la chimie venait enfin de trouver le moyen de définir les éléments des corps et les lois de leurs combinaisons ; que la minéralogie, appuyée sur cette connaissance, établissait avec netteté le catalogue des substances terrestres, catalogue indispensable à l'étude de leurs associations mutuelles, c'est-à-dire des roches et des terrains ; enfin que l'histoire naturelle des êtres vivants commençait à acquérir le degré de précision, et surtout les données de corrélation organique, dont on allait se servir avec tant de succès pour l'interprétation des restes fossiles.

Pour tous ces motifs, une science de la terre basée, comme doit l'être toute science, sur l'observation et l'expérience, ne pouvait naître qu'avec ce siècle de la vapeur, qui a vu l'éclosion presque simultanée et le développement extraordinairement rapide de toutes les connaissances ayant la matière pour objet.

Jusque-là, il a pu y avoir des penseurs dont l'esprit s'est complu à agiter le problème des origines du globe. Mais outre que l'imagination jouait le rôle principal dans ces conceptions, appuyées sur une interprétation souvent abusive de quelques faits locaux et parfois mal observés, la grande masse des intelligences demeurait absolument étrangère à ces préoccupations. Très peu de gens imaginaient que la nature pût être intéressante par elle-même, autrement que comme un cadre imposé aux évolutions de l'humanité. L'élite intellectuelle, celle qui se formait dans les écoles, n'y entendait guère parler que de l'homme. La terre qu'il foulait aux pieds n'avait d'intérêt que par le support offert à son activité, ou par les obstacles semés en travers de sa route. Définir la forme, les dimensions et les qualités de ce domaine semblait être le but suprême des observateurs. C'est ainsi que, depuis la plus haute antiquité, toute la science de la terre se résumait dans la géographie, d'abord bien défectueuse et bien sommaire, puis de moins en moins indécise, à mesure que l'astronomie se perfectionnait et que de hardis voyageurs ajoutaient de nouveaux faits aux catalogues légués par les anciens géographes.

Encore avait-il fallu attendre jusqu'à la seconde moitié du XIXe siècle pour avoir une connaissance sommaire de l'océan Pacifique, connaissance dont le résultat fut de faire évanouir une erreur communément acceptée sur l'équilibre des terres et des mers dans les deux hémisphères. Le mémorable voyage de Cook, provoqué par les besoins de l'observation du passage de Vénus en 1769, donna le coup de grâce à l'hypothèse de la grande terre australe, par laquelle devait être compensée l'insuffisance évidente des masses continentales au sud de l'équateur. Au moment précis où le xviii° siècle s'achevait, en même temps que la mesure de la méridienne en France fixait, avec une approximation suffisante, la forme et les dimensions de notre planète, les contours de la terre ferme, définis par toute une pléiade de navigateurs, ne laissaient plus de prise à l'incertitude que dans les régions voisines des deux pôles.

Mais que de vides restaient à combler dans l'intérieur des continents ainsi délimités ! C'est à peine si, par l'expédition à laquelle demeure attaché le nom de Pallas, la Russie venait d'acquérir une idée encore bien rudimentaire de l'étendue et des ressources de son vaste domaine sibérien. Pour l'Asie centrale, on en était encore réduit aux données recueillies à la fin du xiii° siècle par Marco Polo. De l'intérieur de l'Afrique comme de celui de l'Australie, on ne savait absolument rien. Toute la partie occidentale de l'Amérique du Nord pouvait passer pour une terre inconnue, et on était à peine mieux renseigné sur l'Amérique du Sud en dehors du littoral.

Est-il besoin d'ajouter que, si tant d'incertitude pesait alors sur les formes extérieures du sol, plus mystérieuses encore demeuraient les lois qui règlent la circulation de l'air et de l'eau à sa surface ? Le régime et la cause des vents, la disposition des courants marins, les règles de la distribution de la pluie posaient devant l'esprit une foule de problèmes en apparence insolubles. A l'exception de quelques règles empiriques, fruit de la longue expérience des navigateurs, aucun fil conducteur n'apparaissait qui fût propre à servir de guide au milieu de ce dédale de faits extraordinairement compliqués.

Si l'on veut juger du progrès accompli dans l'espace d'un siècle, il suffit de feuilleter l'un des atlas qui ont cours aujourd'hui. Non seulement on y trouvera précisé, jusque dans les moindres détails de leur configuration intérieure, ces continents naguère inconnus ; mais partout ou presque partout, on verra le relief de la terre ferme indiqué avec une exactitude qui n'attend plus que des perfectionnements de détail. Mieux encore, les mers, autrefois réputées insondables, ont maintenant livré presque tous leurs secrets, au point que la plupart des inégalités du fond de l'océan sont actuellement connues avec plus de sûreté que certaines parties de l'Asie ou de l'Afrique.

Mais, ce qui est surtout remarquable, c'est qu'à ces représentations purement morphologiques s'ajoutent, de nos jours, une foule de documents d'ensemble, et d'une clarté merveilleuse, sur les conditions physiques de notre planète. Nous voulons parler des atlas spéciaux de géographie physique qui font connaître, pour toute l'étendue de la terre, la répartition de la température, celle de la pression barométrique, des pluies et du magnétisme terrestre, les variations de la chaleur et de la densité de l'eau de mer, le parcours et le régime des vents, des courants marins, des tempêtes, la distribution, en latitude comme en altitude, des espèces animales ou végétales, et jusqu'à la constitution profonde du sol en chaque point.

Cet immense progrès est l'œuvre d'un siècle. Si l'éclosion s'en est faite avec autant de rapidité, ce n'est pas seulement parce que la vapeur venait de mettre à la disposition de la curiosité des hommes un instrument d'une efficacité extraordinaire; c'est aussi parce qu'il a plu à la Providence de susciter, au même moment, des esprits d'une rare puissance, à qui les harmonies de la Création se sont révélées tout d'un coup, comme si un voile venait de se déchirer ; de telle sorte qu'à leur suite et à la faveur de la lumière ainsi projetée, nombre de chercheurs ont pu entreprendre avec succès l'exploration des chemins nouveaux qui s'ouvraient devant l'intelligence humaine.

Parmi les initiateurs de ce progrès, aucun ne s'est acquis plus de titres à la reconnaissance de la postérité qu'Alexandre de Humboldt. Sa puissante action s'est fait sentir dès l'aurore du siècle; car c'est de 1799 à 1804 qu'il a exécuté les mémorables voyages où ses prodigieuses facultés d'observateur, servies par une science d'une étendue extraordinaire, se sont révélées avec une ampleur que nul n'a jamais dépassée. C'est à son école que les naturalistes et les physiciens ont appris à ne plus séparer les faits particuliers de leur application à l'ensemble du globe. La nature tout entière, le *Cosmos*, comme il l'appelait, n'a cessé de lui être constamment présente. Il en a compris la grandeur et décrit les charmes, à la fois comme un savant et comme un artiste. C'est bien à lui que revient le mérite d'avoir cherché à poursuivre, par des généralisations hardies, sur toute l'étendue de notre planète, la marche de chacune des catégories de phénomènes naturels. Dès ce moment, la science de la terre était fondée, et si Karl Ritter parvenait à lui donner, dans son *Erdkunde*, un nom ainsi qu'une expression dogmatique, moins large d'ailleurs que la conception de Humboldt, c'était surtout grâce à l'illustre voyageur qui avait su, du premier coup, rendre la nature si intéressante, et passionner les esprits pour des recherches à peine soupçonnées avant lui.

Cependant il serait injuste d'oublier qu'Humboldt avait eu un précurseur immédiat. Dans l'année même où l'auteur du *Cosmos* prenait le chemin de l'Amérique, la mort enlevait Horace Bénédict de Saussure, le premier qui, sans perdre un instant de vue les besoins de la science, ait ressenti le charme infini, la grandeur et la variété des paysages alpestres. L'auteur des *Lettres physiques et morales sur les montagnes* n'appartient pas à notre siècle. Du moins lui a-t-il légué, au moment précis où ce dernier allait naître, cet enthousiasme pour les beaux spectacles de la nature qu'Humboldt devait bientôt faire éclater sous les latitudes les plus diverses.

Dès lors, une flamme nouvelle animera les explorateurs. Ce n'est plus seulement le goût des aventures, ni la soif de la renommée qui vont soutenir leur ardeur. Un sens inconnu aux générations précédentes s'est éveillé en eux et double l'intérêt de leurs recherches. Ils ne se contenteront plus désormais de ces jouissances vagues, comme la vie au grand air en éveille chez ceux qui veulent se soustraire aux étreintes d'une civilisation trop raffinée. On leur a appris que la nature était fertile en scènes grandioses ; ils brûlent de les contempler de leurs yeux et d'ajouter leur page au livre, nouvellement ouvert, des beautés de la Création. En fait de merveilles du monde, les anciens ne connaissaient que des œuvres sorties de la main des hommes. Bientôt l'admiration humaine se détournera de tels objets, pour rechercher avec prédilection les merveilles naturelles qui s'appellent les Alpes, l'Himalaya, les Andes, les précipices du Colorado, les forêts de la Californie, les lacs de lave bouillante des îles Sandwich, et jusqu'aux glaces flottantes des mers polaires.

En même temps, si les voyageurs aspirent à la découverte.

ce n'est pas dans l'unique but d'ajouter au catalogue de nos connaissances quelque fait dont leur nom demeurera inséparable. Ils soupçonnent maintenant quelle place ce fait doit occuper dans le vaste ensemble des sciences terrestres, et comment sa possession peut aider à mieux définir une des lignes du merveilleux et vivant édifice, dont quelques lumineux esprits viennent de leur faire entrevoir l'architecture générale.

Pour que ce grand mouvement se dessine, il faut attendre que la fin de l'épopée napoléonienne ait permis à l'Europe de s'adonner aux travaux de la paix. Seule, durant cette tourmente, l'Amérique a eu le loisir de faire enfin connaissance avec son immense territoire; et c'est ainsi que de 1803 à 1810, des pionniers intrépides reconnaissent les sources du Mississipi et de ses affluents, pénétrant même, au delà des montagnes Rocheuses, dans l'Orégon et la Basse-Colombie.

En 1815 commencent les essais de pénétration de l'Angleterre dans les bassins, au soleil meurtrier, du Niger et du Congo. Puis, en 1818, le pavillon britannique s'aventure, à travers les glaces boréales, à la recherche du passage du nord-ouest; recherche où s'illustreront, parfois aux dépens de leur vie, les John Ross, les Parry, les John Franklin avec tant d'autres, et dont le principal résultat sera la découverte de l'un des pôles magnétiques, en attendant qu'en 1850 Mac Clure trouve enfin le passage cherché, mais pour enlever toute illusion à ceux qui s'obstinaient à le croire praticable.

Les abords du pôle austral ne sont pas non plus négligés; de hardis baleiniers s'y hasardent. Puis les gouvernements envoient de ce côté des expéditions à la recherche du second pôle magnétique, et les années de 1838 à 1842 voient s'accomplir dans ces parages les fructueuses campagnes des Dumont-d'Urville, des Wilkes et des James Ross. C'est aussi l'heure où Baker se lance à la découverte des sources du Nil, pendant que Livingstone aborde l'Afrique australe, que la France, pour assurer sa conquête algérienne, entreprend par étapes sa pénétration dans le Sahara; enfin que Barth s'illustre par la traversée du Grand Désert.

Mais les chemins de fer entrent en scène. Tandis qu'en Europe ces voies rapides s'établissent dans des pays où règne déjà une civilisation intense, l'Amérique a l'idée de s'en servir comme d'un moyen de conquérir tout d'un coup à la culture les immenses espaces situés à l'ouest des montagnes Rocheuses. Dès 1850 commence, pour durer dix-neuf ans, la série des études préliminaires, fécondes en découvertes surprenantes, où l'on verra pionniers, topographes et géologues procéder, sous la protection d'escortes militaires, à la reconnaissance scientifique d'un territoire, inaccessible la veille, et que la locomotive va bientôt faire entrer dans la civilisation.

L'Afrique livre peu à peu ses derniers mystères. Les grands lacs intérieurs, le Tanganyka, le Nyanza, le Nyassa sont tour à tour explorés. Stanley traverse le continent noir de part en part. L'Afrique australe est mise en valeur, et bientôt germera l'idée, malheureusement féconde en surprises guerrières, d'un chemin de fer reliant le cap de Bonne-Espérance à la Méditerranée. La France pénètre à Tombouctou et y découvre des nappes d'eau insoupçonnées. L'Australie à son tour est traversée, pendant que sa partie orientale révèle des richesses chaque jour plus grandes. La Russie lance ses explorateurs dans l'Asie centrale, où elle étend peu à peu son domaine, en préparant l'exploitation régulière de tout un immense territoire à l'aide du chemin de fer transsibérien. De hardis voyageurs, dédaigneux des plus rudes fatigues, traversent, les uns le Thibet, les autres l'Indo-Chine ou le Gobi. Nordenskjold accomplit son voyage de circumnavigation de la Norvège au détroit de Behring; et Nansen va s'initier, par la traversée du champ de neige groenlandais, au régime des contrées polaires.

Sept ans après, l'intrépide Norvégien confie à la banquise elle-même le soin de le transporter des îles de la Nouvelle-Sibérie dans le voisinage du pôle, vers lequel il exécute la pointe la plus audacieuse que jamais homme ait conçue. Là, il trouve du même coup, avec l'occasion d'une renommée exceptionnelle, celle d'observations scientifiques qui transforment la géographie arctique et enrichissent la physique du globe des plus précieux documents.

Enfin, à l'heure où nous écrivons ces lignes, une expédition a déjà mis le pied sur la terre Victoria, dans la région du pôle austral, et une autre, puissamment outillée, s'organise d'un commun accord en Angleterre et en Allemagne à destination des mêmes parages ; de sorte que les lueurs finales du xix⁰ siècle éclaireront peut-être la solution du dernier des grands problèmes de la géographie.

Le caractère commun de toutes ces conquêtes est la tournure scientifique que chacune d'elles a revêtue. Tout explorateur, s'il veut que son œuvre demeure, a besoin d'être doublé d'un homme de science, attentif à toutes les circonstances de sa route, muni d'un matériel spécial en menant de front une série d'observations, conduites suivant un programme méthodique. Le moins qu'on lui demande est de définir avec exactitude les principales positions de son itinéraire. Pour cela, dès le début du siècle, les voyageurs ont disposé, grâce au génie de Laplace, d'un précieux instrument. De même que le voyage de Cook avait tiré grand profit de la publication, tout récemment commencée, du *Nautical Almanach*, ainsi, par la précision imprimée au calcul des Tables de la Lune, l'auteur de la *Mécanique céleste* a doté l'exploration d'un moyen de procéder à la détermination précise des longitudes ; et grâce à cette acquisition, les cartes vont recevoir de nombreuses améliorations.

D'ailleurs les travaux géodésiques se multiplient et s'étendent hors de l'Europe, entraînant, avec une meilleure connaissance de la forme du globe, une rectification des bases du système métrique ; et l'étude des variations de la pesanteur, en même temps qu'elle révèle les déformations du sphéroïde, suggère les plus curieux aperçus relativement à la distribution des masses minérales invisibles.

Du domaine de la science pure, les résultats acquis pénètrent peu à peu dans celui des connaissances usuelles. Dès le milieu du siècle, la géographie, jusque-là considérée comme simple auxiliaire de l'histoire, commence à réclamer une place distincte, secouant le joug des divisions politiques pour arborer une méthode purement naturelle. Les atlas se perfectionnent, et aux figurés de fantaisie qui servaient à indiquer les montagnes, se substituent des essais, d'abord timides, puis de plus en plus accentués, d'une représentation réelle du relief à l'aide de courbes de niveau.

Mais l'ambition des explorateurs modernes ne s'est pas bornée à préciser toutes les circonstances de la terre ferme. L'étude des vents et des courants marins, inaugurée par Maury, a bientôt fait naître une science nouvelle, l'océanographie. Stimulée par les besoins de la télégraphie maritime, cette science s'est appliquée à dresser la carte du fond des mers, d'abord pour en définir le relief invisible, ensuite pour faire connaître la nature et la population de ce fond. Chemin faisant, les appareils de sondage, ingénieusement perfectionnés, enregistraient la composition, la densité et la température de l'eau de mer à toutes les profondeurs, capturant même en route des animaux nageurs et découvrant, au sein des abîmes réputés insondables, toutes sortes d'êtres vivants, dont personne n'avait encore soupçonné l'existence. Par ces grandes expéditions maritimes, dont celle du *Challenger* a été le plus éclatant modèle, la science de la terre s'est enrichie d'un magnifique domaine, dont il pouvait sembler que la connaissance lui fût à jamais interdite.

Pendant que se consommaient toutes ces conquêtes, la science qui les résume subissait une évolution complète.

Réduite, durant les siècles précédents, au rôle de simple catalogue de faits ; sans autre ambition que de savoir décrire tout ce que l'homme d'État, le négociant ou, en général, toute personne poursuivant un but pratique avait intérêt à connaître, elle était devenue avec Ritter une science générale. Mais le globe n'y était envisagé, selon la formule même du créateur de l'*Erdkunde*, que « dans ses rapports avec la nature et avec l'histoire de l'homme ». Encore les faits destinés à influer sur l'évolution humaine étaient-ils considérés comme des données d'expérience, dont nul ne se préoccupait de rechercher la raison d'être. Chacun des traits de la nature apparaissant, en quelque sorte, comme un organe prédestiné à une fonction spéciale en vue de l'humanité, c'est à définir cette adaptation que s'appliquait la science, et il ne lui venait pas à l'esprit de scruter, par une analyse profonde, les causes intrinsèques de la disposition de ces organes ainsi que de leurs rapports mutuels.

Cette recherche a fini par s'imposer tout naturellement. Après la merveilleuse éclosion scientifique qui avait marqué l'aurore du siècle, nombre d'associations s'étaient fondées, en vue de faire progresser, chacune pour son compte, une des branches du savoir humain, devenu trop vaste pour qu'un même esprit pût essayer de l'embrasser en entier. Si localisées qu'elles fussent dans leurs domaines respectifs, toutes celles de ces sociétés qui n'avaient pas les sciences abstraites pour objet ne pouvaient manquer de suivre, avec une curiosité intéressée, les progrès de l'exploration, dont chacun était susceptible d'enrichir leur spécialité de quelque fait nouveau.

Les liens étroits qu'elles entretenaient ainsi avec les voyageurs éveillèrent une perception de plus en plus claire du rapport qu'il importait de maintenir entre les observations particulières et les conditions d'ensemble de la surface terrestre ; rapport si bien aperçu par Humboldt, mais que ses successeurs avaient souvent perdu de vue. On fut bientôt unanime à reconnaître qu'il se manifestait, dans les circonstances physiques de tout ordre, des groupements naturels, le plus souvent indépendants des limites politiques comme des intérêts de l'histoire humaine. Ainsi s'est dégagée, peu à peu, l'idée d'une science de la terre, envisagée pour elle-même et digne d'être étudiée en dehors du profit immédiat que l'homme en pouvait tirer.

Sous cette influence est née, il y a environ un quart de siècle, la géographie comparée, qui s'est proposé de rechercher les lois de la morphologie terrestre en établissant une classification naturelle des formes de la surface et des conditions physiques ambiantes. Mais, dès les premiers pas entrepris dans cette direction nouvelle, on s'est heurté au problème des origines ; car s'il paraît possible de faire abstraction du passé quand il s'agit de définir la distribution actuelle de la température, de la pluie, de la pression barométrique, du magnétisme, il n'en est plus ainsi lorsqu'on envisage, soit les formes du relief, soumises de la part des agents physiques à d'incessantes modifications, soit la répartition des organismes, où se manifeste une apparence de caprice dont la clef ne se trouve pas dans l'étude du présent.

Pour cette raison, la science de la terre a senti d'elle-même le besoin de faire cause commune avec cette autre discipline qui a pour objet spécial la connaissance de l'histoire ancienne du globe, c'est-à-dire avec la géologie.

Or cette dernière est aussi, à vrai dire, une création du siècle. S'il est exact que son nom apparaisse, dès 1778, dans les écrits de Saussure, et si, avant 1801, elle a donné lieu à d'importants travaux, du moins peut-on dire qu'elle n'a eu pleine conscience d'elle-même, et n'a été en possession d'une méthode définie, qu'avec le début du xixᵉ siècle. Jusqu'aux approches de cette date, il a pu se produire des intuitions de génie, comme celles des Sténon, des Bernard Palissy, des Descartes ; on a vu publier des « Théories de la terre » comme celle où Buffon a enveloppé, de l'éclat habituel de son style, quelques vues profondes, mêlées à des hypothèses que l'imagination avait surtout inspirées. Mais, en dehors de quelques précurseurs appartenant à la seconde moitié du xviiiᵉ siècle, personne n'a soupçonné l'édifice qui allait sortir d'une étude attentive consacrée aux matériaux de l'écorce terrestre.

De ces précurseurs, celui qu'il convient de nommer avant tous les autres est Guettard, dont le mémoire capital date de 1746. Le premier, il a remarqué que les masses minérales de différentes sortes occupaient, sur le sol de la France, des emplacements qui n'avaient rien de capricieux, et il a su en figurer l'ordonnance sur une carte. Il n'a méconnu ni l'origine volcanique des roches d'Auvergne, ni la vraie signification des restes fossiles, ni le phénomène de la constante dégradation des montagnes. Malheureusement l'idée maîtresse de la science, celle de la succession des périodes géologiques, lui est demeurée complètement étrangère.

L'autre précurseur est l'Écossais Hutton. Encore, s'il est mort en 1797, peut-on prétendre néanmoins que son influence appartient tout entière à notre siècle ; car c'est au talent d'exposition de son disciple Playfair que le monde savant dut de pouvoir comprendre, en 1802, une doctrine dont la prolixité d'Hutton et son style défectueux rendaient l'accès à peu près impossible.

Hutton a parfaitement entrevu ce grand principe, souvent méconnu après lui, que l'histoire ancienne du globe doit trouver son explication dans l'étude du présent. Il a deviné, dans les roches cristallines, l'équivalent des laves vomies par les volcans actifs ; et l'importance du travail de dissection que les vagues et les eaux courantes font subir aux continents ne lui a pas échappé. Le premier, en énonçant les « lois de la formation, de la destruction et de la restauration de la terre ferme », il a eu conscience de ce cycle, constamment renouvelé, où viennent s'encadrer tous les phénomènes terrestres. Mais sa conception est viciée par une erreur fondamentale relative à la perpétuité de ce cycle ; erreur résumée dans une formule devenue célèbre : « Aucune trace d'un commencement ; aucun indice d'une fin [1]. »

Cependant, ce n'est pas sur cette erreur que s'est engagée la vive controverse provoquée par la publication de la doctrine du savant écossais. L'argument capital d'Hutton reposait sur l'origine des basaltes qui couvraient de si grandes surfaces en Écosse et dans les îles voisines. Très délibérément il en avait fait d'anciennes laves, et, par analogie, il n'avait pas craint d'étendre la même conclusion aux roches granitiques. Or cette affirmation heurtait de front les théories enseignées depuis plusieurs années dans la célèbre école de Freiberg.

Là professait Werner, qui, par son merveilleux talent d'exposition et l'art avec lequel il avait su grouper, dans un cadre didactique, tous les faits d'expérience recueillis autour de la Saxe, s'était acquis, dans le monde des mineurs, une autorité indiscutée. Ses doctrines étaient acceptées avec une confiance enthousiaste, et la forme rigoureusement dogmatique sous laquelle il les présentait ajoutait encore à leur prestige.

Or, des faits observés sur le territoire de la Saxe, Werner avait déduit une théorie essentiellement neptunienne, d'après laquelle l'eau eût été l'unique agent de la construction de l'écorce. Toutes les roches, stratifiées ou non, résultaient, les unes d'un dépôt mécanique au sein de l'eau, les autres d'une cristallisation par voie humide, analogue à celle qu'on réalise dans les laboratoires avec les liqueurs saturées. A cette dernière catégorie appartenait le basalte, et s'il y avait aujourd'hui des volcans vomissant des laves, on devait y voir des accidents d'importance secondaire, causés par l'inflammation spontanée de matières combustibles.

L'affirmation contraire vint résonner aux oreilles des élèves de Freiberg comme une sorte d'impiété. Brûlant du désir de la confondre, les plus distingués parmi eux entrèrent en lice, et pendant quelque temps, le monde savant se trouva partagé entre les *huttoniens*, qui se recrutaient souvent en Écosse, mais pouvaient aussi, en France, se réclamer de Guettard, de Desmarest et de

---

1. *No trace of a beginning, no prospect of an end.*

Dolomieu, et les *wernériens* c'est-à-dire la presque universalité des spécialistes du continent. C'était la vieille querelle des *neptuniens* et des *plutoniens* qui se réveillait, mais en portant cette fois sur un point précis, celui de l'origine du basalte.

Comme les huttoniens invoquaient les circonstances observées en Italie et en Auvergne, les élèves de Werner, pour en mieux triompher, voulurent voir par eux-mêmes ces pays que leur maître n'avait pas visités, persuadés qu'il leur serait facile d'en tirer les mêmes conclusions qu'en Saxe. Ils se répandirent donc par le monde dès le début du siècle, et entreprirent une série de voyages, desquels on a pu dire que partout la nature avait été interrogée au nom du maître saxon.

Mais ce n'est pas impunément que des intelligences d'élite, comme celles des Alexandre de Humboldt, des Léopold de Buch, des d'Aubuisson de Voisins, allaient chercher à lire directement dans le grand livre de la Création. Leurs fortes études les avaient préparés à le bien comprendre, et une fois dissipée l'atmosphère dogmatique de l'école, ils éprouvèrent au contact de la nature un tel éblouissement, que là où ils s'étaient flattés de recueillir des preuves décisives en faveur de la doctrine wernérienne, tous finirent par trouver leur chemin de Damas.

Un précieux auxiliaire venait d'ailleurs d'entrer en scène, qui allait singulièrement favoriser le développement de la science.

L'essor pris par l'industrie, surtout en Angleterre, vers la fin du siècle dernier, avait déterminé la construction d'un important réseau de routes et de canaux. L'un des ingénieurs attachés à la conduite de ces travaux, William Smith, esprit pratique et avide de faits, insensible aux théories, fut frappé de la façon dont les coquilles fossiles étaient cantonnées, selon leur espèce, dans des assises déterminées, qu'elles pouvaient ainsi servir à caractériser.

Dès 1801, il distribuait à ses amis un tableau de cette répartition, déjà entrevue, en France, par l'abbé Giraud-Soulavie, pour les formations stratifiées du Vivarais.

Dans le même temps, l'abondance et l'excellent état de conservation des coquilles, dans les terrains tertiaires de la région parisienne, fixaient l'attention de Cuvier et de Brongniart, qui se décidaient à en aborder l'étude méthodique. De 1808 à 1811, dans un livre qui fit époque et demeure un des monuments de la science, ils faisaient connaître les résultats de leurs recherches, que d'Omalins d'Halloy étendait, en 1813, aux terrains secondaires du même bassin. Enfin, en 1815, William Smith était en mesure de publier la carte géologique de l'Angleterre et du pays de Galles. La stratigraphie avait enfin trouvé son fil d'Ariane, et l'application de la méthode était destinée à éclairer bientôt les plus difficiles problèmes des régions disloquées.

Une fois la relation entre les fossiles et les couches encaissantes admise et proclamée, non seulement il fallut renoncer à prétendre, comme beaucoup l'avaient longtemps soutenu, que les fossiles fussent des jeux de la nature ; mais ces débris du passé, après avoir simplement servi d'instruments commodes pour la détermination des strates, ne tardèrent pas à éveiller pour eux-mêmes l'attention des naturalistes. Des hommes de génie, comme Cuvier, établirent cette loi de corrélation des organes, qui permettait de reconstituer des êtres dont quelques fragments seuls étaient conservés. Ainsi fut fondée la paléontologie, dont le domaine s'accroissait tous les jours par des trouvailles nouvelles, chacun s'éclairant d'une vive lumière l'ordre qui a présidé à la répartition des organismes.

Alors l'histoire de notre terre se révéla comme bien plus complexe et infiniment plus intéressante qu'on ne l'avait jusque-là soupçonné. Encore ne fut-elle pas d'abord entrevue dans toute son harmonie. Si le célèbre *Discours sur les Révolutions du globe* ne tombait plus dans l'erreur du cycle perpétuel d'Hutton, du moins Cuvier croyait-il pouvoir affirmer que « le fil des opérations de la nature était rompu ». Longtemps encore après lui, et malgré la réaction salutaire, bien que par moments excessive, exercée par Lyell contre la doctrine dite des cataclysmes, au profit de la théorie appelée *uniformitaire*, on verra plus d'un homme de science soutenir que l'histoire du monde a été traversée par une succession de catastrophes dont chacune entraînait la destruction de toute vie, bientôt suivie par une rénovation universelle du monde animé.

Mais peu à peu les lacunes de la série se comblèrent. Plus les observations s'étendaient et plus se multipliait le nombre des cas de passage où, d'un groupe à l'autre, la transition se montrait continue, aussi bien entre les strates qu'entre les groupes de fossiles. Les chemins de fer, par les tranchées qu'ils forçaient à ouvrir presque partout, donnèrent aux observations stratigraphiques, comme à la récolte des pétrifications, l'ampleur et surtout la continuité qui leur avaient longtemps manqué. On apprit ainsi à ne pas exagérer la valeur de discordances toujours locales et dont l'effet, d'ailleurs produit par des causes plutôt lentes que soudaines, n'avait jamais dû affecter qu'une partie relativement minime de la surface terrestre.

Aujourd'hui, l'inventaire des faunes et des flores anciennes, activé par les fouilles que les besoins de l'industrie ont provoquées en tous lieux, est singulièrement avancé. Si l'explication des faits qu'il révèle est encore sujette à controverse, nul ne saurait méconnaître l'infinie variété de ce tableau, non plus que l'harmonie de son développement progressif, où les types apparaissent tour à tour, dans l'ordre d'une perfection physiologique croissante. Les singularités du monde vivant qui nous entoure y trouvent leur justification, en même temps que ce monde luimême ne nous apparaît plus que comme un épisode final, précédé par beaucoup d'autres, dont l'ensemble le dépasse singulièrement en ampleur.

La reconstitution de ces épisodes et la définition du lien qui les unit aux vicissitudes de la géographie à travers les âges deviennent la partie la plus attrayante de la tâche du géologue. Sans doute les documents dont il dispose sont souvent aussi épars que clairsemés. Du livre qu'il aspire à déchiffrer, bien des feuillets échappent à ses regards, et beaucoup ont été détruits sans retour. Pourtant l'argument paléontologique a fini par acquérir une rare finesse. Pour ceux qui ne mettent pas en doute la notion de continuité, sans cesse mieux justifiée par l'ordre qu'elle introduit dans le tableau des phénomènes, l'apparition en un point de telle ou telle espèce fossile peut être décisive, en révélant l'ouverture d'une communication entre la région étudiée et une autre, la seule d'où cette espèce puisse provenir. D'autre part, il est telle catégorie de dépôts dont on peut affirmer qu'elle n'a pu se faire qu'au voisinage immédiat d'une côte. Et c'est ainsi qu'on commence à réunir les éléments d'esquisses *paléogéographiques*, c'est-à-dire consacrées à la reconstitution des anciens états de la surface, où les rivages successifs sont indiqués avec une probabilité chaque jour croissante. Peut-être même n'est-il pas trop téméraire de penser que le moment est proche où, sur ces cartes, on pourra tenter d'indiquer la profondeur probable et jusqu'à la température des mers correspondantes, en se fondant sur la nature des organismes qui les peuplaient!

Si intéressante que puisse être cette histoire, le soin d'en fixer les traits généraux ne suffit plus à l'ambition de la science. A toute époque, la terre ferme a été pourvue d'un certain relief. Pourquoi n'essaierait-on pas d'en faire revivre les grandes lignes ? C'est un autre chapitre à ouvrir dans la science de la terre, plus difficile encore, mais aussi plus immédiatement profitable ; car l'homme, qui tire de l'écorce du globe tant de substances utiles, a besoin de savoir quelles lois régissent la répartition des masses minérales ; et si cette répartition est facile à démêler dans les pays exempts de dislocations, il en est tout autrement quand l'écorce porte la trace de convulsions, attestées par l'inclinaison et le morcellement des strates.

Le problème a été pour la première fois entrevu en 1823, lorsque, dans une inspiration de génie, Léopold de Buch a reconnu la véritable nature des chaînes de montagnes. Ce ne seront plus, comme on le croyait avant lui, des éléments primordiaux de l'écorce terrestre, quelque chose comme « les os de la terre ferme ». Il y faut voir des bandes disloquées par une poussée souterraine, qui a dressé en bourrelets des sédiments déposés à l'origine en couches horizontales.

A cette notion capitale, Élie de Baumont ajoute en 1829 celle, plus féconde encore, de l'âge relatif des chaînes. Chacune apparaît dès lors comme le produit d'une époque déterminée de bouleversements, de telle sorte que les grandes inégalités de la surface deviennent, suivant l'expression du maître, « les majuscules des chapitres de l'histoire terrestre ».

Quel genre d'efforts a fait surgir ces têtes de chapitres ? Est-ce une impulsion de bas en haut, comme le croyait de Buch, ou le fruit d'un état spécial de compression, dans une écorce que la contraction du noyau sous-jacent oblige à diminuer son ampleur par des plis ? Cette dernière conception, due à Élie de Beaumont, devient avec le temps de plus en plus justifiée. C'est à la préciser que vont s'appliquer les représentants de la nouvelle discipline, celle qu'on appelle aujourd'hui la *tectonique*. On les verra déchiffrer l'architecture si compliquée des chaînes, et mettre en évidence les dislocations d'une nature et d'une ampleur stupéfiantes, telles que le transport, parfois opéré sur des dizaines de kilomètres, de massifs de terrains qu'une poussée irrésistible a littéralement *charriés* sur leur substratum. Bientôt même ils en arriveront à distinguer les traces des efforts successifs qui correspondent à la création d'une ligne de relief; car les chaînes ne sont pas l'œuvre d'un jour, et souvent l'une d'elles s'est dressée à plusieurs reprises, détruite après chaque surrection par une érosion impitoyable, qui n'en laissait subsister que des lambeaux.

A côté de ces intrépides, qui vont demander aux escarpements les moins accessibles le secret des dislocations de l'écorce, d'autres savants, l'œil au microscope, étudient dans le calme du laboratoire les produits de l'activité interne des âges passés. A l'aide des méthodes optiques dont Sorby a été l'initiateur, et qui fournissent chaque jour un diagnostic plus sûr, ils définissent les éléments des roches les plus compactes, devinant à l'espèce des minéraux les circonstances de la cristallisation, et retrouvant dans l'intérieur, sous la forme d'enclaves à peine visibles, les traces des fluides au sein desquels la solidification a eu lieu. Allant plus loin encore, ils s'efforcent aujourd'hui de reconstituer les phases de l'évolution physique et chimique dont chaque foyer igné a dû être le siège, d'apprécier les modifications souvent profondes que la sortie des roches en fusion a provoquées dans les terrains encaissants, et jusqu'à l'influence que l'absorption plus ou moins complète de ces mêmes terrains a pu exercer sur les masses éruptives qui prenaient leur place en les dissolvant.

Dans toutes ces tentatives faites pour déchiffrer l'histoire des âges lointains de notre planète, la science moderne est demeurée fidèle au principe salutaire d'Hutton, que l'étude du présent doit fournir la clef de celle du passé. C'est donc dans l'examen attentif des phénomènes actuels de tout ordre, et au besoin dans l'expérimentation rationnellement conduite, qu'elle a cherché les éléments de ses solutions. Par là elle prenait un conctact de plus en plus intime avec la géographie physique, au grand bénéfice de cette dernière, ainsi amenée, à son tour, à reconnaître à quel point la connaissance du passé éclaire celle du présent; car seule elle peut donner la raison de tant d'apparences, où la forme extérieure est commandée par les conditions de la structure interne.

Dans nos pays de très ancienne civilisation, où la culture méthodique a depuis longtemps transformé l'aspect de la surface, cette relation n'éclate pas avec tant d'évidence, qu'elle puisse être immédiatement reconnue. Mais à peine les pionniers envoyés dans le Far West, pour l'étude du Transcontinental, avaient-ils franchi les montagnes Rocheuses, que le rapport en question se révélait à eux dans toute sa netteté. La sécheresse de l'air, en arrêtant toute végétation, laissait exposées aux regards, sur les flancs des vallées, toutes les couches du terrain, dans l'éclat de leurs couleurs naturelles, aussi nettement que sur un dessin géologique. Dès lors il était facile, pour un observateur tant soit peu attentif, de saisir l'influence que la nature ou l'allure de chaque terrain exerce sur les accidents de la surface.

Ainsi s'explique que les États-Unis aient vu se constituer chez eux, plus tôt et plus résolument que partout ailleurs, la nouvelle école géographique qui, sous le nom de *Géomorphogénie*, s'est donné pour tâche d'expliquer la genèse de toutes les formes terrestres. Progrès considérable; car il a prêté une véritable vie à l'étude de la surface, en mettant dans sa pleine lumière la notion des cycles d'érosion. On y voit les cours d'eau, et avec eux les territoires qu'ils dissèquent et modèlent, traverser successivement les phases de l'enfance, de la jeunesse, de l'âge mûr et de la décrépitude; tout cela pour aboutir à l'aplanissement final, qui serait l'inévitable destinée de toute région, si les causes profondes n'intervenaient périodiquement, pour rajeunir un relief sans cesse attaqué.

Par l'application de ces conceptions, qui mettent comme un nouveau sens à la disposition des géographes, la simple lecture d'une carte bien faite est devenue la source d'une multitude de suggestions pleines d'intérêt. Celui qui en possède la clef peut y découvrir mille choses auparavant insoupçonnées. Lacs comblés, cascades transformées en rapides, rivières détournées de leur cours par d'autres plus puissantes, après des péripéties dont l'histoire vaut des récits de batailles et de conquêtes; montagnes aplanies, puis ressuscitées en partie par un soulèvement qui, en donnant une nouvelle prise à l'eau courante sur le massif ainsi exhaussé, a permis la dissection des racines de la chaîne disparue, tels sont, entre bien d'autres, les enseignements qui découlent d'une telle lecture.

Dès lors les formes qui nous entourent cessent d'être une nature morte et inerte. Ce ne sont plus des données invariables, ne comportant qu'une sèche énumération, qui les classe à tout jamais. Chacune d'elle a eu son évolution propre, et raconte son histoire à qui la sait comprendre, en laissant entrevoir les inévitables perspectives de l'avenir. Plein d'intérêt par lui-même, combien cet ordre de considérations ne devient-il pas plus saisissant encore, quand on envisage ces formes changeantes comme le lieu assigné à l'activité des différents groupes humains?

La voilà donc fixée, cette science de la terre, à peine entrevue il y a cent ans! La voilà même épanouie de telle sorte, qu'on n'y peut plus guère attendre que des perfectionnements de détail. Ce n'est plus un catalogue de faits, un aride dénombrement de données sans lien mutuel, mais une harmonieuse succession de phénomènes, où le présent et le passé s'éclairent l'un l'autre, projetant même quelques lueurs sur l'avenir. A ceux qui voyaient dans l'histoire de la terre un cycle perpétuel, se refusant à y reconnaître « aucune trace d'un commencement, aucun indice d'une fin », elle montre au contraire la série admirablement ordonnée des longues étapes que le globe a dû parcourir avant qu'il fut apte à servir de demeure à l'humanité; étapes sans nul doute concordantes avec l'évolution de l'astre bienfaisant qui nous verse la chaleur et la lumière.

A travers tous ces épisodes éclate la poursuite du même plan. C'est d'abord le globe, un moment lumineux par lui-même, qui se refroidit et s'enveloppe d'une écorce. La terre ferme y prend peu à peu son assiette; puis le monde organique y apparaît, et les produits de son activité passsagère, au lieu de se dissiper sans retour, vont s'entasser dans la croûte, sous forme de combustibles que l'industrie saura y rechercher, ou d'amendements minéraux dont l'agriculture apprendra le fécond usage. Pendant ce temps, chaque manifestation de l'activité éruptive, en même temps qu'elle remanie le relief extérieur, et facilite la constitution de nouvelles assises, réservoirs des futures constructions humaines, tapisse les fentes de l'écorce de pierres précieuses ou de minerais d'où le travail de l'homme fera sortir les métaux. Enfin, l'incessant renouvellement des êtres organisés aboutit à peupler la surface des végétaux et des animaux les mieux appropriés aux besoins du genre humain. Si bien qu'en présence de cette longue et patiente élaboration, le *Tantæ molis erat* du poète monte tout naturellement aux lèvres, mais embelli par un accent de reconnaissance que n'y pouvait mettre le chantre des origines de l'ancienne Rome.

Si, pendant la durée du siècle qui va finir, l'étude de la terre a permis l'édification d'un tel monument, peut-on dire, d'autre part, que nos générations aient compris la leçon qui leur était donnée? A la science de la terre, ont-elles su joindre celle du bon usage des trésors de son écorce, et est-il permis de prétendre qu'elles aient apporté, dans le maniement des richesses ainsi accumulées, un respect en harmonie avec le dessein providentiel dont la révélation s'y fait si bien jour?

Hélas! le xixe siècle a été celui de la science; mais ses dernières années peuvent s'appeler l'ère du gaspillage; et la soif de jouir, sans retard et sans mesure, a trop souvent amené la dilapidation des ressources dont le progrès de nos connaissances avait provoqué la découverte; dilapidation d'autant plus coupable, qu'on savait de mieux en mieux à quel point cette provision est limitée, et qu'il est interdit d'en espérer la prompte reconstitution.

Aussi faudrait-il, pour être juste, en regard du brillant tableau de l'œuvre scientifique accomplie par le siècle, placer le spectacle décourageant des menaces que son incurie fait peser sur les générations futures, et en tirer une condamnation sévère contre des intelligences qui, ayant su voir tant de choses, ont si complètement failli à exercer une direction salutaire sur les volontés.

Heureusement, à côté de ses erreurs, le siècle qui s'achève a eu quelques belles pages, et a accompli, dans le domaine même qui nous occupe, des œuvres dignes de plaider en sa faveur. Chacun des progrès réalisés dans la connaissance de la surface terrestre a été l'occasion immédiate, parfois même la simple conséquence, d'un effort nouveau tenté pour la diffusion de l'Évangile. Souvent, en effet, l'explorateur a trouvé installés, là où il venait faire son enquête, les missionnaires de la parole chrétienne ; et dans bien des cas, c'est grâce à leur concours éclairé qu'il a pu remplir sa tâche avec profit.

Partout où de nouveaux groupes humains sont devenus accessibles, la croix a été plantée parmi eux sans retard ; et l'œuvre éminemment française de la Propagation de la Foi est devenue, en quelque sorte, la collaboratrice universelle du travail scientifique dont ses missionnaires ont recueilli plus d'un élément. Ceux-là du moins, en coopérant au perfectionnement de la science de la terre, n'ont ni favorisé les mauvais instincts de l'humanité, ni négligé le souci des intérêts supérieurs des âmes. Puisse leur action, où la France, pour son honneur, a le droit de revendiquer la meilleure part, effacer les traces de tant de désordres, et laisser dans l'histoire un sillon assez éclatant pour que le XIXe siècle en demeure illuminé !

A. LAPPARENT,
De l'Institut.

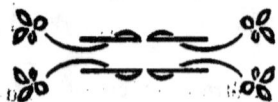

XX

L'Archéologie

JE voudrais pouvoir définir l'archéologie. Est-ce l'histoire ? est-ce une science indépendante de l'histoire ? est-ce une science auxiliaire de l'histoire ? Peut-être n'est-il pas de définition plus difficile à donner.

Ce qu'on peut dire, c'est que l'archéologie est étroitement apparentée à l'histoire. L'historien pouvait autrefois se passer d'elle : il ne le pourrait plus aujourd'hui. On ne comprendrait guère une histoire romaine écrite, comme au temps du bon Rollin, avec l'aide des textes seuls, sans un regard sur les monuments. A plus forte raison jugerait-on impossible de parler des grands empires de l'Orient sur le seul témoignage d'Hérodote. Par les découvertes archéologiques une grande partie de l'histoire a été renouvelée, ou est en train de se renouveler. Les monuments corrigent les textes, ou suppléent à leur silence ; les inscriptions révèlent des faits nouveaux, et montrent la vie intime des peuples ; on a percé le mystère de langues inconnues, de signes idéographiques longtemps incompris, et l'on a été mis par eux en communion avec les idées, les sentiments, les croyances des âges les plus reculés. L'histoire, a dit Michelet, est une résurrection : il en est surtout ainsi, quand, illustration vivante des textes, on la voit sortir de terre, temples ou maisons, statues ou peintures, lettres gravées sur le marbre ou tracées sur le papyrus, monnaies, médailles, armes, bijoux, ustensiles, que dis-je ? quand les morts eux-mêmes apparaissent dans leurs tombeaux, tels que les y couchèrent les contemporains. L'archéologie devient alors l'aide puissante de l'histoire. Mais cette évocatrice du passé peut être plus qu'un auxiliaire : en certains cas, elle crée l'histoire elle-même. Bien avant l'époque où commencent les plus anciennes annales des peuples, avant l'écriture, l'homme a vécu. Pour ces temps sans historiens, l'archéologie retrouve les traces humaines. Elle crée alors la préhistoire, science par certains côtés faite d'hypothèses et de conjectures, par d'autres tout à fait positive, puisque ses preuves et ses documents se voient, se touchent, se pèsent, dans les diverses couches du sol d'où on les exhume.

* * *

Les Grecs de la bonne époque n'ont pas connu l'archéologie. Tout entiers à la joie de vivre, au bonheur de créer, ils regardaient droit devant eux, sans se retourner vers les civilisations éteintes et sans rechercher ce qu'ils leur devaient. Ceux d'entre eux qui ont écrit sur les antiquités, Pausanias, l'auteur d'une description de la Grèce, Philostrate, à qui l'on doit celle d'une galerie de tableaux (probablement imaginaire), Lucien, si versé dans la critique d'art, appartiennent à l'époque romaine et à une société plus ou moins cosmopolite : Philostrate était un sophiste aux gages de l'Empire, Pausanias naquit en Asie Mineure et mourut à Rome, Lucien, Asiatique comme lui, était un fonctionnaire romain.

Moins spontanés, les Romains, se sont, délibérément, rattachés au passé. Par l'épopée, avec Virgile, par l'érudition avec Denys d'Harlicarnasse, ils ont essayé de relier leurs origines à la Grèce et à l'Asie ; ils ont aimé les belles légendes qui, selon le mot de Tite Live, refont à ceux qui les recueillent une âme antique. Leur religion a été en partie empruntée, leur art est tout d'emprunt. Comme les races qui n'ont pas de grandes facultés créatrices, ils ont possédé une extraordinaire puissance d'assimilation. La conquête du monde a fait d'eux des lettrés, des artistes, des connaisseurs. Ils ont dépouillé des provinces pour enrichir leurs collections. Un des discours prononcés contre Verrès a pour titre: *les Statues*; Pline consacre de nombreuses pages de son *Histoire naturelle* à décrire des antiquités. Sans doute, les vieux monuments n'ont pas été, par les Romains, étudiés avec méthode et dans un esprit scientifique ; mais ils ont eu parfois la curiosité très raffinée. Que fut la villa d'Hadrien, sinon un ensemble de reconstitutions archéologiques, un album de voyages en briques, en pierres, en marbre, pour le plus errant et le plus curieux des empereurs ?

Longtemps l'esprit romain garda ce pli. Après la victoire du christianisme, des temples échappent à la proscription, parce qu'ils sont devenus des musées. On admire encore, comme des objets d'art, les statues que l'on n'adore plus. Lorsque Constantin crée sur le Bosphore une nouvelle capitale, il a soin d'y entasser tout ce que l'antiquité a laissé de chefs-d'œuvre. A l'abri de ses remparts, la tradition classique se conservera pendont de longs siècles, reconnaissable dans les phases diverses de l'art byzantin.

Ailleurs, les invasions des Barbares en renverseront le flambeau. Sans doute elle jettera encore, en Occident, des lueurs intermittentes. Dans le mouvement aisé et noble de certaines statues du xiiie siècle, dans le beau jet des draperies, l'art antique semble parfois se survivre. On copie des manuscrits, sauvant ainsi, pour l'avenir, les trésors de l'ancienne littérature. Ovide, Virgile, demeurent populaires parmi les lettrés : chacun sait la grande place que tient Aristote dans la pensée du moyen âge. Mais si la tradition n'est pas tout à fait éteinte, l'intelligence des temps passés a presque entièrement disparu. Aucune époque n'a moins que notre moyen âge le sens historique. L'idéal chrétien y rejette dans l'ombre tout ce qui ne procède pas de lui, ou tout ce qui ne se laisse pas aisément assimiler. De là, dans l'interprétation des monuments, de curieuses méprises : vases antiques pris pour la coupe du roi Salomon ou pour les hydres de pierre des noces de Cana, têtes d'empereurs devenant des têtes d'apôtres, scènes de mythologie ou d'histoire romaine changées en épisode de la Bible ou de l'Évangile. L'esprit européen semble n'avoir plus d'autres souvenirs que ces souvenirs sacrés, ou d'autre horizon que celui où ils apparaissent. On y place, sans s'inquiéter des vraisemblances, les quelques personnages de l'antiquité qui sont demeurés dons la mémoire des peuples. Virgile devient un prophète du Christ ; Stace s'est fait chrétien ; la clémence de Trajan a conduit cet empereur au paradis. Parfois, le sentiment de la réalité historique s'efface plus complètement encore : un poète, racontant les funérailles d'Hector, lui fait élever un tombeau dans la cathédrale de Troie. Le moyen âge occidental est une époque de rajeunissement. Les forces du vieux monde s'y transforment et s'y renouvellent. De tels temps produisent des créations souvent admirables, toujours intéressantes. Mais l'originalité est alors trop grande, la vie trop spontanée, pour que l'on conserve ou que l'on retrouve l'esprit du passé, le sens de toute histoire qui n'est pas contemporaine, nationale ou religieuse. Pour des raisons qui se ressemblent, un Français ou un Italien du temps des croisades, de Notre-Dame de Paris, du dôme de Cologne, de la *Divine Comédie*, ne sera pas moins réfractaire à l'archéologie qu'un contemporain de Phidias et de Périclès.

Celle-ci commence au xve siècle, avec le mouvement de la Renaissance. Et s'il n'était pas trop présomptueux de dater et de localiser des faits de cette nature, je dirai qu'elle commence à Rome. La vie éternelle offrait aux amateurs de l'antiquité classique des trésors inépuisables. Malheureusement ses ruines devaient, longtemps encore, servir à tout autre chose qu'à des recherches scientifiques. Les édifices antiques étaient devenus, pendant tout le moyen âge, des carrières de pierre et de marbre, et si leur destruction n'avait pas été plus complète, c'est que la pauvreté de Rome à cette époque, les agitations politiques, les épreuves de la papauté, n'avaient pas permis d'élever beaucoup de constructions. Mais, à l'aurore de la Renaissance, la papauté, rentrée à Rome après la fin du grand schisme, usait de son autorité raffermie pour couvrir la capitale du monde chrétien de palais et d'églises. Beaucoup de ces monuments s'édifieront aux dépens des anciens. On voit avec surprise, au milieu du xve siècle, sous un pape lettré comme Nicolas V, le fondateur de la bibliothèque du Vatican, sortir en une seule année du Colisée deux mille cinq cents voitures chargées de débris antiques. Des matériaux innombrables sont, dans le même temps, tirés du Forum et du Grand Cirque. On n'agit pas autrement au siècle suivant. Les cardinaux, les grands seigneurs, ornent la façade de leurs palais de fragments arrachés aux basiliques et aux temples. Par milliers se comptent les colonnes antiques entrées dans la décoration des édifices modernes. Sans doute la nouvelle Rome ne pouvait s'élever qu'aux dépens de l'ancienne. « Comment exiger que les Romains allassent chercher des matériaux dans les carrières de Tivoli ou de Carrare, qu'ils les transportassent à Rome au prix des plus grands sacrifices, alors que chaque coin de la capitale fournissait en abondance les plus beaux blocs de marbre et de travertin, taillés, équarris, prêts à être mis en place ? » Accordons, puisqu'il le faut, des circonstances atténuantes : cependant, le Jonas exécuté par Lorenzetto d'après des dessins de Raphaël, le piédestal construit par Michel-Ange pour la statue de Marc-Aurèle, seraient-ils moins dignes d'admiration s'ils n'avaient pas été taillés dans des colonnes enlevées au temple de Castor ?

Il faut reconnaître que, même à cette époque de vandalisme lettré, le sentiment archéologique se faisait jour, et gagnait peu à peu des forces. S'ils n'essaient pas de sauver les restes de l'ancienne Rome, si même parfois ils sont complices de leur destruction, les architectes et les artistes en comprennent la valeur, et les dessinent avec soin. Poggio écrit sa *Pérégrination à travers Rome*, où il laisse volontairement de côté tout souvenir chrétien. Biondo dédie à Eugène IV une *Roma instaurata*, essai de topographie de la ville éternelle, où, à travers mille erreurs, éclate un même amour des deux antiquités. Les papes se font les protecteurs des monuments romains. Demeuré humaniste sur le trône pontifical, Pie II, que ses *Commentaires* montrent ému à la vue de toute ruine antique, pleure, dans une épigramme célèbre, sur les beaux marbres réduits en chaux par un peuple ignorant. Il use de son autorité pour défendre, sous des peines sévères, de nouveaux actes de destruction. Bien que plus effrayé que lui de certains aspects périlleux de la Renaissance, son successeur Paul II non seulement rassemble une admirable collection de bronzes et de camées antiques, mais encore fait restaurer des arcs de triomphe et des statues. Sixte IV fonde le musée du Capitole. Jules II commence celui du Vatican, en réunissant à l'Apollon et au Laocoon d'autres chefs-d'œuvres de la statuaire, récemment sortis du sol romain : musée idéal où, dans la délicieuse cour du Belvédère, remplie du parfum des orangers et du murmure des fontaines, les dieux de marbre s'abritent sous des niches semi-circulaires dessinées par Bramante. Raphaël est nommé conservateur des antiquités par Léon X : le même pape confère à Michel-Ange la direction des fouilles autour de l'arc de Septime Sévère. Les monuments antiques ont de nouveau à souffrir sous Sixte-Quint, qui fait abattre le Septizonium de cet empereur. Cependant l'ère des recherches scientifiques est commencée : de 1546 à 1565, le cardinal Alexandre Farnèse fait explorer une partie du Forum ; des inscriptions d'un haut intérêt sont découvertes.

A vrai dire, l'épigraphie, cette branche si importante de la science archéologique, n'avait jamais cessé d'être cultivée à Rome. Bien avant la Renaissance des xv° et xvi° siècles, bien avant même le réveil éphémère qui se fit au temps de Charlemagne et d'Alcuin, on rédigea des recueils d'inscriptions. Il semble que, dans ces temps reculés, les écoliers fussent exercés à copier les marbres originaux comme des modèles d'écriture. A la fin du vi° siècle, au vii°, au viii°, on trouve la trace de sylloges épigraphiques. Viennent ensuite les recueils compilés, en partie d'après ces sources, pendant la période carolingienne, et comprenant indifféremment des inscriptions païennes et chrétiennes ; puis une série d'autres sylloges, se succédant aux xii°, xiii°, xiv° siècles. Non seulement les inscriptions de Rome y sont représentées, mais on y rencontre des textes épigraphiques d'autres villes d'Italie, et même de la Gaule, de l'Espagne, du Portugal, de l'Afrique romaine. Sans doute, les erreurs de copie ou d'interprétation sont nombreuses. On prenait pour un fragment de la loi des Douze Tables une plaque de bronze portant gravé un rescrit de Vespasien. Un voyageur du xiv° siècle interprète, à la grande admiration de ses auditeurs, un texte étrusque conservé à Pérouse c'était une inscription latine du temps des Antonins. Mais les erreurs elles-mêmes témoignent d'une grande curiosité d'esprit, d'une tradition antique aussi persistante que confuse. Au xv° siècle apparaît le véritable fondateur de l'épigraphie classique. C'est l'infatigable voyageur Cyriaque d'Ancône, qui commence à l'âge de dix ans à parcourir le bassin oriental de la Méditerranée, Italie, Illyrie, Grèce, Archipel, Asie, Égypte, étudiant les monuments, copiant des inscriptions et collectionnant des manuscrits. En même temps que lui ou après lui, de nombreux humanistes copient aussi ou rassemblent des inscriptions : leur chef est le président de l'Académie romaine, le semi-païen Pomponio Leto. De lui et de ses amis on ne pouvait attendre que du dédain pour les textes chrétiens : aussi ne leur donnent-ils aucune place dans leurs recueils. La tradition du ix° siècle, où l'on réunissait avec une piété égale les reliques des deux antiquités, est cependant renouée par Pietro Sabino, proclamant que « les inscriptions gravées sur les monuments des temps chrétiens ne méritent pas le mépris ». Son *Corpus* épigraphique, composé à peu près en même temps que celui de Fra Giacondo de Vérone, reproduit même des textes du moyen âge, précieux pour l'histoire des églises de Rome.

Le moment approche où les antiquités chrétiennes vont attirer l'attention des érudits. Le premier feu de la Renaissance s'est amorti : l'humanisme a perdu l'amour trop étroit et trop exclusif de l'antiquité classique. Les discussions religieuses du xvie siècle ont aussi incliné les esprits réfléchis à une étude plus directe du christianisme primitif. Pendant que Baronius en écrit les annales, Ciacconio, Winghe, Macarius, commencent, avec quelque inexpérience, des recherches sur ces monuments figurés, entrevus dans cette « Rome souterraine » dont un hasard heureux avait, en 1578, fait retrouver quelques galeries. Puis vint Bosio, le révélateur des catacombes. De ses travaux, publiés sous diverses formes au milieu du xviie siècle, naquit l'archéologie chrétienne, ou du moins la partie de cette science qui a pour objet l'étude des hypogées creusés par les premiers fidèles, avec leurs souvenirs glorieux ou sanglants, leurs particularités architecturales, leurs inscriptions, leurs peintures, les questions de tout ordre, religieuses, historiques, juridiques même, qu'y fait surgir, à chaque instant, la comparaison des monuments et des textes. Bien que l'ère des grandes découvertes d'archéologie chrétienne, inaugurée par Bosio, se soit fermée presque aussitôt, — puisque l'exploration des catacombes se continua après lui, pendant le xviie et le xviiie siècle, sans esprit de suite et sans méthode, et que ses successeurs, les Boldetti, les Buonarrotti, les Marangoni, les Bottari, malgré les détails précieux conservés dans leurs écrits, n'ont pas fait avancer la science, — cependant la courte carrière de ce grand homme eut une importance décisive ; quand, deux siècles plus tard, l'archéologie chrétienne se remettra en marche, elle n'aura qu'à reprendre la trace profonde creusée par ses travaux.

La découverte des catacombes, suivie des publications de Bosio, tel est à peu près le seul grand fait archéologique des siècles qui séparent la Renaissance et les temps modernes. Dans le domaine des antiquités profanes, peu de fouilles importantes furent tentées à Rome durant la même période. Non que la science demeure oisive ; mais elle se recueille, un peu prématurément, pour faire la synthèse des résultats déjà obtenus, ou elle continue à développer ses branches accessoires, telles que l'épigraphie, dont nous avons dit les commencements, ou la numismatique. En même temps, elle sort chaque jour davantage de son berceau romain ; il y a maintenant des archéologues, quelques-uns même de grande valeur, dans presque tous les pays de l'Europe, en France, en Hollande, en Allemagne, en Suisse, en Angleterre.

L'épigraphie est représentée par des hommes de premier ordre, tels que le Flamand Grüter, le Napolitain Mazzocchi, les Romains Fabretti et Marini. Longtemps le recueil du premier de ces érudits demeura le recueil classique, pour quiconque voulut se livrer à l'étude des inscriptions latines ou les faire servir à celle de l'histoire. L'ouvrage de Marini sur les actes et les monuments des « frères Arvales » est encore d'une importance capitale pour l'intelligence des antiquités romaines, même après la publication faite de nos jours par Henzen ; son livre, resté manuscrit, sur les inscriptions doliaires a eu, en 1884, les honneurs d'une édition savante. Mais c'est surtout la numismatique qui, au XVIIe et au XVIIIe siècle, attire les érudits. Ils semblent tous occupés à décrire et à classer des médailles. Pour quelques-uns, c'est curiosité littéraire, dilettantisme savant ; pour la plupart, c'est déjà un effort pour donner des documents précis à l'histoire. Le Hollandais Smet s'amuse à décrire son cabinet de numismatique ; mais le Romain Orsini recherche dans les médailles la série des familles illustres de la Rome républicaine ; le Suisse Morell étudie de même les familles romaines ; le diplomate genevois Spanheim, auteurs de piquants mémoires sur la cour de France, commente à l'aide des médailles et des monuments les *Césars* de Julien ; l'Italien Banduri, devenu Français d'adoption, publie les médailles des empereurs romains ; le Français Vaillant étudie non seulement la numismatique des empereurs, mais celle des familles, des colonies, des municipes, et, pour la première fois, la faisant servir à l'histroire de l'Orient, essaie de retracer à l'aide des médailles les annales des Arsacides, des Séleucides et des Ptolémées, des anciens rois du Pont, du Bosphore, de la Bithynie. C'est encore un Français, Pellerin, qui, abandonnant les méthodes vicieuses de ceux qui classaient les monnaies et médailles d'après les métaux ou les formats, inaugura le classement par divisions géographiques frayant ainsi la voie que suivra, dans son ouvrage devenu classique, le grand numismate autrichien Eckhel. Ce dernier est un Jésuite, de même que le savant et paradoxal P. Hardouin, qui se servit de la numismatique pour jeter des doutes sur l'authenticité de la plupart des livres des anciens, et les PP. Jobert, dont la *Science des médailles* eut de nombreuses éditions, et Zaccaria, plus célèbre par son *Histoire littéraire de l'Italie* que par ses *Institutions numismatiques*.

On voit par ces noms, auxquels d'autres pourraient aisément s'ajouter, quelle est déjà, dans cette période, l'importance du mouvement qui pousse les esprits vers les recherches archéologiques. La plupart se spécialisent; d'autres ont la curiosité plus universelle. Il en est surtout ainsi en France, durant ce XVIIIe siècle où les intelligences semblent avoir je ne sais quoi d'alerte et de facile qui leur fait, sinon approfondir, au moins effleurer tous les sujets. C'est l'époque des grands amateurs, hommes du monde, assidus aux soupers, répandus dans les salons, ne craignant même pas, parfois, de voyager, et capables d'écrire de la même main des œuvres badines et de gros in-folios bourrés de recherches savantes. Le comte de Caylus, avec ses recueils d'antiquités égyptiennes, étrusques, grecques, romaines et gauloises, ses traités de numismatique, et surtout son grand ouvrage sur la peinture antique, semble personnifier cette classe d'érudits. Malgré le petit collet, l'abbé Barthélemy, le familier des Choiseul, se laisserait aisément ranger dans le même groupe : sa curiosité s'est tour à tour portée vers l'Orient, par l'étude des monuments phéniciens et des inscriptions palmyréennes, et la Grèce, dont il a scruté avec le même soin la musique et les finances, et qu'il fait agréablement revivre dans la plus populaire de ses œuvres, digne encore d'être lue, le *Voyage du jeune Anarcharsis*. Même dans les cloîtres les plus austères, les érudits français du XVIIIe siècle gardent le maintien accueillant et sociable : dom Bernard Montfaucon, à côté de son édition de saint Jean Chrysostome, de ses *Monuments de la monarchie française*, compose sa grande œuvre archéologique, l'*Antiquité expliquée* : mais il a aussi, comme son illustre confrère Mabillon, des loisirs à consacrer au cercle de causeurs aimables et savants qui forment « la société de Saint-Germain-des-Prés » ; ces bénédictins antiquaires demeurent, eux aussi, des hommes du monde.

**

On a souvent répété le mot de Talleyrand : « Qui n'a pas vécu avant 1789 a ignoré la douceur de vivre. » Il semble que cette parole soit vraie aussi pour les archéologues. Au xixe siècle, l'archéologie est devenue tout à fait une science. Elle a créé les méthodes inflexibles et pris l'esprit d'âpre conquête. Il n'a plus été permis de cultiver en amateur. Aussi sans s'attarder davantage aux études de pure curiosité, aux doctes et brillantes causeries, a-t-elle fait depuis cent ans d'immenses progrès : Rome, explorée dans les âges précédents par des savants aimables, aidés de généreux Mécènes, est maintenant fouillée avec une rigueur toute scientifique. La Grèce, que les érudits du siècle dernier n'apercevaient guère qu'à travers ses traditions romaines, a été étudiée directement, scrutée dans l'intime originalité de son art et de son esprit, scrutée aussi dans leurs lointaines origines. L'Orient nous a beaucoup appris sur celles-ci, mais il nous a surtout beaucoup appris sur lui-même : la conquête de l'Orient, par le déchiffrement de ses écritures et l'exhumation de ses monuments, est une des gloires de l'archéologie au xixe siècle.

A vrai dire, ce travail immense de notre âge avait été ébauché, ou au moins annoncé, dans la courte période de temps où semblent se confondre le crépuscule du xviiie siècle finissant et l'aube du xixe. Rome, cette terre de ruines, où l'esprit, comme accoutumé aux antiques horizons, rêve ceux mêmes qui se dérobent encore à sa vue, vit passer alors quelques archéologues dont la divination sembla tenir du génie. Quelle figure attachante que celle de ce Winckelmann, fils d'un pauvre cordonnier de la Marche du Brandebourg, triomphant de tous les obstacles et se faisant Romain pour écrire cette *Histoire de l'art antique* où, sans avoir toujours sous les yeux des monuments aussi originaux qu'il le croyait, il trace d'avance le cadre que rempliront ses successeurs ! Les écrits de Winckelmann ne furent pas sans influence sur la destinée d'Ennius Quirinus Visconti, qui, après avoir collaboré à la description du Musée de sculpture créé par Clément XIV et Pie VI au Vatican, suivit à Paris, pour les classer et les décrire, les chefs-d'œuvre qu'y transportèrent d'Italie les victoires françaises, publia l'iconographie grecque et moderne, et fut l'un des fondateurs de notre Musée des antiques ; mais surtout ils éveillèrent le génie du Danois Zoega, devenu, comme Winckelmann, Romain d'adoption. Une curiosité plus étendue partagea l'esprit de cet illustre érudit entre Rome, dont il avait entrepris l'étude topographique et dont il publia les bas-reliefs, et l'Égypte. C'est de Rome qu'il entrevit la terre des Pharaons et des Ptolémées. La publication des monnaies impériales frappées en Égypte, que renfermait le riche cabinet de son protecteur, le cardinal Borgia, le conduisit à étudier, avec les ressources limitées dont il disposait, ce pays lui-même, et à chercher le secret de sa religion et de son histoire. Il apprit le copte dans ce but, et ne cessa de rassembler des renseignements et des textes. Chargé par Pie VI de décrire les obélisques égyptiens, si nombreux à Rome, que ce pape faisait relever, il leur consacra un voyage qui, dénué aujourd'hui de valeur scientifique, puisque les hiéroglyphes étaient encore lettre morte, représente un effort énorme accompli dans la nuit. « Conçu et exécuté pour la majesté du plan, la profondeur et l'étendue des bases, l'harmonieuse grandeur des développements, la perfection patiente des détails, et la simplicité sévère du style, dans un esprit vraiment égyptien, ce livre, qui prélude dignement aux travaux de notre siècle, apparaît — écrit le traducteur de la *Symbolique* de Creuzer, Guigniaut — comme un monument mystérieux, mais plein d'espérance, sur la limite de deux âges. »

C'est à la suite de Bonaparte que l'Europe savante fit irruption en Égypte. L'annexion par la science commença alors, plus durable que la conquête par les armes. Des travaux de l'Institut et de la Commission fondés au Caire en 1798, sortit le grand ouvrage qui a pour titre : *Description de l'Egypte*, et forme vingt-deux volumes in-folio. Cependant le pays, mieux connu, n'aurait pas encore livré son secret, si un homme de génie, Champollion, après avoir, à l'exemple de Zoega, étudié le copte, où dans sa pensée devaient se trouver les débris de l'ancienne langue égyptienne, n'avait, perfectionnant et rectifiant les résultats déjà entrevus par le philologue danois Akerblad, découvert, après une étude patiente de la célèbre inscription trilingue de Rosette, la clef des hiéroglyphes. Quand Champollion mourut, à quarante ans, l'égyptologie était fondée. Ses successeurs n'auront plus qu'à marcher dans la route tracée par lui : ils pourront lire, comme en un livre ouvert, les textes gravés sur le granit des pylônes ou des obélisques, sur le piédestal des statues, sur les flancs des sarcophages, sur les murailles des palais et des temples, peints sur les parois des hypogées, sur les boîtes des momies, sur les rouleaux de papyrus.

Champollion avait fait en France ses grandes découvertes : dans la dernière partie de sa vie seulement il lui fut donné de visiter le pays dont il avait ouvert à tous l'intelligence. Dès lors, la science égyptologique suivra un double courant : les uns comme les Letronne, les Lenormant, les Rougé, les Chabas, en France, les Lepsius, les Brugsch, les Ebers, en Allemagne, la propagent surtout par l'enseignement public, par l'étude des antiquités conservées dans les collections européennes, par les livres ; d'autres, comme les Mariette, les Maspero, ou les élèves formés à leur école, la feront d'abord progresser sur place, y ajoutant chaque jour, par quelque découverte nouvelle, un nouveau chapitre. Quand le premier de ces savants pénètre jusqu'au Sérapéum de Memphis, à travers une avenue de sphinx que Strabon vit déjà ensevelis jusqu'à mi-corps ou même jusqu'à la tête dans les sables qu'avait roulés sur eux le vent du désert; quand le second, dépouillant délicatement les bandelettes de momies royales conservées au Musée de Boulaq, fait apparaître au soleil les traits de Pharaons contemporains de Moïse, et permet de juger, par une émouvante confrontation, de la ressemblance des originaux avec les statues ou les peintures qui les représentent : il semble que l'histoire même de l'Égypte sorte des ténèbres et renaisse à la vie. On devine la complexité de cette histoire, quand l'exploration des papyrus découvre, à côté des solennels enseignements du *Livre des Morts*, ces contes populaires, romanesques, fantastiques, ces caricatures légères, parfois libertines, où se révèle aux regards surpris tout un côté inattendu de l'âme égyptienne. On achève de perdre la trompeuse sensation du monotone et de l'énorme, qu'avait fait naître une vue superficielle de l'art égyptien, en rencontrant dans des tombes royales, comme celles que découvrit, il y a quelques années, à Dachcour M. de Morgan, une quantité presque innombrable de bijoux d'or, inscrustés de pierreries, dont la technique est si achevée que rien ne saurait la surpasser. Depuis bientôt un demi-siècle, les fouilles n'ont pas cessé : savants régulièrement attachés au service des antiquités égyptiennes, missions françaises, sociétés anglaises d'exploration, rivalisent de hardiesse et de succès. Des sépultures de l'Ancien Empire jusqu'aux monuments de l'Égypte gréco-romaine, le passé de cette terre aux inépuisables richesses, autrefois énigmatique et muet comme ses sphinx de granit, se révèle maintenant aux archéologues.

Par une singulière coïncidence, l'exploration du monde assyrien commença presque en même temps que celle de l'Égypte. A vrai dire, elle était plus difficile encore. De l'Égypte, au moins, les monuments restaient debout. Ils n'avaient pas cessé d'être visités, et avaient même acquis, par les récits des voyageurs, depuis l'antiquité jusqu'à nos jours, une sorte de popularité légendaire. Si indéchiffrés qu'ils fussent, non seulement les textes hiéroglyphiques se lisaient sur les édifices demeurés en place, mais encore on les trouvait répandus, à des milliers d'exemplaires, dans toutes les collections européennes. Rares y étaient, au contraire, les exemples d'écritures chaldéo-assyriennes, ensevelies, avec les temples et les palais, sous les monticules qui seuls marquaient l'emplacement de ceux-ci dans les vastes plaines de la Haute-Asie. Cependant, tout au début de ce siècle, au moment où Champollion rencontrait la clef de hiéroglyphes, une conjecture heureuse sembla près de mettre aux mains du Hanovrien Grotefend celle des inscriptions cunéiformes. Mais, bien qu'exacte en soi, son hypothèse serait demeurée stérile, sans les travaux autrement précis et méthodiques des savants qui, après avoir étudié les trois langues que cachaient les signes bizarres gravés sur les marbres de Persépolis, reconnurent dans l'une d'elles l'idiome sémitique parlé, plus de vingt siècles auparavant, aux bords de l'Euphrate et du Tigre. Depuis cinquante ans cet idiome se lit sur les innombrables morceaux d'argile provenant des capitales anéanties de l'Assyrie et de la Chaldée. Les fouilles de Botta, de Place, de Layard, à Ninive, celle de Layard, de Rawlinson, de Lejean, d'Oppert, à Babylone, les découvertes plus récentes de M. de Sarzec, les travaux de déchiffrement et d'interprétation poursuivis en France par Longpérier, Saulcy, François Lenormant, Joachim Ménant, en Angleterre par Rawlinson, Norris, Smith, ont percé le mystère des grandioses civilisations entrevues seulement, jusqu'au milieu de ce siècle, à travers les récits de Bérose, de Diodore et de la Bible.

Elles se racontent elles-mêmes dans les textes et les figures gravés sur ces briques, ces cylindres de terre cuite, que possèdent maintenant en si grand nombre nos musées. On a d'elles une image dans les bas-reliefs colossaux qui remplissent les galeries du Musée britannique et du Louvre. Il semble qu'on devine dans ces sculptures, sans un trop grand effort d'imagination, le caractère des deux empires de civilisation semblable qui dominèrent successivement les vastes régions de la Mésopotamie, jusqu'au jour où la conquête persane plongea, selon le mot de la Bible, « leurs princes, leurs mages, leurs magistrats et leurs braves dans l'éternel sommeil. » Si, en s'aidant des récits des voyageurs et des descriptions des archéologues, on replace ces blocs colossaux dans leur cadre primitif; si l'on se représente, au milieu des plaines nues de la Chaldée, les tertres construits de main d'homme, sur lesquels s'élevaient des tours à étages, des palais de dimensions énormes; si, au pied des murailles de briques émaillées, on pose, comme une lourde tapisserie de pierre, les immenses tableaux représentant des sacrifices, des cortèges de rois et de captifs, des scènes de guerre ou de chasse : on se trouve en présence d'un idéal de force virile qui a quelque chose d'écrasant. Parmi ces personnages richement vêtus, groupés dans des attitudes uniformes, à la fois robustes et raides, presques abstraits, les lignes souples du corps humain n'apparaissent jamais dans leur mouvement et leur vie (au contraire des sculptures d'animaux, toujours pleines de naturel et d'action); jamais non plus un rayon de grâce féminine ne vient éclairer cette morne splendeur. Quand même les savants n'aurait pas déchiffré les briques couvertes d'écritures cunéiformes, qui étaient les livres des bibliothèques royales, on devinerait, à la seule vue des monuments reconstitués par l'archéologie ou représentés par des fragments, dans nos musées, l'oppression que fit peser sur le monde asiatique la civilisation chaldéo-assyrienne, si maudite des prophètes hébreux. Chose étrange, l'Égypte, dont la pensée semble toujours ramenée vers la tombe, a quelque chose de plus vivant que la savante et mystérieuse Chaldée, aux regards levés vers les astres. Il y a plus de lumière dans les yeux de ses sphinx rêvant au milieu des déserts que dans ceux des taureaux à face humaine qui gardaient les palais assyriens.

De l'art assyrien procède directement celui qui fleurit plus tard chez les Perses, conquérants de Babylone. Moins rude, plus somptueux, accommodé aux exigences d'une société plus molle, mais le même au fond, il apparaît à Suse dans ce palais de Darius que nous ont rendu les admirables fouilles de M. Dieulafoy, et dont on reçoit en visitant la salle du Louvre qui lui est consacrée, devant les chapiteaux bicéphales, les poutres gigantesques, les merveilleuses frises de faïence polychrome, une impression si profonde. Mais, à première vue, on s'attendrait moins à reconnaître l'influence des sémites assyriens dans le développement artistique d'un autre peuple aryen, que de grands espaces de terre et de mer séparaient des empires de la Haute-Asie. On admettrait volontiers que l'Égypte, où, regardé de près, l'art est si varié, se plaît aux scènes familières, sait répandre la vie jusque dans les ombres de la mort, excelle même à représenter le nu, ait eu une large part à l'éveil du sentiment de la couleur et de la forme chez les Grecs. Cependant, s'ils doivent quelque chose à celle-ci, ils doivent beaucoup plus à l'Assyrie, si loin que ses ornements géométriques, ses animaux fabuleux, ses personnages aux formes ramassées, paraissent du naturalisme harmonieux et libre que présente l'art grec parvenu à sa perfection. C'est que l'Égypte leur fut longtemps fermée par une politique jalouse, et ne s'ouvrit à eux que plus tard, quand leur génie artistique avait commencé à prendre conscience de lui-même; tandis que soit par l'intermédiaire des Phéniciens soumis à l'Assyrie au temps des Sargonides, soit par l'intermédiaire des peuples de l'Asie Mineure, Phrygiens, Lydiens, Cappadociens, dont l'art indigène se rattache directement à celui de Babylone, les Hellènes reçurent beaucoup plus tôt les influences de l'Orient. Ils s'en affranchirent vite, ou plutôt ne se les assimilèrent qu'en les transformant, grâce à cette faculté créatrice, à ce sentiment inné de la mesure et du goût, auxquels la civilisation grecque dut sa rapide croissance, contrastant si fort avec l'apparente immobilité du monde oriental. Mais toutes les comparaisons, que les découvertes modernes ont rendues faciles, montrent la part que la Phénicie, Chypre, l'Assyrie, la Lydie et la Phrygie, l'Égypte même dans une proportion moindre, eurent par des apports plus ou moins abondants ou plus ou moins directs, à la première éducation artistique des Hellènes. Et il semble bien démontré (malgré quelques opinions dissidentes) que si « la voie d'Asie Mineure n'est sans doute pas la seule qu'aient suivie, à travers les terres et les mers, les semences qui sont venues germer sur le sol de la Grèce, et y porter des fruits merveilleux, » au moins « c'est la principale, c'est, pour ainsi dire, la route royale qui met Babylone et Ninive en communication directe avec Smyrne, Milet, Éphèse et Athènes ».

Voilà ce qu'on ne pouvait savoir encore, non seulement au commencement de ce siècle, quand écrivait Winckelmann, mais même dans sa première moitié, alors qu'un érudit de génie, Otfried Müller, publia son *Manuel de l'Archéologie de l'Art*. L'art, la littérature, la civilisation de la Grèce paraissaient alors une sorte de création spontanée d'une race et d'une terre privilégiées : on étudiait la Grèce comme si elle eût été seule au monde, *proles sine matre creata*. Par l'étude des antiquités orientales, surtout des antiquités asiatiques, l'érudition contemporaine lui a découvert des ancêtres longtemps ignorés ou méconnus.

Ayant ainsi, dans la mesure du possible, résolu le problème des origines, l'archéologie pouvait, avec une sécurité plus grande, entreprendre l'étude des monuments. A l'admiration enthousiaste, mais aveugle, s'était joint ce guide nécessaire, le sens historique, qui classe les styles, détermine les écoles et les époques, marque les diverses phases de l'évolution. Dans cet esprit notre siècle étudia la Grèce continentale et cette Grèce du dehors qui, en hellénisant l'Asie Mineure, rendit avec usure à l'Orient les bienfaits que l'hellénisme primitif en avait reçus. Le temps aussi était passé des rapts violents ou des habiles marchés qui enrichissaient nos musées au détriment de la terre classique où naquirent tant de chefs-d'œuvre. Quand même les législations indigènes ne s'y opposeraient pas, le sentiment plus juste que nous avons acquis des rapports formés entre le monument et son cadre naturel, le sol qui le porte et le ciel qui l'éclaire, ne permettrait guère aujourd'hui d'enfermer dans les salles du Musée britannique les métopes du Parthénon, la frise intérieure du temple de Phigalie, faits pour recevoir la caresse dorée que donne aux marbres sculptés le soleil de l'Attique ou de la Béotie. C'est dans un large sentiment d'art, allié à des préoccupations uniquement scientifiques, qu'ont été conduites les recherches poursuivies dans la Grèce propre et dans les contrées helléniques pendant la seconde moitié de ce siècle. La science française y prit une large part. Sans parler des fouilles célèbres de Schliemann à Hissarlik, à Tirinthe et à Mycènes, qui appartiennent plutôt à l'archéologie préhistorique, l'Allemagne s'enorgueillit à bon droit de celles d'Olympie et de Pergame. L'Angleterre est justement fière de celles de Newton à Halicarnasse et à Cnide, de Wood à Éphèse, de Ramsay en Phrygie. La France peut, dans l'exploration méthodique des pays grecs, revendiquer les fouilles de Beulé à l'acropole d'Athènes, l'étude de la voie Éleusinienne par François Lenormant, les fouilles de M. Homolle à Délos, de M. Rayet à Milet, les recherches de M. Heuzey en Macédoine et en Acarnanie, de M. Foucart et de M. Wescher à Delphes et dans le Péloponèse, les grandes publications de Texier, Le Bas, Waddington sur les villes grecques de l'Asie Mineure, de M. Perrot et de M. Guillaume sur la Galatie et la Bithynie, les fouilles récentes de Delphes, les services de toute sorte rendus à la science, depuis plus d'un demi siècle, par notre École d'Athènes. Celle-ci est la doyenne des missions scientifiques permanentes en Grèce, puisqu'elle date de 1846, tandis que la section athénienne de l'Institut archéologique allemand n'est que de 1871, la mission russe de 1880, et l'École américaine de 1882.

Mais l'étude des pays helléniques consiste surtout dans l'exploration des monuments qu'ils contiennent et dans la recherche des œuvres d'art qui peuvent encore s'y cacher sous les ruines. Bien que les inscriptions que l'on découvre apportent des renseignemens précieux non seulement sur la topographie, mais aussi sur les institutions, sur les idées et les mœurs, cependant on ne peut attendre de l'épigraphie grecque des révélations très neuves sur l'histoire. Tandis que l'Assyrie, la Chaldée, l'Égypte ne possédaient qu'une littérature écrite en caractères indéchiffrables, ensevelie souvent avec les monuments ou même en faisant partie intégrante, et qu'il fallut à la fois découvrir et interpréter, la littérature grecque n'a jamais cessé d'être connue des pays civilisés, elle leur demeura familière même pendant le moyen âge, et, à partir de la Renaissance, devint l'un de leurs principaux aliments intellectuels. Les recherches poursuivies dans le monde hellénique ont donc eu pour caractère de nous donner une intelligence plus complète et plus délicate de ses chefs-d'œuvre : elles n'ont révélé ni sa religion, ni sa philosophie, ni sa poésie, ni son histoire.

* * *

Ce qu'on vient de dire du monde grec est encore plus vrai du monde latin. Notre siècle n'a pas eu à le découvrir, parce que nous n'avons pas cessé de vivre de sa vie. Rapprochés de lui par nos traditions, familiers avec son histoire, nourris de sa littérature, nous reconnaissant dans tout ce que nous exhumons de son passé, il nous est plus facile d'arriver, en ce qui le concerne, à cette connaissance du détail et à cette intelligence de l'ensemble qui sont la science complète. On peut dire que, étudiées avec la précision des méthodes modernes, les antiquités romaines nous sont aussi connues que les choses mêmes de notre temps : peut-être pouvons-nous les mieux juger, parce que nous avons pour elles ce qui nous manque pour l'histoire contemporaine, le bénéfice du recul et les avantages de la perspective.

Les origines, sans doute, offrent toujours des difficultés. Dans l'Italie centrale, quelques fragments d'enceintes fortifiées sont attribués aux Pélasges. De l'antique Latium on connaît la forme de ses cabanes et le nom de ses dieux. L'Étrurie, malgré les études de Noël des Vergers et d'Otfried Müller, reste un mystère, avec sa langue incomprise, sa religion qui semble empruntée à la Haute Asie, son art où, pour les sujets comme pour les styles, l'esprit national s'efface peu à peu devant l'esprit grec. C'est en se laissant pénétrer par la civilisation étrusque que Rome, sans perdre son vieux fond latin, reçut une première et lointaine empreinte de la Grèce et de l'Orient. Mais, à mesure que s'étendit la puissance romaine, le contact devint plus direct. Si l'Orient n'introduisit que tardivement à Rome ses divinités, — puisque

celles de l'Égypte n'y furent admises sans contestation qu'au
1ᵉʳ siècle de notre ère, et que le grand afflux des superstitions orientales se produisit surtout au IIIᵉ, — l'influence grecque, au contraire, s'y fit sentir dès que la guerre eut mis les Romains en
rapports avec le monde hellénique. La religion grecque, la pensée grecque, l'art grec sous toutes ses formes s'imposèrent à eux,
« les conquirent », selon le mot d'Horace, mais non sans leur
laisser les qualités naturelles de « la race née pour gouverner les
peuples » ; celles-ci, dans les manifestations plastiques de son
génie, se traduisent par un caractère de force, d'ordre, de
symétrie, où l'autorité romaine se marque aux dépens des grâces
plus légères de l'hellénisme.

Rome nous devient chaque jour mieux connue. Sa topographie, déjà ébauchée par les érudits des siècles précédents, a été
depuis quelques années l'objet de recherches nouvelles. On sait
que des fragments du plan de Rome, dessiné sur marbre au début
du IIIᵉ siècle par l'ordre de Septime Sévère et Caracalla (aujourd'hui au musée du Capitole), avaient été découverts, au XVIᵉ siècle,
près du *Templum Sacræ Urbis*, l'église actuelle des SS. Côme et
Damien. D'autres débris du même plan ont été retrouvés, en
1867, en 1882, en 1884, en 1888, en 1891 ; plus de quatre cents
nouveaux fragments viennent d'être mis en lumière, au mois de
janvier 1899. Nous possédons ainsi environ le tiers du plan. De
nouvelles fouilles permettront peut-être de combler une partie des
lacunes encore existantes ; mais dès aujourd'hui on peut dire que
la topographie de Rome est en possession de résultats définitifs. Il
semble que chacune des nations savantes de l'Europe ait voulu
contribuer à la reconstitution de la ville antique : l'Italie avec
M. Lanciani, l'Allemagne avec M. Jordan et M. Huelsen, l'Angleterre avec M. Middleton ; récemment, M. Cagnat a pris « la
topographie de Rome antique » pour sujet de son cours au Collège de France. Les changements dont Rome a été l'objet depuis
1870 ont singulièrement facilité cette étude. Sans doute le gouvernement nouveau, en voulant faire de la ville éternelle une capitale moderne, en y traçant des rues banales, sans beauté comme
sans histoire, en a gâté irrémédiablement bien des aspects. « Ce qui
me plaît dans la Rome actuelle, — écrivait au milieu de ce siècle
J.-J. Ampère, — c'est ce qui ressemble à la Rome de Pétrarque

et de Pogge ; ce sont les quartiers déserts, les monuments abandonnés, les vignes couvrant les fûts des colonnes renversées, les buffles dans le Forum, et surtout les fragments antiques enfouis dans l'architecture moderne : l'architrave d'un temple servant de linteau à une porte d'église ; un tronçon de colonne faisant l'office de borne au coin d'une rue ; des échoppes nichées sous les gradins du théâtre de Marcellus, ou de petites maisons perchées sur les tombeaux de la voie Appienne. Ces accidents et ces contrastes donnent à Rome un caractère à part, qui la distingue entre toutes les villes. » Sans avoir disparu partout, ce « caractère à part » s'est bien effacé. Au contraire de ce qu'avait vu Ampère, Rome tend de plus en plus à ressembler à « toutes les villes ». Je sais des gens qui ne s'en consoleront jamais. Si quelque chose, cependant, pouvait atténuer leur douleur, ce serait la pensée que la science s'est quelquefois enrichie de ce que perdait la poésie des ruines. Et, en fait, il en a été ainsi. Telle tranchée ouverte pour tracer une rue neuve ou jeter les fondements d'un banal édifice, a découvert d'antiques substructions, permis de fixer l'emplacement de quelque monument célèbre, remis des inscriptions en lumière. Hâtons-nous aussi de dire que toutes les découvertes notées soigneusement par les archéologues n'ont pas été dues au hasard, et que les fouilles commencées sous les gouvernements précédents ont été, en divers points de Rome, poussées depuis quelques années avec une très grande ardeur.

Celles du Palatin n'eurent qu'à être continuées et agrandies. Le déblaiement de la colline historique où fut la *Roma quadrata* des temps primitifs, où l'on montrait encore au IVe siècle la cabane légendaire de Romulus, où successivement tous les princes se construisirent des palais, et qui demeura jusqu'à l'époque byzantine le siège ou le symbole du pouvoir impérial, avait été commencé aux frais de Napoléon III, sur le versant couvert alors par les jardins Farnèse ; bien que toutes les parties du Palatin ne soient pas explorées et, dans l'état actuel, ne puissent encore l'être facilement, au moins peut-on passer des restes gigantesques du palais de Caligula, en suivant le long corridor où il fut assassiné, à la petite maison dite de Livie, pleine de fresques exquises, atteindre ensuite le palais de Domitien, traverser le vaste ovale, entouré de plusieurs étages de portiques, dans lequel les uns ont vu un stade, les autres un hippodrome, visiter les ruines du palais de Septime Sévère, et, de la loge impériale qui surplombait le versant est de la colline, jeter un regard sur le Grand Cirque, par-dessus des logements de soldats ou d'esclaves où fut découverte, en 1856, la fameuse caricature du crucifix, aujourd'hui au musée Kircher.

Les fouilles du Forum avaient été reprises à la fin du xviiie siècle. Pie VII, l'administration française sous Napoléon Ier, Léon XII, Grégoire XVI, Pie IX jusqu'en 1854, continuèrent le déblaiement de ses ruines. Celui-ci a été, depuis 1870, poursuivi avec une grande régularité. Les découvertes, tant de cette nouvelle phase des travaux que dans la période précédente, ont été considérables : la plupart des édifices du Forum sont maintenant identifiés avec certitude ; et si la partie nord, recouvrant des monuments qui appartiennent à la plus haute antiquité, et touchent aux origines mêmes de Rome, n'est pas encore entièrement déblayée, — ce qui sera l'œuvre du xxe siècle, — tout le reste de l'immense place est aujourd'hui ramené au sol antique. Du Colisée à la maison des Vestales, de celle-ci au temple de Saturne et au pied du Capitole, le voyageur peut errer, parmi les soubassements des temples, les restes des colonnades, les piédestaux remis debout, sur les dalles mêmes que foulèrent les contemporains d'Auguste. Bien plus haut encore lui est-il déjà permis de remonter jusqu'aux temps presque fabuleux des Rois et des premières années de la République. Près de l'arc de Septime Sévère viennent d'être retrouvés la fameuse « pierre noire » que la légende rattache au souvenir de Romulus, au-dessous d'elle les débris d'un édifice de construction étrusque, et tout auprès un cippe portant, en langue latine et en caractères grecs ou étrusques, une inscription qui semble « la loi d'un sacrifice », — peut-être du sacrifice expiatoire commandé par le Sénat après la reprise de Rome sur les Gaulois, au vi[e] siècle avant notre ère.

De tels résultats étaient possibles pour le Palatin et pour le Forum, demeurés à l'état de ruines ; mais les autres régions de l'ancienne Rome ne pouvaient être déblayées de la même façon sans démolir la Rome moderne. Au moins les plus intéressantes ont-elles été étudiées, l'emplacement de leurs principaux monuments reconnu, les parties qui demeuraient encore visibles identifiées et mises en lumière : c'est ainsi que, bien qu'un petit nombre de fragments subsistent seuls du vaste quadrilatère, composé d'une suite de places somptueuses, qui s'étendait entre le Capitole, le Forum romain, l'Esquilin et le Quirinal, et formait les Forums de César, d'Auguste, de Néron, de la Paix et de Trajan, cependant le plan de cette grandiose perspective de basiliques et de temples est aujourd'hui déterminé avec assez de précision pour donner l'idée du quartier peut-être le plus imposant de la Rome impériale.

Mais s'il est impossible d'explorer régulièrement celle-ci, sur combien de points, hors de Rome, s'est porté le travail des archéologues ! Citons le déblaiement de la voie Appienne en 1850, depuis le tombeau de Cæcilia Metella jusqu'au douzième mille ; l'étude de la villa d'Hadrien, amas presque informe de ruines, où l'érudition moderne est parvenue à se frayer un chemin ; les fouilles méthodiques d'Ostie, explorée, avec un véritable souci de la science, sous Pie VII, en 1800, sous Pie IX, depuis 1855, puis par les soins du gouvernement italien ; enfin les deux villes ensevelies depuis bientôt dix-neuf cents ans sous les cendres du Vésuve, Herculanum et Pompéi. A Herculanum, presque toutes les découvertes ont eu lieu au siècle dernier : sous la couche profonde et durcie qui la recouvre, l'exploration complète serait extrêmement coûteuse, et ne pourrait guère se faire, d'ailleurs, sans détruire la ville moderne de Regina. Cependant la villa où ont été trouvées, vers 1750, des statues admirables, et qui appartint peut-être au beau-père de César, est loin d'être entièrement fouillée : même en s'y limitant, on aurait encore chance de rencontrer des œuvres de premier ordre. Au moins devrait-on poursuivre avec zèle le dépouillement des trois mille rouleaux de papyrus grecs et latins, qui en furent extraits et qui contiennent sans doute bien des fragments inconnus de la littérature classique. Pompéi, découverte au milieu du XVIIIe siècle, quelques années après Herculanum, était d'une exploration beaucoup plus facile, puisqu'elle avait été enterrée à une très mince profondeur. Type de la petite ville de province, elle renfermait probablement peu de chefs-d'œuvre ; mais ce qui est plus précieux encore, au moins pour l'archéologie et l'histoire, en la dégageant au prix d'un travail relativement aisé, on était sûr de retrouver une cité antique presque intacte. Malheureusement, cela ne fut pas d'abord compris. On fouillait au hasard, sans aucun plan arrêté, pour faire honneur des découvertes à quelque étranger de distinction ou pour enrichir les musées royaux. Depuis le commencement de ce siècle, sans être d'abord conduites d'une manière tout à fait scientifique, les fouilles furent poussées avec une activité plus grande : avant que le nouveau régime politique remît l'exploration de la petite ville campanienne aux mains habiles de M. Fiorelli, une partie notable de celle-ci avait déjà reparu au jour, avec beaucoup de ses rues et les plus importants de ses monuments. Aujourd'hui, c'est lentement, avec méthode, sans rien livrer au hasard, s'appliquant surtout à laisser sur place tout ce qui peut y être conservé, de manière à n'altérer que le moins possible l'antique aspect des lieux, que s'opère le déblaiement. Tout le monde a entendu parler du procédé ingénieux par lequel, au moyen de plâtre coulé dans les creux que firent parmi les cendres les cadavres de Pompéiens surpris par l'éruption en luttant contre la mort, on a pu, par le plus saisissant des « instantanés », conserver l'image et comme la statue de plusieurs de ces victimes du drame du Vésuve.

Sur tous les points occupés en Occident par l'Empire, les antiquités sont venues en aide à l'histoire. En Gaule, où la civilisation latine s'était vite implantée, sans étouffer cependant l'esprit indigène, et où les dieux des conquérants et les divinités celtiques s'offraient aux hommages des mêmes adorateurs, les érudits n'ont cessé de relever, dans l'ordre militaire, civil et religieux, les vestiges de la domination impériale, enceintes des cités, théâtres, amphithéâtres, villas, arcs de triomphe, temples, chapelles rustiques, bornes milliaires. Le musée de Cluny, celui de Saint-Germain-en-Laye, beaucoup de musées de province, conservent les autels, les inscriptions, les statues, les terres cuites, les armes, le mobilier funéraire, provenant des quatre siècles durant lesquels la marque romaine s'est si profondément imprimée sur notre sol et notre race. Ici, comme partout, la numismatique a jeté de vives lumières. La monnaie de l'antiquité avait été étudiée par M. François Lenormant, et spécialement la monnaie romaine par MM. Mommsen, de Blacas, de Witte ; la numismatique gauloise avait inspiré d'excellents travaux de M. Charles Robert; l'étude par M. de Witte d'une série limitée de médailles gallo-romaines a renouvelé tout un chapitre de l'histoire de notre pays, que l'on connaissait seulement jusque-là par les récits d'historiens de basse époque : l'éphémère, mais glorieux empire d'Occident, fondé par Posthume et ses valeureux successeurs au milieu du III⁰ siècle, et détruit par Valérien. Grâce aux découvertes archéologiques, qui ont permis de comprendre et d'identifier les renseignements laissés par les anciens, la carte de la Gaule romaine ne nous est guère moins bien connue que celle de la France moderne, et le tracé des voies qui la sillonnaient est presque aussi familier aux savants que celui de nos routes ou de nos chemins de fer. Les mêmes choses pourraient, dans des proportions variables selon les pays, être dites pour la Germanie, pour la Bretagne, pour l'Espagne, pour les provinces danubiennes, pour toutes les contrées où Rome eut des municipes, des colonies ou des camps. Mais il est une portion du monde romain que l'archéologie contemporaine a surtout mise en lumière.

M. Renan a dit très justement : « L'exploration scientifique de l'Algérie est un des titres de gloire de la France au XIX⁰ siècle. » Celle de la Tunisie, beaucoup plus récente, n'a pas donné de moins beaux résultats. Dans la province proconsulaire comme dans la Numidie et la Maurétanie, sur le territoire de l'antique Carthage comme sur l'apanage des vieux rois numides, l'effort combiné de nos savants, de nos missionnaires et de nos religieux a vraiment conquis à la science un domaine admirable. De la rivale de Rome, fouillée au milieu de ce siècle par Beulé, et où le P. Delattre fait encore tous les jours de précieuses découvertes, il ne reste guère que des tombeaux, des stèles portant des *ex-voto* à la déesse Tanit, et le tracé à demi reconnaissable de ses ports. Le *Delenda est Carthago* avait été appliqué à la lettre. Mais si la cité punique a disparu, sur ses ruines s'éleva l'une des grandes métropoles de l'Empire romain. Celui-ci a promptement façonné à son image ses provinces africaines. Les arcs de triomphe, les temples (plus de quinze Capitoles dans la seule Tunisie), les thermes, les théâtres, les aqueducs, qui se dressent au milieu de contrées aujourd'hui presque désertes, les voies dallées, les canaux souterrains ou à ciel ouvert, dont on retrouve la trace parmi les sables, révèlent des villes populeuses, un commerce actif, une agriculture florissante. Étudiés dans le détail, par leurs inscriptions, leurs statues, leurs mosaïques (certaines ont une importance de premier ordre, comme celle, récemment trouvée à Sousse, qui nous donne le seul portrait connu de Virgile), ces monuments disent combien fut intense la vie de cités en apparence improvisées, avec quelle ardeur y étaient briguées les dignités municipales, combien y florissait l'esprit d'association, de quel patriotisme local les citoyens étaient animés. Sans doute, sous ce vernis de civilisation romaine, ce sont bien des âmes africaines, violentes et superstitieuses, qui apparaissent quelquefois ; mais combien sur elles, cependant, Rome avait mis une empreinte puissante! D'un bout à l'autre des provinces africaines on la retrouve la même, aussi bien dans les paisibles cités de la région proconsulaire que dans les villes plus exposées qui, a l'ouest de la Numidie, vivaient sous la protection de la légion campée à Lambèse. Si la France a été plus lente que l'Empire romain à s'assimiler ces belles contrées, et si elle n'a pu encore y ressusciter la civilisation détruite par les Vandales et les Arabes, au moins est-il juste de dire que, dans cette œuvre nécessaire, les archéologues auront été les alliés utiles des administrateurs et des soldats. M. Léon Renier copiait un jour, au pied de l'Aurès, une inscription latine. Un cheik des environs s'approche de lui : « Tu comprends donc cette écriture ? » lui demanda-t-il. — « Oui, je la comprends, et je l'écris, car c'est la mienne aussi. Regarde : ce sont nos lettres, c'est notre langue. — C'est vrai, » répondit l'Arabe ; puis, s'adressant aux indigènes qui l'accompagnaient : « Les Roumis, leur dit-il, sont vraiment les fils des Romains, et, lorsqu'ils ont pris ce pays, ils n'ont fait que reprendre le bien de leurs pères. »

Le nom de Léon Renier ne peut être écrit par une plume française sans une pensée mélancolique. Auteur du recueil des *Inscriptions romaines de l'Algérie*, il rêvait pour la France la gloire de publier le *Corpus* entier des inscriptions latines. Lui-même avait commencé à recueillir celles de la Gaule. En 1843, M. Villemain, ministre de l'instruction publique, nomma une commission chargée de préparer cette grande entreprise. Les savants des principales nations européennes promirent leur concours. Les caractères mêmes qui devaient servir à la publication étaient fondus. Une saute de vent parlementaire mit tout à bas. Le cabinet dont faisait partie M. Villemain ayant été battu, le ministre tomba, et avec lui le projet qui aurait fait tant d'honneur à la science française. C'est l'Académie de Berlin qui se chargea de le relever, et grâce à Mommsen, Ritschl, Hübner, Zangmeister, Schœne, Wilmanns, put le mettre à exécution. Depuis bientôt cinquante ans, avec une persévérance et un succès merveilleux, elle poursuit cette œuvre colossale, le plus grand monument que l'érudition aura élevé en ce siècle. Du moins la France en aura-t-elle eu la première pensée, et c'est en réalité le programme de la commission instituée, en 1843, par M. Villemain, que remplit aujourd'hui la science allemande. Chargé du rapport de cette commission, M. Egger avait ainsi exposé le plan du futur *Corpus* : « Après l'introduction sera dressée une liste bibliographique des ouvrages qui auront servi à composer le recueil ; l'ordre géographique sera adopté ; un volume spécial sera consacré aux inscriptions antérieures à l'Empire ; des index multipliés faciliteront les recherches. » Avec raison l'Académie de Berlin a trouvé excellent ce dessein et elle le suit de point en point. Ajoutons que, grâce à la largeur d'esprit qui y préside, l'œuvre est devenue internationale : Jean-Bartiste de Rossi fut, dès le début, sollicité d'être un des trois directeurs du *Corpus*, et eut une grande part au sixième volume, consacré aux inscriptions de Rome ; M. Cagnat a récemment collaboré au supplément du tome VIII, sur les inscription[s] de l'Afrique.

*
* *

L'Empire romain fut témoin de la plus grande révolution morale qui ait changé le cours de l'histoire. Ses commencements sont contemporains de ceux de la religion chrétienne. Tant qu'il dura, il fut en rapports avec l'Église, soit, pendant trois siècles, pour la persécuter, soit, pendant deux siècles, pour lui offrir une protection quelquefois utile, souvent onéreuse. Si le christianisme primitif a laissé quelque part des monuments qui aient résisté aux ravages des siècles, c'est apparemment à Rome, où l'apôtre saint Pierre avait établi son siège et où ses successeurs demeurèrent les maîtres après la chute de l'Empire. Cependant l'immense intérêt offert par les antiquités chrétiennes ne fut aperçu que lentement. Il fallut un hasard pour attirer l'attention des savants sur les catacombes romaines. Leur étude, commencée au xviie siècle par un archéologue de génie, continuée par des savants estimables, mais qui ne surent pas comprendre ou suivre sa méthode, serait demeurée « un passe-temps d'amateurs », si, dans la seconde moitié de notre siècle, M. de Rossi n'en avait fait « une science », — c'est Mommsen, qui parle, et l'illustre épigraphiste Henzen ajoute : « Une vraie science des antiquités et de l'histoire, *vera scienza antiquaria e storica.* »

Quand, tout jeune, M. de Rossi manifesta l'intention de s'engager dans la voie qu'il a si glorieusement parcourue, des amis prudents essayèrent de l'en détourner. « Vous êtes trop intelligent, lui dit un jour un spirituel prélat, pour ne pas voir que tous ces vieux monuments qui vous passionnent n'ont d'autre histoire que des légendes. Ici, à Rome, nous mettons à chaque instant le pied sur un souvenir sacré, mais il serait imprudent d'y appuyer trop fort. » Plus Romain qu'Italien, M. de Rossi, n'était pas homme à traiter l'histoire religieuse avec cette prudence souriante. Il marchait droit au but, fort d'une science aussi sincère que profonde, et, après avoir écarté, non sans une sorte de respect, la végétation parasite des légendes, il trouvait toujours le point solide où l'on peut appuyer le pied, avec l'assurance de ne pas enfoncer. Quand, en 1894, il acheva sa vie comblée d'honneurs, l'autorité morale de l'homme doublait le crédit du savant. L'archéologue et le catholique n'avaient jamais eu à se faire de concessions ; ils avaient toujours vécu en un complet accord, dans la conscience la plus droite et la plus limpide qui fut jamais.

M. de Rossi ne commença pas son œuvre archéologique sans s'être muni de toutes les ressources de l'érudition. « Avant de fouiller les entrailles de la terre, — c'est encore Henzen qui parle, — il avait commencé par explorer les trésors cachés des bibliothèques. » Il semble que rien de ce qui, imprimé ou manuscrit, avait trait au sujet, n'ait échappé à l'ardeur de ses recherches. On sait le parti qu'il tira des itinéraires des pèlerins qui avaient encore vu les catacombes intactes, et des copies d'inscriptions qu'ils avaient prises. Il ne s'agissait pas pour M. de Rossi, comme pour certains de ses devanciers, de décrire des tombes souterraines, de reproduire des épitaphes intéressantes ou de curieuses peintures. Ses recherches, autrement étendues et systématiques, tendaient d'abord à reconnaître les divers cimetières, à leur donner leur vrai nom, à marquer leur place dans l'histoire de Rome chrétienne. L'étude de chacun d'eux conduisait ensuite à découvrir les hypogées primitifs, caveau funéraire d'une famille convertie ou sépulcre de quelque martyr, autour desquels il s'était formé ; puis à déterminer les diverses phases de son développement, en suivant l'allongement ou le croisement successif des galeries qui, issues parfois de plusieurs centres distincts, étaient devenues par leur réunion une même nécropole. Mais il y avait à montrer aussi que rien dans cette croissance en quelque sorte organique des catacombes n'était l'œuvre du hasard, que chacune d'elles avait eu son individualité propre, son existence historique, même sa situation légale. C'était retrouver, en la suivant, pour ainsi dire, sous terre, la marche du christianisme primitif à Rome. Il apparaissait ainsi, non en bloc et sans nuances, mais avec les vicissitudes que lui imposèrent les événements, les alternatives de persécution et de tolérance par lesquelles il passa, et qui toutes ont laissé des traces visibles dans les cimetières chrétiens. Ceux-ci devenaient par là, non seulement des monuments aussi curieux que vénérables, mais encore des documents de premier ordre, bien datés, d'une authenticité incontestable, et sur lesquels peut s'appuyer l'histoire.

Telle fut l'œuvre principale de M. de Rossi. Sans doute, elle demeura matériellement inachevée. Quelle vie d'homme, si bien remplie qu'elle soit, eût suffi pour explorer et décrire les quarante cimetières souterrains, presque tous consacrés par quelque martyr illustre, qui existaient dans la banlieue de Rome ? Il a été seulement donné à M. de Rossi de publier, dans les deux volumes parus de sa *Roma sotterranea*, les notions générales sur les catacombes, la monographie du cimetière de Calliste, premier domaine possédé à titre corporatif par l'Église de Rome, et celle du petit cimetière de Generosa, creusé par les chrétiens sous le bois sacré des Arvales. Mais les notes et les dessins qu'il a laissés permettront la publication, par les soins de la Commission pontificale d'archéologie sacrée, des volumes décrivant la catacombe de Domitille, qui occupait un terrain funéraire appartenant à une parente de l'empereur Domitien, et la catacombe de Priscille, creusée autour du caveau où reposèrent les descendants chrétiens du consul martyr Acilius Glabrio. D'ailleurs, dans les trente années de son *Bulletino di archeologia cristiana*, M. de Rossi a inséré, à leur date, les résultats de ces études sur beaucoup d'autres catacombes, frayant ainsi la voie à ceux qui compléteront son œuvre. Car ses successeurs n'auront plus qu'à marcher sur ses traces. On peut affirmer que, en tous les points essentiels, les principes sont posés et la science est faite. Non seulement par l'analyse exacte des terrains, des formes architecturales, des matériaux employés, du style des peintures et des inscriptions, la chronologie des diverses parties de chaque cimetière a maintenant des règles certaines, mais encore de leur étude résultent des faits historiques pour la première fois mis en lumière : les rapports des premiers fidèles avec l'aristocratie romaine ; l'évolution par laquelle certains cimetières, d'abord propriété privée, devinrent propriété collective de la communauté chrétienne ; les conditions légales où cette propriété put s'établir et se conserver aux époques mêmes de persécution. On entrevoit là des chapitres nouveaux de l'histoire de l'Église, dont le cadre est fourni par celle des catacombes.

Mais on comprend aussi l'importance de l'épigraphie pour les études de cette nature. Innombrables sont, à Rome, les inscriptions chrétiennes des premiers siècles. C'est par milliers qu'on les compte, et les découvertes qui se continuent en accroissent sans cesse le nombre. M. de Rossi avait le dessein de les publier. Quand fut entrepris le *Corpus* de l'Académie de Berlin, on décida que les inscriptions chrétiennes seraient laissées de côté. C'était, de l'aveu de tous, le domaine propre de l'archéologue romain. Le tome Ier de ses *Inscriptiones christianæ urbis Romæ sæculoseptimo antiquiores* comprend les seules inscriptions datées. Ce ne sont point les plus nombreuses. La plupart des inscriptions chrétiennes, si intéressantes par leurs allusions dogmatiques, le symbolisme de leur langage ou de leurs emblèmes, les nuances de pensée et de sentiment qu'elles révèlent, ne portent point de note consulaire. Mais M. de Rossi, dans l'introduction de ce volume, a posé, pour la détermination chronologique des inscriptions sans dates, des règles si claires, que, de l'aveu de tous les érudits, il est devenu facile d'assigner, d'après les variations de leur formulaire, les textes épigraphiques aux diverses périodes de l'Église primitive, de juger si telle épitaphe provenant d'une catacombe romaine est antérieure ou postérieure au IIIe siècle, appartient aux origines, à l'époque intermédiaire ou à l'âge de la paix.

L'influence scientifique de M. de Rossi a été considérable. Non seulement elle s'est exercée sur ses disciples immédiats, mais dans tous les pays de l'Europe, et même en Amérique, elle a suscité des études et éveillé des vocations. On ne saurait citer tous les travaux accomplis sous ses yeux par ses élèves ou ses collaborateurs ; rappelons seulement ceux d'Armellini sur le cimetière de sainte Agnès et le cimetière Ostrien, de Stevenson sur plusieurs catacombes situées au delà de la banlieue de Rome. Mais ajoutons que les catacombes romaines continuent d'être explorées avec zèle, en suivant les méthodes du maître : des découvertes d'un haut intérêt, auxquelles demeurent attachés les noms des regrettés Armellini et Stevenson, de MM. Gatti, Marucchi, de Mgr Wilpert, ont été faites, en ces derniers temps, dans les cimetières de saint Hermès, de sainte Félicité, des saints Pierre et Marcellin, de sainte Cyriaque, de sainte Domitille, de sainte Priscille. A Rome encore, ce n'est plus une catacombe, mais c'est une maison chrétienne, contemporaine de Julien l'Apostat, et sanctifiée par le souvenir de martyrs, que découvrait, il y a quelques années, le P. Germano. Et, faisant écho à ces découvertes, M. Führer, qui vient de décrire avec une minutie tout allemande les vastes catacombes de la Sicile, nous donne à son tour une *Sicilia sotterranea cristiana*.

En Afrique, on ne trouve pas de catacombes, mais des *areae* à ciel ouvert, des inscriptions relatives aux martyrs locaux, des tombes chrétiennes ornées de mosaïques, de vastes basiliques appartenant aux trois siècles qui suivent la paix de l'Église, et dans lesquelles parfois la régularité de l'architecture classique s'assouplit et s'anime jusqu'à annoncer de loin les libres fantaisies où se complaira notre style roman. Dans le pays où naquit le latin ecclésiastique (puisque la primitive Église romaine parlait plutôt le grec), — dans la terre la plus ravagée peut-être par les persécutions, qui vit, aux âges suivants, se fonder le plus d'évêchés et se bâtir le plus d'églises, qui fut aussi plus que toute autre, durant cette période, en proie aux dissensions religieuses, — l'archéologie sacrée voit s'ouvrir devant elle un champ d'une fécondité presque infinie. Comme l'a dit un de ceux qui ont le mieux exploré ce sol privilégié, « l'Empire chrétien y a tellement bâti, l'Église chrétienne y a tant travaillé, que Rome même n'offre pas une plus grande quantité d'œuvres, et nulle part mieux qu'en Afrique on ne peut étudier les premiers âges chrétiens. » Missionnaires de la foi, comme le P. Delattre, missionnaires de la science, comme les Tissot, les Héron de Villefosse, les Cagnat, les La Blanchère, les Gsell, les Toutain, sociétés locales, officiers de notre armée qui ont senti, au contact des ruines, s'éveiller en eux la vocation de l'archéologue, s'y consacrent avec une même ardeur.

Bien que couverte en toutes ses parties des vestiges de l'occupation romaine, la France réserve à l'explorateur une moisson beaucoup plus maigre d'antiquités chrétiennes. En quelques régions elles abondent, en d'autres elles font presque complètement défaut. On s'en convaincra en consultant la carte qui accompagne le grand recueil des inscriptions chrétiennes de la Gaule, publié par M. Edmond Le Blant. Car c'est surtout par l'épigraphie que le christianisme des premiers âges a laissé chez nous son empreinte. Il se montre cependant encore dans une autre série de monuments : les sarcophages sculptés des IVe et Ve siècles. Par le choix des sujets, par le mode des représentations, par la nature des symboles, c'est bien la tradition romaine qu'ils suivent. Néanmoins, il y a des nuances locales, et si les marbres sculptés de la Provence sont tout romains, ceux du sud-ouest ont, à certains égards, une originalité qui leur est propre. Cette réserve n'est même pas à faire pour les inscriptions : elles reproduisent, avec un retard chronologique assez sensible, les variations de formulaire et de symbolisme notées pour celles de Rome par M. de Rossi. Cependant un texte épigraphique, l'épitaphe grecque de Pectorius, au polyandre d'Autun, se rattache plus directement à l'Orient. Les influences évangéliques venues directement d'Asie, par la Méditerranée et le Rhône, se marquent ici : entre l'inscription gallo-grecque commentée pour la première fois en 1839 par dom Pitra et l'épitaphe certainement chrétienne d'Abercius, découverte il y a quelques années en Phrygie par M. Ramsay, la similitude d'images, de style, de pensée, apparaît claire à tout regard non prévenu. On a ainsi une fois de plus, par l'archéologie, la preuve de la facilité avec laquelle, aux temps antiques, cheminaient les idées, franchissant les mers ou plutôt se servant d'elles pour aborder aux plus lointains rivages ; fait qui deviendra plus sensible encore quand verra le jour ce *Corpus* des inscriptions grecques chrétiennes dont le directeur de l'École française d'Athènes vient d'annoncer la publication.

**
**

On a vu l'archéologie en contact avec l'histoire, et projetant sur elle une vive lumière ; il était réservé à notre siècle de la montrer en rapports avec les sciences de la nature, et se mouvant dans ce monde aux limites indécises, aux clartés encore crépusculaires, où la géologie, la paléontologie, l'anthropologie essaient de retrouver les vestiges des plus anciens hommes.

Nulles sciences n'ont été, autant que celles-ci, exposées aux influences du dehors et aux courants extra-scientifiques. Calculs arbitraires, tendant à reculer au delà de toute vraisemblance l'antiquité de l'homme, hypothèses imaginées pour lui trouver des ancêtres étrangers au « règne humain », faits mal observés, donnant naissance à des classements hâtifs et à des conclusions sans rapports avec les prémisses, tout ce qui, sous l'empire de préoccupations sectaires ou de théories préconçues, peut fausser les recherches désintéressées, s'est rencontré sous les pas d'antiquaires qui étaient obligés d'être en même temps anthropologistes et géologues. Heureusement la plupart de ceux-ci étaient des esprits clairs, des hommes de bonne foi et de bon sens. En contraste avec les fantaisies de M. de Mortillet, l'archéologie préhistorique rappellera avec bonheur les sobres et solides travaux de M. de Nadaillac, de M. Bertrand, de M. de Baye, de M. d'Acy, de M. Arcelin, de M. Hamard, de M. Fergusson, de beaucoup d'autres vrais savants, ennemis des généralisations prématurées et qui eussent pu tous inscrire en tête de leurs ouvrages l'épigraphe adoptée par l'un d'eux : *Res, non verba*.

La science a marché depuis le jour où un membre de l'Académie des inscriptions, Mahudel, signala, en 1734, comme des ustensiles travaillés par la main de l'homme, certaines pierres que l'on conservait dans les cabinets de curiosités sous le nom de pierres de foudre, et que l'on croyait tombées du ciel. Ces silex taillés furent d'abord attribués aux Gaulois. Dans la première moitié de ce siècle, deux savants danois, Thomsen et Warsae, s'élevèrent contre cette attribution : l'usage des instruments de pierre à l'exclusion de tout emploi des métaux représentait, selon eux, dans le développement de l'humanité, un âge à part, bien antérieur à la période historique où vécurent les Celtes. Cependant l'opinion du public et même des savants fut longtemps incrédule à Boucher de Perthes, annonçant en 1841 que l'on rencontrait en grand nombre des silex taillés par un travail humain, concurremment avec les ossements des grands pachydermes antédiluviens, dans les sables quaternaires de la vallée de la Somme. On ne se rendit qu'après que Lartet, en 1860, eut démontré, par l'étude des dépôts ossifères des cavernes, la coexistence de l'homme avec les espèces animales aujourd'hui détruites de l'âge géologique qui a précédé le nôtre.

Désormais, si l'homme tertiaire est décidément relégué parmi les fables, l'étude de l'homme préhistorique contemporain de l'époque quaternaire est devenue l'une des branches les plus cultivées de l'archéologie. Mais c'est, nous l'avons dit, l'une de celles où les exagérations, les idées systématiques, ont le plus de chance de se mêler. Hâtons-nous d'ajouter que la plupart de ces erreurs sont à peu près éliminées aujourd'hui par les faits. Ni le troglodyte, qui a laissé dans les cavernes la trace de ses foyers et de ses repas, ni l'habitant des villages lacustres vus pour la première fois en 1853 par Keller, ni le mystérieux constructeur de ces mégalithes, menhirs, dolmens, cromlechs, qui se rencontrent dans les régions les plus diverses, des côtes de l'Atlantique aux montagnes de l'Oural, des frontières de la Russie à l'océan Pacifique, des steppes de la Sibérie aux plaines de l'Hindoustan, n'étaient ces êtres d'une sauvagerie touchant presque à l'animalité, dont on nous a tracé parfois le portrait aussi répugnant que fantaisiste. Dès les époques les plus anciennes, avant l'âge des métaux, avant même celui de la pierre polie, l'homme apparaît, industrieux, réfléchi, capable de progrès, obtenant avec des moyens d'abord très faibles des résultats qui, si humbles qu'ils soient, supposent une dépense considérable de forces intellectuelles. Il sait faire, d'un silex taillé par éclats, ses instruments de construction, de guerre, de chasse et de pêche. Il fabrique des poteries, qu'il cuit au feu ou au soleil. Il a le goût de la parure, le sens du beau. Il est artiste même, et tel os de mammouth ou de renne, trouvé dans les cavernes où il avait établi sa demeure, porte dessinés d'une main sûre, parfois d'un trait net et bien observé, des ornements, des silhouettes d'animaux ou de poissons, et jusqu'à des figures humaines. Il a le culte des morts, comme en témoignent la pose donnée aux squelettes dans les sépultures ou les objets rassemblés autour d'eux. Il a, par conséquent, le sentiment religieux, car le culte des morts ne va pas sans une idée au moins vague de la vie future, sans une incroyance implicite en la Divinité.

Tels se découvrent les premiers habitants de l'Europe, depuis les temps quaternaires jusqu'à l'époque plus ou moins avancée de la période géologique actuelle où les représentants des civilisations beaucoup plus parfaites de l'Asie leur apprirent, par l'émigration ou le commerce, l'usage des métaux; tel se montre aussi l'Américain préhistorique, si bien décrit par M. de Nadaillac. L'âge de pierre est moins une période chronologique qu'une étape de civilisation, ici plus rapidement franchie, là au contraire plus durable : nos ancêtres y étaient encore, quand déjà les empires de Ninive et de Memphis brillaient de tout leur éclat; il subsistait, au commencement de ce siècle, dans certaines îles de l'Océanie. C'est insensiblement que le bronze, puis le fer, font leur apparition : sous les dolmens ou dans les cités lacustres, on trouve déjà le premier de ces métaux mêlé aux armes ou aux outils de silex; comment établir de ces périodes une classification uniforme, quand on songe que non seulement les cités préhistoriques, touchant à l'aurore de la civilisation grecque, étudiées par Schliemann à Troie, à Mycènes ou à Tirinthe, ne contenaient, mêlé à leurs poteries déjà artistiques, à leurs bijoux d'or, aucun objet de fer, mais encore que l'introduction du fer en Danemark et en Suède ne remonte probablement qu'au second siècle de l'ère chrétienne? « L'humanité est plus ancienne que l'histoire, et la légende n'a pas de chronologie », a très bien dit M. Salomon Reinach, dans sa description du Musée de Saint-Germain, si riche en objets de l'époque des alluvions et des cavernes. Mais, avant l'histoire, dans ces âges légendaires où toute chronologie est flottante, c'est bien l'humanité qui apparaît, la même dans tous les temps et sous tous les cieux, l'humanité qui travaille, qui lutte, qui progresse, qui invente, qui pense et qui adore.

L'archéologie n'eût-elle fait que cela : dresser à nos regards l'homme préhistorique, justifier par des faits les divinations de ces premiers des préhistoriens, les poètes, — soit que, comme Lucrèce, ils montrent nos ancêtres habitant *nemora cavosque montes*, soit qu'avec Ovide ils enseignent qu'à ces hôtes des forêts géantes et des grottes profondes Dieu donna comme à nous l'*os sublime*, la stature droite, les yeux levés vers les astres et la pensée capable d'embrasser le ciel, — certes, elle eût noblement devancé et servi l'histoire. Mais pour les époques mêmes où abondent les littératures historiques, l'archéologie complète celles-ci, en nous faisant entrer plus intimement que l'histoire elle-même dans l'âme et la vie des peuples. Sans doute, avant notre siècle, les anciens Égyptiens n'étaient pas tout à fait ignorés : fécondés par le regard du génie, les anecdotes d'Hérodote et de Diodore, les renseignements incomplets de Manéthon, de rares relations de voyageurs avaient suffi à Bossuet pour tracer un portrait immortel de « cette nation grave et sérieuse », où « la température toujours uniforme du pays faisait les esprits solides et constants », où « il n'y avait rien que de grand dans les desseins et les travaux », et qui habitait « le plus beau pays de l'univers, le plus abondant par la nature, le mieux cultivé par l'art, le plus riche, le plus commode, et le mieux orné par les soins et la munificence de ses rois ». Ce grand esprit, qui devinait tout, avait de loin entrevu les conquêtes de l'archéologie en Égypte, et prévu le rôle qu'y pourrait jouer la France : « Maintenant, dit-il, que le nom du Roi pénètre aux parties du monde les plus inconnues, et que ce prince étend aussi loin les recherches qu'il fait faire des plus beaux ouvrages de la nature et de l'art, ne serait-ce pas un digne objet de cette noble curiosité, de découvrir les beautés que la Thébaïde renferme dans ses déserts, et d'enrichir notre architecture des inventions de l'Égypte ? » Bossuet, cependant n'avait pas prévu que l'archéologie irait plus loin que la découverte des monuments, qu'elle déchiffrerait l'écriture, retrouverait la langue, et, par elles, non seulement reconstituerait les annales de l'Égypte, mais encore lirait dans les pensées, les croyances, les affections, les rêves de l'âme qui jadis habita la momie égyptienne. Et pourtant, ici même, quelque chose nous avertit que la science la plus pénétrante a ses limites, et, comme eût encore dit Bossuet, est toujours « courte par quelque endroit ». Après avoir étudié tant de textes égyptiens, d'une hauteur morale parfois admirable, nos savants sont obligés d'avouer que le fond même de la religion de l'Égypte leur échappe. Fut-elle monothéiste au début, avant de se perdre dans ces cultes bizarres qui excitèrent la verve railleuse de Clément d'Alexandrie et des autres Pères de l'Église? au contraire, s'est-elle élevée peu à peu du fétichisme populaire à un monothéisme réfléchi et savant, enseigné par les prêtres aux initiés? enfin, même ce progrès étant admis, eut-elle l'idée d'un Dieu entièrement dégagé de la nature, et pur de tout panthéisme? On voit par cet exemple que, si familière qu'elle soit avec les monuments et les textes, l'archéologie elle-même ne parvient pas toujours à lever les derniers voiles de la pensée antique.

S'il en est ainsi pour l'Égypte, dont les édifices étaient demeurés debout, et sur laquelle les historiens de l'antiquité ne furent pas tout à fait muets, combien plus le pourra-t-on dire de pays tels que l'Assyrie ou la Chaldée, dont les ruines mêmes avaient péri, qui n'eurent pas, comme la Judée, la Perse ou l'Inde, leurs livres sacrés, et où l'archéologie fut obligée tout à la fois de découvrir les monuments et de créer l'histoire? Cependant elle est parvenue, là aussi, à d'assez grandes précisions : comme pour l'Égypte, elle a mis en lumière les rapports existant entre les monuments ou les inscriptions et les récits bibliques : elle a montré pour certains de ces récits, comparés aux textes babyloniens, un fond commun de traditions ; par delà même la religion officielle, toute de superstition et de terreur, elle a pu atteindre quelquefois, dans les profondeurs de l'âme assyrienne, les aspirations vers le Dieu inconnu, la foi en la vie future, le sentiment du péché, déchiffrer sur les tablettes cunéiformes de vrais psaumes de la pénitence. Si de ces mystérieuses régions on passe aux contrées classiques, dont la littérature et l'histoire comptent des centaines de volumes, et sont à la portée de notre main, on voit sans doute diminuer le rôle de l'archéologie. Elle ne peut guère que compléter, par l'exploration des ruines, par la découverte de nouvelles statues, par l'étude des petits monuments de la céramique, de la verrerie, de la glyptique ou de la numismatique, par la reconstitution topographique des cités, la connaissance déjà très complète que nous avons d'une civilisation étroitement apparentée à la nôtre. Cependant il lui est encore possible de faire, dans le domaine des institutions, quelques découvertes. Que saurions-nous, sans les inscriptions, de ce complément obligatoire de l'éducation grecque, de cette période d'initiation des jeunes Hellènes à la vie militaire et à la vie publique, qu'on appelle l'éphébie, et dont l'histoire a été si bien reconstituée par M. Dumont et M. Collignon d'après les textes épigraphiques?

Le génie même de Rome, que nous croyons si bien connaître, nous resterait fermé par quelques côtés, si aux révélations des historiens, des philosophes, des poètes, l'archéologie ne venait ajouter d'autres confidences. Les Romains ont passionnément aimé le style lapidaire; de nos jours encore, ils excellent à composer des inscriptions; au temps de leur puissance, ils multipliaient avec une abondance extraordinaire les marbres gravés. Pour les personnages publics, c'était toute leur carrière qu'on inscrivait sur les éloges ou les épitaphes; pour les gens de modeste condition, si le marbre était plus discret, puisque les humbles vies n'ont pas d'histoire, cependant il donne souvent de curieux détails, d'autant plus naïfs ou touchants que les rédacteurs de l'inscription sont moins lettrés. Le *Corpus inscriptionum* est devenu le complément nécessaire de l'histoire romaine. Selon une remarque fort juste, « les auteurs classiques n'ont jamais songé à renseigner la postérité sur l'organisation administrative, religieuse ou militaire, ni sur les détails de la vie sociale de leur temps, par la raison bien simple que les contemporains en étaient parfaitement instruits. » Mais l'affection ou la vanité ont multiplié ces renseignements sur les épitaphes : et c'est ainsi que tel marbre sépulcral supplée aux lacunes involontaires d'un Suétone ou d'un Tacite. Que dis-je? les inscriptions peuvent venger ces historiens de paradoxes où se complaît parfois l'esprit sceptique de notre temps. On se souvient peut-être que l'authenticité des *Annales* et des *Histoires* de Tacite a été récemment contestée, et qu'un audacieux critique y a voulu voir une invention de faussaires de la Renaissance. Bien avant que cette insoutenable opinion eût été émise, le fondateur de l'épigraphie moderne, l'illustre Borghesi, avait déjà montré comment les inscriptions et les médailles — certainement inconnues des prétendus faussaires — éclairent et confirment de nombreux passages des *Annales* et des *Histoires*, et renseignent sur des personnages, des magistratures, des institutions qui y sont nommés, et à propos desquels manquent toutes les autres sources d'information. A un point de vue bien différent, une étude attentive des épitaphes donne peut-être le sentiment juste de la famille romaine, la montrant avec le sérieux de ses affections, comme aussi parfois avec la fragilité de ses liens ; nous pouvons ainsi, tout en atténuant dans la nécessaire mesure les éloges outrés que l'on prodiguait aux défunts, corriger les exagérations pessimistes d'un Sénèque ou d'un Juvénal. Sur les croyances intimes des païens de Rome, il se peut que les inscriptions n'aient pas à nous apprendre autant que l'on attendait d'abord ; mais elles laissent voir, à un tournant de l'histoire, tout un mouvement religieux qui, sans elles, indiqué seulement par de rares textes d'écrivains, demeurerait inaperçu. L'archéologie rend compte ainsi de la concentration qui s'opéra, au IIIe et au IVe siècle, dans le paganisme rassemblant toutes ses forces pour résister à la propagande chrétienne ; le culte des divinités orientales, et surtout de Mithra, devient de plus en plus populaire, jusqu'à ce que, abandonné de la foule, il reste l'apanage des derniers représentants de l'aristocratie païenne : c'est ainsi qu'on les voit, jusqu'à la fin du règne de Théodose, se parer des titres de tous les sacerdoces exotiques, s'initier à tous les mystères, célébrer sur la colline du Vatican les dégoûtantes cérémonies du taurobole, et ouvrir dans leurs chapelles mithriaques un centre d'opposition à la fois religieux et politique. Sans les monuments figurés, et surtout les inscriptions, nous ignorerions à peu près complètement ce chapitre final de l'histoire du paganisme romain.

Je n'ai pas à revenir sur les indications d'un autre genre que l'archéologie a pu donner relativement à l'histoire extérieure ou intérieure du christianisme. Les peintures des catacombes ne forment pas, évidemment, un catéchisme en image ; mais elles sont une attestation formelle de l'antiquité des principaux dogmes chrétiens : rapprochées des écrits des Pères de l'Église, dont elles deviennent l'illustration et de qui elles reçoivent leur commentaire, elles démontrent l'unité de la pensée chrétienne. Le même enseignement, comme le même mode d'expression symbolique, se retrouve dans les sarcophages sculptés, dus au ciseau des artistes chrétiens. Plus clairement encore les affirmations dogmatiques de la primitive Église, sa hiérarchie, les mœurs de ses fidèles, leurs sentiments vis-à-vis des problèmes sociaux alors posés, tels que le travail et l'esclavage, se lisent dans les inscriptions en l'honneur des martyrs ou les épigraphes de simples chrétiens qui sont sorties en si grand nombre du sol romain ; pour le reconnaître, il suffit à un observateur attentif de parcourir les galeries lapidaires du Vatican, et mieux encore le Musée chrétien de Latran, classé avec une méthode admirable par M. de Rossi.

Quand on se rappelle le dédain avec lequel les antiquaires du xve et du xvie siècle rejetaient de leurs collections et de leurs livres ces textes d'un prix inestimable, on éprouve un sentiment de joie et de fierté à les voir remis aujourd'hui en une place d'honneur. De l'aveu de tous les esprits impartiaux, ils forment désormais la partie la plus importante de l'épigraphie, puisqu'ils ne satisfont pas seulement la curiosité historique, mais rendent un témoignage bien autrement fondamental et vivant. C'est peut-être le lieu de répéter la parole de l'Évangile : « Une pierre, la plus précieuse, avait été rejetée par les premiers constructeurs ; ceux qui ont achevé l'édifice en ont fait sa clef de voûte. » Ce sera, du reste, la gloire de notre siècle d'avoir réhabilité l'une après l'autre les diverses époques de l'art chrétien, soit pour en montrer le sens profond, les racines plongeant en plein cœur du dogme et de la morale, soit pour en remettre en lumière la beauté.

Il n'y a pas beaucoup d'années, un jugement superficiel condamnait en bloc l'art byzantin, sans distinguer les temps et les écoles, et n'y voyait qu'une suite de formules immuables, puériles et vides : l'archéologie contemporaine — je rappellerai ici les études de M. Bayet et de M. de Linas — a montré tout ce qu'il y eut, au contraire, d'original dans cette phase de l'art chrétien, survivant à la chute de l'Empire romain d'Occident, atteignant son apogée au vi⁰ siècle, fléchissant au vii⁰ siècle sous l'effort des iconoclastes, renaissant au ix⁰ et au x⁰, et réunissant alors, dans un mélange unique, les splendeurs orientales au grand style de l'antiquité vivifié par le sérieux et la tendresse de la pensée chrétienne. Pour faire cette démonstration, il a suffi de classer avec soin, puis d'étudier avec sympathie et respect les diverses productions de cet art, depuis les mosaïques des églises jusqu'aux diptyques d'ivoire et aux miniatures des manuscrits.

Plus injuste encore avait été la condamnation portée sur notre moyen âge. Si la Renaissance l'avait méconnu, le xvii⁰ siècle avait cessé tout à fait de le comprendre. Aux esprits les plus fins, aux âmes capables des émotions les plus nobles et les plus délicates, il ne disait plus rien. La Bruyère parle de « l'ordre gothique que la barbarie avait introduit pour les palais et pour les temples », et se réjouit de ce qu'on ait enfin « rappelé le dorique, l'ionique et le corinthien ». Fénelon entend si peu « l'architecture de nos vieilles églises qu'on nomme gothiques », qu'il va jusqu'à prétendre que « tout y est sans dessein suivi ! ». Il en oppose « le vain raffinement » à « la simplicité grecque ». Le siècle suivant fut naturellement encore plus superficiel et méprisant. Le jugement que l'abus de l'esprit classique, pour parler comme M. Taine, inspirait à La Bruyère et à Fénelon, la haine du christianisme le dictait à Voltaire. Le moyen âge devint synonyme d'extravagance dans l'art comme de puérilité dans la pensée et de barbarie dans les institutions. Pour ramener nos contemporains à une opinion plus équitable, il fallut sans doute « le heurt » donné aux âmes par Chateaubriand, le réveil des études historiques sous l'impulsion de Guizot, de Thierry et de Michelet, mais plus encore, peut-être, le mouvement archéologique dont, après 1830, les esprits les plus divers donnèrent le signal. L'imagination d'abord et le sentiment y dominèrent : c'est *Notre-Dame de Paris*, de Victor Hugo ; ce sont les admirables cris de Montalembert contre le vandalisme ; c'est le livre de Rio sur l'art chrétien. Les pouvoirs publics s'y mêlent à leur tour, par l'inspection des monuments historiques confiée à des hommes tels que Vitet ou Mérimée. Mais la science prend bientôt la direction du mouvement, science pure avec Viollet-le-Duc ou Quicherat, science vivante, décentralisatrice, animée de l'esprit de propagande avec Arcisse de Caumont ou Didron. De ces efforts combinés sort, lumineuse, la réhabilitation des antiquités nationales; si les rénovateurs des études historiques y eurent une grande part, leur action aurait été certainement beaucoup moins puissante sans le concours des archéologues. En faisant comprendre, non plus seulement par le sentiment, mais par des analyses de plus en plus précises et délicates, la beauté logique des édifices construits par nos pères, ils ont, à leur manière, projeté une vive clarté sur l'âme de ceux-ci. Quand on les voit non seulement architectes admirables, mais ingénieurs consommés et ouvriers de premier ordre, d'une hardiesse toujours sûre d'elle-même, parce que nul des secrets du métier ne leur est inconnu et que leur valeur technique est égale aux inspirations de leur art et de leur foi, on s'aperçoit que la société où ils vécurent n'est point « barbare », mais imprégnée d'une puissante atmosphère intellectuelle, et ouverte à tous les progrès. S'ils furent — je l'ai dit plus haut — trop originaux pour être eux-mêmes archéologues, ils furent assez savants pour devenir créateurs. Nous sommes, nous, plus savants que créateurs, et plus archéologues qu'originaux : consolons-nous en pensant que les progrès de l'archéologie en ce siècle nous ont rendus plus justes envers nos pères et nous font mieux aimer, en nous la faisant mieux comprendre, la vieille France catholique.

PAUL ALLARD.

XXI

L'histoire

Q ue l'histoire ait fait au xixe siècle des progrès immenses, cela est d'une évidence absolue. Il ne faut pas croire, toutefois, que l'on ait attendu jusqu'aux dernières générations pour en voir le but et pour en posséder la méthode. Les anciens, les Grecs surtout, nous ont laissé des livres admirables qui, malgré nos progrès, resteront toujours les véritables modèles. Ce n'est pas nous, assurément, qui avons découvert les règles fondamentales du genre : se renseigner le plus exactement et le plus complètement possible sur les choses passées; les raconter avec sincérité et de façon à les bien faire saisir; en deux mots, bien savoir, bien raconter. Mais il ne suffit pas de posséder de beaux modèles et de bons principes; il faut encore vouloir et pouvoir s'en inspirer.

.*.

Après Tacite les circonstances devinrent de moins en moins favorables à la production de belles œuvres historiques. Le christianisme introduisit, il est vrai, avec des vues générales sur l'origine et la destinée de l'humanité, un cadre chronologique où se classait commodément tout ce que l'on savait, au temps des empereurs romains, sur le passé du monde connu. Mais la décadence littéraire et scientifique était déjà telle et se prolongea si bien, que ces facilités nouvelles n'aboutirent qu'aux chétives compilations d'Eusèbe de Césarée, et qu'il fallut attendre quatorze siècles avant que Bossuet en tirât le *Discours sur l'histoire universelle*. Des tableaux chronologiques, continuant ceux d'Eusèbe, des biographies, des chroniques locales, voilà tout ce que put faire le moyen âge, quand il consentit à être sincère, car, en fait de légendes et de falsifications intéressées, il dépassa souvent la *Græcia mendax*. Après avoir souffert de la décadence, l'histoire souffrit de la renaissance. La scolastique d'abord, l'humanisme ensuite, accaparèrent la mode littéraire et le travail intellectuel : Aristote et Cicéron, puissances ennemies, demeurèrent longtemps conjurés, sans s'en douter, contre le progrès de toutes les vraies sciences, et de la science historique en particulier.

Avec les érudits du xviie et du xviiie siècle, avec les Bénédictins de Saint-Maur, avec Sirmond, Ducange, Tillemont, Muratori, on revient aux véritables voies. A l'art de narrer agréablement, que l'on commençait à rapprendre dans les auteurs classiques, on s'aperçoit qu'il faut joindre la connaissance exacte de ce qui doit être narré. On se plonge dans l'étude des documents ; on se livre avec ardeur aux opérations critiques auxquelles ils donnent lieu. Des controverses passionnées, dont il ne reste plus guère de traces, des volumes de puissant format, qui sont encore aux mains des travailleurs : voilà les premières manifestations de l'érudition historique.

Il faut qu'elles lui soient essentielles, car nous ne nous disputons guère moins que nos prédécesseurs, et c'est à peine si nous nous apercevons que les volumes les plus massifs ne sont pas toujours les plus savants.

Les vénérables érudits que la Révolution dérangea ne s'étaient guère occupés que des temps chrétiens. C'est, en tout cas, dans ce seul domaine qu'ils firent œuvre durable. Qui consulte maintenant, pour des antiquités classiques, les énormes collections de Graevius, de Gronovius, de Montfaucon, de Gruter, de Muratori ? On vénère ces infatigables travailleurs ; mais comme on les a dépassés de loin, on s'abstient de les lire.

*
* *

A vrai dire, c'est surtout à la connaissance de l'antiquité qu'a profité l'essor moderne des recherches historiques. L'Égypte et la Chaldée, les deux endroits du monde où se conservent, dans l'écriture et dans l'art, les plus anciens souvenirs de notre race, on ne les connaissait que par quelques épisodes dispersés dans la Bible et par les notes de voyage de l'excellent Hérodote. Maintenant leurs ruines, opiniâtrément interrogées, laissent échapper un à un les secrets de leur interminable histoire. Ce n'est pas, tant s'en faut, une histoire bien diverse et bien intéressante. La monotonie en est le trait principal. Elle se circonscrit, du reste, entre des limites assez étroites. Un fonctionnaire romain, au ɪᴠᵉ siècle, le comte d'Orient, gouvernait à peu près tous les pays où jadis avait retenti le bruit des Sésostris et des Sargon. Mais si elles se sont répétées, ces vieilles histoires, elles se sont longtemps répétées. Il a fallu briser, pour les y admettre, les cadres chronologiques si ingénieusement déduits de la Bible par des générations d'exégètes. On remonte à deux mille ans, trois mille ans, à quatre mille ans : il y a toujours une Égypte, toujours une Chaldée ; chacune d'elles est toujours semblable à elle-même, toujours très caractérisée par rapport à l'autre.

C'est là un résultat très important, et pour notre curiosité, qui nous porte toujours à scruter le mystère des origines, et aussi pour l'appréciation des solutions dont on se contentait autrefois.

Ici se posent — les dissimuler serait inutile — de fort graves questions. Au commencement de ce siècle la Bible était ou vénérée comme un livre divin dont chaque mot est un oracle, ou tournée en ridicule par des persiflages renouvelés de Celse et de Porphyre, en tout cas fort peu sérieux. On commençait à écouter les orientalistes quand ils parlaient de la prodigieuse antiquité des Védas indous et de l'Avesta des Perses. Maintenant la situation est changée. On a dû renoncer à l'histoire ancienne de l'Inde. La faire remonter au delà d'Alexandre et de Taxile apparaît de plus en plus comme une entreprise hasardeuse. Il en est de même de la Perse : l'Avesta, comme les Védas, nous renseigne sur certains rites, certaines conceptions religieuses, mais il ne nous permet pas de retrouver les étapes historiques de la civilisation dans les pays situés au delà de Babylone et de Suse.

La Bible, soumise elle aussi à une critique peu soucieuse de la tradition et de l'autorité, a cependant beaucoup mieux résisté aux efforts de l'exégèse. Sa valeur historique est restée de premier ordre. Même en acceptant comme établies les conclusions les plus hardies de la critique indépendante, l'histoire d'Israël subsisterait dans son ensemble, telle que nous sommes habitués à l'entendre raconter. Peut-être certains documents devraient-ils être classifiés dans un autre ordre ; il y aurait lieu de s'entendre sur la portée symbolique de quelques récits, de desserrer çà et là des cadres chronologiques décidément trop étroits. En somme, quelques changements à introduire dans les habitudes d'école, rien à modifier dans l'autorité générale du livre sacré et dans ses titres à la vénération des hommes. Mais peut-être ces nouvelles études sont-elles encore loin de leur maturité. Que leurs résultats arrivent ou non à s'imposer un jour, il était indispensable de les mentionner ici, car, dans le champ de l'histoire orientale, c'est de ce côté que les travailleurs se portent en plus grand nombre et qu'ils sont plus soutenus par l'attention du public.

*
* *

Cette attention se porte aussi vers les progrès accomplis dans l'histoire de la Grèce et de Rome, de l'antiquité classique, comme on est habitué à dire. L'Orient est notre maître en religion ; mais c'est à la Grèce que nous devons notre éducation intellectuelle et artistique. Ses antiquités, tout comme celles d'Israël, sont pour nous des archives de famille. Soyons larges dans notre reconnaissance envers un siècle qui a tant fait pour elle. C'est une vraie découverte opérée à nos portes, trois siècles après celle de l'Amérique. Elle coïncide, ou peu s'en faut, avec un réveil de sympathie pour les populations qui ont conservé jusqu'à nos jours la langue et peut-être le sang des anciens Grecs. L'art hellénique, dont nous n'avions jadis que de rares spécimens, noyés dans une masse d'imitations d'époques plus ou moins tardives, nous en jouissons maintenant, dans la contemplation d'œuvres originales autant que parfaites. Les institutions politiques, militaires, religieuses, peu étudiées et seulement sur des textes d'auteurs, nous sont révélées successivement par les découvertes de l'épigraphie et de l'archéologie figurée. La littérature devient plus claire quand on l'étudie, au milieu de tant de monuments, ses contemporains. Elle devient même plus riche ; les tombes égyptiennes nous en restituent chaque jour quelques nouveaux fragments.

Il est rare que, même en Orient, l'antiquité hellénique affleure le sol. Pour l'atteindre il faut traverser une couche d'antiquité byzantine ou romaine, dont l'étude n'a pas moins servi aux étonnants progrès de l'histoire. De l'empire romain nous ne connaissions guère que les anecdotes, plus ou moins édifiantes, qui circulaient sur la cour et la personne de l'empereur. L'épigraphie a, ici encore, largement suppléé aux lacunes de la littérature; une énorme quantité d'inscriptions nous a permis de reconstituer pièce à pièce toute la grande machine du gouvernement romain, d'en étudier l'origine, les modifications, la décadence; d'en suivre la marche au centre, à Rome, et les effets dans les provinces les plus lointaines. Un tableau de l'empire romain comme celui que Mommsen a tracé dans le tome V de son Histoire romaine, personne autrefois n'eût songé à l'entreprendre. On en peut dire autant des études du même auteur sur le droit public, sur l'administration, sur les finances, l'état militaire, la religion des Romains.

A Rome et en Grèce, tout comme en Orient, l'histoire des origines est encombrée de légendes. La curiosité de nos pères n'allait pas jusqu'à les contester. On se bornait à les concilier tant bien que mal. Moins respectueuse, la critique de ce siècle a cru devoir exclure de l'histoire ces vieux récits traditionnels. Thésée, Codrus, Ulysse, Agamemnon, Romulus, Numa, Horace, Camille, sont refoulés dans le monde des dieux et des mythes. Eux disparus, beaucoup de pages sont restées blanches au commencement de l'histoire ancienne. L'archéologie, fort heureusement, s'est trouvée là pour les remplir; seulement elle n'a guère pu y trouver que de vagues linéaments, car si les Grecs et les Italiens des temps primitifs savaient bâtir et décorer, s'ils cultivaient déjà la poésie et l'éloquence, ils ne semblent pas avoir abusé de l'épigraphie. Les Pharaons, très loquaces sur les murs de leurs édifices, n'ont pas été imités en cela par leurs contemporains d'Europe. Restent les constructions, temples, palais, tombeaux, tombeaux surtout. C'est peu et peu clair. Cependant il y a de quoi montrer que la Grèce est vieille; que si Pâris n'a peut-être pas enlevé la belle Hélène et causé ainsi des désagréments à son père le roi Priam, on a cependant vécu et même régné à Mycènes et à Troie, au temps où la tradition plaçait les héros d'Homère. De ces vestiges anciens se déduisent les caractéristiques d'un art dont on peut ou, du moins, dont on prétend indiquer les origines. Il est à craindre que Jason n'a point navigué sur le Pont-Euxin à la recherche de la Toison d'or; mais nous avons dans les mains beaucoup d'objets qu'il aurait pu importer en Colchide ou acquérir en ce pays. Les voies du commerce antique se précisent de plus en plus.

N'est-ce pas, après tout, ce qui nous importe le plus ? L'histoire ne vise plus à l'amusement de cercles élégants, mais à l'instruction d'un public orienté vers les choses pratiques. Démocrates conscients ou inconscients, nous nous intéressons moins aux héros qu'au commun peuple, moins aux aventures merveilleuses qu'aux conditions de la vie ordinaire.

.*.

C'est bien cet esprit qui domine le progrès général des études sur le moyen âge. Ce que nous leur demandons depuis cent ans, c'est le secret de la vie sociale, politique et religieuse, dans les temps qui nous séparent et de l'antiquité et des origines chrétiennes ; c'est la connaissance des institutions qui en ont été le cadre et l'expression. J'ai dit déjà que l'érudition des deux siècles précédents avait consacré à cette tâche de très méritoires efforts. Il restait beaucoup à faire, même pour le travail préparatoire de la recherche et de la classification des documents. Écoles savantes, académies, sociétés scientifiques locales, s'y sont mises avec ardeur. En ce moment on peut dire : *Fervet opus*, et on le dira sans doute longtemps encore.

Cependant on peut croire que les documents à interroger ne feront guère que compléter les tracés historiques déjà établis. On sait à peu près ce qu'a été le moyen âge. Ceci est un très grand succès remporté sur le dédain dans lequel cette période de l'histoire humaine avait été tenue depuis la Renaissance. Un instant on avait pu craindre que la mesure ne fût dépassée et que la revanche du moyen âge ne fût compromise par de néfastes engouements. Comme il y a présentement des gens qui n'admettent pas de musique avant Wagner ni de peinture après les primitifs, il y eut tout un chœur de poètes, de romanciers, d'apologistes, pour célébrer le moyen âge, le XIIIe siècle en particulier, comme l'époque idéale. On avait presque honte de vivre en deçà et d'admirer au delà. Ces enthousiasmes sont tombés, fort heureusement, et l'on écoute maintenant les personnes calmes qui, sans exaltation et sans préoccupations de combat, nous reconstituent le moyen âge tel qu'il fut réellement, mêlé de bien et de mal, persévérant dans son effort pour sortir de la barbarie et réaliser dans une certaine mesure l'idéal de bien que lui représentait le christianisme.

Cet idéal nous est présenté aussi, à nous, à notre monde si affairé extérieurement, si malade au fond, si tourmenté par des aspirations dont il n'a pas le secret. Devant lui se dresse la figure immobile de l'antique Église. Qu'il la maudisse ou qu'il la bénisse, qu'il la voie vieille ou jeune, suivant les deux aspects sous lesquels elle apparut jadis au pieux Hermas, elle est au premier rang des objets qui l'intéressent, qui excitent sa curiosité historique. Je ne parle pas ici des professionnels, des exégètes et des critiques de Facultés qui commentent méthodiquement l'Évangile comme leurs collègues expliquent Homère et Justinien. Les livres sur les origines chrétiennes sont avidement recherchés par le grand public. Là, on le sent bien, se trouvent posés et débattus les plus graves problèmes religieux. Le plus souvent, il faut le reconnaître, ceux qui traitent ces sujets les ont abordés avec des préoccupations peu favorables aux solutions traditionnelles. Ces libres esprits font leurs affaires, celles de la libre recherche, sans trop s'inquiéter des conséquences. C'est à celles-ci que songent tout d'abord les chrétiens convaincus. Une sorte d'inquiétude les soulève dès qu'ils voient les instruments critiques étalés dans le sanctuaire. Là où ils entendent adorer en silence, ils n'aiment pas que l'on dissèque. De là un milieu d'opinion peu propre à favoriser, de ce côté, la production d'ouvrages vraiment scientifiques. A force de craindre les faux pas on s'abstient de marcher, et, comme les autres ne vous imitent pas, on reste en arrière.

Cependant (je ne dis pas cela pour encourager à ne rien faire), l'histoire ecclésiastique a pu être cultivée presque exclusivement par des personnes peu soucieuses de la tradition sans que celle-ci ait eu beaucoup à en souffrir. Il est loin le temps où les sécessions modernes se réclamaient du IVe et du Ve siècle. En arrière de la période des grands Pères de l'Église on a pu interroger le IIIe siècle, le IIe, l'âge où, sortant de ses toutes premières origines, le christianisme prenait forme et position pour durer. Sous quel aspect s'est-il présenté à ces investigations perfectionnées ? Sous l'aspect de l'Église catholique, essentiellement telle que nous la voyons vivre de nos jours. Il n'est pas jusqu'à la situation prééminente et directrice de l'Église romaine qui ne soit apparue plus évidente et plus anciennement établie à mesure que la lumière était plus vivement projetée sur les origines. Et quant au mouvement initial, quant à l'activité du Christ et des apôtres, est-ce donc pour des raisons simplement historiques qu'on l'apprécierait autrement que l'Église ? Ce que disait le Nouveau Testament à Tillemont, il nous le dit aussi, peut-être avec plus de précision dans certains détails, car, là aussi, les progrès de l'archéologie, de la philologie, de l'histoire générale, ont exercé une influence heureuse. Si tous ne l'entendent pas de la même façon, ce n'est pas la faute de l'histoire. Certains assentiments ne se décident pas seulement par elle ; ils doivent aussi compter avec les vetos de telle ou telle philosophie ; enfin, philosophie et histoire, tout est ici dominé par la foi, laquelle est un don de Dieu et non pas un produit de la science.

*
* *

Mais ce n'est pas seulement sur les origines lointaines que se portent les efforts de l'histoire. Nous avons voulu connaître notre siècle, et surtout les grands changements par lesquels il a été inauguré ; nous avons tenu à nous rendre compte des temps qui l'ont immédiatement précédé et qui, par nos grands-pères, étaient à peine matière d'histoire. L'ancien régime et la Révolution, en France, et dans les autres pays, les périodes correspondantes ont été l'objet de beaucoup d'investigations. Elles ne pouvaient guère être entreprises dans le même esprit. Ces questions sont trop mêlées à celles qui nous agitent présentement pour que nous puissions les aborder avec une impartialité absolue. Ici, comme sur le terrain des origines religieuses, chaque auteur voit les choses à son point de vue ; il est indispensable de tenir compte de ce que les physiciens appellent le coefficient personnel. Une autre difficulté réside dans la masse énorme des documents qui nous sont restés de ces temps très rapprochés du nôtre. Les procès les plus clairs ne sont pas toujours ceux où les témoignages sont le plus nombreux. Les érudits sont sujets à se noyer dans leurs textes. Que d'efforts ont été perdus dans ces accidents ! Mais l'histoire moderne a tant d'intérêt pour l'élite des auteurs et du public, qu'elle a attiré et retenu beaucoup de maîtres en l'art de bien dire comme en celui de bien voir. Il n'est pas rare que les loisirs des hommes d'État lui soient consacrés. Et ce n'est pas un mince apport, car il y a maintenant plus d'hommes d'État que par le passé, et on les voit plus souvent de loisir. Qui est mieux placé qu'eux pour connaître les ressorts de la politique, pour étudier les forces sociales dont les conflits remplissent l'histoire ?

Il est juste d'ajouter que les études historiques sont en situation de leur rendre le bien qu'elles reçoivent d'eux, et qu'ils ne sauraient les cultiver sans fruit.

* *

Ceci m'amène à dire un mot de l'utilité générale de l'histoire.

Je parlerai rapidement de son application morale ou religieuse. La première a toujours été fort délicate, la seconde sujette à mille contestations. En tout temps, comme sous nos yeux, on a vu des coquins heureux et des honnêtes gens malheureux. Ce n'est que par une forte sélection entre les faits que l'on parvient à faire de l'histoire un document de la sanction morale. Son soleil comme celui de l'Évangile, luit sur le juste et l'injuste.

Au point de vue religieux, j'ai déjà laissé voir ce que j'en pense. D'une part, que le christianisme n'a rien à en redouter, pour quoi que ce soit qui lui soit essentiel ; d'autre part, que la masse de l'opinion chrétienne, dont les chefs se préoccupent tout spécialement, et non sans raison, est pleine d'appréhension pour tout changement, même fort léger, dans ses habitudes.

Quant à l'éducation générale, l'histoire y tient sûrement une grande place. C'est présentement une science très honorée. Elle mérite de l'être, car elle a fait et fait chaque jour de grands progrès. Je voudrais voir, si cela était possible, une exposition où l'histoire d'un côté, la philosophie de l'autre, rendraient sensibles leurs résultats ; je n'entends pas les résultats négatifs, l'élimination des légendes et des systèmes ; j'entends seulement les résultats positifs, ce qu'elles ont l'une et l'autre ajouté de vérités bien établies à leur avoir d'avant la Révolution. Quel triomphe ce serait pour l'histoire ! Mais cette situation avantageuse sera-t-elle longtemps conservée? L'histoire n'est guère démocratique. Du train dont va le monde, il paraît douteux qu'on s'intéresse longtemps aux origines de l'art grec ou à celles de la constitution anglaise. La chimie, non sans raison, se croit mieux assurée de vivre, étant plus en rapport avec le pain quotidien Dans une société organisée suivant les principes que l'on dit être ceux de l'avenir, on voit bien à quoi pourront servir les investigations dans le domaine de la nature présente, mais non l'utilité des recherches sur le passé de l'humanité.

***

Attendons cependant. On prêche beaucoup la démocratie, mais on pratique encore l'aristocratie, même parmi les démocrates. La fortune de l'histoire, de la haute culture intellectuelle, n'est peut-être pas en si grand danger. Elle est défendue par quelques-unes de nos plus nobles aspirations et aussi par certains de nos plus indéracinables travers. Ce sera toujours, ou du moins longtemps encore, une chose honorable que d'avoir appris le latin et le grec, de pouvoir parler de César, de distinguer Giotto d'avec Raphaël. Tant que les mères tiendront à ce que leurs enfants reçoivent une éducation qui les tire du « commun », le terreau classique se maintiendra et l'on y pourra cultiver des fleurs rares.

Quoi qu'il en soit de ses destinées futures, l'histoire peut se louer de la place qu'elle tient présentement dans l'ensemble des sciences humaines. La grande estime dont elle jouit, elle la doit à l'étendue et à la profondeur de ses recherches et aussi à la sincérité générale de ses expositions. Plus qu'en aucun autre temps elle a, dans l'ensemble, appliqué son principe : *Nil falsi audeat, nil veri non audeat*, principe souvent proclamé, mais, comme tant d'autres, moins souvent respecté. Plus elle y restera fidèle, plus elle sera honorée, au moins de ceux dont l'estime importe.

L. DUCHESNE,
de l'Institut.

XXII

La Littérature

Q<small>UAND</small> on ne jugerait de l'importance du xixe siècle dans l'histoire générale de la littérature que par l'abondance et la diversité de sa production, aucun siècle assurément ne pourrait rivaliser avec lui. Mais, au lieu de l'abondance et de la diversité, si l'on ne regardait qu'à la qualité des œuvres, il soutiendrait encore la comparaison des plus fameux, et, certainement, ni la France de Louis XIV, ni l'Angleterre d'Élisabeth, ni l'Italie des Médicis, ni, dans l'antiquité, la Rome d'Auguste ou l'Athènes de Périclès n'ont connu de plus grands poètes que les Gœthe et les Schiller, les Byron et les Shelley, les Lamartine, et les Hugo. En ont-elles connu de plus parfaits, peut-être, ou de plus classiques : on veut dire de plus dignes de servir éternellement de modèles ? c'est une question : mais elles n'en ont pas connu de plus grands. Que dirons-nous encore de tant d'historiens et de tant de critiques ? Ou, si depuis cent ans, le roman, dans nos « inventaires », a remplacé l'épopée, — le roman des Walter Scott et des Dickens, des Balzac et des George Sand, des Tolstoï et des Dostoïevski, — qui niera qu'il l'ait égalée plus d'une fois ? Mais, après l'abondance et la qualité des œuvres, voulons-nous enfin considérer ce qu'on en pourrait appeler la signification historique profonde ? Il faut convenir alors que, depuis l'époque de la plus lointaine Renaissance, aucun siècle n'aura vu s'opérer une transformation plus radicale dans la notion même de l'œuvre littéraire, de son objet ou de sa destination, et conséquemment des moyens de la réaliser. Ce sont les phases de cette évolution qu'il s'agit de retracer et de préciser dans les pages qui suivent.

*
* *

J'ai dit : « depuis l'époque de la plus lointaine Renaissance »; et, en effet, dans l'Europe entière, avec des moyens et sous des noms différents ou semblables, ce que la littérature du xixe siècle a été tout d'abord, et délibérément, résolument, de dessein principal et formé, c'est une réaction contre cet idéal classique dont les Pétrarque et les Boccace, « les premiers des modernes », avaient jadis, en des temps très anciens, déterminé l'objet. Ce n'est pas ici le lieu de définir cet idéal, ni de rappeler quelles résistances, avant d'établir souverainement sa domination, il avait rencontrées ; et il suffira de noter que, n'en ayant nulle part éprouvé de plus vives, ni de plus justifiées, qu'en Angleterre et en Hollande, il avait cependant fini par en triompher. C'était, comme l'on sait, vers le commencement du xviiie siècle. Les Allemands, eux, en avaient accepté bien plus tôt le principe, en tant que ce principe consistait dans l'imitation des modèles antiques — vus, depuis Louis XIII, au travers des modèles français, — et on doit même dire que le peu de champ que l'*Art poétique* de Boileau laissait encore à l'imagination ou à la sensibilité du poète, c'était le fameux Gottsched qui l'avait supprimé. D'une manière générale, et en faisant les exceptions qu'il faut toujours faire, on peut donc affirmer qu'à la veille de la Révolution française, il régnait dans l'Europe entière une façon de penser ou de sentir commune, une manière analogue de composer ou d'écrire, et que de Londres à Saint-Pétersbourg, où la littérature russe commençait à sortir de l'enfance, et de Paris à Naples, où l'on ne jurait alors que par nos « philosophes », on concevait à peu près de même l'objet, le rôle, et la fonction de la littérature. C'était à peine si quelques indisciplinés, dont le plus illustre est Lessing, osaient demander qu'on les débarrassât des Grecs et des Romains ; ou plutôt, et en y travaillant, c'est à peine si l'on peut dire qu'ils eussent conscience de leurs desseins ; et, en tout cas, ni leur réputation, ni leur autorité n'avaient franchi les bornes de leur propre pays, n'avaient reçu la consécration de l'étranger, n'étaient en un mot devenues « européennes ».

Est-ce un honneur ou une gloire d'avoir secoué le joug du classicisme ? C'est donc à nous, Français, qu'il appartient de les revendiquer si, de cette réaction, ce sont deux œuvres françaises qui ont donné le signal : *la Littérature*, de Mme de Staël, et *le Génie du christianisme*, de Chateaubriand. A l'idéal païen, dont s'étaient systématiquement inspirés les écrivains de l'âge classique, — et aussi les pires acteurs du drame révolutionnaire, Camille Desmoulins ou Saint-Just, — le second de ces deux livres opposait en effet l'idéal chrétien ; et, aux modèles grecs et latins, sans en méconnaître pour cela ni la grandeur ni la perfection, le premier proposait de joindre désormais, sinon de substituer les maîtres des « littératures du Nord ». Les survivants du xviiie siècle, les héritiers des « Encyclopédistes », ceux que Napoléon appelait les idéologues, et ils étaient nombreux encore, et ils étaient puissants, essayèrent bien de résister. Mais ils n'étaient pas de force : aucun d'eux, aucun Ginguené ni aucun Daunou n'avait le grand style de Chateaubriand, ou cette abondance inépuisable d'idées qui est le trait caractéristique du talent de Mme de Staël. Ils n'avaient pas non plus l'opinion ni le pouvoir avec eux. Si Napoléon n'aimait ni Mme de Staël ni Chateaubriand, il avait encore moins de sympathie pour les idéologues, dont on pourrait dire, en vérité, qu'il n'avait fait des sénateurs qu'afin de les mieux surveiller ou de les annuler ; et il y avait réussi. C'est pourquoi, de la littérature proprement dite, et envisagée comme un divertissement, la réaction ne tarda pas à s'étendre aux idées qui commandent toujours la littérature elle-même, et ce fut bientôt la pensée tout entière du xviiie siècle qui se trouva remise en question. On ne saurait en effet trop insister sur ce fait qu'en Angleterre et en Allemagne, comme en France et comme en Italie, la réaction a été philosophique autant que littéraire, et le mouvement romantique, dans l'Europe entière, a été connexe et solidaire d'un retour à l'idée religieuse. Les principaux auteurs en ont été Wordsworth et Coleridge en Angleterre, — ce Coleridge dont Carlyle a si bien dit qu'il passait auprès de toute une jeunesse « pour connaître le sublime secret de croire par la raison ce que l'entendement avait été obligé de rejeter comme incroyable », — Frédéric Schlegel, Görres, Novalis, Clément Brentano en Allemagne ; et, en France, ou en français pour mieux dire, Bonald, Joseph de Maistre, Lamennais, Lamartine et Hugo : nous parlons ici du premier Victor Hugo, celui qui se confessait à l'abbé de Lamennais, et qui écrivait dans la préface de ses *Odes et Ballades* que l'histoire de l'humanité n'offre d'intérêt ou de sens que « vue du haut des idées monarchiques et religieuses ».

Cependant la réaction n'en pouvait demeurer là. S'il y a, effectivement, plus d'une opposition, et même plus d'une contradiction entre l'esprit du xviiie siècle et celui du grand siècle qui l'avait précédé, il y a aussi quelques rapports, et rien certes n'est plus différent de la pensée de Pascal et de Malebranche que celle de Voltaire, mais le même Voltaire n'a pas conçu l'épopée ni la tragédie d'une façon qui diffère beaucoup de celle de Racine et de Boileau : c'est seulement son vers qui n'a ni la fermeté de celui de Boileau, ni la force, et la grâce, et le charme de celui de Racine. La *Henriade*, sauf en un point, est tout à fait conforme aux prescriptions de l'*Art poétique* ; et, si ce n'était que Racine en est absent, *Zaïre* pourrait passer pour une tragédie assez racinienne. Mais ces distinctions ne sont point pour les étrangers, et, au contraire, ces analogies superficielles les frappent. Il était donc difficile ou plutôt impossible qu'une réaction dirigée contre l'esprit du xviiie siècle n'atteignît pas tôt ou tard la poétique, ou, comme on dirait aujourd'hui, l'esthétique du siècle précédent, et que, sous prétexte de secouer le joug du « classicisme », l'Europe entière, à l'exception de l'Italie, n'en fît consister le principal effort à se libérer de l'influence française. Il y avait trop longtemps qu'elle régnait ! La Révolution, en isolant du reste du monde, pendant dix ans au moins, la France lisante et pensante, et les guerres de l'Empire, en se terminant par Waterloo, favorisèrent naturellement le succès de cet effort. Et l'influence anglaise en profita d'autant.

On attribue généralement à l'influence allemande ce que nous rendons ici d'importance à l'influence anglaise et, il faut convenir que « l'École de Coppet », Mme de Staël, elle-même, et d'abord, avec son livre de *l'Allemagne*, Benjamin Constant, les Schlegel, Fauriel encore dans ses premiers travaux, n'ont rien négligé pour en répandre et pour en accréditer l'idée. On peut ajouter, d'autre part, qu'Anglais ou Allemands, ce sont après tout des Germains, et qu'en un certain sens il suffit que la réaction contre le classicisme se présente à l'histoire comme une revanche du génie germanique sur le génie latin. Nous le croyons aussi ; et il n'est évidemment question pour la critique ni d'exercer après cent cinquante ans des représailles contre Lessing, ni de rabaisser le génie de Gœthe ou de Schiller, ni de contester l'influence de Kant. Mais il faut pourtant distinguer les époques, et on verra dans un instant tout l'intérêt de la distinction. En fait, on ne connaissait hors d'Allemagne ni Kant, ni Gœthe, ni Lessing, que déjà l'influence anglaise avait commencé de se faire sentir en France ; et rappellerons-nous à ce propos l'injurieuse violence que Voltaire, après lui avoir autrefois servi comme d'introducteur, et l'avoir même quelque peu pillé, n'en avait pas moins déployée contre Shakespeare? On en accuse quelquefois la « timidité de son goût ». Mais je croirais plutôt qu'étant ce qu'il était, « conservateur en tout, sauf en religion », il avait instinctivement reconnu dans la liberté du drame shakespearien une redoutable menace pour la discipline savante et compassée qui était celle de la tragédie française ; une conception de l'art ennemie de la sienne ; une interprétation ou une représentation de la vie contradictoire à celle de l'idéal classique. Et ce qui prouverait qu'en ce cas il avait bien vu, c'est que, dans le même temps, vers le milieu du xviiie siècle, non seulement l'auteur de la *Dramaturgie de Hambourg* se servait de Shakespeare à la fois contre Voltaire, et Racine, et Corneille, mais encore on doit ajouter que le contact de la littérature anglaise éveillait de leur longue torpeur la littérature et l'esprit allemands. Les origines de la littérature allemande moderne ne sont en vérité ni suisses ni souabes : elles sont anglaises. Il faut le savoir pour la bien comprendre elle-même. Mais il faut encore et surtout le savoir pour faire sa juste place à l'influence anglaise dans la formation de l'esprit européen de nos jours. Et, à l'exception d'un ou deux caractères, — tels que par exemple le goût déraisonné de la spéculation métaphysique, — il faut savoir que tous ceux qu'on assigne à l'esprit ou au génie germaniques ont commencé par être anglais avant d'être allemands.

Ce sont les Anglais qui ont cherché les premiers dans leurs plus anciennes traditions, et pour ainsi parler dans la nuit de leur moyen âge, les sources d'inspiration que les humanistes de la Renaissance avaient uniquement limitées aux souvenirs de la

Grèce et de Rome. Ils ont été, dans l'histoire des littératures modernes, les « premiers poètes de la nature », comme les Hollandais en avaient été les premiers peintres. Leur poésie s'est encore inspirée la première, — et même chez leurs « classiques », chez un Dryden, chez un Pope, — de ces incidents de la « vie présente », qui, s'ils font quelquefois, on l'avoue, le prosaïsme des *Lieder* de Gœthe, en font, plus souvent encore, le charme subtil et pénétrant. A l'homme « universel » de la Renaissance et de l'âge classique, à cet homme « normal » et abstrait, dont on a si bien dit qu'il était plus facile de le connaître que les hommes en particulier, ce sont les Anglais, c'est un Richardson dans sa *Clarisse Harlowe*, c'est un Fielding dans son *Tom Jones*, et non pas les Allemands, qui ont opposé les premiers l'homme « local », pour ainsi parler, individuel et déterminé, qui ne ressemble qu'à lui-même, et à lui seul, ou tout au plus à ceux de son village, de sa famille, de sa génération. Les premiers, ils ont encore mêlé la littérature à la vie active, à la vie quotidienne, à la vie **pratique**, et ainsi, fait de l'homme de lettres, d'un Addison ou d'un Swift, un personnage dans l'État. Et tandis qu'enfin, partout ailleurs, et jusque dans l'*Émile* ou dans l'*Héloïse* d'un Rousseau, la littérature n'était qu'un ornement ou un agrément de la vie sociale, ce sont eux, les Anglais, qui par un Wordsworth, par un Byron, par un Shelley, par un Keats, ont permis à l'écrivain de n'en faire qu'une manifestation de sa sensibilité personnelle, sans égards aux sentiments des autres, et au contraire, pour exprimer les raisons, bonnes ou mauvaises, mais siennes, qu'il avait de se distinguer et de se séparer de ses semblables. Où sont, et quelles sont, en comparaison de tant de nouveautés, celles que nous devons à l'influence allemande ? et, en dehors d'une ou deux, nous le répétons, que restera-t-il des qualités propres, originales, et ethniques du génie allemand ?

Que si maintenant, de tous ces caractères, nous nous demandons quel est le plus caractéristique, ou le plus « anglais », nous n'en saurions douter, c'est le dernier de tous ; et, par une remarquable coïncidence, il n'en est pas qui soit en même temps plus caractéristique de tout ce que l'on enveloppe sous le nom de *romantisme*. Je n'en vois pas non plus qui soit plus contraire à l'idéal classique. Nous l'avons dit plusieurs fois nous-même, et nous avons essayé de le montrer. On a donné beaucoup de définitions du *Romantisme*, et on l'a lui-même caractérisé tour à tour par les moins essentiels de ses traits ; mais, quels qu'ils soient et de quelque nom qu'on les nomme, ils se ramènent tous à deux qui sont : extérieurement, son opposition à l'idéal classique, et intérieurement, l'émancipation du Moi de l'écrivain. Tandis que l'idéal classique ne se concevait et ne se formulait qu'en fonction du public, l'idéal romantique n'a de raison d'être, ou d'existence même, qu'en fonction ou plutôt dans la manifestation de la personnalité du poète ou de l'écrivain. Aucun souci de plaire, et encore moins d'instruire : il ne s'agit que d'être « Soi ». « Je ne suis rien, a dit quelque part Wordsworth, si je ne suis pas un maître, *a teacher* ! » Mais il eût dit encore avec plus de vérité : « Si je ne suis pas moi, je ne suis rien » : ce qui importe, ce n'est ni la vérité de ce que je dis, ni sa beauté, ni son utilité, mais son originalité, et l'originalité n'en est faite que de ce que j'y mets de moi, et si ce que j'y mets de moi ne ressemble à personne, c'est alors seulement que je suis poète. Ni par des chemins nouveaux, je ne mène le lecteur à de vieilles vérités, ni à des vérités nouvelles par des chemins inconnus, mais, par des chemins *quelconques* et dont le choix ne dépend que de mon caprice, à des vérités dont je n'affirme rien, si ce n'est qu'elles sont miennes. « Le monde, a dit un moraliste, regarde toujours vis-à-vis ; moy, je replie ma vue au dedans, je la plante, je l'amuse là. Chacun regarde devant soy, moy, je regarde dedans moy, je n'ay affaire qu'à moy ; je me considère sans cesse, je me contrerolle, je me goûte. Les autres vont toujours ailleurs, s'ils y pensent bien, ils vont toujours avant. Moy, je me roule en moi-même. » Ces paroles de Montaigne pourraient être aussi bien de Byron ou de Shelley. En tous cas, je n'en sache pas qui résument plus heureusement ce qu'il y a d'essentiel dans le *Romantisme*. Soyons d'abord nous-mêmes : le public en prendra ce qui lui conviendra. On n'écrit point pour se faire lire, et encore moins pour être applaudi du vulgaire, mais à cause d'un besoin qu'on a de penser ou de sentir tout haut, de se « répandre » ou de « s'épancher », de prendre en écrivant conscience de nous-mêmes, et d'apprendre aux autres hommes en combien de manière nous différons d'eux. Encore e fois, si c'est le contraire de l'idéal classique, — et on en trouverait la preuve dans le mot de Pascal sur Montaigne : « Le sot projet qu'il a eu de se peindre ! » — il n'y a rien de plus romantique. Mais qu'y a-t-il aussi de plus anglais ? La littérature anglaise est une littérature profondément, foncièrement, essentiellement individualiste ; et si la nation, prise en gros, ne l'est pas plus qu'une autre, ou si même il n'y en a pas qui ait mieux connu tout le pouvoir de l'association, c'est donc aussi pour cela qu'au sens propre ou étymologique du mot, on n'en citerait, je crois, pas une, dont les écrivains et les poètes soient en général plus *eccentrics*, et quand il le faut, jusqu'à la bizarrerie.

On ne saurait d'ailleurs nier qu'entre 1830 et 1840, cet individualisme, s'il avait contre lui toute l'autorité de la tradition classique, eut en revanche pour lui tout ce que cette autorité même avait contraint de naturelles impatiences, méconnu de droits légitimes, et entravé de libertés nécessaires. Je me sers ici d'expressions que j'emprunte au vocabulaire de la politique, afin de mieux indiquer ou souligner le caractère d'étrange violence qu'on vit prendre un moment aux luttes littéraires. C'est qu'aussi bien, sans l'avoir voulu, les maîtres du classicisme en étaient devenus proprement les tyrans. On avait extrait de leurs œuvres des règles, ou des « règlements », en dehors desquels on n'admettait pas qu'il y eût de beauté littéraire, et des grammairiens ou des rhéteurs, de l'espèce de Gottsched ou de Népomucène Lemercier, s'en étaient constitués les vigilants et inflexibles gendarmes. « Où sont vos papiers » ? c'était la première question qu'on posait au poète. Une tragédie parfaite devait répondre à vingt-six conditions, pas une de plus ni de moins, et selon qu'elle n'en réalisait que vingt-quatre ou vingt-trois elle descendait d'un ou deux degrés dans l'estime des « bons juges ». Évidemment, on ne pouvait se délivrer de l'excès de cette tyrannie sans un peu de violence, et, de tous les moyens qu'on en pouvait choisir, l'émancipation de la personnalité de l'écrivain, qui en était le plus sûr, en était aussi le plus doux. A ceux qui prétendaient administrer la littérature comme on faisait de la grande voirie, l'écrivain répondait en se retirant de la circulation publique, et comme en se retranchant dans son for intérieur, ou, plus poétiquement, dans sa « tour d'ivoire ». Qu'y avait-il de plus simple et de plus naturel ?

Mais, ce qui est théoriquement le plus naturel du monde, ne l'est pas toujours en pratique ou dans la réalité. S'il y a des genres, des formes littéraires, la poésie lyrique, par exemple, et les *Confessions* ou les *Mémoires*, qui souffrent l'expansion du Moi ; qui ne la souffrent pas seulement, mais qui l'exigent, comme n'ayant à vrai dire de raison d'être que par elle, — qu'est-ce, en effet, que des *Confessions* dont l'auteur ne se « confesserait » pas ? — il y a d'autres genres qui ne la supportent pas longtemps : ainsi le roman ; ou même jamais ni du tout : ainsi l'histoire ou le théâtre. Les romantiques ne devaient pas tarder à s'en apercevoir. Plus promptement encore ils s'aperçurent que ce fier isolement de l'écrivain ou du poète, s'il avait jadis été possible, en des temps très anciens, ne l'était plus dans les conditions de la vie moderne et contemporaine. « *Væ soli !* Malheur à celui qui est seul. » Un grand seigneur de lettres, comme Byron, ou le pensionnaire d'un principicule, comme Gœthe, peuvent bien, de notre temps, soutenir cette attitude hautaine ; et, à l'autre extrémité de l'échelle sociale, on la supporte encore d'un Burns ou d'un Shelley, quand ils ne meurent pas d'y avoir voulu persister. Mais la plupart des écrivains ! Disons un peu crûment les choses, et n'ayons pas peur de faire dans l'histoire des idées une place aux considérations de l'ordre matériel. Depuis que les écrivains sont devenus des « professionnels », et qu'ils ne sauraient réussir, je ne dis pas à faire fortune, mais à vivre et à se faire une réputation qu'autant qu'ils se donnent tout entiers à leur profession, l'abondance et la régularité de la production sont devenues des conditions de leur succès ; et qu'est-ce qu'un homme tout seul peut tirer de la perpétuelle contemplation de soi-même ? Il y a vraiment peu de sensations originales, quoi qu'on en ait pu dire ; et dans la quantité de la production poétique du siècle, on est surpris de voir, et un peu humilié, tout au rebours de ce qu'on nous promettait, en combien de manières un homme ressemble aux autres hommes ! C'est encore une découverte que les romantiques ne pouvaient manquer de faire à leurs dépens. Comment encore ne se fussent-ils pas aperçus que c'était prendre mal son temps que de s'isoler, dans un siècle dont les tendances, à mesure qu'il déroulait son cours, devenaient de jour en jour plus « sociales », en devenant plus démocratiques ? Des formes nouvelles de misère ou de souffrances étaient plus dignes d'intérêt que les vulgaires aventures d'un ambitieux déçu ou d'un amant trompé. Et quand toutes ces causes réunies n'auraient pas été de nature à provoquer une réaction contre l'individualisme, il y aurait suffi d'une dernière, — qui vaut la peine qu'on y insiste un peu.

Le principe ou le fondement d'une poétique individualiste, c'est la conviction, plus ou moins raisonnée d'ailleurs, qu'aucun homme n'est tenu de soumettre son jugement à celui d'un autre homme. *Nullius addictus jurare in verba magistri.* Ce que les uns approuvent ou admirent, d'autres le blâment ou le critiquent. Les mêmes objets excitent en nous des mouvements différents. Celui-ci ne peut souffrir Horace, et celui-là en fait ses délices. Byron mettait Pope au-dessus de Shakespeare, et Lamartine n'a vu dans La Fontaine que le conteur des *Oies du frère Philippe* ou de *Mazet de Lamporecchio.* L'éducation première, l'expérience de la vie viennent encore diversifier, et en le diversifiant, augmenter ce que déjà la nature avait mis de différence entre les hommes. Un colonel de cavalerie ne voit pas les choses du même œil qu'un négociant de la cité de Londres ; un politicien de New-York n'envisage pas les questions du même point de vue qu'un prélat romain. Comment donc disputerait-on « des couleurs et des goûts » ? Comment y aurait-il un bon et un mauvais goût ? Et comment, enfin, quelque expression de moi-même qui m'échappe, oserait-on m'en reprendre ou s'en montrerait-on scandalisé ? Chacun de nous est la mesure des choses, et n'ayant que lui pour témoin authentique et irrécusable de ses impressions, n'en reconnaît donc aussi que lui-même pour juge. Vers le milieu du xviiie siècle, la critique de Hume et celle de Kant, assez mal comprises, d'ailleurs, avaient accrédité philosophiquement ces paradoxes. Hegel était ensuite venu avec son « identité des contradictoires », et les formules même de l'incertitude et du doute avaient été posées comme lois de l'esprit. On est bien obligé de parler de ces choses à propos de littérature puisque de notre temps, un Taine a pu réussir à se dégager du réseau de ces sophismes, mais un Scherer et un Renan y sont demeurés embarrassés.

Les progrès de la science eussent dû pourtant les éclairer, et non seulement la nature de ces progrès, mais la nature aussi des méthodes qui les avaient procurés. Ce que les progrès de la science avaient en effet établi, c'est, en premier lieu, qu'il existe quelque chose en dehors de nous, et c'est, en second lieu, que, si notre connaissance du monde est relative de la constitution de l'esprit humain, cette relativité ne peut ni ne doit s'entendre de l'individu, mais de l'espèce entière. Il y a des lois de l'esprit, et peut-être la réalité se déforme-t-elle en s'y accommodant, mais la déformation est la même pour tous ; et il y a un juge de la qualité de nos impressions, qui est la vérité scientifiquement démontrée. « Il faut donc disputer des goûts. » De deux impressions qui s'opposent ou qui se contrarient, non seulement on ne peut pas dire qu'elles s'équivalent, et que chacun de nous ait le droit de garder la sienne, mais il y en a forcément une de fausse et une de vraie. Laquelle est la fausse et laquelle est la vraie ? C'est ce qu'on ne peut pas toujours décider, et surtout lorsqu'il s'agit des plus délicates et des plus complexes, mais on peut espérer d'y réussir un jour. Tel est précisément l'objet de la critique, son objet final et suprême, qui la fuira d'ailleurs à mesure qu'elle en approchera, mais qui n'en est pas pour cela moins précis et moins déterminé. Nous ne saurons jamais non plus ce que c'est que la *vie*, ni ce que c'est que la *matière*, et cependant cela n'empêche ni la physiologie ni la physique d'être des sciences.

C'est ce que l'on comprit aux environs de 1840, — disons, pour être plus exact, entre 1840 et 1850 ou 1855, — et le *naturalisme* allait sortir de là. Car on en a donné bien des définitions, comme du romantisme, et qui toutes ou presque toutes, elles aussi, contiennent leur part de vérité, mais il y en a une de plus générale que les autres, et c'est celle qui le fait consister dans ce que l'on a nommé « la soumission de l'écrivain ou de l'artiste à son objet ». Le naturalisme est la reproduction de la nature, et, pour apprendre à voir la nature, notre premier souci doit être de nous déprendre de nous-mêmes. Il ne faut pas nous faire une originalité de notre impuissance, et si nous voyons mal, nous n'avons qu'à tâcher de mieux voir. L'observation et la réflexion nous ont été données pour cela. La première qualité qu'on exige d'une « reproduction », c'est d'être fidèle, et d'un « portrait », c'est d'être ressemblant. Une discussion s'élève-t-elle sur la fidélité de la ressemblance ou sur la valeur de la reproduction ? Qu'on fasse venir l'original ! Nous l'avons là, dans la nature, tout près de nous, et, comme qui dirait, à la portée de notre main ou de notre voix. Et ne nous répondez pas avec le poète qui, de tous les romantiques, a mis de lui-même le plus dans son œuvre :

> Le cœur humain de qui ? le cœur humain de quoi ?
> Quand le diable y serait, j'ai mon cœur humain moi !

La question est précisément de savoir si « vous avez un *cœur humain*, vous » ! et ce n'est pas vous qui la déciderez. Vous pouvez être un malade ; vous pouvez être un anormal. Et ce n'est pas nous non plus qui en jugerons, mais ce sera la vérité de la nature et de l'histoire. Qui croirait que la terre tourne, s'il n'en consultait que son sentiment personnel, et, en effet, pendant combien de siècles les hommes n'en ont-ils rien cru ? Les juges de Galilée étaient des hommes qui s'imaginaient avoir « leur œil humain ».

Favorisées par les circonstances, et notamment par ce que l'on pourrait appeler l'échec de la politique romantique en 1848, propagées à la fois en France, en Angleterre et en Russie, — l'Allemagne et l'Italie étaient alors occupées d'autres soins, — par les philosophes, qu'elles réconciliaient avec le sens commun ; par les critiques, dont elles grandissaient le rôle en le précisant ; acceptées par les romanciers, un Tourguénef, une George Eliot, un Flaubert qu'elles invitaient à étendre le champ de leur observation ; reçues enfin par les poètes eux-mêmes, tels qu'un Gautier ou un Leconte de Lisle, ces idées ne pouvaient manquer de triompher tôt ou tard de l'idéal romantique épuisé. Mais comme les raisons pour lesquelles on les avait accueillies n'étaient pas toutes les mêmes, et que si, par exemple, un Flaubert n'était pas moins hostile à Musset que George Eliot à Byron, ce n'était pas tout à fait pour les mêmes motifs, il se produisit dès l'origine une division parmi les naturalistes, une déviation de la doctrine, et en France, plus particulièrement, les progrès en furent arrêtés ou interrompus un moment par la doctrine de « l'art pour l'art »..

C'était une théorie de peintre ; et au fait, il ne semble pas que l'on puisse demander à un peintre autre chose que de bien peindre. Il n'y a point, à proprement parler, de « pensées » dans les

Madones de Raphaël, ou dans les portraits de Rembrandt, et ce n'en sont pas moins de purs chefs-d'œuvre, j'entends ici des œuvres qui remplissent diversement, mais également, la notion de l'art de peindre. On voit d'ailleurs comment la théorie se rattachait au naturalisme. Quand on fait de l'imitation de la nature non seulement le principe et la condition, mais encore l'objet ou la loi de l'art, c'est la fidélité seule de l'imitation et par conséquent c'est la qualité seule de l'exécution qui juge l'artiste et le met à son rang parmi ses émules. De deux portraits également ressemblants, le meilleur est évidemment le mieux peint ; et le mieux peint, c'est celui dont le peintre a le mieux prouvé la possession des moyens de son art. Cette possession des moyens de l'art devient à son tour le moyen le plus sûr d'atteindre la vérité de la ressemblance, et, bien loin de se contredire, la théorie de l'art pour l'art et la doctrine naturaliste peuvent ainsi ou même doivent se prêter l'une à l'autre un mutuel appui. On a donc dit une sottise quand on a prétendu que ces trois mots : « l'art pour l'art » étaient absolument vides de sens ; et celui qui l'a dit eût peut-être mieux fait d'en prendre pour lui-même ce qu'ils contiennent d'utile enseignement. Il y a manière d'entendre la théorie de l'art pour l'art ; et elle n'a pas d'ailleurs la même valeur en littérature qu'en peinture, si la littérature est quelque chose de plus qu'un art d'imitation ; mais on ne saurait pourtant la condamner sans appel ; et le grand service qu'elle rendit, même à la littérature, entre les années 1850 et 1870, est d'avoir rappelé les artistes au sentiment du pouvoir et de la vertu de la forme.

Le malheur était, d'un autre côté, qu'en faisant de l'art une espèce de « sacerdoce », elle retournait au romantisme, et ainsi elle restituait à l'artiste ou au poète ce que le naturalisme avait voulu lui enlever, c'est-à-dire le droit de subordonner le monde à la conception qu'il s'était formée de la poésie ou de l'art. Même, elle lui permettait de prendre à l'égard du public ou de la « foule » une attitude plus orgueilleuse ou plus intransigeante encore, et de se retrancher dans une solitude plus farouche. Car, tandis que les romantiques n'en revendiquaient le droit qu'au titre de leur sensibilité personnelle, et de l'impossibilité où ils se disaient de sortir d'eux-mêmes, les théoriciens de l'art pour l'art se réclamaient, eux, de leur théorie même, et de ce qu'il y avait, dans sa pratique ou dans son enseignement, de plus impersonnel et de plus objectif. Ils se trouvaient, en outre, amenés de la sorte à faire de l'art une « cabale », dont les savants secrets ne sauraient jamais appartenir qu'à de rares initiés, qu'ils eussent volontiers, comme Hugo, nommés du nom de « Mages ». D'une différence de degré que les romantiques, — et avant eux les classiques, — avaient mise entre la foule et l'élite, mais une élite assez nombreuse encore, les théoriciens de l'art pour l'art avaient fait une différence de nature ou d'essence, et n'admettaient qu'eux-mêmes à former cette élite. S'ils consentaient parfois à descendre de leurs nuages, et, comme on dit familièrement, à prendre langue parmi les hommes, ce n'était que pour faire sentir les traits d'un dédain olympien à quiconque se souciait d'autre chose que de broyer des couleurs ou de cadencer des phrases. On les voyait s'enorgueillir de n'être pas compris, et trouver, dans l'accueil plus froid ou plus indifférent que l'opinion faisait à leurs œuvres, une raison de persévérer dans leurs erreurs, ou au besoin de les aggraver. Et finalement, à mesure qu'ils faisaient consister le tout de l'art dans l'application des procédés d'une rhétorique plus conventionnelle, et plus arbitraire, à mesure aussi devenaient-ils plus étrangers à la vie de leur temps. On ne saurait, en effet, sans le plus grand danger pour lui-même, couper l'art de ses communications avec la vie, — nous disons la vie commune, la vie journalière, la vie de tout le monde, — et non seulement quand on y tâche, on s'expose, ou plutôt on l'expose lui-même au juste reproche d'immoralité, mais encore on en dessèche et on en tarit l'inspiration jusque dans ses sources.

Nous venons d'écrire le mot d'*immoralité*, et, à ce propos, sans nous engager dans la très difficile question des rapports de l'art avec la morale, il nous faut bien constater que la grande erreur des théoriciens de l'art pour l'art a été de vouloir séparer l'art d'avec la morale encore plus profondément que d'avec la vie même. Ils s'autorisaient en ce point de l'exemple de la nature, qu'on ne voit pas, disaient-ils, qui se soucie de morale, et que, par suite, on n'imite plus, mais on la déforme ou on l'altère dès qu'on prétend la moraliser. Ils oubliaient seulement que, si nous ne sommes point les maîtres de la nature, toute notre dignité d'hommes ne consiste qu'à nous émanciper de la tyrannie de ses lois, et il serait donc inadmissible que l'art eût pour fonction ou pour objet de nous y rengager. Mais ce qui n'est pas moins certain, c'est qu'aucune doctrine ne saurait être moins recevable que le naturalisme à nous en faire la proposition. Car enfin qu'elle est cette « nature » qu'il s'agit d'imiter? Sans doute ce n'est pas la nature extérieure! Il y a des peintres de « paysage »; et quelques poètes ont pu rivaliser avec eux de coloris et d'éclat. Mais, pour la plupart des littérateurs, pour l'auteur dramatique, pour le romancier, pour l'historien, la « nature » c'est la vie humaine; et qu'est-ce que la vie sinon le support, le sujet, la matière de la moralité? De la façon que nous sommes faits, et que nous vivons, depuis qu'il y a des hommes, il ne peut pas s'établir entre deux êtres humains, quels qu'ils soient, de relations qui ne relèvent de la morale. Nous ne pouvons pas prendre une résolution qui n'implique de la morale. Et si d'ailleurs, pour ma part, je ne crois pas « qu'un degré d'élévation vers le pôle change toute la morale », tout le monde sait bien que d'un temps ou d'un pays à un autre, il n'y a rien qui diffère plus que l'application des lois de la morale à la vie quotidienne. Vouloir faire abstraction de la morale dans la représentation de la vie, c'est donc à vrai dire mutiler le modèle que l'on se proposait d'imiter et le mutiler très arbitrairement. Il est infiniment regrettable, pour eux, — et encore davantage pour nous, Français, — que nos naturalistes, en général, ne l'aient pas compris.

Car d'autres qu'eux, plus avisés ou mieux inspirés, l'allaient comprendre ou l'avaient depuis longtemps compris, et une fois de plus la direction des grands courants littéraires, — un moment ressaisie, de 1850 à 1870, — allait nous échapper de nouveau. C'étaient des Anglais, des romanciers comme Dickens ou comme George Eliot, des poètes comme Élisabeth Browning, des philosophes et des esthéticiens, Carlyle, Stuart Mill, et celui d'eux tous qui peut-être a exercé, quoique le moins connu au dehors, le plus d'influence sur la pensée anglaise contemporaine, je veux dire John Ruskin, l'auteur de tant d'écrits aux titres énigmatiques, *Fors clavigera*, *Aratra Pentelici*, mais dont la forme bizarre et comme provocante enferme tant de signification ou de « suggestions ». Quelques années s'écoulaient encore, et le roman russe, dont on peut dire qu'il n'avait pas jusque-là dépassé ses frontières, faisait triomphalement, avec Tolstoï et Dostoïevski, son entrée dans la littérature européenne. Certainement, c'était bien aussi un romancier russe qu'Ivan Tourguénef, mais je ne sais comment il semblait qu'en se fixant parmi nous il fût devenu un romancier français. Et rien n'était moins vrai ! Il n'avait pas cessé d'être un fils de sa race ! Mais la fortune a de ces caprices ; et les Russes pourront préférer Tourguénef à Tolstoï et Gogol ou Pouchkine à tous deux, il n'en demeurera pas moins vrai que c'est par Tolstoï et Dostoïevski que l'âme slave est entrée en communication avec la littérature européenne. Il en faut dire autant de « l'âme scandinave ». Ce sont les *Revenants*, *Maison de Poupée*, *le Canard sauvage* qui l'ont révélée à l'Europe avec le nom d'Henrik Ibsen. Et grâce à eux tous, mais peut-être surtout aux derniers, il semble que, pour le moment, la littérature ait été libérée des liens où la retenait la théorie de l'art pour l'art. Elle l'a été également de ce qu'il y avait dans le naturalisme de plus inacceptable, — et c'était son impassiblité.

Si diverses que puissent être l'inspiration d'un Tolstoï et celle d'un Ruskin, leurs œuvres ne laissent pas, en effet, d'avoir quelques traits de commun, et ce sont les plus généraux. Elles ne sont pas à elles-mêmes leur but ; et sans doute je ne répondrais pas qu'en les écrivant leurs auteurs n'aient point prétendu à la gloire d'avoir « bien écrit », mais ils ont eu d'abord la prétention ou l'intention de « bien penser », et surtout celle d'agir. La direction en est sociale, et tous ensemble, Norvégiens, Russes ou Anglais, en même temps qu'œuvre d'artistes ils ont voulu faire œuvre d'hommes, œuvre utile, œuvre morale, et travailler au « perfectionnement de la vie civile ». L'un des poèmes les plus populaires d'Élisabeth Browning est son appel à l'humanité « en faveur des enfants employés dans les manufactures » ; et tel drame d'Ibsen n'est après tout qu'une prédication contre l'alcoolisme. Et, à la vérité, si l'on ne saurait employer trop d'ardeur en de semblables luttes, il ne semble pas nécessaire d'y dépenser tant de talent. Il y a aussi des moyens trop faciles d'émouvoir de pitié, d'indignation ou de colère les imaginations des hommes, et Dickens ou Dostoïevski en ont plus d'une fois abusé. Les *Ames mortes*, de Gogol, sont encore un beau roman, et

<small>Jamais Iphigénie en Aulide immolée,</small>

ne fit verser autant de pleurs que la *Case de l'Oncle Tom*, mais le roman d'Henriette Beecher Stowe est-il bien un roman, ou même de la « littérature »? On peut se poser la question. Si les naturalistes français, en général, ont eu le tort d'exclure la morale de la représentation de la vie, les naturalistes anglais, russes ou scandinaves, ont souvent confondu la notion de l'art avec celle de l'utile. Et certes l'utile et le beau ne sont point inconciliables ou incompatibles! Ils ne le sont pas plus que ne le sont ensemble l'art décoratif ou industriel, et ce que l'on appelle pompeusement « le grand art »! Mais il faut pourtant prendre garde à ne point les confondre, et surtout il ne faut pas croire, par un effet contraire de la même erreur de principe, que l'un dispense de l'autre; ou en d'autres termes encore qu'une œuvre soit assez morale dès qu'elle est belle, ou assez belle dès qu'elle est morale.

Nous sera-t-il permis après cela d'ajouter que, de ces deux erreurs, si l'une est moins grave et moins dangereuse que l'autre, c'est assurément la seconde? On sait qu'après de longues hésitations, qui sont l'honneur d'une critique, à son origine, expressément et systématiquement naturaliste, c'est à cette conclusion que Taine avait fini par aboutir. Le degré de bienfaisance du caractère que les œuvres expriment était devenu pour lui le juge, ou, comme on dit, le *criterium* de leur valeur d'art. Et si nous le rappelons ici, ce n'est pas, on vient de le voir, que nous partagions entièrement son opinion sur ce point, mais c'est que son exemple n'est pas la moindre « illustration » de la réalité du mouvement que nous venons d'essayer de décrire. Nous y reviendrons tout à l'heure, et quand, auparavant, nous aurons essayé d'indiquer, d'une manière incomplète et sommaire, quelle transformation des « Genres » ou des « Espèces » littéraires a été la conséquence de ce même mouvement.

.•.

Sera-t-on très surpris si je dis que, de toutes ces transformations, l'une des plus significatives et des plus regrettables est celle que le genre dramatique a subie ? Aucun genre, à n'en croire du moins que les apparences, n'a été plus fécond en ce siècle, ne l'est encore de nos jours ; et, nous Français, en particulier, nous n'avons point de titre littéraire dont nous tirions plus d'orgueil que de la « continuité de notre production dramatique ».

Et, en effet, ce sont nos vaudevilles et nos mélodrames qui amusent le plus le public de Londres et de Saint-Pétersbourg. Les étrangers, pour se former au style de la conversation, apprennent généralement le français dans le répertoire de Scribe ou de Labiche ; et, je dois l'avouer, rien ne m'a étonné davantage que de voir l'estime où les tiennent les Américains. Il y a d'ailleurs des Parisiens qui ne connaissent de la littérature française, avec le roman-feuilleton, que ce que vingt théâtres leur en offrent tous les soirs. Toute une population, dont les acteurs de tout ordre ne sont que la moindre partie, — costumiers, machinistes, allumeurs de quinquets, marchands de programmes, ouvreuses, figurantes, mères d'actrices, habilleuses, — ne vit que du théâtre, pour le théâtre, et par le théâtre. Aucune industrie littéraire ne produit, quand on réussit à y réussir, de plus notables bénéfices. Aucun genre de succès n'a plus de retentissement, ne donne du jour au lendemain plus de gloire ou de notoriété, de popularité même qu'un succès de théâtre. Le besoin du journal n'est pas plus répandu, plus universel, je dirai même plus impérieux pour une foule de nos contemporains, que celui de l'opérette ou du café-concert. L'éducation bourgeoise de nos jeunes filles se complète par quelques couplets de *Miss Helyett* ou de *Joséphine vendue par ses sœurs*. Mais, en dépit de tout cela, si l'on y veut regarder de plus près, il est trop aisé de voir que la littérature dramatique n'a rien produit de nos jours que l'on puisse comparer, même de loin, à l'œuvre immortelle de Racine, de Molière, de Corneille, de Calderon, de Lope de Vega, de Shakespeare, ou — en remontant jusqu'à l'antiquité, — de Sophocle et d'Eschyle. Hélas ! où sont seulement notre *Zaïre* et notre *Barbier de Séville* ? Les drames de Schiller sont-ils très supérieurs à nos tragédies de second ordre ? Ceux de Byron sont-ils des drames ? Si les Italiens voient dans Alfieri le « créateur de leur tragédie nationale », peut-on dire qu'il existe une tragédie italienne ? Que reste-il du *Carmagnola* de Manzoni qu'une « lettre sur les trois unités » ? et, pour le faire court, chez nous, comme en Angleterre et comme en Allemagne, le romantisme et le naturalisme n'ont-ils pas échoué, l'un après l'autre, et diversement, mais complètement, l'un et l'autre, à produire une œuvre de théâtre qui ne fût pas la contrefaçon ou le mélange hybride du drame shakespearien et de la tragédie classique?

Quelques œuvres surnageront-elles? Quelques drames de Schiller, sa *Marie Stuart* ou son *Guillaume Tell*? ou le *Faust* de Gœthe? ou le *Marino Faliero* de Byron? ou l'*Hernani* et le *Ruy Blas* d'Hugo? On ne le saura que dans une centaine d'années! J'aurais presque plus de confiance dans la durée de ce *Théâtre* où Musset, s'inspirant à la fois du *Songe d'une nuit d'été* et du *Jeu de l'Amour et du Hasard*, a mêlé, sinon fondu toujours ensemble, quelque chose de la psychologie maniérée de Marivaux et du caprice poétique de Shakespeare : *Andrea del Sarto, On ne badine pas avec l'amour, Fantasio, les Caprices de Marianne*. Au reste, il survivra toujours des gloires dramatiques locales, ou nationales, et, dans toutes les histoires de la littérature, on continuera de consacrer un chapitre au théâtre. Nous y mettrons, nous, à des rangs différents, et pour des mérites assez inégaux, Eugène Scribe et le « père Dumas », Victor Hugo, François Ponsard et Émile Augier, le fils Dumas et Victorien Sardou, Henri Meilhac, Ludovic Halévy, peut-être Eugène Labiche, l'auteur des *Corbeaux* et celui de *la Fille de Roland*; et certes ce ne seront ni les Anglais, avec Edwar Bulwer-Lytton ou Douglas Jerrod, ni les Italiens, avec Manzoni, Éduardo Fabbri, Giambattista Niccolini, Gherardi della Testa, Pietro Cossa, qui nous le disputeront pour l'abondance, la valeur marchande, ou même la qualité littéraire de la production. Ce seraient plutôt les Allemands, avec Zacharias Werner, Kotzebue, Henri de Kleist, Grillparzer, Frédéric Hebbel, ou dans ces derniers temps un Gérard Hauptmann, mais surtout avec Henrik Ibsen, que sans doute l'Allemagne a bien quelque droit de revendiquer, et avec Richard Wagner, qu'il est temps, en vérité, de considérer comme auteur dramatique autant que comme compositeur de musique; Wagner, à qui nous devons, dans son *Tristan* ou dans son *Parsifal*, ce que le théâtre du XIXe siècle a certainement produit de plus original, on serait tenté de dire « d'uniquement » original ; et Wagner, dont l'influence, enfin ne s'est pas moins exercée sur le mouvement général des idées que sur celui de tous les arts et de la musique en particulier. On notera d'ailleurs qu'avec un ou deux de nos auteurs dramatiques, — et non de ceux dont nous faisons, nous, le plus de cas, — Ibsen ou Wagner sont les seuls dont on puisse dire dès à présent qu'ils ont pris place dans l'histoire de la littérature européenne.

Il n'est pas difficile d'expliquer, comment dirons-nous? cette décadence ou cet abaissement d'un genre dont il se peut bien que les chefs-d'œuvre soient le dernier effort de l'esprit humain, mais, — et c'est là sa grande faiblesse! — qui n'a rien de naturellement ni de nécessairement littéraire. Une ode, une élégie, un roman, un essai, dans le goût de ceux de Carlyle ou de Taine, d'Emerson ou de Macaulay ne sont rien, s'ils ne sont pas de la « littérature », mais un vaudeville ou un mélodrame peuvent parfaitement se passer d'en être. Le répertoire de Scribe et de Dumas, des deux Dumas, en sont d'assez remarquables exemples. La *Tour de Nesle*, *l'Étrangère* ne sont pas de la « littérature », et *Hernani* ou les *Burgraves* en sont; mais, en revanche, ne sont point du théâtre. D'un autre côté, si l'idéal romantique ne consiste en rien tant que dans la manifestation ou dans l'étalage du Moi, c'est justement ce genre de littérature que l'art dramatique excuse, comporte, et supporte le moins. Nous ne nous enfermons point, quatre ou cinq heures durant, à quinze ou dix-huit cents, dans une salle de spectacle, pour y entendre un auteur, avec entr'actes et décors, nous conter indiscrètement ses affaires personnelles. Que si d'ailleurs il y a des « formes » qui s'imposent ainsi à la manifestation de la sensibilité personnelle de l'écrivain, il y en a d'autres qui ne sont pas en quelque sorte moins « commandées » par la fidélité de l'observation, et c'est pourquoi le naturalisme a échoué jusqu'ici au théâtre. Il ne pourrait y réussir qu'en retournant jusqu'à Molière ou jusqu'à Shakespeare, et au point de vue du théâtre, c'est ce que nos dramaturges appelleraient retourner à l'enfance de l'art... Et puis, et enfin, parmi les conclusions de la critique et de l'histoire générale des littératures, s'il en est une que l'on puisse tenir pour assurée, c'est qu'en raison de la faiblesse humaine, *propter eges-tatem naturæ*, tous les genres ne sauraient s'épanouir à la fois; et, de même que dans la nature, il convient d'ajouter que, plus ils sont voisins, plus la concurrence étant âpre et violente entre eux, ils se nuisent. L'épanouissement du roman, dans le siècle où nous sommes, a comme étouffé la floraison dramatique.

Un autre genre n'a pas moins profité de ce que perdait le dramatique, c'est le lyrique, et la compensation est assurément de prix, si l'on peut dire en toute vérité que jamais le monde, en aucun temps, pas même au temps de Pindare ou de Simonide, n'avait entendu retentir de plus beaux cris d'amour ou de détresse, de désespoir ou d'orgueil, d'enthousiasme ou de colère, ni connu jusqu'à nous ce qu'une seule voix peut éveiller ou propager d'émotion dans les cœurs. C'était sans doute une conséquence de l'émancipation du Moi! Car le lyrisme, on ne saurait trop le répéter, ce n'est ni la splendeur de l'imagination, ni la vérité des peintures, ni l'intensité de l'émotion, toutes qualités qui se retrouvent aussi bien, ou du moins qui peuvent se retrouver dans l'épopée, par exemple, ou dans le discours public, — celui qu'on adressait du haut de la tribune aux Grecs et aux Romains assemblés, ou celui qui du haut de la chaire chrétienne remuait, en y tombant, dans l'âme des foules, ce qu'elle contient de plus obscur et de plus mystérieux, — mais le lyrisme, c'est la poésie « personnelle », c'est la manifestation de la sensibilité du poète; c'est l'expression par la parole, par le rythme, et par l'accent, de ce qu'il y a de plus intime et de plus profond en lui. Il y avait, nous l'avons déjà dit, quelque deux cent cinquante ans au moins que cette sensibilité frémissait d'être contenue quand, au commencement de ce siècle, le romantisme vint la libérer de cette longue contrainte. On la vit alors s'épancher ou plutôt se déborder dans tous les sens, de toutes parts, dans toute l'Europe, en France comme en Angleterre, en Italie comme en Allemagne, et là même où à la joie d'être enfin délivrée s'ajoutait la colère d'avoir été si longtemps comprimée, c'est là, par une conséquence assez naturelle encore, qu'on allait la voir engendrer quelques-uns de ses plus rares chefs-d'œuvre : le *Don Juan* de Byron, par exemple, ou l'*Alastor* de Shelley.

L'art de la description classique, ou pour mieux dire, la manière même de sentir la nature et l'histoire en ont été renouvelés tout d'abord, et les *Lakistes* anglais, parmi lesquels on nous permettra de ranger aussi leurs précurseurs, Crabbe, Cowper et Burns, en sont les premiers interprètes. Et, en effet, si, comme nous le disions, le lyrisme est l'*individualisme*, n'était-ce pas en Angleterre qu'on devait le voir d'abord renaître? Le poète de l'*Excursion*, Wordsworth, et celui de *Don Juan*, Byron, ne se ressemblent qu'en ce point, mais ils se ressemblent : peu leur importe le sujet de leurs « poèmes », et ce sont uniquement leurs impressions qu'ils nous content! La fable et l'intrigue, l'histoire et la nature ne leur servent que d'un prétexte à s'exprimer eux-mêmes, et ils s'expriment très diversement, mais ils n'expriment toujours qu'eux-mêmes. Est-ce bien aussi le cas de Coleridge et de Shelley? de Southey et de Moore? Les Anglais nous le diront. En tout cas, c'est chez nous celui de Lamartine et d'Hugo, dans leurs *Méditations* ou dans leurs *Odes et Ballades*, dans leurs *Orientales*, dans leurs *Feuilles d'Automne*. Et ce serait en Allemagne le cas de Kœrner et de Rückert, ou en Italie celui d'Ugo Foscolo, de Manzoni, de Leopardi, si les circonstances n'en avaient fait avant tout des « patriotes ». On pourrait dire, sans jouer sur les mots, que le caractère qu'ils ont tous en commun, c'est de ne vouloir avoir, et de n'avoir effectivement aucun caractère commun. Chacun d'eux a sa manière à lui de sentir la nature et l'histoire, d'en être « impressionné », et chacun d'eux a sa manière d'associer, de combiner ses impressions, de les traduire en ses vers selon la loi de son rythme intérieur. Ils n'ont pas d'ailleurs eu la même éducation, ni fait de la vie la même expérience. Elle a été dure à Leopardi, et dure, mais d'une autre manière, à Shelley; elle a été plus douce à Lamartine et à Byron. L'un est surtout un « élégiaque » et l'autre un « satirique ». Ils n'ont aimé ni les mêmes aspects de la nature, ni les mêmes aspects de l'humanité. Je les crois encore, comme écrivains, très inégaux entre eux, très différents surtout; et, pour ne parler que de nos Français, il n'y a rien de commun, ou plutôt rien ne s'oppose davantage l'un à l'autre et ne contraste plus absolument que la fluidité naturelle de Lamartine et la dureté martelée d'Hugo. Leur rhétorique elle-même n'est pas de la même école : les *Méditations* procèdent de Parny et de Chênedollé; les *Odes et Ballades* de J.-B. Rousseau et de Lebrun. Mais leur poésie à tous est essentiellement *subjective*, donc *personnelle*. Elle l'est de parti pris autant que par nature, et quel que soit l'objet qu'ils imitent dans leurs vers, ce n'est pas lui qui les intéresse en lui, ni ce qu'il est en soi, mais les sensations qu'il éveille en eux. C'est ce qu'il faut dire également des romantiques allemands, Novalis ou Brentano, qui toutefois, comme en Angleterre l'auteur de *Lalla Rookh*, ou comme celui d'*Eloa* en France, marquent pour ainsi dire le temps, et préparent une transformation nouvelle du lyrisme, qui s'opérera quand ceux que l'on pourrait appeler les enfants perdus de l'école se seront comme aventurés et fourvoyés

> Jusqu'au fond désolé du gouffre intérieur.

C'est qu'aussi bien, et dès qu'il écrit, on n'a pas vu d'homme qui ne se crût et qui ne fût en droit de se croire aussi intéressant qu'un autre : c'est l'événement qui en décide, et l'événement ici c'est l'œuvre. C'est donc pourquoi, entre 1830 et 1840, la poésie lyrique s'encombre de « confessions » non seulement en vers, mais en prose, et dans toutes les langues, d' « aveux » qu'on ne demandait point ou de « confidences », dont il y en a bien jusqu'à deux ou trois qui nous intéressent encore : ce sont celles que nous ont laissées Leopardi, Alfred de Musset et Henri Heine. Le caractère original en est d'être directes, sans interposition de personnes fictives, telles qu'étaient encore le Childe Harold de Byron ou l'Olympio d'Hugo. C'est le sentiment à l'état pur, pour ainsi parler ; c'est un cœur d'homme ouvert et mis à nu devant nous. Les Byron et les Hugo nous cachaient encore quelque chose de leurs misères, et je ne sais quelle pudeur arrêtait ou suspendait les derniers aveux sur leurs lèvres. Ceux-ci se livrent à nous tout entiers ; ils étalent sous nos yeux tous leurs maux ; ils se complaisent à en irriter l'aiguillon. Et comme le mal de l'un, Leopardi, c'est la nature ; le mal de l'autre, Musset, c'est l'amour, et le mal du troisième, Heine, c'est le doute, il en résulte que leurs vers, participant de l'éternité de leur mal et de sa généralité, demeureront sans doute, et à jamais, la plus poignante expression que l'on ait donnée en allemand de l'impuissance de croire, en français du dégoût d'aimer, et en italien de l'horreur de vivre. C'est la forme aiguë du lyrisme, au delà de laquelle, si l'on voulait aller, on sombrerait dans la folie, à moins que ce ne fût, comme quelques-uns, dans la niaiserie ; et la beauté de cette poésie peut se résumer dans les deux vers :

> Les plus désespérés sont les chants les plus beaux,
> Et j'en sais d'immortels qui sont de purs sanglots !

Mais quoi! les sanglots les plus purs ont bientôt fait d'importuner ceux qu'ils n'émeuvent point, et ni ceux qu'ils émeuvent ni surtout ceux qu'ils secouent ne sauraient supporter longtemps l'intensité des émotions qu'ils traduisent. « Personnelle » à ce degré, la manifestation de la sensibilité du poète, qui n'est plus déjà pour lui qu'une occasion de souffrance, devient aisément pour le lecteur, pour le public un motif de s'en détourner. On n'aime point cette manière, en faisant appel à notre pitié, d'accaparer notre attention. *Omnis creatura ingemiscit* : il semble à chacun de nous que le poète empiète sur notre personnalité, quand encore il n'offense pas notre amour-propre et notre vanité. On lui demande d'autres chants, d'un autre caractère, plus détachés de la préoccupation de lui-même, des thèmes plus généraux, que d'ailleurs on lui laisse toute liberté de diversifier. Il se décide à nous les donner ; le lyrisme redevient épique, philosophique, symbolique ; et c'est ce que l'on voit se produire aux environs de l'année 1860.

Elisabeth Browning en Angleterre, Robert Browning, Tennyson, le Tennyson des *Idylles du Roi*, et en France, Alfred de Vigny, Leconte de Lisle, et à sa suite tous ceux qu'on a nommés du nom de *Parnassiens*, Victor Hugo, le Victor Hugo de la *Légende des Siècles*, sont les ouvriers de cette transformation. Faisons une place parmi eux à Théophile Gautier, et à quelque distance d'eux tous, au poète des *Fleurs du Mal*, Charles Baudelaire, pour l'influence qu'il a exercée sur la formation du *Symbolisme*. Rapprochons-en les préraphaélites, au nombre desquels il y a d'abord plus de peintres que de poètes, et nommons encore ici Richard Wagner, dont l'action, nous l'avons dit, et c'est le moment de le répéter, n'a pas eu moins de conséquences en poésie qu'en musique. Ce sont là des noms bien divers ! et certes leurs œuvres éveillent dans nos mémoires à tous des souvenirs bien différents. Quel rapport y a-t-il des *Fleurs du Mal* aux *Idylles du Roi*? de tant de dépravation à tant de noblesse? ou d'*Aurora Leigh* à *Émaux et Camées*? Et cependant regardez-y de plus près ; comparez plus attentivement un drame de Wagner, un poème de Leconte de Lisle, antique ou barbare, un tableau de Burne Jones ou d'Alma Tadéma : n'ont-ils pas ceci, premièrement, de commun, qu'ils cherchent tous, en dehors d'eux, dans les choses, et généralement dans les choses du passé, dans l'histoire, et de préférence encore, dans la légende, la manière et la source de toute poésie ? La matière des *Idylles du Roi* n'est-ce pas celle de *Tristan et Yseult* ? Ne retrouverait-on pas l'*Or du Rhin* dans la *Légende des Siècles* ? La préoccupation du « vrai » leur est commune à tous, et tous ils sont convaincus que ce « vrai » n'a pas leurs « impressions » pour mesure.

Les formes, les couleurs et les sons se répondent !

Ils ne sont tous que l'écho de ces sons, le miroir de ces couleurs, les observateurs de ces formes, et ils s'ingénient tous à en démêler « les correspondances ». N'ont-ils pas tous aussi le respect, on pourrait dire la superstition de la forme ou du style, et le mystère des mots n'exerce-t-il pas sur eux tous la même irrésistible attraction ? On en a vu qui les ont traités, ces mots, comme des pierres précieuses, des améthystes ou des émeraudes, et qui ne se sont proposé d'autre objet que de les assortir ou de les sertir dans le resplendissement d'une parure. Et d'autres ont poussé plus avant, ont vu ou entrevu, sous le mystère des mots, celui des choses ; ont essayé de l'atteindre ; et le symbolisme est né de là. Si ce serait assurément exagérer de dire qu'il y ait un sens ésotérique ou caché dans l'*Or du Rhin* ou dans la *Légende des Siècles*, il y a certainement quelque chose d'ultérieur à la première impression qu'on en reçoit. C'est ce qui est évident dans les *Destinées* d'Alfred de Vigny. Une pensée philosophique, une intention sociale s'y enveloppe d'une forme plastique. Les conditions de la poésie ont changé. L'œuvre de quelques attardés, comme ce Verlaine dont on a fait tant de bruit, ne représente plus que les convulsions du romantisme expirant. Ce n'est plus assez de sentir ; on exige maintenant du poète qu'il « sache » et qu'il « observe », et qu'il « pense ». On exige aussi qu'il rentre, par quelque moyen que ce soit, mais qu'il rentre dans la vie commune. Et quelque division qu'il y ait d'ailleurs entre les écoles nationales ou locales, Parnassiens contre Romantiques, Symbolistes contre Parnassiens, l'unité s'est désormais faite sur la conception du lyrisme et sur celle même de la poésie. Le lyrisme, c'est la réfraction de l'univers au travers d'une âme de poète ; et la poésie, c'est l'art d'exprimer avec une clarté personnelle ce qu'il y a de mystère dans l'univers, dans l'homme, et dans l'histoire.

L'évolution de l'histoire et de la critique n'a pas beaucoup différé de celle de la poésie lyrique, *mutatis mutandis*, et cela peut bien d'abord étonner, mais il suffit d'y réfléchir, et rien ne s'explique plus aisément que ce parallélisme. N'était-ce pas en effet les mêmes causes qui, sous le règne du classicisme, avaient gêné la liberté de l'historien et celle du poète, et conséquemment obscurci, dénaturé, et altéré la notion de l'un et l'autre art? Les grandes actions de l'histoire étant seules réputées dignes de la scène tragique, une réciprocité s'était établie, qui consistait à ne retenir comme dignes elles-mêmes de fixer l'attention de l'histoire et d'en défrayer la matière, que les actions capables de fournir à leur tour le sujet d'une tragédie. Si l'obligation qu'on imposait au poète était d'autre part et avant tout de ne pas intervenir de sa personne dans son œuvre, celle qu'on imposait à l'historien était de ne voir et surtout de ne montrer dans ses récits que l'homme « universel », et ni l'un ni l'autre ils n'avaient le droit de s'attarder aux détails ou aux particularités — qu'on appelait familièrement, c'est un mot de Voltaire, « une vermine qui ronge les grands ouvrages », — mais leur devoir à tous deux, historien ou poète, était de résumer, de choisir pour résumer, et en choisissant d'abstraire ou de généraliser. Il était donc tout naturel que l'émancipation de l'histoire fût à peu près contemporaine de la poésie lyrique, et c'est effectivement ce qu'on aura vu se produire dans notre siècle. Si l'on a pu dire de Carlyle en Angleterre et de Michelet en France qu'ils étaient des « poètes en prose », il n'y a pas eu là de hasard. On a pu également rapprocher le dessein de Leconte de Lisle, en ses *Poèmes barbares*, de celui d'Ernest Renan dans ses premiers écrits, ses *Études d'histoire religieuse* ou son *Histoire comparée des langues sémitiques*. Il y a encore plus d'un rapport entre Robert Browning et John Ruskin. Et que dirions-nous enfin si nous le voulions, de tant d'Allemands et d'Italiens pour qui le lyrisme et l'histoire, faisant fonction alternativement l'un de l'autre, n'ont tour à tour été : le lyrisme qu'un moyen d'exalter le patriotisme unitaire, et l'histoire un prétexte à entretenir ou à fomenter le principe de cette exaltation?

Nous n'avons pas, dans cette étude, à caractériser les progrès de l'histoire au xixe siècle, et d'autres que nous l'auront fait dans le présent volume. Ils auront montré comment, d'une monotone et fastidieuse énumération de récits de batailles et d'analyses de traités de paix, entremêlée parfois de considérations philosophiques, l'acquisition d'un sens nouveau, celui de la diversité des époques, a premièrement transformé l'histoire en un art dont la grande ambition, rivalisant pour ainsi dire avec celle de la peinture même, a été de nous rendre ce que l'on pourrait appeler la couleur et la physionomie des temps. Ils auront montré comment à la lumière de l'identité de l'espèce humaine mieux et plus largement comprise, l'histoire du plus lointain passé, celle de la Grèce dans l'ouvrage monumental de Grote, ou celle de Rome dans le grand livre de Mommsen, ou celle enfin d'Israël dans la dernière œuvre de Renan, s'était en quelque sorte éclairée des lueurs imprévues qu'y jette le spectacle des choses contemporaines. Et sans doute enfin ils auront montré comment, à la faveur de quels progrès de l'érudition, l'histoire générale s'était compliquée, mais enrichie aussi de la contribution ou de l'apport des histoires particulières, — histoire des religions et histoire des langues, histoire des institutions et histoire des mœurs, histoire de la littérature et histoire de l'art, — pour ainsi devenir la vivante représentation des accroissements ou des pertes de l'esprit humain, et de l'avancement ou du recul de la civilisation elle-même. Ce que d'autres ont fait, nous n'avons point à le refaire. Aussi bien n'est-ce pas seulement de la *Littérature* que relève l'histoire. Elle plaît et elle instruit, selon le mot d'un ancien, sans avoir besoin d'être « littéraire » : *Historia, quoquo modo scripta, semper legitur*. Les savants Bénédictins qui, vers le milieu du dernier siècle, ayant conçu le projet de l'*Histoire littéraire de la France*, en commencèrent l'exécution sans autrement se soucier des railleries de Voltaire, n'étaient point des « écrivains »; et des publications telles que celles d'un du Cange ou du *Corpus Inscriptionum Græcarum*, qui ne sont point de la « littérature », sont assurément de l'histoire. Mais en maintenant la distinction, il y a moyen de la tourner, et la critique, telle que l'a conçue le siècle qui finit, telle qu'il la léguera bientôt au siècle qui va commencer, étant devenue l'âme de l'histoire, nous pouvons, nous devons même ici retracer de son évolution l'esquisse que nous ne saurions donner des progrès de l'histoire.

La critique a commencé, — dans les leçons de Laharpe, de Marie-Joseph Chénier, et de Népomucène Lemercier, ou encore dans l'*Histoire de la Littérature italienne*, de Ginguené, — par être purement littéraire. Chateaubriand, Mme de Staël, dans *Corinne*, dans son *Allemagne*, et à sa suite, Benjamin Constant, Sismondi, Fauriel, les deux Schlegel, Auguste-Guillaume et Frédéric, celui-ci notamment dans son *Histoire de la Littérature*, puis, la fondation de l'*Edinburgh* et de la *Quaterly Review*, en Angleterre, et en France, quelques années plus tard, celle de la *Revue des Deux-Mondes*, lui faisaient faire un pas considérable, en la rendant de locale, pour ainsi parler, ou de nationale « comparative », historique de grammaticale, et de dogmatique enfin ou raisonneuse, explicative ou exégétique. Avant de juger, il s'agissait désormais de comprendre, et l'écrivain n'avait plus uniquement, comme naguère, à répondre de son style, mais de ses idées, et non seulement de ses idées littéraires ou philosophiques, mais encore et même surtout de ses idées politiques. Là était le défaut de la conception, et on s'en aperçoit bien dans les leçons de Villemain sur *la Littérature française au* xviiie *siècle*. Elles sont d'un rhéteur, mais d'un rhéteur animé de passions politiques très vives, qui voulait devenir ministre, et la littérature y tient donc moins de place ou à peine autant que la politique. C'est aussi ce que l'on peut dire de la critique du *Globe*. Pour tous ces Dubois et tous ces Rémusat, quelque enseigne qu'ils affichent, classique ou romantique, la littérature n'est que l'apprentissage de la politique ; et ce qu'ils admirent de Shakespeare, c'est le « concitoyen » de Pitt et de Fox, de Sheridan et de Burke, de Canning et de Castlereagh. Les *Essais* de Macaulay sont le chef-d'œuvre de ce genre de critique, où de quelque sujet qu'il traite, de Dante ou de Machiavel, de Frédéric II ou de Mirabeau, de Dryden ou de Samuel Johnson, ce que l'auteur se demande avant tout, c'est le parti que, de ce qu'il va dire, pourront tirer les wighs ou les tories. Si ce défaut ou ce parti pris ne se compensait pas chez lui par de rares qualités, dont les plus éminentes sont le goût qu'il a de la précision ou de l'exactitude, l'ampleur de son imagination oratoire, et, en bon Anglais, sa constante préoccupation des questions morales, il ne serait qu'un simple Villemain. C'est pourquoi les romantiques, tant en Angleterre qu'en France ou en Allemagne, s'éloignent bientôt de ce genre de critique, et s'émancipant de toute autre autorité que la leur, ils fondent une critique d'abord et uniquement subjective ou *impressionniste* : on veut dire une critique qui n'est, selon le mot du poète, que le « papier-journal » ou le memorandum de leurs impressions de lecture. La première manière de Sainte-Beuve, le Sainte-Beuve des *Premiers Lundis*, des *Portraits littéraires*, des *Portraits contemporains* en est un excellent modèle; et les *Essais* de Charles Lamb en sont l'exagération. « Jamais homme, a-t-on dit de celui-ci, ne fut pas complètement dénué du sens critique : il a des sympathies et des antipathies ; les livres sont ses amis ou ses ennemis. » Et, en effet, ce n'est pas là ce que nous appelons aujourd'hui la critique, mais c'en a été, et on ne saurait mieux définir la critique romantique. Les romantiques, en critique, ont eu des sympathies et des antipathies ; les livres ou les hommes ont été leurs ennemis ou leurs amis ; et ils les ont traités les uns et les autres comme tels, du droit de leur *humour*, et, s'il faut être franc, sans aucune intention ni souci de justice ou d'impartialité.

Une pareille façon d'entendre ou de dénaturer la critique ne pouvait avoir de durée que celle d'une bataille littéraire; et aussi la voit-on bientôt changer de caractère, je ne dis pas dans les écrits de Nisard ou d'un Saint-Marc Girardin, — ce sont des noms français, nullement européens, — mais dans le *Port-Royal* de Sainte-Beuve lui-même. Qu'y a-t-il de nouveau dans le *Port-Royal* de Sainte-Beuve? Ceci, que les œuvres de la littérature et le mouvement de la pensée n'y sont plus étudiés en eux-mêmes, ni surtout pour eux-mêmes, pour le plaisir personnel ou pour l'instruction qu'on en tire, mais comme des « documents », dont le grand intérêt est de nous apprendre en combien de manières un homme peut différer des autres, et particulièrement de celui qui lui ressemble le plus. L'objet de la critique est là de caractériser des « individualités », ou encore, et selon le mot du critique lui-même, d'ébaucher « l'histoire naturelle des esprits ». C'est également ce que s'est proposé Thomas Carlyle dans ses *Essais*, et surtout dans ses leçons célèbres sur le *Culte des Héros*. Toute la différence, au fond, — car, dans la forme, rien ne diffère plus de la manière apocalyptique de Carlyle que la manière savante, souvent perfide et toujours contournée de Sainte-Beuve, — ne consiste qu'en ce que Carlyle généralise davantage et ne s'attache, pour les étudier, qu'aux « individualités » qu'il considère ou qu'il pose, un peu arbitrairement, comme typiques. Restons dans l'histoire naturelle, puisque aussi bien nous sommes destinés à ne plus en sortir. C'est en eux-mêmes et comme tels que Sainte-Beuve étudie les individus; Carlyle y voit, lui, des représentants de leur espèce ou de leur genre, et ce qui l'intéresse dans le lion ou dans le chat, c'est proprement le félin. Emerson fait un pas de plus, dans ses *Representative Men*, — qu'on a traduits ou retraduits en notre langue sous le titre de *les Surhumains*, — et cet équivalent est assez heureusement trouvé. Les grands hommes dont il fait ses héros sont effectivement de ceux qui passent la mesure commune, mais qui ne la passent d'ailleurs qu'en la réalisant plus pleinement ou plus complètement. Ils sont en acte ce que les autres hommes ne sont la plupart qu'en puissance ; et n'est-ce pas comme si l'on disait qu'au-dessus du genre ou de l'espèce, les héros d'Emerson sont la famille ou le type? C'est ainsi qu'entre 1830 et 1850, une critique romantique, encore impressionniste ou subjective à beaucoup d'égards, s'objective, et, à ce degré de son développement, rencontrant les idées hégéliennes, celles qu'Hegel lui-même avaient exprimées dans son *Esthétique*, ou après lui quelques-uns de ses disciples, dont le plus « littéraire » est Karl Rosenkranz, une transformation nouvelle résulte de cette rencontre même.

Trois hommes entre tous y ont aidé, qui sont trois Français : Ernest Renan, Hippolyte Taine et Edmond Scherer. On doit à celui-ci, le moins « écrivain » des trois, une des plus belles études qu'on ait jamais faites, en aucune langue, sur *Hegel et l'Hégélianisme*. Les deux autres sont deux grands artistes, qui ont laissé quelques-unes des plus belles pages de la prose française au xixe siècle : Renan les plus séduisantes ; — on serait tenté de dire les plus platoniciennes, — et Taine les plus vigoureuses (nous ne disons pas les plus éloquentes, elles manquent trop souvent de « nombre ») et les plus colorées. Mais ce qu'ils ont tous les trois essayé de faire, et à quoi leur grand honneur est de n'avoir pas tout à fait échoué, ç'a été de soustraire les choses littéraires aux variations du jugement individuel, et, pour cela, de fonder l'esthétique sur les résultats de la philologie et de l'exégèse, de la physiologie et de l'histoire naturelle, de l'ethnographie et de la psychologie comparées. Leurs chefs-d'œuvre en ce genre sont, de Renan, l'*Histoire générale des langues sémitiques* ou ses *Études d'Histoire religieuse*, et de Taine, l'*Histoire de la Littérature anglaise* ou la *Philosophie de l'Art*. On voit clairement dans ce dernier ouvrage comment, de la considération de l'individu, ou du *representative man*, la critique s'est trouvée amenée à « sérier » dans l'histoire ces individus représentatifs; à se demander de quoi ils étaient représentatifs; à s'aviser qu'autant que d'eux-mêmes ils l'étaient de toutes les influences qui avaient agi sur eux comme sur leurs contemporains inconnus; à diminuer leur personnalité de la somme de ces influences (quand ils ne l'ont pas réduite à n'être elle-même cette simple somme, le total de ces grandes « pressions environnantes » qui sont la race, le milieu, le moment); et finalement à poser que le génie même ou le talent, en littérature et en art, ne sont que des produits « comme le vitriol et le sucre », c'est-à-dire des choses complexes que la science peut espérer de résoudre en leurs éléments. Qu'il y ait beaucoup à dire contre cette manière de concevoir la critique, ce n'est pas aujourd'hui le point, mais on n'en saurait méconnaître, en tout cas, ni la beauté, ni la grandeur; et certainement Taine et Renan lui doivent une partie de leurs qualités d'écrivains. Ce qui n'est pas plus douteux, c'est la fortune qu'elle a faite, et la belle *Histoire de la Littérature italienne* de Francesco de Sanctis ou le livre de M. Georges Brandes, le critique danois, sur les *Grands Courants de la Littérature européenne au XIXe siècle*, procèdent également de leur méthode et de leurs exemples. Mais, depuis quelques années, il semble que leur autorité décline, et tandis qu'à leur ambition de fonder la critique sur des bases scientifiques ou quasi scientifiques, s'oppose, indépendamment de beaucoup et de très fortes objections, une espèce de dilettantisme, qui n'est à vrai dire que du scepticisme, nous voyons d'autre part une sorte de critique « sociologique » ou « sociale » gagner tous les jours du terrain sur cette critique trop désintéressée de la valeur morale des œuvres de la littérature et de l'art. Les livres ont des conséquences; les tableaux aussi peuvent en avoir; et il est vrai que Taine s'en était douté, l'avait compris sur la fin de ses jours ; mais nous l'avons dit plus haut, si jamais la transformation s'achève, le nom qui sans doute y devra demeurer attaché, c'est celui de John Ruskin.

On a cru pouvoir dire du naturalisme qu'il n'était, en un certain sens, qu'une application de la critique à des genres d'écrire qui n'avaient relevé jusqu'à nous que de l'imagination, et la définition est évidemment trop étroite. Elle n'exprime qu'un seul des aspects du naturalisme. Mais ce n'en est pas le moins intéressant, et d'aucun genre la formule ne s'est trouvée plus vraie que du roman. On sait qu'il y a peu de romans « classiques », et mettant à part ceux de Rabelais et de Cervantès, qui tiennent encore de l'épopée plutôt que du roman, on ne citerait guère que le roman picaresque des Espagnols, aboutissant chez nous au *Gil Blas* de Lesage, et le roman anglais au xviii° siècle, celui de Daniel de Foë, de Richardson et surtout de Fielding. Faut-il y ajouter la *Manon Lescaut* de l'abbé Prévost ? L'*Héloïse* est d'un autre ordre, et on ne sait, à vrai dire, de quel nom la nommer. C'est qu'en ce temps-là, et même en Angleterre, le théâtre attirait à soi tout ce qu'il y avait d'ambitions littéraires, et, pour ainsi parler, de talents disponibles. Mais, avec une *plasticité* que l'on ne croyait pas que le roman possédât, nous l'avons vu dans notre siècle s'enrichir à son tour de ce que le théâtre laissait échapper de son ancien pouvoir, et, insensiblement, s'adapter à toutes les exigences de l'esprit contemporain. On s'étonne quelquefois de la fécondité du roman contemporain, et on affecte même de s'en indigner. L'étonnement est justifié, mais l'indignation porte à faux. Il n'est rien qu'on ne puisse faire dire, que ce siècle n'ait réussi à faire dire au roman ; le roman est devenu le genre universel ; et, pourquoi ne le dirions-nous pas ? de tous les moyens qu'il y ait de mettre à la portée des foules les difficiles problèmes dont s'inquiète l'âme contemporaine, le plus puissant peut-être, parce qu'il est le plus séduisant.

Le *Werther* de Gœthe, et les *Confessions* de Rousseau, où la vérité s'entremêle de tant de fiction, et même de mensonge, l'avaient orienté, dès la fin du xviii° siècle, dans la direction du romantisme prochain ; et, chronologiquement, il est à noter qu'avant les poètes, ce sont les romanciers qui ont reconquis le droit de nous entretenir ouvertement d'eux-mêmes. Qu'est-ce, en réalité, que l'*Atala*, que le *René* de Chateaubriand ? la *Delphine*, la *Corinne* de Mme de Staël ? l'*Oberman* de Senancour ? le *Jacopo Ortis* d'Ugo Foscolo ? l'*Adolphe* de Benjamin Constant ? Ce sont des romans « personnels », dont l'auteur est lui-même le héros, sous un déguisement plus ou moins transparent ; et ce sont donc aussi des romans lyriques. Les moyens lyriques y abondent : l'exclamation, la digression byronienne, l'apostrophe, la prosopopée, la « méditation », les cris de révolte ou de désespoir, les couplets entiers où bientôt les poètes n'auront plus que des rimes à mettre. Si la principale différence est qu'en s'y confessant on y confesse aussi les autres, c'est qu'il n'y a point de roman à un seul personnage : l'esthétique du genre en exige au moins deux. Mais, comme bientôt dans l'ode ou dans l'élégie, nous ne saurions nous y méprendre : *Oberman* ou *René* ne sont que la manifestation de la sensibilité personnelle de Senancourt ou de Chateaubriand. Leur observation, tout intérieure, est étroitement circonscrite à eux. Et ce qu'ils retiennent ou ce qu'ils étalent uniquement d'eux, ce n'est pas, naturellement, ce qui fait qu'ils ressemblent à nous, « la forme de l'humaine condition », mais, tout au contraire, c'est ce qu'ils croient avoir découvert en eux d'original et d'unique. « Je ne suis fait comme aucun de ceux que j'ai vus ; j'ose croire n'être fait comme aucun de ceux qui existent : » c'est la première phrase des *Confessions* de Rousseau. Elle pourrait servir d'épigraphe à tous les romans dont nous venons de rappeler les titres. C'est également celle que l'on pourrait inscrire au frontispice d'*Indiana*, de *Volupté*, de la *Confession d'un Enfant du siècle*.

Mais déjà, sous l'influence de Walter Scott et de Manzoni, — dont les *Fiancés* demeurent sans doute un des chefs-d'œuvre du genre, — le romantisme épique ou narratif cherchait une expression plus objective de lui-même dans la « résurrection du passé », et le succès du roman historique avait commencé de contrarier le développement du roman personnel. Rien de plus naturel en Allemagne et en Italie, où l'on sentait bien qu'en dépit du cosmopolitisme de Gœthe, il n'y avait de véritable liberté pour l'individu qu'au sein d'une « patrie » commune. Et de là les romans de Novalis ou d'Achim d'Arnim, *Henri d'Ofterdingen* et les *Gardiens de la Couronne*, ceux de Massimo d'Azeglio ou de Domenico Gueazzi : *Ettore Fieramosca* et *Beatrice Cenci*. C'étaient, en Italie, disent les historiens de la littérature italienne, « autant d'instruments d'agitation ou de lutte contre l'étranger » ; et, en Allemagne, c'était l'évocation de ce passé féodal qui reportait les Allemands, des divisions de l'heure présente, au souvenir d'une antique unité. Il y avait bien aussi quelque chose de ce patriotisme local dans la complaisance de Walter Scott pour les « sujets » écossais : *Waverley, Rob Roy, les Puritains d'Ecosse, la Prison d'Edimbourg*, mais l'intention en était déjà plus désintéressée. Et ne peut-on pas dire qu'elle l'était tout à fait dans le *Cinq-Mars* d'Alfred de Vigny, dans le *Charles IX* de Prosper Mérimée, dans la *Notre-Dame de Paris* de Victor Hugo ? Les uns et les autres, c'était bien pour lui-même, par goût et par amour de la « couleur locale » qu'ils faisaient ainsi revivre le passé. Pareillement Edward Bulwer Lytton dans le *Dernier des Barons*, ou plus près de nous, Thackeray, dans *Henry Esmond*. Et les uns et les autres, sans le savoir, à l'exception de Mérimée peut-être, ils préparaient ainsi la fortune du roman « réaliste ». Car le présent serait un jour du « passé » pour quelqu'un, et tant de détails, qu'on avait jusqu'alors exclus du roman sous prétexte de vulgarité, s'ils étaient nécessaires dans un récit du temps de Charles IX ou de Warwick, comment ou pourquoi ne le seraient-ils pas, ou le seraient-ils moins, dans un roman du temps de Louis-Philippe ou de la reine Victoria ? C'est ce que personne n'a mieux vu que notre Balzac, et la transition du roman historique au roman réaliste ne s'aperçoit pas seulement, elle se laisse comme toucher au doigt dans quelques-uns de ses plus beaux romans : *Les Chouans*, par exemple, ou *Une ténébreuse affaire*.

C'est un livre qu'il faudrait écrire, et un gros livre, si l'on voulait retracer l'évolution du roman réaliste, — ou du roman de mœurs, pour l'appeler d'un nom plus général, — et nous voulons désigner par là l'espèce de roman qui se propose d'être en tout temps l'histoire de la vie contemporaine. « L'histoire, a-t-on dit, est du roman qui a été, le roman est de l'histoire qui aurait pu être. » Ce n'est pas assez dire ! Le roman de Balzac, de Flaubert, des Goncourt, de M. Zola, de Daudet, de Maupassant en France, de Thackeray, de Dickens, de Charlotte Brontë, de Mrs. Gaskell, de George Eliot en Angleterre, et le roman enfin de Gogol, de Tourguénef, de Dostoïevski, de Tolstoï en Russie, ne s'est pas contenté de *pouvoir être* de l'histoire ; il a été, à son heure, il s'est proposé d'en être ; et dès à présent on peut bien affirmer que, nulle part, l'historien de l'avenir ne trouvera, sur la structure intime de la société contemporaine, de plus nombreux et de plus curieux documents. Nous ne disons pas de plus authentiques ni de plus fidèles ! Il faudra distinguer. Tant d'écrivains, si différents de race, d'éducation, de talent, n'ont pas vu ni pu voir la réalité du même œil, l'ont déformée sans doute, celui-ci dans un sens, celui-là dans un autre ; et aucun d'eux n'en a égalé l'infinie complexité. Il y aura toujours dans la réalité plus de choses que n'en saurait saisir ou fixer l'art d'un seul homme. Tout ce qui s'appelle du nom d'élégance ou de distinction a généralement échappé au naturalisme, et les « duchesses » de Balzac ne manquent de rien tant que d'aristocratie. Chose plus étrange ! il est souvent arrivé que le « naturel » fît défaut dans le « naturalisme », et par conséquent l'aisance, la facilité, la grâce. Avec cela, si le naturalisme anglais, français ou russe ne laissent pas d'avoir quelques traits de communs, — et ce sont les plus essentiels, sinon toujours les plus apparents, — ils ne laissent pas aussi d'en avoir d'assez différents. Le naturalisme français a traité d'un peu haut ses modèles, avec dureté souvent, et des préoccupations d'art l'ont détourné plus d'une fois de l'exacte imitation de la réalité. Il a « corrigé » ce qu'il copiait, et généralement ç'a été pour l'enlaidir. Le naturalisme anglais, débordant d'intentions morales et humanitaires, chez Dickens, chez George Eliot, et même chez Thackeray, a souvent confondu l'art avec la morale, et n'a point toujours compensé cette disposition prédicante par sa tendance native à la caricature. Il a encore abusé, nous l'avons dit, du droit de nous apitoyer sur ses personnages. Et le naturalisme russe, ironique chez Gogol, après s'être teinté de mysticité chez Tolstoï, est devenu morbide et révolutionnaire à la fois dans les romans de Dostoïevski. Il s'est aussi lui trop facilement complu aux moyens du mélodrame et du roman-feuilleton. Et, nécessairement, la réalité s'en est trouvée, comme nous le disions, déformée d'autant. Mais il n'en demeure pas moins vrai que, de toutes les formes de la littérature, ou peut-être de l'art, et de même qu'aucune n'avait été plus caractéristique de la première moitié de notre siècle que la poésie lyrique, ainsi le roman naturaliste aura, dans la seconde, été la plus significative. Il y a des chances pour que le roman naturaliste soit un jour, dans l'histoire de la civilisation moderne, quelque chose d'aussi considérable que la peinture hollandaise, avec laquelle, chemin faisant, on aura vu qu'il offrait plus d'une ressemblance. D'autres auront été nos Florentins ou nos Vénitiens ; les Balzac et les Flaubert, les Dickens et les Éliot, les Tolstoï et les Dostoïevski, seront nos Frans Hals, nos Mieris ou nos Terburg, et même nos Rembrandt.

Mais l'imitation de la nature, qui est sans doute le commencement de l'art, n'en saurait être le terme, ni peut-être le principal objet puisque sans doute il y a des arts qui ne sont point d'imitation. C'est pourquoi le roman naturaliste, après avoir un moment triomphé de toutes les espèces de romans qui lui avaient fait concurrence, n'a pu cependant les étouffer, ni les empêcher par conséquent de renaître. Au surplus, en quelque genre qu'il se soit produit des œuvres maîtresses, elles font partie de l'histoire de l'art, sinon de la nature même ; elles vivent comme « modèles » et il se trouve toujours quelqu'un pour essayer de les reproduire. Ni le roman historique, ni surtout le roman « personnel » ne sont donc morts du triomphe du naturalisme, et l'oserons-nous dire, en parlant d'un vivant, le *Mariage de Loti* ou le *Roman d'un Spahi* ne sont pas au-dessous d'*Atala*. Dans ce genre du roman personnel, on rapprochera des romans de Loti ceux de M. Gabriel d'Annunzio : l'*Enfant de Volupté*, l'*Innocent*, le *Triomphe de la Mort*. Et la fortune du roman naturaliste n'a pas non plus entièrement prévalu contre celle du roman psychologique, tel que l'ont conçu et traité George Sand elle-même, Octave Feuillet, Victor Cherbuliez, chez nous, George Éliot aussi, Meredith en Angleterre; et, plus près de nous, sous une influence où Balzac et Stendhal paraissent avoir également concouru, M. Paul Bourget, l'auteur de *Mensonges*, du *Disciple*, et d'*Un Cœur de Femme*. On conçoit d'ailleurs aisément qu'il ne soit difficile ni au roman naturaliste d'être en même temps psychologique, et c'est le cas de *Middlemarch*, ni au roman psychologique d'être en même temps naturaliste, et c'est le cas au moins des premiers romans de M. Paul Bourget. L'observation naturaliste va du dehors au dedans, l'observation psychologique du dedans au dehors. L'une s'attache ou s'arrête à ce qui se voit et l'autre essaie de saisir et de préciser ce qui ne se voit pas. Le naturaliste s'intéresse aux actes, le psychologue aux mobiles des actes. Ajoutons que le premier s'intéresse plutôt aux cas généraux ou typiques, et le second aux cas singuliers ou rares. Mais, que l'on étudie les actions des hommes dans leurs effets, comme le naturaliste, ou dans leurs causes, comme le psychologue, il faut toujours bien que l'on se rencontre ; et ce terrain où l'on se rencontre est proprement le domaine du roman psychologique.

On a fait cependant un pas encore, depuis quelques années. « Tout fait, écrivait Emerson, a par un de ses côtés rapport à la sensation, et par l'autre, à la morale. » C'est ce que les romanciers ont compris, et les questions morales ont fait, pour ainsi dire, invasion dans le roman. Il est curieux, à ce propos, d'observer la part que les femmes ont prise à cette transformation. Mme de Staël avait commencé, si du moins on ne saurait nier que *Delphine* et *Corinne* soient ce que nous appellerions aujourd'hui des romans « féministes ». George Sand l'a suivie, en qui la critique russe est unanime à reconnaître l'inspiratrice de la « religion de la souffrance humaine » : je parle ici de l'élève de Lamennais, de Pierre Leroux, de Michel de Bourges. Charlotte Brontë, George Eliot, Élisabeth Gaskell sont venues à leur tour, avec *Jane Eyre*, *Mary Barton*, *Daniel Deronda*, et je ne dis rien de Mrs. Beecher Stowe ou de Miss Cummins. Aujourd'hui, c'est Mrs. Humphrey Ward qui, dans son *Robert Elsmere*, dans son *David Grieve*, dans sa *Marcella*, ne craint pas d'aborder les plus graves problèmes de l'heure présente. Citons à côté d'elle Miss Olive Schreiner, et en Italie, Mme Mathilde Serao, ou encore en Espagne Mme Émilia Pardo Bazan. En vérité, ne pourrait-on pas dire qu'avec leur superbe et inconscient dédain des conventions littéraires, ou plus généralement de tout ce que les mandarins d'occident enveloppent sous le nom de « secrets de l'art », mais surtout grâce à la pitié, dont leur sexe s'émeut au spectacle des misères humaines, ce sont les femmes — femmes d'Angleterre, femmes de France, femmes d'Italie, femmes aussi du Nord scandinave, — qui ont révélé au roman naturaliste sa portée sociale ? Louons donc les hommes de les en avoir crues. L'examen un peu approfondi des questions sociales semble encore incompatible avec les exigences de l'art ; mais nous ne doutons pas qu'on ne puisse finir un jour par les concilier, puisque déjà quelques-unes d'entre elles y ont presque réussi. Et soyons sûrs que, cette tendance étant d'accord avec les tendances du siècle qui finit, et qui honorent singulièrement sa fin, on ne peut ni donner aux romanciers un meilleur conseil que d'y persévérer, ni d'ailleurs un conseil qui leur soit plus agréable.

On peut également le donner aux derniers « littérateurs » dont il nous reste quelques mots à dire ; — et ce sont les orateurs. Au barreau, à la tribune, dans la chaire chrétienne, l'Europe moderne en a connu de très grands, et parmi ces derniers, je ne crois pas qu'aucun Anglais m'en démente, si je mets à part et au-dessus des autres le cardinal Newman. Mais je ne sais comment il se fait que, de tant d'orateurs, on n'en trouve qu'un bien petit nombre qui soutienne l'épreuve de la lecture ; et on ne saurait mieux comprendre qu'en essayant de relire aujourd'hui les discours les plus vantés d'un Lacordaire ou d'un Berryer, ce qu'il y a de physique dans l'éloquence. Il y a plus de fond, et surtout d'émotion communicative, dans quelques-uns de ceux de Montalembert. Villemain a beaucoup loué, dans le temps, ceux de lord Chatham, et Macaulay ceux de Sheridan ou de Burke, mais ils appartiennent tous les trois au dernier siècle. Les discours de Gladstone et de Disraeli, — lesquels furent cependant des professionnels de lettres, — ne sont guère divertissants à lire ; et l'historien qui compulsera ceux du comte de Cavour ou du prince de Bismarck n'y cherchera point de beautés littéraires. Oserai-je ajouter que les « déclamations » de don Emilio Castelar, qui étincellent de ce genre de beautés, suffiraient à nous dégoûter d'une pareille recherche ? On ne voit nulle part mieux que dans la collection de ces *Discours* ce qu'il y a de contradictoire entre les sonorités creuses d'une certaine éloquence, très musicale d'ailleurs, et les exigences pratiques, ou réalistes, pour ainsi parler, de la politique moderne.

C'est la grande raison qui a dépossédé l'éloquence de son ancien empire, et qui l'a comme dépouillée de sa valeur littéraire. On remarquera du reste, à ce propos, que l'éloquence a toujours été rare, — presque aussi rare ou plus rare que la poésie, — disait déjà Cicéron dans son *De Oratore* ; et nous en trouvons une preuve dans ce fait que chez nous, en France, où pourtant la tendance de la littérature a été si longtemps « oratoire », c'est à peine si, de tant d'orateurs qui ont porté la parole du haut de la chaire chrétienne, nous en avons retenu jusqu'à trois : Bossuet, Bourdaloue, Massillon, pour les inscrire dans l'histoire à une place d'honneur. Telle est aussi bien la destinée des genres dont les titres et l'utilité sont en quelque sorte indépendants de leur valeur littéraire. Ni on ne prêche, ni on ne plaide, ni on ne prononce un discours politique à dessein de faire de la « littérature ». La préoccupation d'art est là tout à fait secondaire, accessoire même, et le grand reproche qu'avec et après Nisard on fait chez nous à Massillon, c'est précisément qu'elle se voit trop dans ses *Sermons*, et les gâte. Fléchier, chez lequel elle est tout à fait apparente, n'est absolument qu'un rhéteur. C'est qu'aussi bien le souci de plaire, qui est inséparable du dessein littéraire, serait déplacé dans la chaire chrétienne, inconvenant, et profane. Il ne l'est guère moins à la tribune ou au barreau, quoique d'une autre manière et pour d'autres motifs. Ni les prétoires ni les Chambres ne sont des Académies, et le langage y dépend des nécessités de l'action. C'est encore un motif qui explique, non pas précisément la décadence, mais la « dénaturation » de l'ancienne éloquence. D'un art qu'elle était au commencement du siècle, elle est devenue une arme, et la vraie beauté d'une arme n'est pas dans sa richesse ou dans son élégance, mais dans la qualité de sa trempe ou la longueur de sa portée. Et dira-t-on qu'il en était ainsi chez les anciens, où l'éloquence étant bien plus que chez nous maîtresse des affaires, cela n'a point cependant empêché les Démosthène et les Cicéron d'égaler en réputation littéraire les Thucydide et les Lucrèce ? Mais nous nous contenterons de répondre comme pour nos grands prédicateurs : « Combien y a-t-il eu de Cicérons ou de Démosthènes ? » Et nous ajouterons que les anciens n'avaient, d'autre part, ni l'imprimerie, ni la presse, ni le livre, ni le journal.

De même qu'en effet, tout ce que le théâtre a perdu de notre temps, ce n'est pas assez de dire que le roman l'a gagné, mais il faut dire que le théâtre l'a perdu *précisément* parce que le roman le gagnait, ainsi, l'éloquence a perdu de son pouvoir, de son crédit, de son action tout ce que gagnait le journal. Or, et encore une fois, à moins d'une rencontre quasi miraculeuse, il y a rarement place, dans le développement d'une grande littérature, pour tous les genres ensemble. L'éloquence ne crée plus aujourd'hui, comme jadis, de « mouvements d'opinion », et le journalisme l'a réduite à ne pouvoir plus que décider des résolutions. Un orateur peut encore exciter ou remuer des passions ; il ne peut pas les « entretenir » ; et ce rôle est celui de la presse. Dans ces conditions, et tout en conservant des occasions de s'exercer, l'éloquence a perdu un peu de cette universelle faveur sans la complicité de laquelle aucun genre littéraire ne donne tout ce que comporterait sa vraie définition. C'est le journaliste qui est de nos jours l'orateur, et l'on voit bien ce que l'éloquence a perdu à cette transformation, mais ce que la littérature y a gagné, c'est une autre question. Nous nous félicitons de n'avoir pas à la traiter.

*
* *

De ces indications sommaires, et surtout incomplètes, pouvons-nous maintenant dégager quelques vues d'avenir, sans nous donner ici le ridicule de prophétiser ? « Il faut désormais avoir l'esprit européen », écrivait Mme de Staël, voici tantôt cent ans : elle dirait aujourd'hui qu'il faut l'avoir « mondial ». Si ce n'était sans doute qu'un rêve, est-il à la veille de se réaliser, et souhaiterons-nous qu'il se réalise ? Toute considération d'un autre ordre mise à part, souhaiterons-nous que la « littérature », dans son intérêt même, dans l'intérêt de son développement, tâche à se dépouiller de ce qu'elle a encore de français en France, d'anglais en Angleterre ? et, au cours du siècle qui s'achève, quels progrès a-t-elle faits dans ce sens ?

On pourrait presque nier qu'elle en ait fait aucun, si le même siècle qui semble, à certains égards, avoir été le siècle du cosmopolitisme, aura été aussi le siècle des nationalités. Je ne parle toujours, on l'entend bien, qu'au point de vue de la « littérature ». Le romantisme, en tant que réaction contre le classicisme et l'humanisme de la renaissance italienne, s'est caractérisé, en Angleterre et en Allemagne, plus particulièrement, comme un retour au moyen âge, et par delà le moyen âge aux origines, ou du moins à ce que l'on croyait les plus lointaines origines de la race : il suffit, à ce propos, de rappeler le succès des *Anciennes Ballades* de Percy, celui de l'*Ossian* de Macpherson ; et ce que l'on pourrait appeler la renaissance des *Niebelungen*. Les érudits sont venus ensuite, un Jacob Grimm ou un Lachman, qui, parmi cette recherche ou cette curiosité des origines, ont essayé de définir en soi la « mentalité » germanique ou anglo-saxonne; et, naturellement, pour la définir, n'en ont retenu que les traits les plus originaux. Les nôtres, de leur côté, faisaient le même travail. Mais, érudits ou critiques, ils étaient plus embarrassés. Car, pour des Anglais, sacrifier Congreve et Wycherley, Pope et Dryden à Shakespeare, à Spenser, à Chaucer, c'était premièrement faire justice; et c'était, en second lieu, secouer l'influence étrangère. Pareillement, pour des Allemands, retourner à leur moyen âge, c'était comme épurer le génie national de ce que tant de mélanges y avaient introduit d'étranger. Nous, Français, nous ne pouvions pas estimer les *Mystères* au-dessus de la tragédie de Racine, ou préférer à Molière l'auteur anonyme de la *Farce de Pathelin*; et, au contraire, de rompre avec le classicisme, les mieux informés, comme Sainte-Beuve, se rendaient compte qu'en somme c'était rompre avec les traditions qui jadis avaient assuré le règne européen de la littérature française. C'est pourquoi, tandis que nous hésitions, et que nous flottions, pour ainsi parler, de Malherbe à Ronsard et de Ronsard à la *Chanson de Roland*, les littératures étrangères, l'allemande, l'anglaise, l'italienne même, — qui par delà le siècle des humanistes pouvait remonter jusqu'au siècle de Dante, — se « nationalisaient » tous les jours davantage. On se repliait, on se concentrait sur soi-même. Autorisée par les conclusions des érudits, des philologues, des grammairiens, la critique enseignait que la littérature, étant l'expression de ce qu'il y a de plus intime dans le génie des grands peuples, un grand peuple y devait donc demeurer plus étroitement attaché qu'à pas un de ses souvenirs ou à pas une de ses traditions. Sa littérature était sa conscience. « Le roi Shakespeare, comme disait Carlyle, était le lien du Saxonnat. » C'était lui, de New-York à Paramatta, qui maintenait l'Anglais dans la conscience de sa mentalité. Et, pour cette raison, ses défauts eux-mêmes, s'il en a, — je veux dire Shakespeare, — devenant autant de qualités, la première des vertus qu'on exigeait d'un écrivain anglais ou allemand, ce n'était plus de bien écrire et de bien penser, mais de penser d'une manière vraiment « germanique » ou « anglo-saxonne ». Et qu'était-ce que penser d'une manière vraiment anglo-saxonne ou germanique ? Les vicissitudes de l'histoire avaient fait qu'au début de notre siècle, ce fût penser de la manière la moins française possible, — et généralement la moins latine.

Une autre cause n'a pas moins contribué à développer cet esprit de « nationalisme »; et c'est celle dont on ne voit nulle part mieux l'influence que dans l'histoire de la littérature italienne contemporaine. De 1796 à 1860, ou même à 1870, ce que les Italiens ont exigé de leurs écrivains, et je ne dis pas de leurs publicistes ou de leurs orateurs ou de leurs journalistes, mais je dis de leurs poètes ou de leurs romanciers, ç'a été à peu près uniquement de se consacrer au *Risorgimento*. J'ouvre au hasard une histoire de la littérature, et j'y cherche quel est aux yeux de la critique italienne le grand titre de gloire d'Ugo Foscolo : c'est, en écrivant son poème fameux des *Tombeaux* (*I Sepolcri*), d'avoir éveillé dans l'âme somnolente des Italiens de 1806 le ressouvenir de leurs morts illustres, et ainsi travaillé à la régénération nationale. Tournons la page : connaissez-vous Giusti ? Sa gloire, qu'on entretient dans les écoles, est d'avoir fait de la satire, *un mezzo di combattimento contro le signorie italiane et l'oppressione straniera*, de même que le principal mérite de Gabriel Rossetti est d'avoir combattu dans ses chants pour l'indépendance et la liberté de l'Italie. Pareillement, quelle est la valeur des romans historiques de Massimo d'Azeglio, de son *Ettore Fieramosca* ou de son *Niccolo de' Lapi* ? Ils ont renouvelé dans la mémoire des Italiens le souvenir de deux glorieux faits d'armes. Et de ceux de Domenico Guerrazzi ? *Furono strumenti d'agitazione et di combattimento contro gli stranieri* : voilà ce qu'il faut penser de sa *Battaglia di Benevento* ou de son *Assedio di Firenze*. Mais enfin que nous dira-t-on du théâtre, et, par exemple, des tragédies d'Eduardo Fabbri ? On nous en dira qu'elles sont pleines « d'ardeur patriotique », et que d'ailleurs Fabbri « a pris sa part de tous les mouvements politiques qui ont eu lieu de 1815 à 1849 ». Et si nous sommes curieux de savoir quel est le solide fondement de la réputation de Giambattista Nicolini, c'est que dans son théâtre : *Si fece banditore di politica unitaria e antipapale*. On le voit, c'est un parti pris, c'est un système, ou plutôt et mieux encore, c'est la reconnaissance de ce que la « littérature » italienne a fait pour la grandeur, pour la gloire, pour la continuité de la patrie. La littérature italienne a maintenu sous la domination étrangère ce que l'on pourrait appeler l'identité de l'âme italienne. Et on pense bien qu'elle ne l'a point fait, malgré les apparences, en se mettant à la remorque des littératures étrangères, mais au contraire, et plutôt, en se retranchant les communications qu'elle avait entretenues depuis quatre ou cinq cents ans avec elle.

On peut aller plus loin encore ; et, en effet, dans la seconde moitié de ce siècle, ne semble-t-il pas que la « littérature » ait intellectuellement créé la nationalité « scandinave » ? Suédois, Norvégiens et Danois, sans doute, il leur a paru que la littérature « européenne », allemande ou française, italienne ou anglaise, n'exprimait que très imparfaitement ce qu'ils sentaient en eux s'agiter de particulièrement « scandinave ». Les Ibsen et les Biörnson avaient quelque chose à dire qu'ils estimaient que les George Sand ou les Dickens n'avaient point dit. Ils l'ont voulu dire ; ils l'ont dit ; leurs compatriotes se sont reconnus dans la manière dont ils le disaient. Avertis de leurs qualités nationales, ils se sont efforcés de les dégager de tout alliage exotique, et dans la mesure où ils y ont réussi, c'est dans cette mesure qu'il existe une littérature, et, « intellectuellement », une mentalité ou une nationalité scandinave. On en peut dire autant, je crois, de la littérature ou de la nationalité russes, et sans exagération on a le droit d'ajouter, qu'en ce sens, les Pierre le Grand et les Catherine n'ont pas fait plus pour la Russie que les Tolstoï et les Dostoïevski.

Mais ces motifs sont-ils suffisants pour nous faire douter de l' « européanisation » de la culture ? et, si puissants qu'ils soient, d'autres motifs ne les contre-balancent-ils point, qui seraient capables de l'emporter un jour ? Il est vrai, dira-t-on, que les littératures nationales ont essayé dans ce siècle de se concentrer sur elles-mêmes et de diriger leur développement dans le sens de leurs traditions, mais cela même n'est-il pas une preuve de leur pénétration réciproque et de la crainte qu'elles ont ressentie de perdre ainsi les plus originales de leurs qualités natives ? Elles ont cherché précisément dans l'exagération de leur nationalisme un moyen de résister et comme de se raidir contre la tendance qui les entraîne au cosmopolitisme. Mais un drame d'Ibsen diffère-t-il autant qu'on le dit d'un roman de Tolstoï, *Un Ennemi du Peuple* de la *Sonate à Kreutzer* ? et les romans de Dickens n'ont-ils pas trouvé presque autant de lecteurs à Paris que ceux de M. Paul Bourget ou de Pierre Loti à New-York ? La meilleure histoire que l'on ait de la *Renaissance italienne* est celle d'un Anglais, John Addington Symonds ; et nous avons en français plus d'un livre sur *Voltaire*, sur *Rousseau*, sur *Diderot*, mais peut-être pas un qui vaille ceux de Strauss, de Rosenkranz, de M. John Morley. Le poète anglais Dante-Gabriel Rossetti, et son frère, qui est un critique distingué, en anglais, sont les fils d'un Italien, poète et critique lui-même, ce Gabriel Rossetti que nous avons cité plus haut au nombre des ouvriers du *Risorgimento*. En revanche, n'est-ce pas la France, par la voix de M. de Vogüé, qui a presque révélé, à l'Italie elle-même, l'auteur de l'*Innocent* et du *Triomphe de la mort*, et à l'Europe entière les noms de Tolstoï et de Dostoïevski ? La publication du *Roman russe* est une des dates littéraires de cette fin de siècle. A plus forte raison, et au lieu de la « littérature » en particulier, si l'on considère la « culture » en général, cette pénétration des « nationalités » les unes par les autres, apparaîtra-t-elle active, continue et irrésistible ? On ne parle pas ici de l'internationalisme « scientifique » ou « industriel », ni du cosmopolitisme de l'argent ou des intérêts ouvriers. Mais la philosophie d'Auguste Comte n'a pas fait moins de prosélytes en Angleterre, en Allemagne, en Russie, ou plus loin encore du lieu de son origine, aux États-Unis ou au Brésil qu'en France même. La musique de Wagner n'est pas moins « mondiale » ; et depuis quelques années c'est une question de savoir si par hasard on ne l'exécuterait pas mieux ou aussi bien à Boston qu'à Bayreuth. Voyez encore se répandre, et gagner tous les jours de nouveaux adeptes à ses paradoxes eux-mêmes, cette esthétique de John Ruskin, que l'on eût cru, qu'il y a vingt ans on croyait encore si britannique ? La « littérature » échappera-t-elle seule à l'influence de ces grands courants d'idées ? et à vrai dire, depuis cent ans, y a-t-elle échappé ? Le romantisme, le réalisme, le naturalisme, n'ont-ils pas été des mouvements européens, à l'écart desquels on ne voit pas qu'aucune littérature ni qu'aucun écrivain eût pu se tenir et se soit effectivement tenu ? Chateaubriand, Byron, Pouchkine ne sont-ils pas des contemporains ? et pareillement, à trente ou quarante ans de distance, l'auteur d'*Adam Bede*, celui de *Madame Bovary*, et celui d'*Anna Karénine*? Veut-on préciser davantage? Toute l'Europe littéraire n'a-t-elle pas été un moment byronienne, ou pareillement, ne *tolstoïse*-t-elle pas aujourd'hui tout entière ? A moins donc que les frontières ne se hérissent de douanes littéraires, comme elles le sont en ce moment de baïonnettes et de canons, ce qui est commencé s'achèvera, et le cosmopolitisme intellectuel passera son niveau sur les différences « nationales ». La fonction sociale de la « littérature » changera de nature, et au lieu d'entretenir les traditions qui divisent, parce qu'elles ne sont nées que de la nécessité de « s'opposer » pour se poser, elle n'empruntera de chacune d'elles, et n'en retiendra, pour le confondre, dans une vivante universalité, que le meilleur, le plus original et le plus pur.

Nous répondons que ce serait la fin de toute littérature ; — et, pour cette raison qu'en littérature, si c'est la nature des idées qui importe, c'est aussi, et surtout, la qualité de l'expression qu'on en donne. « La grande puissance géniale, dirait-on presque, consiste à n'être pas original du tout, à être une parfaite réceptivité ; à laisser les autres faire tout et à souffrir que l'esprit de l'heure passe sans obstruction à travers la pensée. » Ainsi s'exprime encore Emerson, et c'est à peu près le début de son *Essai* de Shakespeare. Il a raison. Mais qu'est-ce qu'il appelle ici « l'esprit de l'heure »? C'est ce que la critique appelle d'un autre nom, moins mystique, sinon plus clair, le génie de la race, du milieu, du moment, et c'est tout ce qu'une tradition nationale a pour ainsi dire préparé de matériaux à un Shakespeare. Assurément, et il faut bien le dire, puisqu'on semble quelquefois l'oublier, ce qu'il y a de plus shakespearien, dans Shakespeare, c'est lui ! Mais il y a pourtant aussi quelque chose d'anglais, et ce quelque chose d'anglais n'est pas ce qui distingue le moins profondément ses « Amants de Vérone » de ceux de Bandello ou de Luigi da Porta. Dante ne serait pas Dante, s'il n'était Italien ; Cervantès ne serait pas Cervantès, s'il n'était Espagnol. Et de quoi ce « génie national » est-il fait? On ne saurait le dire avec une entière précision, et il faut toujours prendre garde, en le définissant, de réserver le droit et le pouvoir qu'un Dante ou un Shakespeare auront toujours de le modifier, en y ajoutant le leur ! Même ils ne sont encore

Dante et Shakespeare qu'à cette condition. Mais qui niera cependant que ce génie national ne dépende, et peut-être pour la plus grande part, d'une langue, dont le développement, déterminé par « les airs, les eaux et les lieux », ait ainsi reflété dans son cours les images de la terre natale; d'une langue, parlée par les ancêtres, et ainsi chargée par eux d'un sens traditionnel dont l'intelligence échappe à ceux qui ne l'ont pas balbutiée dès l'enfance et comprise avant de balbutier; d'une langue enfin, illustrée par des maîtres et proposée par eux à l'émulation de tous ceux qui s'essaient à l'écrire après eux? Que resterait-il de Shakespeare et de Dante, s'ils avaient écrit en latin? et l'on sait que, comme Pétrarque, Dante en fut un moment tenté. L'existence des génies nationaux est indispensable à l'existence, nous ne disons pas des littératures nationales, cela serait trop évident, mais de la « littérature ». Il n'y a de littérature que des idées générales; et à cet égard il faut donc souhaiter que d'une extrémité de l'Europe à l'autre les mêmes idées générales s'établissent, puisque aussi bien elles sont censées être l'expression de la vérité. Mais il faut souhaiter d'autre part que la traduction en soit continuellement diversifiée par « l'esprit de l'heure »; et l'esprit de l'heure, nous le répétons, c'est le génie du moment, du milieu, c'est le génie de la race, et mieux encore, pour éviter la confusion, c'est le génie national.

Sous cette réserve unique, il sera permis de se féliciter que dans notre fin de siècle, la « littérature » ait cessé d'être un « divertissement »; et nous voulons nous flatter de l'espoir qu'elle ne le redeviendra pas. Sans doute, il y aura toujours des amuseurs vulgaires, des vaudevillistes, des fabricants, des producteurs à la grosse de romans-feuilletons ou de chansons de café-concert; il y aura des « chroniqueurs ». Mais ils se déclasseront; ils cesseront d'appartenir à la « littérature »; on ne mettra plus de Labiche dans les Académies, on ne fera plus aux Béranger de funérailles nationales. Leur valeur ne sera plus qu'une valeur de commerce; ils « divertiront » leurs contemporains de même que d'autres les abreuvent. Leur genre de talent ne sera pas estimé au-dessus de celui d'un bon cuisinier, et ils seront, s'ils le veulent, des « artistes », à leur manière, ils ne seront pas des écrivains. Car, ni l'indépendance que l'homme de lettres a conquise en s'émancipant à jamais de la protection du grand seigneur ou du traitant; ni les exigences d'un public avide d'instruction, ou, pour mieux dire, d'informations sur toutes choses; ni le pouvoir nouveau dont les circonstances ont investi la « littérature » en en faisant ce que nous appelions tout à l'heure une arme au lieu d'un art, ne permettront à l'écrivain de se dérober aux responsabilités qui ont résulté pour lui de tant de changements ou de modifications sociales. Elles ne lui permettront pas davantage de s'isoler dans un orgueilleux dédain de l'opinion, et s'il affecte la prétention de n'écrire que pour une élite, il en sera puni, je ne dis pas par l'indifférence de l'opinion, qui est une chose après tout secondaire, mais par la stérilisation, pour ainsi parler, de son propre effort et l'infécondité de son œuvre. Il ne sera donc pas un amuseur! Mais il ne sera pas non plus un *dilettante*. Il n'aura plus le droit, qu'il s'était arrogé, de cueillir la fleur de tout pour la seule volupté d'en respirer le parfum. On ne l'estimera qu'en raison de l'utilité de sa fonction sociale; et il protestera, s'il le veut, du haut de sa tour d'ivoire, contre cette conception bassement utilitaire de la littérature, mais on ne l'écoutera pas; on ne l'entendra seulement point. Ou, si par hasard on l'écoute, on lui répondra que, de toutes les formes de l'aristocratie, l'aristocratie intellectuelle est, en principe, la plus injustifiable et en fait la plus dangereuse, toutes les fois qu'au lieu de s'employer elle-même à éclairer l'âme obscure des foules, elle abuse d'une supériorité qui n'est due qu'au hasard, — comme la voix du ténor ou la vigueur du portefaix, — pour aggraver la différence qu'il y a d'elle au reste de l'humanité.

Est-ce à dire que nous marchions vers la « socialisation » de la littérature, ou pour parler plus exactement, nous Français, en particulier, vers une « socialisation » croissante, si, comme je l'ai fait voir plus d'une fois, notre littérature a toujours été, de toutes les littératures de l'Europe moderne, la plus sociale et la plus humaine? Je le crois; et ce qui me le fait croire, indépendamment de quelques autres motifs, c'est que de ces mêmes littératures, la plus préoccupée des questions morales ou sociales est présentement celle qui longtemps a été de toutes la plus « individualiste » : on entend bien que je veux parler de la littérature anglaise. Se rappelle-t-on les cruelles railleries de Byron contre Wordsworth? Elles n'ont pu réussir à faire cependant que Wordsworth ne triomphât de Byron. « La poésie, écrivait Élisabeth Browning en 1844, a été pour moi une chose aussi sérieuse que la vie elle-même, et la vie a été pour moi une chose sérieuse. Jamais je n'ai commis l'erreur de voir dans le plaisir l'objet de la poésie. » George Eliot écrivait en 1856 : « Honneur et respect à la perfection divine de la forme. Recherchons-la autant que possible chez les hommes, chez les femmes, dans nos jardins et dans nos demeures. Mais sachons aimer aussi cette autre beauté qui ne réside point dans les secrets de la proportion, mais dans ceux d'une profonde sympathie humaine. » Elle ajoutait, et elle précisait : « Il se trouve tant de gens communs et grossiers, dont l'histoire n'offre aucune infortune sentimentalement pittoresque ! Il est nécessaire que nous nous rappelions leur existence, car nous pourrions autrement en venir à les laisser tout à fait en dehors de notre religion et de notre philosophie, et établir des théories si élevées qu'elles ne s'adapteraient qu'à un monde exceptionnel. » Et de qui donc enfin, de quel autre Anglais résumait-on ainsi tout récemment la doctrine : « Tant que des êtres humains peuvent avoir encore faim et froid dans le pays qui nous entoure, non seulement il n'y a pas d'art possible, mais il n'est pas possible de discuter que la splendeur du vêtement ou du mobilier soit un crime ? » Quel est-il ce barbare ou cet iconoclaste qui a osé dire : « Mieux vaut cent fois laisser s'effriter les marbres de Phidias, et se faner les couleurs des femmes de Léonard que de voir se flétrir les traits des femmes vivantes, et se remplir de larmes les yeux des enfants qui pourraient vivre si la misère ne les pâlissait déjà de la couleur des tombeaux ? » Quel est-il ? et si, par hasard, prophète ou apôtre de l'art, il s'appelait John Ruskin, et qu'il eût fondé « la religion de la beauté », ne faudrait-il pas convenir qu'il y a quelque chose de changé dans l'Angleterre des économistes ? Une pitié s'est emparée d'elle, qu'on peut dire qu'elle avait désapprise depuis le temps de Shakespeare, et, chose inattendue ! de cette pitié même, qu'on eût pu croire inesthétique, se sont inspirées quelques-unes des œuvres d'art dont elle est le plus fière : *Aurora Leigh*, *Adam Bede*, et celles de cette école de peinture, plus « ruskinienne » encore que préraphaélite. N'y a-t-il pas là de quoi donner à réfléchir ?

Mais quel cours la réflexion ne prendra-t-elle pas, presque nécessairement, si l'on observe que vers le même temps, le théâtre français, sous l'influence d'Alexandre Dumas, le roman avec Tolstoï et Dostoïevski, et, dirai-je le théâtre? mais plutôt la pensée scandinave avec Ibsen et Biörnson tendaient justement au même but! Ce n'étaient plus ici les questions « morales », mais, à proprement parler, c'étaient les questions économiques ou mieux encore les questions sociales », qui envahissaient la littérature d'imagination. Le naturalisme dégagé de toute intention grossière, le naturalisme ramené de son attitude provocante et paradoxale à la fidèle imitation de la réalité, mais de la réalité tout entière, avait fait ce miracle. Et on pouvait bien encore épiloguer, diviser, distinguer! On pouvait reprocher à l'un que ses personnages n'étaient que des abstractions laborieusement personnifiées! On pouvait faire à l'autre un grief de ce que la vie de ses foules débordait le cadre de son roman. On ne pouvait contester ni que *La Femme de Claude* ou *Un Ennemi du peuple* fussent du théâtre, ni qu'il y eût peu de romans qu'on pût mettre au-dessus d'*Anna Karénine*. La preuve en est donc faite, que ni le théâtre, ni le roman ne sont incapables d'aborder les questions sociales! Il y faudra seulement plus de talent et plus d'art. Quiconque aura la très noble ambition de traiter au théâtre ou dans le roman les questions sociales, il faudra seulement qu'il y apporte, avec l'entière possession des moyens de son art, une expérience personnelle, une expérience étendue, et une expérience raisonnée de la vie. Le nombre des « littérateurs » en sera peut-être diminué, mais la dignité de la « littérature » s'en accroîtra d'autant, et davantage encore l'efficacité de son action.

Parvenue à ce point de son développement, la « littérature » s'apercevra-t-elle alors que, si les « questions sociales » sont des « questions morales », elles sont aussi des « questions religieuses »? On peut l'espérer, puisque M. Émile Zola lui-même a dû finir par s'en apercevoir. Il n'est pas le seul ; et l'on sait quelle place occupe la question religieuse dans les romans de Tolstoï, dans sa pensée surtout; et quelle est la signification du dernier roman de Mrs. Humphry Ward, *Helbeck de Bannisdale*, si elle n'est pas religieuse? Ai-je besoin encore de rappeler le *Middle-*

march, le *Daniel Deronda* de George Eliot ? et vers le même temps, l'œuvre presque entière d'un Octave Feuillet, depuis *Sibylle* jusqu'à *la Morte !*

Aussi bien, — et sans doute, je ne saurais mieux terminer cette étude, — la fin du siècle, sous ce rapport, n'aura-t-elle fait que répondre à ses commencements. On l'a pu croire agité d'autres soins, et, en effet, il l'a été. Mais si la question religieuse n'a pas toujours été la première ou la plus évidente de ses préoccupations, elle en a été certainement la plus constante, et disons, si on le veut, par instants, la plus sourde, mais en revanche la plus angoissante. C'est en France, particulièrement, dans le pays de Voltaire et de Montaigne, qu'on le peut bien voir, ou du moins qu'on le verrait le mieux, s'il nous appartenait ici de le montrer. Le premier grand livre du siècle, c'est le *Génie du Christianisme*, et le *Génie du Christianisme*, qu'est-ce autre chose qu'une réfutation de tout ce que le siècle précédent avait entassé de sophismes pour écraser sous eux l'idée religieuse ? Lamennais vient ensuite avec son *Essai sur l'indifférence*, et presque en même temps l'homme que j'aime à nommer le théologien laïque de la Providence, Joseph de Maistre, avec son livre du *Pape* et ses *Soirées de Saint-Pétersbourg*. On leur dispute âprement le terrain qu'ils ont regagné, mais jusque dans le camp des philosophes, c'est à fonder une religion nouvelle, dont l'autorité se substitue à l'ancienne, que s'emploient des esprits aussi différents que ceux de Victor Cousin, d'Auguste Comte et de Pierre Leroux. C'est du point de vue religieux qu'Alexandre Vinet écrit son *Histoire de la littérature française au* XVIIIe *siècle*, et Sainte-Beuve son *Port-Royal* ; et que resterait-il de Michelet lui-même ou d'Edgar Quinet surtout, s'ils ne s'étaient à peu près constamment inspirés de la haine de la religion ? Les érudits entrent alors en ligne ; Eugène Burnouf, le plus grand de tous, dont la gloire est d'avoir fondé l'histoire des religions avec son *Introduction à l'histoire du bouddhisme*, et les hébraïsants ou les arabisants, sur les traces de leur maître Silvestre de Sacy, dont le principal ouvrage est, en deux gros volumes, un *Exposé de la Religion des Druses*. Les romanciers, comme Balzac, ne laissent échapper aucune occasion d'affirmer l'intransigeance de leur catholicisme, à moins que, comme George Sand, ils n'opposent à la religion du Christ les espérances confuses du socialisme humanitaire. Les poètes eux-mêmes prennent parti, Lamartine, dans son *Jocelyn*, ou Vigny dans ses *Destinées*, et les historiens à plus forte raison. Puis ce sont les savants qui surviennent, jusqu'à ce que les critiques, Renan et Taine en tête, le premier avec son *Histoire des Origines du Christianisme*, et le second dans l'ensemble de ses premiers écrits, opérant la synthèse des apports successifs de la science, de l'érudition et de la littérature, posent, pour ainsi dire, le problème religieux avec un retentissement dont l'écho dure encore. Est-il rien de plus saisissant et de plus instructif? En vain a-t-on voulu écarter la question : elle est revenue; nous n'avons pas pu, nous non plus, l'éviter; et ceux qui viendront après nous ne l'éviteront pas plus que nous. Et dès à présent ne nous faut-il pas les en féliciter, s'il n'y en a pas, pour tout homme qui pense, de plus importante, ni de plus « personnelle »; s'il n'y en a pas dont la méditation soit une meilleure école, même au point de vue purement humain, pour l'intelligence; et s'il n'y en a pas enfin, pour en revenir au point de vue particulier de la présente étude, dont la préoccupation, évidente ou cachée, donne à la « littérature » plus de sens, de profondeur et de portée ?

FERDINAND BRUNETIÈRE,
De l'Académie Française.

XXIII

Les Beaux-Arts

La première loi du siècle fut l'obéissance. L'esprit de discipline, dans la France impériale, conduisait les artistes du même pas dont il entraînait les soldats aux batailles. Mais s'il montrait à ces soldats enivrés de leur jeune enthousiasme le monde à conquérir, il ne proposait à un art toujours impatient d'idéal que la glorification d'un homme. Tout le travail d'art du Premier Empire ne pouvait aboutir qu'à un Arc de triomphe; encore cet Arc ne fut-il achevé que longtemps après la mort du héros, et comme un cénotaphe immense à sa mémoire.

Cet asservissement de la pensée humaine sortait, par un contraste ironique, de la grande Révolution libératrice qui, au nom de la liberté, imposait à tous les esprits et à tous les yeux une conception du beau formée en des cervelles étroites et opiniâtres, et toute gonflée d'une fausse rhétorique. L'art subit la pire des tyrannies, celle de la foule; il fut accaparé par l'État, et désormais à la merci de caprices irresponsables. Les corporations détruites emportèrent dans leur ruine de savantes traditions qui ne se retrouveront plus; et peut-on dire que la création des musées fut une compensation suffisante à l'anéantissement de tant de gloires d'autrefois, à la diminution de tant de forces vives de la patrie? Pendant que l'on abattait « les monuments du fanatisme », que des furieux brisaient les têtes de nos plus belles statues, fondaient les merveilles de nos vieux orfèvres et balafraient ou brûlaient les reliques de nos premiers peintres, ceux-là mêmes qui condamnaient à mort, au nom de leurs principes, notre véritable art national, concevaient l'idée grandiosement folle de rassembler, pour les offrir à l'enseignement de la nation, les chefs-d'œuvre du passé, épars sur l'Europe entière. Mais ces chefs-d'œuvre amoncelés pêle-mêle, brutalement arrachés aux monuments, aux pays pour lesquels ils étaient faits, et dont la forme et l'atmosphère s'associaient à leur vie, peuvent-ils dire à ceux qui les viennent interroger le secret de leur beauté immortelle! Le sourire de telle Madone si pure, dans la pénombre silencieuse d'une chapelle, que paraît-il, devant la foule indifférente et sans respect? L'enseignement du musée s'est joint à l'enseignement de l'école pour détourner le jeune artiste de l'observation de la nature vivante, l'enfermer dans l'admiration stérile des maîtres. Les Salons de peinture et de sculpture, avec leurs classements puérils et leurs distributions de prix de collège, ajouteront de niaises et prétentieuses exhibitions au despotisme de l'atelier académique, si bien que le résultat de tant d'efforts pour développer un art national, sinon populaire, sera d'aboutir à une œuvre affreusement hybride, au tableau, à la statue destinés non plus à traduire en beauté une idée ou un sentiment, mais à n'être qu'une habileté récompensée, et un numéro de collection. Où donc était l'art inconnu, dont l'avènement de la République devait annoncer l'aurore? L'art de la vieille Monarchie, tourné uniquement vers la mollesse et le plaisir, incapable des grands rêves de fraternité, de liberté, attendait encore un maître et se préparait à revêtir encore une livrée.

Un mot d'ordre a été donné aux artistes, l'imitation de Rome, et ce mot d'ordre lui-même n'est pas nouveau. Il y a trois siècles déjà que l'antiquité et la nature tour à tour se disputent l'art français, trois siècles que la tradition gothique, la tradition nationale a été interrompue par l'invasion de l'Italie : telles sont les lointaines origines de cet art impérial auquel on fait honneur d'un décor dont il a répandu l'usage et l'abus, mais sans l'inventer. En créant à Rome une Académie de France, Louis XIV avait asservi l'art français à l'antiquité, non pas grecque, mais romaine, dont les moindres reliques, et de plus basse époque, devenaient d'immuables modèles. Dès lors, les héros en cuirasse et en casque ont brandi leurs glaives dans les tableaux français, et les colonnes des temples païens ont soutenu des palais qui n'en avaient que faire. Gabriel, en construisant les garde-meubles de la place de la Concorde, Soufflot et Couture, en élevant le Panthéon et la

Madeleine, annonçaient, avant la fin de la Monarchie, l'œuvre de Percier et de Fontaine, les architectes du Louvre, despotes dont l'influence pèsera longtemps sur l'Europe. Ils n'ont rien innové. Leur petit Arc du Carrousel, si joli de proportions et de matière, n'est, en somme, qu'une copie, ou plutôt une traduction ; comme aussi, au milieu de la place Vendôme, cette seconde colonne Trajane, autour de laquelle montent en spirale, vers la statue du triomphant Empereur, les images de ses victoires.

Le charme de cette archéologie gracieuse, dont les imaginations se sont nourries aux récentes découvertes d'Herculanum et de Pompéi, c'est, à l'intérieur des solennels édifices, la finesse des boiseries sculptées, le joli des petits bronzes appliqués par Jacob et Thomire à leurs meubles d'acajou, de thuya ou d'érable, palmes épanouies, papillons légers, figurines ailées et dansantes, qui évoquent Mme Tallien ou Joséphine. Mais ici même la République et l'Empire sont héritiers de la Monarchie finissante, et Marie-Antoinette a connu les décors de Pompéi.

L'antiquité païenne donnait un culte à la France déchristianisée. Lorsque Napoléon fut monté sur le trône, elle vint s'y asseoir auprès de lui, traînant à sa suite, parmi les Sphinx et les Amours, son théâtral cortège de figurants guindés, fort propre à émouvoir les idéologues républicains. Hector et Priam, Œdipe et Oreste narraient, avec de beaux gestes, leurs tragiques infortunes ; Épaminondas, les Gracques ou Marcus Sextus, ces contemporains des hommes de la Terreur, enseignaient avec une mâle simplicité les vertus civiques, et Brutus, célébré par David, oubliait son passé farouche pour glorifier Napoléon César.

Le César français, avec son admirable sens pratique et sa volonté de conquérant, n'était pas dupe d'une esthétique qu'il subissait, mais pour la modifier. Il prend de la défroque romaine ce qui convient à ses ambitions ; il donne les aigles à ses légions, puisqu'il se nomme César ; mais sur la pourpre impériale de son manteau du sacre il fait coudre les abeilles d'or trouvées au tombeau de Chilpéric. Il confirme les pouvoirs de l'Institut, seul arbitre désormais de l'inspiration des artistes ; il adopte David comme peintre officiel, mais il donnera Prud'hon comme maître de dessin à Marie-Louise. A l'exemple de Louis XIV, il ordonne aux arts d'éterniser ses triomphes, et Louis David accepte le rôle d'un Charles Le Brun, avec une autorité plus dure et un moindre succès. Les innombrables toiles qui composent l'histoire de l'Empereur, pendant lointain de la solennelle histoire du Roi, exécutées avec patience, d'une information juste et minutieuse, pas un instant ne nous émeuvent; jamais sublimes, rarement ridicules, elles sont monotones et ternes à désespérer. Trop d'éducation classique, trop d'antiquité pèse sur les épaules de ces élèves dociles, pour qu'ils puissent librement chercher la vie. David seul a retracé en historien les grandes cérémonies impériales, et Gros quelquefois a tremblé devant l'énormité des champs de bataille; mais nulle part nous ne sentons passer la grande ombre de la mort dans la fumée de la poudre, parmi les éclairs et les tonnerres; blessés et mourants, aussi bien que vivants, ne sont que des comparses autour de la figure du maître.

Cette sécheresse, cette pauvreté de l'école ne paraît guère moins aux nombreux portraits qu'exigea une époque si féconde en gloires. L'apôtre jacobin qui vénérait Marat et Lepelletier de Saint-Fargeau assassinés daigna sourire un jour, lorsqu'il peignit, parce qu'elle lui semblait une Grecque, Mme Récamier, demi-couchée dans un péplum antique d'où sortent ses délicats pieds nus. David et Canova, en quête du sublime sur la toile ou dans le marbre, en croient atteindre par le nu l'expression dernière; ils veulent à leurs héros une immortalité sans voiles; et ils ne savent, les malheureux, ni peindre ni sculpter la chair! Un peintre cependant a gardé, parmi les classiques vainqueurs, les Girodet, les Guérin, les Vien, les Vincent, les Regnault, les Lethière, la grâce fleurie et surannée du XVIIIe siècle; la tendresse de Prud'hon a éclipsé David. C'est une douce lumière de lune qui se lève obscurément, et peu à peu emplit l'immensité de sa fraîcheur apaisante. Ce frère d'André Chénier, instruit comme les autres au séjour de Rome, avait animé l'art antique du sourire de Corrège et de Léonard; derrière l'Italie il devinait la Grèce. Lui aussi aime Psyché, Vénus et les nymphes; et, comme le Jeune Malade de Chénier, il les peint avec une suave langueur. Son dessin moelleux et caressant évoque parfois, aux portraits de femmes, le charme étrange de certains bustes de ce temps où, à l'exemple de Canova, Chaudet, Bosio et Chinard ont avivé de mystère le profil classique de leurs héroïnes; mais ce dernier fils du siècle des élégances a su aussi, dans une tragique allégorie, nous montrer les figures nocturnes de la Justice et de la Vengeance qui glissent impassibles derrière l'assassin bestial, et nous faire goûter dans une œuvre moderne le sentiment de la beauté grecque, une émotion profonde mêlée de sérénité. La poésie de Prud'hon sera la fleur dernière d'un art épuisé, parmi les ruines que va laisser l'Empire. Géricault déjà, ce précurseur de l'art moderne, a résumé en ses deux tableaux du Louvre la gloire et le déclin de Napoléon : c'est l'officier de chasseurs qui s'élance, le sabre haut, dans l'ivresse de la poudre ; et c'est, la bataille finie, le cuirassier blessé qui s'appuie, chancelant, à son cheval.

Une fois la tombe de Sainte-Hélène fermée sur le héros, l'art officiel, qui n'existait que par cette volonté souveraine, partagea le même trépas. Les mensonges et la pompe de l'antiquité ont fait leur temps ; toute une tradition sotte et glaciale s'écroule. Est-ce qu'enfin de ce sol profondément trempé d'un sang jeune il ne va pas germer et jaillir une vivante fleur de passion ? Ces nuées d'orage toujours battues de vents contraires, d'où tombera l'étincelle qui les embrasera ? Il faut, pour la venue d'un art généreux, unité d'efforts et confiance ; et les peuples d'Europe, loin de créer déjà, travaillent seulement à renaître. L'Italie et l'Allemagne sont éparses, incapables de rappeler le génie de leur race. Rome demeure plus que jamais, par la munificence de ses Papes, le musée des civilisations disparues et l'atelier immense ouvert à toutes les nations ; le Danois Thorwaldsen y assouplit sa sculpture maniérée aux leçons de Canova ; les peintres allemands Cornélius et Overbeck s'y préparent à de grands décors dont la médiocrité de dessin et de coloris aura au moins l'excuse d'un sentiment nouveau et parfois pénétrant de l'allégorie chrétienne. L'exil a contraint David à se réfugier en Belgique. Et la France, appauvrie, mais frémissante, espère, sans la connaître encore, la peinture sincère et libre ; elle en recevra l'exemple de deux nations qu'elle n'a pu dompter.

A Madrid, la lignée de Vélasquez, non étouffée par le pullulement académique, a poussé un rejeton vigoureux. Goya, comme Stendhal, âme ironique et dure, sans cesse aux aguets sur la comédie humaine, peint avec une frénésie joyeuse toute la vie de son

temps ; et sous les plus délicates nuances du gris, du blond et du
rose dont il anime ses portraits de rois et de reines, de généraux,
d'actrices et de filles du peuple, et les scènes bouffonnes ou tragiques de la vie espagnole, il y a du sang et des nerfs, un esprit
qui ne s'endort pas. Et puis, lorsqu'il saisit une plaque de cuivre
et sa pointe de graveur, Goya traduit familièrement, sans formule
et sans scrupule, tout le pittoresque de la vie et de la mort, superstitions et rêves, bestialités des jeux populaires et de la guerre,
caprices enfin, selon le titre même de ses fameuses eaux-fortes,
où grimace la fantaisie du plus sceptique des misanthropes.

A Londres, toute une sève de peinture généreuse débordait.
C'était l'essor, longtemps retardé et d'autant plus actif, d'un tempérament énergique jusqu'à la brutalité, mais refréné par la correction de l'attitude et le souci des suprêmes élégances. La peinture flamande, par Van Dyck, avait été l'initiatrice, et la France
de Louis XV, par Largillière et La Tour, avait complété les leçons
de la Flandre. Tout d'un coup s'épanouirent en de merveilleux
portraits des grâces brûlantes, toute la robustesse et la fraîcheur
de la race. Tandis que, sur l'autre rive du détroit, la discipline
froide et guindée comprimait les volontés et les gestes, le charmant Gainsborough et l'ardent Reynolds, et, groupés à leur suite,
Romney, Hoppner, Opie, Raeburn, Lawrence, éternisaient la vie,
fixaient en frémissant de bonheur cette flamme des yeux et des
lèvres jadis étincelante aux toiles de Van Dyck. En même temps,
deux hommes de génie, Constable et Turner, allaient saisir sur
les champs, les montagnes et la mer les rayons d'un soleil nouveau, toutes les richesses d'une lumière méconnue ; et, les premiers en ce siècle, ils s'efforçaient à traduire la nature, l'un avec
la simplicité, la fidélité d'un fils respectueux, l'autre avec la fantaisie d'un poète enivré de ses caprices. Constable est une âme
de paysan éprise du sol natal. Il aime les ruisseaux luisants,
les fermes blotties sous les arbres et les grasses prairies, le ciel
humide et clair où roulent de grands nuages, cette verdure touffue
de la campagne anglaise, vivifiée au voisinage de la mer ; et
maintenant encore nous respirons en ses paysages le parfum de
santé, de sincérité que nous apportèrent les maîtres hollandais,
mais combien plus pénétrant et large qu'aux toiles un peu
sèches de Ruysdaël et d'Hobbema ! Auprès de ce glorieux Cons-

table, les paysagistes Morland, Crome, Cotman ne sont que d'honorables noms ; Bonington, qui travailla en France, mourut trop jeune pour donner plus que des promesses; et que promettait-il? un Devéria anglais. Mais Turner, visionnaire qui vécut en sauvage et mourut sous un nom d'emprunt, léguant à son pays sa fortune et ses chefs-d'œuvre, termine avec un éclat singulier cette première et illustre phase. Peindre la lumière comme la peignait autrefois Claude Lorrain, puis se dégager même des artifices de Claude, et rendre, sans contrastes obscurs, l'éblouissement des rayons dorés qui percent la brume rose du matin, ou, le soir, glissent au ras des flots paisibles; se servir de figures héroïques, mais comme d'un prétexte à féerie ; à propos d'Apollon, d'Ulysse et de Polyphème, de Héro et de Léandre, de Didon et d'Énée, d'Annibal ou de Napoléon, baigner d'or et de pourpre d'immenses horizons, des palais de marbre dont les étages amoncelés se reflètent en des fleuves ou des lagunes, des montagnes de glace, un champ de bataille que le soir envahit. ce fut l'œuvre de ce poète du ciel et des eaux. Il avait voyagé longtemps, il avait saturé ses yeux et son cerveau de la divine lumière pour qu'enfin, se fermant jalousement dans son laboratoire, de ces gouttes de lumière qui pleuvaient devant lui, il fît, le prodigieux alchimiste, sur de la toile, des perles et des opales, des rubis, des saphirs, très peu d'émeraudes : le vert profond des arbres et des eaux appartenait à Constable. Et si l'on veut résumer, en un trop bref jugement, cette âme complexe et mouvante, amoureuse d'une nature sublimée au point qu'il n'y paraisse plus rien des éléments naturels, on dira de Turner qu'il fut le peintre de Venise.

Constable, Turner, Lawrence envoyèrent à Paris, pour le Salon de 1824, des œuvres qui émurent les artistes français. Une âme en sortait, une harmonie inattendue avec les sentiments qui peu à peu s'emparaient de tous les cœurs. Tant de troubles, de luttes, de sang versé et d'espérances déçues avaient, dès l'aube du siècle, travaillé et mûri le génie français ! La beauté qui apparaissait à des yeux mal dessillés encore n'avait plus la finesse élégante et la voluptueuse séduction du siècle passé; elle était plus virile, elle avait souffert. Cet art si heureux et facile se transforme; il apprend ce que sont les larmes; la passion et la pitié lui commandent d'agir. Le romantisme, en art comme en littérature, fut l'explosion soudaine d'une passion trop longtemps comprimée, le cri généreux des cœurs enfin libres, qui se sentent le droit de vivre, d'aimer, de prier, de souffrir sincèrement, jetant au loin le masque de l'art classique et le bâillon de l'enseignement officiel. La jeune génération venue au monde parmi des triomphes et des désastres inouïs en garde à jamais l'empreinte inquiète ; elle détourne ses regards des humiliations du régime restauré pour acclamer, au nom de la fraternité des peuples, la Grèce qui conquiert son indépendance, pour s'exalter aux journées de 1830, pour évoquer, loin du terre-à-terre de la monarchie bourgeoise, l'épopée impériale emplissant le monde de sa rumeur.

Poètes et romanciers ont précédé peintres et sculpteurs dans la lutte qui fera la vie de ce siècle, entre la nature et la tradition ; ils ont opposé aux infaillibles recettes de la beauté classique l'émotion humaine ; les noms illustres de Dante et de Shakespeare, de Gœthe, de Byron, de Walter Scott brillent sur les étendards de la jeune armée que commandent Hugo et Delacroix. Le peintre enthousiaste et puissant du Radeau de la Méduse, Géricault, est mort tout jeune en janvier 1824. Cette année-là, Delacroix expose son premier chef-d'œuvre, le Massacre de Scio, dont le baron Gros disait rageusement : « C'est le massacre de la peinture ! » Non loin de la terrible toile, dans le même Salon, le Vœu de Louis XIII, d'Ingres, résume solennellement toutes les formules classiques et toutes les aspirations de l'Académie ; la grande bataille a commencé.

Jean-Dominique-Auguste Ingres, celui que maintenant encore, avec un respect nuancé d'ironie, nous sommes tentés d'appeler Monsieur Ingres, est l'homme qui, par sa longue vitalité, par son observation raisonneuse, et enfin, on peut le dire, par son immense talent, suffit à tenir en échec, pendant un demi-siècle, les révolutionnaires. Il vit monter, grossir sans cesse le flot des novateurs, qui avaient tout pour eux, la jeunesse, la passion, la nature, la vie ; jamais il ne recula. Né sous l'ancienne Monarchie, excellent élève de David, lauréat du Prix de Rome en 1801, il incarnait par éducation et par tempérament la tradition la plus rigide. Et pourtant, ce ne fut que par une âpreté de logique et un effort de volonté qu'il devint, à partir du Salon de 1824, le classique des classiques. D'instinct il était un primitif, un de ces « gothiques » contre lesquels il devait un jour fulminer l'anathème. Il a des primitifs la sincérité candide de la ligne et la vivacité trop crue d'une couleur qui parfois confine à l'enluminure. Mais quelle suprême élégance et quelle empreinte personnelle dans la pureté des courbes et les nuances imperceptibles du modelé tout en lumière ! Quel sens incomparable de la grâce féminine dans le dessin des pieds et des mains, d'un raffinement inconnu à Raphaël, l'artiste unique dont l'imitation doit être le commencement de la sagesse ! De la Thétis et de l'Angélique, de la Baigneuse et des Odalisques jusqu'à la Source, l'œuvre patiente du vieux maître est un hymne à la matière divinisée, un hymne à la beauté rythmique et pondérée, à l'ordre, au jeu savant des lignes ; par là Ingres revenait à ce culte de l'antiquité tyranniquement inauguré par David. Pour répondre aux blasphèmes des shakespeariens, il compose lentement et par reprises successives une vaste peinture qui est l'acte de foi de toute une école. On sait le thème de cette Apothéose : Homère assis devant un temple ionique, ses deux filles, l'Iliade et l'Odyssée, à ses pieds, et, debout alentour sur les marches du temple, les artistes, les philosophes de tous les temps, Hésiode, Eschyle, Apelle et Raphaël, Virgile et Dante, Pindare, Socrate et Platon, Tasse et Camoëns, Corneille, Racine. Molière, Fénelon, en un mot, les classiques. Gœthe et Shakespeare sont proscrits. C'est le triomphe de l'art impassible et de l'enseignement de l'Institut. Le Martyre de saint Symphorien fut, mieux encore que l'Apothéose, son « maître tableau », comme il aimait à dire ; et nulle part la science du professeur n'apparaît avec plus d'autorité ; quant à l'émotion, néant. Mais ce n'est point aux représentations solennelles qu'il faut chercher l'Ingres que l'on admirera toujours, c'est aux portraits que l'on s'arrêtera, devant ce Bertin l'aîné, qui est l'image de toute une bourgeoisie disparue, c'est aux dessins surtout, qui d'un léger trait de crayon enferment tant d'esprit et de caractère ; fleur d'un art très simple et raffiné tout à la fois, où l'apparente naïveté ne s'unit à la science que pour lui communiquer une force imprévue de séduction.

Il semble paradoxal de déclarer qu'Ingres, le primitif, le disciple de Raphaël, est un païen auprès de son rival Delacroix, le disciple de Rubens. Mais est-ce que la volupté des courbes et l'arabesque charmante du dessin peuvent lutter contre la fougue du coloris, contre l'hymne à la passion et à la souffrance ? Ces harmonies nouvelles des couleurs, dont les nuances subtiles expriment à elles seules tout un monde d'émotions tragiques et de rêves, quelle voie ouverte à l'art! C'est Rubens et Véronèse sans doute, mais c'est l'âme moderne tout ensemble, et Delacroix est le premier peintre moderne. Ce rêveur éloquent, ce timide altéré de gloire, cet ennemi de la foule, qui en devient tout à la fois le plus fervent poète, ce délicat qui cache sa fièvre et ses colères sous une enveloppe de dandysme britannique, pouvait seul diriger la jeune génération. Exalté, adoré par ses amis et ses élèves, honni par l'Institut, par le jury du Salon, il répondait par des chefs-d'œuvre aux cris de joie et de haine qui l'accueillaient; jamais sa grande âme inquiète ne connut l'indifférence. Tout ce que l'Angleterre et l'Allemagne ont apporté aux lettres de drame et de passion lui appartient; il illustre Faust de lithographies qui émerveillent le vieux Gœthe; il est, en France, le seul traducteur fidèle de Shakespeare; et quelles traductions que ces petits tableaux où passent, en des éclairs d'ironie, de folie et de meurtre, les figures d'Hamlet et de Macbeth! Il égale l'ardeur sauvage de Byron; il lit le *Quentin Durward* de Walter Scott, et voici que jaillit sur sa toile la vision sanglante de l'évêque de Liège assassiné parmi l'orgie, à la lueur des torches; il précipite une foule en délire, sous les grands plis ondulants du drapeau tricolore, à l'assaut de la tribune où Boissy d'Anglas attend, intrépide; et nul drame n'a surpassé ce minuscule tableau. Il révèle à la peinture des paysages nouveaux : le paysage, dans ses toiles, devient un élément de passion. C'est le grand ciel fumant et roux du Massacre de Scio, c'est le Bosphore livide sur lequel pèsent des nuages de plomb, et la ligne tortueuse des murailles de Constantinople envahie par les Croisés; c'est la houle verte à l'infini qui menace la pauvre barque de Don Juan, et ce sont les arbres robustes et l'herbe drue de la campagne biblique où Jacob lutte avec l'Ange. Beaucoup de ces paysages viennent de l'Orient, que Delacroix fut un des premiers à connaître; il alla, ce peintre frileux, animer sa flamme au soleil du Maroc. Avec lui, Decamps, Marilhat célébrèrent l'Orient, mais nul mieux que lui n'en eut l'ardente intuition. Et quels superbes décors il oppose au froid symbolisme classique, à l'Age d'Or où s'éternisa Ingres, à l'Hémicycle de Paul Delaroche! Ses allégories du Palais Bourbon et de la Bibliothèque du Luxembourg, figures de héros, de poètes et de sages qui résument l'antique civilisation, celles de l'Hôtel de Ville, détruites par l'incendie de 1871, le resplendissant Apollon de la galerie du Louvre, et l'Héliodore de Saint-Sulpice, prouvent que rien d'humain ne fut étranger au grandiose initiateur qui, lorsqu'il peignait, en 1831, la Liberté populaire debout sur la Barricade, signait l'émancipation définitive de l'art.

La personnalité d'Eugène Delacroix était trop forte, trop entière pour laisser un durable héritage. L'étrange et incomplet Devéria, dont l'œuvre de début, la Naissance de Henri IV, fut saluée comme l'aurore du génie, se retire bientôt du monde des arts. Ary Scheffer, Gigoux sont des romantiques timides, absorbés par de sages, d'officielles compositions historiques. Car l'histoire, sous le régime de Juillet, ne fut pas moins honorée qu'au grand siècle. Le roi Louis-Philippe avait consacré « à toutes les gloires de la France » le château de la vieille Monarchie ; il avait cru faire œuvre impérissable en y créant de toutes pièces le Musée de l'histoire de France. Pendant quatre ans, toute la France ne peignit, ne sculpta que pour Versailles. Et, le Musée terminé en 1837, le surintendant des Beaux-Arts, Alexandre de Laborde, ne crut pas dépasser les bornes d'un dithyrambe raisonnable en comparant l'œuvre d'art de Louis-Philippe à celle de Périclès, d'Auguste ou de Louis XIV. Ce n'était même pas une œuvre d'art ; c'était de l'histoire conçue à la façon des enfantines images d'Épinal. Le ban et l'arrière-ban des classiques, les Alaux, les Signol, auxquels se joignirent des hommes illustres comme Gros et Gérard, des hommes de talent comme Couder et Bouchot, exaltèrent la France victorieuse à travers les âges, et les deux pages immortelles d'Eugène Delacroix, Taillebourg et l'Entrée des Croisés, furent la vie et la flamme au milieu de ces choses mortes. La glorification de Napoléon et celle de Louis-Philippe échurent à Horace Vernet. Le peintre militaire de la Monarchie constitutionnelle a couvert les murs de Versailles d'illustrations gigantesques, où l'héroïsme bourgeois est célébré avec un juste lyrisme ; mais il faut louer sans réserve le bon sens et la science parfaite d'exposition dont il fait preuve comme historien de la campagne d'Afrique. L'épopée napoléonienne lui réussit moins ; elle vibre toute aux lithographies de Raffet ; c'est en ces petits chefs-d'œuvre si colorés de blanc et de noir que la grande légende revit à nos yeux avec l'auréole dont l'illuminèrent les hommes de 1830. L'apothéose du héros, dont le souvenir s'impose avec force à tous les cœurs français, prépare le retour des cendres de Sainte-Hélène, le mausolée des Invalides, le grand Arc de Triomphe, hommages spontanés et fervents où l'art enfin se prodigue avec une vivacité qu'il n'avait point jadis quand il travaillait sur commande pour la maison impériale.

Que toute cette fièvre généreuse, que tous ces élans de l'histoire et du drame ne nous fassent pas oublier de plus humbles bienfaits du romantisme. En détournant les artistes de l'hypnotisante contemplation des plâtres antiques, il les engage peu à peu à regarder la nature. Et les peintres s'aperçoivent enfin que les arbres ne poussent point selon la majestueuse ordonnance de Versailles, que la mer n'est point faite uniquement pour se couvrir de vaisseaux de guerre, que les collines ne se couronnent point toujours de temples et de colonnades en ruine. Il est très vrai que depuis longtemps déjà l'école française était sensible aux harmonies bleues et rosées des cieux ensoleillés, et à l'or des feuillages enveloppés de lumière ; mais ce qui n'était, aux yeux de Watteau et de Fragonard, qu'un charmant décor, devient la raison d'être de la nouvelle peinture. Et ce charme de la nature vivante, sans doute les Hollandais l'avaient dit à merveille, et depuis quarante ou cinquante ans, çà et là, un consciencieux et timide esprit s'essayait à le célébrer, à la façon d'un Bernardin de Saint-Pierre qui aurait tenu les pinceaux ; mais la nature attendait d'être servie avec l'exaltation ardente des âmes romantiques, soudainement instruites par Constable. C'est bien à propos des hommes de 1830 que l'on peut dire, pour la première fois, qu' « un paysage est un état d'âme ». D'un côté, les classiques, épris de la ligne sévère et de la composition d'atelier, les Bidault, les Bertin, les Aligny, les Michallon ; de l'autre, Georges Michel, un précurseur, puis Huet et Cabat, incertains encore, enfin Dupré, Diaz, Rousseau, Corot, chacun avec son tempérament, observant, traduisant d'un œil, d'une main religieusement fidèles. Dupré et Rousseau, amis de même âge et de même ardeur, voyagent ensemble, découvrent les forêts, les champs et les rivières du beau pays de France; Rousseau plus hardi, plus sauvage, en communion intime avec les arbres dont il entend bruire et monter la sève, avec les eaux dormantes dont il interroge la vie mystérieuse. Hélas! elles se détruisent, ces toiles éclatantes, surtravaillées! Une alchimie dangereuse les dissout; leurs bitumes vitreux se sont épaissis : leurs ombres transparentes et glauques deviennent opaques; et l'œuvre de Théodore Rousseau disparaît.

Mais Corot et Millet nous restent, pour notre bonheur. Millet, le grand ami de Rousseau, et son voisin sur la limite de la forêt de Fontainebleau, en ce petit village de Barbizon d'où il semble qu'une lumière se soit levée sur les arts, n'est encore, à l'époque triomphale du romantisme, qu'un débutant très habile, mais entravé par les souvenirs sensuels du xviiie siècle ; il ne donnera qu'après 1848 sa puissante et originale frondaison. Tout au contraire, le bon Corot, plus tard asservi par le succès à de trop faciles redites, produit alors ses œuvres les plus sincères. Ce paysan bonhomme, campé en un coin de son cher Ville-d'Avray, regarde au travers des fumées de sa pipe rustique les saules bleuâtres onduler au-dessus des étangs roses et gris, et le ciel se nuancer de teintes mourantes. Chose étrange, cet amoureux naïf de la paisible campagne, par qui un pont sur un ruisseau, des toits d'ardoise au flanc d'une colline, une route où frissonnent des arbres défeuillés, deviennent tout un poème de fraîcheur et de calme, rencontre encore, aux lueurs du crépuscule, des nymphes et non des paysannes, parmi les étangs et les bois! Il était né, songez-y, en 1796, et l'on ne se défait pas si aisément de ses habitudes d'enfance; il y a du Prud'hon dans sa mythologie; et ces figures blondes de nymphes, qui, dans les délicates brumes, ont dansé devant ses yeux attendris, tendent la main, par delà deux siècles, aux déesses lumineuses de son ancêtre Claude Lorrain.

Et le romantisme a vécu; son œuvre est faite. Car il n'y a pas, à proprement parler, une sculpture ou une architecture romantiques. Mais, là aussi, le généreux mouvement suscite une vitalité nouvelle, et délivre des entraves académiques d'impatients génies, non moins épris de vérité que respectueux des grandes œuvres d'autrefois. Quel abîme entre la grâce molle et froidement sensuelle d'un Pradier, le porte-drapeau de l'Institut, et l'âme de l'histoire moderne, que David d'Angers fait vivre au fronton classique du Panthéon ! Et surtout, mieux qu'aux effigies souvent incertaines de ce David, trop adulé de ses contemporains, quelle vie et quelle fécondité merveilleuses aux œuvres de Barye et de Rude ! Barye a sculpté et ciselé les animaux comme Delacroix savait les peindre ; jamais la souplesse des muscles félins ne sera plus intelligemment rendue. Mais Rude, le vaillant Bourguignon, plus grand que tous les autres, grandit encore d'année en année ; il est de la race des vieux imagiers qui sculptaient les saints aux porches de nos cathédrales et les gisants dans leurs cryptes. Il fut conquis par la légende napoléonienne, et le bas-relief qu'il adossa à l'un des robustes piliers de l'Arc de l'Étoile symbolise vraiment le Chant du Départ, le chant irrésistible de la France en armes.

Le monument dont Napoléon jetait les assises en 1806 allait être terminé par les soins de Louis-Philippe. Les plans de l'architecte Chalgrin, fidèlement continués par Huyot, terminaient l'avenue montante des Champs-Élysées par une baie colossale d'où la lumière du soir jaillissait plus radieuse. Aux quatre faces de l'Arc, une frise ininterrompue, sorte de Panathénées modernes autour d'un nouveau Parthénon, représente la marche toujours victorieuse de la Grande Armée. De nombreux sculpteurs, avec un rythme parfait, en ciselaient le détail. Rude, sur la demande du ministre Thiers, dessine pour les montants des quatre piles quatre projets de trophées : le Départ, d'abord, — c'est l'œuvre que nous connaissons, la seule exécutée ; le Retour, — c'est la Retraite de Russie, que domine de sa menace la figure redoutable de l'Hiver ; la Défense du sol, — c'est, devant l'autel de la Patrie, la résistance désespérée et glorieuse ; la Paix enfin, dont le rameau d'olivier féconde les sillons épuisés. Belle pensée, trop belle et simple pour être acceptée du monde officiel : la commande des trois bas-reliefs enlevés à Rude fut donnée à deux sculpteurs médiocres, Étex et Cortot. Mais seul le monument splendide en reste diminué ; Rude ne souffrit point de ces mesquines jalousies. Son Napoléon de Fixin, vision superbe de l'Empereur écartant son suaire, et lentement se levant du rocher où gît son aigle aux ailes brisées ; son Godefroy Cavaignac, la plus sublime des figures tombales, enfin l'héroïque Ney, debout, le sabre haut, et criant à la Garde : En avant! c'est à la fois toute la vie et tout le rêve, c'est une pensée agissante dans un grandiose décor.

Bien au-dessous des autres arts, l'architecture, leur nature' support, semblait à jamais condamnée. Les architectes s'occupaient à détruire. La tyrannie de l'antiquité s'acharnait sur les monuments gothiques, sur la part la plus riche de notre héritage national. Comment lutter contre la plus puissante des écoles, recrutée par l'Académie, pensionnée par l'État, instruite au seul respect des monuments grecs et romains ? Malgré l'innovation d'œuvres excellentes, comme ce Musée des monuments français où un homme de talent et de courage. Alexandre Lenoir, s'efforçait à sauver, au fort de la tourmente révolutionnaire, les débris mutilés des cathédrales et des châteaux, l'art national périssait peu à peu, si les lettres ne s'en fussent mêlées. Le décor gothique fut un des éléments nécessaires du romantisme. C'était d'ailleurs un faux gothique, un décor à la Clotilde de Surville, dont la mode tout d'un coup s'emparait avec fureur; mais bientôt le prodigieux roman de Victor Hugo ouvrit à la lumière le monde obscur des cathédrales. La science en même temps que le rêve allaient s'y établir. Tandis que l'éloquence indignée de Montalembert flétrissait le vandalisme, les archéologues, soutenus par les poètes, préparaient l'œuvre salutaire. Arcisse de Caumont entreprend, en 1834, la publication de son excellent Bulletin monumental, et, dès 1837, la Commission des Monuments historiques réunit tout ce que la France compte d'hommes de goût et de savoir.

L'art pseudo-classique, issu des créations bâtardes de Percie, et de Fontaine, à défaut de style, montrait des édifices. L'achèvement de la Madeleine, la construction de Notre-Dame de Lorette et de la Chapelle Expiatoire prolongent, sous la monarchie de Juillet, la décadence impériale. Désormais les architectes ne pécheront plus par ignorance ; ils seront instruits, trop instruits souvent, des monuments du passé, et cet art de restauration qui va naître des recherches de l'archéologie barrera peut-être la route, sans le soupçonner, à des tentatives originales et fécondes. Dans l'attente d'un style nouveau qui réponde enfin à l'inquiétude du siècle, deux courants inégaux sollicitent l'architecture. Ici, avec Lassus et Viollet-le-Duc, commence l'apologie sans réserves de l'art du moyen âge, un peu étroitement interprété, et l'application

exclusive des principes gothiques. Là, des novateurs ingénieux et
discrets s'efforcent à rajeunir, sans parti pris d'école, ni d'époque,
les styles les plus récents qui ont revêtu la France d'une parure si
riche et variée; Duban combine avec science les lignes simples et
fortes de notre xvie siècle; Labrouste adapte le décor antique aux
exigences de la vie moderne et prélude, par la construction de la
bibliothèque Sainte-Geneviève, aux grandes œuvres dont l'architecture en fer dotera la fin du siècle. Il semble bien qu'il y ait de
ce côté-là plus de vitalité et d'avenir, mais les archéologues l'emportent. Ils sauvent nos monuments nationaux de la ruine envahissante; mais ils les sauvent cruellement; l'absolutisme de leur
science les entraînera, eux aussi, à des mutilations inexcusables.
L'erreur du système érudit des Lassus et des Viollet-le-Duc fut
d'oublier que nos grandes cathédrales se sont développées à la
façon d'organismes vivants, par un accroissement lent et continu;
ils exigent qu'elles aient l'entière unité de style; ils taillent et
suppriment l'apport inégal des siècles; enfin il refont nos monuments non pas tels qu'ils étaient, mais tels qu'ils « devaient »
être; tyrannie singulière de professeurs dont la science, pour être
ainsi appliquée, ne saurait souffrir de lacunes. Cet immense travail de résurrection du passé, entrepris par une génération si
active et prodigue, va transformer, durant le Second Empire,
l'architecture de la France et de l'Europe; dès le milieu du siècle,
la semence est jetée; elle n'attend plus, pour donner sa moisson,
que l'agitation féconde d'une Révolution nouvelle.

Dix-huit années d'élégance et de frivolité mondaine revêtent la
France du Second Empire d'un charme dangereusement fragile.
La richesse et la joie de vivre, dont se parent des consciences médiocres et des volontés faibles, ne savent encourager que l'adulation, la basse complaisance, l'art d'amusement; il y a sous cette
splendeur de surface une bien profonde et lamentable misère.
Paris se transforme pour convier les nations étrangères aux fêtes
de ses Expositions Universelles; à deux reprises, en 1855, en
1867, il sollicite l'admiration, enseigne au monde le bien-être et
le plaisir. Tandis que le baron Haussmann taille en pleine ville
des avenues larges et droites, bordées de ces riches et uniformes
casernes aux nombreux étages qui peu à peu remplacent les

petits hôtels et les maisons paisibles disséminées à l'abri de leurs jardins, Alphand, pour rendre aux Parisiens l'air libre et l'illusion de la campagne, arrange ingénieusement des bosquets et des lacs; le Bois de Boulogne fut l'heureux rival de l'Hyde Park de Londres. Dans ce Paris si aimable, la politesse et le luxe réforment à leur guise les lois austères de l'architecture. La dévotion même s'installe confortablement dans les églises de la nouvelle école, Sainte-Clotilde, la Trinité, Saint-Augustin ; et l'Opéra, dont Charles Garnier doit réussir à faire une œuvre personnelle, d'accord avec l'époque, deviendra le temple païen de la ville hospitalière.

Cependant le grand maître de l'architecture, Viollet-le-Duc, s'est réfugié obstinément dans l'étude du moyen âge. Théoricien admirable, ses écrits aussi bien que son œuvre monumentale dominent leur époque, et répandent au loin la doctrine néogothique. Avec Lassus, il restaure Notre-Dame de Paris, dont la flèche si svelte et si pure est toute de son invention. A Vézelay, à Autun, à Beaune, à Toulouse, à Carcassonne, il relève les églises en ruine, reconstruit de puissants remparts, et l'Empereur lui confie le soin coûteux et peut-être inutile de rebâtir Pierrefonds. Quelques réserves que l'on puisse faire sur l'inflexible certitude qui trop souvent devait condamner à mort de vénérables débris embaumés de la poésie du temps, ou, sous prétexte d'harmonie de style, créer de faux décors comme le portail de Saint-Denis et la série des rois de Notre-Dame de Paris, il faut rendre hommage à l'ardeur du prosélytisme qui communiquait à tant de jeunes esprits la foi gothique. Rien ne fut négligé par Viollet-le-Duc des arts qui confinent à l'architecture ; dessinateur et peintre, il déterminait lui-même les lois ornementales nécessaires à la beauté des édifices ; il inaugurait ce relèvement des industries d'art dont aujourd'hui l'Angleterre a trop exclusivement l'honneur ; avec Didron, il faisait rentrer dans l'orfèvrerie religieuse les grands modèles du moyen âge ; l'art commercial n'en sait encore tirer que de banales copies.

L'influence de Viollet-le-Duc a pénétré l'Europe. Maintenant l'Allemagne, longtemps attachée à la Renaissance classique, dont procèdent tant d'édifices de Munich ou de Berlin, se donne toute, comme la France, au renouveau du moyen âge ; elle se glorifiera bientôt de terminer, non sans quelque lourdeur, l'énorme cathédrale de Cologne. L'Angleterre n'a pas attendu l'exemple de la France ; elle a eu de bonne heure son apôtre du gothique, Welby Pugin, qui inspire, s'il ne l'exécute pas lui-même, le décor du palais de Westminster, longue silhouette un peu monotone, mais pittoresquement hérissée de pignons et de pinacles, que reflètent les eaux lourdes de la Tamise. Elle a en Ruskin un professeur enthousiaste de la beauté gothique, dont le zèle gagnera peu à peu tout le pays. Églises, cours de justice, halles marchandes et hôtels privés, tout se transforme et s'anime à la voix de ce poète, et des constructions archaïques fleurissent étrangement la noire cité commerciale toute fourmillante de fièvre et de vie.

L'idée d'une Exposition Universelle, d'un vaste concours de l'industrie, du commerce et de l'art de toutes les nations, sous la suprématie bienveillante et vaniteuse de la France, n'allait pas sans de fortes conséquences. Rien n'apparaît comme plus fécond pour stimuler les industries de nations rivales que cette revue comparée de leurs progrès ; peut-être n'en est-il point de même pour l'art, dont l'originalité native risque de s'atténuer à ce frottement. La victoire du pacifique tournoi était assurée à la France, mais les Expositions qui doivent suivre, à de réguliers intervalles, jusqu'à la fin du siècle, l'envelopperont, malgré sa ténacité et sa coquetterie, d'un réseau toujours croissant de forces hostiles.

Au clan des peintres, ce fut d'Angleterre, comme on pouvait s'y attendre, que vint la nouveauté. L'Allemagne, satisfaite de l'académisme de Preller, de l'emphase, parfois puissante, de Cornélius et des machineries théâtrales de Kaulbach, puis émue par le sentiment péruginesque du mystique Overbeck et de la froide école de Dusseldorf, dissimulait parmi ces nobles décorateurs quelques peintres de mœurs, observateurs familiers et dessinateurs plus encore que peintres, comme Moritz Schwind et Ludwig Richter. Mais la révélation de l'école anglaise fut accueillie avec un étonnement et une admiration sans bornes. Auprès des vaillants maîtres de la précédente génération, auprès des solennels académiciens, des jeunes gens étaient venus, dont les hardiesses, imprudentes parfois, furent immédiatement goûtées. Tout en était anglais, les couleurs crues, les costumes et le sentiment ;

et ce fut une raison de plus d'admirer à des esprits las de leur éducation latine, des abstractions, et du faux idéalisme classique. Les préraphaélites, ayant Ruskin pour héraut en quelque sorte et pour législateur, se proposaient, par une étude attentive et minutieuse de la nature, de ramener l'art aux voies glorieuses d'où la Renaissance l'avait détourné. Une goutte de rosée sur un brin d'herbe, le repliement délicat des pétales d'une fleur, tout dans l'œuvre divine leur parut avoir droit à une égale adoration. Millais, à ses débuts du moins, Madox Brown et Holman Hunt poussèrent à l'extrême ce scrupule touchant de fidélité. Rossetti, le peintre poète, leur frère et ami, n'est préraphaélite que par le choix de ses sujets, qui illustrent Dante et les lyriques italiens, ou traduisent en images enflammées telle de ses propres ballades, si pénétrantes et passionnées. Un peintre exquis, Arthur Hughes, trop jeune pour s'associer à la première confrérie, en procède pourtant, avec un sens plus tendre et plus délicat de la beauté, une couleur plus harmonieuse. Ces préraphaélites sont de subtils poètes et de médiocres décorateurs ; mais qu'on se laisse prendre volontiers à leurs analyses d'âme et de nature, au charme un peu âpre et sauvage de leurs naïves découvertes !

Non, ils ne sont pas de vrais peintres, et l'Exposition de 1855 montra bien où était l'art définitivement durable. Ce fut le grand, le suprême triomphe du romantisme, consacrant en Delacroix le maître désormais incontesté. L'École française avait là tous ses jeunes chefs-d'œuvre, et les plus beaux paysages du monde. Corot, par de nombreux voyages en des régions très diverses de la France, avait enrichi son atelier de trésors d'observation sincère et neuve ; Troyon s'attardait aux gras pâturages normands, où brille sous un ciel humide la belle robe tachetée des vaches ; Daubigny racontait simplement les moissons ou les vendanges, et la fraîcheur des arbres printaniers ; Decamps fixait les éclats éblouissants du ciel oriental ; Diaz faisait luire comme des statues de marbre les troncs blancs des bouleaux aux clairières dorées par l'automne ; Chintreuil découvrait les vastes campagnes baignées de pluie et de soleil, l'espace illimité où le ciel et la plaine vont se fondre ; Charles Jacque, l'ami de Rousseau et de Millet, suivait patiemment la vie des troupeaux, et peignait les fermes rustiques avec une franchise hollandaise. Ils étaient tous là, les méconnus, les refusés de la veille, maintenant honorés et choyés. Le plus grand de tous, Millet, a été presque un martyr, avant que sa gloire s'élevât aux plus hauts sommets. Pas un tableau de ce siècle, ni du siècle dernier, n'a approché des prix atteints récemment par quelques œuvres de ce pauvre homme, qui longtemps souffrit de la faim ; elles atteignent aujourd'hui, à la Bourse des peintures, les chiffres fabuleux des Rembrandt. Épreuve terrible pour un Meissonier, mais que supportera la mémoire de ce héros rustique. Nul, dans l'art de ce siècle, n'aura été aussi robustement sain et bienfaisant.

Jean-François Millet se forme à l'écart des peintres classiques et des peintres de mélodrame. Issu d'une vieille souche de paysans chrétiens, il lit la Bible, Homère et Virgile ; il admire par-dessus tout Michel-Ange et Poussin. Il fait comprendre la religion du travail : partout dans son œuvre on sent la bonté de Dieu qui veille et féconde la terre. Et quelle beauté, quelle plénitude de couleur ! quelle sérénité de lumière ! Dans ses pastels, le ciel immense et pur rayonne des clartés du jour, ou bien c'est la douce lune qui épanche ses lueurs apaisantes. Une bergère passe avec son troupeau ; un paysan jette la semence aux sillons qui s'ouvrent ; un autre, grave, et comme d'un geste sacerdotal, greffe l'arbre sauvageon qui produira de nouveaux fruits, tandis qu'attentive, berçant en ses bras son enfant, la fermière le contemple ; puis, dans la grande campagne où descend l'ombre du crépuscule, une cloche lointaine sonne l'Angélus, et l'homme et la femme s'inclinent, remercient et implorent. Ne devrait-il pas, notre grand Millet, nous enseigner au Louvre par ses meilleurs chefs-d'œuvre ?

Le Louvre est largement ouvert à Courbet, le réaliste ambitieux et intolérant, qui lutte à la fois contre l'Académie et contre les derniers romantiques. Socialiste brutal, mais fidèle observateur en de vastes peintures qui furent d'abord assez mal accueillies, il abandonna facilement ses bruyantes théories pour n'être plus qu'un paysagiste admirable. Son Jura, qu'il n'a guère quitté, vit dans la fraîcheur verte de ses toiles. La lumière du printemps filtre sur les mousses au travers des branches, et les chevreuils se reposent sans crainte au bord de leur ruisseau ; c'est la nature réelle, mais avec son charme le plus délicat, et le réaliste Courbet sait rendre, comme un grand poète, la blancheur immaculée des neiges, ou l'ombre du soir qui descend dans les vallées humides.

Courbet a poursuivi de ses sarcasmes les pauvres divinités païennes qui déjà n'étaient plus que des ombres ; leur règne allait finir. Le vieil Ingres, à soixante-seize ans, pouvait encore rêver, au murmure d'une source jaillissante, d'une souple et juvénile figure de naïade adossée au rocher, et soutenant des deux mains l'urne classique d'où l'eau pure s'épanche ; le sourire de la nature fleurie repoussait au loin les vains fantômes. Ils ne sont plus qu'un prétexte à décor pour d'ingénieux imitateurs de la Renaissance florentine ou vénitienne, tels que Delaunay et Baudry, ou le thème des subtiles songeries de philosophes décorateurs, tels que Chassériau et Puvis de Chavannes.

L'élève bien-aimé d'Ingres, Hippolyte Flandrin, à qui le maître eut la douleur de survivre, mit au service de l'art chrétien toute la sagesse des préceptes classiques. Une âme chaste et paisible transparaît dans les figures gravement drapées qui se suivent en flottantes théories au long de la nef de Saint-Vincent-de-Paul. Cet idéal très pur, mais de mélancolie plutôt que de joie innocente, et trop loin, en sa science d'atelier, des simples gestes de la nature, était l'aboutissement, au travers des siècles, de la tradition classique perpétuée de Ravenne jusqu'à Giotto et Raphaël ; un reflet attendri du passé, mais non pas cette aube nouvelle qui doit illuminer les yeux des plus simples. Il ne laisse point d'élèves. Orsel, fécond décorateur d'églises, peintre de Madones à demi-byzantines, est plutôt, comme l'Allemand Schnorr, un disciple d'Overbeck ; et il est triste de penser à la misérable imagerie qui, aujourd'hui encore, prétend s'inspirer de ces chrétiennes leçons.

Parmi les œuvres des portraitistes issus d'Ingres, Dubufe, Cabanel, Gérôme, le Napoléon III de Flandrin, mérite d'être cité ; il y a là une intuition d'âme non ordinaire, où les procédés mêmes un peu amollis et fondants de la peinture ajoutent à la vérité historique. Mais Ricard, dans une voie toute différente, atteint parfois au génie par l'intensité d'expression, le suave et profond mystère dont il enveloppe un visage ; Reynolds, Prud'hon et Delacroix lui ont laissé une part de leur glorieux héritage.

Un grand sculpteur, le seul du Second Empire dont l'œuvre soit durable, Carpeaux, a fixé aussi à jamais dans la grâce tourmentée de ses bustes féminins toute une époque intelligente, ardente et de trop facile plaisir.

L'écroulement inouï du fragile édifice impérial sembla pour un temps avoir atteint l'art en ses sources vitales ; les incendies dont la Commune voulait anéantir Paris, et qui réduisirent en cendres les Tuileries et l'Hôtel de Ville, montrèrent, plus cruellement encore que la guerre, la menace de mort suspendue sur notre patrimoine de chefs-d'œuvre. L'Année Terrible fut la frontière qui marque un âge nouveau. La littérature précède souvent, l'art suit les mouvements politiques ; il se transforme avec eux. Maintenant que la République s'est enracinée au sol français, est-ce qu'aboutiront enfin tant d'aspirations ardentes et trop souvent comprimées vers l'activité libre et féconde ? Aurons-nous un art plus français et qui nous rende plus fidèlement la grande figure de la Patrie ? Et l'État, maître des initiatives, saura-t-il faire de cet art asservi aux caprices et au luxe des riches, esclave de l'argent, un ami et un bienfaiteur du peuple, une âme de beauté pour enseigner, vivifier les âmes ?

La République française parut soucieuse de ses devoirs, et il sembla que par les arts allait renaître l'âge d'or d'une autre Athènes. Plus ardente et plus belle au sortir de ses désastres, la France se relevait. La reconstruction de l'Hôtel de Ville, que tous les artistes sont appelés à décorer ; les murailles du Panthéon offertes au peintres et aux sculpteurs ; partout de nouveaux décors, des statues à tous les carrefours, un peuple de marbre et de bronze installé dans Paris, n'est-ce donc pas une grande Renaissance ? et que manque-t-il donc à tant d'efforts que l'Exposition de 1878 veut rassembler en faisceau pour la jalousie des nations voisines ? Il manque une seule chose et la seule nécessaire, l'unité d'intention et de direction, l'harmonie. Cet appel de toutes les volontés, cette satisfaction donnée à tous les talents, conduisent au chaos. Est-ce que le décor du Panthéon, confié au seul Puvis de Chavannes, ne serait pas immortellement beau ? Est-ce que du bariolage impertinent de formes et de couleurs qui revêt les salles du somptueux Hôtel de Ville il ne sort pas une impression de lassitude et de colère ? En l'absence de tout principe, non pas même religieux, mais seulement idéaliste, pour répondre indistinctement à tous les appétits et à toutes les réclames, l'habileté seule sera primée. Et que peut-il sortir, sinon de l'habileté, des éternels concours institués au nom de la liberté et de l'égalité dans l'art, où l'opinion de tout un peuple est représentée par le plus despotique des jurys ? concours de l'École des Beaux-Arts et du Prix de Rome, sous le contrôle exclusif de l'Académie ; concours des Salons, où l'Académie donne les récompenses ; concours de l'État, où l'Académie juge et décide sans appel ! Et comment la sincérité, l'ardeur émue et spontanée d'un grand artiste pourraient-elles résister aux exigences des commandes officielles et aux entraves de l'invincible Administration ? « Le Salon, tel que nos mœurs l'on fait, tue l'art pour ne vivifier que le métier. » Ces paroles prophétiques sont d'Ingres, le plus despote des professeurs.

Aussi bien l'art vraiment français, et dont aujourd'hui nous pouvons apprécier la vie féconde, s'élabore loin des Salons et des classiques officines. Comme aux belles années du romantisme, mais avec une conscience plus nette de sa force et de sa liberté, il observe et reproduit la beauté du monde. Quelquefois il paraît l'oublier, au choix vicieux et bas des êtres qu'il recherche ; un certain esprit de révolte contre toutes les conventions et toutes les convenances l'emporte à d'inutiles provocations ; et cependant, même en des peintures assez tristes et vulgaires, quelque chose de nouveau répand comme une source immense de poésie mystérieuse : c'est le sens de la lumière.

Courbet, prétentieux rhéteur et sot insurgé de 1870, fut, d'instinct rustique, un parfait interprète de la nature. Mais à ses grandes compositions sociales comme à ses plus délicats paysages il manque une vibration de la lumière que jusqu'ici tous les peintres opiniâtres du plein air ont cherchée sans réussir, sauf parfois Corot et Millet, à en donner la vive sensation. Manet s'attache à Courbet par la lutte réaliste contre l'imagination ; et ce traducteur de la vie moderne, comme à sa suite Renoir et Degas, insulte amèrement au besoin d'idéal que l'art, consolateur des lassitudes quotidiennes, doit s'essayer à satisfaire. Mais Manet, bafoué par les classiques, est un peintre de la lumière.

Avec Boudin et Lépine, avec le Hollandais Jongkind, il prépare le mouvement des impressionnistes, Monet, Pissarro, Sisley. Décomposer le rayon lumineux, en saisir la palpitation aérienne, le suivre dans son glissement autour des choses qu'il revêt d'une enveloppe colorée, étudier la figure diverse d'un même coin de nature à toutes les heures du jour, dans les brumes roses et bleuâtres du matin et du soir, ou dans l'éclat aveuglant de midi, noter enfin en toutes ses pulsations la vie puissante et douce de la nature, ces peintres l'entreprirent ; ils conquirent le succès à force de souffrance. Sisley fut le délicat poète de l'atmosphère humide, des rivières et des arbres printaniers, Pissarro peignit les villages et les champs, Claude Monet, le plus grand de tous, fut le chantre enivré de la terre et des eaux lumineuses. Comme on guette sur un visage aimé les moindres nuances de pensée flottante, les alternatives de joie et de douleur, il voulut traduire la naissance et la fuite du jour, toutes les variétés des reflets lumineux sur l'architecture d'une meule ou d'une falaise comme sur celle d'une cathédrale, et sur le frissonnant rideau de peupliers qui bordent une rivière sinueuse. De ses couleurs violentes et juxtaposées qui à distance se fondent en lumière, il a rendu l'éblouissement des champs de tulipes hollandais comme l'âpreté granitique des falaises bretonnes, ou le brouillard ouaté qui flotte aux rives de la Seine.

C'est le paysage qui a prêté à l'art du xixe siècle sa valeur nouvelle et son charme infini ; et notre grand Puvis de Chavannes qui, par ses décors d'un symbolisme élémentaire, ouvrit à toutes les âmes la demeure de la Beauté, ne donna tant de vie à ses figures de rêve qu'en les plaçant dans la sérénité de paysages élyséens. Puvis a renoué pour la France la tradition des robustes maîtres de la fresque du moyen âge et de la Renaissance ; il a enfermé dans un cadre harmonieux et sous des formes noblement paisibles tous les espoirs et toutes les joies de l'homme, tout ce qui fait la beauté raisonnable de la vie. Son art est bien un enseignement populaire, de science et de bonté. Au seuil de nos grands monuments nationaux, et comme préface à nos musées, à Marseille, à Lyon, à Poitiers, à Rouen, à Amiens, au Panthéon, à la Sorbonne et à l'Hôtel de Ville de Paris, il a célébré la Nature, l'Art et l'Industrie, la Science et la Poésie, les joies patriotiques et les travaux de la Paix. La vie de sainte Geneviève est la plus touchante et la plus pieuse résurrection de notre vieille France; et les seules grandes œuvres de lui que l'étranger ait obtenues, ces figures des Sciences et des Lettres d'autrefois, au-devant desquelles le chœur des Muses est comme un vol de grands papillons blancs, ont fait de la Bibliothèque de Boston un des sanctuaires de la pensée moderne.

La peinture d'idées, telle que Puvis l'a pratiquée, œuvre de haute et sereine philosophie, émancipe les arts si longtemps pervertis, leur enseigne le retour vers leur éternelle destinée; elle répond au moment où les facultés humaines atteignent leur plus haut et radieux équilibre; à quelle beauté ne s'élèverait-elle pas s'il s'y joignait l'émotion du divin! La beauté, vêtement de l'âme immortelle, a trop longtemps servi à l'exaltation des puissances sensuelles; il est doux de voir s'ouvrir une école de volupté plus haute, loin des mesquines et monotones jouissances d'autrefois. Bienvenues soient-elles, ces Muses généreuses! Mais il ne les faut point confondre avec les grâces languissantes et les vains rêves d'une fantaisie subtile qui, par dégoût du présent trop brutal, se réfugie au règne du symbole, se perd en stériles regrets. Gustave Moreau a cru fuir son siècle, et il s'y plonge tout entier par l'excès même de son raffinement littéraire. C'est un poète parnassien, un Leconte de Lisle de forme aussi splendide et moins sûre. Il a voulu se faire, au xixe siècle, le maître de l'allégorie, et il s'est enfermé dans sa tour d'ivoire, élaborant en secret ces milliers d'aquarelles et de tableaux dont l'État devait seul hériter; il a cherché le mystère de la destinée humaine aux légendes d'Hercule, d'Œdipe, de Jason, aux fables de l'Inde, aux récits de la Bible; et d'abord, soutenu par le souvenir encore proche d'Ingres et de Delacroix, de Chassériau surtout, âme ardente en qui se fondaient les vertus des écoles rivales, il a traduit fortement et personnellement son rêve; puis, s'éprenant toujours plus de sa fantaisie, et plongeant dans ces vagues chatoyantes d'où il pensait rapporter des perles, il produisit ces innombrables œuvres où ne subsiste, sous le dessin amolli et la couleur banale, que le scintillement d'une vaine joaillerie. — Derrière lui, car son action fut néfaste, tout un cortège de pauvres vanités promène des jongleries pénibles et des symboles impuissants.

Aux artistes sincères il faut plus que jamais du courage. L'art s'est multiplié, s'est jeté au commerce ; tableaux et statues sont articles de Bourse, et la lutte pour la vie devient chaque jour plus âpre. Les petits Salons, les chapelles où se groupent les habiles, les expositions d'œuvres complètes, toutes amorces pour stimuler la torpeur du public, l'amusent un instant, mais ne le conquièrent plus ; trop d'œuvres du passé barrent la route aux ambitions nouvelles ! L'anarchie plus nombreuse a battu en brèche la vieille forteresse de la tradition ; et peu à peu les abus et la tyrannie disparaissent, pour faire place, espérons-le, à un sage et harmonieux équilibre de toutes les forces, unies seulement dans le libre désir de la beauté.

Parmi nos sculpteurs, en face de l'excellent et noble Paul Dubois, de Chapu, de Mercié, de Falguière, de Barrias, de Puech, ces classiques, Rodin inaugure un art étrangement simplifié, dégagé de toute imitation qui ne soit de nature, remplaçant par l'attitude vraie, par le frisson même de la vie ces quelques moules de convention, gestes toujours pareils de la douleur, de la joie, de l'héroïsme, où il semble que, par la loi de l'antiquité, la statuaire de nos jours doive encore jeter son plâtre. Et, s'il ne se laissait entraîner parfois aux recherches perverses d'une littérature décadente, et à des abstractions telles que le sens de la forme parfois s'y abolit, de quel fleuve de vie puissante ce maître si largement doué n'emporterait-il point l'art français vers des rives inconnues !

Auprès des peintres de tradition, un peu déchus des fortes leçons d'Ingres, une jeunesse ardente et non moins habile va d'une école à l'autre. Meissonier, cet Horace Vernet en miniature, pasticheur merveilleux et sans âme des petits maîtres hollandais, Bonnat, Henner, Nerson, Jules Lefebvre, Bouguereau, Jean-Paul Laurens, Dagnan-Bouveret, Detaille, sont, avec des talents divers, l'art de l'Académie ; mais Roll sait peindre les mouvements immenses de la foule, Besnard colore ses figures de théâtre de reflets hardiment contrastés, Fantin-Latour, qui archaïse malgré lui et semble en ses lithographies wagnériennes le dernier des romantiques, assied dans la paix d'une blonde lumière de familiales figures bourgeoises ; Eugène Carrière, plus grand, et comparable au seul Rodin, modèle, sous l'enveloppe atténuée d'une brume grise et rose, les gestes augustes de la tendresse enfantine ou maternelle; et plus loin apparaissent les beaux décors de Henri Martin, les évocations d'un Versailles idéal d'Helleu et de Lobre, les sauvageries bretonnes de Cottet, toutes les ardeurs et les inquiétudes des jeunes. Et les aquarellistes, les graveurs, aquafortistes ou lithographes, illustrateurs de livres et d'affiches, les médailleurs qui ont ressuscité avec amour un art charmant de la Renaissance italienne, suivent en nombre toujours accru, les peintres et les sculpteurs. Une médaille de Chaplain ou de Roty, un dessin de Forain, comme autrefois une caricature de Daumier, n'est-ce pas mieux, souvent, pour expliquer l'action d'un peuple dans le domaine de l'esprit, que les plus ambitieuses peintures? Et ces rares merveilles, ces frêles objets de vitrine, un grès à larmes d'or de Carriès, une poterie neigeuse de Chaplet, un gobelet d'étain de Brateau, une tasse en émaux translucides cloisonnés d'or par Thesmar, un verre de Tiffany pareil à un calice de fleur, un collier incrusté de pierreries chatoyantes par Lalique, ne mêlent-ils pas à la puissance du luxe toute la finesse de l'esprit et du goût, ne luttent-ils pas avec leur charme aigu de modernité contre les œuvres mêmes dont ils s'inspirent, chefs-d'œuvre vénérables des potiers chinois ou japonais, des verriers de Venise, des joailliers de Florence?

Les Expositions en 1878 et 1889, ont montré les promesses d'art de la France; celle de 1900 confirmera ces promesses, sans toutefois rien présenter de comparable au faisceau plus étroit, mais plus résistant, des forces unies en 1855 pour la grande conquête pacifique. L'architecture, modifiée, n'a pas trouvé sa formule définitive; elle est encore un peu durement engagée dans la géométrie trop apparente des ingénieurs, bien que des monuments comme le Palais des Machines de Dutert ou les galeries de Formigé, il y a dix ans, aient montré, mieux que la Tour de trois cents mètres, l'élégante et souple beauté du fer. Que de progrès à Paris, depuis le timide essai des Halles de Baltard, et la construction de ce Palais de l'Industrie, dont les clairs vitrages, durant près d'un demi-siècle, dominèrent la grâce des marronniers en fleurs! Mais tant d'habileté se gaspille, et déjà la beauté de la ville moderne paraît menacée, sous la végétation étrange et incohérente de la pierre, de la brique et du fer. De jeunes architectes qui savamment, sur le papier, ont restauré les colonnades de Baalbek, le Panthéon de Rome ou l'Acropole d'Athènes, sont peut-être insuffisamment préparés à construire un palais d'Exposition Universelle, un pont ou une gare. Ils les construisent cependant ; et, pour éviter la faute de leurs aînés, et se faire pardonner leur éducation classique, ils se précipitent à l'exotisme. A voir le Paris de 1900, hérissé de coupoles et de minarets, tout luisant de faïences vernissées, on frémira de vivre en un immense bazar musulman. Et si nous évitons ce péril, ce sera pour être accablés sous les édifices monstres de Chicago. Il n'est que temps à l'architecture de nous apporter un style, d'adapter la stabilité de nouvelles lois aux conditions matérielles de la vie si rapidement transformées par la science ; l'industrie l'appelle, et lui offre sa puissante alliance.

Au moins y a-t-il quelque nouveauté dans le décor de ces édifices incertains ; et, si la basilique de Montmartre ou la cathédrale de Marseille ne donnent point tout ce qu'on en pouvait espérer, on admirera de quelles ressources imprévues la vieille mosaïque chrétienne de Rome et de Ravenne, ressuscitée par nos architectes, a enrichi l'art de bâtir : l'abside de Sainte-Geneviève et celle de la Madeleine, et surtout la belle crypte harmonieuse où repose la dépouille de Pasteur, sont des exemples rassurants pour l'avenir. A Londres, le revêtement en mosaïque du chœur et de la coupole de l'énorme basilique de Saint-Paul semble d'une beauté moins sûre et moins forte. Ce que nous attendons en France, ce que possède la seule Angleterre, c'est la grâce de l'architecture intime, l'agencement facile et joyeux de la maison moderne, où l'objet simple, le meuble pratique demande à être vêtu de beauté. Peu à peu le grand art préraphaélite a dévié vers l'industrie d'art ; le disciple de Rossetti, Burne Jones, créateur, comme Gustave Moreau, de douces figures de rêve, mais où sourit une âme bien anglaise et fermement attachée aux plus chères traditions nationales, a enseigné au tapissier poète William Morris, au dessinateur Walter Crane, le secret d'embellir et d'enchanter l'existence de chaque jour. Mais ils ont mieux fait que de se complaire uniquement aux jouissances égoïstes : d'innombrables livres, des journaux illustrés d'une rare perfection rapprochent dans une même communion de beauté l'homme riche du plus humble travailleur ; Morris, apôtre magnifique et prodigue du relèvement social, a semé largement les germes de vie nouvelle aux sillons populaires.

L'étranger ne nous oppose encore que des peintres. L'Angleterre est devenue la patrie adoptive de Sargent, et de Whistler, portraitistes excellents et subtils, ce dernier compliqué parfois d'étrangeté japonaise, mais d'une magie, d'un artifice si troublants ! Et Watts enfin est un maître isolé, un sublime romantique égaré à Londres. Par son tempérament d'artiste, par sa puissante couleur, il se rattache aux grands Vénitiens et à Michel-Ange ; par son imagination féconde et généreuse, il est tout Anglais. Il use, lui aussi, des beaux symboles auxquels notre Puvis nous a accoutumés : l'Amour et la Vie, la Jeunesse et la Volupté, la Richesse tentatrice, la Mort et l'Espérance passent au long de ses toiles comme dans la vie humaine ; mais elles nous apportent plus qu'un enseignement de beauté, elles nous expliquent l'œuvre divine, elles nous dirigent parmi les séductions et les chutes vers le sommet de lumière où Dieu doit apparaître à l'homme.

Les Allemands, auprès de leurs grands dessinateurs, Menzel et Lembach, ont Liebermann et Uhde, instruits aux tableaux intimes par Van der Meer et Rembrandt ; mais c'est aux fantaisies très germaniques du Suisse Bœcklin, joyeux évocateur de centaures, de sirènes et de tritons, que vont leurs délirants enthousiasmes, Klinger, Stuck et Thoma suivent Bœcklin. En Hollande Israëls, en Flandre Frédéric sont les amis des pauvres qui travaillent, humbles toujours, et parfois révoltés. La Suède, la Norvège, le Danemark, à l'exemple des États-Unis, se forment aux leçons de la France ; l'Espagne, fière de son éblouissant Fortuny, inaugure une école de clinquant aussitôt adoptée par l'Italie. Un seul Italien échappe (et non toujours) à l'obsession du faux goût, Giovanni Segantini, ce pâtre que l'amour des montagnes fit artiste. Il a chanté en poète sa vie de pâtre errant, comme Millet son existence paysanne ; s'il n'a point la grandeur épique et la sérénité chrétienne de Millet, il a l'émotion vive de la liberté, de l'immensité des cimes ; le premier et le seul, il s'est couronné des fleurs si parfumées des hauts gazons alpestres, et il nous a montré les tranquilles troupeaux paissant dans l'air limpide qu'illuminent au loin les glaciers étincelants.

Un siècle se termine, qui a aimé l'art plus que toute chose peut-être, en méconnaissant les lois qui font la vie de l'art. Il a cru pouvoir remplacer le culte pénible de la Vérité divine par une religion tout humaine et complaisante ; il s'est fait, à défaut d'autre, une foi de la Beauté, sans comprendre d'où elle nous vient et ce qu'elle nous enseigne. Il n'a pas eu cette unité d'idée qui fait les grands siècles d'art ; ses meilleures forces ont péri dispersées. Il laisse d'admirables peintures, quelques grandes sculptures, point d'architecture ; il ne laisse pas un art. Mais il a, par son inquiétude même, préparé un plus noble avenir. Dans cette Babel confuse de l'art des nations, loin des modes anglaises ou japonaises, loin des confidences égoïstes que les hommes se font de leurs jouissances, dans l'anarchie libératrice et dans l'usure des habiletés, quelque chose de grand secrètement s'élabore, que verra le prochain siècle. Ce sera donc l'art nouveau, ainsi qu'on le nomme de tous côtés, sans bien savoir ce qu'est cet art nouveau, et ce qu'il doit être. L'art nouveau, ce n'est pas la petite fantaisie de meubles mignards, de poteries amoncelées sur les étagères, de peluches et de soieries, de gravures coloriées qui encombrent des appartements trop féminins et jolis ; l'art nouveau du xxe siècle sera un art populaire, art vivant de la vie du peuple, ou entraînant le peuple au cours d'un large et profond symbolisme. Certaines œuvres de Rodin, le Monument aux Morts de Bartholomé, et des groupes, des bas-reliefs d'un sentiment très simple, où il semble que la jeune école de sculpture désapprenne la grâce académique, le poli et l'artificiel pour aller aux gestes de la nature et aux sentiments communs à tous les hommes ; des toiles de Roll et de Carrière, les œuvres de Frédéric, cet apôtre du socialisme, et ces peintures de Uhde qui transportent le divin sous des vêtements d'ouvriers, peintures plus chrétiennes peut-être que les tableaux évangéliques de Tissot, par-dessus tout, les grands symboles vivifiants de Watts et de Puvis, voilà, semble-t-il, en cette fin de siècle, le premier essor de l'art populaire. Il a tout à dire, tout lui est ouvert, si d'une âme saine et pure, d'un œil clair, il pénètre, il fait voir ce qui demeure caché aux artifices d'école et de théâtre. Alors cet art ne pourra qu'être chrétien, parce que la nature observée sincèrement et tendrement aimée ramène au Créateur.

ANDRÉ PÉRATÉ.

XXIV

La Musique

> Sereine et blanchissant de sa lumière pure
> Ton dôme merveilleux, ô sainte architecture,
> Dans ce ciel qu'Albert Dûre admirait à l'écart,
> *La musique montait, cette lune de l'art.*

C'EST ainsi que Victor Hugo, dans *les Rayons et les Ombres*, définit ou figure la musique du xvie siècle. Pour celle du xixe, il aurait fallu que la poésie trouvât des images plus éclatantes. « Cette lune de l'art » en est devenue peu à peu le soleil. La musique a conquis sa lumière et sa chaleur, son mouvement et sa vie. Satellite autrefois, elle a maintenant des satellites, qu'elle entraîne et qu'elle éclaire, quand elle ne les absorbe ou ne les éteint pas. Je n'oserais affirmer que notre siècle soit le siècle par excellence de la musique ; mais il est certain que devant la musique, en notre siècle, tous les autres arts ont pâli. Lequel invoquerait des titres à la fois plus récents et plus glorieux ? Où donc — pour n'en rappeler qu'un seul — où donc a paru depuis cent ans un Beethoven architecte, peintre ou sculpteur ? Beethoven ! c'est-à-dire celui dont on peut se demander si de tous il n'est pas le plus grand. Au seuil de ce siècle de notre art, que dis-je, de ce siècle de notre âme, Beethoven jeune est debout, comme le héros, prodigieux et jeune aussi, qui lui servit un jour de modèle. Chacun des deux a renouvelé un monde et, dans l'ordre idéal et dans l'ordre réel, il semble que ce renouveau soit encore tout près de nous. Il n'y a guère plus de soixante-dix années que Beethoven est mort. Des yeux qui ne sont pas fermés ont pu le voir, et tandis qu'un long passé nous sépare des plus sublimes artisans de la beauté visible, celui-là, leur égal à tous, le plus sublime artisan peut-être de la beauté sonore, ce musicien de tous les temps, a été le musicien d'un temps que nous pouvons encore appeler nôtre.

Pendant le siècle qui s'achève, la musique ne s'est pas seulement étendue : elle s'est transformée. Pour juger à la fois de son accroissement et de son évolution, nous nous placerons au triple point de vue des nationalités, de la forme musicale, du rôle enfin ou de l'idéal de la musique même, et ces trois points feront, comme on disait autrefois, l'objet et le partage de notre discours.

*. *

S'il fallait donner le nom d'un peuple à notre siècle musical, on devrait l'appeler le siècle allemand. Il va de Beethoven à Wagner en passant par Weber, Schubert, Mendelssohn et Schumann. Est-il un cours plus glorieux, une plus grande époque, et dont la grandeur se montre mieux, comme dit Pascal, non « pour être à une extrémité, mais bien en touchant les deux à la fois et remplissant tout l'entre-deux » ?

L'Italie avait régné sur les âges précédents. Pendant quelque trois cents ans on put la nommer tantôt la mère et tantôt l'institutrice de toute beauté. Vers la fin du xvi° siècle, l'influence et le bienfait de son génie s'étendirent à la polyphonie vocale, que les Gallo-Belges avaient fondée. Cet art complexe et touffu n'atteignit à la perfection et ne donna la fleur de son idéal que sous la discipline plus sévère et comme sous la main romaine de Palestrina.

Le siècle suivant mit le comble à la gloire latine. L'Italie, qui n'avait fait que régler et réduire la polyphonie vocale, créa le récitatif et la mélodie. L'opéra naquit dans un salon de Florence ; une chapelle de Rome entendit les premiers oratorios. L'ancienne musique s'était longtemps partagée entre plusieurs voix ; la musique renaissante se cristallisa dans un chant unique, mais d'une telle force et d'une telle douceur, que la mélodie, et la mélodie italienne, devint, pour longtemps aussi, la maîtresse du monde.

Jusque sur des lèvres étrangères, au cours du xviii° siècle, quelquefois encore c'est elle qui chanta. On n'a pas assez montré ce qu'il y a d'italien même dans le génie ou mieux sous le génie allemand de cette époque et quelles bases latines, c'est-à-dire classiques, quelles belles assises de marbre soutiennent les chefs-d'œuvre d'un Haendel, d'un Gluck et d'un Mozart. Un maître unique — et vous l'avez déjà nommé — fut tout entier Allemand. Mais il le fut en quelque sorte pour lui seul, dans le secret et la retraite. Les contemporains de Bach ne le comprirent et ne l'admirèrent qu'à demi. Haendel refusa de le voir et l'Allemagne ne s'aperçut guère, avant le milieu de notre siècle, que des soufflets de l'orgue de Leipzig c'est toute la musique allemande qui était sortie.

Ainsi le XVIII° siècle même s'achevait à l'honneur de l'Italie ; quelque chose de ses traditions et de son idéal survivait jusque dans l'art qui bientôt allait s'élever en face et au-dessus du sien. Notre siècle à son tour commença par lui sourire. Rossini parut et, comme a dit Stendhal, « la gloire de cet homme ne connut d'autres bornes que celles de la civilisation ». Le génie rossinien fut le feu d'artifice par où se termina la fête que depuis si longtemps l'Italie donnait au monde. Le rôle ou la mission de Rossini n'était pas d'inaugurer, mais de conclure, et le maître du *Barbier* devenu, par exception ou par miracle, celui de *Guillaume Tell*, a résumé plutôt que renouvelé l'esprit de sa race en ses deux chefs-d'œuvre de grandeur sereine et d'étincelante gaieté.

Le reste de son œuvre — il l'avouait le premier, — le reste devait périr, n'étant guère autre chose qu'apparence et mensonge. Apparence brillante, mensonge éclatant et joyeux ; mensonge pourtant et vanité de formes autrefois pleines et belles, mais plus vides chaque jour de tout ce qu'elles avaient contenu de réel, d'humain et de vivant. Peu à peu la vérité se retira de la mélodie italienne. Elle sut arracher encore à Bellini des soupirs mélancoliques, de beaux cris de passion à Donizetti. Mais la beauté latine menaçait de périr. Verdi vint la ranimer. Il fallait d'abord sauver la musique italienne, qui se mourait de langueur. C'est ce que fit non sans rudesse, le Verdi d'autrefois, le musicien d'*Ernani*, du *Trovatore*, de *Rigoletto*. Il a fallu depuis la corriger et l'épurer, la reconduire en quelque sorte à l'école, à la sienne : je veux dire à celle de ses maîtres anciens, qu'elle avait trahis. C'est ce qu'à fait hier le musicien d'*Otello* et de *Falstaff*.

Voilà le siècle italien. L'histoire en est courte, et, malgré la gloire de quelques noms, assez pauvre. Sans l'aide vigoureuse du dernier de ses enfants, ce siècle aurait perdu peut-être l'héritage et l'idéal même des âges précédents. Si l'on demandait aujourd'hui à l'Italie comment elle a passé les cent années qui s'achèvent, elle ne pourrait que répondre, modestement elle aussi : « J'ai vécu. »

L'Allemagne dirait avec fierté : « J'ai grandi. » En 1801, Haydn n'était pas mort et Beethoven avait trente et un ans. Quelques mois plus tard, préparant la *Symphonie Héroïque*, il écrivait à l'un de ses amis : « J'entre dans un nouveau chemin. » Par ce chemin montant toujours et toujours bordé de plus hauts chefs-d'œuvre, il allait conduire la musique sur les sommets. Du premier coup Beethoven ouvre le monde moral tout entier et l'immense domaine de la vie à la puissance des sons. « L'Allemand, disait Wagner, veut non seulement sentir, mais encore penser la musique. » Dans l'ordre musical, Beethoven a reculé soudain et jusqu'à l'infini les bornes de la pensée et du sentiment. Rossini et Beethoven! Leurs noms contemporains dominent le premier tiers de notre siècle ; mais de quelles hauteurs inégales! Entre leurs deux races l'inégalité ne fera désormais que s'accroître. A partir de Beethoven, le génie germanique élimine de plus en plus tout ce qu'il avait retenu d'italien. Les grands Allemands du siècle sont de purs Allemands. Beethoven avec *Fidelio*, Weber surtout avec le *Freischütz*, créent un opéra national que le Mozart de la *Flûte enchantée* avait entrevu seulement. C'en est fait pour toujours des Grecs et des Romains, des héros, des pontifes et des rois. Schubert donne le meilleur de lui-même aux plus humbles de ses frères, et l'orgueil de l'*aria* d'Italie tombe devant la simplicité du *lied* allemand.

L'Allemagne dès lors n'est que musique, et presque toute musique est allemande. Musique de chambre ou d'orchestre, symphonies, quatuors ou chansons, l'Allemagne multiplie les formes sonores pour exprimer tous les états de la sensibilité moderne, toutes les joies et toutes les douleurs de l'âme nouvelle, ses rêves et ses désirs, ses faiblesses comme ses vertus. C'est dans la musique, dans une musique enfin sienne, que la patrie de Beethoven, de Weber, de Schubert, de Mendelssohn et de Schumann se reconnaît et prend conscience d'elle-même. Le délicieux musicien du *Songe d'une nuit d'été*, le musicien austère d'*Elie* et de *Paulus* fait exécuter pour la première fois les colossales compositions de Sébastien Bach. L'ombre du vieux *cantor* gagne des batailles que peut-être il eût perdues vivant, et l'Allemagne retrouve sous un siècle d'oubli les premiers titres de sa gloire et les fondations de l'édifice qu'elle continue d'élever.

Tout est logique et droit dans l'évolution allemande. Elle s'accomplit sans déviation et sans retour. Pour inégaux qu'ils soient à Beethoven, un Mendelssohn, un Schumann, un Brahms, ne lui sont pas opposés. Enfin Wagner paraît et s'il peut, à certains égards, sembler en contradiction avec Bach et Beethoven, que dis-je, en révolte contre eux, au fond et par l'essence même de son génie musical, il est bien leur continuateur prodigieux. L'esprit de la race a trouvé dans l'œuvre de Wagner son épanouissement total et presque monstrueux. Ainsi une main allemande avait en quelque sorte ouvert le siècle; une main allemande l'a fermé. Une seconde Réforme s'est accomplie. Le musicien de Bayreuth, comme autrefois le moine de Worms, mais sans cataclysme dans le monde des âmes, a consommé la rupture ; il a partagé l'idéal entre « deux grandes nations » désormais séparées et qui ne se rapprocheront plus[1].

Entre l'une et l'autre, la France a gardé son rôle et ses traditions. En musique, notre patrie n'a jamais été la maîtresse, mais plutôt la médiatrice des nations. Nous n'avons pas créé les éléments premiers, les formes ou les idées génératrices, et, comme dit Gœthe, « les Mères ». S'ensuit-il que nous ne possédions rien en propre et que notre unique originalité soit de n'en avoir aucune ? Assurément non. En dépit des mauvais présages de Rousseau, les Français ont eu leur musique, et ce n'a pas été, comme il les en menaçait, tant pis pour eux. De la *Serva padrona*, par exemple, nous avons su tirer ce « genre » délicieux de l'opéra-comique, que les Grétry, les Boïeldieu, les Hérold et les Auber ont fait exclusivement nôtre. Dans ce siècle encore, il est un autre « genre », plus « noble », et qu'on pourrait appeler international. Si pourtant on l'a nommé « l'opéra français », c'est d'abord que le musicien de la *Muette* en a réalisé le premier exemplaire ; et puis, et surtout, c'est que pour en produire les chefs-d'œuvre, le Rossini de *Guillaume Tell*, le Meyerbeer de *Robert le Diable*, des *Huguenots* et du *Prophète* ont, dans une cer-

1. M. Brunetière, *Manuel de l'histoire de la littérature française*.

taine mesure, proposé l'idéal de la France à leur génie étranger.

Tantôt nous avons agi sur l'Italie et sur l'Allemagne ; tantôt, et peut-être avec plus de puissance, elles ont influé sur nous. Berlioz même, un des plus grands et le plus singulier de nos maîtres, n'est peut-être pas seulement à nous. Il adore Beethoven et vénère Spontini. Il a le même amour pour Goethe et pour Virgile, et si dans la *Damnation de Faust* il se montre un admirable interprète de la pensée allemande, il apparaît en certaines pages de la *Prise de Troie* ou des *Troyens à Carthage*, comme le gardien de la tradition non pas italienne mais classique, et d'un idéal qu'on pourrait appeler latin.

Mais Berlioz est un peu, dans l'histoire de notre musique, un isolé, pour ne pas dire un excentrique. Son génie est d'exception. Quand on pense à l'école française, à son évolution depuis cent ans, on peut douter s'il faut placer Berlioz au sommet; on n'hésite pas à le mettre à part. Le courant passe en quelque sorte à ses pieds. Vers le milieu du siècle, ce courant demeure limpide, mais il devient à la fois plus chaud et plus profond. Alors *Faust* paraît, et l'ardent génie de Gounod rétablit dans notre musique une tendresse, une passion, une poésie, que l'art séchement spirituel d'Aubert en avait exilée. Désormais l'influence italienne va s'affaiblir de plus en plus. Les souffles du Nord commencent de venir à nous. Les concerts se multiplient; les maîtres allemands nous sont révélés ou rappelés. Le goût du public s'épure, son idéal se hausse, et bientôt on peut voir « les symphonies les plus compliquées attirer la foule dans cette France où la musique nationale s'était jusqu'ici réduite au vaudeville et à la chanson [1] ».

Nous demeurons pourtant nous-mêmes. Notre personnalité consiste toujours dans la moyenne et le juste milieu. Des chefs-d'œuvre comme *Faust*, plus tard comme *Carmen*, pour n'en pas citer de plus récents, continuent d'être ceux d'un génie en quelque sorte intermédiaire. Nous inclinons toutefois, et de plus en plus, du côté de l'Allemagne. C'est en France aujourd'hui que vous découvririez, sans même que je le nomme, le seul artiste vivant qui fasse parfois songer à Beethoven. N'est-ce pas sur nous enfin que depuis dix ans Wagner exerce l'empire le plus rigou-

---

1. Taine *Philosophie de l'Art*.

reux ? Les vengeances du dieu naguère outragé sont terribles, et nous payons d'une soumission aveugle une résistance qui fut aveugle aussi.

Dans le « concert européen », jusqu'à notre siècle, trois voix seules avaient chanté. Voici qu'une autre s'élève, ou plutôt se réveille, car un instant déjà nous l'avions entendue. De plus loin, de plus haut que l'Allemagne, elle vient à nous, modulant des chants nouveaux et délicieux. Longtemps étouffée par l'imitation étrangère, l'originalité de la Russie se dégage. Le génie slave n'était pas mort tout entier avec Frédéric Chopin. Le maître des nocturnes, des mazurkas et des polonaises n'a pas épuisé l'idéal de la race. Il est possible que de ce côté se prépare une renaissance singulière, primitive et raffinée à la fois. Mais elle se prépare seulement. On n'aperçoit au Nord que des lueurs. Avant qu'elles s'étendent et nous inondent, avant que se modifie, dans l'ordre de la musique, l'équilibre ou la hiérarchie actuelle des nations, il faut laisser descendre derrière l'horizon la gloire du siècle de Beethoven et de Wagner, du grand siècle allemand.

.•.

Ce siècle, parce qu'il fut allemand, fut symphonique aussi, la musique d'Allemagne ayant pour forme naturelle et pour expression favorite la symphonie. Wagner écrivait, aux environs de 1840 : « Si nous admettons que tout art possède une branche spéciale qui le représente d'une manière plus complète et plus absolue, c'est sans contredit, pour la musique, le genre instrumental....

« .... Là seulement le musicien n'est assujetti à aucun sacrifice et peut réaliser les plus sublimes inspirations de la science ; c'est le seul domaine où, indépendant de toute influence étrangère, le génie peut atteindre à l'idéal ; c'est là qu'appartient sans réserve au talent l'usage de toutes les ressources de l'art, sans excursion possible au dehors[1]. »

Or c'est là, c'est dans l'ordre de la musique instrumentale, que l'évolution du siècle a son commencement, son cours et sa fin.

1. *Dix écrits de Richard Wagner* (*De la musique allemande*), traduction de M. Henri Silège ; 1 vol. chez Fischbacher, 1898.

Haydn et Mozart, surtout Haydn, avaient préparé la perfection de la symphonie ; Beethoven la consomme et fait de la symphonie non seulement une des catégories de l'idéal sonore, mais une des merveilles du génie humain, l'un des chefs-d'œuvre de la sensibilité et de l'entendement. Dans l'histoire de la musique, rien de plus grand, d'aussi grand peut-être, ne s'était encore accompli. Les anciens créèrent la mélodie. Le moyen âge, tout en l'altérant, commença par la retenir dans le plain-chant, pour la diviser ensuite et la dissoudre en polyphonie de voix. La Renaissance — je parle de la Renaissance musicale, postérieure à l'autre de plus d'un siècle — vint de nouveau dégager et refondre la monodie. La voix demeura longtemps souveraine. Puis les instruments commencèrent de l'accompagner, et peu à peu l'orchestre se constitua. Mais fût-ce dans l'œuvre d'un Haydn ou d'un Mozart, si le chant ne règne plus seul, il règne encore : la *Création* et les *Saisons*, les *Noces de Figaro*, *Don Juan* et la *Flûte enchantée* égalent au moins les sonates, les trios, les quatuors et les symphonies des deux maîtres. Enfin Beethoven parut ; sa main colossale déplaça l'axe du vieux monde, et la polyphonie des instruments c'est-à-dire la musique absolue ou, comme l'appelait Hegel, la musique pure, devint le centre ou le sommet de la beauté sonore.

Symphonique entre tous, le génie de Beethoven l'est deux fois et comme à deux degrés. Il l'est premièrement par la polyphonie même, c'est-à-dire par la multiplicité des instruments ou des parties. Il l'est encore, et peut-être davantage, par une faculté essentiellement allemande et que Beethoven a possédée au plus haut point : la faculté de suivre une pensée, et, tout en la suivant, de la développer et de l'accroître ; d'en déduire ou d'en arracher, fût-ce par la violence, tout ce qu'elle contient. Beethoven a décrit lui-même cette opération, qui chez lui n'était pas seulement habitude de l'esprit, mais de l'âme : « Du foyer de l'enthousiasme, disait-il, je laisse échapper de tous côtés la mélodie ; haletant, je la poursuis, je la rejoins ; elle s'envole de nouveau, elle disparaît, elle plonge dans une foule d'émotions diverses ; je l'atteins encore ; plein d'un ravissement fougueux, je la saisis avec délire ; rien ne saurait plus m'en séparer ; je la multiplie dans toutes les modulations, et au dernier moment je triomphe enfin de ma première idée musicale. C'est là la symphonie. »

C'est bien la symphonie telle que Beethoven l'a faite; telle aussi que personne ne devait la refaire après lui. A partir de Beethoven le principe ou l'esprit symphonique s'est répandu, il a conquis le monde, et le siècle qui meurt pourra prendre pour épitaphe le mot d'une sainte du moyen âge : *symphonialis est anima*.

A ce souffle nouveau l'Italie a résisté longtemps. *Guillaume Tell*, qui fut sans précédents, n'eut pas de suites. Les beautés instrumentales qu'il renferme causèrent peut-être au delà des Alpes moins d'admiration que de surprise. En tout cas elles ne furent point imitées, et c'est de nos jours seulement, presque hier, que l'orchestre d'*Aïda*, puis d'*Otello* et de *Falstaff*, a remplacé la guitare dont l'Italie, depuis trois quarts de siècle, accompagnait avec la même insouciance les plus médiocres et les plus beaux de ses chants.

En France, la symphonie a pénétré plus vite et plus avant. Il est vrai que nous avons commencé par la couper en quelque sorte et par l'étendre, n'étant peut-être pas de force à la supporter pure. Berlioz y mêla, sinon le drame et la représentation, du moins la poésie, le commentaire ou le programme. Sans compter que tout symphoniste que fût Berlioz, il ne l'était qu'à demi : j'entends qu'il excellait moins à développer, à multiplier une idée, qu'à varier et combiner les timbres, et qu'il est juste d'admirer en lui plutôt un grand virtuose de l'orchestre qu'un maître de la symphonie pure.

Quoi qu'il en soit, la polyphonie instrumentale nous a lentement conquis. Dans l'opéra, même dans l'opéra comique français du siècle, elle a pris une place toujours plus importante. Aujourd'hui l'un de nos plus grands maîtres vivants est l'auteur de *Samson et Dalila*, mais il est également celui d'une admirable symphonie en *ut* mineur, et l'on pourrait hésiter, s'il fallait choisir, entre son chef-d'œuvre de musique dramatique et son chef-d'œuvre de musique absolue.

Quant à l'Allemagne, elle a fait de plus en plus du principe symphonique la base et la loi de son art. De tous les successeurs de Beethoven, si pas un ne l'égale, aucun ne l'a trahi. Ils ont, à son exemple, traité symphoniquement tous les sujets ou tous les genres : musique d'orchestre, de chambre, et même de piano; car le piano, dans le siècle de Beethoven et de Schumann, a dû sa fortune et sa gloire à sa qualité d'instrument polyphone et, si j'ose ainsi parler, à la pluralité de ses propres voix. Il n'est pas jusqu'au simple *lied* que le progrès symphonique n'ait transformé. Un chant italien n'est beau que de lui-même ; un chant de Schubert ou de Schumann l'est aussi de tout ce qui l'accompagne ou l'environne, de tout ce qui le précède et quelquefois le prolonge à l'infini.

Arrivée à ce degré, la symphonie semblait ne plus rien pouvoir pour sa beauté spécifique et pour sa propre gloire. Mais Wagner parut : jugeant impossible d'accroître cette force, il résolut de la détourner, et, comme il l'a dit lui-même, il jeta dans le lit de la musique dramatique le torrent de la symphonie. Oui, de la symphonie tout entière, et par là j'entends d'abord la symphonie, société d'instruments et de timbres, puis l'esprit de symphonie, c'est-à-dire de logique, de déduction et presque de raisonnement. Wagner était merveilleusement doué pour cette double tâche. Il avait, encore plus que Berlioz, le génie de l'instrumentation ; surtout il possédait, comme personne peut-être depuis Beethoven et Bach, cet autre génie, plus intérieur et plus essentiel, qui développe la pensée et la multiplie, qui la poursuit et la rejoint, qui la creuse et l'épuise. C'est là, c'est dans le fond même de sa nature, et de sa nature d'Allemand, que Wagner devait trouver en même temps que la théorie ou le système du *leitmotiv*, des ressources infinies pour le pratiquer.

Ainsi Wagner n'a pas contredit ni démenti ses dires d'autrefois, que nous rapportions plus haut. Il a conquis le théâtre à la symphonie et l'a renouvelé par elle. Un abîme, ou du moins un fossé profond séparait la musique dramatique et l'autre ; Wagner a tenté de le combler. Depuis Beethoven, il semblait que la musique allemande eût accumulé, mis en réserve, une force d'expression colossale, mais un peu vague et pour ainsi dire abstraite. Wagner souhaita de lui donner pour objet précis l'action et la parole. De l'éternel problème qu'est l'alliance du son avec le verbe, il a proposé une solution, provisoire sans doute, mais sûrement aussi géniale et grandiose. Il a été, au déclin du siècle, le maître de ce qu'on pourrait nommer la symphonie appliquée, comme Beethoven, au début, l'avait été de la symphonie pure.

.

L'évolution de la musique depuis cent ans ne s'est pas réduite au triomphe d'une des trois grandes nations musiciennes : l'Allemagne, et d'une des grandes formes de la musique : la symphonie. L'esprit même de la musique a changé, et, pour définir ce changement, peut-être suffirait-il de dire que la musique est devenue de plus en plus une expression de la vie et de tous les modes de la vie. Lamennais désespérait un jour de saisir les rapports entre les vibrations de l'air et la sensation ou le sentiment consécutif à ces vibrations. Ces rapports sont demeurés et demeureront toujours un mystère ; mais le rôle et l'honneur incontestable du génie moderne est de les avoir rendus plus nombreux et plus étroits. En vain certaine école allemande a prétendu placer, non seulement le critérium, mais l'essence même de la beauté musicale en dehors de la sensibilité. Suivant un de nos plus illustres confrères, le docteur Hanslick, cette beauté n'a rien, ne doit et ne peut rien avoir que d'objectif et de purement spécifique. La musique est une arabesque, ou plutôt, et plus largement, une sorte de géométrie sonore et mouvante, qui, n'existant qu'en soi, ne contient et n'exprime rien que soi. Notre siècle proteste plus haut que tout autre, et par toutes ses voix, contre une théorie qui ferait de la musique cette isolée, cette indifférente et cette étrangère. Jamais plus de joie ni de douleur, jamais plus d'humanité, plus d'âme enfin n'a vibré, je dirais presque n'a vécu dans les sons.

Vous rappelez-vous, au dernier acte de *Don Juan*, peu d'instants avant l'arrivée du terrible convive, le retour, à la fois joyeux et mélancolique, du refrain de Figaro : *Non più andrai farfallone amoroso* ? Il m'a toujours semblé que cette défense, ou plutôt cet adieu, s'adressait à la musique elle-même. *Non più andrai !* Par les chemins délicieux et faciles où les Haydn et les Mozart l'avaient tant de fois conduite, elle ne devait plus aller jamais. Jamais elle ne serait plus ce que leur aimable génie l'avait faite : un divertissement, un jeu supérieur, exquis et même divin, mais un jeu. Cela pourtant, en notre siècle, elle l'est parfois redevenue. A quelque soixante-dix ans d'intervalle, deux chefs-d'œuvre italiens : *le Barbier de Séville* et *Falstaff* ; en France, vingt chefs-d'œuvre aussi de notre opéra-comique d'abord, puis de notre opéra de demi-caractère, ont justifié la parole du philosophe allemand : « Ce qui a du mérite est facile et le génie a les pieds légers[1]. » Il n'en est pas moins vrai que, dès le début du siècle, la musique nous a brusquement saisis, et pour toujours, d'une étreinte plus rude. Du premier coup, et comme la foudre, Beethoven a touché les deux termes ou les deux pôles de notre sensibilité : l'extrême joie et l'extrême douleur. Avant Beethoven, la musique chantait souvent autour de nous ; depuis Beethoven, c'est en nous, au plus profond de nous qu'elle a chanté. Nous ne l'avons plus distinguée de nous-mêmes et nous lui avons appartenu tout entiers.

Tout entiers, car il n'est pas un état de notre esprit ou de notre âme dont on ne trouve dans la musique la trace ou plutôt l'écho. N'a-t-elle pas compris et traduit d'abord un mal étrange, fait d'ambition, d'inquiétude et de tristesse ; mal du siècle à son début, et dont le siècle qui s'achève n'est peut-être pas bien guéri ; mal des Werther, des Manfred et des Faust, de tant de cœurs inassouvis, de tant de héros désolés et sombres, qu'après la poésie la musique a su faire siens ! Taine, autrefois, a très justement signalé la dépendance par laquelle le développement de la musique se lie à la formation de l'esprit contemporain. « Rien d'étonnant, disait le maître à ses élèves de l'École des Beaux-Arts, dans l'apparition de ce nouvel art, car il correspond à l'apparition d'un nouveau génie, celui du personnage régnant, de ce malade inquiet et ardent que j'ai tâché de vous peindre. C'est à cette âme que Beethoven, Mendelssohn, Weber ont parlé ; c'est pour elle aujourd'hui que Meyerbeer, Berlioz et Verdi essaient d'écrire ; c'est à sa sensibilité outrée et raffinée, c'est à ses aspirations indéterminées et démesurées que la musique s'adresse. Elle est toute faite pour cet office, et il n'y a aucun art qui réussisse ausi bien qu'elle à le remplir. »

Encore une fois, elle l'a rempli tout entier. Rien de notre évolution intellectuelle et sentimentale ne lui est demeuré étranger. Le romantisme, par exemple, a été dans ce siècle une forme et, si l'on veut, un mode du génie musical autant que du génie littéraire. Je ne sais pas une définition du romantisme que ne justi-

---

1. Frédéric Nietzsche, *Le cas Wagner*.

fient des chefs-d'œuvre de la musique aussi bien que des chefs-d'œuvre de la poésie, du drame ou du roman. Si le romantisme est d'abord « par contraste avec le classicisme, tout à la fois le moyen âge, la littérature du Nord et le christianisme[1] », on ne saurait contester qu'en musique même il ait été tout cela. Il l'a été dans le *Jean de Paris* de Boïeldieu ; plus tard dans *Euryanthe*, *Manfred*, *Robert le Diable* et la *Damnation de Faust*. Plus près de nous, *Tannhæuser* et *Lohengrin*, plus près encore *Parsifal*, attestent que de l'idéal complexe du romantisme ainsi défini, plus d'un élément a survécu.

Si par le romantisme on désigne aussi, comme il le faut, le « triomphe de l'individualisme », alors la gloire de la musique égale encore celle de la poésie. Quel génie, et de quel poète, fut jamais plus individuel que celui de Beethoven ? Quelle grande âme avant la sienne s'était ainsi révélée par les sons ? Laquelle avait jamais fait à la musique d'aussi personnelles et sublimes confidences ? On peut regarder, écouter comme une sorte d'autobiographie musicale, la *Symphonie Fantastique* d'Hector Berlioz. Schumann est lui-même et tout entier dans ses *lieder*, et des *Amours du poète* il a fait les amours du musicien.

Ce n'est pas seulement de la vie individuelle et de la vie des âmes, c'est de la vie même des choses que la musique moderne s'est emparée. Sensible à la diversité des lieux et des temps, les événements de l'histoire, les spectacles de la nature l'ont inspirée et l'ont émue. Les *Saisons* et la *Symphonie Pastorale*, le *Freischütz* et *Guillaume Tell* ; les mélodies de Schubert et celles de Schumann ; les *Huguenots* et le *Pré aux Clercs* ; la *Grotte de Fingal* et le *Songe d'une nuit d'été* ; telle scène de la *Damnation de Faust*, des *Troyens* ou de *Roméo*, de la *Tétralogie*, de *Tristan* ou de *Parsifal* ; le *Désert*, *Mireille*, l'*Arlésienne*, cent chefs-d'œuvre de la musique en notre siècle ont été tantôt des tableaux d'histoire et tantôt des paysages grandioses ou délicieux.

On ne trouverait pas une idée, pas une passion personnelle ou collective, dont la musique n'ait reçu le reflet ou ressenti le contre-coup. Autant et peut-être plus que les autres arts, la musique rend témoignage de son temps. Auber ne fut-il pas le musicien

1. M. Brunetière.

par excellence de la bourgeoisie parisienne, et la colère des révolutions italiennes n'a-t-elle pas grondé dans les premiers opéras de Verdi ? La philosophie, la morale, la métaphysique même se sont mêlées à la musique, et dans les profondeurs de l'esprit et de l'âme, parfois aussi dans leurs ténèbres, elle est hardiment descendue. Toute œuvre de Beethoven, sonate, quatuor, symphonie, est non seulement une pensée, mais un acte : acte de liberté, de courage et presque de vertu. Beethoven, aurait dit Carlyle, est le héros musicien. La musique avant lui n'avait pas été représentative à ce point d'une volonté qui lutte avec la passion, avec la douleur, et qui finit par triompher de l'une et de l'autre. Après Beethoven, Schumann a subi les mêmes assauts, livré les mêmes combats ; il n'a pas remporté les mêmes victoires, et c'est pour cela que Schumann reste au-dessous de Beethoven non seulement dans l'ordre esthétique, mais en quelque façon dans l'ordre de la moralité.

Wagner enfin a fait de sa musique l'interprète souvent sublime des plus hautes idées morales. On sait la part de la religion dans la beauté d'un *Tannhæuser* ou d'un *Parsifal* ; celle de la métaphysique dans les obscurités et les longueurs d'un *Tristan*.

Pour mesurer l'évolution qui s'est accomplie, pour estimer le peu qu'on demandait jadis à la musique et tout ce qu'on veut trouver en elle aujourd'hui, consultez après les musiciens les critiques, lisez tour à tour la biographie de Rossini par Stendahl et quelqu'une des nombreuses études — soit la lettre à Frédéric Villot — consacrées par Wagner à sa doctrine et à ses œuvres. Comme les œuvres mêmes, les commentaires parleront ; ils attesteront que les temps sont changés, et que, sans être une plus belle chose qu'un opéra de Gluck ou de Mozart, un drame lyrique de Wagner est beaucoup plus de choses à la fois.

La musique même, toute musique aujourd'hui, est plus de choses. De toutes parts nous la voyons s'étendre. Les érudits restituent l'histoire de ses origines et de ses développements. On a retrouvé quelques hymnes antiques, et le chant populaire n'est plus méprisé. La polyphonie palestrinienne a reparu dans quelques-unes de nos églises, et les Bénédictins préparent, il faut l'espérer, le retour et le triomphe du chant grégorien.

Il n'est pas jusqu'à la science, dont les découvertes n'aient agi sur la musique. Entre le beau et la nature tels que nous les concevons aujourd'hui, de profondes et mystérieuses conformités se manifestent. Que sont, par exemple, et la mélodie infinie, et le *leitmotiv*, sinon deux de ces correspondances étranges, et la vérification, dans l'ordre de la musique, de deux grandes hypothèses contemporaines : l'évolution ou le devenir, et l'action des infiniment petits ?

Pour ressembler en tout à son temps, pour n'en rien méconnaître et n'en rien répudier, il fallait que la musique de ce siècle fût sociale. Elle l'a été doublement : par son rôle ou sa mission et par sa constitution ou sa nature. D'abord elle a souhaité d'être plus comprise et plus aimée, j'entends par plus d'esprits et plus de cœurs. Il ne s'est plus agi pour elle « de satisfaire de petites assemblées façonnées et raffinées, mais de plaire à de grands auditoires tumultueux et passionnés [1] ». D'intime et de réservée, elle est devenue publique ou populaire. L'humanité tout entière est entrée ou rentrée dans un domaine que depuis trop longtemps une élite avait accaparé. Non seulement la musique a chanté pour tous, mais tous, y compris les plus humbles et les plus petits, ont été chantés par elle. Le génie des Weber et des Schubert a fait immortelle la plainte d'un pâtre, une chanson de garde-chasse ou de paysan, et c'est pour des « millions d'êtres », pour toutes les générations et toutes les créatures, que Beethoven, à la fin de sa dernière symphonie, a demandé la joie.

Dans l'essence même de la musique un changement analogue s'est produit. Le caractère social de la musique s'est accru, en ce sens qu'elle est devenue toujours davantage société et groupe. Wagner est le dernier ouvrier, le plus puissant et peut-être le plus funeste de cette révolution. Il a consommé la ruine de l'ancien régime. Il a transféré le pouvoir de l'unité au nombre et cherché non plus dans une seule force, mais dans un concours de forces, l'élément de la vie et de la beauté. En toute œuvre et même en tout chef-d'œuvre aujourd'hui, le détail a remplacé la généralisation, la cause simple et le large parti pris d'autrefois. La musique ancienne était individu, la musique moderne est foule, et du

---

1. M. A. Soubies, *Histoire de la musique allemande.*

commencement à la fin de notre siècle, ce n'est pas seulement un peu plus de notre âme, mais un plus grand nombre de nos âmes qui s'est exprimé par les sons.

.

Ainsi la musique aujourd'hui nous possède tous et tout entiers. Il n'est pas à craindre que rien de nous lui échappe, et qu'elle perde rien de son empire désormais universel. Il est moins certain qu'elle continue de l'exercer par les mêmes moyens et suivant les mêmes lois. Étant par nature et par définition même l'art du sentiment, la musique le demeurera toujours; mais elle peut l'être demain avec moins de complaisance. « Le classique est sain, disait Gœthe, et le romantique est malade. » Le siècle de Schumann, de Berlioz, de Wagner n'a pas seulement connu ce mal : il l'a aimé. Si Beethoven est le premier des modernes parce qu'il souffre et parce qu'il combat, il est aussi, parce qu'il triomphe, le dernier des anciens. La musique après lui cesse de se défendre ; elle s'abandonne et chérit jusqu'à sa défaite. Autant que par le cœur, c'est par les nerfs que la musique nous prend et nous tient aujourd'hui. Le plus wagnérien peut-être des drames wagnériens est le triomphe effrayant de la passion au paroxysme et de la sensibilité, pour ne pas dire de la sensualité exaspérée. Il n'est pas impossible qu'il en soit le dernier triomphe et qu'un peu de l'idéal classique renaisse, que la musique se détende, s'apaise, et qu'elle nous rassure autant qu'elle nous a troublés.

Souhaitons également qu'elle nous charme et que parfois elle redevienne aimable. Des profondeurs où elle est descendue, où quelquefois elle s'est égarée, qu'elle remonte à la surface et qu'elle s'y joue. C'est beau, le symbole et le mystère; mais la clarté, l'évidence, cela aussi est beau. Wagner a sommé la musique de répondre à l'éternel pourquoi, d'être l'interprétation ou l'explication de la vie. Prions-la d'en être aussi le divertissement et le sourire. Qu'elle ne soit pas un plaisir seulement, à la bonne heure ; mais il serait fâcheux qu'elle ne fût plus du tout un plaisir.

Quant à la conformité de la musique moderne avec l'idée métaphysique, et moderne aussi, de l'évolution ou de l'*in-fieri*, est-ce donc un gain si précieux Mieux vaut encore offrir l'image ou la ressemblance de l'être que du devenir. Renan, je crois, a dit à peu près : « L'art s'évanouirait dans le vague et dans l'insaisissable le jour où il se flatterait d'être infini dans ses formes comme il l'est dans ses conceptions. » Pour la musique aujourd'hui, je ne sais pas de plus sérieuse menace et d'avertissement plus salutaire.

Il n'est pas jusqu'à la symphonie, dont l'abus n'expose la musique à de graves dangers. Après avoir opéré des miracles, la polyphonie instrumentale a causé des malheurs. Entre les deux principes de l'individu et du nombre, l'équilibre est rompu. La mission du siècle prochain sera peut-être de le rétablir. L'histoire de la musique a déjà connu de pareilles vicissitudes. La mélodie et l'harmonie, c'est-à-dire la force unique et la force multiple, ont dominé tour à tour. Le règne de l'unité va peut-être revenir. Assez longtemps la polyphonie a joué le rôle du prisme : elle a décomposé la musique. Mais le jeu des couleurs changeantes commence à nous éblouir. Nous demandons que le grand homme de demain soit un grand homme simple, qu'il éloigne de nos yeux le cristal et reconstitue le rayon.

CAMILLE BELLAIGUE.

TROISIÈME PARTIE

Mouvement religieux.

XXV

La Religion et les religions

Pour donner quelque idée des opinions émises durant ces cent années par rapport à la religion et aux religions, il faut premièrement décrire d'ensemble l'aspect religieux du siècle, et y distinguer certains groupements principaux; secondement, étudier plus en détail quelques états d'esprit, tous explicables par l'adhésion aux mêmes principes philosophiques, et vraiment caractéristiques de notre époque; troisièmement, indiquer une orientation vers l'issue de la question religieuse.

*
* *

Au dernier tiers du xviii⁰ siècle, Turgot, écrivant au roi sur la tolérance, disait : « Qu'est-ce que la religion, Sire ? C'est l'assemblage des devoirs de l'homme envers Dieu : devoirs de culte à rendre à cet Être suprême, devoirs de justice et de bienfaisance à l'égard des autres hommes ; devoirs, ou connus par les simples lumières de la raison qui composent ce qu'on appelle la religion naturelle, ou que la Divinité elle-même a enseignés aux hommes par une révélation surnaturelle, et qui forment la religion révélée. »

Confondant quelque peu la religion et la morale, inexacte pour d'autres raisons encore, si l'on en discutait chaque mot, cette définition répond malgré tout assez bien à l'idée vulgaire de la religion, à l'idée admise par tous, ignorants ou penseurs, au dernier siècle, et aussi à l'idée catholique. En la formulant, le ministre de Louis XVI se montrait informé et respectueux des choses religieuses ; c'était là, pour l'époque, une exception.

Car la mode d'alors était de traiter les graves sujets fort légèrement. Le monde philosophique ne croyait plus au « sérieux de la religion », tant prêché jadis par Bossuet. Pour quelques-uns, la religion, sans fondement dans la nature divine ni dans la nature humaine, était tout bonnement une lucrative invention « des prêtres » ; système égalant en profondeur celui de Voltaire sur le soldat heureux devenu le premier roi, mais se recommandant de même par une formule simple et facile à répéter. La plupart ne se préoccupaient guère des origines, ni en général des questions de théorie. Ils s'étaient simplement mis en dehors de la religion et des religions ; et, afin d'êtres libres de n'en pratiquer aucune, ils les proclamaient toutes également bonnes.

C'était l'attitude des déistes, de Voltaire surtout, l'apôtre de l'universelle tolérance. De son côté, le Vicaire savoyard refusait respectueusement de se soumettre à la révélation, et faisait de l'indifférence entre les formes religieuses un des articles de sa profession de foi. En Allemagne, l'israélite Nathan le Sage racontait au sultan Saladin l'apologue des trois anneaux : « L'anneau véritable ne pouvait plus se retrouver ; il ne pouvait pas plus se retrouver que pour nous aujourd'hui la véritable religion. »

Ainsi, tous les cultes avaient toujours été également bons et agréables à Dieu ; si Dieu avait jamais parlé à la terre, il n'avait point imposé sa révélation ; si jadis une seule religion avait été la vraie, il n'était plus possible de la distinguer. Ces divers raisonnements, tour à tour allégués, convergeaient vers la formule : « Toutes les religions sont bonnes », interprétée par les simples : Il faut une religion, mais peu importe laquelle ; et par les philosophes : Toutes les religions se valent, car elles sont toutes également vaines.

Nous sommes bien revenus d'un pareil dédain. De notre temps, dans les sphères de la pensée et dans celles de l'action, la question religieuse a tenu la première place.

Schleiermacher, au seuil même du siècle, et bientôt Chateaubriand, puis Creuzer dans sa *Symbolique*, puis Max Müller dans tant de savantes *Leçons*, montrèrent par quelles profondes attaches la religion tient au plus intime de l'humanité. Nos grands philosophes eurent, dans leur œuvre, un volume pour en faire la métaphysique ; nos maîtres dans les recherches historiques donnèrent leurs soins les plus attentifs à en suivre le développement.

Et peu à peu, de la philosophie et de l'histoire, la science des religions se dégagea et devint l'objet d'un enseignement spécial. La Hollande donna l'exemple : elle fondait, en 1877, quatre chaires d'histoire des religions. En 1878, l'Angleterre voyait naître les *Hibbert-Lectures*. Appelé en 1879 à l'Institut catholique de Paris, l'abbé de Broglie prenait l'histoire des religions pour sujet de ses cours ; le 24 février 1880, M. Albert Réville montait dans la chaire d'histoire des religions nouvellement fondée au Collège de France ; en 1886, se constituait la section des sciences religieuses à l'École des Hautes-Études. Toutes les capitales intellectuelles du monde ont aujourd'hui des fondations semblables. MM. l'abbé de Broglie, Carra de Vaux, J. Darmesteter, Goblet d'Alviella, Guimet, Mgr Ch. de Harlez, MM. Labanca, Lang, Marillier, A. et J. Réville, Sabatier, Tiele, Vernes, vingt autres encore, se sont illustrés dans la science des religions. Elle a ses musées et ses bibliothèques spéciales ; — elle a aussi ses congrès ; et il faut, dans certains cas, distinguer avec soin les « congrès des religions » d'avec les « congrès de l'histoire des religions ».

Un proconsul d'Achaïe, peiné de voir tant de sectes philosophiques en plein désaccord, rêvait, dit-on, d'un banquet auquel il aurait invité les maîtres, en leur demandant de conclure une entente doctrinale au dessert. Le peuple conçoit les congrès des religions sur ce type un peu simpliste, et c'est pourquoi, en 1893, les Américains appelèrent « Parlement des religions » l'assemblée de Chicago. Il y eut entente, on peut le dire, avec ou sans ironie, à peu près comme dans tous les Parlements. Mais la conception populaire, on a pris soin de nous en avertir, n'était pas celle des initiateurs, et la conception d'un initiateur pouvait bien aussi différer de celle d'un autre. Entre les représentants des principaux cultes, écrit M. Sabatier, « il ne s'agissait plus, comme autrefois, de discuter la valeur de leurs dogmes ou de leurs rites, mais de se rapprocher, de s'édifier et de donner pour la première fois au monde le spectacle d'une communion religieuse universelle ». Comme l'Église catholique ne prétend ni convertir le monde par la méthode parlementaire, ni communier mystiquement avec le bouddhisme et l'islam, et comme elle ne peut accepter en aucun cas d'être égalée aux autres sociétés religieuses et confondue dans la foule, il lui est toujours difficile de garder dans ces réunions une attitude digne d'elle. Grâce à d'habiles précautions, elle y réussit à Chicago, et même les honneurs du congrès furent pour le cardinal Gibbons. Depuis, l'autorité suprême a donné pour direction ordinaire de s'abstenir.

A voir donc l'aspect extérieur du siècle, la question religieuse est une préoccupation générale. Pour la façon de la discuter, les positions prises au xviii° siècle furent gardées jusque vers 1820 ou 1830. L'esprit d'incrédulité railleuse survivait encore dans la foule des gens instruits. Et, pour le combattre, les apologistes consciencieux et doctes comme Duvoisin, La Luzerne ou Frayssinous, continuaient d'opposer leurs arguments classiques aux objections cataloguées de Bayle, de Voltaire et de Rousseau.

Déjà cependant, avant ou durant ce premier tiers du siècle, Chateaubriand en France, et les philosophes de l'école critique en Allemagne, avaient donné le signal d'une importante évolution. Mais les mouvements d'ensemble mettent du temps à se dessiner. Chez nous, les premiers symptômes d'idées nouvelles en matière de religion apparaissent, parmi les catholiques, dans le cénacle de Lamennais, et beaucoup plus dans celui des romantiques; parmi les non-croyants, ils se montrent dans les cinq volumes de Benjamin Constant sur *la Religion*, publiés de 1824 à 1830. Puis enfin les groupes se forment, et l'on peut distinguer nettement les courants religieux de la pensée humaine au xix° siècle.

Le courant de l'absolue négation persiste. Rien ne répond à l'idée de Dieu; la religion est un non-sens; Dieu et religion sont deux termes à supprimer. A la place, le siècle dernier mettait « la Nature »; les parfaits incrédules du nôtre mettent « la Science ». Mais les parfaits incrédules ne sont pas légion. Même parmi les enthousiastes de la science, la plupart réservent près d'elle, au moins en paroles, une belle place à la religion. Büchner et Moleschott ne sont plus; autour de M. Haeckel en Allemagne, et autour de M. Berthelot en France, le groupe des exclusifs et des intransigeants compte chaque jour un moins grand nombre de penseurs.

Les déistes ont fait plus de pertes encore. Reconnaître et honorer un Dieu spirituel et personnel, mais sans admettre la révélation chrétienne; s'en tenir à l'orthodoxie spiritualiste, sans aller jusqu'à l'orthodoxie catholique, semble aujourd'hui un anachronisme. C'était assez de mise, il est vrai, au début du siècle;

Cousin, les jours où il n'était pas panthéiste, prêchait volontiers le Dieu de Socrate et de Cicéron ; Jules Simon fit effort pour retenir les fidèles de ce culte vieilli ; mais ils se sont écoulés peu à peu, et, s'il en est encore, on a peine à les apercevoir. Tel un filet d'eau, serpentant au milieu d'une plaine de sable ; c'est le dernier reste d'un grand fleuve ; depuis une date lointaine, les eaux et la fertilité ont passé de l'autre côté du delta.

Le schisme grec et quelques autres sectes dissidentes ont peu changé ; on dirait des eaux mortes. Le courant catholique reste, lui aussi, toujours semblable à lui-même, mais à la façon d'une eau vive. A traverser le monde moderne, il s'est élargi ; car le contact des idées nouvelles a fécondé d'éternelles vérités, latentes jusque-là et comme dormantes en lui. Et de plus, tandis qu'il frayait sa voie au milieu des récents obstacles, il a plus nettement dessiné sa direction.

Entre tous ces canaux anciens, a creusé son lit le courant vraiment nouveau et caractéristique du siècle. Presque insoupçonné de nos pères, il est assez puissant aujourd'hui pour entraîner par milliers les intelligences ; du catholicisme il en a violemment détaché quelques-unes, du protestantisme comme d'un affluent naturel il en a reçu à flots ; c'est le courant de « l'idée religieuse indépendante de tout dogmatisme ».

On peut, en effet, réunir sous cette désignation un ensemble de théories, divergentes dans leurs formes, concourantes dans leurs tendances, et fort capables, au premier abord, de dérouter tout esprit fait à l'antique, et non préparé par l'étude et par l'atmosphère intellectuelle ambiante à l'imprévu de certaines conclusions. N'eût-il pas semblé étrange au scepticisme voltairien du dernier siècle de voir l'âme contemporaine, pleinement sceptique elle aussi, s'attendrir au seul mot de religion, se glorifier d'être profondément religieuse, et, après avoir nié toute cause première et toute Providence, finir en chantant des hymnes à la divinité ? Ou encore, quelle énigme pour l'intelligence rectiligne des hommes de l'ancienne marque, s'ils entendaient un Renan, à la suite de blasphèmes prolongés et de déclarations non équivoques d'athéisme, se féliciter d'avoir beaucoup fait en faveur de la religion ! Pour arriver à ces étonnantes positions doctrinales, il a fallu sans doute un long circuit ; les mots et les idées ont dû passer par quelque étrange révolution.

Kant surtout a contribué à cette transformation intellectuelle, un peu en écrivant *La Religion dans les limites de la raison*, et beaucoup par l'ensemble de son système. Ne se vantait-il pas lui-même d'avoir renversé le monde de la pensée, tout juste comme Copernic le monde sidéral ? Copernic avait déplacé le centre de la sphère des cieux et interverti le sens de leur mouvement ; Kant intervertit le sens du mouvement intellectuel. Avant lui, on plaçait la règle des intelligences à l'extérieur. Les objets du dehors se présentaient à l'esprit, agissaient sur lui, s'en faisaient connaître en le marquant de leur empreinte, et attiraient vers eux les désirs et la volonté. Après Kant, il reste bien encore entre l'homme et le monde extérieur un certain échange d'impressions données ou reçues ; les choses offrent aux sens leurs apparences fugitives, et les sens en perçoivent les modifications phénoménales. Mais, de part et d'autre, tout se passe sur les confins et comme à la surface ; ni les objets ne se montrent à découvert à l'esprit, ni l'esprit ne pénètre dans l'intime des objets ; le « noumène », la « chose en soi », ne peut entrer dans les profondeurs de l'âme. De ces profondeurs, au contraire, sortent de mystérieuses empreintes dont le sujet marque les phénomènes venus du dehors. Ainsi, malgré quelques relations de frontières, le sujet et l'objet restent l'un à l'autre profondément inconnus. L'objet demeure en soi, mystérieux, impénétrable, enfermé dans le secret de son être. Le sujet ne peut non plus sortir de soi ; il trouve là, produit spontané et nécessaire de sa propre activité, les formes qu'il appliquera sur la matière de son intuition, les catégories auxquelles il ramènera tous ses jugements, les idées supérieures d'après lesquelles il groupera toutes ses pensées. Connaître le seul phénomène, et le connaître non tel qu'il est, mais tel qu'il devient sous l'action de notre propre esprit, voilà les exactes limites de la science. L'homme, il est vrai, pour vivre et agir en homme, devra faire comme s'il en savait davantage ; admettre l'existence de certains objets extérieurs, et reconnaître certaines qualités objectives des choses ; affirmer par exemple son libre arbitre, l'immortelle destinée de son âme, l'existence d'un Dieu dont la Providence peut, en associant le bonheur à la vertu, réaliser le souverain bien. Toutes ces assertions, impossibles ou incertaines en métaphysique, mais impérieusement exigées par la morale, sont l'œuvre du sentiment, du cœur, de la raison pratique enfin ; la raison spéculative les ignore ; c'est affaire de croyance, non de science ; la foi s'impose en de certaines questions, et des plus graves, placées hors de la sphère du savoir humain.

Pressez ces théories fondamentales de la doctrine kantienne ; si parfois la pensée du maître peut sembler douteuse ou susceptible d'une atténuation, rejetez les correctifs ; retenez au contraire, comme fait la foule, et la foule même des penseurs, des principes nets, des affirmations catégoriques, des tendances bien déterminées : vous verrez sans peine comment le siècle, oubliant les religions positives et les devoirs de l'homme envers un Dieu personnel, a vu surtout dans la religion un fait psychologique, un sentiment ou une idée, le plus pressant besoin de l'âme ou la plus noble de ses conceptions.

D'autant que le subjectivisme de Kant s'est vite allié aux autres théories favorites du siècle, avant tout à celle de l'évolution. Dès avant 1831, l'évolution était établie par Hegel, et établie en souveraine, dans les hautes régions de la métaphysique ; en 1839, Comte la faisait descendre sur le terrain de la philosophie positive ; en 1859, Darwin l'installait dans le domaine des sciences naturelles ; depuis M. Herbert Spencer, rien n'est en dehors de son empire. La doctrine de Kant conduisait à reconnaître des « phénomènes religieux » ; l'idéalisme métaphysique et le positivisme scientifique devaient naturellement s'essayer à en décrire « l'évolution ». Parfois encore, le demi-scepticisme de la philosophie critique a trouvé jusque parmi les fidèles d'inconscients alliés, ou plutôt des adversaires parlant le même langage. Radicalement opposé au rationalisme allemand, le traditionalisme s'en rapprochait, lorsqu'il ébranlait les fondements de la certitude ; dans l'école de Chateaubriand, on entendait le « sentiment religieux » autrement que Schleiermacher, et cependant on parlait surtout de sentiment, d'imagination et de poésie, à propos des beautés de la religion.

Enfin, impuissance des facultés à percevoir les objets du dehors, inaptitude de l'intelligence à pénétrer la vraie nature des êtres, vérité toute subjective, science du seul phénomène, croyance sans motifs objectifs de croire, et donc séparation totale de la science et de la foi, évolution et transformation continue des choses et des doctrines, par suite non-valeur des religions positives et importance de la religion prise en elle-même, — toutes ces idées flottent aujourd'hui dans l'air ; comme des germes, elles pénètrent dans les esprits, une par une ou diversement associées, et elles donnent naissance aux systèmes sur la religion et les religions. Tenez-vous-en à la science et aux phénomènes : vous étudiez la religion en positiviste. Ouvrez maintenant votre âme à la croyance : vous pratiquez et vous développez en vous la religion du cœur. Aux curieux en quête d'explications sur ces phénomènes et cette croyance, refusez fermement de répondre ; là où finit l'expérience, la science finit, et la religion par son essence même doit rester dans la région du mystère : vous êtes agnostique. Au contraire, cédez aux questions ; rêvez quelque hypothèse pour expliquer la genèse de vos sentiments, faites effort pour deviner quel objet répond à votre croyance : vous faites la métaphysique de la religion ; la métaphysique a pour objet les conceptions de l'esprit : vous êtes idéaliste. Les principes kantiens admis, chacun peut prendre devant le problème religieux l'une de ces quatre attitudes ; beaucoup s'en font une originale et personnelle, en combinant plusieurs de celles-là.

*
* *

L'homme est un animal religieux ; plus « positivement » encore, l'homme a été jusqu'ici un animal religieux : voilà le phénomène. Étudier le sens religieux dans ses manifestations extérieures, ses racines profondes, les lois de son évolution, ses chances de vitalité : voilà pour la science positive la plus ample matière de travaux.

Travaux d'histoire, d'abord. Car le sentiment religieux, directement ou indirectement, a donné naissance à des faits sans nombre, il a laissé des traces de tous côtés. En collectionnant ces faits, en suivant ces traces, il faut chercher et retrouver les formes successives de la religion dans l'humanité. La linguistique y sert, car le développement du langage tient au développement des idées : le « folk lore » y contribue, car les croyances et les superstitions d'aujourd'hui contiennent un résidu de très anciens apports ;

enfin, l'étude des monuments écrits ou figurés a dans ce travail la plus large part. Il faut donc créer des bibliothèques spéciales, pour y recueillir les livres sacrés, les hymnes et les rituels ; ouvrir de vastes salles, pour y entasser les idoles, les représentations symboliques, les vases saints, les fétiches et les talismans. Le musée Guimet exposera les robes des prêtres, comme le musée d'artillerie expose les armures des guerriers ; il réunira les vieilles amulettes, comme le château de Saint-Germain les silex taillés et les colliers d'ambre ; il étalera les produits de l'idée religieuse, comme le Louvre les produits du sentiment esthétique.

Documents et faits sont des symptômes variés à l'infini, à travers lesquels l'anthropologie positive doit étudier les caractères persistants et les formes successives du sentiment religieux. Elle en observe la genèse, le développement, l'action et les effets, comme elle observe ceux des autres passions de notre vie morale, ou des autres illusions de notre vie intellectuelle. Dans l'homme qui voit son ombre sur le sable, son image dans les eaux ou son ami dans ses rêves, elle trouve ce fait primitif du « double », d'où peut-être est venue la croyance aux esprits et l'idée d'un autre monde ; et dans le métaphysicien qui construit un système sur l'autre monde, elle retrouve le fait primitif, la croyance du sauvage, et enfin un produit mieux élaboré d'une seule et même activité interne. Le sentiment religieux comme tous les autres dépend, pour une large part, de causes physiologiques, et relève de la psychologie expérimentale.

La morale positive enfin doit intervenir. Le sens religieux étant reconnu et analysé, il reste à savoir s'il est utile ou nuisible, et s'il y a lieu de l'atrophier au plus vite, ou de le conserver, ou peut-être de le soumettre à une nouvelle culture. Ce sens vient-il d'un développement normal de nos facultés ? Est-il au contraire une maladie, dont il importe de délivrer une bonne fois l'espèce humaine ? Ou peut-être une maladie de soi presque inoffensive, utile d'ailleurs pour préserver d'autres plus graves, excellente par suite à développer, à inoculer même, s'il en était besoin ? Ou enfin, faut-il garder le sens religieux, à titre provisoire, le laisser vivre dans les générations auxquelles il est venu par hérédité, l'employer quelque temps encore pour contre-balancer certains désordres moraux, tout en développant à côté des facultés nouvelles, destinées à le remplacer peu à peu ? Le positivisme autorise des solutions variées à l'infini ; M. Herbert Spencer, par exemple, éminent positiviste sans être positiviste exclusivement, prévoit un avenir où la morale et le sentiment religieux atteindront un degré de pureté à peine entrevu de nos jours ; en attendant, la morale inférieure et relative des primitifs, qui est encore en partie celle des contemporains, a reçu quelques services des formes imparfaites du sentiment religieux.

Dans les limites du positivisme, on trouve la science des religions et les études d'histoire religieuse ; mais il faut franchir ces limites pour devenir un homme religieux. Car, dans la mesure même où vous êtes religieux, vous êtes autre chose que savant ; rien ne vous empêche d'être les deux à la fois ; pour être radicalement différentes, la science et la religion ne s'opposent pas l'une à l'autre ; elles sont faites pour se superposer. La science remplit seulement une moitié de l'âme humaine ; à la religion, il reste l'autre moitié, la meilleure et la plus haute. Auguste Comte comprit cette vérité ; il voulut, outre le désir de savoir, contenter le désir de croire ; mais son erreur fut d'appliquer le même traitement à deux besoins d'ordre absolument divers, et de transporter dans le domaine de la croyance les méthodes des mathématiques. Au moment où la philosophie, en dégageant la religion des vieux dogmes et des vieux cultes, lui rendait son libre élan, il osa l'emprisonner de nouveau dans d'étroites formules, et l'asservir aux minuties d'un rituel. Sans insister sur l'accusation de ridicule, sa fondation religieuse fut une véritable hérésie dans l'ensemble des conceptions nouvelles ; l'expression même de « religion positive » est un non-sens. Par nature, la science est positive, la religion idéale.

En effet, pour les orthodoxes du parfait subjectivisme, la religion est un sentiment, rien que cela peut-être, mais du moins tout cela, le plus noble des sentiments, l'élan du cœur vers l'au delà. Ces mouvements de l'âme vont-ils à quelque être réel ou sont-ils une illusion sublime ? peu importe. S'il n'y a point, en réalité, de choses de l'au delà, il y a du moins très réellement notre croyance en leur vérité supérieure, et la force dont cette croyance nous remplit, et enfin tous les tressaillements du cœur devant l'idéal entrevu.

Ces intimes émotions de l'âme, c'est précisément la religion. Elle est une des formes de l'activité mentale, la pensée s'exerçant sur l'être des êtres, et le cœur se soumettant à lui.

L'évolution religieuse de l'humanité, c'est dans l'âme humaine le progrès de cette pensée et de ce sentiment. Les primitifs ont vu la divinité dans les forces de la matière, inexpliquées et invincibles ; ils l'ont confondue avec les esprits des ancêtres, survivants, pensaient-ils, et demeurés sur les confins de notre monde; ou bien, ils l'ont cherchée dans des êtres distincts de l'homme, et pourtant semblables à lui. Un peu plus tard, les philosophes ont été plus près de la vérité, lorsqu'ils ont conçu un Dieu esprit et un Dieu unique. Plus haute encore fut la doctrine de Jésus : dans le Dieu unique reconnu comme première cause et adoré comme souverain maître, il discerna l'ineffable attribut de la bonté; il l'appela Père, le pria, dit à ses disciples de l'aimer, et de s'aimer entre eux pour l'amour de leur Père commun. C'est là une phase importante entre toutes dans le développement de l'idée religieuse ; toutefois, il n'y a point de phase définitive ; après les symboles grossiers, il y a les symboles gracieux ou nobles ; mais, dans la succession des symboles, il n'y a point de terme, car il n'y a point d'absolu.

James Darmesteter était bien l'écho de cette philosophie, lorsqu'il écrivait, dans son livre un moment célèbre sur les *Prophètes d'Israël* : « La religion est le rêve que l'humanité, sous les appels du dehors et du dedans, tisse et déroule de sa propre substance, sur les fantasmagories de la nature, les étonnements de l'histoire, l'énigme de la destinée ; rêve traversé de cauchemars et d'extases, d'images difformes et sublimes, des souvenirs d'une animalité impure et des pressentiments d'un avenir ultra-humain; rêve interrompu, et toujours changeant ou toujours échangé; car la vision d'une race, d'un peuple, d'un homme, passe dans l'œil des races voisines, l'ébranle, peu à peu l'emplit tout entier. Ainsi s'en va l'humanité, s'éveillant d'un rêve pour s'assoupir dans un autre, heureuse si le nouveau est plus doux et lui dit un idéal plus noble. »

Séparée de la science et purement subjective, la religion est donc une idée, un sentiment, un rêve. Beaucoup se disent religieux qui s'abandonnent à ce rêve, en aiment le vague et l'incertain, et voudraient écarter toute question précise sur son objet. Et pourtant, il est impossible de n'entendre pas ces questions, tant elles viennent assiéger l'esprit, serrées et pressantes; il faudra chercher des hypothèses pour y satisfaire, ou, par un refus formel de répondre, les repousser violemment.

La seconde méthode est celle des « agnostiques ». Le mot vient d'Athènes, où saint Paul rencontra un autel « au Dieu inconnu — *agnôstos* ». Plus tard encore, en plein christianisme, saint Grégoire de Nazianze chantait à Dieu : « Seul vous demeurez inconnaissable — *agnôstos* — après avoir fait tout ce que nous connaissons. » Mais la philosophie du xixe siècle a profondément modifié l'antique idée de l'agnosticisme, et l'a réduite en système. Comme Kant reconnaissait l'être « nouménal », mais en ignorait l'essence. M. Herbert Spencer croit, sans pouvoir le définir, à l'être absolu existant en soi; sans bien concevoir la nature de la substance immatérielle, ni savoir si de telles substances répugnent ou non, il aurait scrupule d'en nier l'existence. Il y a pour lui deux régions : celle du connaissable, c'est-à-dire du phénomène et de l'expérience, et celle de l'inconnaissable, c'est-à-dire de l'au delà et de l'absolu. Dans le domaine du connaissable est le phénomène religieux, et il l'étudie ; dans le domaine de l'inconnaissable est l'objet de la religion, et il l'adore. Car, pour lui, l'agnosticisme est une religion : elle consiste à saluer avec respect les terres inaccessibles, à soumettre la raison humaine à la puissance mystérieuse toujours pressentie sans être jamais connue, et à demeurer prosterné sur le seuil de l'impénétrable sanctuaire.

Aux nuances près, l'agnosticisme a de très nombreux partisans. Littré en subissait l'influence, quand il écrivait sa phrase fameuse sur l'océan « pour lequel nous n'avons ni barque ni voile », mais dont nous apercevons de loin l'inaccessible immensité ; M. Ingersoll représente l'agnosticisme en Amérique; M. Wundt peut être compté parmi les agnostiques ; et aussi M. Renouvier, lorsqu'il se refuse à toute recherche métaphysique sur la nature de Dieu. Est-ce bien comprendre M. Auguste Sabatier que de le rapprocher de la même école ? Assurément, il n'y renferme pas sa pensée ; son esprit est trop largement ouvert pour recevoir un seul courant de doctrine, trop personnel pour ne pas transformer tout ce qu'il reçoit. Venu aux dernières années du siècle, son livre en rappelle toutes les conceptions religieuses et n'en reproduit aucune. Pourtant, c'est vers l'agnosticisme que l'auteur paraît incliner ; s'il n'en fait pas profession, il ne s'en défend pas non plus ; ses préférences sont pour Kant, non pour les idéalistes de la génération suivante, et l'agnosticisme est précisément un retour vers la forme pure du kantisme. L'agnosticisme inséré dans les formules chrétiennes et donné pour le pur christianisme, voilà l'originalité de l'ouvrage si remarqué il y a quatre ans : *Esquisse d'une philosophie de la religion, d'après la psychologie et l'histoire.*

« La religion n'est rien, dit l'auteur, si elle n'est pas l'acte vital par lequel l'esprit tout entier s'efforce de se sauver en se rattachant à son principe. Cet acte, c'est la prière... » Or, Jésus a trouvé la forme définitive de la prière et de la piété ; il nous a montré la route du salut. La force cachée qui agit au dedans de toutes choses, Dieu, s'est révélé à l'âme de Jésus ; en Dieu, il a trouvé le Père, et lui-même il s'est senti Fils. Et tout homme peut profiter de l'expérience religieuse de Jésus ; chacun peut éprouver au fond du cœur la même révélation, et par là devenir, comme lui, enfant de Dieu.

Ce sentiment filial est l'essence de la religion chrétienne ; et, indépendante de toute forme extérieure du christianisme, de toute église, de tout rite, de tout dogme, de tout livre et de l'Évangile même, de la pensée personnelle des apôtres et même de la pensée personnelle de Jésus, cette essence se confond avec l'essence de la religion. Voilà pourquoi le christianisme ne saurait périr dans la crise présente ; il est éternel, immuable, définitif ; il est la religion même. « Non seulement le christianisme n'a jamais été mieux compris que de nos jours, mais jamais la civilisation ou l'âme de l'humanité, prises dans leur ensemble, n'ont été plus foncièrement chrétiennes. »

A moins, répondront d'autres, qu'il ne faille dire, avec quelques transpositions de mots: « Jamais on n'avait donné du christianisme une définition plus foncièrement et plus exclusivement empruntée à la civilisation de nos jours et à l'âme de l'humanité contemporaine. » Et, pour venir de la définition traditionnelle à la définition moderne, le protestantisme a fait la moitié du chemin, le kantisme l'autre moitié. La dernière règle de la foi, mise par la Bible et par la tradition dans la parole de Dieu apportée surtout par Jésus et inviolablement gardée par son Église, le protestantisme l'avait transportée dans l'âme du croyant. Depuis deux ou trois siècles, les clairvoyants avaient reconnu là un principe dont l'évolution logique détruirait par la base tout christianisme et toute foi. M. Sabatier fait très logiquement évoluer le principe, et, s'il risque par là de n'être plus d'accord avec l'Évangile, il se trouve du moins en parfait accord avec Kant. Nulle révélation ne vient du dehors, mais du dedans, et elle « consiste dans la création, l'épuration et la clarté progressive de la conscience de Dieu dans l'homme individuel et dans l'humanité ». Toute connaissance religieuse a pour caractères essentiels d'être : subjective par sa nature et son origine ; téléologique par son procédé, n'expliquant rien scientifiquement, mais apaisant le cœur par la croyance en la sage direction du monde ; symbolique enfin, et exprimant par ses symboles non la nature divine, mais la façon dont le sujet se sent affecté par Dieu.

Ces trois caractères, le premier et le troisième surtout, impliquent tout justement l'agnosticisme. Agnosticisme tout d'abord par rapport à la grande figure qui commande et domine tout le christianisme et qui, disaient jusqu'ici les chrétiens, l'explique seule : celle de Jésus. « J'ignore d'où il vient, et comment il est entré dans le monde. » Assurément, il était homme comme nous tous ; il n'était point Dieu par identité ; et pourtant, il y avait en lui du divin. Mais qu'est-ce que le divin et qu'est-ce que Dieu ? Agnosticisme surtout par rapport à cette question, d'où tout dépend. Dieu existe, car il agit sans cesse ; il n'est point confondu avec le monde, car il y produit à chaque instant une nouvelle quantité d'être ; il n'est pas non plus extérieur au monde, mais, au contraire, présent au plus intime de toutes choses, il est l' « Être universel » et le « Dieu intérieur » ; il est la source, la force toujours invisible et toujours en acte, le germe, la virtualité, l'énergie, par laquelle le monde ne cesse de se surpasser lui-même ; il est spirituel, car « l'homme a besoin de s'affirmer que son esprit individuel ne dépend absolument de rien d'autre que d'une puissance spirituelle comme lui » ; il est donc sage et bon, et dirige tout à la vie des âmes et au progrès ; il est dans le monde l'infini coexistant au fini. Et dans cette coexistence consiste justement le mystère sans lequel la religion ne serait plus, « ce mystère initial du rapport, dans notre conscience, entre l'élément individuel et l'élément universel, entre le fini et l'infini, entre Dieu et l'homme. »

En appeler à un mystère, mais à un mystère qui, à la différence de ceux du christianisme, ne comporte point d'énoncés précis, c'est le propre de l'agnosticisme. La position est prudente: qui ne formule aucune thèse, comment peut-il être convaincu d'erreur ? — A moins que l'erreur ne consiste justement à croire impossible de rien formuler. N'affirmant rien, le sceptique absolu ne se trompe sur rien, sauf sur le droit fondamental de la raison à affirmer quelque chose. L'agnosticisme ne serait-il qu'un scepticisme partiel, et commettrait-il une erreur unique, mais singulièrement grave, en posant en principe l'impossibilité de rien savoir sur Dieu ?

Comme les sceptiques encore, les agnostiques gardent difficilement la parfaite neutralité. Certains ignorent l'existence de Dieu, aussi bien que sa nature ; mais alors pourquoi parler de religion ? La plupart affirment l'existence, et ignorent la nature divine seulement. Mais il est certaines ignorances sur la nature difficilement conciliables avec l'affirmation de l'existence. Croire en Dieu, sans savoir s'il est oui ou non distinct du monde, diffère-t-il beaucoup d'ignorer si oui ou non il y a un Dieu ? En fait, si l'on croit en Dieu, il faut bien en parler ; et dès lors, même les plus réservés laissent échapper des expressions compromettantes, qu'on ne peut s'empêcher d'interpréter. Si le Dieu intérieur, l'Être universel, l'Esprit que l'homme a besoin d'affirmer, est seulement une fiction de notre intelligence, ou encore s'il est une partie du monde, la plus noble, l'énergie germinatrice de toutes choses et de nous-mêmes, mais enfin quelque chose de nous, que peuvent bien signifier nos adorations, nos prières, notre confiance surtout et ces « immortelles espérances » dont on nous parle de temps en temps, sans les expliquer jamais ? Si, au contraire, Dieu est bien vraiment un être distinct de tous les autres, une personne sage et bonne, et, comme disaient les patriarches, un

Dieu « vivant et voyant », pourquoi ne serait-il pas aussi un Dieu parlant et agissant ? Qui pourrait l'empêcher d'intervenir dans le monde, de donner certains signes de sa présence et de son action, de faire connaître la vérité à chaque homme par lui-même, ou à la foule par des intermédiaires de son choix ? Si l'on admet le Dieu personne, la voie est ouverte à toutes ces manifestations divines, Stuart Mill le reconnaissait hautement. Et nous voilà ainsi ramenés sur le grand chemin de la démonstration chrétienne. A tout le moins, l'agnostique ne peut écarter, d'abord et absolument, la possibilité de telles révélations. Car, s'il est dans une totale ignorance et ne choisit pas entre les diverses hypothèses sur la nature de Dieu, il ne rejette donc pas l'hypothèse du Dieu personnel, vivant et libre, ni par suite du Dieu venant l'instruire de ce que, autrement, il ignorerait toujours ; et, si l'histoire parle d'une révélation de cette sorte, il ne peut se dérober sans du moins examiner les témoignages.

La plupart des penseurs venus après Kant ne sont pas restés captifs et muets dans l'agnosticisme. Ils ont maintenu les principes du criticisme : Dieu est scientifiquement inconnaissable ; si l'on propose une théorie sur sa nature, c'est affaire de métaphysique, et toute métaphysique, dépassant l'expérience, est affaire de conjectures ; si l'on se résigne à dire comment on le conçoit, cette conception est toute personnelle et idéale, et ne prétend à aucune valeur objective, sinon dans la mesure inconnue où peut-être les objets répondent à nos idées. Ces réserves fondamentales faites ou supposées, idéalistes et métaphysiciens se sont donné carrière sur le problème religieux.

L'objet de la religion, c'est l'être premier et suprême ; donc, telle sera l'hypothèse sur la nature de Dieu, telle sera l'hypothèse sur l'objet, la nature et la valeur de la religion. Or, parmi les philosophes de cette école, la tendance est de rejeter la supposition d'un Dieu transcendant, distinct du monde et créateur, et de lui préférer celle de l'immanence divine. Dieu est dans le monde, ou plutôt il est le monde, et le monde est Dieu. Il n'y a qu'un seul être, l'*un* de Fichte, l'*absolu* de Schelling, l'*idée* de Hegel, la *volonté* de Schopenhauer, l'*inconscient* de Hartmann ; car tous ces théoriciens, dont le langage diffère et dont les explications se contredisent, s'accordent à peu près sur la /conception fondamentale du « monisme ». Le grand tout, ou mieux le « cosmos », est une seule substance, si la substance existe, ou un seul ensemble de phénomènes ; un seul absolu, s'il y a de l'absolu, ou un seul système de relations. L'ancien panthéisme identifiait un peu lourdement le grand tout avec Dieu ; pour le monisme, l'ensemble des choses est Dieu, seulement si l'on en considère le plus noble aspect. Il faut en prendre non les incessantes modifications, mais le fonds immuable ; non l'être phénoménal, mais l'être permanent ; non la partie, mais le tout. Chaque être partiel est contingent, produit, enserré dans d'étroites limites ; l'être total est nécessaire, incréé, infini. Car il n'y a rien en dehors de l'être total ; et l'infini, c'est précisément l'être en dehors duquel rien n'existe ; et l'être infini, c'est Dieu.

La définition semble-t-elle contestable ? L'être infini doit-il plutôt être conçu comme l'être parfait ? Alors, le cosmos, imparfait encore, n'est pas encore Dieu, mais il tend à se diviniser. C'est la conception d'une partie des monistes, surtout dans l'école de Hegel. L'abîme laissé par Kant entre le sujet et l'objet, Hegel l'a comblé en niant la distinction même de ces deux termes. Le monde paraît être un unique sujet, une pensée unique, qui se fait objet en se pensant elle-même. Elle existe, elle s'oppose relativement à elle-même, elle revient enfin sur soi ; et, dans cette troisième phase, cette idée, qui est Dieu même, prend conscience de soi. Mais elle est loin du terme de son évolution ; elle est un Dieu toujours en train de se faire, et dont la perfection absolue apparaît seulement dans le lointain, comme but suprême du perpétuel devenir. La théodicée hégélienne a été développée et soutenue en France par Vacherot, du moins au temps où il écrivait *la Métaphysique et la Science*. Elle a surtout été vulgarisée par Renan ; plus la science, disait-il, perfectionne le monde, plus Dieu devient : le but de la science, c'est justement « d'organiser Dieu ».

Donc, révérer tous ces mystères, abaisser l'être partiel et éphémère devant l'être éternel et total, soumettre à la grande et unique puissance chaque atome de vie individuelle, perdre son étincelle dans l'immense foyer, ou bien servir, en travaillant au progrès, le Dieu présent dans le monde et conscient dans l'humanité, ou encore s'associer à l'effort du cosmos en travail de l'être divin et de loin adorer le dernier terme de cette évolution, c'est là, suivant les cas et les systèmes, avoir l'âme profondément religieuse.

Ainsi ont pensé, ainsi ont dit, à leurs heures de recueillement religieux, les grands meneurs du mouvement philosophique. Les grands incrédules ont dit de même, à leurs heures de piété. Les lyres, et surtout celle de Victor Hugo, se sont faites l'écho sonore des métaphysiques entendues dans le lointain. Et enfin, dans la vieillesse du siècle, quand personne à peu près ne croit plus à un système d'ensemble, les météores évanouis de l'idéalisme ont laissé une poussière répandue dans l'espace, et que nous respirons : la religion est une tendance vers le bien, le beau et l'au-delà, dégagée de toute affirmation dogmatique, de toute pratique et de toute forme positive, un simple mouvement de la pensée et du cœur vers Dieu, conçu comme « la catégorie de l'idéal ».

Pourtant, ces théories ne sont pas et ne seront jamais populaires. Les hommes d'études les rencontrent sans cesse, et par suite les jugent extrêmement répandues. Mais peut-être le sont-elles seulement dans le milieu où ils vivent eux-mêmes, et où s'agitent les idées. En se transportant dans d'autres régions, en descendant vers les masses, on trouverait une atmosphère plus saine, ou, pour ne pas préjuger la question, une atmosphère différente. Le peuple n'arrive pas facilement à concevoir le culte rendu à une abstraction ; sa pensée ne s'exerce pas sur un objet vide de toute réalité ; son cœur ne va pas à la catégorie de l'idéal ou du devenir. Pour lui, la seule vraie logique sera toujours celle d'Élie, quand sur le Carmel il criait aux sujets d'Achab : « Jusqu'à quand boiterez-vous entre deux partis! Si Jahveh est Dieu, marchez à sa suite ; et si c'est Baal, allez après lui ! » Et pourquoi, dit la foule, boiter entre la religion d'autrefois et la science d'aujourd'hui ? S'il y a toujours un créateur et un maître, servons-le comme jadis ; mais, si rien ne dépasse la hauteur du monde, oublions jusqu'au nom de Dieu !

En raisonnant ainsi, le peuple ne montre pas, comme parfois, une logique grossière et lourde, se portant droit aux extrêmes, mais incapable de saisir la nuance juste et l'exacte vérité, et pour cette raison dédaignée à bon droit des intelligences supérieures.

Ici, il fait preuve seulement de naturelle rectitude. Nombre de penseurs l'ont déjà reconnu ; d'autres ne peuvent manquer de le reconnaître demain ; car là est la vérité, et la réaction contre la religion sans Dieu personnel n'est pas seulement populaire, elle est scientifique et philosophique. En 1874, Édouard de Hartmann proposait de se rallier à « un monothéisme immanent impersonnel, dont la divinité a le monde, sa manifestation subjective, non pas hors de soi, mais en soi ». C'était la conclusion de sa *Religion de l'avenir*. M. Guyau répondit, en 1887, en publiant l'*Irréligion de l'avenir*. Le corps de l'ouvrage admet, il est vrai, des distinctions que le titre paraît exclure ; mais du moins ce titre radical traduit dans une formule nette la pensée d'esprits logiques, fatigués d'entendre l'athéisme parler la langue de la théologie.

En effet, si le sanctuaire est vide, pourquoi rester prosterné ? Si les dieux s'en sont allés, pourquoi s'obstiner à les chercher encore ? Si la science explique tout, ou si, en tout cas, l'« hypothèse Dieu » n'explique rien, pourquoi s'attarder aux formules usées et aux mots vides de sens ? Si, toute périphrase écartée, il n'existe que moi, des hommes pareils à moi, et de la matière brute, ma religion est de m'adorer moi-même, ou d'adorer une fiction de mon esprit ; l'un et l'autre est également vain. On parle de cultiver pour lui-même le sentiment religieux ; mais ce sentiment n'est rien, s'il ne va pas à un objet réel. Le sentiment filial est noble et pur entre tous ; et pourtant, dans un monde où chaque homme existerait par lui-même, la suppression des parents entraînerait la suppression du sentiment filial. Ainsi du sentiment religieux : s'il répond à l'ordre objectif des choses, il passe avant tous les autres, et il faut s'en remplir le cœur ; s'il ne tend à rien, il devient la dernière des niaiseries.

Voilà pourquoi enfin, la conception religieuse destinée, selon toute apparence, à périr prochainement, c'est justement la plus propre au XIXe siècle, celle de la religion fidèlement gardée dans le cœur de l'homme, mais sans Dieu pour terme objectif, du culte respectueusement rendu à l'ensemble des êtres, à la force des choses, à l'aspect nécessaire et absolu de ce cosmos, dont l'adorateur lui-même représente pour une part l'aspect contingent et relatif. Ce rêve mystique ne peut durer, où l'homme demeure en crainte, en respect et en prière devant son ombre. Rendue à la claire vue des choses, la pensée humaine se réveillera parfaitement athée, ou religieuse comme jadis.

* *

Elle doit se réveiller religieuse : tout le mouvement du siècle est dans ce sens, et la saine raison l'exige.

Pour se réveiller religieuse comme jadis, le « néo-christianisme » ne suffit pas. Cet élégant éclectisme, qui dans l'enseignement du Christ prend la morale et néglige le dogme, prête, lui aussi, à trop d'équivoques, et ne rétablit pas la religion sur de fermes assises.

D'autre part, il ne s'agit pas pour la philosophie religieuse de renoncer au travail de cent années, et de retourner tout simplement au point où l'on était au siècle précédent. C'est l'honneur de notre époque d'avoir estimé, étudié, décrit, comme on ne l'avait pas fait encore, le sentiment religieux ; son erreur et sa faute, c'est d'avoir arraché la plante, de l'avoir analysée quand la tige était encore verte et les fleurs encore fraîches, et d'avoir cru qu'elle pouvait pour toujours se passer du sol. Il faut admirer et conserver le travail fait, mais replanter la fleur.

La rendre au sol, ce serait rejoindre le sentiment religieux à son objet. Cela encore, on peut le faire sans rejeter les acquisitions d'un siècle d'études philosophiques. La critique des sources de la connaissance hardiment tentée par Kant, trop hardiment même, car l'entreprise dépassait les limites du possible ; puis la critique du système de Kant, faite par ses continuateurs et par ses adversaires ; tous ces flux et reflux d'opinions autour des mêmes idées ont singulièrement fait gagner ce traité philosophique de la connaissance humaine. On en voit de mieux en mieux le mécanisme, le champ d'action et les bornes ; et nul ne se refuse à en constater les caractères subjectifs. Nous ne pouvons sortir de nous-mêmes et pénétrer dans l'objet ; en ce sens, nous l'atteignons non en lui-même, mais dans nos propres actes. Atteignant tout par l'intermédiaire de nos facultés, dont chacune perçoit seulement un aspect des êtres, notre science n'est jamais totale et parfaite, mais toujours incomplète et fractionnée, limitée à la mesure de nos instruments intérieurs de perception.

Toutefois, affirmer ces côtés subjectifs de la connaissance, ce n'est pas en ébranler la valeur objective. Autre chose est une perception qui s'exerce au moyen d'actes subjectifs, autre chose une perception qui se termine aux actes et aux modifications du sujet ; et encore, autre chose est d'atteindre l'objet incomplètement, partie par partie, selon le pouvoir du sujet, autre chose de ne l'atteindre nullement, ou de le déformer en lui attribuant des qualités qui ne soient qu'en nous-mêmes. Or, le fameux principe, que nous ne pouvons connaître la chose en soi, renferme de fâcheuses confusions entre des notions si différentes. Il faut l'abandonner résolument, et placer dans les fondements de toute philosophie, spécialement de la philosophie religieuse, l'affirmation opposée, que notre esprit atteint dans une large mesure les propriétés essentielles et la vraie nature des objets.

Cette affirmation, l'invincible entraînement du bon sens l'impose ; mille arguments indirects l'appuient ; la vérification et la comparaison de nos connaissances la confirment : mais on n'en donnera jamais une démonstration, où nulle proposition ne passe sans être accompagnée d'un raisonnement qui la prouve. Ce n'est pas faiblesse de la thèse réaliste, c'est ordre naturel des choses, et impossibilité métaphysique d'un autre procédé.

Car toute démonstration, si on la vérifie jusqu'à ses éléments derniers, suppose des vérités indémontrables, deux à tout le moins. Un enchaînement de propositions se prouvant l'une l'autre, sans une vérité première pour support, répugne tout juste comme un enchaînement d'êtres se causant l'un l'autre, sans être premier existant de soi. L'affirmation de l'objectivité de la connaissance suppose comme immédiatement acquise la valeur objective de certains faits et de certains principes premiers. C'est une nécessité absolue. Tout réalisme est radicalement impossible, si l'on n'admet sans démonstration la connaissance directe et évidente de ces quelques faits et de ces quelques principes, c'est-à-dire si l'on ne réunit immédiatement l'objet et le sujet. Pour passer de l'un à l'autre, Kant cherchait un pont ; quiconque se laisse enfermer avec lui dans l'îlot du subjectivisme se condamne à le chercher comme lui. L'illusion est de vouloir un intermédiaire artificiel, là où il en existe un naturel et nécessaire. Du sujet à l'objet, le fossé n'est pas si large ; mais qui veut garder toujours les deux pieds sur le même bord ne le franchira jamais : il faut mépriser un injustifiable vertige, poser un pied sur chaque rive, et traverser d'un pas. Cet acte unique, c'est la connaissance même, subjective et objective à la fois, assimilation du sujet à l'objet, expression vitale de l'objet par le sujet. Aux premières vérités, directement connues, l'esprit donne son assentiment sans preuve, mais non sans raison suffisante ; en vertu non d'une foi aveugle, mais de la claire vision ; il accepte pour motif l'évidence, non faute de mieux, mais parce qu'il n'y a pas d'autre motif possible, ni d'autre motif meilleur. Quelle que soit, en effet, la valeur d'une démonstration, elle ne fait jamais que nous donner laborieusement l'évidence ; et cette même évidence du vrai, raison dernière de tous nos assentiments, nous la trouvons brillant d'elle-même dans les premiers faits et les premiers principes. Si nous nous rendons à sa force lorsqu'il s'agit des conclusions éloignées des sciences, il est bien plus raisonnable encore d'y céder lorsqu'il s'agit des premières vérités, qu'elle éclaire de toute sa splendeur.

L'esprit moderne a surtout hésité au point de départ de la connaissance. Le premier pas franchi, il ne reste plus d'obstacles dans la voie du réalisme. Faits et vérités objectives se tiennent et s'appellent ; et bientôt, force est de reconnaître que, si nous ne savons le tout de rien, nous sommes du moins, sur la nature des choses, largement renseignés.

Et la partie connue suffit amplement pour nous faire remonter à Dieu. Pour cela, il faut, il est vrai, passer par le principe de causalité. Mais c'est là un échelon solide. La philosophie contemporaine n'admet-elle pas ce principe, et jusqu'à en abuser, lorsqu'elle penche vers le déterminisme ? Pourquoi, lorsqu'elle en fait l'examen critique, refuserait-elle d'en reconnaître l'évidente et objective vérité ? Pourquoi ne pourrait-elle fonder des conclusions fermes sur un principe auquel, dans les sciences physiques et historiques, dans la jurisprudence aussi et dans l'art du gouvernement, on appuie chaque jour sans scrupule les conséquences les plus graves pour la vie des individus ou des peuples ? Rejeter ces exemples, en reconnaissant au principe une valeur empirique, et en doutant de sa valeur nouménale, c'est ne rien répondre. Car les applications rappelées ici s'étendent bien jusqu'aux choses en soi, et de plus la distinction proposée semble absolument sans portée, là où il s'agit d'un principe transcendant, dont les termes sont applicables partout où se vérifie une notion absolument première, prise dans sa plus large signification.

Le principe de causalité conduit à l'être premier et nécessaire. Et l'idée d'être nécessaire est de tous points incompatible avec la nature et les propriétés de chaque partie du monde visible, et par suite avec l'ensemble. Ce premier être est donc non confondu avec les autres, comme voudraient les panthéistes ou les monistes, mais au contraire radicalement et totalement différent de tous les autres : cause des autres, et les tenant tous dans la dépendance de lui même la plus absolue; cause à la fois la plus éloignée et la plus immédiate, car c'est la cause d'où dépend tout être en raison même de ce qu'il a d'être, et de laquelle par suite l'influence s'étend des plus hauts sommets jusqu'aux derniers degrés et jusqu'aux extrêmes limites, et pénètre jusqu'aux intimes replis; pure perfection enfin et pure actualité, sans nul mélange de possibilité ou de devenir, car l'être capable de recevoir et d'acquérir ne saurait être la cause absolument première et indépendante ; un seul nom l'exprime bien : « Celui qui est. »

Ce nom, où se vérifie le sens plein du mot « être », nous demeure incompréhensible. La philosophie catholique l'avoue; ou mieux elle le proclame, et nul prétexte de lutte contre l'agnosticisme ne lui fera renier une de ses plus anciennes et solennelles affirmations. Dans la vie présente, Dieu nous est, non pas inconnaissable, mais invisible ; le raisonnement nous révèle son existence et en partie sa nature; l'analogie du monde créé, image ressemblante mais incomplète du Créateur, nous aide à le concevoir et à parler de lui. Aussi, faisons-nous au symbole une large place dans l'expression de nos pensées théologiques. Seulement, d'après l'agnostique, notre science s'arrête au symbole, ou connaît seulement en lui les émotions de l'âme, et en tout cas ne connaît rien de la nature divine; d'après le catholique, elle dépasse le symbole et entrevoit la chose symbolisée. Si, en parlant de Dieu, nous accumulons les comparaisons et les images, et si la Bible multiplie ses grandioses anthropomorphismes, n'est-ce pas pour exprimer quelque chose de Dieu lui-même ? et connaître ces symboles comme symboles, n'est-ce pas les traverser et découvrir au delà un reflet de leur objet divin ?

De plus, le catholique hésite à dire — bien qu'il pût le faire en expliquant le mot — que notre connaissance de Dieu est symbolique tout entière. A côté des expressions métaphoriques, symboliques au sens propre, « feu, rocher, pasteur d'Israël », nous appliquons à Dieu d'autres termes qui lui conviennent sans nulle métaphore ; nous l'appelons en toute vérité « sage, juste, saint, bon, vivant ». Sans doute, aucun mot de la langue humaine ne lui convient sans correction ; mais il y a des corrections de deux sortes. Il faut rectifier l'idée même de feu, non l'idée même de bonté. Il faut dégager celle-ci de certaines manières d'être, toujours mêlées à la bonté créée ; mais faire tomber ces scories, ce n'est rien enlever à l'idée de bonté, c'est la séparer de tout alliage et la faire briller de son propre éclat. Ainsi, les plus pures perfections créées, celles où la matière n'a point de part, nous donnent de la nature divine une idée positive et formellement vraie ; le propre de Dieu, c'est d'égaler cette idée tout entière, et l'idée de toute perfection, en étant par essence l'être même.

Attribuer à la cause première tout ce que nous connaissons d'être, mais avec un excès infini, et en écarter tout défaut et tout non-être, c'est le procédé de l'esprit s'élevant à la connaissance de Dieu. « Nous le connaissons, répétait saint Thomas, après l'auteur des *Noms divins*, comme cause, et par excès, et par négation. » Sans nous révéler sa perfection entière, cette méthode ne nous laisse point l'ignorer totalement ; sans nous donner l'idée complète de ses rapports avec nous, — car le père, le maître, l'ouvrier humains n'auront jamais cette autorité, ce domaine, cette souveraine indépendance, — elle nous permet de découvrir la place relative de Dieu, la nôtre et celle des autres êtres dans l'ensemble de l'univers.

L'existence de Dieu, sa perfection et ses rapports avec nous, voilà des vérités dont la reconnaissance pratique est exigée par la nécessité de vivre conformément à l'ordre. Ainsi naît la religion même, et la vraie religion. Soumettre tout l'être au Créateur de l'être tout entier, remercier l'universel bienfaiteur, demander pardon à l'auteur et au gardien de toutes les relations des choses d'avoir par des fautes volontaires troublé ces relations, se recommander avec confiance au Maître et au Père de tous, voilà l'expression vivante et agissante de la vérité spéculative. Et telle est dans son essence la religion. Fondée sur la nature et l'ordre, elle sera très justement appelée naturelle ; elle aura pour partie théorique et pour dogme la connaissance de Dieu et de nos rapports avec lui ; pour pratique et pour culte des actes intérieurs et extérieurs choisis et déterminés par la libre volonté de l'homme, et propres à exprimer ces rapports. Elle sera avec la morale dans la plus étroite connexion, sans pourtant se confondre entièrement avec elle. Donner à la morale un fondement inébranlable, et le seul possible, en orientant la vie vers Dieu, son terme nécessaire, c'est le rôle de la religion ; prescrire les devoirs envers Dieu, c'est la plus importante partie de la morale. La morale s'étend plus loin que la religion, car elle assigne aussi des devoirs envers les créatures ; mais elle ne peut commander qu'au nom de Dieu, et par suite, sans l'appui de la religion, toutes ses prescriptions seraient vaines. La religion, du moins la religion pratique, est une partie de la morale ; mais c'est, comme la tête ou le cœur dans l'organisme, une partie où la vie de l'être entier plonge ses racines.

Religion et morale naturelles seront tout à la fois nécessaires et suffisantes, si Dieu ne manifeste aucune volonté positive, ne règle pas lui-même la façon dont il désire être honoré, n'invite pas l'homme à entrer avec lui dans de nouvelles et plus intimes relations. Le fils doit témoigner au père son respect, sa déférence, son affection. Si le père n'exprime aucune volonté particulière, quelques signes de ces sentiments, manifestés à propos, seront tout le devoir du fils. Si le père parle, et demande tel genre de services, telle marque de respect et tel témoignage d'affection, le devoir du fils sera d'obéir aussitôt, et de rendre ses devoirs au père, en la forme voulue par lui. Ainsi en va-t-il de Dieu et de l'homme. La religion naturelle suffit, et l'homme peut en fixer à son gré la forme et les rites, jusqu'au jour où Dieu parle et prescrit la manière dont il lui plaît d'être honoré. Il peut librement faire ou ne faire pas cette manifestation de lui-même et de sa volonté ; donner aux hommes des commandements précis et déterminés ; leur apprendre sur sa propre nature, connue mais incomplètement par la raison, des vérités nouvelles ; leur offrir, de ses trésors infinis, des richesses surabondantes, auxquelles l'ordre naturel des choses ne leur donnait aucun droit. S'il le fait, ses communications doivent être reçues avec une humble reconnaissance et ses ordres exécutés.

Sur la possibilité de telles révélations divines, l'incrédulité a soulevé des difficultés nombreuses, mais, la réflexion force à en convenir, de peu de valeur. Le Dieu personnel et vivant peut transmettre sa pensée ou ses ordres à la personne créée ; il peut lui parler, soit en imprimant directement les idées divines dans l'esprit, soit même en faisant mouvoir les éléments matériels, air sonore ou objets visibles, de manière à former des signes, proportionnés à la nature sensible de l'homme ; pour rendre croyables ses communications, ou pour autoriser les messagers chargés de les transmettre à la foule, rien ne l'empêche de produire des faits impossibles à toute créature, auxquels on reconnaisse sans erreur sa présence et son action. Refuser un tel pouvoir à l'auteur premier de tout langage, de toute autorité, de tout commerce des hommes entre eux, et le mettre par là dans une situation inférieure à celle de ses créatures, serait d'une logique sans fermeté et d'une métaphysique sans profondeur. Et donc, puisque la possibilité d'une religion révélée apparaît évidente à l'esprit, il restera seulement à discuter la question de fait. Y a-t-il eu révélation ? S'il existe une religion se disant révélée de Dieu, fournit-elle les preuves de son origine ? Si plusieurs se prétendent également révélées, l'une d'elles a-t-elle des marques divines, dont les autres soient dépourvues, peut-elle répondre aux arguments de ses rivales, et enfin montre-t-elle en sa faveur des titres exclusifs ?

Pour rappeler en quelques mots tout ce procédé logique, pour marquer les principales étapes de l'homme en quête de la religion vraie, pour donner, dirait un théologien, l'esquisse des présupposés rationnels de la foi chrétienne, il a suffi d'avoir présents à la pensée quelques chapitres et quelques canons dogmatiques du concile du Vatican. Rien de lumineux et de grand comme les solennelles assertions contenues dans la constitution *Dei Filius* ; rien de plus moderne non plus, ni qui entre plus avant dans les questions présentes ; la postérité lointaine, à qui n'apparaîtront que les sommets, verra d'un côté les conceptions religieuses sorties du criticisme, et, tout à l'opposé, la déclaration conciliaire. Pour le fidèle, cet exposé doctrinal s'impose comme règle dogmatique. Pour tout penseur étranger à l'Église, il doit du moins être lu et examiné comme l'authentique expression de la doctrine catholique. Éclairant la marche de la raison humaine, et partant de la première connaissance qu'elle a du monde, le concile marque les points principaux de la route par où elle arrivera jusqu'à l'Église. Aux théologiens de scruter les détails ; on pourra douter parfois si telle ou telle de leurs explications tient nécessairement à l'enseignement catholique ; mais, pour les traits de première importance, ceux d'où tout dépend, la grande assemblée les a mis en pleine lumière. Imaginez à l'infini des systèmes sur la philosophie de la religion ; entre les points fixés par les Pères du Vatican, cherchez des chemins ou des sentiers nouveaux, peut-être en trouverez-vous, car il peut en exister plusieurs : mais du moins, pour avoir la pensée de l'Église, passez par tous les endroits marqués : si vos systèmes ne rencontrent pas chacun d'eux, ils sont par là même en dehors de la doctrine catholique ; s'il les rencontrent tous, vous ne vous égarez pas.

Voici, groupés de manière à en montrer toute la force et aussi toute la cohésion, ces points solennellement définis :

« La sainte Église notre mère tient et enseigne que, par la lumière naturelle de la raison humaine, Dieu, principe et fin de tout ce qui est, peut être connu avec certitude au moyen des choses créées. Car, depuis la création du monde, ses invisibles perfections sont vues par l'intelligence des hommes, au moyen des êtres qu'il a faits. — Si quelqu'un dit que le Dieu unique et véritable, notre Créateur et Seigneur, ne peut être connu avec certitude par la lumière naturelle de la raison humaine : qu'il soit anathème.

« La sainte Église catholique, apostolique, romaine, croit et confesse qu'il y a un seul Dieu vrai et vivant, Créateur et Seigneur du ciel et de la terre, tout-puissant, éternel, immense, incompréhensible, infini en intelligence, en volonté et en toute perfection. Étant une substance spirituelle unique, absolument simple et immuable, il doit être déclaré distinct du monde en réalité et par son essence, bienheureux en lui-même, et par lui-même et indiciblement élevé au-dessus de tout ce qui est et peut se concevoir hors de lui. — Si quelqu'un nie le seul vrai Dieu, Créateur et Seigneur des choses visibles et des invisibles ; ou ne rougit pas d'affirmer qu'il n'existe rien en dehors de la matière ; ou prétend que la substance ou l'essence de Dieu et de toutes choses est une et la même ; ou dit que les choses finies, soit corporelles, soit spirituelles, ou du moins les spirituelles, sont émanées de la substance divine ; ou enseigne que l'essence divine devient toutes choses par la manifestation ou l'évolution d'elle-même ; ou soutient enfin que Dieu est l'être universel et indéfini qui, en se déterminant, constitue l'ensemble des choses et leur distinction en genres, en espèces et en individus : qu'il soit anathème.

« Par la lumière naturelle de la raison, Dieu peut être connu avec certitude : néanmoins il a plu à sa sagesse et à sa bonté de se révéler lui-même, et les éternels décrets de sa volonté, par une autre voie, et cela par une voie surnaturelle, suivant ce que dit l'Apôtre : « Après avoir parlé autrefois à nos pères à plusieurs « reprises et de plusieurs manières par les prophètes, de nos « jours enfin Dieu nous a parlé par son Fils. » Et il a plu à Dieu de joindre aux secours intérieurs de l'Esprit-Saint des preuves extérieures de sa révélation, c'est-à-dire des faits divins, surtout des miracles et des prophéties, qui, manifestant clairement la toute-puissance et la science infinie de Dieu, font reconnaître la révélation divine à des signes très certains et appropriés à l'intelligence de tous. — Si quelqu'un dit qu'il ne peut se faire ou qu'il n'est pas expédient que l'homme soit instruit, par révélation divine, sur Dieu et sur le culte à lui rendre ; ou nie que la révélation divine puisse être rendue croyable par des signes extérieurs, et soutient par suite que les hommes doivent être amenés à la foi seulement par une expérience interne et personnelle, ou par une inspiration privée : qu'il soit anathème.

« Or, afin que nous puissions satisfaire au devoir d'embrasser la foi véritable et d'y persévérer constamment, Dieu par son Fils unique a institué l'Église, et il l'a revêtue de signes manifestes de son institution, de telle sorte qu'elle puisse être reconnue de tous comme la gardienne et la maîtresse de la parole révélée. Car c'est à la seule Église catholique qu'appartiennent toutes ces marques si nombreuses et si frappantes, ménagées par Dieu pour rendre évidente la crédibilité de la foi chrétienne. Bien plus, à cause de son admirable propagation, de sa sainteté éminente, de son inépuisable fécondité en toutes sortes de biens, de son unité catholique et de son invincible stabilité, l'Église est par elle-même un grand et perpétuel motif de crédibilité, et un irréfragable témoignage de sa divine mission. Ainsi, comme un étendard élevé aux yeux des nations, elle invite et attire ceux qui n'ont pas encore cru, et assure à ses enfants que la foi qu'ils professent repose sur un très ferme fondement. »

Le caractère le plus frappant de cette grande déclaration catholique, c'est assurément son caractère réaliste et objectif : Dieu est un être personnel, distinct du monde comme l'ouvrier de l'ouvrage ; la religion est, entre l'homme et Dieu, un ensemble de rapports de personne à personne, réglés par la volonté personnelle de Dieu ; la révélation est un fait, le plus important de tous, mais enfin semblable aux autres, et vérifiable par l'étude, comme tout autre événement de l'histoire ; d'autres faits extraordinaires servent de preuve et de marque pour reconnaître le fait principal, mais ces événements miraculeux eux-mêmes sont attestés par des témoignages et des documents humains. Donc enfin, s'il appartient à la philosophie de nous assurer de la possibilité d'une révélation, il appartient à la critique historique de nous faire reconnaître la vérité de son existence.

Et par ce caractère objectif et réaliste, la doctrine catholique est radicalement séparée des doctrines kantistes sur cette question capitale de la religion et des religions.

Pour l'ensemble des philosophes kantistes ou hégéliens, la religion est une idée, un sentiment, une création de l'âme humaine altérée d'idéal. Cette idée s'incarnera sous toutes les formes nommées au pluriel « religions », plus parfaitement dans les plus parfaites, d'après les temps et d'après l'état des esprits ; mais elle sera distincte d'elles toutes et ne s'emprisonnera définitivement dans aucune ; chaque forme religieuse aura son degré de perfection, mais, comme toute autre pensée humaine, elle restera toujours essentiellement relative, et n'atteindra jamais l'absolu.

A l'opposé de cette théorie, et des nuances et des modifications sans nombre qu'elle peut revêtir, les catholiques, serrés dans leur unité compacte, conçoivent la religion comme l'expression pratique des rapports entre l'homme et Dieu ; telle est sa nature abstraite et universelle. Par suite, il y aura, dans l'ordre concret, religion fausse, lorsque ces rapports seront mal conçus ou mal traduits par les formes du culte ; religion vraie, lorsque ces rapports seront conçus et exprimés en toute vérité, conformément aux lois nécessaires du monde et aux libres décrets de Dieu. En fait, la créature humaine s'étant détournée de Dieu, sa fin, il a plu à ce même Dieu de l'y rappeler par Jésus-Christ. La tendance vers Dieu par le Christ, et par les moyens voulus du Christ, voilà l'essence du christianisme. Puisque le Christ a confié ses moyens de salut à une société humaine, cette société sera par là même la vraie société chrétienne, donc aussi la vraie société religieuse. Or, l'Église catholique affirme être précisément cette société.

Elle ne donne pas sa doctrine et son culte pour la seule forme religieuse possible. Loin d'être seul possible, le catholicisme n'existerait même pas, s'il n'avait été positivement institué. Mais, puisque en fait Dieu s'est révélé à l'homme, a surélevé par une libéralité toute gratuite sa fin et les moyens d'y tendre, et a décidé de « tout renouveler dans le Christ » unique auteur du pardon et de la grâce, dans cette hypothèse, c'est-à-dire dans l'état historique de l'humanité, le catholicisme se dit la seule forme religieuse légitime, répondant à la fois à toutes les relations nécessaires des êtres et à toutes les institutions positives, aux immortelles espérances de l'âme et aux ineffables intimités du Créateur, en un mot à toutes les exigences de l'ordre naturel des choses et à toutes les libres dispositions de la générosité divine par rapport à l'ordre surnaturel. Le catholicisme est, en fait, la seule vraie religion.

Si l'on nie ses principes fondamentaux sur Dieu et sur la possibilité des communications divines, l'Église répond par la haute métaphysique de ses docteurs, héritiers eux-mêmes de la sagesse traditionnelle des grands penseurs de l'humanité. Si on nie le fait de la révélation, elle le prouve par les documents authentiques, et par les traces mêmes du fait, subsistantes dans l'histoire. Pour confirmer ces preuves de raisonnement et ces preuves positives, elle en appelle au témoignage de la conscience, à nos plus intimes besoins, aux plus hautes envolées de nos désirs, montrant dans sa doctrine, sa morale et ses espérances, le complément, sinon nécessaire, du moins souverainement convenable, de toutes les capacités de la nature humaine. Elle ne s'effraie pas des théories opposés à la sienne. Depuis dix-neuf siècles, elle en a vu beaucoup d'éphémères naître et passer, beaucoup des plus tenaces s'user et s'amoindrir peu à peu. Aux systèmes d'aujourd'hui, elle montre ou leurs faux points de départ, ou leur manque de logique, ou leur impuissance à rendre compte de certains faits capitaux de l'histoire.

Et, pour tous ces motifs, elle prétend à bon droit représenter la seule religion destinée à durer. Déjà — le progrès tendant incessamment à éclairer les hommes, à rendre les faits plus évidents, les positions plus nettes, les armées plus nombreuses — il lui semble voir le monde partagé en deux groupes seulement. Les uns, acceptant à la base de leur système une monstrueuse erreur, nieront Dieu et toute religion. Les autres, raisonnables dans le principe et logiques dans les conséquences, admettront dans son intégrité la vérité catholique.

En preuve dernière de tant d'audacieuses affirmations, l'Église se montre elle-même, et fait éclater aux yeux le fait, inexplicable à toute force créée et à tout calcul humain, de son indestructible existence, et de sa sève vitale toujours jeune, toujours intarissable, toujours exubérante. Et, appuyée sur les promesses du Christ, au soir de gigantesques luttes, elle salue l'aurore du siècle nouveau avec un imprescriptible espoir.

RENÉ-MARIE DE LA BROISE, S. J.

XXVI

Les Religions non chrétiennes

L'étude de l'histoire des religions a pris beaucoup d'importance en ce siècle. De nombreux documents sur les croyances non chrétiennes ont été découverts et amassés. Nos relations avec les peuples exotiques sont devenues plus fréquentes ; notre curiosité s'est élargie. Les conclusions philosophiques que l'on a cru pouvoir tirer des découvertes faites dans ce domaine ont ému beaucoup d'âmes et excité l'attention de tous les chercheurs.

Peut-être est-il permis de réduire à deux théories principales ces conclusions : l'une est la théorie de la production spontanée des religions, l'autre est celle de leur équivalence.

Quant à la théorie de leur production spontanée, il n'est pas nécessaire de la réfuter, au point de vue catholique, pour toutes les religions non chrétiennes autres que le judaïsme ; ces religions pourraient sans inconvénient être des produits spontanés de certaines facultés de l'âme humaine. Prétendre que telle religion est plus conforme qu'une autre au génie de tel peuple, cela encore n'a rien de répréhensible, pourvu que l'on reconnaisse que le catholicisme a des caractères qui le rendent apte à l'universalité. Mais, sous cette condition même, rien n'empêche d'admettre que les peuples ont, comme les individus, des dispositions naturelles qui les amènent inégalement près du catholicisme, tout en retenant d'autre part qu'aucun peuple, comme aucun individu, ne peut, par des voies purement naturelles, avoir accès au catholicisme, lequel n'est, en définitive, atteint que par la grâce. Je crois devoir renvoyer le lecteur aux théologiens pour les développements de cette théorie, dont je ne suppose pas que les principes comportent de difficulté.

Quant à la théorie de l'équivalence des religions, dont on a voulu épouvanter les consciences chrétiennes, c'est un fantôme sans consistance. Les religions diffèrent, en fait, entre elles, par les croyances, les pratiques, la morale, l'histoire, la légende, le temps, le lieu, par tout. Comment une équivalence ressort de toutes ces différences, c'est ce qui, que je sache, n'a jamais été clairement expliqué. Le vénéré abbé de Broglie, qui s'est appliqué à l'apologie du christianisme contre les religions non chrétiennes, est parvenu sans trop de peine à montrer sa transcendance. Sa méthode était conforme aux traditions de l'objectivisme classique. Nos jeunes apologistes, qui vont à la foi par le subjectivisme, en ont inauguré une autre. Quelle que soit celle que l'on veuille adopter, il est indispensable de se procurer tout d'abord un assez grand nombre de notions exactes sur ces religions étrangères ; il est possible même que du seul recueil de ces notions classées avec assez d'ordre, sorte le résultat apologétique cherché. Ce travail aura une valeur positive, si l'on ne met pas trop de parti pris dans le choix des notions ni dans leur classification. Nous croyons avoir fait une œuvre sincère en rangeant ici nos observations sous trois chefs. Nous parlerons premièrement des croyances primitives, — je dis primitives au sens logique, sans attribuer nécessairement à ce mot une valeur chronologique, — telles que l'animisme, le naturisme, le totémisme, qui constituent les formes inférieures de la religiosité ; nous traiterons ensuite des grandes religions métaphysiques de l'Inde, formant le groupe brahmano-bouddhiste ; enfin nous parlerons des religions à principe moral et social : le judaïsme et l'islamisme. Nous laisserons de côté le parsisme, bien que sa philosophie soit intéressante, parce que son influence en ce siècle a été à peu près nulle. Notre désir serait de mettre en évidence quelques-uns des caractères qu'ont présentés, dans les cent dernières années, ces trois grands groupes religieux.

.*.

L'homme a peine à se croire mortel. La mort, lui semble-t-il, n'est qu'un phénomène apparent. En réalité, la vie dure dans le cadavre ou autour de lui. Nul ne sait quelle est cette vie latente ; le vivant n'a qu'une notion imprécise de ce que peuvent être la gêne, la souffrance, les besoins du corps dans le tombeau ; de nos jours encore et dans notre civilisation, des poètes, comme Edgar Poë et Maurice Rollinat, se sont préoccupés des sensations des morts. Il leur a suffi de réveiller en eux ce vieil instinct qui a fait croire aux hommes peu avancés que les morts sont en vérité des vivants. — Pour les musulmans, les morts pécheurs souffrent dans leur tombe; l'humidité fétide les entoure de dégoût; la terre trop lourde les oppresse. La tombe des justes, au contraire, se dilate et s'embaume, et devient un vestibule agréable du Paradis. — Un missionnaire d'Afrique raconte qu'au moment où il allait convertir un sauvage, après de longues et ardues discussions, celui-ci lui opposa une dernière objection : Je ne puis pas entrer, dit-il, dans une religion qui couche ses morts sur le dos dans une position incommode ; que si vous accroupissiez le cadavre, lui ramenant les mains sur les genoux, la tête sur les mains, alors je me ferais chrétien. » — Et Confucius lui-même, esprit très positif, dit (*Li Ki*, chap. xi. l. II) : « Si nous traitions nos morts comme si la vie était réellement éteinte en eux, nous serions inhumains ; si nous les traitions comme s'ils étaient tout à fait vivants, nous montrerions une grande ignorance. »

Il n'était pas possible pourtant de croire que le cadavre, cette misérable et fugitive chose, était lui-même l'être vivant. La vie devait plutôt appartenir à quelque substance légère, liée au cadavre, mais capable de s'en détacher un peu pour voleter à ses côtés. C'est ce que les Égyptiens appelèrent le double. Le corps doit être enseveli pour que le double soit en paix. Les corps non ensevelis, pensent les Chinois, produisent de méchants spectres. Ainsi pensaient les anciens Romains pour qui les Larves et les Lémures étaient les âmes errantes des défunts. De là la nécessité d'ensevelir le corps et de lui donner des soins, afin d'assurer le plus possible la tranquillité du mort et celle des vivants. Les sauvages des Hébrides, aujourd'hui encore, suspendent leurs morts en certains lieux où ils vont chaque jour les oindre et en ôter le pus, jusqu'à ce que la momification soit faite. Il était assez naturel d'imaginer que ce corps en qui durait la vie du double ressusciterait ; les Égyptiens l'ont cru ; dans le culte des ancêtres des Chinois actuels, le soin pris du cercueil est inspiré par cette même croyance. Mais en attendant ce terme, il faut aussi penser à cette vie un peu triste et languissante que le défunt mène dans le tombeau ; sans doute comparable en ses conditions à celle que les vivants mènent au soleil, il faut l'entretenir, l'animer, en dissiper l'ennui. C'est à cela que sont destinés les présents faits aux morts. Les Chinois apportent chaque jour du riz, de l'eau, du thé ou du vin, et brûlent de l'encens devant la tablette en qui le défunt s'incarne. Les sauvages de l'Arakan, dans le nord de la Birmanie, déposent chaque mois du riz sur la tombe des défunts, pendant l'année qui suit leur mort. Si le mort a été chasseur, son clan met à son côté sa lance favorite ou son fusil, pensant vaguement qu'il pourra, au bout d'un an, se livrer de nouveau à ses occupations cynégétiques dans l'autre monde. Ainsi chassait Achille dans les champs d'asphodèle.

La plus grande marque d'affection que les vivants donnèrent aux morts et l'attention suprême qu'ils eurent pour eux furent de les suivre dans le tombeau. Dès une très haute antiquité et chez les nations les plus diverses, il y eut des hécatombes humaines à l'enterrement des grands morts. Là où s'introduisit l'usage de la crémation, on accumula sur le bûcher du défunt, parmi les céramiques, les armes, les bijoux, les mets de toute sorte, des femmes et des esclaves. Apparemment c'est cet usage qui est encore aujourd'hui représenté en Chine par les poupées de papier que les Chinois jettent aux flammes, dans les cérémonies des funérailles, ou qu'ils enterrent avec le mort. L'Inde et la Chine ont continué jusqu'en ces dernières années de fournir des exemples du sacrifice volontaire de la veuve ou de la fiancée sur la tombe de l'époux. Cette pratique est appelée le *shuttisme*. Dans l'Inde, où la femme se jetait dans le bûcher de son mari, l'autorité anglaise ne parvint à supprimer le shuttisme que vers la fin de ce siècle. En Chine, le shuttisme est resté très populaire, malgré quelques prohibitions impériales ; la mémoire de la femme qui s'est ainsi sacrifiée est en vénération, et on lui dédie des arcs de triomphe. Il y a eu un cas de shuttisme à Fou-Tchéou-Fou, en 1860, un autre dans la même région, en 1879. La femme, si elle veut accomplir cet acte de la façon la plus élégante, se pend à jour dit; elle invite ses parents et ses amis à luncher, elle avertit la foule. Après que l'on a mangé et que chacun l'a félicitée, elle monte sur une estrade, et se passant elle-même la corde autour du cou, elle écarte du pied le tabouret et se pend. La famille reçoit ensuite les compliments des assistants. — La Chine a aussi connu le mariage *post mortem* et peut-être en offre-t-elle encore des exemples. Afin de ne pas laisser le mort seul dans la tombe, on plaçait à côté des cadavres de jeunes gens morts mineurs des cadavres de jeunes femmes. L'autorité des parents décidait de ces mariages comme s'il se fût agi de vivants. Il ne faut donc pas s'étonner lorsque les Égyptiens nous représentent le double d'un Ramsès jouant aux échecs avec ses femmes, au chevet de son sarcophage.

La croyance aux esprits de la nature, ou naturisme, n'est pas moins générale dans l'humanité que la croyance aux esprits des morts. Tout est vivant; c'est l'impression première que donne le spectacle du monde; il y a de la vie dans la source qui bruit, dans le fleuve qui féconde, dans l'arbre qui croît, nourrit et ombrage, dans le roc même à qui les contrastes de la lumière et des ténèbres prêtent des aspects divers. L'homme se croit entouré de forces conscientes, bonnes ou mauvaises, capricieuses peut-être; il n'apparaît pas du premier coup à son esprit que le mouvement des choses est déterminé; et Platon même doutait s'il n'y avait pas du caprice dans les changements de la nature. Confucius croyait aux esprits; il conseillait de les respecter, mais de ne pas s'occuper d'eux et de les tenir à distance. Ce sage conseil n'a pas été suivi. En Chine, il y a des génies partout : génies des astres, des airs, des mers et des terres, génies des monts et des fleuves, dieux locaux du sol, dieux protecteurs des provinces, des villes et des villages. Dans l'Inde, les génies fournissent toute une nomenclature : Bhûtas ou démons, Vetâlas ou vampires, Piçacas ou goblins, Pretas ou fantômes, Yakshas ou gnomes, Vidyâdharas ou sylphes, Râkshasas ou ogres, Nâgas, génies moitié hommes, moitié serpents. C'est de la même façon que l'antiquité classique honorait les nymphes des eaux ou les satyres des bois, et que le moyen âge plaçait des gnomes dans les mines, des salamandres dans les flammes, des fées dans les brouillards. Le monde romain a connu un Robigo, dieu du roussissement des grains, un Consus, dieu des germes cachés, avant les grands dieux personnels, Jupiter, Janus, Mars. L'Inde actuelle va encore en pèlerinage au mont sacré de Kela, regardé sinon comme dieu, au moins comme demeure des dieux ; elle entoure de dévotion son Gange, véritable divinité, et d'autres rivières, le Hoogly et la Nerbudda. Le point où le Gange débouche de l'Himalaya est le lieu d'un pèlerinage imposant. Le Nil fut jadis le grand dieu de l'Égypte.

Le culte des roches, qui fut fréquent chez les Sémites, survit moins aujourd'hui que le culte des arbres. Aucun, peut-être, ne fut plus général que celui-ci. Aujourd'hui, Civa, Ganeça, Agni et d'autres divinités de l'Inde, ont leurs pierres, leurs plantes, leurs arbres sacrés ; chaque village hindou a dans son voisinage un arbre vénéré comme *cailya*, c'est-à-dire comme objet de culte. Chaque bouddha a son arbre particulier, et quatre de ces arbres sont l'objet d'une spéciale adoration. Les divinités des arbres jouent un rôle très considérable dans les contes ou *jâtakas* bouddhistes ; souvent elles sont invoquées pour la fécondation des femmes stériles. Cette dernière pratique existe encore chez les Kirghiz et en Mongolie ; les femmes s'y adressent aussi aux divinités des sources. L'arbre de Kougoun au Tibet, vénéré aujourd'hui par les bouddhistes, était autrefois l'objet de la même dévotion. — En Chine, le pin et le cyprès sont censés prolonger la vie. On s'en sert, comme en pays musulman, pour faire les cercueils. Un auteur chinois a dit : « Les pins et les cyprès seuls sur la terre sont doués de vie ; au milieu de l'hiver comme en été ils sont toujours verts » ; et un autre : « Les branches de pin qui sont vieilles de trois mille ans ont sous l'écorce des agglomérations de résine en forme de dragon, lesquelles, pesées et consumées, donnent à un homme la faculté de vivre cinq cents ans. » L'emploi du cyprès pyramidal comme symbole d'immortalité est assez connu dans les religions antiques et dans le culte de Mitra. — Une légende japonaise rapporte qu'un noble sauva la vie à un saule que des bûcherons allaient couper ; l'esprit du saule se montra à lui sous la forme d'une jeune fille et l'épousa ; plus tard on vint à couper l'arbre ; l'épouse rentra dans le feuillage et disparut. Ce saule est assez voisin de la forêt douloureuse de Dante, et cette jeune fille est proche parente du roi des aulnes.

La Terre, support de toutes les divinités précédentes, ne pouvait être elle-même que divine. Un prêtre indien d'Amérique, pareil à Antée qui retrouvait des forces en touchant la terre, déclarait récemment ne pouvoir vivre dans la maison d'un blanc

« car les objets sacrés commis à ma garde, disait-il, doivent être conservés dans le sein de la terre, et je dois vivre de façon que, quand je suis assis, je puisse, en étendant la main, la poser sur la mère terre. » — « La Terre, dit excellemment un auteur dramatique japonais, est la mère, le grand Tout. De la terre toutes les créatures ont reçu l'être et la vie, toutes aussi mêlent leurs voix à l'hymne universel : grands arbres et petites herbes, pierres, sables, le sol que nous foulons, les vents, les flots, toutes les choses, toutes ont une âme divine. » — En Chine, on sacrifie dans les funérailles à des dieux locaux du sol. Le grand dieu général de la Terre est l'objet d'un culte impérial.

Plus célèbres que la déesse Terre sont les divinités météorologiques et astronomiques. Les dieux des vents, des pluies et des orages sont fameux dans l'antiquité classique et dans les origines indiennes. Le soleil, la lune et les planètes ont été les dieux de tous les peuples assez avancés pour supputer le cours des astres, et leur culte a eu partout son prolongement dans l'astrologie. Dans l'Inde, Agni, Indra, Varuna, vieux dieux du brahmanisme, qui subsistent surtout aujourd'hui dans les cérémonies domestiques, sont les dieux météorologiques ; le soleil, la lune et les planètes y sont encore adorés à côté de Vishnu et de Civa ; le soleil paraît comme divinité secondaire dans beaucoup de sanctuaires du vishnuisme. Ses adorateurs spéciaux, appelés *Saura*, qui furent nombreux dans l'Inde, n'existent plus qu'en petit nombre dans le Sud. La lune est, en Chine, une divinité féminine, et son culte est surtout pratiqué par les femmes. — La Chine a tout un système, le *Fung-shi* ou taoïsme, qui apprend à situer les tombeaux, les temples et les habitations, de façon que les morts, les dieux et les vivants soient bien placés, autant que possible, sous les influences de la nature. Le cours inaltérable de la nature est le *Tao* ; on ne le change pas ; on se dispose par rapport à lui de la façon la meilleure. Nulle tombe, nulle demeure n'est fondée sans qu'on ait eu recours aux prêtres de Fung-shi pour en déterminer l'emplacement ; et le caractère religieux de ce choix est l'une des causes qui rendent difficiles en Chine les expropriations. Le dragon est en Chine le dieu de la pluie ; il représente le gouvernement civil de l'empereur, ainsi que l'Est et le printemps : le tigre représente le pouvoir militaire. Le Fung-shi conseille de rechercher les montagnes qui reproduisent la figure d'un de ces animaux divins. Les Kin-Shan, ou collines d'or qui protègent Pékin au nord-ouest, rappellent le profil d'un tigre ; il en descend un fleuve, le Yuh-ho, Jade River, qui passe derrière le palais impérial.

L'instinct qui a produit la croyance aux esprits, les a représentés comme distincts, mais non pas comme entièrement séparés des corps. Les corps de la nature sont les demeures des esprits ; et ceux-ci entrent en relation avec les vivants par le moyen des objets physiques. La science qui consiste à introduire les esprits dans certains corps ou à les en chasser, a été recherchée par tous les peuples barbares et a principalement constitué leur religion. On a souvent appelé *totem* ou fétiche l'objet matériel qui servait à fixer l'esprit, soit qu'il l'emprisonnât vraiment, soit qu'il agît vis-à-vis de lui à la manière d'un médium. Dans des civilisations plus avancées, l'art d'agir sur les esprits par des moyens physiques a continué d'être pratiqué sous le nom d'occultisme ou de magie. En particulier, la foi et la puissance magique de la parole est l'un des phénomènes les plus antiques et les plus persistants dans l'humanité.

La croyance aux esprits a toujours été accompagnée de peur ; la peur a contribué à la produire et elle a contribué à nourrir la peur. La puissance des esprits n'était qu'obscurément connue ; mais à coup sûr elle était redoutable, et assez grande pour déranger tout ce qui aurait dû être l'ordre de la nature. La mort, dont nous avons déjà vu la réalité si contestée, n'a pas été reconnue par l'humanité primitive comme un phénomène naturel. La mort n'est jamais naturelle ; elle est toujours accidentelle ; elle est l'œuvre des esprits. « Le sauvage, dit le P. Campana, missionnaire au Bas-Congo, n'attribue jamais au décès une cause naturelle ; quiconque passe de vie à trépas est victime d'un maléfice ou d'un sort ; on retrouve les mêmes idées chez les Hawaïens, les Javanais, les Australiens, etc. » C'est exactement la forme barbare de la grande idée judéo-chrétienne : les maladies et la mort ne sont pas des conditions de l'état naturel de l'homme : elles sont les suites du péché ; elles sont l'œuvre du démon. L'on sait assez que la médecine des sauvages procède par incantation, c'est-à-dire qu'elle s'attaque aux esprits. Le Rév. Batchelor raconte un exorcisme chez les Aïnos. Le malade, un épileptique, est placé sous un arbre ; le sorcier invoque l'esprit de force, de beauté, de vie, de cet arbre, le priant de chasser le démon du corps du patient ; puis celui-ci est fouetté avec des verges d'*Artemisia vulgaris*, plante que n'aiment pas les esprits des maladies. Certaines herbes, certaines pierres ont la propriété de chasser certains esprits ; des formules magiques, des signes cabalistiques servent de protection contre les mauvais sorts. Nous-mêmes ne sommes-nous pas encore bien proches des générations qui s'armaient de cornes de corail pour détourner le mauvais œil ?

Intense aussi fut la terreur que quelques esprits de la nature inspirèrent à l'homme sauvage : les esprits des bois trop sombres, des monts trop ardus, des fleuves trop larges, des gouffres trop retentissants. Ces esprits dont la puissance énorme menaçait des tribus entières étaient conjurés par des sacrifices et souvent par des sacrifices humains ; quelques personnes étaient dévouées pour le salut des autres. Les Indiens d'Amérique disaient naguère que le Niagara réclamait chaque année deux victimes humaines ; il fut un temps où, chaque année, lors des fêtes du printemps, en Égypte, on jetait dans le Nil une jeune vierge que l'on appelait la fiancée du fleuve. On ne saurait affirmer que la coutume des sacrifices humains ait totalement disparu de la terre. Les Banjàris, peuplade de la présidence de Madras, avouaient, en 1879, que c'était leur habitude, dans les années antérieures, d'immoler un petit garçon lorsqu'ils partaient en voyage ; ils enterraient l'enfant dans le sol jusqu'aux épaules, et faisaient passer sur lui de jeunes taureaux chargés. Plus vite l'enfant mourait sous les pieds des taureaux, plus s'accroissait leur confiance dans le succès du voyage. On cite aussi, dans l'Inde, le meurtre d'un garçon dont on voulait le sang pour trouver un trésor. C'est à un sentiment semblable que se rapporteraient les meurtres d'enfants chrétiens dont la croyance populaire continue à accuser les juifs.

L'idée de lier les esprits à des corps est la plus singulière, ce semble, et la plus subtile que présente cette religiosité inférieure. Le fétiche est un objet matériel auquel on enchaîne un esprit. Il se prépare encore comme du temps de Macbeth. Le R. P. Le Jeune raconte que les Galaos du Gabon ont un fétiche appelé

Ntilo, qu'ils renferment dans une corne d'antilope, de bœuf ou de gazelle. Il y entre de la cervelle ou de la chair humaine. On l'a fait bouillir avec des herbes vénéneuses, des fleurs, des écorces d'arbre sacré, dans un bois écarté ; on a chanté et dansé autour de la marmite ; dans celle-ci l'on a, à diverses reprises, plongé le corps d'un ennemi tué, en proférant des malédictions. Ce fétiche protège contre les balles, les sagaies et les flèches. — L'envoûtement, dont on s'est repris à s'occuper ces dernières années, est une pratique du même ordre.

Le culte des ancêtres, qui est très ancien dans l'humanité, pour des raisons d'ordre social faciles à concevoir, s'est trouvé mêlé à ces croyances primitives dont nous nous occupons. L'on a cherché à redonner une attache corporelle aux âmes des ancêtres dont la mort avait dissous le corps vrai. Les Indiens d'Amérique ont lié l'âme des ancêtres à leurs totems. Les Kirghiz de l'Asie centrale l'ont placée dans le feu de leur foyer. Si ce feu s'éteint, les ancêtres s'en vont ; de là la nécessité d'avoir des enfants pour perpétuer le culte familial. La Chine a donné au culte des ancêtres sa forme la plus systématique. La tablette sur laquelle sont écrits les noms et titres du défunt devient vraiment par la vertu des paroles que prononce le prêtre bouddhiste, un nouveau corps artificiel pour l'âme, au moment où le vrai corps va être enfermé dans le cercueil et disparaître. Les cérémonies empêchent d'ailleurs l'âme d'être confisquée, pendant ce passage, par les esprits des ténèbres. Une étrange légende, rapportée par le marquis de la Mazelière, prouve la réalité de cette croyance que la tablette funéraire est devenue le corps de l'âme : Une jeune fille est morte de douleur pendant une absence trop prolongée de son fiancé. Celui-ci revient et va pleurer sur la tombe ; elle lui apparaît, vivante de nouveau, et ils s'épousent. Au bout d'un an la jeune femme accouche d'un enfant ; son mari la quitte un instant des yeux ; quand il se retourne, la jeune femme a disparu ; il ne trouve plus dans le lit où elle était que sa tablette funéraire.

L'on voit combien cette idée de donner un nouveau corps à l'âme du défunt est proche de l'idée ordinaire de la métempsycose. Le culte des animaux a, sans doute, des fondements naturalistes ; mais il s'accompagne souvent de la croyance à la transmigration.

La vache est un animal divin dans l'Inde, depuis des temps très reculés, parce que, dans la période pastorale, elle apparut comme l'animal le plus utile et le plus bienfaisant ; mais Bouddha, d'autre part, ne dédaigna pas de traverser une longue suite d'existences animales ; il fut tour à tour tortue, lièvre, éléphant ; et Vishnu fut bête aussi dans plusieurs de ses avatars. Il n'est guère de peuple qui n'ait adoré des animaux, soit pour leur bienfaisance, soit pour leur nuisance, soit pour des causes symboliques. Les cultes de la vache et de l'éléphant continuent dans l'Inde et au Siam. Les Japonais honorent le renard, d'autres peuples, le loup. Les bouddhistes vénèrent le serpent, souvent considéré, à cause de ses ondoiements, comme l'incarnation des dieux des eaux, des sources et des rivières.

Les esprits des morts furent souvent confondus avec les esprits de la nature. A la mort, pensent les Japonais, l'âme se mêle aux choses : de pâles jeunes filles deviennent l'écho des rochers, l'écume des cascades, le vin bouillant dans le pressoir ; les génies de la nature sont les génies mêmes des ancêtres. Les plus grands morts gardent plus de personnalité et deviennent des dieux. La Chine déifie ses grands hommes. Les Annamites croient à des esprits supérieurs. Tel village honore l'esprit d'un brigand célèbre, tel autre celui d'un guerrier fameux, celui-ci l'esprit d'une courtisane, celui-là même l'esprit d'un animal. On lit dans Rudyard Kipling l'histoire d'un certain Chin, d'une famille d'officiers anglais dans l'Inde, dont le grand-père avait laissé un si impressionnant souvenir aux indigènes qu'ils en avaient fait leur dieu. Des tombes de morts illustres deviennent des lieux de culte où se rendent des oracles. Certaines tribus circassiennes ont des tombes percées d'un trou par lequel on consulte l'esprit du mort. Enfin la plus haute destinée qu'atteignirent les âmes humaines dans ces religions grossières fut d'être portées dans les astres. Ce furent les personnages souverains qui eurent surtout le privilège d'être rattachés aux grands dieux astronomiques. Comme Phèdre, les Incas et les Mikados descendirent du Soleil.

Il faut retenir de ce tableau que la croyance à l'universelle vie est inhérente à l'esprit humain. Nous avons décrit les formes barbares de cette croyance. Nous montrerons, dans des états plus élevés de la pensée, comment la nature a continué de manifester une puissance spirituelle, et comment l'âme de l'homme a continué de paraître immortelle.

* * *

Les vastes systèmes philosophiques et religieux que l'on désigne par les noms de brahmanisme et de bouddhisme ont un thème métaphysique commun qu'il est facile d'indiquer en peu de mots : L'essence première, le monde extérieur et l'âme sont trois termes dont le second est illusoire. La fin des choses consiste dans l'anéantissement de cette illusion, d'où suivra la confusion de l'âme avec l'essence première, consciente ou non. La production de l'illusion du monde est due à une espèce de fatalité dynamique, plutôt qu'à la volonté ou au caprice de l'essence première. L'illusion doit être détruite par l'âme. L'effet des actes de l'âme se poursuit d'existence en existence, selon les lois d'un déterminisme moral rigoureux, non pas selon les lois d'une justice divine. On appelle *karma* cet ensemble de causes qui à chaque instant pèsent sur une âme et qui proviennent de la série de ses actes dans les existences antérieures. Le *karma* agit de lui-même, que l'âme en soit consciente ou non. Lorsque le *karma* de l'âme est d'une certaine sorte, c'est-à-dire, en fait, lorsque l'âme a détruit en elle le désir d'être, l'illusion du monde cesse pour elle, elle se confond de nouveau avec l'essence première, et l'on dit alors qu'elle atteint le *nirvâna*.

Il est incontestable qu'un tel système est l'une des plus prodigieuses conceptions philosophiques qui aient éclos dans l'esprit humain. Il semble étonnant que le peuple qui l'a inventé ne se soit pas élevé d'ailleurs aux plus hauts degrés de la civilisation ; et si l'on remarque, d'autre part, les analogies de cette doctrine avec quelques idées pythagoriciennes et néoplatoniciennes, on est porté à supposer que la métaphysique brahmano-bouddhiste est en principe une œuvre grecque.

En fait ni le brahmanisme ni le bouddhisme ne s'en sont tenus à cette simple doctrine ; ils l'ont déformée, surchargée et compliquée ; ils en ont détruit l'harmonie de même que leurs architectes ont détruit celle de l'art grec. Ils l'ont noyée sous le flot des croyances populaires et des superstitions anciennes ; et c'est encore aujourd'hui un polythéisme grossier qui domine en pratique dans ces religions dont le principe métaphysique est presque athée.

Voici quelques exemples qui peuvent donner l'idée de l'état de la métaphysique brahmano-bouddhiste en ce siècle.

La secte de Zen, l'une des plus importantes sectes bouddhistes du Japon, définit ainsi l'illumination absolue qui conduit au *nirvâna* : Il faut comprendre la nature de sa propre pensée. Quand on ne réfléchit pas au monde extérieur, la pensée originelle se reproduit : et c'est la pensée du néant sans aucune diversité ni sans aucun attachement. Quand se produit cette pensée du néant, que l'on appelle l'illumination absolue, on devient Bouddha. — Un savant japonais, Ryauon Fujishima, parlant du principe premier de la nature, que les bouddhistes appellent la *Bhûta-tathâta*, dit que ce principe possède en lui-même la loi de son développement ; cette loi ne lui vient pas d'un Dieu ; la Bhûta-tathâta est une espèce d'essence dynamique fondamentale. Cependant son existence n'a rien d'absolu ; au contraire, conformément au thème que nous avons indiqué, la Bhûta-tathâta doit en définitive se confondre avec le nirvâna.

La même idée de la confusion de toute la nature avec Bouddha, c'est-à-dire avec le nirvâna, se rencontre aussi sous cette forme : toutes choses, est-il enseigné, ont en principe la nature de Bouddha. Chacun des grains de poussière qui remplissent les mondes illimités renferme d'innombrables Bouddhas. — L'on sent ici ce vertige de la multiplicité qui est un symptôme très caractéristique dans la philosophie hindoue. Le voilà plus apparent dans une théorie moderne de la métempsycose : Dans la secte bouddhiste japonaise de Ten-daï-Shu, il existe dix mondes : le monde infernal, ceux des fantômes, des animaux, des démons, des êtres humains, des Devas, des Çrâvakas, des Pratyekabuddhas, des Bodhisattvas et des Bouddhas. Chacun de ces dix mondes renferme dix prédicats, presque au sens péripatéticien : la forme, la nature, la substance, la force, l'action, la cause, l'agent, etc. De plus, chaque monde renferme les dix mondes comme en puissance, avec leur dix prédicats. Cela fait, en multipliant, mille termes fondamentaux que les bouddhistes appellent *dharmas*. En outre, ces mille premiers dharmas sont attribués à chacun des trois règnes de la nature, définis de la sorte : le règne des cinq agrégats, qui sont : forme, sensation, idées, concepts, connaissance ; le règne des êtres vivants et le règne de la terre, c'est-à-dire du lieu qui contient tous ces êtres. Il en résulte 3,000 dharmas. Or ces 3,000 dharmas sont renfermés ensemble dans chaque instant de la pensée. Mais, en dernier lieu, on nous enseigne que la réalité de ces dharmas n'est pas absolue ; ils ne sont précisément ni existants ni non existants, un peu à la manière des idées générales. Pour connaître leur état, il faut combiner ensemble l'être, le non-être et une troisième forme intermédiaire. Cette synthèse constitue ce que l'on appelle « l'état inconcevable des trois vérités inséparablement combinées ». Quand on l'a comprise, on devient Bouddha.

Cet exemple est topique. On le voit, c'est du vertige, presque de la folie ; mais si l'on y réfléchit, ce système et d'autres analogues n'apparaissent en somme que comme une combinaison de certaines thèses de la philosophie hellène indéfiniment répétées, comme par un jeu de miroirs à réflexions multiples. L'on y reconnaît les catégories péripatéticiennes, les règnes, les éléments et les atomes des physiologues, la théorie platonicienne des idées, les subtiles disputes du Parménide sur l'être et le non-être, la théorie pythagoricienne de la métempsycose. C'est de l'hellénisme réfléchi dans les mirages de l'Inde.

Le brahmanisme est aujourd'hui moins philosophique que le bouddhisme. Mais les exemples modernes que l'on pourrait donner de ses systèmes auraient les mêmes caractères que les exemples précédents. Voici ce que Wilson a pu rapporter *de auditu* de la métaphysique moderne des Ramanujas, une des principales sectes vishnuites : Vishnu et l'univers sont un. Contrairement à l'esprit de l'ancien système Védanta, la divinité possède des attributs et une double forme : l'esprit ou cause, et l'effet ou matière. Les Ramanujas sont suivis en cela par beaucoup de vishnuites. La création commence dans le désir de Vishnu, qui est un, de devenir multiple. Le dieu prend corps comme lumière ; puis la matière divine se divise et chaque portion est pénétrée par la vitalité de la cause divine. Cette vitalité, qui se diffuse sans fin, est impérissable et éternelle ; et la matière de l'univers, étant la même en substance que l'être suprême, est aussi sans commencement ni fin. — C'est du pur néoplatonisme. La doctrine ajoute : Outre ses deux grandes formes comme créateur et comme créature, la divinité apparaît encore sous une multitude d'autres formes pour le bien de l'humanité.

Cette dernière phrase fait allusion à la théorie des *avatars* ou incarnations multiples qui est surajoutée aux théories métaphysiques précédentes, dans un but pratique. L'*avâtara*, a écrit Barth dans son célèbre livre sur les religions de l'Inde, c'est la présence à la fois mystique et réelle de l'être suprême dans un individu humain, à la fois vrai dieu et vrai homme ; et cette union des deux natures survit à la mort de l'individu en lequel elle est réalisée. La théorie des avâtaras permet aux spéculatifs la contemplation, au vulgaire la combinaison de l'anthropomorphisme et du zoomorphisme avec la plus grossière idolâtrie.

Le bouddhisme, quoique plus métaphysique que le brahmanisme, n'a pas échappé à cette invasion du sentiment idolâtrique, et les avâtaras y ont pris la figure des Bouddhas multiples. L'on jugera par l'exemple du système bouddhiste actuel de l'Aiswarika, fourni par Wilson, de la ressemblance qu'il y a entre la déformation du bouddhisme et celle du brahmanisme. Dans ce système, l'Adi-Buddha est la cause originelle, existant par elle-même; il a sous lui cinq Dhyani Buddhas, véritables dieux qui correspondent souvent aux Buddhas Amithâbha, Amogha Siddha, Akshobhya, Vairochana et Ratna Sambhava ; ils sont chargés de la création des corps matériels ; un sixième Dhyani Buddha, Vajrasatwa, émanant de l'Adi-Buddha, est l'agent secondaire de la création des substances immatérielles. En outre, le système Aiswarika vulgaire, comme les systèmes brahmaniques, a introduit les divinités féminines ; l'on y adore les femmes de l'Adi-Buddha et des Dhyani Buddha, Prajna, épouse de l'Adi-Buddha, Tara, épouse de l'Amogha Siddha. L'on joint encore à ces divinités le Buddha Avalokeswara, personnage important par d'autres côtés et qui n'avait pas trouvé sa place dans ce système. Enfin l'on honore aussi les divinités des montagnes, des cités, et le *nagha* ou dieu serpent, résidant dans les eaux. Par là on retombe dans les formes primitives de religiosité que nous avons d'abord examinées. Le Buddha honoré par la Chine et le Japon n'est pas principalement

Gotâma, le fondateur plus ou moins historique du bouddhisme, c'est Amida, le dieu de la pitié, Amida dont l'art japonais a assis pour des siècles l'image énorme et douce au milieu du temple aujourd'hui ruiné de Daï Butsu. — Et il ne faut pas omettre le culte poétique de Maïtreya, le Bouddha non encore né, le dieu futur, celui peut-être en qui se réfugient les espérances que les autres dieux ont lassées.

Mais tandis que d'une part le bouddhisme choit dans l'idolâtrie, de l'autre on le voit tendre à devenir une religion principalement morale et simple, comme il paraît l'avoir été en fait au temps lointain d'Açoka. A peine est-il utile de faire remarquer le caractère peu moral de la métaphysique bouddhiste. D'abord la notion d'obligation morale n'y est pas posée; ensuite la fin des efforts de l'âme, qui est l'affranchissement du désir d'être, est un état négatif qui n'a rien de commun avec la perfection morale. Néanmoins, par un syncrétisme illogique qui, de la part d'Orientaux, ne doit pas surprendre, cette métaphysique dure, ardue, transcendante, s'est trouvée associée dans le bouddhisme à une morale tendre, simple, humaine. Cette morale fameuse, toute de détachement et de compassion, a été souvent décrite et admirée. Il importe seulement ici d'indiquer qu'elle a pris, dans certaines sectes bouddhistes, une importance supérieure à celle de la métaphysique, et que ces sectes ont été peu à peu se rapprochant soit du confucianisme, soit même du christianisme. Le bouddhisme s'est mis par là à la portée des foules ; la *boddhi*, ou connaissance suprême, a presque cessé d'être le privilège d'un petit nombre d'ascètes philosophes. Tout au moins a-t-on retrouvé pour les gens du commun, un habitat convenable en dehors du nirvâna, et cet habitat est celui que l'on nomme, comme au temps d'Açoka, comme dans la religion de Jésus, de ce nom si simple et si populaire, le ciel. Les grands penseurs entrent dans le nirvâna, les petites gens vont au ciel. Ils sont reçus dans le paradis, dans le paradis occidental d'Amitâba. Ce n'est pas tout à fait une demeure définitive, ce n'est encore qu'un lieu de passage; mais on y passe longtemps au sens indien du mot, c'est-à-dire un temps où l'imagination s'égare de vertige. La littérature bouddhiste a donné de jolies descriptions de cet agréable séjour, et les artistes japonais ou chinois se sont plu à suggérer, par l'art délicat des broderies, quelque chose de sa suavité et de sa splendeur : des Buddhas, dans des nues soyeuses, entourés de personnages nimbés aux visages doux, vêtus de robes d'argent et d'or, passent sur un fond indécis où, de toute part, s'effeuillent des lotus. — Le bouddhisme a aussi ses enfers, qui sont terribles. On en peut juger par ces vastes panneaux où les peintres chinois ont retracé la destinée des âmes conduites, comme en terre hellène, devant les juges infernaux. Toute une *Divine Comédie* s'y joue : les sables chauds, les forêts de lames d'épées, les vases pleins d'huile bouillante, les bois aux épines aiguës, les roues sur lesquelles le coupable monte et qui ne s'arrêtent plus, les serpents, les vautours, les monstres, les froids de glace, châtient diversement les habitants de cercles successifs. Ces enfers, non plus que les cieux, ne sont éternels. L'âme en ressort, après des milliers d'années, pour reprendre la route de ses transmigrations. Ils achèvent cependant de fixer la morale populaire et d'y imprimer le caractère d'obligation. — Au Japon, Fujishima avoue que beaucoup de bouddhistes atténuent considérablement la conception absolue et nihiliste du nirvâna. Les plus intelligents tendent à se rapprocher des conceptions chrétiennes.

Le brahmanisme présente aujourd'hui un tableau surchargé et confus de cultes, où la superstition domine et où la philosophie s'éclipse. Beaucoup d'éléments inférieurs et locaux ont reparu dans le système du brahmanisme grâce à la théorie des avatars, et y ont étouffé les conceptions métaphysiques. On distingue dans l'hindouisme actuel deux grands groupes de dieux : les formes de Vishnu et celles de Çiva. Vishnu y disparaît devant ses avatars. L'imagerie religieuse de l'Inde nous montre ces multiples dieux, incarnations d'un seul ; déjà l'épopée ancienne nous avait fait connaître Nrisimha ou l'homme-lion, Paraçurama ou Rama à la hache. Le vishnuisme, a dit Barth, est un polythéisme organisé sous un dieu supérieur. Çiva, doué aussi de formes multiples, a cependant retenu mieux que Vishnu son antique individualité. Le çivaïsme, a dit le même auteur, est de l'anthropomorphisme qui se résout en naturalisme.

L'attitude des Hindous en face de tous ces dieux est éclectique ; en général, l'Hindou prend part à tous leurs cultes, il a seulement des préférences ; seuls quelques fanatiques sont partisans exclusifs de dieux déterminés. En 1873, trois dévots çivaïtes commirent un outrage sur le Vishnu de Pandharpur. Des faits de ce genre sont rares. Même dans les formes les plus accentuées du vishnuisme, Çiva figure, non plus proprement comme un dieu, mais plutôt comme un docteur des docteurs, comme un prophète de Vishnu. Dans quelques parties de l'Inde, on trouve les deux dieux combinés sous le nom de Harihara, le dieu deux et un, à la fois Vishnu et Çiva. C'est la divinité la plus populaire aujourd'hui dans la contrée tamil.

Les principaux héros de l'épopée indienne eurent accès aussi à la divinité, à côté des avatars des dieux; tel le singe Hanuman, l'allié de Râma, tels les Pandâvas qui ont 500 temples dans le seul district de South-Arkot, autour de Pondichéry, et Draupada leur commune épouse, dont le culte est très répandu dans toute la péninsule. Il y faudrait joindre encore les dieux de classe inférieure dont nous avons déjà parlé : dieux astronomiques, dieux naturalistes, esprits ; puis quelques dieux abstraits, comme Ganéça, le dieu de la prudence, personnage à tête d'éléphant, que les Hindous invoquent dans leurs entreprises et au commencement de leurs écrits. De ce chaos théologique, dont nous avons peine à donner quelque idée, un petit nombre de brahmanes savent encore aujourd'hui dégager la tradition savante du brahmanisme. La religion qu'ils professent est appelée religion d'Hiranyagarbha ou de Brahma.

Une autre série des manifestations religieuses, provenant d'un thème philosophique distinct du précédent, constitue dans l'hindouisme ce que l'on appelle la *Çakti*. Le çakti est le culte des énergies de la nature, considérées comme divinités femelles, que ces énergies soient fécondes ou destructrices. Chaque dieu a sa çahti. Mahâdevi, qui se confond avec la *Mâyâ*, l'illusion féconde du brahmanisme, est la grande déesse, la femme du dieu suprême. Au-dessous d'elle sont ses émanations, les çaktis ou énergies féminines de Vishnu, de Brahma, de Skanda. L'on voit comment ce genre de panthéisme se relie au panthéisme brahmanique, en divisant la nature selon la loi sexuelle, et en donnant une importance prépondérante aux déités femmes. Ces déités sont encore appelées les *mères*, les *mahâmâtris*, les grandes mères, parce qu'elles sont les pouvoirs producteurs et nourriciers de la nature; mais aussi, elles sont les puissances mystérieuses qui vivent de la mort, les forces énormes et dévorantes, impassibles et sanguinaires, qui n'assurent la continuité de la vie que par le renouvellement des immolations. C'est pourquoi les figures des mères, quelle que soit la douceur de ce nom, n'apparaissent dans l'hindouisme, de même que sur les rocs où l'Inde les a sculptées, qu'immenses, monstrueuses et entourées d'effroi.

Il ne nous sera pas possible de représenter ici le caractère complet de ce culte; l'on prévoit assez d'après son principe dans quel genre d'excès il a dû tomber. Le dieu suprême ayant décidé de créer l'univers, dit le système çakti, devint à double face : mâle et femelle. Le culte de Çiva qui est, plus que le vishnuisme, mêlé à la çakti, se caractérise souvent par l'adoration d'une divinité à double sexe. C'est toujours la divinité nature, mâle et femelle à la fois. En pratique, le système de la çakti a donné naissance à deux cultes : l'un ouvert et honnête et que l'on appelle le culte de la main droite, l'autre secret et obscène dit culte de la main gauche. Ce dernier comprend des pratiques d'incantation, de sorcellerie, de magie, et nul doute qu'il n'ait souvent fait couler le sang humain sur les autels des mères. Les roches en lesquelles celles-ci sont adorées, sont parfois des divinités primitives des anciens aborigènes; le panthéisme de la çakti a continué autour d'elles la tradition des sacrifices humains qu'avait inaugurée l'ancien naturalisme. Ces effusions de sang et ces actes obscènes assurent au dévot la faveur des çaktis et de toutes les demi-divinités violentes et effrontées qui leur forment cortège : les Nayikâs, les Dâksinîs, les Çakinîs. Dans les cérémonies de la main gauche, la grande déesse Mahâmâtri est représentée par une femme à laquelle on offre des libations; les assistants symbolisent en eux-mêmes l'union de Çiva et de Dévî, sa çakti. Le culte de la main droite n'est pas toujours exempt de ces impuretés. La grande masse des çivaïtes de l'Hindoustan appartient à ce culte. Au jour de Durgâpujâ, au Bengale, toute la population prend part à la fête de la grande déesse; et quelques purs Hindous sont seuls à regretter les abus qui se commettent publiquement à cette occasion. — Des faits de même nature se produisent dans le vishnuisme, où l'idylle de Krishna sert de type à des cérémonies licencieuses. La secte de Vallâbhâcârya, qui a de nombreux adhérents dans la présidence de Bombay, représente Krishna sous la figure d'un enfant, le petit berger, « the little darling », et elle imite ses jeux avec Râdhâ et les gopîs de la façon la moins mystique. Un procès qui se déroula, en 1861, devant la haute cour de Bombay, amena de curieuses révélations sur les pratiques de la secte.

S'il nous était impossible de laisser tout à fait dans l'ombre les traits précédents de la religiosité hindoue, nous n'aurions pas moins tort de ne pas insister un moment sur le côté magique de ces religions. L'application de la magie au salut est l'une des conceptions qui peuvent nous sembler le plus bizarres ; mais si l'on y réfléchit, on voit qu'elle constitue le procédé essentiel de salut dans le brahmanisme comme dans le bouddhisme. Ces singuliers efforts d'esprit dans lesquels il faut réussir pour entrer dans le nirvâna, ressemblent bien plutôt à la recherche d'une formule magique qu'à celle de la perfection morale. L'épouvantable ascétisme auquel, selon la légende, se livraient les vieux brahmes, avait beaucoup moins pour but de les rendre saints que de leur procurer un pouvoir magique supérieur à celui même des dieux. Les formules magiques, sous le nom de *tantrisme*, ont toujours joué un rôle considérable dans les cultes hindous ; lié au bouddhisme, le tantrisme s'est répandu aussi au Japon et en Chine ; il est, dans l'Hindoustan, intimement uni au civaïsme et au culte des mères. — Voici l'exemple d'une de ces formules employées par les Bengalis dans le but de repousser les méchants esprits.

« Écoute-moi, Marie, dit l'orant, s'adressant par je ne sais quel hasard à Marie, mère de Jésus. Aide à ma réflexion, tandis que je joue mon jeu. — Je salue la noire Kâlî aux boucles brunes. — De temps en temps ma mère prend divers habits. — Écoute-moi, Marie, etc.— Je salue les Dâkini du quartier de Dak, les Mechini du quartier de Mech... — Ton père rôde sur un âne, ta mère sur une ânesse. — Écoute-moi, Marie, etc. »

Ces invocations sont tout à fait comparables aux pratiques qui procurent le salut. Dans le courant du moyen âge, se développa, dans l'hindouisme, une notion que l'on appelle improprement celle de la foi, en indien la *bâkhti*; et l'importance de la bâkhti est si grande aujourd'hui, qu'elle se fait sentir jusque dans le bouddhisme avec lequel elle n'a logiquement rien à faire. La bâkhti, c'est la toute-puissance d'une invocation, d'un rite pour assurer le salut; nulle immensité de péché ne peut prévaloir contre l'effet de ce mot ou de cet acte. Le mont Kéla, dans l'Himalaya, est vénéré comme la demeure de Çiva; à ses pieds s'étend le lac de Mansarowar; or Tibétains, Népalais, Shokas, Humlis, Jumlis, Hindous, vénèrent le faîte pyramidal de la montagne de Kéla et le lac qu'il domine, en disant : « Çiva, le plus grand de tous les dieux, vit dans les eaux du lac Mansarowar; je me suis baigné dans son onde et j'ai bu de ses eaux. J'ai salué le grand Kéla dont la vue seule peut absoudre tous les péchés de l'humanité, j'irai maintenant au ciel. » Un bain dans un beau lac, la vue d'une montagne, voilà à quoi l'hindouisme a fini par produire le dur labeur du salut.

Il est plus honteux pour le bouddhisme, dont l'origine est plus haute, d'en être arrivé au même point de vue : la secte japonaise du Jô-dô enseigne : quiconque, à n'importe quelle époque, se rappelle et répète seulement le nom d'Amitâbha-Bouddha, peut naître après sa mort dans la Sukhâvati, c'est-à-dire au ciel. Et la secte du Shin : Amitâbha, dit-elle, a fait ce vœu dit originel : « Que je n'obtienne pas la Bodhi si un des êtres vivants des dix points de l'espace qui croit en moi avec la vraie pensée et qui répète dix fois mon nom, ne renaît pas dans la Sukhâvati. » Il est clair qu'Amitâbha, le dieu bienveillant et doux de la grâce, a, par cette seule parole, anéanti la morale.

L'ascétisme est toujours vivace dans le brahmanisme. L'ascète hindou fut autrefois ce terrible lutteur qui, par la force de sa pénitence, acquérait l'empire sur le monde physique et sur certains dévas. Il n'a pas tout à fait perdu ce caractère. La recherche du prodigeux paraît avoir supplanté chez lui le souci métaphysique de la libération. On affirme encore, en ce siècle, le fait de l'anabiose des fakirs. La religion de Çiva comprend encore un grand nombre de *yogis* ou adeptes de la philosophie *yoga*. Leur doctrine tend à leur faire acquérir le commandement sur la matière élémentaire par le moyen de l'ascétisme; l'esprit vital qui anime leur corps doit se réunir à l'esprit répandu dans toute la nature, identique à Civa. Le yogi, parvenu à ce point, peut se faire plus léger que les plus légères substances, petit ou grand à volonté ; il peut traverser l'espace, se rendre invisible, animer les corps morts, connaître le passé et l'avenir. Un yogi fut vu à Madras en 1829 qui se tenait assis dans l'air à quatre pieds du sol, douze minutes durant, et qui pouvait aussi rester sous l'eau plusieurs heures. Il y a, aujourd'hui encore, des yogis civaïtes qui se posent en des attitudes immobiles, le visage et les bras levés vers le ciel jusqu'à ce que les nerfs se raidissent ; il y en a d'autres qui errent nus, en dépit des défenses anglaises, comme au temps d'Alexandre ; quelques-uns vivent en ermites. Des bandes de yogis parcourent l'Inde d'un lieu de pèlerinage à l'autre, exerçant dans les foires le métier de vendeurs de sorts et de ménestrels, méprisés et craints. — Une association néo-brahmanique qui s'est fondée à Calcutta, en 1894, se rattache au système du Yôga. Elle cherche dans le spiritisme la rénovation religieuse. Les deux parties de sa doctrine sont le *rajâyoga* qui traite des degrés de l'extase, et le *hathayoga* qui enseigne à la préparer.

Dans le bouddhisme, le monachisme, qui en est l'institution essentielle, continue à jouir d'une grande puissance économique et politique. Les voyageurs ont décrit les couvents bouddhistes ou lamaseries de Chine et du Tibet. Sur des collines, entre des bois, surgissant au-dessus de terrasses de marbre et d'albâtre, s'élèvent les couvents, vastes comme des villages, magnifiques comme des palais. Un amoncellement compliqué de toits brillant d'émaux multicolores, les recouvre, et dans leurs grandes salles, aux lourdes colonnes de bois dur surchargées de peintures, chantent les bonzes rouges et jaunes. Dans la lamaserie des dix mille lamas, voisine de Pékin, réside, accroupi sur un lotus, le bouddha vivant, au milieu d'une population d'idoles de toutes couleurs et de lamas de tout âge. Malgré la richesse des couvents bouddhistes, on peut croire que la Chine n'aime pas le monachisme, contraire à son génie positif et social. La loi du célibat lui inspire des craintes, et M. de Groot cite le cas d'un couvent qui fut saccagé, dans le voisinage de Fou-Tchéou, par des Chinois inquiets de voir trop durer un office auquel assistaient leurs femmes.

Au Tibet existe encore une sorte de féodalité monastique. Le lama y est possesseur de terres considérables, commerçant et banquier. La population des lamas, qui est énorme, est divisée en quatre classes dont les dernières comprennent des artisans de tous les métiers. Il ne paraît pas que cette vaste extension ni cette puissance du monachisme soient favorables au développement de ses vertus. Une intrépide voyageuse française, Mme Massieu, a remarqué, à propos de certaines populations du Tibet, qui admettent la polyandrie, que le bouddhisme s'accommode également de la polygamie et de la polyandrie, attendu que son esprit propre ne comporte au fond que le monachisme. Cette spirituelle réflexion laisse assez sentir l'insuffisance du bouddhisme comme loi sociale.

Les religions brahmano-bouddhistes, qui ont atteint un instant les sommets d'une métaphysique sublime, se sont donc dissoutes dans une confusion de pratiques idolâtriques, superstitieuses et immorales. Il n'est guère possible de prévoir un relèvement du brahmanisme, malgré de généreux efforts. De nobles esprits dans le brahmanisme, se vouent à cette œuvre avec un zèle digne de notre attention. Pratâpa Candra Râya, depuis 1883, traduit en anglais, à titre d'œuvre de propagande, l'immense poème du *Mahâbharata*. Un catéchisme brahmanique récemment publié en sanscrit, par le principal du collège de Mysore, témoigne du travail qui s'accomplit dans l'Inde autour de la vieille tradition des brahmes ; c'est un travail de critique et de fouilles qui tantôt détruit et tantôt revivifie. Une grande société, le « Brâhmasamàj », fondée au commencement de ce siècle par le brahmane Ram Mohun Roy (1772-1833), s'efforce d'incorporer la vieille théologie hindoue au positivisme et au piétisme anglican. Ces tentatives ne sont pas suffisantes pour permettre d'affirmer que, sous cet énorme amas de traditions et de superstitions locales qu'est aujourd'hui le brahmanisme, se cache encore un principe supérieur de vie.

Le bouddhisme, sur lequel on pouvait fonder plus d'espérances, ne paraît pas non plus en progrès. Il affecte, dans le lamaïsme du Tibet et de Chine, des aspects ecclésiastiques et politiques, qui appartiennent au temps du moyen âge plutôt qu'au nôtre. Au

Tibet il est sauvage. En Chine, où n'existent plus que les deux sectes de la Robe verte et de la robe jaune, il ne jouit que de peu d'estime ; il est très polythéiste, et, fondu par l'éclectisme du peuple avec le confucianisme et avec le taoïsme, il n'a guère d'existence propre que dans les couvents. — Au Japon, il semble plus prospère : les deux tiers du Japon lui appartiennent ; mais les sectes les plus puissantes, celle de Shin notamment qui compte 25,000 temples et 30,000 prêtres, et possède des édifices gigantesques à Kyoto, sont justement celles qui ont perdu la vraie notion du bouddhisme et se sont abaissées jusqu'à la doctrine de la bàkhti. Les meilleurs efforts faits dans le bouddhisme sont ceux qui, le traitant par le côté moral, tendent, comme nous l'avons dit, à le rapprocher du christianisme. Au fond, le bouddhisme n'est pas la religion spontanée du Japonais ; ce n'est qu'une puissance importée ; et les sympathies profondes du peuple restent encore au vieux shintoïsme, à la religion qui honore les dieux de la belle nature et les âmes des héros devant les parvis de modestes temples ornés de cerisiers et de chrysanthèmes, tandis que les préférences des lettrés se portent peu à peu sur la philosophie allemande et le moderne scepticisme. La plus grande œuvre religieuse accomplie au Japon en ce siècle, la fondation de l'Église de la raison divine par la voyante Omiki, relève du shintoïsme. Au Siam, comme au Japon, l'introduction des habitudes et de l'éducation européennes amène le scepticisme.

Cependant, quelques esprits, en Europe, se sont laissé charmer par l'arome d'indéfinie tendresse qui se dégage du bouddhisme, ou séduire par les vertiges de sa métaphysique, et l'on a vu fleurir parmi nous des sectes dont cette religion était la principale inspiratrice. En France, le professeur Léon de Rosny traça le plan d'une religion néo-bouddhiste, dans son livre sur le bouddhisme éclectique. Dans le monde anglais, le théosophisme se fonda et se développa rapidement en Angleterre, en Amérique et aux Indes. Le colonel Olcott et Sophie Blavatsky, qui en furent les auteurs, s'attachèrent principalement à développer le côté ésotérique des doctrines hindoues, prétendirent, à la manière des yogis, être les maîtres de la nature, se transporter à distance par leur seule volonté, connaître la série de leurs existences antérieures. Quoique convaincue d'imposture, Sophie Blavatsky, en mourant, laissa le théosophisme dans un état de haute prospérité. Après elle, Mme Annie Besant prit la direction de la secte en Angleterre; puis l'Amérique fit schisme. Les publications du théosophisme sont nombreuses. Nous n'avons pas ici à analyser cette doctrine qui, d'ailleurs, ne saurait être confondue avec le bouddhisme. Ce qu'il importe de retenir de cet exemple, c'est que le bouddhisme, à condition d'être plus ou moins transformé, pourrait bien avoir en Occident un avenir qu'il n'a plus en Orient. Il y a là un danger possible dont il est bon que les philosophes chrétiens se tiennent avertis. Nous croyons avoir fait assez sentir le genre de séduction que peut exercer cette religion lointaine : sa métaphysique a des aspects déterministes qui la rapprochent de notre science; sa morale pessimiste et d'infinie pitié semble s'accorder avec les vagues tristesses des cœurs modernes. Chaque acte, selon elle, produit un effet qui lui est proportionné; aucun mal n'est irréparable; et la vie n'est qu'une tentative indéfiniment recommençable, ce qui est une croyance bien reposante pour la faible âme humaine.

∴

Le sentiment moral existe sans nul doute dans les états les plus grossiers de l'âme, bien qu'il soit peu manifeste dans les formes primitives de la religiosité. Le sentiment social existe aussi dès le principe; il nous est apparu sous la forme du culte rendu aux ancêtres et aux chefs de tribu. Ce culte n'est jamais dépourvu de certains aspects moraux. L'on sait comment, en Chine, la conception morale s'est développée, en partant de l'institution sociale du culte des ancêtres, dans la religion de Confucius. Cependant, comme le confucianisme n'a pas en pratique gardé son indépendance, qu'il s'est mélangé au bouddhisme et à d'autres superstitions dont nous avons fait mention, et qu'il ne s'est point créé de métaphysique, nous n'en parlerons pas davantage; nous reporterons tout de suite notre attention vers les deux religions qui ont dégagé avec le plus de puissance la conception sociale et morale : le judaïsme et l'islamisme.

L'islamisme ne se distingue guère, en principe, du judaïsme, dont il n'est au fond qu'une mauvaise imitation. Le judaïsme a, depuis une époque reculée, posé avec une netteté parfaite la notion de loi morale, et il a appuyé cette notion sur une métaphysique si simple et si forte, qu'on peut bien croire qu'il l'a établie à jamais. L'homme, dans la conception judaïque, est avant tout un être moral; il existe une loi de justice que, librement, il doit réaliser; cette loi est dans son cœur, — c'est là le sentiment, — mais aussi, — et c'est ici la métaphysique, — elle existe dans la volonté d'un être personnel, souverain, puissant, type lui-même de l'absolue justice : Dieu. Ni cette conception sociale de la justice, ni cette conception métaphysique de Dieu n'existent dans la religion brahmano-bouddhiste.

Il n'est pas nécessaire que nous développions davantage ce thème des religions bibliques, il est assez connu. Tous les renseignements que nous pourrions donner sur le judaïsme et sur l'islam n'ajouteraient rien à sa clarté, et ils ne feraient pas sentir avec plus d'intensité l'opposition entre ces religions à principe moral et social et les religions du type métaphysique brahmano-bouddhiste. On pourrait appeler le judaïsme une religion positive, parce que sa fin est la réalisation d'une loi de justice qui a sa cause positive et absolue en Dieu; tandis que le bouddhisme est une religion négative, parce que sa fin est la suppression du monde, dont la cause est l'illusion. Le judaïsme tend à la vie, comme le bouddhisme tend à la mort.

Ces principes étant posés, nous nous bornerons à rappeler ici quelques traits essentiels de l'histoire de l'islamisme et du judaïsme en ce siècle.

L'on peut dire que le XIXᵉ siècle, qui est le XIIIᵉ de l'ère musulmane, aura été, somme toute, un grand siècle musulman. Aux yeux des personnes qui ne songeraient qu'à l'histoire de l'Europe, cette appréciation peut sembler surprenante; mais si l'on regarde l'Afrique, l'Orient et l'Extrême-Orient, l'on se rend compte qu'elle est justifiable. La Turquie d'Europe même dont, au cours de ce siècle, les puissances ont successivement détaché les provinces, comme les feuilles d'un artichaut, nous donne encore, en ces jours-ci, l'exemple de singuliers affronts faits à la chrétienté : un potentat mahométan, se jouant des armes de l'Europe et des efforts de sa diplomatie, envahit un royaume qui, quatre-vingts ans auparavant, avait secoué le joug de l'islam, et massacre dans ses propres provinces et jusque dans sa capitale plus de cent mille chrétiens. Sans doute, ces faits témoignent plus de la faiblesse morale de l'Europe que de la force matérielle de l'empire turc. Ils n'en sont pas moins, pour beaucoup de musulmans, une manifestation de la puissance d'Allah, un signe de son assistance et un encouragement au fanatisme.

Le progrès des ordres religieux dans toutes les parties du monde musulman paraît avoir été considérable. De nouveaux ordres ont été fondés ; rien n'indique une diminution de ferveur de la part des anciens. L'Afrique du Nord, le Maroc, la Tripolitaine recèlent d'intenses foyers de vie musulmane. Des congrégations puissantes, comme celle des Sénoussis, qui a son centre dans les oasis au sud de Tripoli, entretiennent dans les masses la haine de l'étranger, ferment le pays, préparent l'orage de la guerre sainte. Certains ordres fanatiques du Touat convertissent de force les juifs. Des institutions religieuses d'un esprit plus large, comme les Kadrya et les Tidjania, travaillent à l'expansion de l'islam dans le Soudan et dans le bassin du Niger, par l'attrait de la bonté et le prestige de la vertu. Peu à peu toutes les populations du Soudan sont absorbées par l'islam. Des races belliqueuses, comme celle des Foulbés, qui l'ont accepté aisément, s'en font les propagateurs. Quelques tribus, surtout agricoles, comme certaines tribus bambaras, y sont seulement moins vite accessibles. Les Foulbés, à la fois conquérants, apôtres et administrateurs, organisent les populations soumises à leur souveraineté. Ils sont aidés dans cette œuvre par les Haoussas, race commerçante, qui vient derrière les guerriers foulbés et colporte, avec ses marchandises, la foi au prophète. Les Haoussas savent lire et écrire, ce qui leur donne un grand prestige aux yeux des fétichistes, dont ils deviennent les instituteurs. Souvent aussi les sultans soudanais prennent des épouses dans les familles des chefs noirs, et ces mariages entraînent l'accession à l'islam de villages entiers. Toutes ces causes de la propagation de l'islam ont été habilement analysées par le comte de Castries. — Mais il importe d'indiquer que l'islam au Soudan n'est pas pur. Pour le répandre, les apôtres musulmans le mêlent de fétichisme ; ils se font à demi sorciers. Leurs talismans coraniques remplacent les totems. Une amusante rivalité se produit entre l'ancien féticheur et l'apôtre du Dieu unique, où la victoire reste au plus roué.

Un missionnaire du Bénin rapporte qu'un féticheur prétend un jour avoir ressuscité un mort de trois semaines, en se revêtant de ses habits et en contrefaisant sa voix. Les musulmans aussitôt déterrent une femme, puis racontent qu'elle a été rencontrée sur le chemin, suivie d'esclaves, de chèvres et de poules. Cette dégénérescence de l'islamisme, au milieu même de son succès, a depuis longtemps peiné de bons esprits dans l'islam. Le cheik Othman, fondateur de l'empire du Sokoto, qui mourut vers 1817, écrivit un livre où il défend la pureté de l'islam et où il fulmine contre l'introduction des pratiques païennes qui l'avilissent. — L'islam se propage ainsi dans l'Afrique comme un feu. Il n'y a, nous disait le plus illustre de nos Africains, Brazza, qu'une barrière qui l'arrête : le marais.

Le Soudan égyptien a fourni, à la fin de ce siècle, l'exemple d'un phénomène qui se produit périodiquement dans la vie de l'islam : l'apparition d'un Mahdi. On sait comment le Madhi et son successeur le khalife tinrent en échec les armes anglaises et fondèrent l'empire de Khartoum. Le Mahdi est une espèce de Messie des derniers jours ; l'islam orthodoxe, aussi bien que toutes ses sectes, attendent un Mahdi, comme le judaïsme attend un Messie ; il se lève de temps en temps de faux Mahdis qui entraînent des groupes plus ou moins nombreux d'adhérents ; ces prophètes sont censés immortels ; leur mort n'est qu'une éclipse qui cessera en un temps fixé. Lord Kitchener, en jetant au vent les cendres du Mahdi de Khartoum, a pu faire paraître à jamais impossible son second avènement.

L'Arabie reste close ; dans les villes saintes de l'islam, les rites du pèlerinage s'accomplissent comme au premier jour. L'accumulation des étrangers, l'égorgement des victimes aux portes de la Mecque, continuent à être des menaces de peste ; le seul décret d'Allah envoie ou retient le fléau. Les chrétiens ne sont point admis à ces grandes assises de l'islam ; seuls quelques téméraires s'y hasardent de temps à autre, sous un déguisement, au risque de leur vie. Échappés jusqu'ici à l'avidité colonisatrice de l'Europe, les deux villes saintes du mahométisme, seules peut-être dans le monde avec Lahsa, restent vierges, en possession d'elles-mêmes, de leur culte et de leur splendeur.

D'illustres contrées, qui ont autrefois pris une part éclatante du mouvement de la pensée humaine et à celui du christianisme, la Syrie, l'Asie Mineure, la Mésopotamie, demeurent, sans que l'Europe semble s'en soucier, sous l'administration inféconde de la puissance ottomane. L'Asie Mineure a perdu ses forêts, ses vallées fertiles se changent en marécages, ses mines dorment inexploitées, ses montagnes sont un repaire de barbarie. La Mésopotamie a vu s'ensabler tous les canaux ouverts il y a cinq millénaires ; et des hordes à demi sauvages vouent à l'insécurité ce pays qui fut le grenier du monde. A Constantinople on continue de psalmodier le Coran dans la basilique justinienne ; à Jérusalem, l'ombre du Croissant protège encore les pèlerins et les moines chrétiens qui se pressent autour du tombeau du Christ.

Un grand empire asiatique, la Perse, offre quelques traits moins indignes de la glorieuse activité de son passé. Pays d'islamisme chiite et par conséquent de foi moins absolue que les pays d'islamisme orthodoxe, il est beaucoup plus ouvert aux influences de la pensée occidentale. Il a donné naissance en ce siècle à une religion nouvelle, détachée de l'islam, le babisme. Cette secte dont nous avons raconté ailleurs la poétique histoire, semble, par la largeur de ses vues, la beauté de sa morale, l'héroïsme et la grâce de ses débuts, appelée à jouer un rôle important dans la rénovation de l'Orient musulman. Après avoir été cruellement persécuté sous le règne du shah Mohammed et obligé à se terrer, le babisme aujourd'hui reparaît et recommence à se propager sous des influences plus favorables.

Aux Indes, le nombre des musulmans s'accroît, moins sans doute par les conversions que par les naissances. La polygamie mahométane ne serait pas, dans l'Inde, aussi peu féconde qu'elle l'est en d'autres pays, en Turquie surtout, et même en Algérie. Le nombre des musulmans de l'Inde, dit Sir Richard Temple, est de 57 millions ; l'influence morale de cette énorme population tend à baisser par rapport à celle des populations hindouistes, parce que les musulmans sont plus lents que les Hindous à profiter des moyens d'éducation offerts par le gouvernement britannique. — Néanmoins l'influence de l'islam a laissé sur l'hindouisme des marques profondes. La force de la conception de Dieu dans la métaphysique mahométane a frappé certains Hindous ; et des sectes demi-musulmanes, demi-brahmaniques se sont formées autour du pivot de l'unité divine. Ce mouvement de pénétration de la pensée biblique dans le monde hindou dure depuis cinq siècles. Il fut inauguré au xv⁰ siècle par Kabir, puis par Nânak, qui fonda la secte des Sikhs. Ces deux personnages sont aujourd'hui vénérés également par les Hindous et par les fakirs musulmans. Les Sikhs en vinrent à former une nation qui se trouva organisée en monarchie dans le Pendjab, au commencement du xix⁰ siècle, sous l'autorité de Ranjit Singh (1797-1839). Ils avaient alors une cavalerie de 70,000 hommes. En 1848, le royaume du Pendjab fut annexé aux possessions de la Compagnie des Indes. Les Sikhs existent encore à l'état de race, au nombre de 1,200.000 et leur religion continue à se tenir un peu en dehors de l'hindouisme, inclinant du côté de l'islam.

On a trop dit que l'islamisme se répandait en Chine, et qu'il y avait de l'avenir; cette opinion doit être réformée. M. Grenard nous propose d'évaluer à 7 millions le nombre des musulmans de Chine, dont 3 millions pour le Kan-sou, où ils constituent la moitié de la population, 1 million et demi pour le Chen-si, 2 millions pour le Yun-Nan. Ces musulmans, ont un type ethnographique spécial, qui les distingue des Chinois ; ils descendent de colons, de soldats et de marchands venus, dès une époque reculée, de la région de Boukhara et de Samarkand. Au commencement, ces immigrants épousaient des femmes chinoises, et le type de leurs descendants s'en est trouvé un peu altéré ; mais aujourd'hui il n'y a plus chez les musulmans de Chine des mariages mixtes. Il n'y a pas de motif de croire que l'islamisme doive jamais prévaloir en Chine. L'on ne découvre guère d'affinité entre l'esprit du peuple chinois et celui de l'islam.

Mais chez les populations malaises de l'Extrême-Orient et de la Polynésie, l'islam fait d'indéniables progrès. Il envahit les grandes îles du Pacifique, qui étaient à la limite de l'ancien monde, et où des conquérants venus du nouveau l'ont récemment rencontré.

Malgré ce brillant tableau, nous croyons qu'on peut douter de l'avenir de l'islam. Il est aujourd'hui, peut-être, la plus prospère, mais assurément aussi la plus fragile des religions. Tout d'abord l'islam a contre lui la haute civilisation ; des tentatives faites en ces dernières années, à Liverpool, en Angleterre, à Pontarlier, en

France, pour l'acclimater parmi nous, outre qu'elles n'étaient pas pleinement conformes à l'orthodoxie musulmane, n'ont abouti qu'au ridicule, et n'ont laissé que quelques preuves de plus de l'incompatibilité du mahométisme avec le génie européen moderne. D'autre part, l'islam est une religion fondée sur la force. Or, sa force matérielle est précaire. Que l'empire turc soit détruit, qu'un drapeau européen soit planté dans le voisinage de la Kabah, et l'on verra très probablement l'islam s'affaisser comme la statue aux pieds d'argile. Si l'on hésite à frapper l'islamisme en son centre, nous avons déjà indiqué cette idée que l'on pourrait tenter de le dissoudre au moyen de ses propres sectes. Quelques-unes de ces sectes ont des tendances libérales ; elles seraient très propres à former des religions de transition entre l'islam et le christianisme. Le babisme en particulier semble né pour jouer ce rôle, et il mériterait d'être encouragé par la diplomatie européenne. Quelques colonies babies, en Tripolitaine ou au Maroc, feraient plus pour la pénétration dans l'islam que des colonnes d'infanterie. Je ne sais si la grande coupure faite dans le monde mahométan par l'occupation de la vallée du Nil a eu déjà des effets sensibles sur l'état du mahométisme ; il semble qu'elle doive en avoir, et que l'on entrevoie le temps où l'islam sera scindé en un islam africain et un islam asiatique. Si cette perspective n'est pas trompeuse, elle mérite aussi de retenir l'attention des diplomates chrétiens. Pour le reste, en attendant que ces diverses causes de destruction aient agi, il est clair que l'islam a droit, de la part des Européens, à certains égards, d'abord parce que sa loi reflète la grandeur, la noblesse et la simplicité de la loi sinaïtique, ensuite, — motif plus pratique, — parce que l'islamisme possède encore une force immense, qu'il doit à ses puissantes facultés de foi, d'espérance et d'illusion.

Est-il utile que nous parlions du judaïsme ? Sans doute il est peu de nos lecteurs qui ne soient autant que nous-même au courant de la question juive. Il importe seulement de mettre ici en vedette ce grand fait : que le xixe siècle est dans l'histoire du judaïsme le premier d'une ère nouvelle, l'ère de l'émancipation, dans laquelle le peuple hébreu, tiré de l'ombre des ghettos par le libéralisme des âges modernes, est replacé dans la communion des autres peuples, et invité à travailler dans les mêmes conditions qu'eux au grand œuvre de la civilisation. Quelles vont être les destinées nouvelles du judaïsme affranchi ? Va-t-il, se renonçant lui-même, s'absorber dans les nations chrétiennes qui l'ont hospitalisé, en y introduisant le levain de son intelligence et de ses vertus morales ? Va-t-il, au contraire, vivre pour lui-même, se ressaisir, se concentrer de tous les point du monde où il est dispersé, et reprendre la vieille idée de l'élection de la race juive, considérée comme race privilégiée, choisie, appelée par Dieu au magistère des nations ? Tant dans la société juive que dans la société chrétienne, on rencontrerait des partisans de l'une et de l'autre solution.

Les Juifs ont leurs *assimilateurs*, qui ne sont pas nécessairement des apostats, mais qui, tout en pouvant rester Juifs de croyance, désirent être, complètement et simplement, de bons citoyens dans leurs patries d'adoption. C'est le sentiment auquel faisait allusion un éminent Américain qui, me parlant de l'absorption de tant de races diverses dans cette nationalité nouvelle qu'est le peuple des États-Unis, me disait : « Nous nous assimilons tout ; nous nous assimilerons même les Juifs. »

Je doute pourtant que cette solution prévale. Tout le passé des Juifs, le long temps qu'ils ont été le peuple élu et souffrant au milieu de la corruption des gentils, les siècles qu'ils ont consumés dans l'humiliation des ghettos sous l'outrage des chrétiens, l'antiquité et la beauté sublime de leurs livres, les faveurs et les promesses de Jéhovah, l'engagement qu'il a pris envers Abraham que ses descendants posséderaient la terre, l'habitude d'être le peuple unique, isolé et incompris, d'être honni des hommes et de se croire les favoris de Dieu, d'être des vaincus et de se sentir au fond invincibles, l'orgueil superbe et les espérances non moins magnifiques de la race, toutes ces causes ont donné au caractère juif une intensité et une ténacité telles, qu'il ne paraît pas possible qu'il se dissolve en quelques années dans le vague remous des opinions modernes. Cela est si vrai que de très hauts esprits dans le judaïsme en ce siècle, au lieu de voir dans l'émancipation la fin humiliante et douce de la nation juive, n'y ont reconnu rien moins que l'ouverture des temps messianiques. Ils ont pensé que, l'ère de ses souffrances étant finie, le peuple juif allait se relever devant le monde, y restaurer l'enseignement prophétique, y établir la loi de Jéhovah, et qu'il allait se placer comme une lumière ou comme un guide à la tête de l'humanité. Telle a été l'idée des Salvador et des Darmesteter. — Telle est celle aussi à laquelle s'oppose le sentiment profond des masses chrétiennes soulevées dans le violent mouvement de l'antisémitisme. L'affranchissement des Juifs leur a fait jeter des cris de terreur, et persuadées que le but des Juifs est la destruction du christianisme et la domination de la terre, elles demandent déjà qu'on les exclue, qu'on les spolie, qu'on leur rende leurs chaînes. — Non éloignée encore de la même pensée, est l'intention des agitateurs sionistes qui, émus des progrès de l'antisémitisme, rêvent de rappeler les Juifs du milieu des peuples, et de les rassembler de nouveau autour de l'antique Sion en un état modèle hébraïque. — La généralité des Juifs se montrent aussi réfractaires que jamais à l'idée chrétienne, surtout à l'idée catholique. Hormis quelques exemples isolés et illustres, ceux du vénérable Liebermann, des Ratisbonne et des Lehmann, on ne voit point parmi les Juifs de conversions que celles qu'appellent les convenances mondaines. La synagogue, que les pieux sculpteurs des portails de Strasbourg représentaient jadis appuyée sur un sceptre brisé, est moins disposée que jamais à avouer sa défaite.

Les Juifs, cependant, ont eu en ce siècle un remarquable élan. Ils ont conquis d'immenses fortunes, sont montés à l'assaut de tous les emplois, sont entrés dans les Parlements, ont fondé une multitude d'institutions, ont marqué dans toutes les branches des sciences et des arts. L'importance qu'ils ont déjà acquise est hors de proportion avec la faiblesse numérique de leur population. Dix millions d'Hébreux, sous le régime de la libre concurrence, effraient le monde, non pas précisément à cause de leur génialité, mais à cause de leur intelligence moyenne qui est supérieure à l'intelligence moyenne de presque toutes les autres nations. — Aptes au travail, habitués encore à la souffrance, emportés, comme au temps de Nabuchodonosor, dans la longue et mélancolique série des transplantations et des émigrations, ils sont dispersés sur toute la surface de la terre, de l'ancien monde au nouveau. Quelle que soit parfois leur ignorance, quelle que puisse être, en de nombreux cas, leur négligence des rites rabbiniques, ils portent partout en eux le caractère indélébile de leur race. Rien ne prouve vraiment qu'ils doivent être un jour, comme ils le prétendent, le peuple Messie, entré dans la gloire, docteur et roi du monde ; mais ils sont, ils seront longtemps encore, le peuple témoin sur lequel est retombé le sang du Christ, peuple étrange et immortel.

Il se peut que la conclusion théorique à laquelle nous sommes conduit par cet exposé apparaisse aux yeux de quelques lecteurs comme le terme d'un long paradoxe ; nous espérons pourtant qu'elle frappera le plus grand nombre comme un trait de lumière. Cette conclusion est celle-ci : Qu'il n'y pas en réalité plusieurs religions en dehors du christianisme ; il n'y en a vraiment qu'une : le judaïsme. Le judaïsme est seule vraie religion, c'est-à-dire qu'il a seul dégagé complétement la notion que nous désignons sous ce nom ; il n'y a en dehors de lui que des religions fausses, c'est-à-dire des doctrines qui faussent cette même notion. Jéhovah est seul vrai Dieu ; il n'y a en dehors de lui que des faux dieux, c'est-à-dire des expressions fausses de la notion de Dieu.

En effet, les formes primitives de la religiosité que nous avons étudiées d'abord, sont en majeure partie condamnées, dans l'état actuel des progrès de l'esprit humain. Le bouddhisme n'est pas, à proprement parler, une religion, c'est une philosophie, Dieu n'y est pas clairement dégagé de l'homme. Au fond l'homme y est Dieu ; l'homme et Dieu sont le monde, et le monde n'est rien. De plus, il n'y a pas de relation rationnelle entre la métaphysique du bouddhisme et sa morale. En pratique, le brahmanisme et le bouddhisme, lorsqu'ils n'ont pas évolué vers le christianisme, sont retombés dans les formes primitives de la religiosité. Le judaïsme seul a posé un Dieu moral, un homme moral, et établi la loi du rapport qui relie l'homme à Dieu, ce qui constitue précisément ce que l'on nomme religion.

Au point de vue des faits, il y a une remarque qui s'impose à la fin de ce discours : C'est que les peuples de religion non chrétienne sont aujourd'hui presque tous vassaux des puissances chrétiennes ou appelés à le devenir. Les religions non chrétiennes, le judaïsme excepté, sont celles des peuples de moindre civilisation. Quelles que soient les causes de ce fait, le christianisme est devenu aujourd'hui le suzerain du monde. L'avidité des peuples, leur passion du gain l'ont servi : les conquêtes coloniales sont des conquêtes chrétiennes. Comme, selon Bossuet, tout le monde ancien se trouvait, au moment de la naissance du Christ, providentiellement réuni sous le sceptre d'Auguste, afin, que la diffusion de l'Évangile qui allait y être prêchée y fût facile, ainsi aujourd'hui tout le monde, entièrement connu, se trouve rassemblé sous les étendards chrétiens, sans doute, dans les intentions de la Providence, afin que s'y achève le triomphe de la Croix. Un poète anglo-saxon a parlé du fardeau de l'homme blanc, de ce faix moral que la race victorieuse doit porter dans sa marche au milieu des races vaincues. Ce fardeau, quel est-il sinon celui-là qui a ensanglanté les épaules du Fils de l'homme, dans sa montée au Golgotha ?

Baron CARRA DE VAUX.

XXVII

Les Églises chrétiennes séparées

L'Église catholique est représentée par un chef, auquel la délégation divine confère les droits du pasteur et du docteur, et, si la docilité aux enseignements et directions du Souverain Pontife est la pierre de touche par laquelle se reconnaissent les véritables fidèles, il n'est pas moins certain que c'est en repoussant l'autorité du Pape que les dissidents se constituent en l'état de révolte qui fait d'eux les enfants égarés de l'Église. Ce refus d'obéir à l'interprète autorisé de la tradition divine caractérise indistinctement tous les groupes séparés ; et leurs chefs, qu'ils se nomment Nestorius, Eutychès, Photius, Luther, Calvin ou Henri VIII, se sont trouvés d'accord en répudiant en la personne du Pape le principe d'unité qui est propre à la vraie religion.

C'est là toutefois que s'arrêtent les analogies entre les deux fractions qui se sont séparées de Rome ; c'est presque aux origines du christianisme qu'il faut chercher les objections que l'esprit subtil des Sémites et des Grecs a multipliées contre les dogmes ; c'est au XVIe siècle seulement que l'Europe germanique et anglo-saxonne a brusquement rejeté ses traditions d'obéissance. Pour l'Oriental, c'était le dogme qui fournissait les motifs de la rupture, et c'est la morale que prétendait renouveler la réforme protestante quand elle entama la lutte contre la « nouvelle Babylone » ; il est vrai que, de part et d'autre, on chercha avec le temps à élargir et à déplacer la base des opérations : les Orientaux pensent beaucoup moins aujourd'hui à défendre l'unité de nature en Jésus-Christ ou à attaquer la procession du Saint-Esprit *ex Filio*, qu'à maintenir contre les prétendues entreprises de Rome l'intégrité de leurs coutumes disciplinaires ; et, d'autre part, si le protestantisme n'enseigne pas une morale différente de la nôtre, il soutient, par exemple sur l'Église ou sur la Sainte Eucharistie, des propositions que la théologie catholique doit déclarer hétérodoxes.

Un élément enfin, qui n'a rien à voir avec le dogme, ni même avec la morale, est venu compliquer les malentendus et rendre plus difficile toute conciliation : je veux parler des prétentions des princes ou des prélats dont l'orgueil ou l'esprit de domination supportaient péniblement le pouvoir doucement pondérateur du Vicaire de Jésus-Christ. Patriarches orientaux ou membres du Saint-Empire voyaient avec impatience de simples prêtres exercer comme légats un contrôle d'autant plus importun qu'il était parfois plus nécessaire ; les Césars de Byzance n'admettaient pas tous qu'une autre influence que la leur s'exerçât sur les églises de leur empire, et ils flattaient les tendances schismatiques de leurs évêques, afin que, soustraits à la tutelle du Pape, ils ne dépendissent que de leur bon plaisir ; et les patriarches d'Orient, ayant rompu avec Rome, devinrent des fonctionnaires de Constantinople et le restèrent quand le maître de Constantinople fut un Turc.

Les mêmes dispositions favorisaient, au début, les progrès du protestantisme ; les royaumes scandinaves, une partie des États allemands, et l'Angleterre enfin ne passèrent à la Réforme que pour obéir à des souverains qui voyaient dans la rupture avec le Pape un moyen d'accroître leur pouvoir ; je ne parle pas des convoitises, moins élevées encore, que faisaient naître l'espoir d'améliorer les finances par la sécularisation du domaine temporel des clercs.

L'assujettissement des églises fut assuré dans une partie des pays protestants par l'abolition des évêchés ; l'autorité spirituelle fut répartie entre les membres des consistoires ou synodes, dans lesquels l'élément laïque entrait dans une proportion suffisante pour que le prince pût y exercer une influence prépondérante.

Ce régime passa, il y a deux siècles, des pays protestants aux églises orientales. Pierre le Grand avait été frappé, pendant son séjour aux Pays-Bas, des avantages qu'une telle organisation pouvait donner aux princes, et, de retour en Russie, il institua le Saint Synode, qu'il investit des pouvoirs que les églises de Kiev et de Moscou avaient exercés jusque-là, non sans porter quelque ombrage à l'omnipotence des tsars.

Nous verrons que dans le cours de ce siècle les Hellènes, les Roumains et les Serbes ont imité la Russie et placé la suprême autorité religieuse aux mains des synodes, qui, par leur constitution, sont hors d'état d'entrer en lutte avec les pouvoirs publics, ce qui aurait pu se produire avec un métropolite revêtu de la plénitude de juridiction ecclésiastique.

C'est donc ainsi que partout la rupture avec Rome a amené une subordination plus complète de l'Église vis-à-vis de l'État; si, en Angleterre, une fraction importante du protestantisme s'élève contre la prépondérance gouvernementale (et cette cause a eu ses martyrs); si dans les Pays-Bas et l'Allemagne du Nord des « dénominations » indépendantes refusent de se soumettre au pouvoir civil, c'est en sacrifiant leurs intérêts temporels et en renonçant aux subventions qui sont, pour les églises officielles, le prix de libertés précieuses; en Orient, aucun prélat ne peut user de son pouvoir sans avoir obtenu et payé fort cher le firman d'investiture sans lequel il serait considéré comme un intrus; puis, une fois reconnu par la Porte, il demeure sous la main de l'infidèle; qu'il montre quelque zèle pour ses ouailles, qu'il fasse preuve de fierté en refusant d'anathématiser ce qu'il approuve au fond de son âme, qu'il néglige de payer une redevance insolite, qu'on exige de lui sous le nom d'offrande spontanée, il doit s'attendre à une sentence de déposition, de confiscation et d'exil, heureux encore d'échapper à la mort. C'est le régime que certains de nos compatriotes paraissent regretter quand ils réclament à grands cris : *la liberté comme à Constantinople!* Qu'ils cherchent à savoir ce que sont devenus le patriarche grec accusé de faire des vœux pour le triomphe de ses compatriotes, ou les évêques arméniens qui n'ont pas voulu condamner comme rebelles des gens qu'on massacrait par milliers quand ils hésitaient à apostasier.

Si l'Église catholique n'a pas engendré que des saints, il n'en est pas moins certain que, sous le souffle vivifiant de la liberté qu'elle assure à tous ses fidèles, des caractères plus mâles, des volontés plus fermes ont su se manifester chaque fois qu'un de ses droits a été menacé; sur cent trente-cinq évêques français, il s'en est trouvé quatre pour accepter la Constitution civile du clergé ; et quand Élisabeth a voulu provoquer la défection de l'épiscopat d'Angleterre, un seul de ses membres a oublié ses devoirs ; les autres sont partis pour l'exil, ont langui dans les cachots, ont marché au supplice, et, il y a cent ans, deux Papes se sont laissé arracher, l'un après l'autre, au siège de Pierre plutôt que de sanctionner un seul acte qui eût été le désaveu de leur vie entière.

Ce n'est pas sans tristesse que nous comparons cette noble indépendance avec l'attitude humiliée de la plupart des Églises séparées ; mais ce qui peut nous donner quelque réconfort, c'est de voir que Dieu n'a pas abandonné ceux qui se sont éloignés de lui ; une action continue se fait sentir au sein des groupes les plus éloignés en apparence de toute pensée de retour ; guidés par le Saint-Esprit, les Papes sont intervenus avec sollicitude chaque fois que la prudence le leur a permis, et de cette masse que travaillent le doute, le découragement, la révolte et parfois la haine, se sont dégagés des éléments purs qui sont rentrés déjà dans l'unité ; ils ont fait oublier à cette tendre mère qu'est l'Église les larmes qu'elle avait répandues ; elle en a versé de nouvelles, mais combien douces, celles-là, en voyant rentrer à la maison paternelle des enfants qu'elle avait cru partis pour toujours !

C'est de ce travail intime qui se produit dans l'âme des peuples que sortent les réconciliations individuelles, en attendant que les masses entières se mettent en marche vers l'union ; nous allons en étudier les diverses phases au cours du xixe siècle.

I. — LES SCHISMES ORIENTAUX.

Les Orientaux séparés ne forment pas une masse homogène ; les races, les langues et les nationalités les divisent en fractions indépendantes et rivales ; de plus, les divergences théologiques les distinguent en trois groupes qui se considèrent mutuellement comme hérétiques : les Nestoriens et les Monophysites sont repoussés par l'Église dite orthodoxe, comme professant des opinions condamnées par les Conciles, et quand, par exemple, une ambassade abyssine s'est rendue à Moscou, le métropolite ne l'a pas plus traitée en coreligionnaire à la porte de la cathédrale d'Isaac, que l'archevêque de Paris n'a pu le faire pour d'autres Abyssins qui venaient visiter Notre-Dame.

L'importance numérique des trois Églises d'Orient est fort inégale ; si les Nestoriens sont une centaine de mille et les Monophysites près de cinq millions, l'Église « orthodoxe » dépasse cent millions de fidèles, grâce à l'énorme appoint que lui apporte l'Empire de Russie.

A. — Les *Nestoriens*, séparés de l'Église universelle depuis le concile d'Éphèse au ıv° siècle, ont été successivement chassés de Constantinople, où leur hérésie avait pris naissance, et d'Édesse, où elle s'était développée. Réfugiés dans la Mésopotamie, où les rois de Perse leur avaient donné asile, ils ont été rejetés vers le nord par les invasions musulmanes, et, après cette dernière migration, sont concentrés aujourd'hui dans les montagnes de Kurdistan. Ceux d'entre eux qui sont demeurés dans la vallée du Tigre, entre Mossoul et Diarbékir, sont rentrés au cours de ce siècle dans la communion romaine et forment l'Église chaldéenne unie ; bien qu'ils parlent le turc, ils usent du syriaque comme langue liturgique. Les Nestoriens proprement dits sont établis autour de Kotchannès, près de Djulamerk, où réside leur catholicos ou Mar-Schemoun.

Les missionnaires dominicains de la Mésopotamie et du Kurdistan ont beaucoup contribué au retour des Chaldéens et dirigent à Mossoul un séminaire où s'instruit le clergé indigène ; les protestants ont aussi un certain nombre de stations d'où leurs missionnaires cherchent à se répandre dans tout le pays.

La grande ignorance des Nestoriens, et le caractère patriarcal de leur société civile, divisée en tribus, ne permettent pas souvent d'obtenir de conversions individuelles ; c'est par villages ou par tribus que s'opèrent les retours ; il s'en est trouvé dans le nombre qui étaient sincères et qui ont duré ; mais, trop souvent, il y a des manœuvres destinées à provoquer l'inépuisable générosités des catholiques d'Europe.

Ce qui caractérise l'Église nestorienne, c'est que les évêchés sont héréditaires et se transmettent d'oncle en neveu dans les principales familles ; le catholicos doit pratiquer plus sévèrement qu'aucun autre la loi de l'abstinence, et quelques jeunes gens de sa famille sont astreints, depuis leur naissance, au régime du maigre le plus complet; à la mort du catholicos, un d'entre eux lui succède et les autres sont autorisés enfin à se nourrir de viande. Ce détail montre quelle importance les Nestoriens et les Orientaux, en général, attachent au jeûne et à l'abstinence dont ils font passer l'observation au rang où les Occidentaux placent la pratique des vertus chrétiennes et la fréquentation des sacrements.

B. — Les *Monophysites* ont adopté au ve siècle un enseignement né de l'erreur nestorienne. Nestorius voyait en Notre Seigneur Jésus-Christ deux personnes distinctes : le Fils de Dieu et le Fils de Marie ; Eutychès, passant à l'autre extrême, déclara que la nature divine du Verbe avait absorbé la nature humaine du Christ et qu'il n'y avait dans le Sauveur du monde qu'une seule nature. Ce qui fit le succès de cette controverse d'ordre métaphysique, c'est qu'elle permit aux peuples asservis par les Grecs de se soustraire à la tyrannie des évêques byzantins. Du nord au sud, les habitants des territoires qui formaient la frontière orientale de l'Empire adoptèrent le monophysisme et devinrent indépendants du pouvoir spirituel de Constantinople, en attendant le jour où ils pourraient s'émanciper complètement. Les Arméniens, les Syriens et les Égyptiens se créèrent donc une religion nationale et eurent leur Église à part. Plus tard, les Abyssins, convertis par les missionnaires venus d'Égypte, formèrent la quatrième branche du monophysisme. Séparés par de longues distances, parlant des langues différentes et ayant eu des destinées très diverses, ces quatre peuples n'ont gardé que très peu d'idées communes, même en matière religieuse, et les évolutions de leurs croyances se sont opérées dans les directions divergentes; on aurait peine aujourd'hui à leur trouver un point de contact, s'ils n'étaient unanimes pour rejeter le concile de Chalcédoine, qui les a tous condamnés, il y a plus de quinze cents ans; en dehors de là, peu d'entre eux seraient en état d'expliquer en quoi leur foi diffère de celle des Grecs et des Latins.

a. Les *Arméniens* sont, de tous les monophysites, les plus nombreux et les plus instruits ; retranchés dans la région montagneuse qui forme l'extrémité orientale de l'Asie Mineure, ils ont pu garder longtemps une indépendance de fait sinon de droit; leur pays, pauvre et difficilement accessible, était dédaigné par les conquérants, dont les convoitises trouvaient à se satisfaire plus facilement dans des régions plus fertiles et plus prospères. Comme les autres races de montagnards, les Arméniens fournirent un large contingent à l'émigration : sobres, patients, robustes et en même temps pourvus de la finesse et de la prudence qui font les vrais commerçants, ils se répandirent au loin, dans les ports de la mer Noire, à Constantinople, en Russie et en Hongrie; ils entamèrent contre les trafiquants grecs et juifs une guerre de concurrence, dans laquelle, s'il faut en croire un dicton répandu en Orient, ils ne tardèrent pas à avoir tout l'avantage, mais ce ne fut pas sans exciter l'envie de leurs rivaux et sans amasser contre eux des haines qui devaient aboutir à une catastrophe.

Au point de vue religieux, l'Église d'Arménie, qui avait sa raison d'être dans l'opposition organisée contre les évêques grecs, se rapprocha de l'Église romaine au temps des croisades, et, pendant une assez longue période, on put considérer la plupart des Arméniens comme rattachés à l'unité catholique; mais les divergences recommencèrent à paraître quand les Latins durent reculer devant l'Islamisme, et le fossé du schisme était devenu plus profond que jamais au commencement du xviii° siècle; ceux des Arméniens qui étaient restés attachés à l'Église romaine eurent à subir alors une cruelle persécution déchaînée par leurs compatriotes, devenus de plus en plus influents dans les conseils du Sultan.

En dépit de ces violences, et peut-être à cause de cela, la fraction catholique de la nation arménienne s'est plutôt développée, et si elle ne forme qu'une minorité numérique, elle n'en constitue pas moins, avec ses rangs compacts, ses savants religieux mékitaristes et son épiscopat où ne manquent pas les hommes de valeur, un élément dont l'influence morale et intellectuelle n'est pas sans tenir une place importante.

Depuis le milieu du xix° siècle, les protestants ont établi en Arménie des missions qui, soutenues par les aumônes venues d'Angleterre et d'Amérique, sont arrivées assez rapidement à inscrire environ cent mille adhérents. Ce qui a fait le succès des Américains, c'est qu'ils ont encouragé les idées d'émancipation politique dans un peuple qui, naturellement fier et conscient de sa grandeur passée, gémissait sous la tyrannie de plus en plus intolérable des Turcs. On gagne facilement la confiance des opprimés en leur faisant entendre des paroles de liberté, et il est connu maintenant que c'est à Londres que se sont formées les puissantes sociétés patriotiques dont le but est de rendre à l'Arménie, avec l'indépendance, son rang parmi les peuples civilisés.

La grande masse du peuple arménien ne connaît pas ces aspirations ; autant qu'on peut se fier aux évaluations orientales, il forme un groupement de trois millions et demi d'individus, dont la moitié environ habite l'empire ottoman ; les protestants, nous l'avons dit, sont cent mille et les arméno-catholiques à peu près autant. L'Église arménienne schismatique, qui se dit grégorienne, du nom d'un de ses premiers apôtres, saint Grégoire l'Illuminateur, a pour chef suprême un Catholicos qui réside au monastère d'Etchmiadzin, dans l'Arménie russe ; et quatre patriarches, à Constantinople, à Aghtamar, dans la Grande Arménie, à Sis, en Cilicie, et enfin à Jérusalem, exercent une autorité à peu près autonome. La langue liturgique est l'arménien, auquel les efforts du parti des patriotes sont arrivés, dans ce dernier quart de siècle, à rendre quelque chose de la vie littéraire qui, à plusieurs reprises, s'était manifestée avec un certain éclat. Le clergé, associé à ce mouvement de régénération, a travaillé pour sa part à affirmer l'union indissoluble de l'idée religieuse avec l'idée patriotique, et c'est là une des principales difficultés que le missionnaire catholique rencontre chez les dissidents orientaux : la croyance particulière a des racines historiques, la prière publique est trop intimement liée à la langue nationale pour qu'on puisse faire admettre facilement à des intelligences plutôt étroites qu'on peut rester fidèle à sa patrie en abjurant des erreurs dogmatiques et en entrant en communion de prières avec des peuples d'une autre race. Le Saint-Père s'est efforcé d'accorder aux Orientaux toutes les garanties qui pouvaient assurer l'usage des liturgies particulières en langue nationale, et cependant c'est là encore que se trouve le principe de résistance à tout rapprochement non seulement en Arménie, mais parmi les autres sectes orientales.

Les espérances d'émancipation, encouragées par les amis que l'Arménie avait en Occident, déterminèrent, au moment du traité de Berlin, une effervescence qui, toute factice au début, finit par gagner les masses : las de supporter les avanies et les spoliations, quelques groupes de patriotes prirent les armes et le lecteur sait quelle répression barbare a noyé dans le sang ces velléités de révolte : l'atrocité des massacres, qui se prolongèrent pendant six mois entiers, a montré ce qu'il fallait penser de l'empire mahométan, bête féroce qu'on disait apprivoisée ou engourdie, et dont le réveil a été terrible; c'était un démenti à tous les engagements que la diplomatie européenne croyait avoir obtenus en faveur des sujets chrétiens du Sultan : mais ce qui n'est pas moins déconcertant, c'est de voir que les puissances, dupées par les Turcs, ont été impuissantes à arrêter le mal, et que les divisions entretenues entre elles par la fourberie de la Porte ont permis à l'œuvre sanglante de s'accomplir en présence d'une apathie qui ressemblait à de la complicité.

Le jour n'est plus éloigné où la Russie, déjà maîtresse de l'Arménie du Nord, poussera ses régiments jusqu'à l'Euphrate ; le prétexte est trouvé pour de nouvelles conquêtes ; le fruit a mûri et tombera bientôt dans la main qui se tend pour le cueillir. Puissent les Arméniens ne pas se repentir alors d'avoir changé de maîtres !

b. Les *Jacobites* ou monophysites de Syrie ne représentent aujourd'hui qu'une très minime partie des populations de la contrée que traverse le cours supérieur de l'Euphrate ; ils sont une soixantaine de mille, répartis entre Alep, Mossoul, Diarbékir et Mardin, résidence de leur patriarche ; au début du siècle, il y avait une Église syrienne-catholique, détachée du schisme au xv° siècle, à la suite du concile de Florence ; persécutés par les musulmans, et par les schismatiques, les Syriens unis ont lutté sous la conduite de pasteurs énergiques, Mgr Giarve (1826-1851), Mgr Samhiri (1851-1865), Mgr Harcous (1865-1873), Mgr Scellot (1873-1878), Mgr Benham Benni (1878-1898), et leur nombre a plus que doublé au cours du siècle, sans atteindre encore celui des jacobites.

Il est douloureux de constater que ces cent mille chrétiens ne représentent qu'une épave surnageant après le naufrage, la presque totalité des habitants ayant passé à l'islamisme au moment de la conquête.

c. Les *Coptes* sont la partie demeurée chrétienne de la population de l'Égypte; en haine de la domination des Grecs, les monophysites égyptiens avaient accueilli les conquérants arabes en libérateurs, et ils furent d'abord traités avec indulgence, mais la puissance des califes, en se consolidant, devint de plus en plus oppressive, et le peuple, chez qui le clergé schismatique avait nourri les passions sectaires beaucoup plus que les véritables vertus chrétiennes, glissa presque tout entier sur la pente qui le conduisait à l'apostasie. C'est seulement dans la Haute-Égypte, entre Assiout, Akomim et Tahta, que se conservèrent les vestiges de la religion nationale.

Aujourd'hui, sur huit millions d'habitants, il y a en Égypte environ cinq cent mille chrétiens monophysites, répartis en une dizaine de diocèses et soumis à un patriarche qui réside au Caire.

La foi catholique n'avait pas cependant disparu absolument de l'Égypte, et le zèle des missionnaires franciscains reconstitua une Église copte-unie, mais combien furent modestes les débuts de cette œuvre ! Il y a dix ans à peine, on ne pouvait pas estimer à plus de quatre mille le nombre des catholiques de rite copte.

Un mouvement très caractérisé s'est produit au moment où le pape Léon XIII adressait un appel pressant à tous les dissidents orientaux; quelques jeunes prêtres coptes, formés aux vertus apostoliques à l'Université de Beyrouth, se mirent à l'œuvre avec cette ardeur qu'inspirent la foi et la jeunesse; les premiers résultats ont déterminé le Saint-Siège à rétablir pour les Coptes le patriarcat d'Alexandrie; deux évêques assistent le Patriarche, et les conversions ont quadruplé en quelques années l'importance du petit troupeau.

De l'action des catholiques il convient de rapprocher celle des protestants américains, dont les établissements richement dotés ont pris un rapide développement. Autorisés par l'élasticité de leur symbole à s'écarter le moins possible de la théologie des peuples qu'ils veulent évangéliser, les protestants regardent comme leurs ceux qui réprouvent avec eux le culte des images et mettent en doute la présence réelle. Ils ont pu sinon convertir, mais tout au moins rendre neutres quelques évêques, gagnés par des subsides placés avec discernement; libres de ce côté, ils en-

voient dans le pays de jeunes indigènes, leurs disciples, à qui
le métier de prédicant rapporte la considération du public et un
salaire avantageux correspondant à un travail infiniment moins
pénible que celui des champs. Par ces moyens et en limitant à un
minimum leurs exigences dogmatiques, les protestants ont enrôlé déjà de dix à vingt mille prosélytes, et tout porte à redouter
qu'avec le développement de l'influence anglaise le nombre de
leurs recrues ira en augmentant. Ce qui préserve les catholiques,
c'est l'instruction et la formation reçues par leurs prêtres ; ce
qui livre les schismatiques aux nouveaux venus, c'est l'ignorance
et la paresse d'un clergé que rien n'a préparé à sa mission et
qu'aucun mobile surnaturel ne dispose à la comprendre.

d. Les *Abyssins*, dont il est difficile d'évaluer le nombre avec
quelque précision, forment une Église dont le chef, ou *abouna*,
est envoyé du Vieux Caire par le patriarche des Coptes monophysites. Ils emploient dans leurs offices la liturgie égyptienne de
saint Marc traduite en gheez, idiome qui est à l'amharique ce que
le latin est aux langues modernes de France et d'Italie.

Le christianisme des Abyssins est mélangé de superstitions israé-
lites et musulmanes qui s'expliquent par l'isolement où ils ont
vécu pendant une longue suite de siècles ; il s'en faut beaucoup
que l'unité de doctrine règne parmi eux ; mais avec des nuances
très caractérisées, le monophysisme est la religion nationale, à
laquelle de récentes victoires ont ajouté la consécration du patriotisme.

Les Jésuites portugais avaient commencé à introduire le catholicisme en Abyssinie ; les révolutions que ce pays a traversées
avaient à peu près fait disparaître la trace de leurs efforts : les
capucins français et les lazaristes ont repris, vers le milieu du
siècle, l'œuvre interrompue ; à un moment, quand les conquêtes
italiennes semblaient devoir s'étendre jusqu'au cours supérieur
du Nil, des capucins italiens ont été substitués aux lazaristes français ; mais du jour où l'Italie a limité ses ambitions à la bande du
littoral qui s'appelle *Colonia Eritrea*, les lazaristes ont été invités
à reprendre possession des missions qu'ils avaient fondées sur
les territoires soumis à Ménélik. Dans ce pays, l'ère des résultats
importants n'est pas encore ouverte, nous en sommes toujours à
la période difficile des débuts, celle où le travailleur enfouit

péniblement la semence dans une terre ingrate ; que Dieu fasse blanchir la moisson dans le siècle qui est près de commencer !

C. — Le schisme grec procède de tendances étrangères à la théologie ; si la question du *Filioque*, ajouté au symbole par les Latins, est considérée aujourd'hui comme le point de divergence entre Rome et les Grecs, si les Orientaux n'adoptent pas les croyances latines touchant l'infaillibilité du Pape, l'Immaculée Conception et quelques autres points plus liturgiques ou disciplinaires que dogmatiques, il n'en demeure pas moins certain que les différences de race, de langue, de culture ont été le principe de mésintelligences qui auraient facilement pris fin si elles n'avaient été fondées que sur des propositions d'ordre spéculatif.

Le jour où les empereurs d'Orient fixèrent leur résidence à Constantinople, l'évêque de cette ville s'étonna de n'avoir qu'une juridiction subordonnée à celle du métropolite d'Héraclée et du patriarche d'Antioche ; vivant dans la familiarité du prince, il devait être nécessairement son conseiller, son « ministre des cultes », et cette situation, qui impliquait une autorité de fait sur les autres évêques, devait finir tôt ou tard par comporter une suprématie de droit. Aussi voyons-nous l'évêque de Byzance prendre le titre d'exarque, puis se placer au rang des patriarches d'Antioche et d'Alexandrie, obtenir la première place après celle qu'on reconnaissait encore à l'évêque de Rome, et même bientôt une dignité égale. La raison qui fut mise en avant au concile de Chalcédoine, c'est que si la présence de l'Empereur et du Sénat donnait à l'évêque de l'ancienne Rome une position éminente dans l'épiscopat, la nouvelle Rome, Constantinople, qui était aussi la résidence d'un empereur et d'un sénat, pouvait revendiquer pour son évêque un rang égal. Les protestations du Souverain Pontife ne purent empêcher le nouvel état de choses de s'établir, car les empereurs tout-puissants d'Orient voyaient d'un mauvais œil l'autorité suprême en matière spirituelle aux mains d'un prélat qui n'était pas leur sujet.

La restauration de l'Empire d'Occident par Charlemagne mit le comble aux mécontentements des Grecs ; jusque-là le César byzantin avait pu se dire, et même se croire, Empereur des Romains, et ranger, au moins théoriquement, dans ses États, les parties occidentales de l'Europe ; l'existence d'un empire fort comme celui des Francs ne permettait plus à la fiction de subsister ailleurs que dans les protocoles de la chancellerie impériale, et la rupture, imminente depuis l'invasion des barbares, parut définitive à la fin du ɪxᵉ siècle, quand un patriarche de Constantinople, Photius, déposé par Nicolas Iᵉʳ, accusa l'Église romaine de nombreuses hérésies et rompit le lien bien faible qui rattachait l'Orient à l'Église de Rome. Ce premier schisme fut de peu de durée et tout semblait oublié quand, au xɪᵉ siècle, un autre patriarche, Michel Cerulaire, reprit et développa les griefs de Photius, profitant de l'état d'affaiblissement où l'ambition des empereurs avait amené l'Église d'Occident.

Tout ne semblait pas cependant absolument compromis; les croisades rendirent le mal irréparable : la fierté un peu violente des seigneurs latins, la politique cauteleuse des empereurs grecs, créèrent de part et d'autre des rancunes inoubliables, et si la prise de Constantinople, en 1203, fut regardée par les croisés comme le juste châtiment dû à de perfides alliés, elle permit aux Orientaux de prétendre que le manteau de la religion dissimulait mal les visées conquérantes des Latins.

Les Papes déploraient ces querelles politiques, où ils voyaient un obstacle toujours croissant à une réconciliation loyale sur le terrain purement religieux; malgré des tentatives d'entente aux conciles de Lyon (1274) et de Florence (1438-1439), l'Église grecque demeura obstinément hostile à tout rapprochement sincère, et quand la ville de Constantinople, assiégée par les Turcs, fut sur le point de succomber, à ceux qui représentaient que le secours des Latins pouvait peut-être conjurer le péril, on répondit : « *Plutôt le croissant que la tiare* ».

Asservie aux Turcs, l'Église grecque était menacée d'une disparition prochaine, et le souvenir de ce qui s'était passé en Égypte, en Syrie et en Asie Mineure, et même parmi les Serbes, permettait de prédire que l'apostasie allait réduire à une poignée de fidèles le troupeau du patriarche. Il n'en fut rien, et l'habileté des Grecs eut raison de la brutalité ottomane : souples, insinuants, sachant ramper, habiles à manier l'adulation ou à exciter les convoitises, forts de leur supériorité intellectuelle, les Grecs surent trouver bien vite le point faible des conquérants et, par des services rendus à propos, surent sinon gagner la confiance, du moins se rendre indispensables et mettre à leurs bons offices le prix qu'il leur plut de fixer ; aussi l'Église de Constantinople sortit-elle de la crise plus puissante que jamais : soutenue par le pouvoir suprême, elle put étendre son action sur tous les sujets chrétiens de la Porte ottomane plus complètement que sous les empereurs chrétiens, parce que l'Empereur voulait une part de l'autorité et que le Sultan dédaignait de la prendre. Ce fut dès lors une question d'argent, et peu importaient les exigences du Sultan et de sa cour, parce que les sommes versées au Turc revenaient sous forme de taxes levées par le patriarche du Phanar sur les évêques et par les évêques sur les peuples. Le xviie et le xviiie siècle furent l'apogée du pouvoir des Phanariotes : leurs créatures gouvernaient toutes les églises de l'Empire, leurs parents occupaient les situations lucratives des hospodars en Moldavie et Valachie ; quant aux dissidents, catholiques ou arméniens, les Turcs étaient tout disposés, sur la moindre dénonciation, à leur faire subir les plus cruelles avanies.

Au commencement du siècle, on voit se réveiller parmi les chrétiens de l'empire ottoman le sentiment de la dignité humaine, et l'édifice si habilement élevé par les Phanariotes commence à se lézarder. Déjà la Russie, au temps de Pierre le Grand, avait fait un pas vers l'autonomie religieuse ; malgré les protestations de soumission et de respect adressées à l'autorité patriarcale, il était bien visible que le Saint Synode ne tenait pas grand compte d'un supérieur qui dépendait du sultan ; les progrès de la Russie vers la mer Noire, la conquête de la Crimée, la campagne de Bessarabie et de Moldavie, avaient fait connaître aux Slaves de la Péninsule balkanique ces frères puissants et libres qui les appelaient de loin encore à l'indépendance ; les Roumains et les Serbes avaient commencé à s'agiter, et l'Autriche, toute puissance catholique qu'elle fût, avait attiré sur son territoire des Serbes et des Roumains exilés auxquels elle avait accordé de grandes immunités pour la pratique de leur culte ; elle les avait soustraits, il est vrai, à la juridiction du patriarche de Constantinople et avait organisé pour eux de véritables églises autocéphales.

Pendant que les Roumains et les Serbes prêtaient l'oreille aux excitations des puissances chrétiennes, la Grèce préparait aussi par la création d'une société secrète très active, l'Hétairie, le mouvement insurrectionnel qui éclata en 1821, et qui, grâce à la sympathie d'abord, ensuite à l'intervention armée de la France, de l'Angleterre et de la Russie, aboutit à la reconnaissance du royaume hellène; les Roumains, les Bulgares profitèrent de l'exemple qui leur était donné, et, progressivement, en recourant tantôt aux armes, tantôt à la persuasion avec l'aide de la diplomatie européenne et enfin des soldats russes, arrivèrent à l'indépendance politique, dont l'autonomie religieuse était le corollaire. Les Bulgares et les Rouméliotes, qui conservent encore un lien assez mal défini de vassalité à l'égard de la Porte, sont aussi vis-à-vis du patriarcat du Phanar dans une situation intermédiaire qui n'est plus la dépendance et qui n'est pas encore l'autocéphalie.

Si, pour résumer, le patriarche de Constantinople voulait établir la situation numérique de l'Église à laquelle il est préposé, il constaterait un énorme déchet survenu au cours du siècle : dans son patriarcat, qui comprend la partie occidentale de l'Asie Mineure et les chrétientés de Thrace, de Macédoine et d'Albanie, il a 2 millions de sujets, auxquels il prétend bien ajouter 6 millions de Bulgares qui lui échappent et constituent déjà une église pratiquement indépendante.

Les patriarcats d'Antioche, de Jérusalem et d'Alexandrie, avec les églises autonomes de Chypre et du Mont Sinaï, forment un groupe de 500.000 orthodoxes de langue arabe, parmi lesquels l'influence hellénique va en diminuant d'année en année.

D'autre part, sont absolument indépendants et forment des églises autocéphales rattachées à Constantinople par les liens d'une subordination purement honorifiques :

Les Russes	90.000.000
Les Serbes et Gréco-Roumains d'Autriche-Hongrie.	3.600.000
Les Hellènes.	2.000.000
Les Monténégrins	200.000
Les Serbes du royaume de Serbie.	1.500.000
Les Roumains du royaume de Roumanie. . . .	4.500.000
Soit en tout.	101.800.000

Le principe en vertu duquel l'église de Constantinople s'était émancipée de la tutelle de Rome était comme une épée à deux tranchants ; l'Église doit être indépendante, disaient les Grecs, qui relève d'un souverain indépendant ; or l'Orient ne relève plus politiquement de Rome, donc l'Église orientale doit être autocéphale ; mais, d'autre part, ni la Serbie, ni les Russes, ni les Roumains, ni les Austro-Serbes ne dépendent du Sultan ; donc le patriarcat de Constantinople n'a plus rien à voir dans leurs affaires ecclésiastiques, et ce principe, faux d'ailleurs, qui avait fait la grandeur du schisme grec, consacre aujourd'hui son émiettement.

Il serait peut-être plus exact de dire que l'axe de l'orthodoxie a subi un déplacement : pendant que Constantinople reste avec son passé, ses souvenirs et ses regrets, c'est autour de Moscou que gravitent les satellites de « l'orthodoxie » orientale ; les Serbes et Monténégrins doivent trop à la Russie pour ne pas se mettre à sa remorque, et il n'est pas jusqu'aux Gréco-Arabes de Syrie et de Palestine qui ne s'appuient sur les Russes pour éliminer les éléments hellènes que l'influence phanariote maintient presque partout encore à la tête de leur hiérarchie ; la lutte est entamée aujourd'hui dans les patriarcats d'Antioche et de Jérusalem entre les évêques grecs, soutenus par Constantinople et Athènes, et les prélats indigènes, de race et de langue arabes ; le peuple et le clergé inférieur ne veulent plus être gouvernés par des moines sortis des couvents grecs et dont la plupart ignorent ou méprisent l'idiome parlé par leurs ouailles ; les Russes ont fort habilement pris position de leur côté, certains que le jour où l'influence hellénique aura disparu, la leur s'imposera sur un peuple dont la culture propre ne peut pas se suffire à elle-même : les nouveaux évêques de Syrie n'iront plus étudier aux universités d'Athènes et de Berlin, mais dans celles de Russie, et deviendront les propagateurs de l'idée russe dans une région sur laquelle l'empire des tsars a des projets lointains mais parfaitement déterminés.

Quelle influence le catholicisme a-t-il exercée, quels progrès a-t-il accomplis au cours de ce siècle parmi les Orientaux de l'obédience de Constantinople ?

C'est chez les Gréco-Arabes que son action a été la plus sensible. Les Melkites ou Grecs-Unis étaient fort peu nombreux il y a cent ans ; traqués par les schismatiques, ils n'avaient ni cohésion, ni organisation précise. C'est pendant l'occupation momentanée de la Syrie par les Égyptiens, sous Méhémet-Ali, que les Melkites se sont reconstitués, grâce au patriarche Mazlum, qui parcourut l'Europe entière en cherchant des appuis que sa persévérance finit par trouver. Aujourd'hui les Melkites sont plus de cent mille, principalement dans le Liban et sur le littoral de la mer de Syrie : leurs évêques formés en Europe, ou dans les collèges latins du pays, sont actifs, zélés; plusieurs sont de véritables apôtres, et le mouvement de retour vers l'unité catholique est loin d'être arrêté, malgré le concours donné par la Russie aux schismatiques. Il y a eu vers le milieu du siècle parmi les Bulgares un élan vers le catholicisme qui, pour ne pas être absolument désintéressé, ne laissait pas de donner de grandes espérances. Exaspérés par les exactions des évêques de langue grecque, les Bulgares avaient décidé de passer en masse au catholicisme, et les conversions se comptèrent aussitôt par milliers. Devant cet évènement imprévu, la diplomatie française, qui avait un intérêt immense à augmenter sa clientèle, hésita, et; pendant qu'on tergiversait à Paris, et peut-être à Rome, la Russie intervint : le principal inspirateur du mouvement fut enlevé et transporté à Odessa : le patriarcat se hâta d'accorder aux Bulgares une partie des réformes qu'ils réclamaient en vain depuis un demi-siècle et, intimidés ou corrompus, recevant d'ailleurs d'importantes satisfactions, les convertis bulgares retournèrent pour la plupart à la religion qu'on avait su leur montrer comme le complément nécessaire de leur autonomie nationale. Les conversions d'orthodoxes au catholicisme se présentent partout ailleurs à l'état isolé; très rares chez les Grecs et les Serbes, plus enracinés que les autres dans leurs répulsions anticatholiques, elles ont été fort importantes parmi les Russes; importantes surtout par la qualité et la condition sociale des convertis : en Russie, la bourgeoisie et le peuple ne sont pas troublés par le doute en matière de foi. Très religieux, mais d'une religion toute en pratiques extérieures, ils suivent avec une fidélité scrupuleuse et parfois touchante des observances dont le sens et surtout les origines leur échappent. Dans les classes instruites, au contraire, il n'est pas rare de trouver des hommes que préoccupe le problème religieux : beaucoup y échappent par un scepticisme qu'ils trouvent moyen de concilier avec les pratiques matérielles d'un culte dont ils ne reconnaissent plus le fondement divin ; beaucoup aussi cherchent, et sur ce nombre il en est qui ont trouvé la voie qui conduit à la vérité. Une fois entrevue, cette vérité s'est imposée à eux, et rien ne les a arrêtés pour la posséder tout entière : renoncer à la fortune, au rang social, se séparer des leurs, abandonner leur pays, sans espoir d'y revenir, cela n'a pas arrêté ces âmes grandes et généreuses comme on en trouve tant dans les races slaves ; un peu chimériques et nuageuses, mais toujours nobles, même dans leurs utopies, elles accueillent avec avidité la foi qui dirige, fortifie et console ; telles ont été Mme Schwetchine, la Sœur Narichkine, tels les Pères Schouvalof, Gagarine, Balabine, et tous ceux qui, voulant servir Dieu, l'ont servi jusqu'à la renonciation totale à eux-mêmes. Généreuses victimes qui se sont offertes pour le salut de leur peuple, ils montrent ce dont est capable la race dont ils sont sortis, et ce qu'on est en droit d'attendre de leurs frères !

Le rôle prépondérant que joue la Russie dans le monde permet d'estimer l'action décisive qu'elle exerce dans l'Église orthodoxe, non seulement par le nombre, mais aussi par la valeur des individus : aussi paraît-il évident que le retour des Russes à l'union déterminerait fatalement le retour des autres orthodoxes, et que les efforts qu'on peut tenter sur les Grecs, les Serbes, les Roumains, les Bulgares, et même les Gréco-Arabes, seront infructueux aussi longtemps que le foyer de résistance sera en Russie.

C'est donc du côté des Russes que doit tourner les yeux celui qui veut interroger l'avenir. Quel espoir pouvons-nous exprimer ? sur quoi cet espoir sera-t-il fondé ?

On a dit que le tsar Nicolas II est bienveillant pour les catholiques ; il est certain que les relations de la Russie et le Saint-Siège sont empreintes d'un caractère autrement cordial que sous l'empereur Nicolas Ier, mais cela tient en partie à l'attitude des Polonais, qui avaient fait porter à la papauté une partie des responsabilités et avaient retourné vers elle les rancunes que le tsar nourrissait contre les catholiques insurgés ; aujourd'hui la Pologne est résignée et la chancellerie de Pétersbourg espère que Rome lui donnera le conseil d'oublier ; mais prend-elle les moyens appropriés pour obtenir ce résultat ?

Les uniates de Russie, anciens schismatiques convertis après le concile de Florence par les Polonais, et autorisés à conserver avec la liturgie les usages de l'Église orientale, ont été, au courant de ce siècle, décimés par les persécutions : des pasteurs, traîtres à leurs devoirs, ont, autant que les bourreaux, contribué à éclairer leurs rangs, et ceux qui restent fidèles sont dans une condition autour de laquelle on s'étudie à entretenir une obscurité de mauvais augure.

Quoi qu'il en soit, le tsar Nicolas II, dans ses rapports avec une partie de ses sujets catholiques, fait preuve d'un esprit de tolérance inconnu de ses prédécesseurs : cela autorise-t-il à dire, comme on l'a fait, qu'il incline vers le catholicisme? Je ne le crois pas, et cela serait-il, que cela ne prouverait rien. Cet autocrate, qu'on se représente de loin comme disposant à son gré de la foi de ses peuples, serait impuissant le jour où il voudrait modifier en quoi que ce soit la religion de la Russie ; il se heurterait à une résistance respectueuse mais inébranlable ou tomberait sous les coups d'un assassin.

Quand Pierre le Grand voulut faire corriger le texte manifestement corrompu des Écritures, un schisme, le Raskol, enleva des millions de fidèles à l'Église nationale, et le souvenir de cette entreprise sacrilège contre les usages de l'Église entretient encore aujourd'hui le fanatisme des raskolniks. Et cependant Pierre le Grand était autrement puissant que les tsars du XIXe siècle ; il disposait, sans contrôle, de la vie et des biens de ses sujets ; il a introduit dans son pays une foule de réformes qu'il paraissait impossible de faire accepter ; mais quand il a touché à une réforme religieuse, et cela d'accord avec l'épiscopat et le sens commun, il a senti une résistance contre laquelle il n'a pas essayé de lutter.

Non, le tsar ne peut pas décréter la réconciliation avec Rome, et cette réconciliation n'est pas prochaine, parce que les temps ne sont pas venus. La société russe est encore en partie asiatique ; une muraille de Chine, faite de règlements et de préjugés, la sépare du reste du monde : il faut que des brèches soient pratiquées d'abord dans cette muraille, que l'air extérieur vienne renouveler une atmosphère dans laquelle nos idées ne se propageraient pas ; il faut que la masse du peuple russe sache qu'il y a d'autres catholiques que les Polonais, leurs victimes aujourd'hui et autrefois leur terreur, dans les deux cas leurs ennemis ; tout ce travail pourra s'accomplir d'autant plus facilement que le courant de sympathies intéressées qui circule de France en Russie ne sera pas sans acclimater nos idées, les mauvaises d'abord, puis les bonnes, et alors le terrain étant préparé, la vérité pourra se répandre et produire les miracles que le noble et religieux tempérament du peuple russe nous permet d'attendre de lui.

II. — LE PROTESTANTISME.

Pendant que l'Orient, poussant à la superstition le respect du passé, s'immobilise, comme cristallisé dans ses antiques traditions, le protestantisme, sorti du libre examen et vivant par l'individualisme, se transforme sans cesse et présente le spectacle de contrastes toujours nouveaux.

Il y a dans le protestantisme deux tendances contraires, toujours en présence, que nous voyons aux prises pendant toute la durée de notre siècle. Pour les uns, la religion est une charge dont il faut diminuer autant que possible le poids importun, tout en respectant le principe; les dogmes sont un bagage encombrant qu'il faut sacrifier pour donner la place d'honneur à la morale; et, d'ailleurs, en l'absence d'une autorité suprême pouvant statuer en dernier ressort, aucune croyance précise ne peut plus se maintenir et s'imposer à l'assentiment des masses.

L'ensemble du symbole pourrait être comparé à un radeau flottant sur la mer agitée; qu'une main malfaisante vienne couper les câbles qui en réunissent les éléments, et tout se disloquera. C'est ainsi que de doute en doute, de négation en négation, le protestantisme allemand est venu échouer sur la plage aride et désolée du rationalisme, pendant que le protestantisme anglais, travaillé par le scepticisme pratique et l'indifférence dogmatique, a engendré cette « large église », qui n'a conservé en fait de culte que des pratiques extérieures réduites à un minimum et chez qui le sentiment de la « respectability » s'est substitué aux sanctions qui gardent la morale chrétienne.

L'autorité dogmatique du Pape a fait place au jugement faillible d'évêques dont beaucoup sont atteints par la contagion de l'incrédulité, et, pour faire trancher les différends en dernier ressort, il a fallu se présenter devant la Cour laïque du Conseil privé, qui en donnant gain de cause à des hommes comme Hampden, Gorham ou Colenso, proclamaient le droit de nier les points fondamentaux de la religion chrétienne[1].

Si cette indigence de préceptes positifs donnait satisfaction à un grand nombre d'esprits que le tourbillon toujours plus violent des intérêts matériels entraînait vers des pensées d'un ordre différent, si elle laissait toute liberté d'action à des intelligences qui cherchaient des solutions nouvelles pour des problèmes anciens, il n'y avait cependant pas que des préoccupations utilitaires et scientifiques à satisfaire. L'amour de Dieu ne perd pas ses droits parmi les créatures, et toutes les âmes ne se sont pas desséchées par le fait qu'elles ont rejeté le catholicisme. Le besoin de croire, de prier, de lutter, de réparer et de sanctifier subsistait dans les peuples au tempérament riche que la Réforme avait entraînés dans son orbite ; de là sont sorties les tentatives généreuses qui ont opposé au protestantisme dit libéral un protestantisme orthodoxe. Par l'effet d'une réaction nécessaire, les œuvres de foi, de prières et d'apostolat ont trouvé des partisans enthousiastes, et en Allemagne aussi bien qu'en Angleterre, la vie chrétienne a repris une intensité qu'on lui avait vu perdre au cours du XVIIIe siècle.

La crise révolutionnaire avait fait sentir son action bien plus loin que les frontières de la France, et si l'impiété triomphante avait

---

[1]. Le docteur Hampden fut nommé professeur royal à Oxford en 1836, malgré les écrits dont il était l'auteur et qui avaient fait scandale ; mais il était soutenu par le ministre John Russel. Sa nomination à l'évêché d'Herford, en 1842, souleva des protestations qui furent repoussées par la Cour du Banc de la Reine, et l'archevêque de Canterbury, Sommer, lui donna la consécration en abritant sa conscience derrière cette formule : « Je procède à l'accomplissement de ma charge en obéissant à l'ordre de Sa Majesté. »

Gorham, nommé au bénéfice de Brampton dans le diocèse d'Exeter, déclara à l'évêque chargé de l'examiner qu'il n'admettait pas la régénération par le baptême. L'évêque lui refusa l'institution, et la Cour des Arches lui donna raison ; mais Gorham triompha devant le Conseil privé, composé de cinq laïques avec trois assesseurs ecclésiastiques n'ayant pas voix délibérative.

Colenso évêque de Natal, publia en 1861 un commentaire de l'épître aux Romains où il niait la Rédemption : déposé par le Concile du Cap, en 1863, il fut renvoyé indemne par le « judicial committee » du « Privaty Council », devant lequel il avait interjeté appel. Les partisans qu'il avait en Angleterre, condamnés par le tribunal ecclésiastique de la Cour des Arches, eurent gain de cause devant le Conseil privé et le Parlement. Colenso resta en fonction et put célébrer solennellement, en 1883, le 30e anniversaire de sa consécration épiscopale.

recueilli des adhésions dans toute l'Europe, ce n'était pas chez les souverains qui, voyant leurs trônes chanceler sous la poussée des idées nouvelles, s'étaient retournés du côté de la religion, trop longtemps dédaignée, et lui avaient demandé son appui dans la lutte qu'ils entreprenaient contre la France. De là est sortie la Sainte Alliance, dont le plan politique était inspiré par un esprit de piété mystique assez surprenant chez les successeurs de Catherine II et de Frédéric le Grand.

Une fois lancée dans cette voie, l'Allemagne vit se multiplier les associations religieuses, dont plusieurs passèrent du piétisme à l'illuminisme, obéissant à la loi qui entraîne vers les excès toute foule qu'une autorité prudente ne sait pas contenir. Aussi, quand Frédéric-Guillaume IV succéda à son père, en 1840, sur le trône de Prusse, son dessein fut-il de consolider le mouvement religieux des vingt-cinq dernières années par la réorganisation de l'Église nationale de Prusse; deux éléments rivaux étaient en présence; le calvinisme et le luthéranisme se disputaient la prépondérance et chacun prévalait dans quelque province.

Le Roi songea à fusionner les différentes confessions protestantes en une seule, à la tête de laquelle il voulait placer une hiérarchie établie à l'imitation de l'épiscopat anglican : mais de pareilles réformes ne s'imposent pas à un peuple attaché à ses traditions; le seul évêché que créa Frédéric-Guillaume IV fut celui de Jérusalem, sorti d'un accommodement bâtard conclu avec l'Église d'Angleterre, et cela au grand scandale des Allemands et des Anglais.

Le roi de Prusse ne put enrôler dans son Église que les soldats protestants de son armée, qui durent à l'avenir célébrer en commun les offices dominicaux ; le plan du Roi aboutissait à l'addition d'un chapitre supplémentaire à la théorie militaire.

La marche des idées a continué ; dans le monde des universités, le rationalisme progresse, et des incidents récents ont montré qu'il n'est pas au pouvoir de l'autorité politico-religieuse de l'Empereur d'arrêter le courant qui mine les croyances et en emporte chaque jour quelque fragment; mais la nation s'est refusée à suivre le mouvement; de loin, nous n'entendons que le bruit qui se fait autour de certaines chaires d'université ; les boutades les plus hardies attirent sur elles l'attention, mais si le scandale leur fait de la réclame, on se tromperait en disant qu'elles ont trouvé de l'écho, en dehors d'un cercle restreint de disciples tapageurs, séduits par les thèses étranges de quelques maîtres amis du paradoxe.

Le peuple allemand est foncièrement religieux ; l'aristocratie est attachée au piétisme ; dans les classes rurales, une morale austère s'unit à une foi simple, étrangère aux divergences dogmatiques, et qui a conservé, dans certaines provinces, des restes de piété catholique.

Le grand danger vient des agitations et des rivalités politiques ; les passions de parti sont venues, depuis un quart de siècle, réveiller des haines confessionnelles qui s'étaient assoupies, si tant est qu'elles aient jamais existé ; des agitateurs essaient de faire croire que tout bon Allemand doit être protestant, et dans cet empire, qui compte près de vingt millions de sujets catholiques, on en vient à contester le droit de ne pas être protestant. Le parti a été jusqu'à susciter dans les provinces allemandes de la monarchie austro-hongroise un mouvement vers la Réforme et, sous prétexte d'affirmer leurs aspirations pangermanistes, quelques milliers d'Autrichiens ont abandonné récemment le catholicisme et ont créé une division de plus dans le corps de la monarchie des Habsbourg, déjà démembrée par tant d'autres formes de séparatisme. Quoi qu'il en soit des manœuvres des politiciens, il faut reconnaître que l'esprit de tolérance a fait en Allemagne de grands progrès depuis le xviiie siècle ; ces progrès n'ont pas été continus, et des secousses violentes sont venues les interrompre, mais le résultat final est avantageux pour l'église catholique.

Aussitôt après 1815, le Saint-Siège entra en négociations avec les princes allemands. Depuis la sécularisation des biens d'Église, opérée en 1803, la hiérarchie catholique était désorganisée, et pendant les guerres napoléoniennes le désordre n'avait fait que s'accroître sans qu'il fût possible, au milieu du bouleversement général, d'arriver à des accomodements durables ; la carte de l'Europe centrale, remaniée de fond en comble par le Congrès de Vienne, consacrait la disparition des électorats ecclésiastiques, et les annexions opérées au profit de la Prusse ainsi que de la Bavière, devaient modifier profondément la circonscription de plusieurs diocèses. Un concordat signé en 1817 avec la Bavière pourvut aux besoins créés par la situation nouvelle ; et des arrangements furent pris avec les États protestants[1] ; malgré les difficultés que devait soulever la mise en pratique de ces différentes conventions, la paix religieuse s'établissait en Allemagne, quand la question des mariages mixtes ouvrit pour les États prussiens un nouveau conflit. Une ordonnance de 1803 décidait que les enfants issus de tels mariages seraient élevés dans la religion du père ; jugée d'abord inapplicable, elle fut remise en vigueur, et pour faire accepter cet empiètement sur les droits de l'Église, on fit espérer aux évêques et au clergé une loi par laquelle la célébration de la cérémonie religieuse suffirait pour assurer au mariage tous ses effets légaux ; cette promesse détermina l'adhésion des évêques de la province du Rhin.

Dans ces graves circonstances, Pie VIII et Grégoire XVI crurent devoir avertir sévèrement les évêques de Trèves, Munster et Paderborn[2] qui, rentrant en eux-mêmes, se montrèrent disposés à une rétractation ; l'archevêque de Cologne, comte Spiegel, chercha au contraire à se dérober par des faux-fuyants ; il se laissa entraîner à signer une convention où le bref, qu'il prétendait expliquer, était détourné de son véritable sens et interprété en faveur des abus que le Pape avait voulu condamner (1834). Les choses en étaient là quand la mort de Spiegel amena l'élection du baron Clément-Auguste de Droste-Vischering, et le nouvel archevêque, trompant l'espoir que le gouvernement prussien avait fondé sur lui, refusa avec une fermeté inébranlable d'exécuter la convention souscrite par son prédécesseur. En même temps il condamnait l'*hermésianisme*, utopie hybride qui prétendait concilier les opinions protestantes et les dogmes immuables du catholicisme. Une pareille audace amena une répression violente : la garnison de Cologne vint cerner le palais archiépiscopal, des canons furent braqués dans les rues pour contenir la population frémissante, et le prélat fut interné à la forteresse de Minden, d'où il ne devait sortir qu'après la mort du roi.

Le résultat obtenu par les persécuteurs fut absolument con-

---

1. Bulles *De Salute animarum* (1821) pour la Prusse, *Provida solersque* (1821) et *Ad Dominici gregis* (1827) pour les États rhénans, *Impensa Romanorum* (1824) pour le Hanovre.
2. Brefs : *Proveneral et Litteris altero abhinc* (1830).

traire à ce qu'ils avaient prévu ; les suffragants de Cologne retirèrent leur adhésion à la convention schismatique, et l'épiscopat de la Prusse orientale se solidarisa avec les Rhénans. Seul le prince-évêque de Breslau, Sedlnitzky, se sépara de ses collègues : inféodé au pouvoir civil, il s'obstina dans ses préjugés joséphistes, se démit de son siège et finit par se faire protestant. L'archevêque de Posen, Martin de Dunin, supporta généreusement la persécution et une longue incarcération à la citadelle de Colberg ; son attitude résolue marqua aux autres évêques la conduite qu'ils avaient à tenir ; aussi, peu avant sa mort, Frédéric-Guillaume III dut-il abandonner l'application de l'ordonnance de 1803 ; cependant l'élargissement des prisonniers et la pacification religieuse se firent attendre jusqu'à l'avènement de Frédéric-Guillaume IV, en 1840. Alors commença une longue période de calme qui devait durer jusqu'en 1870 et que termina comme un coup de tonnerre la levée de boucliers des vieux catholiques.

La proclamation au concile du Vatican du dogme de l'infaillibilité pontificale servait de prétexte à une scission dont les causes profondes étaient autrement complexes ; à l'origine, il faut voir le principe même qui présidait en Allemagne à la formation du clergé : les études faites à l'Université, où les théologiens vivaient mêlés aux autres étudiants, partageant leurs réjouissances et parfois imitant leur turbulence ; après quoi une courte année était employée à la préparation sacerdotale et ne suffisait pas toujours pour donner au jeune clergé cette empreinte qui se reçoit grâce à un séjour prolongé dans les séminaires ; il n'est pas possible de nier qu'un certain relâchement avait fini par s'introduire, non dans les mœurs proprement dites, mais dans les habitudes extérieures de ces prêtres, dont plusieurs émettaient sur divers points de discipline des opinions au moins étranges ; l'institution même du célibat ecclésiastique était mise en question et fut l'objet d'une pétition où les signataires demandaient au Pape d'en décréter l'abolition.

L'État gagnait pendant ce temps toute l'influence que perdait le Pape ; des hommes qui vivent pour le bien-être ne peuvent dédaigner des faveurs qui permettront de l'accroître, et insensiblement la main du pouvoir séculier hétérodoxe s'étendait sur un clergé dégénéré.

On peut dire que la définition de l'infaillibilité arriva à l'heure providentielle pour ouvrir les yeux à tous, ennemis et enfants de l'Église : le pouvoir civil sentit que ses entreprises dominatrices allaient être paralysées, et deux partis se formèrent dans le clergé. Du côté de l'État se rangèrent les insoumis qui devinrent des révoltés ; et les évêques fidèles à leurs devoirs virent venir à eux tous ceux qui n'avaient marché vers l'abîme que parce qu'ils n'en soupçonnaient pas l'existence. Les rangs se serrèrent et on attendit l'attaque déjà imminente.

Aussitôt se déchaîna la persécution, connue sous le nom de « kulturkampf » ; la résistance fut admirable, évêques, prêtres et fidèles rivalisèrent de générosité et de persévérance ; épurés par le feu de l'épreuve, retrempés par la lutte, les catholiques allemands arrivèrent au bout de leurs tribulations plus unis, plus forts et plus confiants dans le succès. Le jour où leur ennemi dut s'avouer vaincu, le parti catholique allemand avait conscience de l'influence qu'il était capable d'exercer, et il l'exerça avec une sage réserve qui fait de lui aujourd'hui l'élément pondérateur de l'empire. Ses représentants forment, dans le Parlement et dans les Diètes, un groupe homogène avec lequel il faut compter, et les évêques sont revenus de l'exil ou sont sortis de prison pour entrer dans les conseils d'un souverain qui sait apprécier leurs services.

Aussi, par un singulier contraste, pendant que les protestants se montrent de plus en plus hostiles aux catholiques, l'Empereur leur témoigne une confiance qui serait pour surprendre, chez un prince aussi profondément attaché à la Réforme, si la situation politique de l'Allemagne ne nous expliquait cette apparente anomalie.

S'il est un danger particulièrement menaçant pour l'empire, c'est celui du socialisme révolutionnaire, et avec le socialisme marche, comme partout ailleurs, la libre pensée, dont le protestantisme dit libéral est l'allié nécessaire ; on comprend que l'Empereur, en présence de ces défections, dont le cycle n'est pas achevé, demande aux catholiques un appui qu'il sait devoir être loyal et en échange duquel il ne craint pas d'accorder des concessions et des sympathies qui montrent combien le temps a marché. Qui eût pu prévoir, en effet, il y a un siècle, que les

Hohenzollern entretiendraient un jour avec le Saint-Siège des relations empreintes d'une respectueuse déférence ; qui eût cru, il y a vingt-cinq ans, que le supérieur d'une de ces congrégations religieuses qu'on expulsait brutalement, ne tarderait pas à avoir ses entrées à Potsdam et sa place dans les conseils intimes de l'Empereur ? C'est pourtant le cas de Mgr Anzer, chef de la société des missionnaires du Verbe Divin. Cette communauté a été fondée par quelques missionnaires allemands qui se constituèrent en congrégation indépendante en 1873 ; expulsés de leur pays, au moment de la persécution, comme « affiliés à la Compagnie de Jésus », ils s'installèrent à Tegelen, près Steyl, en Hollande, et depuis lors, on les connaît sous le nom de missionnaires de Steyl ; mais, bien que leur maison mère soit toujours hors de l'Empire (on ne sait ce qui peut arriver), ils n'en sont pas moins les instruments très actifs de la politique coloniale de Guillaume II, qui les emploie en Afrique, dans l'Amérique du Sud et en Chine, où l'assassinat de deux d'entre eux a fourni un motif très plausible pour annexer à l'Allemagne un district du Chan-Toung.

Encouragés et soutenus par le souverain protestant, ils sont partis à la conquête des âmes, mais pourquoi faut-il que les sentiments les plus élevés se corrompent au contact des passions humaines ? Ils marchent à l'assaut de l'hérésie et du paganisme, mais pourquoi veulent-ils en même temps déraciner l'influence et le protectorat religieux de la France au moment où le Saint-Père élève la voix pour en recommander le maintien ? « Nous ne nions pas les mérites de la France », lisait-on dans la *Germania* du 16 décembre 1898, « mais ces mérites appartiennent au passé », et toute la vaillante presse catholique allemande, répétant ce mot d'ordre, semble solliciter les prières et les aumônes des Allemands, au moins autant pour obtenir l'humiliation de la France, que pour procurer la conversion des infidèles. Fatale politique ! tu flétris tout ce que tu touches !

La marche du catholicisme vers l'émancipation n'a pas été moins sûre dans les autres États protestants du continent. En Suisse, malgré des crises qui ont été comme le contre-coup des agitations religieuses de l'Allemagne, en Hollande où la minorité catholique a su triompher des préjugés et forme maintenant un groupe compact auquel la couronne ne craint pas de faire appel quand il faut lutter contre de dangereux agitateurs ; dans les royaumes scandinaves eux-mêmes, où des lois impitoyables punissaient, comme un crime d'État, la profession du catholicisme, les barrières se sont abaissées et les missionnaires ont pu de nouveau s'établir dans les pays qu'ils avaient une fois déjà convertis.

Mais s'il est un peuple chez lequel les cent années qui s'achèvent ont amené une transformation religieuse, c'est bien le peuple anglais.

Je ne dirai rien ici des progrès de l'Église romaine ; il y aurait cependant à s'arrêter sur les résultats obtenus.

En 1800, il y avait en Angleterre 90,000 catholiques avec 4 vicaires apostoliques et 45 prêtres; en Écosse, 2 vicaires apostoliques et 12 prêtres pour 30,000 catholiques. A la fin du xixe siècle, le nombre des fidèles monte à 1,800,000, relevant de 21 évêques, avec un clergé de plus de 3,000 prêtres. Il faut dire cependant que la plupart de ces catholiques sont des Irlandais émigrés dans l'île sœur, mais n'est-ce pas admirable de voir cette Église, proscrite il y a cent ans par la loi, jouir aujourd'hui d'une liberté presque illimitée, et exercer son autorité sur près de 2,000,000 d'âmes ?

L'Angleterre est devenue, par le simple développement de ses destinées historiques, une grande puissance catholique : avec ses colonies, elle ne compte pas moins de 22 provinces ecclésiastiques, 145 évêques ou vicaires apostoliques, et 14.000.000 de sujets de Sa Majesté la reine Victoria sont catholiques romains.

Mais ce qui doit attirer plus encore notre attention, c'est le mouvement qui s'est dessiné dans le sein même du protestantisme anglais.

L'esprit du xviiie siècle avait pénétré dans l'Église établie ; pendant que les confessions dissidentes recueillaient les âmes éprises d'idéal, le clergé officiel semblait ne connaître que le terre-à-terre du latitudinarisme dogmatique et moral, les pasteurs dotés richement vivaient dans un dédain presque complet des fonctions sacrées ; la vie de famille, les relations mondaines, les sports et les voyages sur le continent absorbaient toute leur activité ; l'étude, la prière, le zèle leur étaient étrangers, et une philanthropie vague s'était substituée presque partout à la pratique de la charité.

On a dit que la présence, en Angleterre, des évêques et des prêtres émigrés avait contribué à faire rentrer en eux-mêmes des hommes qui ne pouvaient, sans rougir, comparer les vertus sacerdotales du clergé papiste avec le laisser-aller de leur propre vie. Il est certain qu'à partir de cette époque on vit se développer dans le milieu universitaire, des aspirations nouvelles : l'étude de l'histoire religieuse de l'anglicanisme amena les esprits loyaux à remonter vers les origines, et pour plusieurs d'entre eux se manifesta la nécessité d'établir à nouveau la preuve des principes sur lesquels reposait tout l'édifice de la Réforme ; la notion même de l'Église avait besoin d'être reprise par la base, et pour arriver à démontrer sa divinité, il fallait en étudier les autres notes caractéristiques.

C'est à Oxford surtout que ces problèmes passionnaient quelques esprits, au premier rang desquels figuraient le docteur Pusey, professeur royal d'hébreu, et son ami Newman, *tutor* au collège de Balliol ; au cours d'un voyage en Italie, ce dernier avait été frappé de la vitalité de l'Église romaine qu'il opposait avec confusion à l'impuissance de l'Église anglicane ; bien loin de songer d'abord à se rapprocher de ce qu'il appelait alors le papisme, Newman et ses amis songèrent à remettre un sang nouveau dans l'Église de leur pays, à y réveiller la foi, l'amour de l'étude et le sentiment des responsabilités pastorales ; ils poussèrent leurs recherches dans toutes les directions : liturgie, patristique, histoire des temps primitifs, et firent paraître, dans diverses revues, des articles destinés à faire connaître les préoccupations qui jusque-là ne s'étaient pas manifestées en dehors de leur petit cercle ; cette publicité ne suffisant pas à atteindre le public auquel ils s'adressaient, ils entreprirent la publication de *tracts*, petites feuilles volantes[1], qui pourraient, pensaient-ils, se répandre plus facilement, amener une diffusion plus rapide de leurs idées, et préparer le mouvement de régénération qu'ils appelaient un *Revival*. Le premier *tract* vit le

---

1. Au début, les *tracts* n'avaient que quelques pages ; mais, vers la fin, il en parut qui étaient de véritables brochures de 60 à 80 pages.

jour le 9 septembre 1833 ; d'autres suivirent de près ; l'effet ne tarda pas à se produire ; une vive curiosité, des protestations, des répliques ; mais si plusieurs lecteurs se scandalisèrent, beaucoup virent s'élargir tout d'un coup les horizons de leur croyance. Une des pensées favorites des tractariens était la perpétuité de la uccession apostolique dans l'Église en général et dans l'Église anglicane en particulier ; sous des formes diversifiées par l'influence des milieux, c'était toujours l'Église catholique dont l'action se perpétuait sur les âmes, et ce titre ne devait pas être considéré comme l'apanage exclusif de la fraction chrétienne qui obéissait au Pape.

Au moment où le courant se dessina, il y eut chez les catholiques romains d'Angleterre une surprise quelque peu scandalisée de voir des hérétiques revendiquer cette dénomination de catholiques qui semblait caractériser l'Église romaine au milieu des confessions dissidentes ; mais pendant que le grand nombre traitait avec dédain ce qui semblait la fantaisie d'une secte plus étrange encore que toutes celles qui l'avaient précédée, deux hommes plus clairvoyants, apprécièrent sainement les conséquences probables du nouveau mouvement religieux. *Tendimus ad Latium*, prophétisa Wiseman qui venait, après un long séjour à Rome d'être choisi pour coadjuteur par Mgr Walsh, vicaire apostolique du district de Londres, et qui était destiné à devenir le premier métropolitain de la hiérarchie catholique restaurée ; — il disait vrai en annonçant que d'importantes conversions allaient sortir de l'examen loyal des problèmes religieux. Lord Spencer, illustre converti, devenu prêtre, et qui allait introduire en Angleterre la jeune et ardente congrégation des Passionnistes, s'était donné la mission d'organiser une œuvre de prières pour le retour de son pays au catholicisme ; il alla trouver Newman pour lui demander de prier avec lui ; durement repoussé d'abord, traité d'apostat, il étonna son interlocuteur par sa profonde humilité et obtint ce qu'il demandait ; mais, néanmoins, Newman était bien loin encore de l'idée d'une conversion, et cette pensée lui faisait même horreur ; Anglais, il croyait à l'Église d'Angleterre, et tous ses efforts se limitaient encore à réclamer pour l'Église de son pays le droit de se dire issue directement de « l'Église du Christ et des apôtres » ; c'est la thèse qu'il soutint dans le *tract* 90, paru au printemps 1840 ; il déclarait que les 39 articles de l'Église anglicane n'étaient pas en contradiction avec la foi catholique et que l'Église romaine pouvait les admettre, comme les anglicans devaient recevoir les canons du Concile de Trente. Cet écrit causa un tel scandale à Oxford et dans toute l'Angleterre, que des mesures disciplinaires furent prises contre ses auteurs ; Newman déclara qu'il était prêt à supprimer son *tract,* mais qu'il ne désavouerait point ses convictions.

C'est au milieu des polémiques soulevées par le tractarianisme que fut décidée la création de l'évêché protestant de Jérusalem ; un luthérien était introduit dans l'Église anglaise pour y occuper une prélature et aller exercer sa juridiction sur un mélange de luthériens et d'anglicans ; il devenait impossible de nier l'identité du luthéranisme et de l'anglicanisme, et la théorie de la catholicité de l'Église anglicane recevait un démenti formel venu de la haute autorité qui semblait devoir être la gardienne de ses privilèges. Dès lors, Newman quitta Oxford et, retiré à Littlemore avec quelques amis, commença à mener une vie où les pratiques du catholicisme prenaient une part de plus en plus grande ; confession auriculaire, communion fréquente, pénitence, jeûne, bréviaire ; en 1843, il résignait ses fonctions de curé ; il ne restait plus qu'un pas à faire ; il le fit deux ans après, en 1845, en abjurant solennellement, et en 1847, il partait pour Rome, où il voulait préparer la fondation de l'Oratoire anglais. Parmi ses amis, la plupart suivirent son exemple ; prêtres réguliers ou séculiers, ils devaient se vouer, avec lui, à la conversion de leur patrie.

Pusey n'avait pas imité ceux de ses amis que leurs communes préoccupations avaient poussés dans la voie de l'abjuration ; il n'en continua pas moins à s'élever contre les abus de l'Église établie, et ses disciples, tirant avec rigueur les conclusions des principes qu'il avait posés, en venaient à donner des enseignements de plus en plus voisins de la doctrine catholique. L'un d'eux affirma qu'il reconnaissait au sacrement de l'Eucharistie le caractère de sacrifice ; il admettait également la présence réelle et la grâce sacramentelle de l'Ordination ; il fut condamné par l'évêque de Londres. Pusey profita de cette occasion pour déclarer, dans un sermon prononcé à Oxford, qu'il croyait lui aussi à la présence réelle ; c'était la répudiation d'un des 39 articles de l'Église anglicane. Pusey, accusé d'hérésie, fut suspendu pour trois ans, mais ses idées continuaient à se répandre.

C'est alors qu'on vit se développer plusieurs communautés d'hommes et de femmes, qui pratiquaient une règle austère sous la direction d'ecclésiastiques anglicans, parmi lesquels il faut citer Prynne, curé de Saint-Pierre à Plymouth, et Pusey lui-même. La règle des sœurs dirigées par Prynne (Sisters of Mercy) était calquée sur celle de saint Ignace, et l'enseignement religieux y était donné d'après un catéchisme tout imprégné de l'esprit catholique ; un des offices de ces religieuses était la prière pour les morts, ce qui impliquait la croyance au purgatoire. La direction donnée dans ces couvents était d'une grande sévérité, parfois même d'une rigueur qui dépassait les limites de la prudence ; mais l'œuvre de Dieu s'accomplit cependant, et plusieurs de ces communautés passèrent au catholicisme.

Un des hommes que rendait suspects l'amitié de Pusey, était l'archidiacre de Chichester, Édouard Manning, qui, lui aussi, cherchait la voie de la perfection ; son éloquence et son savoir le désignaient comme l'un des ecclésiastiques les plus éminents de son temps ; son attachement à ses devoirs pastoraux, sa piété, sa prudence ajoutaient encore à son autorité ; mais tandis qu'il excellait à guider les autres, il était aux prises avec les angoisses morales en face du dilemme qui se présentait à lui : ou renoncer à la paix de l'âme, ou passer au catholicisme, contre lequel il conservait les préjugés communs à tous les hommes de sa génération.

En 1850, le pape Pie IX rétablit la hiérarchie catholique en Angleterre ; mais cet acte ne fut pas sans soulever l'indignation de tous les protestants ; les membres de la haute Église en particulier ne pouvaient admettre qu'on les regardât comme étrangers à l'Église universelle, et qu'on nommât des évêques pour administrer un pays où subsistaient les évêchés créés jadis par les Papes. Pendant que la populace se livrait à des manifestations violentes, les théologiens reprirent leur thème favori de la catholicité de l'Église anglicane, et après un examen loyal, beaucoup arrivèrent à cette conviction que l'anglicanisme ne pouvait suffire à leur besoin de croire : un très grand nombre de conversions se succédèrent pendant les années 1850 et 1851 : de ce nombre Manning qui, invité par son évêque à présider un meeting antipapiste, envoya sa démission et partit pour Rome, où il abjura le dimanche de la Passion 1851.

Dans la tempête qui agitait les anglicans, chaque flot déposait sur le rivage quelque précieuse épave. Pusey seul demeurait, « semblable, disait Pie IX, au pont sur lequel on passe, mais qui, lui, ne passe pas » ; il continuait à commenter les idées, dépassées depuis longtemps, du *tract* n° 90. — Les efforts de Newman ne purent triompher de son obstination individuelle ; il mourut en 1882, en proie aux doutes qui le tourmentaient depuis quarante ans.

L'évolution du puseyisme amena le développement du ritualisme : les tractariens avaient fait reposer leurs recherches sur la théologie positive et l'histoire des dogmes chrétiens ; leurs successeurs avaient été demander au catholicisme de fortifier leurs âmes par ce qu'il a d'intime et de mystique ; le ritualisme s'attacha au culte extérieur, qui, banni par la Réforme, retrouva bientôt dans certaines églises une pompe inconnue dans les services froids et anti-sthétiques des protestants ; on vit des autels avec la croix et les cierges ; le célébrant, revêtu d'ornements romains, était assisté de ministres en soutanes ; des statues, des bannières parlaient aux yeux et aux imaginations ; des processions commencèrent à se dérouler dans les églises pour en sortir bientôt et faire retentir les hymnes et les cantiques dans les quartiers populeux ; le saint sacrement était conservé avec respect, exposé aux adorateurs, reçu dans la communion fréquente, devenue une pratique fondamentale. Enfin on vit des confessionnaux assiégés par la foule, et le ministre, revêtu du surplis, y donnait l'absolution.

Les ritualistes s'étaient contentés d'abord de remettre en vigueur des usages que le rituel d'Édouard VI n'avait pas formellement proscrits ; mais quand ils en vinrent à copier, à exagérer parfois, les pratiques du catholicisme, les dignitaires de l'Église établie les accusèrent de romanisme. L'évêque d'Oxford, Samuel Wilberforce, beau-frère de Manning, et l'Écossais Alexandre Heriot Mackonochie, curé de Saint-Georges *in the East*, furent particulièrement visés par Tait, évêque de Londres, principal défenseur de la basse Église ; la cour des Arches, le Conseil privé, le Parlement furent saisis tour à tour, et quand le ministère Gladstone, favorable aux ritualistes, fut remplacé, en 1873, par le ministère Disraëli, un bill, le P. W. R. A. (*Public Worship Regulation Act*) fut voté pour réprimer les innovations contraires aux traditions anglicanes ; mais ni les timides applications de la loi, ni les manifestations tumultueuses organisées dans quelques localités n'ont empêché les chapelles ritualistes de réunir un nombre toujours croissant de fidèles.

Un doute cependant est venu troubler les tenants de la haute Église, au milieu des élans de la piété sincère qui les portait vers le culte eucharistique. Revenus à la croyance de la présence réelle, ils assistaient avec dévotion au saint sacrifice, communiaient avec piété et entouraient le tabernacle de tous les signes extérieurs du plus profond respect ; mais que contenait le tabernacle ? Quelle valeur avaient les paroles de la consécration prononcées par des ministres qui tenaient l'ordination de prélats dépourvus peut-être du pouvoir de conférer le sacerdoce ?

A l'origine, en effet, de la Réforme, une solution de continuité s'était produite dans la hiérarchie et, depuis, les évêques avaient été incapables de transmettre un ordre qu'ils n'avaient pas reçu eux-mêmes ; troublés dans leur bonne foi, quelques chefs du ritualisme, au nombre desquels était lord Halifax, en vinrent à sonder la cour romaine sur ce point controversé, même parmi les catholiques ; ils auraient accepté une solution qui eût reconnu à leurs ordinations une valeur même douteuse, et laissaient croire qu'ils auraient sollicité une revalidation, démarche qui eût été le premier pas vers une soumission complète ; il y avait là une occasion peut-être unique de ramener d'un seul coup une fraction importante de nos frères séparés ; la question fut mise à l'étude ; des théologiens, des canonistes et des historiens reprirent le problème sous toutes ses faces, et éclairé par leurs rapports, le Saint-Père rendit une sentence qui déclarait que le sacerdoce était éteint dans l'Église d'Angleterre. Le décret fut accueilli en Angleterre avec un désappointement qui se traduisit par des récriminations acerbes de la part de quelques esprits passionnés ; mais, tout au contraire, beaucoup de protestants ne purent s'empêcher d'admirer la fermeté du Saint-Siège, qui acceptait de retarder le jour de la réconciliation, plutôt que de sacrifier quoi que ce fût des droits de la vérité ; cette répulsion pour les équivoques était pour satisfaire le caractère droit des Anglais, et l'année qui suivit compta parmi les plus riches en conversions ; comme toujours, il y a eu des hésitants parmi ceux-là mêmes qui semblaient devoir ouvrir la marche ; mais combien de chemin a été parcouru depuis un demi siècle ! la haute Église se proclame catholique, elle se considère comme une des branches maîtresses de l'arbre dont les racines sont à Rome : déjà on commence à parler de la constitution d'un patriarcat d'Angleterre, empruntant quelque chose à l'organisation des Églises unies d'Orient ; l'amour-propre anglais se prêterait à une combinaison qui conserverait à l'Église nationale une large autonomie ; mais que vaudrait un retour à l'union sous cette forme transactionnelle ?

Quand l'enfant prodigue revint à la maison paternelle, il avouait et déplorait ses égarements ; il faut que les Anglais répètent le *Peccavi* avant de rentrer dans le giron de l'Église ; ainsi ont fait les Spencer, les Newmann et les Manning ; et cet acte d'humilité peut seul prouver qu'ils sont dignes de reprendre leur place au foyer du catholicisme. Telle est l'opinion qui a prévalu dans les conseils du Souverain Pontife, et c'est le sentiment exprimé par le Primat d'Angleterre, cardinal Vaughan, plus à même que personne de juger la situation présente.

Un des signes qui montrent le mieux la force du catholicisme anglais est le souci que prend l'Église établie d'imiter sa constitution : les synodes pananglicans de Lambeth voudraient être des conciles universels, mais ne servent qu'à mettre en relief les divergences de sa doctrine : on a pu même croire un moment que l'anglicanisme allait avoir un pape ; l'archevêque de Canterbury, son chef, a essayé de s'assurer une juridiction suprême sur les 162 évêques anglicans du monde entier, et sur les nombreuses sociétés de missionnaires qui propagent avec le protestantisme l'influence politique et économique de la mère patrie ; en 1880, il annonça qu'il remettait l'administration de son archidiocèse à l'évêque de Douvres, afin de pouvoir se consacrer aux intérêts plus généraux sur lesquels il avait à veiller ; mais cet essai de « papisme » n'a pas abouti et les droits de l'individualisme ont repris le dessus ; les dissentiments sont nés sur le point même qui devait consacrer l'accord universel, et l'Église anglicane demeure ce qu'elle a toujours été : une juxtaposition de croyants au-dessus desquels il n'y a que le pouvoir politique de la couronne.

Aussi conclurons-nous comme nous avons commencé : une société est un corps qui ne vit que s'il a une tête ; et l'Église, la plus parfaite des sociétés, ne peut subsister dans l'indépendance et dans l'unité que sous le chef que Dieu lui a donné ; si elle ne reconnaît pas ce chef, elle n'aura plus de dogmes, faute d'une autorité surnaturelle qui puisse en déterminer la formule immuable, elle n'aura plus de lois, parce qu'en matière religieuse, nul homme ne rendra à un autre homme l'obéissance qu'il ne doit qu'à Dieu.

P. PISANI,
Chanoine de Paris.

XXVIII

Les luttes de l'Église

L'Église visible dont l'histoire se déroule sur la terre se donne à elle-même le titre de « militante », c'est assez dire que sa vie n'est quasi composée que de luttes et de combats. Ne plus combattre, pour elle, serait ne plus être dans sa condition normale. Jamais vaincue, jamais complètement victorieuse, elle a toujours rencontré des obstacles sur son chemin : tyrannies des princes, révoltes de prêtres et de pontifes, entêtement de théologiens, arrogance de savants et de philosophes, impatiences des peuples, elle a eu à lutter contre toutes les insubordinations inspirées tantôt par « la concupiscence de la chair », tantôt par « l'orgueil de l'esprit ». Des Césars de Rome à Napoléon, en passant par les Ariens, les Albigeois, les Henri IV d'Allemagne, les Luther, les Calvin, les Henri VIII d'Angleterre, les Jansénistes, les esprits forts, les philosophes et les révolutionnaires, elle a connu tous les adversaires, toutes les sortes d'oppositions. Or, il n'est pas un seul de ces genres d'oppositions qui ne se retrouve dans l'histoire des luttes de l'Église durant le xixe siècle, en sorte que cette histoire présente comme en raccourci un tableau de l'histoire ecclésiastique tout entière. Rien en effet n'y manque : ni les luttes avec les puissances temporelles, ni l'oppression de l'Église par la force, ni les déchirements intérieurs par l'éclosion de doctrines nouvelles qu'il a fallu condamner, ni la lutte contre la pensée hétérodoxe, contre le paganisme civilisé qui se décore du nom de libre pensée, ni enfin les triomphes. L'Église sort des luttes comme d'un bain de vie qui la libère d'entraves vieillies et la fait s'élancer à travers des luttes nouvelles à de nouvelles conquêtes.

Si l'on regarde l'histoire par le dehors, l'Église, qui, à la fin du xviiie siècle, occupait une place importante dans le gouvernement d'un très grand nombre d'États, qui détenait pour son compte une souveraineté monarchique temporelle, nous apparaît à la fin du xixe siècle comme dépouillée de son patrimoine héréditaire, à peu près sans aucun pouvoir dans les conseils des États, par conséquent elle se présente à nous comme une vaincue; il semble qu'elle ait à la fois moins de puissance et moins de fidèles. Peut-être cependant si l'on dépasse l'enveloppe extérieure des apparences, si l'on va jusqu'aux centres profonds où dans la croyance et dans l'action se trouvent les sources intimes de toute puissance, la signification des faits apparaitra-t-elle toute différente, en sorte que l'apparente défaite pourrait bien être une réelle victoire. C'est ce que nous apprendra le rapide coup d'œil que nous allons jeter sur les luttes que l'Église a eu à soutenir, tantôt avec les pouvoirs publics, tantôt avec les révoltes de la pensée.

*
* *

Ce serait, je crois, une erreur de dire que les combats que l'Église a eu à soutenir viennent tous de la superbe de l'esprit, qui veut, en face des sujétions dogmatiques, affirmer son indépendance. C'est de là que sont nées beaucoup d'hérésies, beaucoup de luttes ecclésiastiques, mais beaucoup d'autres aussi sont nées d'une rivalité d'influences. Au moyen âge en particulier, ce ne sont pas des questions dogmatiques qui mettent aux prises Henri IV et Grégoire VII, Philippe le Bel et Boniface VIII; le pouvoir temporel jaloux ne s'estime indépendant de la puissance spirituelle que s'il parvient à lui imposer sa loi. C'est de la même jalousie et du même désir de prépondérance que sont nées les luttes de Napoléon et de Pie VII. Cela est si vrai qu'au début de sa carrière Napoléon use de toute son autorité pour rétablir en France le culte catholique, pour conclure le Concordat. Mais dès que Napoléon s'aperçoit que l'Église ne consent pas à demeurer en sa main comme un instrument de règne, il s'indigne, il s'emporte, il déporte les cardinaux et emprisonne le Pape lui-même à Savone et à Fontainebleau. Il ne s'agit pas ici d'une lutte sur le terrain des idées, Napoléon n'aimait pas les idéologues, et volontiers sans doute il eût mis le bras séculier au service du dogme si le Pape eût consenti à mettre le dogme au service de sa politique.

De même les Anglais depuis longtemps ne redoutaient plus que la puissance papale vînt leur imposer un dogme que, librement, ils n'auraient pas accepté, et cependant ils continuaient à exclure par le *Bill du Test* les catholiques du Parlement et de toutes les fonctions publiques, ils redoutaient encore les conséquences de l'exercice du pouvoir spirituel dans le domaine du temporel. La libération des catholiques anglais leur vint de l'Irlande. C'est en 1800 que, le parlement irlandais ayant été réuni au parlement anglais, il devint difficile de ne pas admettre les catholiques au Parlement. O'Connell fit entendre sa grande parole, agita les foules, entra au Parlement en 1828, et, l'année suivante, fut voté le bill d'émancipation qui rendit accessibles aux catholiques les charges et les dignités de l'État, sauf celles de roi, de lord-lieutenant d'Irlande et de lord-chancelier d'Angleterre. En 1891 Gladstone essaya de faire disparaître ces deux dernières exceptions ; le bill fut rejeté à la Chambre des communes par 256 voix contre 223 le 4 février 1897. Néanmoins les catholiques irlandais ont été déchargés en 1828 de payer la dîme au clergé protestant ; en 1869, l'Église anglicane en Irlande a été désétablie et une partie de ses biens a été attribuée au clergé catholique.

En Danemark, ce n'est qu'en 1847 que les catholiques ont pu reconquérir leur statut civique et la liberté de leur culte ; en Suède et en Norvège, l'émancipation catholique n'a eu lieu qu'en 1873. Cependant en Russie les catholiques, après avoir joui d'un régime assez juste durant les vingt-quatre ans du règne d'Alexandre Ier (1801-1825), furent de nouveau en butte aux mauvais traitements sous Nicolas Ier et sous les règnes qui ont suivi. A peine depuis quelques années, grâce à l'habile politique de Léon XIII et à la pensée pacificatrice de Nicolas II, les catholiques peuvent voir quelque peu se développer leurs œuvres. Le grand ennemi du catholicisme est l'esprit nationaliste de l'Église russe : les autorités paroissiales, souvent plus zélées en matière religieuse que l'autorité centrale, affectent de ne considérer comme catholiques que les sujets russes qui suivent le rite latin ; tous ceux qui suivent le rite grec uni, ils les considèrent comme orthodoxes et veulent en conséquence les obliger à recevoir les sacrements des mains des popes. De là une suite incroyable de misères et de persécutions. — D'autre part, le passage du rite grec au rite latin est considéré par les populations peu éclairées comme une sorte d'apostasie qui les met en dehors aussi bien de leur statut national que de leur ancien statut chrétien. Et la raison pour laquelle les autorités russes ont toujours été opposées non seulement à la diffusion mais à la pratique même du catholicisme, c'est que la religion orthodoxe est la religion nationale, où le pouvoir spirituel se trouve reposer dans les mêmes mains que le pouvoir temporel. Et par conséquent, ici, encore, la cause des persécutions, des luttes que l'Église catholique a eu à subir, se trouve dans la rivalité entre la puissance civile et la puissance religieuse.

Ce furent des rivalités de même nature qui amenèrent en France plusieurs des querelles politico-religieuses qui eurent lieu sous Charles X, sous Louis-Philippe et sous Napoléon III. Car lorsque M. de Montlosier dénonçait en 1828 le retour des jésuites et l'influence qu'il attribuait à la Congrégation, quand Royer-Collard le soutenait à la tribune, quand Charles X rendait les ordonnances qui enlevaient aux jésuites leurs collèges et diminuaient le nombre des séminaires, les raisons alléguées pour motiver ces attaques et ces actes, — je ne dis pas pour les justifier, — étaient toutes tirées de la nécessité qu'il y avait, disait-on, à sauvegarder l'indépendance du pouvoir civil menacée par les menées occultes d'une association aux ordres d'un chef étranger. Ce furent des raisons de même nature que l'on allégua encore sous Louis-Philippe lorsque, en 1845, les Dupin, les Quinet, les Michelet, les Thiers, secondés par le *Constitutionnel* et la publication des *Mystères de Paris* d'Eugène Sue, entreprirent contre la compagnie de Jésus la campagne qui aboutit à la fermeture par ordre du Pape et du général de la compagnie des maisons professes de Paris, de Lyon et d'Avignon, ainsi que des noviciats de Laval et de Saint-Acheul. Ce qu'on poursuivait en effet dans les jésuites, c'était l'enseignement des doctrines ultramontaines, c'est-à-dire au vrai, catholiques, car le principal reproche adressé à la célèbre compagnie, en dehors des prétextes tirés de sa situation légale, c'est qu'elle avait contribué à faire disparaître en France les doctrines gallicanes, ces doctrines formulées dans les quatre articles qui ne reconnaissaient au Pape aucun pouvoir, même indirect, sur l'autorité morale des princes, et qui soumettaient le Pape au Concile général. Et il n'était certes pas douteux que les jésuites avaient contribué à faire tomber en désuétude dans les séminaires l'enseignement de ces articles, bien qu'il fût imposé par les Organiques; mais, ce faisant, les jésuites n'avaient fait que suivre le mouvement catholique français qui, déjà existant avant la Révolution, devenu, après elle, plus conscient encore de ses attaches romaines, s'était développé à la fois sous la triple force de la logique immanente des doctrines, des leçons de l'histoire et de l'éloquence d'hommes qui, comme J. de Maistre et Lamennais, avaient mis dans tout leur jour les inconséquences et les dangers du gallicanisme.

Mais de plus en plus les luttes de l'Église se transformaient en luttes doctrinales, en sorte que c'était l'opposition des doctrines irréligieuses et de la libre pensée qui poussait maintenant les pouvoirs publics contre l'Église bien plus que le désir de ces pouvoirs d'arrêter la puissance de l'Église. A partir de 1848, ce n'est guère qu'en Italie que l'on voit la puissance séculière lutter contre l'Église au nom d'intérêts temporels. L'histoire des carbonari, des ventes, des sociétés secrètes italiennes est assez obscure : il est probable que des éléments résolument anticatholiques y ont été mêlés dès l'origine ; mais cependant parmi les hommes les plus considérables qui prirent part aux divers mouvements insurrectionnels combinés par ces sociétés, il y en eut qui furent incontestablement et de très bonne foi catholiques, par exemple Silvio Pellico, le célèbre auteur de *Mie Prigioni*. On peut donc penser que la raison d'être des sociétés secrètes italiennes fut tout d'abord et en majeure partie politique. Conquérir la liberté italienne, constituer l'unité nationale de la péninsule, c'étaient là des buts politiques très nets et bien capables à eux seuls d'exciter l'enthousiasme d'âmes patriotes. On sait à quel point la Révolution française avait excité l'amour de la liberté et combien les guerres de Napoléon avaient exaspéré dans toute l'Europe le sentiment national. Il n'en est pas moins vrai que des sectes occultes, toutes plus ou moins ouvertement rattachées à la franc-maçonnerie et dont l'action essentielle était dirigée contre le catholicisme, ayant vu que l'unité italienne ne pouvait se faire sans atteindre, par la papauté, l'Église, ont profité des enthousiasmes patriotiques pour les faire servir à leurs ténébreux desseins ; mais, à l'origine, les menées des sectes irréligieuses durent se dissimuler sous le couvert des conspirations patriotiques. Il fut même un moment en 1846, à l'avènement de Pie IX, où l'on put espérer que le parti italien, loin de combattre l'Église, se rangerait à ses lois. Mais les sectes alors furent obligées de se démasquer, elles organisèrent le mouvement qui, en 1849, chassa Pie IX de sa capitale et le força de se réfugier à Gaète, d'où il ne revint que l'année suivante à la suite des troupes françaises. A partir de ce moment, une lutte constante s'engage entre les partisans de l'unité italienne et la papauté. Le roi de Sardaigne et de Piémont, Victor-Emmanuel, après s'être emparé des provinces autrichiennes de la Haute-Italie, des duchés de Toscane, de Parme et de Modène en 1859, porta en 1860 la main sur le domaine pontifical et s'empara des Légations. Le Pape, malgré le dévouement des zouaves pontificaux et de La Moricière, perdit, après la bataille de Castelfidardo, la marche d'Ancône et l'Ombrie. Cavour continuait sa patiente et tortueuse politique. Il chassait de Naples les derniers Bourbons et installait son maître à Florence. En 1867 Garibaldi, soutenu sous main par Cavour, tenta une incursion sur les restes du domaine pontifical. Il fut repoussé à Mentana par les troupes du Pape secondées par l'armée française. Mais trois ans plus tard, l'épée de la France, elle-même menacée par la guerre allemande, cessait de défendre Rome. Victor-Emmanuel achevait la spoliation des États de l'Église en pénétrant le 20 septembre 1870 par la brèche de la porte Pia.

Ainsi se termina cet envahissement continu et progressif, cette éviction lente de la souveraineté temporelle de la papauté. Mazzini a avoué plus tard que la prise de Rome avait été préparée par la franc-maçonnerie internationale, aidée de la protestante Angleterre. La maison de Savoie ne fut qu'un instrument et un prête-nom, comme l'intérêt national ne fut pour les initiés qu'un prétexte. Tous les journaux anticatholiques d'Europe, du *Times* de Londres au *Siècle* de Paris, applaudissaient à chaque progrès de l'envahisseur. On propageait des légendes contre l'administration papale, et tandis que la presse et l'opinion européennes ne trouvaient rien à reprendre aux excès les plus criants de l'intolérance luthérienne en Danemark, en Norvège, en Suède, la presse sectaire ameutait l'opinion universelle à propos des moindres incidents de l'administration papale, par exemple avec l'histoire du jeune Mortara.

Le but rêvé par les sectes consistait à mettre le Saint-Siège dans l'alternative ou de se révolter contre le fait accompli, et alors de courir toutes les chances d'une lutte ouverte, ou d'accepter le fait accompli, et alors d'amoindrir la dignité du Saint-Père qui, rabaissé à n'être plus qu'une sorte de chapelain du roi d'Italie, serait devenu suspect aux nations catholiques engagées dans des combinaisons diplomatiques hostiles à l'Italie royale. Ou la destruction violente de la papauté, ou son exil à travers l'Europe hostile, ou sa domestication. Dans les deux cas le catholicisme frappé à la tête devait courir les plus grands dangers. Mais cet espoir fut déçu. Dieu inspira son vicaire. Ni Pie IX ne se résolut à quitter Rome, ni il n'essaya d'une lutte violente, ni il n'accepta son abaissement. Il se confina dans le Vatican comme dans une prison à la fois obligatoire et volontaire. Le plus souvent silencieuse, sa protestation se fit entendre cependant quand il le fallut avec une éloquence souveraine. Léon XIII a suivi la même ligne de conduite. La loi dite des garanties demeure ignorée au Vatican. Cependant les catholiques italiens ont reçu l'ordre, auquel ils sont en majorité fidèles, de ne prendre aucune part à la politique du royaume. Ni électeurs ni élus. Le gouvernement de la péninsule en tout ce qui est d'ordre général et politique se passe en dehors d'eux. Ils laissent la Révolution gronder et monter, les responsabilités redoutables s'amonceler sur la tête de ceux qui n'obéissent pas à la papauté, prêts à réparer les ruines et à accomplir en toutes choses l'œuvre de réparation quand sonnera l'heure de la Providence. La franc-maçonnerie peut bien célébrer en grande pompe le triste anniversaire du 20 septembre, comme elle le fit en 1895, la plus grande partie du peuple italien commence à sentir de quel poids la spoliation sacrilège pèse sur ses destinées. Ainsi le Pape ne dispose plus d'aucune force matérielle. Il ne règne plus que sur des consciences par le seul prestige de l'autorité divine dont il est le dépositaire. Jamais cependant la puissance de sa parole ne s'est étendue sur un plus grand nombre d'hommes, jamais elle n'a pénétré plus avant dans les âmes, jamais elle n'est tombée de plus haut.

**

Désormais les luttes de l'Église ne seront plus jusqu'à la fin de ce siècle que des luttes idéales. La politique y aura sa part, mais comme effet bien plutôt que comme cause. Il sera plus facile de débrouiller l'écheveau historique de ces combats. Nous assisterons alors en Allemagne et en France à des luttes organisées contre l'Église par les gouvernements excités par les sectes ; mais ces luttes ont pour cause l'opposition bien tranchée entre ce que les adversaires de l'Église nomment *Kultur*, la civilisation, la culture, les principes de la société moderne et les idées catholiques. Et c'est bien encore la lutte entre le sacerdoce et l'empire comme au moyen âge ; mais l'empire ici ne lutte pas pour lui-même et pour assurer sa domination, une domination que l'Église ne conteste pas, il combat pour des idées qu'il soutient, qui le dominent et le mettent à leur service.

Cette lutte des idées est aussi vieille que l'Église même. Toute son histoire est faite de combats contre les altérations ou les négations du dogme. A partir des traités d'Augsbourg, les idées anticatholiques ont des appuis séculiers. Cependant ce n'est qu'après la Révolution française que la liberté à peu près universellement laissée à l'expression de la pensée peut agir avec assez de force sur l'opinion pour contraindre l'Église à des luttes de tous les instants et qui portent sur tous les terrains.

Deux grands faits dominent l'évolution idéale du monde moderne, et tous les deux s'opposent à la doctrine de la vérité catholique : c'est d'abord la coexistence de plusieurs religions qui prétendent à des droits égaux dans des pays également civilisés, et ensuite la proclamation de l'indépendance de la pensée philosophique. De la coexistence de plusieurs religions qui prétendent à des droits égaux naît une leçon expérimentale de scepticisme pratique, d'où résulte l'indifférence en matière de religion, laquelle s'exprime en cette maxime : Toutes les religions sont bonnes. De là suit que bien loin que la vérité religieuse ait le droit de contrôler les doctrines philosophiques, c'est au contraire la pensée philosophique qui doit donner à la doctrine religieuse ses véritables lettres de créance auprès de l'esprit humain. Ainsi ce trouvent liés l'un à l'autre l'indifférentisme et le libre examen. La religion devient une affaire de décision personnelle ou de tradition nationale, de toute façon quelque chose de naturel. Le naturalisme est la racine commune du libre examen et de l'indifférentisme, le naturalisme et dès lors le rationalisme avec tous les systèmes auxquels la raison philosophique débridée peut donner naissance, le panthéisme, le matérialisme, le déterminisme.

C'est au nom du naturalisme que les philosophes du xviiie siècle avaient combattu le christianisme, c'est au nom du rationalisme que Voltaire avait raillé l'Écriture, les mystères, les miracles et les prophéties, c'est au nom de l'indépendance humaine que Rousseau avait promulguée le Contrat social. La dogmatique révolutionnaire avait proclamé les droits de l'homme indépendamment de tout droit de Dieu. Les philosophes catholiques eurent à rétablir les droits de la majesté divine, la beauté et comme le rayonnement des mystères, à montrer l'insuffisance de la raison et de la nature, à combattre l'indifférence en matière de religion. Telle fut la tâche que s'imposèrent tour à tour Chateaubriand, de Bonald, Joseph de Maistre et Lamennais. Aux railleries voltairiennes ridiculisant nos dogmes et nos cérémonies, Chateaubriand répondit par les pages du *Génie du Christianisme*, des *Martyrs*, de l'*Itinéraire*, où la beauté de nos rites, la sublimité de l'histoire sacrée, la poésie des mystères dogmatiques apparaissaient en des paroles éloquentes, imagées, harmonieuses. Aux rêveries du *Contrat social*, Bonald opposait la *Législation primitive* où il faisait voir l'impossibilité où se trouve l'homme de vivre seul, sans tradition, sans enseignement et sans loi. Dans les *Considérations sur la Révolution française*, dans le *Pape*, Joseph de Maistre insistait avec plus de précision à la fois, d'exactitude et de profondeur sur l'absurdité qu'il y a à supposer que l'homme a constitué lui-même, arbitrairement, la société et les lois sociales par un coup de liberté. Et dans les *Soirées de Saint-Pétersbourg* l'éloquent penseur montrait l'insuffisance de la raison humaine pour débrouiller tous les problèmes et éclaircir tous les mystères. Quelques années plus tard, Lamennais publiait le premier volume de l'*Essai sur l'indifférence*. Il se proposait de montrer la nécessité de l'autorité pour échapper à l'anarchie religieuse, intellectuelle, morale et sociale où ne pourrait manquer d'aboutir l'esprit humain livré aux fantaisies de la pensée individuelle. Mais, comme pour donner une démonstration expérimentale de la vérité de leurs critiques contre la liberté absolue de la pensée individuelle, ces divers penseurs, en voulant revendiquer les droits de l'autorité ou réagir contre le sensualisme, tombèrent à leur tour dans des exagérations, dans le traditionalisme et le fidéisme.

L'Église ne pouvait faire siennes les exagérations par lesquelles quelques-uns de ses apologistes essayaient de la défendre. Sans doute elle ne saurait admettre que la raison suffise à enseigner à l'homme toutes les vérités nécessaires, mais elle ne peut non plus autoriser qu'on prétende que la raison humaine est impuissante à connaître toutes les premières vérités, celles sur lesquelles toute religion est fondée, par exemple l'existence de Dieu et la liberté humaine. Grégoire XVI condamna donc les systèmes fidéistes de Lamennais et de Bautain, qui se défiaient trop de la puissance de la raison.

Mais d'un autre côté l'Église dut aussi condamner dans l'Allemand Hermès et dans l'Autrichien Gunther une confiance trop grande dans la raison. Ce fut une tendance analogue qui fit condamner de même l'ontologisme de Gioberti et de Rosmini. La raison établit avec certitude les principes qui établissent la légitimité de la foi ; mais la révélation seule peut nous faire connaître nos fins surnaturelles, et par conséquent la foi seule nous permet d'y adhérer. Il entre toujours dans l'acceptation de la vérité religieuse une volonté active de la part de l'homme, une grâce de la part de Dieu. Et ce Dieu même nous le concluons par un raisonnement, nous ne le découvrons pas directement vivant en nous, nous ne pouvons qu'éprouver ses plus intimes opérations. Nous n'atteignons directement en notre conscience aucun autre être concret que le nôtre propre, d'où nous tirons à l'aide de l'abstraction l'idée universelle de l'être ; mais cette idée universelle est un abstrait et nous n'avons pas le droit de la confondre avec l'intuition immédiate du Dieu vivant. L'Église, ainsi, par sa route sûre, évite tous les dangers, dangers du scepticisme avec Lamennais et Bautain, dangers du rationalisme avec Hermès et Gunther, dangers du panthéisme avec Gioberti et Rosmini. C'est pour maintenir la doctrine des écoles catholiques dans ces voies droites que Léon XIII au début de son pontificat, dans l'encyclique *Æterni Patris*, et depuis, à diverses reprises, a insisté sur l'utilité qu'il y aurait pour les catholiques à suivre la doctrine de saint Thomas, dans le vaste cadre de laquelle il est si facile de faire entrer tous les accroissements apportés aux sciences et à la philosophie même par le développement des connaissances humaines.

**

En Allemagne, dès les premières années du siècle, Fichte, Schelling, Hegel avaient développé les enseignements d'une philosophie panthéiste dont les échos, après s'être fait entendre en France dans les leçons de Victor Cousin, se sont prolongés dans les écrits de Vacherot, dans l'exégèse de Strauss et de l'école de Tubingue, dans les théories de Renan sur la personnalité de Jésus-Christ, dans le matérialisme des Feuerbach, des Vogt, des Büchner, des Virchow, aussi bien que dans le monisme évolutionniste de Hoeckel. Nous les entendons encore.

Au milieu de cette licence extrême soutenant selon les caprices des esprits individuels toutes les opinions possibles, même les plus subversives de la morale et du lien social, les pontifes romains, à qui est confié le dépôt de la Foi, ne purent à des reprises diverses s'empêcher de condamner les diverses erreurs qui surgissaient de tous les côtés à la fois. Tout était en même temps remis en question et, par le plus étrange des abus de mots, on décorait l'ensemble anarchique de cet état intellectuel du nom de civilisation. Parce que de merveilleuses découvertes dues au progrès scientifique amélioraient la condition terrestre de l'homme dans le temps même où l'anarchie philosophique venait à son comble, on supposait sans preuve et sans droit que les inventions qui faisaient en effet progresser la civilisation dépendaient comme de leur cause de la liberté de penser et, faisant un bloc et des inventions et de cette liberté, on donnait à cet ensemble confus le nom de « civilisation moderne », de même que l'on appelait « progrès » non seulement le développement industriel et scientifique, mais encore l'incohérence philosophique, le désir de la nouveauté poussé jusqu'à la manie, la confusion des doctrines sociales et morales. Non seulement on retombait dans les vieilles erreurs du matérialisme, de l'athéisme, du panthéisme, du naturalisme, mais on proclamait comme base de toute la civilisation et de tout le progrès modernes le droit absolu pour tout être humain de se constituer librement les doctrines d'ordre philosophique ou religieux qui devaient diriger sa vie, on proclamait le droit absolu à la liberté et, comme conséquences, le droit à l'erreur et même le droit au mal. Avec une admirable sagesse guidée par l'esprit de Dieu, Pie IX démêle dans cette adoration de la liberté, dans ce « libéralisme », la source profonde de toutes les erreurs contemporaines, et, après avoir dressé le catalogue ou le *Syllabus* de toutes les erreurs modernes déjà condamnées par les pontifes ses prédécesseurs, il les résume toutes en ces deux propositions : « Toutes les opinions peuvent librement être proposées et soutenues ; — Le Souverain Pontife doit se réconcilier avec le progrès, la liberté et la civilisation moderne. » Après les confusions de sens recouvertes par ces expressions, nous comprenons bien la portée des condamnations de Pie IX, et il a fallu toute la mauvaise foi d'adversaires sans scrupules pour que l'on ait pu prétendre que le pape voulait condamner les progrès véritables de la science positive et des inventions humaines, d'autant que plusieurs prélats, entre autres Mgr Dupanloup et plus tard l'archevêque de Pérouse qui devait devenir le pape Léon XIII aujourd'hui glorieusement régnant, s'employèrent à bien marquer que les condamnations du document pontifical ne sauraient s'appliquer à la véritable civilisation. C'est pour opposer cette vraie civilisation à l'ensemble désigné confusément par ce mot « civilisation moderne » que les jésuites romains ont donné pour titre à leur revue la *Civilisation catholique* (*Civiltà cattolica*).

Le *Syllabus* n'en condamnait pas moins un assez grand nombre de thèses, telles que l'origine populaire du pouvoir, ou le droit absolu des majorités qui paraissent à un très grand nombre d'esprits, même bien intentionnés, le fondement des États modernes et du droit démocratique. Aussi y eut-il après la proclamation de la bulle *Quanta cura* dont le *Syllabus* constituait la conclusion, une explosion de polémiques : des gouvernements, parmi lesquels celui de Napoléon III en France, s'opposèrent à la publication de l'Encyclique. La forme indirecte et négative adoptée selon la tradition par le Pape donna lieu à de nombreux contresens, on oublia trop parmi ceux qui se livrèrent aux polémiques que de la condamnation d'une proposition il suit l'approbation non pas de la proposition *contraire*, mais uniquement de la *contradictoire*, comme disent les logiciens, et de cet oubli des règles logiques résultèrent dans l'attaque comme dans la défense un grand nombre de malentendus. Mais ces débats à cette heure sont bien loin de nous. La seule chose qui reste c'est la proclamation des droits de la vérité supérieurs à ceux de la liberté, des droits de Dieu supérieurs à ceux de l'homme, des droits de la justice supérieurs à ceux du nombre et de la force. En ces termes ou en d'autres, c'est à Pie IX aujourd'hui que les sociologues donnent raison. L'erreur libérale condamnée au nom de la foi, l'est maintenant au nom de la science et de la pratique sociale. Il était réservé à Léon XIII de marquer en une large synthèse dans la suite de ses encycliques comment les principes du *Syllabus* dérivés de la tradition catholique, professés par saint Thomas, pouvaient dans leurs larges cadres — qui parurent d'abord si étroits — laisser libre espace à toutes les aspirations légitimes de l'âge social moderne. Mais la philosophie thomiste subissait alors, même dans l'Église, une sorte d'éclipse. Les philosophies étriquées communément enseignées, des manuels de théologie souvent déformés par des tendances rationalistes nuisaient aux pures doctrines et empêchaient les esprits les plus soucieux de l'orthodoxie de voir entre le siècle et l'Église autre chose qu'une invincible contradiction.

Le fossé sembla s'élargir encore lorsque, en 1870, le Concile général réuni à Rome proclama l'infaillibilité du pontife romain. Les gouvernements s'émurent comme si les décisions dogmatiques devaient leur porter ombrage ; quelques croyances débiles furent ébranlées, comme s'il était plus difficile d'admettre que l'Esprit-Saint assiste un homme que d'admettre qu'il assiste une assemblée de prélats ; quelques esprits hautains et sourcilleux marquèrent leur opposition, quelques prêtres tels que Dœllinger en Allemagne ou Michaut en Suisse refusèrent d'accepter le dogme. Ils formèrent la secte des vieux catholiques déjà aujourd'hui à peu près éteinte et qui n'aurait jamais eu de vitalité sans l'appui des gouvernements. En Suisse, les vieilles haines ranimées par les luttes du Sunderbund, et un moment apaisées, se donnèrent libre carrière, les évêques fidèles à Rome furent chassés, les églises enlevées aux catholiques pour être attribuées à la secte nouvelle.

Peu à peu ces mesures de rigueur se sont relâchées, il n'y a presque plus de vieux catholiques, les évêques jouissent paisiblement de leurs sièges, mais un grand nombre d'édifices religieux n'ont pas encore été restitués à leurs légitimes possesseurs.

.•.

C'est en Allemagne que la lutte contre le catholicisme a eu durant ce siècle les phases les plus longues et les plus aiguës. Durant la première moitié du siècle, en Bavière et dans la province ecclésiastique du Haut-Rhin, l'Église eut à lutter contre les empiétements successifs du pouvoir civil ; mais nulle part le conflit ne fut aussi vif qu'en Prusse où, à la suite d'une ordonnance de Frédéric-Guillaume III sur les mariages mixtes et d'un bref du Pape qui défendait aux prêtres de donner la bénédiction nuptiale aux parents qui consentiraient à laisser élever les enfants dans une religion étrangère, l'archevêque de Cologne, Clément-Auguste de Droste-Vischering, fut emprisonné (1837), pendant que le prince-évêque de Breslau, le comte Sedlnitzky, faisait défection et finissait par embrasser le protestantisme. Vers le milieu du siècle, un *modus vivendi* finit par s'établir entre les deux pouvoirs, et une paix à peu près acceptable régna jusqu'à la constitution de l'empire allemand en 1870.

C'est à ce moment que Bismarck inaugura le système du *Kulturkampf*. On supprima d'abord la direction catholique au ministère des cultes, puis l'État s'empara de toutes les écoles, chassa les jésuites (1872) et bientôt après les rédemptoristes, les lazaristes, les prêtres du Saint-Esprit, les dames du Sacré-Cœur, comme affiliés aux jésuites. Au mois de mai 1873 fut promulguée toute une série de lois dites pour cette raison lois de mai, qui mettaient dans les mains de l'État toute l'administration ecclésiastique. Les évêques et les prêtres durent résister, et un grand nombre furent condamnés à l'amende et à la prison, plusieurs furent même destitués, les traitements ecclésiastiques furent supprimés (1875). Tous les ordres religieux qui ne s'occupaient pas des soins des malades furent dispersés. Enfin on condamna à l'exil les réfractaires. Les catholiques de l'empire furent mis en interdit religieux. Leur énergie politique, leur discipline, l'habileté de leurs chefs, sous la conduite de Windthorst, surent organiser la résistance. Les catholiques formèrent le centre au Parlement impérial et au Parlement prussien. Entre les libéraux et les socialistes de gauche et les conservateurs de droite, le gouvernement avait besoin de l'appui du centre pour obtenir le vote des lois auxquelles il tenait le plus. A chaque vote il y avait des négociations, et le centre ne votait jamais sans avoir obtenu quelque amélioration à la situation religieuse. Secondé par l'habile politique de Léon XIII, le centre obligea à la retraite dès 1879 le ministre Falk, l'auteur des lois de mai. Peu à peu on réorganisa les diocèses, les lois de combat furent retirées, les étudiants en théologie catholique furent de nouveau dispensés du service militaire (1890), on restitua même tous les traitements et allocations confisqués par le *Kulturkampf* (1892). Les ordres religieux sont aussi rentrés en même temps. Il ne reste plus qu'à obtenir le retour des jésuites, et cette mesure de réparation s'annonce prochain.

***

A mesure que les théories philosophiques les plus contraires au dogme se répandaient, à mesure que les législations des États laissaient plus de liberté à la profession de toutes les croyances, à l'expression de toutes les opinions, l'enseignement des écoles sous la dépendance des gouvernements s'en ressentait. Il était difficile aux États qui reconnaissaient la liberté de conscience et la liberté de pensée d'imposer aux maîtres de la jeunesse de renoncer eux-mêmes à cette liberté. De là plus d'un cours dans plus d'une école primaire, secondaire ou supérieure que l'Église dut regarder comme dangereux pour la conscience catholique. De tout temps l'Église a revendiqué le droit à l'enseignement, mais jamais l'exercice de ce droit ne lui est apparu plus nécessaire qu'au moment où l'État, se déclarant indifférent aux principes doctrinaux, ne veut plus ou ne peut plus imposer dans ses écoles un enseignement systématique, lorsqu'il laisse ses maîtres libres de choisir entre les principes opposés. L'indifférentisme de l'État une fois admis, il doit en découler nécessairement la neutralité religieuse et philosophique de l'enseignement d'État. Mais l'Église a horreur également de l'indifférentisme et de la neutralité. Elle doit donc réclamer de la législation les moyens d'épargner à ses fidèles une neutralité, une indifférence, qu'elle doit regarder comme attentatoire à la fois aux droits de la vérité et à ceux de l'âme des enfants, aux droits de l'homme et aux droits de Dieu. Et justement l'État, en proclamant le principe de la liberté de conscience et le droit pour tout homme de vivre et d'élever ses enfants selon sa foi, fournissait à l'Église le moyen pratique de faire reconnaître par la loi moderne le droit éternel. La liberté de l'enseignement reconnue par l'État comme découlant de la liberté de conscience, revendiquée par l'Église comme une fonction de sa charge, ne pouvait donc manquer un jour ou l'autre d'être conquise.

Elle le fut en Belgique en 1831, en France en 1850, à la suite de longues luttes qui avaient commencé dès le procès de l'École libre en 1831 et qui se continuèrent grâce aux efforts de Mgr Parisis, de Louis Veuillot et de Montalembert. La lutte contre le monopole de l'Université finit par la victoire relative des catholiques appuyés sur la grande autorité de Thiers et par la proclamation de la loi Falloux. L'enseignement supérieur en France demeurait monopolisé par l'État ; l'enseignement primaire était confessionnel dans les écoles publiques, l'instituteur faisait réciter la prière, l'histoire sainte et le catéchisme. L'enseignement secondaire devenait libre, le baccalauréat était décerné par les professeurs de Faculté au nom de l'État. Ce fut seulement en 1875 que la loi française reconnut la liberté de l'enseignement supérieur. Des facultés libres purent se fonder, former par leur réunion des universités libres dont les élèves avaient le droit de passer leurs examens devant un jury mixte composé par moitié de professeurs libres et de professeurs d'État. Ce régime dura jusqu'en 1879

A ce moment, le ministre Jules Ferry présenta aux Chambres un projet de loi qui, sous prétexte d'organiser l'enseignement supérieur libre, faisait une incursion violente dans le domaine de l'enseignement secondaire. L'article 7 de ce projet portait en effet interdiction de l'enseignement à tous les degrés pour tous les membres de congrégations non autorisées. C'était la disparition à bref délai de la plupart des collèges libres, en particulier de tous ceux que dirigeait la compagnie de Jésus. Bien que vigoureusement combattue par la droite de la Chambre et à gauche par la jeune et fière éloquence de M. Étienne Lamy, qui sacrifia sans hésitation à sa conscience le plus brillant avenir politique, l'article fut voté à la Chambre, mais il vint échouer au Sénat. Ce fut alors que Jules Ferry fit signer une série de décrets qui expulsèrent de leur domicile tous les membres de congrégations d'hommes, à l'exception des Trappistes et des Chartreux. Les couvents furent fermés, les scellés apposés sur les portes des chapelles. Quant aux collèges appartenant aux congrégations, la plupart durent changer de direction à partir de la rentrée d'octobre 1880 ; à peine le gouvernement permit-il — en vertu de quels textes limitatifs, permissifs ou prohibitifs ? on l'ignore — à quelques religieux habitant l'extérieur de venir gagner leur pain en faisant la classe. Ces inutiles rigueurs troublèrent la vie des collèges et en firent fermer momentanément quelques-uns, diminuèrent la force de l'enseignement, altérèrent l'homogénéité de la discipline éducative, elles ne firent presque pas perdre d'élèves à l'enseignement libre. Ces pertes momentanées sont à cette heure bien compensées, les religieux sont peu à peu rentrés dans leurs maisons, les chapelles se sont rouvertes, seuls les collèges sont restés soumis à une surveillance assez étroite et tout à fait arbitraire quant au nombre de religieux autorisés à y résider. Il ne reste après vingt ans de tout l'appareil tyrannique des décrets de 1880 que des pertes sèches autant pour l'Église que pour la France, aucun profit pour l'esprit moderne et le souvenir d'inutiles vexations.

∗ ∗ ∗

Tous ces troubles avaient leur source dans les efforts de la libre pensée. Ils se firent sentir avec le plus de force dans le domaine de l'enseignement primaire. Depuis longtemps des recueils philosophiques tels que la *Critique philosophique* et dans les régions moins élevées la *Ligue de l'enseignement* au service de la franc-maçonnerie, tendaient à faire mettre hors du droit commun les instituteurs dont l'habit et la profession religieuse indiquaient ostensiblement leur soumission à l'Église. Dès les temps de Napoléon III la trilogie : gratuité, obligation, laïcité de l'instruction primaire avait été professée, et la doctrine sur laquelle devaient s'appuyer les législateurs avait été élaborée. On commençait par établir le droit de tout citoyen à l'instruction, par conséquent le droit de l'enfant, puisque c'est seulement aux heures de l'enfance que l'instruction peut être donnée ; ce droit de l'enfant a pour corollaires l'obligation des parents et le droit de l'État à assurer le respect du droit ; de l'obligation découlent à la fois la gratuité et la laïcité : la gratuité, car on ne peut obliger les parents à envoyer leurs enfants à l'école que si l'école est gratuite, puisque c'est dans ce cas seulement qu'il ne peuvent colorer d'une excuse leur mauvaise volonté ; la laïcité, car seule l'école laïque peut se dire neutre entre les croyances différentes et on ne peut obliger les citoyens libres d'avoir n'importe quel culte, ou même de n'en avoir pas, à envoyer leurs enfants à une école où serait professé officiellement un dogme quelconque.

Ainsi se dissimulaient sous l'apparence du respect du droit et de l'amour de la dignité civique les assauts que l'on voulait livrer aux croyances populaires. Dès 1867, sous le ministère Duruy, on put voir quels étaient des trois termes de la trilogie, ceux qui étaient vraiment essentiels aux yeux des propagateurs du mouvement. Théoriquement, le respect du droit de l'enfant était la fin, la gratuité et la laïcité étaient les moyens ; pratiquement on vit, bien avant la proclamation de l'obligation, que la gratuité était surtout une machine de guerre contre l'enseignement libre. La loi de 1867 permit en effet aux conseils municipaux qui le voudraient de voter la gratuité de leurs écoles primaires, et en fait les votes qui furent émis à la suite de cette loi eurent principalement pour but d'enlever des élèves aux écoles congréganistes. Le but véritable se dévoilait ainsi et il s'est dévoilé bien plus encore dans la suite : on a à peu près partout laissé tomber en désuétude les sanctions de l'obligation scolaire, et les deux termes de la trilogie qui seuls ont été réalisés parce qu'ils étaient les seuls auxquels tenaient véritablement les inspirateurs occultes de la législation, sont la laïcité et la gratuité, celle-ci fournissant le moyen d'assurer le triomphe de celle-là. Depuis 1881 la profession religieuse est déclarée par la loi française incompatible avec les fonctions de l'instituteur public. En même temps tout enseignement religieux a été interdit dans les écoles publiques, le Parlement a refuser même de faire découler la morale de l'autorité de Dieu, et c'est par un acte administratif que le Conseil supérieur de l'instruction publique a introduit dans les programmes scolaires un paragraphe sur les devoirs envers Dieu.

Tout cet ensemble de mesures n'alla pas sans susciter dans le Parlement et dans la presse un grand nombre de discussions. Peut-être faut-il regretter que l'art avec lequel les sectaires avaient lié les trois termes : obligation, gratuité et laïcité, ait occasionné parmi les défenseurs des droits de l'Église et des droits de Dieu quelques fautes de tactique. Beaucoup de forces, semble-t-il, furent perdues à contester le principe de l'obligation. Outre que cette contestation était dangereuse et impolitique dans un État populaire en ce qu'elle paraissait s'opposer au développement de l'instruction, elle avait le défaut plus grave encore de porter à faux et de contredire les principes et la tradition même de l'Église, car dès le xiie siècle des conciles avaient proclamé l'obligation scolaire, et l'on sait que durant ces temps les obligations ecclésiastiques étaient sanctionnées au for extérieur par le pouvoir séculier. Tout l'effort aurait dû porter sur la laïcité et sur la gratuité.

Car, de ce qu'une obligation est promulguée par les lois, il ne s'ensuit pas nécessairement qu'elle ne doive entraîner aucun frais pour celui à qui elle est imposée, et, pour en donner un exemple, la loi en même temps qu'elle soumet les pharmaciens à une inspection obligatoire, inscrit sur leur feuille de contributions les frais de cette inspection. La gratuité universelle et absolue ne saurait donc en aucune façon découler de l'obligation. Et la laïcité n'en découle pas davantage. On peut bien soutenir, en effet, que dans l'hypothèse de fait où se trouvent les États modernes, l'autorité des parents doit être par le maître d'école respectée dans les enfants, et que, par suite, l'école publique ne peut imposer aucune croyance aux élèves contre la volonté des parents ; mais il n'est pas vrai, même dans cette hypothèse, que ce respect de la conscience doive aller jusqu'à une neutralité impossible vis-à-vis des principes éternels sur lesquels repose toute morale, il n'est pas vrai que la profession avouée par le maître de sa propre croyance doive l'empêcher de respecter la conscience de l'enfant : plus, au contraire, le maître sera convaincu de l'excellence d'une foi supérieure, plus il sera disposé à respecter dans son élève la conscience qui l'attache à la foi de ses parents. Enfin et surtout il est contraire à tous les principes du droit moderne que des citoyens puissent être exclus d'une fonction publique quelconque en raison de leur situation religieuse.

Ce sont là choses de conscience, et sur lesquelles, en se plaçant au point de vue même des idées modernes, la loi civile n'a aucun droit de statuer.

Mais qu'importent et la logique et le bon droit à ceux qui, détenant le pouvoir, prétendent s'en servir, non pas d'après les principes qu'ils professent le plus hautement, mais d'après leurs haines plus ou moins dissimulées? Toute l'éloquence des de Mun, des Chesnelong, des Lucien Brun, pour ne nommer que les principaux, ne put empêcher la loi sur la laïcisation des écoles primaires d'être votée. Elle fut à bref délai suivie de la loi sur le service militaire où, au nom de cette même égalité devant la loi, tout à l'heure si outrageusement méconnue, on a supprimé la dispense du service militaire pour les clercs.

Désormais, tous les novices ou séminaristes doivent trois ans de service effectif; sont seuls dispensés de deux ans de présence sous les drapeaux, les clercs employés aux missions étrangères ou aux services paroissiaux.

A grand'peine on put obtenir que les clercs seraient, après leur service actif, versés dans les services des ambulances et des hôpitaux, mais il fut impossible de faire agréer un amendement qui autorisait les prêtres futurs à faire leur service hors des casernes communes. La majorité parlementaire s'obstina à astreindre aux exercices communs des hommes que la loi même destinait à des services particuliers.

Tandis que les débats parlementaires voilaient ces décisions du prétexte de l'égalité, des journaux plus francs découvraient les haines inspiratrices. En contraignant les jeunes séminaristes à passer par la caserne, on espérait bien que leurs vingt ans ne traverseraient pas impunément la fournaise, que leur vocation s'en ressentirait, et que les sources du recrutement sacerdotal diminueraient sensiblement, si même elles ne tarissaient pas tout à fait. On avouait ces espérances. C'est pour cela qu'on proférait avec rage le cri : « Les curés, sac au dos ! »

L'événement a, jusqu'à cette heure, démenti ces espérances. Sans doute elle a amené quelques pertes de vocations et à toutes les vocations elle a apporté des difficultés et des entraves. Cependant presque tous les séminaristes soldats sont rentrés au séminaire. Les Frères des Écoles chrétiennes n'ont pas vu diminuer le nombre de leurs novices. Il a plutôt augmenté, grâce à l'Œuvre des petits noviciats. Les ordres religieux n'ont pas non plus souffert de l'application de la loi. Parmi les prêtres qui ne sont ni chargés de ministères paroissiaux, ni destinés aux missions, et qui, par suite, n'ont droit à aucune dispense de service, beaucoup, pour ne faire qu'un an de service, ont préparé des grades universitaires, ce qui a eu pour effet d'augmenter la culture générale du clergé, d'accroître le renom des collèges libres, et d'établir entre la science profane et l'Église de plus nombreux points de contact. D'un autre côté, à la caserne, les séminaristes soldats ont exercé, par leur exemple et leur parole, un utile apostolat. La vie commune de la chambrée a réussi à faire tomber plus d'un préjugé. Ainsi quelque bien est sorti du mal, à tel point que quelques-uns, parmi les catholiques, ont été tentés de s'en réjouir. Il y aurait, à ce faire, une exagération, d'autant que les hommes les plus perspicaces affirment que les conséquences mauvaises du passage à la caserne, du contact des mœurs cléricales avec les mœurs soldatesques, pour ne s'être pas montrées tout de suite, n'en sont pas moins à craindre pour les clercs aux heures redoutables de la pleine maturité. Mais, de toutes façons, ceux qui échappent, ceux qui persévèrent sont à la fois plus solides et mieux armés, moins craintifs vis-à-vis du monde, mieux préparés à aborder les milieux hostiles et indifférents, compensant par la qualité ce qui peut être perdu du côté de la quantité.

Ces mesures législatives n'allèrent pas sans soulever des protestations, soit parmi les évêques, soit parmi les prêtres. Un jésuite de nationalité étrangère fut expulsé sous le prétexte d'avoir critiqué en chaire la loi militaire ; des curés furent privés de leur traitement, plusieurs évêques, parmi lesquels Mgr Gouthe-Soulard, archevêque d'Aix, furent condamnés comme d'abus devant le Conseil d'État et privés de leur traitement. L'État, qui prétendait voir dans le clergé concordataire un corps de fonctionnaires, s'arrogeait ainsi vis-à-vis de lui un droit qu'il ne possède vis-à-vis d'aucun fonctionnaire quel qu'il soit, celui de frapper, de le condamner à une peine pécuniaire sans avoir recours à aucun jugement, à aucune forme de procédure.

Cependant, pour enlever tout prétexte à l'hostilité de l'État, dès 1892, Léon XIII, par une série successive d'actes solennels, faisait au clergé et aux catholiques fidèles de France une obligation d'accepter le gouvernement que le pays s'était donné, de se placer loyalement sur le terrain de la République et des institutions existantes. On peut dire que dans son ensemble le clergé a obéi à la voix du Pape. Malgré cette profession de loyalisme républicain, des lois fiscales, appelées lois d'abonnement, ont exigé des congrégations des droits exorbitants, sous le prétexte que leurs biens sont des biens de mainmorte, et parmi les congrégations beaucoup ont préféré se laisser saisir et vendre que de se prêter aux exigences du fisc. Une législation nouvelle a de même été promulguée qui, sous prétexte d'organiser la comptabilité des fabriques, soumet cette comptabilité à des règles à la fois compliquées, étroites et tracassières. Ici encore beaucoup de fabriques ont cru devoir résister. Plusieurs parmi les républicains s'indignent de ces résistances, et prétendent y voir des rébellions contre la loi. Mais il faut leur dire au contraire que c'est observer la loi que de faire appel des arrêts d'un ministre à la juridiction compétente, puisque c'est précisément en vue de ces appels que cette juridiction a été organisée par la loi, et ce n'est pas non plus désobéir à la loi qui ordonne le paiement au fisc ou la saisie que de préférer la saisie au paiement. Il n'y a là aucune sorte de rébellion, mais l'usage d'une option que la loi autorise, et des raisons de laquelle le contribuable est et demeure seul le juge.

*

Au moment même où ces lignes sont écrites, de nouveaux nuages se forment; la liberté de l'enseignement semble menacée, les ordres religieux courent des risques nouveaux. En même temps que des hommes non pas catholiques mais simplement libéraux, tels que M. Jules Lemaître, se mettent à la tête d'un vaste pétitionnement contre la franc-maçonnerie, celle-ci répond par un autre pétitionnement qui demande la suppression des jésuites. Des deux côtés on lutte pour la conquête de l'âme du peuple. Les premiers, les catholiques, ont organisé des patronages non seulement pour faire suite à l'action des écoles chrétiennes, mais encore pour faire des conquêtes parmi les élèves des écoles de l'État. Depuis quelques années la Ligue de l'enseignement s'efforce d'organiser aussi, en dehors de toute idée religieuse, des patronages et tout un ensemble d'œuvres post-scolaires, associations d'anciens élèves, institutions de mutualités, cours d'adultes, écoles du soir, conférences, qui ont pour but d'empêcher l'Église d'atteindre l'âme du peuple. L'avenir sera aux plus persévérants et aux plus dévoués. Il nous semble que ce doit être les catholiques. Le mouvement présent en faveur de l'instruction des adultes a exactement le même caractère qu'eut vers 1867, sous le ministère Duruy, un mouvement analogue. Les mêmes causes qui firent avorter le mouvement de 1867 s'opposeront au succès de celui que nous voyons, à moins que l'État ne jette dans la balance l'appât de sérieuses récompenses pécuniaires. Mais pour contenter tous les appétits, la somme à dépenser serait si forte que les finances publiques n'y suffiraient pas.

Plus on s'efforce d'éloigner l'Église du peuple, plus elle s'ingénie à rompre les barrières artificielles. Les prêtres issus du peuple, remis en contact avec le peuple dans la caserne apprennent de mieux en mieux à parler le langage qui lui convient ; la phraséologie ecclésiastique, tout imprégnée des mœurs monarchiques, se dissout peu à peu et fait place à une phraséologie démocratique qui sonne agréablement aux oreilles populaires. Les principes, comme il est juste, et les doctrines demeurent saufs. Mais par cela seul que la démocratie existe et qu'elle a le droit d'exister, le droit démocratique se précise dans les esprits, se formule dans les paroles et permet à l'Église à la fois de reconquérir la conscience populaire et d'opposer aux empiètements de l'État ses revendications dans un langage que tous entendent et que l'État même ne peut contredire qu'en contredisant ses propres principes. La marche concordante des deux pouvoirs qui, à la longue, s'était établie sous nos institutions anciennes, finira aussi par s'établir sous nos nouvelles institutions, et sans espérer très proche l'ère de la paix, il est permis cependant de la prévoir.

Telles ont été, dans l'espace de ce siècle, les luttes de l'Église militante. On peut dire d'une façon générale que l'Église en est sortie victorieuse. Léon XIII captif dans son palais, dépouillé de tout territoire, représente les espérances et les immortelles revendications du droit. Il est la plus haute autorité morale du monde, régnant pacifiquement sur les consciences des catholiques, s'imposant au respect de toutes les autres. Les deux grands papes qui ont rempli de leur pontificat les cinquante-quatre dernières années de ce siècle ont, chacun à leur manière, livré des batailles et remporté des victoires. Pie IX a retracé les limites précises de l'enceinte de l'orthodoxie au milieu des idées complexes de ce temps, il a assuré la discipline et l'homogénéité des forces catholiques ; Léon XIII, appuyé sur cette cohésion intérieure, a reconquis à la papauté, dans les conseils des princes et des peuples, la place que l'usurpation de sa royauté temporelle par le roi italien lui avait un moment fait perdre. Sous son impulsion à la foi généreuse, puissante et admirablement synthétique, l'Église a cherché les moyens de vivre et de se développer au milieu d'un monde basé en apparence sur des principes hostiles au catholicisme. Ces moyens, elle les a découverts. Elle vit en paix avec presque tous les gouvernements. Là où, comme en France, on ne lui rend pas encore même le minimum de justice, en dépit des menées des sectes et des agissements des politiciens, l'apaisement tend à se faire, car il est difficile maintenant d'exciter le peuple contre des impuissants qui sont encore des persécutés. A mesure que l'Église a perdu de son crédit officiel auprès des gouvernements, elle a conquis sur les âmes un empire plus absolu : on ne connaît plus maintenant dans le monde catholique ces restrictions qui s'appelèrent jadis le gallicanisme ou le libéralisme, si bien que cette année même « des controverses s'étant élevées, selon les propres termes de la lettre pontificale, à propos du livre ayant pour titre : *La Vie du P. Hecker*, surtout à l'occasion de sa traduction » de l'anglais en français, le Souverain Pontife a condamné certaines doctrines qui menaçaient de prendre crédit et risquaient de troubler les âmes, et la parole du Pontife n'a rencontré qu'un unanime et respectueux acquiescement. Ces doctrines, plus ou moins confusément exprimées, tendaient à accroître l'indépendance des esprits individuels, au risque de rompre l'harmonie et l'unité, à exalter la liberté au détriment de l'autorité. Il y avait là, sous des apparences mystiques, comme une tendance au libéralisme. Il a suffi que le docteur suprême montrât le péril pour que tous les catholiques réprouvassent, d'où qu'elles vinssent, ces doctrines suspectées.

La majesté morale de la papauté a grandi malgré l'éclipse anormale et momentanée de sa puissance temporelle. Ainsi la main du Roi de l'Église, qui est le maître des âmes, se fait sentir puisque c'est au sein de la faiblesse matérielle la plus évidente qu'il fait voir la puissance spirituelle la plus admirable, la plus étendue, la plus énergique, la plus obéie, — la seule obéie. C'est la continuation du perpétuel miracle historique que la vie de l'Église a réalisé : de chacune de ses défaites sort une victoire, de chacune de ses humiliations une gloire, de chacun de ses abaissements un progrès.

GEORGE FONSEGRIVE.

XXIX

L'expansion de l'Église catholique

Toute l'histoire de l'Église n'est que le récit de ses efforts pour l'extension du royaume de Jésus-Christ et l'organisation de son règne.

De ces deux choses, chacune a pris tour à tour, au cours des siècles, une importance prépondérante. Il s'agissait, au début, de conquérir ; il s'agit ensuite d'organiser, et enfin, le domaine principal étant acquis, de faire effort pour élargir ses frontières jusqu'à réaliser la mission divine : « Allez et enseignez toutes les nations. »

Trois grands courants peuvent se distinguer dans le mouvement d'expansion de l'Église.

Au 1ᵉʳ siècle, elle envahit le monde romain. La rapidité de sa marche est telle, les voies lui sont si bien ouvertes par la constitution même de l'Empire, que tous les apologistes ont vu dans cette adaptation une des grandes traces de la Providence dans l'histoire.

Puis, tandis que le flot déborde et s'étend dans toutes les directions, un courant inverse ramène à l'Église, en Europe, comme les grandes lames d'une mer, les peuplades barbares. Elle les absorbe, continue au delà le mouvement ralenti de ses entreprises lointaines, autant que le permettent, — d'une part, ses nouveaux soucis, d'autre part sa grande lutte contre l'islamisme, qui épuise, des siècles durant, le meilleur de ses forces vives.

Au xvᵉ siècle, les grandes explorations, la découverte d'un monde nouveau, les facilités que donne aux apôtres l'ardeur voyageuse des chercheurs d'or avivent le zèle. Toute porte qui s'ouvre voit passer un ouvrier évangélique ; tout galion en partance en contient ; la croix est le premier étendard qui couvre les conquêtes nouvelles. Dans ces terres neuves elle s'enfonce, plantée par d'héroïques bras, et le XVI° siècle, le XVII°, voient des merveilles devant lesquelles pâlissent les voyages de Paul et les travaux des premiers martyrs.

Puis le mouvement se ralentit, la décadence est notoire, le XVIII° siècle est fatal, au dehors comme parmi nous ; il faut que le XIX° reprenne la tâche ; mais avec quelle ardeur et quel succès !

On a dit que l'Église a perdu du terrain, en ces derniers âges. Peut-être ; mais pour chaque pouce de ce sol ingrat, elle s'est donné un empire. Qu'importent quelques apostats orgueilleux ? La *Bonne Nouvelle* s'étend toujours ; des peuples nouveaux l'entendent et tressaillent ; 220 millions d'êtres chantent ensemble, dans toutes les langues, l'éternel *Credo*, et si ce n'est certes pas l'œuvre exclusive de ce siècle, il peut y revendiquer une part immense, qui console avec surabondance des ruines qu'il fait.

***

La décadence où étaient tombées les *Missions*, avant 1800, est facile à comprendre. En premier lieu, la ruine de la *Compagnie de Jésus* lui avait porté un coup terrible. Il faut se souvenir que du cap Horn jusqu'au nord du Japon, cet ordre entretenait des missions florissantes, et qu'à cette glèbe immense, 16.000 de ses religieux étaient attachés.

Puis l'esprit du XVIII° siècle avait déteint plus ou moins sur le clergé lui-même ; la flamme de l'apostolat s'éteignait ; des compétitions malheureuses entre ouvriers du même champ diminuaient encore la moisson du maître. Enfin la Révolution française arrive ; la spoliation de l'Église anéantit les ressources ; la persécution du clergé et la dispersion des ordres religieux tarissent la source des vocations ; l'Allemagne est livrée au *joséphisme* ; l'Espagne et l'Italie sont engagées, à l'égard de l'Église, dans une politique égoïste qui tue la discipline religieuse, condition nécessaire de l'apostolat. Le reste de l'Europe est la proie du schisme et de l'hérésie.

Toutefois l'Église, cette « recommenceuse éternelle », comme l'appelait Paul Bert, se remet à l'œuvre. La restauration religieuse accomplie en France par Bonaparte restitue aux missions leur pépinière la plus riche. Les ordres religieux refleurissent ; les séminaires des *Missions étrangères* se remplissent ; sous la direction de la *Propagande* de Rome, des groupes nombreux de missionnaires se dispersent, pleins d'enthousiasme, et leurs récits, multipliés par la presse, reviennent enflammer une foule d'âmes généreuses. Une fièvre de dévouement, d'activité, d'envahissement du monde, de martyre même agite des cœurs de vingt ans, et ils s'en vont, par bandes joyeuses, tandis que ceux qui restent chantent, en se prosternant avec larmes, le *quam speciosi* prophétique.

D'autre part, le mouvement d'opinion qui suscite des hommes crée aussi des ressources. La charité chrétienne s'émeut ; l'œuvre de la *Propagation de la Foi*, inaugurée à Lyon en 1822, obtient un succès inouï qui fait monter rapidement son budget annuel jusqu'au chiffre de *quatre millions*. Puis la Société de Saint-François-Xavier, à Aix-la-Chapelle (1832) ; le Leopoldsverein, en Autriche (1839) ; en Bavière, le Ludwigsverein (1843) ; la société de Saint-Boniface, à Paderborn (1849) ; enfin l'œuvre de la *Sainte-Enfance*, qui attendrit enfants et mères en leur parlant des « petits Chinois ».

Il faut bien dire que les difficultés des Missions sont devenues, par le progrès des temps, un peu moins grandes qu'elles ne l'étaient en d'autres siècles. En quelques jours, presque sans frais, grâce à l'entente des nations chrétiennes et à la générosité des grandes compagnies de transport, le missionnaire peut aborder le théâtre de son zèle. Les climats sont moins meurtriers, grâce aux connaissances hygiéniques ; la culture des langues est plus répandue, les influences diplomatiques plus heureuses. N'importe, les vraies difficultés demeurent : la barbarie, les préjugés enracinés, les passions, tour à tour violentes ou têtues, tels sont au fond les grands obstacles.

Et puis, les missions catholiques ont aujourd'hui à compter avec un élément nouveau : la concurrence des sectes dissidentes.

L'entrée en lice de ces dernières ne date que de la seconde moitié de ce siècle. Lacordaire, en 1844, n'avait à craindre aucune contradiction quand il appelait l'apostolat une *vertu réservée* au catholicisme. Aujourd'hui on lui opposerait des faits. Près de

80 sociétés, sociétés de missions ou sociétés bibliques, sont nées en Angleterre, en Amérique et sur le continent européen. Toutes les parties du monde ont vu leurs représentants : l'Océanie, l'Afrique méridionale et occidentale, Madagascar, et partout ils déploient une grande activité et de grandes ressources.

Certes, ces faits n'atteignent en rien l'essentiel de la thèse lacordairienne; si l'on veut de vrais apôtres, d'un dévouement éprouvé, d'un désintéressement sans limites, c'est encore au catholicisme qu'il faut aller; mais il n'y a pas moins, là, pour nos missions, une difficulté nouvelle et redoutable. On pourrait croire que les convertis du protestantisme sont plus proches de nous et plus accessibles à la vérité complète que les simples barbares : il n'en est rien ; nos missionnaires préfèrent cent fois labourer en terre franche, et leurs raisons ne seraient pas difficiles à découvrir.

Quant au schisme grec, il ne fait pas de missions, mais il suit les gouvernements qui le représentent dans leur expansion politique ; or cette expansion est aujourd'hui un sujet d'effroi pour les amis de la civilisation chrétienne. D'immenses territoires, en Asie et en Europe, sont possédés ou envahis lentement par la « sainte Russie » ; Constantinople, la clé de deux mondes, est guettée par elle avec la patience ardente du fauve, et partout où elle règne ou seulement se glisse, le pope est là, lié administrativement à l'action de ses fonctionnaires. Autant, — je ne dis pas de gagné pour le schisme grec, mais de perdu pour le catholicisme, dont l'action jusqu'ici est nulle, où la Russie a mis le pied.

Ce qu'on peut dire, pour se consoler de ces entraves, c'est qu'il n'y a là qu'un retard pour la conquête du globe par nos doctrines. Comme religions, le schisme grec et le protestantisme sont entamés. C'est l'ignorance qui défend le premier; c'est la politique qui galvanisera quelque temps encore l'un et l'autre ; mais l'ignorance s'en va et la politique n'aura pas longtemps un pouvoir effectif sur les âmes. La liberté gagne du terrain, quoi qu'on fasse ; le temps vient où la question religieuse sera partout ce qu'elle aurait dû toujours être : une question d'intelligence et de cœur. Or ce jour-là sera le même où les dissolvants de la critique auront détruit toutes les contrefaçons, schismes ou hérésies, qui défigurent la foi chrétienne, et alors de deux choses l'une : ou l'on croira au Christ et l'on sera catholique, ou l'on niera le Christ, et l'on ne sera rien.

.*.

Les missions les plus importantes des siècles passés avaient été celles des Indes. Après les Dominicains et des Franciscains du xiiie siècle, les Jésuites du xvie et divers autres y avaient suscité un peuple de plus de 3 millions de catholiques. Ils espéraient bien y faire entrer peu à peu tous les habitants de ces contrées, et ils y eussent réussi, disait Campbel. La malheureuse question des rites amena un recul ; la destruction de la *Compagnie*, jointe aux causes générales mentionnées plus haut, acheva la ruine.

Dans l'Hindoustan, la substitution de l'influence anglaise à l'influence portugaise pensa retarder longtemps la réorganisation entreprise. Le Saint-Siège ayant pris l'initiative de mesures utiles, un conflit long et violent s'ensuivit où le Portugal, réprouvant les changements introduits et hors d'état de faire face par lui-même à la situation, afficha cette jalouse impuissance qui est l'apanage des gouvernements faibles. La convention de 1857 ayant tout calmé, les progrès, dès lors, furent rapides. En dépit de la concurrence anglicane, le nombre des catholiques de l'Hindoustan s'élevait, en 1886, à 1 million et demi ; il dépasse aujourd'hui 2 millions.

Hélas ! c'est encore là peu de chose, sans doute. Ce chiffre ne représente après tout qu'un cent cinquantième de la population totale, et seul le Sud est évangélisé. Dès qu'on remonte, c'est la nuit. C'est vrai ; mais le travail est bien en train, le personnel des missions est nombreux et actif, un clergé indigène se forme, des écoles catholiques instruisent 100.000 enfants, et les œuvres de charité prospèrent. Il n'est que juste de dire que la liberté anglaise plane sur le pays, et avec elle l'espérance pour les ambassadeurs du Christ.

En Indo-Chine, la persécution sévit jusqu'en 1886. Elle fait des milliers de martyrs parmi les pasteurs et les fidèles. L'intervention française de 1848, mal combinée, ne fait qu'irriter les esprits. Il faut l'expédition de Cochinchine (1858) et celle du Tonkin (1885) pour obtenir la paix religieuse. Au prix de quelles souffrances, grand Dieu! Tant que dure la guerre, c'est-à-dire pendant plusieurs années, le sang chrétien est comme la rançon qui paye au jour le jour les victoires. Et même ensuite, on se demanda s'il y avait un gain pour la foi, dans le changement de régime. Le spectacle des mœurs européennes, en ces contrées, n'est pas toujours d'un bon exemple. Le mouvement des conversions en fut certainement ralenti au début. Grâce à Dieu, il reprend depuis quelques années et montre un avenir plein de promesses.

Meilleur encore et d'une conséquence autrement grande s'annonçait naguère cet avenir, pour l'immense territoire de la Chine. La grande tourmente du règne Kia-King avait semblé tout compromettre ; puis le traité de 1858, entre la Chine, la France et l'Angleterre, en avait marqué officiellement la fin ; la paix de Tien-Tsin, en 1860, avait ouvert aux champions de la foi les routes intérieures de l'Empire. Voici qu'aujourd'hui le fanatisme endormi se réveille. Les faits, hélas! sont trop connus, et il est difficile de prévoir comment se dénouera cette crise ; mais nous croyons cependant pouvoir dire qu'elle ne peut être que transitoire. De tels excès ne peuvent durer nulle part, aujourd'hui ; l'ère des persécutions *avouées* est définitivement close, et si le fanatisme est puissant, il convient cependant de remarquer que ce n'est pas, à proprement parler, un fanatisme religieux. Le Chinois tolère volontiers toutes les sectes. S'il a fait exception pour le christianisme, c'est qu'il représentait à ses yeux les *diables étrangers* qui venaient bouleverser ses institutions séculaires. Comme les gelés de Russie, qui se révoltaient contre qui voulait les remettre en marche, le mandarin repu, honoré, satisfait, entre en rage contre une civilisation turbulente. N'y a-t-il pas lieu d'espérer qu'à la longue on se rendra mieux compte du caractère purement spirituel de la religion catholique? Témoins de vertus surhumaines, assurés d'un désintéressement absolu de la part des hérauts de la foi, déjà des Chinois en grand nombre se prennent à aimer une religion si belle. On sait que l'empereur avait fait le meilleur accueil à la lettre de Léon XIII, lors de la guerre sino-française; il avait manifesté le désir de traiter désormais avec lui par l'intermédiaire d'un nonce. Tout récemment (15 mars 1899), un décret impérial reconnaissait, une fois de plus, l'existence légale de la religion catholique. Il donnait aux évêques rang de vice-rois et de gouverneurs, avec des règlements d'étiquette et de rapports d'affaires ; il désignait le Souverain Pontife sous le nom de *Kiao-Hoang*, empereur de la Religion. Un tel acte est d'une grande portée, non pas sans doute au point de vue des intentions qui le dictèrent, et moins encore au point de vue de l'efficacité immédiate de ces intentions ; mais comme signe du changement des temps, et des nécessités qui s'imposent, à l'heure qu'il est, à tout gouvernement régulier, fût-ce en Chine. Lorsque parut ce décret, Mgr Favier écrivait, en le communiquant à l'Europe : « Les nouveaux convertis ne se comptent plus ; ce sont des régions entières qui veulent se faire catholiques. » Depuis, sans doute, cet enthousiasme est tombé, mais qui sait si les tragiques événements survenus ne seront pas le point de départ d'une ère nouvelle ? On se refuse à croire que l'Europe sera intervenue solennellement, engageant son honneur en même temps que ses intérêts les plus graves, sans que le dernier mot lui demeure, et que la crise se résolve par un progrès.

* *

La grande presqu'île de Corée, terre de martyrs par excellence, eut à subir jusqu'à ces dernières années les plus terribles vicissitudes. Elle vit d'héroïques travaux ; un siège en règle de ces contrées inhospitalières fut entrepris. Tour à tour florissante et noyée dans le sang, l'Église coréenne finit par émousser comme toujours le tranchant du glaive. Elle compte aujourd'hui plus de 20.000 chrétiens, et bien que les lois sanglantes ne soient point rapportées, la présence des consuls d'Europe en suspend la menace.

Même situation dans l'empire du Japon jusqu'en 1873. Pendant toute la première moitié du siècle, les missionnaires rôdaient à l'entour, songeant à ce qu'étaient devenus, dans la tourmente des derniers âges, les 2 millions de chrétiens qu'avaient possédés ce territoire. Plus d'un millier de missionnaires massacrés, près de 200.000 martyrs indigènes, tels étaient leurs souvenirs. Et ils se demandaient si, en remuant ce sol ravagé, ils ne retrouveraient pas quelque racine capable de pousser des rejetons.

En 1846, Grégoire XVI rétablit le vicariat apostolique du Japon et le confie à la Société des Missions étrangères. Il faut encore quinze ans pour que les nouveaux apôtres puissent pénétrer seulement dans leur domaine. Les traités de 1858 leur ouvrent quelques ports; une première église s'élève à Yokohama, les édits de persécution ne sont pas pour cela rapportés, et jusqu'en 1865, le ministère catholique se borne aux quelques Européens établis sur ces rives.

A cette date, un incident étrange et touchant fait découvrir les restes de l'ancienne Église. On constate avec joie que pendant cent quatre-vingts ans, sans prêtres, sans culte, plusieurs milliers de Japonais se sont transmis la foi. Le zèle des missionnaires s'enflamme; il est récompensé par une persécution de cinq ans. Ce n'est qu'en 1873 que l'Europe, outrée des violences atroces exercées contre les chrétiens, dont 8 ou 10.000 ont été déportés, torturés, massacrés, intervient enfin et fait entendre des réclamations tardives. Or le Japon tient à l'estime de l'Europe ; il veut et prétend être un peuple civilisé : il accorde la liberté religieuse.

A vrai dire, les popes et les pasteurs en profitent comme nos missionnaires, et ce mélange, ces compétitions entre disciples d'un Maître unique ne laissent pas d'humilier le Christ aux yeux de ces infidèles. Toutefois les conversions sont nombreuses : l'Église du Japon prend assez d'importance pour qu'en 1891 Léon XIII mette à sa tête 1 archevêque et 3 évêques. A cette date, le nombre des catholiques japonais s'élève à 45.000.

**

Traversons le Pacifique et contournons le globe jusqu'au Nouveau Monde.

L'Amérique du Sud se présente à nous la première. Elle est aussi la première à reprendre l'œuvre de foi interrompue pendant un siècle.

Les fameuses *Réductions*, désorganisées par les rois d'Espagne et de Portugal, sont reprises par les Franciscains, autant que le permet l'opposition des gouvernements d'Europe. En 1834, les jésuites sont rappelés par les Argentins; en 1842 ils rentrent en Colombie, l'année suivante au Mexique, puis successivement au

Brésil, à l'Équateur, au Chili, en Bolivie, et reprennent paisiblement leur apostolat séculaire. Les Dominicains se joignent à eux et s'adonnent aux missions indiennes, en même temps qu'ils prêtent le secours de leur ministère aux diocèses régulièrement constitués. Les Dominicaines enseignantes, pénétrant dans les forêts de l'Équateur, au Brésil, dans l'Uruguay, s'adonnent aux œuvres de jeunesse. Plusieurs autres congrégations religieuses . Lazaristes, Picpuciens, Salésiens de Dom Bosco, filles de Saint-Vincent-de-Paul et du Sacré-Cœur rejoignent les premiers apôtres ; 43 millions de catholiques, dont 10 millions d'Indiens, répandus dans les divers États de l'Amérique du Sud, sont les clients de leur zèle et de leur dévouement.

Mais c'est le Nord qui offre l'intérêt le plus vif, pour le catholique, notamment pour le catholique de France.

Le Canada et les États-Unis ! double espérance que l'avenir ne trahira pas ; car le passé et le présent la consacrent. C'est en 1674 que le premier évêque catholique s'installait à Québec. Depuis lors, l'immigration augmenta tellement le troupeau qu'en 1819. Québec devenait archevêché avec quatre évêchés suffragants, qui devaient être bientôt suivis de cinq autres.

Puis, la fécondité extraordinaire des populations françaises, en ces régions, profita naturellement au catholicisme. En 1760, l'Angleterre recevait de nous 63.000 colons ; aujourd'hui près de 2 millions de Canadiens catholiques sont sous son sceptre, sans compter un autre million de leurs frères émigrés aux États-Unis. Tout ce peuple a gardé intactes sa foi et ses mœurs chrétiennes. Quelle plus heureuse expansion l'Église pourrait-elle souhaiter ? — Si le mouvement des naissances continue ainsi, ce sont 20 millions d'âmes qui lui seront données pour fêter son XXe siècle !

Pour faire face aux besoins spirituels de ces populations, tout le *Dominion* s'est couvert rapidement d'œuvres catholiques. Églises, écoles, séminaires, institutions charitables foisonnent, rencontrant partout confiance et respect. La jeune université Laval, à Québec, prépare 600 étudiants à remplir les fonctions ecclésiastiques ou civiles les plus importantes ; la très grande partie du clergé se recrute dans le pays. Et la libérale Angleterre garde, à l'égard de toutes ces œuvres, une neutralité bienveillante dont se contenterait plus d'une catholique nation.

La seule tristesse qu'autorisent ces résultats, c'est la destruction des anciennes tribus sauvages. Au lieu d'être initiées à la civilisation, elles se trouvent refoulées, abruties, sacrifiées. Était-il impossible, vraiment, d'en faire une nation chrétienne ? Les missionnaires français, il y a deux siècles, l'avaient entrepris et ils comptaient déjà des succès admirables. Aujourd'hui, ces peuplades achèvent de périr dans les glaces, consolées de temps à autre par quelque apparition de missionnaires. On a enlevé à ceux-ci un troupeau dont ils eussent fait le troupeau du Christ.

***

Pénétrons aux États-Unis, nous y constaterons un mouvement admirable, dû en grande partie à l'énergie et à l'esprit d'initiative de l'épiscopat catholique.

C'est de la fin du siècle dernier que date la période active de cette œuvre.

Après la guerre d'Indépendance, les catholiques, qui s'y étaient montrés de vrais patriotes, reçurent la liberté en récompense. Pie VI nomma alors (6 novembre 1789) John Caroll préfet apostolique des États-Unis avec la charge d'évêque de Baltimore. Il avait pour troupeau environ 30.000 catholiques, dispersés au milieu de la masse protestante.

Les Sulpiciens, chassés de France par la Révolution, et quelques autres sociétés religieuses vinrent lui prêter leur concours pour l'éducation des jeunes catholiques, des jeunes clercs, et pour diverses œuvres. La tourmente révolutionnaire avait ainsi un contre-coup bienfaisant au-delà de l'Atlantique. Le soleil qui se couchait dans le sang portait l'aurore à d'autres cieux.

Les débuts, toutefois, furent pénibles. Pour ses 30.000 fidèles, John Caroll n'avait qu'une église pauvre, récemment construite. Encore l'entrepreneur protestant refusa-t-il longtemps de la livrer au culte. Il fallut que des soldats français, passant par Baltimore, fissent céder la porte à coups de crosse. N'importe, on ne se laissa pas décourager par les obstacles ; le progrès, non plus, ne se lassa point, et en 1889, lors des fêtes du centenaire de la jeune Église, on put mesurer le chemin parcouru en un siècle. Le cardinal-archevêque, successeur de John Caroll, était entouré de 84 évêques appartenant aux États-Unis, de centaines de prêtres, de religieux et de religieuses de divers ordres, et la cathédrale que Caroll avait commencée, qu'il n'avait pu achever faute de ressources, et qui avait passé pendant quarante ans pour le plus vaste édifice religieux des États-Unis, — aujourd'hui l'un des plus modestes, — était débordée par la foule des fidèles, comme un navire envahi par les eaux. Au lieu de 3o.ooo, on comptait près de *dix millions* de catholiques ; au lieu de 84 prêtres, *dix mille.* La proportion avait varié, relativement à la population totale de la République, de *un centième* à *un septième.*

Il convient de dire que cet accroisssment est dû, pour la très grande partie, à l'immigration étrangère. On a même observé que, vu le nombre des immigrants, vu le nombre d'enfants qu'ils ont donnés à l'Amérique, la population catholique est au-dessous de ce qu'elle devrait être. Des défections se sont produites au début, par le fait de l'insuffisance des secours religieux et par le fait, surtout, des mariages mixtes. D'autre part, les conversions étaient rares et le sont encore ; elles tendent de plus en plus à se multiplier ; mais le mouvement de retour se dessine lentement, pour des motifs de plus d'un ordre. D'abord l'infériorité sociale de la grande masse des immigrants, leur qualité d'étrangers éloignent d'eux naturellement les Américains de race. Ensuite l'apostolat ne tient que d'hier ses ressources. Absorbé, à la première heure, par les soins immédiats d'un ministère auquel il ne pouvait suffire, le clergé ne put organiser la conquête. D'ailleurs ce clergé, presque entièrement européen, s'occupait, avant tout, de ses frères émigrés et faisait peu de prosélytisme. Aujourd'hui l'élan est donné, les plus belles espérances sont permises ; un clergé indigène tend à se former dont l'apostolat ne peut manquer d'être la préoccupation première. A mesure que ses conquêtes s'étendront, la religion catholique cessera d'être une religion d'étrangers, et ce ne sera pas un mince avantage d'avoir enlevé ce grief à l'intransigeance puritaine. « Protestant et Américain ne sont qu'un » : ce sophisme a fait un mal immense aux États-Unis ; quand il aura contre lui des faits, la cause du catholicisme aura fait un grand pas.

Ajoutons que l'émiettement se produit parmi les sectes dissidentes ; chaque jour voit pâlir, aux yeux des patriotes américains, le lustre que répandait sur la Réforme la supériorité réelle ou imaginaire des protestants anglo-saxons. Ils sont bien obligés de le constater : le mouvement d'union s'accentue sans cesse chez les Anglo-Saxons d'Europe ; d'où la ruine du préjugé, dont saura profiter, n'en doutons pas, l'activité enthousiaste des jeunes catholiques.

Et ce qui permet à ceux-ci les grands espoirs, en dehors de probabilités toujours contestables, c'est, à défaut du nombre, la vitalité intense de leurs communautés et de leurs œuvres. Parmi les fidèles, deux plaies qui désolent le vieux monde : le respect humain et l'indifférence, sont inconnus. Dans le clergé, le zèle est intense, les œuvres pieuses ou charitables prospèrent. A New-York, qui est, à vrai dire, le grand foyer de l'indigence, parce qu'il retient dans ses mailles le fretin de l'immigration, cinquante *Conférences* de Saint-Vincent-de-Paul fonctionnent. Hospices, asiles, institutions diverses de bienfaisance représentent une somme de *trente millions* et sont subventionnés annuellement par plus de *quatre millions* de libres offrandes. Des communautés religieuses, d'abord importées d'Europe, se recrutent maintenant dans le pays, et il y a tout lieu de penser qu'elles voleront bientôt de leurs propres ailes.

Enfin, une entreprise d'une importance suprême, au point de développement où est parvenue la jeune Église, c'est celle qui aboutit, le 13 novembre 1889, à la fondation d'une université catholique à Washington. Cette œuvre répondait à un besoin pressant. Le clergé catholique avait passé jusque-là pour peu cultivé, relativement à ses concurrents de la Réforme. Sa préparation était trop hâtive, son instruction théologique trop sommaire, le ministère actif l'absorbait, et la science sacrée avait peu d'adeptes. Il était temps de remédier à cette faiblesse, bien injustement reprochée sans doute, mais réelle. L'Église américaine s'en émut, et jalouse d'être à la hauteur de sa situation nouvelle, désireuse de passer de l'état d'enfance à une féconde maturité, elle créa cette œuvre, dont les ressources et la liberté américaine permettent d'attendre des résultats que la France n'a que partiellement obtenus.

Il est à remarquer, en effet, que le progrès du catholicisme, aux États-Unis, est en grande partie attribué aux institutions politiques. « Le catholicisme, disait l'archevêque de Philadelphie dans son discours du *Centenaire*, a profité plus que tout autre culte de la liberté religieuse, et si dans d'autres contrées et dans d'autres circonstances, l'union de l'Église et de l'État a été salutaire, rien n'est plus bienfaisant, dans la constitution américaine, que leur séparation. »

On observait, toutefois, au congrès de Baltimore (1889), que les catholiques n'occupent point, sur le terrain politique, la situation à laquelle leur donne droit leur rapide croissance. Ils se comparent eux-mêmes, dans leurs discours, à ces chrétiens dont saint Paul disait : « Nous sommes comme inconnus, quoique très connus, comme mourants, quoique pleins de vie, comme pauvres et nous semons autour de nous la richesse. » La liberté, c'est bien ; mais un groupe nombreux comme celui des Américains catholiques a le droit de réclamer autre chose. Dans un pays où tout procède de l'élection, il a le droit de fournir des élus, de participer aux emplois proportionnellement à son importance. Or cela n'est pas. Chose plus importante encore et qui fait l'objet de justes revendications, l'instruction religieuse est refusée aux fils de catholiques, dans les écoles qu'alimentent leurs ressources. L'État, là comme ailleurs, ne remplit qu'une partie de son devoir, et tant qu'ils ne l'auront pas obligé à faire davantage, les catholiques ne croiront pas avoir vaincu.

Bien plus, ils se préoccupent de l'avenir, et plus d'un redoute que l'importance même prise par le catholicisme n'ouvre pour lui l'ère des difficultés et des luttes. Quoi qu'il en soit, ce qui est acquis ne se perdra point, on peut en croire ces grands champions, conscients de leur zèle et de leur énergie, qui en ont fait la promesse à l'Église. L'un d'eux, dans un discours déjà cité, exprimait à la fois, avec un enthousiasme mêlé de clairvoyance, le passé et l'avenir du catholicisme. « Il lui reste plus de chemin à parcourir qu'il n'en a présentement parcouru, plus d'âmes à gagner qu'il n'en a gagné jusqu'à ce jour. Le plus grand nombre ne lui appartient pas encore. La tâche du xixe siècle a consisté à planter l'Église catholique aux États-Unis ; la tâche du xxe siècle sera de rendre catholique tout le peuple américain. En avant l'Église et les catholiques ! *Go ahead !* »

Pour trouver une situation religieuse comparable à celle des États-Unis, il faut aller, à trois mille lieues en mer, jusqu'à ce continent, hier encore étranger au Christ, aujourd'hui peuplé de près d'un million de catholiques : l'Australie.

L'Australie ne fut d'abord, pour l'Angleterre, qu'un lieu de déportation, et les *convicts*, ses premiers habitants, parmi lesquels se trouvaient des catholiques, furent pendant onze ans sans patrie. En 1798, après l'insurrection irlandaise, nouvelle fournée de condamnés politiques, et avec eux, cette fois, trois prêtres, condamnés aussi, qui se dévouèrent à leurs compatriotes au milieu de difficultés inouïes et de persécutions odieuses. Ce n'est qu'en 1836, grâce à l'initiative du gouverneur, sir Richard Bourke, esprit élevé et noble cœur, qu'une loi de liberté fut mise en vigueur. Mais dès lors, la hiérarchie étant créée, un siège épiscopal étant établi à Sydney, une ère nouvelle s'ouvrit. Des progrès rapides furent constatés; les provinces ecclésiastiques, sans cesse dédoublées, se multiplièrent d'un façon prodigieuse, si bien qu'en 1885, Léon XIII chargeait le cardinal Moran de convoquer un concile! On y vit siéger 6 archevêques, 16 évêques, 8 vicaires apostoliques. Il y avait alors en Australie, Tasmanie et Nouvelle-Zélande, formant ensemble l'*Australasie*. environ *huit cent mille* catholiques. Et ce chiffre, en 1890, était porté à 900.000 avec 21 évêques, 1.709 églises ou chapelles, 861 écoles.

Un tel progrès, sous un simple régime de liberté, sans ombre de protection officielle effective, montre une fois de plus la vitalité propre de l'Église catholique. C'est ce que constataient les évêques d'Amérique dans un écrit adressé à leurs frères du concile de Sydney : « Après Dieu, disaient-ils, nous devons pleinement cette merveilleuse extension de la religion dans nos chers pays à la liberté, qui forme le caractère de nos gouvernements respectifs. Ils tiennent au-dessus de nos têtes l'égide de la protection commune, sans jamais s'introduire dans le sanctuaire. Ils reconnaissent nos prérogatives spirituelles inviolables, et nous permettent de remplir nos fonctions sublimes sans imposer d'entraves à notre libre apostolat. »

Ajoutons à cela le caractère éminemment populaire du catholicisme, qui lui permet de s'adapter infiniment mieux que les sectes protestantes aux populations australiennes. De fait, c'est par le peuple que la religion s'est implantée en Australie et qu'elle y progresse. Grande leçon pour le vieux monde, pourrions-nous dire ! Grande espérance aussi ; car, qu'on le veuille ou non, qu'on y voie un progrès ou une décadence, la foule, partout, prend de plus en plus d'importance. La religion de l'avenir est donc, même humainement, celle qui convient aux foules, celle qui leur offre non pas une vaine décoration de l'esprit, mais des réalités vivantes ; non pas une autorité orgueilleuse, mais des services. Or l'Évangile catholique est cela ; le *Discours sur la Montagne* est cela. En revenant pleinement à l'Évangile et en l'ouvrant devant les foules, nous sommes sûrs de gagner les cœurs.

Après la période de conquête vint pour l'Australie la période d'organisation où le clergé, croissant en nombre, put passer lentement de la vie apostolique à la vie pastorale.

Au début, pendant la rude période de colonisation, qui eût pu songer à un établissement stable ? La recherche de l'or disséminait le troupeau. Chaque missionnaire, bénédictin, franciscain, augustin ou simple prêtre, se trouvait en face d'une tâche gigantesque, d'étendues de terrain immenses. Une paroisse équivalait à trois ou quatre de nos provinces. « A cheval, des semaines entières, ils allaient d'une mine à l'autre, emportant les vêtements sacrés, dormant au pied d'un arbre, sans demeure fixe. Ils n'avaient qu'un but : arriver le samedi près d'un camp où se trouvaient réunis les mineurs. La soirée se passait à entendre les confessions, et le dimanche matin, un autel portatif était dressé à la hâte sous une tente. Les mineurs en manches de chemise avec leurs chapeaux à larges bords, arrivaient de tous les côtés. Les baptêmes des enfants, amenés de tous les points du *bush*, avaient lieu après le saint sacrifice. Un mariage, quelquefois, succédait aux baptêmes. Puis, après une petite fête donnée en son honneur, le prêtre serrait la main de ses ouailles et remontait à cheval [1].

Aujourd'hui, la vie australienne est organisée sur d'autres

---

[1]. Abbé Lemire, *Le Catholicisme en Australie; Correspondant*, 15 juillet 1894.

bases. La fièvre de l'or est tombée, l'agriculture et l'élevage prospèrent, condition autrement favorable à l'évangélisation du peuple. Et puis, en même temps que les migrations et les naissances ont peuplé le pays, quantité de prêtres, tous Irlandais, ont quitté leur île, trop petite pour le nombre de ses vocations sacerdotales, pour venir se consacrer au bien spirituel de leurs compatriotes.

Chose remarquable, déjà observée en Amérique, le clergé appartenant à la race anglo-saxonne et à la race celte s'adonne peu à l'apostolat auprès des païens indigènes, comme si, en eux, l'aversion pour l'homme de couleur dominait ou du moins dérivait ailleurs l'esprit apostolique. Ce sont des Français, des Espagnols, des Italiens qui évangélisent partout les barbares. Mais d'une façon ou d'une autre, le travail se fait et l'œuvre progresse. Bientôt l'Océanie entière sera couverte d'évangéliques moissons.

Il va de soi, en effet, que les îles, grandes ou petites, qui environnent l'Australie, n'ont pas été dédaignées par les apôtres. C'est un chapelet qu'ils égrènent pieusement depuis que nos marins ont posé sa chaîne.

Divers ordres, Maristes en tête, se sont partagé le pays. Débarqués en *Nouvelle-Zélande* en 1838, combattus d'abord avec acharnement par les ministres protestants, dont ils dénonçaient à l'Europe les odieux brigandages, ils finirent par obtenir la liberté et firent près de *cent mille* catholiques.

En Malaisie, dans la mission de *Batavia*, 50.000 catholiques ont germé de 1808 à 1890. Des protestants hollandais établis là, sans action aucune, ont eux-mêmes embrassé une religion si féconde. Dans les îles anglaises, peu de résultats : la barbarie effroyable et le fanatisme des populations ont vaincu jusqu'ici le zèle des apôtres. Dans le peu qui reste aux Portugais, l'échec a été moins dur ; mais c'est à peine. C'est aux Philippines que le succès des missions catholiques s'est montré le plus éclatant. Plusieurs millions d'indigènes, païens ou musulmans, ont été baptisés et initiés à la civilisation chrétienne. Rien de ces accaparements odieux, de ces hécatombes non sanglantes, opérées par les races anglo-saxonnes : les chrétiens ont gagné les populations au lieu de les vaincre, ils les ont élevées au lieu de les écarter violemment. Les ordres religieux, notamment les Dominicains, y ont gagné une situation exceptionnelle, une autorité indiscutée. Ceux qui trouvent bon de leur en faire un reproche oublient sans doute le régime atroce auquel ils se sont soumis au début, les persécutions effroyables qu'ils ont subies, le labeur ininterrompu auquel ils se sont livrés durant trois siècles. C'est là que remonte, en effet, la première évangélisation de ces îles. Les grands progrès, toutefois, datent de notre âge, particulièrement des vingt dernières années. Espérons que le trouble jeté par la guerre hispano-américaine n'entravera pas un si heureux mouvement.

* *

Achevons notre tour du monde.

C'est en Afrique que le XIX° siècle a vû s'accomplir l'œuvre la plus étonnante et la plus grandiose. Ces continents de feu, qui inspiraient autrefois aux nations d'Europe une sorte de religieuse terreur, sont aujourd'hui attaqués de toutes parts, et à leur grande surprise, les explorateurs y ont découvert d'inépuisables richesses. Français, Anglais, Allemands, Belges, Espagnols, Portugais, Italiens s'y disputent l'espace. C'est comme une curée immense, et comme toujours, les hérauts de la foi suivent, quand ils ne les précèdent pas, les pionniers de la civilisation ou les avant-coureurs du commerce.

Dans l'Afrique occidentale, évangélisée dès 1400 par les Dominicains portugais, puis abandonnée à la suite de convulsions politiques, l'œuvre est reprise vers 1842 par les fils du P. Libermann et les Pères des Missions africaines. Le Sénégal, la Sénégambie, recrutent en quelques années plus de 12.000 catholiques, la colonie de Sierra-Leone 2.000, la Côte des Esclaves 19.000, le Golfe de Guinée 5.000 avec de très immédiates espérances.

Dans l'Afrique méridionale, grâce aux lois tyranniques établies par les Hollandais et maintenues par les Anglais de la *Colonie du Cap*, les missions protestantes devancèrent les nôtres. Elles n'apportèrent aucune amélioration dans le régime religieux, moral ou politique des Cafres. D'aucuns prétendent que ceux-ci y perdirent. Quoi qu'il en soit, c'est en 1837 que fut érigé par le Saint-Siège le premier vicariat apostolique. Soixante ans après, le Cap comptait environ 25.000 catholiques auxquels leurs adversaires mêmes promettent de nouveaux succès.

Dans l'Afrique orientale, où Dominicains et Jésuites portugais avaient eu, au xvie siècle, des missions florissantes, qui s'étendaient sur toute la côte, du cap Guardafui au cap de Bonne-Espérance, le travail apostolique ne put être repris qu'en 1839 pour l'Éthiopie, en 1860 pour le Zanguebar, en 1879 pour le Zambèze. Sauf dans la première de ces régions, demeurée chrétienne depuis les temps apostoliques, toute trace de l'ancienne évangélisation avait disparu, et les régions du Sud étaient déchirées par les révolutions. « On ne vieillit pas chez les Borotsès », a dit Élisée Reclus ; les Jésuites en firent là et ailleurs l'expérience. Dix années d'épreuves terribles les attendaient : ils les supportèrent sans lâcher prise.

Dans le Zanguebar, les Pères du Saint-Esprit et les Bénédictins bavarois se consacrèrent au rachat et à l'éducation chrétienne des esclaves, que les caravanes arabes de l'intérieur amenaient chaque année au nombre de 60.000 sur le marché de Zanzibar. Leurs efforts et leurs succès excitèrent l'admiration unanime de l'Europe, qui leur a accordé, après le partage de ces régions entre l'Allemagne et l'Angleterre, la plus efficace des protections.

En Éthiopie, les Lazaristes (1839) et les Capucins (1846) reprirent l'œuvre de l'eunuque de la reine Candace et de saint Frumence. Après de grandes vicissitudes, l'arrivée au pouvoir du négus Ménélik ouvrit une ère de prospérité qui n'est pas près sans doute de se fermer.

Mais, c'est vers le nord que se concentre pour nous l'intérêt des missions d'Afrique.

L'expédition d'Alger, en 1830, en ouvre réellement les portes. Alger, disait plus tard le cardinal Lavigerie, Alger qui a si longtemps fermé au monde, par la terreur de ses pirates, les portes de ce grand continent, les ouvre aujourd'hui elle-même à la lumière.

Au début du siècle, il y avait environ 7.000 catholiques de divers rites en Égypte ; 8.000 étaient captifs dans les États barbaresques, à Tunis, à Alger, au Maroc, sans prêtres, sans églises, sans hiérarchie constituée : c'était tout, dans ces pays autrefois si riches de vie chrétienne. Aujourd'hui, quel changement ! Au lieu de 15.000, plus de 500.000 dont 80.000 en Égypte, 400.000 en Algérie, le reste disséminé en diverses régions de l'Afrique septentrionale. Au lieu de la désolation et de l'isolement des chrétiens, une organisation hiérarchique complète des paroisses, des séminaires, des écoles, des hôpitaux, des communautés nombreuses, vouées à tous les genres d'apostolat. Et c'est au zèle de ses évêques et des collaborateurs dévoués qu'ils surent se donner dès la première heure que revient l'honneur de ce succès.

Au début, le gouvernement de la France commit la grave erreur de croire qu'il se concilierait les Arabes en affichant l'indifférence religieuse. Sous prétexte de ne pas exaspérer le fanatisme, on travailla à l'entretenir follement en favorisant l'islamisme. Les emblèmes religieux furent proscrits, le Coran enseigné dans nos propres écoles; nos soldats mêmes furent privés de prêtres; quelques fonctionnaires, pensant faire merveille aux yeux des indigènes tout en s'attirant les bonnes grâces de l'administration, ne craignirent pas d'apostasier. Toutefois, la colonisation commençant, il fallut bien organiser le culte catholique. Mgr Dupuch fut nommé évêque d'Alger; il fut le premier et admirable ouvrier de cette œuvre ingrate. Au milieu de difficultés de tout ordre : pécuniaires, morales, politiques, il travailla si bien qu'en une seule année (1839) huit églises, sept chapelles, un séminaire, huit écoles catholiques, deux orphelinats et un hôpital indigène furent fondés.

Après dix ans, ces chiffres s'étaient proportionnellement accrus et la période de première fondation était close.

Mgr Pavy et Mgr Lavigerie continuèrent l'entreprise. Ce dernier, par la puissance et l'étendue de son action, a mérité un renom qui n'est pas près de disparaître. C'est en termes enthousiastes qu'il exprimait, en sa première lettre pastorale, les vues providentielles sur sa jeune Église : « Faire de la terre algérienne le berceau d'une nation grande, généreuse, chrétienne, d'une autre France en un mot, fille et sœur de la nôtre, et heureuse de marcher dans les voies de la justice et de l'honneur à côté de la mère patrie; répandre avec cette ardente initiative qui est le don de notre race et de notre foi, les vraies lumières d'une civilisation dont l'Évangile est la source et la loi; les porter au delà du désert, avec les flottes terrestres qui le traversent et que vous guiderez, un jour, jusqu'au centre de ce continent encore plongé dans la barbarie ; relier ainsi l'Afrique du nord et l'Afrique centrale à la vie des peuples chrétiens : telle est, dans les desseins de Dieu, dans les espérances de la patrie, dans celles de l'Église, votre destinée providentielle. »

Vingt-cinq années de labeur furent consacrées à cette tâche par l'ardent chrétien et le patriote qu'était Lavigerie. Le relèvement du siège de Carthage, l'émoi de l'Europe en faveur des esclaves noirs, l'établissement de nombreux missionnaires autour des Grands Lacs, la création du primat d'Afrique devaient être la récompense de ses travaux.

Faut-il parler, en terminant, des espérances du catholicisme en Asie Mineure ? On y a peu fait de conversions jusqu'ici, relativement aux efforts qu'a absorbés cette terre ingrate. Pourtant, d'une façon ou d'une autre, le nombre des catholiques des rites unis a augmenté de moitié au cours du siècle. Le Sultan s'est montré en somme plus libéral que les nations schismatiques d'Europe. D'autre part, un réveil se dessine dans ces populations engourdies ; un jour prochain, l'envahissement de l'Europe amènera une crise à laquelle le catholicisme doit gagner, à moins toutefois que ne s'établisse partout la domination moscovite. Si la Russie s'installait à Constantinople, nous l'avons dit, ce serait un recul immense ; car elle ferait l'unité religieuse à sa manière, pourquoi ne pas dire à son profit ? Mais comme sa religion n'est qu'une politique et que de plus en plus, nous l'avons dit aussi, la politique perd du terrain dans le domaine des questions religieuses, il n'y aurait là qu'un retard, et le champ resterait ouvert à la libre action catholique.

De son côté, le protestantisme est là moins qu'ailleurs outillé pour faire des conquêtes. Tout ce que le protestant repousse : liturgie, culte de la Vierge et des Saints, pénitence corporelle, est ce qu'il y a là-bas de plus populaire. Entre orientaux et catholiques il n'y a que des malentendus ; entre orientaux et protestants il y a un abîme et la manifestation de deux âmes.

Voilà donc, rapidement esquissée, la tâche accomplie dans le monde, en ce siècle de prétendue décadence religieuse. Plus de *soixante mille* missionnaires — une armée ! — ont gagné au catholicisme en cent ans une population de 20 millions d'âmes.

Ces simples chiffres en disent long sur l'effort d'expansion de l'Église. Et nous ne parlons que des pays de mission. Qu'on se reporte à ce qui a été dit ailleurs, des missions européennes ! L'Angleterre, l'Allemagne, la Suède, la Hollande, la Scandinavie, la Russie même sont travaillées d'un mal profond : elles enfantent la vérité, que rien n'empêchera de venir au monde.

A l'aube du siècle, le catholicisme se recueillait, étonné encore de récents et effrayants cataclysmes ; aujourd'hui il marche, progresse, s'insinue, combat, pousse sa pointe hardie vers toutes les plages de l'univers.

Peut-il espérer l'envahir et y établir pacifiquement son règne ? — Peut-être ; mais combien de siècles encore lui seront nécessaires !...
Que Dieu lui donne des ouvriers !

R. P. A.-D. SERTILLANGES,
Des Frères Prêcheurs.

XXX

Le dogme et la pensée catholique

Jusqu'où le dogme et la science du dogme, jusqu'où la pensée catholique ont-ils eu leur part au mouvement du siècle ? Là comme ailleurs, y a-t-il eu vie, évolution, progrès ? Mais, d'abord, peut-on même, dans ce domaine, parler de vie, d'évolution, de progrès ?

Si l'on regarde la donnée dogmatique, la vérité révélée, tout est fixe et immuable. Dieu a parlé jadis, et depuis la mort des Apôtres il n'a plus parlé à son Église: le livre des révélations publiques est scellé à jamais. A cet égard, il en est du dogme comme de l'histoire, de la philologie ou des sciences naturelles. L'évolution de l'histoire ne consiste pas à changer les faits, ni le progrès de la philologie à trouver dans les textes ce qui n'y est pas, ni celui d'aucune science à méconnaître ses données.

Mais la parole divine est reçue par des intelligences humaines, elle y devient pensée vivante et vérité connue, elle est écrite dans des livres que l'homme étudie, comme il étudie Platon ou Dante. De ce côté, on peut dire que le dogme évolue, c'est-à-dire la connaissance que nous en avons et l'idée que nous nous en faisons, la manière de le considérer, de l'entendre, de se l'expliquer ; il évolue dans chaque intelligence, et il évolue d'une certaine façon dans l'Église. Par là, la science du dogme ressemble aux sciences qui se font ; elle a ses flux et ses reflux ; elle se développe sous l'influence des mêmes causes qui agissent sur la pensée humaine. — Avec une différence cependant. Dans les autres sciences, on peut faire fausse route ; l'Église ne saurait se tromper sur ces données : elle ne peut, dans les choses de foi, nier le vrai ni croire le faux. L'Esprit-Saint vivant en elle dirige les cœurs et les intelligences : il préserve de l'erreur et fait voir la vérité en temps opportun.

Étudions les faits, c'est-à-dire le mouvement du dogme dans la proposition plus explicite de certaines vérités révélées, le mouvement de la théologie dans le traitement scientifique du dogme, le mouvement de la pensée catholique sous l'influence du dogme et de la théologie.

*
* *

Jouffroy écrivait, en 1823, *Comment les dogmes finissent*. De fait, le protestantisme pur renonce de plus en plus à toute prétention dogmatique, pour devenir affaire de sentiment religieux. Mais le catholicisme est essentiellement doctrinal. Aussi le dogme est-il toujours vivant dans l'Église.

La vie du dogme s'est surtout manifestée en ce siècle par deux définitions solennelles qui le dominent : celle de l'Immaculée Conception, le 8 décembre 1854 ; celle de l'Infaillibilité papale, au Concile du Vatican, le 18 juillet 1870.

Ces deux faits apparaîtront dans l'histoire comme reliés entre eux. C'est le même Pape qui a prononcé les deux sentences irrévocables, et il a voulu que le Concile destiné à définir l'infaillibilité s'ouvrît le 8 décembre, sous les auspices de la Vierge que, quinze ans auparavant, il proclamait immaculée.

Mais il y a plus que ce lien extérieur, et les historiens en ont fait la remarque. Dieu qui a voulu, suivant le mot de notre liturgie, faire une part à Marie dans la victoire sur toutes les hérésies, s'est servi de l'amour universel envers Marie pour aplanir les voies à la grande décision qui devait à jamais rendre impossible dans l'Église toute contagieuse diffusion de l'hérésie. La définition de 1854, prononcée en présence des deux cents évêques réunis à Saint-Pierre, mais sans leur participation immédiate, était déjà un exercice de l'infaillibilité ; et le peuple chrétien, qui, sur la parole du Pontife, exaltait, dans un inoubliable élan de foi et d'amour, l'Immaculée Conception de Marie, proclamait du même coup, sans souci des distinctions possibles aux théoriciens, sa croyance à l'infaillibilité papale.

Ainsi 1854 prépara 1870. Marie, en retour, pour ainsi dire, de ce qu'elle devait au Pape, intervint, puissante parce qu'aimée, dans la cause du Pape. Le simple fidèle se fût moins intéressé à l'infaillibilité, si le Pontife de l'infaillibilité n'eût été celui de l'Immaculée Conception.

Et de là l'union des deux dogmes dans la même popularité. Pour l'un comme pour l'autre, le peuple chrétien devança l'autorité enseignante : il croyait avant que la croyance eût été imposée, il appelait la définition de tous ses vœux, il la salua de ses acclamations. C'est, pour ainsi dire, sous la pression de l'opinion catholique que la question de l'infaillibilité fut introduite au Concile; et avant de définir l'Immaculée Conception, le Pape avait, par une sorte de *referendum*, demandé aux évêques du monde entier la croyance de leurs peuples sur la question. Est-il beaucoup de démocraties où les foules coopèrent si intimement à la loi qui doit les régir ? Nos lois dogmatiques sont, au plus haut degré, des lois populaires. Ne voir dans une définition que les foudres terrassant les intelligences par la peur, et les menaces courbant les volontés à une soumission forcée, c'est ne rien comprendre à l'admirable union des croyants dans la même pensée, à l'harmonieux concert entre la foi infaillible de l'Église enseignée et l'infaillible autorité de l'Église enseignante, à l'unité de vie enfin qui, dans la communauté chrétienne, circule de la tête au corps et du corps à la tête.

Et c'est ce qui rend ces lois si vivantes et si fécondes. Car une loi n'est pas lettre morte, qui était dans la vie et dans la pratique avant d'être sur le papier, qui éclôt comme spontanément des besoins et des aspirations de tous, qui est dans le sens d'un mouvement général et qui en assure pour l'avenir l'orientation et la régularité.

Il y a eu ici ces actions et ces réactions de la pratique sur l'idée et de l'idée sur la pratique qui sont un des caractères de la vie dans l'Église. Le culte et la dévotion ont fait progresser la doctrine : l'amour, dans le catholicisme, donne l'élan à la science. La doctrine s'est épanouie en amour et en action : la lumière, dans le catholicisme, devient chaleur et mouvement.

La piété chrétienne se tournant de préférence vers Marie immaculée, l'archiconfrérie de Notre-Dame des Victoires, la diffusion de la « Médaille miraculeuse » préparent la définition de 1854 ;

et l'on sait comment, en France, les enthousiasmes qui l'accueillent sont intimement mêlés aux enthousiasmes pour nos soldats de Crimée. Quatre ans plus tard, un mot qu'une humble fille a entendu et répète sans le comprendre, des faits merveilleux et d'innombrables faveurs entraînent vers une grotte des Pyrénées des foules venues de toute la terre et associent pour toujours le nouveau dogme avec l'image sereine et douce de la Vierge de Lourdes. D'autre part, après Febronius et Eybel, après Joseph II et la Constitution civile du clergé, viennent les vues initiatrices de Joseph de Maistre et de Lamennais, la réaction ultramontaine, la volonté, même en France, de rompre enfin les servitudes décorées du nom de libertés. Ce mouvement aboutit au Concile et à la définition, « rendue nécessaire parce qu'on la disait inopportune. » Les conséquences sont sous nos yeux, et elles démentent toutes les prévisions pessimistes des opposants : le Pape, usant de son autorité pour grandir les évêques et grouper autour d'eux les fidèles, écouté des rois, se rapprochant des peuples pour les instruire et les soulager, plus que jamais un des centres autour desquels gravite le monde. On voit la portée pratique de ces définitions : elle sont au plus intime des mouvements par où s'est manifestée la vie de l'Église en ce siècle, qui sera pour l'histoire religieuse, en même temps que le siècle du Sacré-Cœur, le siècle du Pape et de l'Immaculée Conception.

Dans le domaine de la pensée pure, l'effet a été grand aussi. A notre époque de trouble et d'inquiétude intellectuelle, il fallait un Pape infaillible, une autorité indiscutée pour marquer la route aux esprits désorientés, pour rallier et raffermir les âmes en désarroi. Nous avons l'étoile directrice. Du même coup, avec la vérité définie, apparaissait en un jour plus lumineux toute l'institution papale, ou mieux toute la divine organisation de l'Église, le plan du Christ et son idée même de l'œuvre qu'il est venu fonder. De même, en se tournant vers Marie immaculée, la pensée catholique maintenait des vérités capitales : notre déchéance, contre la superbe indigente d'un rationalisme suffisant ; notre réparation en Jésus-Christ, contre l'impuissance pleureuse d'un pessimisme désespéré ; notre destinée surnaturelle enfin contre les envahissements d'un naturalisme qui prétendait régner seul sur le monde moderne, rejeter Dieu dans un lointain inaccessible et fermer à l'homme toute vue sur les horizons du ciel. Et quel reflet sur la Vierge elle-même! Marie plus belle et plus attrayante, mieux connue et dès lors plus aimée ; sa place à part dans l'humanité, et l'indissoluble union de la Mère et du Fils, l'idée divine de Marie enfin mise en un jour plus éclatant ; les fidèles de plus en plus convaincus qu'ils ne sauraient excéder en exaltant « leur mère », pourvu qu'ils la laissent dans l'humanité pure ; un élan nouveau donné à la théologie mariale, et les théologiens rêvant, sous l'attrait d'un amour qui ne dit jamais assez, aux moyens de mettre en relief et de mieux montrer au regard et au cœur du peuple chrétien un privilège qu'il reconnaît et qu'il affirme, mais confusément et sans en avoir encore une pleine conscience, celui de la coopération de Marie à l'œuvre rédemptrice, et de sa part dans toutes les grâces qui nous viennent de Dieu. Voilà quelques effets de la définition. Les vérités religieuses se tiennent : en dégager une, c'est aider à mieux voir les autres.

On a beaucoup reproché à l'Église ces « dogmes nouveaux ». Car ceux-là mêmes qui s'élèvent le plus contre l'immuable stabilité des institutions catholiques semblent être au guet pour crier à la nouveauté dès qu'ils y voient la vie et le mouvement. N'y aurait-il donc de stabilité que dans la mort, et la vie ne serait-elle que dans les ruptures brusques avec le passé, que dans le désordre et dans l'incohérence ? Nos deux lois dogmatiques n'ont pas *fait* les vérités qu'elles imposaient à la croyance : elles les ont constatées, elles les ont formulées, elles les ont proposées à tous, comme un savant propose les vérités qu'il a « découvertes », voilà tout. Dieu a préservé Marie du péché originel : c'est le fait ; Dieu a dit cette vérité à son Église : c'est la parole de Dieu garantissant le fait. Comment cette vérité a toujours vécu dans la conscience de l'Église, comment elle a évolué dans les esprits depuis la forme sous laquelle elle fut révélée par Dieu jusqu'à celle sous laquelle elle fut définie, comment elle fut d'abord latente et implicite, comment elle se dégagea et apparut peu à peu plus nette et plus distincte, comment elle put être contestée et combattue, jusqu'au triomphe définitif et à la foi explicite et obligatoire, c'est une intéressante étude de théologie historique, analogue en bien des points à l'histoire d'une vérité humaine : ce n'est pas le lieu de la faire. Et de même, l'Église a été fondée par Jésus comme une monarchie, où le chef suprême a reçu, avec l'autorité d'enseigner, le don d'inerrance attaché à cette autorité. Ici l'Évangile est clair pour qui sait lire, et si les textes des Pères pendant plusieurs siècles sont moins explicites sur le point précis de l'infaillibilité, on montre sans peine qu'elle était dans l'idée même de la primauté papale, — primauté dont les traces sont partout visibles depuis saint Pierre et saint Clément, — et que sans elle l'action de la Papauté est inexplicable, inexplicable l'histoire. On peut le nier, sans doute ; mais n'a-t-on pas soutenu, après Pasteur, la génération spontanée, sous prétexte qu'on la constatait ? n'a-t-on pas continué de prétendre que c'est le ciel qui tourne autour de nous, parce qu'on le voyait de ses yeux ? Gratry appelait cela « préférer sa lanterne à une étoile ».

En fait, une définition nouvelle, c'est une vérité acquise à jamais. Elle n'ôte qu'une liberté celle de l'erreur ; elle met sur la voie de conquêtes nouvelles et elle provoque aux recherches savantes. Si donc nous pouvons être sympathiques aux belles découvertes de la science, nous devons être fiers du progrès de notre foi.

.*.

Ne voir dans le Concile du Vatican que la définition de l'infaillibilité, c'est mal connaître la plus éclatante manifestation de la pensée catholique en notre siècle. Trois mois avant la constitution *Pastor æternus*, — qui ne définit pas seulement la grande prérogative du pouvoir enseignant, mais qui fait toute la théorie de l'autorité dans l'Église et de la primauté papale, — le 24 avril 1870, avait été promulguée la constitution *Dei Filius*, qui pose la vérité chrétienne en face des principales erreurs modernes sur Dieu, sur l'homme et sur l'ordre surnaturel. Et ces deux constitutions sont une partie seulement de l'œuvre dogmatique projetée par le Concile, comme deux fragments détachés et polis de deux blocs énormes préparés à l'avance. Le *Schema de Doctrina Catholica* et le *Schema de Ecclesia* résumaient le mouvement théologique du siècle et englobaient les principales décisions de Grégoire XVI et de Pie IX, depuis l'encyclique *Mirari vos* jusqu'au

Syllabus et à l'encyclique *Quanta cura*. Le temps a manqué pour achever le grand œuvre; et sans doute aussi la politique jalouse et défiante d'alors n'eût pas laissé traiter en toute paix et sérénité plus d'une question brûlante sur les rapports entre l'Église et l'État. Mais l'important a été fait, et les assises étaient posées pour de nouvelles constructions. Léon XIII a poussé plus loin; et, par un merveilleux retour des choses, les magistrales expositions du Docteur suprême, lesquelles ne sont pour ainsi dire que la contre-épreuve positive du *Syllabus*, ont gagné l'admiration et la sympathie de ceux-là mêmes qui n'eussent eu pour les décisions conciliaires, trop imprégnées encore de l'odeur de la bataille, que des cris de révolte et de haine, que la soumission contrainte du vaincu.

A ne regarder que les erreurs condamnées ou les vérités définies, la constitution *Dei Filius* contient peu de nouveau. Contre les athées, les panthéistes, les matérialistes de toute nuance, la besogne était à moitié faite dès le moyen âge, et les foudres du quatrième Concile de Latran contre les Albigeois se trouvèrent bonnes contre nos positivistes les plus avancés. Sur d'autres points, les décrets de Trente portaient encore : il suffisait de changer quelque peu la direction du tir, et çà et là de le régler avec plus de précision. Enfin les Papes des derniers siècles, Grégoire XVI surtout et Pie IX, avaient frappé à l'occasion, soit par eux-mêmes, soit par la Congrégation de l'Inquisition, le traditionalisme en France et en Belgique, le rationalisme séparatiste en France et en Italie, le semi-rationalisme libéral et le gnosticisme catholico-kantiste en Allemagne.

Qui donc a comparé l'Église à la ménagère habile et soigneuse, qui recoud sans cesse et qui emploie la vieille étoffe pour les besoins nouveaux ? En fait, elle tire de ses trésors, comme veut l'Évangile, le vieux et le neuf ; mais elle a une préférence marquée pour les formules déjà employées, pour les expressions toutes faites. Quand elle parle « d'innover », elle entend « rajeunir ». Ainsi est composée la constitution *Dei Filius*; et cependant la texture de la pensée et du style est parfaitement une et serrée d'un bout à l'autre.

Il faut relire sans cesse et méditer ce chef-d'œuvre. Nous avons là toute une théorie de la connaissance surnaturelle, le mot de l'Église dans les grands débats qui ont passionné le siècle sur les rapports entre la raison et la foi. Et ce mot, le seul vrai, est en même temps le plus glorieux pour la raison humaine. L'Église ne flatte pas l'homme en le déifiant, mais elle lui montre sa vraie grandeur et sa vraie dignité ; elle veut qu'il se reconnaisse limité et dépendant, mais elle lui apprend à ne pas douter de ses forces, à ne pas désespérer de la vérité, — seule amie dont la voix, si elle était écoutée, ferait vivre : *Verba quæ ego locutus sum vobis spiritus et vita sunt.*

Les formules sont dans leur brièveté, d'une plénitude et d'une précision admirables. Ajoutez ce je ne sais quoi de grand dans la simplicité et dans l'absence de toute autre préoccupation que celle de rendre la pensée transparente, cet accent de conviction qui vient de l'âme, cette pleine conscience de dire vrai et d'instruire le monde en vertu d'une mission d'en haut, cette sorte de sentiment nulle part exprimé mais partout présent que Dieu est là planant au-dessus de l'auguste assemblée et autorisant lui-même chacune de ces assertions destinées à retentir désormais dans toutes les intelligences chrétiennes : tout cela donne en face de cette expression toute nue de la vérité divine un sentiment de beau et de sublime. Le théologien admire davantage encore, qui sait quels écueils il fallait éviter, et quelle somme de travail représente le choix de tel mot, et quelle solution lumineuse à des débats séculaires est donnée par telle formule, et avec quel art est condamnée l'erreur sans prononcer sur les points librement débattus entre catholiques, et comment une explication qui précise la pensée de l'Église et tranche quelque controverse récente se lie sans effort avec l'exposition de la vérité déjà définie et admise de tous. Il faut plaindre ceux qui, comme Harnarck, ne voient dans cette expression toujours plus parfaite d'une pensée toujours plus consciente et plus maîtresse d'elle-même, qu'un « escamotage de nouveauté ».

D'où vient aux constitutions vaticanes cette précision savante? En grande partie, de leur origine : les rédacteurs ont été des théologiens, et ils ont parlé en hommes qui savent ce qu'ils veulent dire et qui disent ce qu'ils veulent; en hommes familiers avec leur sujet, qui voient que telle formule reste en deçà de la vérité pleine et ne tranche pas contre l'erreur, que telle autre dépasse la pensée et pourrait être mal interprétée, que telle autre enfin ne répond pas à l'état vrai de la question et passe à côté de ce qu'il faudrait décider. On a loué tels chapitres du Concile de Trente, ceux de la Justification par exemple, comme d'admirables expositions théologiques. Les deux constitutions promulguées au Concile du Vatican égalent au moins ce que Trente a fait de mieux. — Il est glorieux pour la théologie d'être ainsi, aux mains de l'Église, l'instrument toujours plus parfait et plus maniable pour l'expression définitive de la vérité dogmatique. Une pensée qui produit de telles œuvres et qui exerce une telle influence n'est pas une pensée décrépite et vieillie ; bien plutôt serait-on porté à se demander si l'Église, elle aussi, ne réserve pas le bon vin pour les derniers venus.

*
* *

Au moment du Concile, on ne parlait que théologie ; et de même à certaines périodes, par accès : qu'on se rappelle les journées retentissantes du Libéralisme ou du *Syllabus,* et le cas du petit Mortara, où le baptême d'un enfant passionna l'Europe et souleva la libre pensée contre le Sacrement, contre l'Église et les droits de la société surnaturelle. Et cependant, à première vue, la théologie semble bien étrangère à notre siècle. Notre monde laïcisé la laisse derrière les grands murs des séminaires, comme il laisse Dieu dans son ciel lointain, comme il laisse le prêtre dans son presbytère isolé. Avec sa langue à elle et le long apprentissage qu'elle exige, elle est pour la plupart une science d'un autre âge et d'un autre monde, quelque chose comme l'alchimie... ou peut-être le blason. Si c'est une science, et qui serve à quelque chose, ce ne pourrait être, en tout cas, que la science des prêtres.

En d'autres pays, elle a du moins sa place officielle : elle vit avec les autres sciences dans les universités, elle est une carrière et elle a ses contacts avec les réalités de la vie. Le Collège romain lui-même, s'il n'est plus une institution d'État, reste un grand foyer de lumière pour le monde, un organe important de la vie de l'Église et de son action doctrinale : il donne donc à la théologie des perspectives humaines et des rencontres continuelles avec le siècle. En France, rien de pareil depuis 89. Il est vrai, nous avions, jusque vers 1880, des facultés de théologie, incorporées à l'Université ; mais elles faisaient peu de bruit, même avec des professeurs éminents, et, comme elles étaient sous une main étrangère, beaucoup de catholiques s'en défiaient, un peu comme Laocoon de l'*ex-voto* des Grecs. La Faculté de Poitiers, fondée canoniquement par Mgr Pie, brilla d'un éclat vif et pur, mais passager ; et, jusqu'à nos Facultés catholiques, on n'a guère su en France ce que c'était qu'un professeur de dogme ; maintenant encore, le titre de docteur en théologie ou en droit canon sonne aux oreilles comme quelque chose d'exotique ou de suranné. Notre siècle n'a donc pas été un siècle théologique.

Et cependant jamais peut-être les questions de théologie n'ont eu tant de place dans les préoccupations de ceux qui pensent : elles se sont présentées de toute part à ce monde qui ne les cherchait pas. Dès le début du siècle, elles se posaient impérieuses : dans la politique, avec le *Concordat* ; dans la littérature, avec le *Génie du Christianisme*. Nos poètes, en revenant au réel et à la vie, y ont trouvé partout l'idée religieuse et chrétienne, et, comme la religion ne va pas sans dogme, les pages les plus célèbres de Lamartine, de Musset, de V. Hugo traitent ou impliquent des questions de théologie. Nos philosophes ont eu beau en vouloir faire abstraction, il a fallu compter avec elles. L'histoire et la critique les ont rencontrées sur leur route. Les sciences de la nature, dès qu'elles ont voulu être autre chose que des catalogues de faits, ont dû en dire leur mot. La politique même, toute laïcisée qu'elle est, n'a pas pu les éviter. « Il est surprenant, disait Proudhon, qu'au fond de notre politique nous trouvions toujours la théologie. » L'État doit malgré tout tenir compte de l'Église et l'Église ne va pas sans sa doctrine. — Ainsi, dès qu'on s'occupe du problème de la destinée, dès qu'on tient compte du fait religieux, dès qu'on cherche l'explication dernière des choses, on se trouve en face de la vérité théologique. Ainsi notre siècle l'a-t-il rencontrée partout, tantôt comme une rivale jalouse et intolérante, tantôt comme une libératrice au milieu des conflits ténébreux de l'intérêt et de la passion : quand Pie IX l'opposa aux orgueilleuses prétentions de ce qu'on nommait la pensée moderne, son âme aimante et sympathique dut se résigner à la voir maudite et repoussée ; quand Léon XIII l'a présentée dans son pur éclat, notre génération, lasse de déceptions et de chimères, s'est tournée vers sa lumière bienfaisante et a subi son mystérieux ascendant.

Voilà donc un siècle vain et superbe, qui prétend se passer de la solution théologique, obligé, malgré qu'il en ait, de compter avec elle ; un siècle frivole, mais qui garde des idées sérieuses : il ne veut pas se mettre à l'école ni étudier la théologie en latin, mais il s'y intéresse quand il la rencontre sous des dehors moins austères, et quand elle se mêle à sa vie ; un siècle de science et de réflexion qui, l'âge venant, arrive à comprendre de plus en plus l'importance de la science du dogme et à la goûter pour elle-même. Cette attitude à l'égard de la théologie et de la vérité religieuse explique les efforts de la pensée catholique et les différentes formes qu'elle a prises pour s'exprimer, pour s'adapter aux esprits, pour agir sur le monde contemporain. La théologie pure, c'est-à-dire l'étude et l'exposition strictement scientifique du dogme, devait rester dans les séminaires et ne pouvait se montrer en public que par occasion : c'était déjà beaucoup d'enseigner le catéchisme. Les grands travaux seront donc des travaux d'apologétique ou de controverse. On essaiera moins de creuser la vérité catholique en elle-même et pour elle-même que d'en établir les fondements et de la montrer belle, bienfaisante, nécessaire ; que de l'adapter et de la défendre. Peu à peu on fera à la théologie une part plus grande dans les genres mixtes, dans l'ascétisme par exemple ou dans les cours d'éloquence sacrée ; on profitera pour y intéresser du goût général pour les études de psychologie et d'histoire. Enfin, quand les esprits seront mieux préparés, elle se présentera sans autre parure que sa propre beauté, sans autre attrait que celui de la plus haute des sciences, et la plus importante. Ainsi notre siècle commencera son instruction religieuse par le *Génie du Christianisme* et la finira par des cours de théologie. C'est ce que montre une revue rapide des principales formes par lesquelles s'est exprimée la pensée catholique pendant le cours de ces cent ans.

*
* *

L'apologétique tient la première place. En face de l'attaque venant de toute part et variée à l'infini, la vérité chrétienne s'est défendue de toutes les façons : par la science, par la philosophie, par le sentiment ; dans la chaire, dans les livres, dans les revues et jusque dans les journaux.

Trois hommes surtout, au début du siècle, donnèrent le branle et ouvrirent les grandes voies : Chateaubriand, Lamennais, Joseph de Maistre.

Chateaubriand voulut effacer l'impression du rire voltairien et des déclamations philosophiques du xviiie siècle : il peignit la religion catholique belle, attrayante, poétique, à moitié perdue dans le rayonnement de sa gloire extérieure et de ses bienfaits. Jusque-là on n'avait pour intéresser à la question religieuse que le roman à dissertations, les *Lettres de Valmont ou les Égarements de la raison*; à ce même moment venait de paraître la *Démonstration évangélique* de Duvoisin, vieille en naissant. Ici quelle jeunesse et quelle vie ! C'était vague, peu exact parfois, peu concluant. Mais c'est ce qu'il fallait alors, et l'effet fut immense : par l'imagination et le sentiment les âmes se retournaient vers la vérité et rentraient dans sa sphère d'attraction. La religion devint affaire de poésie sentimentale et d'esthétique.

C'était beaucoup, après Voltaire et le Directoire. Mais c'était peu encore. Lamennais vint donner une secousse nouvelle. Aux âmes indifférentes ou qui se contentaient d'une religiosité poétique, il montra le problème religieux comme un problème qui s'impose, et la solution pratique comme nécessaire à la vie. Chateaubriand avait pris la palette de Bernardin de Saint-Pierre pour charmer les yeux ; Lamennais pour parler aux âmes, eut parfois les accents de Pascal, plus souvent ceux de Rousseau.

Cependant Joseph de Maistre observait, en philosophe et en chrétien. Voyant de loin et voyant de haut, il trouvait un sens aux événements les plus déconcertants pour une philosophie et pour une politique à courte vue ; il s'acquit le droit, par la justesse de ses prévisions, de refaire sa place à la Providence ; et, par delà l'*Essai sur les mœurs*, il donna sa vraie continuation à l'*Histoire universelle* en montrant dans le monde le vrai rôle du Pape et de l'Église. En face de Voltaire, et souvent par les mêmes moyens, en ce qu'ils ont d'honnête et d'avouable, il réinstalla l'esprit chrétien dans la philosophie, dans l'histoire, dans tous les domaines de l'intelligence, et — la part faite à l'excès, au détail inexact, aux vues risquées, à l'allure parfois cassante, toutes choses inévitables et presque bonnes dans son cas — nul n'a fourni à la défense catholique plus d'idées fécondes.

Maistre, Chateaubriand, Lamennais, se complètent et se compénètrent. A eux trois, ils brisèrent les chaînes multiples qui devaient retenir notre siècle dans l'incrédulité du xviii° siècle; grâce à eux, la vie religieuse put reprendre un libre essor dans toutes les directions, dans la poésie, dans l'histoire, dans la philosophie, dans la pratique.

Leur influence fut immense sur la pensée catholique, et, comme il arrive, pas toujours heureuse en tout. Chateaubriand monta jusque dans la chaire chrétienne, et pour y rester longtemps. Ce furent partout des apologies « poétiques », des « harmonies » du christianisme, des tirades sur les « bienfaits » de l'Église : quelques pages exquises dans Gerbet, dans Lacordaire, dans Bougaud.... mais que de fadeurs et de fleurs fanées ! Maistre et Lamennais créèrent chez nous le mouvement romain, destiné à devenir si puissant — et ce fut tout bien; mais en faisant sans cesse appel à la tradition et à la conscience confuse du genre humain, — réaction légitime et féconde contre l'individualisme philosophique du siècle précédent, — ils ouvrirent les voies à une érudition sans critique, et ce fut en faveur de nos dogmes un déluge de témoignages, apocryphes souvent, ou tronqués, ou dénaturés pour signifier quelque chose. Balmès et Nicolas donnèrent dans ce défaut; et c'est dommage, car ils gâtèrent par là des œuvres excellentes et solides.

Cependant, d'autres philosophies s'élevaient. L'apologétique chrétienne devait aller à leur rencontre. On sait comment firent naufrage et celle du traditionalisme et celle de l'ontologisme. Au panthéisme et à la philosophie séparée de nos spiritualistes, le Malebranche du siècle, un Malebranche moins sarcastique et plus *humain*, Gratry, opposa une philosophie chimérique parfois et peu sûre, mais toujours haute dans ses aspirations. Il donna l'exemple de philosopher avec toute son âme pour trouver au delà de la philosophie « le Maître » qui enseigne la vérité religieuse. Ollé-Laprune a procédé de même ; et, par ses fines analyses et ses prudentes déductions, il amenait son disciple au seuil du catholicisme : apologiste habile autant que discret, celui qui a écrit le *Prix de la vie* et la *Certitude morale*, et les études sur Jouffroy et sur Vacherot ; ou plutôt philosophe, mais philosophe chrétien et complet, qui, en philosophant sa vie et en vivant sa philosophie, se trouva doublement apologiste : apologie indirecte, mais combien glorieuse et pour la doctrine et pour l'homme ! — L'abbé de Broglie prit d'autres voies. Suivant le positivisme sur son terrain, il montrait historiquement la transcendance du christianisme, et, par un vigoureux effort de métaphysique, diminuait d'autant le rôle des présupposés métaphysiques de la foi.

La mode fut un temps aux apologies scientifiques : la part de la théologie y est minime ; plût à Dieu que celle de la science y fût toujours assez grande ! Depuis quelques années, on revient à l'apologie morale, et les essais se sont multipliés de nos jours, où l'on montre le christianisme expliquant seul l'énigme de la vie, seul répondant aux conditions biologiques, seul résolvant les formidables problèmes de la question sociale. Tout cela peut être excellent, tout cela peut rapprocher les âmes de la religion.... pourvu seulement qu'on ne veuille pas y voir la seule démonstration valable, ni même strictement une démonstration directe.

C'est en Allemagne qu'ont paru les meilleures œuvres apologétiques et les plus sûres : on connaît Hettinger, Schanz, Gutberlet, Wilmers, Weiss. La France a, depuis 1889, le beau *Dictionnaire apologétique* de l'abbé J.-B. Jaugey, qui vaut bien des livres ; elle a eu surtout les Conférences de Notre-Dame, et je ne sais rien de plus beau et de plus puissant que ces magnifiques « préparations évangéliques » de Lacordaire, de Ravignan, de Félix, où l'émotion vibrante, où l'autorité morale, où la vigueur d'un esprit fortement trempé et d'une pensée toujours sûre et solide autant que souple et variée, attirent et retiennent tour à tour le plus bel auditoire qui fût jamais. L'un voit la religion toujours belle et féconde, répondant aux aspirations nouvelles comme aux éternels besoins de l'humanité ; l'autre fait dominer au-dessus des préjugés et de la passion la voie victorieuse de la vérité ; le troisième montre le Christianisme à la hauteur de toutes les exigences de l'esprit moderne et à la tête de tout progrès véritable. A eux trois, ils préparent enfin les âmes par leur action combinée à goûter une magnifique « Exposition du dogme catholique » où saint Thomas vient enseigner le catéchisme à notre siècle et sait lui faire entendre la plus pure théologie. Ainsi on arrivait enfin à vulgariser la science du dogme. — Mgr d'Hulst entreprit la même œuvre pour la Morale ; et, s'il resta moins accessible à la foule, une élite sut apprécier cette pensée si philosophique, cette dialectique serrée, cette distinction et cette austère sobriété de style.

Il n'y a pas eu que Notre-Dame ; Mgr Frayssinous avait dignement préparé la voie ; d'autres se sont distingués dans le même genre, Mgr Besson par exemple. La *Conférence* a été la haute prédication doctrinale du siècle : c'est le dogme vu par le dehors, tandis que les *Sermons* théologiques de Bossuet en sont l'étude intime.

**

La controverse est la sœur inséparable de l'apologétique. Et d'ailleurs elle est une des formes de la vie intellectuelle, comme la lutte est une des formes de l'action : penser *contre* quelqu'un est pour plusieurs la seule manière de penser. Saint Thomas, Bellarmin, Suarez, Bossuet, ont su, tout en disputant, faire œuvre de science. Dans notre siècle, les petitesses de la polémique ont trop souvent remplacé la discussion vraiment scientifique. Pas toujours cependant, et chez Maistre, par exemple, comme chez nos grands évêques, la pensée est souvent descendue dans l'arène sans déchoir. Parfois elle y a grandi, et Veuillot, en se frappant le cœur, a su en faire jaillir, dans l'ardeur de la lutte, des pages incomparables : le sens catholique, l'amour de l'Église et du Pape ont donné des ailes à sa pensée. — En Allemagne, Mœhler, par un coup heureux, transforma la controverse entre catholiques et protestants, en y mettant ce qu'il y a de plus pénétrant dans la vue historique du dogme, ce qu'il y a de plus profond dans le regard théologique : la *Symbolique* revenait à l'*Histoire des Variations*. Dœllinger fut aussi un rude joûteur en ses beaux jours, et les catholiques allemands lui en ont gardé une estime reconnaissante et une sympathie attristée ; mais Dœllinger fut un historien plutôt qu'un théologien ou un penseur.

Nulle part autant qu'en Angleterre, la pensée catholique ne s'est déployée dans la controverse. De cette pensée venaient, sans qu'on en eût pleine conscience, les souffles qui passaient sur Oxford vers 1833, tout embaumés de ses parfums. Wiseman eut le don de la montrer sous le jour qu'il fallait, d'ôter à la lutte ce qu'elle a d'irritant en la transportant dans le lointain de l'histoire, d'éclairer le présent par le passé, de comprendre que le succès d'une polémique n'est pas de confondre l'adversaire, mais de le gagner. C'est lui qui mit au cœur saignant du plus grand des *Oxfordmen* cette flèche qui ne devait plus lui laisser de repos qu'il ne fût arrivé à Rome. Grandes joûtes dont l'enjeu était un Newmann, un Ward, un Hope Scot, un Manning, un Faber, et tant d'autres ; était l'avenir même de l'Angleterre, et, avec elle, du monde britannique. La pensée catholique anglaise s'y est renouvelée : la présence des grandes recrues d'Oxford ne lui ouvrait-elle pas tous les horizons sur les temps nouveaux, ne lui permettait-elle pas toutes les espérances ?

Wiseman venait de Rome, et c'est à Rome que les idées des catholiques anglais s'étaient rajeunies en lui et retrempées ; mais Wiseman d'autre part donnait la main à Milner, à Lingard, à ces controversistes de la vieille école, habiles et exercés, au poète Thomas Moore, qui, avant Newman, mit si heureusement l'humour et la fantaisie au service de la science et de la vérité.

La controverse est souvent affaire d'occasion, et l'occasion, comme la controverse, peut faire qu'on s'intéresse à des questions de théologie en les amenant dans la sphère des préoccupations du moment. Les occasions n'ont pas manqué dans notre siècle : grands événements religieux, grandes manifestations chrétiennes, actes pontificaux exposant la vérité ou condamnant l'erreur, livres retentissants contre la doctrine catholique. Ici les théologiens de profession ont pu intervenir ; en Italie, en Allemagne, ailleurs encore, ils sont intervenus plus d'une fois. En France, jusqu'à ces vingt dernières années, ils ont trop souvent laissé la parole à des profanes, soit manque de préparation ou de confiance en eux-mêmes, soit défiance exagérée de leurs lecteurs et des forces de la vérité.

En revanche, nous avons eu, à côté de nos grands conférenciers, de grands évêques, assez théologiens pour avoir la pensée catholique, assez orateurs ou écrivains pour l'exposer dignement, assez courageux pour être toujours sur la brèche dès qu'il y avait une vérité à défendre, une erreur à combattre. Que de noms il faudrait citer ! L'histoire théologique doit distinguer, à des titres divers, Mgr Bouvier et le cardinal Gousset, les évêques Berteaud, Gerbet et Salinis, Plantier et Dupanloup, le cardinal Dechamps, dont la Belgique a le droit d'être fière; et, au-dessus de tous, Mgr Freppel et le cardinal Pie, bien différents l'un de l'autre, mais grands tous les deux par la science professionnelle, par la précision et la sûreté de la doctrine, par l'intelligence de leur temps. Qui voudra connaître la meilleure expression pour la France de la pensée catholique en ce siècle devra lire, avec les Conférences de Notre-Dame, l'œuvre de Mgr Freppel et celle de Mgr Pie. Un évêque ne saurait enseigner sans faire un peu de théologie : Mgr Freppel qui déjà, dans ses cours de Sorbonne, s'était montré si théologien, n'a pas manqué une occasion, comme évêque ni comme député, d'enseigner et d'instruire; plus d'une *Homélie* de Mgr Pie et ses admirables *Synodales* sont des chefs-d'œuvre théologiques à citer dans l'école comme on cite les Pères ou saint Thomas.

**

Il est des genres mixtes où la théologie est comme chez elle : l'ascétique, la liturgie, l'histoire du dogme.

On s'est redit enfin que la vie spirituelle doit reposer sur le dogme, et qu'elle trouve son meilleur aliment dans de solides idées théologiques. Le P. Faber et Mgr Gay ont beaucoup fait en ce sens. Peu à peu on s'est lancé dans des monographies théologico-ascétiques sur le Saint-Esprit, sur le Sacré-Cœur, sur la sainte Vierge, sur l'Eucharistie, etc., et voici que la théologie n'a plus guère qu'à parler le langage de tout le monde pour paraître belle, pieuse, bienfaisante pour l'âme. — La liturgie est pénétrée du dogme : il suffit d'ouvrir ses trésors pour qu'il se dégage des parfums de vérité céleste. Nous devons beaucoup, sur ce point, à dom Guéranger : il a aidé notre siècle à goûter par le dedans ce que Chateaubriand faisait regarder par le dehors : et il a, par la liturgie, puissamment orienté les esprits vers Rome. On peut être plus savant et plus profond, on ne sera pas plus populaire ni plus bienfaisant. Enfin les vérités dogmatiques ont une histoire, et des plus intéressantes; et l'ignorance seule explique que notre siècle, si passionné d'histoire, ait si longtemps négligé celle-là.

L'Allemagne s'y est mise la première, hardie comme à l'ordinaire et ne doutant de rien, entreprenante en science comme l'Anglais en affaires. Après plusieurs essais, les catholiques allemands ont Schwane. C'est moins brillant que Harnack, moins prodigue d'affirmations tranchées et de grandes généralisations, plus modeste dans ses prétentions ; mais c'est une œuvre saine, positive, solide, et qui rend déjà de grands services à la pensée théologique.

La France n'a jusqu'ici rien de semblable. Les trois volumes de Mgr Ginouilhac ont du mérite, mais ils en restent aux premiers siècles. Les études patristiques de l'abbé Freppel à la Sorbonne ne sont plus au point, et le sens historique y manque un peu, ce sens du devenir et du développement, sans lequel l'histoire du dogme n'est plus qu'une collection érudite de faits sans vie et sans suite ; mais elles restent précieuses pour la théologie des Pères en même temps que pour mainte belle exposition de la pensée catholique dans ses contacts avec les idées modernes. Nous devons à un théologien de hasard, comme il s'intitulait lui-même, l'œuvre de théologie historique la plus sérieuse et la plus considérable que nous ayons. Les *Études sur la Trinité*, du P. de Régnon, déconcertent çà et là le théologien de métier ; elles ne sont ni assez exactes parfois, ni aussi objectives qu'il semblerait, ni assez rigoureuses pour la méthode ; mais quel bel essai et en belle langue si française ! Nos Facultés catholiques, et aussi des professeurs de Grand Séminaire, nous ont donné quelques monographies dans le même sens ; nous les recevons comme une promesse et comme un acompte.

.*.

En Italie et en Espagne, la pensée catholique n'a pas cessé d'avoir l'allure théologique, et la théologie peut s'y présenter dans sa robe à elle, sans « préparation ». Chez elles elle a toujours dit son mot ; là l'esprit théologique est encore dans la vie intellectuelle, dans l'atmosphère : livres ascétiques, discussions de toute sorte en sont imprégnés. La pensée y est comme naturellement théologique, et la théologie, sauf exception, y a l'esprit catholique.

La méditative Allemagne a su faire une part à la théologie pure dans ses spéculations. Mais la pensée personnelle y a longtemps nui à la pensée catholique, qui est par essence une pensée sociale et traditionnelle. Guenther, Hermès, Kuhn parfois et bien d'autres ont réduit le dogme à leurs systèmes, comme ils eussent fait d'une philosophie. Mœhler même sacrifia quelque peu à cet esprit personnel; et il nous dit naïvement qu'il pensa d'abord à ne rien dire du Pape dans son petit traité sur l'*Unité de l'Église*.

Mœhler était en voie de s'assagir, quand il mourut. D'autres firent l'œuvre : sans parler de Franzelin, qui parle latin, Kleutgen et Scheeben ont été d'admirables théologiens, chez qui la science du dogme parle allemand et parle catholique. Ils ne furent pas seuls : Hettinger et Denzinger, Heinrich et Gutberlet sont connus ; et ils sont pléiade ceux qui, avec le même esprit vraiment scientifique, abordent, pour un public restreint mais qui existe, les problèmes les plus ardus de la théologie, sans autre intérêt que celui de la science. Parmi les revues spéciales, citons le *Katholik* de Mayence, le *Quartalschrift* de Tubingue, le *Zeitschrift* d'Inspruck. Rien ne montre mieux le progrès, à cet égard, dans le double sens de la science théologique et de l'esprit catholique, que la comparaison entre la première et la seconde édition du *Kirchenlexicon*.

En France, nous n'avons guère eu, pendant longtemps, en fait de dogmatique, que des catéchismes, quelques-uns excellents mais toujours peu approfondis ; ou bien encore, sur des points spéciaux, des essais de vulgarisation, de grand mérite parfois comme les opuscules populaires de Mgr de Ségur, mais évidemment peu scientifiques et souvent peu exacts. Presque jamais nos livres de religion, j'entends ceux qu'on lisait, n'ont été des livres de science solide. Et de là tant de talent gaspillé, tant d'essais infructueux, tant de pas hors de la route ; presque rien de sûr ni de durable. Dieu sait les merveilles que la pensée catholique eût pu faire dans notre France avec les ressources que Dieu lui avait préparées, si seulement elle avait été plus théologique !

On s'en est aperçu, comme de tant d'autres choses, quand le siècle était déjà au déclin. Des théologiens de profession se sont mis à écrire en français sur les questions mêmes de la théologie, et nous avons déjà des œuvres de valeur, tantôt des commentaires théologiques aux documents pontificaux ou conciliaires, — à la constitution *Dei Filius*, par exemple ; tantôt des monographies sur des questions plus actuelles, — sur la connaissance surnaturelle, par exemple ; tantôt de hautes et pieuses spéculations scientifiques sur les points fondamentaux de notre vie surnaturelle, — sur la grâce, par exemple. Un professeur de nos Facultés catholiques a cru le moment venu de faire plus encore : il a entrepris de publier un cours de théologie pour le grand public, et son œuvre fortement pensée, neuve par la forme et traditionnelle par le fond, a déjà obtenu, malgré quelques échappées d'une pensée trop personnelle, un accueil sympathique et confiant. Un grand dictionnaire de théologie vient d'être entrepris sur de larges bases scientifiques, et ses débuts promettent beaucoup. Un public s'est formé, avide de s'instruire, qui écoute des conférences théologiques, qui lit des livres étudiant ces questions vitales. Quand les théologiens, au cours de controverses bruyantes sur les méthodes de l'apologétique, sont intervenus pour dire le mot de la doctrine traditionnelle, on leur a prêté une attention un peu étonnée, mais sympathique. Bref, notre fin de siècle est moins étrangère à la théologie, et la théologie lui est moins étrangère. Le xxe siècle la verra peut-être étroitement mêlée à sa vie intellectuelle, et ce sera grand profit. En tout cas, il comprendra sans doute que la théologie est une science aussi, et qui mérite, autant ou plus que toute autre science, d'être cultivée pour elle-même, d'une façon vraiment scientifique et désintéressée.

Dans ce coup d'œil rapide sur le mouvement de la pensée théologique et religieuse dans notre siècle, on doit remarquer la part des laïques. Je ne parle pas des cas tout exceptionnels, comme celui de Ward, un des grands convertis d'Oxford, enseignant la théologie aux séminaristes anglais, ou comme celui de Maistre faisant un sermon pour être débité par un jeune prêtre dans une église de Pétersbourg. Plusieurs ont déjà été nommés ; il y faut joindre — pour ne rien dire ici de Montalembert ni de Gœrres, qui travaillèrent si puissamment l'un et l'autre à la renaissance catholique dans leur pays — Bonald, qui lança la sociologie chrétienne, et Donoso Cortès, qui montra l'antagonisme absolu du libéralisme et de l'idée catholique ; joindre une pléiade de brillants écrivains qui n'ont cessé de montrer le catholicisme vivant et pensant.

Parfois des ecclésiastiques en ont eu peur comme d'un empiètement dangereux. Chateaubriand fut vivement attaqué par l'abbé Morellet; le livre *Du Pape* étonna d'abord à Rome et dérouta les vieux théologiens par des allures toutes nouvelles ; l'*Essai sur le Libéralisme* de Donoso Cortès eût sombré peut-être sous les coups de l'abbé Gaduel, si l'auteur n'eût aussitôt soumis son œuvre au jugement du Pape ; M. Nicolas faillit être mis à l'*Index*.

Rien de plus explicable. Un laïque arrive difficilement à la précision et à l'exactitude parfaite de la pensée et de l'expression en ces matières. Sûr de ses intentions, il y va de confiance et dit de son mieux ce qu'il a entrevu. Mais comme la vérité catholique est d'ordinaire entre deux erreurs, notre théologien improvisé parle tantôt comme Baïus et tantôt comme Pélage. Maistre, dans sa curieuse réponse, récemment publiée, au théologien romain qui avait crittiqué le livre *Du Pape*, reconnaît plus d'une fois avoir mal parlé. Mais tous n'ont pas, comme Maistre, ou Donoso Cortès, ou Veuillot, la perfection du sens catholique. On s'irrite, on s'emporte. — Bref on indispose souvent contre les laïques qui veulent théologiser. Et c'est dommage. Car ils peuvent rendre de grands services à la vérité.

Sans parler de ce qui ne dépend pas de la robe qu'on porte, du talent, de la culture humaine, du style, les laïques ont souvent certains avantages. D'abord, ils se mettent plus facilement au point : ils savent mieux les préoccupations du lecteur, et ce qui lui manque, et par où il prend les questions, à quoi il s'intéresse et ce qu'il peut comprendre. Puis, le théologien, vivant toujours dans la vérité, finit par se familiariser avec elle ; ne la voyant que du dedans, il n'a pas toujours le sens net des proportions : ni sa beauté incomparable, ni sa supériorité, ni sa bienfaisante influence ne la frappent autant. Le laïque, qui voit de plus près les tempêtes et les naufrages, goûte mieux la sécurité du port ; comparant doctrine à doctrine, explication à explication, il sent mieux tous ses avantages, et plus facilement son âme s'élève et chante tout haut ce que l'autre ne savait dire qu'à Dieu; enfin comme il découvre à nouveau pour lui-même ces régions de la vérité catholique dont le théologien connaît et a maintes fois parcouru les sentiers battus, il donne à son exposition je ne sais quoi de plus humain et de plus vivant, quelque chose de moins appris et de moins répété : la doctrine ancienne reparaît chez lui plus neuve, plus originale, plus de ce temps et de ce monde. Et voilà comment la théologie se renouvelle en partie sous des plumes moins théologiques. C'est comme un retour aux premiers siècles : Tertullien écrivit sans doute avant d'être prêtre ; et aussi Cyprien ; Minitius Félix et Lactance restèrent laïques. Et n'avons-nous pas aussi quelque chose comme Hilaire ou Ambroise, passant du siècle dans l'Église, et se faisant comme ils purent une théologie ? Gratry, Newmann, furent plutôt des penseurs catholiques, admirables parfois comme brasseurs d'idées, que des théologiens : c'est ce qui explique en partie leurs avantages et leurs déficits.

Le grand mal dans notre siècle a été que la pensée catholique n'a guère été représentée devant notre monde que par ces organes, excellents si l'on veut, mais non accrédités : ils ont fait de leur mieux pour la défendre et la venger, mais ils l'ont étayée parfois d'arguments ruineux, ou ils l'ont défigurée en croyant l'habiller à la mode du jour. Ils sont des auxiliaires précieux, mais à condition d'être des auxiliaires, c'est-à-dire d'avoir où se rattacher une armée et des chefs dont ils suivent la direction et d'où ils reçoivent le mot d'ordre.

.

Nous n'avons guère étudié encore que le mouvement extérieur de la pensée catholique. On peut aller plus loin, essayer de la suivre elle-même, d'en saisir les changements d'allure et d'attitude, d'en voir le progrès ou le recul. Et d'abord sur quelques points particuliers, parmi lesquels vient en premier lieu la question biblique.

La Bible, on le sait, est, avec l'enseignement oral de l'Église ou tradition authentique, la source où le catholique puise la vérité révélée. On connaît le merveilleux progrès des études bibliques, et la façon dont les admirables découvertes de notre siècle ont ressuscité pour nous ce monde ancien où nous ne pénétrions jusque-là que par la Bible, et comment tant de sciences se sont trouvées par là en contact avec elle. De là une grande lumière jetée sur les Livres saints eux-mêmes, et comme un fond général à ces scènes détachées qu'ils nous donnaient sans perspectives et sans cadres définis. Mais de là aussi des difficultés nouvelles.

On peut voir dans la Bible des écrits humains, historiques ou doctrinaux; on peut y voir des écrits inspirés, contenant la parole de Dieu : il y a le regard de la science, et il y a celui de la foi. Or, jusqu'à ces derniers temps, les chrétiens ont toujours tenu que la seule autorité historique des Livres saints devait faire conclure au caractère divin de notre religion. « Nous ne prétendons pas, disaient-ils aux incroyants, vous imposer une foi aveugle; nos titres sont d'ordre scientifique, étudiez-les seulement comme on étudie Thucydide ou Tacite. Et d'abord, sans préjugé. Or, c'en est un de rejeter, sans autre raison ni examen, tout récit de miracle ou de prophétie. La philosophie, en prouvant l'existence et les attributs de Dieu, montre aussi que ces faits sont possibles. Ils peuvent d'ailleurs se constater, puisque ce sont des faits comme les autres, des paroles comme les autres. Dès lors, ici comme ailleurs, la science et la critique sont tenues à contrôler le témoignage, mais aussi à l'admettre s'il présente les garanties voulues. Eh bien ! nos témoins sont scientifiquement irrécusables. Il faut donc tenir leurs récits pour vrais. Les faits ainsi garantis sont d'ailleurs humainement inexplicables. Il faut donc conclure à l'intervention divine en faveur de notre religion. »

Il fallait prouver la valeur du témoignage. On le faisait en établissant l'authenticité et la véracité de la Bible, ou du moins des livres et des passages qui importaient à la thèse. Et longtemps, les « libertins » et les « philosophes » n'ont eu à opposer que de bien futiles raisons. Mais, de nos jours, cette preuve est sapée par la base : on refuse à la Bible la foi historique, on récuse les témoins. On a raison, semble-t-il, si on les prend en défaut. Or n'est-ce pas le cas ? Nous savons bien que le monde n'a pas été fait en six jours. Et le déluge, comment admettre ou que tous les hommes y aient péri ou que telle race y ait échappé, sans faire de part ou d'autre violence aux faits, aux dates, aux textes ? Il y a plus. L'analyse critique s'est attachée aux livres bibliques et elle a cru y découvrir des contradictions. Plus encore. Cette authenticité dont on faisait tant de bruit, a été battue en brèche, et si, pour le Nouveau Testament, il y a déjà un retour marqué vers les données traditionnelles, il en est tout autrement pour l'Ancien : ne donne-t-on pas couramment la question du Pentateuque comme résolue contre Moïse, et ne regarde-t-on pas comme acquis que ni la seconde moitié d'Isaïe, par exemple, n'a rien à faire avec Isaïe, ni le livre de Daniel avec Daniel? Bien d'autres difficultés sont nées, qu'on ne soupçonnait guère autrefois, du rapport de nos Livres saints soit avec des apocryphes, soit avec des mythes babyloniens antérieurs aux récits de la Genèse.

Malgré tout, l'Église catholique continue à regarder la Bible comme une des principales sources de « la démonstration chrétienne ». Mais l'inerrance absolue du texte sacré n'est pas à la base de la preuve. Nous savons Tacite faillible, nous pouvons le prendre en faute, sans avoir droit pour cela de rejeter son témoignage en bloc. Et de même, on ne prétend pas tout d'abord imposer la Bible comme sans erreur : c'est question à étudier sous la direction de l'Église, aux lumières de la foi. On ne demande à la science que de recevoir, sur d'irrécusables témoignages, le grand fait de l'intervention divine. Tout au plus, comme l'Église enseigne que la Bible est infaillible, sommes-nous tenus à écarter l'objection qui naîtrait chez l'incroyant des erreurs qu'il pense y voir. A cet égard, la position catholique est celle-ci : « On ne peut montrer dans un texte certainement biblique une affirmation de l'auteur sacré lui-même, qui puisse être convaincue de fausseté, c'est-à-dire qui contredise une vérité acquise à la science. » Contre la thèse ainsi posée nous disons qu'on ne peut rien apporter de certain.

L'obstacle écarté, la démonstration positive se fait tout d'abord et surtout par le Nouveau Testament. L'école de Baur a vécu ; la critique contemporaine en revient presque, pour la date des écrits, aux conclusions d'autrefois. Ce qui l'arrête ici ou là, c'est l'horreur de la prophétie et du miracle. Mais, encore une fois, il est antiscientifique de rejeter, pour cela seul, des documents et des témoignages qu'on admettrait autrement. La science rigoureuse mène à notre conclusion, et l'école « historique » allemande ne s'en défend pas par l'histoire. Il y a eu, au berceau du christianisme, des faits humainement inexplicables, surtout les miracles du Christ, et surtout le grand miracle, le fait de sa résurrection.

Pour juger plus facile et plus péremptoire la démonstration par le Nouveau Testament, les catholiques n'ont pas renoncé à la démonstration par l'Ancien. Ils ne rejettent pas aveuglément tout le travail critique du siècle ; mais aussi, ils se refusent à en recevoir aveuglément toutes les conclusions. Ils font la part de la fantaisie, — et qui niera que la critique subjective ait parfois ses fantaisies ? — et la part du préjugé qui écarte sans examen tout fait surnaturel. D'après eux, abstraction faite de toute autorité de l'Église, l'Ancien Testament nous donne au moins ceci : au point de départ, Moïse, législateur de son peuple, un recueil de lois et de récits; puis, du xie au ve siècle, une suite d'écrits poétiques et moraux, historiques et prophétiques, qui nous renseignent sûrement sur les faits capitaux de l'histoire d'Israël.

Or, c'est assez pour la démonstration. Car à cette histoire le miracle est inséparablement uni ; cette histoire avec ses alternatives, ce monothéisme au milieu de l'idolâtrie générale, sont eux-mêmes un miracle. La prophétie n'y est pas moins visible. Au-dessus des discussions de dates et de textes, comment ne pas voir cette attente d'un Messie, cette idée d'une conversion des peuples au Dieu unique et d'une rénovation religieuse par le Messie devenu le chef des nations ? Et cela s'est accompli. Les historiens incrédules constatent à chaque pas quelque chose d'unique dans ce peuple et dans cette histoire, et se perdent à l'expliquer. Les catholiques disent : « Il n'y a qu'une explication possible, l'action divine. » Et aujourd'hui, comme aux jours des Pères, comme aux jours de Bossuet, l'Église donne la correspondance des deux Testaments comme un signe divin, comme un de ses titres.

Reste à regarder la Bible en croyant, comme la parole de Dieu, sous la direction infaillible de l'Église. Bien des questions restent pendantes ; mais ce sont questions à débattre entre catholiques. Jusqu'où le but pratique et doctrinal du livre nous autorise t-il à voir dans tel récit d'aspect historique un pur symbole ne valant que par ce qu'il signifie, et soumis comme symbole à toutes les conditions des autres signes-symboliques ? Jusqu'où peut-on accepter les doutes contemporains sur la rédaction de tel livre et sur son attribution à tel auteur ? Jusqu'où l'incorporation d'un document dans un texte inspiré garantit-elle les données de ce document, et à quelles conditions peut-on y supposer l'erreur ? Sur ces questions, sur bien d'autres encore, et des plus délicates, les catholiques, comme il arrive, se sont partagés : les uns ont tout voulu garder des anciennes positions, d'autres ont abandonné tout ce que l'on pouvait sans hérésie. Plus d'une fois l'Église est intervenue pour maintenir les principes ou pour en préciser le sens : le dogme a progressé. Le Concile du Vatican a renouvelé, en les complétant ou les expliquant, les enseignements de Trente sur le canon, sur l'inspiration, sur la valeur de la tradition en exégèse. L'encyclique *Providentissimus Deus*, du 18 novembre 1893, a résolu plus nettement que jamais la question de l'inerrance.

Elle trace en même temps aux catholiques un magnifique programme d'études bibliques. Beaucoup avaient devancé l'appel : en Allemagne, Allioli, Haneberg, Bisping, Schanz, Bickell, Kaulen; Patrizi en Italie; Corluy, Lamy, Van Steenkiste en Belgique ; en France, pour ne nommer que les morts, Glaire, Le Hir, Ancessi, Meignan, Trochon, Motais, P. P. Martin. En ce moment, l'entrain est admirable, sinon l'accord ; nous avons une *Revue biblique*, et des monuments grandioses s'élèvent : le *Cursus Scripturæ sacræ* des jésuites allemands, le *Dictionnaire de la Bible* des catholiques français.

Si l'Écriture reste un moyen apologétique, l'Église l'est devenue en ce siècle plus que jamais. Jusque-là les catholiques se préoccupaient surtout d'établir contre les protestants tantôt la nécessité d'une autorité vivante pour garder et interpréter l'Écriture et pour trancher les controverses, tantôt la présence dans la seule Église romaine des traits distinctifs de la vraie Église telle qu'elle nous apparaît dans l'Écriture et dans la tradition. Le procédé demeure excellent contre les mêmes adversaires, et l'usage n'en est que plus facile depuis que sont dissipés tous les nuages amassés par le gallicanisme. A l'argument de tradition les découvertes nouvelles ont donné un relief incomparable. Il est devenu de plus en plus évident que le protestantisme va contre les faits les mieux avérés. On a trouvé aux Catacombes des images de la Vierge datant du IIe siècle, des traces de presque tous les Sacrements, des représentations vivantes du sacrifice eucharistique ; les pierres même ont parlé, exprimant avec une incomparable netteté la présence réelle, la primauté du Pape, la prière pour les morts — tout le catholicisme. Si haut qu'on remonte, si avant qu'on creuse, comme disait Thomas Moore en son langage expressif, on retrouve le papisme ; et de protestantisme, pas d'autre trace que chez les hérétiques. — Mais il y a plus. Le fait même de l'Église devient un argument. Maistre déjà et Lamennais voyaient le doigt de Dieu dans cette survivance à tant de ruines, dans cette immuable souplesse qui s'adapte à tout sans cesser d'être soi, dans cette résistance à toutes les causes de dissolution. C'est devant ce fait concret, visible à tous, que Lacordaire, par une nouveauté hardie, — qui n'était guère qu'un retour à saint Augustin, — posa ses auditeurs de Notre-Dame en leur disant : « Regardez l'Église, elle porte au front un signe divin. » Le Concile du Vatican a sanctionné le procédé et l'a résumé en quelques mots profonds, montrant en elle, en même temps que l'héritière et la continuatrice d'un passé miraculeux, un miracle vivant et perpétuel, motif de crédibilité pour tous, à la portée de tous.

Et il est vrai que ce spectacle a étonné les plus grands esprits de notre temps, historiens, politiques ou penseurs. Le rôle social de l'Église frappe surtout les regards en cette fin de siècle : on admire la maîtresse incomparable trouvant dans ses principes éternels le seul remède au mal des sociétés, on admire cette grande autorité morale dominant la force même, on admire cette puissante unité de doctrine et de gouvernement dans le désarroi général de la pensée et dans la désunion des âmes.

La théologie de l'Église ne pouvait que profiter de ces circonstances favorables. Nous n'avons pas encore le chef-d'œuvre qu'il faudrait. Mais le traité *De Ecclesia* existe, et il se perfectionne tous les jours. Avec les traités *De Scriptura, De Traditione, De Fide*, qui tous ont reçu, dans notre siècle, des développements considérables, il complète cette théorie de la méthode apologétique et de la connaissance surnaturelle dont le Concile du Vatican a si heureusement tracé les grandes lignes.

L'Écriture et l'Église nous introduisent au surnaturel. L'étude même de ce surnaturel a beaucoup progressé depuis cent ans, et les idées sur ce point sont devenues plus nettes et plus précises. Il n'y a eu pour cela qu'à revenir au passé. Car saint Thomas avait tout dit, ou peu s'en faut, sur la distinction entre la nature et le surnaturel, sur ce à quoi nous avons droit comme hommes et sur le surcroît lié avec la fin supérieure que nous destinait la divine libéralité, sur la grâce sanctifiante et la vie divine en nous. Mais ces notions s'étaient obscurcies dans l'enseignement aux temps de la Réforme. Le Concile de Trente les rappela et les expliqua contre les novateurs ; Pie V, en condamnant hardiment Baïus, donna à la pensée théologique, sur ce point, une direction nouvelle en un sens, mais plus sûre, en face des erreurs modernes, que la vieille direction augustinienne. L'influence janséniste, des luttes d'école, les idées cartésiennes et antiscolastiques retardèrent jusqu'à nos jours l'éclosion de la bonne semence. Enfin on a secoué les vieilles entraves : la théorie de la grâce sanctifiante a été présentée dans sa beauté sublime, et des notions plus exactes sur le surnaturel et sur ses rapports avec la nature nous rendent les réponses péremptoires de saint Thomas contre les vieilles accusations de calomnier la nature et de faire Dieu injuste.

Comment décrire dans le détail tout ce mouvement des idées, des méthodes, des tendances théologiques ? Comparez, pour vous en rendre compte, les meilleurs auteurs du xviiie siècle avec ceux du nôtre, Billuart par exemple ou les Wurzbourgeois avec Franzelin, Palmieri, Pesch, Billot. Encore n'aurait-on par là qu'une vue incomplète. C'est chez les non-théologiens qu'il faut chercher certains traits de la pensée théologique actuelle : comment nous nous intéressons surtout à l'homme et aux côtés humains des grandes questions ; comment derrière la position juridique et le for extérieur, où tel homme doit passer pour hérétique ou infidèle, nous cherchons l'homme intime, l'individu, de bonne foi peut-être et peut-être aimé de Dieu malgré son erreur involontaire ; comment à la métaphysique pure et aux idées abstraites nous préférons l'analyse psychologique et les théories de la connaissance, à la controverse et aux luttes sans issue le regard plus libre et plus impartial de l'observateur ou de l'historien.

Tout n'est pas progrès dans les tendances nouvelles de notre théologie, de notre prédication, de notre ascétique. Mais nous avons une supériorité incontestée par la pénétration de l'esprit historique et scientifique dans la théologie et dans la pensée catholique. Il y a là un fait qu'il importe de signaler.

* *

La vérité ne saurait que gagner au développement de l'histoire et du sens historique. Si un moment quelques catholiques ont eu peur, en voyant l'arme en des mains ennemies, d'autres ont pris la pioche eux aussi et n'ont pas craint d'accumuler les ruines, sachant bien que « l'Église n'a besoin que de la vérité », sûrs de trouver visibles sous les décombres les réalités divines et le vieux roc inébranlable.

Les théologiens ne pouvaient se désintéresser de ces études, et toujours ils ont essayé d'en utiliser les résultats pour établir le dogme et affirmer la tradition. Mais ils ont été plus lents, — et cela s'explique, — à transporter l'esprit historique dans l'étude même du dogme, à bien faire la part du devenir et du développement dans l'intelligence et dans l'explication de la vérité immuable. De là des chocs entre eux et les historiens catholiques de nos origines religieuses, et il faut dire que les torts n'ont pas tous été d'un seul côté. Grâce à Dieu, la paix se fera. Déjà Franzelin et Scheeben, par exemple, sont remarquables par le sens historique autant que par l'étendue des connaissances patristiques ; tous comprennent que saint Thomas d'Aquin et saint Ignace d'Antioche peuvent avoir la même foi sans parler le même langage ; nous revivons mieux, nous « réalisons » mieux, comme disent les Anglais, les idées dogmatiques et la théologie du passé. Progrès immense pour la science même du dogme : il fait si bon toucher, pour ainsi dire, la réalité vivante, si bon contempler plus jeune et plus belle dans ses premiers bégaiements la foi qui cherche à comprendre et à s'expliquer ! Pourvu cependant qu'on ne croie pas que le sens historique tienne lieu de théologie, et que, dans ce domaine, l'étude des faits n'ait rien à voir avec les principes, rien à gagner en s'aidant de leur lumière.

Le sens critique va de pair avec le sens historique ; il est, à vrai dire, la condition de tout progrès dans la science, il est une partie de l'esprit scientifique. Ici encore les catholiques, eux aussi, ont eu à faire leur éducation. Entre la pensée catholique — traditionnelle, sociale, autoritaire — et l'esprit critique entrant dans les questions religieuses avec ses allures libres, personnelles, tranchantes, il y eut d'abord défiance et antipathie. Les malentendus semés par des ennemis, des excès chez nos jeunes critiques, lesquels, comme on a dit finement, ont plus d'une fois « pris un plaisir pétulant à casser les vitres dans l'école », un peu de jalousie peut-être et de susceptibilité se mêlant, chez ceux dont les idées étaient faites, au respect du passé et au souci légitime de ne pas détruire sans raison les vieilles bâtisses, — tout cela explique l'attitude peu bienveillante de part et d'autre. Mais ici encore les nuages se dissipent, et bientôt il ne restera que le profit pour tous d'une alliance féconde. Pour ne parler que des théologiens, — puisque c'est eux qu'on oppose le plus à la critique, — ils ont déjà beaucoup gagné à l'esprit nouveau. Il a fallu abandonner de vieilles positions décidément intenables, renoncer à des arguments qui ne valaient pas, rejeter des textes apocryphes et des faits controuvés, devenir plus scientifique enfin, et c'est tout profit. D'autre part, ce qui est resté debout est reconnu solide à jamais, et le doute n'est plus scientifique sur des points jusqu'ici aigrement contestés par les protestants : l'authenticité des sept lettres de saint Ignace, la venue de saint Pierre à Rome, le culte de l'Eucharistie et de la saint Vierge au IIe siècle, l'autorité des premiers Papes, etc.

Les théologiens n'ont donc aucune raison d'en vouloir à la critique. Loin de là. Ils travaillent à en prendre l'esprit : ils pèsent leurs affirmations, ils trient leurs preuves, ils ne veulent employer que des pièces de bon aloi. Ils savent bien que la science et la vérité ne peuvent qu'y gagner, comme la pensée catholique elle-même resplendit d'autant plus pure et belle qu'on la dégage mieux des scories et des concrétions humaines. Mais il ne faudrait pas, d'autre part, sous prétexte de critique, faire la guerre à la théologie et à l'esprit de tradition, au risque de frapper sur la vérité dogmatique. Que la critique se critique elle-même Il n'est pas de bonne méthode de faire fi des affirmations du passé, de dédaigner les gens du métier dans les choses de leur profession, de nier sans avoir étudié et compris les raisons. Les théologiens n'ont pas coutume de croire ni d'affirmer à la légère ; et quand ils donnent une vérité comme traditionnelle, il est critique d'examiner au moins leur dire. Il y a tradition et tradition, sans doute, et il est important de ne pas prendre pour parole divine ce qui n'est qu'addition humaine ; mais prenons garde aussi, en nous débarrassant à la légère d'une affirmation humaine, de rejeter des parcelles de vérité divine. La voix du passé, quand il s'agit du dogme, n'est-elle pas en grande partie l'organe de la vérité révélée ? le divin s'y mêle intimement à l'humain ; l'enseignement authentique court partout à travers les vues individuelles de celui qui enseigne. Il est critique, encore une fois, de tenir compte du caractère traditionnel et conservateur de la théologie et de la pensée catholique.

Montrer la théologie et la pensée catholique s'imprégnant du sens historique et critique, c'est dire leur attitude à l'égard de ce que l'on nomme « la science » ou « les sciences ». Entre elles il ne devrait y avoir que sympathie : la science n'est-elle pas fille de Dieu comme la foi, n'est-elle pas, dans les obscurités du présent, le flambeau qui éclaire les abords du temple, et qui jette quelques lueurs tremblantes jusque dans le sanctuaire mystérieux où Dieu nous parle et se donne à nous sans se montrer ? Nous ne craignons pas qu'elle contredise un seul de nos dogmes ; car le vrai ne saurait s'opposer au vrai.

Mais à côté de la science faite il y a l'hypothèse ou la science en train de se faire, et il y a une certaine métaphysique de la science. Ici la réserve est prudente et scientifique. S'il faut prendre garde à ne pas repousser la vérité sous couleur de défendre la religion, on ne doit pas non plus accepter l'erreur ou s'engouer de toutes les hypothèses pour avoir l'air accueillant et libéral. Ayons l'esprit scientifique et l'amour de la vérité : ce sera la meilleure sauvegarde contre les enthousiasmes irréfléchis pour des nouveautés fragiles, et contre les résistances déraisonnables à des opinions sérieuses.

A l'égard de la philosophie moderne, l'attitude, on le devine, est sensiblement la même. Quand la pensée catholique s'essaie à la science du dogme et travaille à mieux s'expliquer ce qu'elle croit, elle fait de la théologie. La théologie qui cherche à se rendre compte et qui raisonne sur son objet, qui veut être en un mot de la théologie et non seulement de l'exégèse ou de l'histoire, doit nécessairement philosopher : pas de science de la foi sans philosophie.

Saint Thomas et les grands scolastiques christianisèrent à cet effet non seulement Aristote, comme on le dit trop souvent, mais Aristote et Platon ; et les Papes ont mainte fois ratifié l'alliance de la théologie avec la philosophie scolastique, mainte fois condamné ceux qui n'en voulaient pas. L'alliance est-elle indissoluble, et ne peut-on songer à la rompre ? Jusqu'à présent, les essais ont tous échoué : et ceux des platoniciens, et ceux des cartésiens et, dans notre siècle, ceux des traditionalistes en France et en Belgique, ceux des kantistes en Allemagne, ceux des ontologistes et des rosminiens en Italie.

Que conclure ? Que l'Église elle-même s'est inféodée à un système, et que ce système est seul vrai ? Non pas cela précisément. Mais au moins ceci : que les autres systèmes sont faux, puisqu'ils contredisent des vérités acquises ; que ce système est très apte à expliquer le dogme ; qu'il y a enfin certains point de sens commun et de philosophie première, si je puis dire, antérieurs à tout système, dont la philosophie scolastique n'est guère que la prise de possession par la raison philosophique ; et que sur ces points le dogme catholique ne permet pas le doute.

On s'irrite contre cette assurance des scolastiques et contre cette prétention à revendiquer pour eux seuls la vraie philosophie du dogme. Mais il faut bien que la vérité s'affirme : c'est son droit, et c'est son devoir.

Il faut donc le reconnaître, la théologie a tout avantage au retour vers saint Thomas et vers la scolastique. Pour avoir voulu théologiser hors de là, quel désarroi chez tant de théologiens des trois derniers siècles !

Ce retour devait être en grande partie l'œuvre des cinquante dernières années : il a coïncidé, on le devine sans peine, avec la renaissance de la philosophie scolastique. Léon XIII y a aidé de toutes ses énergies. A sa voix, le mouvement est devenu général, et déjà il a eu d'excellents effets.

Il durera, malgré les essais probables de réaction. Il faut s'en réjouir au nom de la théologie, au nom même de cet esprit scientifique qui la pénètre de plus en plus. Car si la science avance par l'esprit de progrès uni à l'esprit de tradition, nulle part peut-être plus que dans saint Thomas on ne trouve une heureuse union de ce double esprit, nulle part mieux que dans un commerce intime et assidu avec le Docteur angélique, le théologien n'apprend à marcher avec son siècle sans rompre follement avec le passé.

En résumé notre siècle, comparé au xviiie, a été, pour la pensée catholique, une époque de renaissance. D'abord refleurit l'*idée religieuse*, sous la forme la plus générale : c'est elle surtout que Chateaubriand propose à l'imagination et au cœur, Maistre à la raison, Lamennais à la volonté. Cette idée s'est précisée de plus en plus comme *idée catholique*, et c'est comme telle que nous l'avons vue vivre et marcher. Enfin, sûre d'elle-même, elle a cherché, non sans succès, à devenir, elle aussi, *savante* et *philosophique*. L'évolution ne s'est pas faite sans luttes intimes : luttes contre les tendances nationalistes et régaliennes, luttes contre les engouements pour le progrès quel qu'il fût, pour la liberté sans frein, pour la conciliation à tout prix, pour un individualisme outré ; luttes contre les défiances excessives à l'égard de la raison humaine et de toute nouveauté. La paix s'est faite sur les points capitaux, la grande « paix romaine », qui ne cherche pas d'ailleurs à tout règlementer ni à comprimer tout élan. Voilà pour l'intérieur. Que sont nos relations avec les penseurs du dehors ? Meilleures peut-être, à certains égards, que jamais. Non pas que nous en soyons encore à la solennelle « proclamation des droits de Dieu » que J. de Maistre entrevoyait pour la fin du xixe siècle. Au moins voit-on partout que, pour vivre, il ne suffit pas de proclamer « les droits de l'homme ». N'est-ce pas déjà proclamer implicitement ceux de Dieu ?

Il en a été de l'esprit moderne en face de la pensée catholique à peu près comme de la cité moderne en face de l'Église. Longtemps il l'a regardée comme sa pire ennemie, il n'a songé qu'à secouer son joug. Plus d'un indice semble présager pour l'avenir une appréciation plus équitable, des dispositions plus sympathiques. Si le xxe siècle revient à la justice et à la vérité, il admirera la pensée catholique, il verra comme elle est favorable au progrès de la science, à la vraie philosophie ; il lui saura gré d'avoir résisté aux intolérables excès de l'esprit individuel, comme de n'avoir pas désespéré de la raison quand la raison s'abandonnait elle-même ; et, qui sait ? sans rien sacrifier de ses droits et de sa liberté, — dont elle n'est pas d'ailleurs moins jalouse pour lui que lui-même, — il lui donnera la main comme à une sœur plus sage et plus éclairée.

J. V. BAINVEL, S. J.

XXXI

Les œuvres et la charité de l'Église

Il n'est pas téméraire d'affirmer que l'histoire de la charité se confond avec celle du christianisme. D'ingénieux érudits se sont appliqués à découvrir dans l'antiquité la trace de préoccupations et d'institutions charitables. Même effort a été tenté pour les religions de l'Extrême-Orient. Ces efforts, dans la mesure où ils ont été couronnés de succès, ont eu pour seul résultat de démontrer que l'amour du prochain, ce que, dans une langue assez barbare, la philosophie moderne appelle l'*altruisme*, est un instinct permanent dans le cœur de l'homme. Mais à la religion chrétienne revient l'honneur d'avoir érigé cet instinct en devoir et d'avoir fait de la charité une vertu.

Le chrétien n'est pas libre de s'abandonner capricieusement aux inspirations de son cœur, et de se montrer généreux ou avare, suivant qu'il est ou non ému par la vue ou la pensée de la souffrance. De par la loi divine il doit à son prochain la meilleure part de lui-même, puisqu'il lui doit l'amour. Pour lui la charité n'est pas une fantaisie du cœur et un caprice de la sensibilité. Elle est une obligation. S'il y manque, il en répondra devant Dieu.

Telle est, à ne considérer les choses qu'à un point de vue purement humain, l'indéniable supériorité de la doctrine chrétienne. Le christianisme est la religion sociale par excellence. Dans l'histoire de l'humanité, depuis dix-huit siècles, ses progrès se confondent avec ceux de la civilisation. Aussi la charité a-t-elle tenu toujours une grande place dans la vie intérieure et extérieure de l'Église catholique. Pour ne parler que de sa vie extérieure, il est à propos de rappeler que les fondations charitables de toute nature, diaconies, hôpitaux, hospices, ont signalé les premiers siècles de son existence, et fait l'étonnement des païens qui, parlant des chrétiens, disaient : « Voyez comme ils s'aiment [1]. »

A mesure qu'elle civilisait les nations barbares, l'Église introduisait la charité dans leurs mœurs et dans leurs institutions. Par la charité elle a adouci les rudes temps du moyen âge, et soulagé, dans la mesure de ses forces, les misères d'une société naissante. Pour nous en tenir à l'histoire de notre pays, elle a introduit la charité dans la vie intérieure des corporations, et tempéré par des institutions bienfaisantes ce que le régime du travail privilégié avait nécessairement d'un peu égoïste. Quelques siècles plus tard, elle opposait aux calamités qu'avait déchaînées la guerre civile un magnifique développement d'œuvres charitables. Il suffira de rappeler que c'est le spectacle des misères engendrées par la Fronde qui a donné naissance aux plus belles créations de saint Vincent de Paul.

De solides travaux ont établi qu'à la veille de la révolution de 1789 les œuvres charitables couvraient le sol de la France. Le nombre des hôpitaux et hospices en particulier dépassait 2.000, et dans ce chiffre figurait un certain nombre de petits hôpitaux, de six à huit lits, répartis dans les campagnes, où les paysans trouvaient assistance en cas de maladie, organisation qui (la remarque en vaut la peine) fait complètement défaut aujourd'hui. Ces hôpitaux étaient tous desservis par des communautés religieuses. Un grand nombre de bureaux de charité, dans les petites villes, étaient administrés par des personnes pieuses qui consacraient leur vie au service des pauvres, et pourvus de riches dotations. Enfin, les mesures prises pour obvier au vagabondage et à la mendicité paraissent avoir été plus complètes que de nos jours. Il n'y avait pas moins de 34 dépôts de mendicité, sans parler des ateliers de charité, création nouvelle où l'on s'efforçait de fournir du travail aux malheureux.

Il est possible qu'il y eût dans cette organisation des abus à réformer, entre autres les distributions gratuites trop fréquentes

---

[1]. Consulter sur ce point : L Champagny, *La Charité chrétienne dans les premiers siècles de l'Église.*

à la porte des couvents, et des progrès à apporter, entre autres dans l'aménagement intérieur des hôpitaux. Mais la nécessité de ces réformes et de ces progrès était reconnue. Louis XVI s'en occupait avec sollicitude, secondé par un de ses principaux ministres qui a eu l'honneur de laisser son nom à l'un des hôpitaux de Paris, et par sa femme qui, quoique protestante, était en union et en entente intime avec l'archevêque de Paris sur le terrain de la charité. Il est donc certain que toutes les améliorations nécessaires auraient été peu à peu introduites dans l'organisation des secours publics lorsque survint la Révolution française[1].

Une première atteinte à cette organisation fut portée par l'Assemblée Constituante, lorsque, dans la célèbre nuit du 4 août, elle vota la mesure, salutaire en soi, qui abolissait les dîmes et droits féodaux. Partie de ces dîmes et de ces droits était perçue au profit des institutions charitables, qui perdaient ainsi une portion de leurs ressources. Il est vrai que la Constituante entendait les leur restituer d'autre part. Elle avait conçu un vaste projet d'assistance publique, et elle avait chargé un comité présidé par le duc de Liancourt de lui en soumettre le plan. Ce comité n'adressa pas moins de sept rapports à l'Assemblée Constituante. Mais celle-ci avait déjà terminé son orageuse existence avant qu'aucune des mesures, les unes bonnes, les autres chimériques qui lui étaient proposées, eût été adoptée, et elle laissait l'assistance publique dans un état de désorganisation auquel la Convention devait mettre le comble.

Cette sinistre assemblée acheva la ruine des institutions charitables par deux mesures également néfastes, l'une qui prononçait la dissolution et la dispersion des communautés religieuses, l'autre qui prescrivait la mise en vente des biens appartenant aux hospices ou autres fondations. (Décret du 23 messidor an II.) Ainsi les institutions charitables étaient privées du même coup de leur personnel et de leurs ressources. Aussi ne tardèrent-elles pas à tomber dans un état de désorganisation, et, ce n'est pas assez dire, de misère que tous les historiens de ces temps désas-

---

[1]. Consulter sur la charité sous l'ancien régime le très intéressant ouvrage de M. Hubert Valleroux, *la Charité avant et après 1789*.

treux sont d'accord pour constater[1]. Quelques années après, en plein Directoire, un rapport du ministre de l'Intérieur proclamait en effet « l'état critique et presque désespéré des hospices. »

La main puissante de Napoléon remet peu à peu de l'ordre dans ce chaos. Mais, comme la nature de son génie l'y poussait, il s'accupe surtout de la réorganisation de la charité publique et légale. Son administration voit avec peu de bienveillance la charité privée, et avec défiance les congrégations que la législation proscrit en principe. Si un décret du 24 vendémiaire an XI rétablit les Filles « dites de la Charité » et leur permet de porter leur costume, l'article 291 du Code pénal continue de soumettre toutes les associations, quel que soit leur but, à la nécessité de l'autorisation préalable. Mais la force des choses et des besoins est telle qu'autorisées ou non les congrégations se reconstituent peu à peu au cours des années suivantes, et reprennent dans l'exercice de la charité publique ou privée le rôle qu'elles jouaient sous l'ancien régime.

On ne voit pas seulement reparaître cette ancienne congrégation des Filles de Saint-Vincent-de-Paul qui est l'honneur de la France et dont, en dépit des temps, le nom et la cornette même sont demeurés si populaires. D'autres congrégations, non moins respectables, rentrent dans leurs anciens services ou en assument de nouveaux : les Dames Saint-Thomas de Villeneuve, les Ursulines, les Sœurs de la Sagesse, les Sœurs de Saint-Charles, bien d'autres qu'on pourrait citer. De nouvelles congrégations se fondent aussi pour répondre à de nouveaux besoins. Qui n'a entendu parler de ces Petites Sœurs des Pauvres dont le nom est devenu populaire presque à l'égal de celui des Sœurs de Saint-Vincent, et sans l'admirable dévouement desquelles nombre de vieillards seraient aujourd'hui en proie à une affreuse misère? Dans la première moitié du siècle également, par une inspiration providentielle, une religieuse du département de la Côte-d'Or fonde, en dépit des résistances et des obstacles, la puissante communauté des Sœurs de Saint-Joseph de Cluny, qu'elle destine à représenter la charité française aux colonies, alors que la France ne compte presque point de colonies, et qui aujourd'hui rend de signalés

1. Consulter sur ce point la Révolution et les Pauvres, par Léon Lallemand.

services dans notre vaste empire d'outre-mer. Un peu plus tard, une humble femme fonde en province la communauté de Marie Auxiliatrice, dans cette intention un peu vague de venir en aide aux jeunes filles du peuple, mais comme si elle avait eu par avance la prescience confuse de l'importance que la question ouvrière féminine prendrait de nos jours. Aujourd'hui, cette communauté possède à Paris, à Lyon, à Villepinte des établissements sur lesquels on prend modèle. Mais ce n'est pas seulement par l'entremise des congrégations religieuses que l'Église exerce sa mission charitable. Elle sait également utiliser et enrégimenter en quelque sorte le dévouement de ceux qui, sans pouvoir consacrer leur vie entière au service des pauvres, veulent cependant leur en réserver une part. Qui n'a entendu parler également de cette milice laïque des conférences de Saint-Vincent-de-Paul, fondée à Paris au lendemain d'une de nos nombreuses révolutions par un groupe de jeunes gens courageux, qui n'a pas tardé à pousser ses bataillons dans presque toutes les villes de France et les y entretient encore aujourd'hui ? Une autre société laïque également, celle de Saint-François Régis, s'occupe de faciliter les mariages dans la classe ouvrière, et combat ainsi les effets démoralisants d'une législation compliquée, ignorante et insoucianté des conditions de la vie populaire. On pourrait allonger en quelque sorte indéfiniment la liste des œuvres catholiques, anciennes ou nouvelles, qui, au cours de ce siècle, se sont partagé la noble mission de venir en aide aux misères humaines ou d'aller au-devant des besoins populaires.

Ainsi, la charité de l'Église n'a jamais cessé de se montrer active, souple, ingénieuse, se pliant à toutes les transformations et allant au-devant de toutes les nécessités. Peu s'en faut aujourd'hui encore, et par le seul fait des choses, qu'elle n'exerce, en France, une sorte de monopole. Si l'on parcourt, en effet, deux publications récentes : *Paris charitable et prévoyant; la France charitable et prévoyante*[1], il est impossible de ne pas être frappé de la prodigieuse disproportion qu'il existe entre les œuvres catho-

---

1. Ces deux publications indispensables à consulter pour qui veut être au courant du mouvement charitable en France, ont été éditées par les soins de l'*Office central des Institutions de bienfaisance*.

liques et les autres. Il y a des départements où l'exercice de la charité privée est entièrement entre leurs mains, et si une plus grande liberté leur était accordée par l'abolition des mesures restrictives et tyranniques de notre législation, elles n'auraient rien à craindre de la concurrence qui leur est faite depuis quelques années, concurrence qu'il ne faut point regretter, car elle est par certains côtés salutaire, et d'ailleurs le nombre des misères soulagées s'en trouve augmenté.

*

Ces considérations générales n'auraient au reste guère d'intérêt, et il importerait peu que la charité catholique eût joué un rôle plus ou moins grand dans le passé, si le rôle de la charité elle-même devait aller en s'amoindrissant dans l'avenir. Nous avons la conviction que c'est précisément le contraire qui est vrai, et que plus est complexe l'organisation des sociétés modernes, plus la charité en demeure un rouage essentiel. La charité sera nécessaire, en effet, aussi longtemps que sévira la misère, et il faut avoir le courage de reconnaître que la misère sera toujours de ce monde. Cette double vérité, qui autrefois aurait paru élémentaire, a été battue en brèche à la fois par les utopistes, qui croient à l'amélioration sans limite de la condition humaine, et par les sectaires, qui veulent mal de mort à la charité chrétienne. Quelques imprudences de langage sont venues involontairement en aide aux uns et aux autres. Il n'est donc pas superflu de démontrer à la fois la perpétuité de la misère et la nécessité de la charité.

Lorsque le divin Maître a dit : « Vous aurez toujours des pauvres avec vous, » il n'a point prononcé une parole vaine et indifférente. Cette parole contient au contraire une vérité économique profonde dont l'étude attentive des faits ne démontre que trop la réalité. Les causes de misère sont en effet multiples, et aucune ne paraît susceptible d'un remède absolu.

Il y a d'abord les causes individuelles. Toujours il naîtra un certain nombre d'êtres plus ou moins incomplètement doués pour le travail, par débilité physique ou mentale, auxquels un travail rémunérateur sera difficile ou impossible, et qui ne pourront subvenir à eux seuls aux besoins de leur vie.

Toujours un certain nombre de travailleurs valides seront plongés dans une misère imméritée par la maladie ou l'accident, et deviendront, peu à peu ou brusquement, incapables de gagner leur vie. Sans doute la législation doit parer dans certains cas aux conséquences de l'accident, et l'on peut espérer que le développement progressif de la mutualité portera de plus en plus un remède aux conséquences de la maladie. Mais il faut reconnaître qu'à une nombreuse catégorie de salariés, la petite économie annuelle qu'impose la mutualité est bien difficile, pour ne pas dire impossible ; et, d'un autre côté, une étude tant soit peu approfondie de la question mutualiste démontre que, dans bien des circonstances, la mutualité serait impuissante à remplir sa tâche si, sous une forme déguisée, la charité ne lui venait en aide.

Enfin il y aura toujours un certain nombre d'imprévoyants, de paresseux, de débauchés qui, par leur faute, végéteront dans la misère, et lors même que l'on maintiendrait le principe rigoureux qu'ils sont indignes de toute charité (ce qui est peut-être bien contraire au principe même de la charité), il serait difficile d'appliquer ce principe aux êtres qui dépendent d'eux, et qui sont innocents de leurs fautes.

A ces causes de misère individuelles s'en joignent d'autres plus générales, qui peuvent être accidentelles ou permanentes.

Les transformations économiques dont les résultats sont en eux-mêmes bienfaisants parce qu'ils augmentent le bien-être général, peuvent être l'occasion de souffrances prolongées pour toute une catégorie de travailleurs. Qu'une industrie disparaisse, tuée par la concurrence d'une autre industrie aux produits supérieurs comme qualité, inférieurs comme prix, les ouvriers qui étaient adonnés à cette industrie, avant qu'ils aient trouvé à s'employer ailleurs, passeront par une période de misère dont quelques-uns ne sortiront peut-être jamais.

A un autre point de vue, les guerres qui éclatent entre les peuples et que l'arbitrage international ne paraît point rendre impossibles, peuvent être une cause de misère aiguë, non seulement pour les peuples eux-mêmes, mais parfois même pour ceux qui demeurent étrangers à ces luttes. C'est ainsi que durant la guerre entre les États du Nord et les États du Sud de l'Amérique, le chômage de l'industrie cotonnière a plongé dans une affreuse détresse les ouvriers du Lancashire.

D'une façon plus générale, les chômages forcés qu'entraînent les oscillations de la production, tantôt excessive, et tantôt ralentie, sont encore une cause de misère, qui est en même temps impossible à prévenir, car la production ne saurait être exactement mesurée aux besoins, et impossible à soulager, dans ses résultats extrêmes pour les individus, autrement que par la charité.

Enfin, il faut malheureusement reconnaître qu'une trop nombreuse catégorie de travailleurs sera toujours condamnée par l'inexorable loi de l'offre et de la demande à se contenter d'un salaire à peine suffisant pour ses stricts besoins. De solides et indiscutables études[1] ont bien démontré que notre temps assiste à une hausse générale des salaires qui dépasse la hausse du prix des objets nécessaires à la vie. Mais cette hausse a été surtout notable dans les métiers qui nécessitent l'instruction ou l'habileté de main, la force ou l'adresse, en un mot quelque qualité qui ne soit pas à la portée de tous. Elle ne s'est pas fait sentir au même degré dans les métiers plus vulgaires, qui sont à la portée de chacun, et, comme pour ceux qui sont adonnés à ces métiers, la hausse des prix est exactement la même, l'amélioration de leur condition est beaucoup moins sensible. Que par un chômage accidentel leur salaire annuel soit encore diminué, que le prix des objets nécessaires à la vie hausse momentanément, ou que leurs charges de famille s'accroissent d'une façon disproportionnée avec leurs ressources, la misère les étreint, et la charité seule peut leur venir en aide.

A ces causes permanentes de la misère, quelques esprits généreux entrevoient un remède théorique dans ce qu'ils appellent la justice sociale, et un remède pratique dans la règlementation du travail. Nous voudrions éviter d'entrer en polémique avec des hommes excellents qui, en théorie, parlent plus souvent de la justice, et, en fait, n'en pratiquent pas moins la charité. Cependant, comme dans ces questions difficiles la sincérité est un devoir, il

---

[1]. Lire en particulier : *Paysans et Ouvriers depuis deux siècles*, par M. le Vicomte d'Avenel.

nous est impossible de ne pas dire qu'il y a là, suivant nous, une grande part d'illusion. Sans doute il est vrai, il peut même être bon de répéter que tout contrat n'est pas nécessairement juste, que dans une transaction particulière, libre en apparence, il peut cependant y avoir abus de la force, et que ceux qui ont la force économique de leur côté n'en doivent point abuser pour imposer à de plus faibles qu'eux des conditions intolérables. Opposer ainsi à la loi de l'offre et de la demande qui régira toujours l'universalité des cas, l'idéal du juste salaire, qui, dans les circonstances particulières, tiendrait compte des conditions individuelles des travailleurs, peut contribuer à tenir les consciences en éveil et à prévenir les abus. Si le travail est incontestablement une marchandise, dont le prix dépendra toujours de deux choses : la qualité et la rareté, il n'en est pas de même du travailleur, dont la personnalité a droit à la sollicitude de celui qui l'emploie. Mais comme il est absolument impossible de trouver à la justice sociale, ainsi entendue, une sanction effective et pratique, on ne saurait non plus espérer d'y trouver un remède à la misère.

Peut-être même à trop abuser de l'expression, y aurait-il, à la longue, un certain péril. Il n'est pas très prudent, en effet, de persuader par son langage, à ceux qui se plaignent de leur condition, qu'ils sont victimes d'une injustice sociale, et de ne leur indiquer en même temps aucun moyen de réparer cette injustice. Ils pourraient bien être tentés, en effet, de se charger eux-mêmes de la réparation, et d'employer pour y parvenir des moyens brutaux, auxquels on serait obligé d'opposer une répression non moins brutale. Il serait triste que, pour avoir trop parlé de la justice sociale, on aboutît à la guerre civile.

Nous croyons aussi qu'il n'y aurait pas un moindre péril à chercher un remède aux souffrances imméritées des travailleurs dans un retour à la réglementation du travail. En principe, le travail doit être libre. Sans doute, la loi doit intervenir pour protéger qui est incapable de se protéger lui-même, c'est-à-dire l'enfant. Avec beaucoup plus de restrictions, cette protection peut même être étendue à la femme, et encore, dans l'un et l'autre cas, le législateur doit-il faire grande attention à ne pas transformer, par des mesures mal calculées, ses protégés en victimes. Mais pour le travailleur adulte et maître de ses droits, toute entrave ou tout privilège, inspirés du régime des anciennes corporations, conduirait, suivant nous, à des résultats funestes.

Si c'était ici le lieu d'une controverse historique, il serait facile de démontrer que ce régime comportait des inconvénients nombreux qu'on est aujourd'hui trop porté à oublier et qui ont amené sa chute. Sans doute il assurait de grands avantages à ceux pour qui l'exercice d'une profession était un privilège, mais il engendrait de grandes souffrances chez ceux qui précisément étaient exclus de ce privilège. De ces souffrances est né le *compagnonnage*, qui était la protestation du travail asservi contre le travail privilégié, et qui a été, dans notre histoire industrielle, l'origine des sociétés secrètes.

D'ailleurs, il ne faut pas oublier que, dans les deux derniers siècles qui ont précédé la Révolution, la grande majorité des ouvriers ne vivait plus sous le régime des corporations, mais sous celui des manufactures, et il suffit de feuilleter la correspondance des intendants, ces préfets de l'ancien régime[1], pour se persuader que la condition des ouvriers de manufactures, c'est-à-dire de la grande industrie, était beaucoup plus dure qu'aujourd'hui, et que leurs souffrances étaient encore aggravées par les entraves apportées à la liberté du travail. La principale différence de ces temps avec les nôtres, c'est qu'aux souffrances des travailleurs on ne prêtait guère alors qu'une médiocre attention. La réglementation n'a donc pas produit, dans le passé, tout ce qu'on croit ; dans le présent, elle produirait moins encore. Si elle prétendait à enfermer dans des cadres rigides la vivacité et la souplesse de l'industrie moderne, ou bien l'industrie serait paralysée et il en résulterait une crise économique effroyable, ou bien elle briserait ses chaînes, mais ce ne serait pas sans convulsions et sans ruines. Parce que notre siècle étale des souffrances qui n'ont rien de nouveau sinon la publicité qu'on leur donne, on se croit en droit de proclamer la faillite de la liberté économique, qui aboutirait à l'exploitation du faible par le fort et à laquelle on attribue l'explosion de la question sociale. C'est, suivant nous, une erreur d'attribuer à un régime économique quelconque des faits doulou-

---

[1]. *Correspondance des contrôleurs généraux avec les intendants*, publiée par M. de Boislisle, 3 volumes in-4º.

reux qui sont de tous les temps et où il ne faut voir que la conséquence de l'inéluctable force des choses. Mais c'en serait une plus grave encore que de chercher dans une législation artificielle un remède à des maux permanents. Aussi n'hésitons-nous pas à affirmer que si, dans ce qu'on appelle l'organisation de l'industrie moderne, on s'inspirait des institutions économiques du passé, et si l'on s'engageait dans la voie des restrictions et des entraves apportées à la liberté du travail, quelques années ne s'écouleraient pas sans qu'on sentît durement la conséquence de cette erreur. On proclame aujourd'hui, d'une façon peut-être un peu absolue, la faillite de la liberté. Au bout de peu de temps on aurait la douleur d'assister à une lamentable faillite de la réglementation.

***

Si l'on se bornait à dire que la liberté, par son jeu naturel, peut être la cause de beaucoup de souffrances, nous n'y contredirions point. La souffrance est inséparable de la condition humaine. aussi bien la souffrance physique que la souffrance morale. Ce n'est pas en vain qu'il a été dit à l'homme : « Tu gagneras ton pain à la sueur de ton front, » et ce n'est point par métaphore que l'Église, dans une de ses plus belles prières, compare ce monde à une vallée de larmes. Ces souffrances, c'est à la charité qu'il appartient de les adoucir. Son rôle économique est de porter remède aux conséquences extrêmes de la liberté, c'est-à-dire des lois naturelles dont l'économie politique démontre le caractère fatal et inexorable.

C'est, en effet, une erreur et un tort d'opposer perpétuellement l'une à l'autre l'économie politique et la charité. Loin de se contredire, elles se complètent au contraire, et se confondent dans l'harmonie supérieure de l'économie sociale, disons mieux : de l'économie chrétienne. La perpétuité de la misère est un fait dont l'économie politique est obligée de tenir compte ; le soulagement de la misère est un devoir qui incombe à la charité.

Dans l'économie sociale, la charité doit intervenir pour porter remède aux conséquences rigoureuses des lois naturelles, et la formule économique des sociétés modernes constituées suivant l'esprit du christianisme, pourrait être ainsi donnée : la liberté tempérée par la charité.

**

Comment la charité peut-elle remplir ce rôle économique qui lui incombe? Nous répondrons : par l'organisation. L'organisation est, en effet, indispensable à l'exercice judicieux et rationnel de la charité.

Sans doute, il ne s'agit pas de proscrire la charité individuelle et privée, celle qui va directement de l'homme à l'homme, soulage les misères qu'elle rencontre sur sa route, et se préoccupe même d'aller au-devant. La charité est la plus noble des vertus chrétiennes ; vouloir en comprimer l'essor et la contenir dans des réglements bureaucratiques, serait à la fois une tyrannie et une absurdité. Il n'y aura jamais assez de personnes s'adonnant personnellement à la pratique de la charité, et si parfois on a pu leur reprocher de ne pas la faire avec assez de discernement, elles pourraient répondre pour leur défense que mieux vaut après tout donner quelquefois mal à propos que de refuser à tort. Sans doute la charité ne doit pas être aveugle, mais il n'y a pas grand mal à ce qu'elle ferme de temps à autre les yeux. C'est peut-être même en cela qu'elle est supérieure à la justice.

Cependant, au sein d'une société complexe, la charité privée ne saurait suffire. Nécessairement, elle est, en effet, inégale, abondante ici, insuffisante là. De plus, elle est, nécessairement aussi, intermittente, car elle dépend des personnes qui l'exercent, des accidents de leurs vies, et en particulier de leurs ressources. Telle ou telle circonstance, dans telle localité où la misère continuerait de sévir, peut suspendre brusquement son action. Si admirable, si indispensable qu'elle soit, il n'est pas possible de compter exclusivement sur elle.

La charité privée peut, il est vrai, prendre la forme collective d'associations ou d'institutions charitables qui assurent à son action une certaine permanence. On ne saurait trop souhaiter le développement et la prospérité de ces associations et de ces institutions. Il faut surtout réclamer pour elles le droit à la vie, c'est-à-dire le droit de se constituer, de se développer, de recevoir et de posséder en toute liberté. Une législation tyrannique entoure, en France, d'obstacles et d'entraves l'expansion de la charité privée. Il faut poursuivre avec énergie l'abrogation de cette législation qui met la France en retard vis-à-vis de tous les peuples libres.

Toutefois la charité privée, même s'exerçant sous la forme collective d'associations et d'institutions charitables, n'est pas suffisante pour faire face aux misères sans cesse renaissantes dont nous avons énuméré les causes variées. Comme la charité individuelle, elle est souvent inégale; elle s'intéresse plus volontiers à certaines misères qu'à d'autres, par exemple aux enfants plus qu'aux vieillards, aux malades plus qu'aux infirmes. Enfin elle n'étend pas partout son action. Des circonstances historiques ou locales peuvent faire qu'ici elle réponde à tous les besoins de la misère et qu'elle soit insuffisante là. Nous croyons donc qu'il faut faire un pas de plus et reconnaître la nécessité de la charité publique.

．•．

Nous savons tout ce qu'on peut dire contre la charité publique, et on a raison de s'élever contre ce mode de charité, si l'on entend par là d'un côté le droit au secours créé au profit de l'indigent, et de l'autre la distribution de ce secours par des mains bureaucratiques et mercenaires. Mais ce n'est point ainsi que nous l'entendons. Ce qu'il nous semble, c'est qu'à des causes de misère permanente, l'État, ou pour nous servir d'une expression infiniment plus juste, la société a le devoir d'opposer des remèdes permanents, et de compléter, par son intervention, l'action de la charité privée là où cette action est absente ou insuffisante. Pour préciser notre pensée et donner un exemple, nous dirons que l'existence des bureaux de bienfaisance, qui sont une des formes de la charité publique, nous paraît non seulement légitime, mais nécessaire. Nous ajouterons même que cette institution indispensable ne saurait être laissée dans un état d'incohérence aussi complet que celui où elle est aujourd'hui, les bureaux de bienfaisance étant capricieusement répandus sur le territoire, sans aucune corrélation avec les besoins, sans ressources assurées, et généralement d'autant plus pauvres qu'ils ont à soulager plus de misères.

Une loi qui rendrait obligatoire la création d'un bureau de bienfaisance par circonscription déterminée, qui mettrait à la disposition de ces bureaux certaines ressources, et qui permettrait de leur en assurer d'autres, serait un grand bienfait social, et ne ralentirait ni ne paralyserait en aucune manière l'action de la charité privée. L'expérience démontre, en effet, qu'elle n'est pas moins abondante dans les endroits où il existe des bureaux de bienfaisance que dans ceux où il n'en existe pas. Ces bureaux auraient pour tâche de pourvoir à ce que la théologie appelle l'*extrema necessitas*, et, là où la charité privée ne mettrait pas à leur disposition les ressources suffisantes, ce serait à la législation financière d'y pourvoir, comme elle a pourvu longtemps à l'instruction publique et aux chemins vicinaux, qui ne sont pas des services plus importants que celui de la charité.

De même, là où la charité privée ne se chargerait pas de soigner les malades ou de recueillir les infirmes, ce serait à la charité légale de le faire. Les malades ne sauraient mourir faute de soins, et les infirmes faute de pain sous les yeux de l'État impassible, et par ce mot État nous entendons la puissance publique sous les diverses formes qu'elle revêt dans notre pays, le pouvoir central, les départements et surtout les communes auxquelles incombent plus particulièrement les obligations de la charité publique.

Mais pour empêcher que la charité publique ne devînt bureaucratique et ne fût exercée par des personnes étrangères à l'esprit charitable, il faudrait rétablir l'ancienne entente qui existait entre l'Église et l'État.

Pour l'exercice de la charité publique, l'Église mettrait à la disposition de l'État d'abord tous ces hommes de bien, animés de l'esprit chrétien, qui apportaient autrefois tant de dévouement et de zèle au service des bureaux de bienfaisance, et dont l'esprit sectaire repousse aujourd'hui systématiquement le concours, ensuite ces admirables milices religieuses si disciplinées, si dévouées, dont la charité est la raison d'être, et qui pendant tant de siècles ont rempli si admirablement leur mission.

L'aberration qui, dans certaines villes, à Paris en particulier, a fait chasser les sœurs des maisons de secours et des hôpitaux, restera comme un des plus singuliers et des plus tristes symptômes de ces passions antireligieuses qui ont fait tant de mal à notre pays. Il faudrait revenir au plus tôt sur cette aberration et réconcilier l'Église et l'État sur le terrain de la charité.

Il est presque superflu d'ajouter que si l'Église était ainsi associée par l'État à la charité publique, elle devrait exercer ce ministère avec une stricte neutralité. Rien n'est plus légitime que les œuvres confessionnelles. Chacun a le droit de venir en aide de préférence à ceux qui partagent ses croyances religieuses. Majorité ou minorité, c'est ce que font dans tous les pays les personnes appartenant à toutes les confessions. Mais associée par l'État à la charité publique, l'Église devrait distribuer impartialement les deniers qui lui seraient confiés sans en faire la récompense de sentiments religieux qui pourraient bien n'être pas toujours très sincères. C'est au reste ce qu'elle faisait lorsque l'association existait, et il n'y aurait sur ce point qu'à s'en tenir aux anciens errements.

En résumé, dans le domaine économique, la liberté doit demeurer le principe, et la protection ne doit pas s'étendre au delà de ceux qui sont hors d'état de se protéger eux-mêmes. Dans le domaine social, la charité doit intervenir pour adoucir les conséquences rigoureuses que peut entraîner le jeu naturel de la liberté et pour porter remède aux souffrances qui sont inséparables de la condition humaine. Enfin dans le domaine de la pratique, toute liberté doit être laissée à la charité privée, individuelle ou collective, dont on ne saurait trop favoriser l'essor, et qu'il faudrait débarrasser des entraves d'une législation tyrannique.

C'est avant tout sur la charité privée qu'il faut compter. Cependant, pour obvier à ses inégalités ou à ses défaillances, une certaine part doit être laissée à la charité publique. Enfin, pour l'exercice de la charité publique, l'entente entre l'État et l'Église est non seulement souhaitable, mais nécessaire. Seule l'Église peut mettre à la disposition de l'État les auxiliaires dont il a besoin, et sans lesquels il ne fera jamais qu'une assez médiocre besogne. De tous les privilèges dont l'Église a joui pendant tant de siècles, et dont elle peut se passer, car la liberté lui suffirait, un seul ne pourra jamais lui être enlevé, c'est d'avoir toujours été et d'être encore la grande maîtresse et la grande dispensatrice de la charité.

COMTE D'HAUSSONVILLE,
De l'Académie Française.

XXXII

La vie intime de l'Église

Voilà un intitulé de chapitre qui peut paraître manquer de clarté. Nous ne l'aurions probablement pas choisi : le trouvant, nous le garderons, quitte à l'expliquer.

Le premier penseur, le premier théologien qui ait employé ce terme un peu singulier, a été, croyons-nous, le P. Lacordaire. Dans une de ses conférences de l'année 1846, il se demande quelle fut « la vie intime » de Jésus-Christ.

« Il y a deux vies, s'écrie-t-il (lorsque Lacordaire parle, il est rare qu'on ne puisse dire qu'il s'écrie, tant son verbe est impétueux et semblable à un bouillonnement d'âme), la vie extérieure et la vie intime. C'est la vie intime qui est le support de l'autre et par conséquent, voulant étudier la vie de Jésus-Christ, la première chose que je dois faire, c'est d'étudier sa vie intime. Mais qu'est-ce que la vie intime ? La vie intime est la conversation de soi-même avec soi-même. Tout homme converse avec soi, tout homme se parle, et cette parole qu'il se dit à lui-même c'est sa vie intime, comme la parole que Dieu se dit de toute éternité dans le mystère de ses trois saintes personnes, c'est sa vie intime. Tout homme, toute intelligence a cette parole du dedans, cette conversation de soi à soi qui fait sa vie véritable. Le reste n'est qu'une apparence quand il n'est pas le produit de cette vie intime. C'est cette vie intime qui est tout l'homme, qui fait toute la valeur de l'homme. Tel porte un manteau de pourpre qui n'est qu'un misérable, parce que la parole qu'il se dit à lui-même est la parole d'un misérable ; et tel passe dans la rue, nu-pieds, en haillons, qui est un grand homme, parce que la parole qu'il se dit à lui-même est la parole d'un héros ou d'un saint. C'est au jour du jugement qu'on verra cette volte-face du dehors en dedans, et ce colloque mystérieux de chaque homme étant connu, l'histoire commencera. »

Voilà certes un beau langage. Il faut confesser cependant qu'il ne permet que d'entrevoir la pensée du grand orateur. Par un de ces artifices familiers à Lacordaire, son génie cache à demi sa pensée au moment même où il semble la définir : on ne la verra bien, elle ne se dégagera absolument qu'à la fin du discours.

Lorsque l'orateur aura conclu, en effet, il n'est personne qui ne comprendra que la vie intime de l'être raisonnable c'est ce pourquoi il s'estime fait, c'est le but qu'il poursuit, le mobile intérieur qui le pousse à l'action.

Être individuel ou collectif, personne ou société, répondez nettement, catégoriquement à cette question : Quel but poursuivez-vous dans vos actes extérieurs ? Quelle fin vous y proposez-vous ? et je saurai et je qualifierai votre vie intime.

La vie intime des sociétés politiques est la volonté d'assurer la sécurité et la prospérité des citoyens. Pourquoi, en effet, sont-elles constituées ? Pourquoi leurs rouages multiples ? Pourquoi leurs législations ? Pourquoi leurs armées ? Pourquoi leurs magistratures ? Pourquoi leurs frontières ? Pourquoi leur enseignement, religieux, pédagogique, littéraire, scientifique, moral, sinon afin de garder les peuples dans la tranquillité, le bonheur et le lustre terrestres ?

La vie intime d'une société financière, commerciale, industrielle est la poursuite des profits que les associés espèrent en obtenir. Pourquoi, en effet, les sollicitudes de la direction ? Pourquoi la surveillance des actionnaires ? Pourquoi les livres de recettes et de dépenses ? Pourquoi les démarches des agents ? sinon afin de multiplier les opérations, d'en garantir la régularité, d'en avancer le progrès, d'en éviter la stagnation ou la décroissance, afin, en un mot, de procurer des bénéfices et d'échapper aux pertes ?

La vie intime d'une société de bienveillance est le bien des indigents, le soulagement de leur misère. Pourquoi construisez-vous ces salles vastes et aérées ? Pourquoi inventez-vous ces lits hygiéniques ? Pourquoi préparez-vous ces cœurs dévoués et ces mains intelligentes ? Pourquoi accumulez-vous ces capitaux ? Nous voulons lutter contre les maux dont pâtit l'humanité, la scrofule pâle, la tuberculose dévorante, la folie lamentable.

C'est donc entendu, la vie intime d'une société s'affirme et se juge par la réponse à ce point d'interrogation : Que voulez-vous ? Quelle est, d'après vous-même, votre fin ?

L'Église n'échappe pas à cette loi.

Elle parle, elle conquiert, elle dilate le cercle de son influence; elle suscite des apôtres, des docteurs, des sœurs de charité, des petites sœurs des pauvres ; elle recueille des orphelins, elle soigne les malades, elle instruit les sauvages, elle crée des instituts dans les capitales des nations civilisées, elle sacre des évêques, elle couronne un Pape, elle place un curé à la tête des paroisses de ville et des paroisses de campagne, elle bâtit des séminaires ; elle multiplie les religieuses, elle élève des temples humbles ou splendides ; tout cela, qui a été dit et très éloquemment dit dans les chapitres précédents, fait son activité, son mouvement, mais enfin que se propose-t-elle en ces multiples entreprises ?

Vous évangélisez, vous vous dévouez, vous vous mortifiez et vous mourez... Que voulez-vous en évangélisant, en vous dévouant, en vous mortifiant, en mourant ? Sauvez des âmes. L'Église veut sauver des âmes.

L'Église est la collaboratrice de la Rédemption : tout cela, mais rien que cela.

Cette affirmation écarte un certain nombre de préjugés, voire d'erreurs.

Sous l'influence d'un naturalisme chaque jour plus envahissants, combien d'esprits, même de ceux qui admirent et glorifient l'Église, sont tentés de ne voir en elle qu'une institution humaine avec quelque but humanitaire ?

Les politiques l'accepteraient comme un puissant instrument de règne, merveilleusement propre à contenir les peuples dans la soumission aux pouvoirs constitués. Jésus-Christ n'a-t-il pas dit : Rendez à César ce qui est à César ? Il est vrai qu'il ajouta : Et à Dieu ce qui est à Dieu. Le précepte est divisible à l'entendement humain : facilement on nous rappellera la première partie, comme facilement on nous tournera le dos quand nous rappellerons la seconde. Cependant la première partie semble utile à plus d'un.

Et saint Paul n'a-t-il pas écrit : Obéissez au pouvoir ? Et saint Pierre : Soyez soumis, à cause de Dieu, aux rois et aux magistrats? Même dans les temps où le pouvoir ne se pique guère d'être chrétien, voilà des conseils qui ne semblent pas faits pour déplaire au moins à ceux qui commandent.

Sévère, le Sévère de Corneille, pourrait être considéré comme l'aïeul des hommes dont je parle. Rappelez-vous son jugement sur nos doctrines :

> Peut-être qu'après tout ces croyances publiques
> Ne sont qu'inventions de sages politiques
> Pour conténir un peuple ou bien pour l'émouvoir,
> Et dessus sa faiblesse affermir le pouvoir.

Quelques néo-chrétiens, épris des sublimités et de la pureté de nos enseignements moraux, tiennent l'Église pour la législatrice prédestinée du genre humain. Avant elle, c'était le chaos des mœurs païennes, chaos que l'influence des vieux sages, Zoroastre, Ça-Kia-Mouni, Platon, Aristote, avaient percé d'un rayonnement très vif, impuissant néanmoins, et surtout étroit. L'Église, elle, a montré un idéal de perfection si haut que jamais il ne sera dépassé ; elle l'a montré en tant de lieux qu'on peut dire que l'univers entier l'a contemplé ; enfin elle l'a montré avec une telle persuasion qu'il est très évident que beaucoup d'âmes s'en sont éprises ; mais à cela se borne son œuvre. Sa dogmatique est négligeable : ses espérances de l'au delà sont du peut-être oui et du peut-être non. Le mieux est de tenir ce second ordre de questions pour purement spéculatif et quelque peu oiseux. On l'examine, on ne l'examine point : c'est laissé à la convenance ou à la tournure d'esprit de chacun.

Les économistes ont apprécié soit l'action charitable, soit l'action sociale de l'Église. Ils se sont rappelé comment elle a contribué à dénouer les chaînes des esclaves, à libérer les serfs, à imposer les idées d'égalité et de fraternité ; comment elle détient, au noble service des indigents, des malades, des orphelins, les bras les plus vaillants et les cœurs les plus purs. Ils acclament volontiers l'inspiratrice du Paul qui écrivit l'épître célèbre à Onésime, du Geoffroy d'Amiens et du Raymond de Bayonne, qui signèrent les premières chartes communales ; du saint Bernard qui fonda l'hôtellerie des Alpes, du saint Jean de Dieu qui bâtit tant d'hôpitaux, du saint Vincent de Paul de la Salpêtrière, du Lepailleur de la Tour Saint-Joseph, des mille autres prodigieux charitables. Mais leur parler de la divinité de Jésus, de ses mérites infinis sur la croix, de la nécessité d'entrer dans la vie surnaturelle par les sacrements et la prière, non, ne vous y risquez point : ils ne vous écoutent plus.

Politiques, néo-chrétiens, économistes, vous ne vous trompez point absolument ; mais vos systèmes sont incomplets. L'Église est une école de discipline, de moralité, de solidarité, vous le dites ; et vous dites bien. Mais elle est plus que cela, elle est une société divine munie par un fondateur divin du pouvoir d'enseigner et des moyens de sanctifier afin de conduire les âmes à l'éternel salut.

Eh! mon Dieu, comment en irait-il autrement? Le terme de tout n'est-il pas le salut des âmes?

Remontons aux principes.

Pourquoi Dieu est-il sorti de son repos?

Pourquoi a-t-il créé le monde? monde des corps, monde des âmes?

Ne savons-nous pas qu'il a créé le monde des corps pour les âmes, et le monde des âmes pour leur procurer, en se donnant à elles comme souveraine vérité et comme souverain bien, le bonheur parfait?

Bossuet a dit ces choses incomparablement. « Toute cause intelligente se propose une fin de son ouvrage ; or la fin de Dieu ne peut être que lui-même. Et comme il est souverainement abondant, il ne peut retirer aucun profit de l'action qu'il exerce autre que la gloire qu'il a de faire du bien aux autres et de manifester l'excellence de sa nature, et cela parce qu'il est bien digne de sa grandeur de faire largesse de ses trésors, et que d'autres se ressentent de son abondance. Que s'il est vrai qu'il soit de la grandeur de Dieu de se répandre, sans doute son plus grand plaisir ne doit pas être de se communiquer aux natures insensibles. Elles ne sont pas capables de reconnaître ses faveurs, ni de regarder la main de qui elles tiennent leur perfection. Elles reçoivent, mais elle ne savent pas remercier. C'est pourquoi, quand il leur donne, ce n'est pas tant à elles qu'il veut donner qu'aux natures intelligentes à qui il les destine. Il n'y a que celles-ci à qui il ait donné l'adresse d'en savoir user. Elles seules en connaissent le prix; il n'y a qu'elles qui en puissent bénir l'auteur. Puis donc que Dieu n'a donné qu'aux natures intelligentes la puissance de s'en servir, ce n'est sans doute que pour elles qu'il les a faites. Aussi l'homme est établi de Dieu comme leur arbitre, et si le péché n'eût point ruiné cette disposition admirable du Créateur dès son commencement, nous verrions encore durer cette belle république. Dieu donc a fait pour les créatures raisonnables les créatures inférieures.

« Et quant aux créatures intelligentes, il les a destinées à la souveraine béatitude qui regarde la possession du souverain bien : il les a faites immédiatement pour soi-même. Voilà donc l'ordre de la Providence divine de faire les choses insensibles et privées de connaissances pour les intelligentes et les raisonnables, et les raisonnables pour la possession de sa propre essence. Donc ce qui regarde la souveraine béatitude est le dernier accomplissement des ouvrages de Dieu...

« ... Si les cieux se meuvent de ces mouvements éternels, si les choses inférieures se maintiennent par ces agitations si réglées, si la nature fait voir dans les différentes saisons ses propriétés diverses, ce n'est que pour les élus de Dieu. Les peuples ne durent que tant qu'il y a des élus à tirer de leur multitude. »

Notre Seigneur Jésus-Christ, d'ailleurs, est l'intermédiaire obligé entre Dieu et nous. C'est la gradation de saint Paul : « *Omnia vestra sunt, vos autem Christi, Christus autem Dei.* Tout est à vous, vous êtes à Jésus-Christ, Jésus-Christ est à Dieu. »

Les prédestinés ne reçoivent les bien du salut, c'est-à-dire ici-bas la grâce, que par les mérites de Jésus-Christ, et là-haut, la gloire que conjointement avec Jésus-Christ. Vie de la grâce, vie de la gloire, vie nouvelle qui ne sont pas de l'homme, mais de Dieu, résident en Jésus-Christ comme dans leur source prochaine, et de là s'épanchent sur les sanctifiés.

Nous ne participons à la qualité d'enfants de Dieu et à l'héritage qui en est la conséquence que « par dépendance de celui à qui elle appartient par préciput [1] ».

Par la Création, Dieu avait constitué l'ordre naturel ; par l'In-

---

1. Bossuet, Sermon pour la fête de tous les saints.

carnation, il a constitué l'ordre surnaturel. En vertu de cet ordre, ce n'est pas seulement comme créatures de Dieu, c'est comme incorporées à Jésus-Christ, le Verbe incarné et vivant de sa vie, que les âmes doivent parvenir à la béatitude.

C'est afin de les amener à soi, et ce ne pouvait être, d'après les principes précédemment établis, que pour les amener à soi, que Jésus-Christ a établi l'Église. Le sacerdoce hiérarchiquement constitué qui le représente, qu'il anime de son esprit, à qui il a confié le dépôt des dogmes qu'il faut croire, de la morale qu'il faut pratiquer, des sacrements, canaux de la vie surnaturelle à laquelle il faut participer, n'a pas d'autre raison d'être.

Que si, accidentellement, l'Église et le sacerdoce travaillent à assurer d'autres biens à l'humanité (ce qui est incontestable), tels que l'ordre public, la civilisation, le progrès, l'extension des pratiques de solidarité, il n'en reste pas moins certain que son but ultime et substantiel est de conduire les hommes au ciel.

Qui perdrait ce fait de vue perdrait la notion vraie de la vie intime de l'Église.

Je me souviens d'avoir eu, un certain jour d'avril de l'année 1888, à Saint-Pierre de Rome, comme la représentation sensible de ces idées.

C'était pendant le jubilé pontifical de Léon XIII. Nous étions réunis trente, quarante mille hommes peut-être, dans la basilique vaticane. Nous avions attendu longtemps, et il montait de la grande nef, des bas côtés, de la croix, de l'abside, plus qu'un murmure, presque un bruit de voix humaines.

Soudain un grand silence se fit. Une porte venait de s'ouvrir du côté de la chapelle du Saint-Sacrement, et on entendait venir, comme de très loin, un chant de cantique : *Tu es Petrus, et super hanc petram ædificabo Ecclesiam meam :* C'est toi, Joachim Pecci, qui es Pierre aujourd'hui, et sur cette pierre je bâtirai mon Église, et les portes de l'enfer ne prévaudront jamais contre elle.

— Lentement les voix se rapprochèrent. Puis nous vîmes un long cortège de gardes suisses, de prélats, d'évêques, de cardinaux se dérouler. Enfin, porté sur un trône mobile, ayant en tête la tiare, don de la Ville de Paris, à ses pieds la mitre, don de l'Allemagne, sur sa poitrine la croix de pierreries, don d'une République américaine du Sud, au doigt le diamant, don du Commandeur des

Croyants, si je ne me trompe ; présentant donc sur soi, non les dépouilles du monde, comme faisaient les triomphateurs antiques, mais ses offrandes ; dressé au-dessus de toute tête ; pas encore du ciel, mais plus haut que la terre, apparut le pape Léon, tout blanc.

Le silence que j'ai dit devint oppression un instant ; puis de toutes les poitrines, simultanément dilatées, une acclamation immense, triomphale, s'échappa : Vive Léon XIII ! Vive le Pape-Roi !

Lui, cependant, était arrivé devant la Confession. De là, il se tourna vers nous ; et, debout, vrai patriarche des temps nouveaux, il étendit ses deux bras pour nous bénir, pour nous saisir, nous embrasser presque. Puis dans un geste inoubliable, il les releva vers le ciel, en même temps que ses deux yeux si profonds, si lumineux, y montaient ; et je pensai, caché et priant : c'est bien cela ; il nous prend, mais c'est pour nous donner à Dieu !

Ainsi que fait le Pape sur la chaire de l'universel pontificat, ainsi font les évêques et les curés sur le trône de leur pastorat restreint. L'œuvre des pasteurs est diverse par l'extension, elle est identique par le but.

L'Église, quelque éminemment humanitaire qu'elle soit, doit être avant tout une école de sainteté. Son action bienfaisante dans l'ordre temporel est subordonnée à celle qu'elle exerce dans l'ordre spirituel. Vivant dans le temps, elle n'a pu rester étrangère aux intérêts et aux fluctuations du temps, mais la région des choses éternelles est son domaine propre.

C'est là qu'elle doit tenir ses regards sans cesse fixés, là que se portent toutes ses aspirations.

Société unique qui ne ressemble à aucune autre. Distincte des sociétés politiques par sa fin et sa constitution, elle se mêle aux sociétés politiques sans jamais s'identifier avec elles.

Conservant partout son autonomie, elle ne prend des sociétés politiques que la liberté d'accomplir sans entraves l'œuvre qui lui est propre.

Douée d'ailleurs d'une merveilleuse élasticité, elle subit sans sombrer toutes les révolutions et s'adapte à tous les régimes.

Il y a cent ans, ses temples, parmi nous, étaient fermés, ses prêtres proscrits, ses monastères clos et dévastés. Plusieurs pensaient que jamais elle ne se relèverait de tant de ruines. Or, c'était le moment juste où Dieu préparait Napoléon, et par lui la résurrection de l'Église de France.

Depuis lors, que d'établissements divers et de destructions succédant aux établissements n'avons-nous pas connus ! L'Empire a succédé au Consulat ; la Monarchie légitime à l'Empire ; le Gouvernement de Juillet à la Monarchie légitime ; la seconde République au Gouvernement de Juillet ; le second Empire à la seconde République ; la troisième République au second Empire. Si nous avions eu peur des changements de constitution, que serions-nous devenus en ce siècle d'instabilité constitutionnelle ? Si nos destins avaient été liés à ceux d'un régime quel qu'il soit, où serions-nous, quand tous les régimes, après vingt-cinq ou trente ans de durée, se précipitent vers l'abîme ?

Accoutumons-nous à ces pensées qu'aucun régime politique ne nous est nécessaire, que nous n'appartenons à aucun, étant au-dessus de tous, que notre labeur apostolique doit se poursuivre parmi les défaveurs comme parmi les faveurs du pouvoir. Comprenons même que pour notre but les défaveurs du pouvoir valent mieux que ses faveurs, qu'en tout cas celles-ci ne peuvent s'acheter que par celles-là. Les périodes pacifiques et triomphales dans la vie de l'Église ont été préparées et payées par des périodes de luttes et de persécutions.

Au moment même où j'écris ces lignes, une grande nouvelle nous arrive. L'empereur de Chine vient de publier un édit libérateur qui n'est pas sans analogie avec le grand écrit de Milan. Il durera ou ne durera pas cet édit. En tout cas, les évêques et les prêtres catholiques entrent dans la vie publique et sociale de l'Empire du Milieu. On chantera demain un *Te Deum* à Saint-Sulpice.

Je comprends cette allégresse. Mais ce *Te Deum* triomphal, de combien d'autres *Te Deum* dits dans la chapelle des Missions étrangères n'a-t-il pas été précédé ? Ceux-là n'étaient pas chantés parce que le beau soleil de la liberté conquise luisait sur les églises de la Chine, mais parce que, la tempête de la persécution y sévissant, des missionnaires, des frères avaient souffert le martyre pour la sainte cause.

Et comme si Dieu avait craint que cette idée nous échappât, en même temps que la nouvelle chinoise il nous arrive une nouvelle romaine.

On annonce en effet comme prochain un décret de la Congrégation des Rites qui approuvera les signes surnaturels confirmant le martyre pour la foi du vénérable serviteur de Dieu Jean-Isidore Gagelin et des cinquante et un confesseurs de la seule congrégation des Missions étrangères qui, de 1798 à 1856, versèrent leur sang dans les chrétientés de la Cochinchine, du Tonkin et de la Chine.

Tel est le perpétuel et divin paradoxe. Les souffrances de l'Église engendrent les triomphes de l'Église! Les années de meurtrissures et de sang achètent les années de bien-être et de succès.

Cette doctrine, mieux comprise que jamais elle ne le fut, hormis dans les quatre premiers siècles de l'Église, nous a permis de traverser sans étonnement une des crises les plus périlleuses dont nos annales fassent mention, la crise de notre amoindrissement temporel.

La pieuse bienveillance des Rois très chrétiens avait constitué entre la société laïque et la société religieuse une sorte de fusion. Grâce à des concessions mutuelles, en même temps que l'État jouissait de prérogatives spirituelles de leur nature, l'Église recevait, en échange, les dignités d'un ordre tout humain. Le clergé occupait un rang privilégié. Les prélats étaient seigneurs temporels : ils portaient la mitre et la couronne princière. Leur puissance était encore augmentée par les grandes richesses que le cours du temps avait accumulées entre leurs mains. Qui ne se souvient de l'opulence des sièges de Verdun et de Strasbourg, par exemple ?

S'il fallait dire en passant ce que nous pensons de cette situation, nous reconnaîtrions qu'elle assurait à l'Église un certain prestige par lequel celle-ci, alors, s'imposait plus efficacement à l'admiration des peuples. L'appui du bras séculier n'était pas inutile non plus pour donner force à ses sentences et à ses lois.

Mais en regard de ces avantages, que d'inconvénients! D'abord quelle amorce offerte à l'ambition et à la cupidité des familles! que d'entrées sans vocation dans le sacerdoce! Puis, absorbée qu'elle était par le souci des intérêts terrestres, l'Église gardait-elle toujours la claire vue de sa divine mission? Danger plus grave encore : les envahissements successifs du pouvoir temporel en menacèrent-ils pas fréquemment son autonomie ? Qui ne sait qu'à diverses époques il fallut l'énergique résistance des pontifes romains pour prévenir les plus graves malheurs ?

Quoi qu'il en soit de ces idées, voici que tout d'un coup tombe tout cet édifice d'institutions qui abritait luxueusement l'Église.

Les appuis humains qui nous soutenaient se retirent. Les palais des rois nous sont fermés, ce sont les prisons qui s'ouvrent. Nos trônes d'évêques sont renversés : c'est l'échafaud que nous gravissons. Plus de richesse, la pauvreté de l'exil. Quand la tourmente fut terminée, rien ne nous restait. Nous avions cessé d'être un corps de l'État. Tous nos privilèges de l'ordre temporel nous avaient été ravis. Une dotation bonne au plus à nous empêcher de mourir de faim nous avait été avarement comptée.

Eh bien, nul de ces événements singuliers ne nous a troublés. Nous avons pensé que notre ministère pouvait s'exercer puisque nous avions la faculté de prêcher, d'absoudre, de bénir les berceaux des enfants, le lit nuptial des épouses, la tombe des morts ; puisque nous pouvions ordonner, confirmer, administrer ; et nous avons fait bon marché du reste.

Une spoliation de même nature a enlevé au Pontife romain sa souveraineté temporelle. Depuis 1870, il n'a plus d'autre armée qu'une cinquantaine de suisses, armés de hallebardes du XVIᵉ siècle et vêtus d'un costume du même temps. Ses États sont sa maison, et rien que sa maison du Vatican. Été comme hiver que tout le monde soit à Rome ou que tout le monde en fuie, il est obligé de demeurer dans son Vatican. Il n'en manque pas qui disent que s'il voulait sortir il serait acclamé. Acclamé ?... La première fois peut-être ; mais dès la seconde, tandis que les uns acclameraient, les autres lanceraient des pierres, payés ou non.

Lorsque, nuitamment, on transporta Pie IX mort du Vatican à son tombeau de Saint-Laurent, est-ce que la canaille romaine ne faillit pas, irrespectueuse des majestés de la mort, jeter la dépouille du Pontife dans le Tibre ?

Ce qu'ils osèrent contre le Pape défunt, ils le tenteraient avec plus de rage contre le Pape vivant.

Il n'y a que deux situations possibles au Pape dans Rome : ou prisonnier ou souverain.

Mais Léon XIII, pour prisonnier qu'il soit, n'en est pas moins l'une des figures les plus marquantes de ce siècle. Ses écrits, ses vertus, ses hautes capacités font l'admiration du monde. Nos ennemis mêmes lui rendent témoignage. On peut fermer officiellement à ses nonces la porte du congrès de la Haye, entre soi on déplore leur absence. Il parle aux rois et aux peuples avec une égale majesté et une égale tendresse. Il a renoué des relations diplomatiques avec tous les gouvernements, sauf un : le gouvernement de l'Italie, parce que, entre celui-ci et la Papauté, le différend est irréductible tant que la croix de Savoie flottera sur les murailles de Rome, mettez si vous voulez, sur la place Saint-Pierre. Devenu uniquement Pontife, le pape est plus influent, dirait-on, qu'aux temps où il était Pontife et Roi. Le génie du Pape actuel y est pour beaucoup ; la fidélité parfaite à son ministère religieux n'y est pas pour moins.

Conclusion donc qui s'impose à nous, soit que nous considérions les textes, soit que nous considérions les faits : la vie intime de l'Église, sa raison d'être, c'est le salut des âmes. Ne s'occuper que du salut des âmes, ne vouloir que lui, est si visiblement sa force que, tant qu'elle se renferme en cette action, contre elle rien ne peut rien. Ses défaites apparentes se changent en victoires réelles.

La première conséquence de ce retour de l'Église aux détachements de sa constitution primitive a été le resserrement des liens de la hiérarchie.

Privés de l'appui des pouvoirs civils, ayant parfois à souffrir d'eux, les ministres du culte catholique se sont pressés plus tendrement, plus fraternellement les uns contre les autres.

Comprenons bien ce fait capital.

Notre-Seigneur « sera avec son Église jusqu'à la consommation des siècles », il l'a promis. Il dirige donc l'Église, il l'éclaire, il la défend, il la sanctifie.

Mais l'action mystique du Christ s'exerce au moyen d'un organisme visible : la hiérarchie.

La hiérarchie est un ensemble de pouvoirs subordonnés et rattachés à un pouvoir suprême. Au point de vue de l'ordre, la hiérarchie se compose des évêques, des prêtres et des ministres inférieurs. Au point de vue de la juridiction, le seul qui doive nous occuper, la hiérarchie se compose premièrement du Pape, qui, avec l'aide des cardinaux et des prélats de la Curie, exerce dans l'Église la puissance souveraine ; secondement, des divers ordres d'évêques, patriarches, métropolitains, simples évêques, préposés, sous l'autorité du Souverain Pontife, au gouvernement des diocèses ; troisièmement enfin, des prêtres qui, groupés autour de l'évêque, sont ses collaborateurs dans l'exercice du ministère sacré.

La hiérarchie confère à l'Église sa beauté et sa vigueur. Isolée, l'action sacerdotale serait peu de chose ; collective, hiérarchique, elle devient puissante. D'où il suit que plus les liens de la hiérarchie se resserrent, plus la vitalité de l'Église est puissante.

Or, jamais, pensons-nous, depuis son origine, l'Église n'a possédé une hiérarchie aussi fortement constituée qu'elle l'est aujourd'hui. Elle peut montrer un corps sacerdotal où règne une subordination sinon parfaite en tout, du moins plus que suffisante pour contraster avec le désarroi des sociétés politiques.

Les simples prêtres tendent de plus en plus, en chaque diocèse, à se constituer sur le type familial. Recrutés dans la même région, dans le même milieu, travaillant au sein des mêmes populations, ils se groupent avec joie autour de leur évêque, et ils souffriraient si, d'aventure, la possibilité de ces relations intimes leur était refusée. Les choses allaient autrement jadis. Beaucoup de bénéfices n'étaient pas à la nomination de l'évêque, et leurs titulaires vivaient à l'égard de celui-ci dans une sorte d'indépendance. Souvent l'évêque, grand seigneur, pourvu d'une charge à la Cour, s'affranchissait du devoir de la résidence et gouvernait son diocèse par un grand vicaire. Les prêtres lui étaient nécessairement inconnus. Le plus souvent les séminaristes, petits et grands, n'avaient jamais vu le prélat, sinon, peut-être, lors des ordinations. Point de retraites communes chaque année ; la visite pastorale tous les dix ou quinze ans, habituellement.

Aujourd'hui, les rapports entre évêques, prêtres, séminaristes sont ininterrompus. L'évêque a assigné à tous et à chacun son poste. Il suit du regard et du cœur ceux qu'il a ordonnés puis chargés du ministère pastoral. Il encourage ceux qui sont éprouvés, secourt ceux qui sont dans le besoin, dirige ceux qui hésitent. Il préside aux exercices spirituels de chaque année. Des liens d'affection jadis inconnus se forment entre l'évêque et ses coopérateurs.

Des esprits inquiets ont essayé d'y porter atteinte. Ils ont voulu semer des divisions entre le clergé du second ordre et les prélats. Ceux-ci ont été accusés d'arbitraire, de despotisme, de mollesse. Tentative coupable qui n'a pas ému les bons prêtres. L'union a subsisté et elle subsistera.

Mais il ne suffit pas, pour que l'unité hiérarchique ait sa perfection, que les prêtres de chaque diocèse soient unis à leur évêque, il faut de plus que les évêques soient unis au Pape. Il est consolant de penser que jamais les évêques, « pasteurs vis-à-vis de leurs troupeaux », ne furent plus absolument « brebis vis-à-vis de Pierre ».

L'épiscopat catholique, sous peine de cesser d'être catholique, a dû, en tous les âges de l'Église, dépendre du Saint-Siège. Cette sujétion, établie par Notre-Seigneur Jésus-Christ, est inhérente à la constitution de l'Église.

Lorsque, au siècle dernier, une loi schismatique essaya de dénouer la chaîne qui lie les évêques à leur chef suprême, sur notre terre de France, quatre seulement oublièrent les serments de leur sacre. Les autres affirmèrent ne pouvoir, sans rompre la tradition des Pères, se passer de l'institution canonique du Saint-Siège et résister à ses ordonnances.

Toutefois, l'épiscopat contemporain est plus puissamment uni avec Rome que l'épiscopat du xviiie siècle expirant.

Protégés par le pouvoir civil, les évêques d'ancien régime sentaient peu le besoin de s'appuyer sur Rome, laquelle d'ailleurs n'avait pas l'influence internationale que lui donne présentement l'universel souci qu'ont les gouvernements de s'assurer des colonies. Puis il était difficile de communiquer avec le Saint-Siège. Enfin, le temps, la coutume, des conventions particulières, avaient introduit, en plus d'un endroit, des pratiques qui dispensaient les évêques de recourir à l'autorité romaine.

Présentement, destitués que nous sommes de l'appui d'un pouvoir plus facilement et plus visiblement hostile que protecteur, pouvant sans difficulté faire le voyage de Rome, nous heurtant trop fréquemment à des difficultés dont la solution ne dépend pas de nous, mais du suprême Législateur ecclésiastique, nous avons pris l'habitude de consulter fréquemment Rome. Les directions du Pape nous ont été règle de conduite, même lorsqu'elles nous imposaient le sacrifice de nos vues personnelles. Nos vieilles coutumes particulières, frappées de déchéance par l'interruption de 1789 à 1801, ont été oubliées, et le droit commun a repris presque partout et en tout sa place.

Le fait le plus remarquable de ce retour au droit commun a été l'adoption de la liturgie romaine dans tous nos diocèses de France. A la fin du xviie siècle et au commencement du xviiie, un grand mouvement liturgique s'est produit parmi nous. Le besoin de remplacer dans le missel et dans le bréviaire les vieilles formules par de nouveaux textes et surtout de faire dans la prière publique un usage plus fréquent de la Sainte Écriture s'était fait sentir. Les évêques firent appel à des hommes spéciaux et bientôt de nouveaux missels et de nouveaux bréviaires furent composés. Au commencement de ce siècle, le plus grand nombre des diocèses de France avaient leur liturgie propre. Les livres dont elle se composait étaient, au point de vue de la critique historique, de la science scripturaire et patristique, de l'élégance littéraire, des œuvres d'une valeur incontestable; mais ils étaient entachés d'un vice originel, ils n'avaient pas l'approbation nécessaire du Saint-Siège. Jusque-là Rome avait gardé le silence et l'on se persuadait que tout était régulier. Pourtant, des soupçons s'étaient éveillés; Pie IX, consulté, exprima un désir, c'en fut assez. Sans hésiter, les évêques firent le sacrifice de leurs livres liturgiques, et aujourd'hui la liturgie romaine est pratiquée dans toute la France sans aucune exception. Un tel acte d'abnégation, accompli sur un simple désir du Père commun des fidèles, montre mieux que tout ce que nous pourrions dire, à quel point se sont resserrés les liens qui rattachent les évêques au centre de l'unité.

Le Concile du Vatican, en définissant le pouvoir plein, plénier, immédiat du Pontife romain sur tous les diocèses, a donné au monde la claire vue de la prérogative pontificale.

La longévité des Papes a fait le reste.

Quand ils ne demeuraient sur le trône de Pierre que quelques années, quelques mois, quelques semaines parfois, ils n'avaient le temps de conquérir ni la vénération, ni l'admiration de l'univers. La Providence y a pourvu.

Pie VII a régné vingt-trois ans, Grégoire XVI quinze ans, Pie IX trente-deux ans. Léon XIII a déjà vingt-trois ans de règne.

Ces Pontifes ont été très divers d'humeur. Ils ont eu ceci de commun qu'à leur mort on les estima presque irremplaçables, tant ils avaient frappé l'imagination des peuples.

Qui ne se souvient des alarmes exprimées à la mort de Pie IX ? Comment succéder à Pie IX ? Trente-trois ans, dans la fortune ou l'adversité, il avait été l'admiration du monde. Qui donc porterait comme lui la triple couronne ?

Léon XIII est venu ; et nous avons entendu nous-même un diplomate, représentant dans la Ville Éternelle une des puissances catholiques, nous dire : « C'est vrai, Léon XIII est bien âgé. Mais ce grand acteur remplit si bien la scène où il figure, que nul ne pense qu'il en doive disparaître. Ah ! quand ils disparaîtra..., qui ? qui montera sur le théâtre ? » C'est donc le même discours qui se tient à chaque bout de règne. Tant les Pontifes nous montrent de hauteur d'intelligence et de sainteté de vie. Il est naturel qu'en ces conditions on se soit serré autour de leur chaire.

Ainsi, un Pontificat glorieux au sommet ; au second rang, un corps épiscopal en communion parfaite de pensées avec son chef, autour de chaque évêque, un groupe de prêtres respectueux et soumis. Tel est le spectacle que le siècle qui va finir a eu sous les yeux.

Constitué dans cette belle unité, le corps des pasteurs s'est montré particulièrement remarquable dans l'accomplissement de sa tâche. J'entends la sanctification des âmes.

Lors du Concordat de 1801, l'Église de France n'était qu'une ruine.

Dans presque toutes les paroisses, les pasteurs légitimes étaient remplacés par des intrus. Beaucoup d'églises étaient fermées. Séminaires, écoles ecclésiastiques, communautés religieuses, tout avait disparu dans la tourmente révolutionnaire. Notre pays donna alors au monde le plus magnifique spectacle. A peine la nouvelle organisation diocésaine a-t-elle reçu son achèvement, qu'aussitôt s'accomplit de toutes parts, avec une étonnante rapidité, l'œuvre de résurrection. Dans un grand nombre de diocèses, des prêtres modestes, obscurs, dépourvus de ressources, mais riches de zèle sacerdotal, de dévouement et d'abnégation, se consacrent au déblaiement des décombres matériels et moraux.

Ils rouvrent les églises, les purifient de leurs souillures, restaurent leurs autels, reconstituent leurs mobiliers. Des presbytères se transforment en maisons d'éducation improvisées qui donnent naissance aux premiers essais de séminaire et préparent le recrutement sacerdotal interrompu si brusquement, si brutalement, si complètement. Fait digne de remarque, grâce à un travail assidu, accompli dans l'ombre, mais éminemment fécond, après vingt ans, la reconstitution de nos diocèses était à peu près complète. Les historiens ont admiré la promptitude avec laquelle le gouvernement de la Restauration avait tiré la France du chaos financier et commercial où il l'avait trouvée. L'effort des prêtres qui, sans autres ressources que leurs industries de leur zèle sacerdotal, relevèrent tant de ruines religieuses, est plus admirable encore.

Ce ne leur fut pas assez d'organiser; ils évangélisèrent, et ils trouvèrent un mode nouveau de parole sacrée pour répondre à des besoins nouveaux.

Le premier en date de ces inspirés fut Mgr de Frayssinous.

Il fit ses débuts à l'église des Carmes qui, en 1811, était encore l'église paroissiale de Saint-Sulpice. Aidé de l'abbé Michel Clausel de Coussergue, il ouvrit des catéchismes dialogués auxquels il donna le nom de conférences. L'abbé Clausel présentait les objections; Mgr de Frayssinous les résolvait. Ses réponses claires, fortes, souvent éloquentes, produisaient parfois des impressions profondes et de véritables fruits de conversion. Les conférences de Frayssinous durèrent jusqu'en 1822, interrompues de 1809 à 1814.

La vaste église de Saint-Sulpice, rendue au culte, était communément trop petite pour l'auditoire qui se pressait autour de l'orateur sacré.

Plus grand que Frayssinous, plus grand que qui que ce soit de la chaire chrétienne en ce siècle, Lacordaire reprit à Notre-Dame les conférences de Saint-Sulpice. Ceux qui l'ont entendu ne l'oublieront jamais, ceux qui ne l'ont pas entendu mourront avec le regret de « n'avoir pas été des conférences de Notre-Dame ».

Depuis, cet enseignement n'a jamais cessé. Il forme un cours excellent d'apologétique chrétienne. Si jamais la religion n'a subi de plus violentes attaques, jamais elle n'a été plus solidement défendue.

Ce genre nouveau ne pouvait supprimer l'ancien. La conférence ne doit pas remplacer l'homélie et le sermon. Missionnaires, curés, prêtres séculiers et réguliers l'ont bien compris. De belles prédications ont été données partout en France et ont été suivies souvent de résultats consolants.

Parmi les manifestations du zèle sacerdotal, nous ne devons pas omettre de signaler les catéchismes, « l'œuvre par excellence », disait Mgr Dupanloup.

Trois hommes surtout en ont donné la formule et les règles : Mgr Borderies, à Saint-Thomas-d'Aquin ; M. Teyssères, à Saint-Sulpice ; Mgr Dupanloup, à la Madeleine et à Orléans. Ce sont eux qui ont mis en honneur les catéchismes dans l'Église de France entière.

Le dernier mérita le titre de « premier catéchiste du siècle ».

Tandis que les hommes de parole se donnaient du haut des chaires célèbres ou obscures, les hommes d'œuvres se donnaient, comme ils peuvent et doivent se donner : partout. Notre siècle, principalement en sa fin, est le siècle des œuvres.

Il l'a bien fallu.

Dans les temps qui ont précédé le nôtre, le ministère sacré était loin d'offrir les difficultés qui s'y rencontrent actuellement. L'enfant recevait dans sa famille, à l'école, une préparation excellente, et la tâche du pasteur était singulièrement simplifiée. Après la première communion, les parents chrétiens continuaient de veiller sur lui et de le prémunir contre mille dangers moraux. Devenu homme, il continuait assez naturellement de fréquenter l'église, de s'approcher des sacrements. Chaque dimanche, le curé trouvait son troupeau réuni autour de sa chaire, et aux grandes fêtes, tout au moins à Pâques, la Table sainte était fréquentée.

Le ministère n'avait alors rien de bien compliqué. C'était un ministère de conservation.

La situation a changé. L'action du prêtre doit avoir pour but, non de conserver, mais de conquérir. Ce n'est pas assez qu'il célèbre assidûment ses offices, fasse son prône avec régularité, se rende au confessionnal quand on l'y appelle. C'était l'ancienne forme du zèle ; elle ne suffit plus. Les prêtres intelligents des besoins actuels ne se sont pas contentés d'attendre les hommes qui ne venaient plus, les jeunes gens qui leur échappaient ; ils sont allés les chercher. Ils ont créé des œuvres.

On ne peut nous demander d'énumérer les *œuvres* qui sont l'honneur et le fardeau de l'Église de France. Elles sont variées comme les besoins qu'elles atteignent. Il y en a pour l'enfance, la jeunesse, les hommes faits, les femmes ; orphelinats, patronages, écoles, cercles, conférences, bibliothèques circulantes, associations amicales, caisses de prévoyance et de retraite, mutuelles et coopératives, caisses agricoles, etc., etc. Les unes s'adressent aux ouvriers, les autres à la classe élevée. Les jeunes filles du monde, les servantes, les mères chrétiennes les demoiselles du commerce, sont l'objet de sollicitudes spéciales.

Nous pensons et disons que si la pratique religieuse est plus répandue actuellement qu'elle ne l'a jamais été en quelque temps que ce soit de ce siècle, ce fait est en grande partie attribuable aux œuvres.

Ainsi, par la prédication, les catéchismes, les œuvres, l'Église poursuit son but, sa raison d'être définitive : sauver les âmes.

Son moyen suprême cependant, c'est la prière. La foi n'est pas la conclusion d'un syllogisme bien établi, quoique les syllogismes bien établis soient le préambule nécessaire de la foi. Le salut n'est pas le terme nécessaire d'une vie religieusement entourée et gardée, quoiqu'une vie religieusement entourée et gardée, soit communément la condition du salut.

Foi et salut sont le résultat des vouloirs de l'homme, mais excités, éclairés, soutenus par la grâce de Dieu. Or, la grâce de Dieu est d'habitude la récompense de la prière.

Aussi l'Église n'a-t-elle jamais cessé de tenir la prière pour le plus important de ses devoirs.

La vie de l'Église ici-bas est une vie de prière. Elle invite les fidèles à la prière. Elle fait un devoir de la prière à ses ministres. Sept fois par jour elle met dans la main de ceux-ci le bréviaire. Chaque matin elle leur offre le calice et l'hostie, instruments de l'absolue, de l'infinie supplication.

Comment, en présence des dangers dont elle se voit menacée, des attaques et des insultes qui lui sont prodiguées, des défections dont elle eut parfois à souffrir, comment, dénuée d'ailleurs des secours humains, n'aurait-elle pas éprouvé le besoin de recourir plus filialement à Dieu et à Jésus-Christ son fils ?

De là les exhortations si fréquentes des Papes et des évêques à la prière. De là les pèlerinages aux lieux consacrés par la dévotion des fidèles et les grâces particulières du ciel. De là ces associations innombrables qui se sont donné la mission d'apaiser la colère de Dieu et de ramener les âmes.

De là la riche efflorescence de ces cloîtres où des âmes d'élite vont se cacher dans le silence et la mortification.

De là l'élan de la dévotion catholique vers la très sainte Vierge Marie et le Sacré Cœur de Jésus.

Les dévots de Marie ne se comptent pas. Ce qui s'explique. La sainte Vierge n'est pas seulement associée, comme les saints, à la vie glorieuse de Jésus-Christ. Elle a coopéré d'une manière très prochaine au mystère de l'Incarnation. Elle appartient à l'ordre de l'union hypostatique. Sa puissance d'intercession auprès de Dieu est très spéciale. Selon saint Bernard, M. Olier, Bossuet, d'autres encore, toutes les grâces que Notre-Seigneur répand dans son Église nous viendraient par l'entremise de la sainte Vierge. Le Verbe incarné s'est d'abord communiqué à Marie ; il l'a enrichie de mille biens spirituels. A son tour, Marie nous fait part de ces trésors, et par elle, ainsi que parle saint Bernard, nous avons tout.

Cette doctrine, très belle, très fondée en bonne théologie, quoique non définie, est très propre à nous donner une confiance illimitée en Marie.

De fait, jamais Marie ne fut autant honorée, semble-t-il, que par nous. Tout y a contribué : révélation de la médaille miraculeuse, apparitions de la Salette, de Lourdes, de Pellevoisin, définition de l'Immaculée Conception, ont provoqué des actes de confiance en Marie, inconnus de nos pères.

Hier, cinquante mille hommes (nous disons bien : hommes) allaient s'agenouiller aux pieds de Notre-Dame de Lourdes. Vrai peuple de France, ils ont renouvelé, au nom du peuple de France, le pacte de fidélité qui nous faisait les sujets et les clients de Marie. Ç'a été un incomparable spectacle.

Aujourd'hui 27 mai, dans le pays entier, il n'est pas de si petit village qui n'ait son autel paré de fleurs, de lumières, entouré de chants naïfs et joyeux en l'honneur de la Vierge Marie. Le mois de mai est devenu universellement le mois de Marie. Paris, le sceptique Paris, a deux sanctuaires qui ne se vident point. Celui de Notre-Dame-des-Victoires et celui du Sacré-Cœur.

Quel mot je viens d'écrire là : Le Sacré-Cœur !

Le premier dévot du Sacré-Cœur fut le Christ lui-même. Lui dont le Verbe est toujours simple, ne peut se défendre d'une certaine solennité quand il parle de son cœur. « Apprenez de moi que je suis doux et humble de cœur. » A sa passion, il abandonne ses épaules, ses joues, son front, ses mains, ses pieds, aux coups et aux crachats de la valetaille juive. Mais pour son cœur, il devient subitement délicat. C'est un soldat qui y touchera, et ce sera avec le fer d'une lance, l'arme noble et chevaleresque.

Et comme pour nous exhorter à la confiance par une leçon très haute, le Sauveur voulut que le soldat qui lui avait ouvert le cœur, illuminé subitement, prononçât la fameuse profession de foi : « Celui-ci était véritablement le Fils de Dieu ! » Longin fut, avec le larron pénitent, le merveilleux converti du Calvaire.

Depuis ce saint vendredi, tous les mystiques, de saint Jean à la bienheureuse Marguerite-Marie, ont tourné leurs regards et leurs âmes vers le cœur sacré. Ils en ont médité les perfections ; ils ont fait l'impossible rêve de se rapetisser jusqu'à pouvoir prendre le repos de leurs lassitudes dans la plaie dont il est creusé ; ils ont recueilli le divin flot qui s'en échappe comme un dictame souverain contre leurs défaillances.

On les a bafoués souvent pour leurs douces croyances.

Aucune dévotion n'a été plus cruellement et injurieusement tournée en ridicule que celle-là.

Regardez maintenant ! regardez : elle triomphe. Des hauteurs de Montmartre une masse géante se profile sur le ciel de Paris. C'est la basilique agenouillée au nom de la France pénitente, aux pieds de Jésus-Christ dévoilant à l'humanité les tendresses de son cœur.

Chaque soir, des hommes vont dans ce sanctuaire supplier et se mortifier. Cela pour renverser le sens humain : il comprend mieux ceux qui courent au grand Opéra. Tant pis pour le sens humain.

A la fin de cette étude sur la vie intime de l'Église, deux questions se posent naturellement sous ma plume.

Première question : l'Église qui prêche et prie ainsi a-t-elle prêché dans le désert et prié en vain ?

Sa vie intime a-t-elle été féconde ou non ?

Je répondrai hardiment, au risque d'étonner les pessimistes : Nous avons lieu d'être contents de notre bilan de fin de siècle. Depuis 1850, notamment, notre action de salut est en progrès constant.

Les habitudinaires, pratiquants de la routine et du respect humain, nous échappent. Les pratiquants de conviction et de ferme courage se multiplient. L'irréligion est plus haineuse ; la foi est plus agissante.

Seconde question : Puisque l'Église n'a d'autre but que celui de sauver les âmes, pourquoi suscite-t-elle de si furieuses haines ?

Si vous ne croyez pas à la Rédemption, laissez l'Église à son inoffensive folie ; si vous y croyez, allez à elle : ou indifférents ou soumis, voilà votre attitude logique. Pourquoi hostiles ? pourquoi haineux ?

Répétons que l'Église, si elle vit toujours avec netteté le but qu'elle devait atteindre, s'y renferma parfois moins scrupuleusement qu'aujourd'hui. Tout se paie : principalement pour elle. Nous pouvons payer actuellement pour de très vieilles erreurs.

Écoutons d'ailleurs l'Esprit qui dit : Ne vous scandalisez jamais des persécutions qui vous attendent. On vous chassera de partout. Celui qui vous mettra à mort pensera glorifier Dieu. Vos ennemis vous traiteront ainsi parce qu'il ne connaissent ni Dieu le Père, ni Jésus-Christ son fils.

Église du Christ, fais ta sainte tâche, et de tout, oui de tout, bénis le nom de Dieu !

L'ÉVÊQUE D'ORLÉANS.

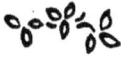

CONCLUSION

Vers l'unité.

Voilà donc achevée cette série d'études sur le siècle dont la dernière année vient de finir. Trente-trois collaborateurs ont suivi, de 1800 à 1900, le triple mouvement de la politique, de la science et de la religion. Ils ont recueilli et classé les souvenirs de ce « grand mort » que nous allons ensevelir, inventorié ses richesses, et parfois examiné sa conscience ; et ils ont accompli leur tâche, comme Tacite voulait écrire ses *Histoires, nec amore et sine odio.*

Politiques et économistes, ils ont largement esquissé, depuis les jours du « Premier Consul » jusqu'à l'heure actuelle, le groupement des peuples par nationalités, les formes des gouvernements et de la législation, les lointaines expéditions de découverte ou de conquête, la constitution des nouveaux peuples, les guerres, les conditions présentes de l'agriculture et de l'industrie, les questions économiques et sociales nées de ces conditions mêmes, enfin les larges courants d'idées qui ont sollicité la société contemporaine.

Ecrivains, philosophes, savants et artistes, ils ont décrit la presse, maîtresse du présent, l'éducation, d'où dépend l'avenir, la critique chargée du contrôle de toutes nos connaissances, la philosophie, d'où partent et où reviennent les autres sciences, la science de la terre, qui décrit la demeure de l'homme dans sa lente formation et dans sa disposition présente, les sciences mathématiques, physiques et biologiques, qui transforment le monde d'aujourd'hui, l'archéologie et l'histoire, qui font revivre le monde d'autrefois, la littérature enfin, les beaux-arts et la musique, par lesquels l'âme humaine exprime ses mobiles ou durables impressions, ses rêves et son idéal.

En même temps qu'ils racontaient, les auteurs de ce livre appréciaient. N'était-ce pas une de leurs principales tâches de discuter les idées en vogue, d'en montrer soit la valeur, soit la fragilité, et de transmettre au prochain siècle les leçons et l'expérience de celui qui s'en va ? Chacun l'a fait d'après ses vues personnelles ; et pour être variées, ou parfois peut-être divergentes, ces vues n'en sont que plus suggestives.

Mais le plus grand des spectacles, celui qu'on ne perçoit et qu'on ne juge bien que d'un point de vue supérieur à la terre, c'est celui du mouvement religieux. La vraie et les fausses notions de la religion elle-même, les religions païennes encore survivantes mais déjà frappées à mort, les portions séparées et errantes du troupeau de Jésus-Christ, l'Eglise catholique enfin, avec ses luttes qui n'arrêtent point son expansion débordante, avec sa vie intellectuelle et sa vie spirituelle, fécondes au dehors en œuvres de science et de charité, entretenues au dedans par la foi, la grâce et la prière : voilà ce qu'ont exposé les auteurs de la troisième partie. Ils ont décrit ce « royaume de Dieu » dont parle l'Evangile, œuvre merveilleuse et la seule importante dans les intentions divines, œuvre dont l'homme voit surtout le dehors et à laquelle il coopère ou s'oppose, sans en connaître exactement les résultats. Malgré les tempêtes, Pierre ne cesse de pousser au large et de jeter le filet ; malgré les embûches de « l'homme ennemi », les serviteurs du père de famille ne se lassent pas de répandre la bonne semence. Aux anges de Dieu de distinguer les bons poissons d'avec les mauvais, de recueillir ceux qui peut-être sont mystérieusement entrés dans le filet sans être aperçus du pêcheur, de séparer le froment d'avec l'ivraie, et de compter les gerbes. L'Eglise de la terre a seulement conscience d'avoir accompli son œuvre ; elle sait que son travail a eu des succès connus de Dieu, et que, sans les libres révoltes de la créature, il en aurait bien plus encore ; et, au soir de chaque journée de peine, que cette journée s'appelle année ou siècle, elle chante le *Miserere* pour expier les défaillances de l'homme, et le *Te Deum* pour rendre grâces des bénédictions de Dieu.

Pourtant, bien que le « royaume de Dieu » ait toujours ses impénétrables secrets, nous pouvons dans une large mesure en saisir l'aspect extérieur, reconnaître quelles conditions favorables et défavorables les époques successives présentent à l'immortelle entreprise de l'Eglise, prévoir de quel côté il faudra diriger la barque, et avec quelles chances apparentes de succès.

En 1812, Joseph de Maistre augurait ainsi de la marche générale du monde : « L'esprit humain s'est déjà purifié de si grandes erreurs et de tant de préjugés, et la Providence, préparant je ne sais quoi d'immense, a, par de si terribles bouleversements et de si affreuses calamités, comme broyé et pétri les hommes pour les rendre propres à former l'unité future, qu'il est impossible de méconnaître le mouvement divin auquel chacun de nous est tenu de coopérer dans la mesure de ses forces. » La grande enquête, entreprise et menée à terme par les collaborateurs de cet ouvrage, n'a fait que justifier cette sagace prévision, la conclusion à laquelle elle vient aboutir tient toute entière dans ces trois phrases : Le monde tend à s'unifier ; sans l'Eglise, il n'arrivera qu'à une unité tout extérieure et factice ; dans l'Eglise catholique, il peut trouver le principe d'une intime et durable unité.

*
* *

Enfermés dans d'étroites frontières, les peuples primitifs s'ignoraient entre eux ; chacun connaissait seulement le point qu'il habitait, et ses voisins les plus proches. Les grandes monarchies antiques n'opérèrent que des groupements restreints. Les dominateurs de Babylone ou de Suse, ou même les empereurs de Rome, possédaient du monde quelques milliers de kilomètres, enveloppés de tous côtés par une immense *terra incognita*. L'Europe du moyen âge, avec sa fédération intérieure et ses relations du dehors en Asie et en Afrique, élargit ce cercle, mais sans l'égaler, tant s'en faut, au pourtour du monde. Commencée à la fin du xve siècle, la grande expansion des races chrétiennes s'est achevée seulement de nos jours. Depuis le dernier quart de ce siècle, la terre n'a plus de cachettes ni de recoins mystérieux ; rien n'arrête plus la vue, et n'empêche de tout embrasser d'un regard. Désormais, l'humanité se connaît tout entière, avec la planète qu'elle occupe.

La science de la terre et les explorations de nos grands voyageurs n'ont pas seules contribué à cette connaissance de tous par tous ; l'histoire même et l'archéologie y ont leur part. Elles ont en partie retrouvé les groupements naturels des peuples, par races ou par langues ; elles en ont suivi les groupements politiques, venant des conquêtes ou des libres alliances. On a décrit le monde humain non seulement dans le présent, mais dans le passé ; et la science du passé rend plus assurée et plus complète celle du présent.

L'humanité fait plus que se connaître tout entière, elle tend à vivre en commun. Toutes ses parties se rapprochent ; pays et individus sont en relations constantes. La vapeur et l'électricité ne cessent de transporter d'un pays à l'autre les hommes et leurs pensées. De grandes routes, où l'on se rencontre et où l'on se coudoie, sillonnent les terres et les océans.

Entre ces hommes, unis par des rapports ininterrompus, le même genre de vie s'établit peu à peu. C'est l'unité de la « civilisation ». Cette civilisation, adoptée déjà par tant de peuples nouveaux, importée chaque jour par les nations de l'Europe dans les terres qu'elles colonisent et se partagent en Afrique, dans l'Extrême-Orient, dans les plus lointains archipels, c'est la « civilisation européenne ». Le mot comprend à la fois même organisation de la vie matérielle, de l'industrie et du commerce ; même culture intellectuelle, surtout pour ce qui est des sciences mathématiques et naturelles ; en partie enfin, même éducation et même culture morale. Il y a, en effet, dans l'ordre philosophique et moral, un certain nombre de vérités naturelles, accessibles à la raison humaine, mais qui, en fait, ont été certifiées et répandues par la révélation divine et le magistère de l'Eglise. Gravées au fond des âmes par une tradition bien des fois séculaire, elles demeurent dans les foules, en dépit des systèmes qui les attaquent, survivent même chez les incroyants, et continuent de rendre partiellement synonymes les mots de « civilisation européenne » et « civilisation chrétienne ».

Ce fonds de doctrine explique en grande partie l'unification des lois. L'accord sur le droit naturel fait que chaque peuple se gouverne à l'intérieur par des règles semblables ; outre que, historiquement, le Code Napoléon a servi de véhicule à ces idées communes, et puissamment contribué à rapprocher les législations. De plus, les rapports multipliés entre les individus de diverses nations et entre les nations elles-mêmes, ont donné naissance à un grand nombre de lois et de coutumes qui précisent et enrichissent chaque jour le droit international privé et le droit international public. Beaucoup de politiques et de penseurs souhaitent de voir cette entente internationale se resserrer encore, pour résoudre certaines grandes questions qui font le souci du monde entier : la question sociale, par exemple, et celle d'un arbitrage, en vue de prévenir les guerres.

L'unité de préoccupations qui, à certaines heures et par rapport à certains sujets, se manifeste d'un bout de la terre à l'autre, a pour facteurs principaux la presse et la littérature. Grâce à la presse, propagatrice des nouvelles, tous les yeux se tournent du même côté, dès qu'un grand fait se produit. Grâce à la littérature, active propagatrice des idées bonnes ou mauvaises, dès qu'une pensée nouvelle est jetée dans le monde, toutes les intelligences réfléchissent sur le même objet. La littérature, nous disait-on tout à l'heure, doit nécessairement rester nationale, car le caractère et la langue de chaque peuple lui donnent cette « forme » sans laquelle sa nature même périrait ; mais les idées deviennent de plus en plus cosmopolites. Ainsi chaque littérature, nationale par ses moyens d'expression, devient internationale par le mouvement qu'elle crée et les idées qu'elle répand.

Cette vue sur la diffusion de la pensée humaine, qui peut devenir internationale sans détruire la répartition en races et en peuples, cette vue est utile pour résoudre une objection. Parfois, en effet, on se demande s'il est bien vrai que nous tendions vers l'unité, quand les frontières semblent plus marquées que jamais entre les divers pays, et quand nous sommes au siècle « des nationalités » ?

On peut répondre que même le mouvement nationaliste a été, jusqu'à un certain point, un acheminement vers l'unité. Répartir les hommes en larges groupes, Latins, Germains, Slaves, c'est les faire sortir de l'émiettement et déjà les associer.

On peut ajouter que le sentiment nationaliste a peut-être été en partie une réaction contre la tendance au cosmopolitisme.

Et ainsi, pour venir à une solution plus profonde et plus complète, il y aurait deux forces : l'une qui répand les nations au dehors pour les mélanger et les fondre dans la vaste unité du monde, l'autre qui les ramasse sur elles-mêmes pour leur conserver leur vie propre et leur autonomie. Entre ces deux forces, dont l'action et la réaction semblent parfois excessives, l'équilibre s'établira. Et dans cet équilibre — pour continuer à conjecturer — l'esprit national ne périra pas. L'unité future ne consistera pas à supprimer les nations, mais à les relier entre elles. Dans l'échange de leurs relations faciles, elles demeureront comme autant d'éléments d'un groupement supérieur.

Donc, même le fameux principe des nationalités, dans ce qu'il a d'acceptable et de vrai, n'arrête pas le grand courant unificateur. En ce siècle où s'est transformé l'aspect de la terre, il semble que les peuples se soient retrouvés et rejoints. Partis ensemble de la plaine de Sennaar, selon le vieux récit de la Genèse, après avoir erré chacun par sa voie, ils reviennent l'un vers l'autre, se reconnaissent et s'associent ; s'il n'ont pas recommencé à parler la même langue, du moins ils se comprennent, et cherchent à mettre en commun leurs efforts.

**

Pourtant, comment leur groupement va-t-il se faire? Car ils peuvent, comme à Babel, être ensemble, sans pour cela être unis ; former une seule multitude, et demeurer dans la confusion ; essayer d'une œuvre commune, et laisser à la postérité, avec le souvenir d'une entreprise avortée, un édifice sans couronnement. Pour que l'union soit intime et durable, pour qu'elle se traduise par une action d'ensemble féconde, il faut que, comme l'unité de l'être vivant, elle parte d'un principe intérieur. Or, si nous les examinons bien, tous les symptômes relevés jusqu'ici montrent un rapprochement extérieur bien plutôt qu'une vraie unification. Le principe de vie, tous en sentent la nécessité ; mais ceux qui cherchent en dehors du christianisme sont impuissants à le trouver.

N'est-elle pas en effet toute de surface, cette unification par le progrès matériel, le commerce, l'industrie, les grandes voies de communication ? Elle fait vivre les hommes en commun, tout juste comme les convives d'une même table d'hôte, ou les passagers d'un même navire. Le hasard les a rapprochés pour une heure, mais ne les décide ni à mêler leurs intérêts, ni à se donner quelque chose de leur âme. Ils se borneront à quelques échanges de salut, ou de nouvelles, ou tout au plus de réflexions qui laisseront voir l'esprit sans trahir les secrets du cœur. Ce n'est pas que chacun ne soit préoccupé de sujets plus graves ; mais les graves sujets se traitent en *a parte* ; on les évite dans la conversation générale ; s'ils y paraissent, ils y jettent le trouble, en manifestant d'irrémédiables divisions.

Ainsi en est-il à peu près dans le cercle agrandi où, par la presse et la littérature, les hommes d'aujourd'hui conversent d'un bout du monde à l'autre. Les nouvelles, frivoles ou banales, occupent tour à tour un moment de l'attention publique ; quelques idées, élevées ou brillantes, deviennent affaire de mode ou objet de spirituelle discussion ; mais il est certaines questions générales, qui sont au fond même de ces idées en vogue, et dont l'éclaircissement serait avant tout nécessaire. Ces questions, tout le monde les connaît ; on en sait l'importance ; mais elles sont objet de controverse. La foule légère les évite ; quelques méditatifs s'en entretiennent à voix basse : ceux qui osent en parler tout haut se contredisent bruyamment entre eux ; et pas une voix ne s'élève — il s'agit encore uniquement des voix différentes de celle de l'Église — pas une voix ne s'élève qui parle avec autorité et impose sa solution.

Ce manque d'une autorité indiscutable, capable d'aller au fond des questions de théorie et d'imprimer une direction pratique, empêche l'entente internationale, nécessaire pour faire aboutir les plus graves problèmes du temps présent. Notre civilisation et notre législation demeurent comme un édifice dont on n'ose poser le faîte, parce qu'on n'est pas rassuré sur ses bases. Sans doute, les murs tiennent encore ; ce sont ces vérités de raison et de droit naturel, et ces règles de sagesse moyenne déjà signalées tout à l'heure, vérités et règles propagées jadis par le christianisme, et retenues par la force de la tradition. Mais, pour qui met la tradition chrétienne à part, sur quel fondement spéculatif tout cela repose-t-il, et quelle puissance active en assure la conservation? Les uns répondent que l'édifice n'a ni base ni raison d'être ; les autres donnent, au sujet de ses assises, des explications divergentes, et dont aucune ne satisfait l'esprit. L'on s'étonne de tant d'incertitude, quand il s'agit de si importants problèmes : et l'on tremble d'appuyer sur de si fragiles supports les intérêts vitaux de l'humanité.

En un mot, pour établir sur terre l'unité, dans la mesure où le permet la distinction des individus et des peuples, il faudrait d'abord unir les esprits dans une même pensée par rapport aux sujets qui les touchent le plus profondément, et avant tout dans une même pensée religieuse; unir les cœurs dans une même tendance et un même amour ; établir entre les hommes des rapports, fondés sur un commun principe de leur existence et sur un commun terme de leur destinée ; leur imprimer une direction indépendante de tout intérêt personnel et même des intérêts particuliers de chaque peuple, et pour cela leur faire reconnaître une autorité souveraine, plus haute qu'aucun pouvoir terrestre. Or, c'est justement sur tous ces points, sur la religion, sur le sens de la vie, sur la nature de l'autorité morale et le fondement dernier de toute obligation, sur le sujet qui représente en ce monde l'autorité suprême, c'est sur tout cela que le manque d'entente est complet, et qu'un esprit est séparé d'un autre par des abîmes.

Que faire dès lors? Renoncer à jamais voir une véritable unité s'établir dans le monde? S'il est impossible de trouver un lien, intime et fort, pour faire la société des âmes, il n'y a donc qu'à laisser aller toutes choses au gré des événements ou des passions humaines. Les hommes seront une multitude réunie dans un même espace, parlant des mêmes affaires, mais ne tendant pas au même but ; l'intérêt armera sans cesse individu contre individu, classe contre classe, nation contre nation, et maintiendra en permanence la lutte de tous contre tous. Le fort dépouillera le faible ; la classe puissante exploitera la classe inférieure ; l'hégémonie du monde sera disputée entre les principaux groupes ethniques, Germains, Saxons, Slaves, ou plus tard peut-être, quand la conquête se fera par le nombre, race jaune ; et ce seront de continuelles alternatives de victoires sans retenue et de revanches sans pitié.

Pour apaiser ces conflits, l'influence de certaines sociétés occultes serait-elle utilisable? Aurait-on foi en leurs programmes, où reviennent souvent les mots de fédération humanitaire et d'universelle fraternité? Et compterait-on pour la mise en œuvre des programmes, sur l'organisation internationale de ces associations? — Ce serait chercher le remède là même où est le péril. Dans un document qui sera signalé tout à l'heure, Léon XIII dénonce ces sectes ennemies de toute autorité divine et humaine, comme l'un des grands obstacles à l'unité du monde. Une de leurs maximes fondamentales est, en effet, de rejeter les droits de Dieu, de répudier surtout l'ordre surnaturel, et de ne rien chercher en dehors du cercle étroit des intérêts terrestres. Dès lors, comme les intérêts terrestres — on le verra de mieux en mieux en avançant dans la lecture de ces pages — sont inconciliables sans l'intervention d'une force supérieure à la terre, l'état de lutte subsistera : le naturalisme nous ramènera aux mœurs païennes et à l'égoïsme antique ; la céleste charité disparaîtra du monde.

Secte au nom menteur, la maçonnerie est incapable de rien construire et surtout de fonder l'unité. Il faudrait pour cela une doctrine ; elle n'en a pas. Ses membres s'entendent sur la négation de la vérité chrétienne ; pour attaquer l'Église, ils paraissent agir de concert avec d'autres fractions influentes de notre société ; mais ni eux, ni leurs alliés de circonstance ne s'accordent sur l'affirmation d'aucun système. Dans les alternances de l'histoire future, ces forces au jeu puissant pourraient avoir leur jour de victoire, où triompherait le principe de l'unité purement humanitaire. Mais, s'il arrive, ce triomphe sera nécessairement éphémère. Car aussitôt, la question tout entière reviendra. Il faudra, pour maintenir le nouvel état de choses, demander sur quoi l'appuyer à la philosophie séparée du christianisme, — à celle-là même qui n'a donné jusqu'ici que d'incohérentes réponses.

Cette philosophie donc, puisque tout, en dernière analyse, dépend d'elle, se remettra-t-elle à l'œuvre, et, craignant de s'être découragée trop vite, continuera-t-elle à chercher en dehors de Dieu, de la religion et de l'Église, quelque principe unifiant? Elle reprendra les théories déjà tour à tour essayées, « loi biosociologique du monde », ou « loi d'entente », ou bien « union pour la vie », ou encore « altruisme », ou sous un terme plus général « solidarité », et tentera une fois de plus d'en rajeunir quelqu'une. Mais le passé ne dit-il pas assez haut combien des expériences nouvelles ont peu de chance de réussir? Nous proposera-t-on jamais rien de sérieux et de vraiment acceptable? plus qu'une solution improvisée, mise à la mode aujourd'hui pour être rejetée demain... Et dès lors le champ reste libre pour une autre solution.

* *

Au dernier jour de sa vie mortelle, après un repas tout occupé par de suprêmes adieux, Jésus descendait avec ses disciples les pentes d'Ophel, contournait les terrasses du Temple, et, gagnant la vallée de Josaphat, se dirigeait vers Gethsémani. C'était le soir ; et le Maître, dit l'Évangéliste, « savait tout ce qui devait venir sur lui ». Pourtant, par delà les angoisses du présent et les horreurs de cette nuit, il découvrit une aurore, celle du troisième jour, et celle des temps nouveaux qui allaient naître. « Dans le monde, disait-il aux siens, vous serez opprimés ; mais ayez courage, car j'ai vaincu le monde. » Il parlait ainsi ; puis, il éleva les yeux vers le ciel, et il dit : « Père, l'heure est venue ; glorifiez votre Fils, afin que votre Fils vous glorifie... Père saint, gardez en votre nom ceux que vous m'avez donnés, afin qu'ils soient un comme nous... Je ne prie pas seulement pour ceux-ci, mais aussi pour ceux qui, par leur parole, croiront en moi : afin que tous soient un, comme vous, Père, vous êtes en moi et moi en vous ; afin qu'en nous eux aussi soient un ; afin que le monde croie que vous m'avez envoyé. La gloire que vous m'avez donnée, je la leur ai donnée moi-même afin qu'ils soient un, comme nous sommes un, moi en eux et vous en moi ; afin qu'ils soient consommés dans l'unité ; et afin que le monde connaisse que vous m'avez envoyé, et que vous les avez aimés, comme vous m'avez aimé moi-même. »

Près de dix-neuf siècles plus tard, le vieillard qui, sur la terre, continue l'œuvre de Jésus et se reconnaît le droit de parler en son nom, instruisait et priait à son tour. Il était au soir de la vie, et se demandait s'il n'allait pas bientôt en toucher le terme ; il était au soir d'un siècle troublé, près de s'abîmer peut-être dans la nuit de cataclysmes nouveaux. Pourtant, au delà des inquiétudes du présent et de l'ombre tombante, lui aussi entrevoyait une aurore, celle du monde refleurissant à la lumière de la foi. Et, élevant sa grande voix pour être entendu non seulement des fidèles, mais du monde entier, il s'adressait « aux princes et aux peuples de l'univers » ; n'osant donner à tous la bénédiction réservée à ses seuls fils, il leur souhaitait, par une autre formule, « le salut et la paix dans le Seigneur ; » et il les entretenait de ses craintes, de ses espérances, et des éternels projets du Christ pour le bonheur du genre humain. Il disait :

« Comme Nous tenons ici-bas la place de Dieu, de ce Dieu tout-puissant qui veut sauver tous les hommes et les amener à la vérité ; comme d'ailleurs le déclin de Notre âge et les amertumes Nous rapprochent du dénouement de toute vie humaine, Nous avons cru devoir imiter l'exemple de notre Sauveur et Maître, Jésus-Christ. Près de retourner au ciel, il demanda à Dieu son Père, dans l'effusion d'une prière ardente, que ses disciples et ses fidèles fussent un d'esprit et de cœur : *Je prie... afin qu'ils soient tous un, comme vous, mon Père, en moi et moi en vous, afin qu'eux aussi soient un en nous.* Et, parce que cette prière n'embrassait pas seulement tous ceux qui professaient alors la foi de Jésus-Christ, mais tous ceux qui la devaient professer dans la suite des temps, elle Nous est une juste raison de manifester avec assurance les vœux de Notre cœur et d'user de tous les moyens en Notre pouvoir pour appeler et convier tous les hommes, sans distinction de nation ni de race, à l'unité de la foi divine. »

Puis, d'un bout du monde à l'autre, il promenait un long regard, qui fait songer au regard même de Dieu, lorsque ses yeux s'ouvrent « sur les nations », et que « ses paupières interrogent les fils des hommes » ; tour à tour, il instruisait les infidèles, rappelait les schismatiques, reprenait les hérétiques, avertissait les catholiques mêmes et montrait à tous la véritable Eglise, épouse du Christ et mère des hommes, le cœur riche d'amour et les mains pleines de bienfaits. Et il concluait :

« Pendant que Notre esprit suit ces pensées, et que Notre cœur en appelle de tous ses vœux l'accomplissement, Nous découvrons là-bas, dans le lointain de l'avenir, ce que serait ce nouvel ordre de choses, et Nous ne connaissons rien de plus doux que la contemplation des immenses bienfaits qui en seraient le résultat naturel. L'esprit peut à peine concevoir quel souffle puissant saisirait aussitôt toutes les nations, et les emporterait vers les sommets de toute grandeur et de toute prospérité. La paix et la tranquillité seraient bien assises ; les lettres seraient favorisées dans leurs progrès ; parmi les agriculteurs, les ouvriers, les industriels, il se fonderait, sur les bases chrétiennes que nous avons indiquées, de nouvelles sociétés capables de réprimer l'usure, et d'élargir le champ des travaux utiles. La vertu de ces bienfaits ne serait pas resserrée aux confins des peuples civilisés, mais elle les franchirait, et s'en irait au loin, comme un fleuve d'une surabondante fécondité.....

» A la restauration de la concorde, aussi bien qu'à la propagation de l'Evangile, les temps que nous traversons semblent éminemment propices. Car jamais le sentiment de la fraternité humaine n'a pénétré plus avant dans les âmes, et jamais aucun âge ne vit l'homme plus attentif à s'enquérir de ses semblables pour les connaître et les secourir ; jamais non plus on ne franchit avec une telle célérité les immensités des terres et des mers : avantages précieux, non seulement pour le négoce et les explorations des savants, mais encore pour la diffusion de la parole divine...

« Le siècle dernier laissa l'Europe fatiguée de ses désastres, et tremblant encore des convulsions qui l'avaient agitée. Ce siècle qui marche à sa fin ne pourrait-il pas, en retour, transmettre au genre humain, comme un héritage, quelques gages de concorde et l'espérance des grands bienfaits que promet l'unité de la foi chrétienne ? Qu'il daigne exaucer Nos vœux, ce Dieu riche en miséricorde, qui tient en sa puissance les temps et les heures propices, et que, dans son infinie bonté, il hâte l'accomplissement de cette promesse de Jésus-Christ : *Il n'y aura qu'un seul bercail et un seul pasteur.* »

Cette « lettre apostolique *Præclara* » du 20 juin 1894 est un appel à l'unité, grand et pathétique entre tous, mais qui n'est pas isolé dans le bullaire de Léon XIII. Sans multiplier ici les exemples — ils sont nombreux et il en est de bien connus — deux ans après la lettre *Præclara* venait l'encyclique *Satis cognitum*, où est décrite l'unité de l'Eglise, spectacle qui par lui-même peut « dissiper l'ignorance, redresser les idées fausses et les préjugés ». Plus récemment encore, le pape consacrait au Sacré-Cœur de Jésus le genre humain tout entier. Dans cette formule, si brève et si pleine, répétée en juin dernier par les évêques et les fidèles, et prescrite de nouveau pour juin 1900, il parcourt une fois encore toutes les portions de l'humanité, demandant au Christ de régner sur chacune d'elles : *Rex esto !* Amener tous les hommes au bercail de l'Eglise a été le but de tous les papes ; ç'a été d'une manière très spéciale la préoccupation de Léon XIII, parce que le monde lui semble n'avoir jamais eu plus besoin de l'unité catholique, et n'y avoir jamais été, à certains égards, mieux préparé.

Et si l'on demande, en termes précis, ce qu'est cette œuvre d'unification à laquelle travaillent sans cesse les pontifes de Rome et surtout les plus grands d'entre eux, on peut l'exposer ainsi : orienter, par la connaissance et par l'amour, chaque âme vers Dieu, sa fin dernière ; l'orienter vers Dieu en la soumettant à Jésus-Christ, unique médiateur des âmes dans l'ordre historique où nous vivons, et par suite en l'incorporant à l'Eglise, société de ceux qui vont à Dieu par Jésus-Christ ; unir par là même tous les hommes, en leur donnant à tous individuellement mêmes pensées, mêmes sentiments, même conception de la vie future qui est le terme, et de la vie présente qui est une préparation à ce terme ; les unir de plus socialement, en les faisant membres d'un même corps ; obtenir pour ce corps, l'Eglise, la place et la part de puissance qui lui revient de droit dans le monde : enfin unir par là tous les peuples, non en les plaçant sous la dépendance temporelle de l'Eglise, de laquelle ils ne relèvent pas dans l'ordre politique, mais en les subordonnant à sa juridiction spirituelle, et dès lors, en les exposant à l'influence, salutaire même pour les choses du temps, de sa suprême autorité morale. Voilà, à grands traits, la solution donnée par les catholiques au problème de l'unification du monde.

Cette solution, ils la proposent comme possible, affirmant que l'Eglise a tout ce qu'il faut pour accomplir tant de grandes promesses ; comme nécessaire, de telle sorte que l'unité ne puisse se faire autrement ; enfin comme souverainement avantageuse aux peuples comme aux individus.

*
* *

L'Eglise peut inspirer à tous la même foi. Elle en est assurée par le commandement même qui lui a été fait d'y travailler sans relâche, et par la volonté manifestée de Dieu, qui maintes fois a déclaré appeler tous les hommes, et, pour cela, a donné au monde d'abondants moyens de salut. Si l'on n'admet pas ces raisons d'ordre surnaturel, l'expérience a de quoi convaincre que l'Eglise, reine déjà de tant d'âmes, est capable de dominer sur un bien plus grand nombre, et que rien ne limite la sphère possible de son action.

Il est plus clair encore que les âmes, entrées dans le domaine de la foi, tendent à s'unir. La religion donne à chacune, donc à toutes, mêmes sentiments et même tendance. Sa lumière ne peut guider vers la vie future sans éclairer tout le chemin de la vie présente ; les vertus qu'elle inspire règlent nos actions durant cette même vie terrestre ; la première de ces vertus est la charité, lien doux et fort, qui fait des hommes une société de frères.

L'Eglise peut exercer son action efficace et unifiante, non seulement sur les individus, mais sur les masses, les peuples, l'ensemble du genre humain.

Elle-même, il est vrai, n'est pas de la terre. Son but est de conserver la vérité dans le monde, et de conduire les âmes au ciel. Ainsi, elle ne s'occupera jamais directement ni de la fin propre aux sociétés civiles, le bien commun temporel, ni des moyens propres pour y atteindre.

Mais elle n'est pas pour cela privée de toute compétence dans l'ordre terrestre ; son action indirecte suffit à y exercer l'influence la plus heureuse. Elle interviendra dans les choses humaines en vertu de sa mission imprescriptible, maintenir sur terre le « royaume de Dieu », et se conserver elle-même, au milieu des sociétés temporelles, société surnaturelle de ceux qui tendent à Dieu. Elle rappellera aux princes et aux peuples comment le bien temporel doit se rapporter à sa fin à elle, le bien commun spirituel. Elle leur prêchera la pratique des vertus sociales, l'observation de la justice et du devoir, dans les relations publiques comme dans les relations privées. Cela suffit pour assurer l'ordre, la paix, le bonheur.

Dans l'admirable « lettre apostolique » déjà citée, Léon XIII propose deux exemples, les plus frappants et les plus actuels de tous, de ces grandes questions que pourrait résoudre l'intervention de l'Eglise : la paix extérieure entre les peuples, la paix intérieure dans chaque Etat.

Après avoir décrit cet équilibre de notre Europe, où des armements également formidables empêchent la guerre d'éclater : « Serait-ce donc là, dit-il, l'état naturel de la société ? Or, impossible de sortir de cette crise, et d'entrer dans une ère de paix véritable, si ce n'est par l'intervention bienfaisante de Jésus-Christ. Car, à réprimer l'ambition, la convoitise, l'esprit de rivalité, torches qui allument le plus souvent la guerre, rien ne sert mieux que les vertus chrétiennes, et surtout la justice. Les bienfaits de cette vertu peuvent assurer le respect aux droits des peuples et à la religion des serments et maintenir fermes les liens de la fraternité, si seulement on se persuade bien que *la justice grandit une nation.* »

Venant aux problèmes d'ordre intérieur, il continue : « Il s'agit aujourd'hui une double question : la question *sociale* et la question *politique*, l'une et l'autre assurément fort graves. Or, pour les résoudre sagement et conformément à la justice, si louables que soient les études, les expériences, les mesures prises, rien ne vaut la foi chrétienne, réveillant dans l'âme du peuple le sentiment du devoir et lui donnant le courage de l'accomplir. C'est en ce sens que, il n'y a pas longtemps, Nous avons spécialement traité de la question sociale, Nous appuyant tout à la fois sur les principes de l'Evangile et ceux de la raison naturelle. Quant à la question politique, pour concilier la liberté et le pouvoir, deux choses que beaucoup confondent en théorie et séparent outre mesure dans la pratique, l'enseignement chrétien a des données d'une merveilleuse portée. Car, une fois posé ce principe incontestable que, quelle que soit la forme du gouvernement, l'autorité émane toujours de Dieu, aussitôt la raison reconnaît aux uns le droit légitime de commander, impose aux autres le devoir corrélatif d'obéir. Cette obéissance, d'ailleurs, ne peut préjudicier à la liberté humaine, puisque, à proprement parler, c'est à Dieu que l'on obéit plutôt qu'aux hommes ; et que Dieu *réserve ses jugements les plus rigoureux à ceux qui commandent*, s'ils ne représentent pas son autorité conformément au droit et à la justice. D'autre part, la liberté de chacun ne saurait être suspecte ni odieuse à personne ; car, absolument inoffensive, elle se maintiendra dans les limites de la vérité, du droit, de ce qui s'harmonise avec la tranquillité publique.

» Enfin, si l'on considère ce que peut l'Église, en sa qualité de mère et médiatrice des peuples et des gouvernants, née pour aider les uns et les autres de son autorité et de ses conseils, on comprendra combien il importe que toutes les nations se résolvent à adopter, sur les choses de la foi chrétienne, un même sentiment et une même confession. »

Et c'est précisément parce qu'elle-même n'est pas une société temporelle que l'Église se trouve investie près des sociétés temporelles de ce rôle de mère, de médiatrice, de conseillère et de soutien. Désintéressée pour elle-même des biens terrestres, elle peut se faire arbitre indépendant entre ceux que les intérêts terrestres tendent à diviser. Élevée, par son but ultramondain, au-dessus de toutes les associations qui ont leur fin dans le monde, elle peut parler à toutes avec une souveraine autorité.

N'étant pas de la terre elle domine toutes les choses terrestres. Elle n'est liée ni à un temps, ni à un pays, ni à une forme de gouvernement. Elle voit tout passer à ses pieds, condescend à tout, accepte tout ce qui n'est pas contraire à sa fin propre, et dirige tout vers le ciel. Messagère en ce monde du Dieu immuable « qui renouvelle toutes choses », elle porte au front comme un reflet de son éternité : toujours ancienne par son but et par son dogme, elle est en même temps toujours jeune ; elle marque de son immortelle vérité les jeunes théories, elle soutient les jeunes institutions de son immortelle puissance. Pleine d'une sève divine, ayant en elle-même cette « source d'eau vive qui jaillit jusqu'à la vie éternelle » elle peut, pendant des milliers d'années encore, rajeunir et vivifier le monde.

On a cité souvent la phrase de l'*Essai sur l'Histoire des papes* où le protestant Macaulay rend hommage à cette vie, toujours féconde, de l'Eglise catholique : « Je ne vois aucun signe qui indique le terme prochain de sa longue domination. Elle a vu le commencement de tous les gouvernements ecclésiastiques qui existent aujourd'hui dans le monde, et je ne suis pas convaincu qu'elle ne soit pas destinée à en voir la fin. Elle était grande et respectée, avant que les Francs eussent passé le Rhin, quand l'éloquence grecque fleurissait encore à Antioche, quand on adorait encore les idoles dans le temple de la Mecque ; et elle conservera peut-être encore toute sa vigueur première, lorsque je ne sais quel voyageur de la Nouvelle-Zélande viendra, au milieu d'une vaste solitude, se placer sur une arche brisée du pont de Londres, pour esquisser les ruines de Saint-Paul. » Léon XIII dépeint, lui aussi, cette Église impérissable — *Immortale Dei miserentis opus* — et de plus il la montre, en même temps qu'elle conduit chaque âme et le monde vers l'éternité, les dirigeant aussi sur les chemins de la terre : « L'œuvre immortelle du Dieu de miséricorde, l'Église, bien qu'en soi et de sa nature elle ait pour but le salut des âmes et la félicité éternelle, est cependant, dans la sphère même des choses humaines, la source de tant et de tels avantages, qu'elle n'en pourrait procurer de plus nombreux et de plus grands, lors même qu'elle eût été fondée surtout et directement en vue d'assurer la félicité de cette vie. »

Non seulement l'Église a de quoi fonder dans le monde la paix et l'unité, mais elle seule peut le faire ; non seulement la solution catholique est possible, mais encore elle est la seule possible et elle s'impose. La meilleure raison de cette nécessité, c'est assurément que, seule, la solution catholique est conforme à la vérité. Le solide fondement de l'union entre les hommes, c'est l'ordre réel des choses. Ceux-là doivent vivre dans la concorde, qui appartiennent à une même race et sont issus d'un père commun ; qui ont un même Dieu pour principe et pour fin de leur existence ; qui, dans un ordre plus haut encore, sont, en fait ou en droit, enfants de ce même Dieu, frères de son Christ et membres d'une même famille, l'Église. En rappelant ces vérités de raison, ou en prêchant ces vérités de foi, le catholicisme pose la base nécessaire et inébranlable de l'unité. « Aimez la paix et la vérité, dit le Seigneur tout-puissant » ; fondez la paix sur la reconnaissance de la vérité.

A la preuve tirée de l'ordre même des choses, la confirmation de l'expérience vient s'ajouter. L'échec de tant de systèmes et de théories, ou en tout cas leur peu d'action sur les masses ; et au contraire ce fait que l'Église seule, dans les questions politiques et sociales où elle est intervenue, a parlé avec raison et autorité, et s'est fait écouter avec respect, — voilà qui montre assez d'où nous devons attendre lumière et direction.

Enfin, que la solution catholique soit, pour chacun et pour l'ensemble, la plus avantageuse, les réflexions faites jusqu'ici le disent déjà. Entre plusieurs autres, qu'on pourrait ajouter, il en est une qui touche au fond même de la question. Aucune union n'est possible, s'il n'y a sacrifice des uns au bonheur des autres, sacrifice du bien privé au bien public ; et l'intérêt qui refuse ces sacrifices est le grand obstacle à l'union. Or, dans ses conflits journaliers de droits et de devoirs, le christianisme donne pleine satisfaction à tous et à chacun, à la société et à l'individu.

Bien souvent, en effet, en vertu de cette solidarité, bien expliquée par le seul catholicisme, mais admise par tous sous différents noms, le frère est obligé de s'immoler au bien de son frère, le particulier au bien de l'ensemble, le membre au bien du corps. Le dévouement militaire est l'exemple le plus connu et le plus noble, il est bien loin d'être le seul. De tels sacrifices sont, suivant les cas, raisonnables ou héroïques, dette de justice ou don de charité. Mais quiconque, en refusant à Dieu sa part, enlève au droit sa vraie base et à la charité son vrai motif, aura peine à expliquer jusqu'au bout ce qui rend ces immolations nécessaires ou sublimes; surtout il manquera de force pour y décider les intéressés. Et, enfin, quand bien même ceux-ci se laisseraient convaincre, satisfaction ne serait pas pour cela donnée à l'ordre des choses, qui demande pour le sacrifice une compensation.

Cette compensation manque dans les systèmes en vogue de nos jours. Les incroyants ont beau exalter la liberté et la dignité humaines, lorsqu'ils en viennent à comparer chaque homme avec la société, ils le font déchoir du rang des personnes à celui des choses, et, sans rémunération ni espérance, ils sacrifient absolument la partie au tout. Pour Hegel, l'État représente un groupement parfait; il est l'être arrivé à une phase normale de son évolution; il est sa fin à lui-même, et chaque citoyen est un moyen pour le développement de l'État. Un disciple de Hegel, trop connu en France, comparaît les foules humaines à des milliers de fellahs bâtissant une pyramide; la pyramide, c'est le progrès même de l'humanité. Ainsi, lorsqu'ils reconnaissent aux efforts de l'homme quelque finalité, ou quelque terme, — progrès, évolution complète, bonheur aussi grand qu'on le peut concevoir en bornant ses espérances à la terre, — les partisans de la solidarité ou du « monisme » promettent tout à la société, à l'ensemble, au « cosmos », rien à chaque partie et à chaque individu. Ceux-là jouiront peut-être, qui verront l'achèvement de l'œuvre ; mais où le dédommagement pour les fellahs morts à la peine ou tombés sous le fouet des maîtres d'équipe, pendant les longs siècles de travail ?

L'Église catholique juge mieux de la grandeur de l'homme. Elle considère chaque personne, raisonnable et libre, comme destinée au bonheur : elle promet ce bonheur à quiconque s'en sera rendu digne. Elle ne fait pas reposer la morale sur l'intérêt ; mais elle assure l'intérêt de quiconque pratique la loi morale. Elle ne confond pas obligation et sanction, nécessité de tendre à Dieu et bonheur de l'atteindre ; mais elle déclare que celui-là doit l'atteindre qui par une volonté droite se sera ordonné vers lui. Chaque homme, dit-elle, est plus qu'un simple moyen au service des autres hommes et de la société ; il est une « fin en soi ». Ce mot de Kant a toujours voulu dire, au sens chrétien, que Dieu fait de chaque âme le terme d'une de ses intentions spéciales ; à chacune il donne une fin personnelle, à chacune il s'offre lui-même, lui promettant, en retour de sa fidélité, la possession du bien infini.

Dès lors, le sacrifice a sa pleine explication ; toutes les exigences de l'ordre sont satisfaites. L'homme donne à ses frères ses peines ou même sa vie ; le bien d'un autre ou le bien commun le demandait. Accomplissant son devoir, il retrouve plus qu'il n'a donné, en recevant sa récompense. La justice rémunératrice de Dieu et sa Providence sur toute âme humaine le veulent ainsi. Par là se trouve résolu, à l'avantage de tous, le problème de l'accord entre le bien de chacun et le bien des autres, entre le bien privé et le bien public. Si, pour mettre union et paix dans le monde, il faut le sacrifice de beaucoup, il n'y a plus de difficulté à accepter ce sacrifice. La doctrine catholique, ou plutôt Dieu même, dont la doctrine catholique nous fait connaître et aimer la justice, sait concilier tous les intérêts dont l'apparente divergence semblait faire obstacle à l'unité.

Et, une fois encore, reparaît le même principe, qui a pénétré toutes ces pages, et qu'on pourrait formuler ainsi : Les conflits entre intérêts du même ordre ne peuvent se résoudre que par l'intervention d'une force d'ordre supérieur. Car, là où deux parties se disputent les mêmes avantages, dont elles ne peuvent jouir ensemble, l'une des deux sera totalement frustrée, si le sacrifice même ne répond pour elle à une tendance plus haute, et si elle ne reçoit un bien de nature différente, mais préférable à celui qu'elle abandonne, qui lui serve de compensation. Or, la seule force qui dirige toutes nos tendances vers la fin suprême, et la seule puissance qui nous promette les biens préférables à tout le reste, c'est l'Église, car elle seule a reçu du Christ « les paroles de la vie éternelle ».

**

Mais cette pacifique union de tous, pour laquelle elle a de si beaux plans et donne tant de raisons, l'Église espère-t-elle sérieusement l'établir dans le monde? — Ah! sans doute, elle prévoit bien ne devoir jamais arriver à procurer le bonheur de tous les individus et de toutes les sociétés. C'est son rêve éternel ; si les hommes le voulaient tous, il pourrait s'accomplir pleinement ; par la faute de la volonté humaine, elle ne le verra jamais pleinement accompli.

L'Église sait tout cela. Elle réussira seulement en partie, et au prix de luttes et d'efforts constants. Quelques fidèles ont pu, dans un naïf enthousiasme, rêver d'un « grand triomphe », où le mal disparaîtrait miraculeusement de la terre et où le bien triompherait sans combat. L'Eglise elle-même et ses premiers pasteurs connaissent mieux la mesure moralement possible de leur succès. « Nous n'ignorons pas, dit encore Léon XIII en terminant sa Lettre apostolique de 1894, Nous n'ignorons pas ce que demande de longs et pénibles travaux l'ordre de choses dont Nous voudrions la restauration ; et plus d'un pensera peut-être que Nous donnons trop à l'espérance, et que Nous poursuivons un idéal qui est plus à souhaiter qu'à attendre. Mais, Nous mettons tout Notre espoir et toute Notre confiance en Jésus-Christ, Sauveur du genre humain, Nous souvenant des grandes choses que put accomplir autrefois la folie de la croix prêchée en face de la sagesse de ce monde, stupéfaite et confondue... Une partie seulement des fruits que Nous attendons parvînt-elle à maturité, ce ne serait pas un léger bienfait, au milieu d'un si rapide déclin de toutes choses, quand e malaise du présent se joint à l'appréhension de l'avenir. »

Ces belles paroles ne sont ni d'un illusionné, ni d'un découragé. C'est la claire vue des choses, avec la ferme volonté de se dévouer sans réserve, dans les limites du possible, à l'extension du royaume de Dieu. L'Eglise est la lumière du monde, le sel de la terre, la ville bâtie sur la montagne. Jamais la lumière ne luira pour tous, jamais le sel ne gardera de la corruption le monde entier, jamais la ville ne contiendra l'humanité complète. Heureux du moins les yeux baignés de cette clarté, et puissent-ils être plus nombreux ; heureux les membres assainis par le sel évangélique, et puissent-ils se multiplier ; heureux les habitants de la cité, et puisse-t-elle dilater ses murs et ouvrir ses portes pour en abriter davantage chaque jour ! Pour ceux mêmes que la lumière n'éclaire pas, les ténèbres sont moins épaisses dans son voisinage ; la vertu du sel se fait sentir même aux parties éloignées ; la ville forte protège ceux mêmes qui demeurent hors de ses remparts.

De si grands biens, pour les âmes chrétiennes d'abord, et par elles pour tout le monde, méritent de notre part ces longs, patients et pénibles efforts au prix desquels nous les achetons. — *Non sumus nescii quam diuturni laboriosique negotii sit rerum ordo, quem restitutum optamus.* — C'est assez pour stimuler l'ardeur de l'Eglise, de savoir que son idéal, s'il n'est jamais pleinement atteint, le sera du moins dans une mesure de plus en plus large, en proportion de ses efforts.

C'est assez encore, pour l'encourager, de se souvenir que, s'il n'y a jamais de « grand triomphe » absolu, il y a eu déjà de « grands triomphes » partiels, et qu'il peut y en avoir de plus beaux encore. L'histoire du passé nous montre des essais d'unité chrétienne ; elle nous présente, après les divisions et les calamités, des groupements pacifiques de peuples, et, si les divisions leur succèdent encore, on peut espérer un retour à de nouvelles et plus larges associations.

Après l'ère des martyrs, le monde a connu un instant l'unité de l'empire romain converti. Un siècle après Constantin, le pape saint Léon jouissait encore de ce spectacle, lorsqu'il disait, dans son sermon sur saint Pierre et saint Paul : « Fière de la multitude de tes victoires, ô Rome, tu avais étendu sur la terre et les mers les droits de ta domination : et pourtant ce que t'ont conquis les travaux guerriers le cède à ce que la paix chrétienne a rangé sous tes lois. »

Quand le grand pape parlait ainsi, déjà les barbares envahissaient le monde, et ce fut une confusion de trois ou quatre siècles. Mais vint cette nuit de Noël de l'an 800, où Léon III, aux acclamations des Romains, posa la couronne d'Occident sur la tête de Charlemagne : c'était la naissance de l'Europe chrétienne, et ce groupement nouveau, qui étendit son influence plus loin que le premier, devait subsister sept cents ans.

Ces alternatives n'ont pas pris fin. Le protestantisme, puis la révolution, ont détruit l'édifice de Charlemagne. L'Eglise, l'éternelle recommenceuse, en a recueilli les débris ; elle rassemble de toutes parts les éléments que lui apporte d'un bout de la terre à l'autre le mouvement des nations et des idées ; lentement, patiemment, elle prépare une construction nouvelle, et elle espère la voir plus vaste et plus durable que l'ancienne. Dans cet héritage de promesses que lui a léguées son fondateur, elle a de vieilles prophéties qui parlent pour elle de gloire, de splendeur et d'empire universel ; on y entend des voix de peuples qui se disent entre eux : « Venez, montons à la montagne du Seigneur et à la maison du Dieu de Jacob ; il nous enseignera ses voies, et nous marcherons dans ses sentiers ; car la loi partira de Sion, et la parole du Seigneur de Jérusalem. » Sans tomber dans les rêveries du millénarisme, il semble à la Sion nouvelle que ce règne de Dieu sur la terre pourrait bien se manifester dans l'avenir avec plus d'éclat encore que dans le passé ; que ses triomphes du moyen âge n'atteignent pas encore à tout ce qui lui a été promis ; et qu'enfin, au jour de sa prochaine victoire, on ne dira plus « l'Europe chrétienne », mais « le monde chrétien ».

* * *

Une vision d'Ezéchiel, qui fait penser à une parabole connue de l'Evangile, représente Dieu veillant à perpétuer et à étendre son règne sur la terre. Au milieu des ruines de son peuple, le prophète de l'exil décrit la maison de David comme un grand arbre, dont les oiseaux de proie viennent arracher les rameaux, mais auquel le Seigneur conserve d'immortels rejetons :

« Fils de l'homme, propose une énigme et raconte une parabole à la maison d'Israël. Dis-leur : Voici ce que dit le

Seigneur Dieu. Un grand aigle, aux grandes ailes et aux membres allongés, couvert de plumes aux couleurs diverses, est venu vers le Liban ; il a enlevé la pointe d'un cèdre ; il a arraché le bout de ses branches, et l'a transporté au pays de Chanaan...

» Ainsi parle le Seigneur Dieu : Moi aussi, je prendrai de la pointe du grand cèdre, et je la planterai ; du haut de ses branches, je couperai un rameau, et je le planterai sur une montagne haute et superbe. Sur la haute montagne d'Israël je le planterai ; il bourgeonnera, portera du fruit et deviendra grand cèdre. Sous ses rameaux habiteront tous les oiseaux, tout ce qui vole fera son nid à l'ombre de son feuillage. Et tous les arbres du pays sauront que moi le Seigneur j'ai abaissé l'arbre superbe, j'ai fait grandir l'humble rejeton, j'ai fait reverdir le bois desséché. Moi le Seigneur, j'ai parlé et j'ai fait. »

L'an 1800 s'ouvrait au milieu des guerres et des révolutions ; l'Eglise traversait alors ses plus sombres journées ; la mort de Pie VI avait découronné l'arbre séculaire ; quand Pie VII parut, il semblait un bien faible rameau, que l'aigle allait arracher et emporter au loin. Mais qui peut empêcher de croître ce que plante la main de Dieu? L'humble rejeton est devenu grand cèdre ; il s'élève et verdoie au-dessus des vieux arbres de la forêt ; si l'humanité cherche le repos, qu'elle vienne se grouper à son ombre.

FRANÇOIS, CARDINAL RICHARD,
Archevêque de Paris.

Table des Matières.

PRÉAMBULE, par le Vicomte Eugène-Melchior de Vogüé, de l'Académie Française IX

PREMIÈRE PARTIE

MOUVEMENT POLITIQUE ET ÉCONOMIQUE

L'ŒUVRE ET L'INFLUENCE DE NAPOLÉON, par M. Marius Sepet 3
LES NATIONALITÉS, par M. Étienne Lamy 31
LES GOUVERNEMENTS, par M. Henri Joly 67
LA LÉGISLATION, par M. Émile Chénon 93
LE PARTAGE DU MONDE, par M. René Pinon 112
LES PEUPLES NOUVEAUX, par le Vicomte de Meaux 146
LA GUERRE, par le Général de Division Comte de la Girennerie . . . 174
L'INDUSTRIE ET LE COMMERCE DEPUIS UN SIÈCLE, par le Vicomte G. d'Avenel. 195
L'HOMME ET LA TERRE CULTIVÉE, par M. Jean Brunhes 210
LA QUESTION SOCIALE AU XIXe SIÈCLE, par le Comte Albert de Mun, de l'Académie Française 242
L'ÉGLISE ROMAINE ET LES COURANTS POLITIQUES DU SIÈCLE, par M. Georges Goyau 259

DEUXIÈME PARTIE

MOUVEMENT INTELLECTUEL

LA PRESSE, par M. Eugène Tavernier 275
L'ÉDUCATION, par Mgr P.-L. Péchenard 310
LA CRITIQUE, par le R. P. Lapôtre, S. J. 335
LA PHILOSOPHIE, par M. le Chanoine Didiot 370
LES SCIENCES MATHÉMATIQUES, par M. Georges Humbert 409
LES SCIENCES PHYSIQUES ET CHIMIQUES, par M. Bernard Brunhes . . . 440
LES SCIENCES DE LA VIE, par M. Maurice Arthus 471
LA SCIENCE DE LA TERRE, par M. de Lapparent, de l'Institut 490
L'ARCHÉOLOGIE, par M. Paul Allard 511

L'HISTOIRE, par Mgr Duchesne, de l'Institut. 552
LA LITTÉRATURE, par M. F. Brunetière, de l'Académie Française . . . 562
LES BEAUX-ARTS, par M. André Pératé 613
LA MUSIQUE, par M. Camille Bellaigue. 644

TROISIÈME PARTIE

MOUVEMENT RELIGIEUX

LA RELIGION ET LES RELIGIONS, par le R. P. René-Marie de la Broise, S. J.   663
LES RELIGIONS NON CHRÉTIENNES, par le Baron Carra de Vaux   694
LES ÉGLISES CHRÉTIENNES SÉPARÉES, par M. le Chanoine Pisani . . .   729
LES LUTTES DE L'ÉGLISE, par M. Georges Fonsegrive   765
L'EXPANSION DE L'ÉGLISE CATHOLIQUE, par le R. P. A.-D. Sertillanges, des
    Frères Prêcheurs 790
LE DOGME ET LA PENSÉE CATHOLIQUE, par le R. P. Bainvel, S. J. . . . 811
LES ŒUVRES ET LA CHARITÉ DE L'ÉGLISE, par le Comte d'Haussonville, de
    l'Académie Française 845
LA VIE INTIME DE L'ÉGLISE, par S. G. Monseigneur Touchet, Évêque d'Orléans. 860

CONCLUSION. — VERS L'UNITÉ, par Son Éminence le Cardinal Richard, Arche-
    vêque de Paris 885

Paris-Lille. Imp. A. Taffin-Lefort. — 10-220.

www.ingramcontent.com/pod-product-compliance
Lightning Source LLC
Chambersburg PA
CBHW070801020526
44116CB00030B/945